中国质量技术监督年鉴

2000

中国质量技术监督年鉴编辑委员会　编

中国标准出版社

责任编辑　袁晓玲　任亚江

图书在版编目(CIP)数据

中国质量技术监督年鉴　2000/中国质量技术监督年鉴编委会编.-北京:中国标准出版社,2001.2
ISBN 7-5066-2381-1

Ⅰ.中…　Ⅱ.中…　Ⅲ.产品质量-技术监督-中国-2000-年鉴　Ⅳ.F273.2-54

中国版本图书馆 CIP 数据核字(2001)第 00977 号

中国标准出版社出版
北京复兴门外三里河北街 16 号
邮政编码:100045
电　话:68522112
中国标准出版社秦皇岛印刷厂印刷
新华书店北京发行所发行　各地新华书店经售

*
开本 880×1230 1/16　印张 30　字数 956 千字
2001 年 4 月第一版　2001 年 4 月第一次印刷
*
定价 **128.00** 元

ISBN 7-5066-2381-1

9 787506 623810 >

目　　录

前　言

《中国质量技术监督年鉴》2000年版通过翔实的资料和系统的阐述，全面地介绍了1999年我国质量技术监督事业的发展概况，真实地反映了质量技术监督工作改革与发展的成就，经验和需要继续研究解决的问题。

1999年，是质量技术监督事业取得重大发展成就的一年。年初，党中央、国务院决定对全国质量技术监督系统实行省以下垂直管理体制改革。3月份，经国务院批准，在北京召开了全国质量技术监督系统管理体制改革工作会议，吴邦国副总理到会作了重要讲话。会后，在地方党委、政府的领导和有关部门的支持下，在各级质量技术监督部门的努力下，管理体制改革工作进展顺利，大多数省、自治区、直辖市的管理体制改革实施方案获得批准，组织实施工作陆续展开。11月份，国务院在北京召开全国质量工作会议，朱镕基总理对会议的召开作了重要指示，吴邦国副总理在会上作了重要报告。这次会议进一步强调了提高产品质量对振兴国民经济的重要性，对全面加强产品质量工作提出了明确要求。会后，国务院印发了《关于进一步加强产品质量工作若干问题的决定》。各地认真贯彻落实国务院质量工作会议精神，质量技术监督工作在国民经济和社会发展中的地位进一步提高。在中央的统一部署下，国家局机关认真开展了“三讲”教育，各省、自治区、直辖市局也在当地党委的统一部署下，陆续开展了“三讲”教育。一年来，全国质量技术监督系统，面对紧张繁忙的工作，表现出良好的精神状态和旺盛的斗志，各项工作取得较大成效。

各级质量技术监督部门以提高产品质量为重点，突出用铁腕抓质量，采取有力措施，加大了执法力度。对部分重点行业重点产品质量状况开展调研，初步掌握了重点行业重点产品的质量状况；对危及人体健康和人身财产安全的产品，影响国计民生的产品，消费者反映问题多的产品加强了重点监督；切实加强监督抽查后处理工作，国家局举办了第一期国家监督抽查不合格企业经理（厂长）培训班，不少地方也采取相应措施，努力提高不合格企业负责人的质量意识；加强对生产许可证工作的统一管理，加大了对发证产品的监管力度；加强对锅炉、压力容器、压力管道和特种设备的安全监察力度，组织开展了压力管道安装的监督检查。各级质量技术监督部门按照国家局的统一部署，精心组织，通力合作，在“查市场、保两节”、“查农资、保春耕”、“查建材、保建设”三大战役中，共查处假冒伪劣商品标值21.7亿元，端掉制假窝点3700多个，查处违法案件4.7万多件。各地质量技术监督部门对制假售假数量大、案值高、情节恶劣的重大案件,组织专门力量,采取集中行动,给予了狠狠打击。

以市场为导向,以服务为宗旨,进一步提高标准化、计量、认证工作的有效性。为进一步深化粮食、棉花流通体制改革,根据国务院领导的要求,修订了棉花、小麦、稻谷、玉米等标准;棉花公正检验工作正在全面展开,在全国范围内启动了粮食陈化鉴定工作。农业标准化工作取得显著成效,标准化示范区建设越来越受到重视。消灭无标生产工作取得了明显进展。第22届ISO大会在我国圆满结束,受到了各国与会代表的一致好评,扩大了我国在国际标准化活动中的影响。中国标准研究中心正式组建,标志着标准化基础工作迈出了新的一步。国家局发布实施了《制造、修理计量器具许可证监督管理办法》和《商品量计量违法行为处罚规定》等规章,各地普遍加强了对电能表、水表、煤气表、衡器、电话计费器、税控加油机和出租车计价器等重点管理的计量器具及定量包装商品和商品房销售面积的计量监督。认证认可工作得到进一步规范。中国合格评定中心正式成立,解决了认证工作政事不分的问题。中国实验室国家认可委员会成功地接受了亚太实验室合作组织的同行评审。

质量技术监督法制工作迈出新步伐,《产品质量法》修正案报请人大常委会进行审议,重大活动的组织宣传工作取得了较好效果,质量技术监督系统队伍建设和行风建设得到加强。

建立完善的社会主义市场经济法制,迫切需要一个与之相适应的质量技术监督工作体系和服务体系。质量技术监督工作正面临着前所未有的机遇和挑战。我们必须抓住机遇,深化改革,加快发展,提高工作的有效性,推动质量技术监督工作迈上新台阶,为提高我国质量总体水平做出更大的贡献。

2000年版《中国质量技术监督年鉴》与前几年的年鉴有一定的继承性、连贯性,希望这本年鉴能为各地区、各部门的工作提供有益的帮助。在编辑、出版该年鉴的过程中,得到了各方面的大力支持和帮助,在此谨表示衷心的感谢!

《中国质量监督年鉴》编委会

2000年6月

特　　载

朱镕基总理对全国质量工作会议所作重要批示

完全同意邦国同志报告，并请代为转达：祝贺全国质量工作会议的召开，向工作在质量技术监督战线上的同志们致以亲切的问候。要充分肯定全国质量管理和质量监督工作取得的成绩，虽不能过高估计，但确实来之不易。各部门、各地方的负责同志应该高度重视和热情支持质量技术监督工作，切实保证质量标准建设、计量检测体系和质量监督抽查所必需的投资和经费，促进质量工作再上新水平。当前，我们面临经济结构调整的关键时期，质量工作正是主攻方向。没有质量就没有效益。放任假冒伪劣，国家就没有希望。

朱镕基

一九九九年十一月二日

吴邦国副总理在全国质量技术监督管理体制改革工作会议上的讲话

1999 年 3 月 26 日

国务院决定召开全国质量技术监督管理体制改革工作会议，贯彻落实《国务院批转国家质量技术监督局质量技术监督管理体制改革方案的通知》(国发〔1999〕8 号，以下简称《通知》)，部署省以下质量技术监督系统实行垂直管理的体制改革工作。参加会议的除了质量技术监督部门的负责同志外，还请了各省、自治区、直辖市人民政府分管领导和组织、机构编制、财政部门负责同志。希望各地党委和政府加强领导，各有关部门大力支持，通力合作，共同努力，圆满完成质量技术监督管理体制改革任务。

1999 年是实现跨世纪宏伟目标关键的一年，各项改革和发展的任务十分繁重。搞好各项改革，做好今年的经济工作，对于保持国民经济持续、快速、健康发展和社会稳定，把建设有中国特色社会主义事业全面推向 21 世纪，具有十分重要的意义。《通知》明确了质量技术管理体制改革的具体方案，并对有关工作做出了全面部署。下面，我就质量技术监督管理体制改革和加强质量技术监督工作讲三点意见：

一、改革现行质量技术监督管理体制，是党中央、国务院加强质量技术监督工作的一项重大措施

党中央、国务院十分重视质量技术监督工作。江泽民总书记在党的十五届三中全会上指出：我们的经济增长，是要实实在在、没有水分的增长，是在提高质量和效益上的增长。对此，各级领导干部一定要引起注意。要把工作的重点放在调整结构、改进质量和提高效益上来。在 1998 年 12 月召开的中央经济工作会议上，江泽民总书记再一次强调：要在保持经济适度快速增长的同时，把工作的着力点放在优化结构，提高经济增长的质量和效益上来。改革开放 20 年来，我国的质量工作取得了可喜的成绩，质量总体水平有了一定提高，为经济的发展和人民生活的改善做出了贡献。但总的看，我国的产品质量、工程质量和服务质量状况还不能适应经济建设的需要，已经成为制约我国经济发展的一个重要因素。党中央、国务院决定改革现行质量技术监督管理体制，就是要下决心加强质量技术监督工作，逐步营造一个健全有效的适应社会主义市场经济的质量技术监督体系，促进国民经济持续、快速、健康发展和社会全面进步。这次改革最核心的一条，就是省以下质量技术监督系统逐步实行垂直管理。这是党中央、国务院加强质量技术监督工作的一项重大措施。实行省以下质量技术监督系统垂直管理体制，原因有三条：

(一) 实行省以下质量技术监督系统垂直管理，是落实党的十五大提出的深化行政体制改革，加强执法监督部门，保障社会主义市场经济健康发展的需要。质量技术监督部门是政府主管标准化、计量、质量工作并行使行政执法监督职能的部门。在国民经济和社会发展中，质量技术监督工作有着十分重要的作用：一是实现社会化、集约化生产的重要技术基础；二是加快技术进步、技术创新、加强企业科学管理的重要保证；三是规范市场秩序，联结国内外市场的重要手段。质量技术监督以法律为准绳，以标准为依据，以计量检测为手段，具有很强的科学性、公正性、权威性，这是其他监督手段无法替代的。改革现行质量技术监督管理体制，目的就是根据党的十五大提出的总体要求和发展社会主义市场经济的需要，把质量技术监督部门建设成为统一高效、运转协调、行为规范和有权威的管理标准化、计量、质量工作的行政执法部门。简言之，改革的目的就是要强化质量技术监督的职能，加大执法力度。

(二) 实行省以下质量技术监督系统垂直管理，是保证执法的公正性、权威性，维护良好市场秩序的需要。质量技术监督部门在打击制售假冒伪劣商品，维护市场秩序方面，做了许多工

作，但是，制售假冒伪劣商品及市场欺诈等违法行为还没有从根本上得到遏制。之所以如此，原因是多方面的，但质量技术监督部门层层属地化管理是一个重要原因，这种体制难以保证监督部门独立、统一、严格、公正执法，不可避免地受到地方保护主义的干扰，办案难、处罚难，执法人员甚至因公正执法而屡遭打击报复。朱镕基总理严正指出：这些问题已经到了非解决不可的时候，既不能回避，也不能再拖，更不能后退，否则贻误整个改革和发展的进程。实行省以下垂直管理，有利于排除各种干扰，保证执法的独立性、公正性、权威性；有利于强化监督职能，加大执法力度，严厉打击制售假冒伪劣商品等违法行为；有利于建立起统一规范、运转有序的质量技术监督体系，解决技术监督机构重复设置和监督执法中重复检验等问题。

（三）实行省以下质量技术监督系统垂直管理，是提高质量技术监督队伍素质和执法水平的需要。实行省以下垂直管理，有利于加强对机构设置和人员编制的管理，把住进人关，制止素质差的人员混入质量技术监督部门；有利于统一协调、依法行政，发挥整体优势，提高行政执法水平；有利于加强作风建设，建立健全系统内部的监督、制约机制，加快建立一支高素质的质量技术监督队伍，树立科学、公正、廉洁、高效的行业形象。

希望各地党委和政府以及质量技术监督部门，充分认识改革现行质量技术监督管理体制的必要性和重要性，真正把思想认识统一到党中央、国务院关于改革质量技术监督管理体制的精神上来，积极自觉地做好改革工作。

二、加强领导，周密部署，精心组织，狠抓落实，确保质量技术监督系统管理体制改革工作如期完成

质量技术监督管理体制改革，是一项政策性强、涉及面广和难度较大的工作，需要各地区、各有关部门大力支持，密切配合，共同努力，稳妥实施。这次会议请各省、自治区、直辖市政府分管质量技术监督工作的负责同志参加，就是为了加强对这项工作的领导。为此，提出以下几点要求：

（一）各地党委和政府要高度重视，加强领导。要从建立和完善社会主义市场经济体制、维护良好的市场秩序、创造一个公平竞争的市场环境的大局出发，积极做好质量技术监督管理体制改革的各项工作。要根据《通知》精神，结合本地实际，抓紧制定实施方案，加强领导，周密部署，精心组织，狠抓落实；要及时协调解决改革方案实施中遇到的具体困难和问题，保证改革工作顺利进行。省级人民政府要加强对质量技术监督工作的领导，支持质量技术监督部门搞好机构改革和干部队伍建设，维护和强化质量技术监督部门的独立执法地位，使质量技术监督部门更加统一、有效地履行国家赋予的综合管理和行政执法职责。

（二）各有关部门要大力支持，密切配合。改革现行质量技术监督管理体制，需要有关部门的支持和配合。一是各省、自治区、直辖市的组织部门要按照《通知》的规定，在征求国家质量技术监督局同意后，配备好省级质量技术监督局的领导班子；二是各省、自治区、直辖市机构编制管理部门要按照《通知》要求，确定和落实省级质量技术监督部门的机构设置和人员编制，保证质量技术监督工作正常开展；三是各省、自治区、直辖市财政部门要根据质量技术监督部门实行垂直管理和业务发展的需要，将所需经费足额纳入省级财政预算予以重点保障，为省以下各级质量技术监督部门依法行政提供必要的经费保证。

（三）各级质量技术监督部门要把实施管理体制改革作为当前的重要工作，切实抓紧抓好。国家质量技术监督局要尽快商中组部、中编办、财政部等有关部门，提出有关干部管理、机构设置和人员编制、经费保障等管理办法，并下发执行。各省、自治区、直辖市质量技术监督局要根据《通知》精神和各地的实施方案，尽快组织实施。在实施中，既要态度坚决，行动积极，又要精心组织，步子稳妥，保持正常的工作秩序。各地质量技术监督部门要紧紧依靠地方党委、政府的领导，及时主动地与组织、机构编制管理和财政等部门沟通协商，取得有关部门的支持。

三、加大工作力度，加强队伍建设，开创质量技术监督工作新局面

1999年，在我们党和国家的历史上是具有特殊意义的一年，我们将庆祝中华人民共和国成立50周年，喜迎澳门回归祖国。做好今年的经济工作，意义十分重大。我们要努力实现1998年中央经济工作会议和九届人大二次会议提出的经济工作的总体要求，在保持经济适度快速增长的同时，切实把工作的着力点放在优化结构、提高经济增长质量和效益上来。因此，我们应当把质量问题作为经济发展中一个战略问题予以高度重视。

改革现行质量技术监督管理体制，充分体现了党中央、国务院狠抓质量工作的决心和对质量技术监督工作的重视。全国质量技术监督系统的同志们，应不辜负党中央、国务院的期望，扎扎实实地搞好管理体制改革工作，加强队伍建设，加大工作力度，为维护良好的经济秩序，促进国民经济持续、快速、健康发展，做出应有的贡献。为此，要突出抓好以下几方面工作：

（一）充分认识当前质量状况的严重性，进一步加大质量技术监督工作力度。改革开放以来，我国的产品质量水平有了较大的提高，从近几年的情况看，国家监督抽查合格率稳定在75%～78%之间，较1992年至1994年的70%有所上升；部分名牌彩电、冰箱、洗衣机、空调等产品，主要性能达到国际水平，钢材质量连续几年保持稳定，尿素、农用薄膜等重要农用产品质量有所上升；涌现出一批象邯钢、宝钢、上海大众、四川长虹、青岛海尔等质量效益型的企业。但是，我们也要看到，产品档次低、质量差、假冒伪劣屡禁不止的状况，没有得到根本扭转，质量形势依然十分严峻，我们对此应有清醒的认识。我同意国家质量技术监督局对当前质量状况严重性的分析意见，一是产品质量低劣问题相当普遍；二是假冒伪劣现象屡禁不止；三是质量管理严重滑坡；四是优难胜、劣不汰问题十分突出；五是监督乏力，有效手段不足。这些问题，对国民经济和社会发展造成多方面的严重危害。因此，必须加强质量技术监督工作，加大执法力度。

首先，要加强质量技术监督立法工作，依法加大打击力度。要认真清理和修定现行质量技术监督法律法规，制定更为严厉的惩处措施，解决当前对制假、售假者打不"疼"、打不"死"的问题。严厉打击制售假冒伪劣商品的不法行为，对于建立和完善社会主义市场经济体制、保护人民群众的合法权益、深入开展反腐败斗争具有重要的意义，因此，我们一定要以对人民、对国家高度负责的态度，充分认识这一工作的重要性、紧迫性和艰巨性，以打击走私一样的勇气和决心打击制售假冒伪劣商品等违法行为。

第二，要加大产品质量的监督、检查力度，对重要产品予以重点检查，保证产品质量国家监督抽查工作到位。对抽查出的不合格产品以及拒绝质量监督检查的企业，要组织新闻媒体予以公开曝光，并对这些企业的厂长、经理进行质量技术培训，责令限期整改；对整改后经复查其产品仍不合格的企业，由质量技术监督部门会同同级经贸委，严令停产整顿。

第三，落实"打假"工作领导责任制。各级政府要按照《国务院办公厅转发国家经贸委等部门关于深入开展打击生产和经销假冒伪劣商品违法行为意见的通知》（国办发〔1996〕10号）的要求，从省到乡镇逐级建立"打假"工作责任制，落实国家关于"打假"工作的部署。国务院有关部门要对假冒伪劣情况严重地区"打假"责任制落实的情况进行检查，并责令限期整治；对"打假"不力、限期内达不到整治目标的，要追究主要负责人的责任。各级质量技术监督部门要对"打假"工作实行一把手负责制，建立"打假"目标责任制，严格考核。

（二）转变机关职能，转变工作方式，改进工作作风。首先，要树立全局观念，转变机关职能。实行省以下质量技术监督系统垂直管理后，省级质量技术监督局既是省级政府的职能部门，又是全省质量技术监督系统的领导机关，因此，省局要树立全局观念，抓好宏观管理，统筹规划，统一领导省以下质量技术监督部门的工作；要尽快理顺职能，该管的事一定要认真管好，该下放、转移的职能要下决心下放、转移；要进一步提高工作的有效性，在政府管理经济和社会事务中充分发挥作用。第二，要转变工作方式，改进工作作风。实行省以下质量技术监督系统垂直管理后，省级质量技术监督部门的工作职能、工

作要求和工作侧重点都将发生不同程度的变化，因此，我们的工作不能局限在过去的方法和方式上。质量技术监督工作任务重、头绪多，要突出重点，要有切实可行的措施和制度做保证，对部署的各项工作要件件抓落实，抓出成效；要深入调查研究，总结和推广典型经验。总之，要把主要精力放在想大事、议大事、管大事上，要办企业和广大消费者希望我们办的事。研究问题要有深度，解决问题要有力度，办事要有速度，工作要求实效。

（三）努力建设一支公正廉洁的质量技术监督队伍。朱镕基总理1993年就告诫质量技术监督部门：技术监督有了公正廉洁，就在社会上站得住；失去公正廉洁，就会垮台。因此，要以改革质量技术监督管理体制为契机，努力建设一支高素质的队伍，为强化质量技术监督执法和各项监督管理职能提供可靠的组织保障。一是要严把进人关。严格进人条件，严格考录公务员，坚持“公开、平等、竞争、择优”的原则，确保人员素质。二是要建立健全能上能下、激励与制约相结合的干部管理机制，加强廉政建设，切实提高干部的政治素质和业务素质。三是要逐步完善职工能进能出的机制，把那些不适合在质量技术监督系统工作，特别是以权谋私、吃拿卡要的人清除出去。要结合这次机构改革和管理体制改革，精减机构，裁减冗员，抓好人员分流工作。四是要加强各级领导班子和基层队伍建设。党中央决定，在县级以上党政领导班子、领导干部中深入开展“三讲”教育，以整风的精神认真解决干部队伍建设中存在的突出问题，质量技术监督系统各级领导班子必须以良好的精神状态，认真抓好本系统的“三讲”教育工作，继续狠抓作风建设，树立良好的行业形象。要把加强以县级质量技术监督机构为重点的基层建设，作为一项既紧迫又长期的任务继续抓紧抓好。

（四）认真贯彻执行收支两条线管理的规定，促进依法行政。实行收支两条线管理，不仅有利于依法行政，割断利益关系，预防和治理腐败，也有利于各级财政的经费支持。质量技术监督管理体制改革后，质量技术监督系统要全面实行收支两条线管理，进一步规范执法中罚款和收费行为，严格依法行政。各级人民政府和有关部门要支持质量技术监督部门做好收支两条线管理工作，决不允许给质量技术监督部门下达罚款指标。

同志们，质量技术监督部门在维护经济秩序、促进国民经济健康发展中承担着十分重要的职责，党中央、国务院寄予厚望。希望质量技术监督部门的同志们在党中央、国务院的领导下，在地方各级党委、政府和各有关部门的大力支持下，周密部署、精心组织、狠抓落实，全面完成质量技术监督管理体制改革任务，建立起办事高效、运转协调、行为规范、执法统一，与发展社会主义市场经济相适应的质量技术监督管理新体制，为促进国民经济持续、快速、健康发展做出积极的贡献。

加大质量工作力度
提高产品质量总体水平

——吴邦国副总理在全国质量工作会议上的讲话

1999年11月4日

这次全国质量工作会议，是在我国经济改革和发展面临新的形势下召开的一次重要会议。会议的主要任务是，以党的十五大精神和十五届四中全会《关于国有企业改革和发展若干重大问题的决定》(以下简称《决定》)为指导，研究和部署进一步加大质量工作力度，大力提高我国产品质量总体水平。会议将讨论《国务院关于进一步加强产品质量工作若干问题的决定(征求意见稿)》(以下简称《质量决定(稿)》)。对这次会议，镕基同志很重视。在会议筹备过程中，他亲自听取汇报，并就一些重大问题，提出明确意见。刚才，又传达了镕基同志的重要批示："当前，我们面临经济结构调整的关键时期，质量工作正是主攻方向。没有质量就没有效益，放任假冒伪劣，国家就没有希望。"我们要认真学习。现在，我先讲几点意见。

一、提高产品质量总体水平是关系我国经济发展全局的大事

产品质量问题，是经济工作的一个根本性问题，任何时候都需要高度重视。那么，为什么现在要召开一个全国性会议专门部署加强质量工作呢?无论是解决当前经济生活中存在的突出问题，促进国民经济良性循环，保持经济持续、快速、健康发展，还是实现党的十五大确定的跨世纪宏伟目标，增强综合国力和国际竞争力，都必须加大质量工作力度，全面提高产品质量。也就是说，我们应当从改革和发展的全局来认识加强质量工作的重要性和紧迫性。

*首先，提高产品质量总体水平，是我国当前经济形势发展的迫切要求。*当前，我国总的经济形势是好的。去年以来，为应对亚洲金融危机的冲击，党中央、国务院及时实施扩大内需和积极的财政政策，使国民经济保持较快增长。今年1～9月国内生产总值比去年同期增长7.4%。农业稳定发展，结构调整取得一定成效。工业生产持续增长，行业结构调整迈出较大步伐。国有企业改革取得较大进展，经济效益明显回升。外贸出口出现回升势头，比年初的预计要好。财政收支增幅较大，金融平稳运行。价格总水平降幅缩小。其他各项改革和建设事业也都在稳步推进。同时，在复杂的国外和国内经济环境下，经济生活中还存在一些问题，突出的是有效需求仍然不足，通货紧缩的趋势尚未有效遏制。主要表现为消费需求持续不振，固定资产投资增长速度放慢，全国商品零售价格总水平已连续25个月下降，在未来几个月仍会处于下降状态。这些问题妨碍着国民经济持续快速发展。

我们必须清醒地看到，当前经济生活中存在的问题，既是社会总需求不足的反映，也是经济深层次矛盾的反映。*一是过去重复建设造成经济结构不合理的问题，在有效需求不足的情况下变得更加突出。*目前，多数工业产品生产能力利用率不足。据第三次全国工业普查，在调查的402种主要工业产品中，有83%的产品生产能力利用率不足或严重不足。许多生产设备利用率低下。据国家经贸委最近的调查，我国主要行业生产设备的利用率只有65%，其余35%放空。*二是许多产品档次低，质量差，不能满足市场需要。*改革开放以来特别是近年来，我国质量管理工作得到加强。产品质量总体水平有了较大提高，部分产品质量已达到或接近国际先进水平。但是，目前我国产品质量的状况与经济发展要求和国际先进水平相比，仍有比较大的差距。许多产品档次偏低，可靠性差，质量不稳定，抽查合格

率较低。大路产品多,名优产品少;粗加工产品多,深加工产品少;传统技术产品多,高新技术产品少。假冒伪劣商品屡禁不止,重大质量事故时有发生。据中国消费者协会反映,今年第三季度受理的投诉中有65.5%属于产品质量的问题。由此可见,广大消费者对当前产品质量差的状况是很不满意的。

产品结构不合理,产品质量低,对生产建设和人民生活造成的影响是多方面的。第一,不仅使国内生产能力大量闲置,许多企业开工不足,而且每年花费了大量外汇进口生产资料和消费品。例如,我国是纺织大国,服装、棉纺和化纤产量居世界首位,但每年仍要进口60～70亿美元的纺织面料。我国钢产量居世界首位,1998年钢材生产能力1.3亿吨,产量10518万吨,还进口了1242万吨;今年计划进口钢材700万吨,而1～9月已累计进口1125万吨,同比增加30.1%。第二,产品结构不合理、产品质量低,是我国产品物耗、能耗过高的重要原因。许多原材料、机电产品性能低、质量差、不合格率高、损失浪费严重,极大地影响了我国经济效益的提高。第三,产品质量低,假冒伪劣产品多,还直接造成国家财产的重大损失,危害人体健康和人身、财产安全。这方面事例不胜枚举。去年以来,一些地方连续发生多起重大恶性事件。例如,山西文水的假酒案,死亡20多人;重庆綦江彩虹桥坍塌,死亡40多人;江西赣南两个县发生的有毒猪油案,造成数人死亡,几百人中毒;还有的企业锅炉爆炸,造成重大伤亡。这些恶性事件引起社会震动,对这些恶性事件的当事人,有关部门虽然进行了严肃处理,但造成的巨大损失和恶劣影响,是不可挽回的。许多产品质量低,假冒伪劣产品多,还严重影响了居民的消费意愿,这是目前消费需求不足的一个重要原因。还需要指出的是,近两年来,一些企业即使有了市场需求和生产任务,也不在增加品种、提高产品质量上下功夫,因质量问题导致的事故屡屡发生。这些都说明,加强产品质量工作,已到了刻不容缓的时候。

应当看到,当前加大质量工作力度,提高产品质量总体水平,有着多方面的重要作用。它既可以增加有效供给,改善供给结构,增强产品的市场竞争力,提高市场占有率;又可以生产出更多适销对路、高质量的产品,创造市场需求,把潜在需求转变为现实的购买力,还可以提高我国产品的竞争力,减少进口,节省外汇。更要看到,我们实行扩大内需和积极的财政政策,相当部分资金是靠扩大发行国债。这项政策的成效大小,很大程度上取决于工程建设质量和相应的建材、机械设备等产品质量。因此,大力提高产品质量对巩固和发展当前好的经济形势,克服前进中的困难,具有十分重要的意义。

第二,提高产品质量总体水平,是我国现代化建设进程的客观要求。建国50年来,特别是经过近20年的改革和发展,我国社会主义现代化建设进入新的发展阶段,第二步战略目标即将全面实现,并向第三步战略目标迈进,社会经济生活发生了一系列深刻的变化。全国人民生活由温饱进入小康,并逐步向更高水平前进。城乡居民不仅要求消费品数量的满足,更要求商品质量和档次的提高,花色、品种的增加和售后服务的保证。从市场供求关系看,现在主要商品供过于求,已由过去的卖方市场转为买方市场。据国内贸易局对600多种主要消费品的调查,有2/3供大于求,1/3供求平衡,几乎没有供不应求的。从经济运行方式看,国民经济市场化程度明显提高,市场竞争机制发挥着越来越重要的作用。我国现代化建设事业的这种新形势、新任务,对产品质量工作提出了新的、更高的要求。

提高我国产品质量总体水平,也是实施可持续发展战略的需要。随着我国人口进一步增加和经济规模的不断扩大,我国人均资源相对不足的矛盾将更加突出。我国耕地、水和重要矿产资源的人均占有量大大低于世界平均水平,其中有45种主要矿产资源人均占有量不足世界平均水平的一半,许多重要原材料长期依赖进口。我国的资源状况,难以长期支撑高投入、高消耗、低质量、低产出的粗放型经济增长方式。能源、原材料的节约使用,始终是我国经济建设中的重大问题。提高产品质量,增加合格产品和优质产品,减少废品和劣质产品,不仅可以有效增加社会财富,而且实际上节约了能源、原材料消耗。产品质量低,两个不顶一个用,实际上是浪费资源。资源的过量消耗和浪费,还会造成环境污染。提高生产资料产品性能和质量,有助于保护环境,治理污染。所以,我们必须把发展经济转到主要依靠科技进步、提高质量、降低消耗和增加效益上来,合理利用资源,提高投入产出率,增加单位产品的附加值,绝不能让质量低的产品,甚至假冒伪劣产品耗费宝贵的资源,污染环境。只有这样,我们才能实现国民经济的可持续发展。

第三，提高产品质量总体水平，还是扩大对外开放，增强我国经济竞争力的必然要求。当今世界，经济全球化步伐加快，国际市场上竞争激烈，优胜劣汰。市场竞争在很大程度上取决于产品质量的优劣和性能的高低。只有产品质量过得硬，才能在市场上有竞争力。现在世界各国都非常重视提高产品质量，把改进产品质量作为增强国力、提高自己在国际经济中地位和竞争力的重要手段。实行对外开放是我国的基本国策，我们必将继续扩大对外开放的广度和深度。对外开放很重要的方面，一是允许国外产品进入我国市场，二是要使我国产品打入国际市场。这两个方面都需要我们大力提高产品质量。如果不努力提高我们的产品质量水平，国外产品就会大量挤占我国市场，我国企业的产品市场占有率就会越来越低。我国现在外贸出口商品附加值低，换汇成本高，在同类产品竞争中往往处于劣势。例如，我国自行车出口量为世界第一，但平均单价仅 42.4 美元，只相当于台湾出口自行车的 1/3，是世界平均价格的一半，主要原因是生产工艺落后，产品材料、电镀、焊接、冲压、加工精度、配合精度等方面质量问题多。我国陶瓷每件出口换汇仅 20 多美分，而日本陶瓷为 1.12 美元，德国、英国陶瓷为 1.96 美元，主要原因也是因为我们的产品档次和质量低。由此可见，不下大力气改进出口产品质量和档次，提高出口产品竞争力，就难以保住已有的国际市场，也难以开拓新的国际市场，从而会严重影响我国对外开放的水平。

统观世界发达国家经济发展的历史进程，无一不高度重视产品质量和质量工作。战后日本经济的振兴，就是从着力抓质量开始的。80 年代，美国产品在世界市场遇到来自日本、德国等国家产品的严重挑战，竞争力明显下降时，美国政府认识到，重振美国经济靠贸易保护主义不行，靠美元贬值也不行，关键在于提高产品质量，认为“经济上的成功取决于质量”于是，1984 年美国国会通过决议，规定每年 10 月为“质量月”，其口号是“质量第一”。我们要增强经济实力和竞争力，以至赶上发达国家，也必须采取切实有力的措施，大力振兴产品质量，显著提高产品质量总体水平。

我们党和政府历来十分关心和重视质量工作，要求不断提高产品质量水平。邓小平同志对产品质量问题和质量工作作过一系列精辟的论述。他反复强调，在经济建设中要把产品质量放在突出的位置，坚持质量第一。早在 1975 年 8 月他就指出，“一定要坚持质量第一”。“质量第一是个重大政策。这也包括品种、规格在内”。“要想在国际市场有竞争能力，必须在产品质量上狠下功夫”。1985 年 7 月他又强调，“工业生产特别是出口产品的生产，中心是提高质量，把质量摆到第一位。乡镇企业也要抓质量”；“质量问题虽然经常提，但现在只是一般地提不行，要突出地提，切实地抓”。以江泽民同志为核心的第三代中央领导集体，在加快改革开放和经济建设的新形势下，反复强调要正确处理发展速度和产品质量的关系。江泽民总书记在党的十五大报告中指出：要“真正走出一条速度较快、效益较好、整体素质不断提高的经济协调发展的路子。”他在十五届三中全会上又强调：“我们的经济增长，是要实实在在、没有水份的增长，是在提高质量和效益上的增长”；“要把工作的重点放在调整结构、改进质量和提高效益上来”。不久前，党的十五届四中全会通过的《决定》明确要求，在推进国有企业改革和发展中，必须“重点搞好成本管理、资金管理、质量管理”；并强调“坚持质量第一，采用先进标准，搞好全员全过程的质量管理。”以上这些充分说明，坚持质量第一，把提高产品质量放在首位，是我们党关于经济建设的一贯重要指导思想，是我国经济发展战略的核心问题。我们一定要从经济发展全局和战略的高度，来看待产品质量问题，进一步增强提高我国产品质量总体水平的责任感和紧迫感，切实把“质量第一”的思想贯穿到经济工作的各个环节中去。

二、提高产品质量总体水平需要着力抓好的几项工作

国务院 1996 年发布的《质量振兴纲要》提出，我国质量振兴的主要目标是：经过 5 至 15 年的努力，从根本上提高我国主要产业的整体素质和企业的质量管理水平，使我国的产品质量、工程质量和服务质量跃上一个新台阶。这次《质量决定(稿)》，明确提出了今后加强质量工作的任务和措施。这些是根据我国经济发展趋势和对产品质量的总体要求提出来的，是必要的和可行的，也是经过努力可以实现的。各地区、各部门要认真贯彻执行。

这里需要强调，要把我国产品质量提高到一个新水平，必须适应改革和发展的新形势，转变质量管理思想、完善质量管理机制和改进质量管理方法。在实行社会主义市场经济的条件下，市场机制在生产、建设、流通、消费各个环节起着越来越明显的作用。因此，对产品质量的管理必须遵循市场经济规律，充分发挥市场机制的作用，促进企业以市场为导向加强质量工作；同时，也必须重视和发挥政府在质量工作中的重要作用，综合运用法律的、经济的和必要的行政手段以及其他配套措施，促进产品质量总体水平的提高。特别是在目前新旧体制转轨时期，规范化的市场经济秩序还没有建立起来，加大质量工作的力度尤为必要。针对当前产品质量存在的问题和对提高产品质量的总体要求，今后在产品质量工作中需要着力抓好以下几个方面的工作。

第一，加强基础性工作，改进和健全产品质量保障制度。严格、完善的质量保障制度，是从生产、建设、流通、消费各个环节保证产品质量的重要依据。没有规矩，不成方圆。没有一套科学的质量管理制度，质量工作就失去了标准。我们不仅要坚持已有的、行之有效的各项制度，而且应当根据改革开放、经济发展和科技进步的新形势和新要求，不断加以充实和完善，健全适应社会主义市场经济发展要求的质量保障制度和办法。当前特别要抓好以下三个环节：

一是建立健全科学先进的产品质量标准。如果产品质量标准低，即使产品100%合格，在市场上也不会有竞争力。现在我国许多产品的质量标准偏低，而且很多企业标准低于国家标准，甚至无标生产。据粗略统计，全国县以下中小企业无标生产的比例高达40%。在对外开放不断扩大和技术进步日新月异的情况下，这种低质量标准的产品越来越没有出路。我们要用发展的观点，而不能用静止的观点来看待产品质量标准问题。因此，要密切跟踪国际标准和国外先进标准的发展状况，及时修订现有的国家标准，提高我国的质量标准水平。所有工业企业都必须按标准组织生产，严禁不按标准生产。凡生产涉及人体健康和人身、财产安全产品的企业，必须严格执行国家强制性标准。要积极引导企业采用国际标准和国外先进标准，鼓励它们制定具有竞争力的、高于现行国家标准的企业内控标准。引进设备和利用外资生产的一般工业产品，质量水准不得低于国际标准。否则，设备不准引进，项目不得审批。抓好了这个环节，就可以从产品标准方面保证产品质量水平的提高。

二是加强计量检测体系建设。计量检测工作是整个工业企业素质和管理现代化最基本的条件，凭数据指挥生产、监控企业、检验成品，质量才能真正得到保证。没有准确的计量，就没有可靠的数据，就无法正常控制工艺过程，也就不可能生产出高质量的产品。在工业发达的国家，计量检测同原材料、工艺装备一样视为工业产品生产的三大支柱。没有完善的计量检测体系，没有统一的计量单位，没有准确一致的量值，就不可能生产出高质量的产品。因此，完善我国计量检测体系，不断提高我国工业企业计量检测技术水平，是企业提高产品质量和经济效益、参与国际竞争的重要措施。要把提高计量基准和标准的国际等效性，完善计量检测手段，严格对计量设备的定期检定，作为提高我国产品质量总体水平的基础性工作，充分发挥计量检测工作在提高质量、降低消耗、增进效益方面的作用。要大力加强计量测试手段和方法的研究，为提高产品质量的总体水平提供必要的计量检测保证，并促进产品升级换代和高新技术产业化。

三是完善全面质量管理。全面质量管理是我国在70年代末成功引进的一种现代化质量管理制度，对我国加强产品质量工作，提高产品质量，促进经济发展发挥了重要作用。要继续开展全面质量管理、质量改进和降废减损活动。在新的形势下，要进一步完善全面质量管理。要认真宣传贯彻质量管理和质量保证系列国家标准，大力加强质量体系认证工作。要继续参照国际先进的产品质量标准和技术要求，推行产品质量认证制度。经认证合格的，由认证机构颁发产品质量认证证书，准许企业在产品或者其包装上使用产品质量认证标识。进入市场的商品必须具备规范化的质量标识。没有标识的产品就象没有正确说明的药品，人命关天。要按照不同产品的特点，推行各种标识制度，包括产品安全标识、生产许可证标识、警示标识、特性标识、认证标识、防伪标识和保险标识等等。同时，国家对可能危及人体健康和人身、财产安全的工业产品，实行生产许可证制度和产品质量安全认证制度，严格把好市场准入关。要积极借鉴国外企业科学的质量管理方法，推行“零缺陷”和可靠性管理技术。

以上这几项质量管理的基础性工作，是提高产品质量总体水平的重要依据和保证，要在今后的质量管理工作中大力推行和严格实施。

第二，企业要坚持以市场为导向，切实加强质量工作。在市场经济条件下，企业是市场竞争的主体，也是提高产品质量的主体。产品质量比较好的企业，他们共同的特点是把产品质量视为企业的生命，面向市场，严把质量关。质量出问题，根子在企业。现在大部分产品的质量问题都与企业管理松懈有关。要显著提高产品质量的总体水平，就必须大力提高企业的质量管理水平。这里，至关重要的应当抓好以下三个方面。

一是制定和实施企业质量发展目标。一个企业要在市场经济中生存和发展，必须有明确的质量发展目标。这是企业发展战略的一个重要内容。没有明确的质量发展目标，就不可能有市场竞争力。所有企业都要根据国内外市场变化的趋势，制定和实施切实可行的质量发展目标，并提出相应的措施。这是提高企业产品质量的重要前提。大型企业和企业集团要瞄准世界先进水平，积极采用国际标准和国外先进标准，形成一批高质量、高档次的名优产品，提高市场占有率。中小企业要根据自身特点和市场需求，制定质量改进措施，加强技术基础工作，增强产品市场竞争力。这里强调指出，要把实施名牌战略作为企业质量发展目标的一个重要组成部分。名牌产品是高质量和综合经济优势的象征，代表着一个国家、一个民族的实力和形象。一个国家没有一大批在国际国内叫得响的名牌产品，就缺乏市场竞争力。企业也只有创出名牌产品，才能占有国内市场，打进国际市场，提高市场占有率。实施名牌战略，特别是在已经掌握了关键技术、具有开发能力的企业中创出一批具有国际竞争力的拳头产品，意义十分重大。因此，企业要把创名牌、保名牌作为在竞争中求生存、求发展的自觉行动。创立和发展名牌产品没有捷径可走，必须在质量、技术、管理和营销等方面下硬功夫。同时还要指出，现代科技瞬息万变，那种认为一种名牌产品可以优势长存、一劳永逸的观点是不对的。今天是优势、是名牌，明天就有可能成为劣势，不再是名牌，就有可能被其他优势产品、名牌产品所取代。企业必须树立忧患意识和危机感，要有不断创新、不断开拓、不断进取的精神，这样才能不断保持优势，保住名牌。

二是建立和完善企业的质量保证体系。产品质量是通过设计、制造到售后服务等一系列环节实现的，哪个环节出了问题，产品质量都得不到保证。设计质量决定着产品质量的水平，而设计质量能否实现，关键在于制造工艺和严格操作。产品质量高低的标准是用户和消费者是否满意。因此，企业要建立从产品设计到售后服务全过程的质量保证体系，严格执行标准，重视计量检测，搞好全员全过程的质量管理。要从严治理企业，没有严格的管理和健全的责任制，产品质量难以保证，更难以提高水平。企业必须有一套严格的质量保证体系和责任制度。企业主要负责人要用很大精力抓质量工作。经理（厂长）是产品质量的第一责任者，对企业的质量工作负主要责任。要把企业的质量管理工作和质量状况，作为对企业经营者考核的重要内容。要提高经营者的质量意识。现在，相当一部分企业的经营者质量意识淡薄，重数量、轻质量，这种现象必须坚决加以改变。为推动企业经营者重视质量，提高质量意识，对生产不合格产品的企业经营者要“亮黄牌”，要组织他们进行专门培训。去年各地举办 30 多次产品不合格的厂长（经理）学习班，是一个很好的做法，让这些厂长有点不光彩的记录，对他们提高产品质量意识有好处。企业必须根据各个环节的质量责任，制定严明的考核办法。产品生产要有标准，企业要有检验人员和检测设备。要严格原材料、元器件、外协件入厂把关，严格工艺纪律，严格生产过程质量控制，严格产品出厂质量把关。这里十分重要的一招，就是要认真实行质量否决制度。无论哪个环节、哪个岗位出了质量纰漏，就严厉惩处。企业经营者不但自己要敢于碰硬，也要支持质量检验人员碰硬。要切实解决企业质量管理制度形同虚设的问题，确保不合格产品不出厂。

三是全面推行售后服务质量国家标准。从根本上说，售后服务是产品质量的延伸。生产企业要建立健全售后服务制度和网络，把售后服务作为企业提高产品市场竞争力的重要手段，忠实履行对用户的服务承诺，实现售后服务的规范化。各类商业企业也要建立售前、售中和售后质量保证体系和自律机制，对所售商品质量实行先行负责制，严格执行包修、包退、包换的规定，切实维护消费者权益。同时，铁路、交通、邮电、民航、旅游、医疗卫生以及银行、证券、保险、房地产、信息咨询等服务业，要把提高服务质量作为一个永恒的主题，不断研究、解决服务中出现的问题，深入开展"创优质服务"活动，强化服务质量管理工作，改进服务方式，改革和完善各项规章制度，全面推行服务质量国家标准，实现服务质量的制度化、程序化、标准化。

第三，狠抓技术改造和技术进步。这是提高产品质量水平的根本性措施和重要途径。我国产品质量水平低的一个重要原因，是多数工业企业技术装备落后、工艺陈旧。据有关部门提供的材料，目前我国国有企业中关键设备达到或接近国际先进水平的仅占15%左右，机械工业技术装备大体只相当于国际上六七十年代的水平，只有少数达到发达国家80年代的水平。许多行业总的生产能力相对过剩，但技术水平低，产品结构不合理，不能适应市场需求。解决这个问题，关键是要以市场为导向，加大技术改造力度，增强企业技术创新和更新换代能力。要围绕增加品种、改进质量、提高效益和扩大出口，采取有力措施，加大投入，改造落后装备，完善技术保障手段，引导和促进企业采用新技术、开发新产品，提高现有产品的质量水平。同时，企业要面向市场，建立技术创新体系，推进产学研结合，加强技术改造，加快技术进步，切实解决一批重要产品的关键技术，努力开发一批适应国内外市场需求的新产品，全面提高产品的档次和质量水平。

中央领导同志非常重视企业技术改造和技术创新工作。中央在决定今年进一步实施扩大内需和积极的财政政策力度的同时，明确地把加强企业技术改造作为重要任务，从今年增发的长期国债中，拿出相当部分作为技术改造贷款的贴息资金。这样，可以带动2 000多亿元贷款资金投入企业技术改造。的确，当前的市场供求状况和中央关于加强技术改造的决策，为企业技术进步提供了难得的机遇。我们应当珍惜、抓住和用好这个机遇。搞好技术改造工作关键是要选准企业、项目和产品。要围绕以产顶进、采用先进工艺、淘汰陈旧设备三个方面，集中力量支持重点行业和重点企业，解决重点产品突出的结构性矛盾。在技术改造中，着力增加品种，改进质量，增加有效供给；大力开发技术含量高、市场容量大、有发展前景、经济效益好的产品；节能降耗，降低成本；瞄准国际先进水平，积极采用新技术、新工艺、新材料。坚决不搞低水平重复建设和单纯数量扩张。

经过研究确定，当前国家重点改造的行业是冶金、纺织、石化、有色金属、机械、信息产业和军工七大行业。鼓励技术改造采用国产设备，促进装备国产化。冶金行业要针对吨钢综合能耗高、品种不齐、关键钢材品种大量依靠进口等问题，把改造重点放在采用转炉和高效连铸等新工艺、增加关键钢材品种和节能降耗上。纺织行业的改造重点是提高后整理等主要工艺水平，实现高档纺织面料以产顶进和纺机国产化。石化行业改造的关键在于增加品种，重点是油品（润滑油、沥青等）升级和乙烯后续产品的结构调整。有色金属行业的改造重点是铜、铝、铅、锌四大品种的节能降耗，提高质量，顶替进口。机械行业的改造重点是为重大技术改造提供装备，努力提高这些装备和重点基础机械产品的质量、技术水平和国产化水平，重大技术装备要有依托工程。信息产业要针对数字技术产品落后、基础电子元器件薄弱等问题，以实现移动通信产品国产化、发展新型电子元器件为改造重点。军工行业也要按照增加品种、改进质量、提高效益的要求来进行技术改造。

中央决定运用积极的财政政策，加大对技术改造的投入，支持国家重点技术改造，这是对产品质量工作的巨大支持，一定要把这笔资金用好。需要强调的是，在技术改造实施过程中，一定要精心选择产品和项目，精心施工，坚持高起点，积极采用国际标准和国外先进标准；坚持质量第一，严格执行工程质量终身负责制；鼓励企业技术改造采用国内技术和国产设备，提高装备国产化水平，带动国内机电产业的振兴和发展；技术改造资金要注意向老工业基地和中西部倾斜；严禁挤占、挪用、侵吞技术改造资金，确保技术改造项目的成功和取得实效。

第四，加大政府监督力度，强化质量法治。在市场经济的条件下，政府管理产品质量主要是依法切实履行维护市场公平的职责，加强对产品质量的监管。要通过制定和实施质量管理法律、法规以及各种具体监督制度、措施，查处不合格产品和假冒伪劣产品，保护消费者和用户权益，维护公平竞争的市场秩序，促使产品质量总体水平不断提高。

一是实行重要产品质量监管制度。我们已经对一些重要产品实行了生产许可证和产品质量安全认证制度，现在的问题是不仅实施范围小，而且执行不严格。目前不少生产重要产品的企业，特别是一些私营企业和乡镇企业，普遍存在无生产许可证、无质量安全认证的情况。对重点产品和特殊商品必须切实加强质量监管，对涉及人体健康和人身、财产安全的产品，质量技术监督部门要严格执行生产许可证、产品质量安全认证制度，加强对开业的审查。没有生产许可证和质量安全认证的产品，一律不得生产和销售，违者要依法严惩。凡不具备基本生产条件、不能保证生产出合格产品的企业，一律不准开工生产。商业企业要加强对进货质量的检查验收，认真实行商品质量先行负责制。有关执法部门要加强对各类专业市场商品质量的监督检查，对阻挠监督检查的要严厉查处，并追究当事人责任。

二是建立符合市场经济要求的公平竞争机制。目前，一些地方存在着地方保护主义行为，通过报验、准销、准用、公路设卡等手段阻挠外地产品进入本地。这种做法破坏了全国统一的市场，不利于建立公平竞争的市场环境，不利于企业努力提高产品质量，必须坚决制止。同时，还要坚决杜绝各种虚假宣传和质量欺诈行为，保证公平竞争，实现优胜劣汰。这里需要重申：除国家明确规定外，各地区、各部门、新闻单位、企事业单位及学会、协会等社会团体组织一律不得进行对企业产品、服务等的综合评价，以及带有排序、推荐评比性质的企业和商品信息发布活动。现在五花八门的评价、推荐排序活动，既加重了企业的负担，又扰乱了市场秩序，必须全面清理。

三是完善质量监督抽查制度。国家监督性的产品质量抽查制度已经实行了 14 年，这是一项保证产品质量行之有效的措施。要继续充分发挥这一措施"规范市场、扶优治劣、引导消费、服务企业"的作用，并不断加以完善。要把涉及人体健康及人身和财产安全的产品、关系国计民生的重要产品、消费者对质量问题反映强烈的产品作为监督抽查的重点，定期跟踪检查，加大抽查频次，随时突击抽查并公布抽查和试验结果。要加强监督检查的后处理工作，完善和坚持已有的后处理制度，即公告制度、整改制度、处罚制度、通报制度以及吊销有关证书制度。要加大对产品质量抽查不合格产品的企业及其主要负责人的处罚力度。要重点检查产品质量问题比较多的中小企业、乡镇企业、个体（私营）企业以及普遍发生质量问题的区域。加强对重点产品、重点行业质量监督。不断加大监督抽查覆盖面，增强科学性，确保有效监控。查到不合格产品就要追到企业，追到责任人，该责令停产整顿的停产整顿，该吊销生产许可证、产品质量安全认证、营业执照的，一定要吊销。要排除阻力，一查到底。必要时，纪检监察部门可以一起上。这样，才能真正发挥监督的震慑作用。在淘汰技术落后、浪费资源、产品质量低劣、危及人身健康和污染严重的产品和企业方面，质量主管部门一定要加强监督检查，促其整改。同时，对产品质量长期稳定、市场占有率高、企业标准严于国家有关标准的产品，可确定为免检产品，以鼓励企业生产优质产品。

强化质量法治，依法治理质量。要健全产品质量法律法规体系。为了强化质量法治工作，国务院已向全国人大常委会提交《中华人民共和国产品质量法修正案（草案）》，全国人大常委会正在审议。其他有关法律的修订工作也要抓紧进行。针对质量工作中的突出问题和存在的处罚偏轻、操作性不强的问题，要为加大执法力度提供法律法规保障。对现有的法律法规要认真清理，修订那些不符合社会主义市场经济发展要求的内容。同时，还需要考虑制订一些新的质量法律法规，以尽快形成一个从宏观调控到生产、流通和消费，相互协调、操作性强的质量法律法规体系。从目前看来，最重要的是严格执法。应该说现有的质量法律法规不少，但质量违法现象仍大量存在。这里的关键是执法不严，惩治不力。因此，一定要认真执法，加大执法力度。质量工作要以法律为准绳，在执法过程中要坚决同各种质量违法行为作斗争，该重罚的要重罚，对触犯刑律的要坚决追究刑事责任，切实做到有法必依，执法必严，违法必究，绝不能姑息迁就。为增强执法的权威性和有效性，要建立执法监督检查制度，加强对质量法律法规执行情况的监督检查，坚决查处有法不依、执法不严、违法不究和滥用职权的行为。政府部门在转变职能的过程中，要强化依法行政的法律意识和责任，无论是制订政策还是监督抽查，都要依法办事，努力提高依法治理质量的工作水平。

三、严厉打击制售假冒伪劣产品的违法犯罪行为

近几年，各地政府和有关部门按照党中央、国务院的部署，广泛开展多种形式的打假活动，查处了一批大案要案，端掉了一批制假售假的窝点，销毁了一批假冒伪劣产品，整顿了一批问题严重的市场，取得了一定成效。但是，我们必须清醒地看到，制售假冒伪劣产品的现象没有得到有效遏制，有些地方还相当猖獗。一是制假范围继续扩散。一些重要产品，如药品、食品、农用生产资料、建筑材料、通讯器材、汽车配件、低压电器、卷烟等，甚至一些高技术产品，如电脑软件、计算机防病毒卡、激光全息防伪标志等，都成为假冒的对象，许多假冒伪劣产品通过各种渠道继续蔓延。二是制假规模呈扩大之势。许多制假售假活动已由简陋的小生产发展到使用现代化设备的批量生产，有的还形成了跨行业、跨地区的产供销网络。三是参与制假售假的单位和人员日趋复杂。不仅有个体私营企业、乡镇企业，而且还有三资企业、国有企业。有些地方的制假售假活动还与境内外不法分子相互勾结。四是党政机关和执法部门中的一些腐败分子与制假售假的违法分子互相勾结，以各种名义包庇、纵容制假售假活动。五是暴力抗拒打假执法事件时有发生，甚至伤害执法人员，打击报复举报人员。制假售假的违法活动，严重干扰了市场经济秩序，损害了消费者和企业的合法权益，败坏了名优产品和出口商品的信誉，影响了我国产品的竞争力。同时，假冒伪劣产品挤占市场，还造成一些国有企业质优价廉的产品积压，不能开足马力生产，严重影响了国有企业的改革和发展。我们必须充分看到制售假冒伪劣产品的严重性和危害性。鉴于当前制假售假屡禁不止的严峻形势，要切实抓好以下几项工作。

一要广泛深入持久地开展打假斗争。必须象严厉打击走私活动一样坚决打击制假售假活动。要有计划地在全国范围组织打假联合行动和专项斗争，严厉打击制假售假违法犯罪活动。要精心组织，周密部署，坚决地打、狠狠地打。各级政府和各有关部门要互相配合，协同作战，动员社会各方面的力量，大张旗鼓地开展打假斗争，狠狠打击制假售假的违法犯罪分子的嚣张气焰。同时，要把集中打击与经常打击结合起来，把治标与治本结合起来。要树立长期作战的思想，常抓不懈。

二要突出重点，紧紧围绕假冒伪劣问题严重的重点产品、重点市场、重点区域，采取专项斗争的办法，进行认真治理。从全国情况看，当前假冒伪劣问题突出的产品是药品、卷烟、食品、白酒、饮料、农用生产资料、建筑材料、低压电器、汽车和摩托车零配件、燃气用具及一些出口商品。这些产品，有的关系人民生命安全，有的关系农民投资收益，有的关系国家信誉，必须作为打假的重点。各地要根据实际情况，制定整治方案，每年要彻底解决几个突出的问题。打假要紧紧抓住几个关键环节：一是端窝点，坚决铲除制假售假的生产、经销点；二是查市场，看看它是如何流入市场的，把日常检查与突击查处结合起来，绝不允许假冒伪劣产品在市场泛滥。

三要抓大案要案，加大查处案件的力度，依法从重从快惩处一批制假售假的违法犯罪分子。对那些违法数额特别巨大、情节特别恶劣、造成人员致死、致残的罪犯，要坚决依法重判，该判死刑的要判死刑，杀一儆百。对有组织有计划长期制假售假的犯罪团伙，必须彻底摧毁，对首恶分子和骨干分子严惩不贷。对制假售假的企业，一经查实，就要坚决吊销其生产和经营许可证。对为制售假冒伪劣产品提供场地、设备、仓库、运输、物资、资金等手段和条件的单位或个人，也要依法从严查处。打假一定要动真格，坚决解决“打不痛、打不死”的问题。无论案件涉及到什么单位、什么人，都要一查到底，绝不手软。特别要追查有关领导干部和企业领导人的责任。

四要整顿市场秩序，规范市场行为，严防假冒伪劣产品流入市场。要强化市场监管，健全市场规则，清除市场障碍，形成竞争有序的市场秩序。要立足治本，堵源截流。加强对批发市场和专业市场的监管，对假冒伪劣屡禁不止的市场，要采取断然措施予以关闭。对假冒卷烟的集散地和销售场所，以及非法兴办的中药材市场，一律予以取缔。要加强对旧货市场的管理，严禁危害人身和财产安全的废旧物资、设备再次投入使用。要切实加强对产品标识和广告的管理，加强对侵权行为的打击。严格审查药品、食品、医疗器械、农药、兽药等产品的广告，严禁利用虚假广告推销假冒伪劣产品。对于关系人民生命安全、农民

利益和国家信誉的重要产品，一定要有市场准入制度，不符合准入要求的产品，一律不得进入市场。要从源头上防止假冒伪劣产品的产生。

五要在严厉打假的同时，加强对名优产品的保护。要对假冒名、优、新、特产品的违法犯罪行为，集中开展打击活动，切实保护名、优、新、特产品生产企业的合法权益。在依法惩处制假售假者的同时，积极支持企业运用法律手段同假冒侵权行为作斗争。政府有关部门不仅要继续与名优产品生产企业联合开展"打假保名优"活动，而且要加强宣传，动员社会各界一起参与这一活动。

四、切实加强对质量工作和打假工作的领导

要显著提高我国产品质量的总体水平，需要持之以恒地做大量艰苦扎实的工作。当前的关键是加强领导，狠抓落实。

第一，实行产品质量和打假工作行政领导责任制。地方各级政府和国务院有关部门一定要把加强质量和打假工作，作为自己的一项重要职责，并切实负起责任来。地方各级人民政府应当把提高产品质量纳入本行政区域的国民经济和社会发展规划，加强对本行政区域内产品质量工作的统筹规划和组织领导。各省、自治区、直辖市人民政府要真正承担起本行政区域内的打假工作责任。要把产品质量和打假工作摆上重要议事日程。要坚决执行国家有关产品质量和打假的法律法规，根据《质量振兴纲要》和这次会议的要求，制订本辖区、本部门提高产品质量和加强打假工作的具体目标和措施，并认真付诸实施。要定期研究和及时解决产品质量和打假工作中存在的问题。对质量和打假工作领导或监管不力，致使制假售假问题严重或出现重大质量事故的，要追究有关地方负责人及责任人的失职、失察和渎职的责任。上级政府要对下级政府责任制落实情况进行检查。要坚决克服质量工作和打假工作中的地方保护主义。哪个地方发生重大质量事故和制售假冒伪劣产品的案件，哪个地方政府就要负责查处，绝不能推卸责任。对大案要案查处不力的，要严肃追究当地政府或有关部门领导人的责任。

第二，齐抓共管，形成合力。按照统一管理，分工负责的原则，对质量和打假工作实行综合治理。国家质量技术监督部门作为质量工作的综合管理和行政执法部门，应担负起统一管理质量工作的责任，要按照国务院的要求和规定，对产品质量和打假工作实行统一管理，做好组织、协调、指导、监督工作。国家质量技术监督局要定期向国务院报告全国产品质量和打假工作情况，并组织检查各地质量和打假工作行政领导责任制的落实情况。各级计划、经贸、财政、金融、科技、教育、人事等部门，要结合本部门的职能，支持搞好质量和打假工作。要充分发挥质量投诉机构和仲裁部门的社会监督作用，要按照有关法律、法规，积极受理质量投诉，调解质量纠纷，科学公正地进行质量仲裁，维护市场秩序和消费者的合法权益。要充分发挥行业协会和专业协会等社会中介组织的纽带作用和自律作用，协助政府做好质量和打假工作。要加强对质量中介机构的管理和监督，按照客观、真实、公正的原则，统一资格评定要求，明确责任和义务，规范中介机构的活动，确保其公正性。质量认证、质量咨询、检验测试、设备监理、质量保险等技术服务机构，要为行政执法提供技术保障，为企业提供技术指导、技术服务。

第三，尽快理顺质量技术监督管理体制，不断提高执法水平。党中央、国务院作出了改革质量技术监督管理体制，实行省以下垂直管理的决策，这为进一步加强质量技术监督工作，促进质量水平提高，创造了体制条件。各地党委、政府一定要从大局出发，加强组织领导，确保省以下质量技术监督系统管理体制改革的顺利进行。为了保证在地方机构改革中进一步加强质量工作，加大打假工作的力度，各地应在实施质量技术监督管理体制改革时，将有关质量和打假工作的职能、机构划转等尽快确定、尽快到位，在编制和经费上予以保证。质量技术监督部门一定要以这次管理体制改革为契机，以对国家、对人民高度负责的精神，转变工作职能，改进工作作风。做好产品质量工作的主要责任在地方政府和企业。国家质量技术监督部门要把主要精力转到抓大事、抓规划、抓制度、抓监管方面来，不要包揽过多、过细。同时，应当履行的监管工作，要切实加大工作力度，要敢抓、敢管、敢碰硬。

加强质量工作，严厉打击制售假冒伪劣产品违法活动，关键要有一支高素质、过得硬、能战斗的队

伍。一定要加强质量技术监督系统的队伍建设,在提高思想、业务和执法水平上下功夫。要认真落实行政执法罚没收入"收支两条线"的规定,坚决割断执法与罚款的利益关系,防止腐败行为发生。要完善和认真执行执法人员守则、过错责任追究制、培训考核及奖惩等制度。要加强行风建设,加快建立一支政治坚定、公正廉洁、纪律严明、业务精通、作风优良的队伍。要坚持弘扬正气,反腐倡廉,警钟长鸣。

第四,努力提高全民质量意识和打假意识,充分发挥舆论宣传的作用。质量问题从一个侧面反映了一个民族的素质。必须把提高劳动者的素质作为提高质量的重要环节。要在广大职工中扎扎实实地开展质量教育和培训,使他们具备保证产品质量的知识和技能。学校要重视对学生的质量意识教育,有关大中专院校要设置质量管理课程,实施不同层次的质量教育。要在全社会普及质量和打假法制教育,提高广大群众依法维护自身权益、打击质量违法行为的意识,提高识别和抵制假冒伪劣产品的能力。充分发挥电视、广播、报刊、网络等媒体的舆论宣传和监督作用,及时报道产品质量、质量监督、打假工作的情况。对重视质量的先进企业和个人,以及加强质量工作的好经验和科学方法,要给予奖励,加强宣传报导;对忽视质量、造成重大事故、给国家财产和人民生命带来严重危害的,以及对违抗"打假"执法的事件,要公开曝光。要在全社会形成"质量责任重于泰山"、"振兴质量人人有责"、"假冒伪劣人人喊打"的社会氛围。

同志们,加强质量工作,努力提高产品质量总体水平,是实现我国经济振兴的关键,是我国跨世纪的一项十分重要而艰巨的任务。我们要在以江泽民同志为核心的党中央领导下,高举邓小平理论旗帜,认真贯彻党的十五大和十五届四中全会精神,同心同德,奋发进取,扎扎实实地把质量工作搞上去,为推动我国质量总体水平再上新台阶,把社会主义现代化事业全面推向21世纪而努力奋斗!

专　文

坚持"三改一加强"切实抓好提高产品质量工作

——在全国质量工作会议上的讲话

国家经贸委副主任　陈邦柱

1999 年 11 月 5 日

国务院召开的这次全国质量工作会议，是在刚刚闭幕不久的十五届四中全会之后，从国民经济发展的战略全局出发，专门研究部署全面加强产品质量工作的一次重要会议。昨天邦国副总理就加强质量工作发表了重要讲话，我们一定要结合深入贯彻党的十五届四中全会精神，认真学习，深刻领会，不折不扣地贯彻和落实。刚才传卿同志又作了发言，我完全同意。下面我代表国家经贸委谈几点意见。

一、前三季度经济运行简要情况

今年以来，面对国内外复杂的经济环境，党中央、国务院审时度势，果断决策，适时出台了宏观调控的综合对策，进一步加大了实施积极的财政政策的力度，增大投资规模，加强技术改造，提高城乡居民收入，增加消费需求，减轻企业税负，努力扩大出口，加快结构调整，稳步推进改革。随着各项政策的落实，国民经济继续保持较快增长态势，前三季度国内生产总值 56800 亿元，增长 7.4%，增幅虽比一季度和上半年分别回落 0.9 和 0.2 个百分点，但仍比去年同期高 0.2 个百分点，预计全年可增长 7.3%，超过预期增长 7%的目标。特别是结构调整取得进展，经济效益明显好转，增长质量有所提高，经济运行总体健康平稳。

（一）工业生产增长较快，产销衔接较好

1～9 月，工业生产增长快于去年同期。全国工业增加值同比增长 9.3%，增幅比去年同期提高 1.3 个百分点。国有企业通过深化改革，竞争力有所提高。国有及国有控股企业对工业增加值的贡献率由去年同期的 30.2%提高到 48.1%。1～9 月累计，工业产品产销率 96.47%，比去年同期提高 0.72 个百分点；9 月份当月达到 98.24%，同比提高 0.47 个百分点。

（二）企业实现利润大幅增长，大部分地区和多数行业经济效益明显好转

今年以来，国有及国有控股工业企业在一季度实现整体扭亏为盈后，1～3 季度共实现利润 489.1 亿元，比上年同期增长 1.5 倍，亏损企业累计亏损比上年同期下降 14.7%。国有及国有控股大中型工业企业经济效益明显好转。1～9 月份实现利润同比增长 93.3%，亏损企业累计亏损额同比下降 15.3%。企业脱困工作取得进展，1997 年亏损的 6 599 户国有及国有控股大中型工业企业已有 2 500 户左右基本脱困。

全国 31 个地区中，净盈利的有 16 个地区，净亏损的有 15 个地区。在净盈利的 16 个地区中，盈利比

上年同期增加的有11个地区。

多数行业国有企业经济效益明显改善。1～9月，石油、石化行业预计实现利润189亿元，同比增加142.65亿元。机械、医药、轻工、冶金系统实现利润都有较大幅度的增长。纺织系统自6月份当月扭亏为盈以来，已连续4个月当月保持盈利，同比减亏38.65亿元，其中9月份实现利润2.59亿元，预计全年可实现整体扭亏为盈。

（三）总量控制初见成效，调整结构取得较大进展

纺织行业“突破口”战役取得了突出成绩。1～9月压锭710万锭，预计年底可累计压锭900万锭，分流安置110万人，基本实现扭亏任务，结束长达6年的亏损，提前一年完成“突破口”的任务。同时，煤炭、钢材、原油加工、水泥、卷烟等重点行业控制总量、淘汰落后的工作全面展开，取得初步成效。关闭污染严重、产品质量低劣、浪费资源的“五小”的工作开局良好。煤炭行业到9月底已关闭非法和布局不合理小煤矿3.05万处，超额完成全年任务；从1998年初到今年9月末，全国压减产量1.93亿吨，完成压减2.5亿吨目标的77.2％。石油和化学行业总量控制工作基本到位，第一批60个小炼油厂已经关闭。冶金行业全年有望淘汰小高炉1378座，生产能力956.8万吨；小电炉和平炉近800座，炼钢能力1 300万吨；落后轧机250套，生产能力1 828.5万吨。建材行业到9月末已经关闭淘汰小水泥生产能力约2 000万吨、小玻璃约700万重量箱，预计全年可关闭淘汰小水泥4 000万吨、小玻璃1 500万重量箱。电力行业在1998年关停小火电机组284万千瓦的基础上，今年前9个月又关停73万千瓦，全年预计关停180万千瓦。

（四）消费品市场平稳增长，物价环比止跌回升

下半年以来，消费品市场逐步回暖，7、8、9三个月，社会消费品零售总额分别增长5.6%、6%和6.6%，增幅逐月加快。1～9月累计，社会消费品零售总额扣除价格因素，实际增长9.6%。物价环比止跌回升。继8月份商品零售价格和居民消费价格分别比上月上涨0.7%和1%后，9月份环比又分别上涨0.7%和2%，纺织、建材、有色、家电等产品价格开始回升。但与去年同期相比，价格总水平还在继续下降。

（五）对外贸易继续发展，出口恢复增长

1～9月累计，外贸进出口总额同比增长9.4%。出口从7月份开始，已连续三个月持续增长，7、8、9三个月出口额分别增长7.5%、17.8%和20.2%，尤其是服装等传统商品出口好转，附加值高的机电产品出口保持较快增长。前9个月累计出口1 370亿美元，增长2.1%，其中机电产品出口达540亿美元，同比增长14.1%。表明亚洲金融危机对我国出口的影响开始减缓。

（六）财政收支增长较快，金融形势稳定

1～9月累计，全国财政收入同比增长21%，财政支出增长17.1%。收支相抵，收入大于支出189.3亿元。各项税收中，关税收入增长107.3%，海关代征增值税和消费税增长97.1%，企业所得税收入增长34.3%，在各项支出中，社会保障支出增幅高达491.9%。9月末，金融机构各项存款余额同比增长14.8%。其中居民储蓄存款余额比上月末增加177.1亿元。

当然，我国经济运行中也存在不少困难，国内经济生活中的一些深层次问题更加明显地表现出来，有效需求不足问题突出，经济结构调整难度大。投资增长速度今年来一直下降，尤其是技术改造投资自

7月份以来已连续三个月负增长。企业相互拖欠货款严重。下岗职工增多，就业形势仍较严峻。产生这些问题的原因是多方面的，而产品质量问题又是其中至关重要的原因之一。

二、产品质量对国民经济具有重要影响

党和国家领导人对质量问题历来十分重视。邓小平同志指出："工业生产，中心是狠抓产品质量，把质量摆到第一位。"江总书记指出："质量第一是我国在经济建设方面的一个长期战略方针"。镕基同志也指出："产品质量代表一个国家形象，一个民族的精神。要发展经济，要提高经济增长的质量和效益，产品质量是关键。""质量问题再不抓，效益等于零。"我们搞社会主义市场经济，产品是市场经济的基本细胞，产品质量的好坏直接影响到经济运行的质量和效益。在建立社会主义市场经济体制的历史进程中，从宏观上讲，我们各级经贸委肩负着改善和提高经济运行质量，转变经济增长方式的重任，从工作的着眼点和入手处又必须立足于从产品质量这个基础抓起，通过我们扎扎实实的工作，为国民经济运行奠定一个良性循环的基础。邦国同志在讲话中也把产品质量问题提到关系我国经济发展全局的大事这样一个高度，学习领会邦国同志讲话精神，我从当前和长远二个方面谈一点个人的认识，供大家参考。

从当前看：

产品质量直接关系到扩大内需这一宏观调控措施的效果。针对1998年亚洲金融危机以来，我国出现的需求不足的趋势，中央及时实施积极的财政政策，采取增发国债，加强基础设施建设力度的措施，有效地拉动了需求增长。为了巩固这个来之不易的局面，今年中央又及时下发了12号文件，进一步加大投资力度，同时决定增加职工收入，直接拉动消费。这是一个战略性的措施。目的很明确，就是要通过增加投资，增发工资，达到拉动需求，启动市场，从而带动国内企业的发展，进而促进国民经济的持续、健康发展。但是能不能达到预期的目的？能不能产生良好的效果？困难是不小的。长期重复建设造成经济结构不合理的问题现在越来越突出地表现出来，结构性市场过剩的矛盾十分突出。这里包含两层意思，一是产品的品种、规格、档次的问题，二是产品的质量问题。如果我们不能给市场提供适销对路、高质量的产品，那么中央的政策产生的效果就会打折扣，就很难达到宏观调控的预期目的。1998年，党中央、国务院决定加强基础设施建设，启动内需，拉动市场。对广大企业来说是一个难得的机遇，也是一个严峻的挑战。举个例子来说，北京市城网改造工程，经我们协调，同意使用国内一家企业生产的电缆。电缆铺设完毕，一切准备就绪，那边一合闸，这边没有电。尽管我们在政策制订上，对国内企业一直尽量给予倾斜，但生产出的电缆存在这么严重的质量问题，虽然需求有了，市场是有了，但是我们的产品不行，只能看着需求和市场着急，看着机会从眼前消失，看着市场份额被国外和外资企业的产品占领。为了保证工程质量、满足人民群众日益增长的物资文化生活需要，国家还要花费大量外汇进口一些生产资料和消费品。市场成了人家的市场，机遇也成了人家的机遇，钱让外国人赚走了。我们自己的生产能力大量闲置，许多企业开工不足，从客观上影响了中央宏观调控政策的效果。因此，提高产品质量，增强产品市场竞争力，增加有效供给，改善供给结构，生产适销对路、高质量的产品，创造市场需求，是保持我国经济增长的基础。

产品质量直接关系到国际市场的开拓。随着改革开放的不断深入，我国出口贸易逐年上升，1998年，外贸出口1 837亿美元，比上年同期增长0.5%，今年前三季度出口1 370亿美元，同比增长2.1%。中国生产的产品越来越多地被世界接受，产品的竞争力正在逐渐增强。但我们还要清醒地认识到，我国的外贸出口还被过多地局限在原料出口、来料加工等较低水平的项目上，高新技术产品、高附加值产品和优质产品的出口还没有达到规模。随着国际经济一体化进程的日益加快，国际市场竞争日趋激烈，即使是名牌企业或名牌企业的名牌产品，在市场竞争中也都面临着新的挑战。现代科技发展迅速，市场瞬息万变，今天是优势企业，是名牌产品，明天就有可能被其它优势企业、名牌产品所取代。国内市场是这样，国际市场更是这样。我们只能不断提高产品质量的水平和档次，以质量优势来取得国内外用户的信任，增强国际竞争力，保住现有的国际市场，并以此为基础开拓新的、更大的市场，为企业的生存和发展奠定坚实的基础。我国彩电、冰箱等家电产品的发展就是最好的例证。改革开放初期，我国家电行业水

平很落后，商场的家电柜台摆满了进口电器。经过引进先进设备和技术，在消化、吸收的基础上，不断创新、不断开拓、不断进取，我们的家电行业不断发展壮大，产品档次不断升级，质量由差到好，品种由少到多，科技含量由低到高，培育出了长虹、海尔、小天鹅等名牌优势企业，不仅在国内拥有一定的市场占有率，而且在国际市场上份额也逐步增加。

从长远看：

产品质量直接关系到经济运行质量和效益。据有关方面介绍，发达国家的产品不合格水平一般在千分之二、三的水平，高新技术产品已按PPM（百万分之一）甚至PPB（十亿分之一），和“一次成功”、“一次合格”、“零缺限”的目标和水平进行管理。而我国近几年来的产品质量抽查合格率一直在73%至78%之间徘徊，市场商品抽样合格率又低10到20个百分点，每年不良品损失数目惊人；即使是合格品、“优质品”，由于不适销对路，产成品库存积压也十分严重。据统计，截至今年9月份，产成品库存积压达6 600多亿元。此外，另一反映经济运行质量的指标——能耗系数，也比发达经济国家高4至8倍。这在很大程度上说明了我们产品质量的低下状况。对此，党和国家领导人十分重视，朱总理指出：“要发展经济，要提高经济增长的质量和效益，产品质量是关键。”没有质量作保证，光有速度是不行的。关于这一点，1998年以来，我们多次强调这样一个观点，我们需要速度，更需要效益，必须实现速度和效益的统一。没有质量，就没有市场，就没有效益，也就不会有实实在在的速度。那么就会出现数量越多，积压越多，浪费越大，效益越差的严重后果。只有有市场、有效益的速度，才是真正的速度，实实在在的速度。所以说，要提高经济运行的质量和效益，质量是基础，是根本，是保证。

产品质量直接关系到经济增长方式的转变。由于传统体制的长期影响，历史形成的诸多问题，特别是多年以来的低水平重复建设问题，严重制约着我们转换经济增长方式的步伐。现在的经济增长方式仍然没有从根本上走出高投入、高消耗、低质量、低产出的粗放型增长方式。这种增长方式目前已经走到了尽头，到了非转变不可的时候了。我搞了几十年的经济工作，体会很深。六、七十年代物资短缺，我们的主要精力放在调配资源，解决瓶颈问题，扩大生产能力，保证关系国计民生的重点行业重点企业的正常生产，满足人民群众基本生活要求上。那时候的产品是“皇帝的女儿不愁嫁”，是真正的卖方市场。现在倒过来了，东西多起来了，出现了买方市场。据我们国内贸易局统计，600多种主要消费品，供大于求的占2/3，1/3供求平衡，几乎没有供不应求的产品。我们好多产品产量都是世界第一，但是在某些产品的品种、规格、质量上却又不能满足国内需求，不是生产不出来就是产品质量上不去，需要花大量的外汇来进口。随着国际经济一体化进程的不断加快，我国正在积极谈判，申请加入世界贸易组织。怎么办？只有下决心狠抓产品质量，控制总量，调整结构。卖不动的、质量差的坚决不生产。要通过改革、改组、改造调整产业结构、产品结构，力求多生产技术含量高、附加值高、具有国际竞争力的产品，大力开展资源节约和综合利用，保护生态和环境，坚持可持续发展战略，切实转变经济增长方式。这两年，我们在纺织、煤炭、冶金、石油石化等方面做了不少工作，取得了明显成效，最近，根据总理指示，我们还要进行烟草、糖精等方面的总量控制和结构调整工作。我们坚信，有党中央、国务院的正确领导，有各地、各部门的支持配合，有企业广大干部职工的理解和参与，经过大家共同努力，一定能够把我们的结构调整过来，一定能够使我们的企业重新焕发出生机和活力，生产出具有国际先进水平的、能够满足国民经济发展和群众生活需要的高质量的产品，走集约化增长的路子，实现经济增长方式的根本转变。

三、紧密结合经贸委中心工作，全力抓好提高产品质量工作

机构改革后的国家经贸委形式上虽然没有设置专门的质量管理机构，但就职能本身而言，无论是国企改革、技术进步、内贸外贸以及经济运行等各项工作，无不与质量工作密切相关，抓好质量工作是经贸委责无旁贷的任务。镕基同志多次明确指出，经贸委一定要抓好质量工作，“经委主任不重视质量，就不能当经委主任。”经过委党组认真研究，全国经贸系统要认真贯彻镕基同志的指示精神，要以谦虚“配合”的态度、站在综合“协调”的角度、提供热心优质的“服务”，简言之，就是“配合、协调、服务”六个字 ，把质

量工作与经贸委的中心工作“三改一加强”密切结合起来。

所谓配合，就是配合质量技术监督、流通、建设等部门以及行业主管部门的工作，重点是加强产品生产质量管理，把好产品生产的第一道关，向市场提供高质量的、适销对路的产品。产品质量是生产出来的。所以质量管理工作要坚持预防为主，从质量的源头抓起，把工作做在质量形成的最上游。一方面，要配合有关部门做好已经生产出来进入流通领域商品的质量监督工作，同时也要利用生产许可证等手段把好企业生产条件关，力争使企业向社会提供的产品都是质量优秀的合格产品。当前，要注意抓好技术改造和技术进步工作，围绕以产顶进、采用先进工艺、淘汰陈旧设备等方面，集中力量支持重点行业和重点企业，解决重点产品突出的结构性矛盾；鼓励和支持实施名牌战略。配合各有关单位做好产品不合格企业限期整改等企业质量管理工作。昨天邦国同志讲了，国务院决定，从今年四季度起，利用一年的时间，在全国范围组织一次大规模的打假联合行动和专项斗争，要严厉打击制假售假违法犯罪活动。经贸委系统要坚决响应国务院的号召，立即行动起来，配合有关部门，协同作战，大张旗鼓地开展打假斗争。

二是协调。质量工作涉及方方面面，经贸委作为经济综合部门，要注意处理好与各有关部门的关系，在充分发挥各职能部门作用和尊重各部门意见的基础上，针对质量管理工作中存在的确须我们协调的重大问题，协调有关方面研究提出相关的政策措施，齐抓共管，形成合力。

三是服务。经贸委作为企业的主管部门，服务对象就是企业。在质量管理工作中，要树立为企业服务的意识，当好企业的参谋。服务的着眼点就是如何帮助企业提高质量管理水平，服务方式方法包括制定产业政策，推进企业的战略性改组，引导企业调整产品结构；帮助企业建立和完善现代企业制度，进一步加强和改善包括质量管理在内的科学管理工作；帮助企业加快技术进步和产业升级工作，提高其市场竞争实力；进一步做好企业的厂长、经理们的培训工作，提高其质量意识和科学管理水平，建设高素质的经营管理者队伍；大力宣传质量管理先进的企业，推广加强质量工作的经验和做法。

质量管理同时也是宏观调控的一种重要手段，镕基同志指出“这一点以前的经委抓得比较紧，是起了一定作用的。现在虽然是搞市场经济，但这个工作还要继续抓下去。……经贸委在这方面有很大的空间，要发挥你们的作用。”围绕经贸委的中心工作，全国经贸系统的质量工作必须要做好六个结合。

一是质量工作要与企业改革工作相结合。建立“产权清晰、权责明确、政企分开、管理科学”的现代企业制度，是国有企业改革的方向。在这种制度下，企业经营成果与经营者以及全体员工的利益直接挂钩，对企业经营者和员工既是激励，也是约束；既有动力，也有压力。由于产品质量好坏直接关系到产品的市场竞争能力，关系到企业的经济利益，从而也就直接关系到经营者和员工的利益。因此，通过改革，建立起对企业领导、各级员工的有效激励和约束机制，让优胜劣汰的机制真正在企业活起来，使提高产品质量、降低经营成本、提高经济效益成为企业经营者的和全体员工的自觉行动。目前，国有企业结构调整和体制转换已进入攻坚阶段。为适应新的市场环境对产品质量的要求，一些敢于开拓的企业已经进行了大胆的偿试和突破。邯郸钢铁、河南许继、四川长虹等一些大中型企业开始实行规范的公司制改革，扎扎实实地建立现代企业制度，产品质量和经济效益大大提高。

二是质量工作要与企业改组工作相结合。建国五十年来，经过艰苦创业，我国的工业已达到相当规模，但在结构上存在一些问题。党的十五届四中全会《中共中央关于国有企业改革和发展若干重大问题的决定》指出：“改革开放以来，国有企业组织结构发生了积极的变化，但目前仍不合理。主要是重复建设严重，企业大而全、小而全，没有形成专业化生产、社会化协作体系和规模经济，缺乏市场竞争能力”，严重地制约工业产品质量的提高。所以，“要通过兼并、联合等形式进行资产重组和结构调整，盘活存量资产，产品没有市场、长期亏损、扭亏无望和资源枯竭的企业，以及浪费资源、技术落后、质量低劣、污染严重的小煤矿、小炼油、小水泥、小玻璃、小火电等，要实行破产关闭。”通过对现有企业进行改组，对存量资产进行重新调整和优化组合，每个行业都要逐步形成一批经营规模较大、专业化程度和技术水平较高、经济实力较强的大型企业集团，同时积极扶持中小企业特别是科技型企业，使它们向“专、精、特、新”的方向发展，从而带动整个社会各个行业产品档次和质量水平的提高。

三是质量工作要与企业技术改造工作相结合。“当前和今后一个时期，我们必须下功夫调整结构和提高经济效益，把扩大生产的重点放在技术改造上，而不能主要靠铺新摊子。”“要较大幅度增加企业技术改造投入，大力促进企业技术进步，增强企业竞争力。企业技术改造要以市场为导向，紧紧围绕增加品种、改进质量、降低成本、提高效益进行，特别要抓好重点行业、重点企业的技术改造。”这是党中央和国务院领导同志对技术改造工作的要求。我们必须按党中央和国务院领导同志的要求，紧紧围绕增加品种、改进质量、提高效益和扩大出口，把改造传统产业同加速发展高新技术产业很好地结合起来，走有中国特色的技术跨越发展道路。产品质量的好坏，直接取决于生产产品的设备(硬件)和工艺(软件)技术水平的高低。用高新技术改造和提高传统产业，通过其生产设备的更新，提高其技术水平，改善产业素质，促进传统产业升级；同时，不失时机地加速发展有市场需求和前景的高科技和新技术产业，带动和促进新兴产业的崛起。今后一个时期内，技术改造的重点将体现三个不同层次的特点，一是少数大型企业和企业集团要在产品质量、工艺技术、生产装备、劳动生产率等方面达到或接近世界先进水平，在国际市场上占有一定的份额；二是一批企业和企业集团要具有较高技术水平，能够生产高附加值产品，在国内外市场有较强的竞争力；三是多数企业要不断进行技术改造和产品更新，上质量上档次。要突出重点行业、重点企业、重点产品和重大先进装备制造，特别是要使那些重点骨干企业、关键设备的技术性能和主要工艺技术水平尽快达到国际先进水平。做好吸收、消化、创新工作，实施名牌战略，努力培育和创造一批质量好、附加值高、在国际市场上有竞争力的中国名牌产品。

四是质量工作要与加强企业管理工作相结合。产品质量除了取决于生产设备和工艺外，还有一个重要因素就是生产者的素质，也就是生产者的技能和责任心。要强化企业管理，狠抓产品质量管理的薄弱环节。要坚持质量第一，采用先进标准，搞好全员全过程的质量管理。加强企业内部质量管理，首先要建立质量责任制，明确企业的厂长、经理就是企业产品质量的第一责任人。其次要将质量管理贯穿于企业经营管理的全过程之中，建立各个环节的质量责任制度，积极贯彻预防为主的方针，对质量问题实行一票否决制。第三是要实行全员质量管理，除企业质量管理部门外，从最基层的操作工人开始，都要明确质量责任，实行产品质量层层把关。把产品质量成果同个人的收入分配、岗位去留、技术晋级、职务升迁直接挂起钩来，使企业内部形成一种人人关心质量、事事讲究质量、层层监督评比质量的新风尚。

五是质量工作要与扩大内需工作相结合。为了保持国民经济持续、快速、健康发展，国家必须根据国民经济运行的具体情况进行宏观调控。出口、投资和消费是拉动经济增长的三驾马车。由于受东南亚金融危机的影响，我国产品出口受到限制。同时，国内也出现了内需不足的趋势，主要表现是产品过剩，大量库存积压，工厂停产半停产，下岗工人增加，相当一部分生产能力闲置放空。问题是比较严重的。之所以产生这些现象，除了产品结构存在问题外，内需不足的是一个十分重要的原因。要保持经济持续、快速增长，一方面要想办法多出口；另一方面，则要下大力气解决国民经济运行中存在的内需不足的问题。所以，当前宏观调控的重点是采取各种有效措施，扩大内需。根据这个形势，为了扩大内需，拉动经济增长，中央去年做出了实行积极的财政政策，加大基本设施投资的决策。今年又及时下发了12号文件，采取进一步加大投资力度、同时增加居民收入，启动消费的措施。这是十分重要的战略性措施。我们抓质量工作应该很好地同扩大内需工作相互配合。一方面，应大力提高产品的档次和质量，为基础设施建设提供优良的装备，为增加了收入的老百姓提供满意的商品，使部分潜在需求转化为现实的有效需求；另一方面，扩大内需的调控措施应有利于产品档次和质量的提高，国家扩大内需措施所拉动的生产应该是那些档次高、质量高、附加值高，从而效益高的产品的生产。

六是质量工作要与总量控制工作相结合。随着短缺经济的基本结束和产品生产相对过剩局面的出现，宏观调控的着眼点是，在努力扩大有效需求的同时，进行生产总量控制，压缩无效的生产供给，以避免社会资源的不必要浪费，以保持市场供求基本平衡，促进产业结构调整。总量控制，从治标看，是生产数量的控制；从治本看，是生产能力的控制和产业结构的调整。当前的总量控制，主要是压缩、淘汰那些能力过大、技术落后、质量低劣、污染严重的生产能力。实施总量控制的关键，是坚决淘汰落后生产能力，重点是关闭“五小”，即整顿关闭小钢厂、小水泥、小玻璃、小电厂和小炼油厂。通过对“五小”企业的整顿关闭，从而达到提高整个社会产品质量档次的目的。在目前社会主义市场经济条件下，做好总量控制、结构调整等宏观调控工作，应当也必须很好地利用生产许可证这个重要手段，以同时实现“总量平衡、结构优化、速度实在、优质高效”的宏观调控综合目标，从而促进国民经济持续、快速、健康发展。这两年，我们重点搞了纺织压锭，煤炭下放和关井压产，石油和化学工业的炼油总量控制，冶金总量控制，以及建材、机械、有色、电力、医药等行业的调整改组和控制总量工作，使各有关行业的经济效益得到明显改善。明年，我们还要进一步有效地抓好控制总量工作，下力气把过剩的生产能力坚决压下来。

同志们，质量工作是一项宏大的社会系统工程，系统工程需要综合治理。让我们紧密团结在以江泽民同志为核心的党中央周围，认真贯彻落实《中共中央关于国有企业改革和发展若干重大问题的决定》和《国务院关于进一步加强产品质量工作若干问题的决定》，真抓实干，不断开拓进取，为提高经济运行的质量和效益，为国有企业的改革和发展做出更大的贡献。

国务院副秘书长石秀诗同志在全国质量工作会议上的讲话

（根据记录整理 1999年11月5日）

两天来，我们认真听取并学习了镕基总理的重要批示和邦国副总理的重要讲话，认真讨论修改了《国务院关于进一步加强产品质量工作若干问题的决定（稿）》，并就进一步贯彻落实党的十五大和十五届四中全会精神，加强质量工作，加大打假工作力度，提高我国产品质量总体水平等问题进行了认真、热烈的讨论；八个地方、部门企业、新闻单位和社会团体的代表结合实际，介绍了他们抓质量工作的情况和经验。传卿同志、邦柱同志还就以党的十五届四中全会精神为指南，加强企业质量工作，贯彻落实国务院关于加强质量工作的重大部署等问题讲了很好的意见。

从会议分组讨论和部分代表的发言看，这次会议开得很成功，达到了统一思想、提高认识、明确目标、齐心协力抓好质量工作的目的。现就传达贯彻这次会议精神提出几点要求：

第一，请各地区、各部门参加会议的同志回去后，及时向省（区、市）政府和部门主要领导汇报这次会议的情况，重点是汇报朱镕基总理的重要指示和吴邦国副总理的重要讲话精神。各省（区、市）政府要根据国务院领导同志的指示精神，结合地方的实际，提出贯彻落实的具体措施和工作安排意见。国务院有关部门也要对加强质量工作进行专题研究，结合各自的职责，提出促进产品质量提高的工作意见。

第二，按照国务院领导同志的指示精神，请各省（区、市）政府认真落实质量工作和打假工作的责任，明确主管的负责人和具体工作部门，由国家质量技术监督局汇总后报国务院。

第三，建议请各省（区、市）政府在今年底或明年初安排专门会议，听取质量技术监督部门关于当地产品质量和打假工作的情况汇报。国家质量技术监督局要在调查研究和总结各地情况的基础上，于明年6月底向国务院作出产品质量和打假情况报告。

第四，这次全国质量工作会议解决的是今后一个时期加强我国产品质量工作的问题。但千里之行，始于足下。希望参加会议的各地区、各部门和企业的同志，一方面抓好会议精神的传达贯彻，一方面抓紧拟定加强质量工作的具体意见，把贯彻落实会议精神的工作同明确工作任务、解决具体问题结合起来，推动质量工作不断深入，对提高产品质量，促进经济发展做出实实在在的贡献。

国家质量技术监督局局长在全国质量技术监督纪检监察工作会议上的讲话

国家质量技术监督局局长　李传卿

1999年3月1日

为把中纪委三次全会和国务院廉政工作会议精神传达好、学习好、贯彻落实好，国家局党组首先召开党组扩大会，学习、领会“两会”精神，研究贯彻落实意见；接着又召开机关全体干部和直属、挂靠单位党政主要负责人和纪检监察部门负责人的会议，原原本本传达“两会”文件；同时，决定召开全国质量技术监督纪检监察工作会议，部署在全系统贯彻“两会”精神，把今年的党风廉政建设和反腐败工作进一步引向深入。刚才，早生同志代表国家局党组所作的工作报告，对去年党风廉政建设和反腐败工作进行了总结，对今年工作进行了部署，大家要认真领会，一一落实。

过去一年，在党中央、国务院正确领导下，全国人民团结一致，奋发拼搏，顶住了亚洲金融危机的冲击，战胜了历史罕见的洪涝灾害，保持了经济社会稳定发展的大局。为促进改革、发展和稳定，党中央、国务院作出了开展反走私联合行动和专项斗争，军队、武警部队和政法机关不再从事经商活动，党政机关与所办企业彻底脱钩，向国有重点大型企业派出稽查特派员等一系列重大决策。这些决策对于进一步加强党风廉政建设和反腐败斗争，加强党的建设和政权建设，具有十分重大的意义。

就我们系统来讲，去年，全系统广大干部职工以邓小平理论和十五大精神为指导，按照“把握一条主线，突出四个重点，加强三项建设”的总体要求，在人手紧、任务重的情况下，以高度的事业心和责任感，作了大量艰苦而富有成效的工作，整个事业取得新的进展。近几年来，我们的各项工作应该说上了一个台阶，全系统发生了很大变化，主要表现在：质量技术监督在政府工作中的地位提高了；在社会上的影响扩大了；在老百姓心目中的信誉提高了；自身实力壮大了，质量技术监督事业发展步伐大大加快；全系统的凝聚力大大增强，队伍团结，精神饱满，奋发向上。之所以取得这些成绩，之所以发生这么大变化，原因是多方面的，其中很重要的一条就是这几年我们重视党风廉政建设，重视行风建设，重视优化行业形象。

今年，我们面临的工作任务相当繁重。概括起来说，主要是突出用铁腕抓质量，抓住四个重点，搞好两项改革。一是以提高产品质量为重点，进一步加大质量工作力度；二是以打击假冒伪劣为重点，进一步加大行政执法力度；三是以提高有效性为重点，全面加强标准化、计量基础工作；四是以树立良好形象为重点，进一步加强行风建设。搞好两项改革，就是质量技术监督管理体制改革和质量技术监督系统技术机构改革。质量责任，重于泰山。我们肩上的担子很重！

要完成今年的各项工作任务，一方面需要全系统广大干部职工统一意志、统一行动，发扬顽强拼搏的精神，心往一处想，劲往一处使，鼓实劲，干实事；另一方面需要两手抓，两手都要硬。一手抓工作落实，突出严字当头，体现铁腕抓质量；一手抓队伍建设，突出从严治政，继续以企业满意不满意，群众信任不信任为标准，把行风建设提高到一个新水平。为把中央关于加强党风廉政建设和反腐败工作的各项部署在全系统落到实处，我这里再强调以下几个问题：

一、认真学习贯彻“两会”精神

今年1月15日，江泽民总书记在中纪委三次全会上，发表了题为《切实加强和坚决维护党的纪律》

的重要讲话。江泽民总书记在讲话中强调，面对新时期的新任务，面对新形势下的各种前所未遇的严峻考验和巨大挑战，我们必须发挥党的严密的组织性和铁的纪律这个优势。全党纪律严明，朝气蓬勃，我们就能无往而不胜。江总书记着重从四个方面提出了当前加强纪律的基本要求。第一，必须严肃党的政治纪律；第二，必须严肃党的组织纪律；第三，必须严肃经济工作纪律；第四，必须严肃党的群众工作纪律。

1月26日，朱镕基总理在国务院廉政工作会议上，作了题为《从严治政，反腐倡廉，把廉政建设提高到一个新水平》的重要讲话。朱镕基总理在讲话中要求，国务院各部门和地方各级政府一定要以高度的政治责任感，从严治政，反腐倡廉，标本兼治，综合治理，努力把廉政建设提高到一个新的水平。朱总理强调了今年要着重抓好的5项工作，一是巩固国务院机构改革成果，做好地方政府机构改革工作；二是加强领导干部廉洁自律工作，狠刹奢侈浪费之风；三是从严执法执纪，坚决查办大案要案；四是深入开展专项治理，认真纠正部门和行业不正之风；五是深化改革，标本兼治，从制度上防治腐败。

江泽民总书记、朱镕基总理的讲话非常重要。讲话提出了新形势下深入开展党风廉政建设和反腐败斗争的新要求。虽然去年我们系统党风廉政建设和反腐败工作取得阶段性成果，但是对成绩还不能估计过高，一定要清醒地认识我们在党风廉政建设方面所存在的问题。现在，有些同志认为讲得太多了，耳朵都要生老茧了，在思想上有厌烦情绪，反映出对这项工作的重要性认识不够；有些同志认为这项工作已经抓得不错了，比其他行业好的多，出现了松劲情绪；还有些同志认为反腐倡廉工作难抓，在思想上有畏难情绪。凡此种种，都不符合中央关于进一步加强党风廉政建设和反腐败工作的要求，必须用“两会”精神，来进一步统一思想，提高认识。特别是今年全系统要实施管理体制改革，对加强队伍建设的要求更高了。改革管理体制，其目的，一是体现十五大关于加强执法监管部门的要求；二是有利于克服地方保护；三是有利于严格收支两条线，切断经济利益关系，优化我们的行业形象。归结起来，管理体制改革对党风廉政建设和反腐败工作要求更高了，我们切不可厌烦，切不可松劲，切不可畏难。一定要认真学习、贯彻江泽民总书记和朱镕基总理的重要讲话精神，进一步提高对反腐倡廉，加强行风建设重要性的认识，特别是要充分认识在新形势下加强和维护党的纪律的极端重要性，切实把加强党的纪律作办事关全局的重大任务切实抓好，按照江泽民总书记关于严肃党的政治纪律、组织纪律、经济工作纪律和群众工作纪律的要求，认真实践为人民服务的根本宗旨，切实维护改革、发展、稳定大局，切实维护“科学、公正、廉洁、高效”的行业形象，把中央关于加强党风廉政建设和反腐败工作的决定和要求真正落到实处。

二、把加强党风廉政建设和开展“三讲”教育结合起来

党中央决定，今年要在县处级以上党政领导班子、领导干部中，用整风的精神深入开展以“讲学习、讲政治、讲正气”为主要内容的党性党风教育。这是党中央进一步贯彻党的十五大精神，推动深入学习邓小平理论，加强领导班子建设，全面提高干部素质的重要举措，也是我们系统加强队伍建设、提高队伍素质的大好机遇。各级质量技术监督部门一定要珍惜这一机遇，把加强党风廉政建设和开展“三讲”教育紧密结合，取得实效。

从一定意义上讲，开展“三讲”教育也是新形势下党风廉政建设的最重要的举措。在社会主义市场经济体制建立过程中，由于法制不健全和我们干部队伍中还存在着某些不健康思想等因素，市场经济中某些原则给党风廉政建设带来一些负面影响。如经济成份的多元化，客观上冲淡了人们根本利益的一致性，容易诱发、扩大本位主义、利己主义的行为；商品经济的等价交换原则，也会渗透到我们党的政治生活中，冲淡我们党一贯倡导的艰苦奋斗、无私奉献精神；市场经济重利性，容易诱发部分干部追求和模仿西方腐朽的生活方式和“一切向钱看”的拜金主义的歪风等等，导致少数干部蜕化变质，出现腐败行为，以及一些干部的不廉政和行业的不正之风。通过开展“三讲”教育，使广大干部树立正确的世界观、人生观、价值观，树立全心全意为人民服务的思想，可以从根源上防止和减少腐败和不廉洁的行为发生。因此，加强党风廉政建设必须同开展“三讲”教育紧密结合起来。

为抓好国家局机关和直属挂靠单位的“三讲”教育，国家局党组根据中央17号文件的要求，成立了

局“三讲”教育领导小组，负责局机关和直属挂靠单位的“三讲”教育工作；局机关和直属挂靠单位开展“三讲”教育的时间初步安排在今年上半年；国家局党组和局领导班子先行一步，随后开展局机关司、处两级干部和直属单位的“三讲”教育。各省（市、区）局党组要在地方党委统一部署下，把这项事关大局的重要任务抓紧抓好，切实有针对性地解决一些突出问题。

各级纪检监察部门要在党组、党委的领导下，围绕中央提出的通过深入开展“三讲”教育，思想上有明显提高，政治上有明显进步，作风上有明显转变，纪律上有明显增强的目标，努力做好以下三项工作：

一是组织干部职工深入学习毛泽东、邓小平、江泽民关于党风廉政建设的论述。进一步明确党风廉政问题，是关系到党和国家生死存亡的重大政治问题，在整个改革开放的过程中，始终都要坚持两手抓，两手都要硬；牢记全心全意为人民服务的根本宗旨，正确行使党和人民赋予的权力；牢固树立正确的世界观、人生观和价值观，经受住各种严峻考验。

二是配合有关部门帮助本单位领导班子、领导干部找出在党性党风方面存在的主要问题。采取召开座谈会、个别了解等方式广泛听取党内外群众对本单位领导班子、领导干部在党性党风方面的意见和建议，然后进行梳理，找出主要问题，供领导班子和领导干部在自查时参考。

三是协助有关部门帮助本单位领导班子、领导干部针对党性党风方面存在的突出问题进行整改，结合对群众评议中反映出来的问题认真进行核实，区别不同情况作出处理。

三、在用铁腕抓质量中加强行风建设

去年12月28日《人民日报》的头版发了一则国家发展计划委员会关于对云南昆禄公路和沈阳的沈四公路桥质量事故的处理决定。在头版的正中位置有一篇特约评论员文章，题目是“质量责任重于泰山”。这篇评论员文章实际上是朱镕基总理和国家发展计划委员会主任曾培炎同志两个人写的。总理在上面密密麻麻做过多处修改，很多重要的提法，很多重要的意见，都是总理亲笔改上去，写上去的。总理日理万机，大事很多，但是对一个工程质量事故的通报和一篇评论员的文章，花这么多的心血，以这么严肃认真的态度来对待，我们作为在下面工作的同志是非常受教育的，非常受感动的。严字当头，依法严处，体现了党和国家领导人对广大人民群众的深厚感情，对出现这样的质量事故的高度重视，对事故背后的腐败深恶痛绝。同时体现党和国家对处理这些事故的铁腕决心，绝不允许再这样搞下去。总理用“质量责任重于泰山”，作为这篇评论员文章的题目，我觉得不仅仅是对公路质量来说的，不仅仅是对工程质量来说的，不仅仅是对基础设施的质量来说的，而是对于我们国家的整个质量、整个质量事业来说的，是对质量振兴事业来说的。

去年11月14日镕基总理要求我们要进一步提高对当前质量状况的严重性的认识，多次提出要用铁腕抓质量。国家局党组的同志对此进行了反复学习、领会，一致认为总理站得高，看得远，看得深刻。当前，质量状况的严重性在于：质量低劣问题相当普遍，假冒伪劣屡禁不止，质量管理严重滑坡，优难胜、劣不汰十分突出，监督乏力、有效手段不足。而质量问题的严重性又在于它确实成了影响我国经济发展的一个突出问题。一是质量问题，影响到企业的竞争力。国有企业为什么有的好，有的亏。原因是多方面的，但其中很重要的一个原因恐怕是产品质量问题。说到底现在的市场竞争是质量竞争，再加上售后服务，服务也是质量。二是质量问题，影响到市场需求的拉动。我们要实现国民经济增长的目标，其中一个很重要的措施是拉动国内需求。现在需求不旺，老百姓手上有钱，但不去买东西。为什么不买，因素多方面。镕基总理一针见血地指出，是质量问题让老百姓不放心。老百姓购物没有安全感，怕假冒伪劣。在这样的一个购物环境下，老百姓宁愿把钱存在银行，也不愿买东西。所以，我们抓质量，事关企业的改革发展，事关国内需求的拉动，是推动经济增长的一项重要工作，我们一定要深刻认识我们所肩负的责任。

党中央、国务院领导极其重视质量技术监督工作，针对质量问题作了多次重要指示。去年一年，国务院领导同志专门就质量技术监督工作作的批示就有25次，为我们进一步做好工作指明了方向。邦国副总理还两次听取汇报，一次到局现场办公，给我们以极大鼓舞。去年12月30日，我们刚开完全国局长会议，邦国副总理就把我们召去专门研究1999年的质量工作，提出1999年质量工作总体要求是加大质量工作力度，加大执法力度。并决定今年上半年由国务院召开全国质量工作会议，请主管省长参加。重点解决三个问题，一是如何对企业依法监管的问题。二是政府管什么、怎么管的问题。三是对社会的要求，社会各方面怎么配合抓质量的问题。只要企业、政府、社会三个方面都动起来，就会形成一个强大的合力，我国质量水平的提高就有希望。

为贯彻镕基总理用铁腕抓质量的指示，我们于去年11月23日，召开了全国质量监督工作会议，重点部署组织“三大战役”，体现用铁腕抓质量。现在“三大战役”在全国搞得有板有眼。前一段我到湖南、山东对“三大战役”进展情况进行调研时看到，湖南、山东两省局对国家局的部署雷厉风行，真抓实干，而且创造性地工作，展现出一个很好的精神状态。

如何把“三大战役”打好，体现“铁腕”，我看无非就是抓好六个环节，或者说坚持六个制度，即：坚持监督抽查结果公告制度，建立对企业的警示制度，加大曝光力度，加大整改力度，加大处罚力度以及建立通报制度。但是，怎样保证“铁腕”？这就需要进一步加强党风廉政建设和反腐败工作，进一步加大行风建设力度，这是体现用铁腕抓质量的重要保证和前提。用铁腕抓质量，一要靠我们技术机构提供科学、准确、可靠的检测数据；二要靠我们质量技术监督部门对照标准和判断准则对这些数据进行分析，作出公正的判断；三要靠坚持依法行政。整个执法程序、执法过程要公正廉洁，要经受起检验，无懈可击。要做到这几条，就必须规范我们自身的行为，必须以“科学、公正、廉洁、高效”八个字为行为准则，八个字当中公正是核心，廉洁是前提，科学是基础，高效是目标。镕基总理1993年就告诫我们：技术监督有了公正、廉洁，就在社会上站得住；失去公正、廉洁，就要垮台。我们要警钟长鸣啊！

用铁腕抓质量必须做到“自身要硬”。自身要硬，就是行风要过硬。今年要继续逐项落实去年提出的行风整顿两年工作任务；坚持执行“五停止、一暂停”和“五公开、十不准”的各项规定；继续实行开门整顿，接受社会监督，推行行风公开评议；继续组织省际间行风互查。

铁腕抓质量，离不开各级纪检监察部门强有力地监督保证。纪检监察战线的同志们，一定要继续围绕质量技术监督中心任务，在以下三个方面做扎实有效的工作，发挥更大的作用：一是坚持预防为主方针，配合有关部门加大质量技术监督法规的宣传教育，使干部职工明了有关规定，进一步增强法制观念，自觉廉洁从政、依法行政；二是进一步加强制度建设，针对质量技术监督工作中已经发生和可能出现问题的环节，健全完善制约机制，铲除发生问题的土壤和条件；三是强化监督检查，定期和不定期的检查规章制度的落实情况，并开展提醒谈话活动，防患于未然。既当好党纪、政纪的卫士，又要成为各级干部的知心朋友。围绕质量技术监督中心任务开展纪检监察工作，很重要的一条就是纪检监察部门要熟悉和了解业务。情况明，底数清，工作才能做到点子上。因此，一方面，纪检监察干部要深入学习和钻研质量技术监督业务知识；另一方面，各单位领导、业务部门的同志要主动邀请纪检察干部参与业务活动，自觉接受监督。

四、认真执行党风廉政建设责任制

去年11月，党中央、国务院颁发了《关于实行党风廉政建设责任制的规定》。这是党中央、国务院为维护和推进改革、发展、稳定的大局，从制度上保证各级领导班子和领导干部对党风廉政建设和反腐败斗争切实负起领导责任而采取的一项重大措施。各级质量技术监督部门的领导班子和领导干部，尤其是党政主要领导，一定要高度重视这项制度，认真学习领会《规定》的精神实质，坚决贯彻执行。

贯彻落实《规定》，要做到三个到位：

一是思想认识要到位，认识是行动的前导。近年来，各地质量技术监督部门有不少制订了党风廉政建设责任制，有的还在目标责任制中包含了党风廉政建设的内容。但从了解和掌握的情况看，有的没有落实，有的落实得不好。原因之一，就是对实行党风廉政责任制的重要性缺乏足够的认识。因此，各级质量技术监督部门领导班子和领导干部在贯彻《规定》的过程中，要继续解决好思想认识问题。要认真学习

《规定》和尉建行等同志在贯彻落实《关于实行党风廉政建设责任制的规定》座谈会上的重要讲话，充分认识建立和实行党风廉政建设责任制，是邓小平党风廉政建设理论的具体运用和体现，是深入进行党风廉政建设和反腐败斗争的需要，是把党风廉政建设和反腐败斗争纳入法制轨道的重要保证。只有对实行党风廉政建设责任制的重要性和必要性的认识提高了，行动上才能做到自觉。

二是工作落实要到位。各级质量技术监督部门，首先要按照党中央、国务院的《规定》精神，制修订本单位贯彻党风廉政建设责任制的具体意见，进一步明确领导班子、领导干部在党风廉政建设和反腐败工作中的责任，把党中央、国务院的《规定》具体化，更具有可操作性；第二，要把党风廉政建设责任制与目前普遍实行的岗位目标责任制紧密结合起来，做到一起部署、一起检查、一起考核、一起落实；第三，加强对实行党风廉政建设责任制情况的督促检查，各级党组要半年听取一次落实《规定》情况的汇报，年终要进行一次全面检查，对发现的问题及时采取措施加以纠正；第四，也是最重要的一条，就是各级领导干部要带头执行党风廉政建设责任制，尤其是党政一把手，除自己以身作则外，还要教育和要求班子其他成员、分管单位的负责同志认真执行《规定》，自觉按《规定》办事，做好工作。在这方面，不仅要一级抓一级，上级抓下级；而且是一级盯一级，下级看上级，上级要为下级作出表率，国家局机关要在全系统作出表率。

三是责任追究要到位。贯彻廉政责任制，关键是要抓落实，而抓落实的关键在于严格执行责任追究的规定。否则责任制规定得再好也是一纸空文。《规定》明确了领导班子、领导干部在党风廉政建设和反腐败工作中发生失职渎职行为的组织处理或党纪处分办法，各级质量技术监督部门要认真执行，不得打折扣。在落实责任追究的问题上，一要严肃认真，不敷衍马虎；二要打破情面，不怕得罪人；三要一视同仁，不搞亲疏远近。许多很好的规章制度落实不了，落实不好，原因之一就是执纪不严、违纪不究。希望大家以高度的政治责任感抓好责任追究规定的落实，维护党风廉政建设责任制的严肃性。

五、进一步加强纪检监察机构和队伍建设

2 月 9 日，国务院国发〔1999〕8 号文批转了《国家质量技术监督局质量技术监督管理体制改革方案》。《方案》的基本框架是：国家局对省级局实行双重管理，以地方为主，省级局接受国家局业务领导；省以下实行垂直管理，下管一级，即：市（地）级局为省级局的直属机构，县级局是市（地）级局的直属机构；计划单列市及副省级市局，是同级政府的工作部门，省局对他们实行双重管理，以市为主，业务上接受省局领导。省以下垂直管理，就是省级局对本省的质量技术监督系统的机构、编制、经费、干部、业务工作等五个方面实行统一管理。

关于干部管理和党组织设置：省级局领导干部实行双重管理，以地方党委为主，国家局党组协助管理；市（地）级、县级局领导干部，以上级局党组管理为主，地方党委协助管理；省级局设立党组，市（地）级、县级局党组的设置，由所在地方党委审批；计划单列市、副省级城市局领导干部以所在市党委为主管理，省局党组协助；市（地）级、县级局机关党的关系，实行属地管理。

改革现行质量技术监督管理体制，实行省以下质量技术监督系统垂直管理，是党中央、国务院加强质量技术监督管理的一项重大措施，对于建立健全适应社会主义市场经济的质量技术监督管理新体制，进一步加强标准化、计量、质量的管理和行政执法，提高产品质量、工程质量和服务质量，维护良好的市场秩序，促进国民经济持续快速健康发展，具有十分重要的意义。为了把这项工作做好，国家局已报请国务院将于 3 月下旬召开质量技术监督管理体制改革工作会议，分管副省长、财政、组织（人事）、编制、质量技术监督部门负责同志参加，对《方案》的实施工作进行具体部署。

纪检监察部门，是保证质量技术监督工作和事业健康发展的重要职能部门。在这次管理体制改革中，各级质量技术监督部门的党政领导一定要按照江总书记强调的“在机构改革中，纪检监察部门只能加强、不能削弱”的要求和“精简、统一、效能”的原则，切实做好纪检监察机构设置和干部配备工作。省级质量技术监督部门要设立纪检组和纪检监察工作机构；市（地）级质量技术监督部门原则上要成立纪检

组和纪检监察办公室；省、市(地)两级局的直属单位原则上也要配备1～2名专职纪检监察干部；县级质量技术监督部门及直属机构、至少要有人兼职做纪检监察工作，经济发达、人口较多地方的县局，要设立纪检组，并配备专职纪检监察干部。

省局纪检监察部门要认真研究实行垂直管理后，工作对象增加、工作负荷加重的新情况，积极探索新思路，采取新办法，不断提高纪检监察工作水平；纪检监察干部要进一步发扬甘于奉献、迎难而上的精神，切实履行党的纪检和行政监察两项职能，保证各项任务顺利完成。各级党政领导要继续关心、支持纪检监察部门和纪检监察干部的工作和生活，为他们开展工作创造条件、提供保障。

最后再通报一个情况。为适应质量技术监督管理体制改革的新形势，进一步加强全系统的纪检监察工作，国家局党组已报请中纪委、监察部，将原来的“单派驻”，改为“双派驻”，即把国家局的纪检监察机构由目前的监察部驻国家质量技术监督局监察专员办公室，调整为中纪委驻国家质量技术监督局纪检组、监察部驻国家质量技术监督局监察局。

同志们，这次会议，既是1998年工作的总结交流会，也是1999年工作的动员部署会，时间不长，内容很多，希望大家集中精力把会议开好。预祝会议圆满成功！

搞好体制改革　加大工作力度 以优异成绩迎接建国五十周年

在全国质量技术监督管理体制改革工作会议上的讲话

国家质量技术监督局局长　李传卿

1999年3月26日

同志们：

经国务院批准，今天在这里召开全国质量技术监督管理体制改革工作会议，主要任务是贯彻落实党中央、国务院关于质量技术监督管理体制改革的决定，部署全国质量技术监督系统的管理体制改革工作。党中央、国务院对质量技术监督管理体制改革非常重视，中共中央今年2号文件明确了质量技术监督系统实行省以下垂直管理，国务院今年8号文批准了《质量技术监督管理体制改革方案》，邦国副总理今天又亲临会议，对落实体制改革方案、强化质量技术监督工作作了重要指示。中央、国务院各部门对质量技术监督管理体制改革也十分关心，刚才，中组部、中编办、财政部的负责同志分别作了讲话，对做好有关工作提出了明确要求。各省(区、市)政府的负责同志和有关部门百忙之中出席这次会议，体现了对质量技术监督工作和管理体制改革的大力支持。这些，都使我们对顺利实施管理体制改革方案和做好质量技术监督工作更加充满信心。各级质量技术监督部门要坚决贯彻落实党中央、国务院的决定，通过扎实搞好管理体制改革，进一步加强自身建设，进一步加大工作力度，以新的风貌、新的成绩迎接建国五十周年。

下面，我讲三点意见。

一、统一认识，坚定信心，落实管理体制改革任务

质量技术监督部门是政府统一管理和组织协调标准化、计量、质量工作的职能部门，担负着综合管理和行政执法的重要职责。改革开放以来，各级质量技术监督部门围绕提高质量、净化市场、加强技术基础、推进与国际惯例接轨，做了大量工作，为促进国民经济和社会发展发挥了积极作用。与此同时，质量技术监督事业也逐步发展壮大。各级党委、政府和有关部门对质量技术监督工作一向非常重视和支持，这是质量技术监督事业发展的基本保证。随着社会主义市场经济体制的逐步建立，质量技术监督部门肩负的任务更加繁重。特别是随着改革的不断深入，一些严重影响经济秩序和经济发展的新情况、新问题，对质量技术监督工作提出了更高要求。比如，尽快扭转假冒伪劣屡禁不止的状况，需要质量技术监督部门进一步加大执法力度的问题；针对当前质量状况的严重性，需要进一步提高质量技术监督工作有效性问题；加强质量技术监督队伍建设，需要切实保证质量技术监督科学、公正、廉洁、高效问题，等等。解决这些问题，迫切需要建立一套适应我国社会主义市场经济发展需要的质量技术监督体系。但是，现行分级管理的体制，掣肘和影响了质量技术监督职能作用的充分发挥。为提高质量技术监督综合管理和行政执法的统一性、权威性和有效性，党中央、国务院决定改革现行质量技术监督管理体制，实行省以下质量技术监督系统垂直管理。这是党中央、国务院加强质量技术监督管理的一项重大措施，对于建立健全适应社会主义市场经济的质量技术监督管理新体制，进一步加强标准化、计量、质量的管理和行政执法，提

高产品质量和工程质量、服务质量，维护良好的市场秩序，促进国民经济持续快速健康发展，具有十分重要的意义。

经过这几年质量技术监督的工作实践，我们初步确立了这样一个工作目标，这就是：全力推进我国产品质量和工程质量、服务质量全面提高；努力为企业创造一个公平竞争、优胜劣汰的市场环境，为消费者创造一个放心满意的购物环境。同时，也逐步形成了一个基本的工作思路，即两手抓，一手抓业务工作，一手抓队伍建设。改革现行质量技术监督管理体制，实行省以下质量技术监督系统垂直管理，机构、编制、经费、干部、业务五统一，有利于质量技术监督部门排除地方保护主义的干扰，坚持公正执法、秉公办案，更好地维护社会主义市场经济秩序；有利于建立起统一规范、运转有序的质量技术监督体系，全面履行综合管理和行政执法两大职能，提高质量技术监督工作对建立社会主义市场经济体制和促进国民经济持续快速健康发展的有效性；有利于质量技术监督部门健全系统内部的监督、制约机制，加强队伍建设和廉政建设，加快建立一支政治坚定、公正廉洁、纪律严明、业务精通、作风优良的质量技术监督队伍。

根据国务院今年8号文件要求，实施质量技术监督管理体制改革方案工作，要在国务院领导下，由各省、自治区、直辖市人民政府负责组织落实。刚才邦国副总理的重要讲话，再一次为我们落实体制改革方案，强化质量技术监督工作，明确了应该遵循的基本原则。各级质量技术监督部门，特别是各省(区、市)质量技术监督局，一定要认真学习邦国副总理的讲话精神，把全体干部职工的思想统一到党中央、国务院的决定上来，增强质量技术监督管理体制改革的自觉性，坚定不移地把这项改革推向前进。各省(区、市)局要在省(区、市)委、省(区、市)人民政府领导下，按照国务院批准的改革方案，密切配合有关部门，抓紧做好机构管理、编制管理、干部管理、经费管理等方面的工作，确保管理体制改革方案的落实。

——在机构管理方面，省(区、市)质量技术监督局作为同级人民政府的工作部门，要按国务院8号文件精神，协助有关部门尽快落实好市、县两级的机构调整工作。实行管理体制改革后，地(市)、县(市)质量技术监督局，作为上一级质量技术监督局的直属机构；各级技术机构作为同级质量技术监督局的直属事业单位，都要按照省以下垂直管理的原则，实行统一管理。根据中央2号文件精神，各省(区、市)质量技术监督局的机构和职能，原则上要与国家质量技术监督局对应，有关质量管理，锅炉、压力容器、电梯、防爆电器等特种设备的质量监督和安全监察职能，要按国务院批准的国家质量技术监督局三定规定，在这次实施管理体制改革时一并理顺。

——在编制管理方面，省级质量技术监督局要积极配合省编制管理部门，认真核定全省各级质量技术监督部门及其所属技术机构的行政编制和事业编制。由于目前质量技术监督系统人员编制数量，难以适应加强质量技术监督的需要，因此，各省(区、市)局要主动争取编制管理部门的支持，对质量技术监督系统行政机构和技术机构的人员编制予以重点保证。技术机构是质量技术监督的重要保障条件，没有技术机构的支撑，质量技术监督便无法开展，这是不同于其它行政部门的一个特殊情况。请各省(区、市)局商机构编制管理部门在重新统一核定编制时，对质量技术监督系统行政机构和技术机构的人员编制一并核定，以保证质量技术监督工作的需要。

——在干部管理方面，中组部已下发了《关于质量技术监督系统管理体制改革后干部管理有关问题的通知》，各级质量技术监督部门一定要严格执行这个通知规定。过去，在各级党委、政府的领导和重视下，质量技术监督系统各级领导班子总的来讲是好的，是过得硬的。通过这次改革，各级质量技术监督部门要进一步优化领导班子结构，提高整体素质。今后，在领导班子建设和干部队伍建设，特别是在选人用人方面，省(区、市)局将承担更多的责任。各省(区、市)质量技术监督局党组及干部人事部门，一定要在当地省(区、市)委组织部门的指导帮助下，认真做好管理体制改革后的干部管理工作。在此，也请各省(区、市)党委、政府和组织部门对省级质量技术监督局的领导班子建设给予更多地关心，关键是配好省这一级质量技术监督局的领导班子，同时，对他们在管理体制改革中遇到的有关干部管理、安置等方面的实际问题，及时给予帮助解决。

——在经费管理方面，省级质量技术监督局担负着对全省(区、市)质量技术监督系统财务经费实行统一管理的职责，要按照国务院8号文件的精神，积极争取地方党委、政府和有关部门的理解和支持，在财政部门帮助下，落实好经费保障问题。经费不足是目前质量技术监督系统的一个突出问题。由于财政拨入的经费和实行收支两条线返还的收入远远小于实际工作需要，全国约有20个省的人员经费、公用经费严重不足，监督抽查、打假办案等专项经费基本没有渠道，整个系统仪器设备数量严重不足。落实管理体制改革，加强质量技术监督工作，必须解决好经费保障问题。各省（区、市）局要抓紧商财政部门落实经费保障。在核定人员经费、公用经费时，应高于一般行政机关的标准；对监督抽查、打假办案、技术装备和基础设施经费等，足额纳入省级财政支出预算予以重点保障。国家局和地方各级质量技术监督部门所属技术机构，都要按照国家规定，分别将罚没收入和行政事业性收费及时、足额上缴中央财政和省级财政，严格实行收支两条线管理。

——计划单列市和副省级市质量技术监督局，要按照国务院8号文件的精神，认真做好管理体制改革的有关工作。

改革现行管理体制，政策性强、涉及面广、难度也很大，各省（区、市）局必须切实加强领导，精心组织。一是要紧紧依靠各地党委和政府的领导。各省（区、市）质量技术监督局一定要在当地党委、政府的领导下，有组织、有计划地做好管理体制改革方案的实施。对改革过程中遇到的困难和问题，要及时向当地党委和政府请示报告，争取领导和支持，使问题得以妥善解决。二是要积极争取有关部门的支持。各省（区、市）局要积极争取组织、人事、机构编制管理和财政等部门的大力支持，使改革方案中的干部管理、机构设置、人员编制、经费保障等问题得以全面落实。特别是，我们目前在编制、经费、干部各方面存在的困难和问题比较多，只有积极争取他们的理解和帮助，才能妥善解决。三是对这项工作，各省（区、市）局领导要高度重视，抓紧组织专门工作班子，制定具体实施方案，报省（区、市）人民政府批准后，精心组织，稳妥实施。四是要不断研究实行管理体制改革带来的新问题。在新旧体制交替之际，我们系统无论在队伍素质、管理能力、工作方式等方面，都有不适应的地方。各省（区、市）局一定要认真研究工作中的新情况、新问题，确保改革方案的顺利实施。

按照国务院8号文件的要求，国家质量技术监督局已商中组部就干部管理有关问题下发了一个通知。我们将进一步抓紧与中编办、人事部、财政部会商，制定有关机构设置、人员编制、经费保障、国有资产划转等问题的管理办法，尽快下发。国家局已成立管理体制改革专门工作组，设立专线电话，随时关注各地工作进展情况，协助解决改革方案落实中的有关问题。

长期以来，地方各级质量技术监督部门一直在当地党委、政府领导下工作，为地方经济发展做出了应有贡献。实践证明，质量技术监督工作所取得的每一项成绩，都离不开地方各级党委、人大、政府、政协和有关部门的支持。落实管理体制改革方案，同样需要地方党委、政府和有关部门的支持。省以下质量技术监督系统实行垂直管理后，只是市、县两级质量技术监督局与同级政府的领导关系有所调整，但是，为地方经济和社会发展服务的目标和任务没有改变，也不能改变。今后，各级质量技术监督部门仍然要紧紧围绕当地经济建设中心开展工作，努力为地方提高经济增长的质量和效益做出贡献。

二、认真学习党中央、国务院领导的重要指示精神，进一步增强做好质量技术监督工作的责任感

党中央、国务院非常重视质量技术监督工作，一直把质量问题提到战略高度来加以强调。在去年中央经济工作会议上，江泽民总书记明确提出，做好今年的经济工作，“要在坚持经济适度快速增长的同时，把工作的着力点放在优化结构、提高经济增长的质量和效益上来”，“要坚持速度、结构、质量和效益的统一”，“质量和效益上去了，国民经济才能形成良性循环，发展才有后劲。”当前，提高经济增长的质量和效益的一个关键是不断提高产品质量和工程质量、服务质量。

从1997年10月份以来，党中央、国务院领导同志从加大工作力度、加强队伍建设、改革管理体制和

请地方党委、政府支持质量技术监督等方面对质量技术监督部门作了一系列重要指示，有时甚至一天之内几个批示。我借今天这个机会，向同志们作一个简要报告。……

这一系列重要指示，首先，体现了党中央、国务院对质量问题的高度重视。质量问题事关国计民生，事关经济增长方式的根本性转变，事关我国的对外开放和国际竞争力，各级党委和政府不仅要把速度看成一个战略问题，也要把质量看成一个战略问题，实现速度、结构、质量和效益的统一；第二，体现了党和国家领导人对人民群众的深厚感情，对质量事故和假冒伪劣给国家和人民生命财产带来重大损失的极大关注，对这些问题背后的腐败疾恶如仇；第三，体现了党中央、国务院进一步加大质量工作力度，严字当头，用铁腕抓质量的决心。这是我们做好质量技术监督工作的指导思想。同时，我们也深切地感受到党中央、国务院领导对整个质量技术监督战线的殷切期望和严格要求。“质量责任重如泰山”，既给我们压力，也给我们以动力。我们一定要深刻领会党中央、国务院领导的这些重要指示，以铁腕抓质量的实际行动，回答党中央、国务院对我们的重托，人民对我们的期盼。

三、突出重点，加大力度，把今年的各项任务落到实处

今年，全国质量技术监督系统工作相当繁重。我们一方面要在各级党委和政府的领导下，配合有关部门全面实施管理体制改革方案；另一方面又要进一步加大工作力度，完成党中央、国务院部署的各项任务。在多年的实践中，我们深切感到，质量技术监督任务越重，越离不开各级党委、政府的领导和支持。借今天这个机会，我想将今年质量技术监督工作的重点任务向各省（区、市）的同志通报一下，希望各省（区、市）政府和有关部门加强领导、大力支持，使质量技术监督系统在落实管理体制改革和完成各项工作任务两个方面获得双丰收。

根据中央经济工作会议部署和国务院领导指示精神，1999 年质量技术监督工作的总体要求是：高举邓小平理论伟大旗帜，深入贯彻党的十五大和十五届三中全会精神，按照中央经济工作会议的要求和部署，突出用铁腕抓质量，围绕扩大国内需求、深化国企改革、调整经济结构、推进对外开放、发展农村经济、整顿经济秩序，在提高质量、净化市场、加强技术基础、推进与国际惯例接轨四方面加大工作力度，加大执法力度，实施质量技术监督系统管理体制改革，推动企业、政府、社会形成合力，促进我国产品质量和工程质量、服务质量的全面提高，以优异成绩迎接建国 50 周年。

我们今年的任务，概括起来说，就是：按照实现一个目标（促进我国产品质量和工程质量、服务质量的全面提高）、创造两个环境（为企业创造一个公平竞争、优胜劣汰的市场环境，为消费者创造一个放心满意的购物环境）的工作要求，提高一个认识，围绕四个重点，突出用铁腕抓质量。

（一）进一步提高对质量状况严重性的认识

去年 11 月 14 日，镕基总理要求我们要进一步提高对质量状况严重性的认识。国家质量技术监督局党组对此进行反复学习、认真领会，一致认为总理站得高，看得远，看得深刻。当前，质量状况的严重性表现在：质量低劣问题相当普遍，假冒伪劣屡禁不止，质量管理严重滑坡，优难胜、劣不汰十分突出，监督乏力、有效手段不足。质量问题确实成为了影响我国经济发展的一个突出问题。一是质量问题影响企业的生存和发展。国有企业为什么有的好，有的差，原因是多方面的，但其中很重要的一个原因恐怕是产品质量问题。现在的市场竞争，说到底是质量竞争，质量上不去，市场占有率必然下降。二是影响经济增长目标的实现。要实现国民经济增长的目标，一个很重要的措施是要拉动国内需求。现在需求不旺，老百姓手上有钱，但不去买东西。为什么不买，因素是多方面的，其中质量问题是一个不容忽视的因素。镕基总理指出，质量问题不能让老百姓放心。老百姓购物没有安全感，怕假冒伪劣。三是假冒伪劣屡禁不止，在国际市场上造成恶劣影响，严重影响了我国产品的竞争力。所以，用铁腕抓质量，是事关扩大国内需求，

推动经济增长的一项重要措施，我们一定要从经济发展的战略高度来看待质量问题。

（二）围绕4个重点，全面做好质量技术监督工作

1. 以提高产品质量为重点，进一步加大工作力度

当前，相当一部分企业内部管理松驰，不适应市场竞争要求。因此，引导企业深入学习邯钢经验，以质量管理和成本管理为重点，狠抓管理，苦练内功，全面增强企业素质和市场竞争力，就显得十分紧迫。在这方面采取的措施有：

——大力推动各地方、各部门和广大企业加快《质量振兴纲要》实施进度，确保第一阶段即到2000年目标和任务的实现；按照分类指导的原则，引导和促进国有、集体、股份制、非公有制等各类企业提高产品质量；鼓励企业实施名牌战略，争创"名牌"产品，提高市场竞争力；加强生产许可证的统一管理，严格查处无证产品；推动有条件的地方开展"质量兴市"；对基本建设项目和技术改造项目开展工程设备监理试点工作。

——加强质量监督。重点监督抽查危及人体健康和人身、财产安全的产品，影响国计民生的产品，市场热销和消费者反映问题多的产品；加强对中小型企业、乡镇企业、个体（私营）企业产品的监督抽查；重点治理区域性和带有行业性的质量问题。为了提高监督的有效性，要切实加强监督抽查的后处理工作。

——强化锅炉、压力容器和压力管道、电梯、防爆电器等特种设备的质量监督和安全监察工作，遏制重大和特大事故发生。

2. 以打击假冒伪劣为重点，进一步加大执法力度

当前假冒伪劣屡禁不止的状况尚未得到根本扭转。我们一定要以对人民、对国家高度负责的精神，进一步加大执法力度，务求在不太长的时间内基本上遏制住制假售假猖獗的势头。采取的措施有：

——集中行动、经常性行动和查处大案要案相结合。集中行动，近期重点开展"净市场、保两节"，"打三假、保春耕"，"查建材、保建设"等三大战役。经常性行动，主要加强日常监督检查，在国家局统一部署下，通过联合行动、突击查处、集中曝光等措施，坚决查处标实不符、以次充好、掺杂使假、短斤缺两等各种质量违法行为。

——突出"三重一大"，把打假工作推向纵深发展。各地质量技术监督部门要在深入调查研究的基础上，尽快确定本地区需要加强监督的重点商品、重点市场、重点区域，明确责任，精心组织，依法查处。对制假售假数量大、案值高、情节恶劣的重大案件，要组织专门力量，集中行动，严厉打击。

——继续深入开展"打击假冒，保护名优"活动。国家局根据各地上报的产品目录，已将全国重点保护的名优产品扩大到100种，今年将围绕这100种产品，组织两次全国性的集中打假行动。同时，各地方局要根据各地政府确定的重点产品，扎实有效地做好扶优治劣工作。

3. 以提高有效性为重点，全面加强标准化、计量工作

今年的标准化、计量工作任务很重。例如，要加大涉及人身安全、健康卫生、环保方面强制性国家标准制修订工作力度，突出信息技术等高新技术领域的标准制修订工作；全面推进消灭无标生产；继续推进农业标准化示范区建设；加强组织机构代码和商品条码推广应用。要围绕消费者关心的、关系国计民生的热点问题，加强计量器具和商品量的计量监督，规范市场计量行为。比如加强对电话计费器、税控加油器、眼镜验光镜片器等的监督管理；引导企业加强计量基础工作，组织计量节能降耗、降废减损活动。标准化和计量都是重要的技术基础工作，对于提高产品质量、提高劳动生产率、提高市场竞争力都具有重要意义。

4. 进一步加强质量技术监督与国际接轨，为扩大对外开放多做工作

——推动企业积极采用国际标准和国外先进标准，提高我国产品的品种、质量和档次。

——进一步加强和规范认证工作，保证认证工作质量，提高认证工作的有效性，使认证工作在促进企业提高产品质量、增强市场竞争能力和扩大出口上见实效。

——采用国际通行做法，加强对进口机电产品标准化审查和安全认证强制性管理、计量器具型式批准、锅炉压力容器进口许可证管理，保护国内企业生产和国内市场。

（三）突出用铁腕抓质量，树立良好行业形象

从去年9月份开始，镕基总理在多次会议上提出，要用铁腕抓质量。邦国副总理也提出一定要落实镕基总理用铁腕抓质量的指示，加大质量工作力度。去年11月23日，我们召开全国质量监督工作会议，紧急部署组织"三大战役"，体现用铁腕抓质量。为了落实用铁腕抓质量，当前重点是抓好监督抽查后处理的六个环节，或者说建立六个制度：

一是坚持监督抽查结果公告制度。每个季度把国家、省、地、县质量监督抽查的结果向社会公告。二是建立警示制度。对于企业产品在国家质量监督抽查中被判为不合格的，第一次，提出黄牌警示；第二次，红牌警示；第三次，停产整顿。三是加大曝光力度。对质量低劣的产品和企业乃至企业领导人要坚决曝光。曝光是一项有效的监督形式。但曝光也要注意内外有别，要建立严格的曝光管理制度。四是严格整改制度。按照镕基总理的要求，抽查不合格的，要限期整改，整改到期后复查，复查不合格的，勒令停产整顿。继续对不合格企业举办厂长培训班，这是提高企业厂长质量意识的有效措施。五是加大处罚力度。要继续对连续两次抽查不合格的企业，建议地方政府免去厂长职务；质量问题严重的，建议工商行政管理部门吊销营业执照。同时也要加强罚款措施。六是建立通报制度。对于质量问题严重的地区，国家局对省（区、市）、省局对地（市）、地（市）局对县（市）有关主要领导实行质量情况通报制度，以引起地方领导的重视，加大整治力度。

用铁腕抓质量，对加强质量技术监督行风建设提出了更高要求。今年，党中央决定在县级以上党政领导班子、领导干部中深入开展"三讲"教育，以整风的精神，认真解决干部队伍建设中存在的突出问题，这次教育是党中央加强各级领导班子和干部队伍建设的重大举措，我们各级质量技术监督部门的领导干部要以高度的政治觉悟和良好的精神状态，周密部署，认真抓好。搞好"三讲"教育，对我们抓好行风建设也是极好的契机。我们要以树立良好形象为重点，进一步加强行风建设，进一步抓好以县级局为重点的基层建设。行风正、队伍硬，是加大工作力度，体现用铁腕抓质量的重要保证。用铁腕抓质量，一要靠质量技术监督技术机构提供科学、准确、可靠的检测数据；二要靠各级质量技术监督部门对照标准和判断准则对这些数据进行分析，作出公正的判断；三要靠依法行政，整个执法程序、执法过程要经受得起检验，无懈可击。用铁腕抓质量必须做到决心大、要求严、自身硬。自身硬，就是行风要过硬。镕基总理1993年底就告诫我们：技术监督有了公正、廉洁，就在社会上站得住；失去公正、廉洁，就要垮台。我们质量技术监督系统上上下下，一定要警钟长鸣，也欢迎政府、企业、社会各方面加强监督。

同志们，今年质量技术监督系统实施管理体制改革，加大工作力度，加大执法力度，加强行风建设，加强以县局为重点的基层建设，任务十分繁重。让我们高举邓小平理论伟大旗帜，紧密团结在以江泽民同志为核心的党中央周围，把握大局，知难而进，扎实工作，开拓进取，全力推动质量技术监督再上一个新台阶，以优异成绩迎接建国五十周年。

认真贯彻国务院重大部署扎扎实实抓好质量工作

国家质量技术监督局局长李传卿在全国质量工作会议上的讲话

1999年11月5日

在党的十五届四中全会闭幕不久，国务院决定召开这次全国质量工作会议，专门研究和部署进一步加大质量工作力度，提高我国产品质量总体水平，非常重要，非常及时。会前，朱镕基总理为这次会议作出重要指示。昨天上午，吴邦国副总理在报告中，分析了当前产品质量的现状和面临的形势，并就如何加大工作力度，推动我国产品质量整体水平的提高作出了全面部署，也对地方各级政府、各有关部门，特别是我们质量技术监督部门提出了明确的工作要求。我们一定要认真组织学习，坚决贯彻执行。会后，国务院将下发《关于进一步加强产品质量工作若干问题的决定》，这充分体现了党中央、国务院对质量工作的高度重视。这次全国质量工作会议，对于全面加强产品质量工作，切实提高我国产品质量总体水平，促进改革开放、经济建设和社会发展都具有积极、重要的意义。

根据会议的安排，我今天就以党的十五大精神和十五届四中全会《关于国有企业改革和发展若干重大问题的决定》为指导，认真贯彻落实国务院关于加强产品质量工作的重要部署，全面实施《产品质量法》和《质量振兴纲要》，扎扎实实抓好质量工作，讲几点意见。

一、增强提高产品质量的责任感和紧迫感

学习领会国务院领导同志的重要指示，贯彻落实国务院关于加强产品质量工作的重要部署，首先要提高思想认识，增强提高产品质量的责任感和紧迫感。

加强产品质量工作，对振兴我国经济具有非常重要的意义。当前，我国经济已进入一个新的发展阶段，主要商品已由卖方市场转为买方市场，提高产品质量，既是满足市场需求、扩大出口和减少进口、提高经济运行质量和效益的关键，也是实现跨世纪宏伟目标、增强综合国力和国际竞争力的必然要求。

改革开放以来，特别是1992年全国质量工作会议以来，在党中央、国务院的正确领导下，在各地区、各部门和广大企业的共同努力下，我国产品质量的总体水平有了较大提高，质量工作也取得了新的进展。近年来，企业的质量管理工作有所加强，产品质量国家监督抽查合格率有所上升，部分产品质量达到或接近国际先进水平，创出了一批名牌产品，涌现出一批质量效益型先进企业。

但是，面对经济全球化迅速发展，国内外市场激烈竞争，我国产品质量状况与国际先进水平相比，仍有很大差距，还远不能适应形势发展和市场变化的需要，产品质量问题仍十分严重。一是产品档次低，一些重要工业产品质量与发达国家相比落后10年以上，许多产品在技术指标上差距更大。二是质量差，抽查合格率仍然不高，生产过程中的不良品损失严重，一些中小企业产品质量低劣的问题相当普遍。三是假冒伪劣屡禁不止，制假售假违法犯罪活动在有的地方已成为区域性问题，假冒伪劣产品造成重大恶性事件时有发生。以上问题，广大人民群众和社会各界反响极其强烈，中央领导十分重视。这些问题不解决，就会严重制约扩大内需、增加出口、国企改革等重大经济政策的顺利实现，影响经济增长的质量和效益，阻碍和延误“两个根本性转变”的进程。

产生质量问题的原因是多方面的。既有认识问题，又有管理问题，也存在体制不顺、机制不健全的问题。从质量工作的实际看，主要有这样几个方面：一是许多企业内部质量管理滑坡，相当一部分企业质量

管理工作弱化。不是做不好，而是不认真去做，管理不严，产品质量得不到保证。二是质量投入不够，产品标准水平不高，技术装备陈旧，工艺水平落后，创新能力不强，而且缺少必要的计量检测和质量检验手段，产品质量无法提高。三是市场机制不完善，市场监督乏力，以暴力阻挠、抗拒打假执法的问题时有发生，制假售假没有从根本上得到有效控制。四是对质量违法行为法律规定的处罚力度不够，行政执法机关缺乏必要的执法手段，对制假售假者“打不疼、打不死”，形不成震慑力。五是行政性壁垒严重，妨碍公平竞争市场环境的形成，特别是有些地方的地方保护主义严重，产品质量意识淡薄，在经济工作中存在着“重数量、轻质量”的倾向，有的甚至把提高产品质量和发展经济对立起来。

解决这些问题，关键是按照中央关于加强产品质量工作的要求，狠抓落实，加大工作力度，用铁腕抓质量。多年来，党和政府一直十分关心和重视质量工作，要求不断提高产品质量水平。特别是近几年来，以江泽民同志为核心的中央第三代领导集体，就质量工作作了一系列重要指示，反复强调质量第一是我国经济建设方面的一个长期战略方针，要求我们切实树立“质量第一”、“用户第一”的思想；强调质量是企业的生命，提高质量需要依靠科技进步和加强科学管理，两个轮子一起转；强调解决质量问题的根本方法是利用市场机制，同时加强政府监督，要求加强质量监督，加强市场监管；强调品牌是企业赖以生存的基础，要求争创名牌产品，提高国际竞争能力；强调提高质量是一个系统工程，需要领导重视，全员参与，各方面密切配合，相互支持；强调要以对国家、对人民高度负责的态度，坚决打击制售假冒伪劣商品的违法行为，等等。当前，社会各界和人民群众对提高产品质量的呼声越来越高，对加强打假治劣的要求越来越迫切。可以说，确实是形势逼人。我们一定要从经济建设全局和战略的高度看待质量问题，增强做好质量工作、提高产品质量的使命感和责任感，牢固树立“质量第一”、“以质取胜”的观念，抓住当前国际国内经济结构调整和产业升级的有利时机，加大工作力度，采取切实有效的措施，不断促进产品质量上档次、上水平；严厉惩处制造和经销假冒伪劣产品违法行为，建立和完善公平竞争的市场环境，使我国产品质量的总体水平在今后几年有明显的提高。

二、提高产品质量需要各方面的共同努力

要实现国民经济持续快速健康发展，必须适应全球产业结构调整的大趋势和国内外市场需求的变化，在我国经济结构战略性调整过程中，提高技术起点，加快技术创新，依靠科学管理，把我国产品质量提高到一个新水平。党的十五届四中全会《关于国有企业改革和发展若干重大问题的决定》提出：通过技术进步和产业升级，少数大型企业和企业集团要在产品质量、工艺技术、生产装备、劳动生产率等方面达到或接近世界先进水平，在国际市场上占有一定的份额；一批企业和企业集团要具有较高技术水平，能够生产高附加值产品，在国内外市场有较强竞争力；多数企业要不断进行技术改造和产品更新，并充分发挥我国劳动力充裕的优势，积极参与国内外市场竞争。完成这些任务，提高产品质量是关键。通过这次会议，我们要进一步提高认识，统一思想，明确质量工作的具体目标和任务。根据《质量振兴纲要》提出的总体要求，今后几年，我国产品质量工作的主要目标和任务是：

（一）推行科学管理，强化质量监督，促进企业建立健全有效运转的质量保证体系和规范化的售后服务体系，质量管理上水平。

（二）主要工业产品出厂合格率达到100%，出口商品的出厂合格率达到100%；原材料、重大装备、高档耐用消费品和基础件、元器件等要有一定比例的产品质量达到国际水平；信息工程、生物工程、环境保护等产业的产品要力争达到发达国家的质量水平；涉及人体健康和人身、财产安全的产品必须符合国家强制性标准。

（三）通过技术改造和技术创新，使大多数企业的产品质量整体水平上一个新台阶；一批企业和企业集团的产品质量基本适应国际市场竞争的需要；一批大型企业和企业集团的产品质量达到或接近国际先进水平。

（四）重点治理一批制假售假严重的重点产品、重点市场、重点地区，建立一批无假冒伪劣商品的放

心店、放心街，规范一批专业市场，使制假售假屡禁不止的状况得到有效遏制。

（五）健全产品质量法律法规体系，加快完善适应社会主义市场经济体制的质量监督体系。

实现上述目标，必须坚持以企业为主体，加强政府宏观指导和监督管理，动员全社会各方面力量，形成企业、政府、社会综合治理的合力。

从企业来说，在建立现代企业制度，走向市场过程中，要把质量工作放在突出位置来抓。质量是企业的生命，提高质量的基础在企业。尤其是在我国经济进入一个新的发展阶段，主要商品已由卖方市场转为买方市场的今天，再加上国外有实力的跨国公司和大企业进入我国，竞争十分激烈，企业如果再不提高产品质量，就将面临被淘汰的危险。振兴我国产品质量，关键在于搞好企业的质量工作。党的十五届四中全会的决定中明确指出：必须“从严管理企业，实现管理创新，尽快改变一部分企业决策随意、制度不严、纪律松弛、管理水平下降的状况。”要“狠抓管理薄弱环节。重点搞好成本管理、资金管理、质量管理。”并强调“坚持质量第一，采用先进标准，搞好全员全过程的质量管理。”当前，企业在深化改革中面临许多困难和问题，但解决其生存和发展最终要看产品的质量和档次在市场上有无竞争力。从一些先进企业的经验看，企业的质量工作必须结合深化改革，把“三改一加强”与提高产品质量有机结合起来。首先，一把手要对质量工作负起全责，保证责任到位、工作到位、措施到位；要制定切实可行的质量发展目标，一方面加强科学管理，另一方面加强技术进步，两个轮子一起转；要狠抓基础工作，大力加强教育培训，推行先进的质量管理方法，贯彻 GB/T 19000—ISO 9000 系列标准，建立和完善从设计到售后服务全员全过程的质量保证体系；要严格要求、严格管理、严格实施质量责任及相应的考核监督办法，坚决实行质量否决制。广大企业要结合贯彻落实这次全国会议精神，普遍开展“查质量意识，查质量水平，查质量保证体系，查现场管理，查售后服务”为主要内容的质量自查活动，边查边整顿，不断提高产品质量和质量管理水平。

从政府来说，要明确在产品质量工作中的责任。提高产品质量，既要靠市场机制，也要政府进行一定的宏观调控和严格的依法监督。各级政府应当把提高产品质量纳入本行政区域的国民经济和社会发展规划，加强对本行政区域内产品质量工作的统筹规划和组织领导；按照《质量振兴纲要》的要求，制定质量发展目标和措施，开展“质量兴市”活动，实施名牌战略。要不断完善质量法制，坚持依法行政，大力加强对产品质量的监督和管理力度，依法采取措施，严格实行产品质量监督抽查；严厉打击制假售假的违法行为，遵循市场规则，清除地方、部门保护，建立有利于提高产品质量的公平竞争、优胜劣汰的市场环境和市场机制。在转变政府职能，引导企业走向市场的过程中，要对不同企业实行分类指导，下大力气帮助国有企业加强质量管理，通过狠抓质量工作，促进国有企业改革和发展目标的实现。政府各部门要加强协调与配合，以提高产品质量为目标，着力提高质量工作的有效性。

从社会来说，要动员和组织社会各方面力量，积极投身质量振兴事业，形成提高产品质量的合力。要充分发挥工会、共青团、妇联和科协、工商联等群众团体在开展群众性质量改进活动，加强班组建设，开展 QC 小组活动，培养职工爱岗敬业、争当质量标兵方面的作用；要充分发挥质量中介组织在开展质量宣传教育和技术咨询等各项服务方面的作用，积极为企业提供标准化、计量、质量检验、认证咨询等服务；要充分发挥电视、广播、报刊等新闻媒体在质量宣传方面的舆论导向和监督作用，加大质量宣传力度；要继续开展“质量月”、“质量万里行”、“3·15”、“百城万店无假货”、“假如我是消费者”等活动，形成“质量责任重于泰山”、“质量振兴、人人有责”、“假冒伪劣、人人喊打”全社会重视质量的良好氛围。

三、各级质量技术监督部门要认真落实全国质量工作会议确定的各项任务

这次全国质量工作会议的召开和会后国务院《决定》的发布，是我国经济生活中的一件大事，它对于推动我国产品质量总体水平的提高，对于促进我国经济跨世纪的持续快速健康发展，必将产生十分重

要的影响，对我们做好质量技术监督工作有着巨大的指导作用。各级质量技术监督部门要明确，衡量质量工作成效的根本标准在于促进生产力发展，要把促进国民经济持续快速健康发展和社会全面进步作为加强质量工作的根本出发点和落脚点。要通过艰苦细致的工作，把党中央、国务院领导同志的重要指示和全国质量工作会议确定的各项任务落到实处。

（一）进一步加强对质量工作的宏观指导

提高产品质量，不仅需要企业自身的努力，而且需要有一个良好的外部环境。外部环境的改善，一方面要充分发挥市场机制优胜劣汰的作用；另一方面国家要加强对质量工作的宏观指导。当前，主要围绕以下几个方面加强宏观指导：

全力推动《质量振兴纲要》实施计划的落实。目前，各省已根据《纲要》制定了实施计划，今后的重点是，大力推动各地方、各部门和广大企业加快《纲要》实施进度，重点在领导责任落实、实施计划落实、保证措施落实、监督检查落实等四个方面多做工作，保证《纲要》提出的目标和任务的实现。

继续推行全面质量管理。今年是我国推行全面质量管理20周年。我们要在总结20年经验的基础上，在新的形势下，进一步完善全面质量管理，重点是组织好各地方和广大企业继续深入开展全面质量管理、质量改进和降废减损活动；认真贯彻质量管理和质量保证系列国家标准，大力加强质量体系认证和产品质量认证工作；积极推行“零缺陷”管理和可靠性管理等先进的质量控制方法，提高企业质量管理水平。不断总结、推广质量管理的先进经验，促进一批重点企业的质量管理达到国际先进水平。

加强对质量状况的调查分析。今年我们组织有关部门和单位对一些重点行业的22种重点产品的质量状况进行了调查，初步摸清了这些产品的现状，与国际上同类产品的差距，存在的主要问题，并且提出了相应的建议。在做好质量状况调查分析的基础上，我们将结合调查的结果进行评价，并向有关地方、部门和企业通报，希望相关部门和企业能瞄准国内外先进水平，明确攻关方向，制定符合自身特点的质量发展目标，切实提高本地区、本行业、本企业的产品质量水平。

鼓励和支持企业实行名牌战略。重点是为企业创名牌营造良好的外部环境，把企业的争创名牌活动同政府的日常质量监督管理工作有机地结合起来，使名牌产品始终处于公平的监督管理之下，确保名牌产品的高质量；加快研究和探索产品质量用户满意度指数评价方法，逐步建立符合市场要求的名牌产品评价机制，坚决制止以营利为目的，缺乏科学性、公正性的名牌评比、推荐活动；总结推广一批企业争创名牌产品的成功经验，推动形成一批代表我国主要行业质量水平的名牌产品。

积极探索建立重大工程项目设备质量监理制度。在总结一些地方和部门试点经验的基础上，研究制定有关管理办法，加快我国工程设备质量监理制度的推进步伐，把过去政府对重点工程设备质量的直接监督管理转变为业主与监理机构建立在经济合同基础上的监督管理。

大力加强质量管理科学研究。要把我国产品质量提高到一个新水平，必须适应改革和发展的新形势，转变质量管理思想，完善质量管理机制，改进质量管理方法。依靠和发挥各方面专家的作用，不断总结我国质量管理的新经验，积极跟踪世界质量管理的发展进程，努力创造出具有我国特色的质量管理理论和方法。

（二）加大质量监督工作力度

为了有效实施对产品质量的监督，不断完善适应社会主义市场经济发展的质量监督体系，当前我们要从三个方面做好工作。

一是进一步严格对重要产品的质量监管。要强化工业产品生产许可证和安全认证管理，管住管好涉及人体健康、人身财产安全产品的生产和流通。加大对制售无生产许可证和未通过安全认证产品的查处力度，坚决杜绝无证生产、无证销售，维护市场经济的正常秩序。在试点的基础上实施开业审查，凡不具备基本生产条件、不能保证生产出合格产品的企业，一律不准开工生产。进入市场的商品必须具备规范的质量标识，有效保护生产者、经销者和消费者合法权益。

二是突出重点做好质量监督工作。国家和地方要分别建立监督抽查产品目录，按目录组织监督抽查，并进行产品质量跟踪。就产品来说，重点是涉及人体健康和人身、财产安全的产品，影响国计民生的产品，市场热销和消费者反映问题多的产品；就企业来说，重点是小型企业、乡镇企业、私营（个体）企业；就市场来说，重点是建材、农资、低压电器、汽车和农机零配件、摩托车及零配件、液化石油气瓶、微机、眼镜、通讯器材、小家电和小商品、卷烟等专业市场。对一些区域性、行业性的质量问题，要认真组织专项抽查。各级质量技术监督部门要不断加大监督抽查覆盖面和监督抽查力度，确保有效监控。

三是加大监督抽查后处理力度。监督抽查不是最终目的，目的是通过监督检查促进产品质量的提高。加强监督抽查的后处理，要着重抓好以下环节：

坚持公告制度。通过新闻媒体向社会公布监督抽查结果；对监督抽查不合格，有严重质量问题的，要向监督抽查不合格企业挂牌警告并予以公告；对涉及人身安全健康的不合格产品、连续两次监督抽查不合格的产品、影响国计民生的不合格产品、质量问题严重的不合格产品、拒绝政府依法监督抽查的企业乃至企业领导人，坚决予以曝光。

严格整改制度。凡监督抽查不合格产品的生产企业，一律责令整改，整改到期，严格复查。对复查不合格的企业，要会同有关部门责令停产，限期整顿。对于倾向性的质量问题，要会同有关部门和专家召开质量分析会，使存在的问题得以妥善解决。对产品质量国家监督抽查不合格企业的经理（厂长），要专门进行质量培训。

加大处罚力度。产品质量国家监督抽查不合格的企业，当年不得给予任何生产经营性的奖励和先进称号，企业的主要负责人不能评劳模、不能记功授奖、不能授予任何生产经营性荣誉；国家监督抽查不合格的企业，如已获得认证证书或生产许可证证书的，要暂停证书使用，企业必须进行认真整改，经复查仍不合格的，要吊销其证书；对国家监督抽查不合格，又不认真整改，复查仍不合格的企业，应当依照法定程序免去其企业法定代表人或者负责人的职务，并予以公告；对质量问题严重的企业，建议银行停止流动资金贷款，依据有关法律法规予以经济处罚，并提请工商行政管理部门吊销营业执照。

建立通报制度。根据地方政府对产品质量工作的责任，对质量问题严重的地区，质量技术监督部门要向地方党政主要领导通报质量问题，以引起地方领导重视，加大整治力度。

（三）认真做好提高产品质量的基础性工作

提高产品实物质量，需要不断加强技术基础工作，切实解决提高产品实物质量的技术保障问题。针对当前相当一部分企业技术基础保障削弱的倾向，当前必须采取有效措施，突出抓好以下几个方面的工作：

第一，要鼓励企业采用国际标准和国外先进标准。如果企业标准水平太低，即使产品百分之百合格，在市场上也不会有竞争力。因此，重点企业，特别是出口企业，一定要跟踪国际先进水平，制定高水平的企业内控标准，精心组织生产。国家质量技术监督局将对我国重点工业产品的标准水平进行一次普查，根据存在的突出问题，结合我国产业结构、产品结构的调整，加快制、修定重要工业产品的国家标准，积极采用国际标准或国外先进标准，提高标准水平。凡涉及人体健康和人身、财产安全，关系国计民生的工业产品，必须严于国家标准或行业标准的要求。要进一步加强消灭无标生产工作，所有工业企业都必须按标准组织生产，没有标准的产品不准生产。

第二，加强企业计量检测体系建设，保证计量测试的准确性。要根据企业改善经营管理和提高产品质量的实际需要，按照分类指导的原则，帮助企业建立和完善计量检测体系。计量基础比较好的大中型企业，要积极采用先进的计量测试方法，严格对计量测试设备的管理。发布实施《中小企业计量检测实施规范》，计量基础差的企业，要配备必要的计量器具，保证产品质量检测的需要。要加强企业计量测试设备的定期检定，保证计量器具的准确可靠。要不断提高国家计量基准、标准的国际等效性，完善量传和溯源体系，为扩大产品出口服务。要大力加强计量测试手段和方法的研究，为高新技术产业化提供必要的计量测试保证。发布《关于用税法重点用能单位能源计量管理意见》，促进企业节能降耗。

第三，扎扎实实开展新一轮质量培训。七十年代末八十年代初，在全国企业中广泛开展全面质量管理知识的培训，对普遍提高我国企业质量管理水平，起到了积极作用。当前，迫切需要对企业经营者和职工开展新一轮质量管理知识的培训。对企业经营管理者的培训要由县级以上质量技术监督部门负责组织进行；对企业干部职工的质量管理知识培训和劳动技能培训，主要由企业负责组织。

第四，以市场为导向，增强企业技术创新能力。党中央、国务院决定把加强企业技术改造作为今后的一项重要任务，这对企业提高产品质量是一个难得的机遇。我们要引导企业以满足市场的需求为目标，围绕增加品种、改进质量、提高效益和扩大出口，采取有力措施，改造落后装备和工艺，完善技术保障手段，建立技术创新体系，努力加快产品更新换代步伐，不断提高现有产品的档次和质量。要集中力量开发一批技术含量高、带动辐射作用强、在国内外市场有竞争能力、发展前景好的产品，围绕以产顶进、采用先进工艺、淘汰陈旧设备三个方面选择项目，瞄准国外先进水平，使产品升级换代建立在高水平的起点上。凡引进设备和利用外资生产的一般工业产品，质量水平不得低于国际标准或国外先进标准，要加强对进口机电设备的标准化审查，防止低水平重复引进。同时，积极配合有关部门，做好淘汰技术落后、浪费资源、质量低劣、污染严重的工艺设备和产品的工作。

（四）在加大质量监督力度的同时，采取必要的扶优措施

为了建立优胜劣汰的市场环境，我们在严格质量监督制度的同时，将对产品质量好、管理水平高的企业采取必要的扶持措施。主要是：

1．防止重复抽查。国家监督抽查的产品，地方不得另行重复抽查；上一级监督抽查的产品，下一级不得另行重复抽查。国家和省级质量技术监督部门，要按照扶优扶强的原则，确定产品质量监督检查目录，对国家重点抓的512户重点企业（集团），只能由国家质量技术监督局组织产品质量国家监督抽查。各级质量技术监督部门要坚决执行国务院有关部门联合作出的规定，对同一企业的同一产品，除抽查不合格和发生重大质量事故外，一年内质量抽查不得超过两次。

2．实行免检制度。对产品质量长期稳定、市场占有率高、重视技术进步、具有较强开发能力企业的产品，经国家或省（自治区、直辖市）连续多次抽查合格，可由国家质量技术监督局或有关省（自治区、直辖市）质量技术监督局确定为免检产品，批准使用相应的免检标志，向社会公布，在一定时间内免于各地各种形式的监督检查。但免检不搞“终身制”，免检产品一旦发现有严重质量问题，即取消其免检资格，并依法从严处罚。国家质量技术监督局将制定发布“免检产品管理办法”。

3．继续深入开展“打击假冒，保护名优”的活动。既要打击假冒伪劣产品，又要保护名优产品。对假冒名优产品的违法行为，要集中开展打击活动，切实保护名优产品生产企业的合法权益。在依法惩处制假售假者的同时，要积极支持企业运用法律手段同假冒侵权行为作斗争。

4．大力推行创建“放心一条街”活动。质量技术监督部门要在当地政府领导下，会同有关部门制定具体实施办法，组织专项检查，在保证放心一条街区域内销售的产品不发生质量、计量、商标、标识等方面违法行为的前提下，由当地政府命名为放心街。如果一旦发现销售假冒伪劣商品行为的，在依法查处的同时，要坚决取消其命名。国家质量技术监督局正在拟订创建购物放心，服务满意一条街的办法，年底前下发。

5．开展表彰先进的活动。鼓励企业产品质量达到并且超过行业标准、国家标准和国际标准。根据《产品质量法》和《质量振兴纲要》的要求，对产品质量管理先进和产品质量达到国际先进水平、成绩显著的单位和个人，给予奖励。国家质量技术监督局将组织表彰和宣传一批管理基础好、质量水平高的先进企业和为质量振兴做出突出贡献的先进个人。

（五）深入开展“打假”斗争

当前假冒伪劣屡禁不止的状况尚未得到根本扭转。我们一定要以对人民、对国家高度负责的精神，

充分认识打假工作的重要性和紧迫性，采取有力措施，切实把这件“大快人心事”作为全系统责无旁贷的工作抓紧抓好，务求在不太长的时间内基本上遏制住制假售假猖獗的势头。当前，我们要从落实责任、突出重点、严厉打击、社会监督四个方面入手，不断加大对制假售假行为的打击力度。

一是落实“打假”责任。根据国务院领导关于各省、自治区、直辖市人民政府要真正承担起本行政区域内的打假工作责任，实行打假工作行政领导责任制的要求，国家质量技术监督局将在调查研究的基础上，对制假售假问题严重的重点产品、重点市场、重点地区提出集中整治的总体要求和工作部署，各省（区、市）质量技术监督局要根据国家局的要求，与有关部门拟定当地“打假”工作的具体方案，报省级人民政府批准后执行。各级质量技术监督部门要及时向同级人民政府和上级主管部门汇报“打假”工作情况，对发生在当地的制假售假大案，必须如实上报，不得隐瞒不报。有意隐瞒，酿成严重后果的，要追究有关领导的责任。

二是突出打假重点。要按照抓好“三重一大”的要求，集中力量进行整治。从全国情况看，假冒伪劣比较严重的有农药、化肥、种子、白酒、卷烟、饮料、通信器材、电池、低压电器、汽车零配件、农机及零配件、摩托车及零配件和燃气用具及零配件等产品。各地都要根据这些产品在本地的实际情况确定一批需要重点整治的重点产品、重点市场、重点区域，建立严格的责任制，组织专项打假，务求每年彻底解决一、二个重点问题。对那些造成严重经济损失或不良社会影响、造成人身伤亡、违法金额巨大、以暴力阻挠和抗拒执法部门依法执行公务的制假售假大案，要敢于碰硬，发现一个、查处一个，严惩不贷。最近，国务院办公厅批转了关于在全国范围内开展卷烟打假活动的通知。决定从今年十月下旬开始，对制售假烟严重的地区，要求由省（区、市）政府主要领导亲自负责，组织当地工商、公安、质量技术监督和烟草专卖等部门，开展卷烟打假专项斗争，限期端掉制假窝点。请各地务必认真贯彻执行。

三是坚持从严执法。按照《产品质量法》的有关规定，对发现的每一起假冒伪劣产品案件都要追溯到源头，彻底查处；对制假售假任何一个环节的责任人，都要依法处理，决不姑息；假冒伪劣产品一经查出，都必须严格控制起来，决不允许再次流入市场继续祸害消费者。制假售假行为一经查实，该吊销生产许可证、经营许可证、营业执照的，一定要吊销；对有过制假售假行为的经理（厂长）和直接责任者，要通报工商部门，一律不得注册任何新的企业；触犯刑律的，依法移送司法机关追究刑事责任。对于重大案件，要商请司法机关提前介入。质量技术监督行政执法人员必须严格依法行政，坚决制止和纠正以罚代刑的倾向，对违规执法的要严肃处理。

四是建立全社会的监督机制。要动员企事业单位、社会团体、新闻媒体和广大群众积极参加“打假”斗争，形成全社会关心质量、支持“打假”工作的良好社会氛围。要进一步完善奖励举报制度，对举报有功的单位和人员予以表彰、重奖，并切实保护举报人。要按照《产品质量法》的有关规定，对一些地方、部门搞地方、部门保护、通风报信、包庇放纵质量违法行为或干预、阻挠打假工作的政府工作人员或其他国家工作人员，要依法给予行政处分；情节严重，构成犯罪的，要依法追究刑事责任。要鼓励企业采用防伪技术和措施，引导广大消费者增强自我保护意识，提高识别假冒伪劣产品的能力，自觉抵制假冒伪劣产品。

（六）加强对质量中介机构的管理和监督

为了充分发挥质量中介机构对提高产品质量，促进商品流通，保护消费者利益的作用，必须切实抓好各类质量中介机构的管理和监督。

对从事产品质量监督检验的技术机构要加强管理、严格监督。随着科技体制改革的深化，大部分质量检验机构将转变成具有独立法人地位的中介检验机构。这些机构要在资格认可的基础上，承担包括政府委托和其他机构委托的公正检验任务。对这些检验机构，要提出严格自律的规定，切实做到“五不”，即不搞监制、不搞监销、不搞监检、不参与推荐活动、不参加变相评比，确保其公正性。

对生产许可证审查机构和认证、认可机构的行为予以规范，逐步从行政管理纳入法制管理的轨道，做到客观、公正、真实。当前，要对质量认证工作进行认真的清理整顿，防止和纠正认证工作中的两种倾向。一是认证机构受商业利益驱动，不严格审核，甚至到企业搞“咨询、认证一条龙”，降低要求；二是企业过于追求质量认证的宣传效应，取得认证后，放松管理，使认证流于形式。要切实加强对认证机构的监督管理，对企业取得认证证书后，因质量保证体系不能有效运转而产品监督抽查不合格的，要追究相关认证机构的连带责任；对不注重认证质量和有效性的认证机构，要责令停业整顿，直至撤消其认证资格；对参与违规活动的审核员，要撤消其注册资格并予以通报，触犯刑律的要移送司法机关。

对从事标准化、计量、质量管理、质量检验和质量认证的各类咨询机构进行规范和整顿。各类咨询人员必须在咨询机构与企业签订明确的技术咨询合同的情况下，由咨询机构派出。国家质量技术监督局将统一咨询机构资格评定要求，规范其活动，以促进咨询市场健康、有序地发展。

（七）完善工作制度，形成工作合力

这次会议后，国务院将要下发的《关于进一步加强产品质量工作若干问题的决定》，是今后一个时期质量工作的指导性文件。它的贯彻实施，涉及到各部门、各地区，绝不是仅靠哪一个部门能独力完成的。因此，质量技术监督部门要承担起统一管理质量工作的责任，更要强调与各地区、各部门的通力合作。当前，要从建立健全有关工作制度入手，积极主动做好工作。

各级质量技术监督部门在实行省以下垂直管理体制后，更要主动接受当地政府的领导，为促进地方经济建设和社会发展发挥积极作用。凡属重要工作安排，都应及时报送同级人民政府和有关部门；对需要列入当地国民经济和社会发展规划的工作内容和项目，必须提前向当地人民政府请示。

各级质量技术监督部门要主动与其他部门协调配合。对涉及有关部门职能业务的工作，要及时与有关部门协商沟通，并认真听取和尊重他们的意见；对需要几个部门共同承担的工作任务，要高度重视部门间的协作，积极争取有关方面的支持，主动会同和依靠有关部门一起做好工作。

根据国务院领导的要求，国家质量技术监督局将定期向国务院报告全国产品质量和打假工作情况，并会同有关部门组织检查各地质量工作和打假工作行政领导责任制的落实情况。各级质量技术监督部门要相应建立产品质量状况报告制度，每年定期向同级人民政府和上级主管部门报告当地产品质量状况和加强质量工作，提高产品质量的意见。要建立和完善质量工作、打假工作通报制度和信息交流制度，努力形成质量工作和打假工作的合力。对突发性的严重质量事故，包括锅炉、压力容器、大型游艺设施等重大事故，当地质量技术监督部门必须派专人调查处理，并及时向同级人民政府和上级主管部门报告情况。

（八）加强自身建设，提高队伍整体素质

质量技术监督部门能不能履行好统一管理产品质量工作的责任，关键在于要有一支高素质、过得硬、能战斗的队伍。因此，各级质量技术监督机关必须下大力气加强队伍建设，使之尽快适应形势和任务的要求。

首先，各级质量技术监督机关要充分认识提高队伍素质的重要性和紧迫性，把它作为一项事关质量技术监督工作全局的大事来抓，切实抓紧抓好，抓出成效。目前，我们质量技术监督部门和干部队伍的思想作风，工作作风，政治素质和业务素质都存在着不适应工作要求的问题。各级质量技术监督机关和领导干部，一定要按照邦国副总理在这次会上提出的“加快建立一支政治坚定、公正廉洁、纪律严明、业务精通、作风优良的队伍”的要求，一手抓好业务工作，一手抓紧队伍建设，结合实际，提出具体工作目标和工作计划，认真组织落实。

第二，要加强思想政治工作，大力提高整个队伍的思想政治素质。各级质量技术监督机关要深入开展“三讲”教育，努力用邓小平理论教育和武装全系统广大干部，使整个队伍在思想上、政治上与以江泽民同志为核心的党中央保持高度一致，确保政令畅通。要大力加强对整个队伍全心全意为人民服务的宗旨教育，坚持以人民满意作为质量技术监督工作的根本标准。国家质量技术监督局将进一步加强对基层建设和干部队伍建设的领导；继续组织全系统广大干部职工深入开展“争创文明窗口单位”和“争当人民满意公务员”活动。

第三，要加强教育培训工作，努力提高整个队伍的业务素质。各级质量技术监督部门要根据新形势的要求和队伍的实际，制定业务教育培训规划，组织广大干部职工学习市场经济知识、科技知识和法律知识，钻研标准化、计量、质量等专业业务。要通过举办业务工作培训班，专业知识讲座，邀请有关方面的专家、学者作技术业务指导，组织业务知识考核等方式，认真抓好教育培训工作，使质量技术监督队伍的知识结构和业务素质有明显提高。

第四，要加强行风建设，提高执法水平。这些年来，质量技术监督系统在廉政、执法等方面发生了一些问题，严重损害了自身形象。虽然这些问题只发生在个别地方、极少数人身上，但必须引起高度重视。我们要加强党风廉政建设，不断加大反腐败斗争的工作力度，完善和严格执行执法人员守则、岗位责任制、过错责任追究等制度，严格执行“收支两条线”的规定，坚持弘扬正气，反腐倡廉，教育全体工作人员自觉遵守法纪，坚决抵制地方、部门保护主义和金钱诱惑、人情干扰对执法工作的影响。为了从严处理质量技术监督系统内部违规执法等问题，国家质量技术监督局决定，各级质量技术监督部门一年中发生一次执法人员违规执法造成重大影响的，除对当事人严肃查处外，主要负责人要向上级质量技术监督部门检讨责任；一年中发生两次的，主要负责人应引咎辞职。对滥用职权、玩忽职守、徇私舞弊的，要给予行政处分；情节严重、构成犯罪的，要追究刑事责任。国家局已决定聘请人大代表、政协委员、新闻单位和企业的同志作为全系统行风监督员，同时要求各级质量技术监督部门普遍建立行风监督员制度，采取走出去、请进来等多种方式，主动接受社会各界、人民群众、新闻舆论的监督。我们希望各地方、各有关部门在加强对质量技术监督工作领导和支持的同时，也能对我们的工作进行监督，帮助我们加强队伍建设。

最后，我借此机会谈一谈质量技术监督系统管理体制改革工作。质量技术监督系统实行省以下垂直管理体制的改革工作，一直得到各省（区、市）党委、政府的高度重视，得到中央及国务院有关部门的大力支持。目前，绝大部分省一级的管理体制改革已有了较为明确的方案，有的省（区、市）已开始了自上而下的交接、划转等工作。为了解决好管理体制改革中有关干部、职能、编制、经费、资产划转和人员安排等方面的问题，中组部、中编办、财政部、人事部专门下发了有关文件，各省（区、市）党委、政府的相关部门都做了大量的工作。从我们了解的情况看，各地的管理体制改革工作进展是比较顺利的，改革对推动质量技术监督工作的效果是明显的。由于各地情况有所不同，对涉及到职能、编制、经费、人员安排的问题，一些省（区、市）正在研究协商。我们希望各省（区、市）政府进一步加强对这项工作的领导，按国务院8号文件和邦国副总理昨天讲话中提出的要求，切实解决好管理体制改革中的具体问题，促进质量技术监督部门更好地为地方经济建设和社会发展服务。

同志们，这次全国质量工作会议，对做好当前和会后一个时期的质量工作，将产生重大而深远的影响。我们一定要在以江泽民同志为核心的党中央领导下，高举邓小平理论旗帜，认真贯彻党的十五大和十五届四中全会精神，同心同德，奋发进取，扎扎实实做好质量工作，为促进我国产品质量总体水平的提高，推动国民经济持续快速健康发展做出新的贡献。

抓住有利时机 加大工作力度 为提高经济增长的质量和效益作出积极贡献

——在1999年部门通气会上的讲话

国家质量技术监督局副局长 王秦平

1999年1月12日

同志们：

今天请各部门有关同志一起来开会，主要是想向大家通报一下1999年国家质量技术监督局对抓好质量工作的一些想法。并和大家一起研究如何贯彻落实中央经济工作会议精神和国务院领导关于加大质量工作力度的指示精神，共同做好1999年质量技术监督工作。

下面我讲四个问题：

一、1998年质量工作的简要回顾

1998年，是全面贯彻落实党的十五大精神的第一年，也是全国各族人民在以江泽民同志为核心的党中央领导下，团结奋斗，开拓进取，经受亚洲金融危机考验，战胜特大洪涝灾害，取得重大胜利的一年。一年来，各行各业、各地区主管质量的同志们和各级质量技术监督部门的同志位一道以党的十五大精神为指导，在抓产品质量和工程质量、服务质量方面以及在提高质量技术监督工作的有效性上做了很多工作，各项工作取得了一定成绩。

（一）全面加强质量工作

——进一步加强了对质量工作的宏观指导。一是继续认真贯彻《质量振兴纲要》，已有17个部门和21个省（区、市）和计划单列市制定了质量振兴实施计划，有34个城市开展了“质量兴市”活动。二是各地、各部门普遍加强对企业的分类指导，引导企业贯彻实施《质量管理和质量保证》国家标准，学习邯钢经验，加强质量管理和技术基础工作，开展降废减损活动。三是认真组织实施《农机产品“三包”责任规定》，强化生产者、销售者、维修者的法律责任，维护广大农民的合法权益。四是建设、水利、铁道、公路等部门加强了质量管理与整治工作，提高工程质量的问题已开始引起重视。五是开展服务质量调查活动，推广抓服务质量促经济发展的经验。六是各地、各部门认真开展了以“质量振兴、人人有责”为主题的’98质量月活动，推动形成全社会振兴质量的氛围。

——加大了质量监督力度。国家监督抽查今年1～3季度按季度抽查了4222家企业的137类5327种产品，重点跟踪抽查了64类产品，分11次对23类801种产品进行产品质量国家监督专项抽查。各地技术监督部门今年1～3季度抽查了27.1万家工业企业的34.9万批次产品，抽查了29.1万家经销企业的69.4万批次商品。为强化抽查后处理工作，今年前三季度，国家局和地方局共向社会公布59871种不合格产品，对质量问题严重的14062种产品和企业予以曝光。各部门召开质量分析会20次，各地方召开质量分析会65次，举办质量抽查不合格企业厂长学习班30次，对1009家产品不合格企业进行整改复查，有4家连续两次国家监督抽查不合格企业厂长被免职。按照国务院领导在我局有关报告上的重要批示，我局就有关产品质量问题，向浙江、河北等省政府发了通报，有关地方局正在采取措施，进行整改。

——加强了对锅炉、压力容器设计、制造、安装、检验、使用等各个环节的现场监察，检查京、辽、黑三省及化工系统、中石化系统的压力管道设计、安装单位安全注册试点情况，完成了进口锅炉压力容器许可证审查计划，与铁道部、卫生部、建设部、国家石化局分别协调了铁路罐车、医用氧舱、液化石油气瓶和压力管道的安全监察工作，较好地完成了各项任务。

（二）深入开展打假治劣

以“五个一批”为重点的市场检查工作和“查大案、端窝点、清柜台、抓专项、保名优”为重点的“打假”工作取得了较大成绩。一是坚决贯彻江总书记指示，全系统在查处山西文水假酒案时，紧急行动，昼夜奋战，使有毒假酒的危害减到最低程度，保护了人民群众的生命安全。为支援抗洪救灾，重建家园，各地方局对有关救灾物资和建筑材料主动上门检验，严把了质量关。二是各地围绕“五子”商品，组织元旦、春节市场商品质量、计量执法大检查，共出动执法人员 21246 人次，检查商品 116062 批次，检查商品标值 10.66 亿元，查获假冒伪劣商品标值 1872.3 万元，端掉制假窝点 105 个。三是查处了一批大案要案，如福建云霄和广东潮阳假烟案、广东假王朝酒案、山东临沂种子掺假坑农案、湖南掺假紫云英案、石家庄走私废旧空调销售案、河南小浪底工程外商计量违法案、武汉燃气灶具制假案等。四是认真开展农资、建材、汽车配件专项“打假”和摩托车、手机、燃气用具的专项治理。春耕期间，15 个省（区、市）查获假冒伪劣产品标值 4904.2 万元，端掉制假窝点 170 个。五是继续实施“121”计划，在两次集中行动中，各地共出动执法人员 12.2 万人次，查获假冒伪劣名优产品标值 1.5 亿元，端掉制假售假窝点 589 个，查办重点案件 95 个。六是与农业部、建设部、国家旅游局、原轻工总会分别对全国种子大市场、施工现场安全用品、旅游商品市场、加碘盐开展了监督检查活动，与国内贸易局共同组织开展了销售额在亿元以下、五千万元以上商场清柜台活动和六类专业市场整顿。

（三）切实加强标准化、计量工作

——大力加强标准化工作。一是批准、发布国家标准 960 项，对 1990 年前发布的 9700 多项国家标准完成了复审。各地方共制修订地方标准 600 多项。二是各地大力开展消灭无标生产工作，试点县标准覆盖率达 95%以上，江苏省已率先基本实现全省消灭无标生产。三是与农业部、原林业部、水利部、原内贸部、烟草总公司、供销合作总社等部门召开了农业标准化工作联席会议；落实了第二批农业标准化示范区 122 项，农业标准化示范区累计已达 313 个。四是已有一批企业自觉采用国际标准和国外先进标准组织生产，采标标志累计已达 4047 项。五是向全国 723 万个组织机构赋予代码，组织机构代码 IC 卡发展规划已经纳入国家金卡工程总体规划；商品条码系统成员超过 4 万家，50 多万种商品采用了条码标志。

——质量认证工作取得新进展，累计颁发 32212 张产品质量认证证书和 6204 张质量体系认证证书。中国质量体系认证机构国家认可委员会（CNACR）和中国认证人员国家注册委员会（CRBA）通过国际同行评审，分别与有关国际组织签署多边互认协议，我国质量认证（合格评定）制度的国际信誉进一步提高。

——计量工作领域拓宽。一是在二十几个省市组织对加油机、衡器和定量包装商品的计量专项检查和电话计费器的计量监督检查，效果显著。二是加强对商品房销售面积的计量监督，有 14 个省（区、市）制定了《商品房销售面积计量监督管理办法》，一些城市还建立起了房屋面积公正计量站。三是经积极努力，国务院已批准授权我局对《强检计量器具目录》进行调整并组织实施；与卫生部联合开展了全国医疗卫生用强检计量器具监督检查。四是科学计量工作取得新进展。全年共获省部级以上科技奖 33 项，批准国家一、二级标准物质 136 项，制修订计量技术法规 32 个。

(四) 法制、宣传工作进一步加强

——质量技术监督法制建设有了一定进展。一是向国务院上报了《产品质量法》(修正案),颁布了《商品条码管理办法》等5个部门规章和规范性文件。二是对《行政复议法》、《气象法》、《农药管理条例》等30余部法律、法规提出了协调意见,在这些法律、法规中明确了质量监督职责。三是各地加快了质量技术监督方面立法工作。河南、黑龙江、天津、江苏等地今年共颁布地方法规、规章11件。

——加强重大活动的组织宣传工作,取得较好效果。各部门、各地方普遍重视宣传舆论配合,山西文水假酒案系列报道,"3.15"、'98质量万里行、'98中国质量高层论坛、"质量月"宣传活动等,既扩大了社会影响,又有力地促进了工作的开展。

(五) 机构体制改革顺利进行,队伍建设得到调整和加强

——按照党中央、国务院关于国家机关机构改革的有关文件精神,我局顺利完成了"三定"工作,人员和职能全部到位。党中央国务院要求质量技术监督系统实行垂直管理,在广泛征询各方面意见的基础上,质量技术监督系统管理体制改革方案已正式上报国务院,近期就可能批准实施。

——技术机构建设取得新成绩。各部门,各地方采取加强管理,深化内部改革,推动联合重组等措施,使一批技术机构提高了工作质量,扩大了服务领域,增强了自我发展能力。

——质量技术监督职业资格制度开始实施,首批珠宝玉石质量检验师经过严格考试,已有198人正式注册;各地圆满完成了县局局长岗位培训;全国参加培训的县级局长已达3200多人。

——以基层窗口单位行风整顿为重点,大力加强行风建设。从最近组织的15个省技术监督局之间的行风互查情况来看,全国技术监督纪检监察工作会议提出的"围绕治乱减负,加强行风建设"等五个方面的工作任务得到了较好落实;以"三查三找"、开门整顿为主要内容的行风整顿工作取得了阶段性成效;质量技术监督系统广大干部职工认真执行《全国质量技术监督职业道德规范》和《质量技术监督党风廉政行风建设守则》,为促进行风建设起到了积极作用。

一年来,我们的各项工作之所以能取得新的进展,得益于国务院领导对质量技术监督工作的高度重视和各部委局办以及各级党委、政府的领导与支持;得益于企业、社会及广大消费者对质量技术监督工作的关心和支持;得益于基层同志克服种种困难,创造性地开展工作所做的努力。

但与党中央、国务院和各级党委、政府的要求相比,与广大人民群众的期望相比,1998年我们的工作还存在许多不足:一是在经济体制转轨过程中,对质量问题的严重性缺乏足够的认识。二是质量技术监督法制建设还不能适应当前形势的需要,《产品质量法》出台后没有及时解决一些需要通过法律来规范的深层次问题,加之地方保护的干扰,执法力度不能有效遏制质量违法行为的泛滥。三是对经济社会发展和机构改革中出现的与质量技术监督有关的新情况、新问题,深入研究不够,指导也不力。四是工作作风还不够深入,在工作部署之后,总结经验和监督检查抓得不紧,特别是缺乏指导基层工作的典型。在新一届政府成立之后,大家都忙于机关机构改革与自己的日常工作,我们与大家的协调与协商不够,一些工作关系还未理顺。这些问题解决不好,就会影响整个质量技术监督工作的有效性。我们一定要在思想上高度重视,有针对性地采取措施,积极加以解决。

二、要充分认识当前质量状况的严重性

改革开放以来,我国产品质量和工程质量、服务质量的状况已发生了显著的变化。从近几年的情况看,国家监督抽查合格率稳定在75%～78%之间,较1992～1994年的70%有所上升;部分名牌彩电、冰箱、洗衣机、空调器等产品的主要性能达到国际水平,尿素、农用薄膜等质量有所回升,钢材质量连续多年保持稳定,部分安全、健康类产品质量有明显提高;工程质量和服务质量有所改善。与此同时,涌现出一批像邯钢、宝钢、武钢、上海大众、四川长虹、青岛海尔等质量效益型的先进企业。

但是，随着经济全球化趋势日益加快，我国产品竞争力不强的问题越来越突出地摆在我们面前。从国内来看，主要商品已由卖方市场转为买方市场，市场需求的主要矛盾已由数量的不足转为质量的不适应，产品档次低、质量差、假冒伪劣屡禁不止的状况长期得不到根本扭转，优难胜、劣不汰的现象相当普遍。产品质量低劣，已经成为制约我国经济发展、影响企业经济效益的一个突出问题。从国际角度来看，在全球经济一体化、国际产业结构调整加快的背景下，我国企业已明显感到出口产品竞争力不强的压力。根据镕基总理去年 11 月 14 日批示中提出的"对当前质量状况的严重性，国家质量技术监督局应要有更进一步的认识"的要求，我局对当前质量状况的严重性进行了认真分析，把这个"严重性"概括成五句话，即：质量低劣问题相当普遍，假冒伪劣屡禁不止，质量管理严重滑坡，优难胜、劣不汰十分突出，监督乏力、有效手段不足。

一是质量低劣问题相当普遍

——产品质量问题严重，质量损失惊人。从每年四次对不同类别的产品监督抽查中看出，大约有 20%以上的产品不合格。而这些不合格产品是经工厂检验，认为合格后入库待销或者是已经进入市场正在实现销售的产品。其中，大型企业的产品合格率一般在 90%，中型企业一般在 80%，小型企业一直徘徊在 70%；国有企业一般在 81%～83%，乡镇企业一般在 65%～70%，个体(私营)企业在 50%～55%。据我们在部分企业调查，生产制造过程中废品、次品、返修品造成的损失相当严重。

——工程质量事故不断。最近一段时间，由国家有关部门查处和新闻单位披露的重大工程质量事故，如长江三峡临时船闸的闸门，小浪底工程后河水库大坝质量问题，九江长江大堤缺口段、北京西客站、云南昆禄公路、辽宁沈四高速公路的质量问题、以及几天前刚发生的重庆綦江桥摊塌事件，都是让人十分忧虑的。住宅建设中"跑、冒、滴、漏"等"常见病"、"多发病"更是普遍，群众的投诉不断增多。

——服务质量问题越来越突出。制度不健全、管理不严格、服务程序不规范，群众多有抱怨。因服务质量诉诸法庭的案件不断增加。

二是假冒伪劣屡禁不止

——重大恶性人身伤亡事故时有发生。去年春节前山西文水假酒案致使 30 多人死亡；浙江衢县发生用甲醇勾兑假酒案造成多人中毒、1 人双目失明；今年元旦前，在深圳市和江西省一些地方又发生了有毒桶装猪油致死 3 人、致伤多人的大案。

——坑农害农案件又有回升。继山东临沂假种子案被查处之后，湖南衡阳又发生一起假紫云英案，掺砂量高达 60%，多达 1300 余吨，撒播后影响 52 万亩农田的收成。

——出现了一些制售假冒伪劣产品的区域性的集散地。如山东即墨、浙江义乌的小商品市场，实际上成了我国燃气用具假冒伪劣产品的"据点"。据了解，这种辐射面广的集散地在不少省区都存在。

——假冒伪劣产品品种多、数量大、范围广，有的已形成专业化，并有向装备类产品、高值高档耐用消费品和高新技术产品蔓延的趋势。

三是质量管理严重滑坡

——相当多的企业领导人质量意识不强，不重视质量，也不抓质量，有的根本不懂质量管理。部分企业撤并了质量管理部门，有的裁减质量检验人员，甚至把质量检验机构下放到车间，造成质量失控。

——许多企业规章制度不健全，工艺纪律涣散，现场管理混乱，质量安全事故时有发生。

——企业标准化、计量等技术基础工作严重削弱。据粗略统计，全国县以下中、小企业"无标"生产的比例高达 40%；福建省局调查反映有 80%的乡镇企业没有计量检测设备。

——人员素质跟不上，职工培训薄弱。部分企业雇佣合同工不经培训直接上岗，"高职低能"现象比较普遍，企业工人技术水平低，成为影响产品质量的一个重要原因。

经对国家监督抽查的不合格产品分析，约有 80%的问题是由于管理不善造成的。

四是优难胜、劣不汰十分突出

——地方保护，搞市场分割。一些地方对以次充好，制假售假采取放任和支持的态度，致使一些名优产品被假冒的问题长期得不到解决，也使得一些大案要案难以查处；

——市场机制不完善，质量监督体系不健全。商业购销中的“回扣风”、“好处费”以及工程建设中的“层层转包”，腐败问题，致使真货斗不过假货，名优产品斗不过劣质产品；

——低价促销带来的偷工减料。如火腿肠原料肉比例一般应在70%～80%，出品率在120%～140%，而现在有些产品的原料肉比例只有50%～60%，出品率高达200%～300%；

——社会上各种名目的评比和变相评比，以赢利为目的，不能真实反映产品质量状况，影响公平竞争环境的形成，不仅干扰了企业的正常经营，也给一些劣质产品以可乘之机，对消费者形成误导甚至欺诈。一些不法分子甚至假造国家机关文件、印章、证书，搞假评比，欺骗企业和消费者。

五是监督乏力、有效手段不足

——法律规定上存在着对严重的质量违法行为处罚偏轻，对制假售假者“打不疼、打不死”的问题，严重制约了对质量违法行为的打击力度，使制假售假得以滋生甚至“卷土重来”。

——管理体制不顺，使监督执法职能难以完全到位。一些地方重复检验、重复抽查，执法人员素质不高等问题长期得不到解决，影响了质量监督的公正性和执法力度。

——国家监督抽查受条件限制，特别是多数地方的抽查经费得不到保证，使监督检查面难以达到应有范围。这几年我们虽然投入了大量精力，取得了一些进展，但与实际发生的未被查处的各类质量违法行为相比，工作力度、打击力度都显不足。

——地方保护干扰执法，后处理工作难以落实。近几年，已发生多起技术监督执法人员被打、被害的事件。浙江余杭技术监督部门执法受阻，多名执法人员受到伤害更是突出一例。有的企业公开拒检，有的地方拒不执行整改措施，有的厂家不断变换厂名或是将劣质产品改头换面，继续坑害用户和消费者，影响极其恶劣。

这里，还有个非常值得引起各方面重视的问题。那就是影响我国产品质量总体水平提不高的一个重要原因是，我国多数企业技术开发、创新能力不足，技术装备陈旧，生产工艺落后，产品档次低，高技术含量、高附加值产品少，许多产品的主要性能指标特别是实物质量与国外先进水平比，有较大差距。

这些问题对我国经济、社会、政治造成多方面的严重危害，必须引起我们的高度警觉和重视：

1．产品质量不高，市场竞争能力不强，造成市场占有率下降，企业效益下滑，影响了经济增长目标的实现。

2．优难胜、劣不汰，困扰国有企业的改革与发展，加剧了国有企业的困难。

3．不合格产品流入市场，特别是假冒伪劣屡禁不止，扰乱市场经济正常秩序，严重损害名优产品的信誉，侵犯广大消费者的合法权益，广大消费者缺乏购物安全感，影响了市场需求的提高。

4．地方保护、部门垄断，市场规则不健全，国家监督无法有效实施，严重制约统一开放、竞争有序的市场体系的形成。

5．不合格产品的生产，不仅造成资源浪费，也严重破坏了社会生产力。

6．一些工程建设低劣，建筑材料假冒伪劣屡禁不止，给国家和人民的生命财产造成严重损失。

为改变质量问题严峻的状况，我们虽然做了许多工作，现在看来成效还不明显。正如小平同志指出的：“质量问题虽然经常提，但现在还是一般地提不行，要突出地提，切实地抓。”回顾这几年我们的工作，感到一般提要求多，没有真正做到“突出地提”，“切实地抓”。最近，镕基同志指出：现在，需要动真的，从严执法，用铁腕抓质量。为我们加强质量工作再一次指明了方向。

三、用邓小平质量思想指导我国的质量振兴事业

我局党组根据党中央《关于在全党深入学习邓小平理论的通知》要求，通过认真学习邓小平理论，深切认识到，邓小平同志在我国社会主义建设实践中，对质量工作高度重视，形成了一套关于质量工作的理论，我们称之为“邓小平质量思想”。初步概括为：一个核心即“质量第一”是邓小平质量思想的核心，一个基石即解放和发展生产力是邓小平质量思想的基石，九个基本观点即质量要以满足社会需求为目标、

改革是提高质量的动力、提高质量必须切实加强管理、提高质量必须依靠技术进步、提高质量要建立激励机制、创出我们中国自己的名牌产品、要依法治理质量、全社会都要抓质量、质量反映一个民族的素质的观点。推进我国质量振兴事业，需要以邓小平质量思想作为行动指南。江泽民总书记指出：根据小平同志指示精神，我们必须把产品质量问题提到突出位置来抓。朱镕基总理指出：我们应该全面地领会小平同志的思想，要学习小平同志在历史上的多次讲话，要把速度看成一个战略问题，也要把质量看成一个战略问题，做到速度与质量的统一。采取有力措施，全面提高我国质量总体水平，既是全面落实党的十五大精神，实现"两个根本性转变"的客观要求，也是当前扩大内需、增加出口和实现经济增长目标的重要保证。因此，认真学习邓小平质量思想，开创质量振兴新局面，就成为我国质量工作当前和今后一个时期的重要任务。

1. 认真学习邓小平质量思想，全面、正确地把握邓小平理论。邓小平质量思想是我国经济建设和质量振兴的行动指南。真正学好，并全面、正确地把握其精神实质，需要做到三个结合：

一要与系统地学习邓小平理论结合起来，完整、准确地把握邓小平质量思想。邓小平同志是站在解放和发展生产力的高度，从整个社会经济、政治、文化、科技、教育的全方位、多视角论述质量问题。他的质量思想总是与他的其它思想、理论有机地结合和融合在一起，同时，邓小平质量思想有一个形成和发展的过程，是在一定的背景下，在逐步解决经济工作中一些重大问题中展现的。因此，其丰富的思想人涵只有联系邓小平理论才能完整、准确地理解和把握。

二要与学习以江泽民同志为核心的第三代领导集体关于质量工作的论述结合起来。以江泽民同志为核心的第三代领导集体，继承和丰富了邓小平质量思想，就质量工作作了许多重要论述，反得强调质量第一是我国经济建设方面的一个长期战略方针，要求我们切实树立"质量第一"、"用户第一"的思想；强调质量是企业的生命，提高质量需要依靠科技进步和加强企业管理，两个轮子一起转；强调解决质理问题的根本方法是利用市场机制，同时加强政府监督，要求加强质量监督，加强市场监管；强调牌子是企业赖以生存的基础，要求争创名牌产品，提高国际竞争能力；强调提高质量是一个系统工程，需要领导重视，全员参与，各方面密切配合，相互支持；强调要以对国家对人民高度负责的态度，坚决打击制售假冒伪劣商品的违法行为，等等。特别是九十年代以来，第三代领导集体高度重视，为加强我国质量工作采取了一系列措施，公布了我国质量领域第一部法律——《产品质量法》，颁布了我国到 2010 年的《质量振兴纲要》，有力地推动了我国质量振兴事业的发展。我们要用发展的观点，结合第三代领导集体的质量论述来学习邓小平质量思想。

三要紧密结合质量振兴的实践来学好邓小平质量思想。邓小平质量思想来源于实践。学习贯彻邓小平质量思想要与解决经济建设中的重大问题和提高我国质量总体水平的具体实际结合起来，与质量振兴事业结合起来。我们不仅要学习掌握邓小平理论，更要学习和掌握他研究问题、解决问题的立场、观点和方法，以邓小平质量思想为行动指南解决质量振兴中的一系列重大问题，推动《质量振兴纲要》全面实施。

2. 企业在走向市场过程中，要把质量工作放在突出位置上来抓。质量振兴的基础在企业。企业必须结合深化改革，在总结 20 年来推行全面质量管理经验的基础上，把"三改一加强"与提高质量有机结合起来，以落实《质量振兴纲要》为目标开展工作，重点抓好三件事：第一，更新质量观念，在企业普遍开展"假如我是消费者"、"我是顾客"活动，推动企业干部职工不断增强市场意识、竞争意识、用户意识、法制意识，切实树立"质量第一"的思想；第二，要两个轮子一起转。加强科学管理，从严治厂；加大技术进步和提高创新能力，增强产品技术含量；第三，企业一把手要对质量工作切实负起全责，做到三个到位，即责任到位、工作到位、措施到位。质量意识不高的人，不能当厂长。

3. 政府在把企业推向市场的过程中，要切实加强和改善对质量工作的领导和管理。提高我国质量水平，既要靠市场机制，也要靠政府进行一定的宏观调控。当前的重点，首先是进一步摸清主要产业与世界先进水平在质量上的差距，制定赶超措施；二是加强政策引导，按照"扶优扶强"原则，鼓励大企业、大集团实施名牌战略；三是实行分级分类指导，帮助企业加强技术基础工作，为企业提高产品质量和工程质量、服务质量做好协调服务；四是积极推动有条件的地方开展“质量兴市”活动；五是完善质量法制，加大执法力度，严厉惩处制售假冒伪劣的违法行为，努力为企业创造一个公平竞争、优胜劣汰的市场环境，为消费者提供一上放心满意的购物环境。

4. 动员社会各方面力量，为提高我国产品质量的总体水平而共同努力。质量振兴是一个宏伟的系统工程，是全国人民的共同事业，需要动员和组织社会各方面力量，积极投身质量振兴事业，形成质量振兴的合力。各级群众组织、各类社会团体和中介组织要充分发挥自身优势，主动配合政府部门积极开展社会性的质量宣传、教育和技术咨询等各项服务活动，向企业介绍现代质量管理知识，推广质量管理科学方法，为企业和社会提供标准化、计量、质量、认证等服务。各新闻媒体要抓住质量工作中企业关心、社会关注、群众关切的热点问题，积极、稳妥地发挥舆论宣传、导向和监督作用，大力提倡“质量振兴，人人有责”，形成全社会重视质量的良好氛围。

四、关于今年质量技术监督工作的安排

在中央经济工作会议上，江泽民总书记和朱镕基总理十几次谈到质量问题。关于做好今年经济工作，江总书记明确地提出“要坚持速度、结构、质量和效益的统一”，“要在坚持经济适度快速增长的同时，把工作的着力点放在优化结构、提高经济增长的质量和效益上来”，“质量和效益上去了，国民经济才能形成良性循环，发展才有后劲”。提高经济增长的质量和效益，产品质量和工程质量、服务质量是关键。在这次会议上，总书记和总理从农业、工程建设、乡镇企业、国有企业、扩大出口和整顿经济秩序六个方面都对质量工作提出了具体的要求，还特别指出，假冒伪劣产品泛滥，给经济秩序和经济发展造成了严重影响，必须抓紧加以解决。去年，国务院领导同志几次听取我局工作汇报。针对当前质量低劣的状况，镕基总理指示，对当前质量状况的严重性，国家质量技术监督局要有更进一步的认识。要用铁腕抓质量。邦国副总理提出，明年要加大质量工作力度。党中央、国务院领导的重要指示语重心长，意义重大，对我们既是批评，又是鞭策；既指明了方向，又明确了要求；既增加了压力，又给予了具体支持；既体现了严格要求，又提出了殷切期望，对于我们进一步加大执法力度，严厉打击各种质量违法行为，加大质量工作力度，用铁腕来抓质量，具有十分重要的指导意义，是我们质量技术监督工作今年乃至今后一个时期的指导思想。

根据中央经济工作会议和国务院领导的指示精神，我们今年和今后一个时期质量工作的总体思路是：深入贯彻党的十五大精神，用邓小平质量思想指导我国质量振兴，组织动员企业、政府、社会三个方面对质量进行综合治理，把《质量振兴纲要》提出的各项目标、任务落到实处，通过几年不懈地努力，促进我国产品质量和工程质量、服务质量迈上一个新台阶。

根据中央经济工作会议的要求，我们已在去年12月28日、29日召开了全国质量技术监督局长会议，对1999年的工作作了部署。今年质量技术监督工作的总体要求是：深入贯彻党的十五大和十五届三中全会精神，以邓小平质量思想为指导，按照中央经济工作会议的要求和部署，突出用铁腕抓质量，围绕扩大国内需求、深化国企改革、调整经济结构、推进对外开放、发展农村经济、整顿经济秩序，在提高质量、净化市场、加强技术基础、推进与国际惯例接轨四方面加大工作力度，加大执法力度，推动企业、政府、社会形成合力，促进我国产品质量和工程质量、服务质量的全面提高，以优异成绩迎接建国50周年。

从质量技术监督部门来看，今年，重点抓好四项工作：

（一）以提高质量为重点，进一步加大工作力度

1. 全面贯彻实施《质量振兴纲要》。大力推动各部门、各地方和广大企业加快《纲要》实施进度，重点在落实，保证《纲要》提出的第一阶段即到2000年，目标和任务的实现；支持有条件的地方开展“质量兴

市”活动。

2. 按照分类指导的原则，帮助国有、集体、股份制、非公有制企业提高质量。对大型企业和集团，要鼓励和扶持他们实施名牌战略；对质量不稳定的企业，要推动他们加强质量管理；对个体（私营）企业和管理不善的乡镇企业，要帮助他们健全和加强基础工作，消灭无标生产，健全质量检验和计量检测手段。

3. 选择部分重点产品，摸清质量状况，找出与世界先进水平的差距，提出对策，促进我国主要产品质量上台阶。

4. 加强监督抽查，切实解决抽查中发现的带有共性和倾向性的问题，通过监督一类产品，整顿提高一个行业的产品质量。

5. 充分发挥生产许可证治差、治乱的作用。在统一管理的原则下，加大对发证产品的审核和监督力度。

6. 根据国务院赋予我局的职能，在有条件的行业、地区和企业对基本建设项目和技术改造项目开展工程设备监理试点工作，促进工程质量的提高。

7. 进一步加强质量技术监督与国际接轨，促进出口。进一步加强和规范认证工作，保证认证工作的有效性，使认证工作在促进企业提高产品质量上见实效；努力推进质量认证的双边、多边合作和互认工作，为企业进入国际市场创造良好条件；推动企业特别是大型企业和企业集团积极采用国际标准和国外先进标准，增强我国产品的市场竞争能力；加强优质名牌产品对外宣传的力度，维护优质名牌产品的市场形象，扩大优质名牌产品出口。

8. 采取国际通行做法，保护我国民族工业。加强对进口机电产品标准化审查，加强安全认证强制性管理，加强计量器具型式批准和锅炉压力容器进口许可证管理，防止国外伪劣产品倾销国内市场。

9. 加强棉花质量工作。从1999棉花年度起，首先做到对国家储备棉入库、出库实行强制性公证检验。对经营性棉花实行申报公证检验。

10. 强化锅炉、压力容器、压力管道和电梯、起重机械、客运架空索道、大型游艺机、厂内机动车辆、防爆电器等特种设备的质量监督和安全监察工作。严格查处事故，遏制特大事故发生。特别要保证元旦、春节、国庆节、六一儿童节等重大节假日，不发生重大事故。

（二）以打击假冒伪劣为重点，进一步加大执法力度

当前假冒伪劣屡禁不止的状况尚未得到根本扭转。我们一定要以对人民、对国家、对后代高度负责的精神，采取有力措施，务求在不太长的时间内基本上遏制住制假售假猖獗的势头。

1. 加大工作力度

——集中行动。近期重点开展三大战役，即“净市场、保两节”战役，“打三假、保春耕”战役，“查建材，保建设”战役。要求各地方局在国家局统一部署下，通过联合行动，突击查处，集中曝光等措施，坚决打击各种质量违法行为。

——经常性行动。要求各地把经常性检查与抓好“五个一批”（即：监督检查一批重点产品，清理一批商业柜台，整顿一批专业市场，端掉一批制假售假窝点，治理一批区域性、行业性的突出质量问题）结合起来，严厉查处“标实不符、以次充好、掺杂使假、缺斤少两”的违法行为。

——查处大案要案。要求各地方集中力量，重点查处一批大案要案。对大案要案，主要领导要亲自过问，要敢于碰硬，坚决排除各种干扰。对那些性质恶劣、情节严重的制假售假分子，要及时移送司法机关，决不能以罚代刑。加强对大案要案的督办和协调，对制假售假数量大、案值高的重大案件和重点地区，国家局将和有关省（市、区）局组织专门力量直接查处。

2. 突出监督重点

——监督检查的重点，就产品来说，主要是危及人体健康和人身、财产安全的产品，影响国计民生的产品，市场热销和消费者反映问题多的产品；就企业来说，主要是中小型企业、乡镇企业、个体（私营）企业；就地区来说，主要是把区域性的质量低劣问题作为重点，加强监督和治理力度。

——“打假”工作的重点，一是重点区域，包括广东、广西、浙江、河南、河北、福建等省的部分地区，西部少数县(市)和部分省际交界的县(市)，以及中心城市的城乡结合部。二是重点商品，包括烟、酒、食品、饮料、农药、种子、化肥、燃气器具、低压电器、洗涤用品、一次性输液器、移动通信设备及其它通讯器材、建筑和装饰材料、汽车零配件、摩托车等。三是继续实施“打击假冒，保护名优”“121”计划，组织好以“查市场、端窝点、办大案”为重点的集中行动。

——治理专业市场的重点，一是对微机、眼镜、小家电、低压电器、建材、汽车零配件等6大类商品50个专业市场进行规范治理。二是对已成为假冒伪劣产品集散地的专业市场，加强整顿。如山东即墨、浙江义乌的小商品市场，浙江的路桥农资专业市场，江苏的丹阳市场，山东的临沂市场，石家庄的南三多市场，沈阳的五爱市场，湖南邵东的小商品市场。三是对一些突出问题，如广东中山地区生产的燃气热水器，广东汕头和广西荔浦生产的调制奶粉，福建安溪和宁德生产的茶叶，河北沙河生产的小平拉玻璃等，进行突击整治。

3. 坚决克服地方保护

产品质量差、假冒伪劣屡禁不止的一个很重要的原因就是地方保护。我们要求各级质量技术监督部门要铁下一条心，排除各种干扰，保证执法的独立性、公正性、严肃性，切实维护社会主义市场经济正常秩序。对于执法受阻、执法人员受迫害的情况，我们将及时向国务院报告。

为推动地方政府下大决心解决长期未能解决的区域性制假售假问题，国家局将商请中纪委、中组部等部门，建立打假工作责任制，明确地方党政领导(重点是县、乡两级)的工作责任，严肃查处失察、渎职和腐败行为。

4. 坚持从严执法

——公布抽查结果。我们一方面将继续通过《经济日报》、《中国质量报》、《中国消费者报》、中央电视台等报刊及广播、电视向社会公布国家抽查结果；另一方面，建立新的质量公告警示制度，向监督抽查不合格产品生产企业发出黄皮书，以示警告。

——加大曝光力度。对质量低劣的产品、企业和领导人要坚决曝光。主要是对以下几种情况进行曝光：涉及人身安全健康的不合格产品；连续两次监督抽查不合格的产品；影响国计民生的不合格产品；质量问题严重的不合格产品和劣质产品；消费者关心的热点产品中的不合格产品；拒绝政府依法开展质量监督抽查的企业。为了加强舆论监督力度，我局正在会同中宣部制定加强质量技术监督工作舆论宣传的指导性意见。

——严格整改制度。凡监督检查不合格产品生产企业，一律勒令整改，整改到期，要严格复查。对复查不合格企业，我们将会同经贸委及有关行业主管部门责令其停产整顿。对于带共性的质量问题，继续坚持产品分析会制度，及时会同有关行业部门、有关专家召开质量分析会，举办不合格生产企业厂长学习办，做到监督抽查一类产品，整顿提高一个行业。

——加大处罚力度。对连续两次监督抽查不合格的企业，继续建议地方政府撤销企业领导职务；对质量问题严重的企业，提请工商行政管理部门吊销营业执照；同时，依据有关法律、法规加强罚款措施，并严格实行收支两条线。为解决“打不疼、打不死”问题，我们已将《产品质量法》修改意见报国务院法制办。

——建立通报制度。对于质量问题严重的地区，我们将按镕基同志的指示精神，向有关省的党政主要领导致函，具体通报质量问题，以引起地方领导重视，加大整治力度。

5. 加强综合治理

对监督抽查和行政执法中暴露出来的问题，要从提高质量意识，严格内部管理，健全检测手段，促进优胜劣汰，加快技术进步各个方面进行综合治理。

(三) 以提高有效性为重点，全面加强标准化、计量工作

1. 以市场为导向，围绕支柱产业和高新技术产业的发展，切实提高标准化工作的有效性。

——突出重点，加大涉及人身安全、健康卫生、环保方面强制性国家标准制修订工作力度，为产品质量监督抽查、行政执法、商品交易提供有力的技术依据。

——全面推进消灭无标生产工作。

——继续推进农业标准化示范区建设。

——加强组织机构代码和商品条码工作。进一步扩大组织机构代码的应用范围，实现代码管理网络化；推广应用二维条码，进一步扩大条码应用系统成员。

2. 继续深化各项计量工作。

——要围绕消费者关心的热点问题，加强计量器具和商品量的计量监督，规范市场计量行为。重点是强化对用于粮食、棉花、农药、化肥等计量器具和电话计费器的监督管理。

——启动"光明工程"。对眼镜验光镜片器等列为强检目录，用三年时间，使眼镜质量得到较大改观。

——与税务部门配合，推进税控加油机管理，同时，做好税控出租车计价器管理工作，保证2000年1月1日起不再生产和销售非税控计价器。

——进一步引导企业加强计量基础工作，对计量器具生产企业、定量包装生产企业，建立考核制度，强化法制监督。引入校准比对等多种量传方式，组织校准工作试点，改进并逐步完善量传溯源体系。

——集中力量启动计量院二基地一期工程，抓好"排头兵"建设。

（四）以树立良好形象为重点，进一步加强行风建设

我局根据镕基总理去年关于"技术监督队伍要整顿"的几次重要指示，邦国副总理去年两次向我们提出的一定要抓好行风建设和队伍整顿的要求，今年要继续逐项落实行风整顿两年工作任务，通过狠抓行风建设树立良好的形象。对全系统的队伍建设工作我们还将结合实行垂直管理体制作专门布置。欢迎大家对我们质量技术监督系统的行风建设给予帮助和监督。

以上我通报的一些情况，供大家工作中参考。

质量技术监督工作涉及到社会的方方面面，对我局来说，充分履行综合管理和行政执法两大职能，需要加强与有关方面的协调配合，共同做好工作。一方面，我们要按照"统一管理、统一政策、统一要求"的原则，推动各项职能到位，按照国家有关规定，代表国家和政府全面履行质量技术监督各项职能。另一方面，我们也要主动加强与各部门的协调配合，加强相互协作和支持，积极发挥各部门的作用。我们是质量技术监督工作的主管部门，但不能包办代替其他部门的工作，特别要指出的是，提高我国整体质量水平是个宏大的系统工程，我们不可能一家包打天下，必须在各部门的密切配合、大力支持下，才能做好这项工作。因此，希望各部门能够从建立全国统一市场的目标出发，发挥自己的优势，落实行业管理职能，互相协作，互通信息，形成合力，共同搞好质量技术监督工作，共同促进我国产品质量和工程质量、服务质量全面提高。

1. 我们希望各部门在1999年都要加大质量工作的力度，按镕基总理"用铁腕抓质量"的要求，切实做好质量工作的部署，真抓实干，使全国的产品质量、工程质量、服务质量有一个新的提高。

邦国副总理在去年12月30日找我们研究工作时提出，今年上半年要召开全国质量工作会议，希望大家帮助和协助我们搞好这次会议的筹备工作，使这次会议开成一个动员全社会提高质量意识，各行各业提高质量水平的大会。

2. 积极配合、理顺工作关系，明确职责、明确分工、相互协作，搞好标准、计量、质量工作。国务院机构改革之后各行业计量、标准化、质量的技术机构有些还没有理顺，需要引起我们重视。今年地方机构改革就要开始，希望大家都能认真关注各行业机构改革的情况，积极主动做好工作，尽量不要削弱我们的技术机构。

3. 建立质量工作的联络制度。1999年，我们准备每季度召开一次国务院各部委的质量联席会议，通报情况，协调工作，研究一些带共性的问题，解决一些工作中的矛盾，使我们的工作更加协调统一，加强我们机关的宏观指导作用。

4. 建立必要的信息交流制度。希望各部门的同志和我们一起经常交流标准化、计量、质量方面的工作情况，使我们相互间及时了解全国的质量状况，做到心中有数，为指导工作提供可靠的依据。

5. 建立质量通报制度，及时通报一些涉及全国范围或比较重要的事件。总结推广经验，表扬好人好事，通报批评严重问题。

以上这些仅仅是一些比较粗的考虑，希望大家提出宝贵意见。

同志们，江泽民总书记在中央经济工作会议上号召全党要统一思想、坚定信心，抓住机遇、知难而进，团结一致、艰苦奋斗。让我们在以江泽民同志为核心的党中央领导下，高举邓小平理论伟大旗帜，抓住有利时机，加大工作力度，为提高经济增长的质量和效益作出积极贡献，以优异成绩迎接建国五十周年。

国家质量技术监督局副局长王以铭在全国质量技术监督认评处长工作会议上的讲话

1999 年 12 月 23 日

同志们：

全国质量技术监督认评处长工作会议今天就要结束了。潘岳同志因为有其他的事情未能前来，希望我参加一下。下面讲几个问题，作为对会议的总结。

一、对本次会议的评价

这次会议是在国务院召开的全国质量工作会议结束不久举行的。全国质量工作会议是一次很重要的会议，朱镕基总理作了重要指示，吴邦国副总理发表了重要讲话。会议以后，国务院又发布了《关于进一步加强产品质量工作若干问题的决定》。在这样的形势下召开这一次会议，大家都非常重视。因为质量认证工作对提高我国的产品质量与我国企业的质量管理水平、增强我国企业的国际竞争力等都有十分重要的意义。会议之前，认评司的同志对会议进行了充分的准备。大家反映，提供给代表的几类文件准备得比较周到，也比较有用。在会上，夏铮铮同志代表认评司作了工作报告。参加会议的所有代表，围绕会议提出的一些议题进行了认真的讨论。代表们还本着对质量技术监督事业和质量认证工作负责的精神，提出了一些很好的建议和意见。对认评司提供的文件草案，代表们也提了不少意见。会议结束以后，认评司要认真研究，对文件做进一步的修改。其中，有些文件需要经局务会讨论通过后，以“局长令”的形式发布；有的需要与国务院其他部门联合发布；还有一些属于工作性文件。同时，这次会议也为预定在 2000 年召开的第三次全国质量认证工作会议作了一些准备。所以，我认为，这次会议达到了预期目标，是一次比较成功的会议。

二、对会议提出的几个问题的看法

在本次会议期间，代表们提出了许多值得研究的问题。我不想在这里全面地回答所有问题，只想就几个大家比较关心、影响比较大的问题谈一些个人的看法。

1. 安全认证与生产许可证

国家局认为：在目前的法律、法规下，安全认证与生产许可证这两种形式可以同时并存。国家局目前没有以一种形式取代另一种形式的计划。我们将采取一些措施，解决由于两证并存而出现的重复评审、重复检验、重复收费的问题。原则上，安全认证的产品目录与实施生产许可证的产品目录不应交叉；同时，实施两证的评审机构和检验机构、评审人员和检验人员也不搞重复建设。至于生产许可证和计量器具制造许可证之间的交叉，国家局决定，凡是根据《计量法》需要申请计量器具制造许可证的产品，一律不搞生产许可证。以上的意见，是国家局党组最近召开的务虚会的一些结论，以后将会发正式的文件。

目前，安全认证与生产许可证不仅存在重复和交叉的问题，二者本身也需要改进。

第一，安全认证的产品目录和实施生产许可证的产品目录不宜过大，面不宜过宽。从指导思想上讲，什么样的产品实施安全认证、什么样的产品实施生产许可证是明确的，但是，具体界定时，有些情况不是很容易说得清。同时,这个目录不宜由实施部门制订。

第二,两证的有效性问题。某个产品实施了安全认证或申请了生产许可证,是否达到了发证的目的?这个产品的质量和安全性能是否已达到预定的要求?这始终是个问题。如果获证产品的安全性能出了问题,损害了消费者和用户的利益,企业有责任,发证的单位有没有责任?这个问题目前在法律上没有完全解决。所以这两个证,包括我们局所发的其他证,都有些问题,需要我们认认真真去解决。我是分管计量的。我曾多次讲过,如果计量器具质量、计量性能出了问题,不仅企业要负责,颁发制造许可证的部门,也就是各级政府的计量行政部门也有责任。但这很难落实,法律上也没有足够的依据。

第三,两证甚至多证重复交叉的问题,迟早要解决,尤其是出自一个政府部门,而且都是对着产品的某一种性能,这是不能允许的。我想借用朱镕基总理针对政府机构改革中的某一个问题所讲的三句话:第一句是"维持现状",第二句是"维持现状不等于合理",第三句是"以后还是要解决的"。我对安全认证和生产许可证的认识也是这样的。随着法律、法规的不断完善和修改,随着市场经济的发展,随着进一步与国际接轨(比如加入 WTO),这个问题终将得到解决。

2. 关于质检机构的改革

质检机构是质量技术监督系统的技术机构的重要组成部分。从大类来讲,我们有标准情报机构、计量技术机构、质量检验机构、纤维检验机构及锅炉压力容器检验机构等。这些机构都需要进行改革,国家局也曾对这些技术机构的改革提出过一些意见。但由于种种原因,改革的步伐不大,认识还不统一,有些具体问题还没有得到很好的解决。

为什么现在要来讨论质检机构的改革呢?主要是受国家几项宏观改革的影响。第一是科技体制的改革。大家知道,国务院已对国家经贸委所属的 10 个国家局的 242 个科研机构进行了一次重大改革。改革的基本思路是企业化。这些科研机构总体上要变成科技企业或进入企业集团。在这 242 个科研机构中,就有 96 个国家级的质检中心。第二是事业单位的改革。国家对事业单位的改革整体上也已有所考虑,将逐步推行。这显然也影响到质检机构。因为目前,不管是系统内,还是系统外,质检机构的定位,绝大多数都是事业单位。第三是政府机构的改革。省级政府的机构改革正在紧锣密鼓地进行。一些专业经济部门将从政府机构序列中撤销,这又影响到原由这些部门所属的质检机构。同时,质量技术监督系统实行省以下垂直管理体制也会对质检机构产生影响。由于有这些因素,国家局感到,质检机构改革的要求更加迫切,必须加快步伐。

关于国家质检中心的改革,国家局已经有了一个基本的思路,正在成文阶段,将上报国务院。国家级的质检中心,除了极少数以各种形式成为政府的实验室或直属机构以外,都是中介性质的机构。这些质检中心是政府直属事业单位里的一部分,不是一个独立的法人实体,这与省里的质检所是不一样的。根据国家规定的企业化方向,这些国家质检中心的母体变成了一个科技企业,或进入了企业集团,它还能不能保留它的地位,还有没有资格成为国家质检中心?核心的问题是公正性问题。我们不能设想,由某一个冰箱集团企业里的一个研究所或质检中心去抽检全国的冰箱企业。因此,我们主张质检中心应该"剥离"出来。

国家质检中心从其母体中剥离出来后,有几种出路:第一,继续成为政府某个部门的直属事业单位;第二,作为一个独立的中介机构,其所有制形式可以探讨,可以多样化;第三,进入大学等单位;第四,合并到省级质检所。

至于地方质检机构的改革问题,包括系统内的省所、市所和县所,还包括系统外依法授权的质检站、质检中心,应根据省级政府的统一安排进行。我个人认为,有两个问题在地方质检机构改革时应认真考虑。第一是合理布局的问题。这个问题,大家认识基本还是一致的。在大会的交流中也提到有一些低水平的重复,互相争市场,而且不是争市场经济下的市场,而是争政府的抽检任务、检验任务。这些问题是一直存在的。现在实行了省以下垂直管理,省局应该积极提出建议,与省政府有关部门商量,通过改革解决合理布局的问题。第二是要充分重视增强质检机构的实力,组建一些有实力的质检集团或质检公司。

在市场经济条件下，一旦检验市场形成，政府的检验任务所占的比例会越来越小。在这个检验市场里，我们的质检机构实力到底怎样？我一直倡导有条件的省、中心城市成立一些有实力的检验集团。这可以有多种形式。比如，核心机构是省所，可以与依法授权的质检站建立一定的业务联系。市场的经营可以集中，质检站变成实验室。现在一个比较好的现象是不少省所承担的政府检验任务所占比例已经很小，一般在30%、20%甚至在10%左右，大部分都是委托检验。这个形势很好。但是，如果一旦大家都变成了中介组织，平等竞争，你还能不能有这个实力？

3. 对质量认证工作的监督问题

我国在改革开放特别是提出建立社会主义市场经济目标以来，整个经济发展非常快。不仅反映在经济总量增加，也反映在经济结构发生了深刻的变化。在计划经济体制下，基本上不存在市场经济条件下的中介组织。但现在出现了很多中介组织。在我们系统，中介组织主要有质检、认证、计量等。与此对应，出现了很多的服务市场。对中介机构怎么监督、怎么管理？对这些服务市场怎么监管？应该说，目前还没有完善的法律、法规作指导，政府的行政性法规也没有完备的说明，还在摸索。但有的领域发展很快，比如股票市场，法律服务。这些经验都是值得我们借鉴的。因为从性质上讲都是一样的，都是中介组织提供服务，形成市场。认证机构是中介组织，认证机构的人员是从业人员。不管是质量体系认证还是产品质量认证，都是服务市场。企业去申请认证，是用户；认证机构是提供服务。

对质量认证工作的监督，要按照社会主义市场经济条件下对一类中介机构、一类服务市场的监督的角度去看。目前的认证机构，多数是政府办的，但是在市场经济条件下最终要变成真正的中介组织。

对于企业来讲，过去什么都由政府来管，后来提出政企分开，最终企业应该是市场经济的主体。中介机构也是市场经济的主体，只是担负不同角色。所以，政府不是直接去领导、直接去干预企业和中介组织。在这方面，我们的经验还不够，还需要进一步研究和探索。但是这个问题的性质是政府对中介机构。对服务市场怎么进行监督的问题。希望大家进一步研究。

认证机构是由国家认可机构认可的，认证人员是由国家注册机构注册的。谁认可，谁注册，谁就负有监督的责任。正象国务院学位委员会，其职责是授权某个高等学校具有某类专业、某种学位的授予权。如果这个学校在授予学位的过程中违反了规则，达不到标准，首先是由学位委员会把它的学位授予权收回。这就是一种监督的形式，而且是主要的形式。认证机构之所以是认证机构，首先是由认可机构认可的。因此，认可委是负有责任的。当然，作为一个中介组织，它还要接受政府部门的监督。比如说，中介机构在工商部门登记注册，那么，工商部门要从开业工商登记的角度对其进行监督，但不是监督认证机构对企业的认证对不对。政府的监督，首先要依法行政。在目前情况下，最大的问题是质量认证没有一个完备的法律，只是在各个不同的法律、法规里有些依据，但不是很完备。我们的监督，首先可以从质量技术监督部门负有对产品质量监督的职能出发。实际上，认评司提出的对安全认证的监督，主要是监督产品是不是符合既定的安全性能。还有一类监督是对认证市场的监管。这需要我们积累经验。首先要健全法律、法规。比如外资的认证机构进入中国市场的问题。这个问题早就提出了。但对外资的认证机构的管理，不仅是我们这个部门，还有工商、税务和外经贸部门。

中国合格评定国家认可中心是国家质量技术监督局的直属事业单位。组建国家认可中心，经过了几年的摸索。从目前来讲，用一个直属事业单位把几个认可/注册机构的秘书处联合起来是一种比较好的形式。我们希望随着中国质量认证制度的进一步完善，国家认可中心的工作能够更加成熟。这是我们的质量认证制度中的一个很重要的组成部分。各个国家对认可组织的定位是很不一样的。中介组织与政府也有各色各样的联系形式。中介组织的业务活动是独立的。其独立性的表现是它有一个独立的章程，是一个独立的法人实体。

我们国家目前关于中介组织的法律，特别是非营利性质的中介组织的法律还不完备。对中介机构和相应的服务市场如何监督的问题，我们可以进一步研究，逐步把质量认证的监督工作做得更好。

三、关于质量认证工作

中国质量体系认证机构国家认可委员会(CNACR)、中国认证人员国家注册委员会(CRBA)、中国产品质量认证机构国家认可委员会(CNACP)和中国实验室国家认可委员会(CNACL)的先后成立,标志着中国的质量认证制度初步建立。我认为,在大家的共同努力下,我国的质量认证工作取得了重大的成就。这些成就主要表现在3个方面。

第一,质量认证工作的业绩。截止到1999年11月30日,取得产品质量认证证书的企业10695家,发出的产品质量认证证书是47582张;有34家质量体系认证机构获得国家认可,这些机构共发出质量体系认证证书13243张;有239家实验室通过了实验室认可;通过注册的各级别审核人员6825人。这是一个很不错的业绩。我没有精确的统计数字。在国际上,一个国家的认证活动发展得这么快,即使不是唯一的,肯定也不多。从产品认证方面来讲,我们发出的证书,在整个IEC体系里是不低的。我估计我们的电子元器件的发证数量是最多的。当然有一个原因是我们的小企业多一点。在世界质量体系认证证书总量中,我国大约占5%。经过注册的认证人员已经名列前茅。这个业绩的取得是来之不易的,也是全国各方面(首先是质量技术监督部门)同心协力、共同努力的结果。

第二,我国质量认证制度已经基本建立,整体上运转是正常的。从质量认证体制讲,大体可以分成四个层次。第一层次是政府,由国家局授权组建国家认可/注册机构。这在不少国家是类似的。比如英国国家认可机构是由英国贸工部授权组建的。第二层次是国家认可/注册机构,对认证机构和认证人员进行认可/注册。第三层次是经过认可的认证机构、实验室及经过注册的人员的相关活动,包括认证咨询机构。第四层次是广大的企业(客户)。CNACR、CRBA、CNACP的秘书处已经实体化,联合组建了国家认可中心;CNACL的秘书处也将划归国家认可中心,保持相对独立运作。我认为,4个国家认可/注册委员会的建立和正常运作是一个不小的成就。大家知道,认证制度,特别是第三方认证制度是市场经济的产物。缺乏市场经济的环境,必然会给认证制度带来各色各样的不利影响。比如政府的不必要的干预,用政府的力量推行认证,强制某些企业必须在什么时间通过体系认证等。这是市场经济条件下不应该出现的。目前的产品质量认证机构不符合市场经济的要求,垄断的色彩比较重。下一步认评司可以规划一下,与国家认可中心一起研究,加紧推行产品质量认证机构的认可工作,加速产品质量认证机构的改革。

第三,我们已加入了质量认证领域所有重要的国际多边承认协议。加入每一个多边承认协议都必须通过严格的国际同行评审。这个成果是十分可贵的,说明中国的质量认证制度基本上是健全的,是得到国际上的承认的。这也说明,我国的质量认证管理水平达到了国际先进水平。我们不要老是小看自己,不要迷信别人。尽管质量认证制度不是我们自己的发明,但是我们经过几年的努力,达到了国际上的先进标准。我不敢说整个认证已经达到了国际先进水平,这也没法比较。但是我们质量认证的整体管理水平已经达到了国际上的先进水平。但我们的确付出了很多的精力去认真研究、探讨,并逐步实施。我们不仅实现了国际互认,而且还在国际上拥有了比较大的发言权。这也是非常可喜的。我们在认证领域的大多数国际组织中取得了重要的领导席位。这包括太平洋认可合作组织(PAC)、国际审核员培训和注册协会(IATCA)、亚太地区实验室认可合作组织(APLAC)和国际电工委员会符合评定局(IEC/CAB)。

从以上几方面可以看出,我国的质量认证工作已经取得了很大的成就。下一步发展,一定要研究质量认证工作所处的国际、国内环境。如果不关注这个环境,我们就可能偏离方向。我提出两个问题,供同志们考虑。

第一,国内对质量认证影响最大的因素是社会主义市场经济体制的初步形成。不仅是质量认证工作,整个质量技术监督工作都应该考虑到这个形势。一方面要通过我们的工作,促使社会主义市场经济体制更加完备,另一方面要通过改革,使我们的工作进一步适应社会主义市场经济。

我这里特别提出以下几个问题,请大家在工作中多加以考虑。(一)公平竞争。在市场经济体制下,政府管理经济的主要职能是保持公平竞争的环境。这一点对我们的工作非常重要。我们制订法规、规章制度，处理问题，都要考虑是否有利于或者妨碍公平竞争。我们都是从计划经济过来的，自觉不自觉地会忽视这个问题。(二) 政府对市场有监管的职能，对宏观经济进行调控。但是，并不是所有的政府部门都去进行宏观调控，都去监管。宏观调控是有特定含义的。只有财政金融、货币、计划才是宏观调控的手段和方式。至于市场监管，首先必须依法行政。监管要有章可循。(三) 政府的主要职责之一是制订市场经济规则，包括法律、法规。这些规则应该是明确的，具有一定透明度的。政府既然是规则的制订者，就不能同时又是比赛的参加者。(四) 要尊重企业包括中介组织的市场主体地位。政府需要对它们的行为进行规范，对市场进行监管，但不是直接去干预企业正常的经营、管理和业务活动。(五) 在社会主义市场经济下必然是多种所有制形式并存。在计划经济下，我们制订的许多规章制度的出发点都是以国有企业作为对象的。现在的情况发生了很大的变化。要对多种所有制企业平等对待，不能只是针对某一类企业制订政策。(六) 注意全国统一大市场的形成。目前，在我国质量认证工作中有意无意地形成的地方割据，甚至地方保护，对社会主义市场经济的形成是极其不利的。社会主义市场经济的形成，对我们的整个工作有很大影响。我希望大家共同学习社会主义市场经济的基本原理、基本原则，把我们的工作做得更好。

第二，中国将要加入世贸组织。加入世贸以后，对质量技术监督工作有什么影响？跟我们关系特别大的是贸易技术壁垒(TBT)协议。TBT 协议规定的主要领域是标准、技术法规、符合评定。这里的每一个领域都有很多问题需要去认真研究，要做很多的工作。

四、为把我国质量认证工作提高到一个新水平而努力

1. 努力提高质量认证的有效性。有效性是质量认证的核心问题。这是一个世界性的难题，绝不是中国的质量认证才有这个问题。我们一方面要多方面地解决质量认证的有效性问题；另一方面，对质量认证中出现的一些问题，也不必大惊小怪。我们需要的是保持清醒的头脑，针对存在的问题采取切实有效的措施。

2. 进一步重视质量认证的法制建设和制度建设。中国的质量认证制度基本建立了，但还不十分完备。特别是缺乏一部比较完备的规范质量认证的法律和配套的法规，质量认证只是在几个法律、法规中分散提到。如果我们不能在若干年内解决这个问题，必然影响质量认证的持续、健康发展。

3. 要加强对质量认证的研究工作。我国已经或将要成为质量认证大国，但还不是质量认证强国。我们对国际上有关质量认证的导则、准则、标准的贡献太小。质量认证包含技术，也包含管理，是渗透了文化的，因此它也是文化的一部分。这里有的是符合科学的，有的是属于文化的。中国作为一个大国，为什么不能对此作出实质性的贡献呢？这是一个很大的遗憾。我认为，中国质量管理中的某些问题，在没有形成中国自己的质量管理理论之前是解决不了的。把质量认证作为中国的质量事业的一部分，那它对中国经济的发展、对中国市场经济的发展所起的作用会更大。

认清形势 提高认识
加速建立一支高素质的质量技术监督队伍

——在全国质量技术监督认评处长工作会议上的讲话

国家质量技术监督局副局长 潘 岳

1999 年 11 月 17 日

同志们:

国家局召开的这次全国质量技术监督教育工作会议,是在全国质量工作会议闭幕不久,从质量技术监督工作改革与发展的新形势出发,围绕加大工作力度,专门研究部署加强教育培训工作的一次重要会议。会议将总结、交流质量技术监督教育培训工作经验,表彰先进集体,明确今后一个时期质量技术监督教育培训工作的任务和要求。这次会议对于认真贯彻全国教育工作会议精神,提高质量技术监督队伍整体素质,推动质量技术监督工作迈上新台阶,将起到重要的作用。下面,我先讲几点意见。

一、宏观经济形势和质量技术监督工作的责任

今年以来,面对国内外复杂的经济环境,党中央、国务院审时度势,果断决策,适时出台了一系列宏观调控措施,使我国经济继续保持较快增长态势。今年前三季度国内生产总值 56800 亿元,增长 7.4%,预计全年可增长 7.3%,超过预期增长 7%的目标。经济效益明显好转,增长质量有所提高。具体表现在:

1. 工业生产增长较快,企业利润大幅度提高。1～9 月工业增加值同比增长 9.3%,增幅比去年同期提高 1.3 个百分点。国有工业企业在一季度整体扭亏后,到三季度实现利润 489.1 亿元,同比增长 1.5 倍。

2. 结构调整初见成效。纺织行业限产压锭成绩突出,基本实现扭亏任务。煤炭、钢材、石油、化工、水泥、卷烟等重点行业控制总量工作全面展开。关"五小"进展顺利。

3. 市场需求平稳增长。社会消费品零售总额增幅逐月加快,1～9 月社会消费品零售总额扣除价格因素,实际增长 9.6%。物价现已止跌回升。

4. 外贸出口恢复增长。7,8,9 三个月出口额分别增长 7.5%,17.8%和 20.2%。1～9 月累计出口 1370 亿美元,增长 2.1%,其中机电产品出口达 540 亿美元,同比增长 14.1%。

5. 财政收入增长较快,金融形势稳定。1～9 月,全国财政收入同比增长 21%。9 月末,金融机构各项存款余额因此增长 14.8%。

然而,经济运行中一些深层次问题仍未得到根本解决,突出的是有效需求仍然不足,通货紧缩的趋势尚未有效遏制。经济增长的质量和效益仍不尽人意。

党的十五大以来,中央在对经济工作的指导上,着眼于经济体制和经济增长方式的根本转变,一直强调在保持经济适度增长的同时,把工作的着力点放在优化结构,提高经济增长的质量和效益上来。我国改革开放 20 年的经验表明,只有保持一定的发展速度,才能不断加快建设步伐,不断提高人民生活水平,缩小与经济发达国家的差距。然而,片面追求速度,不讲质量,即使速度一时上去了,最终也会掉下来,使经济发展走弯路。江总书记曾明确指出,我们要的速度,是实实在在,没有水分的速度,是协调发

展、讲求质量效益的速度。在市场经济条件下，产品质量的好坏，与提高效益密切相关，也具体反映一个国家的科技发展水平、管理水平和全体人民的素质，集中体现综合实力和在国际上的竞争能力。因此，我们要讲速度、讲效益，就不能忽视产品质量，就必须把全面提高产品质量放在非常重要的位置。提高经济增长的质量和效益，产品质量是关键。提高产品质量既是实现国民经济持续快速健康发展的必然要求，也是解决当前经济工作中一些突出矛盾的迫切需要。

随着全球经济一体化，国际产业结构调整，以及世界范围内工业产品生产能力相对过剩，产品没有质量就没有竞争力，没有质量也就没有了市场。产品质量总体水平落后是制约我国经济发展的一个突出问题。当前，我国经济正处于结构调整、产业升级的关键时期，市场竞争日趋激烈，买方市场形成，对提高产品质量提出了更新、更高的要求。近几年来，我国质量工作取得了一定成绩，从总体上看，产品质量有所提高，全社会的质量意识不断增强，各级政府、各有关部门和广大企业在加强质量工作方面做了大量工作，采取了一系列的有效措施。但是，产品质量问题并未真正解决。

——我国产品质量总体水平与国外差距较大，一些重要工业产品与发达国家相比落后10年以上，许多产品在技术指标上差距更大。我们现在一方面是低水平的产品过剩，另一方面高技术含量、高水平的产品不足。比如说石油化工，化纤、晴纶及人造羊毛，现在大量的进口；家用电器用的塑料85%要靠进口；一年还要进口60多亿美元的高档纺织面料。

——即使在这种情况下，我们的产品按现有的标准检验，不合格品率仍然十分严重。从国家产品质量监督抽查结果看，每次有20%～30%的产品不合格，而这些都是待销或正在销售的产品。生产过程中的不良品损失约占工业总产值的10%～15%。

——假冒伪劣屡禁不止，质量违法行为不断。现在制假售假已从一般工业产品向装备类产品、高档高值耐用消费品和高新技术产品蔓延；假冒伪劣产品造成重大恶性事件时有发生，广大人民群众反映强烈；一些大型小商品市场成了假冒伪劣产品的集散地，危害性非常大；假种子、假化肥、假农药、假种畜禽、伪劣农机随处可见，坑农害农；涉及人民生命财产安全的恶性案件，如锅炉爆炸、假酒、假药、伪劣食品致死人命时有发生。现在真货斗不过假货，好货压不住劣货，老百姓购物缺乏安全感，影响了市场需求的扩大。

提高产品质量、加强质量监管、打击假冒伪劣是解决当前经济运行中一些突出矛盾的一个重要手段。

——在产业结构调整中，必须优化产品结构，提高产品的质量和档次，不断增加市场需求的新品种，促进高技术含量、高附加值产品、产业的形成和发展。

——加强技术改造，推动技术创新，必须瞄准世界先进水平，采用国际标准或国外先进标准，解决关键性、核心技术的掌握和一些材料、零部件长期依赖进口的问题。

——从扩大国内需求来说，当前我国买方市场的形成，是相对于有效需求不足的低水平过剩而言的。因此，必须针对不同消费层次和城乡市场差异，大力提高产品质量，丰富品种和档次，引导和刺激消费较快增长。

——为了增强国际竞争力，必须坚持以质取胜的战略，提高产品质量，积极调整出口商品结构，提高出口商品的质量和档次，增加附加值和净创汇率较高的商品，特别是名牌优质产品的出口。

——搞好国有企业的改革和发展，最终要落实到企业的产品在市场上销得出去，这样才能产生效益。无论是扩大出口还是启动国内市场，有相当多的国内企业的产品竞争力还不强，必须狠抓内部管理，特别是成本、质量管理，把质量搞上去，扭转效益滑坡的局面，走出困境，否则企业的生存和发展就是一句空话。

——建立和健全社会主义市场经济体制，必须有完善的产品质量监督管理体系。按照市场经济规则，建立一个让消费者放心满意的购物环境和让企业公平竞争的市场环境，保证各类企业的产品真正实现优胜劣汰，需要各级政府和有关部门，特别是质量技术监督部门要切实加强对质量工作的宏观指导和监督管理。

——建立良好的市场经济秩序，维护安定团结的政治局面，必须严厉打击假冒伪劣等质量违法犯罪行为。假冒伪劣屡禁不止，市场欺诈行为不断已成为一大“公害”，不仅影响经济发展，也造成了社会的不安定。因此，对质量违法犯罪，绝不能手软，一定要严厉查处、严厉打击。对搞地方保护、人为分割市场，甚至为制假售假提供方便的，也必须绳之以法。

我们要增强经济实力和综合国力，实现跨世纪的宏伟目标，必须认清质量问题的严峻形势和质量对于企业、国家强盛所起的作用，我们作为主管质量的职能部门，必须采取切实有力的措施，加大工作力度，推动我国质量振兴的实现。

二、充分认识加强教育培训工作的重要性，进一步增强责任感和紧迫感

为进一步加大质量工作力度，大力提高我国产品质量总体水平，国务院于 11 月 4 日专门召开了全国质量工作会议。镕基总理为这次会议专门做了重要批示。他批示“当前，我们面临经济结构调整的关键时期，质量工作正是主攻方向。没有质量就没有效益。放任假冒伪劣，国家就没有希望”。邦国副总理在会上做了《加大质量工作力度提高产品质量总体水平》的重要讲话，就加强质量工作，严厉打击制售假冒伪劣产品违法犯罪活动，提出了一系列措施和要求。要贯彻落实好镕基总理的重要批示，邦国副总理的重要讲话和全国质量工作会议精神，切实加大质量工作和打假工作力度，提高质量技术监督工作的有效性，关键要有一支高素质、过得硬、能战斗的队伍。这就要求我们必须加强教育培训工作，进一步增强责任感和紧迫感，在提高队伍的思想、业务和执法水平上下功夫，加速建立一支政治坚定、公正廉洁、纪律严明、业务精通、作风优良的高素质的队伍。

第一，要充分认识到，抓好教育培训，建立高素质的质量技术监督队伍，是适应质量技术监督工作改革与发展的新形势，切实履行我们职责的需要。当前我国经济和社会正在继续发生重大而深刻的变化，质量技术监督工作面临的任务越来越艰巨，也越来越复杂。这既为我们质量技术监督事业改革与发展提供了良好的历史机遇，也要求我们必须勇敢地迎接严峻的挑战。从总体来看，市场经济的建立，国有、集体、私有及“三资”多种经济成分并存，大中小型企业并存，要求我们必须了解市场经济的知识，掌握分类指导、分类监管的工作方法；科学技术的发展，高新技术产业的兴起，不论对标准化工作，还是质量检验、计量测试都是新的课题，要求我们必须了解各类新学科、新技术，具备新的服务能力；人民生活水平的提高，改善生活质量的要求更为强烈，要求享有更高质量和更可靠、更安全的产品和服务，要求我们必须提高工作水平；国际贸易的发展，入“世”的临近，要求我们必须加紧学习和研究 WTO/TBT 的有关规定，及时掌握世界各国技术壁垒的新动向，一方面为我国企业生产的产品顺利打入国际市场服务，另一方面合理合法地运用标准的、技术的手段，有效地保护国内市场，保护民族工业；省以下垂直管理体制的改革，新职能的划入，以及实现“三个转变，一个提高”，也要求我们必须掌握新的领导艺术和工作方法，了解和掌握新工作领域的知识和工作方式，保证职能到位。从具体工作来看，也需要我们提高业务素质。比如，党的十五届四中全会通过《中共中央关于国有企业改革和发展若干重大问题的决定》，在推动国有企业改革与发展方面，我们有大量工作要做。现在国有企业生产经营困难、效益下滑，原因固然很多，但许多企业放松质量管理，造成大量产品不合格或质量低下，生产过程不良品损失严重，加大企业生产经营成本，影响企业的声誉和竞争力是一个重要因素。作为政府主管质量工作的质量技术监督部门，必须针对这一薄弱环节，推动国有企业加强质量管理。不论是加强对企业经营者的现代质量管理知识和质量法律法规的培训，还是帮助国有企业瞄准国际标准和国外先进标准，进行质量攻关和质量改进，提高产品的实物质量，都要求我们必须具备相应的知识和水平。总之，经济体制改革的深入，经济增长方式的根本性转变，科学技术的进步，社会经济生活技术含量的提高，都对质量技术监督工作提出了更新、更高的要求。在这种形势下，如果我们不加强教育培训工作，不努力用科学的理论和先进的科技知识武装我们的

队伍，不善于实现我们队伍知识的不断更新，就必定要落后，就不可能肩负起党和人民交给我们的使命，履行好我们的职责，必将对经济和社会发展带来不良影响。

第二，要充分认识，抓好教育培训，是贯彻依法治国方略，提高依法行政水平的需要。党的十五大提出：依法治国，是党领导人民治理国家的基本方略。依法行政是依法治国的重要组成部分。江泽民总书记在党的十五大报告中明确要求"一切政府机关都必须依法行政"。当前，我国改革进入攻坚阶段，发展到了关键时期，出台的改革措施多、力度大，经济生活、社会生活中越来越多的深层次矛盾需要用法律手段来解决，需要用法律、法规来规范和调整。随着依法治国基本方略的实行，人民群众的法律意识和法制观念不断增强，全社会对依法行政的要求也越来越高。近年来，国家颁布了《行政诉讼法》、《行政处罚法》、《国家赔偿法》、《行政复议法》等法律。在这种情况下，政府机关工作人员和行政执法人员如果不依法行政，甚至执法犯法，就会成为被告，受到法律的追究。从我们部门来看，我们是 3 部法律、29 件行政法规和法规性文件、155 件部门规章和规范性文件、214 件地方性法规和政府规章的具体执行部门。这些法律法规既是我们依法行政的依据，也是我们在执法中必须遵循的准则。近几年，加大执法力度，解决"打不疼"、"打不死"的呼声越来越高。为此，我们修改了《产品质量法》，现正在全国人大常委会审议。新修改的《产品质量法》，增加了行政执法的强制性措施，加大了行政处罚的力度，相应的也增加了我们的责任，要求我们必须提高依法行政的水平。我们系统依法行政总的来说还是不错的，但是有法不依，执法不严，违法不究，有令不行、有禁不止，甚至执法犯法的问题在部分地方还是存在的，有的还比较严重。这里既有腐败问题，也有本位主义、地方主义作祟。但是，一些机关干部和行政执法人员不学法、不懂法、缺乏法制观念也是一个重要原因。不学法，不懂法，就谈不上依法行政。我们全系统广大干部职工，尤其是机关工作人员和行政执法人员必须要下功夫学习法律、法规，既要熟悉质量技术监督的法律、法规，也要熟悉相关的法律、法规。要善于运用法律、法规来加大工作力度，加大行政执法力度。因此，要提高依法行政水平，必须加强教育和培训工作，提高机关工作人员和行政执法人员的法制观念和依法办事能力。

第三，要充分认识，抓好教育培训，是加强行风建设，树立良好行业形象的需要。质量技术监督工作直接面向社会、面向企业、面向群众，质量技术监督部门为作为政府重要的执法机构，能否做到"公正、廉洁"，直接影响到党和政府在群众中的威信，影响到质量技术监督事业的兴衰。镕基总理指出："技术监督有了公正廉洁，在社会上就站得住，失去了公正廉洁，就垮台"。邦国副总理也指出："质量技术监督部门是个执法部门，要有良好的形象"，"一定要秉公执法、干干净净"。我们全系统的广大干部职工一直牢记国务院领导的这些语重心长的指示，一直注重行风建设，注重行业形象，基本上能做到公正执法、严肃执法、文明执法、廉洁执法，因而受到各级政府和社会各界的肯定。但是，必须清醒地看到我们系统行政执法的历史还不长，队伍还比较年轻，机构还比较弱小，与我们承担的提高产品质量，打击假冒的繁重任务相比，还很不适应。在这种情况下，我们更需要加强行风建设。如果自身不硬，就很难在提高质量、净化市场、提高经济增长的质量和效益方面发挥应有的作用。镕基总理在九届人大二次会议上作的《政府工作报告》中明确提出了要"从严治政，建设廉洁、勤政、务实、高效政府"的要求。我们一定要认真贯彻镕基总理的要求，加强教育和培训工作，提高全系统广大干部职工的政治思想素质、业务素质和勤政廉政意识，使大家共同来维护我们系统"科学、公正、廉洁、高效"的行业形象。

第四，要充分认识，抓好教育培训，是解决队伍建设中突出问题的需要。十余年来，在各级地方政府和各级质量技术监督部门领导的重视下，造就了一支思想素质较高、业务能力较强、能打硬仗的质量技术监督队伍。但是，与质量技术临督面临的改革与发展的新形势相比还有较大差距，还存在明显的不适应。目前，我们系统的知识结构单一，法律及经济管理专业人员短缺，相当一部分专业技术人员知识老化、市场经济知识缺乏、管理水平不高、创新能力不强，质量技术监督系统高新技术人才、高级管理人才以及复合型的高级人才严重缺乏，学术技术带头人年龄偏大，人才队伍结构不尽合理，后继乏人的问题十分突出。这在一定程度上制约了我们工作有效性的提高，也制约了我们质量技术监督事业的发展，与国民经济和社会发展的要求极不适应。因此，围绕经济和社会发展对质量技术监督工作的要求，加强教育培训工作，加速造就高素质的质量技术监督管理人员队伍、专业技术人员队伍和行政执法人员队伍，是当前亟需解决的迫切问题。

三、突出重点，提高教育培训工作质量

质量技术监督教育培训工作要以新形势下质量技术监督改革与发展的需要为导向，围绕全面提高现有队伍素质，改善队伍知识结构，优化队伍配置，加大教育培训力度，提高教育培训工作质量。主要目标是：

1.培养一批高素质的领导干部。

2.培养一批复合型的现代管理人员。

3.培养一批既懂法律又懂技术的行政执法人员。

4.培养一批掌握现代高新技术的专业技术人员。

围绕上述目标，重点抓好以下几项工作。

第一，抓好邓小平理论的学习，用邓小平理论武装全系统广大干部职工的头脑。这是新的形势和任务的需要，是我们切实履行各项职能，不断开创质量技术监督工作新局面的根本保证，更是提高全系统广大干部职工思想政治素质的根本前提。因此，推动全系统认真学习邓小平理论，用邓小平理论武装我们的头脑，既是各级质量技术监督部门领导的责任，也是我们广大教育工作者的责任。要把邓小平理论作为各种教育培训的一门必修课。在学习邓小平理论时，要特别注意把握四个问题：一是必须同学习和贯彻党的十五大和十五届四中全会精神结合起来，提高贯彻党的路线方针、政策的自觉性，在履行职责、推动改革与发展上有新的进步。二是要学习解放思想、实事求是的思想路线和社会主义初级阶段理论，按照“三个有利于”标准，指导我们的工作，更新观念，加快改革与发展，为经济建设和社会发展多做贡献。三是要学习好邓小平质量思想。邓小平质量思想是邓小平理论的重要组成部分，是振兴我国质量事业的强大思想武器。要把邓小平关于坚持质量第一，要从严治质，质量工作要突出地提、切实地抓等方面的论述，作为我们加大质量工作力度，全面做好质量技术监督工作的指南。四是要学习好依法治国的理论，增强法制观念，提高依法行政的自觉性。

第二，抓好继续教育。继续教育是对已经受过高等教育的专业技术（管理）人员进行知识技能更新、补充、拓宽和加深的一种追加教育，在质量技术监督事业发展中起着重要作用。继续教育在培训对象上要突出“高”字，高层次的专业管理人员、行政管理人员和专业技术人员；在培训内容上，要突出“新”字，反映质量技术监督最新科研成果、管理手段、管理经验和管理信息；在培训效果上要突出“实”字，注重理论联系实际，切实提高管理人员、专业技术人员投身市场经济的适应能力，实施可持续发展战略的实践能力，发展技术领域的研究能力和推动质量技术监督科技进步的创新能力。去年举办的全国质量技术监督省级局长培训班，就体现了“高、新、实”的特点，跟上了时代发展的步伐。

第三，抓好岗位培训。岗位培训的最突出特点是按需施教。在刚刚闭幕的第三次全国质量工作会议上，吴邦国副总理指出：“国家质量技术监督部门作为质量工作的综合管理部门和行政执法部门应担负起统一管理质量工作的责任，要按照国务院的要求和规定，对产品质量和打假工作实行统一管理，做好组织、协调、指导、监督工作。”要达到邦国副总理的这一要求，我们还有许多不适应的地方，我们的教育培训工作，特别是对各级质量技术监督领导干部和行政执法人员岗位培训的任务还相当繁重；对特殊岗位（计量检定、质量检测、质量体系审核、实验室认可、纤维检验、锅炉压力容器和特种设备安全检验等）人员的资格培训也有待于加强。因此，质量技术监督系统的各教育培训机构，应逐步建成适应事业发展的高等技术培训中心和培养高层次管理人员的管理培训中心。根据培训对象专业背景的差异、水平的高低等情况，应分门别类地进行岗位培训、资格培训以求取得最佳的培训效果。

第四，抓好中国计量学院和有关质量技术监督中专学校的教育体制和结构改革。中国计量学院要加大改革力度，引入竞争机制；根据国家教育教学改革规划，着手开展高等职业教育；进行我系统高、中等院校联合办学的试点工作；要加强重点学科建设，不断提高教学质量、科研水平、办学活力和办学效益；

为国家经济建设与社会发展、为质量技术监督事业培养实用型人才；要争取获得硕士学位授予权；成为质量技术监督事业的教学科研基地和质量技术监督系统培训基地。省局所属各技术监督中专学校要以不断提高办学水平、适应社会需求为目的，要积极改进和完善中专学校的办学条件，使其稳步发展。

四、要切实加强对教育培训工作的领导

建立高素质的质量技术监督管理队伍，是摆在质量技术监督系统广大干部职工面前的一项重大任务。各级质量技术监督部门主要领导都要高度重视教育培训工作，切实加强领导，采取有力措施，一定要抓出成效。具体要做到“三个到位”。

第一，组织领导要到位。一是认真抓落实。要将教育培训工作纳入各级领导者的目标管理，将教育培训规划纳入各单位的事业发展规划。并建立考核制度，一级抓一级。每年至少召开一至两次会议专门研究教育培训工作，切实解决教育培训工作中的实际问题，对培训教育的情况进行督促检查。要采取具体措施，完成国家局下达的各类强制性培训计划。对于培训教育工作中出现严重问题，造成不良影响的，要追究主管领导的责任。二是建立培训、考核、使用相结合的机制，使教育培训的结果成为人事部门的用人依据之一。凡是参加强制性培训并取得良好效果的人员，人事部门在提拔或使用时要在同等条件下予以优先考虑。对在质量技术监督教育培训工作中取得显著成绩的单位和个人，给予表彰和奖励；先进教务工作者和优秀教师的业绩要载入人事档案，作为考核晋升的依据之一。三是建立教育培训评估制度和督导机制。要建立教育培训工作评估指标体系、评估标准和评估方法。各主管部门要对所属教育培训机构的总体培训教育工作、领导责任目标、教育培训教学过程、教育培训效果、教育培训经费使用效益等进行科学、客观的评估，并根据评估结果实行督导。

第二，工作措施要到位。一是建立科学、实用的课程体系。教学内容和课程体系是实现培养目标，提高人员培养质量的核心所在。一定要突出针对性，增强适应性，使课程设置向多样化、综合化、现代化方向发展。从目前情况看，培训课程的结构大体可分为三类：一是设置质量技术监督系统的基础课程，这类课程以应用为目的，以必须够用为度，可相对稳定，更新的速度不必太快；二是设置质量技术监督系统的专门技能和如何结合实际开展质量技术监督技术和管理工作的课程，这类课程的核心是理论结合实际，其更新程度应快于第一类；三是设置若干专题研讨和专题报告，使培训对象了解当今世界和国内质量技术监督的热点和国际动态，研究带有普遍意义的实际问题，这类课程变化最快。二是改革教学方法。要注重成人教育的自身特色，针对不同的培训对象，因人施教；要注意知识传授与能力培养并重的教学方法，提高学员综合运用知识的能力；要充分利用现代信息技术，以国家局信息网为依托，发展远程教育，形成覆盖全国的质量技术监督成人教育培训教学网络，实现教学手段的现代化。三是完善管理机制。科学有效的管理机制是提高教学质量的保证。要建立和完善“三个体系”，强化“三种机制”，即建立和完善教学质量目标体系、教学质量监控体系和教学质量保障体系；强化竞争机制、激励机制和约束机制。“三个体系”应由反映教学水平的若干指标、教学管理若干制度和向教学倾斜的一系列政策构成。把竞争、激励、约束机制引入教学管理全过程，建立教师培养、选拔、任用、晋级和奖惩等制度，实行教师聘任制。要使教师在公平竞争的环境中充分施展自己的才干。要通过严格教学管理，形成良性循环的运行机制，实现教学管理的科学化、民主化、现代化。

第三，保障措施要到位。一是实施“质量技术监督教材建设工程”。面向21世纪，出版一批符合质量技术监督教育发展和需要的，适应新世纪人才培养的高质量、高水平的先进、科学、适用的教材，这是搞好质量技术监督教育培训的重要基础和前提。要高度重视，确立标准，严格审查，在两三年内完成质量技术监督教育培训系列教材的编审和出版工作。二是加强教育培训基地建设，充分发挥中国计量学院和质量技术监督中等专业学校作为技术监督教育基地的作用；国家质量技术监督局要加强对国家局各培训中心的管理和业务领导，并定期组织对其培训工作进行综合评价和督导，促进教育培训基地管理和建设，不断提高教育培训质量和办学效益。三是加强师资队伍建设。教育培训机构办学的好坏，培养人才

质量的优劣归根到底取决于师资队伍素质水平的高低，常言道："师资兴，则学校兴；师资衰，则学校衰。"师资队伍建设是培养高质量人员的关键。面对质量技术监督事业发展对人员素质的要求，必须建立一支适合我们系统教育培训特点的，具有较高的理论水平、较高的技术水平和丰富的实践经验的专兼职结合、以兼职为主，结构合理的教师队伍。四是确保培训教育经费投入。各级质量技术监督部门和所属事业单位应加大培训教育经费的投资力度，确保用于教育培训的经费占本部门、本单位人员工资总额一定比例，确保强制性培训的经费投入。同时，要积极采取措施多渠道筹集培训教育经费，加强对教育培训经费使用的监督管理，确保教育培训经费发挥最大效益。

同志们，加强教育培训工作，加快建立一支高素质的质量技术监督队伍，是加大质量工作力度，提高质量技术监督工作有效性的重要保证。让我们在以江泽民总书记为核心的党中央领导下，高举邓小平理论伟大旗帜，认真贯彻党的十五大和十五届四中全会精神，同心同德，扎实工作，努力开创质量技术监督教育培训工作的新局面，为质量技术监督工作改革与发展培养更多更好的人才。

认真贯彻落实全国质量工作会议精神，扎实、有效地推进创建“购物放心一条街”活动

——在全国推进创建“购物放心一条街”活动工作座谈会上的讲话

国家质量技术监督局副局长　朱明暹

1999 年 12 月 7 日

全国质量技术监督系统推进创建“购物放心一条街”活动工作座谈会议今天召开了，这是国家质量技术监督局贯彻落实全国质量工作会议精神，切实把国务院关于推行创建“放心一条街”活动的重要部署落到实处，深入开展“百城万店无假货”活动的一次重要会议。会议的主要任务是：认真学习领会朱镕基总理对全国质量工作会议的重要批示和吴邦国副总理的重要讲话，动员开展推进创建“购物放心一条街”活动；交流经验，集思广益，讨论修改推进创建“购物放心一条街”活动的实施方案，并对全面推进创建工作作出部署。开好这次会议，对全面推动质量技术监督系统着手开展创建“购物放心一条街”活动，深化打假治劣，提高质量技术监督工作的有效性，具有重要的意义。这次会议得到了中宣部等部门的热情支持。江苏省技术监督局和南京市技术监督局为保证开好这次会议，做了大量认真细致的准备工作。在此，我代表国家局向他们表示衷心感谢！

下面，我就扎实、有效地推进创建“购物放心一条街”活动讲几点意见：

一、一年来，质量技术监督部门围绕规范市场秩序，加大打假治劣力度做了大量扎实有效的工作

自去年全国质量监督工作会议以来，各级质量技术监督部门认真落实国务院领导同志关于“用铁腕抓质量”的一系列重要指示，采取有力措施，按照狠抓“三重一大”的要求，紧紧围绕抓好“五个一批”、打好“三大战役”的部署，广泛深入地开展打假治劣工作，在严厉打击制售假冒伪劣产品违法行为，规范市场秩序等方面做了大量扎实有效的工作。

（一）“三大战役”成果显著。各级质量技术监督部门按照国家局的统一部署，精心组织，通力合作，在“查市场，保两节”、“查农资，保春耕”、“查建材，保建设”三大战役中，共查处假冒伪劣商品标值 21.7 亿元，端掉制假售假窝点 3700 多个，查处质量违法案件 4.7 万多件。

（二）“清柜台”工作取得新进展。国家质量技术监督局会同国家国内贸易局在完成 1996～1997 年开展对年销售额亿元以上大型商业企业“清柜台”工作的基础上，1998 年又在全国联合部署了对年销售额在亿元以下 5000 万元以上商业企业的“清柜台”活动。到今年上半年，这项工作已基本结束。全国共计 2885 家企业参加了“清柜台”活动。企业自查商品总标值达 177.08 亿元，查出并清理有质量问题的商品标值 1.81 亿元，占总标值的1.02%。其中，假冒伪劣商品标值 0.24 亿元，占总标值的 0.14%。各地质量

技术监督部门会同内贸主管部门组织对企业自查后的情况进行联合检查，共检查2162家企业，检查商品总标值达13.68亿元。其中，有质量问题的商品标值2645万元，占总标值的1.9%；有计量问题的商品标值1340万元，占总标值的0.95%。通过开展“清柜台”的活动，一方面，引导和帮助商业企业建立健全了抵御假冒伪劣商品的自律性机制，强化了商业企业的内部管理制度，增强了企业员工的质量意识、法制观念、服务意识和鉴别假冒伪劣商品的能力，许多大型商业企业还向社会推出了“质量承诺”等一系列优质服务的新举措，并真正兑现了承诺，树立了良好的职业道德风尚；另一方面，把政府监督与企业自律有机结合起来，有效地推动了“打假”工作的深入开展。

（三）查办了一批制售假冒伪劣商品大案要案，有力地推动了“打假”工作的深入开展。今年年初国家局组织协调查办的江西赣南地区有毒桶装猪油案，山西省局查处的标值达1100万元的假烟案，黑龙江省佳木斯市局查办的劣质化肥案，湖南长沙市局查办的压力锅案，国家局组织协调广东省局查办的潮阳区域性制售假冒伪劣电池案等，都在社会上产生了强烈反响。最近，国家局又组织查处历时十余载，危害京、津、鲁等省（市）的死鸡案和查处广东揭阳区域性无证生产劣质螺纹钢筋案。朱镕基总理对我局的这次打假活动给予了充分肯定。

（四）专业市场整顿治理工作不断深入。各地质量技术监督局在坚持加大打击源头的同时，加强对专业市场的治理整顿，对提高产品质量的总体水平，规范市场经营秩序，起到了积极作用。河北省技术监督局针对当前大型专业市场质量问题较多的情况，确定了石家庄市的南三条等12个在全省规模较大的专业批发市场作为治理整顿的重点，并把这12个专业市场列入全省打假治劣目标责任制中，层层签订责任书。这12个市场年交易额达几百亿元，主要面向农村及周边省市，以销售批发中、低档商品为主，是广大农村集贸市场商品的主要来源地。河北省局通过艰苦细致的工作，促使地方政府领导高度重视，并加强指导与协调，加大监督管理与“打假”力度，使整顿工作取得初步成效。石家庄市市委书记、市长和分管副市长极为重视南三条市场的治理整顿工作，多次召开会议，听取桥东区委、区政府和有关部门的汇报。市技术监督局与桥东区局签订了打假治劣责任书，明确了目标，提出了要求。

二、统一思想，充分认识推行创建“购物放心一条街”活动的重要意义

党的十五大提出，要加强市场管理，清除市场障碍，打破地区封锁、部门垄断，尽快完成统一开放、竞争有序的市场体系，以发挥市场对资源配置的基础性作用。党的十五届四中全会通过的《关于国有企业改革和发展若干重大问题的决定》，要求依法严厉打击走私贩私和假冒伪劣商品以及其他经济违法犯罪行为，为国有企业改革和发展创造良好的外部环境。1998年3月24日，朱镕基总理在国务院第一次全体会议上讲话时把“假冒伪劣产品泛滥”列为社会经济发展中存在的问题和隐患之一。同时指出：“随着改革深化和经济的发展，这些问题已经到了非解决不可的时候，既不能回避，也不能再拖，更不能后退。否则，当前好的形势不仅不能得到巩固和发展，还有可能发生逆转，丧失良机，贻误整个改革和发展的过程。”

目前，流通领域标识不符、以次充好、掺杂使假、短斤缺两等质量违法问题依然十分突出，危害严重。一是极大地损害消费者的合法权益，并对人体健康、人身财产安全构成严重威胁，直接影响广大消费者的消费意愿，是目前消费需求不足的原因之一；二是扰乱公平竞争的市场秩序，侵害企业的合法权益，破坏企业生产经营的外部环境；三是假冒伪劣泛滥，屡禁不止，极易诱发社会不安定因素，造成极其恶劣的政治影响。几年来，各地围绕整顿市场秩序，规范市场行为方面，坚持流通领域与生产领域一起抓，打击与扶优并举。如开展购物“放心店”、“货真价实满意店”、“放心城”、“购物放心、服务满意一条街”等活动。尤其是由中宣部、国内贸易局、国家工商行政管理局、国家质量技术监督局联合开展的“百城万店无假货”活动，由点到线，由线到面，呈现蓬勃发展态势，在全国产生了很大影响，受到了全社会的普遍赞誉。国家质量技术监督局为认真贯彻全国质量工作会议精神，在总结各地这几年工作经验的基础上，积极推行创建“购物放心一条街”活动，是质量技术监督充分履行“规范市场、扶优治劣、引导消费、服务企

业"职责，贴紧经济工作，深化打假治劣的一项重要举措。抓好这项活动至少具有以下几点重要意义：

一是有利于拉动消费需求，扩大内需，促进市场繁荣。去年，为解决我国经济发展中出现的需求不足的矛盾，党中央、国务院提出了以扩大内需拉动经济增长的一系列重要政策。刚刚闭幕的中央经济工作会议对明年的经济工作提出了五项主要任务，第一项就是继续实施促进经济发展的一系列政策措施，扩大国内需求。并提出必须高度重视增加消费对拉动经济增长的巨大作用。质量技术监督工作贴紧经济建设这个中心，其中，很重要的一点就是要通过加大执法力度，规范市场秩序，为广大企业创造公平竞争的市场环境，为广大消费者提供放心满意的购物环境，从而保证扩大内需拉动经济增长宏观经济政策的实施。推进创建"购物放心一条街"活动，是近几年质量技术监督部门整顿治理市场进行的有益探索。实践表明，这项活动有利于规范市场秩序，促使经营者加强自律，维护消费者合法权益，带动地方经济增长，促进市场繁荣。如南京市湖南路从 1997 年开展创建"购物放心、服务满意一条街"活动以来，取得显著的成效。经营商家从 1997 年的 118 家增加到 173 家，一些百年老字号店、外资企业、金融机构纷纷到湖南路安家落户，1998 年全街销售额达 30.1 亿元，比 1997 年增加近一倍。

二是有利于地方政府落实抓好为民、利民、便民的"民心"工程。江总书记在党的十五大报告中指出"建设有中国特色社会主义全部工作的出发点和落脚点就是全心全意为人民谋利益，共产党员要听取群众呼声、关心群众疾苦，为群众办实事、办好事。"近几年来，各地党委、政府为认真落实这个精神，每年都把为群众解决实际问题列入重要议事日程，工作愈来愈具体。目前，假冒伪劣问题是广大人民群众反映最为强烈的"热点"问题之一。许多地方党委、政府抓住这一热点，从解决与人民群众生活息息相关的重点商品质量问题入手，将保证人民群众吃上放心食品、购到放心商品的工作列入为民、利民、便民的实事来抓。如江苏省政府 1997 年就把开展创建"购物放心，服务满意一条街"活动列入本年度为民、利民、便民抓的 25 件实事之一。成都市政府 1998 年将打假治劣作为市政府为群众办的 12 件实事之一，其中，创建"百城万店无假货示范街"活动就是一项具体内容。

创建"购物放心一条街"活动的核心就是在让消费者购物上放心下功夫，从保证商品质量、保证售后服务、维护消费者合法权益这一为民办实事的基本问题入手，从各级各类商业企业特别是国有大中商业"窗口"单位抓起，从促进行风建设抓起，扎扎实实地为广大人民群众办实事。

三是深化打假治劣工作的一个有效措施。多年来的打假治劣工作实践表明，提高打假治劣工作的有效性，必须坚持生产与流通两个领域一起抓、打击查处与治理整顿相结合、监督与服务相结合、打假与扶优相结合的方针。其中，抓典型示范，发挥榜样的带动效应更加重要，这是把打假治劣工作引向深入的需要。推进创建"购物放心一条街"活动，以强化监督，做好指导服务，帮助企业建章立制，切实加强企业自律为重点，最大限度地控制假冒伪劣商品在市场上的出现，并注重抓住典型，以点带面，以抓主渠道商业企业促进其他类型商业企业，把政府监督与企业的自律有机地结合起来，提高打假治劣工作的有效性，促进市场的繁荣。

四是对假冒伪劣问题实施综合治理有益的实践。打击制售假冒伪劣产品违法犯罪行为的工作涉及方方面面，是一个复杂的系统工程，需要各部门在各司其职，各尽其责，各展其长，通力合作，形成合力，进行综合治理才能奏效。创建"购物放心一条街"活动，以"放心"为主题，以"服务"为宗旨，重在创建，这一活动是各部门之间优势互补、加强协作的凝结点；是防范假冒伪劣商品，对假冒伪劣问题进行综合治理，保证商品质量有益的探索。如近几年在全国开展的"百城万店无假货"活动，使两个文明建设有机地结合起来，执法监督与加强行业管理相结合，使各部门之间协作配合十分到位，形成对假冒伪劣问题进行综合治理态势。

三、狠抓落实，扎实、有效地抓好推进创建"购物放心一条街"活动的各项工作

国家质量技术监督局在全国范围内有领导、有组织、有计划、有步骤地开展创建"购物放心一条街"活动，是认真贯彻全国质量工作会议精神，把国务院关于推行创建"放心一条街"活动的重要部署落到实

处的具体行动，是在新形势下坚持打假与扶优相结合，打假与树立典型，发挥示范带动效应的一项举措。创建“购物放心一条街”活动，就是以“购物放心”为主题，以“服务满意”为宗旨，从把好商品质量关，不卖质量不合格的商品和假冒伪劣商品这个基本的，也是群众反映强烈的问题入手，把一条条商业繁荣的街区建设成“质量合格、计量准确、明码实价、服务优质、环境优美”的购物放心街。这项活动是“百城万店无假货”活动向基层延伸的组成部分。因此，创建活动要遵循的基本原则：一是不与全国“百城万店无假货示范街”活动相重复，即已取得“百城万店无假货示范街”称号的街就不再申请创建；二是创建活动主要在全国中等以上的城市中开展；三是授牌由省（自治区、直辖市）质量技术监督局审查验收并报国家局备案后授予，授牌形式也可根据各地情况不同自行确定，但必须由国家局公布名单；四是创建“购物放心一条街”不搞终身制，对广大消费者反映问题严重，甚至给消费者造成重大损失，而整改不力的，要取消称号，撤掉授牌。各地需对申报创建的街区加强跟踪监督，并公布投诉、监督电话，接受社会监督。国家局将按照全面规划、分步实施、滚动推进、跟踪监督的原则，实施“135”三年滚动计划。即2000年，创建“购物放心一条街”100条，2001年扩大到300条，2002年完成在全国创建500条的计划。三年滚动计划完成后，在认真总结经验的基础上，继续将创建工作向基层延伸发展。

为了切实把这项活动扎扎实实地开展起来，现对各地质量技术监督局提出以下要求：

（一）加强领导，狠抓落实。各地要把创建“购物放心一条街”活动，作为打击假冒伪劣、倡导文明新风，规范市场行为，保护群众利益，繁荣市场经济的“民心”工程，摆上重要议事日程，纳入总体工作目标，切实加强领导。做到一把手亲自抓，分管领导具体抓，其他领导协助抓。建立、落实领导工作责任制，加强督促检查，狠抓落实。要积极争取当地党委、政府的领导。有关重要工作部署，重大行动以及工作中遇到的主要困难和突出问题，要及时、主动地向当地党委、政府请示、报告。要结合当地实际，认真贯彻《国家质量技术监督局关于开展创建“购物放心一条街”活动的实施意见》；要制定实施细则，明确重点、明确任务和明确责任，做到措施到位，责任到位。由于地方机构改革正在进行，为了保证组织工作落到实处，各地要在当地政府的领导下，确定适当的组织形式。

（二）加强与有关部门的协作配合，形成工作合力。第一，要争取地方党委和政府的重视和支持；第二，要加强与党委宣传、工商行政管理、内贸、物价和城管等部门的密切配合，统一协调，各司其职，各尽其责，提高创建工作的整体效能，形成联合创建的整体态势；第三，考虑到“购物放心一条街”在当前突出的是要防止质量欺诈和假冒伪劣行为，群众对购物放心的要求主要体现在标识相符，计量准确，服务规范等方面。因此，质量技术监督系统要发挥主导作用。在具体工作中切实发挥以法律为准绳，以标准为依据，以检测为手段的优势。

（三）充分发挥质量技术监督部门“规范市场、扶优治劣、引导消费、服务企业”的职能作用。一是要立足于“创建”，加大工作力度，把基础工作抓实；二是要着眼于帮助群众解决实际问题，进一步开阔视野，多想一些为民、便民、利民的实招，真心诚意地为群众办更多的实事；三是要着力于引导和帮助经销企业建立和完善质量保证体系，严把商品进货、验货、入库、上柜台销售等环节的质量关，使经销企业自觉建立健全“识假、抵假、打假”的自律机制；四是监督与服务相结合，重在帮促。要注意将监督执法与创建“购物放心一条街”活动有机结合起来，在监督检查和考核验收工作中，不增加企业负担，不得向企业收费；五是加大执法力度，在开展创建活动中，各地要加大对广大群众反映强烈的重点商品和涉及安全健康的商品进行全面清查，不留死角，对经销假冒伪劣商品违法行为，依法严厉惩处，绝不姑息，为创建活动的开展提供良好的社会环境。

（四）努力做好培训教育与宣传工作。首先要对商贸企业进货验收人员和质量管理人员加强业务培训工作，组织他们学习质量法律法规和商品鉴别的知识，提高法制观念，真正在商贸企业中树立起依法经营，以质量、以服务求得效益的风气。要积极争取宣传部门的支持和配合，充分发挥舆论监督的作用，加强对创建活动的宣传，使得创建活动家喻户晓，深入人心，及时宣传报道创建活动的进展与经验，反映社会各界的呼声和要求。对少数危害严重、影响较大的制售假冒伪劣商品的违法行为，要及时曝光。

（五）严格执行信息报送制度。国家质量技术监督局于明年“3·15”前将向全国公布第一批申报创建

“购物放心一条街”试点名单，明年9月向全国公布第一批创建“购物放心一条街”达标名单。请各地务必将申报创建名单和达标名单分别于明年2月底前和8月20日前报国家局。各地在创建活动中，要认真做好信息统计分析工作，要有专人负责这项工作，及时总结创建工作的经验，重大事情必须及时报告国家局。要把执行信息报送制度纳入工作目标责任制中，作为考核的一项重要内容。

同志们，推进创建“购物放心一条街”活动，有益于人民，有利于企业，功在社会。各级质量技术监督部门一定要以党的十五大和十五届四中全会精神为指导，深入贯彻落实国务院关于加强质量工作的各项重要部署，精心组织，周密安排，狠抓落实，以饱满的热情、扎实的作风，把创建“购物放心一条街”活动既轰轰烈烈，又扎扎实实地开展起来，为维护市场秩序，保护消费者合法权益，促进两个文明建设的协调发展做出新贡献。

国家质量技术监督局副局长李忠海在全国组织机构代码工作会议上的讲话

1999年3月30日

同志们：

一年一度的代码工作会议今天召开了。刚才梁局长发表了热情洋溢的欢迎词，也介绍了广东省经济发展的状况。矫云起主任做了1998年代码工作年度总结，并布置了今年的工作，我都很赞成。国家局对代码工作很重视，每年代码工作会，李传卿局长总是叫我出席，和大家一起研究讨论，如何把代码工作做好，如何更有效地利用代码信息为国民经济建设服务，这充分说明传卿局长和局党组对代码工作是非常重视的。前两天，在北京召开了国家质量技术监督系统体制改革工作会议和双先表彰会议。中国标准化与信息分类编码研究所被评为先进集体，其中很重要的原因是这个所在代码和条码工作上对整个系统的发展发挥了很好的作用。下面我讲三个问题：

一、认真总结代码工作经验，肯定成绩，坚定做好代码工作的信心

今年是我们国家历史发展进程中具有特殊意义的一年，我们将迎接中华人民共和国成立50周年的大庆，还要恢复对澳门行使主权。全党、全国人民在以江泽民为核心的党中央领导下，将深入贯彻落实中共十五大和十五届三中全会精神，继续推动改革开放，保持国民经济持续、快速、健康发展，促进社会全面进步。在这个机遇和挑战并存的形势下，我们要按照党中央的要求，统一思想、坚定信心、抓住机遇、知难而进、团结一致、艰苦奋斗，以改革的精神，努力做好本职工作，以优异的成绩来迎接建国50周年的大庆。

今年对代码工作也同样是具有特殊意义的一年。从1989年国务院批转“国家技术监督局等10个部门关于建立企业事业单位和社会团体统一代码标识制度报告”起，我们组织机构代码工作已经经过了10个年头。这10年来，我们从白手起家，一步步地发展壮大。到目前我们已经形成了在国家质量技术监督局领导下，以国家中心，各省(市)分中心和各地(市)、县(市)四级代码管理机构，具有几千人的代码工作队伍；代码的赋码量已达到766万家，这个数量与中编办、工商局、民政部三个机构登记和注册部门的汇总数字基本吻合；在这几年我们突出强调纠正重错码工作的基础上，去年又开专题研究会、布置解决重错码问题，重错码率又有明显的降低。1998年底，根据各地上报到代码中心的数据统计，重错码率降为万分之四点八；在抓数据质量和数量的前提下，代码的应用领域不断拓宽。去年一年的实践证明：代码工作已从提高赋码率、提高赋码质量为重点，进入了大力推进代码应用的阶段。继代码在税收征管、外资与合资企业管理、公安交通机动车辆管理、基本单位普查、全国城镇集体企业单位清产核资方面应用后，去年代码又在外汇管理、海关通关管理、交通管理及人事管理的应用上有了新的突破。这些应用充分说明代码信息已在国民经济信息化管理中初步建立了基础信息的地位。这些成绩的取得都是在座各位同志辛勤劳动的成果，也是全国几千名代码工作者辛勤劳动的成果，更是10年来全体参与代码工作的同志工作的结果。在这里，我代表国家局党组向所有这些同志表示衷心的感谢和慰问。

在取得这些成绩的过程中，我们也积累了一些宝贵的经验。一是我们坚持了代码数据质量是代码工作的生命。这几年，在大幅度提高赋码量的同时，不断地降低重错码率。我们全系统都认识到，只有把代

码赋码率大幅度地提高，把代码重错码率大幅度地降低，确保代码的质量，我们才有信心把代码提供给其他部门应用。保证代码的唯一性、保证代码质量是代码工作的生命；二是我们坚持了把加强代码在社会上的应用作为代码工作的目标，以应用促进发展，发展后又进一步深化应用，这样就使代码工作开始进入到良性循环的发展轨道。传卿局长三年前就讲到，代码应用是代码工作的目标，只有把代码质量搞好了，把代码信息提供给其他部门应用了，代码的工作才有了生命力；三是我们坚持了提高管理水平与提高技术手段相结合，科研与培训并进的道路，这样就使代码工作基本上跟上了社会信息化发展的步伐。每年的代码工作会议，除了工作报告外，都有一些地方的同志讲他们从事代码工作的经验，而且每次都有代码业务培训的内容，这次山东、江苏的同志将介绍建立代码网络，实现网上赋码的经验；广州、河北的同志将介绍以对事业高度负责的精神，纠正重错码一抓到底的经验；武汉的同志将介绍建立质量保证体系，提高工作效率的经验；河南的同志将介绍IC卡工作服从统一管理的经验。我记得在去年重庆代码工作会上，上海的同志介绍了用计算机集中赋码的经验，而且他们在去年就响亮地提出：用计算机实现集中赋码，重错码率降低为零；天津的同志介绍了以前是骑着自行车用手工的办法一个一个上门解决重错码，现在是用网上集中赋码，可以把重错码降为零。所以，技术手段的提高可以保证重错码率的降低。

我们在总结经验的同时，要看到工作中的一些问题。我们面临着机遇与挑战的局面，有些问题应该说还是很严峻的。如果不居安思危，防微杜渐，还是有可能出大问题的。一是我们代码工作目前还不能适应国民经济信息化发展对代码工作的要求。随着各行业、各部门信息化发展越来越快，要求我们代码工作的质量和信息的动态时效性就越高。这些年我们代码工作能站住脚，一是赋码率比较高；二是代码质量比较好，保证了唯一性、准确性；三是代码有较强的动态时效性。这三个特点决定了代码工作的生命力，而且其中以代码的质量为核心。完整性和代码的时效性、动态性是代码工作的重要条件。有了这三个重要的条件，我们的代码工作就会立于稳固的基础之上。现在海关、外汇管理局希望我们的数据能够每周更新一次，我们目前还做不到，因为我们没有实现代码工作全国联网。如果实现了全国联网，中心数据库就能够保证很好的动态性和时效性，随时都可以更新，也就能随时提供给有关部门应用。二是在系统内部还没有建立健全、高效的赋码管理机制。在上报数据过程中，有些省市之间、省(市)和国家中心之间的协调不好，数据还要催报。有些省里的同志讲：副省级市和计划单列市上报数据不及时，开天窗。三年前李传卿局长就讲过，不准开天窗。虽然副省级市和计划单列市有自己的独立性，但在代码信息的完整性上不存在独立性的问题，给国家中心上报数据的同时，必须给省中心报，这话说了多少次，这个大局大家一定要顾。三是我们的重错码率依然偏高，不要满足在万分之四点八这个水平上，要尽快达到万分之一以下。重错码率万分之一以下是什么概念呢?就是如果有一千万个单位，只会有一千个以下的差错。当然重错码率为零更好。现在上报的重错码率是不是有水分？你们纠正重错码不要只在库里一删一改就报给国家中心，必须要一个一个到用户手里确实改过来。四是代码的法律地位还没有确立。根据统计，原来有十二个省市，这次又增加了六七个地方，大概二十个省(市)有了代码管理的省长令或市长令。在这点上，地方比我们中央做得好，我们要向地方学习。我们一直很重视这项工作的，也在努力争取国务院代码管理条例的尽快出台。因为没有条例，有些事情不明确，就会出现问题。我们必须用法规作为依据来管理这件事情。

同志们反映代码工作这几年有起色，但是我觉得还不能满足应用的要求，代码的法律地位还没有被确立。我们缺乏三个根本性的东西：一是立法依据没有被最后确立；二是网络系统没有完成，我们的信息不是实时的；三是重错码率还有万分之四点八，而且这只是理论上的数据。所以我们代码工作还面临着严峻的局面。我们从事代码工作的同志一定要在充分看到成绩的同时，认识到我们的问题，坚定我们搞好代码工作的信心，把问题克服掉，使得我们的代码数据信息是在全国范围内采集的组织机构方面最过硬的信息。

二、要进一步提高对代码工作的认识，求真务实，努力把代码工作提高到新的水平

回顾代码工作的历程，代码工作能有今天的成果，与我们比较早地分析出代码在国民经济信息化工作中的地位，从而下定决心抓这项工作是有关系的。李传卿局长在三年前就强调，重错码率无论如何要降下去，就是为了开创代码今天广泛应用的局面。从事代码工作需要站得高一些，要有前瞻性的目光。代码工作的前景在于社会的广泛应用。但这个应用不仅要看到现在有几个部门使用了代码这个表面现象，更重要的是要看到它在全社会宏观管理和建立监管制度中的重要地位。

随着我国经济体制改革的进一步深化，政府在国民经济活动中的重要职责已由传统的用行政命令直接干预，转变为加强对国民经济活动的宏观调控和监督管理。我国国民经济和社会发展"九五"计划和2010年远景目标纲要中指出：完善宏观调控体系的重点是建立计划、金融、财政之间的相互配合和制约，能够综合协调宏观经济政策和正确运用经济杠杆的机制。而这个宏观调控机制必须建立在对国民经济信息的掌握及国民经济部门的协调运作之上。各部门能够协调运作，能够掌握的信息，统一的组织机构代码是必不可少的。如果一个地方要搞宏观调控，连当地有几个企业都不知道，如何搞？最近国务院根据出现的出口骗税、进口逃税、伪造许可证、企业法人偷漏税、金融诈骗等问题，为了保障国家财政收入，减少税收流失、维护金融秩序，提出了实施财政、税收、金融、外贸信息系统联网的工程。这件事信息产业部给岚清副总理有专题报告，岚清副总理要求：今后财政、税务、金融、外贸、海关系统实现联网。这项工作的方针是"系统互联、信息共享、业务联动、交叉稽核、统一监管"的20个字。在谈到部门联网时，有关部门都提出对单位身份识别这个基础信息的要求。统一的组织机构代码就是单位身份识别的重要标识，所以我们说：组织机构代码工作是国民经济信息化的基础工作。这是一句既符合实际，又带有一定前瞻性的概括，是对代码工作的概括。它的意义和重要性是显而易见的。

代码工作做好了就为加速国家信息化、科学化管理做了一项基础信息的采集工作。如果这个基础信息有问题，就会严重地影响到很多部门开展正常的业务工作，这是代码工作和其他工作的不同之处。只有充分认识到这一点，才能体会到代码工作的责任有多么重大，任务有多么艰巨。多一个应用部门，就为我们提出了更高的要求；多一个应用部门，就为我们国家的信息化建设多做了一份工作。我们全体代码工作者要不讲条件，要全力以赴地做好这项工作。

代码工作是踏踏实实的具体工作，要一个一个机构的登记，一个一个信息的采集，一个一个重错码上门纠正，必须踏踏实实地上门去纠正。虽然我们很理解象新疆、青海、云南等地方开展工作的条件受到限制，很艰苦，但是出于国家对信息的需要，我们还是要不辞辛苦去纠正过来。所以代码工作要强调树立"求真务实、踏踏实实"的精神，要一个单位一个单位，一个码一个码的落实、登记、纠错、换证。基层干代码工作确实很辛苦，你们比我们辛苦，你们下面工作的同志比你们更辛苦，这就是我们工作艰巨性的一面。

我们工作的位置有差别，我们工作状况不完全一致，体会的着重点不一致。你们其中一些人体会的是：没有钱开展不了这项工作；纠正一个重错码费那么大劲，不上算。因此我先不去纠正它，只在库里面先对付一下。我们体会的是：我们提供给别的部门应用，出了毛病，这项工作的生命就要受影响。不是我们个人挨批评的问题。重要的是我们全国这么多人辛辛苦苦来搞这项事业，就是为了代码能够为社会所应用，为我们国家的信息化管理所应用。希望大家互相理解，我们上上下下团结起来，把这 项工作往前推进，扎扎实实、有板有眼、有质量地往前推进。全国代码工作的进展情况，差别是相当大的。有些地方还是单纯从利益的角度来理解这项工作。没有多少利，他们就没有动力，也就不去做这项工作。希望大家还是提高认识，不要单纯从"利益"角度来看问题，还是从整个工作需要来看问题，所以我觉得我们搞代码工作，要在认清意义的同时，还要实实在在、一步一个脚印地工作，要有求真务实 的工作作风。

我们要在提高认识的基础上，团结一心，努力把代码工作提高到新的水平，根据当前的工作情况，我认为代码工作的新水平应该有六个标志：一是代码赋码率全国平均95%以上；二是重错率降到万分之一以下。1999年降到万分之三以下，明年降到万分之一以下。重错码率降到万分之一以下的基础是建立在联网上，是中心与省联网，省与各地市县联网。也就是希望在网络建设上各省、自治区、直辖市、计划单列市、包括副省级城市，明年一定要完成与国家中心的联网建设，市里一定要实现集中赋码，这样重错码率下降就有保障。所以第二个指标我要求是今年降到万分之三以下，明年降到万分之一以下；三是在省（自治区、直辖市）与国家中心全面实现联网，在省以下要实现省与各地、市的联网；四是IC卡的应用要有较快的发展，而且要尽力实现一卡多用。这是推荐性的，不强制。各地的经济状况不一样，这项工作开展的需求也不一样。五是应用代码信息的部门要有新的拓展，而且使应用部门满意；六是加强统一管理，不断提高队伍素质，才能加强对工作的管理。我们在今明两年做到这六个要求，代码工作当然就达到了一个新的阶段，提高到一个新的水平。

三、当前重点要抓的几项工作

（1）网络建设是今、明两年重中之重的任务

以前我没有把这个事情提到很重要位置上来说，但是今年这一年，由于国务院有关部门对我们应用的要求提出来之后，代码中心的同志和我们局里的同志都感到今年必须把网络建设提到重要的位置上，作为我们今明两年的重中之重的任务来加以实现。因为如果我们的代码信息在银行、海关、外汇、外贸、税务的应用不断加强的情况下，他们对我们信息的时效性的要求就越来越迫切。为了满足这些应用部门的要求，我们就必须实现计算机的网络建设，实际应用把我们代码工作的网络建设推到了一个迫在眉睫的地步。但是，我们要实现网络建设，系统内有很大的困难，主要是经费的投入。要实现网络建设，必须配备必要的软硬件设备，矫云起同志在报告当中也讲到了这个问题，还希望各个省跟省政府多谈谈，请省财政支持一下，因为全靠代码证书收的钱支持整个网络建设是承担不起的。至于不发达地区（如中西部地区）286机子还在用的问题。首先还是希望当地自己解决，如果实在有些地方自己不能解决，且数量比较少，由我们来研究一个国家中心和省中心一起来承担解决的办法，但数量一定要少。因为国家和省经济上也有一定困难，而且国家中心实行统收统支、收支两条线，钱都交给财政部，交财政部后再把这个钱拿到地方上去是绝对不允许的。中央和地方“分灶吃饭”，技术监督系统实行垂直管理也是省以下垂直管理，由省财政平衡，因此，国家中心经费确实也有困难。国家中心提出了联网的要求，各地必须跟上。到实在不行的时候，我看国家中心和省里商量对少数贫困地区实行“两家抬”的办法，一起来解决这个问题。明年286计算机必须更新，这也是解决2000年问题的要求。网络建设一定要放在工作日程上，但立足点要放在自身。今明两年必须把网络建设、更新计算机设备放在重中之重的地位。

（2）纠正重错码问题不能放松，要确保工作质量，为代码的应用做好服务工作

代码的质量是代码工作的生命，这个认识不能动摇。纠正重错码工作不能放松。在代码应用面越来越广的形势下，这个问题就越发突出。一个错码在银行会产生什么后果，在贸易中会产生什么后果，在经济纠纷中会产生什么后果？我们一定要踏踏实实地把工作做好，能实现集中赋码的地方尽量实现集中赋码，这就可以避免新的重错码的产生。对原来已经出现的重错码，一定要发扬艰苦奋斗、踏踏实实的工作作风，到用户手上纠正过来。有些地方地域辽阔，交通不便，做这个工作有困难，但有困难也要克服困难去做。如果以后能够联网，哪怕是点对点的联网，能够集中赋码，就不会再出现重错码。边远不发达地区，只要586配上了，电话也是通的，集中赋码是完全可以做到的。因此重错码今后不担心，只担心在网络还没有建成的情况下，出现新的重错码。所以现在有三条必须保证：一是以前的重错码必须到用户手上一个一个纠正过来；二是在网络还没建成的情况下，千万不要再出现新的重错码；三是网络一旦建立起来，

跟下面点对点通讯，就采用集中赋码，不要让下面赋码，起码以地级市为单位，不要放在县里。同时提出要警惕假代码和代码证书的问题。各地对假的代码证书要有高度的警惕，对假的代码和代码证一定要揭露。因为条例没有出台，我们没有办法处罚，但可以配合公安部门一起来处罚。因为通常假代码证书只是做案的基础，作假证者必然有其他违法行为。

(3) 要加强统一管理，建立高效的工作机制

代码工作是利用技术监督行政系统来推动的，在信息系统建设还没有完善的情况下，行政推动还是非常必要的。由于代码数据是一个全国统一的数据库，所以我们必须强调要加强统一的管理，要按照统一的原则、统一的部署来工作。我们也曾讨论过是否做到全国统一赋码，如果能做到全国统一赋码，我就不用再讲重错码的问题了，但目前不敢提。所以我们现在一定要强调统一管理。现在经常出现报数据不及时的问题。各省、自治区、直辖市向国家中心报数据不及时，同时地(市)向省里报数据不及时，县向市里报数据不及时，特别是计划单列市和副省级市在报信息过程中，跟省中心时有矛盾。今天我讲了以后，希望今后不要再发生这一问题。其实没有更多的矛盾，我们说得很清楚，这种行政区域的管理大家都要服从，计划单列市，副省级城市也得服从省里的统一管理。我们的工作基础是共同的，信息数据库是统一的数据库，希望大家按时统一上报，至于上报过程中技术格式还有什么问题，通过具体工作把格式统一一下，相互调用，信息共享。我想明年开工作会议时，不要再有这个问题。我强调统一管理，因为我们统一的数据库必须要有统一的管理，希望各省、自治区、直辖市、副省级市、计划单列市按中心要求按时上报数据，至于计划单列市、副省级市我再强调一句，你们向省中心要象向国家中心一样同时、及时地报，不要再产生这个矛盾。

(4) 要注意人才的培养，建立一支高素质的人才队伍

代码信息是国家信息化建设的基础信息，需要一支高素质的人才队伍把这个信息数据库按照现代信息技术的要求搞好，同时，充分应用代码信息。

省(市)也可以充分利用代码信息为政府其他部门、为市场经济服务，为政府机构服务可以是无偿的；为其他机构服务可以是有偿的，但是我们的服务要跟得上来，因此我们必须有一支高素质的技术队伍。

推广 IC 卡的应用，就更需要提高人员素质。国家代码中心和上海的同志要加强 IC 卡的技术培训，各地派去培训的同志要有起码的文化基础，要有中专或大专文化，最好是本科生。因为我们 IC 卡的工作有明显的技术性。很多地方在代码室配了些大学生，这就不成问题了，只要按统一的规范来工作的就行了。对引入本科生、大专生工作有困难的地方，如果是个中专生就需要加强对他的培养，他学会怎么应用计算机，或者 IC 卡初始化好了学会怎样去应用是能够掌握的。所以一定要根据我们工作的需要培养好我们的队伍，把我们队伍的素质进一步提高。只要是工作目标统一，技术手段能上去，还有良好素质、良好工作作风的技术队伍，我们这项工作就能够立于不败之地。任何工作都是靠人才、资金两项，只要有人才有资金，一项工作目标放在哪里，肯定能做好，所以我们把队伍素质的要求提到重要的日程，一定加强队伍素质的培养。

代码工作经过十年的发展，取得了比较大的成绩。社会上重视代码的部门越来越多了。今年好好总结一下代码工作的成绩，拿出一个表彰的方案，到各个地方评一评先进人物，在明年的代码工作会上进行代码工作十周年的表彰。多搞几个表彰的档次，照顾到开拓时的老同志，同时也照顾到今天的骨干。通过总结、表彰，鼓舞士气，把我们的工作搞得更好。

同志们，代码工作任重而道远，让我们认真贯彻党的十五大和十五届三中全会的精神，发扬艰苦奋斗、扎扎实实的工作作风，把全国组织机构代码工作推向一个新的高度。

事业发展概况

概　　述

质量技术监督部门履行标准化、计量、质量、锅炉压力容器与特种设备安全监察职能和行政执法职能。质量技术监督技术机构为质量技术监督部门履行职责提供技术保障，是质量技术监督体系的组成部分。十余年来，质量技术监督工作坚持“以质量为中心，标准化、计量为基础”的方针，努力开展质量技术监督工作，推进质量技术监督事业发展。到1999年底，全国质量技术监督系统职工总人数已有15.46万人，比1998年的14.66万人增加0.8万人，增长5%；全系统共有机构5 942个，比1998年的6 410个减少468个，其中有行政机构2 301个，事业机构3 641个。基本形成了覆盖全国的质量技术监督行政管理体系和技术保障体系。

1999年全国地方质量技术监督系统及局直属单位经费收入总额为46.25亿元，比1998年的38.91亿元增加7.3亿元，增长19%；固定资产总额为57.03亿元，比上年增长6.53亿元，增长13%，其中仪器设备20.72亿元，占固定资产总额的36%。

1999年，全国地方质量技术监督系统共受理行政案件52.3万件，复议案件556件，诉讼案件304件，罚没金额7.23亿元，为国家、用户和消费者挽回直接经费损失11.44亿元。

1999年，全国质量技术监督人员教育培训工作进展顺利，共举办培训班8 300次，培训人员32万人次，其中岗位培训12万人次。

1999年，全国质量技术监督系统科技项目立项663项，取得科技项目成果奖112项，其中获国家级奖5项，部门级奖43项，地方级奖64项。

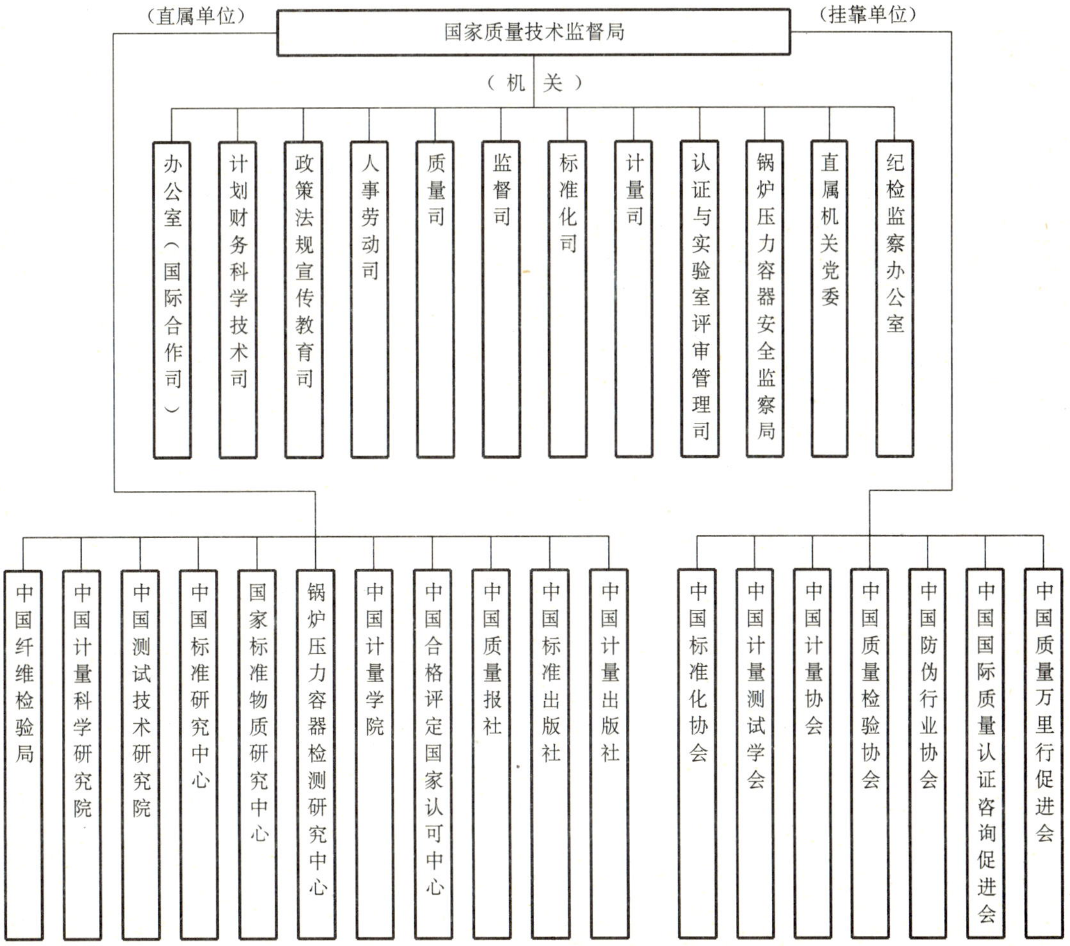

国家质量技术监督局机构设置图

质量技术监督行政机构

【国家质量技术监督局】 国家质量技术监督局是国务院管理标准化、计量、质量工作并行使执法监督职能的直属机构。主要职责是：

（一）拟定并贯彻执行国家有关质量技术监督工作的方针、政策和法律、法规，制定和发布规章、制度。组织实施相关法律、法规，指导监督行政执法工作。管理与质量技术监督有关的技术法规备案。

（二）管理质量监督工作。管理和指导质量监督检查。管理产品质量仲裁的检验、鉴定。组织协调依法查处生产和经销假冒伪劣商品活动中的质量违法行为。

（三）宏观管理和指导全国质量工作。组织实施《质量振兴纲要》。研究拟定提高我国质量水平的发展战略。推广先进的质量管理经验和方法。协调建立重大工程设备质量监理制度。负责组织重大产品质量事故的调查。管理工业产品生产许可证工作。

（四）统一管理国家标准的计划、审批、编号、发布。组织制定国家标准（含标准样品），协调和指导行业标准、地方标准的制定，管理行业标准、地方标准备案。监督标准的贯彻执行。管理全国组织机构代码和商品条码工作。

（五）统一管理计量工作。推行法定计量单位和国家计量制度。组织建立、审批和管理国家计量基准和标准物质。制定计量器具的国家检定系统表、检定规程和计量技术规范，组织量值传递。规范和监督商品量的计量行为。

（六）统一管理和监督认证认可工作。研究制定认证认可工作的规章、制度，审批、指导认可机构和认证人员注册机构。协调与监督实行强制性管理的安全认证。依法对质量检验机构授权和监督管理，对与质量技术监督相关的社会中介组织实行资格认可和监督管理。

（七）综合管理锅炉、压力容器、电梯、防爆电器等特种设备的安全监察监督工作，制定规章、制度并组织实施。对锅炉、压力容器实施进出口监督检查。

（八）组织制定质量技术监督事业发展规划。组织协调行业和专业的质量技术监督工作。管理和指导质量技术监督科技工作。组织管理质量技术监督的宣传、教育、培训、信息工作。组织实施相关专业的职业资格工作。管理局直属单位，指导挂靠的学会、协会工作。

（九）管理局机关和直属、挂靠单位的国际合作事务。代表国家参加有关质量技术监督方面的国际或区域性组织，签订与执行国际合作协议，审批与实施国际合作与交流项目。管理中国《世界贸易组织贸易技术壁垒协定》通报和咨询工作。

（十）承办国务院交办的其他事项。

国家质量技术监督局内设 10 个职能司（局、室）和直属机关党委、纪检监察办公室。机关行政编制 180 名。有 11 个直属单位，7 个挂靠单位。

【质量技术监督管理体制改革】 为了更有效地发挥质量技术监督工作在国民经济和社会发展中的作用，提高质量技术监督工作的有效性、权威性，党中央、国务院在 1999 年 1 月 5 日下发的中发〔1999〕2 号文件中决定，在地方政府机构改革中，把全国各级质量技术监督局列为需要加强的执法监管部门，对质量技术监督系统实行省以下垂直管理。

国务院在 1999 年 2 月 9 日批准了国家质量技术监督局《质量技术监督管理体制改革方案》，并向各省、自治区、直辖市人民政府，国务院各部委、各直属机构发出通知，要求认真贯彻执行。强调改革现行质量技术监督管理体制，逐步实行省以下质量技术监督系统垂直管理，是党中央、国务院加强质量技术监督管理的一项重大措施，对于建立健全适应社会主义市场经济的质量技术监督管理新体制，进一步加强标准化、计量、质量的管理和行政执法，提高产品质量、工程质量和服务质量，维护良好的市场秩序，促进国民经济持续快速健康发展，具有十分重要的意义。通知要求各地人民政府要高度重视，加强领导，周密部署，精心组织，狠抓落实，认真协调解决改革方案实施中遇到的具体困难和问题，保证质量技术监督管理体制改革顺利进行。通知要求国家质量技术监督局要努力做好改革方案组织实施的有关工作，要求各有关部门要积极配合质量技术监督部门做好有关干部管理、机构设置、人员编制、经费保障等方面的落实工作。

国务院 3 月 24～26 日在北京召开了全国质量技术监督管理体制改革工作会议，吴邦国副总理到会并做了重要讲话。会后，各地技术监督局认真学习和传达了党中央、国务院两个文件，及时地召开全省（区、市）质量技术监督系统体制改革工作会议进行部署、贯彻落实。为了保证质量技术监督工作的正常进行，同时积极做好体制改革工作，各地技术监督局党组和局领导成员组成两套工作班子：一套抓体制改革，一套抓日常业务工作，使质量技术监督体制改革工作得到顺利进行。

1999 年 3 月至 9 月，中组部、中编办、人事部、财政部、国家计委、监察部等各有关部门按照党中央、国务院的通知要求，为全面落实质量技术监督管理体制改革方案，切实加强质量技术监督工作，就有关质量技术监督系统体制改革后的干部管理问题、机构编制和人员管理问题、财政经费保障工作以及行政事业性收费和罚没收入“收支两条线”管理工作等及时地下达了文件，作出了明确的规定。为质量技术监督管理体制改革打下了坚实的基础，保证了体改方案的顺利实施。

质量技术监督系统实行省以下垂直管理体制改革工作，得到了各省、自治区、直辖市党委和政府的高度重视，在各省（区、市）有关部门的大力支持和精心组织下，截止 1999 年 12 月 31 日，已有 23 个省、自治区、直辖市局的质量技术监督管理体制改革方案获得省（区、市）人民政府的批准；6 个省（区、市）局已呈报政府待审批；2 个省局的体改方案尚在协调中。

质量技术监督系统实行省以下垂直管理后，质量技术监督部门由“吃杂粮”改为“吃皇粮”，从组织上、工作上切断了与经济利益的关系，有利于加强行风建设，保持公正性。在机构、编制、经费、干部、业务上由省局实行“五个统一”，有利于排除地方保护主义的干扰。可以集中力量办大事，形成全省系统的整体合力。总之，体制改革为质量技术监督系统的开拓进取创造了极好时机。

管理体制改革后，国家质量技术监督局要求各地方局：要服从、尊重和积极争取当地党委、政府的领导。要坚持三个服务宗旨不能变，即为当地经济和社会发展服务的宗旨不能变，为当地人民群众服务的宗旨不能变，为当地企业和各种经济组织服务的宗旨不能变。要多向地方政府领导宣传这“三个不变”，增进地方政府对技监系统实行垂直管理的理解，争取地方政府对我们经费上以及各项业务工作的支持。同时，希望各级政府对质量技术监督部门也实行“三个不变”，即仍然把质量技术监督部门当作当地政府的一个部门不变；仍然给质量技术监督部门下达指示、交待任务，提出要求不变；在财力上继续给予一定的支持不变。对地方政府来说，质量技术监督部门仍然是他们的重要执法监管部门，仍然是他们的参谋和助手。

质量技术监督事业和技术机构建设

【技术机构建设稳步发展】 技术机构是科学技术研究、开发、计量测试、检验、咨询服务等活动的主体，是质量技术监督工作的技术依托和保障。它为质量技术监督履行职能提供技术保证，使质量技术监督工作和行政执法建立在准确、公正的科学数据之上。

质量技术监督技术机构主要包括：质量检验、计量测试、标准研究、纤维检验、锅炉压力容器与特种设备检测以及具有上述机构职能的综合性技术机构。到1999年，全系统共有机构5 942个，有事业机构3 641个，其中技术机构2 787个。技术机构中，有计量技术机构1 199个，标准情报技术机构142个，质检技术机构890个，锅检技术机构63个(指已划转)，综合技术机构352个。建立了国家计量基准10类133项190种，发布一、二级标准物质2 157种；地方质检技术机构全年检验生产企业40万家，检验产品50万批次，在市场抽查了42万家商业企业的79万批次商品，查处伪劣商品7万批次；国家监督抽查了7 131家企业的207类8 345种产品，国家专项监督抽查368家企业的14类560种商品；全国地方纤检机构检验了7万批次118万吨，其中，棉花103.7万吨，纤维103.7万吨，化纤8.1万吨，毛类4万吨，麻类0.2万吨，茧类2.2万吨。这些工作的开展为经济建设和社会发展作出了重要贡献。

随着改革步伐加快，各类技术机构在完成执法技术保障任务的基础上，面向市场，努力拓宽服务范围和业务领域，向功能多元化、服务社会化方向发展，为社会提供计量测试、计量公正、公正检验、委托验货、认证、信息咨询等技术服务，满足了社会对技术服务的需求。在此基础上中介机构有了一定发展，中介技术服务体系逐步开始形成。

直属挂靠单位

【中国纤维检验局】 **1. 立法及执法工作** 1999年在《纤维检验条例》尚未出台的情况下，加大了制定纤维规章的力度并取得进展。《国家储备棉公证检验实施办法(试行)》列入了国家质量技术监督局一类立法计划，并于1999年9月1日颁布实施；《茧丝质量监督管理办法》列入了国家质量技术监督局二类立法计划，并于1999年11月完成送审稿报送国家质量技术监督局；按照国务院的要求，由六个部(委)、局于1994年共同发布的规章《棉花质量监督处罚暂行办法》，根据棉花价格放开和棉花新标准的贯彻实施的需要，国家质量技术监督局已于1999年10月8日对该办法的有关条款正式发布了行政解释。另外，针对纤检立法工作滞后的实际情况，1998年国家质量技术监督局发出了《关于加强棉花质量监督执法工作的紧急通知》，各地纤维检验机构按照国家赋予的职能，或以执法主体资格，或以受当地技术监督部门的委托形式，积极进行纤维质量违法案件的查处工作。

2. 棉花收购、加工单位及检验人员资格认定工作 棉花收购、加工单位的资格认定制度及棉花质量检验人员实行执业资格是棉花流通体制改革中又一项重要措施。这项措施的实施将对提高棉花收购、加工单位质量保证能力和提高棉花质量检验人员的整体水平起到积极作用。中国纤维检验局从三个方面落实这项措施，首先，为推动棉花收购、加工单位资格认定工作，对部分纤检机构进行实地调研，起草了工作规范，对加工单位资格认定工作提出具体意见，工作开展后，又将反馈材料进行汇总，写出“分析报告”；其次，为使全国棉花质量检验人员在1999棉花年度持证上岗，发放了25 913件《棉花检验员资格证》；再有，在开展棉花质量检验人员执业资格工作中，对有关部门、系统进行了调查后，对十余万个数据进行了统计分析，基本摸清了现有棉检人员情况，在此基础上组织专家讨论通过了《棉花质量检验师职业资格暂行规定》等一系列文件，上报国家质量技术监督局。

3. 异性纤维专项治理工作 当前，国产棉花中混杂异性纤维问题十分突出，严重影响了棉花质量，棉纺企业深受其害，反映十分强烈。对此，国务院有关领导及有关部门极为重视。朱镕基总理今年三次对异性纤维问题作出重要指示，并要求下决心加以解决。中国纤维检验局对此高度重视，重点做了以下几项工作：一是起草《技术监督重要情况反映》，反映异性纤维产生的原因、造成的危害，以及我局拟采取的措施；二是在全国棉花质量监督工作会上将治理异性纤维问题列为专项工作；三是结合棉花标准的修订，将“棉花中严禁混入危害性杂物”作为棉花的质量技术要求之一列入标准，对棉花中混杂“异性纤维”问题作出了严格规定；四是加大宣传力度，联系并配合中央电视台经济部《金土地》栏目拍摄专题片，在新棉上市前播放；五是为落实总理批示，国家质量技术监督局和国家广播电视总局联合向全国发出了加强宣传的通知，结合收购检查，作好对棉农的宣传教育工作，同时加强对棉花收购、加工单位的监督力度；六是加大对批量交易成包皮棉异性纤维问题的惩罚力度。所有这一切，为遏制棉花中混杂"异性纤维"收到良好效果。

4. 标准化工作 1999年纤检局组织完成制修订纤维国家标准7项，并对1991～1994年发布的50项纤维国家标准组织了复审，向有关专家发征求复审意见函45份，现正在对复审意见进行整理、汇总。现已有纤维类国家标准146项、标准样品16项。

新修订的《棉花　细绒棉》国家标准的发布实施，是纤维标准化工作的突破性进展。棉花标准的修订是棉花流通体制改革的一项重要内容。在我国已试行了27年的棉花国家标准，在朱总理的亲切关怀下，1999年当年立项，当年完成修订工作，于1999年7月2日正式发布，并按国务院深化棉花流通体制改革的要求于9月1日起正式实施。国家质量技术监督局在人民大会堂召开了新闻发布会，各有关部门领导出席了大会，国家质量技术监督局和中国纤维检验局领导在会上讲话，中央电视台等20多家新闻媒体作了报道。棉花国家标准的修订是棉花流通体制改革中的一件大事，也是纤维标准化工作历史上的一件大事。

5. 省级专业纤维检验机构"三合一"考核工作 为促进省级纤检机构管理上水平，提高仪器设备水平和人员素质，使纤维检验管理工作逐步与国际惯例接轨，1998年国家质量技术监督局下发了《关于对省级专业纤维检验机构进行考核的通知》(质技监局认发[1998]163号)(简称"三合一"考核工作)。1999年已有辽宁、青岛、广州、浙江、黑龙江五个省、计划单列市专业纤维检验机构进行了考核验收，其中有辽宁、青岛、广州三个省、市纤维检验局(所)已经获得了国家质量技术监督局颁发的实验室评审、计量认证和机构考核验收证书。为了进一步加强对省级专业纤维检验机构的管理和建设，我局要求中国纤维产品质量认证中心的协议检验机构以及试验室认可或计量认证到期的省级专业纤维检验机构今年必须通过"三合一"考核，其他省级专业纤维检验机构要积极创造条件，争取2002年全部通过"三合一"考核。目前，这些省级专业纤维检验机构都在积极准备，为通过"三合一"考核创造条件。

6. 认证工作 纤维产品质量认证工作有了新的进展，国家质量技术监督局已批准纤维认证中心开展质量体系认证工作，金国纤维产品质量认证工作站网基本形成。1999年中国纤维检验局认证中心全年共受理认证企业13家，批准认证企业10家，其中质量体系认证1家，批检认证9家(19批)，认证监督审核1家，颁发认证证书20张，认证标志23万张，累积颁发认证证书37张。

7. 计量工作 根据新棉花标准将棉花标准含水率改为公定回潮率和国家质量技术监督局将棉花水分测定仪列入计量器具强检目录的情况，纤维计量工作加强了对棉花水分测定仪表头改制和开展棉花贸易结算专用计量器具的周期检定和计量监督管理工作。

8. 技术交流和培训工作 从1998年到1999年底，我局举办了实验室内审员培训班、编写质量手册培训班、羊绒检验技术培训班、棉花标准宣贯班等各类培训班十多期，共发放考核证29份，结业证书276份，促进了纤检人员业务素质的提高。另外，全国纤维检验技术协作网的工作已经规范，参照国际比对试验的办法每年进行两次交流比对测试，纤检系统的多数机构和社会很多企业，根据需要分别参加了棉花、羊毛、化纤全国网员单位交流比对测试，对提高纤检测试水平起到了很好的作用。

【中国计量科学研究院】 计量对国民经济发展和国际贸易的影响，随着市场国际化越显其重要。如何适应飞速发展的形势需要，是摆在中国计量科学研究院的一项急迫的任务。

1999年计量院的领导多次召开专家座谈会，探讨计量科学研究方向和基标准改造目标，请中国工程院院士对计量科学研究领域进行咨询。

1999年5月19日，中国工程院把国家计量基(标)准的国际等效性作为咨询项目，来到计量院召开座谈会。王大珩院士、王补宣院士、金国藩院士、李同保院士、张钟华院士、唐统一教授对计量院的发展方向及其在新的形势下如何作为，提出了很好的建议。

王大珩院士指出，计量工作从整个国民经济建设上说，属于基础设施，从整个科学研究上看，也是基础设施。计量学是国际上占有最高地位的基础科学，计量为自然科学的进步和发展创造了条件。创新来自于基础，如"两弹一星"，开始就由许多搞基础研究的，学物理和力学的学者参加，理论互相借用，结果成功了。所以，计量科技要重视基础研究工作。

谈到计量院的发展方向，金国藩院士举例说，美国的NBS改名为NIST，实际上强调其工作的广泛性。计量院不能仅仅定位在保存国家基准、仅仅作为量值溯源的基地上，计量院的标准是各个方面工作的最高标准。

1999年计量院在基础研究方面极为重视，并取得一定成绩。

计量院局管课题"10V约瑟夫森结阵电压基准"1999年通过鉴定，10V约瑟夫森结阵电压基准较好地解决了结阵和锁相环路对微波源的要求，并采用软件数据处理技术，解决了有时出现的约瑟夫森电压台阶数跳变对测量结果的影响，大大提高了测量效率，系统的标准不确定度达到5.4×10^{-9}，达到了国际先进水平。

1999年，计量院世行贷款课题"光纤时域反射计(OTDR)"标准检定装置通过了专家技术鉴定。光纤OTDR是光通讯和光传感中应用最广的计量仪器。该课题采用国际推荐的"标准传递光纤"的技术路线，研制了用于检定标准光纤的损耗/衰减和位置/距离的装置，并研制了"光纤准相干光干涉装置"，测量光纤的群折射率。该项目的完成为我国OTDR计量溯源和统一量值准备了技术基础。

1999年，计量院世行贷款项目"改进和提高633纳米稳频氦氖激光波长"取得较大进展，不仅改造恢复了两套原有的稳频激光器，而且研制出自动锁峰系统(ALSS)。1999年7月，配备ALSS激光器的波长基准装置，在实验室认可的现场评审过程中顺利通过了严格的技术考核。ALSS的优良技术性能也显示了它潜在的应用能力，由ALSS派生出的新型 633nmHe-Ne 兰姆凹陷稳频激光系统，先后用于柯氏干涉仪、量块干涉仪、洛氏硬度计、激光比长仪、齿轮测量仪等仪器上。国家波长基准曾取得过辉煌成绩，现经改造，仍保持在国际先进水平上，而派生出的新产品也应用于科研实践中，产生了良好的社会、经济效益。

1999 年 10 月 12～15 日，第 21 届国际计量大会在法国召开，期间于 14 日在巴黎的法兰西学院召开了第三次米制公约成员国计量院院长会议。会议上正式签署了《国家计量基(标)准互认和国家计量院签发的校准与测量证书互认》协议。潘必卿院长和施昌彦总工参加了这次大会。经国家质量技术监督局授权，潘必卿院长在协议上签字。这是计量史上的一件大事，它是继 1875 年米制公约诞生，1960 年国际单位制(SI)建立后，又一次国际计量大合作。

互认协议是贸易全球化对全球计量体系发展的重要推动，参加协议并实现国家计量基(标)准互认和国家计量院签发的校准与测量证书互认，对于国民经济发展，对于国际科技交流、国际贸易、改善投资环境等都具有深远的影响。互认协议是以国家计量基(标)准的等效性为前提的，参加国际关键比对，实现各国校准和检测实验室报告互认，是各国国家计量院首要大事。

截止 1999 年 10 月 4 日，国际关键比对中，由国际计量委员会咨询委员会选定的有 109 项(含子项目为 154 项)，由国际计量局选定的有 10 项(含子项目为 62 项)，合计关键比对项目为 119 项(含子项目为 216 项)。从国际计量局确认的多项关键比对的内容看，国际比对已不是传统的比对，其目的已不是以往了解各国计量科研水平的概念，而是为了检查各国计量院乃至各领域的测量能力。

1999 年计量院领导把积极参与国际关键比对，并努力取得好成绩，作为一项重点工作，并明确指出，凡是已经确定参与国际比对的，必须严格遵照《CIBM 咨询委员会的关键比对导则》的要求进行，认真做好技术准备，保证测量结果的准确。1999 年度完成国际比对 5 项(其中 BIPM 关键比对 3 项，长度处量块，热工处 10～120 kPa 压力标准和电磁处 10 MΩ 和 1 GΩ 高阻)。如长度处科技人员为保证比对数据的质量，大家集思广益，探索改造了两台柯氏干涉仪，降低了干涉级次小数的测量不确定度。他们连续作战在比对现场，放弃了休息日，加班加点，最终取得了好成绩。从比对的结果测量不确定度分析，达到了一等量块的水平。自 1995 年至 1999 年 10 月，计量院已完成 18 项关键比对，决定参加并且正在积极准备比对的有 24 项，其余正向国家局和国务院有关部门争取技改和科研经费。

因为计量科技多年投入不足，传统计量技术在量程、频段、范围、综合量测量等方面远不能满足高新技术及社会发展所提出的要求；量子物理在计量学上的应用，我国还存在较大的差距。1999 年 10 月，由于国家局的支持和老一代计量工作者的共同努力，朱镕基总理作了专项指示，要加强计量投入。计量院领导及时组织专家讨论，决定根据国家"十五"科技规划和院中、长期科技发展的要求，跟踪高新技术产业的发展，在信息技术、生物工程、环保、能源、医疗等领域对计量溯源和测量技术的需求，寻求选择王牌课题。

在进行实实在在的比对基础上，协议进一步要求各国计量院建立一个能维持国家计量基(标)准正常运行的质量体系，规范并演示其从事校准(或检测)服务的资格和能力。1999 年初，计量院根据协议要求，组织部分基础好的实验室组建检定校准中心，争取部分校准、检测项目当年内通过中国实验室国家认可委的评审。1999 年 7 月 30 日至 8 月 1 日，计量院校准项目 127 项和 25 项检测项目，顺利通过了中国实验室国家认可委评审组专家的现场评审。

1999 年，计量院成立了检定校准中心后，扩大校准服务范围，一方面积极向上级申请基(标)准技改经费，一方面利用自己的现有能力扩大服务。如何从计量器具的准确转变到量值的准确，1999 年做出了一定的努力。如，工程光学部开发出"数字式瞳距测量仪"，与贵州新天精密光学仪器公司签署了眼科光学产、学、研合作协议。1999 年 5 月召开数字式瞳距仪产品定型推广会。1999 年 10 月举办眼科光学计量学习班，对该产品进行推广。利用我院的科研成果，为净化市场、规范操作、技术把关、提高检测能力起到了监督保障作用，有力地打击了伪劣产品。

1999 年计量院实验基地(二基地)址区已确定，并进行了勘界钉桩工作。7 月 6 日，国家局在北京市主持召开了"中国计量科学研究院项目环境影响报告书"预审会。8 月 6 日，国家环境保护总局对计量院实验基地项目环境影响报告书，给予国家质量技术监督局批复：原则同意你局预审意见。9 月 3 日，国家质量技术监督局给国家发展计划委员会报送了"中国计量科学研究实验基地项目可行性研究报告"。

1999 年计量院根据科研单位后勤实行社会化的精神，对后勤服务中心进行了调整。4 月 19 日，将后勤服务中心的房产科、维修科、动力科、供暖科、高层设备管理科等部门及总务科的部分人员组建"物业管理公司"。公司实行企业化管理，人员实行劳动合同聘任制。

1999 年计量院领导干部注重学习，讲政治、抓正气、精神文明建设不放松。通过工会组织各项活动，促进精神文明建设，增强职工的凝聚力。在无偿献血、计划生育、综合治理、交通安全、院区绿化、院容院貌等方面成绩突出。经国家局批准，计量院作为局文明单位继续向国家机关文明委推荐申报"中央国家机关文明单位"和"首都文明单位"。

截止 1999 年底，计量院共有职工 955 人，专业技术人员 686 人，其中：中国工程院院士 1 人，研究员、教授 33 人，副高级 223 人，中级 281 人。具有国家突出贡献专家 6 人，享受政府特殊津贴 32 人，博士 7 名。经国务院学位委员会批准，计量院已具有硕士学位授予权，现正申请博士授予权的工作。

【中国测试技术研究院】 中国测试技术研究院 1999 年在国家局和有关部门的关心支持下，全院广大干部职工按照"以提高经济效益和服务质量为中心，调整结构，理顺职能、改善管理、增强市场竞争能力，为迎接科研机构深化改革做好准备"的 50 字工作方针，克服困难，努力工作，取得了较显著成绩。

较圆满地完成了国家局下达的各项目标任务和年初提出的 1999 年度各项重点工作任务，超额完成创收任务，检测计量器具 3 万多台(件)，完成定型鉴定 2 项，样机试验

53项和样机试验复查考核41项。

新开发计量测试仪器18项，生产销售500余台(件)，实现销售收入800余万元。

组织完成国家局、西南测试中心下达的计量标准考核(含复核)92项；组织人员参加完成四川省局对27个单位的139项计量标准进行的考核。

在研科研项目9项。其中“大口径科氏力质量流量计及其制造工艺的研究”、“氢浓度在线测量技术研究及在汽轮发电机组氢浓度在线监测中的应用”、“智能化热工过程仪表检定仪”三项通过鉴定验收，其余的均按计划进度完成。

编辑出版《实用测试技术》期刊共6期，刊载科技论文、译文等108篇(包括该院科技人员文章34篇)。

为提高院的知名度，积极做好宣传工作，精心制作宣传稿件和图片先后在中国计量测试学会专刊、《人民画报》及省科技杂志上发表；参加成都市向东发展招商引资展销会，展示院的科技新产品；参加中国计量协会在深圳举办的计量仪器设备展览，展示院在科研、开发、量值传递等各项业务领域的实力。

中国测试研究院在筹建国家校准实验室方面做了大量的工作，并把先进的管理方式引入实验室管理，按照导则25对计量测试所各实验室进行实验室认可；按照ISO 9000系列标准的基本精神，规范院仪器开发处、技术开发公司的管理。编写了《质量手册》、《程序文件》、《作业指导书》。此外，还对一些硬件设施进行了改造。这不仅有利于管理，同时也改变了院的面貌，改善了工作环境，为迎接国家校准实验室认可创造了条件。

全院占地10.6万m^2，现有建筑面积8.35万m^2。固定资产6 732万元，截止1999年底，全院在职职工人数为607人，科技人员345人，占职工总数的57%。有中国工程院院士1人，国际计量委员会委员1人，国家级有突出贡献的专家5人，部级专家3人，研究员6人，副研究员100人(含高级工程师)，中级技术职务142人。院下设计量测试研究所、工程测试研究所、仪器开发处、国家传感器质量监督检验中心以及技术开发公司、三业开发公司等。

【中国标准研究中心】 中国标准研究中心是经国家质量技术监督局批准在原中国标准化与信息分类编码研究所、中国技术监督情报研究所、国家质量技术监督局管理研究所基础上于1999年组建的国家级标准化科学研究机构。1999年10月12日，国家质量技术监督局批准了中国标准研究中心的方向和任务，同年12月28日中国标准研究中心正式挂牌成立。

中国标准研究中心现有职工347人，其中高级专业技术人员110人，中级专业技术人员118人，占职工总人数的65.7%，有一批享受政府特殊津贴的国家级标准化专家。

中国标准研究中心的主要任务是：

一、组织和开展重要基础标准、高新技术标准和重要方法标准的研究工作。

二、组织和承担制、修订重要国家标准。

三、积极参与国际标准化组织ISO、IEC、ITU的相关活动，承担相关技术支持和管理工作。积极跟踪、引进和转化国际标准及国外先进标准为我国国家标准。

四、承担国家质量技术监督局信息中心的管理和运行工作；加强信息基础建设，建立全国标准信息服务网络，强化国家标准信息中心的作用。大力收集国内外标准化信息资料，加强分析研究工作，充分开发标准信息资源，开展标准信息咨询服务。

五、履行国家标准审查职责，开展国家标准技术审查；对行业标准、地方标准进行审查和备案；管理国家标准档案和数据库；开展国家标准宣贯和培训活动。

六、进行先进质量管理与质量监督理论、体制与方法的研究；建立全国质量信息服务网络，强化国家质量信息中心的作用，开展产品质量信息的采集、汇总、分析研究和咨询服务；开展质量认证咨询及相关的培训服务；承担标准化、质量等工作方面相关法律、法规、规章的研究和起草工作。

七、经国家质量技术监督局授权，承担全国标准化技术委员会的日常管理工作。承担重要的国家专业标准化技术委员会秘书处工作；积极创造条件承担部分国际标准化技术委员会和分委会的秘书处工作。

八、经国家质量技术监督局授权，承担全国工业产品生产许可证审查办公室的工作。

九、经国家质量技术监督局授权，管理全国组织机构代码工作，推进代码信息的应用；管理全国商品条码工作，积极开展相应技术的研究和推广应用工作。

十、承担中国WTO/TBT咨询点的日常工作。

十一、根据认可范围开展产品认证工作。

十二、承担局交办的其他工作。

中国标准研究中心的发展方向是：

中国标准研究中心应建成为全国标准化科学研究和标准制定中心，特别要加强重要基础标准、高新技术标准、重要方法标准等研究和标准制定工作；建成全国的标准化信息服务中心，大力开展标准信息的收集、分析研究和开发工作；建成全国的质量管理方法研究和质量信息中心，开展先进的质量管理方法的研究和推广工作，开展质量信息服务工作；建成全国组织机构代码和条码管理与服务中心，推进代码、条码的应用；通过有效开展工作，充分发挥标准化工作在国民经济和社会发展中的技术基础作用，使标准研究中心成为在国内、国际标准化领域中具有权威的科研技术机构。

1999年，中国标准研究中心以原中国标准化与信息分类编码研究所、中国技术监督情报研究所、国家质量技术监督局管理研究所为基础完成了以下任务：

1. 圆满完成制修订国家标准任务

1999年由国家质量技术监督局下达的制、修订国家标准项目30项，实际完成39项，完成率130%。这些国家标准的完成将对我国国民经济相关领域的规范化操作和管理起到积极的推动作用。

2. 按计划完成各项科研任务

1999年标准研究中心圆满完成各项科研项目完成率100%，这些科研项目的完成，对提高标准化科研水平，适应社会主义市场经济发展需要，为标准的准确制定奠定了良好的工作基础。

3. 全面启动“九五”重大科技攻关项目

1999年由标准研究中心承担的国家科技部“九五”重中之重科技攻关项目和“九五”标准化基础研究项目“CAD标准化技术研究”、“典型城市商贸EDI综合应用示范系统”、“二维条码技术研究与应用试点”和“高新技术标准化体系框架及发展战略对策研究”等课题已全面启动。为了加强基础标准化的研究工作，科技部又下达了3项国家基础性标准化研究课题，它们是：“流通领域信息化基础规范标准研究”、“制造业信息化基础标准研究制订”、“新能源和可再生能源标准化研究与部分标准的制、修订”，这3项研究课题通过了专家论证，研究工作已全面启动。

4. 条码工作取得了新进展

1999年新发展条码系统成员11 000家，增长率为10%，截止到1999年底已累计达到56 000家，有53万种商品采用了国际通用条码标志，为进出口贸易和商贸自动化工作奠定了技术基础。我国已成为在产品上使用条码标志国际排名第四位的国家，条码系统成员的迅速发展得到了国际物品编码协会(EAN)的高度赞赏。1999年中国物品编码中心在做好发展新系统成员的基础上，继续对早期加入条码系统成员的企业进行了复审工作，现累计完成了36 000家的复审工作。

国家重点攻关项目二维条码(417条码)的应用试点工作得到落实。

5. 全国组织机构代码工作取得了突破性进展

1999年根据代码工作会议的要求，代码中心将全国联网工作作为重中之重的大事来抓，截止到1999年12月已有40个省市实现了网络交换数据。1999年在巩固税务、外经贸、海关、统计、公安、银行、外汇管理、人事信息管理等已应用代码领域的基础上，又开拓了代码在质量技术监督工作中标准、计量、质检、认证、压力容器管理和纤维检验等七方面的应用。同时加大了重错码的清理力度，增强了代码在国民经济管理中的基础性地位。

积极稳妥地推行组织机构代码证IC卡(电子副本)的发行工作。国家质量技术监督局和全国组织机构代码管理中心重申了IC卡发卡工作的“四统一”原则，使代码证IC卡的颁发工作逐步走入正轨。

6. 圆满完成国家标准的技术审查和行业标准、企业(地方)标准备案任务

1999年国家标准审查计划为900项，实际完成1 165项，超额率达29%。平均审查周期在50天之内。完成行业标准备案2 289项，经备案审查，有2 271项行业标准符合备案要求，予以备案。

完成了企业(地方)标准的备案，1999年共收到申请备案的地方标准1 013项。经审查，均已赋予了备案号；其中有169项为1999年5月1日之后批准发布的，备案周期在15天之内，备案率为100%。

在完成审查的1 165项国家标准报批稿中，有1 112项作为国家标准报国家质量技术监督局批准发布，在国家标准中，等同、等效采用国际标准和国外先进标准的标准数量逐年提高。在审查通过的1 112项标准中等同、等效采用国际标准、国外先进标准有466项，占审查国家标准总数的40%。制定标准595项，占53.5%，修订标准476项，占42.8%。强制性标准216项，占19.4%。

7. 国际合作与科技交流取得较大进展

为了紧密跟踪国际标准化发展新动向，积极参与国际标准化组织的活动，争取获得最新标准化信息，1999年先后派出了40多人次参加有关对口ISO/TC/SC、EAN、东亚术语论坛等国际会议，执行了中奥政府科技合作协议，使中心的科技人员得到锻炼，也为科研人员参与国际标准化活动提供了机会和交流场合。

1999年标准研究中心还接待了德国、奥地利、日本、美国、朝鲜、韩国等15人次来华访问和进行科技学术交流活动。按照中心与德国西门子公司签订的合作协议要求，圆满完成了“术语标准化信息数据库”以及行业标准数据的有关工作，得到了西门子公司的好评。

为配合《中华人民共和国节约能源法》的贯彻执行，促进能源效率标准的应用，加强我国能源与资源开发利用和管理标准化工作，在国家质量技术监督局和有关部门的大力支持下，在能源标准化领域已开始与GEF(全球环境基金)、WWF(世界自然基金)和美国(LBL)的合作，就我国家用电冰箱能效、房间空调器能效和荧光灯镇流器能效标准等进行技术合作，促进了我国相关能源标准的制、修订工作和科研工作的发展。

8. 情报编辑工作取得了新进展

为了跟踪国际标准化发展新动向，及时传递国内外高新技术标准化的发展动态，推动我国标准化事业稳步发展，《世界标准化与质量管理》、《条码与信息系统》和《术语标准化与信息技术》等正式期刊在1998年编辑发行的基础上，其稿件水平和编辑出版质量都有明显提高，受到国内广大读者好评；《国家标准审查通报》、《CIMS标准化情报研究》等内部期刊，均能做到及时反映相关领域标准化进展信息和动态，充分发挥了新闻媒介作用。

1999年标准研究中心在开辟新标准化领域方面取得较大进展，根据《中华人民共和国节约能源法》，中国节能产品认证中心制定了《中国节能产品认证管理委员会章程》、《中国节能产品认证管理办法》和CNACP101-1996《产品质量认证机构认可准则》等规章制度，通过了国家质量技术监督局批准的节能产品认证机构的认可资格，准许使用“国家认可标志”，1999年节能产品认证中心对22家电冰箱生产企业的175个型号产品进行了节能产品认可，为我国能源标准化工作开辟了新的工作领域。

9. 标准信息建设逐步完善

1999年标准馆资料入馆量达到50 806件(其中光盘资料26 581件)。完成采购预算指标280多万元和到馆文献资料的数据加工。全年借阅资料23 068件，核对整理资料190 356件，上架新资料20 855件，有效提高了资料使用率。全年采集译文718件，接待读者3 800多人次，处理信函、电话12 100多件次，编译了12期新到馆的资料目录，在手工检索、计算机检索和咨询服务中将采购、咨询服务、新信息发布和培训工作融为一体，全方位发展，不断开拓新领域，并取得显著成绩。

1999年承办的科技部“文献资源共建共享网络系统”

硬件集成工作已基本完成。"实现远程信息网传输图文信息的技术研究"项目已通过局级鉴定。"ICS分类法补充课题研究"已通过鉴定。完成了总数22 165条国外交换数据的格式转换、国际数据的装载工作。完成了总数18 931条的数据翻译、标引、分类工作。完成了总数约18万条的数据库、2.5万条的专业分类数据库生产。并按与DIN、JIS、HIS公司、西门子公司的协议要求,及时提供了国家标准及译文数据库。

10. 日贷项目通过联合检验验收

日贷项目验收是1999年的工作重点,下大力气抓了"世界经济信息系统"和"宏观经济预测系统"两个子系统的信息完善工作。新增企业认证、国家监督抽查、地方监督检查6 000多条信息;建立WTO/TBT主页;新建"中国计量"栏目。完成了日贷项目全部档案资料的立卷归档。并通过了国家信息中心和日本海外协力基金会的联合检查验收。完成"局信息系统建设"项目验收工作。

【国家标准物质研究中心】 1999年标准物质研究中心在科研项目35项,其中包括国家自然科学基金项目1项,国家"九五"攀登计划项目1项和国家"九五"攻关项目4个子课题,均按计划进度进行;争取到国家计委高技术发展部门科研项目1项,科技部基础科研项目1项;有9项科研成果获得不同等级的奖励,其中"同位素稀释质谱在化学计量学中的应用研究"获得国家科技进步三等奖。1999年标准物质研究中心开展国际比对11项,取得佳绩。完成计量标准考核71项、进口计量器具定型鉴定和样机试验32项,在全国和国际公开刊物及学术会议上发表论文60篇。1999年标准物质研究中心全年总收入1 725.4万元,其中国家拨款537.4万元;面向市场收入达1 188万元,完成局下达全年收入指标的169.7%。1999年在原有的管理工作基础上,全面实行目标管理,推动了管理的科学化、民主化、规范化和制度化的进程,使中心管理活动进入了正确、科学的轨道,为中心各项业务工作的开展奠定了良好的管理基础。

标准物质研究中心现有科技人员102人,其中高、中级科技人员占80%。设有无机分析、有机分析、气体分析、无机成分量基准和物理化学计量等实验室和标准物质技术管理室。标准物质研究中心还投资兴办了北京耐思达新技术开发公司,其主要产品有放射诊断核药物和标准湿度发生器等。

【锅炉压力容器检测研究中心】 1999年,锅检中心坚持更高、更快、更实的方针,积极探索、抓住机遇、顾全大局、全力以赴、努力工作,在精神文明建设和各项技术业务工作中,取得了一定的成绩,完成了与国家局签定的直属事业单位管理责任书中所规定的业务、经济发展目标和任务。全年完成各类检验、检测等技术服务项目35项。以国家"九五"科技攻关专题为代表的各项课题研究均按计划完成了本年度的工作任务。组织申报了"国家经贸委安全科技进步奖",其中,"在役压力容器危险性缺陷声发射检验、监测、评估技术研究与设备研制"获得二等奖;"在役压力容器危险性缺陷超声检测可靠性研究"和"85-924-02攻关课题的补充与综合试验研究"获得了三等奖;另有一项锅检中心作为第二完成单位的科研成果获一等奖。声发射仪产品化实现了零的突破。完成了101家国外锅炉压力容器厂家的进口许可审查工作,全年共向17个国家和地区锅炉压力容器厂寄发证书118份。分别在德国、英国举办了两次锅炉压力容器进口许可制度宣贯会,参加了国家进出口检验检疫局举办的进口许可成果展,均取得良好效果。对外培训完成了7期特种设备与压力管道检验人员的培训班,培训各类技术人员360人次。对内培训,共安排35名同志参加了不同类型的培训,并全部取得了相应资格证书。建成了覆盖整个中心的计算机网络,开通了国际互联网并保持中心中文网页和英文网面的不断更新,为扩大中心的影响,加强国际间的交流奠定了基础。另外,还开发编制了"在役压力容器检验软件"、"进口锅炉检验软件"和"进口压力容器检验软件"网络版,中心标准法规、图书资料、仪器设备、人力资源等软件的网络升级工作。在ISO 9000认证、特种设备工作和管道元件安装注册、工厂评审等新的业务领域进行了积极、有益的探索和尝试。锅炉压力容器审核中心通过了方圆委评审验收,并签定了协议书。ISO 9000质量认证业务和长输管道监督检验实现了零的突破,为今后开展此项工作积累了宝贵的经验。

中心职工在全国公开发行的刊物上发表学术文章和在全国性学术会议及国际性会议上发表论文11篇。全年共编辑、出版、发行中英文期刊7期105余万字;编辑出版(再版)图书、教材20余种100万字。编辑出版了200余万字的《锅检中心论文集》、《锅炉压力容器检测研究中心20年历程》和12万字的《锅炉压力容器检测研究中心简介》,全面总结了锅检中心的历史。

积极协助锅炉压力容器安全监察局做好技术支撑工作,当好助手,在一定程度上起到"参谋部"和"方面军"的作用。

9月9日,锅检中心迁入新址办公,结束了长达四年之久租用他人办公楼办公的历史,为锅检中心的今后发展奠定了良好的基础。建章建制,提高质量管理和行政管理水平,锅检中心被国家局评为1999年全国质量技术监督政务信息先进单位。积极稳妥地推进经营管理机制改革和人事分配制度改革,颁布了《锅检中心内部经营(事业)管理机制和人事分配制度改革实施办法》,使得改革工作有法可依、有章可循,为改革工作顺利进行提供了思想和组织保障,为2000年实行全员竞争上岗做好了技术准备工作。

10月8日~10日,召开纪念锅检中心成立20周年暨国际学术报告会。李伯勇、李传卿等部、局领导;来自德国、日本、加拿大等国的有关专家;国务院有关部委的代表;香港劳工处和台湾锅炉协会的代表;国内清华大学、西安交大等重点院校和科研单位;有关地方政府部门、检验机构;国家大型企业等单位的领导和代表近300人出席了会议。在会上,朱明暹副局长代表国家局对中心成立20年来所取得的成绩作了充分的肯定。希望中心今后继续开创新的业绩,在我国锅炉、压力容器、压力管道和特种设备的安全监察和质量监督中发挥更大的作用。

锅检中心现有研究员与教授级高工7人,享受政府特殊津贴专家10人,具有博士学位5人,获高级技术职务42

人，在外国接受过一年以上专业技术训练的10多人。其中，已有70多人获得了国内锅炉压力容器检验、无损检测或质量体系审核员资格证书；有8人获得了国外权威技术组织颁发的6种高级技术资格证书；有近20人在全国的20多个学术与技术组织中担任领导成员职务。已形成了一个多学科、多领域的科技骨干群体。雄厚的技术力量和先进的技术测检设备，为跻身国际一流的检测与研究机构行列，奠定了坚实的基础。

【中国计量学院】 中国计量学院现设有计量测控工程系、机械电子工程系、信息工程系、自动化系、管理科学与工程系、计算机科学与技术系、基础科学教育分院、成人教育学院以及民办本科二级学院——育英学院等教学单位。为满足社会主义市场经济和国民经济建设的需要，学院所设专业涉及到工学门类的机械类学科、仪器仪表类学科、电气信息类学科和管理学门类的工商管理类学科以及计量科学、标准化、质量监督、质量管理等领域，为我国的技术监督行政管理、技术机构、社会中介服务以及法律法规体系的建设，培养工程技术和管理人才。学院现设有机械设计制造及其自动化、测控技术与仪器、自动化、电子信息工程、计算机科学与技术、电子科学与技术、工商管理、法学、电气工程及其自动化、信息管理与信息系统等10个本科专业，专科设有应用电子技术、电子电器产品质量检验等2个专业，成人教育本、专科设有工商管理、计算机科学与技术、标准计量与质量管理、应用电子技术、测控技术与仪器、自动化与测量、计算机应用、计算机信息管理、计量技术与质量管理、通用英语等10个专业。建校以来，学院已为全国各地的技术监督部门、科研单位、工矿企业和其他机关、事业单位等培养、培训各类人才13 000余人，其中普通本、专科毕业生5 110人。学院科研工作发展较快，近年来获得国家、部、省级奖励多项，1999年公开发表学术论文和公开出版的教材、专著、编著共173篇(部)。学院注重学术氛围的营造，举办了学术报告周，推出学术报告会30多场，并如期编辑出刊了《中国计量学院学报》、《技术监督教育学刊》、《高教动态》。学院外事活动频繁，与法国、德国、俄罗斯等国家的大专院校及科研(院)所建立了长期交流合作关系，聘请外国文教专家3人次。

全院现有教职工579人，其中专任教师242人，专任教师中具有高级职称的占近50%以上，具有博士、硕士学位或同等学历者占55%。在校本、专科学生、研究生2 546人；成人学历教育在校生819名，在册生1 905人。

1999年，学院成功地召开了首次学科建设工作会议，院党委作出了《关于加强学科建设的决定》，制定了学科建设规划，申报并获准4个国家局级重点建设学科，评定了2名局级学科带头人。同时，学院圆满地完成了专业调整和3个新专业的申报，平稳地进行了系部重组，较好地完成了内部改革中学术组织的调整工作。

【中国合格评定国家认可中心】 中国合格评定国家认可中心是国家质量技术监督局直属的独立法人事业单位，经费自收自支，是国家质量技术监督局授权的中国质量体系认证机构国家认可委员会(CNACR)、中国产品质量认证机构国家认可委员会(CNACP)、中国认证人员国家注册委员会(CRBA)和中国实验室国家认可委员会(CNACL)的工作机构。其宗旨是组织实施中国合格评定国家认可(注册)工作。主要任务是开展认证机构和实验室国家认可、认证人员国家注册与培训课程批准以及认可/注册和课程批准后的监督工作；开展合格评定国家认可有关的国际合作活动；主办《中国质量认证》杂志；接受局交办的其他工作。主要工作职能是参与研究和制定国家有关的法律、法规和方针、政策；依据国家有关的法律、法规、方针、政策和国际通行准则，组织制定实施认可/注册制度的工作方针和技术措施；承担中国质量体系认证机构国家认可委员会(CNACR)、中国产品质量认证机构国家认可委员会(CNACP)、中国认证人员国家注册委员会(CRBA)和中国实验室国家认可委员会(CNACL)秘书处工作，其中CNACL秘书处相对独立运作；提出认可/注册委员会管理委员会组建或改组方案的建议，提出修改认可/注册委员会章程的建议，提出认可/注册委员会秘书长、副秘书长人选的建议，经国家质量技术监督局同意后，按程序通过或任命。按章程和有关文件实施质量体系认证机构、产品认证机构与实验室认可和认证人员注册及培训课程批准，包括制定认可/注册规范，受理认可/注册申请，实施评审与监督，批准、暂停与撤消认可/注册/培训课程资格，处理相关投诉与申诉；作为成员机构联系并参加国际认可论坛(IAF)、太平洋认可合作组织(PAC)、国际实验室认可合作组织(ILAC)/亚太实验室认可合作组织(APLAC)、国际审核员培训和注册协会(IATCA)的活动；开展认证、认可/注册的研究工作；负责《中国质量认证》杂志的编辑、出版、发行等日常工作；研究提出认证、认可/注册收费办法草案；接受局交办的其他工作。

1999年，在国家质量技术监督局的领导下，在中心全体职工共同努力及社会各有关方面关心和帮助下，我国的质量认证认可工作取得了显著成效，认证企业数和审核员队伍逐年增加，认证监督力度有明显加强，认证质量有明显提高，我国质量认证工作在国际上的地位持续提高。截止1999年底，已在CRBA获得注册批准的各级别审核员已达6 978人。CNACR认可的质量体系认证企业15 002家。

1998年1月和8月，中国质量体系认证机构国家认可委员会(CNACR)和中国认证人员国家注册委员会(CRBA)先后分别在中国广州和南非德班首批签署了国际认可论坛(IAF)质量体系认证国际互认协议/太平洋认可合作组织(PAC)质量体系认证多边互认协议和国际审核员培训和注册协会(IATCA)质量管理体系审核员注册与培训课程批准国际互认协议，标志着我国质量认证国家认可制度已经实现国际接轨与互认。1999年，我国认证认可工作的国际互认合作又取得了新的突破。

1999年7月24～30日，太平洋认可合作组织(PAC)年会在加拿大温哥华举行。在此次会议上，CNACR秘书长肖建华成功地当选为新一届PAC主席，再次引起了国际认证认可界同行的关注。这种关注是因为PAC作为亚太区域的认证认可多边合作组织，有来自日本、加拿大、澳大利亚等发达国家的成员；PAC的成员机构中大部分国家是以英语作为母语或工作语言的国家，并且在亚太区域与标准化、计量和合格评定有关的5个多边合作组织一直由来自发达国家的成员机构代表担任主席职务。而中国是一个非英语的发展中国家，由中国人担任PAC主席职务打破了固有的模式。

1999年10月23～31日，国际审核员培训和注册协会(IATCA)年会在巴西里约热内卢召开。在本届年会上，中国CRBA代表的IATCA执委任期已经届满。按照有关规则，CRBA将难以再担任新一届的IATCA执委。寻求在IATCA继续保持重要的地位，CRBA面临不利的规则制约。但我们没有放弃。最终的选举结果是，刘卓慧作为CRBA秘书长，当选为新一届IATCA执委，取得了成功。这一成功，再次表明了我国认证认可事业在国际认证认可界所取得的认同。

1999年，认证有效性是认证界和社会有关方面共同关注的重要话题之一。大家给予关注，完全是在情理之中。不仅中国如此，世界各国都是如此。国际认可论坛多年来不断制、修订认可监管措施，就是一个例证。确保认证有效性还需要有关方面的共同努力，其中，认可制度发挥着重要的作用。1999年，CNACR在深化认可监管措施方面又作了新的探索，产生了积极的作用。由认可机构对已获认可的认证机构实施例行的年度监督评审，证实认证机构认证工作的持续有效性，这是有关国际准则的要求和国外认可机构的通行做法，也是CNACR对质量体系认证活动的公正性和有效性实施认可监督的固有方式。为了进一步加强认证有效性的监督力度，提高认证有效性的证实力度，按照国家质量技术监督局潘岳副局长等领导的有关指示精神，CNACR大胆创新，在1999年正式实施了对认证机构的突击性非例行监督评审和对认证企业的突击性稽查审核制度。通过对多家认证机构的非例行监督评审和对89家认证企业的稽查审核，寻找到了一些在认证工作发展中需要进一步改进的深层次问题；同时，通过开展研究，提出了深化改进的方向与措施，为改进认证实施过程及其有效性创造了机会。通过认可机构直接独立实施的大范围稽查审核活动，又进一步证实了我国质量体系认证工作所取得的显著成效。事实表明，几年来，在各认证机构、各获证企业等有关方面的共同努力下，我国的质量体系认证工作是富有成效的。

推进新版标准的准备工作，确保新版标准的顺利过渡，促进认证水平的进一步提高。ISO 9000族国际标准的修订工作已引起了全球质量界的普遍关注。2000版ISO 9000族国际标准已进入国际标准草案(DIS)阶段，可望按计划于2000年年底前正式发布为新一版国际标准。新版ISO 9000族国际标准深化了组织满足顾客要求与期望的措施，深化了对组织的领导抓质量工作的要求，深化了质量方针、质量目标及其实施过程的控制要求，突出了实施和控制质量活动的过程方法，明确了对持续改进的要求，调整了对质量体系要求的总体结构模式，增强了质量体系标准要求对不同产品类别组织的适用性，为组织改进质量体系运行的有效性和认证机构提高认证审核的有效性提供了一个良好的机遇。同时，如何很好地适应新版标准的要求，确保标准换版的顺利过渡，对广大获证企业和各认证机构也是一次挑战。1999年，CNACR与全国质量管理和质量保证标准化技术委员会(CSBTS/TC151)密切合作，成立了"2000版ISO 9000族标准跟踪与转化研究工作组"，对新版标准的CD1和CD2稿组织翻译与研究，并选定10家已获认证的企业开始了按新版标准草案进行试点的工作，取得了初步的成果。

【中国质量报社】 1999年是中国质量报创刊的第十个年头。

4月14日，国家质量技术监督局局长李传卿到报社现场办公时，满怀期望地寄语报社干部职工：十年磨一剑，现在，该是这柄剑出鞘的时候了。

中国质量报全体员工在党的十五大和十五届三中全会精神的指引下，在世纪之交的1999年振奋精神，锐意改革，使各项事业取得长足发展。

办报质量明显提高。作为国家质量技术监督局主办的报纸，全社紧紧围绕办好报纸这项中心工作，积极宣传党和国家关于质量工作的方针、政策，传播质量技术监督信息，揭露假冒伪劣，维护消费者权益，多角度、全方位地关注人民生活质量和国民经济、社会生活运行质量，增强了信息的权威性和有效性，使报纸成为落实质量技术监督综合管理、行政执法两大职能的有力的舆论工具。采编部门有步骤地开展了版式创新、业务培训、选题策划等方面的研讨与实践，使报纸延长了新闻触角和报道领域，言语和报道方式更加活泼、犀利，为读者所喜闻乐见。其中如迎国庆50周年和澳门回归系列报道，迎接新千年连续报道，不法商贩用死鸡制售烧鸡案，揭阳劣质钢材案，贵阳假烟案等报道，具有新闻的个性和冲击力，产生了广泛的社会影响。全年有上百篇新闻作品和文章被其他媒体转载转发。

1999年，报纸为周五刊，对开八版，其中一期为彩色印刷。除日常的新闻版和行业专版外，于3月15日新创中国质量万里行周刊。同时，加强了《质量技术监督》杂志的业务工作，调整栏目，创新版式，使杂志的质量上了一个新的台阶。

经营和发行工作有新突破。广告经营部门为了实现既定经营目标，给报社发展提供强大的经济后盾，充分调动人的积极性和创造性，制定了以业绩为核心的科学合理的考核管理办法。整体策划、公关能力不断提高，积极探索新的经营思路，1999年，广告经营额比计划指标增长了38%，全年实现总收入比上一年增长28.7%。

中国质量报已初步形成覆盖全国绝大部分地区的通联网络，记者站和通联站，已成为报社联系地方技术监督部门、企业和广大读者的纽带。1999年，这一"纽带"的建设更富成效，特别是在报纸的发行工作中发挥了关键作用。在报刊市场竞争激烈的情况下，中国质量报的发行仍保持了增长势头，比上一年增长10.6%，位居行业报前列。

此外，中国质量报于3月15日正式开通了《中国质量新闻CQN》网站，浏览总量在同类网站中名列前茅。报社还组织了"铁腕抓质量打假研讨会"等社会活动，提高了报纸的社会影响力。

报社现有员工138人，其中大专以上学历的有114人，占83%，具有中级专业技术职务的65人，高级专业技术职务的32人，占总数的70%以上，一支思想过硬、业务精通的新闻队伍正在形成。

【中国标准出版社】 中国标准出版社是我国唯一以出版国家标准、行业标准以及标准类图书和相关科技图书为主要业务的专业出版社，直属于国家质量技术监督局，依法享有我国国家标准、部分行业标准的专有出版权。现有职工220人，其中高级专业技术人员40人，中级专业技术人员66人。

在1999年的工作中，全社员工以党的十五大精神为指导，认真落实李传卿局长年初在中国标准出版社现场办公会上提出的“以效益为中心，以改革为动力，以管理为基础，以人才为保证，以搞好两个文明建设为目标”的指示精神。在标准图书市场发生变化的形势下，全社职工解放思想，转变观念，深化改革，立足“双效”，在保证优质按期完成各种标准文本出版任务的同时，进一步开发各种标准类图书和其他科技图书选题，“向管理要效益，向市场要效益”，初步建立了以市场为中心的运行机制。社彩印中心、激光照排中心、电子出版部、《中国标准导报》等4个部门实行二级非法人核算考核，积极探索转变经营机制的新模式。经过全社干部职工的共同努力奋斗，全面超额完成了中国标准出版社与局领导签订的1999年度“目标管理责任书”中的各项任务指标，使全社工作迈上了一个新台阶。1999年共编辑发稿标准和图书1.65亿字；论证通过图书选题260项；出版国家标准和行业标准1998项，出版图书298种，出版电子出版物和音像出版物42种；标准平均出版周期缩短到90天以内，图书平均出版周期105天；印装优质品率继续上升；全年发行销售总码洋5506万元。

编辑部门在进行选题策划中，继续坚持了“加强标准、发展图书，力争双效，开拓精品，突出特色”的指导思想，逐步把选题策划的重点向标准手册和适销对路的图书选题方面转移，既注意加强标准化、质量方面的主体选题，又强调扩大选题范围，优化选题结构，突出选题的效益性，初步形成了较完备的标准图书选题体系，基本满足了用户和读者的不同需求。

出版部门进一步加强了成本、质量、周期管理，制定了改进服务的多项措施，全方位满足市场需求。同时，积极开展对印刷工价的专题研究，反复调研、多方论证，对延用多年的标准图书工价表进行了修订，制定出既适合市场要求，又符合中国标准出版社标准图书实际情况的新的标准图书工价核算表。

发行部门继续将开拓标准图书市场和发行销售渠道作为首要工作。在努力挖掘新华书店发行主渠道潜力的同时，大力发展自办发行业务。继在全国各省市建立了50多个标准发行站之后，又大力开拓行业发行渠道，与建工、交通等行业的专业图书发行系统建立了密切的联系，拓宽了相关标准图书的发行渠道，同时在国家局的《中国质量网》上开通了标准查询网页，使标准用户可以在国际互联网上快捷地查到各种标准信息。依托各部委标准化技术委员会建立的行业发行网也已初具规模。

作为社技术改造项目的彩色印刷中心已全部投入正常生产运营，实行独立经济核算，在保证全社彩色印刷任务的同时，积极承揽社会上的各种彩印任务，以其显著的高科技设备优势开始创造经济效益。

在“建立一支高素质的编、印、发专业队伍”方面，1999年度，中国标准出版社从两方面入手做了大量工作。一是引进高学历人员，充实加强编辑队伍，全年共引进硕士研究生3名。二是积极组织好在职人员的业务培训和不脱产进修工作，全年共有162人参加了各种不同形式的学习或培训，占全社在职总人数的71%。其中编辑系统组织了6次编辑业务知识讲座；出版部门组织了对《书刊印刷与装订》行业标准的培训；发行部门对部分书店业务员和本部门批发销售人员进行了培训。这些举措对提高全社业务和经营人员的综合素质产生了积极的促进作用。

在1999年度工作中，中国标准出版社始终坚持了两个文明一起抓。社党政班子注重加强自身建设，坚持了每月1次的“中心组”学习制度和半年一次的民主生活会制度；组织全社职工深入学习邓小平理论，认真贯彻落实党的十五大精神；举办处以上干部学习“十五届四中全会”决定和研讨2000年工作改革方案的培训班，进一步提高了干部职工的政治理论素质。社纪委、监察室认真检查落实关于加强党风廉政建设的各项规定，制定了党风廉政建设责任制实施办法。党委办公室组织全社职工对“法轮功”及其歪理邪说进行彻底批判，使全社职工在政治上与党中央保持一致。社工会组织开展了全社劳动竞赛和职工合理化建议以及评选文明职工和先进单位活动。党、工、团利用多种形式加强思想政治教育，开展革命传统教育和党建教育，并积极组队参加庆祝建国50周年文艺汇演。两个文明建设的协调发展，保持了全社的稳定团结局面，大大增加了全体员工的凝聚力和积极进取精神，为全社在1999年取得较好的工作成绩创造了良好的条件。

1999年，中国标准出版社连续第六次被评为中央国家机关文明单位，再次被国家新闻出版署授予良好出版社称号。

【中国计量出版社】 中国计量出版社是全国唯一的计量专业出版社。主要出版国家计量检定规程、国家计量技术规范、计量测试技术与应用技术、质量技术监督与质量管理等方面的图书与大中专教材，以及相关的科技类图书和音像制品。建社以来累计出版计量检定规程和科技类图书2 200余种，有近20种图书获国家级和省部级优秀图书奖。

目前，全社职工76人，其中中高级技术人员36人，占总人数的47%。1999年，在新闻出版署关于“加强管理，优化结构，提高质量”的方针指引下，在国家质量技术监督局的直接领导与有力支持下，该社获得了新的发展。全年出书235种，总码洋1 935万元，销售码洋1 583万元，出版周期进一步缩短。1999年，该社配合质量技术监督事业的发展，出版了《新编计量技术初级教材》、《常用量具手册》、《质量认证咨询手册》、《校准——理论与实践》、《服务质量体系》、《测量质量工程学》、《机电产品可靠性应用》等一大批优秀图书。另外，在新闻出版署关于“立足本专业，面向大科技”的方针的指引下，计量出版社在应用技术领域亦进行了有力的开拓，出版了《电器故障速修“啄木鸟”系列丛书》、《电话机修理技术》、《静电复印机技术与设备》及《农业生产资料知识丛书》等一系列受读者欢迎的图书。

面对新世纪的到来和图书市场的激烈竞争，中国计量出版社在1999年进行了改革现行的管理体制和运行机制的尝试，以求进一步提高出版社的综合竞争能力，并为以后进一步深化改革打下基础。

【中国标准化协会】 中国标准化协会现有个人会员30 000余人，团体会员400余家；下设七个专业标准化分会。全国有30个省、自治区、直辖市建立了地方标准化协会。

1999年主要完成以下几方面的工作：

一、社团组织建设

1. 中国标准化协会社团清理整顿和重新登记换证工作；

2. 中国标准化协会理事会换届工作，组织召开第五届一次理事会暨'99学术年会；

3. 建立适应市场经济的组织运行机制，广泛吸收各领域新会员。1999年6～12月仅半年就新增会员150名，其中，团体会员20名，个人会员130名；

4. 健全组织机构，完善管理制度，规范工作程序，提高工作效率。制修订了涉及秘书处行政管理和业务管理工作的规章制度共计15项，初步满足秘书处管理和业务开展的需要；

5. 建立中国标准化协会会员信息管理系统，提高会员管理水平；

6. 筹备组建中国防爆电器产品认证中心。

二、秘书处基础建设

1. 明确经济目标责任制，建立有效的激励机制；

2. 启动形象建设工程，统一协会标志，确立服务标准，美化办公环境；

3. 严格管理，转变作风，树立服务社会、服务市场、服务企业和消费者的社会形象；

4. 探索、实行灵活高效的用人机制，锻炼并造就一支高效、精干的标准化专业队伍。

三、学术研讨与交流

1. 1999年9月组织召开“市场经济与中国标准化研讨会”，着重讨论如何在社会主义市场经济条件下开展标准化工作。会议收到论文33篇，内容涉及市场经济下标准化体制的探讨、我国现行标准化工作存在的问题、企业标准化工作改革的方向和途径、我国标准化与国际接轨等方面的内容，是一次极具权威的高层次理论研讨会，倍受广大企业的关注和支持，取得了良好的社会效果。

2. 1999年11月召集燃气热水器生产骨干企业及行业、政府等有关部门，就社会广泛关注的燃气热水器安全性能及现行国家标准中存在的问题进行了研讨，为政府决策提供了参考意见。

3. 组织召开“乳制品标准、质量和投诉情况分析研讨会”，探讨现行国家标准存在的问题及改进意见，为进一步完善、修改标准，保障人民的生活质量，维护乳制品市场的秩序，起到十分重要的作用。

四、标准制定

1. 制定GB 17924—1999《原产地域产品通用要求》；

2. 制定《食具消毒柜安全和卫生要求》国家标准；

3. 制定《液体食品无菌包装用纸基复合材料》国家标准；

4. 组织完成GB 6932—1994《家用燃气热水器》国家标准修订立项申报工作。

五、技术咨询

随着经济体制改革的深入，企业进一步走向市场，竞争的压力使企业更加重视技术投入。为了更好满足企业需要，协会适时调整咨询服务机构，加强业务力量，提高业务人员的业务素质，以优质、高效、满意的标准服务于社会：

1. 扩大标准化信息资料的范围和来源；

2. 建立标准化计算机信息网和标准资料发行网；

3. 接待来电、来函查询。

一年来，协会先后以多种形式及时快捷地为企业提供了标准化信息服务，其中提供文本400多件，发行标准码洋18.5万元，发行简报50多期，查询资料1 000件次；为15家企业提供了质量体系认证咨询服务，帮助企业先后顺利通过认证。

六、普及教育

1. 利用世界标准日的契机，组织社会化的宣传活动；

2. 组织标准化的科普宣传活动，积极提供现场咨询；

3. 组织国家标准宣贯，培训标准化专业师资队伍。

一年来，先后组织多次专业基础知识培训和重要国家标准宣贯。为全国230多个技术委员会，培训300多名秘书长；为行业主管部门、地方技术监督部门和部分骨干企业培训国家标准宣讲师资200多人。

七、国际交流与合作

1. 1999年4月，组织国内质量认证咨询机构和部分企事业单位，前往加拿大进行为期21天的专题培训，邀请国外专家介绍质量认证经验；

2. 1999年5月在北京与日本规格协会联合召开了“第五届中日标准化研讨会”，探讨ISO 9000、ISO 14000的实际操作经验；

3. 1999年10月组织来自国内烟草、机械和航空材料等行业专家，前往美国参观了解美国ASTM组织机构、工作程序及经营活动中的标准化工作；

4. 1999年10月，中国标协与前来参加第19届ISO大会的ASTM总裁和DIN的会长举行了会谈，双方同意继续合作出版ASTM和DIN标准化杂志。

八、方圆认证工作

挂靠在中国标准化协会的中国方圆委员会秘书处在全国设立了多家分支机构，其中：认证工作站10个；审核中心9个；办事处10个，并且拥有大量的技术专家、审核人员及专职工作人员；

方圆标志体系认证已被国家认可中心认可27个专业范围。目前受理的认证包括：产品质量合格认证、产品安全认证、质量体系认证、环境管理体系认证；同时与德国DQS管理体系认证公司、英国ERM-CVS环境管理体系认证公司、德国DIN CERTCO产品认证公司建立了认证合作协议，在国内开展双方认证的合作与代理业务，正在办理进入IQNET的手续。

截止到1999年底，方圆标志体系认证共发证近2 000

张；方圆标志产品认证发证近1 800张。

九、其他工作

1. 开展2000版ISO 9000族标准转换工作，积极开展质量咨询服务工作；

2. 跟踪国际食品法典委员会(CAC)动态，组织开展国际间标准样品交流；

3. 编辑出版发行《中国标准化》和合作出版《德国标准化》、美国《标准化新闻》杂志(中文版)；

4. 开办《中国标准化信息网》网站，利用互联网宣传标准化。

【中国计量测试学会】 1999年中国计量测试学会在国家质量技术监督局和中国科协的领导下，开展技术评审、学术交流、科技咨询、技术培训等工作，取得了较好的成绩。

一、承担政府转移的职能，开展技术评审等工作

1. 根据国家质量技术监督局部署，学会负责国家质量技术监督局职业技术鉴定指导中心的管理工作。与国内贸易局商业职业技能鉴定中心共同组织全国商品监督员师资培训；在质量技术监督中专学校实行对毕业生的职业技术鉴定工作，为中专学校举办了一期考评员培训班；开展贵金属首饰、钻石、宝玉石检验员职业资格鉴定试点省、市考评员培训；开展对计量行业职业技能鉴定工作培训试点，培训人员近1 000名。

2. 受局人劳司的委托，组织学会高级会员对1999年国家质量监督系统的计量技术高级职称(正研和副研)进行初评，并协助完成了对副研级高级职称评定工作。

学会成立院士候选人推荐小组，1999年进行了两院院士的推荐和提名工作。

3. 根据局计量司的布置，1999年10月学会成立国家计量技术法规审查部，负责对计量技术法规的编写格式、技术内容及有关法制管理的要求进行审查并建立了审查制度和程序，年内共审查19个规程，上报3个；组织进行企业完善计量检测体系的具体考核和评审工作。1999年取得完善计量检测体系证书的有70多家，培训外部评审员80多名；组织专家深入企业调查研究，制定了衡器生产企业制造许可证考核条件，编写了计量器具许可证考评员的考试试题。

4. 受局计划科技司委托，组织学会高级会员对技术监督行业科研项目的论证与评估。第一轮对100多个科研项目评估、筛选并上报了43项，第二轮组织专家分组对43项再次评估、论证、写出结论意见。由局上报国家科技部；在机构改革中，对国家级计量检测机构的机构变化情况进行调查提出建议和意见，提供政府行政部门参考。

二、开展学术交流活动

1999年开展重大的学术活动有以下几项：

1. 第一届仪器科学与技术国际学术会议，8月在洛阳召开，共有来自英、德、波兰等国以及台湾地区中外80名代表。会议共收到论文186篇，论文内容反映出仪器科学与技术领域近几年出现的新方法、新理论和新构思；展现了近年来在国际范围内新型传感技术，新型仪器仪表，测控技术与系统，集成测量系统，纳米测量技术，工业视觉识别与计量，神经网络和模糊信息处理技术等方面的新成果和新进展。

2. 第十一次全国标准物质学术交流会，10月10日在昆明举行。与会专家学者110人，交流学术论文88篇，主要内容有：标准物质溯源性和不确定度，标准物质的发展新趋势与动态。

3. 1999年全国时间频率学术报告会，8月2日在青岛举行。专家一致认为时间频率科学技术是涉及国家安全与生存，关系国家命脉的大事，意义重大。建议有关部门成立专门机构，来研究我国时间频率科学技术的发展，积极支持与资助从标准时间频率源、发播、传递手段到测试方法与应用等方面上应立项研究，使我国在短期内建立有效、可靠而又较经济的独立自主的时间频率系统。

4. 几何量学术交流会，会上交流了新颖测量原理、方法及仪器，生产科研中的新成果、新应用及发展新方向的学术报告。收到论文摘要45篇。

5. 国外新产品技术应用学术交流会，9月16日在成都召开，会上有HP公司、韦夫特克公司、美国通信仪器公司、香港兴华科仪公司、R/S公司、福禄克公司6家介绍了本公司的最新测量仪器与应用方法。

6. 国际测试联合会(IMEKO)大会6月在日本召开，学会组织科研单位、政府部门和企业的代表团十几人参加。

三、《计量学报》和科普工作

1999年《计量学报》全年4期按时出齐，共刊登论文59篇，约50万字。其中属国家自然科学基金和部委科学基金资助项目的论文有24篇，占论文总数的三分之一多。1999年学报又进入《中国期刊网》，扩大期刊的传播范围，促进信息交流。为满足"科技期刊数据评价系统"的要求，对学报的编排格式做了补充和调整。学会编辑部还组织编写了《材料成分检验》、《材料力学性能检验》、《化学检验》三本教材。针对目前农民对安全、合理使用农药方面缺乏基本知识，学会科普工作委员会组织编写《安全合理使用农药》的科普读物一册。学会与局计量司共同编写并出版了《现代企业计量工作指导手册(上、下集)》、《税控加油机加油站管理手册》、《出租汽车税控计价器技术手册》，指导和规范计量技术管理工作。

四、科技咨询和技术培训工作

为迎接建国50周年，学会咨询部与北京超时代广告中心合作共同编辑出版了《中国计量测试新技术、新方法和新产品精选》；与中国轻工报合作对部分计量测试领域已获得制造计量器具许可证的企业，在轻工报等报纸上进行了发布。咨询部还接受北京航空材料研究院计量中心的委托，对该院热、力、电、四个专业进行计量工作量的评估。组织中国消协和中国计量科学研究院开展手机电磁辐射对人体影响的测试，市场上10个公司出售的20多种机型的手机都参加了测试，测试报告近50份；共举办10期企业计量体系"内审员"培训班，有407人取得证书。举办3期"测量不确定度"学习班，共有70人参加；1999年5月在广东中山市举办首期"房屋面积培训班"，有23人取得结业证书。

五、加强会员入会工作，建立计量测试人才库

1999年按民政部要求完成社团登记的工作。截止到1999年底学会发展高级会员440人，吸收团体会员单位93个，收集团体会费和个人会费工作进展顺利。对有些专业委员会负责人和秘书人员加以充实，对个别专业委员会进行了调整。1999 年召开了专业委员会负责人会议以及部分地方学会负责人会议，进一步发挥各专业委员会和地方会员单位的作用。建立高级会员人才库，充分利用高级会员的人才资源，为我国计量测试事业的发展发挥作用。

【中国计量协会】 1999 年，中国计量协会在国家质量技术监督局的领导下，在计量司的具体指导和支持下，围绕质量技术监督中心任务，努力开拓，积极进取，推动了协会各项工作的发展。

一、认真做好清理整顿工作，发挥分支机构的作用

根据中共中央办公厅、国务院办公厅《关于党政机关领导干部不兼任社会团体领导职务的通知》精神，经民政部批准，梁益圃同志继续担任中国计量协会副理事长，免去沈思、梁春裕同志副理事长职务。

经国家质量技术监督局党组推荐，协会常务理事会同意，并报王以铭理事长批准，同意肖世光同志担任协会秘书长。

根据民政部《关于清理整顿社会团体审定和换发证书工作的通知》精神，经民政部审核，中国计量协会符合重新登记的要求，并作为行业协会予以保留。

中国计量协会领导各分支机构积极开展活动，促进了计量工作的发展。中国计量协会冶金分会，为加强企业计量工作规范化、法制化，提高计量技术和管理水平，促进企业计控走向市场，编写了《冶金系统计控与自动化设备内部核算收费规范(试行本)》。这部规范包括 8 个方面 3 500 多个数据，对于指导冶金系统计控与自动化设备内部核算收费具有一定的指导意义。中国计量协会化工计控分会，按照国家质量技术监督局和国家经贸委《关于加强中小型企业计量工作的意见》的精神，重点帮助中小企业加强计量基础工作，提高检测能力，积极开展能源计量工作，促进节能降耗。中国计量协会电能计量分会，组织举办了“1999 年全国低压电力载波集中抄表技术研讨会”、“全国预付费电度表技术研讨会”和“全国电能计量新技术研讨会”，收到了较好的效果。中国计量协会水表工作委员会，与一些地方质量技术监督部门建立联系，在水表生产企业中积极开展宣传、调研、交流等活动，在深入调研的基础上，向国家质量技术监督局报送了《关于全国水表行业现状和存在问题的调研报告》，受到了有关部门和领导的充分肯定。

二、配合政府部门中心任务，认真做好服务

1999 年，国家质量技术监督局和国家税务总局组织进行税控一体加油机和税控计价器的试制和推广。中国计量协会承担了税控一体加油机兼控微处理器的调研、鉴定和推广工作。通过组织专家召开现场会和组织企业进行技术交流，使企业掌握了核心技术，保证了试制工作的顺利进行。在此基础上召开了税控加油机制造暨监督管理通报会，全国 26 个省(区、市)技术监督局有关人员以及近 90 个加油机生产单位和相关企业的负责人、技术人员共 200 余人出席会议，大家相互交流，推动了这项工作的健康发展。

中国计量协会设立专业网站，为了方便广大用户的查询，网站设立了 8 个专栏，对中国计量协会的性质、任务、通讯、电子广告牌、全国部分计量器具生产企业情况、产品、进口计量器具型式批准、制造计量器具许可证公报等做了详细介绍，受到广大用户的欢迎。

三、围绕计量工作的重点开展培训工作

1999 年中国计量协会成立了培训中心，组织了 JJF1059《测量不确定度评定与表述》师资培训班；组织了全国制造修理计量器具许可证考评员培训班；组织了对 OIML TC 人员的考核选拔，颁发了合格证书；组织了对税控加油机企业考评员的培训和考核。

四、举办了中国计量检测技术与设备展览会

为了庆祝中华人民共和国建国 50 周年，展示中国计量工作的成就，中国计量协会举办了 1999 年中国计量检测技术与设备展览会。这次展览会共有 240 多个单位参加，其中国家质量技术监督局重点管理的 6 种计量器具生产企业占多数，占了近 30%。展览会期间，还安排了 14 项技术报告，国家质量技术监督局副局长王以铭同志作了“面向 21 世纪的计量工作”的报告，受到了各方面的的好评。

五、加强与国外计量组织的联系

1999 年，中国计量协会组织了赴加拿大、美国计量技术及产品考察团；组织了赴南非、马来西亚计量技术交流考察团。通过交流考察，进一步了解了这些国家的计量技术和有关产品的发展状况，与这些国家的有关组织建立了联系，对中国的计量技术和计量产品起到一定的促进作用。

【中国质量检验协会】 中国质量检验协会拥有包括国家质检中心、部门质检站所在内的团体会员单位 400 多个。1999 年中国质量检验协会按照民政部的要求和国家质量技术监督局的布置，完成了协会重新登记注册工作。

自 1997 年国家质量技术监督局政法宣教司、监督司和质量司将协会组织编写的《企业质量工作指南》确定为国家局的质量检验人员统编教材以来，中国质量检验协会每年自办或与地方质量检验协会及有关单位合办企业检验科长培训班，1999 年培训学员近 2 000 人。目前，培训班已按照局教育处的要求做到了统一教学内容，统一教师队伍，统一培训时间，统一收费标准，统一结业发证。1999 年中国质量检验协会举办了第四届论文评选。共收到论文 356 篇，评出一等奖论文 18 篇。

中国质检协会还开展了对企业质量检验机构的评定工作，1999 年协会加大了对此项工作的力度，协会按照新的国家标准修订了相关文件，组织起一支技术咨询人员队伍，对企业进行了大量的调查摸底。除开展对企业质量检验机构的技术咨询，还对其检验能力进行评定。

利用网络媒体，建立起了“中国产品质量网站”和“中国质量服务网站”，设立了质量法规、监督抽查、专家咨询、群众投诉等多个栏目，并向企业和消费者提供产品质量信息。与北京市技术监督局北京市质量检验协会合作，在北京有线电视台共同主办《商海燎望》电视专栏节目。

【中国防伪行业协会】 1999 年，中国防伪行业协会在国家质量技术监督局的领导下，认真学习邓小平理论，贯彻执行党的方针政策，按照“团结、求实、创效、发展”的工作方针，理顺了工作关系，开创了工作局面。拓宽了业务领域，提高了自我发展能力；坚持服务、效益两手抓，制订了协会 1999～2000 年工作方案；围绕国家质量技术监督局中心工作，开展各项业务活动。一年来，协会工作取得了新的可喜成绩，主要体现在以下几个方面：

一、创办并出版《中国防伪》杂志

《中国防伪》杂志的创办，为我国防伪事业的发展提供了宣传党的方针政策、宣传国家质量技术监督局中心工作的主要宣传阵地。填补了我国防伪行业理论宣传、学术讨论、技术交流的空白。

二、完成创建"防伪科技中心"准备工作

将防伪行业的科技成果和先进技术产品通过"防伪科技中心"迅速推广应用到防伪市场，为防伪技术成果更快更好的推广应用创造条件，在我国防伪打假工作中发挥积极作用。

三、加强防伪基础性科研和科技政策研究工作

在国家科技部的支持下，协会组织完成了"中国防伪技术及其发展研究"项目的立项工作，为协会今后发展提供了基本保障，并创造了前提条件。此外，协会还承担了《防伪通用技术条件》、《防复印技术条件》和《磁码防伪技术材料及鉴别仪》三个防伪技术国家标准的起草工作，这对开展我国防伪技术产品标准化工作和防伪技术的发展具有重要意义。

受国家质量技术监督局委托，依据国家经贸委办公厅"关于制订国家产业政策有关工作的通知"，协会首次在京召开了有16家科研、教学、企业、事业单位参加的产业技术政策研讨会，对我国防伪技术发展的指导思想、产业技术总体战略进行了广泛深入的探讨。

四、将物理防伪与信息防伪相结合，开展以智能信息网络为主的防伪技术推广实施工作

由中国防伪行业协会牵头，组织社会力量，完成了酒类产品防伪保真网的技术条件的制定，并得到国家质量技术监督局和国家国内贸易局的认同与支持，在全国开展了"酒类产品防伪保真监测网"的推广实施工作。

五、继续开展防伪技术项目的评审和复审工作

根据国家质量技术监督局《防伪技术产品管理办法(试行)》规定，1999年继续组织开展对防伪技术项目的防伪技术专家评审工作；组织评审的"隐含磁码防伪技术"和"《天鹰》商品防伪保真网络系统工程"通过了专家评审。对评审过的防伪技术项目已超过规定有效期的进行了防伪技术专家复审。通过新闻媒体将复审合格的10项防伪技术进行了公告。

六、积极开展与会员单位加强联系的各项活动，加强专业委员会管理，巩固扩大协会队伍

1999年，协会先后召开了京津地区会员单位座谈会、激光全息防伪专业委员会和全国部分会员单位座谈会，探讨业内人士关注的问题，并为政府部门管理决策提出符合实际的合理建议，为防伪行业健康发展作出贡献。

为加强对防伪专业委员会的管理，协会于年初制订并下发了"关于加强分支机构管理的几点意见"，在整体协调工作方面取得了一定效果。

1999年，发展新入会会员单位20个，目前协会已有会员单位206个，会员单位的巩固和发展，为协会创造了发展各项工作的条件。

七、积极开展国际交流工作

1999年，协会组织国内防伪行业科研、生产及应用企业赴美国考察与交流。通过考察与技术交流，对我国防伪技术的发展和应用起到了积极作用。

八、完成社团登记和协会法人代表变更工作

根据国务院有关部署，协会在国家质量技术监督局人劳司具体指导下，完成了民政部对国家社团的复审登记工作，同时完成协会法人代表变更工作。在工作过程中，按要求进行了财务审计、协会总结和有关手续的填报工作，使协会成为国家质量技术监督局系统第一批重新登记的社团组织。

【中国质量万里行促进会】 中国质量万里行促进会成立于1994年，是由政府部门和新闻、学术、企业、科技等方面人士和单位自愿结成的全国专业性、非营利性的社团组织，具有独立的法人资格。其业务主管单位是国家质量技术监督局，1999年第三季度在国家质量技术监督局和民政部的指导下，促进会顺利完成了民政部社团整顿和重新登记工作。

1999年8月5日，中国质量万里行第二届理事大会暨99中国质量万里行出征仪式在人民大会堂举行。大会对7年来质量万里行工作进行了回顾，明确今后一个时期万里行工作的主要任务；大会通过民主选举，推选出国家质量技术监督局副局长潘岳为中国质量万里行促进会会长；著名经济学家厉以宁、吴敬琏以及一批行业主管部门及新闻单位的负责同志为副会长；国务院有关部委、人大常委会、科研院所以及新闻单位、企业界的300多人当选为促进会理事和会员。

促进会的宗旨是深入持久地开展质量宣传、推动质量监督、打假治劣、扶持名优等方面工作，促进全民质量意识的提高，促进产品质量、工程质量、服务质量的提高，促进中国名牌发展战略的实施，为提高我国经济增长的质量和效益做出积极贡献。其主要工作是利用各种媒体和手段积极宣传和扶持名优精品、名优企业，打击假冒伪劣产品；对全国质量技术监督系统内外的有关人员组织开展质量专业知识和法律法规知识的培训；围绕质量工作，组织调研、理论探讨和经济交流活动；受理用户、消费者和企业的质量投诉，提供质量法律咨询和律师业务服务。中国质量万里行促进会秘书处下设办公室、宣传部、教育培训部、投诉办公室、名牌战略发展部、法律事务部、影视声像部等部门；在30个省、区、市设立了地方投诉，质量万里行投诉网络建设已初具规模。

近几年来，促进会为开展中国的质量万里行活动始终坚持"打假扶优、两翼推进"的方针，紧紧抓住领导关心、群众关注、社会反映强烈的质量热点，难点问题，采取舆论监督、群众监督方式，充分发挥新闻界与主管部门相配合的整体优势，围绕扶优治劣、规范市场、引导消费、服务企业几个方面开展深入的宣传报道活动，揭露曝光了一批重大制假售假案件，协助执法部门，摧毁了一批制假售假窝点。如：捣毁安徽芜湖制售假冒伪劣糖果的"糖果村"行动；跟踪采访曝光并一举摧毁广东揭阳劣质螺纹钢生产基地的行动；经过深入艰苦的明查暗访后，公开揭露曝光历时十余载危害京、津、冀、鲁等地人民群众身体饮食健康的制售病、死鸡案;对四川绵阳汽车加油站进行突击检查,公开曝光一批利用高科技手段从事坑民坑国偷油漏税活动的"油耗子"等,得到了中央及国务院领导的高度评价。取得了很好的社会效果。仅在1999年,中国质量万里行促进会在发挥群众监督、舆论监督,特别注意发挥新闻媒体的舆论监督作用。据不完全统计,自8～12月底,在中央电视台、中央人民广播电台的有关栏目中,播出有关质量万里行促进会开展的"打假扶优"的新闻与纪实报道20余次;中央各大报刊及各部委、局行业报、地方报上共刊发报道400余篇。

党的建设和精神文明建设

1999年直属机关党委在中央国家机关工委的领导和局党组的指导下,深入学习邓小平理论和党的十五大精神,以贯彻实施中共中央关于开展"三讲"教育的意见和《中国共产党和国家机关基层组织工作条例》为重点,紧密围绕质量技术监督中心工作,加强党员领导干部的思想政治建设,基层党组织建设和党风廉政建设,认真履行党委的各项职能,在两个文明建设中发挥了重要作用。

【思想政治建设】 继续坚持以抓处级以上党员领导干部的政治理论学习为重点,把理论武装工作引向深入。坚持党员干部轮训制度,办好党校班。直属机关党委举办了国家质量技术监督局第二期党校班,共有20名(局机关11名)处级以上党员领导干部参加了学习,下半年又安排了局机关3名同志参加了专利局党校班的学习。

各单位领导班子中心组普遍坚持了政治理论学习制度,在学习中着重理解邓小平理论精髓以及邓小平社会主义初级阶段关于社会主义本质、关于党的基本路线、关于发展是硬道理等方面的论述。注意将理论学习与深化本单位的改革和发展结合起来,与解决群众所关心的热点问题结合起来,收到了较好的效果。

以整风的精神,在党政领导班子和党员领导干部中,开展以"三讲"为主要内容的党性党风教育,是今年党建工作的重中之重。直属机关党委以"三讲"教育为重点,按照上级指示和局党组的要求,认真部署京区系统各单位"三讲"教育前的理论学习和准备工作。机关党委积极协助局"三讲"教育领导小组做好"三讲"教育的具体组织工作,按照局党组的要求,举办了两期局机关司处级干部"三讲"教育读书班,重点学习了江总书记《在纪念中国共产党成立78周年座谈会上的讲话》、中发〔1998〕17号文件和"三讲"必读书目。各直属单位党委、直属支部制定学习计划,组织落实。并对中层以上干部的学习提出了具体要求,做到了有计划、有检查、有落实。通过"三讲"教育,使处级以上党员领导干部在思想、政治、作风、纪律上都有了明显的进步,基本上达到党中央开展"三讲"教育的要求,取得了初步成效。

组织干部职工时事政策学习。各单位党委结合形势组织干部职工学习全国人大和全国政协九届二次会议精神、中央十五届四中全会的《决定》以及中央经济工作会议、全国质量工作会议精神,使广大干部职工及时了解党和国家的方针政策,保证党和国家的路线、方针、政策及上级指示在本单位的贯彻落实。针对以美国为首的北约悍然轰炸我驻南使馆的野蛮暴行、"法轮功"非法聚集事件、李登辉抛出"两国论"分裂祖国事件等,各单位党委旗帜鲜明,及时引导广大党员和职工在思想上、政治上与党中央保持一致,坚决维护国家稳定、团结的政治局面,坚定社会主义信念。

【基层组织建设】 健全基层党组织。部分单位党委从抓组织建设入手,按照党章规定及时改选或补充党委委员。质量报社党委如期换届选举,国家标准物质研究中心计量出版社党委增补了党委委员,进一步健全了基层党组织。

抓好党员队伍建设,做好入党积极分子的培养教育和发展党员工作。各单位党委认真举办入党积极分子培训班,组织入党积极分子学习党章、党史,参观有教育意义的革命圣地和纪念馆。据统计,今年京区系统共发展党员13名。加强对党员的教育、管理和监督,各单位都较好地坚持"三会一课"制度、党员民主生活会制度,并通过多种形式的教育活动,丰富支部组织生活的内容。编码所在党支部建设中推行的党支部目标管理责任制,已被一些单位采用,并收到效果。

坚持民主生活会制度。各单位按照要求适时召开半年一次的领导干部民主生活会。下半年结合"三讲"教育和江总书记在"七·一"座谈会上的讲话,针对党性党风方面存在的主要问题,开展批评与自我批评,在广泛征求群众意见的基础上,找出存在的问题,制定出整改措施。

直属机关党委重视统战工作,对京区系统各民主党派人士的工作情况、思想状况进行问卷调查,加强对统战工作的领导。

【精神文明建设】 抓好办实事工程。直属机关党委协助精神文明建设领导小组,与有关司(室)配合,落实了今年京区系统四件实事:安居工程的有关配套建设;向困难职工送温暖活动,"两节"期间包括局机关在内的11个单位,共看望慰问困难职工160户,投入送温暖资金111 800元,李传卿局长、王秦平副局长分别探望了特困职工;举办京区系统庆祝建国50周年文艺汇演,共有13个单位近300名干部职工参加了演出;举办了京区系统庆祝"老人年"老年人运动会。另外,还举办了京区系统书画、摄影展;在参加国庆游行活动中,我局被评为中央国家机关参加国庆50周年活动先进集体,宋玉川同志被评为中央国家机关参加国庆50周年活动先进个人。

抓文明单位创建、申报工作。直属机关党委与有关司(室)对申报单位进行考核验收,经局精神文明建设领导小组审核、推荐,中央国家机关精神文明建设领导小组批准,计量院、标准出版社、纤检局为1999年度中央国家机关文明单位。纤检局制订了《文明处室达标评定办法》,开展了文明处室达标活动,推动了本单位精神文明建设的开展。

做好目标责任制考核中精神文明建设考核指标的修订工作和落实工作。直属机关党委配合人劳司对目标责任制考核中精神文明建设考核指标进行了适当调整和修改,为精神文明建设各项指标的完成做了大量的工作。

【工会工作】 1999年直属机关工会在直属机关党委的领导下，组织开展了以下活动：

直属机关工会以十五大精神为指导，遵循中国工会十三大关于工会工作的指导方针，紧密围绕质量技术监督中心工作，开展有效的活动。组织专、兼职工会干部的理论和业务知识学习；配合党委做好“法轮功”练习者的思想转化工作，开展提合理化建议活动，为本单位的改革和发展献计献策；承办了为困难职工送温暖工作和庆祝建国50周年文艺汇演活动；举办了迎国庆书画、摄影展；继续开展创建“职工之家”活动；进行了工会财务工作竞赛评比，促进工会财务工作上水平，我局直属机关工会财务获中央国家机关工会联合会财务工作竞赛特等奖；在“巾帼建功”活动中，计量院薛凤仪、编码所胡嘉璋同志被授予中央国家机关工委百名“巾帼建功”活动标兵称号。

【共青团工作】 直属机关团委继续深化“跨世纪青年人才工程”和“跨世纪青年文明工程”，认真贯彻共青团十四届二中全会提出的《共青团工作跨世纪发展纲要》，抓好在青年中邓小平理论的普及工作，举办了团干部培训班；在揭批“法轮功”斗争中，结合青年特点，利用网络优势，开展揭批活动；举办了“3·15”青年咨询服务日和春季义务植树活动；举办“继承五四传统，踏上新的征程的“五四”青年座谈会和“迎澳门回归用青春拥抱21世纪”登长城签名活动等，激发了广大团员青年的爱国热情，进行广泛的爱国主义教育。

【党风廉政和行风建设】 1999年，全国质量技术监督系统认真贯彻落实中纪委三次全会和国务院廉政工作会议精神，加大党风廉政建设和反腐败工作力度，取得了新的阶段性成果。

领导干部廉洁自律工作：中纪委三次全会提出的三项重点任务在全系统得到了较好落实，没有出现到庐山等12个风景名胜区开会，新建、购买、装修办公楼和用公费出国（境）旅游的问题。国家局机关共压缩会议26个；对公费出国（境）团组的审查，按综合性、一般性、技术性项目进行分类管理，严格控制出国次数，共压缩出国团组7个。国家局锅炉压力容器检测中心制定了《派出国（境）人员纪律规定》。巩固清理通信工具、严格控制会议和制止公款吃喝玩乐的成果，领导干部重大事项报告、礼品登记和个人收入申报三项制度得到较好落实。

信访和案件查处工作：为规范信访举报办理工作，国家局制定印发了《关于加强信访举报办理工作规定》；国家局纪检监察部门共受理信访、举报366件，其中涉及国家局机关15件，涉及直属挂靠单位47件；涉及地方局293件；其他11件。已办结346件，正在核查的20件。国家局专案组积极配合地方检察机关，对立案的一起涉嫌经济案件进行了查实取得了突破性的进展；国家局会同安徽省局对天长市局继续下达罚没指标和以收代罚的问题，进行了严肃查处，向全系统发出通报批评。福建省云霄县技术监督局原局长方镇山，因隐瞒、截留打假罚没款和为贩假人员说情、工作失职，被开除党籍和撤销局长职务，维护了法纪的严肃性。

行风建设工作：认真抓好“治乱减负”'各项规定的落实，各级质量技术监督部门按照国家局《关于进一步做好治乱减负工作，全面完成质量技术监督系统专项治理任务的通知》要求，加强了领导，端正工作指导思想，普遍执行了收费许可证和企业交费登记卡制度；深入贯彻落实“五停止、一暂停”、“五公开、十不准”的规定；继续开展基层窗口单位行风整顿工作取得积极成效；开拓监督渠道，国家局从全国人大代表、全国政协委员、工商企业负责人和新闻工作者中聘请了22名行风监督员，制定了《国家质量技术监督局行风监督员办法》，印发了《关于聘请行风监督员有关工作的通知》。聘请行风监督员的地方和单位，健全制度，密切联系，保证了行风监督员的作用得到充分发挥。

从源头上预防和治理腐败工作：各地方、各单位把加强党风廉政建设和“三讲”教育紧密结合，组织干部职工深入学习中央领导同志关于党风廉政建设的论述，领导班子、领导干部认真查找在党性党风方面存在的突出问题；针对存在的突出问题制定整改方案，搞好整改。根据中共中央、国务院《关于实行党风廉政建设责任制的规定》的有关要求，国家局、各直属单位和多数省局制定实施办法。重视抓好落实工作，河南省局制定了《河南省技术监督系统党风廉政建设责任制考核细则》，对落实情况进行考核，执行了责任追究的规定。加强对行政事业性收费和罚没收入“收支两条线”管理。国家局会同财政部、国家计委、监察部联合下发了《关于加强质量技术监督部门行政事业性收费和罚没收入“收支两条线”管理工作的通知》；中纪委、监察部专项检查组对国家局机关和部分直属单位执行“收支两条线”情况进行了检查。各地方、各单位认真抓好“收支两条线”规定的贯彻落实，取得了阶段性成果。加大了政务公开力度，内蒙古区局制定了政务公开6项制度和9项工作程序；行政执法监察和行政效能监察工作逐步推进，上海市局减少工程决算70余万元；内蒙古区局节约基建资金100万元；中国计量学院对购销学生用品实行执法监察，保护了学生利益，维护了院风。重庆市局开展行政效能监察，针对突出问题立项，把整改与建章立制相结合，加强考核检查，促进了依法行政。

劳动人事工作

【科技队伍建设】 1. 1999年中国测试技术研究院研究员高洁同志当选为中国工程院院士。局系统现有中国工程院院士2人。

2. 1999年度经局批准，局直属、挂靠单位中有24位同志获得正研级专业技术职务任职资格，其中45岁以下的同志有11位，他们是计量院的于靖、陆国强、钱进、高小洵，标准中心的房庆、白殿一，标物中心的朱霖，锅检中心的陈钢、沈功田，标准出版社的张宁，计量出版社的刘宝兰，为局系统学术带头人队伍补充了一批年轻人才。有44位同志获得副研级专业技术职务任职资格。

3. 截止1999年年底，局直属、挂靠单位有专业技术人员2 549人，具有正研级专业技术职务的111人，副研级专业技术职务的778人，中级专业技术职务人员1 078人，初级专业技术职务人员582人。具有研究生学历的人员327人，占专业技术人员的12.8%。

4. 1999年经人事部批准，我局申报的留学回国人员科技活动择优资助项目中，中国计量科学研究院高思田同志的扫描探针显微镜计量性能研究、贺青同志的低造声信号放大器及纳伏计研制、王煜同志的CCD光电探测器的响应度非线性研究等3个项目获得资助，资助金额总计9万元。

【中青年领导干部培训】 1. 根据国家质量技术监督局党组的决定，局人事劳动司于1999年12月11～21日举办了国家质量技术监督局第一期青年领导干部培训班。来自局机关和局直属、挂靠单位40名年轻的副司级领导干部和部分处级领导干部参加了培训，他们平均年龄41岁。培训班主要从思想政治素质，国内国际经济形势和领导方法、领导艺术等方面对学员进行了比较系统的培训。在培训期间，国家质量技术监督局局长、党组书记李传卿同志亲临培训班，与学员们座谈、进行思想交流，并做了重要讲话。副局长、党组副书记王秦平同志，党组成员、党组纪检组组长刘早生同志分别到培训班看望了学员，并勉励学员们努力学习。这期培训班特点是针对我局青年干部的主要不足和急需补充的知识，从坚定信念、发扬传统、澄清认识、掌握方法的角度，选择了培训内容；从总结经验、认真反思的角度，选编了学习材料和思考题；从开拓视野、启发思路的角度，选择了学习书目和形势讲座；从提高解决实际问题能力的角度确定了理论联系实际的讲课方式。培训班课程安排合理，针对性强，形式活泼，内容丰富，思路开阔，理论与实际紧密结合。使学员们学有所思，学有所获，对他们今后的工作将产生一定的帮助和影响。

【职业资格制度】 1. 1998年11月，国家局举办了第二届珠宝玉石质量检验专业技术人员执业资格考试。来自全国28个省市的197名考生参加了考试，148人通过考试合格线并取得了珠宝玉石质量检验师执业资格证书。截止到1999年底，全国共有355人取得了珠宝玉石质量检验师执业资格证书。

2. 1999年5月，劳动和社会保障部、国家质量技术监督局、国家统计局组织联合颁布了《中华人民共和国职业分类大典》。该职业分类大典是我国第一部对职业进行科学分类大全，填补了我国职业分类的一项空白。

3. 1999年7月，国家质量技术监督局人事劳动司与劳动和社会保障部就业培训司联合发文，在全国开展贵金属首饰、钻石、宝玉石职业技能鉴定工作，由国家质量技术监督局职业技能鉴定指导中心与劳动和社会保障部职业技能鉴定中心组织实施。

【系统表彰工作】 1. 1999年3月，人事部和国家质量技术监督局在北京联合召开了全国质量技术监督系统先进集体和先进工作者表彰大会。会议宣读了人事部和国家质量技术监督局《关于表彰全国技术监督系统先进集体和先进工作者的决定》，宣读了国家质量技术监督局《关于表彰全国技术监督先进单位和先进个人的决定》，国家质量技术监督局局长李传卿同志在表彰大会上做了重要讲话，大会向全国质量技术监督战线广大干部职工发出了倡议书，向获得全国技术监督系统先进集体和全国技术监督先进单位颁发了奖牌，向获得全国技术监督系统先进工作者和全国技术监督先进个人颁发了奖章、荣誉证书。这次在全国范围进行的系统表彰活动，是建国以来的第一次。

全国技术监督系统先进集体名单

北京市海淀区技术监督局
北京市技术监督执法检查大队
天津市和平区技术监督局
天津市技术监督执法稽查大队
河北省高碑店市技术监督局
河北省永年县技术监督局
山西省阳泉市技术监督局
山西省吕梁地区孝义市技术监督局
内蒙古自治区赤峰市技术监督局
辽宁省沈阳市技术监督局
辽宁省鞍山市技术监督稽查支队
吉林省长春市技术监督局
吉林省梅河口市技术监督局
黑龙江省计量检定测试所
黑龙江省伊春市技术监督局
上海市产品质量监督检验所
上海市宝山区技术监督局
江苏省南通市技术监督局
江苏省镇江市计量所
浙江省乐清市技术监督局
浙江省绍兴市产品质量监督检验所
安徽省合肥市技术监督局
安徽省宁国市技术监督局
福建省晋江市技术监督局
江西省宜丰县技术监督局
山东省临沂市技术监督局
山东省莱州市技术监督局
河南省郑州市技术监督局
河南省许昌市技术监督局
湖北省仙桃市技术监督局
湖北省武穴市技术监督局
湖南省炎陵县技术监督局
广东省深圳市技术监督局
广东省佛山市技术监督局
广西壮族自治区产品质量监督检验所
海南省海口市技术监督局
重庆市计量技术研究所
重庆市沙坪坝区技术监督局
四川省资阳市技术监督局
四川省技术监督学校
贵州省遵义市技术监督局
云南省昆明市技术监督局
西藏自治区昌都地区技术监督局

陕西省标准计量情报研究所
陕西省蒲城县技术监督局
甘肃省平凉地区行政公署技术监督处
青海省大通回族土族自治县技术监督局
宁夏回族自治区青铜峡市技术监督局
新疆维吾尔自治区哈密地区技术监督局
中国标准化与信息分类编码研究所

全国技术监督系统先进工作者名单

北京市计量科学研究所	袁克毅
北京市通州区技术监督局	艾 春
天津市产品质量监督检验所	刘振海
河北省魏县技术监督局稽查大队	王社海
河北省辛集市产品质量监督检验所	冯祥郡
山西省寿阳县技术监督局	李志达
内蒙古自治区技术监督信息中心	徐桂云
辽宁省大连市产品质量监督检验所	王春燕
辽宁省丹东市技术监督局	朱树森
吉林省计量测试技术研究所	刘宝琦
黑龙江省大庆市技术监督局	王瑞吉
黑龙江省哈尔滨市技术监督局	杨 帆
上海市技术监督局服务中心	薛舜乐
上海市松江县技术监督局	顾文兰
江苏省洪泽县技术监督局	席文芳
江苏省苏州市度量衡器管理所	赵海伦
浙江省嘉兴市技术监督局	王润身
安徽省蚌埠市技术监督局	史如贤
福建省中心检验所	王大川
江西省赣州地区计量检定测试所	陈 平
山东省计量科学研究所	葛茂才
山东省潍坊市产品质量监督检验所	李洪亮
河南省安阳市技术监督局	张秀云
河南省周口地区技术监督局	陈学升
湖北省十堰市技术监督局	韩广恩
湖北省宜昌市技术监督局	范海生
湖南省长沙市计量测试技术研究所	朱继明
湖南省湘阴县技术监督局	石建民
广东省佛山市技术监督局	李春江
广东省五华县技术监督局	黄泮池
广西壮族自治区南宁市技术监督局	黄义文
海南省三亚市技术监督局	符以雄
重庆市产品质量监督检验所	何瑞敏
四川省遂宁市技术监督局	王清安
贵州省湄潭县技术监督局	张明昌
云南省昭通地区行政公署技术监督局	王仁学
西藏自治区山南地区技术监督局	次仁卓嘎
陕西省计量测试研究所	陈家汉
甘肃省产品质量监督检验所	许敬东
青海省计量测试研究所	李 俊
宁夏回族自治区银川市技术监督局	狄建华
新疆维吾尔自治区和田地区技术监督局	热合曼·奴日
中国计量科学研究院	瞿清昌
国家标准物质研究中心	赵墨田

全国技术监督先进单位名单

北京市

北京市西城区技术监督局
北京市食品质量监督检验二站

天津市

天津市计量技术研究所
天津市武清县技术监督局

河北省

河北省唐山市计量测试研究所
河北省任丘市技术监督局

山西省

山西省长治市技术监督局
山西省宁武县产品质量监督检验所

内蒙古自治区

内蒙古自治区乌海市技术监督局

辽宁省

辽宁省大连市技术监督局
辽宁省锦州市产品质量监督检验所
辽宁省凤城市技术监督局

吉林省

吉林省计量测试技术研究所
吉林省前郭县技术监督局

黑龙江省

黑龙江省齐齐哈尔市技术监督局
黑龙江省阿城市技术监督局

上海市

上海市计量测试技术研究院
上海汽车工业(集团)总公司上海汽车工业质量监督中心

江苏省

江苏省徐州市产品质量监督检验所
江苏省常熟市技术监督局

浙江省

浙江省杭州市技术监督检查所
浙江省宁波市技术监督局
浙江省湖州市德清县技术监督局

安徽省

安徽省蚌埠市技术监督局
安徽省安庆市技术监督局

福建省

福建省厦门市技术监督局
福建省福清市技术监督局
福建省永安市技术监督局

江西省

江西省新余市技术监督局

山东省

山东省济南市技术监督局
山东省青岛市技术监督局

山东质量工程学校

河南省

河南省平顶山市产品质量监督检验所

河南省济源市技术监督局

湖北省

湖北省襄樊市技术监督局

湖北省荆州市计量测试所

湖南省

湖南省长沙市技术监督局

广东省

广东省深圳市技术监督情报研究所

广东省韶关市技术监督局

广东省惠州市技术监督局

广西壮族自治区

广西壮族自治区梧州市技术监督局

海南省

海南省三亚市技术监督局

重庆市

重庆市黔江土家族苗族自治县技术监督局

四川省

四川省自贡市技术监督局

四川省成都市金牛区技术监督局

贵州省

贵州省贵阳市技术监督局

云南省

云南省红河哈尼族彝族自治州技术监督局

西藏自治区

西藏自治区拉萨市技术监督局

陕西省

陕西省彬县人民政府技术监督局

陕西省神木县技术监督局

甘肃省

甘肃省标准计量情报研究所

青海省

青海省西宁市技术监督局

宁夏回族自治区

宁夏回族自治区石嘴山市计量所

新疆维吾尔自治区

新疆维吾尔自治区喀什地区技术监督局

新疆维吾尔自治区霍城县技术监督局

国家质量技术监督局

中国纤维检验局

国务院有关部门

国家粮食储备局标准质量中心

国家消防电子产品质量监督检验中心

国家珠宝玉石质量监督检验中心

原地矿部标准化研究所

国家建筑工程质量监督检验中心

铁道部标准计量研究所

交通部港口机械质量监督检验测试中心(武汉)

原电子工业部第五研究所

原邮电部通信产品防护性能质量监督检验中心

水利部南京水利水文自动化研究所

农业部食品质量监督检验测试中心(济南)

北京高德珠宝鉴定研究所

河南进出口商品检验局科技处

国家广播电影电视总局科技司技术监督管理处

国家统计局统计设计管理司统计标准处

国家新闻出版署印刷产品质量监督检测中心

原林业部南方林木种子检验中心

江苏省医药管理局质量管理处

原国内贸易部商品质量联合检测中心(天津)

国家日用电器质量监督检验中心

国家石油产品质量监督检验中心

国家油气田井口设备质量监督检验中心

国家橡胶机械质量监督检验中心

原中国轻工总会甘蔗糖业质量监督检测中心

中国纺织科学研究院标准化研究所

国家玻璃纤维产品质量监督检验中心

福建省烟草质量监督检测站

中国海洋石油渤海公司标准化技术委员会秘书处

中国有色金属工业标准计量质量研究所

中国包装产品质量认证中心

中国科学院光电技术研究所

中国地震局地球物理研究所地震标准化研究室

国家茶叶质量监督检验中心

中国人民解放军

中国人民解放军总参谋部兵种部静电计量测试站

国家军需产品质量监督检验中心

中国人民解放军海军计量测试中心

全国技术监督先进个人名单

北京市

北京市昌平县技术监督局　于桂墉

北京市技术监督局后勤服务中心　吕国良

北京化学工业集团公司计量站　潘明勇

天津市

天津市技术监督执法稽查大队　李允涛

天津市蓟县技术监督局　莫亨铸

天津市塘沽区计量检定二所　张文树

河北省

河北省技术监督局　李维培

河北省廊坊市计量测试研究所　李玉秋

河北省无极县技术监督局　马占生

山西省

山西省太原市技术监督局　杜力胜

山西省大同市计量测试所　张启飞

山西省泽州县技术监督局　刘建国

内蒙古自治区

内蒙古自治区包头市技术监督局　莎拉基德

内蒙古自治区海拉尔市技术监督局　高丽芝

辽宁省

辽宁省技术监督局 李兴中
辽宁省质量计量检测研究院 段军阳
辽宁省沈阳市计量测试所 郝铁生
辽宁省铁岭市技术监督局 王德海
辽宁省北票市技术监督局 孙桂芝

吉林省

吉林省辽源市技术监督局 孙烈成
吉林省桦甸市技术监督局 陈树海
吉林省延边朝鲜族自治州计量检定测试所 申长铉

黑龙江省

黑龙江省技术监督局 刘淑文
黑龙江省齐齐哈尔市技术监督局 高晓明
黑龙江省勃利县技术监督局 王长林
黑龙江省安达市技术监督局 钟春有

上海市

上海市技术监督稽查大队 胡国良
上海市检测技术所 鲍国华
上海市轻工技术监督所 冯肃备

江苏省

江苏省技术监督情报研究所 胡桂珍
江苏省泰州市技术监督局 陈海龙
江苏省宜兴市技术监督局 毕建初
江苏省南京市栖霞区技术监督局 李采元

浙江省

浙江省技术监督检测研究院 朱唯伦
浙江省遂昌县技术监督局 潘瑞芳
浙江省宁波市镇海区技术监督局 曹杏佩

安徽省

安徽省太湖县技术监督局 张炳根
安徽省界首市技术监督局 丁成志
安徽省萧县技术监督局 杨文忠

福建省

福建省计量科学技术研究所 廖宜水
福建省厦门市技术监督局 甘墨泉
福建省泉州市技术监督局 林来今
福建省长汀县技术监督局 林永炘

江西省

江西省上饶地区技术监督局 杨正裔
江西省上高县技术监督局 孙正才
江西省大余县技术监督局 黄其辉

山东省

山东省淄博市技术监督局 王振升
山东省德州市产品质量监督检验所 李秀福
山东省章丘市技术监督局 王永新
山东省胶州市技术监督局 朱玉华
山东省文登市技术监督局 张恩贵
山东省惠民县产品质量监督检验所 刘向华

河南省

河南省技术监督局质量时报社 宋欣声
河南省洛阳市技术监督局 楚国政
河南省漯河市技术监督局 李光琦
河南省荥阳市技术监督局 楚宏斌

湖北省

湖北省武汉产品质量监督检验所 黄忠韵
湖北省黄石市技术监督局 万　山
湖北省鄂州市计量测试所 顾劲松
湖北省汉川市技术监督局 肖志明

湖南省

湖南省技术监督局 晏宇华
湖南省湘潭市产品质量监督检验所 欧阳峰
湖南省益阳市技术监督局 邓克文

广东省

广东省东莞市技术监督局 刘东兴
广东省深圳市龙岗区技术监督局 龚家瑞
广东省广州市纺织纤维检验所 刘曙彪
广东省汕头市计量检定测试所 许宁勃
广东省翁源县技术监督局 何浅生

广西壮族自治区

广西壮族自治区柳州市技术监督局 唐东江
广西壮族自治区灵川县技术监督局 周中德
广西计量仪器厂 曹一鸣

海南省

海南省卫生防疫站 潘先海

重庆市

重庆市北碚区技术监督局 丁万蓉
重庆市万县市技术监督局 李发祥
重庆市交电商品质量监督检验站 张来熹

四川省

四川省绵阳市技术监督局 张克勤
四川省南充市技术监督局 高成礼
四川省成都市新都县技术监督局 林维远
四川省攀枝花市计量测试研究所 余厚礼

贵州省

贵州省产品质量监督中心检验所 田志强
贵州省金沙县技术监督局 朱汝康

云南省

云南省纤维检验所 李明启
云南省保山地区行政公署技术监督局 何崇寿

西藏自治区

西藏自治区日喀则地区技术监督局 郑宏凯

陕西省

陕西省安康地区技术监督局 田培海
陕西省宝鸡市技术监督局 朱炎林
陕西省延安市技术监督局 郭会拥
陕西省西安市产品质量监督检验所 刘若军

甘肃省

甘肃省兰州市技术监督局 陈筱渝
甘肃省天水市技术监督局 杨云生
甘肃省庄浪县技术监督局 王定吉

青海省

青海省乐都县技术监督局 李国亮

宁夏回族自治区

宁夏回族自治区固原地区技术监督局 黄生虎

新疆维吾尔自治区

新疆维吾尔自治区纤维检验所 马兆仁

新疆维吾尔自治区乌鲁木齐市产品质量监督检验所 张光复

新疆巴音郭楞蒙古自治州技术监督局 魏世珍

新疆维吾尔自治区石河子市技术监督局纤维检验总站 刘卫东

国家质量技术监督局及直属单位

国家质量技术监督局 吴清海

中国纤维检验局 孙天翔

中国计量科学研究院 于 靖

中国测试技术研究院 刘延子

中国标准化与信息分类编码研究所 张成海

中国计量学院 张在宣

中国质量报社 孙世华

中国标准出版社 黄炳印

国务院有关部门及所属单位

湖北储备物资管理局物资检验所 朱光正

国家信息中心 吴亚非

教育部 王 雪

国家语言文字工作委员会 刘连元

公安部 王丽虹

公安部物证鉴定中心 赵敬真

公安部上海消防科学研究所 金义重

国家珠宝玉石质量监督检验中心 李景芝

国土资源部 罗 明

国家测绘局 叶银虎

国家海洋计量站上海分站 沈幼元

建设部 邵长利

中国建筑科学研究院 李明顺

铁道部产品质量监督检验中心 任兴堂

国家轨道衡计量站上海分站 刘光钜

交通部 陶月玲

交通部港口机械质量监督检验测试中心(武汉) 蒋国仁

原邮电部邮政生产用品用具质量监督检验中心 陆建中

江苏省电子产品监督检验所 倪小龙

原电子工业部标准化研究所 谭福有

国家广播电视产品质量监督检验中心 李舜阳

原邮电部通信电源设备质量监督检验中心 梁振生

原邮电部光通信产品质量监督检验中心 张能楚

水利部 马济元

黄河流域水环境监测中心 高 宏

农业部 周开忠

农业部水泵质量监督检验测试中心 罗泽宽

农业部热带作物及制品标准化技术委员会 陈成海

农业部饲料质量监督检验测试中心(成都) 柏 凡

北京高德珠宝鉴定研究所 毛凌云

中国人民银行 聂 舒

天津进出口商品检验局 富恩承

中国民用航空总局 李 伟

原广播电影电视部广播电视计量检测中心 尤玉珍

国家新闻出版署 蔡京生

中国林业科学研究院林产化学工业研究所 向凤仙

国家便携式林业机械质量监督检验中心 王振东

国家医用超声波仪器质量监督检验中心 官国阶

国家旅游局 刘明启

国家国内贸易局 丹军贤

国家国内贸易局 黄 鹏

国家机械工业局 闫育镇

国家机械工业局 王金弟

国家石化有机原料合成树脂质量监督检验中心 杨 力

国家石油产品质量监督检验中心 徐国梁

中国石油天然气总公司计量测试研究所 郑 琦

国家石油和化学工业局 李世昌

原化学工业部标准化研究所 马玉良

中国石油天然气总公司 全志俊

上海轻工控股(集团)公司 顾景余

国家地毯质量监督检验中心 张玉芬

国家纺织工业局 窦茹真

国家纺织工业局 刘志芳

国家建筑材料工业局 周志杰

国家水泥质量监督检验中心 石冠群

山东省烟草质量监督检测站 刘继学

上海市烟草专卖局烟草质量监督检测站 李忠红

中国海洋石油南海西部公司 王少华

中国有色金属工业总公司 郭文光

国家重有色金属质量监督检验中心 周根林

中国包装科研测试中心 华克勤

中国科学院光电技术研究所 范天泉

中国科学院心理研究所 孙秀如

中国地震局地震数据信息中心 李学良

国家蜂产品质量监督检验中心 李子健

中华全国供销合作总社 杨桂芝

中国人民解放军

中国人民解放军总参谋部 刘飘楚

中国人民解放军总参谋部 国少林

中国人民解放军广州军区后勤部 彭 旭

中国新兴(集团)总公司 王雨魁

中国人民解放军海军航空兵航空仪器计量站 赖俊忠

2. 1999年9月,为表彰在推进民族团结进步事业中做出显著成绩的模范集体和模范个人,国务院决定:授予626个集体为“全国民族团结进步模范集体”,授予628名同志为“全国民族团结进步模范个人”。中国标准出版社李春华同志被授予“全国民族团结进步模范个人”荣誉称号。

【社会团体管理】 按照党中央、国务院的部署,自1997年4月以来,我局对所管理的社会团体进行了全面的清理整顿。经民政部审查,批准中国标准化协会、中国计量测试学会、中国计量协会、中国质量检验协会、中国质量万里行促进会、中国防伪行业协会、中国技术监督情报协会、中国条码技术与应用协会、中国节能协会、中国锅炉压力容器检验协会、中国水处理协会予以重新登记、换发证书。

法制建设

立 法 工 作

【法规性文件】 为认真落实党的十五大精神和十五届四中全会通过的《中共中央关于国有企业改革和发展若干重大问题的决定》,全面落实《中华人民共和国产品质量法》和《质量振兴纲要(1996～2010)》,提高我国产品质量总体水平,促进国民经济持续快速健康发展,国务院于 1999 年 12 月发布了《国务院关于进一步加强产品质量工作若干问题的决定》(国发[1999]24 号)。该决定主要有以下 8 个方面的内容:

1. 充分认识加强产品质量工作的重要性。
2. 企业要面向市场,加强质量工作。
3. 加强基础性工作,促进产品质量的提高。
4. 遵循市场经济规则,切实加强质量监管。
5. 加强监督抽查工作,加大处罚力度。
6. 突出重点,严厉打击制假售假违法犯罪行为。
7. 发挥舆论宣传作用,提高全民质量意识。
8. 加强领导,狠抓落实。

【部门规章】 1999 年,国家质量技术监督局共发布部门规章 6 件,分别是:

1.《制造、修理计量器具许可证监督管理办法》(1999 年 2 月 14 日国家质量技术监督局第 2 号局长令发布)

2.《商品量计量违法行为处罚规定》(1999 年 3 月 12 日国家质量技术监督局第 3 号局长令发布)

3.《产品质量仲裁检验和产品质量鉴定管理办法》(1999 年 4 月 1 日国家质量技术监督局第 4 号局长令发布)

4.《原产地域产品保护规定》(1999 年 8 月 17 日国家质量技术监督局第 6 号局长令发布)

5.《国家储备棉公证检验实施办法(试行)》(1999 年 9 月 2 日国家质量技术监督局、国家发展计划委员会、财政部、中华全国供销合作总社、中国农业银行、国家纺织工业局联合发布)

6.《医用氧舱安全管理规定》(1999 年 9 月 18 日国家质量技术监督局、卫生部联合发布)

【地方性法规、地方政府规章】 1999 年,全国共发布了 9 件地方性法规和地方政府规章,分别是:

1.《黑龙江省计量条例》(1999 年 6 月 4 日黑龙江省第九届人民代表大会常务委员会第十次会议通过)

2.《江西省计量监督管理条例》(1999 年 8 月 20 日江西省第九届人民代表大会常委委员会第十次会议通过)

3.《广东省查处生产销售假冒伪劣商品违法行为条例》(1999 年 9 月 24 日广东省第九届人民代表大会常务委员会第十二次会议通过)

4.《内蒙古自治区计量管理条例》(1999 年 9 月 24 日内蒙古自治区第九届人民代表大会常务委员会第十一次会议通过)

5.《湖北省工业产品生产许可证管理办法》(1999 年 3 月 18 日湖北省人民政府令第 164 号发布)

6.《北京市组织机构代码管理办法》(1999 年 6 月 4 日北京市人民政府令第 28 号发布)

7.《黑龙江省信息技术标准化监督管理办法》(1999 年 8 月 25 日黑龙江省人民政府令第 4 号发布)

8.《江苏省产品质量监督管理办法》(1999 年 9 月 15 日江苏省人民政府令第 163 号发布)

9.《北京市人民政府关于对使用煤炭质量的监督规定》(1999 年 10 月 26 日北京市人民政府令第 42 号发布)

执 法 工 作

【行政执法人员统计】 1999 年末,国家质量技术监督部门共有行政执法人员 59 075 人。其中综合行政执法人员 46 662 人,计量专业行政执法人员 4 773 人,标准化专业行政执法人员 1 711 人,质量专业行政执法人员 4 359 人,纤检专业行政执法人员 1 204 人,锅炉压力容器专业行政执法人员 366 人。

【行政执法工作】 1999 年全国质量技术监督部门立案受理行政案件 176 926 件,办理现场行政处罚案件 345 709件。立案案件中处罚到位案件约占总数 60%。全国各级质量技术监督部门移送司法机关查处案件 1 129 件,移送其他部门处理案件 279 件,案件涉及听证程序的 1 882 件,送交法院强制执行 7 989 件。案件罚没金额 72 310 万元,为消费者或企业挽回经济损失 114 404 万元。

【行政复议工作】 1999 年国家质量技术监督局共收到行政复议申请 18 件,立案受理 14 件,申请人自愿撤回申请的 6 件,行政复议决定维持原处罚决定的案件 4 件,撤消原处罚决定的案件 3 件,其他情况 1 件。

1999 年各级质量技术监督部门受理行政复议案件 556 件,申请人自愿撤回申请的 168 件,行政复议决定维持原处罚决定的案件 225 件,撤消原处罚决定的案件 86 件,变更处罚决定 77 件。

【行政执法监督检查】 1999 年初,国家质量技术监督局对各省、自治区、直辖市 1998 年办理的行政案件的案卷进行抽查,全国 30 个省级单位,共交来 88 份案卷。经对案件事实、证据、程序、适用法律、文书使用等项目检查,判定辽宁省 1 号案卷、10 号案卷比较规范,质量较高。1999 年底，国家质量技术监督局对广东省质量技术监督行政执法工作进行了综合性检查。检查对象涉及省、地、县三个层级部门。检查主要内容是：执法人员持证上岗情况，执法人员掌握、运用法律知识的情况，收支两条线操作情况，罚没物资管理和上缴情况，执法案卷文书情况，以及治乱减负，落实中央[1997]14号《决定》情况。国家局检查人员还走访了一部分行政处罚案件的相对人，听取了他们对技术监督部门的评价、意见。通过此次检查活动，国家局搜集到大量第一手资料，有助于上下沟通，有利于发现问题和寻找解决问题的途径。国家局对广东省质量技术监督部门，在行政执法工作中取得成效给予了充分的肯定。

质量管理

概　　述

（一）1999年质量工作取得新的进展

为进一步加大质量工作的力度，国务院于1999年11月4～5日在北京召开了“全国质量工作会议”，会后颁布了《国务院关于进一步加强产品质量工作若干问题的决定》。这是一次非常重要的会议，会议对跨入新世纪的我国质量工作提出了新的要求，作了重要部署。1999年，在从计划经济向社会主义市场经济转轨的过程中，我国质量工作的环境呈现出新的特点：一是党和国家对质量工作高度重视，党中央、国务院把质量问题作为经济发展的战略问题提了出来；二是随着经济体制改革的进一步深入，市场的竞争压力逼迫企业提高质量，同时也为质量工作进行改革，提供了难得的机遇；三是买方市场基本形成，质量在市场竞争中的重要性日趋明显；四是随着对外开放的扩大，国内企业直接受到国际强手的竞争和挑战；五是国有、集体和非公有制多种经济成分并存的状况，要求质量工作适应这一变化。质量工作在推动我国经济体制和经济增长方式的根本性转变中发挥着越来越重要的作用。

在这样的环境下，各地区、各部门和广大企业积极探索，努力实践，在1999年做了大量工作：

1．继续广泛开展“质量万里行”、“质量月”、“3.15保护消费者权益日”、“百城万店无假货”、“购物放心一条街”等活动，推动全民质量意识的提高。

2．加强质量法制建设。各地区、各部门不仅认真组织宣传和贯彻实施《产品质量法》，而且也制定了一批地方法规。各级人大开展执法大检查，有力地推动了《产品质量法》的贯彻。

3．制定了国家《质量振兴纲要》并认真宣传和贯彻实施。全国大部分省（区、市）和十几个行业制定了实施计划，40多个城市开展了“质量兴市”活动，轻工、石油、化工、建设等行业开展了“质量兴业”活动。

4．各地区、各部门以及一些国有大中型企业，以提高产品实物质量为着力点，集中力量抓了原材料、重大装备和基础元器件、消费品、安全类等重点产品质量上台阶任务的落实。

5．根据中央领导同志关于要大声疾呼加强质量管理的指示精神，各地区、各部门引导企业在转机制、抓管理、练内功、增效益活动中继续加强全面质量管理，积极贯彻实施GB/T 19000-ISO 9000系列标准，建立健全质量体系，加强标准、计量等技术基础工作，开展“降废减损”活动，推动企业走质量效益型发展道路。

6．组织实施名牌战略，鼓励和支持企业争创名牌产品。全国已有28个省（区、市）开展了创名牌活动；机械、电子、化工、轻工、兵器、核工业、农业、建设等部门也实施了名牌战略。

7．质量认证工作有了突破性进展。我国已建立起与国际惯例接轨的质量认证认可制度，并逐步实现与双边和多边的互认合作，提高了在国际上的地位。目前，认证工作正在提高有效性上下功夫。

8．质量监督的广度、深度、力度不断增强。七年来，对生产领域监督抽查的覆盖面不断扩大，抽查的产品从120类扩大到200类，抽查的企业从每年3 000家扩大到10 000家；经常性的市场监督检查得到加强，每年围绕几个重大节日对广大人民群众关心的重点商品开展专项检查，对一些质量问题严重的批发市场和专业市场进行治理整顿；各部门、各地区加强产品质量监督抽查的后处理工作，召开质量分析会，对生产不合格产品的企业进行整顿，对连续两次监督抽查不合格企业免去了厂长职务，关停了一批不具备生产条件的企业；加强了对实施生产许可证管理产品的无证查处工作；充分发挥新闻舆论的监督作用，加大国家监督抽查的宣传力度。国家监督抽查制度不断完善，促进一批产品质量有所提高。

9．加强生产许可证的统一管理。1999年继续落实我局《关于进一步加强生产许可证统一管理工作的通知》，组建了全国工业产品生产许可证审查中心，审批成立了工业产品生产许可证审查中心等8个工业产品生产许可证审查部。实现了生产许可证证书由国家质量技术监督局统一发放的目标，全年共发证书6 800张。全面启动劳保用品、低压电器、电线电缆、水泥等产品的到期换证工作。

10．“打假”工作得到广泛重视，全国“打假”工作在党中央、国务院的领导下，质量技术监督、工商行政管理、法院、检察院、公安等部门周密部署、精心组织、通力合作，查大案、端窝点、整市场、清柜台、抓专项、保名优，取得了很大成绩，在社会上产生了强烈反响。

与此同时，服务质量引起各方面高度关注，全国服务质量大调查以及金融、邮电行业广泛开展“树新风、创优质服务”活动，商业系统积极推行商品质量先行负责制，铁路系统实施“提高客货服务质量百点计划”，交通、民航引入竞争机制，抓安全正点，推动了各行业服务质量工作的进步。

经过各方面的共同努力，我国产品质量开始扭转了前几年一度出现的下滑，质量总体水平呈现出好转的态势，具体表现：

一是产品质量国家监督抽查合格率有所上升。1992年到1994年连续3年国家监督抽查合格率一直在70%左右的低水平徘徊，1995年抽样合格率为75.4%，1996年为77.2%，1997年为78.3%，1998年为77.8%，1999年为78.6%。其中，国有企业、国有大型企业抽查合格率分别稳定在80%和88%以上。

二是一批重点产品的实物质量有所提高。钢材、煤炭、棉花等部分原材料产品质量明显提高；大型火电机组、国产轿车、热轧设备、海洋石油平台钻机等一些重大装备的质量故障有所减少；国产大屏幕彩电和部分名牌电冰箱、洗衣机、空调器等消费类产品质量达到国际先进水平；低压电器、煤矿用防爆电器、燃气热水器等产品质量、可靠性逐年好转。

三是一批企业质量管理工作有了长足进展。在继续推进全面质量管理的同时，全国有上万家企业贯彻实施GB/T 19000—ISO 9000《质量管理和质量保证》系列标准，建立健全了质量保证体系。

四是在深化企业改革，转换经营机制过程中，涌现出一批质量效益型先进企业和名牌产品。他们加强以质量管理为中心的企业管理，以市场为导向，以满足用户需求为目标，把质量管理融于企业生产经营的全过程，依靠优质产品和售后服务，在激烈的市场竞争中立于不败之地。如邯钢、宝钢、武钢、上海大众、四川长虹、青岛海尔、广东科龙、青岛海信、江苏春兰、无锡小天鹅等企业，在行业乃至全国起到了排头兵的作用。

几年来的工作实践使我们深刻地体会到：政府一定要加强对质量工作的领导，着力为企业创造一个公平竞争的市场环境，为消费者创造一个放心满意的购物环境；一定要充分发挥市场机制的作用，依靠市场竞争，实现优胜劣汰；一定要充分发挥各方面的作用，形成合力，齐抓共管；一定要与精神文明建设相结合，努力培育我国自己的质量文化。我们要十分珍惜已经取得的成绩，不断总结新经验，进一步做好质量工作。

（二）充分认识当前我国质量状况的严重性

在肯定成绩的同时，我们必须清醒地看到，不论是与国民经济发展的要求相比，还是与国际的先进水平相比，我国的产品质量都还有相当大的差距。质量形势依然十分严峻。已经到了非解决不可的时候。当前，质量状况的严重性主要表现在以下几个方面：

① **产品质量低劣问题相当普遍**。从近几年国家监督抽查反映的数据看，始终有20%～30%的抽查样品不合格，而这些不合格品都是经工厂检验认为合格后，入库待销或者是已经进入市场正在销售的产品。其中，乡镇企业生产的产品30%左右不合格，个体私营企业生产的产品有45%左右不合格。

② **假冒伪劣屡禁不止**。目前，制售假冒伪劣产品的违法行为在一些地区蔓延成区域性问题，参与制假售假违法活动的单位和人员日趋复杂，手段更隐蔽、更狡诈；个别党政机关和执法部门中的腐败分子与制假售假者互相勾结，以各种名义包庇、纵容、保护制假售假；以暴力阻挠、抗拒打假执法的问题越来越突出。近年来，一些地方由于假冒伪劣产品造成的农作物减产绝收，建筑物坍塌，锅炉、压力容器、压力管道爆炸，电梯、客运架空索道、游乐设施存在隐患，危害人体健康和造成人身伤亡的事件时有发生。

③ **产品质量危及工程质量**。大量不合格的建筑材料和不合格的设备进入施工领域，导致工程质量隐患增加。不少恶性事故的发生，都与建筑材料不合格甚至是假冒伪劣有关。工程质量事故不仅造成重大经济损失，而且直接威胁人民生命财产安全。

④ **消费者对质量问题反映强烈**。据中国消费者协会统计，对质量问题的投诉已连续多年居高不下。这些年对产品质量、工程质量、服务质量和假冒伪劣商品的投诉量超过投诉总量的80%。质量问题已成为全社会关注的热点和影响经济发展的重要因素。

⑤ **我国产品质量总体水平不高，产品市场竞争能力差**。一方面我国生产能力大量过剩，另一方面，许多产品还需要大量进口，其主要原因：一是我国产品以资源消耗型、劳动密集型的初级产品居多，品种不对路，普遍存在"三多三少"的现象，即大路产品多，名优产品少；粗加工产品多，深加工产品少，物耗能耗高的产品多，高新技术高附加值的产品少。二是与国际水平相比有很大差距。据专家估计，我国产品质量的总体水平落后于工业发达国家大约10～15年。例如：农业机械的差距约为15年，以大规模集成电路为代表的电子元器件、基础件的差距为10～15年。三是可靠性差。许多产品的质量不稳定，寿命偏低。据有关部门统计，国产发电设备的有效利用时间仅为68%，处于事故维修状态的时间占32%，而国外生产的发电设备有效利用时间一般在85%左右；同样的装机容量，采用国外先进的技术装备就可以多发1/5的电。轴承、机械密封件、液压、气动元件等基础零部件的平均寿命大约是国外同类产品的1/3～1/5，中、小功率柴油机和拖拉机等机械产品的平均无故障工作时间大约是国外同类产品的1/3。

⑥ **企业生产过程中的次品、废品、返修品等不良品损失严重，造成的浪费相当惊人**。据对690户国家重点大型企业（集团）的调查，1999年直接质量损失占工业增加值的2.12%，而且还不包括用户在使用过程中的间接损失和退货返修的成本。这些企业都是管理水平较高、产品质量较稳定、质量损失相对较低的好企业，仅据此推算，1999年我国工业产品质量损失达400亿元以上。

质量低劣问题已经对我国经济、社会、政治各方面造成严重影响。产品质量差，老百姓购物缺乏安全感，严重干扰了中央关于扩大内需、拉动消费增长的重大决策的实施；产品的市场竞争力不强，背离我国对外贸易中"以质取胜"的战略，直接影响到出口的增加；产品质量差造成企业效益低下，严重影响国有企业的改革和发展，特别是一些涉及人身安全和健康的产品质量低劣问题，直接影响到社会的稳定。落后就要挨打。我们决不能因质量问题拖现代化建设的后腿。

造成目前产品质量问题的原因是多方面的，从当前的实际情况看：

监督乏力，有效手段不足是一个原因。现行法律法规对质量违法行为处罚过轻，赔偿过低，对造假售假者"打不疼、打不死"，形不成震慑力。质量监督抽查受条件限制，使监督检查覆盖面难以达到应有范围，加上地方保护干扰执法，后处理工作难以落实。

市场机制不完善，无序竞争造成优难胜、劣不汰也是一个原因。地方保护，使一些名优产品被假冒的问题长期得不到解决，一些大案要案难以查处；商业购销中的"回扣风"、"好处费"以及腐败问题，使真货斗不过假货，名优产品斗不过劣质品；少数企业以牺牲质量为代价，偷工减料，低价促销，恶性竞争；社会上各种以营利为目的的评比和变相评比泛滥，干扰了企业的正常经营，对消费者形成误导甚至欺诈。

我国多数工业生产企业技术装备落后也是一个重要原因。设备陈旧，工艺落后，技术创新能力不足，低水平重复十分突出。一些企业对现有设备不进行维护保养，靠拼设备来维持短期利益。一些乡镇企业和个体私营企业购买使用已经淘汰的设备，加工精度低，可靠性差，又缺少必要的计量检测设备，质量根本无法保证。

特别是近几年，企业放松质量管理的状况尤其令人担忧。相当一部分企业质量管理滑坡。比如，部分企业在转机建制当中，忽视质量职能的落实，任意撤并质量机构，削弱质量检验；部分企业规章制度不健全，工艺纪律涣散，现场管理混乱，外购、外协件进厂不验收，产品出厂不把关；相当多的中小企业，工人不经培训考核直接上岗，产品质量无法保证；在乡镇企业和个体私营企业当中没有标准和不按标准生产的情况比较普遍。应该说，当前许多质量问题的产生，都不是做不好，而是不认真去做；不是不能做，而是不去做，许多质量问题都出在不严格上。管理不严，是造成质量问题突出的主要原因。机械行业对 51 个电厂 53 台发电机组反映出来的 370 个质量问题进行排队分析，属于管理不严引起的质量问题所占比例高达 88%，属于包装运输问题的占 7%，真正属于设计和技术问题的不到 5%。普遍问题是订错货、用错料、发错货，加工尺寸超差，漏工序、漏检、装配缺件，包装质量差等。

当前，在质量管理工作上有几个倾向性问题必须引起高度重视：一是，相当一部分企业的领导质量意识淡薄，重数量、轻质量，没有把质量摆到第一位；二是，相当一部分企业没有摆正转换经营机制与严格内部管理的关系，把过多的注意力集中在“产权、股份、公司化”上，放松了企业的内部管理，出现质量管理滑坡。前不久，国家质量技术监督局举办不合格厂长培训班，在对应知应会的基本知识摸底考试中，47 位厂长有 32 位不及格，16 位一把手有 12 位不及格；三是，相当一部分企业没有摆正企业自主经营管理和政府依法进行监督管理的关系，对于一些政府部门应该管的事，不服管，有些地方政府部门执法不严；四是，中央关于质量工作的方针政策在一些地区、部门和企业没有得到很好的贯彻，质量责任不落实，措施不得力，造成质量工作削弱甚至失控。

主要工业产品质量指标

1999 年全国重点工业城市质量指标统计信息网共统计了 73 个城市的 15 000 多家企业的产品质量指标，涉及机械、电子、冶金、化工、石化、邮电、轻工、纺织、建材、有色、医药、中医药、船舶、烟草等 14 个行业。统计结果显示，重点工业城市产品质量呈波动上升的趋势，1999 年 1 季度至 4 季度产品质量等级的产值率分别为 89.86%、90.95%、91.09%、89.57%，全年产品质量等级品率为 90.14%，比上年提高 1.12 个百分点。近年来，重点工业城市在经济结构调整中，重视提高产品质量，推动企业是质量效益型的道路，使产品质量总体水平不断提高。1997 年产品质量等级品率为 84.80%，1998 年为 89.29%，1999 年在前两年大幅提高的基础上继续提高，达到近年来最好水平。

1999 年全国还统计了 14 个行业的 600 多家重点工业企业的产品质量状况。重点企业质量指标由各省、自治区、直辖市直接统计。统计结果表明，重点企业产品质量水平呈上升趋势，统计范围内的产品质量等级品率为 103.09%，已达到国际一般水平，比同期重点工业城市统计的产品质量等级品率 90.41% 高出 12.68 个百分点；重点企业的产品质量稳定提高率也较 1998 年有所上升，达到 92.36%，比 1998 年提高 1.64 个百分点，工业产品销售率稳中有升，产销衔接好于 1998 年；新产品产值率为 22.72%，比 1998 年提高 1.08 个百分点，新产品开发能力明显高于其他企业。

全国工业产品质量指标统计为提高产品质量、加强管理、了解重点企业产品质量状况、推进质量工作提供了重要的决策依据，成为国民经济和社会发展的重要经济指标。

1999 年重点工业城市产品质量指标统计

统计的城市数	指标 / 时间	产品质量等级品率					质量损失率
		分等产品总产值(万元)	指标(%)	优等品产值率(%)	一等品产值率(%)	合格品产值率(%)	工业总产值(现价)(万元)
73 个	1 季度	24 634 047.31	89.86	20.25	39.66	39.66	24 723 946.22
73 个	2 季度	31 100 480.76	90.95	20.88	40.31	38.63	30 276 161.12
70 个	3 季度	27 804 112.58	91.09	21.08	40.63	37.70	31 232 712.27
68 个	4 季度	27 094 991.57	89.57	20.20	40.74	37.06	29 374 281.37
	全年	110 633 632.22	90.41	20.62	40.35	38.24	115 607 100.98

续表

统计的城市数	指标/时间	质量损失率 指标(%)	内部损失率(%)	外部损失率(%)	工业产品销售率 指标(%)	工业销售产值(万元)	新产品产值率 指标(%)	新产品产值(万元)
73个	1季度	0.72	0.47	0.25	96.16	48 905 223.25	15.81	7 534 211.28
73个	2季度	0.62	0.41	0.21	96.84	57 985 044.50	16.72	10 274 896.77
70个	3季度	0.60	0.37	0.23	97.56	56 614 910.79	16.58	8 591 812.88
68个	4季度	0.69	0.47	0.22	98.35	61 850 878.32	17.65	13 631 910.71
	全年	0.65	0.43	0.23	97.28	225 356 056.86	16.81	40 032 831.64

1999年千户重点工业企业产品质量指标统计

统计的企业数	指标/时间	产品质量等级品率 分等产品总产值(万元)	指标(%)	优等品产值率(%)	一等品产值率(%)	合格品产值率(%)	工业总产值(现价)(万元)	质量损失率 指标(%)	内部损失率(%)	外部损失率(%)
663个	1季度	13 941 750.09	100.73	29.77	41.91	28.32	12 828 265.37	0.60	0.37	0.23
655个	2季度	15 436 780.16	103.07	32.72	40.70	26.58	15 079 997.43	0.51	0.34	0.18
627个	3季度	13 474 747.37	102.86	32.07	41.58	26.35	12 821 082.65	0.63	0.38	0.25
565个	4季度	15 406 593.04	105.44	35.04	40.81	24.15	13 682 323.70	0.61	0.38	0.23
	全年	58 259 870.66	103.09	32.48	41.22	26.30	54 411 669.15	0.58	0.36	0.22

统计的企业数	指标/时间	工业产品销售率 指标(%)	工业销售产值(万元)	新产品产值率 指标(%)	新产品产值(万元)	稳定提高率 指标(%)	可比项数
663个	1季度	95.84	15 973 295.15	20.23	2 831 441.39	92.43	2617
655个	2季度	96.33	18 701 914.97	22.19	3 682 975.25	91.81	2711
627个	3季度	97.82	16 004 385.59	19.30	2 774 733.41	93.15	2525
565个	4季度	100.46	17 469 814.03	29.18	4 196 870.23	92.08	2513
	全年	97.59	68 149 409.74	22.72	13 486 020.30	92.36	10366

质量监督

概 述

1999年质量监督工作以党的“十五大”、十五届三中全会精神为指导，高举“质量振兴”和“打假治劣”的旗帜，针对当前质量状况比较严峻的形势，认真贯彻落实国务院领导关于用铁腕抓质量和重点解决对制假者打不“疼”、打不“死”问题的指示精神，充分发挥质量技术监督部门综合管理和行政执法双重职能，加强质量监督，加大执法力度，努力提高监督执法的有效性。主要工作如下：

一、围绕提高产品质量，加强监督检查

（一）突出重点、加大监督力度，积极开展国家监督抽查

1. 统一安排好季度国家监督抽查工作

1999年围绕提高产品质量，强化了重点产品质量季度国家监督抽查，特别是加强了对一些重要产品的跟踪抽查。其抽查的重点是：重要的工业生产资料、农业生产资料、建筑材料、影响人体健康和人身安全的生活用品、食品、家用电器等产品。全年1～4季度产品质量季度国家监督抽查共抽查了204类7 131家企业生产、经销的8 345种产品，合格6 562种，平均抽样合格率为78.6%。与1998年相比，抽查的种类增加了28类，增长15.9%；抽查涉及的企业数量比上年增加了1 700家，增长31.3%；抽查的产品数量比1998年增加了1 575种，增长23.3%；抽样合格率在1998年77.8%的基础上提高了0.8个百分点。

2. 针对质量问题突出产品，加大国家专项抽查力度

1999年对14类产品质量问题比较突出的热点产品，先后组织了7次产品质量国家监督专项抽查，共抽查了354家企业生产、经销的560种产品，合格411种，平均抽样合格率为73.4%。

3. 认真做好抽查后处理工作，促进企业提高产品质量

1999年加大了监督抽查后处理工作，全年有关质量技术监督部门会同行业主管部门召开了92次质量分析会，举办了63期不合格企业厂长（经理）学习班，建议有关部门吊销了9家企业的营业执照，对不合格企业依法进行了行政处罚，有力地促进了企业提高产品质量。

（二）协调、审批和组织管理好行业监督、专业监督

1999年国家质量技术监督局经过计划协调，审查批准了公安部、信息产业部等部门对5类产品质量进行行业产品质量监督检查。公安部对金属手铐、特种车辆标志灯具、计算机信息系统防雷保安器3类产品开展了行业监督检查。其3类产品的平均抽样合格率分别为83.3%、52.9%、83.3%。信息产业部对全国15家带触点的集成电路卡（IC卡）生产企业进行了产品质量行业监督检查，抽查涉及北京、上海和广东3个省、直辖市，企业数约占全国同行业的30%，产量占全国总产量的50%以上。这些企业基本代表了我国目前IC卡的生产水平。此次监督检查对15家企业的15种产品按规定的项目进行了检验，结果有10家企业的10种产品合格，产品抽样合格率为66.7%。

（三）积极开展纤维质量监督工作

1999年全国各级专业纤维检验机构共检验各类纤维7万批，约118.3万吨，比1998年增加了35万吨，增长了42%。其中检验棉纤维103.7万吨，比1998年增加了51.2万吨，增长了97.5%；检验毛类纤维3万吨，与1998年基本持平；检验化纤8.1万吨，比1998年减少了13.3万吨。

1. 棉花质量监督检验工作

据统计，1999年度全国监督检验棉花7 374批计21.61万吨。其中，加工环节监督检验棉花为4 105批计13.26万吨，平均品级相符率为92.97%，平均长度相符率98.75%，防止等级升降经济差额713.59万元；抽查未开展公证检验试点的棉纺企业进厂原棉3 269批计8.35万吨，平均品级相符率为77.58%，平均长度相符率为88.54%，比1998年分别下降11.38和2.86个百分点，查出因等级不符、重量盈亏经济差额3 699.65万元。

2. 毛绒、麻、茧丝、化纤质量监督工作

山羊绒国家检验的原绒数量1999年已达到1万吨（含分梳山羊绒折合原绒的部分），检验数量在1998年的基础上翻了一番，已超过全国年产量的80%。春茧期间第一次直接组织了全国鲜茧收购质量执法检查，8个省、市纤检机构组织执法检查组对全国400多个茧站进行检查，检查茧站数比1998年增加2.5倍，对提高收茧的仪评率起到很大推动作用。干茧、生丝的质量监督工作有所发展，部分省级专业纤维检验机构新增了干茧或生丝质量检验能力，使全国干茧、生丝质量监督工作呈现新的发展态势。1999年定期监督抽查化纤企业127家，抽检328批次；检验进口化纤327批次；市场监督检查40批次。

二、规范市场秩序，深入开展市场执法检查

（一）积极开展市场执法大检查，净化市场环境

为落实国务院领导有关加大质量监督力度，用铁腕抓质量的一系列重要指示，有效治理当前质量问题严重、假冒伪劣屡禁不止、质量滑坡、市场质量欺诈行为不断的严重状况，1999年国家质量技术监督局在全国部署开展“查市场、保两节，查农资、保春耕，查建材、保建设”三大战役。同时，要求各级质量技术监督部门结合实际，突出重点，加强市场商品标识、质量和计量执法检查，把可能危及人体健康和人身、财产安全的产品，影响国计民生的重要工业产品，标实不符的热销产品，实行生产许可证而无证的产品，进口产品及与群众利益密切相关的计量器具产品等作为执法检查的重点，坚持日常执法检查和集中查处相结合，在经常性执法

检查的基础上，重点抓好元旦、春节节日市场商品质量和春季农用生产资料及其他执法检查。

（二）积极开展专业市场整顿，加强专业市场的商品质量监督工作

1999年全国积极组织开展了市场执法专项检查。一是结合国家局专项治理工作部署安排了对手机系列产品的专项检查，并配合此活动组织对电话机、移动电话机进行监督抽查；二是开展对燃气用具产品的专项检查和治理活动，并配合此活动对山东即墨、浙江义乌的燃气具市场进行监督专项抽查，共抽查170批次燃气具商品。三是会同国家冶金局对生产销售伪劣钢材重点地区的专项检查和执法打假活动，查处了一批劣质钢材，关停了一批无生产许可证非法生产的企业。

三、紧紧围绕“查大案、端窝点、抓专项、保名优”，推动“打假”工作向纵深发展

（一）“三重一大”打假

1999年下半年起，国家质量技术监督局为贯彻《国务院关于进一步加强产品质量工作若干问题的决定》精神，组织全国质量技术监督系统认真分析打假工作现状，进一步提出了今后三年“三重一大”打假工作的实施意见（重点产品、重点市场、重点区域的打假和查处大案要案，简称为“三重一大”），其核心是突出重点和狠抓大案要案。该实施意见提出“五个明确”。第一是明确任务和目标；第二是明确“三重一大”范围；第三是明确打假工作的责任制；第四是明确五个相结合；第五是明确基础建设工作的重点。

（二）实施“121”计划，开展“打击假冒，保护名优”活动

1999年继续开展“打击假冒，保护名优”活动，查处假冒名优产品违法行为的力度普遍得到增强。据不完全统计，自开展“打击假冒，保护名优”活动以来，共查处假冒名优产品标值为35.83亿元，查办假冒名优产品违法案件28万件，捣毁制假售假名优产品窝点1.27万个，破获制假售假团伙493个，为名优产品生产企业挽回经济损失10.2亿元。

（三）组织开展专项“打假”活动

1999年加强了专项“打假”活动，国家局先后组织有关省市质量技术监督局对广东揭阳市榕城区仙桥、梅云两镇无生产许可证生产劣质螺纹钢；对武汉市汉正街批发市场、宜昌市燃气具批发市场、常德市桥南市场、潮州市饶平县燃气具一条街等地的假冒伪劣燃气具产品开展了专项打假活动，打假工作成绩显著。

（四）查处十一项大案要案

1999年查处十一项大案要案如下：

1. 江西赣州有毒桶装猪油案；

2. 黑龙江佳木斯市技术监督局查处市晨峰农资贸易中心经销劣质化肥案；

3. 湖南益湘铝业有限公司生产国家明令废止的“85标准”压力锅案；

4. 广东潮阳区域性制售假冒伪劣电池案；

5. 广东潮阳奇华塑胶制品厂长期屡禁不止大量制造假冒伪劣牙刷案；

6. 江西上饶市技术监督局查处弋阳县制造假冒伪劣牙膏案；

7. 上海市技术监督局查处上海统仁经贸有限公司生产、销售假冒彩电案；

8. 天津蓟县技术监督局查处礼明庄团伙制售假冒伪劣农药案；

9. 吉林延边州技术监督局查处延吉市农资公司销售劣质复合肥案；

10. 河南鹤壁市技术监督局查处长期无证生产销售水泥案；

11. 江苏武进市隔湖林场生产假冒上海强生公司“邦迪”牌创可贴案。

（五）创建“购物放心一条街”活动

创建“购物放心一条街”活动是“百城万店无假货”活动向基层延伸的组成部分，是质量技术监督充分履行“规范市场、扶优治劣、引导消费、服务企业”职责，贴紧经济工作，深化打假治劣的一项重要举措。

1999年12月7日，国家局在南京召开了全国推进创建“购物放心一条街”活动座谈会，讨论通过了《国家质量技术监督局关于开展创建“购物放心一条街”活动的实施意见》。明确了创建活动的指导思想、工作目标、申报条件、创建标准和实施步骤。

四、组织开展为消费者服务活动，认真处理质量投诉，调解质量纠纷，维护消费者合法权益。

（一）认真处理质量投诉

1999年国家质量技术监督局直接受理消费者、用户的质量申诉（包括来人、来函）538件，处理496件，处理率为92%，其中复函申诉人168封，电话答复处理236次，调解26件，移送地方局处理的有54件，移送其他部门处理的12件，在调解的26件质量申诉中，调解成功的21件，未达成协议的5件。

1999年地方质量技术监督系统共受理消费者申诉57 770件，涉及产品价值111 738.8万元，处理申诉53 118件，为消费者挽回经济损失25 612.7万元。

（二）积极做好质量仲裁检验和产品质量鉴定

1999年接受司法机关产品质量鉴定申请12件，除4件因不具备鉴定条件或法院撤回申请外，其余8件分别指定有关鉴定组织单位实施鉴定，其中5件已完成，另外3件正在组织实施中。此外，对1998年遗留的4件质量鉴定也分别组织了质量鉴定。

五、加强和完善质量监督信息管理工作

（一）进一步加强和完善质量监督信息统计和分析工作

1999年质量信息管理重点做了如下工作：一是对各地抽检情况通过季报和月报加以汇总分析。二是进一步规范了地方产、商品质量监督信息统计材料的报送工作。三是着手研究质量监督信息统计工作的改革。

（二）加强质量监督工作的宣传

1999年共编发《质监动态》20期，内容包括：全国各省、

自治区、直辖市的质量监督情况季报，40个有关城市的质量监督情况月报，介绍地方质量监督工作措施、工作经验的专题报告和反映重大事项的情况通报等。积极通过新闻媒介宣传质量监督工作，并在《人民日报》等有关报纸上发布产品质量国家监督抽查的信息。

产品质量国家监督抽查

1999年，国家质量技术监督局按季度组织了4次产品质量国家监督抽查，同时，还对质量问题突出的热点产品，组织了7次产品质量国家监督专项抽查。

【产品质量国家监督抽查】 1999年1～4季度产品质量国家监督抽查共抽查了204类7 131家企业生产、经销的8 345种产品，合格6 562种，平均抽样合格率为78.6%。与1998年相比，抽查的种类比1998年的176类增加了28类，增长15.9%；抽查涉及的企业数量比1998年的5 431家增加了1 700家，增长31.3%；抽查的产品数量比1998年的6 770种增加了1 575种，增长23.3%；抽样合格率在1998年77.8%的基础上提高了0.8个百分点。

从4个季度抽查的情况来看，1～4季度抽样合格率分别为77.8%、79.4%、79.0%和78.4%，总体呈现小幅波动态势。但与1998年同期相比，除第4季度抽样合格率略有下降外，其余3个季度均比1998年同期有所提高。其中，第1季度抽查了1 573家企业的2 080种产品，合格1619种，抽样合格率比1998年同期提高了1.3个百分点；2季度抽查了1 882家企业的2 132种产品，合格1 692种，抽样合格率比1998年同期提高了1.6个百分点；3季度抽查了1 598家企业的1 742种产品，合格1 376种，抽样合格率比1998年同期提高了1个百分点；4季度抽查了2 078家企业的2 391种产品，合格1 875种，抽样合格率比1998年同期低0.5个百分点。另外，4个季度抽查的产品类别根据“规范市场，引导消费”的原则分别有所侧重：第1季度抽查侧重与百姓日常生活关系密切的产品及农业生产资料产品；第2季度抽查产品侧重于工业生产资料和涉及人身安全的产品；第3季度抽查的产品侧重于与消费者日常生活关系密切，涉及人身健康及财产安全以及整机、成品类产品；第4季度抽查侧重于“两节”消费类产品，以及实行生产许可证管理的产品、农业生产资料产品。

从抽查的企业情况看，全年大、中、小型企业的抽样合格率仍为递减排列。全年抽查了1 229家大型企业的1 616种产品，合格1 485种，抽样合格率为91.9%，比平均抽样合格率高13.3个百分点；抽查了2 010家中型企业的2 385种产品，合格2 008种，抽样合格率为84.2%，比全年平均抽样合格率高5.6个百分点；抽查了3 892家小型企业的4 344种产品，合格3 069种，抽样合格率为70.6%，比全年平均抽样合格率低8.0个百分点，还分别比大、中型企业的抽样合格率低21.3、13.6个百分点。全年抽查结果表明小型企业的产品质量仍是制约我国总体产品质量提高的关键所在。

按抽查的企业性质分析，国有、三资企业的产品质量要好于其他性质的企业。1999年全年抽查了2 155家国有企业的2 638种产品，合格2 273种，抽样合格率为86.2%；抽查了1 029家三资企业的1 240种产品，合格1 066种，抽样合格率为86.0%；抽查了1 340家股份制企业1 599种产品，合格1 263种，抽样合格率为79.0%；抽查了1 469家集体企业1 644种产品，合格1 199种，抽样合格率73.0%；抽查了1 039家私营企业(含个体)企业的1113种产品，合格690种，抽样合格率为62.0%。

从抽查的产品情况看，全年抽查的204类产品中，有22类产品的抽样合格率为100%；有87类产品的抽样合格率在80%～99.9%；有62类产品抽样合格率在60%～79.9%，有33类产品的抽样合格率在60%以下，占全年抽查总数的16.2%。由此反映出，这33类产品的质量问题还比较多。尤其是小型轮式拖拉机、三足式离心机、数控系统、商用电烤炉、含乳饮料类等5类产品抽样合格率不足三成，质量问题十分突出。

按产品的大类分析，全年消费品抽样合格率低于平均抽样合格率3.4个百分点，生产资料产品抽样合格率高于全年平均抽样合格率3.1个百分点。其中，消费类产品中，耐用消费品抽样合格率为75.2%；一般消费品抽样合格率为75.2%；生产资料产品中，工业生产资料产品抽样合格率为82.1%；农业生产资料抽样合格率为80.4%。

另外，对国家重点监控的重点产品，全年共抽查了4 439家企业的5 213种产品，合格4 183种，抽样合格率为80.2%，高于全年平均抽样合格率。

从质量认证的产品方面看，在抽查的8 345种产品中，有509家企业的569种产品通过方圆、长城等质量认证，合格518种，抽样合格率为91.0%，企业通过体系认证的有359家企业的560种产品，合格527种，抽样合格率为94.1%，分别高于全年平均抽样合格率12.4、15.5个百分点。

从全年抽查产品抽样领域情况看，在生产领域抽查了5 541家企业的6 592种产品，合格5 324种，抽样合格率为80.8%；在流通领域抽查了1 441家企业的1 579种产品，合格1 091种，抽样合格率为69.1%，两者相差11.7个百分点。反映出流通领域的产品质量不能令人满意。

从抽查产品分省统计角度分析，全年抽查企业数超过100家的20个省、自治区、直辖市中，有10个省、直辖市的产品平均抽样合格率在80%以上，分别是：山西为85.3%、黑龙江为83.6%、重庆为83.5%、安徽为83.2%、天津为83.2%、湖南为83.0%、北京为80.6%、福建为80.6%、河南为80.7%、上海为80.4%，与全年平均抽样合格率基本持平的有9个省、自治区，分别是：江苏为79.7%、广西为79.4%、四川为79.4%、辽宁为78.3%、山东为77.5%、陕西为76.8%、湖北为76.6%、广东为76.6%、河北为75.3%。

为适应市场经济体制逐步建立的新形势，进一步做好产品质量监督国家监督抽查工作，突出监督抽查重点，增强可比性。国家质量技术监督局根据国务院各有关部门提供的国家监督抽查产品目录建议名单，并商有关部门研究制定了《国家监督抽查产品目录》。今后按季度组织的产品质量国家监督抽查将依据此目录开展。

国家监督抽查产品目录

序号	产品名称	备注	序号	产品名称	备注
一、农、林产品			25	浓缩饲料	跟踪抽查
(一) 农业产品			**四、针织品、服装、鞋帽**		
1	水稻种子	跟踪抽查	(一) 针织品		
2	小麦种子	跟踪抽查	26	针织产品	一般抽查
3	玉米种子	跟踪抽查	27	羊绒针织品	一般抽查
4	棉花种子	跟踪抽查	(二) 服装		
5	蔬菜种子	跟踪抽查	28	服装	一般抽查
(二) 营林产品			29	羽绒制品	一般抽查
6	林业种子、苗木	跟踪抽查	(三) 鞋帽		
二、矿产品			30	鞋	一般抽查
(一) 原煤产品			31	摩托车头盔	一般抽查
7	动力煤	跟踪抽查	**五、木材制品**		
8	冶炼用煤	跟踪抽查	32	人造板	一般抽查
三、加工食品、饮料和饲料			33	木地板块	一般抽查
(一) 加工食品			**六、纸制品、文教体育用品**		
9	小麦粉	跟踪抽查	(一) 纸制品		
10	高级烹调油	跟踪抽查	34	卫生由	一般抽查
11	火腿肠	一般抽查	35	纸巾纸	一般抽查
12	月饼	一般抽查	36	水泥包装袋	一般抽查
13	乳制品	跟踪抽查	(二) 文教体育用品		
14	酱油	一般抽查	37	游艺机	一般抽查
15	食醋	一般抽查	38	玩具	跟踪抽查
16	加碘盐	跟踪抽查	39	童车	跟踪抽查
(二) 饮料			**七、石油制品**		
17	白酒	一般抽查	40	汽油	跟踪抽查
18	啤酒	一般抽查	41	柴油	跟踪抽查
19	葡萄酒	跟踪抽查	42	汽车发动机冷却液	一般抽查
20	碳酸饮料	一般抽查	43	汽车制动液	跟踪抽查
21	瓶装饮用水	一般抽查	44	润滑油	跟踪抽查
22	冰淇淋	一般抽查	**八、化工产品**		
23	茶叶	跟踪抽查	(一) 无机化学品		
(三) 饲料			45	工业硫酸	跟踪抽查
24	配合饲料	跟踪抽查	46	工业碳酸钠(纯碱)	跟踪抽查

续表

序号	产品名称	备注
（二）化学肥料		
47	氮肥(含尿素)	跟踪抽查
48	磷肥	跟踪抽查
49	钾肥	跟踪抽查
50	复混肥	跟踪抽查
（三）化学农药		
51	杀虫剂	跟踪抽查
52	杀菌剂	跟踪抽查
53	除草剂	跟踪抽查
54	卫生杀虫剂	一般抽查
（四）有机化学品		
55	溶解乙炔	跟踪抽查
56	邻苯二甲酸酐	跟踪抽查
57	稀释过氧化苯甲酰	一般抽查
58	合成树脂乳液内(外)墙涂料	跟踪抽查
59	分散染料	跟踪抽查
60	锅炉水处理药剂	一般抽查
（五）高分子聚合物		
61	聚氯乙烯树脂	跟踪抽查
62	聚乙烯树脂	跟踪抽查
63	聚丙烯树脂	跟踪抽查
64	离子交换树脂	跟踪抽查
（六）化学试剂		
65	通用化学试剂	
（七）日用化工品		
66	化妆品	一般抽查
67	洗涤用品(洗衣粉、洗涤剂)	一般抽查
68	香精香料	一般抽查
九、橡胶制品和塑料制品		
（一）橡胶制品		
69	轿车子午线轮胎	跟踪抽查
70	摩托车轮胎	一般抽查
71	载重汽车轮胎及内胎	跟踪抽查
72	煤矿用阻燃输送带	跟踪抽查
73	汽车V带	跟踪抽查
74	钢丝编制高压胶管	跟踪抽查

序号	产品名称	备注
75	橡胶衬里	跟踪抽查
76	橡胶密封圈	跟踪抽查
（二）塑料制品		
77	给排、水用管件、管材	跟踪抽查
78	建筑用PVC型材	跟踪抽查
79	农(地)膜	跟踪抽查
十、建筑材料及其他非金属矿物制品		
80	通用水泥	跟踪抽查
81	混凝土输水管	跟踪抽查
82	空心砖及空心砌块	跟踪抽查
83	烧结承重砖	一般抽查
84	普通纸面石膏板	一般抽查
85	石材	一般抽查
86	防水卷材	跟踪抽查
87	平板玻璃	跟踪抽查
88	玻璃纤维纱(布)	一般抽查
89	啤酒瓶	跟踪抽查
90	卫生陶瓷	跟踪抽查
91	陶瓷墙地砖	跟踪抽查
92	耐火砖	一般抽查
93	摩擦材料	一般抽查
94	轻质隔墙板	跟踪抽查
十一、黑色金属冶炼及其压延产品		
（一）钢材		
95	钢筋混凝土用热轧带肋钢筋	跟踪抽查
96	冷轧带肋钢筋	跟踪抽查
97	热轧盘条	跟踪抽查
98	轴承钢	跟踪抽查
99	锅炉、压力容器用钢板	跟踪抽查
100	汽车用钢板	跟踪抽查
101	热轧、冷轧薄钢板和钢带	跟踪抽查
102	高压、低中压锅炉用钢管	跟踪抽查
十二、有色金属冶炼及其压延产品		
（一）有色金属冶炼产品		
103	电解铜	跟踪抽查
104	铅锭	跟踪抽查

续表

序号	产品名称	备注
105	锌锭	跟踪抽查
106	重熔用铝锭	跟踪抽查
（二）有色金属压延加工产品		
107	铝型材	一般抽查
十三、金属制品		
（一）工具		
108	麻花钻	跟踪抽查
（二）金属丝及其制品		
109	钢丝绳	一般抽查
（三）建筑用金属制品		
110	脚手架构件	跟踪抽查
（四）日用金属制品		
111	高压锅	跟踪抽查
112	家用燃气灶	跟踪抽查
113	家用快速燃气热水器	跟踪抽查
（五）其他金属制品		
114	液化石油气钢瓶	跟踪抽查
十四、普通机械		
（一）动力机械		
115	柴油机	跟踪抽查
116	油泵油嘴	跟踪抽查
（二）金属加工机械		
117	数控（数显）机床	跟踪抽查
118	机械压力机	跟踪抽查
（三）通用设备		
119	乘客电梯	跟踪抽查
120	水泵	跟踪抽查
121	阀门	跟踪抽查
122	安全阀	跟踪抽查
（四）铸锻件及通用零部件		
123	农机零配件（花键轴、曲轴、进排气门、火塞销、连杆）	一般抽查
124	轴承	跟踪抽查
125	液压元件	跟踪抽查
126	机械密封件	跟踪抽查
127	工业弹簧	一般抽查
128	高强度圆环链	一般抽查
129	齿轮	跟踪抽查
（五）工业专业设备		
130	橡胶硫化机	一般抽查
131	试验筛及金属丝网	一般抽查
132	单体液压支柱	跟踪抽查
133	振动筛	一般抽查
134	梳理机用齿条	一般抽查
135	水泥工业用管磨机	一般抽查
136	煤矿用通风机	跟踪抽查
137	碾米机	一般抽查
（六）农、林、牧、渔业机械		
138	拖拉机	跟踪抽查
139	旋耕机	跟踪抽查
140	播种机	跟踪抽查
141	喷雾器（机）	跟踪抽查
142	联合收割机	跟踪抽查
143	脱粒机	跟踪抽查
144	清选机	一般抽查
145	增氧机	一般抽查
146	渔颗料饲料压制机	一般抽查
147	渔网、渔具	一般抽查
（七）建筑工程机械		
148	液压挖掘机	跟踪抽查
149	塔式起重机	跟踪抽查
150	施工升降机	一般抽查
（八）医疗器材		
151	骨科内固定器材	一般抽查
152	一次性使用无菌注射器（针）	跟踪抽查
153	氦氖激光血管内照射治疗机	一般抽查
154	医用X射线机	跟踪抽查
155	人工心肺机	一般抽查
156	髋关节假体器材	一般抽查
157	一次性使用输液、输血器	跟踪抽查
（九）公安消防设备及器材		
158	防盗安全门	跟踪抽查
159	防盗保险柜（箱）	跟踪抽查

续表

序号	产品名称	备注	序号	产品名称	备注
160	固定灭火系统	跟踪抽查	188	电线电缆	跟踪抽查
161	火灾报警装置	跟踪抽查	189	电池	一般抽查
162	灭火器	跟踪抽查	190	移动电话机电池	一般抽查
163	消防栓箱	跟踪抽查	（四）家用电器		
164	灭火剂	跟踪抽查	191	冰箱	跟踪抽查
165	防火门	跟踪抽查	192	空调	跟踪抽查
166	防火阻燃材料	跟踪抽查	193	电风扇	一般抽查
167	防火板材	跟踪抽查	194	电饭锅	一般抽查
168	钢制防火窗	跟踪抽查	195	商用电烤炉和烤面包炉	一般抽查
169	故障车警告标志	一般抽查	196	微波炉	跟踪抽查
170	公安指纹自动识别系统	一般抽查	197	抽油烟机	跟踪抽查
171	防盗报警控制器	跟踪抽查	198	洗衣机	跟踪抽查
（十）其他机械产品			199	电热水器	跟踪抽查
172	电除尘器	一般抽查	200	吸尘器	一般抽查
（十一）公路运输设备及工矿车辆			201	电暖器	跟踪抽查
173	消防车	跟踪抽查	（五）其他电器装置和设备		
174	制动软管	跟踪抽查	202	灯具	一般抽查
175	制动主缸	跟踪抽查	203	后雾灯	一般抽查
176	汽车转向机构	跟踪抽查	204	消防应急照明灯具	一般抽查
177	摩托车	一般抽查	205	普通照明用自镇流荧光灯	一般抽查
178	自行车	一般抽查	206	工厂用防爆电气产品	一般抽查
179	农用运输车	一般抽查	**十六、电子产品及通信设备**		
十五、电器机械及器材			（一）通信设备		
（一）电机			207	传呼机	跟踪抽查
180	微特电机（直流、伺服）	跟踪抽查	208	移动电话机	跟踪抽查
181	中小电机	跟踪抽查	209	电话机	一般抽查
（二）输变电设备			210	传真机	跟踪抽查
182	电力变压器	跟踪抽查	211	调制解调器	跟踪抽查
183	110 kV 及以下输电线路馈线保护装置	跟踪抽查	（二）广播电视设备		
			212	彩电	跟踪抽查
184	72.5 kV 及以上 SF6 断路器	跟踪抽查	213	VCD	一般抽查
185	110 kV 及以上交流高压隔离开关及接地开关	跟踪抽查	214	功放	跟踪抽查
			215	组合音响	一般抽查
186	低压电器	跟踪抽查	（三）计算机及其外部设备		
187	低压开关设备和控制设备	跟踪抽查	216	微型计算机	跟踪抽查
（三）电工器材			217	打印机	一般抽查

续表

序号	产品名称	备注	序号	产品名称	备注
218	销售终端	跟踪抽查	229	便携式甲烷检测报警仪	跟踪抽查
（四）电子元件			230	数控系统	跟踪抽查
219	交流电动机电容器	跟踪抽查	231	煤气表	跟踪抽查
220	压敏电阻器	跟踪抽查	232	电度表	跟踪抽查
221	热敏电阻器	跟踪抽查	233	水准仪	一般抽查
222	隔离变压器	跟踪抽查	234	不间断电源(UPS)	一般抽查
223	器具开关	跟踪抽查	235	矿用一氧化碳过滤式自救器	跟踪抽查
224	插头插座	一般抽查	**十八、计量标准器具及量具、衡器**		
225	电磁继电器	跟踪抽查	236	弹簧度盘秤	跟踪抽查
226	石英晶体元件	跟踪抽查	237	电子计价秤	跟踪抽查
227	印制电路板	一般抽查	238	出租车计价器	跟踪抽查
（五）电子器件			**十九、其他**		
228	彩色显像管	跟踪抽查	239	眼镜	跟踪抽查
十七、仪表仪器			240	土工合成材料(布、膜)	跟踪抽查

【产品质量国家监督专项抽查】 1999年对14类产品质量问题比较突出的特点产品先后组织了7次产品质量国家监督专项抽查，共抽查了354家企业生产、经销的560种产品，合格411种，平均抽样合格率为73.4%。

1. 为了确保建设工程的质量，贯彻落实“百年大计，质量第一”的方针，1999年3～5月对部分重点冬修水利工程、中央直属储备粮库建设中在用的钢材、土工材料、水泥、工程用砖、防水材料等工程材料及部分粮库用机械设备等8类产品进行了国家监督专项抽查。共抽查了北京、上海、河北、山东、湖北、山西等15个省、直辖市16家中央直属储备粮库和11个国家重点冬修水利工程的183批次工程材料及机械设备样品，合格155批次，抽样合格率为84.7%。其中，抽查了25个水利工程和粮库工程所用的41种水泥样品，合格36种，抽样合格率为87.8%；抽查了23个工程所用的78种建筑钢材，合格66种，抽样合格率为84.6%；抽查了13个粮库工程所用的25种工程用砖，合格21种，抽样合格率为84.0%；抽查了4个粮库工程用的5种防水卷材，合格4种，抽样合格率为80.0%；抽查了9个水利工程用13种土工合成材料，合格9种，抽样合格率为69.2%；另外，还抽查了部分中央直属储备粮库用机械防尘防爆电机、袋式除尘器、离心通风机等产品，其抽样合格率分别为100%、100%、90.0%。抽查结果表明，水利工程用的水泥质量较好，所用的土工材料产品质量问题较多，粮库用机械设备基本符合标准要求。

2. 1999年第1季度在河北故城县对汽车用制动器衬片进行了国家监督专项抽查，共抽查了45家企业的45种产品，合格仅2种，抽样合格率为4.4%。抽查中发现，在河北省故城县有一大批作坊式生产企业，这些企业普遍采用极简单的生产工艺，土法生产，生产的汽车用制动衬片质量低劣，假冒现象严重，给人民群众的生命和财产安全埋下了众多的安全隐患。

3. 为了保护消费者的利益，规范冰淇淋产品市场，在1999年第2季度，对北京、哈尔滨、天津等地的61家冰淇淋生产、经销企业的冰淇淋产品进行了国家监督专项抽查，合格32种，抽样合格率为42.7%，分别比1996、1997年冰淇淋国家监督抽查抽样合格率下降了13.7和21.3个百分点。抽查中发现，大型企业的质量保持了较好的水平，而小型企业的产品质量问题严重，存在的主要问题是微生物指标超标。

4. 为了保护广大儿童的身体健康，在“六・一”儿童节前夕，对北京、上海、广州、南京四大城市28家企业生产、经销的64种儿童用化妆品进行国家监督专项抽查，合格60种，抽样合格率为93.8%。抽查结果表明，儿童化妆品卫生状况较好，所抽查产品的卫生指标均符合标准要求，存在的问题主要是有效物含量达不到标准要求，部分产品的pH值超出标准规定范围，标签标注不规范或不完善。

5. 为进一步推动我国空调器行业的健康发展，扶优治劣，引导消费，在上海、天津、广东、江苏、四川等省、直辖市，对20家企业的20种产品进行了国家监督专项抽查，合格20种，抽样合格率为100%，表明以占有较大市场份额的大、中型空调器生产企业为代表的我国空调器生产行业，总体产品质量稳定，部分性能指标优于国家标准，同时也反映出目前空调器产品已向着高技术含量方向发展，抽查还发现，变频空调器的产量逐步增加。

6. 为了引导消费，净化市场，使广大人民群众吃上放心的月饼，“中秋节”前夕，在上海、北京、浙江、广东、陕西、黑龙江等14个省、直辖市对75家企业生产的116种月饼进行了国家监督专项抽查，合格106种，抽样合格率为

91.4%。抽查结果表明，目前在我国月饼市场上广式月饼占据了主导地位，产品总体质量较好。少数企业的产品质量还存在着微生物超标等质量问题，有待进一步改进。

7. 为了落实国务院清理整顿小炼油厂和规范原油成品油流通秩序的文件精神，受全国小炼油厂清理整顿领导小组的委托，国家质量技术监督局对部分具有生产 90 号以上车用汽油能力的部分小炼油厂进行了国家监督专项抽查，共抽查了 57 家企业的 57 种产品，合格 36 种，抽样合格率为 63.2%，抽样合格率较低。如果按即将颁布的新车用无铅汽油国家标准评价，则符合率不到 30%。抽查结果表明，目前绝大多数小炼油厂的产品质量不符合国家即将公布的新标准要求，有的产品质量问题还较为突出，与标准和要求愈加严格的环保指标还有较大的差距。

【产品质量国家监督抽查后处理情况】 1999 年，有 1 691家企业在国家监督抽查中不合格。根据产品质量国家监督抽查的有关规定，各省、自治区、直辖市质量技术监督局对国家监督抽查不合格产品生产(经销)企业进行了整改复查。除部分企业因关、停、并、转而无法整改复查外，实际应整改复查的有 1 232 家企业的 1 354 种产品。各地质量技术监督部门重视对国家监督抽查不合格企业的整改复查工作，目前，已对 1 123 家企业的 1 238 种产品进行了复查，企业复查完成率为 91.2%，产品复查率为 91.4%。全国已有 1097 家企业的 1 211 种产品复查合格，26 家企业的产品复查不合格，产品复查合格率为 97.8%，企业复查合格率为 97.7%。

在 1999 年后处理过程中，有关地方质量技术监督部门会同行业主管部门召开了 92 次质量分析会，举办了 63 期不合格企业厂长(经理)学习班，建议有关部门吊销了 9 家企业的营业执照，对不合格企业依法进行了行政处罚。

1999 年，国家质量技术监督局按照吴邦国副总理指示要求，举办了首期产品质量国家监督抽查不合格厂长(经理)培训班。对国家监督抽查中发现的连续两次不合格，且在此期间为同一法人的国有、集体企业，建议地方人民政府免去了 10 家企业厂长(经理)职务。

另外，对抽查中发现的区域性质量问题，如浙江台州市路桥区抽查的喷雾器、温州乐清地区抽查的电流电压互感器、河北省故城县抽查的汽车用制动器衬片、福建省部分地区的茶叶农药残留量超标等问题，浙江、河北、福建省质量技术监督部门均在当地政府领导下，成立专项整治领导小组，采取了相应措施，对部分不合格企业实施了关、停、并、转，取得初步成效。

产品质量行业监督检查

1999 年，国家质量技术监督局经过计划协调，审查批准了公安部、信息产业部等 2 个部门对 5 类产品质量进行了产品质量行业监督检查。

【公安行业监督检查】 为提高社会公共安全产品质量，促进公安业务和公安装备工作发展，经国家质量技术监督局批准，公安部于 1999 年度对金属手铐、特种车辆标志灯具、计算机信息系统防雷保安器共 3 类产品进行了行业监督检查。这 3 类产品的平均抽样合格率为 73.2%，每种产品的监督检查情况如下：

金属手铐的监督检查依据公共安全行业标准 GA/T 172—1998《金属手铐》进行。共检查了 6 家企业的 6 种产品，其中 5 家企业的 5 种产品合格，抽样合格率为 83.3%。本次检查的企业数量约占全国生产该类产品企业总数的 75%。从检查反映的情况来看，由于一些地方公安机关对该类产品的生产、销售进行了必要的行政管理，多数被检查的企业重视产品质量。但是，这次检查中也发现个别生产规模和产量均较大的企业为降低成本，使用质量较差的原材料，致使手铐牢固度达不到标准要求，产品质量被判定为不合格。

特种车辆标志灯具的监督检查依据国家标准 GB/T 13954—1992《特种车辆标志灯具》进行。共抽查了 17 家企业的 17 种产品，其中 9 家企业的 9 种产品合格，抽样合格率为 52.9%。本次抽查的 17 家企业约占全国生产该类产品企业总数的 34%，其中有 8 家企业的 8 种产品不合格。从检查反映的情况说明：虽然这类产品的生产企业数量不少，但产品质量参差不齐，普遍存在企业规模小、产品质量和工艺水平不高、原材料和外购件把关不严、管理不规范等问题。

计算机信息系统防雷保安器的监督检查依据公共安全行业标准 GA 173—1998《计算机信息系统防雷保安器》进行。共抽查了 6 家企业的 6 种型号产品，其中 5 家企业的 5 种产品合格，抽样合格率为 83.3%。计算机信息系统防雷保安器是保障计算机信息网络安全运行的重要产品，属于公安部实行计算机安全专用产品销售许可证管理的产品，质量水平普遍较高。但本次监督检查仍发现个别已取得销售许可证的企业产品质量不合格。

【信息产业监督检查】 1999 年信息产业部对全国 15 家带触点的集成电路卡(IC 卡)生产企业进行了产品质量行业监督检查，这些企业主要分布在北京、上海和广东 3 个省、直辖市，企业数约占全国同行业的 30%，产量占全国总产量的 50%以上。这些企业基本代表了我国目前 IC 卡的生产水平。

此次监督检查对 15 家企业的 15 种产品按规定的项目进行了检验，结果有 10 家企业的 10 种产品合格，产品抽样合格率为 66.7%。

监督检查结果表明，目前我国 IC 卡行业整体质量水平不高。主要原因是企业质量意识不强，许多企业对 IC 卡检验标准认识不够，缺少检验手段等。大多数企业由于自己没有检验设备，对关键的塑料基片和芯片只进行目检和极少数量的抽检，基本上依赖于供应商的出厂检验。特别是芯片，很多企业认为芯片的质量应完全由供应商保证，无需进行进货检验，加上企业在生产过程中缺乏必要的检验手段或程序，不能验证其产品是否满足设计要求或标准要求。

市场执法大检查

【部署开展"三大战役"】 为坚决贯彻国务院领导有关加大质量监督力度，用铁腕抓质量的一系列重要指示，有效治理当前质量问题严重、假冒伪劣屡禁不止、质量严重滑坡、市场质量欺诈行为不断的严重状况。1999年，国家质量技术监督局在全国部署开展"三大战役"。要求各级质量技术监督部门把严厉查处"标实不符、以次充好、掺杂使假，缺斤少两"的违法行为作为全年质量监督工作的总要求，结合实行，突出重点，加强市场商品标识、质量和计量执法检查，把可能危及人体健康和人身、财产安全的产品，影响国计民生的重要工业产品，标实不符的热销产品，实行生产许可证而无证的产品，进口产品及与群众利益密切相关的计量器具产品等作为执法检查的重点，坚持日常执法检查和集中查处相结合，在经常性执法检查的基础上，重点抓好元旦、春节节日市场商品质量和春季农用生产资料及其他执法检查。

第一战役，即"查市场、保两节"战役，对涉及百姓日常生活的"米袋子"、"菜篮子"、"火炉子"、"车子"、"房子"等"五子"商品开展大规模的市场商品质量及计量现场大检查。共检查了289 112家商店的685 489批次，合格472 443批次，抽样合格率为68.9%。其中查出伪标值2.5亿元。端掉造假商品窝点2 261个，移送司法机关的案件63件。结合第一战役，对婴幼儿奶粉、鱼油、加钙食品、保健食品和消毒碗柜等生活用品的市场专项抽查。

第二战役，"查农资、促春耕"战役，主要对种子化肥、农药、农膜、饲料、农机及零配件、农用运输车及零配件等商品进行质量监督检查和执法打假活动。共检查了82 790家商店的147 889批次，合格116 926批次，抽样合格率为79.1%，其中查出伪劣农资产品标值6.6亿元。查处售假商店22 216家，端掉造假窝点823个，查处违法案件27 350件。移交司法机关的案件40件。

结合第二战役，组织8个国家级质量监督检验中心对化肥(过磷酸钙、钙镁磷肥、复混肥料)、农药(甲基硫菌灵可湿性粉剂、百菌清可湿性粉剂、三唑酮可湿性粉剂、辛硫磷乳油、三唑酮乳油)、水稻种子和农机零配件(播种机、泥浆泵、污水污物泵、内燃机进排气门)等4大类13小类农业生产资料进行了产品质量市场监督专项抽查，共抽查20个省、自治区、直辖市270家经销单位(部门)经销的349种农业生产资料产品。

第三战役，"查建材、促建设"战役，主要对水泥、钢筋、砖瓦、装饰材料、涂料、钢铝门窗、建筑用电器、消防器具、防水材料等产品进行质量监督检查和执法打假。共检查54 546家商店的117 448批次建材商品，合格75 593批次，检查合格率为64.4%。其中，查出伪劣建材产品标值12.6亿元，端掉造假窝点720个，查处违法案件2.5余万件，移交司法机关的案件92件。

【组织开展市场执法专项检查】 一是结合国家局专项治理工作部署安排了对手机系列产品的专项检查和执法打假活动，并配合此活动组织了对电话机、移动电话机的监督抽查；二是开展了对燃气用具产品的专项检查和治理活动，并配合此活动对山东即墨、浙江义乌的燃气具市场进行监督专项抽查，共抽查170批次燃气具商品。三是会同国家冶金局对生产销售伪劣钢材重点地区的专项检查和执法打假活动，查处了一批劣质钢材，关停了一批小型的无生产许可证非法生产的企业。

陈化粮鉴定工作

根据《国务院关于印发当前推进粮食流通改革意见的通知》(国发[1998]35号)和1999年国家粮食流通体制改革工作会议精神，国家质量技术监督局于1999年6月14日会同国家发展计划委员会、财政部、国家粮食储备局联合颁布了《粮食陈化鉴定管理办法》(质技监局监发[1999]150号)，6月11日会同国家粮食储备局发布了《粮油储存品质判定规则(试行)》(国粮[1999]148号)，1999年6月28日公布了第一批126个承担粮食陈化鉴定工作的质量检验机构名单，11月25日公布了第二批90个承担粮食陈化鉴定工作的质量检验机构名单。

继印发《粮食陈化鉴定管理办法》、《粮油储存品质判定规则》两个文件之后，为加强对粮食陈化鉴定工作的管理，切实作好粮食陈化鉴定工作，确保鉴定工作客观公正，国家局于1999年7月21日召开了全国粮食陈化鉴定工作会议，贯彻落实国务院关于妥善安排陈化粮销售工作的一系列文件精神。与此同时，监督司、政宣司、认评司于1999年下半年，对我局确定的216个承担粮食陈化鉴定任务的粮检机构骨干技术人员组织了9期培训班，共有近500名技术人员取得培训合格证书。

各省(自治区、直辖市)质量技术监督局认真传达1999年7月国家局召开的全国粮食陈化鉴定工作会议精神，组织粮检机构认真学习这两个文件，组织人员参加粮食陈化鉴定培训，并根据本地区粮食存储的实际情况，精心布署粮食陈化鉴定工作。各粮检机构严格《执行粮食陈化鉴定管理办法》、《粮油储存品质判定规则》，对陈化鉴定工作实行专人负责、专人检测，对每份样品严格按检验操作规程进行检验，检验结果按照《粮油储存品质判定规则》进行判定。

截至2000年2月，全国共有29个省(自治区、直辖市)的117个粮检机构开展了粮食陈化鉴定工作，申请鉴定粮食量为3 263万吨，实际陈化2 704万吨。

质量技术监督系统“打假”工作

【“三重一大”打假】 重点产品、重点市场、重点区域的打假和查处大案要案(简称为“三重一大”),其核心是突出重点和狠抓大案要案。自1988年组建原国家技术监督局以来,全国质量技术监督系统就开始了打假工作。1992年国务院颁布《关于严厉打击生产和销售假冒伪劣商品违法行为的通知》,从而推动了在全国范围内有组织有领导的打假工作。

十多年来,全国质量技术监督系统在打假方面积累了丰富的经验。在总结经验的基础上,于1998年底提出了突出“三重一大”,狠抓打假工作的思路。1999年下半年起,国家质量技术监督局为贯彻《国务院关于进一步加强产品质量工作若干问题的决定》精神,组织全国质量技术监督系统认真分析打假工作现状,进一步提出了今后3年“三重一大”打假工作的实施意见,该实施意见可以概括为“五个明确”。

第一是明确了任务和目标。全国质量技术监督系统今后三年打假工作的主要任务是:实行“打防结合”,突出“三重一大”。深入开展“打假保名优”和推进争创“购物放心一条街”活动,采取认真落实“打假”工作责任制等项措施,端掉一批黑窝点,堵住假货源头,切断假货渠道,查处一批大案要案,严厉打击制假售假团伙,维护社会主义市场经济秩序。

确定的目标是:会同有关部门,用3年的时间,对重点区域制假售假违法活动依法实施摧毁性打击,使影响国计民生的、涉及人身安全健康的重点产品的制假售假状况得到明显改观;使制假售假严重的重点市场实现有效监控;使制假售假多发易发的重点区域得到有效整治;基本上遏制成规模的区域性、集团性制假售假的猖獗势头。

第二是明确了“三重一大”范围。一是明确了重点产品。根据近几年“打假”工作的实践和假冒伪劣产品造成危害的程度,确定了10大类制假售假产品作为重点打击对象。如化肥、农药、种子、农机等农业生产资料类,钢材、水泥、电线电缆等建筑及装饰材料类,摩托车及汽车、摩托车配件、燃气用具以及食品、化妆品、洗涤用品、日用电器等。二是确定10个辐射面广、数量大、问题多的商品批发市场作为全国质量技术监督系统市场整治和监控的重点。如钢材市场、百货批发市场、汽车配件市场、灯具城、食品城等等。三是确定30个具有明显一地一品或一地多品制假售假严重的区域作为全国质量技术监督系统实施局部区域治理的重点。这些区域遍布全国16个省区。四是依法查处一批违法数额巨大(50万元以上)、涉及面广、造成人身伤害等性质恶劣、危害严重的案件。

除此之外,各省、自治区、直辖市质量技术监督局也结合本地实际情况,确定一些当地特产、当地资源和当地消费者反映强烈的假冒伪劣的重点产品、重点市场、重点区域,作为本地区打击和治理的重点。

第三是明确了打假工作的责任制。按照《国务院关于进一步加强产品质量工作若干问题的决定》中关于“各省、自治区、直辖市人民政府要切实承担起本行政区域内的打假工作责任,结合本地实际,制定打假工作的具体方案并组织实施”的规定,明确了政府及其主管部门的质量责任。实施意见中要求各省、自治区、直辖市质量技术监督局要在地方政府的统一领导和组织下,充分发挥职能作用,积极协助当地政府制定本地区的“三重一大”“打假”工作的具体方案,并报省、自治区、直辖市人民政府批准后组织实施。

在实施中,一是对已确定的10类重点产品,每年将按季度选若干种重点产品,开展对重点产品全行业的专项治理;同时要求各省、自治区、直辖市质量技术监督局也结合本地区实际情况,对10类重点产品中的若干种产品,开展全区域的专项治理。二是对已确定的10个重点市场、30个重点区域整治工作的责任落实到人;务必在限期内抓出成效。同时还要加强对重点市场、重点区域的日常监督检查,巩固整治成果,防止死灰复燃。三是要抓好大案要案的严厉查处工作。并对查处重大案件的有功人员要给予通报表扬和奖励。

第四是明确了五个相结合。为把“三重一大”“打假”工作深入扎实地开展下去,实施意见中提出要与目前开展的监督检查和扶优扶强等项工作紧密衔接。五个相结合是:一是要与国家监督抽查、地方日常监督检查工作相结合,以强化“打假”工作的力度。二是要与“打假保名优”工作相结合。在1997年开展的“打击假冒,保护名优”、“121”计划的基础上,进一步扩大“打假保名优”企业产品的保护范围,完善企业参与“打假”的运作机制。积极鼓励企业运用法律手段维护自身合法权益。三是要与行业、区域的专项治理工作相结合。要制定专项治理的具体实施步骤、政策界线和工作方案,对问题严重的重点产品,要在全国范围内实施上下联动,区域合作,集中查处。四是要与争创“购物放心一条街”的“135”滚动活动相结合。在新形势下把“打假”扶优结合起来,促进精神文明建设,也是“百城万店无假货”活动的组成和延伸。五是要与“清柜台”工作相结合。对年销售额在5 000万元以上规模的商业企业,巩固“清柜台”成果,制定并完善商业门店经营规范和考核办法。对5 000万元以下中小商业门店,要深入开展“清柜台”活动。

第五是明确了基础建设工作的重点。一是要抓紧落实“打假”责任制。要实行领导负责制,责任到人、层层落实,层层负责;二是要建立“打假”工作表彰、奖励制度。对“打假”有功人员要及时表彰和奖励。三是要建立一支高素质行政执法“打假”队伍。要在“打假”队伍建设和条件上多下功夫,努力造就一支政治素质高、业务精通、装备精良、反应迅速、运作灵活、特别能战斗的队伍;四是要建立健全多方协作、联手“打假”的协作制度,大案要案通报、通令、协查制度;五是要建立“打假”信息快速反应系统,以及计算机网络“打假”系统等等。采取的这些措施,就是要坚持打假与整治、打假与扶优相结合,净化市场,营造公平竞争的市场环境,维护国家和广大消费者的利益。

【“打击假冒,保护名优”工程】 “打击假冒,保护名优”

是质量技术监督部门落实"扶优治劣"和推动名牌战略实施的一项具体措施。为全面、扎实、有效地开展"打击假冒，保护名优"活动，根据国务院办公厅《关于深入开展打击生产和经销假冒伪劣商品违法行为意见的通知》(国办发[1996]10号)精神，1997年1月国家质量技术监督局颁发了《国家质量技术监督局关于"打击假冒，保护名优"活动的实施意见》(技监局监发[1997]21号)，决定在全系统有领导、有计划、有步骤地开展"打击假冒，保护名优"的活动。并提出实施"121"3年连续滚动重点保护100种名优产品的计划，即：从1997年开始先确定10种左右被假冒严重的名优产品为重点保护对象，待取得经验后，1998年扩大到20种，1999年扩大到100种。具体做法：一是先由企业向所在地技术监督部门提出申请；二是各地技术监督部门根据企业的申请，把在国内外享有声誉、市场占有率较高、品质优良、深受消费者厚爱，知名度较高，被假冒严重的名优产品列为重点，由省、自治区、直辖市技术监督局经过初步筛选后上报国家质量技术监督局；三是由国家质量技术监督局商有关部门进行筛选，确定一批需要重点保护的名优产品，并正式行文下达各有关技术监督部门。上下联动，各地方密切配合，集中查处，合围打击假冒名优产品。

3年来，"打击假冒，保护名优"工作取得长足进展。

1. 查处假冒名优产品违法行为的力度普遍得到增强。据不完全统计，三年来，共查处假冒名优产品标值为35.83亿元，查办假冒名优产品违法案件28万件，捣毁制假售假名优产品窝点1.27万个，破获制假售假团伙493个，为名优产品生产企业挽回经济损失10.2亿元。其中，1998年，国家质量技术监督局组织了两次全国性的"打击假冒，保护名优"集中行动，共出动12.23万人次，端掉制假售假窝点589个，查获假冒伪劣名优产品标值1.51亿元，查办大案要案95起。

2. 许多地方"打击假冒，保护名优"活动初步形成以国家局"121"计划为中心的"打假保优协作网络"。目前，国家质量技术监督局已确定了全国重点保护的名优产品为115种，全国有25个省、自治区、直辖市共确定887种重点保护名优产品。广东、浙江、河北等省还正式成立"打击假冒，保护名优"的协作网，将保护网员企业的产品不被假冒作为工作的一个重点，组织网员企业调查掌握假冒产品的动态，沟通打假信息，使质量技术监督行政执法与名优产品生产企业向侵权作斗争的工作有机结合起来，提高了"打假"工作的针对性和有效性。

3. "打击假冒，保护名优"工作逐步迈入法制化的轨道。国家质量技术监督局颁发《国家质量技术监督局关于"打击假冒，保护名优"实施意见》以来，各地一方面突出重点，加大"打假"力度；另一方面加强"打击假冒，保护名优"工作的规范性建设，充分发挥质量技术监督部门和名优生产企业在"打假"工作中各自的优势，把政府、企业、舆论和消费者动员起来形成整体合力。广东、浙江、河北等省制定了质量技术监督系统打假保名优协作网章程，明确了质量技术监督部门在一个时期的重点任务、工作职责、名优产品生产企业应尽的义务、奖励举报规定等。河南、广西、上海、湖北等省(市、区)已专门为规范质量技术监督部门"打击假冒，保护名优"工作行为制定了有关的管理办法或规定，其中，都强调列为本辖区重点保护的名优产品，在一定时期内免于省以下质量技术监督部门的监督抽查或行业监督抽查，同时，还要求各级质量技术监督部门定期向被重点保护的名优产品生产企业反馈查处信息，以支持和鼓励名优产品生产企业向侵权者进行索赔。

【专项打假工作】 1. 燃气用具专项打假。11月17日，按照国家局统一部署，湖北、湖南、广东三省组织执法力量，在有关部门、企业和国家燃气用具检测中心的配合下，对武汉市汉正街批发市场、宜昌市燃气具批发市场、常德市桥南市场、潮州市饶平县燃气具一条街等地的假冒伪劣燃气具产品开展了专项打假活动。经过数天的工作，查获伪劣燃气具产品3 100多台(套)，商品标值47万余元。

2. 建筑用螺纹钢专项打假。10月19日，国家局与广东省质量技术监督局组织力量，对广东揭阳市榕城区仙桥、梅云两镇无生产许可证生产劣质螺纹钢进行专项检查。查处了23家无生产许可证生产螺纹钢的企业，其产品质量无一合格。现场共查获770吨劣质螺纹钢和一批造假设备。自此在全国一些重点地区开始了大规模的建筑用螺纹钢专项打假工作。

【大案要案】 1. 江西赣州有毒桶装猪油案。1998年12月25日，江西赣州地区龙南县、定南县部分群众因食用桶装猪油发生严重中毒事件，共有221人中毒，其中2人死亡，24人严重中毒，中毒原因是中毒者食用了含有大量有机锡的桶装猪油所致。这些引起中毒的桶装猪油，是江西赣州地区定南镇沙湾老街深安贸易公司在定南和龙南销售的。该公司法人林烈群从1998年11月27日～29日，从香港共进口5 576桶(175千克/桶)工业用猪油，合计97吨，这些桶装猪油，一部分外包装为新漆铁桶，猪油为白色；另一部分外包装为残旧铁桶，猪油为黄色，并散发臭味。为防止这批有毒猪油扩散，国家质量技术监督局分别发出两次紧急通知，对广东及其周边的广西、福建、湖南、江西等省部署了大清查的通知。目前，流入市场和销售到用户和剩余的这批猪油基本全部追缴查封，主犯林烈群已投案自首。

2. 黑龙江佳木斯市技术监督局查处市晨峰农资贸易中心经销劣质化肥案。1999年4月15日，佳木斯市技术监督局根据群众举报，对该市晨峰农业生产资料贸易中心第二经销处(安庆街80号)进行执法检查，分别在安庆共用铁路专线货场和佳南物资贸易有限公司仓库查获存放的无合格证、无检验报告、无进货发票的颗粒硫酸钾。经抽样检测，这批硫酸钾的有效肥含量仅为0.3%，而在黑龙江省正常的土壤中钾的含量即可以达0.7%，属劣质硫酸钾。据调查，该经销处的这批硫酸钾全部从连云港的7个化工厂购进，共进货660吨，货物标值达93万元。其中，有300吨已流入同江、富锦、萝北、勤得利、鹤岗及佳木斯郊区等地的农资市场。4月16日，黑龙江省技术监督局发出紧急通知，要求各地(市)、县技术监督局迅速追查这批已流出的劣质化肥。目前，在哈尔滨、齐齐哈尔、鸡西等地也发现了从连云港发进的假冒伪劣化肥，全省各地发现假冒伪劣化肥总量已达1 200吨。

3. 湖南益湘铝业有限公司生产国家明令废止的"85标

准”压力锅案。1998年9月18日，根据沈阳双喜压力锅制造公司的投诉，湖南省“打假”办公室牵头，组织省技术监督局、长沙市技术监督局和长沙市工商行政管理局对湖南益湘铝业有限公司进行突击检查，现场查获该公司按“85标准”生产和无开合盖安全装置的压力锅21 032口，伪造生产日期、冒用沈阳双喜总公司厂名、厂址的压力锅10 878口及一批包装物。随后，长沙市技术监督局立案，进行了全面、深入地调查，经过该局分赴常德、衡阳、株洲、武汉、南昌等地及本市部分专业市场的调查取证，现已查实，湖南益湘铝业有限公司自1997年1月～1998年9月期间，共生产国家明令废止的“85标准”压力锅164 581口，货值金额达10 347 106元。

4. 广东潮阳区域性制售假冒伪劣电池案。据企业举报，广东潮阳市陈店镇、峡山镇长期以来一直在生产、销售假冒伪劣“南孚”、“555”、“高力”、“金霸王”、“劲量”、“索尼”、“乐声”、“东芝”、“日立”、“飞利浦”等名优品牌电池，且量大面广，已经形成有组织的从印铁、制作、包装、储运到销售的一个体系完整、日生产能力达200万粒以上的规模化制假售假区域。据对被假冒侵害的企业调查，大部分制假窝点分布在自然村中。根据企业举报，国家质量技术监督局于1999年4月26日组织广东省技术监督局和当地技术监督局对陈店镇和峡山镇采取了一次“打假”集中行动，仅一个上午就捣毁制假售假窝点27个，现场查获假冒“南孚”、“555”、“高力”、“金霸王”、“劲量”、“索尼”等十几种品牌的假冒伪劣电池217万粒，查获各种制假设备97台(套)，其中，查获印制电池标识的铁皮生产线2条，假冒伪劣商品标值逾400多万元。

5. 广东潮阳奇华塑胶制品厂长期屡禁不止大量制造假冒伪劣牙刷案。

广东潮阳市司马浦镇的奇华塑胶制品厂长期以来大量生产假冒广州高露洁和佳洁士的牙刷，屡查屡犯，违法行为屡禁不止。自1996～1999年已先后被技术监督部门、工商行政管理部门查处过7次，查获的假冒伪劣高露洁、佳洁士等名优品牌牙刷逾100万支。1998年11月3日，潮阳市技术监督局在该厂内查获假冒伪劣高露洁牙刷和佳洁士牙刷20.1万支，制假机器86台；1999年4月28日，广东省技术监督局和潮阳市技术监督局在对该厂的半成品仓库进行检查时，现场查获各种假冒伪劣牙刷60～70万支，其中，假冒高露洁和佳洁士标识的45万支。

6. 江西上饶市技术监督局查处弋阳县制造假冒伪劣牙膏案。1999年5月21～22日，江西省上饶市技术监督局根据中国牙膏工业协会联合“打假”办公室的举报，会同市公安局对弋阳县青清日用化工厂进行突击检查，共检查了分散在不同地点的2个生产车间、3个仓库，现场查获了大批假冒“两面针”、“蓝天六必治”、“芳草”、“中华”、“高露洁”、“黑妹”、“冷酸灵”等7个名优品牌的牙膏，共计成品4 866件(55.4万支)，半成品199.5万支，膏体原料278桶(共计23.63吨)，封口机3台，打包机1台，热塑机2台，牙膏双管灌装生产线1条，总计货物标值逾200万元。

7. 上海市技术监督局查处上海统仁经贸有限公司生产、销售假冒彩电案。1998年12月24日，上海市技术监督局根据举报，在市公安局经保总队的配合下，对上海统仁经贸有限公司进行突击检查，查获该公司大量生产、销售冒用长城认证标志的各种型号“百合花”牌彩电1 873台。经查实，该公司从1998年6～12月冒用认证标志生产各种型号的“百合花”彩电共2 866台，销售853台，销售余额达1 303 512.80元，其中，25英寸和29英寸“百合花”牌彩电生产716台，实际销售562台，销售余额达标值达1 038 162.36元。

8. 天津蓟县技术监督局查处礼明庄团伙制售假冒伪劣农药案。1999年4月23日，天津市蓟县技术监督局根据群众举报会同县公安部门在蓟县别山供销社礼明庄分社查获一起大规模经销假冒伪劣氧化乐果等农药案，现场封存标有山东海阳农药厂“海乐”牌40%氧化乐果、20%灭扫利乳油和标有河北农药厂50%1605D乳油共2 323箱。4月26日，执法人员又在本案参与人高某处查获555箱假农药，同时，根据高某等人的交待，又分别在杨津庄、龙古庄、邦均、宝坻县三食口等地追缴扣押已售出假农药232箱。经抽样检验，这批农药的有效成分含量为零。经查实，这批假冒伪劣农药是一名叫陈金奎的人牵头组织生产销售的，由王春生和高某二人共同出资，三人合伙从山东某地购进原料，在本市宁河县某厂进行灌装，然后拉回蓟县销售的。

9. 吉林延边州技术监督局查处延吉市农资公司销售劣质复合肥案。1999年4月16日，吉林省延边州技术监督局在延吉市农业生产资料公司仓库查获了385吨标名为“南京金陵石油化工复合肥厂”的复合肥，经检验，总养分含量不足，属劣质肥料。据查实，1999年延吉市农资公司共购进540吨复混肥，现库存385吨，已销售10吨，其余145吨目前去向不明。

10. 河南鹤壁市技术监督局查处长期无证生产销售水泥案。1999年3月1日，河南省鹤壁市技术监督局根据举报对鹤壁市神龙水泥厂进行突击检查，在该厂仓库现场查获无生产许可证生产的普通硅酸盐水泥800余吨。经查实，该厂从1998年9月至今共无证生产普通硅酸盐水泥2万吨，已售出1.9万吨，每吨售价160元，违法生产、销售水泥货值约300余万元。

11. 江苏武进市隔湖林场生产假冒上海强生公司“邦迪”牌创可贴案。1999年4月8日，江苏省武进市技术监督局根据上海强生公司的举报，在武进市隔湖林场查获了假冒上海强生公司厂名、厂址的“邦迪”牌消毒弹性创可贴144.6万片，半成品15.36万片，胶纸480卷，内纸盒8.1万只，包装纸374.4万片，纸箱1 500余只，制假机器3台。

【创建“购物放心一条街”活动】 为了落实国务院召开的全国质量工作会议精神，切实把国务院关于推行创建“放心一条街”活动的重要部署落到实处，1999年，我局在全国范围内开始有领导、有组织、有计划、有步骤地开展创建“购物放心一条街”活动。

创建“购物放心一条街”活动是“百城万店无假货”活动向基层延伸的组成部分，是质量技术监督充分履行“规范市场、扶优治劣、引导消费、服务企业”职责，贴紧经济工作，深化打假治劣的一项重要举措。

1999年12月7日，国家局在南京召开了全国推进创建“购物放心一条街”活动座谈会，讨论通过了《国家质量技术监督局关于开展创建“购物放心一条街”活动的实施意见》。明确了创建活动的指导思想、工作目标、申报条件、创建标准和实施步骤。

1. 创建活动的指导思想。以党的十五大和十五届四中全会精神为指导，深入贯彻落实国务院关于加强质量工作的重要部署，紧紧围绕提高产品质量水平，维护公平竞争的市场秩序和营造放心满意的购物环境，强化质量监督管理与打假治劣工作，在大中城市逐步建立和完善杜绝假冒伪劣商品进入流通领域的防范机制，推动“百城万店无假货”活动向基层延伸，切实保护广大企业和消费者的合法权益，促进两个文明建设的协调发展，树立“诚实经营光荣、制假售假可耻、优质服务高尚”的社会新风。

2. 创建活动的工作目标。创建“购物放心一条街”活动主要在全国中等以上城市开展。按照全面规划、分步实施、滚动推进、跟踪监督的原则，实施“135”3年滚动计划。即2000年创建“购物放心一条街”100条，2001年扩大到300条，2002年完成创建500条的计划。3年滚动计划完成后，在认真总结经验的基础上，继续将创建工作向基层延伸发展。

3. 参加创建活动街区的申报条件：

(1) 街区在当地应是商业企业比较集中、比较繁华的路段；

(2) 街区以内的商业企业在经营活动中应无销售假冒伪劣商品，并对出租柜台的商品质量负责任；

(3) 街区的商业企业所销售的商品严格遵守质量、计量、标识、商标等方面的法律法规和规章，无欺诈行为；

(4) 街区环境优美，沿街建筑整洁美观，设施配套齐全。

4. 达标街区的创建标准。参加创建活动的商业企业在自觉遵守《产品质量法》、《计量法》、《标准化法》、《消费者权益保护法》等法律、法规并有严格的管理制度的基础上，必须达到以下基本标准：

(1) 严格执行商品进货验收制度，所售商品质量合格；

(2) 秤准量足，使用的计量器具符合计量法律法规要求；

(3) 不经销假冒伪劣商品和“三无”商品、无标识或标识不全的商品；

(4) 明码实价，无欺诈行为；

(5) 公开质量承诺，诚实守信；

(6) 保障售后服务，严格执行“三包”规定；

(7) 方便群众投诉，处理认真及时；

(8) 购物环境整洁、优美；

(9) 文明用语，热情待客。

各省、自治区、直辖市质量技术监督局负责创建“购物放心一条街”的组织发动，申报审查、考核验收和命名授牌工作，申请创建的商业街区名单和通过考核验收达到创建标准的商业街区名单由我局统一向全国发布。

纤维质量监督检查

1999年全国各级专业纤维检验机构共检验各类纤维7万批，约118.3万吨，比1998年增加了35万吨，增长了42%。其中检验棉纤维103.7万吨，比1998年增加了51.2万吨，增长了97.5%；检验毛类纤维3万吨，与1998年基本持平；检验化纤8.1万吨，比1998年减少了13.3万吨。

【棉花质量监督工作】 1. 国家储备棉强制性公证检验开始实施并取得成效。《国务院关于深化棉花流通体制改革的决定》(国发[1998]42号)提出，“从1999年度起，首先做到，国家委托专业纤维检验机构对国家储备棉入库、出库实行强制性公证检验，检验证书作为国家掌握储备棉数量、质量的凭证和财政支付费用、利息的主要依据。”根据国务院的决定，在国家质量技术监督局的领导下，我局会同国家计委、财政部、全国供销总社、农发行、国家纺织局及国家出入境检验检疫局抓紧制定发布了《国家储备棉公证检验实施办法》，制定了《中国纤维检验局国家储备棉公证检验工作程序和检验规程(暂行)》、检验技术文书等配套文件，并在全国棉花质量监督工作会上对《实施办法》及其配套文件进行了宣贯，为1999年度开始实施储备棉强制性公证检验做了必要准备。1999年9月16日朱总理批准将1993年度以前入库的12.5万吨国家储备棉轮换出库，通过交易市场竞卖方式出售。为保证国储棉如期上市，要求专业纤检机构按42号文件和《实施办法》对出库棉花全部实施公证检验，而且要在不到一个月的时间内完成4万吨以上的检验量，并将检验结果汇总。为此，专业纤检系统紧急动员起来，充分发挥了整体优势，5天内就组织了16个省市专业纤维检验机构对涉及14个省、62个储备库，1993年度以前的储备棉进行了公证检验。承担任务的干部职工放弃中秋节、国庆节休假，不辞辛苦，克服困难，加班加点，连续奋战，硬是在10月19日前，用不到一个月的时间完成了5.71万吨储备棉公证检验和数据汇总任务，保证了国家储备棉第一次竞卖会的如期举行。到12月底已完成了国家下达的12.5万吨国家储备棉的出库检验任务。专业纤检机构在时间紧、任务重、经费不到位的情况下圆满完成任务，有力地促进了国家储备棉的轮库销售。同时，通过公证检验，不仅反映了储备棉管理中入库质量把关不严、虚高等级、虚增重量、帐实不符、管理混乱等问题，而且准确核定了本次轮换的国家储备棉的经济损失及产生的原因，为改进、加强国储棉管理和财政部核算国储棉亏损提供了重要依据。

2. 经营性棉花公证检验试点全面铺开，成效明显。对经营性棉花实施公证检验是棉花公证检验制度的重要组成部分。为贯彻落实42号文件的规定，根据党中央和国务院提出的要“为国有企业改革和发展创造良好的外部环境”的精神，我局确定了1999年经营性棉花公证检验试点应服从服务于国企改革和发展，围绕国有大中型棉纺企业进行的工作方针。在公证检验试点的具体工作方法上坚持“统一领导、统一管理报检、统一组织实施、统一检验证书、统一经费核算”的五统一原则。经过一年的实践证明这一工作方针和五统一的工作方法是可行的，也是必要的。一年来，通过对涉及18个省(市)的85个国家和省政府十分关注和重点扶持的大中型骨干企业用棉进行公证检验工作，取得良好效果，在全国纺织行业中具有较大的影响并发挥了重要示范作用。

有关部门和试点企业对公证检验的认识普遍提高，甚至过去怀疑公证检验的企业也有了很大转变，纷纷提出恢复试点资格，未开展公证检验的省也要求开展公证检验试点工作。截止去年末，我局已收到近40家试点名单外的企业申请开展公证检验试点。

1999年共完成经营性棉花公证检验51.23万吨，因等级升降、重量盈亏为交易双方挽回经济损失1.29亿元，效果明显。它不仅保障公平交易，维护了交易双方利益，规范了棉花流通秩序，而且降低交易成本，促进减员增效，促进企业内部管理，减少经济犯罪，加强了廉政建设。遵照朱总理关于公证检验不能影响企业用棉的要求，我们做到了随成交、随检验、随使用、随结算，科学公正，方便快捷，企业报验1～2天后即可用棉，并保证3～7天之内出具检验证书供企业结算。

3. 在推行棉花公证检验制度的同时，毫不放松收购、加工环节和未经公证检验棉花的监督执法工作，取得一定成效。

(1) 收购环节的监督执法工作

1999年度是建国以来放开棉花收购价格、拓宽棉花收购渠道的第一年，棉花收购工作中出现了许多新情况、新问题。在当前棉花资源供大于求、棉花收购价格下降的形势下，切实做好棉花收购监督检查，对保护棉农利益尤为重要。因此，我局将收购环节监督执法工作确定为全国纤检工作的重点工作之一，并在全国棉花质量监督工作会上对收购环节监督执法工作进行了具体的部署，从公布举报电话、检查内容、检查方式、检查对象、组织形式、信息反馈、问题查处各方面都做了安排。为推动地方收购检查工作，新棉上市后，我局抽调技术骨干组成“国家棉花收购质量监督检查组”，对江苏、安徽、河南、湖北4省的12个棉花主产县市进行巡回检查。共检查收购厂站21个，抽查售棉小样38个，籽棉大垛25个，收购小票13 000余张，走访棉农30余户。全国专业纤检机构在收购期间共出动9 404人次，对346个棉主产县市的4 534个厂站进行了监督检查，共抽查了7 272个籽棉大垛，跟踪检查小样12 152个，查验收购小票11万张，平均品级相符率84.1%，平均长度相符率89.8%。其中占全国产量1/3的新疆自治区组织了“双百”战役，即组织100人、检查100天；从9月5日～12月15日共出动检查人员5 316人次，检查收购站点1 266个，检查棉农售棉小样5 819个，籽棉大垛2 300个，查出违法所得75.59万元，处罚354.28万元。各级专业纤检机构，对违反国家优棉优价的政策要求，直接损害棉农利益的质量违法行为，向政府和有关部门通报了情况，并按照国务院文件的要求进行了处罚。

(2) 棉花质量监督检验工作

按照42号文件强化质量监督的精神，各级专业纤维检验机构对加工环节和未经公证检验的棉花加强了监督执法，以维护棉花国家标准的严肃性，稳定棉花市场，规范流通秩序，取得了一定的成效。据统计，1999年度全国监督检验棉花7 374批计21.61万吨。其中，加工环节监督检验棉花为4 105批计13.26万吨，平均品级相符率为92.97%，平均长度相符率98.75%，防止等级升降经济差额713.59万元；抽查未开展公证检验试点的棉纺企业进厂原棉3 269批计8.35万吨，平均品级相符率为77.58%，平均长度相符率为88.54%，比上年度分别下降11.38和2.86个百分点，查出因等级不符、重量盈亏经济差额3 699.65万元。各地监督情况表明，当前未经公证检验的棉花质量问题严重，由此可见，在开展经营性棉花公证检验的同时，对未经公证检验的棉花必须强化棉花标准实施的监督，加大棉花质量监督力度；管住棉花质量，才能更好地规范棉花流通秩序。

(3) 年终大检查

针对1998年度棉花收购中压级压重克扣棉农的问题严重、擅自加工升级、混等混级等质量违法行为有蔓延趋势的情况，我局要求所有棉产省、区专业纤维检验机构要认真做好棉花收购、加工单位执行棉花标准情况的年终大检查。各地加强领导、精心组织、认真检查，较全面地暴露了1998年度棉花收购中压品级、压长度、压重量等问题和棉花加工中普遍存在违法加工升级的情况。如湖北省1999年3～6月，共检查30个县(市)棉花公司所属78个棉花收购站、加工厂，1个棉纺企业，4个良种棉加工厂，涉及棉花收购量3.32万吨。查出非法加工升级2 941.8吨，非法盈重230.4吨，违法收入共计346万元。河南省共检查7个地市21个县124个轧花厂，查出非法升级棉花4 716.35吨，压长度收购棉花1 276.05吨，非法盈重316.92吨，违法收入达400余万元。对年终大检查中查出的问题，各地都进行了严肃处理，对违反标准的违法行为起到遏制作用。

【毛、绒质量监督工作和茧丝纤维质量监督工作】

1. 山羊绒国家检验工作已见成效。根据国务院办公厅关于加强羊绒产销管理的通知要求，山羊绒国家检验制度的试点工作于1998年正式启动。通过试点，山羊绒国家检验的原绒数量1999年已达到1万吨(含分梳山羊绒折合原绒的部分)，检验数量在1998年的基础上翻了一番，已超过全国年产量的80%。在试点的过程中，我们以工作质量和工作有效性为重点，加强宣传和巡回检查，注重工作实践和经验的总结，以此推动山羊绒国家检验制度的稳步建立和进一步的完善。

从1998年到1999年，试点取得一定效果。首先维护了山羊绒市场的公平交易。如新疆纤维检验局为新疆三维毛纺织股份有限公司购绒把关的检验，辽宁省纤维检验所为沈阳贵友羊绒纺织品有限公司购绒把关的检验，都为用户挽回了数10万元的经济损失。内蒙古纤维检验局结合自治区山羊绒交易情况，制定出台了《山羊绒国家检验试点计价办法(暂行规定)》，为检验结果作为结果依据的规范化、制度化迈出了关键的一步，也为公平交易创造了条件。其次，维护了山羊绒流通市场的正常秩序。1999年山羊绒供求关系发生变化，特别是7月份后价格上扬加快，随之质量问题日益突出，未经国家检验的分梳绒中出现了掺假现象。由于占绝对数量的山羊绒均经过国家检验,从总体上控制住了流通中山羊绒的质量,在1999年山羊绒市场格局与90年代初发生羊绒大战时的市场格局几乎相同的情况下,避免了"羊绒大战"的再度发生,从而维护了山羊绒流通市场的正常秩序。

2. 羊毛质量监督工作有了新思路。羊毛质量监督与公证检验工作曾在1993～1996年发展迅速,但最近几年间,由于羊毛流通体制上的变化,传统的质量监督和检验模式已不适应工作的需要,以致公证检验工作滑坡。1995年检验量已达到7.3万吨,尔后逐年下降,1999年检验量仅为3万吨。针对这种情况,我局提出:搞好调查研究,分析新情况、新问题,探索解决问题的新思路、新办法,突出抓住主产区,适时推动其他产区的工作方针。经过近两年的努力,这方面的工作已初见成效。新疆纤维检验局将羊毛质量监督和公证检验工作与自治区"振兴中国细毛羊的养殖及现代化管理"工程相结合,承担了新疆"萨帕乐"品牌绵羊毛标准的制定和拍卖羊毛的公证检验,工作有了新的起色。内蒙古纤维检验局抓住自治区政府组织羊毛展示拍卖、振兴羊毛经济的时机,积极承担拍卖羊毛的公证检验工作,并以此为契机向政府提出了加强羊毛质量监督与公证检验工作的意见。自治区政府已决定参照国家对棉花、山羊绒进行公证检验的做法,由自治区财政拨专款支持内蒙古纤检局开展羊毛国家检验试点工作,2000年计划公证检验拍卖羊毛占全区产量的15%以上,这是羊毛公证检验工作以棉花公证检验模式为示范探索出的一条新路子。

3. 茧丝质量监督工作有了新的进展。围绕推动茧丝绸流通体制改革,茧丝质量监督工作开拓新的领域,1999年以来有了新的进展。

为强化茧丝质量监督工作,国家质量技术监督局去年及时发出了《关于加强茧丝质量监督工作的通知》(质技监局监发[1999]141号),授权我局具体组织实施全国茧丝质量监督工作,有力地推动了茧丝质量监督工作的发展。

按通知要求,春茧期间第一次直接组织了全国鲜茧收购质量执法检查,8个省、市纤检机构组织执法检查组对全国400多个茧站进行检查,检查茧站数比1998年增加2.5倍,对提高收茧的仪评率起到很大推动作用。一些省区结合当地实际采取了许多新措施,如:四川省纤维检验局制定了桑蚕鲜茧强制性地方标准,将其纳入《标准化法》的监督范围;江苏省纤维检验所不仅制定了有关地方标准,还进一步通过省政府制定出台了有关茧站仪评收茧的管理规范,将对茧站的监督纳入认可工作范围。这些新措施都收到了较好的效果。

开拓了生丝质量检验的新领域。浙江省纤维检验所近两年均按照省技术监督局的计划安排,对生丝质量进行了定期监督抽查。在此基础上,我局1999年在国家茧丝办"茧丝绸发展风险基金"中,又开列了国家生丝产品质量检验项目,生丝质量监督工作取得突破性进展。1999年组织全国依法设置和授权的生丝检验机构对855家生丝生产企业进行了产品质量检验,并通过检验摸清了全国生丝生产基本情况和生丝质量情况,为深化茧丝绸流通体制改革和加强国家宏观调控提供了重要依据,得到国家茧丝办的充分肯定。

干茧、生丝的质量监督工作有所发展,部分省级专业纤维检验机构新增了干茧或生丝质量检验能力,使全国干茧、生丝质量监督工作呈现新的发展态势。

【化纤及纤维制品质量监督工作】 1. 1999年定期监督抽查化纤企业127家,抽检328批次;检验进口化纤327批次;市场监督检查40批次。

2. 纤维制品的质量监督工作取得长足的发展。按照国家技术监督局技监局监函(1997)202号文件精神,各地纤检机构在当地技术监督部门领导和计划安排下努力开展纤维制品质量监督工作,充分发挥自身的优势,抓住消费者关心的热点,为净化市场,扶优治劣,既服务于社会,又服务于企业,取得长足的发展。

产品质量申诉处理和质量仲裁检验鉴定

【产品质量申诉处理】 为了加强对产品质量申诉处理工作的管理,掌握全国产品质量申诉及处理情况,及时为各级质量技术监督部门提供质量信息,以便分析质量状况,下发了《关于报送产品质量申诉处理信息的通知》[质技监局监发(1999)62号文]。

1999年国家质量技术监督局直接受理消费者、用户的质量申诉(包括来人、来函)538件,处理496件,处理率为92%,其中复函申诉人168封,电话答复处理236次,调解26件,移送地方局处理的有54件,移送其他部门处理的12件,在调解的26件质量申诉中,调解成功的21件,未达成协议的5件。

1999年地方质量技术监督系统共受理消费者申诉57 770件,涉及产品价值111 738.8万元,处理申诉53 118件,为消费者挽回经济损失25 612.7万元。

【产品质量仲裁检验和产品质量鉴定】 为了做好产品质量仲裁检验和产品质量鉴定工作,在《产品质量仲裁检验和产品质量鉴定管理办法》草案基础上进行了修改、讨论后,于1999年以国家质量技术监督局4号令印发了《产品质量仲裁检验和产品质量鉴定管理办法》。该办法界定了产品仲裁检验和产品质量鉴定的内涵,规定了工作程序,明确了各方的职责和权限,使产品质量仲裁检验和产品质量鉴定工作有规可循。

按照《产品质量仲裁检验和产品质量鉴定管理办法》规定,1999年接受司法机关产品质量鉴定申请12件,除4件因不具备鉴定条件或法院撤回申请外,其余8件分别指定有关鉴定组织单位实施鉴定,其中5件已完成,另外3件正在组织实施中。此外,对1998年遗留的4件质量鉴定也分别组织了质量鉴定。

质量监督信息管理

地方产(商)品质量监督信息统计是提高全国产(商)品质量水平的重要基础性工作。对质量信息的分析和宣传,可以为质量监督宏观决策提供必要的依据,可以提高各方面对质量的重视程度。

【质量监督信息统计和分析工作】 为了进一步加强和完善质量监督的信息统计和分析工作,1999年主要做了三件事:一是继续坚持和完善了质量分析工作,对各地抽检情况通过季报和月报加以汇总分析,从而比较准确地反映了全国产、商品质量状况,为质量监督宏观决策提供了有效的依据。二是进一步规范了地方产、商品质量监督信息统计材料的报送工作。1999年年底筹备了"质量监督信息统计工作座谈会",会议就质量监督信息统计工作改革的若干问题进行探讨。三是完成了质量监督信息统计工作改革的前期准备工作,就质量监督信息统计软件的进一步修改完善、质量监督信息统计目录的修订和出台《质量监督信息统计工作管理办法》等工作做了全面的部署。

【质量信息的利用】 为了及时反映质量状况,介绍典型经验,宣传改革措施,报告重大事项,1999年内认真抓了《质监动态》的编发工作。全年共编发《质监动态》20期,内容包括:全国各省、自治区、直辖市的质量监督情况季报,40个有关城市的质量监督情况月报,介绍地方质量监督工作措施、工作经验的专题报告和反映重大事项的情况通报等。

【加强宣传工作】 为了充分发挥质量监督各项信息的作用,广泛、积极、深入地宣传质量工作,1999年尤其注重宣传工作。加强了与《监督与选择》杂志等有关刊物的联系,还充分发挥各新闻单位的作用,在《人民日报》等有关报纸上发布产品质量国家监督抽查的信息。全年接受中央电视台、中央人民广播电台、新华社等各类新闻机构采访近百次。

1999年1~4季度产品质量国家监督抽查分省统计表

省、自治区、直辖市 \ 抽查情况		抽查企业数	合格企业数	抽查产品数	合格产品数	抽样合格率(%)
企业规模	大型企业	1 229	1 110	1 616	1 485	91.9
	中型企业	2 010	1 660	2 385	2 008	84.2
	小型企业	3 892	2 670	4 344	3 069	70.6
合计		7 131	5 440	8 345	6 562	78.6
北京市		407	321	470	379	80.6
天津市		241	196	280	233	83.2
河北省		318	228	376	283	75.3
山西省		151	128	177	151	85.3
内蒙古自治区		45	37	68	60	88.2
辽宁省		310	232	382	299	78.3
吉林省		82	69	108	95	88.0
黑龙江省		136	111	152	127	83.6
上海市		517	406	633	509	80.4
江苏省		957	739	1 120	893	79.7
浙江省		762	518	876	616	70.3
安徽省		173	140	197	164	83.2
福建省		134	106	144	116	80.6
江西省		65	43	72	50	69.4
山东省		630	475	717	556	77.5
河南省		303	237	368	297	80.7
湖北省		229	174	266	209	78.6

续表

抽查情况 省、自治区、直辖市	抽查企业数	合格企业数	抽查产品数	合格产品数	抽样合格率(%)
湖南省	119	96	135	112	83.0
广东省	691	520	783	600	76.6
广西自治区	117	88	155	123	79.4
海南省	1	1	1	1	100.0
四川省	280	215	319	253	79.3
重庆市	138	113	158	132	83.5
贵州省	55	47	61	53	86.9
云南省	71	52	89	68	76.4
陕西省	122	93	142	109	76.8
甘肃省	37	24	49	36	73.5
青海省	14	11	18	15	83.3
宁夏自治区	9	8	10	9	90.0
新疆自治区	17	12	19	14	73.7

1999年1～4季度产品质量国家监督抽查结果

序号	产品名称	抽查企业数	合格企业数	抽查产品数	合格产品数	抽样合格率(%)
1	便携式甲烷检测报警仪	6	6	6	6	100.0
2	彩色显像管	8	8	8	8	100.0
3	车用汽油	20	20	20	20	100.0
4	传真机	11	11	13	13	100.0
5	打印机	16	16	16	16	100.0
6	低、中压锅炉用钢管	37	37	86	86	100.0
7	动力煤	94	94	96	96	100.0
8	防盗报警控制器	15	15	15	15	100.0
9	防火封堵材料	14	14	15	15	100.0
10	工业硫酸	43	43	43	43	100.0
11	家用可燃气体报警器	14	14	15	15	100.0
12	轿车排放	11	11	16	16	100.0
13	轿车子午线轮胎	16	16	24	24	100.0
14	矿用单体液压支柱	11	11	11	11	100.0
15	离子交换树脂	24	24	24	24	100.0
16	煤矿用阻燃抗静电织物整芯输送带	19	19	19	19	100.0
17	汽车用钢板、钢带	6	6	16	16	100.0
18	热、冷轧薄钢板和钢带	18	18	52	52	100.0
19	锌锭	21	21	27	27	100.0

续表

序号	产品名称	抽查企业数	合格企业数	抽查产品数	合格产品数	抽样合格率(%)
20	液压齿轮泵	22	22	22	22	100.0
21	阴极铜	37	37	37	37	100.0
22	真空吸尘器	12	12	15	15	100.0
23	工业碳酸钠	35	34	62	61	98.0
24	水泥	107	105	107	105	98.1
25	锌锰电池	53	51	104	102	98.1
26	尿素	51	50	51	50	98.0
27	低压成套开关设备	47	46	47	46	97.9
28	骨科内固定器材	31	30	44	43	97.7
29	聚丙烯树脂	43	42	43	42	97.7
30	工厂用防爆电气设备	30	29	30	29	96.7
31	空心砖和空心砌块	54	52	54	52	96.3
32	铝合金建筑型材	27	26	27	26	96.3
33	重熔用铝锭	85	80	133	128	96.2
34	家用电动洗衣机	25	24	25	24	96.0
35	香料香精	42	40	50	48	96.0
36	配合饲料	46	43	70	67	95.7
37	电热水器	20	19	20	19	95.0
38	冷水水表	40	38	40	38	95.0
39	冶金用焦煤	78	74	80	76	95.0
40	电阻应变式压力传感器	18	17	19	18	94.7
41	轴承钢棒	20	19	38	36	94.7
42	电冰箱	36	34	36	34	94.4
43	钢板	12	10	36	34	94.4
44	液压挖掘机	15	14	15	14	93.3
45	自行车	30	28	30	28	93.3
46	卫生巾	54	49	86	80	93.0
47	中型载重汽车轮胎	30	25	69	64	92.8
48	钢丝增强液压橡胶软管	13	12	13	12	92.3
49	磷酸铵	38	35	39	36	92.3
50	微波炉	13	12	13	12	92.3
51	窄轨运输车辆	13	12	13	12	92.3
52	钴及氧化钴	12	11	13	12	92.3
53	悬浮法通用型聚氯乙烯树脂	34	31	38	35	92.1
54	人工心肺机	6	5	12	11	91.7

续表

序号	产品名称	抽查企业数	合格企业数	抽查产品数	合格产品数	抽样合格率(%)
55	食品包装用膜、袋	25	22	34	31	91.2
56	加碘盐	105	95	111	101	91.0
57	家用卫生杀虫用品	33	29	43	39	90.7
58	无线寻呼接收机	39	35	40	36	90.0
59	小型潜水电泵	30	27	30	27	90.0
60	交联聚乙烯绝缘电力电缆	19	17	19	17	89.5
61	电话机	27	24	27	24	88.9
62	微型计算机	35	31	35	31	88.6
63	汽车液压制动主缸	17	15	17	15	88.2
64	家用燃气快速热水器	57	50	57	50	87.7
65	颗粒饲料压制机	20	18	24	21	87.5
66	矿用一氧化碳过滤式自救器	8	7	8	7	87.5
67	农药	92	79	108	94	87.0
68	衬衫	196	170	197	171	86.8
69	溶解乙炔	68	59	68	59	86.8
70	管磨机	15	13	15	13	86.7
71	混凝土输水管	30	26	30	26	86.7
72	消防应急照明灯具	30	26	30	26	86.7
73	葡萄酒	70	59	79	68	86.1
74	玉米种子	48	34	113	97	85.8
75	水稻联合收割机	14	12	14	12	85.7
76	小麦粉	56	48	56	48	85.7
77	梳理机用齿条	27	23	27	23	85.2
78	有衬里消防水带	27	23	27	23	85.2
79	植物油	38	31	47	40	85.1
80	增氧机	20	16	26	22	84.6
81	锥齿轮	13	11	13	11	84.6
82	硬聚氯乙烯型材	43	37	45	38	84.4
83	汽车制动软管总成	17	14	19	16	84.2
84	钢筋混凝土用热轧带肋钢筋	39	29	107	90	84.1
85	洗发液	58	48	61	51	83.6
86	酱油、食醋	42	34	48	40	83.3
87	碾米机	18	15	18	15	83.3
88	摩托车轮胎	27	20	53	44	83.0
89	建筑防水卷材	24	19	29	24	82.8

续表

序号	产品名称	抽查企业数	合格企业数	抽查产品数	合格产品数	抽样合格率(%)
90	化肥	112	90	124	102	82.3
91	塔式起重机	56	46	56	46	82.1
92	水准仪	22	18	39	32	82.1
93	电力变压器	22	18	22	18	81.8
94	蝶阀	22	18	22	18	81.8
95	浓缩饲料	49	38	65	53	81.5
96	红外辐射加热器	34	27	43	35	81.4
97	数控机床	16	13	16	13	81.3
98	橡胶硫化机	32	26	32	26	81.3
99	凿岩用锥形连接中空六角形钎杆	16	13	16	13	81.3
100	薄膜	50	36	79	64	81.0
101	电磁继电器	26	21	26	21	80.8
102	纸巾纸	49	36	78	63	80.8
103	化学试剂	50	36	71	57	80.3
104	白酒	78	62	80	64	80.0
105	故障车警告标志牌	5	4	5	4	80.0
106	矿用高强度圆环链	13	10	15	12	80.0
107	漏电断路器	25	20	25	20	80.0
108	毛皮成品	39	27	70	56	80.0
109	氧化锌压敏电阻器	20	16	20	16	80.0
110	全脂加糖乳粉	89	71	89	71	79.8
111	啤酒瓶	39	31	39	31	79.5
112	高强度紧固件	29	23	29	23	79.3
113	一次性使用输液、输血器	44	34	48	38	79.2
114	助听器	14	11	14	11	78.6
115	羽绒服、羽绒被	74	58	74	58	78.4
116	节水灌溉设备	35	24	50	39	78.0
117	压力锅	41	32	50	39	78.0
118	驱动微电机	27	21	27	21	77.8
119	建筑排水用硬聚氯乙烯管材、管件	51	39	71	55	77.5
120	吸油烟机	31	24	31	24	77.4
121	试验筛及金属丝网	16	11	22	17	77.3
122	针织服装	77	59	83	64	77.1
123	分散染料	28	14	89	68	76.4
124	机械密封件	21	16	21	16	76.2

续表

序号	产品名称	抽查企业数	合格企业数	抽查产品数	合格产品数	抽样合格率(%)
125	柴油机	29	22	29	22	75.9
126	麻花钻	37	28	37	28	75.7
127	配装眼镜	180	136	180	136	75.6
128	UPS不间断电源	19	14	20	15	75.0
129	柴油机喷油嘴偶件	20	15	20	15	75.0
130	干粉灭火剂	20	15	20	15	75.0
131	棉花种子	40	30	40	30	75.0
132	无磷洗衣粉	43	28	60	45	75.0
133	钢结构防火涂料	8	6	8	6	75.0
134	O形橡胶密封圈	31	23	31	23	74.2
135	电风扇	31	23	31	23	74.2
136	喷雾机、器	62	46	62	46	74.2
137	110 kV及以下线路保护装置	27	20	27	20	74.0
138	国旗	29	19	42	31	73.8
139	邻苯二甲酸酐	19	14	19	14	73.7
140	楼寓对讲电控系统	15	11	15	11	73.3
141	聚氨酯清漆	48	35	48	35	72.9
142	Y系列三相异步电动机	55	40	55	40	72.7
143	摩托车	33	24	33	24	72.7
144	清选机	11	8	11	8	72.7
145	消防车	11	8	11	8	72.7
146	液化石油气钢瓶	66	48	66	48	72.7
147	滑板砖	27	19	43	31	72.1
148	内燃机曲轴	25	18	25	18	72.0
149	热反射玻璃	32	23	32	23	71.9
150	铡草机	20	14	21	15	71.4
151	手提贮压式干粉灭火器	31	22	31	22	71.0
152	防火门	34	24	34	24	70.6
153	采暖散热器	37	26	37	26	70.3
154	网渔具	39	26	47	33	70.2
155	手扶拖拉机配套旋耕机	16	11	16	11	68.8
156	乘客电梯	25	17	25	17	68.0
157	合成树脂乳液内墙涂料	55	37	55	37	67.3
158	不燃性无机复合板	21	14	21	14	66.7
159	膜式煤气表	30	20	30	20	66.7

续表

序号	产品名称	抽查企业数	合格企业数	抽查产品数	合格产品数	抽样合格率(%)
160	普通照明用自镇流荧光灯	40	26	42	28	66.7
161	小型煤矿地面用抽出式轴流通风机	12	8	12	8	66.7
162	游艺机	21	14	21	14	66.7
163	向心轴承	38	25	38	25	65.8
164	针刺地毯	23	15	26	17	65.4
165	钢制资料柜	17	11	17	11	64.7
166	家用和类似用途插头插座	36	23	36	23	63.9
167	二氧化碳灭火系统	22	14	22	14	63.6
168	肉类食品	102	61	126	80	63.5
169	水泥包装袋	35	21	38	24	63.2
170	普通照明灯泡	52	30	56	34	60.7
171	高压开关设备	15	9	15	9	60.0
172	瓶装饮用纯净水	32	19	32	19	59.4
173	脱粒机	32	19	32	19	59.4
174	胶粘皮鞋	101	59	102	60	58.8
175	建筑扣件	46	27	46	27	58.7
176	胶鞋	65	36	72	42	58.3
177	四轮农用运输车钢板弹簧	12	7	12	7	58.3
178	灯具	57	32	57	32	56.1
179	单相电度表	36	20	36	20	55.6
180	农用运输车	36	20	36	20	55.6
181	压滤机	11	6	11	6	54.6
182	汽车V带	30	14	35	19	54.0
183	滑石粉	55	25	67	36	53.7
184	玻璃纤维无捻粗纱布	19	10	19	10	52.6
185	液化石油气瓶阀	33	17	33	17	51.5
186	交流电动机电容器	24	12	24	12	50.0
187	童车,玩具	49	16	98	48	49.0
188	茉莉花茶	82	32	112	52	46.4
189	汽车发动机冷却液	24	11	24	11	45.8
190	手扶拖拉机	9	4	9	4	44.4
191	橡胶止水带	29	12	30	13	43.3
192	电子计价秤	28	12	28	12	42.9
193	电子式出租汽车计价器	26	11	26	11	42.3
194	弹簧度盘秤	33	13	44	18	40.9
195	防盗保险柜(箱)	15	6	15	6	40.0
196	室内加热器	15	6	15	6	40.0
197	机械压力机	34	12	34	12	35.3
198	食品添加剂稀释过氧化苯甲酰	22	8	23	8	34.8
199	家用液化石油气调压器	38	12	38	12	31.6
200	含乳饮料	30	9	31	9	29.0
201	商用电烤炉	60	16	61	16	26.2
202	数控系统	12	3	12	3	25.0
203	三足式离心机	19	4	19	4	21.1
204	小型轮式拖拉机	12	2	12	2	16.7

1999年地方产品质量监督检查统计表

序号	地名	监督检查企业数	合格企业数	检查批次	合格批次	批次合格率(%)	序号	地名	监督检查企业数	合格企业数	检查批次	合格批次	批次合格率(%)
1	北京	440	279	553	372	67.3	17	湖北	15 314	13 009	19 646	16 901	86.0
2	天津	3 216	2 428	4 196	3 255	77.6	18	湖南	15 308	11 185	19 276	14 119	73.2
3	上海	2 028	1 544	2 176	1 659	76.2	19	广东	20 714	17 312	33 986	30 062	88.5
4	河北	54 503	44 429	61 627	50 462	81.9	20	广西	8 753	6 911	10 411	8 345	80.2
5	山西	11 855	10 080	14 918	12 840	86.1	21	海南	996	786	1 276	1046	82.0
6	内蒙古	8 087	5 685	10 024	7 317	73.0	22	四川	31 726	26 498	37 050	31 237	84.3
7	辽宁	11 438	9 270	15 656	12 913	82.5	23	重庆	7 116	5 950	9 106	7 811	85.8
8	吉林	12 963	9 732	17 573	13 100	74.5	24	贵州	2 505	1 732	3 353	2 369	70.7
9	黑龙江	16 100	12 047	22 395	16 836	75.2	25	云南	2 724	1 758	4 344	3 099	71.3
10	江苏	28 266	22 675	32 660	26 676	81.7	26	西藏					
11	浙江	20 111	15 968	22 764	18 188	79.9	27	陕西	4 873	3 930	8 468	7 192	84.9
12	安徽	13 479	10 356	16 547	13 052	78.9	28	甘肃	4 978	3 753	5 999	4 631	77.2
13	福建	6 220	5 189	7 554	6 431	85.1	29	宁夏	2 672	2 118	3 575	2 852	79.8
14	江西	4 094	3 130	5 068	3 995	78.8	30	青海	958	685	1 183	845	71.4
15	山东	59 020	44 710	72 014	54 011	75.0	31	新疆	7 776	5 076	9 608	6 555	68.2
16	河南	22 856	17 882	28 115	22 317	79.4							

1999年地方商品质量监督检查统计表

序号	地名	检查商业企业数	检查商品批次	合格批次	批次合格率(%)	序号	地名	检查商业企业数	检查商品批次	合格批次	批次合格率(%)
1	北京	301	448	167	37.3	17	湖北	7 228	11 433	7 613	66.6
2	天津	6 962	16 480	13 563	82.3	18	湖南	32 749	57 881	43 207	74.6
3	上海	2 770	4 162	2 606	62.6	19	广东	6 334	10 865	7 132	65.6
4	河北	40 554	68 853	50 520	73.4	20	广西	10 624	16 751	11 516	68.7
5	山西	12 723	22 145	16 109	72.7	21	海南	5 067	6 976	5 052	72.4
6	内蒙古	23 075	43 590	32 299	74.1	22	四川	22 845	41 682	32 085	77.0
7	辽宁	12 539	54 553	49 171	90.1	23	重庆	9 006	15 422	10 748	69.7
8	吉林	19 723	47 691	37 671	79.0	24	贵州	8 598	16 197	12 890	79.6
9	黑龙江	23 417	50 192	37 142	74.0	25	云南	2 904	4 701	2 781	59.2
10	江苏	26 075	35 813	16 509	46.1	26	西藏	2 380	6 460	4 368	67.6
11	浙江	20 470	55 952	41 573	74.3	27	陕西	4 636	8 450	6 514	77.1
12	安徽	24 113	30 333	13 602	44.8	28	甘肃	11 547	14 668	11 139	75.9
13	福建	10 350	13 473	9 164	68.0	29	宁夏	5 030	12 557	8 730	69.5
14	江西	5 018	6 862	4 821	70.3	30	青海	824	1 497	882	58.9
15	山东	49 754	80 113	49 391	61.7	31	新疆	4 123	18 653	11 000	59.0
16	河南	11 248	15 175	10 835	71.4						

标　准　化

概　　述

1999年，标准化工作围绕促进国民经济建设，适应市场需求，积极为企业服务，在制修订标准(国家标准、行业标准、地方标准和企业标准)、宣贯实施标准、采用国际标准和国外先进标准、推动采标标志、农业标准化示范区、消灭无标生产、信息技术标准化、标准化法规、标准化的研究开发、标准的出版发行和咨询服务等方面，取得了一定成效，为国民经济建设和社会发展作出了新的贡献。

标准制修订、备案和宣贯工作

【标准制、修订工作】 1999年共制、修订国家标准900项(见附件1～3)，其中新制定477项，占53%，修订423项，占47%；强制性标准172项，占19.1%，推荐性标准728项，占80.9%。其结构为：产品标准299项，占29.6%；方法标准317项，占35.2%；基础标准228项，占25.3%；安全标准62项，占6.9%；卫生标准2项，占0.2%；管理标准22项，占2.4%；环保标准2项，占0.2%；其他标准1项，占0.1%。采用国际标准和国外先进标准526项，采标率为58.4%(等同采用：194项，占21.6%；等效采用：194项，占21.6%；非等效采用：138项，占15.3%；)，其中采用ISO标准249项，采用IEC标准113项，采用其他标准175项；研制复制国家标准样品150项。

国务院有关部门根据国民经济发展对标准的需求，制定和修订了许多行业标准。各省、自治区和直辖市质量技术监督局根据地方标准化工作的特点及要求，及时制定和修订了1 151项地方标准。其中：制定1 021项，修订130项；强制性标准534项，占46%，推荐性标准617项，占54%；有69项标准采用了国际标准和国外先进标准。这些地方标准中的大部分已按规定进行了备案。许多企业根据自身生产需求，制定139 870项企业标准用来组织生产和检验。在这些标准中，有6 483项标准采用了国际标准和国外先进标准，大部分标准已按规定进行了备案。

截止到1999年，我国已有国家标准19 118项(历年国家标准数量统计见图1)，其中强制性国家标准有2 563项，占13.4%，推荐性国家标准有16 555项，占86.6%。其结构为(国家标准结构分布情况见图2)：产品标准5 986项，占31.3%，方法标准7 793项，占40.8%，基础标准3 548项，占18.6%，安全标准515项，占2.7%，卫生标准636项，占3.3%，管理标准416项，占2.2%，环保标准113项，占0.6%，其他标准111项，占0.6%；采用国际标准和国外先进标准共有8 237项，采标率达43.1%(等同采用：1 592项，占8.3%；等效采用：2 689项，占14.1%；非等效采用：3 956项，占20.7%；)，其中采用ISO标准4 321项，采用IEC标准1 667项，采用其他标准2 405项。

截止1999年底，已备案行业标准有30 000项，地方标准9 200多项，企业标准794 737项。

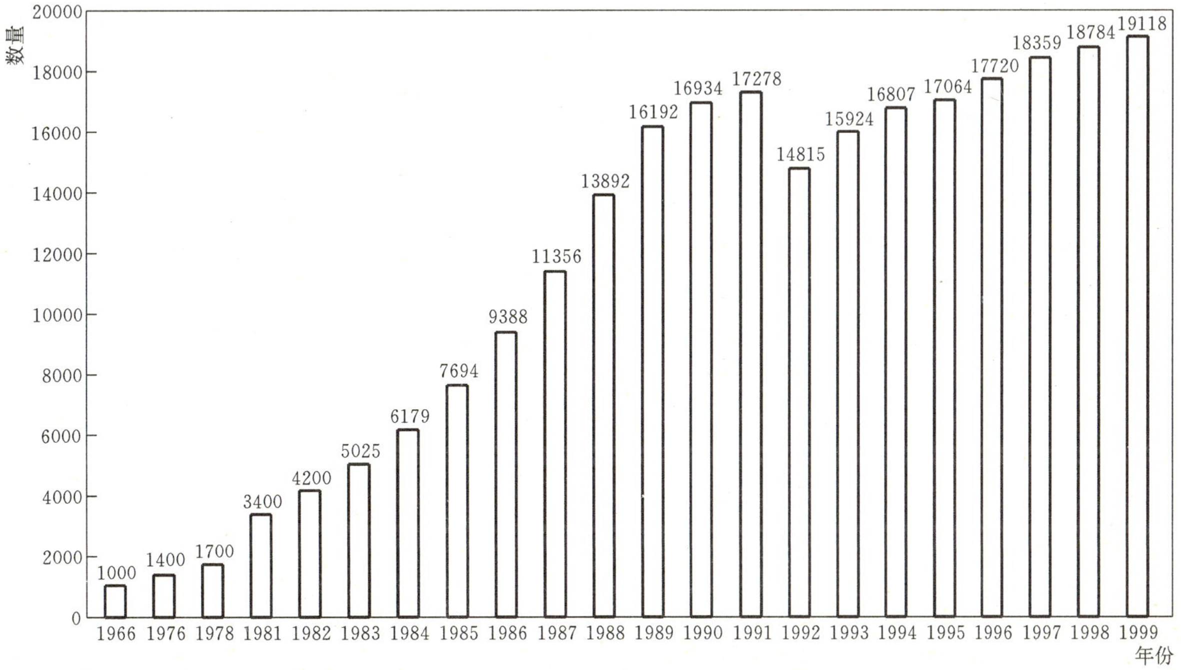

图1　历年国家标准数量统计图

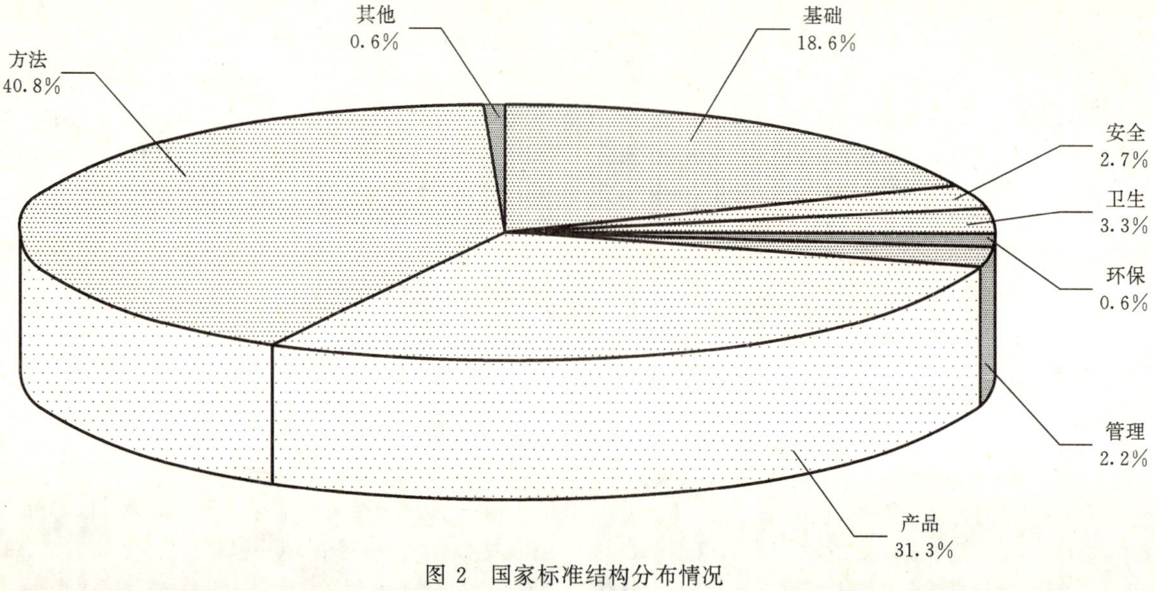

图 2 国家标准结构分布情况

【重要国家标准的制修订】 在制修订国家标准中，国家质量技术监督局根据国民经济建设的需要重点抓了一批国民经济建设、社会发展及规范市场、保护人身、财产安全急需的项目。如：《汽车排放污染物限值及测试方法》(4项)、《车用无铅汽油》、《一次性可降解餐饮具通用技术条件》(2项)国家标准的制定，对于保护环境将起到积极的促进作用。

《土工合成材料》国家标准的制定，为规范土工合成材料产品的生产，促进土工合成材料的推广和应用起了重要的作用，为提高交通、水利设施等重大工程质量创造了条件。

为配合国家质量技术监督局发布的《原产地域产品保护管理办法的实施》，国家质量技术监督局标准化司组织制定了《原产地域产品通用技术要求》国家标准。

实施了13年的《粮食》和实施了26年的《棉花》国家标准的修订，促进了国家粮食和棉花流通领域的改革，为实行优质优价政策提供了技术依据，对农产品结构的调整和农产品质量的提高起到了推动作用。

根据国家电动车辆发展的需要，制定了《电动车辆结构和安全要求》等13项(涉及整车、电池、电机及控制系统以及充电系统)国家标准，促进了电动车辆的发展和规范生产。

《澳门特别行政区区旗、区徽》国家标准的制定，为澳门特别行政区回归后使用规范的澳门区旗、区徽作好了技术保障，受到了国务院有关部门的赞扬。

新制定的100多项信息技术国家标准，重点抓了电子商务、信息技术安全及计算机辅助设计等国家标准，促进了信息技术的健康发展。

为了促进农业种植结构调整，加快农业标准制修订步伐，1999年国家质量技术监督局重点安排制修订农业国家标准计划项目163项，占1999年国家标准计划项目的13%，完成国家标准165项。这些标准涉及种子、农产品生产和加工、农药的合理使用、动植物检验、检疫等方面。结合当地农业生产的发展，1999年各省(区、市)共制定农业地方标准636项。这些标准的制定不仅对农业生产起到规范作用，而且对农业标准化示范项目的具体实施起到了推动作用。

【标准的备案】 根据《标准化法》中规定的标准备案要求，1999年国家质量技术监督局积极对国务院有关部门报送的2 289项行业标准进行了备案审查，经审查后有2 271项行业标准符合备案要求，并赋予备案号；对27个省、自治区和直辖市质量技术监督局报送的2 271项地方标准进行了备案审查，并赋予备案号。各地在抓好备案工作的同时，加强了企业标准的备案管理，对备案的企标从标准的合法性到标准的编写格式进行系统的管理，并且建立了企业标准备案登记年审制度。在对企业标准备案过程中，积极帮助企业解决在工作中遇到的有关问题，针对在备案工作中存在的问题，提出了做好备案工作的意见和建议，对已备案的企业标准实行动态管理，保证了标准的有效性。

根据地方经济发展的需要，各地省、区、市质量技术监督局组织制定了地方农业生产技术规范、农产品标准，节能降耗、安全、环保、服务质量以及地方特色产品等方面的标准约962项，保证了地方经济健康发展。

【规范使用国家标准、行业标准代号】 国务院机构改革后，国务院各部门的设置及其职能都作了较大调整。为加强标准化工作管理，规范使用国家标准、行业标准代号，提高标准化工作的有效性，更好地为国民经济建设服务，根据《中华人民共和国标准化法》和《中华人民共和国标准化法实施条例》的有关规定，以及国务院赋予国家质量技术监督局统一管理全国标准化工作的职责，国家质量技术监督局于1999年8月24日向各有关部门重新公布了中华人民共和国国家标准和行业标准代号，并要求各有关部门在标准、文件和出版物中引用有关标准时，要正确使用标准代号，同时指出，为维护法律的权威性和政令的严肃性，避免标准代号混乱造成的不良影响和后果，凡未经国家质量技术监督局依法批准公布的标准代号不得使用。

(一) 中华人民共和国国家标准代号

GB——强制性国家标准代号

GB/T——推荐性国家标准代号

（二）中华人民共和国行业标准代号

序号	行业标准名称	行业标准代号	主管部门	序号	行业标准名称	行业标准代号	主管部门
1	农业	NY	农业部	30	交通	JT	交通部
2	水产	SC	农业部	31	劳动和劳动安全	LD	劳动和社会保障部
3	水利	SL	水利部	32	电子	SJ	信息产业部
4	林业	LY	国家林业局	33	通信	YD	信息产业部
5	轻工	QB	国家轻工业局	34	广播电影电视	GY	国家广播电影电视总局
6	纺织	FZ	国家纺织工业局	35	电力	DL	国家经贸委
7	医药	YY	国家药品监督管理局	36	金融	JR	中国人民银行
8	民政	MZ	民政部	37	海洋	HY	国家海洋局
9	教育	JY	教育部	38	档案	DA	国家档案局
10	烟草	YC	国家烟草专卖局	39	商检	SN	国家出入境检验检疫局
11	黑色冶金	YB	国家冶金工业局	40	文化	WH	文化部
12	有色冶金	YS	国家有色金属工业局	41	体育	TY	国家体育总局
13	石油天然气	SY	国家石油和化学工业局	42	商业	SB	国家国内贸易局
14	海洋石油天然气	SY(10 000号以后)	中国海洋石油总公司	43	物资管理	WB	国家国内贸易局
15	化工	HG	国家石油和化学工业局	44	环境保护	HJ	国家环境保护总局
16	石油化工	SH	国家石油和化学工业局	45	稀土	XB	国家计发委稀土办公室
17	建材	JC	国家建筑材料工业局	46	城镇建设	CJ	建设部
18	地质矿产	DZ	国土资源部	47	建筑工业	JG	建设部
19	土地管理	TD	国土资源部	48	新闻出版	CY	国家新闻出版署
20	测绘	CH	国家测绘局	49	煤炭	MT	国家煤炭工业局
21	机械	JB	国家机械工业局	50	卫生	WS	卫生部
22	汽车	QC	国家机械工业局	51	公共安全	GA	公安部
23	民用航空	MH	中国民航管理总局	52	包装	BB	中国包装工业总公司
24	兵工民品	WJ	国防科工委	53	地震	DB	国家地震局
25	船舶	CB	国防科工委	54	旅游	LB	国家旅游局
26	航空	HB	国防科工委	55	气象	QX	中国气象局
27	航天	QJ	国防科工委	56	外经贸	WM	对外经济贸易合作部
28	核工业	EJ	国防科工委	57	海关	HS	海关总署
29	铁路运输	TB	铁道部	58	邮政	YZ	国家邮政局

注：行业标准分为强制性和推荐性标准。表中给出的是强制性行业标准代号，推荐性行业标准的代号是在强制性行业标准代号后面加“/T”，例如农业行业的推荐性行业标准代号是NY/T。

【国家标准、行业标准转化】 《标准化法》颁布后，从1990年～1992年，我们按照《标准化法》的要求对现行的国家标准进行了清理整顿，将不适宜作为国家标准的，调整为相应的行业标准或者废止；同时，提出了专业标准按照《标准化法》的有关规定调整为行业标准的要求。但是，多年来这方面工作进展缓慢。到1998年底，仍有3 000多项应转化为行业标准的国家标准在继续使用；有6 000多项专业标准仍以专业标准形式在实施。针对这种情况，为了向社会提供正确的标准信息，1999 年，国家质量技术监督局标准化司组织有关标准化技术委员会和专家对以上两类标准进行了分析和转化。第一批 1 541 项国家标准、1 643 项专业标准的转化结果已向社会公布。其余标准，目前正在抓紧转化，并力争及早向社会公布。

【批准行业标准代号】 为了进一步做好外经贸、海关、邮政行业的标准化工作，根据《行业标准管理办法》的规定，我们及时审定和划分了外经贸行业、海关行业和邮政行业的行业标准归口范围和行业标准代号。

【计算机网站建设】 完成标准化司计算机网站的建设工作，目前在网站上已发布了国家质量技术监督局及标准化工作的有关中英文信息。

【标准宣贯】 1999 年国家质量技术监督局和各地各部门在抓好标准制修订工作的同时，还注意抓了对标准的宣贯工作，促进了标准的贯彻实施。宣贯的重要标准有：《国旗》、《国旗用织物》、《家用和类似用途插头插座 第二部分：转换器的特殊要求》、《信息技术设备电磁兼容》、《广播电视设备电磁兼容》、《日用电器电磁兼容》、《澳门特别行政区区旗、区徽》、《土工合成材料》、《道路交通标志和标线》、《铡草机安全技术要求》、《公民身份证号码》和《商品条码》等。还召开了《澳门特别行政区区旗、区徽》、《棉花》、《粮食》等重要国家标准新闻发布会，组织了《商品条码》国家标准的推广工作，收到了良好效果。

针对《啤酒瓶》强制性国家标准实施中出现的问题，国家质量技术监督局会同国家轻工业局组织召开了标准实施推进会，会议再次强调了实施标准对保护消费者人身安全的重要作用，并对标准的实施作了重要的部署。

各地根据地方经济发展的需要和政府的要求，对粮食系列标准、《一次性输液器》、《消费品使用说明 纺织品与服装说明》等国家标准开展了多种形式的宣贯工作；对涉及人体健康、人身财产安全的《啤酒瓶》、《食品标签》、《饲料标签》、《种子标签》、《化妆品标签》、《玩具标签》、《插头插座》等强制性国家标准的执行情况加大了监督检查力度。辽宁省、江苏省、宁夏自治区、海南省和北京市质量技术监督局等坚决贯彻国家质量技术监督局关于实施《啤酒瓶》国家标准的有关规定，采取加大宣传力度，开展协调服务等方式，促进企业实施标准。辽宁省质量技术监督局在深入走访和调查了解了各类企业啤酒瓶周转、损耗的实际情况后，制定了合理可行的实施方案（在国家质量技术监督局规定的实施期内），通过采取督促、指导帮助与查处相结合的方式，使啤酒生产企业使用符合标准的啤酒瓶比例由 20％上升到 80％。很多省配合消灭无标生产工作还开展了 GB/T 1 系列标准的宣贯工作。天津市质量技术监督局为了配合世界体操锦标赛的承办工作，青岛市质量技术监督局配合国际啤酒节的召开，大连市配合“中国优秀旅游城市”的创建，分别开展了《公共信息图形符号》国家标准宣贯、实施和监督检查活动。除此之外，各省根据政府整顿经济秩序，保护消费者利益的要求开展了地方标准的实施监督工作。

【标准化培训工作】 为提高有关人员的标准化知识和政策水平，适应新时期的标准化工作，1999 年，国家质量技术监督局标准化司在标准化培训方面做的主要工作有：

1. 标准化工作计算机网络应用技术培训班。根据承担国际标准化工作任务的需要，国家质量技术监督局标准化司组织了两期 ISO/IEC 国内技术归口单位和地方局等单位参加的“标准化工作计算机网络应用技术培训班”，共有 80 多名学员参加了培训。培训班针对地方信息化、标准化人员的计算机网络应用实际进行讲解和操作，使学员基本了解和掌握了 ISO/IEC 的新工作手段，为我国正常对口 ISO/IEC 开展工作提供了保证。

2. 全国专业标准化技术委员会秘书长培训。为了提高全国专业标准化技术委员会的业务能力和工作责任心，以保证标准的编写质量，国家质量技术监督局标准化司举办了四期全国标准化技术委员会和分技术委员会秘书长业务培训班，对近 300 名秘书长、有关部门标准化工作管理人员、标准化研究所和科研机构的有关人员进行了标准化有关知识培训，并就标准化工作的改革问题进行了有益的探讨，收到了良好的效果。

3. 中国标准化协会积极配合我国的标准化重点工作，在做好重要标准宣贯的同时，举办了“企业标准化”等标准化业务知识培训班。1999 年共举办各类培训班、研讨会 25 期，参加培训人员超过 1 300 人。

【举办《标准化法》实施十周年活动】 1999 年 4 月 1 日是《标准化法》实施十周年纪念日。为总结《标准化法》实施十年来所取得的成绩，进一步宣传标准化工作在国民经济和社会发展中的技术基础作用，提高全社会的标准化意识，4 月 1 日国家质量技术监督局组织有关部门和单位在北京举办了《标准化法》实施十周年座谈会，全国人大常务会副委员长曹志和国务院有关部门领导及企业代表 80 多人参加了座谈会。国家质量技术监督局局长李传卿在座谈会上回顾了《标准化法》实施十年来，标准化工作为国民经济和社会发展作出的贡献，分析了新形势下对标准化工作提出的新的更高的要求，提出了全面开创标准化工作新局面的奋斗目标。4 月 3 日与北京市技术监督局、中国标准化协会、中国标准化与信息分类编码研究所、中国技术监督情报研究所和中国标准出版社等单位联合举办了《标准化法》实施十周年现场咨询活动，向广大市民宣传了标准化知识，收到了很好的效果。国务院有关部门和各省、自治区和直辖市质量技术监督局采取召开纪念会、研讨会等形式，利用各种新闻媒体也开展了相应的有意义的活动。

【庆祝世界标准日】 1999 年 10 月 14 日是第 30 届世界标准日。第 30 届世界标准日的主题是“矗立在标准上的建筑”。国际标准化组织（ISO）主席、国际电工委员会（IEC）主席和国际电信联盟（ITU）秘书长联名向该三个国际组织的成员国发出了第 30 届世界标准日的祝词和宣传画，同全世界的标准化工作者和关心支持标准化事业的人们一道庆祝这个全球的节日。国家质量技术监督局与建设部、中国标准化协会、中国标准化与信息分类编码研究所、中国技术监督情报研究所和中国标准出版社联合举办了第 30 届世界标准日庆祝活动。国家质量技术监督局副局长李忠海参加了庆祝活动，并做了重要讲话。

采用国际标准工作

采用国际和国外先进标准是我国一项重要的技术经济政策。1999年国家质量技术监督局和各部门、各地方把采标工作作为标准化的重要工作来抓，并取得了较好的成绩。

【采用国际标准情况】 截止1999年底，在19 118项国家标准中已有8 237项采用了国际标准和国外先进标准，采标率达到了43.1%。一些重点行业1999年制定的国家标准采标率有了进一步提高，例如：

电力行业采标率已经达到100%；

冶金行业采标率已经达到94.4%；

电子行业采标率已经达到72.2%；

机械行业采标率已经达到77.9%；

化工行业采标率已经达到86.4%；

石化行业采标率已经达到92.6%；

石油行业采标率已经达到100%；

邮电行业采标率已经达到76%；

建材行业采标率已经达到84.3%；

轻工行业采标率已经达到60.7%。

1999年大部分省(区、市)将采标任务列入了省政府的目标责任制，并作为政府的考核指标之一。为了推进采标工作，落实《质量振兴纲要》提出的采标目标，很多省(区、市)及时修订了采标规划计划，并以提高产品质量，增强产品竞争力为目的，通过抓重点企业的重点产品采标，带动配套产品和系列产品的采标。上海市质量技术监督局为了进一步推动采标工作，对市属部分大中型企业主要产品的采标情况进行了深入的调查，并结合本市今后工业发展的重点，对主要产品采标的可行性进行了分析，确定了汽车整车等产品为采标重点，提高了这些产品的采标率，也带动了一批零配件产品的采标。行业标准、地方标准和企业标准中也大量地采用了国际标准和国外先进标准。采标工作有力地推动了我国标准制修订速度和标准水平的提高，加快了与国际接轨的步伐，提高了我国产品在国内国际市场上的竞争能力。

【采用国际标准产品标志】 根据《采用国际标准产品标志管理办法》(试行)的规定，国家质量技术监督局积极推动地方和企业在产品采标上加大工作力度，有力地调动了地方和企业在实施产品采标工作的积极性。促进了企业的技术进步和产品质量的提高。1999年全国完成采标标志987项，超额完成1998年国家质量技术监督局下达的930项的任务，5年来，全国累计完成采标标志7 234项，其中5 054项已在《中国质量报》上分15期予以公告，引起了消费者的注意，并受到了企业的欢迎。一些地方申请了采标标志的企业，已在产品上使用了采标标志。

【采标产品列入国家级新产品试制计划项目】 根据“采标重点产品列入《国家级重点新产品试制鉴定计划》的管理办法”的要求，1999年，国家质量技术监督局继续开展国家级采标重点新产品申报、评选工作。按照科技部下达的1999年国家采标重点新产品计划，各地质量技术监督局密切配合国家质量技术监督局的安排，按照有关要求，认真组织落实，共上报了110项。经国家质量技术监督局初审，科技部评审后有51项列入国家重点新产品计划项目，其中13项享受国家补贴。

地方标准化和企业标准化工作

1999年，地方各级标准化管理部门认真执行党的各项方针、政策，在积极做好地方标准制修订、宣贯实施、企业标准备案和完成采标标志等项工作的同时，各地根据地方经济发展的需要和地方政府的要求，主要做了以下几项工作：

【企业标准化工作】 1999年，各地技术监督部门在企业转制、优化产品结构的过程中，从加强企业标准化工作和提高企业的基础管理水平入手，做了大量的工作。一是对标准化工作有一定基础的100个大中型企业，指导他们结合贯彻GB/T 19000《质量管理和质量保证》系列国家标准，推进《企业标准化工作指南》等三项国家标准的贯彻实施，建立健全包括技术标准、管理标准和工作标准在内的企业标准体系；二是对中小企业、乡镇企业、个体企业，通过消灭无标生产，促其首先完善企业标准，使产品生产和检验有技术依据；三是根据企业要求，主动帮助企业制定标准，提供咨询服务；四是帮助企业提高人员素质。山东省质量技术监督局近年来实施的“双提”工程、江西省质量技术监督局建立的“帮扶企业”制度、北京市质量技术监督局推行的“企业标准实施监督员”持证上岗培训活动帮助企业提高了标准化方面的素质。

【开展服务标准化工作】 随着我国经济的发展，第三产业迅速发展起来。由于第三产业起步晚，管理基础薄弱，特别是服务业的质量问题比较突出，消费者投诉较多。根据国家质量技术监督局提出的提高服务质量水平的要求，各地积极开展了服务标准化工作。陕西省政府为了提高全省服务行业的服务质量，满足旅游业发展的需要，以省政府的名义发布了《关于加强服务业质量管理工作的意见》，随后又组织召开了全省贯彻GB/T 19004-2《质量管理和质量保证体系 第2部分：服务指南》提高服务质量水平的动员大会，省长亲自到会并发表重要讲话，会议对开展服务标准化工作做了部署。海南省质量技术监督局与旅游局、物价局共同起草和颁布了《海南省旅游定点商店金银饰品、钻石、珠宝玉石类商品标识管理规定》，组织制定了《眼镜验光配镜行业服务规范》地方标准。北京市、天津市和江苏省南通市质量技术监督局为了整顿服务业的经营秩序，陆续发布和实施了《洗染业服务质量》、《美容美发业服务质量》等一系列地方标准，并会同有关行业主管部门建立了质量公证评估站。这些管理办法和标准的制定与实施，在一定程度上规范了商家的销售和服务行为，保护了消费者的权益。

各省根据各自的实际情况着重对火车站、邮电局、宾馆饭店、购物中心等窗口行业，推进GB/T 19004-2国家标准的贯彻实施。

【进口机电产品标准化审查备案管理】 按照1999年地方标准化工作任务安排，青岛、上海、广西等省(区、市)质量技术监督局通过举办《进口机电产品标准化管理办法》宣讲会，制订地方的实施办法，与有关部门密切配合、周密组织等措施，开展了对有关企业进口机电产品的标准化审查。

据不完全统计，1999年又有132个产品获得了备案证书。

农业标准化工作

1999年，农业标准化工作在各级政府和领导的高度重视和有关单位的积极配合下，各级标准化机构以促进地方经济和社会发展为目标，在提高标准化工作的有效性上下功夫，各项工作取得了较大的成绩。

【农业标准化示范区工作】 在顺利完成第一批农业标准化示范工作之后，1998年国家质量技术监督局又部署了全国第二批农业标准化示范区。两年来，在各级政府的领导下，在有关部门的大力支持下，示范区建设健康发展。一是严格按照国家质量技术监督局发布的《农业标准化示范区管理办法(试行)》的要求，抓好组织落实和任务落实。为了顺利完成农业标准化示范工作，各示范区相继成立了以主管农业的县领导为组长、县技术监督局和各有关部门负责同志参加的示范区建设领导小组，各乡镇政府也成立了相应的机构。领导小组对示范工作统一领导，制定了示范区建设的总体规划、目标要求和具体措施，层层签定责任状，明确任务和工作进度要求。为了在技术上保证示范工作顺利进行，大部分示范区还成立了由农业科研机构专家组成技术指导小组。二是根据需要积极制定标准，扎扎实实开展标准的宣传、培训与实施。各个示范区针对所承担的示范项目，积极组织相应产品标准和生产技术规范的制定，根据42县(市、区)报表统计，1999年共制定、修订农业地方标准规范149项，印发标准文本约14万册。

在制定标准的过程中采纳了大量先进的农业科学技术和成果，使标准化与先进的科学技术密切结合，促进了科技成果的转化。为了使广大农民能够按照标准的要求组织农业生产，各示范区技术监督部门在各示范村召开了标准宣贯会、座谈会，结合实际事例作详细讲解，并与有关技术专家合作开展技术咨询活动，解决农民实施标准中的实际问题。1999年各示范区共举办各种形式的培训约1 130班次，培训农民12万人次。三是以点带面形成层层示范。根据资料统计，开展示范工作的乡镇1999年发展到3 290个，约占示范区乡镇总数的78%；示范农户约12万户，占总农户的25%，基本形成了乡、村、户三级示范网络；四是示范区建设取得阶段性成果，涌现了许多产量增加、质量提高、农户现金收入高于往年的典型事例。如：内蒙古海拉尔市承担的奶牛标准化示范项目，通过普及推广标准化饲养管理技术和草场合理利用、饲草、饲料加工、贮存等方面的标准，使奶牛的存栏数增长8%，商品牛增长6%；吉林省永吉县承担的水稻标准化示范项目，在示范中通过推广标准化种植方法，采用科学的田间管理和技术，平均每公顷比示范前增产12%，人均年收入增加86元。

国家级农业标准化工作的示范，带动了各省工作的开展。近年来，各地结合本省农业发展重点建立的省级农业标准示范区的数量迅速增加，1999年达到了310个，覆盖475个县，初步形成了层层示范的局面。

全国消灭无标生产工作

一年来，各地按照国家质量技术监督局对消灭无标生产工作的要求和“全国消灭无标生产工作暨经验交流会议”确定的目标和任务，消灭无标生产工作取得了显著的进展，呈现出各级政府高度重视、有关部门积极配合，齐心协力共同推进的良好局面。具体表现在以下几个方面：

【消灭无标准生产工作成效显著】 1999年是全国开展消灭无标生产工作的关键一年。一年来，各地按照工作计划的安排，突出重点抓落实。据统计，到1999年底，全国已有1 986个县开展了消灭无标生产工作，开展率达到80%以上，实现了1998年国家质量技术监督局提出的工作目标。河北、陕西、浙江、黑龙江、山西、湖北、上海、新疆、吉林、广西等11个省、区、市消灭无标生产工作开展率已达到100%；东部大部分省区有90%以上的县开展了消灭无标生产工作。全国已通过验收的县达到了1 297个。这些县的标准覆盖率均达到95%以上，产品质量抽查(省、地)合格率平均提高11个百分点。

广东省经过努力，1999年完成了消灭无标生产工作，继江苏、北京、天津之后在全省实现了消灭无标生产。

1998年国家质量技术监督局批准的51个县(市)1999年度全国消灭无标生产试点县(市)，经过一年的工作后，在1999年经验收，全部符合全国消灭无标生产试点县(市)的要求。

在一年的试点过程中，普查登记县以下工业企业27 623个，产品33 411个，召开宣传发动会议约576余次；参加人数19 552人，举办培训班411期，培训人数17 235人；发放宣传材料110 682份，帮助企业查询标准资料22 112件，帮助企业制定标准2 971项。

通过试点县(市)的努力，试点工作取得了显著成绩，51个县的平均标准覆盖率由试点前的66%，试点后提高到98%，提高了32个百分点。

【1999年扩大消灭无标准生产试点县】 根据各有关县(市)人民政府的申请，省级质量技术监督局的推荐，1999年，国家质量技术监督局批准了54个县(市)为1999年度消灭无标生产试点县(市)。他们是：

河北省：高阳县、张北县、武强县
山西省：平遥县
内蒙古自治区：乌拉特前旗、牙克石市
辽宁省：铁岭市开元市、抚顺县
吉林省：磐石市、集安市
黑龙江省：肇源县、虎林市
上海市：普陀区
安徽省：霍山县、蒙城县
浙江省：温岭市、宁波市镇海区
山东省：平度市、曲阜市、禹城市
福建省：鲤城区、闽侯县
江西省：德兴市、万安县
河南省：嵩县、安阳县
湖北省：嘉鱼县、宜城市
湖南省：湘潭市韶山区、益阳市沅江市
广东省：澄海市
广西壮族自治区：桂林市、岑溪市
海南省：澄迈县
四川省：达川市、冕宁县、泸县
重庆市：荣昌县
贵州省：贵阳市乌当区、王屏侗族自治县
云南省：建水县、文山县、师宗县、龙陵县
陕西省：洛川县、兴平市
甘肃省：酒泉市、华亭县
青海省：民和回族土族自治县、德令哈市
宁夏回族自治区：中宁县、吴忠市利通区
新疆维吾尔自治区：和田县、乌苏市

【巩固和提高消灭无标生产成果】 为了促进已验收合格县（市）巩固消灭无标生产工作取得的成果，并使标准化工作不断深化和提高，1999年，国家质量技术监督局标准化司会同北京市技术监督局对列入1996年度消灭无标生产国家试点并已通过验收的通州区、顺义区进行了抽查。通过对部分生产企业的执行标准情况，按标准组织检验情况等方面进行检查，结果表明，两区在消灭无标生产工作验收合格后，保持和巩固了验收成果，在标准化意识、执行标准的自觉性、标准水平、标准覆盖率、产品质量抽查合格率、标准的有效性等方面有了进一步的提高。特别是北京市通州区在消灭无标生产工作验收后的3年中，实行了五项有效的巩固措施，使标准覆盖率提高了0.4个百分点，1999年产品质量抽查（市、区）合格率比1996年提高了33个百分点。安徽等省质量技术监督局在开展消灭无标生产工作的同时，按照《全国消灭无标生产抽查办法》对本省已通过验收的县（市）进行了抽查，抽查结果表明，长效动态管理机制已初步建立，标准化工作成果在这些县（市）得到了巩固。江苏省、天津市质量技术监督局在完成消灭无标生产工作之后，把工作重点转到稳定全省全市标准覆盖率、抓企业执行标准情况的动态管理上。江苏省质量技术监督局通过制定《江苏省消灭无标生产长效动态管理抽查管理办法》，将巩固消灭无标生产成果纳入规范管理轨道。天津市通过改进和更新全市原有标准化信息管理系统，提高标准化信息的传递速度和管理水平；建立企业执行标准登记年审制度及时掌握企业执行标准情况，保证企业执行标准的有效性等措施，使全市的消灭无标生产工作成果在一定程度上得到了巩固。此外，很多省为了使消灭无标生产成果得到巩固和提高，在工作开展初期或通过验收以后，针对企业基础工作薄弱的现状，把消灭无标生产与促进企业建立企业标准体系相结合。新疆维吾尔自治区质量技术监督局在指导克拉玛依市消灭无标生产工作的过程中，要求全市企业结合生产实际，通过建立和完善企业标准体系来解决无标生产的问题。陕西省质量技术监督局在开展消灭无标生产的活动中，帮助12家民营高科技企业建立了企业标准体系。

按照《全国消灭无标生产试点县（市）实施方案》的规定，在各级政府的领导下，消灭无标生产的工作取得了明显的成效，经国家质量技术监督局委托有关省级技术监督局进行验收，有158个县（市、区）已达到了《消灭无标生产试点县（市）验收办法》的要求，被国家质量技术监督局授予“消灭无标生产县”荣誉称号，并颁发了证书。

高新技术标准化工作

随着高新技术的迅速发展，作为标准化工作重点的高新技术标准化研究和标准的制修订工作已取得了进展。根据高新技术发展的需要，1999年制定的GB 17689—1999《信息技术　通用多八位编码字符集（Ⅰ区）汉字16点阵字型》，GB/T 17700—1999《卫星数字电视广播信道编码和调制标准》，GB/T 17704《信息技术　信息交换用130 mm一次写入盒式光盘》，GB 17786—1999《有线电视频率配置》，GB/T 17799.1—1999《电磁兼容通用标准　居住、商业和轻工业环境中的抗扰度试验》，GB/T 17825—1999《CAD文件管理》，GB 17859—1999《计算机信息系统　安全保护等级划分准则》，GB/T 17900—1999《网络代理服务器的安全技术要求》，GB/T 17902—1999《信息技术　安全技术》等100多项高新技术国家标准，促进了高新技术的健康发展。

标准化科学研究工作

标准化科学研究工作是标准化工作的一项重要的基础工作。1999年，国家质量技术监督局标准化科学研究工作取得了很大成绩，对推动标准化事业的健康发展起到了很好的促进作用。

【标准化科研成果】 中国标准研究中心完成了《全球电子商务标准化框架研究》、《行业标准备案数据库管理系统》、《中国标准化现状调查研究》和《流通领域电子数据交换规范发展趋势》、《实现远程信息网传输图文信息的技术研究》等5项国家质量技术监督局下达的科研项目和国家科技部下达的《文献资源共建共享网络系统》科研项目，并已通过了鉴定。启动了《CAD标准化研究》、《典型城市贸易EDI综合应用示范系统》、《二维条码技术研究与应用试点》和《高新技术标准化框架及发展战略对策研究》等4项国家科技部"九五"科技攻关项目和"九五"标准化基础研究项目；编辑出版了近30期《标准化参考资料》。这些标准化科研项目的完成，对提高我国标准化研究水平、理论水平，指导标准化工作，适应市场经济发展的需要，为科学、合理制定标准奠定了良好的基础。

标准化信息和服务工作

中国标准研究中心既是我国标准化的最大研究机构，同时又担负着我国标准化信息的收集、咨询和服务任务。1999年，该中心采取各种办法，想企业之所想，急企业之所急，从提高咨询服务质量和工作有效性入手，积极为读者和企业服务，受到了读者和企业的欢迎与好评，在标准化信息的收集、咨询和服务方面取得了可喜的成绩。

【标准资料采集、加工】 标准馆根据市场需求的变化，及时调整采购计划和内容，使标准资料入馆量达到50 860件，其中光盘资料26 581件，并及时完成了到馆文献资料的数据加工。全年共接待读者和电话咨询服务上万人次，并在服务思想和服务作风上有了很大的改变，受到了读者欢迎。

【完善标准信息基础设施建设】 全年完成22 156条（其中新数据及修改数据18 931条）国外交换数据的格式转换、数据装载工作；18 313条（其中新数据8 365条，修改数据9 948条）的数据翻译、标引、分类工作；删除作废数据3 234条；新录入行业标准数据3 400条；完成了15种总数约18万条的数据库生产。另外，根据协议要求，向德国的西门子公司和日本HIS公司及时提供了国家标准译文数据库。

标准的出版和发行工作

标准的出版和发行工作是标准化工作的重要组成部分。1999年中国标准出版社保质保量、快速、按时完成了标准及标准资料和图书的出版发行任务，取得了较好的社会效益和经济效益。

【编辑发稿】 全年编辑共发稿16 575万字，比1998年度增加3 070万字；发稿品种：标准1 505种，图书268种，其中各类标准汇编155种。

【出版发行】 出版标准1 988种，出版图书298种。标准平均出版周期为90天，图书平均出版周期为101天，比1998年明显缩短。

【印刷校对】 图书印装质量优质品率为36%，有46个品种被评为国家新闻出版署署优产品。完成校对数字3.84亿字。

标准化普及和学术工作

1999年中国标准化协会在积极发挥社会中介组织的纽带和桥梁作用，围绕政府、企业、市场和消费者对标准化工作的需求，积极开展各项工作，并取得了一定成绩。

【组织建设】 1999年中国标准化协会按照国务院对社会团体清理整顿和重新登记的规定，进行了清理整顿和重新登记。在清理整顿过程中，修改了中国标准化协会章程。根据有关规定，召开了五届一次理事会，通过选举产生了新一届理事会和常务理事会，完善了会员管理办法，明确了为会员服务的内容，加强了对会员和下属二级机构的管理。在换届时，从市场经济的需要出发，参考国外社会团体的工作经验，对理事会的构成进行了较大的调整，在理事会的成员和常务理事会成员中，加大了企业会员的比例，吸收国内著名企业参加中国标准化协会工作。今后，中国标准化协会的工作除依靠政府部门的支持外，还要立足于为企业服务，同时寻求企业的帮助。

【学术交流活动】 1999年，中国标准化协会针对市场经济在转变过程中标准化工作改革的需要，对重点涉及标准化改革、标准化管理和企业标准化工作遇到的问题，积极开展国际国内学术交流活动。

1. 举办了'99市场经济与标准化论坛；

2. 参加了中国科学技术协会首届学术年会，有3篇论文入选大会论文集；

3. 召开了'99标准化学术年会，组织全国各地70多篇论文，有50篇论文入选大会论文集；

4. 举办了中日标准化学术交流；

5. 组织了三批50多人参加了国际交流、考察、培训和学习。

在这些研讨交流活动中，国际国内标准化专家就标准化的热点问题、学术观点、国际国内标准化动态信息、标准化的发展等内容，发表看法和观点，对我国的标准化工作起到了推动和支持的作用，引起了社会共鸣，收到了较好效果。

组织机构代码和商品条码工作

1999年我国的组织机构代码和商品条码工作得到了较快的发展，取得了显著的成绩。

【组织机构代码】 截止 1999 年底，全国组织机构代码赋码数量已达 800 万，比 1998 年增加 80 万，为彻底解决代码数据质量问题，编制《组织机构代码管理机构质量手册编写指南》，加强代码的全面质量管理。各地在解决重错码问题上，做了大量工作，坚决纠正出现的重错码现象，进一步提高了代码质量，代码总体数据重错码率低于万分之五。组织机构代码除已广泛应用于税务、外贸、公安、统计、金融、海关、人事、民政、交通等十大领域外，1999 年代码又在民办非企业单位登记、社会保险登记等新领域开始起步应用。1999 年底，全国各省、自治区、直辖市和计划单列市等 40 个单位已与全国组织机构代码管理中心实现了网络数据交换，山东、湖北等地已将代码网络延伸到全省的区县。全国组织机构代码数据库管理系统基本建成，为代码信息实现动态交换创造了条件。为了更好地推广应用组织机构代码，今年国家局批准湖北、山西等 11 个省市开展代码 IC 卡副本的应用。

【商品条码】 1999 年新增商品条码系统成员 11 000 家，增长率为 10%。在做好发展新系统成员的基础上，继续对早期加入条码系统成员的企业进行了复审工作，现累计完成了 36 000 家的复审工作。截止 1999 年底，全国的条码系统成员总数超过 56 000 家。全国 50 多万种商品采用了商品条码标志，为我国商品进出口贸易和商业贸易自动化工作奠定了技术基础。为了规范管理商品条码，国家质量技术监督局于 1998 年 7 月 29 日以局长令发布《商品条码管理办法》，各地都在积极贯彻实施。条码及其识别技术的基础研究有了新的进展，一维和二维条码国家标准制订工作已经完成；完成二维条码应用系统的开发、射频识别技术通用规范和演示系统、条码商品数据库总体方案、中国条码商品信息服务系统等研究课题。二维条码将在全国四个领域内推广，其中在云南省将开展珠宝玉石二维条码的应用试点工作。目前，我国已成为在国际上排名第四位的产品上使用通用条码标志的国家。

标准化技术委员会工作

标准化技术委员会是组织制、修订和宣贯标准的技术工作组织，目前有 245 个全国专业标准化技术委员会（历年全国标准化技术委员会发展情况见图 3），406 分技术委员会。共聘请了约 26 000 多名各类科技人员和管理人员为技术委员会委员。

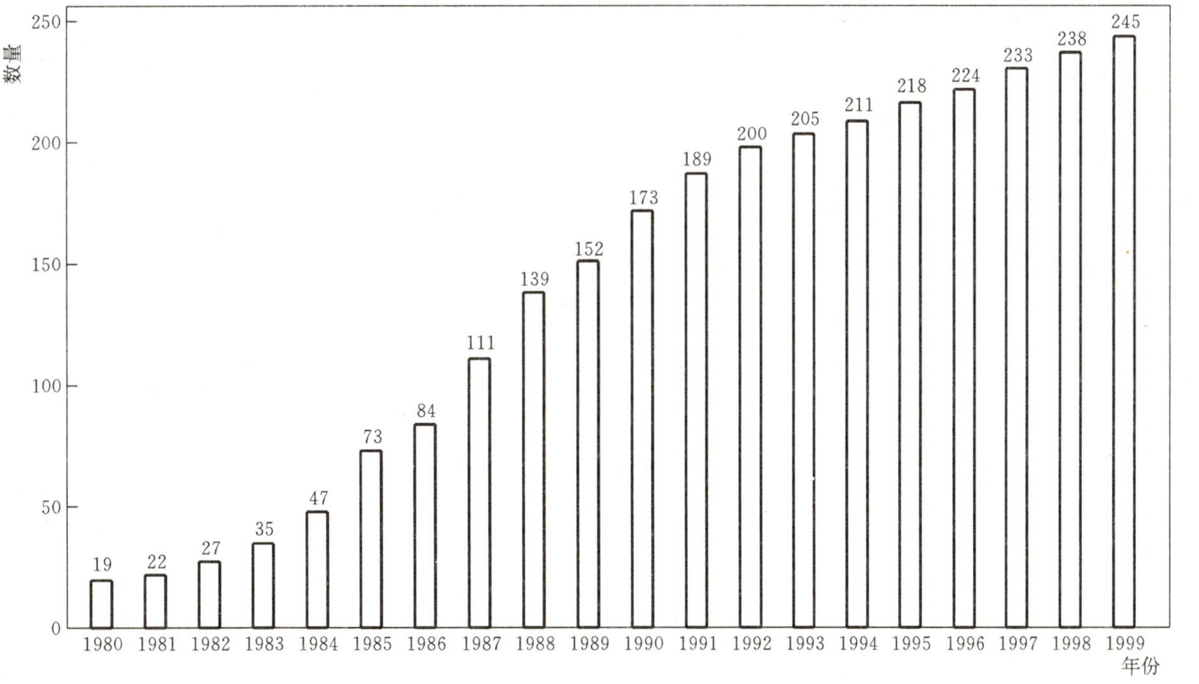

图 3 全国标准化技术委员会发展情况统计图

【全国专业标准化技术委员会】 1999 年新组建成立了 8 个标准化技术委员会（TC）、12 个分标准化技术委员会（SC），对 59 个标准化技术委员会和分标准化技术委员会进行了换届，对 40 个标准化技术委员会和分标准化技术委员会的部分委员进行了调整，共聘请委员 2 623 名。为有效地发挥标准化技术委员会的作用，积极开展新领域的标准化工作，促进标准化事业的持续发展提供了组织队伍保障。

1999 年新组建的 8 个全国专业标准化技术委员会是：

TC239 全国广播电视标准化技术委员会
TC240 全国产品尺寸和几何标准化技术委员会
TC241 全国小艇标准化技术委员会
TC242 全国音频音视及多媒体系统与设备标准化技术委员会
TC243 全国有色金属标准化技术委员会
TC244 全国天然气标准化技术委员会
TC245 全国玻璃纤维标准化技术委员会
全国数字高清晰度电视系统标准化专家委员会

新组建的12个分标准化技术委员会是：

TC20/SC6 全国能源标准化技术委员会新能源和可再生产能源分标准化技术委员会

TC83/SC1 全国文件格式及数据元标准化技术委员会电子商务分标准化技术委员会

TC86/SC5 全国缩微摄影技术标准化技术委员会电子影像应用分标准化技术委员会

TC105/SC1 全国肥料和土壤标准化技术委员会化肥催化剂分标准化技术委员会

TC209/SC4 全国纺织品标准化技术委员会麻纺织品分标准化技术委员会

TC239/SC1 全国广播电视标准化技术委员会广播电视中心分标准化技术委员会

TC/239/SC2 全国广播电视标准化技术委员会广播电视传输覆盖网分标准化技术委员会

TC243/SC1 全国有色金属标准化技术委员会轻金属分标准化技术委员会

TC243/SC2 全国有色金属标准化技术委员会重金属分标准化技术委员会

TC243/SC3 全国有色金属标准化技术委员会稀有金属分标准化技术委员会

TC243/SC4 全国有色金属标准化技术委员会粉末冶金分标准化技术委员会

TC243/SC5 全国有色金属标准化技术委员会贵金属分标准化技术委员会

标准化工作改革

1999年，根据国务院的有关规定和加强标准化工作的需要，标准化工作在各有关方面的支持下进行了一些改革的探索，为今后进一步做好标准化工作打下了基础。

【强制性标准改革】 由于目前强制性标准范围过宽和全文强制带来的合法不合理现象，给贯彻实施强制性标准造成了很大的困难，严重影响了强制性标准的严肃性和权威性。针对这种情况，在对全国近5 000个有关单位进行书面调查，基本了解了强制性标准存在的主要问题和解决方向的基础上，完成了《关于强制性标准实行条文强制的若干规定》。该《规定》的实施，对于强制性标准的贯彻实施将起到积极的促进作用。

【加强管理，实行行业、地方标准备案公告制度】 为加强行业标准、地方标准的备案和信息的统一管理，及时、准确地向社会提供行业标准、地方标准的制修订和备案情况信息，国家质量技术监督局向各有关部门发送了“关于对备案的行业标准、地方标准实行公告制度的通知”(质技监局标发[1999]279号)，通知说，国家质量技术监督局决定从2000年1月1日起，对经国家质量技术监督局审查并准予备案的行业标准、地方标准实行公告制度。通知要求各部门、各地方在行业标准、地方标准批准发布30日内应到国家质量技术监督局申请备案。对准予备案的行业标准、地方标准，国家质量技术监督局赋予备案号。其备案号必须印在正式出版的行业标准、地方标准封面上。

“公告”发送至各省、自治区、直辖市及计划单列市质量技术监督(技术监督)局，国务院有关部门，各直属全国专业标准化技术委员会，并同时在《中国标准化》杂志上刊登。“公告”每一个月发布一次。

【国家标准计划改革】 为了更好地使标准化工作适应市场和企业的需求，改变过去一年一次计划的做法，1999年制修订国家标准工作实行了多次计划，共批准了6批200多项增补计划项目，确保如：《汽车排放污染物限值及测试方法》(4项)、《车用无铅汽油》、《一次性可降解餐饮具通用技术条件》(2项)、《粮食》、《棉花》、《土工合成材料》等项目组织开展制修订工作，以满足社会急需。

【国家标准批准发布实行公告制度】 为规范标准信息发布形式，促进标准信息的正确、广泛宣传和传递，从1999年开始，对新批准发布的国家标准改变了过去只将批准发布文件发至国务院相关部门的做法，实行了公告形式，更好地推动了标准信息正确、及时向全社会进行广泛宣传，使广大读者及时了解国家标准制修订和作废、代替信息，对更好地宣传、贯彻实施国家标准，具有积极的促进作用。

【国家标准计算机模板应用】 为推进现代信息技术在国家标准制修订工作中的应用，国家质量技术监督局标准化司组织研制开发了“中国国家标准计算机应用模板”。该模板的使用，将加强对国家标准制修订工作管理、推广计算机和网络技术的应用及提高标准质量，缩短出版周期等将起到积极推动作用。

【成立中国标准研究中心】 为适应社会主义市场经济的需要，加强标准化研究工作和重要标准的制修订工作，大力发展我国的标准化事业，提高我国产品质量总体水平，1999年7月13日，经中央机构编制委员会办公室以中编办字[1999]81号文批准，撤消中国标准化与信息分类编码研究所、中国技术监督情报研究所和国家质量技术监督局管理研究所，成立中国标准研究中心，并于1999年12月28日挂牌，国家质量技术监督局局长李传卿、副局长李忠海等领导同志出席了揭牌仪式。

根据国家质量技术监督局批准的“三定”方案，中国标准研究中心将建成为我国标准化科学研究、标准制定和标准化信息中心，特别要加强重要基础标准、高新技术标准、重要方法标准等的研究和制定工作；建成为全国的标准化信息服务中心，大力开展国内外标准信息的收集、分析研究加工和开发工作；建成为全国的质量管理方法研究和质量信息中心，开展先进的质量管理方法的研究和推广工作，开展质量信息服务工作；建成为全国组织机构代码和条码管理与服务中心，推进代码和条码的应用。通过有效地开展工作，充分发挥标准化在国民经济和社会发展中的技术基础作用，使中国标准研究中心成为国内、国际标准化领域中具有权威的、有一定影响力的科学研究技术机构。中国标准研究中心的主要任务是：

1. 组织和开展重要基础标准、高新技术标准和重要方法标准的研究工作。

2. 组织和承担制、修订重要国家标准。

3. 积极参与国际标准化组织 ISO、IEC、ITU 的相关活动,承担相关技术支持和管理工作。积极跟踪、引进和转化国际标准及国外先进标准为我国国家标准。

4. 承担国家质量技术监督局信息中心的管理和运行工作;加强信息基础建设,建立全国标准信息服务网络,强化国家标准信息中心作用。大力收集国内外标准化信息资料,加强分析研究工作,充分开发标准信息资源,开展标准信息咨询服务。

5. 履行国家标准审查职责,开展国家标准技术审查;对行业标准、地方标准进行审查和备案;管理国家标准档案和数据库;开展国家标准宣贯和培训活动。

6. 进行先进质量管理与质量监督理论、体制与方法的研究;建立全国质量信息服务网络,强化国家质量信息中心的作用,开展产品质量信息的采集、汇总、分析研究和咨询服务;开展质量认证咨询及相关法律、法规、规章的研究和起草工作。

7. 经国家质量技术监督局授权,承担全国标准化技术委员会秘书处工作。承担重要的国家专业标准化技术委员会秘书处工作;积极创造条件承担部分国际标准化技术委员会和分委员会的秘书处工作。

8. 经国家质量技术监督局授权,承担全国工业产品生产许可证审查办公室的工作。

9. 经国家质量技术监督局授权,管理全国组织机构代码工作,推进代码信息的应用;管理全国商品条码工作,积极开展相应技术的研究和推广应用工作。

10. 承担中国 WTO/TBT 咨询点的日常工作。

11. 根据认可范围开展产品认证工作。

12. 承担国家质量技术监督局交办的其他工作。

1999 年批准、发布的国家标准样品目录

序号	国家标准样品编号	国家标准样品名称	研 制 单 位	批准、发布日期	有效期
1	GSB 11-1001—1999	苎麻	湖南省纤维检验所	1999 年 4 月 13 日	2 年
2	GSB 04-1002—1999	钛镍合金	北京有色金属研究院测试分析技术研究所	1999 年 4 月 13 日	
3	GSB 01-1003—1999	砷化镓	中国科学院地球化学所	1999 年 4 月 13 日	
4	GSB 01-1004—1999	钛氧砷酸钾	全国微束分析标准化技术委员会	1999 年 4 月 13 日	
5	GSB 01-1005—1999	钛氧磷酸铷	全国微束分析标准化技术委员会	1999 年 4 月 13 日	
6	GSB 01-1006—1999	五磷酸镱	全国微束分析标准化技术委员会	1999 年 4 月 13 日	
7	GSB 01-1007—1999	五磷酸钇	全国微束分析标准化技术委员会	1999 年 4 月 13 日	
8	GSB 01-1008—1999	黄玉	全国微束分析标准化技术委员会	1999 年 4 月 13 日	
9	GSB 15-1009—1999	微米级标准图形	全国微束分析标准化技术委员会	1999 年 4 月 13 日	
10	GSB 05-1010—1999	涕灭威	天津进出口商品检验局	1999 年 4 月 13 日	2 年
11	GSB 05-1011—1999	甲草胺	天津、辽宁进出口商品检验局	1999 年 4 月 13 日	2 年
12	GSB 05-1012—1999	苄嘧磺隆	天津进出口商品检验局	1999 年 4 月 13 日	2 年
13	GSB 05-1013—1999	杀虫脒	天津进出口商品检验局	1999 年 4 月 13 日	2 年
14	GSB 05-1014—1999	毒死蜱	天津、辽宁进出口商品检验局	1999 年 4 月 13 日	2 年
15	GSB 05-1015—1999	顺式氰戊菊酯	天津、辽宁进出口商品检验局	1999 年 4 月 13 日	2 年
16	GSB 05-1016—1999	稻瘟灵	天津进出口商品检验局	1999 年 4 月 13 日	2 年
17	GSB 05-1017—1999	亚胺硫磷	天津进出口商品检验局	1999 年 4 月 13 日	2 年
18	GSB 02-1018—1999	汽车制动液相容性试验液	交通部公路科学研究所	1999 年 4 月 13 日	2 年
19	GSB 07-1019—1999	工业固体废弃物铬渣(ISS-1)	国家环保总局标准样品研究所	1999 年 4 月 13 日	10 年
20	GSB 07-1020—1999	工业固体废弃物锌渣(ISS-2)	国家环保总局标准样品研究所	1999 年 4 月 13 日	10 年
21	GSB 07-1021—1999	甲醇中苯	国家环保总局标准样品研究所	1999 年 4 月 13 日	5 年
22	GSB 07-1022—1999	甲醇中甲苯	国家环保总局标准样品研究所	1999 年 4 月 13 日	5 年
23	GSB 07-1023—1999	甲醇中乙苯	国家环保总局标准样品研究所	1999 年 4 月 13 日	5 年
24	GSB 07-1024—1999	甲醇中对二甲苯	国家环保总局标准样品研究所	1999 年 4 月 13 日	5 年

续表

序号	国家标准样品编号	国家标准样品名称	研 制 单 位	批准、发布日期	有效期
25	GSB 07-1025—1999	甲醇中间二甲苯	国家环保总局标准样品研究所	1999年4月13日	5年
26	GSB 07-1026—1999	甲醇中邻二甲苯	国家环保总局标准样品研究所	1999年4月13日	5年
27	GSB 07-1027—1999	甲醇中异丙苯	国家环保总局标准样品研究所	1999年4月13日	5年
28	GSB 07-1028—1999	甲醇中苯乙烯	国家环保总局标准样品研究所	1999年4月13日	5年
29	GSB 07-1029—1999	甲醇中邻苯二甲酸二甲酯	国家环保总局标准样品研究所	1999年4月13日	5年
30	GSB 07-1030—1999	甲醇中邻苯二甲酸二丁酯	国家环保总局标准样品研究所	1999年4月13日	5年
31	GSB 07-1031—1999	甲醇中邻苯二甲酸二辛酯	国家环保总局标准样品研究所	1999年4月13日	5年
32	GSB 07-1032—1999	甲醇中1,2-二氯苯	国家环保总局标准样品研究所	1999年4月13日	5年
33	GSB 07-1033—1999	甲醇中1,3-二氯苯	国家环保总局标准样品研究所	1999年4月13日	5年
34	GSB 07-1034—1999	甲醇中六氯苯	国家环保总局标准样品研究所	1999年4月13日	5年
35	GSB 07-1035—1999	甲醇中苯胺	国家环保总局标准样品研究所	1999年4月13日	5年
36	GSB 07-1036—1999	甲醇中对硝基苯胺	国家环保总局标准样品研究所	1999年4月13日	5年
37	GSB 07-1037—1999	甲醇中对硝基苯酚	国家环保总局标准样品研究所	1999年4月13日	5年
38	GSB 07-1038—1999	甲醇中对甲基苯酚	国家环保总局标准样品研究所	1999年4月13日	5年
39	GSB 07-1039—1999	甲醇中五氯苯酚	国家环保总局标准样品研究所	1999年4月13日	5年
40	GSB 07-1040—1999	甲醇中苯并[b]荧蒽	国家环保总局标准样品研究所	1999年4月13日	5年
41	GSB 07-1041—1999	甲醇中苯并[K]荧蒽	国家环保总局标准样品研究所	1999年4月13日	5年
42	GSB 07-1042—1999	甲醇中苯并[ghi]苝	国家环保总局标准样品研究所	1999年4月13日	5年
43	GSB 07-1043—1999	甲醇中苯系物混合标准样品	国家环保总局标准样品研究所	1999年4月13日	5年
44	GSB 07-1044—1999	甲醇中氯代苯类混合标准样品	国家环保总局标准样品研究所	1999年4月13日	5年
45	GSB 07-1045—1999	甲醇中酚类混合标准样品	国家环保总局标准样品研究所	1999年4月13日	5年
46	GSB 07-1046—1999	甲醇中多环芳烃混合标准样品	国家环保总局标准样品研究所	1999年4月13日	5年
47	GSB 05-1047—1999	氮中一氧化碳和丙烷	化学工业部西南化工研究院	1999年4月13日	1年(气体标样)系按用户需要单个制备,有效期从单个标样制备日期开始计算
48	GSB 05-1048—1999	杀虫单	化工部沈阳化工研究院	1999年4月13日	2年
49	GSB 05-1049—1999	溴氰菊酯	艾格福天津有限公司、化工部沈阳化工研究院	1999年4月13日	2年
50	GSB 05-1050—1999	二氯喹啉酸	浙江新安化工集团有限公司、化工部沈阳化工研究院	1999年4月13日	2年
51	GSB 05-1051—1999	三唑磷	湖北沙隆达集团公司、化工部沈阳化工研究院	1999年4月13日	2年
52	GSB 05-1052—1999	甲氰菊酯	大连瑞泽农药股份有限公司、化工部沈阳化工研究院	1999年4月13日	2年
53	GSB 02-1053—1999	橡胶检查手套外观缺陷标准样品(样照)	江苏省(张家港)进出口商品检验局	1999年4月13日	5年

续表

序号	国家标准样品编号	国家标准样品名称	研 制 单 位	批准、发布日期	有效期
54	GSB 04-1054—1999	工业高纯铝光谱标准样品	西南铝加工厂	1999年4月13日	5年
55	GSB 04-1055—1999	锌(棒状)光谱标准样品	葫芦岛锌厂	1999年4月13日	10年
56	GSB 04-1056—1999	锌(圆柱状)光谱标准样品	葫芦岛锌厂	1999年4月13日	10年
57	GSB 03-1057—1999	轴承钢(GCr15)	大冶特殊钢股份有限公司钢研所	1999年6月29日	10年
58	GSB 03-1058—1999	高碳铬铁(FeCr67C9.5)	锦州铁合金集团股份有限公司	1999年6月29日	10年
59	GSB 03-1059—1999	高碳铬铁(FeCr55C1000)	锦州铁合金集团股份有限公司	1999年6月29日	10年
60	GSB 03-1060—1999	稀土硅铁合金(FeSiRE24)	山东省冶金科学研究院	1999年6月29日	5年
61	GSB 03-1061—1999	稀土硅铁合金(FeSiRE27)	山东省冶金科学研究院	1999年6月29日	5年
62	GSB 03-1062—1999	合金铸铁(光谱分析用)	冶金部钢铁研究总院	1999年6月29日	10年
63	GSB 03-1063—1999	热模具钢(光谱分析用)	抚顺特殊钢有限公司	1999年6月29日	10年
64	GSB 03-1064—1999	模具钢H13(光谱分析用)	上海五钢集团第一研究所	1999年6月29日	10年
65	GSB 03-1065—1999	高速工具钢氧、氮	上海五钢集团第一研究所	1999年6月29日	10年
66	GSB 03-1066—1999	不锈钢中低氢(球状)	上海钢铁研究所	1999年6月29日	10年
67	GSB 03-1067—1999	不锈钢中氢(柱状)	上海钢铁研究所	1999年6月29日	10年
68	GSB 03-1068—1999 (GSBH40003—88)	不锈钢中低氢(柱状)	上海钢铁研究所	1999年6月29日	10年
69	GSB 03-1069—1999	含铌低合金钢析出相(棒状)	武钢集团技术中心 冶金部钢铁研究总院	1999年6月29日	10年
70	GSB 03-1070—1999	含铌低合金钢析出相(片状)	武钢集团技术中心 冶金部钢铁研究总院	1999年6月29日	10年
71	GSB 05-1071—1999	2,4-滴	大连松辽化工公司 化工部沈阳化工研究院	1999年6月29日	1年
72	GSB 05-1072—1999	三氯杀虫酯	化工部沈阳化工研究院	1999年6月29日	2年
73	GSB 05-1073—1999	氮中六氟化硫	化工部西南化工研究院	1999年6月29日	1年
74	GSB 10-1074—1999	瓶级聚酯切片	仪征化纤股份有限公司	1999年6月29日	5年
75	GSB 07-1075—1999	嗅觉标准样品	天津市环境保护科学研究院	1999年6月29日	1年
76	GSB 03-1076—1999	稀土镁球墨铸铁-1(化学分析用)	沈阳标准样品研究所	1999年6月29日	10年
77	GSB 03-1077—1999	铸造用生铁(化学分析用)	沈阳标准样品研究所	1999年6月29日	10年
78	GSB 05-1078—1999	氮中硫化氢	化工部西南化工研究院	1999年6月29日	1年
79	GSB 05-1079—1999	氮中二氧化硫	化工部西南化工研究院	1999年6月29日	1年
80	GSB 05-1080—1999	氩中氢氮	化工部西南化工研究院	1999年6月29日	1年
81	GSB 05-1081—1999	氩中甲烷	化工部西南化工研究院	1999年6月29日	1年
82	GSB 05-1082—1999	氢中氮	化工部西南化工研究院	1999年6月29日	1年
83	GSB 05-1083—1999	氢中一氧化碳、二氧化碳、甲烷	化工部西南化工研究院	1999年6月29日	9个月
84	GSB 05-1084—1999	氮中氢	化工部西南化工研究院	1999年6月29日	5年
85	GSB 05-1085—1999	氮中甲烷	化工部西南化工研究院	1999年6月29日	5年

续表

序号	国家标准样品编号	国家标准样品名称	研 制 单 位	批准、发布日期	有效期
86	GSB 11-1086—1999	贵州茅台酒(38°酱香型)	中国贵州茅台酒厂	1999年6月29日	5年
87	GSB 11-1087—1999	郎酒(39°酱香型)	四川省古蔺郎酒厂	1999年6月29日	5年
88	GSB 11-1088—1999	武陵酒(38°酱香型)	湖南省学常德市武陵酒厂	1999年6月29日	5年
89	GSB 11-1089—1999	五粮液(39°浓香型)	中国四川省宜宾五粮液酒厂	1999年6月29日	5年
90	GSB 11-1090—1999	剑南春酒(38°浓香型)	四川绵竹剑南春酒厂	1999年6月29日	5年
91	GSB 11-1091—1999	泸州老窖特曲(38°浓香型)	中国泸州老窖特曲股份有限公司	1999年6月29日	5年
92	GSB 11-1092—1999	全兴大曲(38°浓香型)	中国四川省成都全兴酒厂	1999年6月29日	5年
93	GSB 11-1093—1999	沱牌曲酒(35°浓香型)	中国四川沱牌曲酒股份有限公司	1999年6月29日	5年
94	GSB 11-1094—1999	古井贡酒(38°浓香型)	安徽古井贡酒股份有限公司	1999年6月29日	5年
95	GSB 11-1095—1999	宋河粮液(38°浓香型)	中国河南省宋河酒厂	1999年6月29日	5年
96	GSB 11-1096—1999	洋河大曲(38°浓香型)	中国江苏洋河酒厂	1999年6月29日	5年
97	GSB 11-1097—1999	双沟大曲(39°浓香型)	江苏双沟酒厂	1999年6月29日	5年
98	GSB 11-1098—1999	汾酒(38°清香型)	山西杏花村汾酒厂股份有限公司	1999年6月29日	5年
99	GSB 11-1099—1999	宝丰酒(39°清香型)	河南省宝丰酒厂	1999年6月29日	5年
100	GSB 11-1100—1999	西凤酒(39°凤香型)	陕西省西凤酒厂	1999年6月29日	5年
101	GSB 11-1101—1999	董酒(38°其它香型)	中国贵州省遵义董酒厂	1999年6月29日	5年
102	GSB 11-1102—1999	口子酒(38°浓香型)	安徽口子集团公司	1999年6月29日	5年
103	GSB 11-1103—1999	龙滨酒(35°兼香型)	哈尔滨三九龙滨酒厂	1999年6月29日	5年
104	GSB 03-1104—1999	稀土镁球墨铸铁-2	沈阳标准样品研究所	1999年6月29日	10年
105	GSB 03-1105—1999	稀土镁球墨铸铁-3	沈阳标准样品研究所	1999年6月29日	10年
106	GSB 03-1106—1999	稀土镁球墨铸铁-4	沈阳标准样品研究所	1999年6月29日	10年
107	GSB 03-1107—1999	稀土镁球墨铸铁-5	沈阳标准样品研究所	1999年6月29日	10年
108	GSB 03-1108—1999	稀土镁球墨铸铁-6	沈阳标准样品研究所	1999年6月29日	10年
109	GSB 11-1109—1999	亚麻原茎	黑龙江省纤维检验所	1999年9月1日	1年
110	GSB 08-1110—1999	X射线荧光分析专用系列水泥生料	中国建筑材料科学研究院 水泥科学与新型建筑材料研究所	1999年9月1日	2年
111	GSB 05-1111—1999	砷溶液(As 100mg/L)	北京应天意标准样品有限责任公司	1999年9月1日	3年
112	GSB 05-1112—1999	砷溶液(As 500mg/L)	北京应天意标准样品有限责任公司	1999年9月1日	3年
113	GSB 05-1113—1999	汞溶液(Hg 100mg/L)	北京应天意标准样品有限责任公司	1999年9月1日	3年
114	GSB 05-1114—1999	硒溶液(Se 100mg/L)	北京应天意标准样品有限责任公司	1999年9月1日	3年
115	GSB 05-1115—1999	锑溶液(Sb 100mg/L)	北京应天意标准样品有限责任公司	1999年9月1日	3年
116	GSB 05-1116—1999	铅溶液(Pb 500mg/L)	北京应天意标准样品有限责任公司	1999年9月1日	3年
117	GSB 05-1117—1999	铜溶液(Cu 500mg/L)	北京应天意标准样品有限责任公司	1999年9月1日	3年
118	GSB 05-1118—1999	锌溶液(Zn 500mg/L)	北京应天意标准样品有限责任公司	1999年9月1日	3年
119	GSB 05-1119—1999	镉溶液(Cd 100mg/L)	北京应天意标准样品有限责任公司	1999年9月1日	3年
120	GSB 05-1120—1999	金溶液(Au 100mg/L)	北京应天意标准样品有限责任公司	1999年9月1日	3年

续表

序号	国家标准样品编号	国家标准样品名称	研 制 单 位	批准、发布日期	有效期
121	GSB 05-1121—1999	钼溶液(Mo 100mg/L)	北京应天意标准样品有限责任公司	1999年9月1日	3年
122	GSB 05-1122—1999	铬溶液(Cr(Cr^{6+}) 100mg/L)	北京应天意标准样品有限责任公司	1999年9月1日	3年
123	GSB 05-1123—1999	铬溶液(Cr(Cr^{6+}) 500mg/L)	北京应天意标准样品有限责任公司	1999年9月1日	3年
124	GSB 05-1124—1999	镍溶液(Ni 100mg/L)	北京应天意标准样品有限责任公司	1999年9月1日	3年
125	GSB 05-1125—1999	钴溶液(Co 100mg/L)	北京应天意标准样品有限责任公司	1999年9月1日	3年
126	GSB 05-1126—1999	钒溶液(V 100mg/L)	北京应天意标准样品有限责任公司	1999年9月1日	3年
127	GSB 05-1127—1999	锰溶液(Mn 500mg/L)	北京应天意标准样品有限责任公司	1999年9月1日	3年
128	GSB 05-1128—1999	铁溶液(Fe 500mg/L)	北京应天意标准样品有限责任公司	1999年9月1日	3年
129	GSB 05-1129—1999	铝溶液(Al 100mg/L)	北京应天意标准样品有限责任公司	1999年9月1日	3年
130	GSB 05-1130—1999	钠溶液(Na 1 000mg/L)	北京应天意标准样品有限责任公司	1999年9月1日	3年
131	GSB 05-1131—1999	钾溶液(K 1 000mg/L)	北京应天意标准样品有限责任公司	1999年9月1日	3年
132	GSB 05-1132—1999	镁溶液(Mg 500mg/L)	北京应天意标准样品有限责任公司	1999年9月1日	3年
133	GSB 05-1133—1999	钙溶液(Ca 1 000mg/L)	北京应天意标准样品有限责任公司	1999年9月1日	3年
134	GSB 05-1134—1999	硫酸根溶液(SO_4^{2-} 1 000mg/L)	北京应天意标准样品有限责任公司	1999年9月1日	3年
135	GSB 05-1135—1999	氯离子溶液(Cl^- 1 000mg/L)	北京应天意标准样品有限责任公司	1999年9月1日	3年
136	GSB 05-1136—1999	氟离子溶液(F^- 100mg/L)	北京应天意标准样品有限责任公司	1999年9月1日	3年
137	GSB 05-1137—1999	碘离子溶液(I^- 100mg/L)	北京应天意标准样品有限责任公司	1999年9月1日	3年
138	GSB 05-1138—1999	磷溶液(P 100mg/L)	北京应天意标准样品有限责任公司	1999年9月1日	3年
139	GSB 05-1139—1999	硼(偏硼酸)溶液(B(HBO_2) 500mg/L)	北京应天意标准样品有限责任公司	1999年9月1日	3年
140	GSB 05-1140—1999	三氧化二铝溶液(Al_2O_3 1 000mg/L)	北京应天意标准样品有限责任公司	1999年9月1日	3年
141	GSB 05-1141—1999	氧化亚氮溶液(NO_2^- 500mg/L)	北京应天意标准样品有限责任公司	1999年9月1日	3年
142	GSB 05-1142—1999	亚硝酸盐氮溶液(NO_2^--N 100mg/L)	北京应天意标准样品有限责任公司	1999年9月1日	3年
143	GSB 05-1143—1999	亚硝酸盐氮溶液(NO_2^--N 500mg/L)	北京应天意标准样品有限责任公司	1999年9月1日	3年
144	GSB 05-1144—1999	硝酸盐氮溶液(NO_3^--N 500mg/L)	北京应天意标准样品有限责任公司	1999年9月1日	3年
145	GSB 05-1145—1999	氨氮溶液(NH_3-N 500mg/L)	北京应天意标准样品有限责任公司	1999年9月1日	3年
146	GSB 05-1146—1999	苯酚溶液(C_6H_5OH 100mg/L)	北京应天意标准样品有限责任公司	1999年9月1日	3年
147	GSB 05-1147—1999	苯酚溶液(C_6H_5OH 500mg/L)	北京应天意标准样品有限责任公司	1999年9月1日	3年
148	GSB 05-1148—1999	邻苯二甲酸氢钾 pH 溶液(pH 值 4.00)	北京应天意标准样品有限责任公司	1999年9月1日	3年
149	GSB 05-1149—1999	混合磷酸盐 pH 溶液(pH 值 6.88)	北京应天意标准样品有限责任公司	1999年9月1日	3年
150	GSB 05-1150—1999	硼砂 pH 溶液(pH 值 9.21)	北京应天意标准样品有限责任公司	1999年9月1日	3年

国际标准化工作

国际标准化工作是我国标准化工作的重要的组成部分。积极参加国际标准化活动，对学习、吸收国际国外先进经验是十分有益的。

【国际标准化活动】 1999年，参与的国际标准化主要活动有：

1. 1999年共办理出国团组织报名36个，专家145人次，组织在我国召开国际标准化技术会议5个，为保证我国专家有效参与国际标准化活动和为尽到我国ISO、IEC成员义务做出了应有的贡献。

2. 组织在美国召开了由我国承担的技术委员会秘书处的ISO/TC202微束分析技术委员会的全体会议及ISO/TC202/SC2微束分析/电子探针分技术委员会会议，完成了ISO/TC202主席人选的顺利更换，保证了委员会工作的正常开展。

3. 完成对ISO和IEC国际标准草案投标票2 489件（收到草案2 800多项），投票率89%（IEC投票率100%）。

4. 做好第63届IEC大会的技术准备、组团工作，组织了47人的中国代表团参加了IEC大会和有关的技术委员会会议。

【编制技术管理工作数据库】 1999年，国家质量技术监督局在做好国际标准化工作的同时，开展了对ISO/IEC国内技术归口单位参与国际标准化工作情况的调查，编制了ISO/IEC国内技术管理工作数据库。

【举办第22届ISO大会】 1999年10月20～23日，第22届ISO大会在我国北京召开，这也是ISO大会第一次在发展中国家召开。为了开好会议，所有参加会议筹备的人员精心组织、精心安排、互相配合，会议开的圆满成功，并得到了与会代表和ISO中央秘书处的赞赏。

采标产品使用采标标志目录

使用采标标志产品名称	生 产 企 业
河北(31)	
瓦楞纸箱1类	香河县淑阳纸箱厂
瓦楞纸箱	大厂回族自治县耀华纸盒纸箱制品厂
瓦楞纸箱	大厂回族自治县福利包装箱厂
环球牌TT80×150电热毯	新乐市长城电器有限公司
环球牌TT130×150电热毯	新乐市长城电器有限公司
普通硅酸盐水泥425号	唐山市民族水泥厂
矿渣硅酸盐水泥425号	唐山市民族水泥厂
TT150×120-2X，100W双人电热毯	新乐市星峰电器厂新华分厂
TT150×66-2X，50W单人电热毯	新乐市星峰电器厂新华分厂
汽车启动照明用铅酸蓄电池6-QA-60-195	邯郸市邯山蓄电池厂
白色硅酸盐水泥二级425号	保定水泥厂
1×7-6.0-1470-A-GB1200-88镀锌钢绞线	保定市满城县宝山集团有限公司
500 g燕山牌鲜酵母	河北马利食品有限公司
500 g、25 g、18 g燕山牌高活性干酵母	河北马利食品有限公司
25 kg呼和牌全脂乳粉	张北县乳品厂
350 g呼和牌全脂甜奶粉	张北县乳品厂
500 g酿酒活性干酵母	河北马利食品有限公司
医用扁形脚轮	霸州市医疗器械厂
三元乙丙胶密实类密封条	河北省清河县红星密封条厂
车用橡胶密封条A型	河北省清河县星源密封条厂
三元乙丙合成橡胶密封条A型	河北华兴密封器件有限公司
车用橡胶密封条A型	河北新华橡胶密封件有限公司
LA(J)-10LQJ-10LEX-10LFE-10LME(J)-10电流互感器	河北互感器制造厂
对挟垂直板式DN40～1 000 mm蝶阀	河北省景县蝶阀厂
复混肥	河北省冀州市化肥总厂
碳酸氢铵	河北省冀州市化肥总厂
尿素	河北省冀州市化肥总厂
窗用防弹玻璃	秦皇岛市海港雪亮夹层玻璃厂
船体用结构钢	秦皇岛首钢板材有限公司

续表

使用采标标志产品名称	生 产 企 业
低合金结构钢	秦皇岛首钢板材有限公司
碳素结构钢	秦皇岛首钢板材有限公司
山西(8)	
工业氰化钠液体(一等品)	山西省陵川化工总厂
325 号、425 号矿渣硅酸盐水泥	山西省阳城太岳水泥厂
LD31 铝合金建筑型材	山西省阳城铝材厂
325 号、425 号矿渣硅酸盐水泥	阳城县地方国营水泥厂
工业糠醇(优级品)	山西省高平市化工公司
白马王啤酒(瓶装 640 mL)	晋城市啤酒厂
J14.5×J14.5×472×433×170.2 仿羽布	山西省运城地区地方国营永济纺织厂
27.8/27.8 354/196.5 122 府绸布	山西省运城地区地方国营永济纺织厂
浙江(152)	
E4303 碳钢焊条	建德市新安江电焊条厂
425 号普通硅酸盐水泥	建德市码头水泥厂
11°国光淡色啤酒	江山市啤酒厂
425 号普通硅酸盐水泥	浙江省开化县池淮水泥厂
双瓦楞纸箱(一类)	平湖市震洲纸箱厂
SYWV(Y)-75 系列物理高发泡射频电缆	杭州临安天目电缆厂
IS65-50-160;IS80-65-160 单极清水离心泵	黄岩八一通用机械厂
排水用 UPVC 管材	中外合资黄岩永高塑胶制品有限公司
排水用 UPVC 管材	中外合资黄岩永高塑胶制品有限公司
排水用 UPVC 管材	浙江黄岩环宇塑胶有限公司
排水用 UPVC 管材	浙江黄岩环宇塑胶有限公司
骨架油封	海门橡胶密封件厂
425 号普通硅酸盐水泥	桐乡市第二水泥厂
425 号普通硅酸盐水泥	浦江县水泥厂
99%结晶味精	衢州味精厂
425 号普通硅酸盐水泥	加善县枫南水泥厂
中小系列深沟球轴承	万向集团浙江汽车轴承公司
SYWV(Y)-75 系列物理发泡聚乙烯绝缘射频同轴电缆	浙江万马集团特种电子电缆厂
425 号普通硅酸盐水泥	加善县东风水泥厂
ϕ10～28 mm 钢筋混凝土用热轧带肋钢筋	绍兴钢铁总厂
ϕ6.5～8.0 mm 低碳钢热轧圆盘条	绍兴钢铁总厂
ϕ6.5 mm 低碳钢热轧圆盘条	绍兴轧钢厂
涤纶牵伸丝	浙江化纤联合集团股份有限公司
40S 189 等医用纱布	浙江省绍兴市新建染织厂
Z.A.B.C.D.E 型普通 V 带	绿兴三力士橡胶总公司
ϕ1.8～670 mm 系列液压驱动用“O”型橡胶密封圈	上于市油封厂
ϕ6～440 mm 旋转轴唇形密封圈	上于市油封厂
SYKV(Y)-75 系列纵孔聚乙烯同轴电缆	杭州临安华立电缆实业公司
425 号普通硅酸盐水泥	义乌第二水泥厂
425 号普通硅酸盐水泥	安吉县安城水泥厂
425 号普通硅酸盐水泥	安吉县井沪联办水泥厂
425 号白色硅酸盐水泥	湖州明华建材有限公司
19/21D 20/22D 生丝	湖州含山丝厂

续表

使用采标标志产品名称	生 产 企 业
425 号普硅水泥	湖州韶洋企业集团公司
425 号普硅水泥	浙江枫洋集团有限公司
铜芯聚烯烃铝塑电缆	湖州南方通信电缆有限公司
聚氯乙烯绝缘电线电缆	杭州第二电缆厂
425 号普通硅酸盐水泥	杭州周浦水泥厂
425 号普通硅酸盐水泥	金华县水泥厂
425 号普通硅酸盐水泥	浙江东阳市回龙实业有限公司
425 号普通硅酸盐水泥	浙江立马集团公司
男衬衫	浙江好来西集团有限公司
铝绞线及钢芯铝绞线	浙江交联电缆有限公司
交联聚乙烯绝缘电力电缆	浙江交联电缆有限公司
CL21 型金属化聚酯膜电容器	杭州无线电六厂
CBB13 型金属箔式聚丙烯膜电容器	杭州无线电六厂
粗花呢	浙江神州毛纺集团有限公司
法兰绒	浙江神州毛纺集团有限公司
精梳针织纱	浙江神州毛纺集团有限公司
粗梳针织纱	浙江神州毛纺集团有限公司
BCD-218 冷藏冷冻箱	青岛奥柯玛集团浙江电器有限公司
BC-180 冷藏箱	青岛奥柯玛集团浙江电器有限公司
11°紫竹林啤酒(优级)	浙江金帆啤酒集团公司-紫竹林啤酒厂
瓦楞纸箱(1,2 类)	岱山县出口包装纸箱厂
6V、12V 免维护吸液型密封铅蓄电池	舟山市华源电气有限公司
B 系列聚氯乙烯绝缘电线	嘉兴市五丰电缆厂
R 系列聚氯乙烯绝缘电线	嘉兴市五丰电缆厂
铝绞线及钢芯铝绞线	嘉兴市五丰电缆厂
425 号普通硅酸盐水泥	海宁市长宁水泥厂
425 号普通硅酸盐水泥	浙江省桐乡市虎啸水泥厂
涤纶低弹丝	绍兴弹力丝厂
涤纶全取向网络丝	绍兴弹力丝厂
机械式汽车用车速里程表	浙江绍兴怡东仪表有限公司
电热式动磁式 12V、24V 汽车用燃油表	浙江绍兴怡东仪表有限公司
电热式、动磁式 12V、24V 汽车用水温度表	浙江绍兴怡东仪表有限公司
极化电磁式汽车用电流表	浙江绍兴怡东仪表有限公司
电热式、动磁式 12V、24V 汽车用机油压力表	浙江绍兴怡东仪表有限公司
弹簧管式汽车用刹车气压表	浙江绍兴怡东仪表有限公司
电磁动磁式、数量式 12V、24V 汽车用电子车速里程表	浙江绍兴怡东仪表有限公司
12V、24V 汽车用电子转速表(电磁式、动磁式、数量式)	浙江绍兴怡东仪表有限公司
动磁式 12V、24V 汽车用电压表	浙江绍兴怡东仪表有限公司
低浓度三元复混肥料	绍兴县复合肥厂
SHF 型四通换向阀	浙江兰化集团公司
425 号普通硅酸盐水泥	绍兴水泥厂
双瓦楞纸箱	浙江平湖市陈山包装用品厂
99%结晶味精	浙江味天食品有限公司
152×152×5 纯白釉面内墙砖	金华面砖一厂
150×225×5.8;200×280×6.8;200×300×6.8 彩色釉面内墙砖	浙江尖峰集团金航陶瓷有限公司
425 号普通硅酸盐水泥	兰溪市第五水泥厂

续表

使用采标标志产品名称	生 产 企 业
425 号普通硅酸盐水泥	兰溪市六洞山水泥厂
425 号普通硅酸盐水泥	三兰水泥有限公司
$E\leqslant3\%$；$3\leqslant E\leqslant6\%$陶瓷墙地砖	杭州协和陶瓷有限公司
12°碧湖啤酒	浙江碧湖啤酒有限公司
12°仙都啤酒	浙江仙都啤酒发展公司
425 号普通硅酸盐水泥	浙江省缙云水泥厂
天乐牌毛巾	浙江天帆毛巾集团
工业硫酸	浙江利民化工厂
聚氯乙烯绝缘电线 BV、BVV、BVR、BVVB、BLVVB	杭州电缆厂千岛湖分厂
425 号普通硅酸盐水泥	双流水泥厂
425 号普通硅酸盐水泥	留下水泥厂
425 号普通硅酸盐水泥	杭州第三水泥厂
TNS-3-2 抑制电磁干扰电容器	杭州无线电六厂
力车内胎 26″×1.75	杭州中策橡胶厂
力车内胎 24″	杭州中策橡胶厂
力车内胎 20″	杭州中策橡胶厂
力车内胎 28″	杭州中策橡胶厂
三轮车外胎	杭州中策橡胶厂
手推车 26″外胎	杭州中策橡胶厂
硬边自行车外胎 20″	杭州中策橡胶厂
硬边自行车外胎 24″	杭州中策橡胶厂
摩托车外胎	杭州中策橡胶厂
425 号矿渣硅酸盐水泥	杭州水泥厂
425 号普通硅酸盐水泥	杭州水泥厂
525 号普通硅酸盐水泥	杭州水泥厂
工业碳酸钠	杭州良渚纯碱厂
AGT 型案秤	浙江霸王衡器有限公司
YE 橡皮绝缘软电缆	浙江古塔电缆总厂
BV-BVV 聚氟乙烯绝缘软电线	浙江古塔电缆总厂
RV-RVV 聚氟乙烯绝缘软电线	浙江古塔电缆总厂
ZIJ-13 双重绝缘冲击电钻	宁波协力工具有限公司
MIB-82×1 电刨	宁波协力工具有限公司
HG96-1/A 交流电流表	宁波市江东雅应电表厂
QZ-1/130、QZ-2/130 130 级聚酯漆包圆铜线	宁波市江北电机器材厂
QE-1 QE-2 聚酯漆包圆铜线	宁波电工材料厂
QA-1 QA-2 型直焊性聚酯漆包铜圆线	宁波电工材料厂
轻便型自行车	浙江菲利普自行车有限公司
山地型(变速)自行车	浙江菲利普自行车有限公司
425 号普通硅酸盐水泥	海盐泰丰水泥厂
交流吊扇 FC 系列	嘉兴市海鸥电扇总厂
交流落地扇 FS 系列	嘉兴市海鸥电扇总厂
交流台扇 FT 系列	嘉兴市海鸥电扇总厂
200g/m^2～320g/m^2 箱纸板	浙江省平湖第三造纸厂
127g/m^2～180g/m^2 瓦楞原纸	浙江省平湖第三造纸厂
六角螺栓	浙江省乍浦港标准件实业总公司
六角头螺栓(全螺纹)	浙江省乍浦港标准件实业总公司
六角螺母	浙江省乍浦港标准件实业总公司

续表

使用采标标志产品名称	生 产 企 业
箱纸板	浙江景兴纸业集团有限公司
瓦楞原纸	浙江景兴纸业集团有限公司
525号普通硅酸盐水泥	浙江尖峰集团股份有限公司
425号普通硅酸盐水泥	浙江尖峰集团股份有限公司
啤酒10°640mL	浙江武义发宝酒业总公司
HYA型铜芯聚烯烃绝缘铝塑综合护套市内通信电缆	舟山市电缆厂
11°普陀山啤酒	浙江金帆啤酒集团公司普陀山啤酒厂
ϕ1～13直柄麻花钻	舟山市工具厂
Y系列橡皮绝缘软电缆	嘉兴多角电线电缆有限公司
B系列氯乙烯绝缘线	嘉兴多角电线电缆有限公司
R系列聚氯乙烯软电线	嘉兴多角电线电缆有限公司
驼丝锦	嘉兴市第二毛纺织厂
425号普通硅酸盐水泥	浙江省上虞水泥厂
425号普通硅酸盐水泥	浦江中余水泥厂
兔羊绒大衣呢	嘉兴市第五毛纺织厂
电解铜	宁波金田铜业集团公司电解铜厂
QZ-1、Q2-2 130级聚酯漆包铜圆线	宁波金田铜业集团公司电工材料厂
DT846-2型三相四线有功电度表	宁波华嵌仪表有限公司
DD862-4型单相电度表	宁波华嵌仪表有限公司
DS864-2K型三相三线有功电度表	宁波华嵌仪表有限公司
DX864-2三相四线无功电度表	宁波华嵌仪表有限公司
BCMJ自愈式低电压并联电容器	宁波开关厂江东电力电容器分厂
425号普通硅酸盐水泥	浙江湖州明华建材有限公司
1.6m/s 1t客梯	浙江巨人电梯有限公司
CE1000K300、CE1000K350自动扶梯	浙江巨人电梯有限公司
额定电压450/750V及以下聚氯乙烯绝缘电缆(电线)	上海普兴电线电缆厂
江西(16)	
汽车用安全玻璃	南昌新平钢化玻璃厂
复混肥料	江西省波阳化学工业公司
钙镁磷肥	江西省波阳化学工业公司
钙镁磷肥	江西广丰磷肥厂
130级聚酯漆包铜圆线	弋阳县电磁线厂
10°、12°鄱湖啤酒	江西乐丰啤酒厂
BV-450/750 1.5-35聚氯乙烯绝缘电线	江西黎川电线电缆有限公司
BVVB-300/500 2.5-6(2～3芯)聚氯乙烯绝缘电线	江西黎川电线电缆有限公司
425号普通硅酸盐水泥	德兴市水泥厂
425号普通硅酸盐水泥	南昌铁路局玉山水泥厂
A102、A132不锈钢焊条	上饶市电焊条厂
8°陆羽泉啤酒	上饶市啤酒厂
ZN28-10/3150-40户内高压真空断路器	南昌瑞纶电气设备制造公司
KYN□-10(Z)13150-40双层高压手车开关柜	南昌瑞纶电气设备制造公司
多米诺低压抽出式开关柜	南昌瑞纶电气设备制造公司
425号普通硅酸盐水泥	上饶县建筑材料厂

续表

使用采标标志产品名称	生 产 企 业
山东(3)	
QTZ 塔式起重机	济南建筑机械厂
电泳涂装铝合金建筑型材	曲阜远东铝业有限公司
温和特液	山东温和股份有限公司
云南(6)	
S730～1600/10 系列低损耗电力变压器	昆明变压器厂
X4220A、X4222A、X4215 刻模铣床	昆明铣床厂
425 号、525 号普通硅酸盐水泥	师宗丹凤水泥厂
425 号、525 号普通硅酸盐水泥	曲靖市水泥二厂
425 号、525 号普通硅酸盐水泥	曲靖市水泥二厂
SQ11～16 直刃水平滚刀式切丝机	昆明市机器二厂
天津(36)	
GCK1A 电动机控制中心	天奇电子(天津)有限公司
KY-2 型理疗仪	天津市塘沽区实用技术研究所
OWF 型耦合电容器	天津市双环电容器总厂
机械结构用碳素钢管	天津津桥钢管有限公司
BV、BLV 聚氯乙烯绝缘电力电缆	天津市塘沽区滨海电缆厂
VV、VV22、VLV、VLV22 聚氯乙烯绝缘电力电缆	天津市塘沽区滨海电缆厂
11°黑顿啤酒	天津市天尊酒业总公司
吐氏酸	天津市长城化工厂
诺和诺德酶制剂	诺和诺德(中国)生物技术有限公司
盐酸硫胺	天津市中津制药厂
硝酸硫胺	天津市中津制药厂
单相电度表系列	天津三达电气有限公司
针式打印机用印字头系列	天津爱普生有限公司
WGP GB 系列高效空气过滤器	天津市滨海净化设备厂
GCK1 型低压抽出式开关柜	天津市电气控制设备厂
中心钻(ABR)型	天津市第二工具厂
JLB1-10/20 型漏电保护器	天津微型开关厂
DZ15LD40/3N901 漏电断路器	天津微型开关厂
E4313(J421)/E4303(J422)碳钢焊条	天津市静海电焊条厂
钢制文件柜	天津市捷达铁柜有限公司
钢制柜具	天津市捷达铁柜有限公司
户外(内)双门标准电闸箱	天津三维电气实业总公司
110kV 交联聚乙烯绝缘电力电缆	西门子电力电缆(天津)有限公司
聚氯乙烯绝缘电力电缆	天津市电线总厂
NLYV 农用直埋铝芯塑料绝缘护套电缆	天津市通用电缆厂
LCWB6-110 电流互感器	天津市互感器厂
DW16-2000 万能式断路器	天津市电力电子设备公司
LGJ LJ 钢芯铝绞线	天津市通用电缆厂
KR 系列普通晶闸管	天津市整流器厂
ZP 系列普通整流管	天津市整流器厂
TOEC2000VF 电梯	中国天津奥的斯电梯有限公司
高强瓦楞原纸	天津万利天然纤维薄膜有限公司

续表

使用采标标志产品名称	生 产 企 业
纯棉本色布	天津天一纺织集团有限公司
425 号矿渣硅酸盐水泥	天津市潮丰建材有限公司
SF/CD 10W-30 汽油机油	天津日石润滑油脂有限公司
CD 15W-40 柴油机油	天津日石润滑油脂有限公司
青海(15)	
75 系列硅铁	青海铸造厂
75 系列硅铁	青海乐都铁合金厂
75 系列硅铁	青海海达冶炼有限公司
烧结普通砖	青海乐都高店砖厂
烧结普通砖	青海乐都富岗砖厂
烧结普通砖	青海乐都双扶砖厂
烧结普通砖	青海乐都七里店砖厂
烧结普通砖	青海乐都河西砖厂
烧结普通砖	青海乐都洪水砖厂
烧结普通砖	青海乐都新庄砖厂
烧结普通砖	青海乐都新源砖厂
硼砂	青海硼业有限责任公司
热轧光圆钢筋	青海乐都碾伯轧钢厂
425 号普通硅酸盐水泥	青海乐都水泥厂
工业硅	青海湟中富仓铁合金厂
甘肃(12)	
425R 普通硅酸盐水泥	甘肃省白银农垦公司水泥厂
425R 普通硅酸盐水泥	甘肃农垦八一水泥厂
S8-30～630/10 配电变压器	临夏回族自治州机电厂
汽车发动机活塞环	甘肃省定西活塞环厂
摩托车发动机活塞环	甘肃省定西活塞环厂
农业机械发动机活塞环	甘肃省定西活塞环厂
WNS1.4-1/95/70-Y(Q)卧式内燃燃油(气)热水锅炉	兰州锅炉厂
DZL1.4-1/95/70-AⅡ2 单锅筒快装热水锅炉	兰州锅炉厂
DZL2.8-0.7/95/70-AⅡ2 单锅筒快装热水锅炉	兰州锅炉厂
SIL2.8-1/95/70-AⅡ2 快装式水管热水锅炉	兰州锅炉厂
SZL4-1.25-AⅡ2 快装式水管热水锅炉	兰州锅炉厂
SZL71/1 15/70-AⅡ组装式水管热水锅炉	兰州锅炉厂
四川(14)	
载重子午线轮胎	四川川橡集团有限公司
载重斜交轮胎	四川川橡集团有限公司
轿车子午线轮胎	四川川橡集团有限公司
轿车斜交轮胎	四川川橡集团有限公司
仲钨酸铵	自贡硬质合金有限责任公司
碳化钨	自贡硬质合金有限责任公司
铸造碳化钨	自贡硬质合金有限责任公司
普通硅酸盐水泥	德昌县水泥厂
TFQ-1 型天线分配器	国营成都旭光仪器厂
TDQ/-3B6-ⅡR 电子调谐器	国营成都旭光仪器厂

续表

使用采标标志产品名称	生 产 企 业
IS-1 型视频电子调谐器	国营成都旭光仪器厂
425 号普通硅酸盐水泥;425R 普通硅酸盐水泥	都江堰市朝阳水泥厂
425R 普通硅酸盐水泥	温江西金水泥厂
“SCL”牌内径 ϕ10～50 mm 深沟球轴承	乐山市轴承厂
宁夏(10)	
建筑铝合金型材	青铜峡铝厂铝合金型材厂
“宁沈”牌啤酒	宁夏灵武啤酒厂
“宁沈”牌黑啤酒	宁夏灵武啤酒厂
“宁沈”牌超干啤酒	宁夏灵武啤酒厂
“宁沈”牌冰啤酒	宁夏灵武啤酒厂
西夏牌普通硅酸盐水泥	宁夏西夏水泥有限责任公司
P.0425R 青铜峡牌普通硅酸盐水泥	宁夏青铜峡水泥厂
P.0425 号青铜峡牌普通硅酸盐水泥	宁夏青铜峡水泥厂
P.0525 号青铜峡牌普通硅酸盐水泥	宁夏青铜峡水泥厂
11°西王啤酒	宁夏西王啤酒饮料集团有限公司 640mL
河北省(29)	
苹果果肉饮料	三河金河天然果汁有限公司
HMS-1 铝箔、铝板高速冷轧制润滑剂	沧州海明特种溶剂有限公司
HMS-2 铝箔、铝板高速冷轧制润滑剂	沧州海明特种溶剂有限公司
HMS-3 铝箔、铝板高速冷轧制润滑剂	沧州海明特种溶剂有限公司
HMB-1 变压器气相干燥用油	沧州海明特种溶剂有限公司
蛋、肉鸡配含饲料	河北兴达饲料有限公司
塑胶跑道	保定市体育运动场地铺装材料厂
425 号普通硅酸盐水泥	秦皇岛市抚宁县建筑材料总厂
425 号普通硅酸盐水泥	三河市京东水泥厂
瓦楞纸箱(Ⅰ类)	三河市燕龙彩印包装有限公司
瓦楞纸箱	香河长德利纸制品有限公司
斯达-斯太尔载货汽车用橡胶软管	三河市橡胶制品厂
425 号矿渣硅酸盐水泥	三河燕兴水泥厂
农用碳酸氢铵	武安市化肥厂
复混肥料	武安市化肥厂
农业用聚乙烯吹塑薄膜	邯郸风华塑料制品有限公司
BD/0201 瓦楞纸箱	河北省磁县先进纸箱厂
HYA 型市内通信电缆	河北省枣强县通讯电缆厂
碳酸氢铵	衡水市化肥厂
瓦楞纸箱(Ⅰ、Ⅱ类)	北京市纸箱厂衡水分厂
门窗框用 PVC 异型材	中煤第六十三处塑钢型材门窗厂
普通硅酸盐水泥	秦皇岛浅野水泥有限公司
625R、525R 硅酸盐水泥	秦皇岛浅野水泥有限公司
425 号 R 普通硅酸盐水泥	秦皇岛市抚宁华坪水泥厂
425 号 R 普通硅酸盐水泥	秦皇岛市抚宁县石门寨第二水泥厂
SOP 型、MOP 型氮、磷、钾三元复合肥	中国-阿拉伯化肥有限公司
SY-1 型输液器	河北省涿州市医用塑料制品厂
SX-1 型输血器	河北省涿州市医用塑料制品厂
10°啤酒	石家庄三九啤酒有限责任公司

续表

使用采标标志产品名称	生 产 企 业
山西省(15)	
325 号、425 号矿渣硅酸盐水泥	山西省阳城县西城水泥厂
425 号矿渣硅酸盐水泥	山西省夏县鑫丰水泥有限责任公司
325 号、425 号矿渣硅酸盐水泥	山西省榆次市水泥厂
悬浮法通用型聚氯乙烯树脂	太原化工集团公司化工厂
425 号普通硅酸盐水泥	朔州市朔城区飞翔水泥厂
R 型 425 号普通硅酸盐水泥	怀仁县地方国营水泥厂
尿素	霍州市化学工业公司化肥厂
农业用碳酸氢铵	霍州市化学工业公司化肥厂
425 号矿渣硅酸盐水泥	山西省平陆条山建材有限责任公司
425 号矿渣硅酸盐水泥	山西省绛县飞龙建材有限责任公司
425 号矿渣硅酸盐水泥	河津市水泥厂有限公司
425 号普通硅酸盐水泥	河津市水泥厂有限公司
800 mm×0.008 mmPE 地膜	太原市塑料六厂
PE 农膜	太原市塑料六厂
农业用聚乙烯吹塑薄膜	太原市塑料四厂
内蒙古(32)	
18～1 000 mm 给水用 PVC 管材	包头市桂花塑料制品有限责任公司
可锻铸铁车轮	呼和浩特市玛钢厂
RNW 型厚膜固定电阻网络	金丰电子有限公司
RMC 型片状固定电阻器	金丰电子有限公司
425 号矿渣硅酸盐水泥	包钢综企集团公司水泥厂
可锻铸铁件	包钢综企集团公司铁路备件厂
425 号普通硅酸盐水泥	准格尔旗马栅乡水泥厂
240×115×53(mm)烧结普通砖	内蒙古伊金霍洛旗砖瓦厂
羊绒针织品	内蒙古鹿王羊绒集团公司
羊绒针织品	包头星泰羊绒纺织品有限公司
屋顶橡胶防水材料三元乙丙防水片材	包头市禹志建筑防水材料有限公司
农用碳酸氢铵	内蒙古土默特左旗化肥厂
425 号矿渣硅酸盐水泥	呼和浩特金山特种水泥厂
425 号矿渣硅酸盐水泥	土默特左旗水泥厂
F10 型翻斗车	内蒙古自治区建筑机械厂
千足金金首饰	赤峰乾鸿金银珠宝城
11°优级淡色啤酒	包头市雪鹿集团股份有限公司
钢筋混凝土用热轧带肋钢筋	包头钢铁公司
一般用途轴流通风机	内蒙古天福风机有限公司
一般用途离心通风机	内蒙古天福风机有限公司
精梳涤棉混纺本色纱	包头市纺织总厂
精制盐	内蒙古锡林郭勒盟额吉淖尔盐场
A、B、C 型聚丙烯塑料编织袋	喀喇沁旗广源塑料编织厂
425 号普通硅酸盐水泥	赤峰市明安山水泥有限公司
425 号普通硅酸盐水泥	赤峰元宝山区平庄水泥厂
425 号普通硅酸盐水泥	平庄矿务局一水泥厂
425 号普通硅酸盐水泥	阿拉善左旗水泥有限责任公司
Fesi65、Fesi75 硅铁	包钢综企公司福利硅铁厂

续表

使用采标标志产品名称	生 产 企 业
工业二水氯化钙	伊克昭盟化工集团总公司乌海化工厂
羊绒衫	内蒙古鄂尔多斯羊绒制品股份公司
400×400×9(mm);500×500×10(mm)	内蒙古东乔建筑陶瓷有限公司
425 号普通硅酸盐水泥	乌达矿务局水泥厂
辽宁省:(45)	
利福平	东北制药总厂
磺胺嘧啶	东北制药总厂
汽车多楔带	辽阳机带总厂
汽车同步带	辽阳机带总厂
KY 牌胶版印刷纸	开原制浆造纸有限责任公司
GHR 型管束干燥机	铁岭精工集团股份有限公司
PP30 系列推拉铝窗	营口瑞那斯铝材有限公司
TS50 系列平开铝窗	营口瑞那斯铝材有限公司
环型预应力混凝土电杆	北票市电柱厂
环型钢筋混凝土电杆	北票市电柱厂
工矿靴	辽宁省沈阳橡胶厂
水田胶靴、轻快胶靴	辽宁省沈阳橡胶厂
坡跟女靴	辽宁省沈阳橡胶厂
釉面内墙砖	沈阳谊来陶瓷工业有限公司
爱尔发墙地砖	沈阳谊来陶瓷工业有限公司
对夹式蝶型止回阀	沈阳良工阀门制造有限公司
对类式蝶阀	沈阳良工阀门制造有限公司
硼砂	辽宁省宽甸东方化工有限公司
聚氯乙烯护套电力电缆	沈阳市线缆厂
低中压锅炉用无缝钢管	沈阳市腾飞无缝钢管有限公司
C210 磁电机	沈阳市磁电机厂
农业用聚乙烯吹塑薄膜	锦州新炼塑料集团有限责任公司
铝合金建筑型材	辽阳忠胜铝型材有限公司
CT 型电机车接触线	沈阳北恒铜业有限公司
硼砂	凤城市化肥总厂
明宝系列面粉	锦州面粉总厂
WR 系列工业热电偶	沈阳市精工仪表元件厂
WZP 铂热电阻	沈阳市精工仪表元件厂
LD 型 0.5～3.2t 电动单梁起重机	大连新型起重机制造厂
LD 型 5～10t 电动单梁起重机	大连新型起重机制造厂
QD 型 5～20t 通用桥式起重机	大连新型起重机制造厂
QD 型 32～50t 通用桥式起重机	大连新型起重机制造厂
Pt100 电机专用铂热电阻	沈阳宇光温控仪表有限公司
Pt100 型铠装铂电阻	沈阳宇光温控仪表有限公司
K.E.J.T 型铠装热电偶	沈阳宇光温控仪表有限公司
汽车用安全玻璃	沈阳市沈东钢化玻璃厂
建筑用排水 RBS 硬聚氯乙烯管件	沈阳九日实业有限公司
烘道式收缩包装机	沈阳市北方包装机械工贸公司
载重汽车子午线轮胎	广州华南橡胶轮胎有限公司
轻卡子午线轮胎	广州华南橡胶轮胎有限公司
轿车子午线轮胎	广州华南橡胶轮胎有限公司

续表

使用采标标志产品名称	生 产 企 业
工业硫酸	云浮市磷肥厂
胶合板	南海华光装饰板材厂
ZN28A-10/1250-31.5 户内高压真空断路器	汕头机械(集团)宏达电器厂
AN28A-10/3150-40 户内高压真空断路器	汕头机械(集团)宏达电器厂
XGN2-10(2)/D1000-31.5 箱式固定交流金属封闭开关设备	汕头机械(集团)宏达电器厂
贵州省:(15)	
男衬衫	贵州雅迪尔制衣有限公司
复混肥料(低浓度二元)	仁怀市茅台永丰化肥有限责任公司
P.O425 号普通硅酸盐水泥	仁怀市水泥厂
P.O525 号普通硅酸盐水泥	仁怀市水泥厂
黄果树瀑布牌淡色啤酒(优级)(640mL)	贵州瀑布啤酒(集团)有限公司
425 号“永冠”牌普通硅酸盐水泥	遵义市五星水泥厂
425 号普通硅酸盐水泥	贵州省桐梓县铁路水泥厂
“鹰峰”牌 525 号普通硅酸盐水泥	贵州省遵义鹰峰企业集团公司尚稽水泥厂
P.O 425 号普通水泥	贵州开阳南桥水泥厂
P.O 525 号普通硅酸盐水泥	盘江煤电(集团)有限公司水泥厂
P.O 525 号普通硅酸盐水泥	水城钢铁(集团)公司观音山铁矿水泥厂
硅铁 Fesi90Al1.5-Fesi45	遵义铁合金有限责任公司
钙镁磷肥	贵州省开阳磷化工有限公司
工业黄磷	贵州省开阳磷城黄磷厂
工业黄磷	贵州省开阳县双流开发公司黄磷厂
云南省:(39)	
525 号普通硅酸盐水泥	云南磷肥厂水泥分厂
425 号矿渣硅酸盐水泥	云南磷肥厂水泥分厂
425 号矿渣硅酸盐水泥	云南华宁磷化工建材公司珠山水泥厂
525 号普通硅酸盐水泥	云南华宁磷化工建材公司珠山水泥厂
425 号矿渣硅酸盐水泥	通海县水泥厂
525 号普通硅酸盐水泥	通海县水泥厂
425R 矿渣硅酸盐水泥	通海县海东水泥厂
Y、YR、YC 三相异步电动机	昆明电机有限责任公司
SF、SFW 系列水轮发电机组	昆明电机有限责任公司
YT 水轮机调速器	昆明电机有限责任公司
425R 矿渣硅酸盐水泥	玉溪市刘总旗水泥厂
425 复合硅酸水泥	红河州紫燕水泥有限责任公司
碳酸二铵	红河州磷肥总厂
硫酸锰工业级、饲料级	红河州磷肥总厂
东风-12、东风-15TY81 手扶拖拉机	昆明市手扶拖拉机厂
12JY、15JY 运输型拖拉机	昆明市手扶拖拉机厂
12Y、15Y、18Y 运输型拖拉机	昆明市手扶拖拉机厂
18H、18HA 后驱动运输型拖拉机	昆明市手扶拖拉机厂
工业黄磷	个旧市磷化工总厂
锡铅焊料	个旧市金戈冶炼厂
锡铅焊料	个旧市大屯有色化工公司
锡锭	个旧市大屯有色化工公司
X195、1100、1105、1110 柴油机	云南金马柴油机总厂

续表

使用采标标志产品名称	生 产 企 业
31OBS-16 手动背负式喷雾器	云南农业药械厂
Pb99.994 铅锭	个旧金叶冶炼厂
525R 普通硅酸盐水泥	开远水泥厂劳动服务公司
425 矿渣硅酸盐水泥	开远水泥厂劳动服务公司
工业黄磷	屏迪磷化工厂
425 矿渣硅酸盐水泥	通海县三义水泥厂
525 普通硅酸盐水泥	通海县石山咀水泥厂
425 矿渣硅酸盐水泥	通海县石山咀水泥厂
电解金属锰	云南建水锰矿
高纯二氧化锗还原锗锭、区熔锗锭	云南会泽铅锌矿
425R 复合硅酸盐水泥	保山龙陵县水泥厂
光亮圆铜杆	云南铜业股份有限公司
ND 975×400 太阳电池组件	云南半导体器件厂
食品级二氧化碳	云南沾益化肥厂
425R、525R 普通硅酸盐水泥	云南思第水泥厂
浙江省:(54)	
83/2～22S/2 羊仔毛纱	海盐佳兔毛纺有限责任公司
纯棉精梳细支纱	海盐棉纺织厂
425 号普通硅酸盐水泥	海宁市鼎盛实业有限公司
425 号普通硅酸盐水泥	海宁市珠峰建筑材料有限公司
男西服套装	浙江省东阳市康丽雅西服有限公司
R 系列铜芯聚氯乙烯绝缘电线	桐乡市艺红电线厂
B 系列铜芯聚氯乙烯绝缘电线	桐乡市艺红电线厂
425 号普通硅酸盐水泥	桐乡华丰水泥厂
拉线式照明开关	海宁市海雄电器实业总公司
跷板式照明开关	海宁市海雄电器实业总公司
单相插头	海宁市海雄电器实业总公司
单相插座	海宁市海雄电器实业总公司
棉针织衫裤	杭州针织厂
悦泰牌男西服大衣	浙江悦泰制衣有限公司
3 号、4 号、5 号、8 号、10 号注塑拉链	浙江华鑫集团公司
3 号、4 号、5 号、8 号、10 号螺旋拉链	浙江华鑫集团公司
425 号普通硅酸盐水泥	余杭荆山水泥厂
MG28 型多用钳形表	东信仪器仪表有限公司
排水用 UPVC 管材	浙江黄岩光华塑料模具厂
排水用 UPVC 管件	浙江黄岩光华塑料模具厂
一次性使用无菌注射器	台州注射器厂
12°石梁啤酒	浙江石梁西上酒集团有限公司
11°洛克啤酒	台州洛克啤酒有限公司
11°波士莱特啤酒	台州波士啤酒有限公司
家用燃气热水器	浙江天地园电器实业公司
425 号普通硅酸盐水泥	浙江旌坞水泥厂
425 号普通硅酸盐水泥	浙江兰溪三源特种水泥有限公司
425 号普通硅酸盐水泥	兰溪市第三水泥厂
425 号普通硅酸盐水泥	兰溪市西山水泥厂
11°普通啤酒	金华县啤酒厂

续表

使用采标标志产品名称	生 产 企 业
200×300×7 彩色釉面砖	金华华融陶瓷厂
425 号普通硅酸盐水泥	兰溪市长河水泥厂
425 号普通硅酸盐水泥	兰溪市新世纪水泥厂
C61 系列卧式车床	诸暨机床厂
C62 系列马鞍车床	诸暨机床厂
FDF0.8 3/2D 型二位三通电磁阀	浙江三花集团公司
各色硝基无毒玩具漆	浙江省嵊州市工艺竹编厂
YS 系列(50～90)0.06～2.2kW 三相异步电动机	浙江嵊州市奥力电机有限公司
YC 系列、YY 系列(50～90)0.06～2.2kW 单相异步电动机	浙江嵊州市奥力电机有限公司
10～30W 空调器风扇用塑封电机	浙江嵊州市奥力电机有限公司
YCJ 系列 0.3～4N·m 卷绕用力矩三相异步电动机	浙江嵊州市奥力电机有限公司
YPY 系列吸排油烟机电动机	浙江绍兴兴友实业集团有限公司
CXW-150-89 吸油烟机	浙江绍兴兴友实业集团有限公司
男衬衫	浙江步森集团有限公司
男衬衫	浙江情森制衣有限公司
男衬衫	浙江海魂服饰有限公司
Y5W-0.28～25kW 交流无间隙金属氧化锌避雷器	绍兴电瓷厂
QX、QDX 0.25～2.2kW 小型潜水电泵	浙江丰球集团公司
32S、48S 精梳毛针织绒线	绍兴市偏门毛纺织厂
15～26S 粗梳毛针织绒线	绍兴市偏门毛纺织厂
PD/TB38-500、ZD/TB 38-500 单管、双管打气筒	绍兴市红光五金厂
10°、11°啤酒	诸暨市啤酒厂
VFD 系列荧光显示屏	浙江真空电子有限公司
SYW(Y)-75 系列物理发泡射频同轴电缆	杭州临安华立电缆厂
聚氯乙烯卷材地板	沈阳鸿祥塑胶制造有限公司
QZ-2/130 级聚脂漆包圆铜线	大连长城电缆有限公司
聚氯乙烯绝缘聚氢乙烯护套电力电缆 VV.VLV	大连长城电缆有限公司
LGT 铝绞线及钢芯铝绞线	大连长城电缆有限公司
焊接钢管 ϕ15～80	凌源钢铁集团有限责任公司
冷轧钢带	凌源钢铁集团有限责任公司
热轧圆钢 ϕ10～22	凌源钢铁集团有限责任公司
上海市：(30)	
JCTA-300 陶瓷砖粘合剂	上海曹杨建筑粘合剂厂
C3771 热锻铅黄铜棒	上海第一铜棒厂
铝锡 20 铜-钢双金属板	上海东风有色合金厂
TKJ 1000/1.6-JXW(VF)微机控制变压变频调速乘客电梯	上海得利凯普电梯有限公司
YCF 型 30°、35°自动扶梯	上海扬子电梯厂
TKJ 1000/1.0-JXW-3VF 电梯	上海市房屋设备总公司
FGL-1000/0.5 自动扶梯	上海市房屋设备总公司
AG 型电梯	中国迅达电梯有限公司上海电梯厂
S 型自动扶梯	中国迅达电梯有限公司上海电梯厂
YK-VF-JXW 客梯	上海长江电梯有限公司
FT-1000LC35(30)自动扶梯	上海长江电梯有限公司
YE35(30)型自动扶梯	上海长江电梯有限公司
THJ3000/0.5-XH(PC)货梯	上海一百商业设施有限公司
TKJ-1000/1.75-JXW(3VF)电梯	上海建达电梯有限公司

续表

使用采标标志产品名称	生 产 企 业
SEF 型自动扶梯	上海自动扶梯厂
THJ1000/1.0-JXW 系列客梯	上海东亚电梯制造公司
THJ1000/0.5-XHW 系列货梯	上海东亚电梯制造公司
TKJ1000/1.6-JXW 交流变频调压调速乘客电梯	上海中迅赛勒瓦电梯厂
TKJ1000/1.75-JXW(VWF)交流变压变频调速乘客电梯	上海富士电梯有限公司
THJ1000/0.5-PC 交流双速货梯	上海亚通电梯厂
VF 型变频变压微机控制电梯	上海永大机电工业有限公司
TKJ1500/1.0-JX(3VF)客梯	上海轻工业建设工程公司房屋设备厂
HMF 型自动扶梯	上海华美自动扶梯厂
J 型自动扶梯	上海三菱电梯有限公司
鸟嘌呤核苷	上海太平洋生物高科技有限公司
腺嘌呤核苷	上海太平洋生物高科技有限公司
尿嘧啶核苷	上海太平洋生物高科技有限公司
胞嘧啶核苷	上海太平洋生物高科技有限公司
HG4905 电子调光器	上海沪工汽车电器有限公司
LD 系列铝合金无缝气瓶	上海高压容器有限公司
湖北省:(42)	
女式裙套	武汉市得惠龙服饰公司
Si-4 硅钢轧制油	武汉一枝花实业股份有限公司
锂锰电池	武汉力兴电源股份有限公司
嘉源优质直饮水	武汉嘉源饮品有限公司
电力变压器	武汉长江变压器厂
龟山牌农用尿素	武汉龟山化工股份公司
农用碳酸氢铵	竹溪县化肥有限公司
工业六偏聚磷酸钠	国投原宜磷化股份有限公司磷酸化工厂
工业黄磷	国投原宜磷化股份有限公司磷酸化工厂
工业三聚磷酸钠	国投原宜磷化股份有限公司磷酸化工厂
铝合金建筑型材	湖北宜昌宏达铝业有限公司
425 号普通硅酸盐水泥	远安县金鹰建材有限责任公司水泥厂
工业黄磷	远安原宜化工有限责任公司
工业三聚磷酸钠	国投原宜远安化工有限公司
425 号普通硅酸盐水泥	兴山县水泥厂
425 号普通硅酸盐水泥	宜昌兴山县虹桥水泥有限责任公司
425 号普通硅酸盐水泥	湖北省五峰第一水泥厂
钙镁磷肥	湖北荆襄实业股份有限公司
钙镁磷肥	湖北省荆门市放马山磷矿矿务局
瓷质墙地砖	湖北经和陶瓷有限公司
农用碳酸氢铵	云梦县化肥厂
Z10-18 型阀门电动装置	应城市阀门厂
硅锰合金	湖北省铁合金厂
锰铁合金	湖北省铁合金厂
硅铁	湖北省铁合金厂
425 号矿渣硅酸盐水泥	湖北省铁合金厂
蝶阀	湖北洪城通用机械股份有限公司
碳酸氢铵	湖北省洪湖市化肥厂
赛德系列啤酒	湖北赛德啤酒有限公司

续表

使用采标标志产品名称	生 产 企 业
10°夏日雪啤酒	湖北夏日啤酒有限公司
焊丝	湖北田野焊丝厂
铸造铝镍钴永磁合金	湖北长江合金厂
钢丝拉索	湖北长江缆索有限责任公司
床单	湖北田野床上用品有限责任公司
砂布 砂纸 耐水砂纸	湖北玉立砂带股份有限公司
云母纸	湖北通城云母制品厂
稀世宝矿泉水	湖北稀世宝矿泉水有限公司
三峡醇白酒	三峡酒厂
425号普通硅酸盐水泥	湖北省宜恩县水泥厂
425号普通硅酸盐水泥	来凤县金凤水泥有限责任公司
425号普通硅酸盐水泥	来凤县土堡水泥厂
漂粉精(钠法)	江汉石油管理局盐化工总厂
安徽省:(30)	
糖精钠	安徽省蚌埠江淮化工厂
案秤	蚌埠市衡器总厂
烧结普通砖	五河县沱湖乡第一轮窑厂
烧结普通砖	五河县大新乡蒋集立窑厂
钢筋混凝土排水管	怀远县五岔水泥制品厂
复混肥料	怀远县淝河磷肥厂
纯棉普梳针织纱	安徽涂山纺织厂
烧结粉煤灰砖	蚌埠市新型建筑材料总厂
医用氧气	蚌埠制氧厂
BA01-01钛白粉	安徽省铜陵市安纳达钛白粉有限公司
尿素	临泉化肥厂
尿素	涡阳化肥厂
盐酸洁霉素	安徽联谊制药厂
维生素C	安徽联谊制药厂
525号普通硅酸盐水泥	安徽皖维化纤化工股份有限公司
425号矿渣硅酸盐水泥	安徽皖维化纤化工股份有限公司
FS-U荧光灯用启动器	桐城市星电照明有限公司
悬浮法通用型聚氯乙烯树脂	芜湖山江化学有限公司
电石	芜湖山江化学有限公司
普通硅酸盐水泥	繁昌县第二水泥厂
普通硅酸盐水泥	安徽省繁昌县九华水泥厂
硬PVC-U排水管	华亚芜湖塑胶有限公司
硬PVC-U饮用水管	华亚芜湖塑胶有限公司
硬PVC-U电工套管	华亚芜湖塑胶有限公司
“科学”牌农用碳酸氢铵	安徽省六安淠河化肥厂
“科学”牌农用复合肥	安徽省六安淠河化肥厂
“科学”牌农用尿素	安徽省六安淠河化肥厂
“淝水”牌农用碳酸氢铵	安徽省寿县化肥厂
425号矿渣硅酸盐水泥	寿西湖农场水泥厂
425号普通硅酸盐水泥	舒城县水泥厂

续表

使用采标标志产品名称	生 产 企 业
广东省:(13)	
阀控式密闭固定型铅酸蓄电池	深圳律普敦实业有限公司
嘉源直饮水	深圳嘉源饮水科技开发有限公司
GCS 型低压抽出式开关柜	汕头市兆华电业有限公司
KGN-10 金属铠装固定式开关柜	汕头市兆华电业有限公司
摩托车电喇叭	中山市古镇信成机动车零件制造厂
河南:(53)	
B 等书写纸	河南省舞阳市海明集团有限公司
载重汽车轮胎	中国神马集团橡胶轮胎有限责任公司
425 号普通硅酸盐水泥	河南省新乡市中州水泥厂
碳酸氢铵	商水县化肥厂
石油沥青纸胎油毡	河南省鹿邑县教育油毡厂
服装用皮革	淮阳县四通金鼎皮革集团
10°汴京啤酒	开封亚太啤酒有限公司
普通 V 带	开封恩达橡胶(集团)有限公司
氧气胶管	开封恩达橡胶(集团)有限公司
织物增强吸水软管	开封恩达橡胶(集团)有限公司
乙炔胶管	开封恩达橡胶(集团)有限公司
钢丝编织液压胶管	开封恩达橡胶(集团)有限公司
铝带材	三门峡天元铝业(集团)有限公司
铝板材	三门峡天元铝业(集团)有限公司
铝箔材	三门峡天元铝业(集团)有限公司
QYN 聚乙烯绝缘尼龙护套绕组线	河南省修武县漆包线厂
425 号普通硅酸盐水泥	焦作市富云水泥厂
QE-2/130 聚脂漆包铜圆线	河南省修武县漆包线厂
425R 复合硅酸盐水泥	河南省驻马店地区龙山水泥厂
425 号普通硅酸盐水泥	新乡市新村建材(集团)公司第一水泥厂
土霉素片	河南省濮阳市第二制药厂
复方磺胺甲恶唑片	河南省濮阳市第二制药厂
尿素	河南省中原大化集团有限责任公司
钢芯铝绞线	河南省鹿邑县金利实业有限公司
汽车用安全玻璃	河南奔月集团公司
20Mnsi 螺纹钢筋	河南济源钢铁公司
425 号矿渣水泥	安阳天河水泥有限责任公司
阻燃输送带	鹤壁矿务局送输带厂
425 号硅酸盐水泥	安阳天河水泥有限责任公司
425 号普通水泥	河南汤阴水泥有限责任公司
425 号矿渣水泥	河南汤阴水泥有限责任公司
复混肥	安阳市予北复合肥厂
低压抽屉式成套开关设备	河南华通开关制造有限公司
电流互感器	信阳市互感器厂
碳酸氢铵	河南恒达磷化股份有限公司
425 号普通水泥	信阳市南强山建材集团总公司
钢棉纤维	南阳金属纤维实业公司
汽车用制动器衬片	南阳南海摩擦材料有限公司

续表

使用采标标志产品名称	生 产 企 业
石油沥青纸胎油毡	南阳市卧龙油毡厂
米醋	南阳界中酿造有限公司
液化石油气钢瓶	英威东风机械制造有限公司
生丝	河南省桐柏县第一缫丝厂
425 号普通硅酸盐水泥	平顶山市犁园矿务局水泥厂
425 号普通硅酸盐水泥	汝州市白云山水泥厂
425R 普通硅酸盐水泥	汝州市白云山水泥厂
425R 普通硅酸盐水泥	义马煤业集团水泥厂
525 号普通硅酸盐水泥	义马煤业集团水泥厂
食用酒精	渑池县乔岭酒精厂
电压互感器	许继变压器有限公司
复混肥	南阳市氮肥厂
水准仪系列产品	河南镇平大地光学有限公司
醇酸调合漆	镇平县油漆化工厂
天冠啤酒	南阳天冠啤酒有限公司
浙江:(78)	
SYWV(Y)-75 系列物理高发泡射频同轴电缆	临安邮电通讯器材三厂
公路桥梁橡胶伸缩缝	海盐县秦山橡胶厂
桥梁板式橡胶支座	海盐县秦山橡胶厂
E/165 生丝	嘉兴市联星丝绸织造公司
一、二类瓦楞纸箱	丽水市纳爱斯包装有限公司
洗洁精	浙江纳爱斯化工股份有限公司
425 号普通硅酸盐水泥	庆元水泥厂有限责任公司
瓦楞纸箱(一、二类)	龙泉市纸箱厂
汽车、摩托车用磁感应式车速里程表	浙江省缙云仪表厂
UPVC 排水管材	宁波市东港电器设备制造公司建筑塑料厂
UPVC 排水管件	宁波市东港电器设备制造公司建筑塑料厂
汽车用安全玻璃	宁波新谊钢化玻璃有限公司
钢化玻璃	宁波新谊钢化玻璃有限公司
手提式灭火器	宁波镇海消防器材厂
微型深沟球轴承	宁波微型轴承厂
深沟球轴承	宁波市镇海银球轴承厂
女西服	宁波市东盘服饰有限公司
男西服	宁波市东盘服饰有限公司
425 号普通硅酸盐水泥	兰溪市第八水泥厂
一次性使用输液器	盘安县医疗器械厂
精梳毛针织品	嘉兴奥料达毛衫制衣有限公司
试剂 硝酸 分析液	平湖化工试剂厂
试剂 硫酸 分析液	平湖化工试剂厂
试剂 盐酸 分析液	平湖化工试剂厂
瓦楞纸箱(1、2 类)	嵊泗县出口商品包装纸箱厂
瓦楞纸箱(1、2 类)	加善县二轻制箱厂
瓦楞纸箱(1、2 类)	加善华鑫包装有限公司
AP86E13A10 单相两极带接地暗插座	瑞安市灵鸽电器开关制造有限公司
H426/10 单相两极接地暗插座	瑞安市鸿胜电器有限公司
L1C、L2A 单相两极接地暗插座	浙江龙胜电器有限公司

续表

使用采标标志产品名称	生　产　企　业
溶解乙炔	嘉兴天力气体有限公司
425 号普通硅酸盐水泥	浙江省金华市第二水泥厂
R6P 干电池	嘉兴市恒葳实业公司恒葳电池厂
防老剂 RD	浙江平湖凯宇化工集团有限公司
瓦楞纸箱(1、2 类)	舟山海洋渔业公司明珠包装用品厂
425 号普通硅酸盐水泥	舟山市赤龙建材有限公司
SYKV-75 系列纵孔聚氯乙烯绝缘射频同轴电缆	临安电子线缆厂
SYWY(V)-75 系列物理高发泡射频同轴电缆	临安电子线缆厂
SYKV-75 系列继纵孔聚氯乙烯绝缘射频同轴电缆	临安子新电缆厂
SYWY(V)-75 系列物理高发泡射频同轴电缆	临安子新电缆厂
中心束管式全填充型通信用室外单模光缆	杭州富通集团公司
层绞式室外通信光缆	杭州富通集团公司
HYA 型市内通信电缆	杭州富通集团公司
HYA 型市内通信电缆	杭州富通昭和电线电缆有限公司
局内电缆	杭州富通集团公司
局内电缆	杭州富通昭和电线电缆有限公司
SYWV(Y)-75 系列物理高发泡射频同轴电缆	杭州临安万隆线缆厂
SYKV(Y)-75 系列纵孔聚乙烯绝缘射频同轴电缆	杭州临安万隆线缆厂
SYKV(Y)-75 系列纵孔聚乙烯绝缘射频同轴电缆	杭州临安三吉电缆厂
SYW(Y)-75 系列物理发泡射频同轴电缆	杭州临安三吉电缆厂
SYW(Y)-75 系列物理发泡射频同轴电缆	杭州临安电磁电缆线厂
SYW(Y)-75 系列物理发泡射频同轴电缆	杭州临安佳能电缆厂
6200、6203、6205 深沟滚动球轴承	浙江杰汉森轴承有限公司
精纺羊毛衫	海宁银河羊毛衫厂
包装用聚乙烯吹塑薄膜	浙江中天塑料包装有限公司
全棉色织布	加善同昌色纺厂
预应力混凝土用钢棒	浙江加善超日特种钢材有限公司
男西服	宁波杉杉西服有限公司
男西服	宁波雅戈尔西服厂
男西服	宁波良友时装有限公司
女西服	宁波良友时装有限公司
DT862-中型三相四线有功电度表	宁波市华立仪表厂
DD862-4 型单相电度表	宁波市华立仪表厂
微小型深沟球轴承	慈溪市宏达轴承有限公司
微小型深沟球轴承	慈溪市当远轴承有限公司
微小型深沟球轴承	慈溪市金马轴承有限公司
BV、BLV、BLVVB 塑料电线	上海浦东华河电线电缆厂一分厂
BV、BVVB 塑料电线	台州市电线厂
BV、BLV、BVVB 等塑料电线	上海万马电缆厂一分厂
BV、BVVB 塑料电线	台州古钟电线电缆有限公司
YZ、YC、YH 橡胶软电缆	台州市电线厂
排水用 U-PVC 管材	浙江黄岩兴达塑料模具厂
排水用 U-PVC 管材	浙江黄岩兴达塑料模具厂
额定电压 450/750V 及以下聚氯乙烯绝缘电缆	浙江永康市开成线缆有限公司
E430 钛钙型碳钢焊条	浙江省五金矿产进出口公司嘉兴电焊条厂
E4313 高钛钾型碳钢焊条	浙江省五金矿产进出口公司嘉兴电焊条厂
钢丝绳芯输送带	桐乡橡胶制品厂

续表

使用采标标志产品名称	生 产 企 业
压力式蒸汽电熨斗厂	浙江阿娜迷电熨斗厂
广东:(45)	
425R 普通硅酸盐水泥	东莞市顺达水泥厂
425R 普通硅酸盐水泥	东莞市袁家涌水泥二厂
425R 普通硅酸盐水泥	东莞市袁家涌水泥三厂
425R 普通硅酸盐水泥	东莞市三涌水泥厂
425R 普通硅酸盐水泥	东莞市东源水泥厂
425R 普通硅酸盐水泥	东莞市永安水泥厂
525R 普通硅酸盐水泥	东莞市新华水泥厂
电饭锅、不粘锅	南海市立昌家用电器有限公司
电热开水瓶	南海市立昌家用电器有限公司
聚乙烯泡沫保温管材	东莞市三美空调配件有限公司
425R、525R 普通硅酸盐水泥	蕉岭县广岭水泥有限公司
425R 普通硅酸盐水泥	梅州市金通水泥厂
不锈钢刀具	阳江市江城利神不锈钢制品厂
工业高锰酸钾	梅县锰化厂
玻璃马赛克	化州市化工总厂橘城马赛克厂
“红玫牌”卷烟系列	广东韶关卷烟厂
铝合金建筑型材	广东省有色金属加工厂
装饰用不锈钢管材	南海市中亚不锈钢制管厂
建筑铝合金型材	南海市长兴压铸铝型材厂
阴极吸收式密封固定型铅蓄电池	东莞市志成电子器材厂
洗衣粉	东莞市爱洁洗涤用品有限公司
洗衣粉	东莞市科浪实业有限公司
建筑铝合金型材	南海松岗现代铜铝型材厂
425R 普通硅酸盐水泥	东莞市高达水泥厂
425R 普通硅酸盐水泥	东莞市卫安水泥厂
425R 普通硅酸盐水泥	东莞市南洲水泥厂
铝合金建筑型材	佛山市季华铝材厂
家用燃气快速热水器	广东豪邦实业有限公司
聚乙烯绝缘电力电缆	东莞市华达电缆厂
聚氯乙烯绝缘电缆(电线)	东莞市华达电缆厂
无碳复写纸	东莞市伟立纸业有限公司
热反射镀膜装璜玻璃	东莞市石龙澳奇幕墙玻璃厂
胶粘皮鞋	东莞市虎威实业股份有限公司
饮用蒸馏水(纯净水)	肇庆市鼎湖蒸馏水有限公司
汽车汽油引擎用抛弃型机油滤清器	东莞市保泰器材厂
铜芯聚氯乙烯绝缘聚氯乙烯护套圆型电线	东莞市艺龙电线有限公司
嵌合式家用燃气灶	顺德市得力燃具电器实业有限公司
24S 石油钻机传动滚子链	韶关市链条厂
28S 石油钻机传动滚子链	韶关市链条厂
32S 石油钻机传动滚子链	韶关市链条厂
乳胶漆	东莞市昌盛化工有限公司
快干胶玉磁漆	东莞市昌盛化工有限公司
水晶地板漆	东莞市昌盛化工有限公司
谷氨酸钠	广东省佛冈县味精厂

续表

使用采标标志产品名称	生 产 企 业
R20S 锌-锰干电池	南海市电池厂
广西:(22)	
提花浴巾	广西柳州市毛巾厂
提花毛巾	广西柳州市毛巾厂
黄麻麻袋	广西合浦县麻纺织厂
黄麻麻袋	广西合浦县麻纺织厂
给水用硬聚氯乙烯(PVC-U)管材	广西梧州市五一塑料制品厂
建筑排水用硬聚氯乙烯管材	广西梧州市五一塑料制品厂
一级白砂糖	广西桂平糖厂
BA01-01 二氧化钛颜料	广西平桂矿务局钛白粉厂
工业硅	广西星光企业集团公司
一级白砂糖	广西上思糖业有限公司
425、425R、525 号普通硅酸盐水泥	广西全州县黄沙河水泥厂
425R、525 号普通硅酸盐水泥	广西全州湘域水泥股份合作公司
425、425R、525 号普通硅酸盐水泥	广西灵川县东风水泥厂
425、525 号普通硅酸盐水泥	广西桂林灵川水泥股份有限公司
425 号普通硅酸盐水泥	广西桂林灵川县曙星水泥厂
425、425R、525 号普通硅酸盐水泥	广西桂林灵川西峰水泥厂
FeMn65Si17 锰硅合金	广西全州铁合金集团有限公司
FeMn68Si18 锰硅合金	广西全州铁合金集团铁合金总厂
一级脂松香	广西钦州市钦北区松香厂
优级脂松节油	广西钦州市钦北区松香厂
425、425R、525 号普通硅酸盐水泥	广西邕宁县蒲庙八鲤水泥有限责任公司
脂松节油	广西宁明松香股份有限公司
陕西:(52)	
高氯酸	西安化学试剂厂
硝酸钠	西安化学试剂厂
碘	西安化学试剂厂
硼酸	西安化学试剂厂
铁氰化钾	西安化学试剂厂
硝酸钾	西安化学试剂厂
硫氰酸钾	西安化学试剂厂
溴酸钾	西安化学试剂厂
碘酸钾	西安化学试剂厂
钼酸铵	西安化学试剂厂
硝酸铵	西安化学试剂厂
硝酸亚铁	西安化学试剂厂
溴	西安化学试剂厂
硫酸铵	西安化学试剂厂
碳酸钾	西安化学试剂厂
氯化钴	西安化学试剂厂
磷酸	西安化学试剂厂
硫酸钾	西安化学试剂厂
氟化钠	西安化学试剂厂
氢氧化钠	西安化学试剂厂

续表

使用采标标志产品名称	生 产 企 业
氧化锌	西安化学试剂厂
碳酸氢钠	西安化学试剂厂
甲苯	西安化学试剂厂
磷苯二钾酸氢钾	西安化学试剂厂
柠檬酸	西安化学试剂厂
三氯甲烷	西安化学试剂厂
丙酮	西安化学试剂厂
冰乙酸	西安化学试剂厂
无水乙醇	西安化学试剂厂
乙酸乙酯	西安化学试剂厂
正丁醇	西安化学试剂厂
乙酸酐	西安化学试剂厂
四氯化碳	西安化学试剂厂
苯	西安化学试剂厂
酒石酸	西安化学试剂厂
抗坏血酸	西安化学试剂厂
丙三醇	西安化学试剂厂
乙酸铅	西安化学试剂厂
石油醚	西安化学试剂厂
二甲苯	西安化学试剂厂
乙酸钠	西安化学试剂厂
柠檬酸钠	西安化学试剂厂
异戊醇	西安化学试剂厂
二氯甲烷	西安化学试剂厂
磷酸(工业)	西安化学试剂厂
425R 普通硅酸盐水泥	洛川县洛河建材有限责任公司
力车胎	陕西继升橡胶有限责任公司
重熔用铝锭	铜川鑫光铝业有限公司
450/750 塑料绝缘电线	常州东方电缆宝鸡厂
0.6/1kV 塑料绝缘电力电缆	常州东方电缆宝鸡厂
425R 普通硅酸盐水泥	陕西汉江建材股份有限公司
男西服	汉中兰潮服装有限公司
安徽:(70)	
电力电缆	安徽巢湖黄山特种电缆厂
棉本色纱线	望江县棉纺厂
铝活塞	安徽华祥(集团)股份有限公司
拉舍尔晴纶毛毯	安庆市毛毯厂
电力电缆用硬聚氯乙烯导管(可弯曲、阻燃性)	安徽省宿州市百通集团
尿素	安徽阜阳化工总厂
工业 1,4-氧氮杂环己烷(吗啉)	安徽阜阳化工总厂
“昭泉”牌系列含山啤酒	安徽省含山啤酒厂
矿渣硅酸盐水泥	东关水泥厂
普通硅酸盐水泥	东关水泥厂
普通硅酸盐水泥	安徽省巢湖地区水泥厂
矿渣硅酸盐水泥	安徽省巢湖地区水泥厂
芳草牌系列牙膏	安徽芳草日化股份有限公司

续表

使用采标标志产品名称	生 产 企 业
白雪牌柠檬洗洁精	安徽芳草日化股份有限公司
电力电缆	安徽新宇电缆厂
棉布	当涂县棉纺织厂
全棉棉毛衫裤	马鞍山海狮针织服装厂
全棉双丝双烧T恤	马鞍山海狮针织服装厂
纯棉细布	马鞍山市纺织厂
人造金刚石单晶	亳州市金刚石总厂
预应力混凝土用钢绞线	马鞍山市马纲合力金属制品有限公司
钢芯铝绞线用镀锌钢丝	马鞍山市马纲合力金属制品有限公司
普通硅酸盐水泥	铜官山铜矿水泥厂
矿渣硅酸盐水泥	铜官山铜矿水泥厂
矿渣硅酸盐水泥	中国化学工程第三建设公司水泥厂
矿用牵引用铅酸蓄电池	淮南市湘淮蓄电池厂
起动用铅酸蓄电池	淮南市湘淮蓄电池厂
尿素	凤台县化肥厂
高耐磨炭黑	上海炭黑厂淮北分厂
多元素高效稀土复混肥	安徽省肥西县化肥厂
复混肥	合肥四方化工集团有限责任公司
工业碳酸钠	合肥四方化工集团有限责任公司
矿渣硅酸盐水泥	安徽省含山县东关水泥有限责任公司
普通硅酸盐水泥	安徽省含山县东关水泥有限责任公司
溶解乙炔	安徽省定远县曲隅溶解乙炔有限责任公司
多元素复合肥	定远县供销社专用复合肥厂
复混肥	安徽省定远县复合肥厂
普通硅酸盐水泥	定远县龙腾水泥厂
铜芯、铝芯、塑料绝缘电力电缆	芜湖纪元特种电缆厂
普通硅酸盐水泥	安徽郎溪合力水泥公司
白厂丝	绩溪县缫丝二厂
白墨电极	合肥碳素厂
西丽美牌餐具洗洁精	芜湖合成洗涤剂总厂
电解铜	芜湖恒鑫铜业集团有限公司
电解金	芜湖恒鑫铜业集团有限公司
电解银	芜湖恒鑫铜业集团有限公司
(A.1)系列柱塞偶件	安徽油泵油嘴厂
纯棉纱	安徽省巢湖棉纺厂
精梳涤棉布	淮北市天元纺织厂
棉本色布	淮北第一棉纺织厂
塑料整芯阻燃带	淮北市橡胶厂
普通用途织物芯输送带	安徽天地人集团
箱报纸	安徽省怀远禹神造纸有限责任公司
相王冰啤酒	淮北啤酒厂
相王全麦芽啤酒	淮北啤酒厂
高档衬衫	安徽红方集团公司
普通硅酸盐水泥	安徽省巢湖散兵水泥厂
矿渣硅酸盐水泥	巢湖市水泥厂
普通硅酸盐水泥	安徽巢湖东关水泥厂
烧结普通砖	固镇县砖瓦二厂南分厂

续表

使用采标标志产品名称	生 产 企 业
普通硅酸盐水泥	安徽省和县水泥有限责任公司
烧结普通砖	固镇县砖瓦二厂北分厂
复混肥	安徽省五河县复合肥厂
工业碳酸钾	淮南市东升联合企业公司
啤酒瓶	淮南市第三玻璃厂
啤酒瓶	淮南市第二玻璃厂
压力容器	淮南矿务局安装工程处机厂
普通硅酸盐水泥	安徽省枞阳县水泥有限责任公司
美容皂	安庆一枝梅日化有限公司
瓶盖用铝及铝合金板带材	安徽桐城铝业有限公司
江西:(2)	
6063 铝合金型材	江西方大新型铝业有限公司
425 号普通硅酸盐水泥	江西省豫林水泥有限公司
山东:(8)	
牛皮男单鞋	山东高泰鞋业股份有限公司
425 号矿渣硅酸盐水泥	乳山市第二水泥厂
YGL 系列(ZP44)三相异步电动机	乳山市谷山电机有限公司
YCT 系列电磁调速电动机	乳山市谷山电机有限公司
425 号普通硅酸盐水泥	乳山市第二水泥厂
12 度优级淡色威岛啤酒	山东省乳山市威岛啤酒厂
载重汽车斜交轮胎	荣成市第一轮胎厂
425、525 号普通硅酸盐水泥	郯城县峰山水泥厂
四川:(5)	
QY 系列汽车起重机	长江起重机厂
普通硅酸盐水泥	四川蛾眉集团股份有限公司
食用盐	四川蛾眉集团股份有限公司
食用盐	四川乐山市盐厂
425R 普通硅酸盐水泥	四川省蛾眉山市水泥厂

计　　量

概 述

1999年，全国计量工作紧紧围绕质量技术监督中心工作，转变观念、锐意改革、突出重点、夯实基础，以法制计量工作为重点，全面推动，取得了可喜的成绩。

1. 计量法规体系得到了进一步完善。1999年国家质量技术监督局先后出台了《制造、修理计量器具许可证监督管理办法》、《商品量计量违法行为处罚规定》等计量规章。根据国务院授权，将电子计时计费装置等4项5种计量器具纳入《强检目录》。

2. 加大商品量的计量监督力度，在社会上产生了良好效果。1999年"3·15"之前，国家质量技术监督局部署了北京、哈尔滨等10个城市对方便面、葡萄酒、洗发液等10种定量包装商品计量专项抽查。抽查结果在中央电视台"3·15"晚会上公布，引起很大的社会反响，推动了商品量计量工作的深入开展。

3. 突出重点，加大对重点管理计量器具制造许可证监督管理和质量抽查力度。发布了电能表、水表、煤气表、衡器、加油机和出租汽车计价器等6种重点管理的计量器具目录，并根据《制造、修理计量器具许可证监督管理办法》，将重点管理的计量器具的许可证发证权限上收到省级。加大了计量器具产品质量监督抽查的力度。1999年共安排了电能表、水表、煤气表、出租车计价器、弹簧度盘秤、电子计价秤等6种计量器具产品质量国家监督抽查。产品抽查结果引起国务院领导的高度重视。

4. 明确强检工作的基本思路和工作任务，加强对重点计量器具强制检定的监督管理。一是召开了全国强制检定工作座谈会；二是落实国家质量技术监督局"三定"方案中用于贸易结算电能表的强检职能；三是根据国务院关于规范成品油流通秩序的有关规定，国家质量技术监督局会同国家税务总局联合发出了《关于加油机安装税控装置和生产使用税控加油机有关问题的通知》，发布了全国统一的定型鉴定大纲和制造计量器具许可证考核规范，对加油机实施严格的出厂检定和安装后首次检定。召开了全国税控加油机制造、使用及监督管理工作通报会；四是积极推行税控出租计价器的使用。根据国家质量技术监督局与国税局联合下发的《关于推行使用税控计价器的有关问题的通知》精神，批准发布了《出租汽车税控计价器定型鉴定大纲》和《出租汽车税控计价器制造许可证考核规范》。召开了1999年出租汽车计价器产品质量国家监督抽查结果分析会暨税控计价器制造、使用和监督管理通报会。

5. 启动"光明工程"计划，实施眼镜行业专项治理。

6. 加强对农村市场的计量监督，切实维护农民利益。

7. 深入开展计量校准工作的研讨。为推动我国量传体制的改革，加速实现我国量传方式多样化的步伐，推动我国计量工作与国际惯例的接轨，1999年组织起草《计量校准管理办法》，开展计量校准工作的试点，鼓励省级以上法定计量检定机构申请校准实验室认可。目前，全国已有中国计量科学研究院、广东、江苏、山东、北京、上海、深圳、湖北等八个法定计量检定机构通过了国家校准实验室的认可。很多省级所(院)也在积极准备申请。

8. 完善计量标准、计量检定人员考核制度，加强规程的制修订管理工作。一是发布了《全国计量标准、计量检定人员考核委员会章程》，印发了《计量标准考评员管理规定》，召开了全国计量标准、计量检定人员考核委员会会议；二是印发了《全国计量技术委员会章程》，成立了国家计量技术法规审查部；三是完成了40个国家计量技术法规的制修订，计量标准考核新建130项复查420项，批准建立一级标准物质46种，二级标准物质93种，开展计量基标准国际比对16项。

9. 召开了全国省级以上法定计量检定机构所(院、站)长暨计量处处长会议。1999年11月3～5日在深圳市召开了"全国省级以上法定计量检定机构所(院、站)长暨计量处处长会议"。会议总结了近年来我国法定计量检定机构贯彻实施《计量法》以及加强自身建设的情况，研讨了在社会主义市场经济条件下法定计量检定机构面临的形势及其存在的问题，提出了今后一段时期建设与发展的基本思路；会议还总结了1999年全国计量工作，部署了2000年全国计量工作。来自全国省级以上法定计量检定机构所(院、站)长及计量处处长以及其他有关单位的代表参加了会议。

10. 加强大区国家计量测试中心及国家专业计量站建设。组织召开了大区国家计量测试中心工作座谈会。此外，完成了国家船舶舱大容积计量站的复查考核。会同计科司、人事司、政宣司下发了"关于质量技术监督管理体制改革中有关国家专业计量站、分站管理问题的通知"，会同铁道部重新发布了《国家轨道衡计量分站管理办法》。

11. 进一步加强社会中介计量服务机构的监督管理。下发了"关于加强社会公正计量行(站)监督管理的通知"及"社会公正计量行(站)计量认证考核规范"，明确了公正站的地位、考核以及监督管理等问题，并对1999年在全国范围内开展对公正站的整顿工作提出了具体要求，为推动社会公正计量站的健康发展打下了基础。

12. 积极转变观念，明确新时期企业计量工作的总体思路。认真落实我局"三定"规定，切实转变职能，提出了新时期企业计量工作的总体思路，下发了"进一步加强企业完善计量检测体系工作的通知"，明确提出了"加强管理、保证质量、控制数量、重在示范"的工作原则；会同国家经贸委发布了"关于加强中小企业计量工作的意见"，提出了加强中小企业计量工作的具体意见和措施；起草了"关于定量包装商品生产企业计量保证能力考核规定"以及"定量包装商品生产企业计量保证能力考核规范"，研究"定量包装商品生产企业计量保证能力自我声明制度"。我们还下发了《关于企业使用的非强制检定计量器具由企业依法自主管理的公告》，并且还正在起草"关于加强重点用能单位能源计量工作的意见"。

13. 深入基层，积极开展调研工作。为进一步提高计量工作对国民经济和社会发展的有效性，1999年下半年分赴广东、广西、四川、吉林、辽宁、湖南、湖北、山东等地，组织开展法制计量工作的调研，了解各地在开展计量工作中取得的经验和存在的问题，对工作中遇到的难点、热点问题进行深入的研讨。

14. 坚持以新闻媒体、出版业为重点，继续推行法定计量单位。会同广播电影电视部，对1998年全国电台、电视台推行法定计量单位的抽查情况进行了认真总结，并联合表彰了全国21家电台、电视台为“实施法定计量单位先进集体”。1999年，还部署了对全国质量技术监督系统报纸和期刊使用法定计量单位和执行《量和单位》国家标准的情况的监督检查，有力地促进了质量技术监督系统带头正确使用法定计量单位。

15. 计量国际交流与合作取得很大进展。完成了中国-荷兰非自动衡器试验报告的互认工作，签署了中国-荷兰非自动衡器型式试验报告的互认协议，为我国非自动衡器出口欧洲创造了有利条件，扩大了我国法制计量工作在国际上的影响，促进了我国法制计量与国际接轨，同时也建立起了我国计量器具型式试验和承担抽查任务的重点试验室。此外，还与德国续签了计量合作协议，与摩洛哥王国签署了计量合作协议。

推行法定计量单位

1. 各地电台、电视台和报纸的检查情况

【监督检查】 全国各地技术监督部门，根据国家三个部门的总体部署，首先与当地新闻出版局和广播电影电视局联合发文布置，并在文件中提出了检查的范围，明确被查的电视节目、广播节目、报纸以及检查的具体时间和日程安排，指定专门机构和人员，聘请有关专家、新闻出版局及技术监督部门主要负责同志参加联合检查组，结合实际，采取了不同的方法，开展了广泛细致的检查工作。上海市在被检查单位自查的基础上进行抽查，主要抽查了上海人民广播电台、上海东方广播电台、上海东方电视台。北京市对北京人民广播电台、北京电视台和北京有线电视台的《北京生活》等五大类节目进行了抽查。湖南省技术监督局与省广播电视部门专门召开了电台、电视台负责人会议，布置任务，组织自查和抽查。

从这次检查结果看，各省的报纸、广播节目、电视节目，基本能正确地使用法定计量单位名称和符号。有些报社、电台和电视台向编辑部门下发了法定计量单位的宣传资料，并聘请《量和单位》方面的专家，向编校人员讲解法定计量单位使用原则。有些报社，在本社内制定了执行法定计量单位和《量和单位》国家标准的管理制度，采取严格把关措施，建立正确使用法定计量单位的内部奖惩制度。

2. 《人民日报》等20家报社的检查情况

1998年4～6月，国家质量技术监督局、国家新闻出版署共同组织对《人民日报》等20家报社贯彻法定计量单位和《量和单位》国家标准情况进行了检查。

首先确定了检查的时间和要求，提出了检查的重点和范围。同时听取了各报社对检查的意见和实际编辑中遇到的困难。对一些容易产生争议的问题作了说明解释。1998年4月，20家报社首先进行了自查。我们共收到14份自查总结报告。他们是：人民日报、光明日报、经济日报、中国消费者报、中国建设报、农民日报、中国日报、中国科学报、科技日报、中国教育报、中国体育报、中国质量报、中国医药报、健康报。

6月检查组采取通读的方式对20家报社的报纸进行抽查。通过检查发现，报纸的编辑出版、采编人员比较牢固地树立了执行法定计量单位和《量和单位》国家标准的意识。例如《中国教育报》、《中国科学报》基本上杜绝了非法定计量单位的使用。

3. 中央电视台和中央人民广播电台的检查情况

中央电视台和中央人民广播电台是我国具有最广泛群众基础的传播媒体。两台接到抽查通知后，十分重视。有关领导进行了周密部署，及时向编辑、采编、制作和审核人员传达了通知的精神，编、采、审、校等各部门还按照通知要求进一步组织有关人员学习法定计量单位和《量和单位》国家标准。国家质量技术监督局单位制办公室聘请专家，自1998年7月1～31日，对中央电视台的《新闻联播》、《焦点访谈》、《东方时空》、《科技博览》和《生活》等栏目和中央人民广播电台的《新闻报纸摘要》、《科技大世界》、《健康热线》、《体育新闻》等栏目进行了认真审看、审听，对两台各栏目贯彻法定计量单位和《量和单位》国家标准执行情况进行了检查。通过检查可以看出，中央电视台和中央人民广播电台高度重视推行国家法定计量单位和《量和单位》国家标准，基本杜绝了使用非法定计量单位。例如，专家们对中央电视台《科技博览》栏目检查了17天的节目，只有个别地方使用非法定计量单位。

这次检查结果表明，经过十多年的努力，我国推行法定计量单位工作确实已经取得了很大的成绩。法定计量单位及《量和单位》国家标准已经逐步为各新闻媒体单位了解和掌握。新闻出版和文化教育领域作为推行法定计量单位工作的重点是正确的。各新闻单位的领导、编辑、制作和审校等人员高度重视法定计量单位的推行工作，认真学习法定计量单位和《量和单位》国家标准，建立了相应的岗位责任制。通过报刊、广播和电视等新闻媒体正确使用法定计量单位，带动社会各界学习使用法定计量单位，取得了很好的效果。例如在1998年举国上下关注的抗洪救灾报道中，对长江洪水流量的报道，使用正确的计量单位表示方法和读法，使听众在了解汛情消息的同时也掌握了法定计量单位。

4. 检查中发现的主要错误和推行法定计量单位工作的主要问题

(1) 检查中发现的主要错误

① 使用非法定计量单位

出现频次较高的非法定计量单位是市制单位。如：“亩”、“斤”、“尺”、“里”等，应严格限制使用的英制单位“磅”、“加仑”、“英寸”等，以及旧杂制电能单位“度”、功率单位“马力”、“匹”、压力单位“大气压力”等。

② 计量单位名称使用不规范

使用不规范的计量单位名称有“公分”、“公升”、“公尺”、“公方”、“平米”，“每小时80千米”，“摄氏425度”，“浓度为 20%”等。

③ 计量单位符号书写不正确

将应小写的计量单位符号写成大写的有：KW、KWh、MM、CM、M、M^2、M^3 等。应将计量单位符号写成正体的误写成斜体，如降雨量为 50 *mm*。

④ 计量单位中文符号不正确

计量单位中文符号不符合规定的有：“公里/小时”、“立方米/小时”、“平方米/小时”、“微米/立方升”、“牛顿/平方米”等。规范的书写应为：“公里/时”、“$米^3$/时”、“$米^2$/时”、“微米/升”、“牛/$米^2$”等。

⑤ 组合单位不正确

在组合单位中，同时使用计量单位的国际符号和中文符号，有：“米/s”，“千克/m^3”等。

⑥ 其他不正确使用

把非计量单位符号作为计量单位符号使用。如 ppm；把 pH 值写成 PH 值；把尺寸表示 4.5 mm×70 mm，误写成 4.5×70 mm；数字范围的起止线符号“～”误写成“—”，如 3%～5%误写成 3%—5%。

(2) 存在主要问题

① 个别单位对国家法律、法令和强制性国家标准缺乏足够的认识，如有人认为“报社执行法定计量单位就不能如实反映社会生活”，片面认为“执行法定计量单位有利有弊，目前弊大于利”。

②《量和单位》国家标准，专业性、技术性强，新闻媒体对量和单位的具体规定在理解和熟练掌握上还存在差距。例如，明知有些稿件使用非法定计量单位，发现存在问题，但是不会换算成法定计量单位。在 30 天的检查中，有的报纸使用非法定计量单位的天数约占总天数的 50%左右，个别报纸高达 60%～70%。如果把量和单位的名称、符号和书写规则方面的错误统计在内，差错率就更高。

③ 由于实际生活、生产上一些习惯、历史等多方面的原因，造成某些非法定计量单位仍然在使用。如：

1)“亩”是这次检查中出现频次最高的一个非法定计量单位。特别在农村，习惯上都使用“亩产”等。

2) 血压的计量单位多数人习惯使用 mmHg，但对 mmHg 与 kPa 的换算值不熟悉。

3) 除个别领域外，我国已经严格限制使用英制单位。但是在对某些产品的报道、广告中仍频频出现英制单位。

4) 领导同志的讲话和党政机关文件中出现非法定计量单位，影响较大。

通过 1998 年的检查工作，再次说明推行法定计量单位是一项长期而艰巨的工作。我们必须结合国情，在总结经验的基础上，积极稳妥地推行法定计量单位，适应我国经济建设和社会发展的需要。

通过这次全国范围的检查，有力地推动了广播电视系统贯彻法定计量单位的工作。为了进一步扩大这次检查的工作成果，并以此推动我国实施法定计量单位工作的开展，1999 年 5 月 10 日，国家质量技术监督局、国家广播电影电视总局联合决定，授予中央人民广播电台、中央电视台等 21 家电台、电视台为“实施法定计量单位先进集体”称号(名单如下)，同时在京召开了表彰会。两局的局领导和受表彰的中央电视台等出席了会议。

实施法定计量单位先进集体名单

中央人民广播电台
中央电视台
北京电视台
北京市有线广播电视台
天津人民广播电台
河北人民广播电台
山西电视台
上海人民广播电台
上海东方电视台
江苏人民广播电台
安徽人民广播电台
河南电视台
湖南人民广播电台
广东电视台
广西对外广播电台
重庆电视台
贵州人民广播电台
云南电视台
陕西电视台
青海有线电视台
宁夏有线电视台

5. 关于检查全国质量技术监督系统报刊使用法定计量单位和执行《量和单位》国家标准的情况

在 1998 年检查全国广播电台、电视台实施法定计量单位的基础上，为了推动全国质量技术监督系统主管、主办的报刊带头正确使用法定计量单位，计量司决定，1999 年对全国质量技术监督系统的报纸和期刊使用法定计量单位和执行《量和单位》国家标准(1993 年版)的情况进行检查。受检报刊名单如下：

中国质量技术监督
中国标准化
世界标准化与质量管理
世界标准信息
监督与选择
中国质量认证
中国计量
计量技术
工厂计量与检测
计量学报
现代计量测试
计量测试文摘
工业计量
条码与信息系统
纤维标准与检验
中国锅炉压力容器安全

计量标准及标准物质管理

【计量标准】 为了规范和加强计量标准考核的管理，进一步提高计量标准考核的工作质量，国家质量技术监督局印发了“计量标准考评员管理规定”(质技监局量函〔1999〕300号)和“计量标准考核有关技术问题研讨会会议纪要”(质技监局函〔1999〕019号)的通知，并编辑出版了《计量标准和计量检定人员考核指南》一书。

鉴于国务院机构改革、全国计量标准、计量检定人员考核委员会及秘书处部分人员工作发生变化、国家质量技术监督局，对全国计量标准、计量检定人员考核委员会及秘书处部分人员进行了调整(见质技监局量发〔1999〕12号文件)。为了规范全国计量标准、计量检定人员考核委员会的工作，还印发了《全国计量标准、计量检定人员考核委员会章程》。

截止1999年，全国法定计量检定机构及授权的计量检定机构已有63 932名计量检定人员通过考核，取得了计量检定员证。建立在各级政府计量行政部门的社会公用计量标准35 854项。其中，建立在国家质量技术监督局直属法定计量检定机构的社会公用计量标准384项。建立在国家授权的事业计量站的社会公用计量标准144项。建立在省级法定计量检定机构的社会公用计量标准1 326项。

1999年，国家质量技术监督局共受理新建计量标准考核申请166项，计量标准复查申请463项，申请暂时封存计量标准37项。签发计量标准证书550项，颁发社会公用计量标准证书172项。

【标准物质】 1999年国家质量技术监督局批准颁布国家一级标准物质41种，国家二级标准物质146种。截止1999年底，国家质量技术监督局批准颁布国家一级标准物质1 093种，国家二级标准物质1 064种。

根据《标准物质管理办法》国家质量技术监督局委托国家标准物质研究中心，对1998、1999年度到期的国家一级标准物质180种，国家二级标准物质244种进行了复查。经复查，重新对国家一级标准物质179种、国家二级标准物质228种核发了“标准物质制造计量器具许可证”。

1999年10月10～14日在昆明召开了“全国第11次标准物质学术交流会”，参加会议的代表共有110人，发表论文88篇，并编辑了论文集。

计量技术法规管理

【计量检定规程】 1999年内制定、修订国家计量检定规程共27个，1998～1999年内制、修订部门和地方计量检定规程共61个。截止到1999年底，共制定国家计量检定规程919个；部门计量检定规程947个；地方计量检定规程359个。

1999年制定修订的国家计量检定规程

规程号	规 程 名 称	被代替规程号
JJG 1—1999	钢直尺检定规程	JJG 1—1989 JJG 397—1985
JJG 2—1999	木直(折)尺检定规程	JJG 2—1986 JJG 3—1984 JJG 4—1986
JJG 4—1999	钢卷尺检定规程	JJG 4—1986 JJG 398—1985 JJG 399—1985
JJG 31—1999	高度卡尺	JJG 31—1987 JJG 286—1982
JJG 45—1999	光学计检定规程	JJG 45—1986 JJG 53—1986
JJG 49—1999	弹簧管式精密压力表和真空表检定规程	JJG 49—1987 JJG 636—1990
JJG 52—1999	弹簧管式一般压力表、压力真空表和真空表	JJG 52—1987 JJG 337—1983
JJG 57—1999	光学数显分度头检定规程	JJG 57—1984 JJG 606—1989
JJG 114—1999	贝克曼温度计检定规程	JJG 114—1990 JJG 789—1992
JJG 115—1999	标准铜-铜镍热电偶检定规程	JJG 115—1990

续表

规程号	规　程　名　称	被代替规程号
JJG 139—1999	拉力压力和万能试验机检定规程	JJG 139—1991
JJG 201—1999	指示类量具检定仪检定规程	JJG 201—1980
JJG 291—1999	覆膜电极溶解氧测定仪检定规程	JJG 291—1982
JJG 340—1999	1～1000Hz 测量水听器检定规程	JJG 340—1984
JJG 413—1999	皮革面积测量机检定规程	JJG 413—1989
JJG 581—1999	医用激光源检定规程	JJG 581—1988 JJG 651—1991
JJG 596—1999	电子电能表检定规程	JJG 596—1989
JJG 618—1999	高精密玻璃水银温度计检定规程	JJG 616—1989 JJG 618—1989
JJG 635—1999	一氧化碳、二氧化碳红外线气体分析器检定规程	JJG 635—1990
JJG 692—1999	数字电子血压计检定规程	JJG 692—1990
JJG 700—1999	气相色谱仪检定规程	JJG 700—1990
JJG 747—1999	里氏硬度计及其标准里氏硬度块检定规程	JJG 747—1991
JJG 944—1999	金属韦氏硬度计检定规程	
JJG 945—1999	原电池法气体氧分析器检定规程	
JJG 946—1999	压力验潮仪检定规程	
JJG 947—1999	声学验潮仪检定规程	
JJG 948—1999	数字式电动振动试验系统检定规程	

1998～1999 年制定修订的部门、地方检定规程

序　号	规程号	规　程　名　称
1	JJG(石油)06—1999	井径仪检定规程
2	JJG(石油)47—1999	补偿中子刻度器检定规程
3	JJG(石油)48—1999	自然伽玛刻度器检定规程
4	JJG(石油)49—1999	套管钳扭矩仪检定规程
5	JJG(铁道)168—1998	列车冲动仪检定规程
6	JJG(铁道)169—1998	铁路音频分机测试仪检定规程
7	JJG(铁道)170—1998	客车转向架构架专用量具检定规程
8	JJG(铁道)171—1998	铁道车辆车轮检查器检定规程
9	JJG(建材)122—1999	胶砂试模检定规程
10	JJG(建材)123—1999	行星式胶砂搅拌机检定规程
11	JJG(建材)124—1999	胶砂试体成型振实台检定规程
12	JJG(建材)125—1999	水泥胶砂耐磨性试验机检定规程
13	JJG(建材)126—1999	水泥胶砂流动度测定仪检定规程
14	JJG(建材)127—1999	水泥包装袋跌落试验机检定规程
15	JJG(建材)101—1999	水泥电动抗折试验机检定规程
16	JJG(建材)102—1999	水泥胶砂搅拌机检定规程
17	JJG(建材)103—1999	水泥胶砂振动台检定规程
18	JJG(建材)105—1999	净浆标准稠度与凝结时间测定仪检定规程
19	JJG(建材)106—1999	水泥标准筛检定规程
20	JJG(建材)107—1999	透气法比表面积仪检定规程
21	JJG(交通)015—1999	汽车前照灯检测仪校准器(试行)
22	JJG(交通)016—1999	滚筒反力式制动检验台检定仪(试行)
23	JJG(交通)017—1999	滑板式汽车测滑检验台检定仪(试行)
24	JJG(交通)018—1999	滚筒式车速表检验台校准仪(试行)
25	JJG(交通)019—1999	车轮动平衡机检定转子(试行)
26	JJG(交通)020—1999	转向力角仪制动踏板力计检定仪(试行)
27	JJG(交通)021—1999	汽车底盘测功机组合检定仪(试行)
28	JJG(冀)　电话计时计费系统(试行)	
29	JJG(建材)128—1999	安全玻璃　弹袋冲击试验机

续表

序　号	规程号	规　程　名　称
30	JJG(建材)129—1999	安全玻璃　耐温湿试验机
31	JJG(建材)130—1999	安全玻璃　碎片曝光控制仪
32	JJG(建材)131—1999	浮法玻璃　玛法测试仪
33	JJG(建材)132—1999	平板玻璃　侧面光检测装置
34	JJG(建材)133—1999	外观质量检测装置
35	JJG(建材)134—1999	点光源检测装置
36	JJG(建材)135—1999	平板玻璃弯曲度检测装置
37	JJG(建材)136—1999	玻璃软化点测定仪
38	JJG(建材)137—1999	沉浮比较密度仪
39	JJG(建材)139—1999	平板玻璃颜色测量仪
40	JJG(船舶)18—1998	舰船作战系统陆上联调试验设备检定规程
41	JJG(船舶)19—1998	SIM-36010 SIR 角度模拟器(PC 卡)检定规程
42	JJG(船舶)20—1998	ATI-36005 S/R 角度指示器(PC 卡)检定规程
43	JJG(船舶)21—1998	转换模块动态检测系统检定规程
44	JJG(船舶)15—1998	EMI 测试系统检定规程
45	JJG(船舶)16—1998	潜艇螺旋浆固有频率测试方法
46	JJG(船舶)17—1998	声强仪性能校验规程
47	JJG(船舶)22—1998	SIO 大规模数字集成电路测试系统检定规程
48	JJG(船舶)23—1998	TS9000 系列超大规模集成电路测试系统检定规程
49	JJG(船舶)24—1998	ELEA-5VLSI 高温动态声化系统校验规程
50	JJG(纺织)070—1999	纺织通风式烘箱检定规程
51	JJG(苏)33—1999	医用诊断计算机体层摄影装置 X 射线辐射源
52	JJG(京)27—1998	地铁接触轨检查尺检定规程
53	JJG(京)26—1998	无创血压(示波法)监护仪检定规程
54	JJG(沪)42—1999	液化石油加气机
55	JJG(沪)43—1999	辐射个人报警仪
56	JJG(沪)44—1999	放射免疫计数器
57	JJG(沪)41—1999	液化石油加气站计量系统验收规范
58	JJG(建材)118—1998	增压稠化仪检定规程
59	JJG(建材)119—1998	高压养护釜和常压养护箱检定规程
60	JJG(建材)120—1998	高压稠化仪检定规程
61	JJG(建材)121—1998	恒速搅拌机检定规程

【国家计量检定系统】 截止 1999 年底，共制定国家计量检定系统 93 个。

【国家计量技术规范】 国务院计量行政部门颁布实施的国家计量技术规范目前仍属于国家计量技术法规的范畴。1999 年制定国家计量技术法规 4 个。截止 1999 年底，共制定国家计量技术规范 240 个。

【计量技术委员会】 截止 1999 年底，经国家质量技术监督局批准成立的“全国计量技术委员会”共 21 个。

1999 年制定国家计量技术规范

规范号	规范名称
JJF 1059—1999	测量不确定度评定与表示
JJF 1060—1999	税控燃油加油机定型鉴定大纲
JJF 1061—1999	税控燃油加油机制造许可证考核规范
JJF 1062—1999	电离真空计校准规范

计量器具产品管理

【制造、修理计量器具许可证管理】 1. 国家质量技术监督局 2 月以第 2 号局长令发布《制造、修理计量器具许可证监督管理办法》。宣传贯彻《制造、修理计量器具许可证监督管理办法》是 1999 年重点工作之一。组织在《中国计量》、《中国质量报》等报刊进行宣传，组织编写宣贯材料。5 月在福州市举办“许可证监督管理办法宣贯班暨许可证考评员培训班”。下半年组织地方考评员培训，编写、印刷试题，制定了一整套工作程序，如考试要求、考试记录表格等。截止到 1999 年底，国家局共培训考核考评员 85 名，有 16 个省市举办了培训班，共培训考核考评员 900 余名。

2. 为了加强国家的税收管理，打击成品油流通领域的违法活动，维护消费者合法权益，同时配合国家实施道路和车辆收费改革，做好成品油市场的清理整顿工作，根据国务院办公厅转发国家经贸委等部门《关于清理整顿小炼油厂和规范原油成品油流通秩序意见的通知》(国办发[1999]38号)的有关规定,国家税务总局和国家质量技术监督局决定对全国现有加油站加油机安装税控装置,并组织生产和使用税控加油机。

1999年,国家税务总局联合国家质量技术监督局发布了《关于加油机安装税控装置和生产使用税控加油机有关问题的通知》(国税发[1999]110号),国家质量技术监督局发布《关于下发燃油加油机税控装置现场安装注意事项及有关要求的通知》(质技监局量发[1999]029号),并颁布了《税控燃油加油机制造许可证考核规范 JJF 1061—1999》和《税控燃油加油机定型鉴定 JJF 1060—1999》,为加油机生产厂家提供了技术性的指导。

1999年1季度完成全国加油机计量监督检查工作,通过检查基本摸清了全国加油站和加油机的现状,共检查了加油站98 742个,检查加油机197 763台,受检率达到98%,合格率达到91%。

国家质量技术监督局计量司于1999年9月11日在北京召开全国税控加油机制造、使用及监督管理工作通报会,共有89家生产企业、200多人到会,使各方面对此项工作达成共识。

从1999年年底开始,全国制造修理计量器具许可证办公室开始受理取得税控功能合格证的生产企业的型式申请,并制定技术机构对其样机进行型式试验,试验合格后对其进行现场考核,经考核合格后由国家质量技术监督局发给"制造计量器具许可证",并以公报形式在社会上公布。截止到2000年3月底,全国共有8家生产企业取得制造计量器具许可证,有效的保证了全国市场的需求。

同时各地质量技术监督部门配合税务部门,正在积极、稳步的推进在用非税控加油机的加装税控装置的工作,以确保2000年10月1日以前全国在用加油机全部加装税控装置,从而保证国家的税收和消费者的合法权益。

3. 近几年,为了加强对出租汽车行业的税收管理,堵塞税收漏洞,各地陆续开始推行使用具有税控功能的出租汽车计价器。为了对计价器的税控功能和推行中的一些问题进行必要的规范,国家质量技术监督局联合国家税务总局颁布了《出租汽车税控计价器定型鉴定大纲》和《出租汽车税控计价器制造许可证考核规范》,为生产企业提供了技术性的指导。指定技术机构承担定型鉴定试验工作,从而保证税控计价器的计量性能。到目前为止,已有部分厂家开始税控功能试验和申请型式试验。这项工作将为提高国家税收做出贡献。

4. 组织衡器、水表、煤气表、电能表等4种计量器具定型鉴定通用大纲和制造许可证考核企业必备条件的制定工作,在北京、天津、山东、江苏、浙江等地的部分企业现场考察并听取企业意见,有关技术机构已上报了大纲和必备条件的初稿。

5. 组织制定国家质量技术监督局产业技术政策,提出涉及计量器具制造业和计量技术服务业产业技术发展的管理政策。调查、协调处理涉及江苏、河南等地方计量器具管理方面的纠纷,答复来函来信多件。

【计量器具新产品管理】 组织在西安召开《计量器具新产品管理办法》修订座谈会,分析存在的问题,研究今后计量器具新产品管理的措施。11月在长春对计量器具新产品的监督管理工作、进口计量器具定型鉴定工作进行了调研,并完成了在技术机构内部统一大地测量仪器的定型鉴定大纲工作。

组织编辑、出版计量器具型式批准公报3期,并在中国计量协会网站上公布已获进口计量器具型式批准的产品清单。

【计量器具产品质量监督抽查】 1999年,计量司与监督司共同组织实施了冷水水表、膜式煤气表、单相电能表(简称"民用三表")、出租汽车计价器、弹簧度盘秤、电子计价秤等6种产品国家质量监督抽查,其抽样合格率分别为95%、66.7%、55.6%、42%、40.9%、42.9%。从抽查结果来看,"民用三表"作为国家依法管理强制检定的计量器具,产品质量令人担忧。虽然冷水表的抽样合格率达到95%,质量有了明显提高,但是,膜式煤气表和单相电能表质量问题仍十分突出。存在的最主要的问题一是产品计量不准,基本误差正超差突出,使表走得快,严重损害消费者的利益;二是产品的安全方面存在隐患。导致"民用三表"产品质量不合格的主要原因是:企业质量意识淡薄,急功近利思想严重,有些生产企业小、杂、乱,技术、设备、检测手段落后,管理不严,人员素质低下,再加上几年来某些地方质量技术监督部门对"民用三表"制造许可证的发放把关不严,发证过滥等。

针对"民用三表"的抽查情况及国务院领导同志对电能表质量问题的批示,国家质量技术监督局采取加大监督抽查力度,上收制造许可证权限,加强监督管理,责令限期整改,吊销整改仍不合格企业制造许可证,召开质量分析会,强化日常计量监督管理等措施,加强"民用三表"的监督管理。

从抽查结果看,出租汽车计价器不合格产品的主要问题是:计量误差超差;"抗汽车电点火干扰能力"不合格;环境试验不合格;"显示屏排列"、"插头铅封"、"未标明单位"、"连接导线"、"铭牌和参数标牌"等项不合格;造成这些问题的主要原因是软件编制的问题;企业缺乏检验手段、没有相关设备;元、器件的温度性能不好、没有严格筛选;不重视质量。

弹簧度盘秤和电子计价秤抽查结果显示:合资、股份制企业的产品合格率高于其他类型企业的抽样合格率;小型企业的产品抽样合格率较低;地域性产品质量问题不容忽视,尤以广东、浙江最为严重。

弹簧度盘秤和电子计价秤产品存在以下问题:

(1) 弹簧度盘秤产品的问题主要是计量精度严重超差,双面示值不同步,产品强度低,寿命短,出厂检验流于形式。造成这些问题的主要原因是企业之间的互相压价、不正当竞争和地方保护主义。特别是有些小型私营企业,偷工减料,以次充好,以低于市场价1/3的价格销售,从而造成弹簧度盘秤市场的混乱。

(2) 电子计价秤产品的抗电磁场辐射性能差是这次抽查中暴露出的最主要问题,该项目抽样合格率仅为50%。其次是温度对空载示值的影响及温度试验项目也存在问题等。造成这些问题的主要原因是少数企业质量意识差，单纯追求经济效益，以及电子计价秤制造许可证管理不严格，致使部分不具备生产条件及检测手段的企业也在进行生产。

【进口计量器具监督管理】 根据《计量法》、《进口计量器具监督管理办法》等法律法规，继续做好进口计量器具的监督管理工作。通过严格进口计量器具型式批准的法制审核，加强对定型鉴定授权机构的管理，严把进口计量器具的质量关。1999 年共受理国外计量器具生产厂商提出的型式批准申请 96 个系列，共对 98 家国外厂商颁发型式批准证书 149 个。同时，办理临时型式批准 312 个。

【强检工作计量器具管理】 为了适应经济的发展和社会的进步，一些需要纳入强制检定的新的计量器具不断出现，为加强对其实施强制检定的工作，国务院授权国家质量技术监督局对《中华人民共和国强制检定的工作计量器具目录》进行调整。

国家质量技术监督局计量司于 1999 年初，在天津召开了全国强制检定工作座谈会。在会上全国 31 个省、市、区技术监督局以及国家局的领导认真总结十几年来的强检工作经验，统一了思想，并确定了强检工作的基本思路：缩小强检范围，重点抓好贸易结算、医疗卫生、环境监测、安全防护以及用于执法监督的重要计量器具。认真做好强检的基础性工作。加大对强检计量器具制造许可证、质量监督抽查和计量执法监督的力度。围绕经济建设和社会热点，适时调整强制检定计量器具的范围，解决法制计量中所出现的问题。积极组织和鼓励计量技术机构研制和开发适合于强检工作的计量技术装备和计量检定方法。加强计量队伍的行风建设。

1999 年 1 月 20 日颁发了“关于调整《中华人民共和国强制检定的工作计量器具目录》的通知”，将电子计时计费装置等 4 项 5 种工作计量器具纳入《中华人民共和国强制检定的工作计量器具目录》，新调整的《中华人民共和国强制检定的工作计量器具目录》共计 59 项 116 种。此次调整在一定程度上满足了当前的经济形势和社会发展。

商品量计量监督

【商品量计量行为处罚规定】 为了加强商品量的计量监督，惩治商品量计量违法行为，保护用户和消费者的合法权益，维护社会经济秩序，根据《计量法》和国务院赋予质量技术监督部门的职责，国家质量技术监督局制定了《商品量计量行为处罚规定》，经局务会议通过，李传卿局长于 1999 年 3 月 12 日以国家质量技术监督局令发布施行。规定所称商品量，是指使用计量器具对商品进行计量所得出的商品的量值。任何单位和个人在生产、销售、收购等经营活动中，必须保证商品量的量值准确，不得损害用户、消费者及被收购者的合法权益。规定对定量包装商品的生产者、定量包装商品或零售商品的销售者及商品的收购者的计量行为进行了规范，明确了在经营活动中，其商品量的实际量与标注量或者贸易结算量的计量偏差超过《定量包装商品计量监督规定》、《零售商品称重计量监督规定》以及国家规定使用的计量器具极限误差或者国家其他有关规定的，质量技术监督部门有权责令其改正，给用户、消费者及被收购者造成损失的，责令赔偿损失，并处违法所得 3 倍以下、10 000～30 000元的罚款。

【定量包装商品净含量计量检验规则】 为抓好定量包装商品计量监督检查的基础工作，完善计量监督的法规、规章，规范技术监督执法行为，国家质量技术监督局组织制定了《定量包装商品净含量计量检验规则》，于 5 月份在广州组织了有关省、市的质量技术监督部门及部分企业界的代表对《规则》进行了讨论和修改，在此基础上结合国际通行做法，又征求了有关方面的意见，12 月份完成了《规则》的报审稿，并经法制计量技术委员会审定通过。《规则》对定量包装商品净含量的适用范围、实施计量检验过程中的抽样方案、不同种类商品的计量检验方法和误差要求、计量器具的选择和误差要求以及检验合格与否的判定等方面进行了明确详尽的规范。

【定量包装商品计量监督】 根据国家质量技术监督局“关于组织开展‘3·15’保护消费者权益日活动的通知”精神，为了配合中央电视台‘3·15’宣传活动，国家质量技术监督局在北京、哈尔滨等 10 个城市组织了方便面、白酒、葡萄酒、饼干、酱油、醋、洗衣粉等 10 种定量包装商品的计量专项检查。10 城市共抽查上述商品 522 批次，合格 401 批次，合格率 76.8%。其中，方便面共抽查 46 批次，合格率 89.1%；白酒共抽查 55 批次，合格率 69.1%；葡萄酒共抽查 54 批次，合格率 64.8%；饼干共抽查 60 批次，合格率 83.3%；酱油共抽查 42 批次，合格率 78.6%；醋共抽查 46 批次，合格率 73.9%；洗衣粉共抽查 54 批次，合格率 92.6%；洗发液共抽查 57 批次，合格率 75.4%；浴液共抽查 48 批次，合格率 77.1%；洗面奶共抽查 60 批次，合格率 72.3%。从这次的检查情况看，某些产品的净含量问题比较突出，许多名牌商品在这次定量包装商品的计量抽查中均出现问题。

此次计量专项检查活动及其抽查结果在中央电视台‘3·15’晚会上公布和李传卿局长在晚会上就商品量的问题接受了主持人的采访及所作的重要讲话，引起了社会的很大反响，极大地推动了商品量计量工作的深入开展，有力地保护了广大消费者的利益，维护了正常的经济秩序。

为了做好这次定量包装商品计量监督检查活动中不合格商品的后处理工作，加强对此次抽查中 77 家不合格企业的监督力度，王以铭副局长向不合格企业法人代表签发了《计量抽查不合格商品通知书》，督促企业查找原因，采取措施，认真整改。首次向计量不合格企业发送《计量抽查不合格商品通知书》，得到了各有关省局的高度重视，许多省局立即召集不合格企业，部署整改工作，并提出具体要求，督促企业整改。《计量抽查不合格商品通知书》在不合格企业中产生了很大的震动。企业由主要领导牵头，组成工作组，查找不合格原因，按照国家局和省局的要求，认真进行整改。大部分企业采取了扣发企业主要领导及具体负责人的奖金、改进计量包装设备、调整企业内控指标、指定专职、兼职计量人员加强企业内部计量监督、建立计量保证体系及奖惩制度等有效措施，来保证商品量的准确。

【眼镜的计量监督】 1999年，国家质量技术监督局明确提出了加强眼镜行业的专项治理整顿，在全国实施"光明工程"，提高眼镜质量。为了深入扎实地搞好这项工作，国家局成立了"光明工程"工作小组。按照国家局的工作部署，河北、上海、宁夏等省结合本地的实际，启动本省"光明工程"计划，针对眼镜的生产、验光、配装、经营等主要环节，制定了有关监督管理规定，并采取有效措施整治眼镜市场。

【企业计量工作】 随着社会主义市场经济的发展和完善，特别是企业机制的调整和变化，在1998年开展企业计量工作的基础上，继续按照分类指导的原则，开展了以下工作。

针对全国中小型企业，为了加强企业计量工作，提高企业管理水平和产品质量，以促进中小企业的健康发展，国家质量技术监督局与国家经济贸易委员会，共同研究制定了《关于加强中小企业计量工作的意见》，于1999年7月20日下发给各省、自治区、直辖市技术监督局、经贸委以及有关部门。对中小企业的计量工作提出了指导思想和基本目标与该文件配套的《中小企业计量检测保证规范》将在2000年下发。

依据国家质量技术监督局完善企业计量检测体系原则要求和GB/T 19022.1(ISO 10012.1)标准，在企业自愿申请的基础上，到1999年底，国家质量技术监督局共向500家企业颁发了证书。1999年获证的企业有95家。

【计量中介服务工作】 自1995年国家技术监督局发布了《社会公正计量行(站)监督管理办法》以来，全国各地建立了400～600个包括称重、流量、眼镜、大宗物料等的公正行(站)。由于地区差异、发展速度不平衡、机构设置等原因，造成有些公正行(站)发展不规范。为进一步落实《社会公正计量行(站)监督管理办法》，推动社会公正计量行(站)的健康发展，国家质量技术监督局下发了《关于加强社会公正计量行(站)监督管理的通知》和《关于印发"社会公正计量行(站)计量认证考核规范"的通知》，对社会公正计量行(站)的法人地位、考核规范等作了明确规定。截止到1999年底，全国通过计量认证的社会公正计量行(站)共有527个。开展的业务范围是：称重、金银饰品检测、珠宝钻石检测、大宗物料、眼镜、流量等。

法定计量机构管理

《"九五"后三年(1998年～2000年)计量工作计划》要求每年对1/3以上的法定计量检定机构安排抽查。1999年国家质量技术监督局委托各大区国家计量测试中心组成6个抽查组，对全国10家省级法定计量检定机构、19家地(市)级法定计量检定机构开展抽查工作。此次抽查工作依据《法定计量检定机构考核细则》，重点抽查质量保证体系的运行及1997年全国法定计量检定机构考核中存在的缺陷及整改情况。从抽查的结果来看，各级法定计量检定机构都不满足于1997年首次对法定计量检定机构考核时所取得的成绩，认真修订并完善质量手册，抓住考核契机，推动了法定机构管理水平的提高。

为全面贯彻实施《计量法》，进一步加强法定计量检定机构建设，国家质量技术监督局于1999年11月3～5日在深圳市召开了"全国省级以上法定计量检定机构所(院、站)长暨计量处处长会议"。中国计量科学研究院、中国测试技术研究院、国家标准物质研究中心、各大区国家计量测试中心、各省级国家法定计量检定机构、各国家专业计量站以及各省局等单位的有关人员参加了此次会议。

会议就如何加强管理、提高水平、深入贯彻实施《计量法》开创法定计量检定机构工作的新局面进行了深入的探讨，分析了世纪之交法定计量检定机构面临的新形势，提出了未来几年法定计量检定机构建设与发展的基本思路。此外，此次会议还对1999年全国计量工作进行了认真的总结，并部署2000年计量工作。

大区国家计量测试中心、国家专业计量站

【大区国家计量测试中心】 国家质量技术监督局于1999年3月20～21日在湖南长沙召开了1999年大区国家计量测试中心(以下简称"大区中心")计划工作会议。会议总结了1998年大区中心工作，部署了1999年工作要点；通报了1998年国家法定计量检定机构抽查情况；讨论了大区中心工作暂行规定(草稿)。

1999年各大区中心继续发挥其技术辐射和技术管理示范作用，全年共检定省级最高计量标准4 088台(件)。其中，华北中心检定498台(件)，东北中心检定279台(件)，西北中心检定1 094台(件)，华东中心检定574台(件)，中南中心检定930台(件)，西南中心检定207台(件)，华南中心检定506台(件)。此外，华南中心为香港地区检定、校准计量器具1 150台(件)。1999年国家质量技术监督局安排了以中国计量科学研究院为主导实验室，7个大区中心参加的量块比对工作。

【国家专业计量站】 1999年国家船舶舱大容积计量站通过了国家质量技术监督局组织的复查考核，并承担第二轮的授权工作。国家质量技术监督局计量司还会同计科司、人事司、政宣司下发了"关于质量技术监督管理体制改革中有关国家专业计量站、分站管理问题的通知"，提出了在质量技术监督管理体制改革工作中，加强建在地方的国家站的管理，保证国家站工作正常开展的意见。此外，会同铁道部重新发布了《国家轨道衡计量分站管理办法》。

1999年度国家专业计量站、分站基本情况统计表

项目 单位	建站时间	授权项数	建立社会公用计量标准数	从事授权业务的人员构成 人员总数	管理人员数	技术人员数	大专以上人数	大专以上占总数(%)	检定人员数	专业计量监督员数	检定计量器具数	承担政府计量行政部门委托的计量仲裁检定数	开展科研项目数	完成科研项目数	工作用房面积（米²）	设备固定资产（万元）	分站数
国家高电压计量站	1975	4	3	43	6	35	41	95	16	3	123		12	5	10 100	2 166.5	
国家轨道衡计量站	1979.10.10	5	3	26	9	17	14	54	10	3	810		4	2	780	100	
国家原油大流量计量站	1984.10.18	11	15	150	10	135	135	90	61	1	4 224		15	8	16 200	3 292.13	
国家大容量第一计量站	1984.12.13	3	1	30	9	22	15	50	25	3	410				1 152.13	350	
国家海洋计量站	1984.12.18	8	4	40	5	35	31	78	11	2	200		3		2 000	233.5	
国家铁路罐车容积计量站	1985.5.5	1	1	22	7	14	13	59.1	15	4	965	1	2	1	260	90	
国家大容量第二计量站	1987.7.3	3	1	31	7	24	18	58	24	3	278				400	30	
国家蒸汽流量计量烟台检定站	1988.4.6	1	1	26	11	15	10	38	11	3	3 950	2			616	280	
国家质量技术监督局深圳计量站	1988.4.21	99	59	98	17	81	61	62.2	63	5	74 207		7	4	6 100	1 000	
国家水大流量计量站	1990.9.25	1	1	34	6	24	24	71	10	1	132	2	3	2	6 000	750	
国家纤维计量站	1991.12.24	10	4	8	2	6	8	100	7	2	54				85	35	
国家矿山安全计量站	1992.7.31	9	4	28	7	23	20	71.4	11	2	136		2	2	3 000	3 000	
国家通信计量站	1992.10.20	14	8	103	21	77	78	75.7	20	4	215				2 300	1 500	
国家船舶舱容积计量站	1993.7.3	1	5	11	5	9	10	90.9	9	2	3		4	2	120	60	
国家纺织计量站	1993.10.26	10	4	8	2	7	6	75	4	2	94		3	2	150	30	
国家船舶舱大容积计量站	1996.6.14	1	1	19	3	19	16	84	11	2	47				646	260	
国家家用电器计量站	1995.3.10	6	5	13	4	9	10	77	8	3	63				530	380	
国家气象计量站	1995.5.5	21	8	20	5	3	19	95	12		1 420		1		920	400	
国家轨道衡计量站分站	1979	21	38	310	92	102	126	41	186	26	1 522		2	1	4 155	500	19
国家铁路罐车容积计量站分站	1986—1993	8	8	131	50	28	37	28.2	103	12	17 838				1 320	610	8
国家海洋计量站分站	1990.4.19	15	15	50	16	34	30	60	31	5	2 018		1	1	990	130	3
国家纺织计量站分站	1994.2.21	9	6	13	4	12	10	77	6	1	691				180	25	1
国家原油大流量计量站分站	1998.4.20	12	8	41	8	25	35	168.47	23	5	346		5	2	3 688	1 267.6	2
国家矿山安全计量站分站	1998.11.6	6		4	19	5	9	13	68	14	1	38			1 400	160	1

国际计量交流

【国际法制计量组织的交流与合作】 参与起草OIML关于在证书制度的基础上形成型式试验相互承认的协议草案，并积极推行OIML证书制度，举办了有关研讨会。

1999年11月3日中国国家质量技术监督局与荷兰国家计量院在深圳签署了中荷非自动衡器型式试验报告相互承认协议。

积极参与制定OIML长期政策实施计划，结合贝克兰报告和"计量在社会和经济发展中的作用"国际研讨会及有关文件，组织编写了《计量，走向二十一世纪》文集。

组织有关技术机构积极参加OIML技术活动，1999年中国对16个有关国际建议、国际文件的提出技术意见，代表中国CIML委员对OIML国际建议草案进行意见表决，同意批准了4个国际建议：R60称重传感器、R129多维尺寸测量仪器、R49冷水表（包括电子式水表）和R65同轴材料测力系统。

组织参加有关的TC会议，1999年中国共参加了9次OIML TC会议、委员会、理事会和有关会议。

指导TC 17/SC1中国秘书处的业务工作。

组织我国计量技术委员会与OIML TC的联系，积极推进国家规程采用国际建议的工作。

1999年中国为发展中国家举办了第6届发展中国家测量技术培训班。

【亚太法制计量论坛的交流与合作】 参与亚太法制计量论坛（APLMF）各工作组（包括相互承认协议工作组、定量包装工作组、培训工作组、大米湿度测量工作组、日用计费表工作组）的活动，参与制定工作组计划。

1999年9月中国国家质量技术监督局副局长王以铭代表中国签署了APLMF备忘录文本。

国家质量技术监督局与澳大利亚国家标委会关于开展亚太计量论坛液化石油气加气机型式试验和检定培训班项目进行了磋商，并取得了一致意见。1999年进行前期准备工作，组织APLMF R117教材的编写工作等。

撰稿人　王　峰　关慎敏　王顺安
王建平　张益群　马肃林
陈　红　邓媛芳　钟新明
韩建平　赵　燕　高　丽
王英军
审稿人　宣　湘

认证与评审

概　述

【实行政事分开，全面落实行政监管职能】 为落实国务院机构改革的精神，建立办事高效、运转协调、行为规范的行政管理体系，本着政企分开、政事分开的原则，国家局积极创造条件促使认可委员会秘书处实体化。中编办于1999年8月正式批准在中国产品认证机构国家认可委员会、中国质量体系认证机构国家认可委员会和中国认证人员国家注册委员会秘书处及中国质量认证杂志编辑部的基础上成立中国合格评定国家认可中心。局党组同时又决定，将中国实验室国家认可委员会的秘书处并入认可中心，相对独立运作。认可中心的建设工作正在进行中。

为确保认证的有效性，加强对咨询机构行为的管理，国家局决定将咨询机构的两级备案制度改为一级备案，并且将所有的备案实施工作转移到省局，国家局只负责规则制定和监督工作。

【完善质量认证法规体系】 为实现对认证市场统一管理、合理规划和有效监督的职能，政府机构改革后，在调查研究的基础上，1999年在质量认证国家法规体系完善和地方立法方面取得进展。积极参与质量法修正案的修改工作，提出质量法中应明确国家对涉及安全健康、环境保护、国家安全的产品实施安全认证制度的建议。并向有关方面提供关于质量认证，尤其是安全认证制度对我国产品质量安全监督工作、对产品结构调整、促进经济发展的重要作用以及我国入世后安全认证制度作为反倾销措施的特别意义。研究提出了《安全认证电工产品强制性监督管理办法》(草案)、《质量认证咨询机构登记备案管理办法》(草案)、《境外认证机构管理办法》(草案)、《质量体系内部审核员培训工作管理办法》(报批稿)、《质量体系内部审核员注册管理办法》(报批稿)、《产品安全认证管理办法》(草案)以及《质量认证有效性区域调研与监督查处办法》(初稿)等规范性文件。法规体系的进一步完善，为解决电工产品等安全认证产品的强制性监督管理市场违法行为的处罚依据不足和处罚力度不够的问题，对境外认证机构在华活动的管理提供依据等，对加强质量认证工作、规范认证市场、保证质量认证工作健康有序的发展，都将起到重要的作用。

地方质量认证立法也取得了很大成绩。天津市人大发布实施了《天津市实施〈中华人民共和国标准化法〉办法》，该办法对电工产品安全认证强制性监督管理做出了规定；四川省局制定发布了《关于加强质量认证咨询机构监督和管理、规范质量认证咨询市场的暂行规定》；浙江省正在研究制定《浙江省质量认证监督管理办法》。另外，还有江苏等一些省市也正在研究制定规范认证行为的规范性文件。

【推进认证机构改革，提出改革发展方向】 根据国务院1998年政府机构改革、职能划分的具体情况，积极研究经贸委委管局质量监督职能转移到我局后，尤其是科研机构改革方案实施后，原由经贸委委管局牵头设立的实体挂靠在科研院所内的认证机构，其行政归属问题将直接影响到其运作的独立性和公正地位。提出：实施安全认证的机构应由国家局逐步实施监督权；实施自愿性产品认证制度的机构和体系认证机构按认证管理条例和国家认可制度的要求，逐步成为独立公正的第三方认证机构，接受国家认可机构的认可监督。对于产品认证机构和产品认证制度实施过程中存在的问题，国家将研究深化改革问题。4月份，国家局副局长潘岳同志在质量体系认证与认可技术研讨会议上的讲话中明确提出：按照国务院"政企分开、政事分开、政社分开"的三原则，逐渐剥离现有认证机构和咨询机构与政府之间的直接或者间接的行政隶属关系，消除政府部门对认证和咨询经营活动直接或间接的行政干涉，充分发挥社会有关方面办认证事业的积极性，同时又为集约化发展认证制度和认证机构提供条件。把认证机构和咨询机构作为中介组织完全推向市场，形成公平竞争的认证与咨询市场，通过市场竞争建立权威，求得发展，给企业提供真正的自主选择认证与咨询机构的机会。

对于质量体系认证机构体制改革的问题，根据局确定的改革精神和方向，针对目前体系认证工作和机构运作中存在的问题，组织有关专家和体系认证机构的代表研究提出了"质量体系认证机构体制改革试点意见"(草案)，对体系认证机构实施有限责任公司(个人股份和个人股份占主导地位)体制改革的试点，提出了具体要求，准备1999年底或2000年初正式试点。

【产品、体系认证与人员注册工作】 截止到1999年底，国家局已针对近10类近200种产品建立了安全认证制度和认证机构，有30多类产品已实施自愿性认证制度。正在建立或试运作的安全认证制度涉及安全防范产品、防爆电器以及产品的EMC性能等。现有23家产品认证机构，其中有8个机构已获中国产品认证机构国家认可委员会的认可，其余机构也正在积极准备申请国家认可，以期完善内部管理，更好地为企业服务。至12月底获得产品认证的企业共计10 853家，颁发证书48 863张；其中国内企业10 632家，颁发证书45 073张；外资及国外企业221家，颁发证书3 790张。产品认证已由一般工业产品发展到高科技产品和信息传输产品和系统。

截止到1999年底，经中国质量体系认证机构国家认可委员会认可的质量体系认证机构有34家(还有12家独立的分支机构)，发出认可的质量体系认证证书15 123张。认证范围基本覆盖了39个业务范围的37类，由制造业逐步扩展到服务业，包括：物业管理、金融、旅行社、学校和医疗供给机构等。质量管理和质量保证标准已逐渐被更多的行业所接受，质量体系认证向纵深发展的同时，更广泛的横向发展空间已显现出来。

认证人员国家注册工作随着认证工作的发展，市场需求渐增，截止到1999年底，中国认证人员国家注册委员会共注册审核人员6 978名，其中高级审核员965名，审核员1 056名，实习审核员4 957名。

【发布第二批安全认证电工产品强制性监督管理目录】 为保护广大消费者的安全，维护用户利益，国家局在总结第一批安全认证电工产品强制性监督管理目录实施经验的基础上，于5月底发布了《第二批实施安全认证电工产品强制性监督管理的目录》，对电线和电缆、家用和类似用途设备、整机附件和连接器控制开关、照明设备、信息技术和办公用电气设备、低压大功率开关设备、整机保护设备、电子娱乐设备、分马力电机和电焊机等10类电工产品实施强制性安全认证，在规定时间内未获得安全认证或认证不合格的产品将不得投放市场和使用于经营性服务场所。

【开展认证有效性调研工作　探索进一步规范措施】 6～11月份，根据国家局党组的决定，组织实施了认证有效性的调研工作。调研工作包括5个方面，即产品认证、体系认证、审核员注册、内审员培训与注册和咨询机构登记备案，从3个角度实施了调研，即认证有效性的综合性调研(产品、体系)、认证有效性的区域性调研及典型产品(电工产品)认证有效性的调研。本次调研共形成专题调研报告4个，即：质量体系认证有效性稽查审核报告、产品认证机构国家认可制度有效性报告、江苏省认证有效性区域调研报告和电工产品安全认证制度有效性调研报告。

一些地方局，山东省、辽宁省、陕西省、天津市、四川省、河北省等局，均对本区域内质量认证的规范性和有效性实施了调研，并针对本区域存在的问题，提出了管理措施建议，有的还在相关的法规中加以规定。调研结果显示：我国质量认证总体上是有效的，通过认证产品的实物质量和安全性能得到保证或提高，认证产品或认证覆盖产品的市场占有率保持稳定或得到提高，产品的出口创汇能力增强，企业的合格品率明显增加，质量成本降低，经济效益提高。可以说，通过认证在一定程度上对产品结构的调整和缓解有效需求不足起到了一定的作用，对提高产品档次、拉动内需、提高产品生产能力的利用率等方面起到了重要作用。但通过调研我们也发现，质量认证工作中还存在着需要清理整顿和深化改革才能解决的问题。如：质量体系认证工作中存在着认证机构尚未完全成为市场中介机构的问题，认证的实施尚不能完全摆脱各级政府的行政干预的问题，还存在着不正当竞争、咨询认证一条龙现象，企业片面追求认证，获证企业质量体系保持机制不健全以及现有认证机构在有些领域过分竞争现象严重，但在一些领域却难以满足市场需求的情况等问题。通过稽查审核，中国质量体系认证机构国家认可委员会对北京兴原质量体系认证中心等三家认证机构采取了暂停和部分暂停认可资格三个月的决定；产品认证工作中突出的问题就是重复发证的问题，涉及与进口质量许可证的关系，与生产许可证的关系问题和不同认证制度间的工厂审查和产品抽样及检验之间的协调、产品认证分类较细、新实施的收费办法较高等。当然，还有安全认证制度实施的产品范围小，进度慢，地方监督机制尚需完善，产品认证机构的实体化、独立性问题，以及产品认证制度竞争机制的引入等问题，调研报告中也有不同的反映。针对存在的问题，2000年我们将研究出台相应的管理措施。

【对获证产品和获证企业的行政执法监督】 国家对工业产品实施监督抽查时，有两次安排了对获证产品和获证企业的抽查，抽查结果显示获证产品和获证企业的产品质量明显高于一般产品，如：家电产品抽查结果，获得安全认证的安全性能合格率为100%，性能合格率为82%，而未获得安全认证的产品合格率约为52.3%。以吸油烟机为例，安全性能合格率：获得安全认证的，合格率为87%，未获得安全认证的合格率为50%。实施电工产品安全认证强制性监督管理的产品，国家抽查合格率为100%。

对获证产品和企业的监督，地方局也进行了不同程度和方式的抽查和市场监督。河北省局和天津局对实施安全认证强制性监督管理的电工产品进行了监督检查，保定市共查处价值50余万元的无证产品，天津局共查处产品数量29 262台(件)，其中国产无证产品2 400台(件)，占抽查总数的8.2%；无证进口产品160台(件)，占总抽查数的0.5%，产品未认证而使用认证标志的218台(件)，占抽查产品的0.7%。

【咨询机构登记备案和内审员培训注册工作】 自1998年机构改革后，认证咨询机构的备案工作已全面下放给各省局，截止到1999年9月底，全国江苏、上海、辽宁、北京等省市共对30多家质量认证咨询机构进行了登记备案。内审员培训、注册工作取得一定进展，截止到1999年底，全国约有5 000多名内审员获得注册。目前有辽宁省的北国质量认证咨询中心、国家质量技术监督局深圳培训中心、四川质量保证中心、广东省质量认证培训中心、国家质量技术监督局北京通州培训中心、山东质量认证培训中心、浙江技术监督干部培训中心、上海市质量管理教育培训中心、上海质量认证咨询中心和江苏省质量体系内部审核员培训中心10家机构已获得内审员培训课程批准。咨询机构的备案和内审员的注册，对认证市场的规范性和认证的有效性起到了一定作用。

【积极研究，大胆探索，开辟认证认可新领域】 为广泛开展认证活动，保护消费者的权益及有关方面的要求，国家局与有关部委正在积极研究建立新的产品认证制度。自1996年起，国家局便着手研究依据相关法规的要求建立电磁兼容认证制度，于1999年10月批准发布了产品电磁兼容认证管理办法。该办法确立了我国实施的电磁兼容认证制度主要为强制性安全认证。实施强制性电磁兼容认证制度的产品目录即将发布；同时，国家局还正在组建防爆电器产品认证机构，防爆电器认证制度是国际电工委员会建立的一个国际性安全认证制度，我国于1996年加入该组织，并于1999年9月向该组织提出认证机构和检验机构同行评审要求，预计2000年底将接受国际同行评审。

为广泛拓展体系认证的领域，以便最大限度的满足市场对体系认证的需求，国家局积极鼓励现有体系认证机构研究探讨开发新的认证领域。近两年体系认证范围正在从传统的加工业向金融、房地产、宾馆饭店、旅行社、教育、医疗、科研等服务领域拓展。对于新机构的设立，国家局采取的措施是原则上不再批准重复设立的机构，只有填补空白或避免行业和区域垄断的机构才准予设立，避免过度竞争的产生影响认证工作健康发展。

【开展认证、认可工作的对外协调和国际交流】 由于我国长期以来，在计划经济体制下政府机构职能交叉，国家局统一管理质量认证工作的职能并未全面落实。加之多年来我国立法工作中存在着严重的部门立法现象，导致法律之间不协调，又进一步加剧了政府部门间的职能交叉和重叠。我国产品质量认证工作存在着与出入境检验检疫局进口质量许可证间的重复问题，在质量体系认证工作方面存在着中国质量体系认证机构国家认可委员会和国家进出口企业质量认证机构认可委员会以及国家环保局设立的中国环境管理体系认证机构国家认可委员会，三个机构、三套认可制度；在实验室管理工作方面，也存在着中国实验室国家认可制度与国家出入境检验检疫局进出口商品检验实验室认可两套制度；在人员注册领域有国家局授权的中国认证人员国家注册委员会(CRBA)和原国家商检局成立的中国国家进出口企业认证机构认可委员会以及中国认证人员国家注册委员会环境审核员专业注册分委员会；几套制度间各自运作，互不协调，在一定程度上，导致了机构重复建设，对企业重复评审、重复检验、重复审查和重复收费等。今年国家局从全局出发，本着对企业负责的态度，主动与国家出入境检验检疫局、环保局等部门就如何确保认证认可工作在政策上和技术上的一致以及CRBA人员注册委员会与其环境分委员会间工作的接口关系等进行了协调。还就电工产品安全认证标志与商检标志的相互承认等事宜向国务院法制办做专题汇报，并提出国家局的协调意见。上述协调工作取得了一定进展，但尚需做大量的艰苦工作。

另外，今年国家局为适应国际标准化组织合格评定委员会职能调整需要，经与有关方面协商，提出了成立国际标准化组织合格评定委员会(ISO/CASCO)中国国家委员会的建议，该委员会将承担将ISO/CASCO所制定的标准转化为国家标准的工作，以及研究认证认可技术，推动我国合格评定工作的职能。目前该委员会正在报批过程中。

【宣传工作】 各级质量技术监督部门、认可机构在认真做好质量认证工作的同时，充分发挥舆论宣传的作用，广泛报道质量认证与认可工作，在社会上产生了很好的效果，同时也保证了质量认证工作的广泛和有效开展。《中国质量报》、《质量认证》在及时报道和宣传国家质量认证的方针政策、国际国内动态及发展趋势，指导认证机构和审核员工作方面起到了很重要的作用。今年为配合国家局对规范认证市场的要求，中国质量体系认证机构国家认可委员会对认可的质量体系认证机构开展了稽查审核工作，并对稽查审核结果进行了通报，在社会各界引起强烈反响。同时，为探讨认证认可技术，广泛宣传其作用和未来发展方向。

在宣传方面，地方局也做了大量的工作，四川省局和贵州省局均组织召开了“质量体系认证专题讲座”，广泛向企业和有关厅局宣传质量认证知识和认证的作用；山东省局所属认证协会举办了“山东认证协会第一届质量认证论文征集评选活动”，共征集论文42篇；甘肃省局召开省质量认证工作会议，总结认证工作经验，制定推动认证工作的目标加强监管力度措施计划。同时，与会企业向全省企业发出“贯彻ISO 9000系列标准，实施质量认证，为提高甘肃经济增长的质量和效益作出积极贡献”的倡议书，各界反映不错。

实验室(质检机构)评审、管理和实验室认可工作

【国家质检中心的改革】 1999年5月28日，国务院正式推出242个科研院所的转制方案，这涉及授权的国家质检中心90多个，为解决这些完成转制或将要进行转制的科研院所中挂靠的国家质检中心的第三方公正性问题，研究制定国家质检中心的改革方案，一年多来进行了大量的艰苦的调研和方案的准备工作。发文进行了两次书面调研，召开了四次质检中心改革座谈会，派专门调研小组分赴华东和中原地区有关质检中心及其所挂靠的科研院所进行深入的走访，调查了解情况。报国务院的国家质检中心改革方案修改次数达30多次，已拿出了方案，待报国务院。

这次科研体制改革过程中牵涉到的国家质检中心的改革，会给我们的技术监督工作带来一定的影响，但也给我们的省以下依法设置的检验机构——尤其是实力较强的那些重点质检所带来一定机遇。各地应充分认识到这一点，积极配合国家局做好这项改革工作。

【落实国务院8号文件和做好地方技术机构改革的指导工作】 根据国务院8号文件的规定，同一城市、同一门类的技术机构只设一个，县级技术机构根据地方经济发展水平的需要可设立一个综合技术机构。为落实国务院8号文件精神，我局组织专门力量于今年4月份在北京就有关改革指导意见进行了专题讨论。5月份，在杭州召开了地方技术机构改革座谈会。我们的指导思想是：一要实事求是，二要平衡好省和市两方面的责权利关系，要有利于省(局)和市(局)改革后的工作，三是要引入竞争机制，改革要实现1+1大于2的目标，而不是对技术监督工作造成不应有的损失。关于区县是否设立质检机构的问题，我们主张，直辖市、省会城市和计划单列市以及地级市的城区一般不设质检所，特殊情况，可以区别对待；对于几个直辖市和一些省会城市的城区已有质检机构的，要和市质检所进行合并。实行省以下垂直管理，一定要解决我们地市以下的质检机构低水平重复建设问题，要精简县一级的质检机构，对一些根本不具备质检机构条件的县质检所要坚决撤消，对于地方经济发展水平不高、条件不具备的县，一般不再新批准成立质检所。各省在进行省以下垂直管理改革时，应及时将有关质检机构的改革、规划和管理以及遇到的问题等方面的信息通报给国家局，以便我们及时掌握情况，研究和制定相关政策。

【严格对质检机构的管理，加大对违规行为的处罚力度】 这两年来，国家局对质检机构的管理力度加大，对质检机构的行为除了发文件进行规范外，还通过新闻媒体进行舆论监督。1998年，我们发出了《关于继续对产品质量监督检验机构开展监督检查活动的通知》及《关于重申在质量技术监督工作中必须严格执行“五停止、一暂停”规定的通知》，今年，我们又发出了《关于国家照相机质量监督检验中心违反有关规定出具检验报告问题的通报》、《关于公布已超过审查认可有效期的国家产品质量监督检验中心名单的通知》(16家)、《关于对已超过计量认证有效期质检机构限期申请复查的通知》(109家)。对国家照相机质检中心的通

报在《中国质量报》上进行了报导；被公布的16家超过审查认可有效期的质检中心公章由所在地的省级技术监督局代为收存，对被公布的109家超过计量认证有效期的质检机构要求在9月30日前提出复查申请，对逾期不申请的，经过核实，我局发出了《关于首批公布不具备出具公正数据的产品质量检验机构名单的通知》，公布了22家机构名单，注销其计量认证证书，责令停止使用计量认证标志。同时，对计量认证证书有效期内的检验机构进行了调查，编辑出版了《中华人民共和国国家计量认证公报(1995～1998年)》，公报了通过国家计量认证的1 098家检验机构名单及其承担的主要检验产品范围。

【质检机构的评审、计量认证工作的改革和调整】 3月份，我们发出了《关于进一步规范、调整计量认证工作的通知》，进一步的明确计量认证工作的受理范围、计量认证技术考核规范和计量认证评审员的管理。7月份，发出了《关于"国家计量认证部门评审组和部门计量认证工作程序变更"的通知》，将过去36个计量认证行业评审组调整为31个，并对部门计量认证评审组的规范管理作出了明确的规定。

根据形势的发展，尤其是我们推行的对国家质检中心和省级质检所(包括计划单列市所)的复查和验收进行"三合一"评审的实践，我们拟对过去的计量认证技术考核规范(简称50条)和质检机构考核验收细则(简称39条)进行合并，出台一个统一的对质检机构计量认证和考核验收的办法，争取在明年出台正式文件。

【做好国务院交办的重点工作】 为落实国务院关于推进粮食流通体制改革工作的指示精神，在粮食陈化鉴定工作和粮库建设中粮情测控系统的质量检验工作等方面做了大量的工作。在地方局推荐的机构基础上，审核并分两批公布了216个粮食陈化鉴定检验机构的名单(1999年6月份公布第一批126家机构、11月底公布第二批90家机构)，系统的质检所在这216个机构中占2/3强。1999年7月份，认评司和监督司配合，在北京召开了"全国粮食陈化鉴定工作会议"，全面启动了粮食陈化鉴定工作。为了保证已公布的粮食陈化鉴定的检验机构的工作质量，委托国家粮油质检中心对这些检验机构的主要业务人员进行培训，首轮培训班已举办5期共培训学员300人，将继续委托国家粮油质检中心对第二批公布的粮食陈化鉴定检验机构的业务人员进行培训，希望各地方局有关业务处积极做好配合工作。

为支持中央直属储备粮库建设联合办公室做好中央直属储备粮库的建设工作，组织有关专家参与讨论和制定中央直属储备粮库粮情测控系统的质量控制指标和检验方法、要求，并组织国家广播电视产品质检中心对参与投标的企业的产品进行了质量检测，为这项朱总理亲自抓的中央直属储备粮库增容建设工作把好粮情测控系统的质量关。我们还组织河北、山东、山西等地方局有关业务处协助中央联合建库办派出的对有关生产企业的质量调查小组做好有关工作。

【中国实验室国家认可委员会(CNACL)正式与亚太实验室认可合作组织(APLAC)成员国签署互认协议】 我国实验室认可工作5年来取得了举世瞩目的成绩。1999年12月1～5日在印度新德里召开的亚太实验室认可合作组织(APLAC)第五届全体大会上，CNACL正式签署了APLAC成员(共24个国家和经济区域)互认协议，这标志着我国实验室认可工作正式得到了国际承认，跨入国际先进行列。

截止1999年底已完成实验室认可241家，其中，校准实验室16家。注册评审人员608人，其中主任评审员10人，评审员50人，实习评审员548人。技术专家计1 800人。实验室认可正逐步被社会所了解和接受。

产品质量认证

【修订、补充完善产品认可规范】 在CNACP原有的认可规范文件CNACP101-96《产品质量认证机构认可准则》；CNACP102-96《产品质量认证机构认可程序》；CNACP201-96《产品质量认证机构认可准则说明》等三个主要文件的基础上，CNACP秘书处从1999年年初开始，跟踪国际组织产品认证机构认可准则及其有关技术指南的最新动态，对实施产品认证机构资格认可所需的其他必备文件组织了三次大的翻译、审定工作。完成了ISO/IEC指南65、IAF对ISO/IEC指南65的说明、ISO/IEC指南17020(取代ISO/IEC指南39)、ISO/IEC指南2,7,23,25,27,28,53等认证依据的等同翻译、转化工作，同时制定了一系列的程序文件和管理规定，为2000年进一步开展产品认证机构的认可工作奠定了技术基础。

【推进产品认证机构国家资格认可工作，开展认可评审及现场见证评审】 1999年CNACP秘书处在积极推进认证机构资格认可方面做了较大量工作。按照认可准则的要求完成了对国家信息安全测评认证中心、水泥房建材料认证中心、汽车产品认证中心、节能产品认证中心等4家产品认证机构的资格认可，同时还完成了对电磁兼容认证中心的现场评审工作，受理了农机产品认证中心和香港安全认证中心的认可申请，并完成了对上述机构(除香港安全认证中心)的12个认证项目的现场见证评审。此外，CNACP秘书处还对汽车用安全玻璃、橡胶轮胎、药品、环境标志、电工、方圆等产品认证机构，拟进行资格认可的工作提供必要的服务，促进他们按照认可准则的要求，建立健全内部质量体系，争取早日通过CNACP的认可。

【协助CRBA开展产品认证机构审查人员的培训、考试、注册管理工作】 为提高产品认证机构审查人员的素质和能力，进而提高和保证产品认证的工作质量，按照局认评司关于对HACCP认证审查人员由CRBA负责培训、考试、注册的有关精神，参照CRBA对质量管理体系审核员培训、考试、注册的有关规定，结合产品认证工作实际，CNACP会同CRBA一起提出了产品认证审查员的培训、考试和注册管理的基本思路，并选择水产品、信息安全、汽车等产品认证机构的人员培训、考试、注册管理工作作为试点。现已完成首批汽车产品认证审查员的培训、考试。该项工作在产品认证机构中获得普遍好评并得到有关机构的大力支持。各产品认证机构纷纷要求结合其产品领域特点进行审查人员的培训或专业知识的补充培训、考试和注册。

【参与国际合格评定领域的活动，跟踪IAF、PAC的动向，开展产品认证机构认可与国际同行评审】 CNACP作为IAF的成员机构，积极参与ISO、IEC、IAF、PAC等合格评定认证、认可的活动，及时掌握认证、认可的最新动态，组织秘书处人员对美国UL、加拿大CSC、日本JIS、德国TüV等知名认证机构的认证实践作了初步技术研究，并将所得知识用于指导我国的产品认证工作。同时密切跟踪IAF、PAC启动产品认证机构认可的同行评审动向，积极参加PAC开展产品认证机构同时评审的调研工作，并着手准备PAC的同行评审准备工作，决定一旦国际上开始受理产品认证机构认可的同行评审，CNACP将开展工作。

【实施产品认证机构的国家认可制度，规范我国产品认证领域的秩序】 WTO的即将加入将给我国的产品认证工作提出了新的要求。我们当前在产品质量认证工作上应尽快全面推进和实施国家认可制度。遵循实施认证制度的国际准则和市场规律，通过认可制度加以规范，评定其合法性。我国质量认证工作的实践证明了实施国家认可制度是成功的。我国合格评定工作的四个国家认可机构中，已有3个认可机构(CNACR、CRBA、CNACL)分别通过了国际同行评审，加入了国际互认制度，这表明我国的认证工作得到了国际同行的认可，我国的认证水平已达到了一个新的高度。相信CNACP的认可工作也会延续我国认可工作的良好的发展势头，获得进一步的发展。为了促进我国贸易工作的发展，为了我国“入世”后能有一个良好的市场环境，在新的一年里CNACP秘书处尽最大的努力实施委员会通过的年度计划，使我国的产品认可工作跃上一个新台阶。

质量体系认证

【参与国际互认活动，增强我国认可工作的国际影响与发言权】 CNACR自1994年1月和1995年7月分别加入IAF和PAC，并于1998年1月首批签署IAF和PAC互认协议后，多次派团参加国际和区域有关认可合作组织召开的会议，代表中国积极参与国际事务，在IAF和PAC的影响与作用不断得到提高。

1. 积极参与国际互认技术工作，在国际组织中发挥建设性作用

1999年7月24～30日，太平洋认可合作组织(PAC)第六届年会、各委员会会议、同行评审员研讨会和发展中国家认可制度研讨会在加拿大温哥华召开，CNACR派代表出席了本次会议。会议审议通过了PAC多边承认协议管理过程的内部审核程序等四项PAC多边互认实施程序。为实现将PAC多边承认协议范围由质量体系认证向产品认证和环境管理体系认证扩展的工作方针，依据CNACR的前期技术调研结果，在PAC技术委员会之下成立了两个工作组，分别就产品认证和环境管理体系认证两方面与同行评审和互认有关的技术问题开展深层次的研究和对有关技术问题的协调，确保在正式启动同行评审之前能就相关问题进一步达成一致或共识。

2. PAC为了深化多边承认协议并更好地发挥其作用，在PAC执委会之下成立了一个互认深化特别工作组，就互认结果的宣传、互认协议成员机构认可评审报告的互认等问题开展研究。CNACR作为该特别工作组的三人成员之一，认真参与并努力推动该工作组的工作，发挥了积极作用。

3. 为多尽国际义务，发挥积极作用，促进国内相关工作的发展，CNACR承担了1999年PAC第一工作组会议的组织、技术准备和有关的联系与接待工作。此次会议的召开，为中国产品认证认可制度参与交流并及时了解国际同行的经验与想法提供了机会。

4. 在《IAF多边承认协议的政策与程序》的修订过程中，CNACR作为IAF第二工作组的核心成员和PAC在这方面的代表，对修订草案提出了数量最多的修改意见，涉及国际同行评审员的资格条件与保持、同行评审的申请与审查、同行评审的报告形成与调阅、互认资格的决定、互认成员内部变更的通报、互认后的监督与复评、互认资格的暂停与撤销等方面，并且得到IAF的采纳，发挥了重要作用，也因此在IAF第二工作组取得了重要的地位和发言权。鉴于CNACR在IAF多边承认协议的政策与程序修订过程中所发挥的作用，IAF于1999年9月下旬在维也纳召开的第十三届全体大会上，CNACR秘书长被IAF指定为三人小组成员，代表IAF与ILAC(国际实验室认可合作组织)协调双方的多边承认协议的政策与程序。

【当选PAC主席，主持PAC工作，维护中国权益】

1. 在PAC第六届年会的PAC主席换届选举中，CNACR秘书长作为下任主席的唯一候选人，获得大会的一致同意，接任PAC主席职务，任期三年。PAC作为国际认证认可领域具有重要影响的区域组织之一，同时作为亚太经济合作组织(APEC)标准与合格评定分委员会承认的五个区域性专业组织之一，由一个来自非英语的发展中国家的代表担任主席，是一个突破。这得益于国内认证认可工作的基础，也是CNACR积极参与IAF和PAC有关活动、承担义务并发挥积极作用的成果。

2. CNACR秘书长任PAC主席的职务，将对促进国内认证认可工作的国际合作、借鉴国际同行的有益经验和做法、维护我国认证认可工作的利益提供一些便利条件。如在1999年9月召开的IAF第十三届全体大会期间，在一些发达国家认可机构以及认证机构国际多边合作组织明确反对的情况下，CNACR秘书长以PAC主席的身份针锋相对，提议IAF应正式批准使用标准化的国际互认标识方式。在IAF多边承认政策与程序工作组会议上提出决议草案的动议并获得支持后，又在IAF多边承认集团会议和IAF执委会上发表意见争取支持，最后在IAF全体大会上，与IAF多边互认深化战略研究组组长、来自英国国家认可委员会的代表进行大会辩论，促成了IAF全体大会同意将此议案

提交 IAF 全体成员表决。此决议的通过，有利于质量体系认证国际互认在国际贸易中更好地发挥作用，得益更多的是发展中国家，而中国是 IAF 多边互认协议中最大的发展中国家和质量体系认证企业最多的发展中国家。此外，在此次 IAF 全体大会期间，IAF 另一政策研究组提出了一份政策研究报告，旨在限制有关国家认可机构在认可制度实施中的一些不同做法，提出的措施会对我国的认可制度产生不利影响，CNACR 代表以 PAC 主席的身份，代表 PAC 在大会上发表意见，据理力争，终使其研究结论成为悬而未决的问题。

【加大监督与处罚力度，强化风险意识，规范认证行为】

1999 年是认证规范年，主要目的是解决发展中的问题，使我国的认证事业能够长期健康、稳定地发展下去，让合格评定这一事物在经济生活中发挥更大的作用。

1. 认真组织，做好年度监督评审与复评工作

通过对 1998 年认证机构监督与复评发现不合格的总结分析，针对认证机构普遍存在的问题，并按照 CNACR1999 年质量目标关于“严格按新版认可规范实施初次评审、监督和复评活动，按计划完成评审任务”的要求，CNACR 秘书处制定了“1999 年度监督评审有关安排与重点”和“关于对设有分支机构的认证机构年度监督/复评的改进方案”，对全年的监督评审与复评作出了安排，要求评审员严格按照新版认可规范，有重点地从严实施评审。

为了进一步规范评审组/评审员的行为，CNACR 秘书处编制了《认可评审公正性保证书》。在年度监督评审实施过程中，CNACR 秘书处一方面及时搜集评审中遇到的技术问题，同时组织评审员对 12 家认证机构/分支审核机构的评审档案实施审查，有关意见经汇总分类后，通知有关评审员实施改进或进行进一步的研究。针对评审中存在的问题，编制了“认可评审一致性有关问题的补充说明”以及“分支机构评审常见问题汇总”。这些措施的制定与实施为进一步提高认可评审工作的公正性与有效性提供了保障。

依据“1999 年度监督评审计划”的要求，在年底之前，需对 30 家认证机构和 12 家分支审核机构实施年度监督评审，另有 4 家机构安排在 2000 年 1 月份。到目前为止已按计划完成。1999 年的监督评审除了进行正常的年度评审之外，还增加了对认证机构执行新版认可规范评审，包括文件评审。为此制定了对照 CNACR-210、211、430 的自查对照表，要求各机构自查，并将修改的质量体系文件与证明材料提交 CNACR 秘书处，由评审组实施文件评审。组织对中方委质量认证中心、深圳质量认证中心 2 家认证机构以及 5 家分支审核机构实施了复评。CNACR 秘书处对 1999 年度监督评审与复评的有关信息进行了分析。分析结果表明 1999 年度 CNACR 对认证机构监督与复评的力度与严格程度进一步增强，这为 CNACR 进一步严格规范认证工作，维护认可制度的权威性发挥了积极作用。

2. 重视投诉处理，实施非例行监督检查

1999 年由于认证企业数量增加，社会上对认证工作越来越了解，期望越来越高，投诉的数量比以往有所增加。为了进一步贯彻 CNACR 质量目标，秘书处加大了对投诉的查处力度，包括充实人员，公布投诉电话，完善投诉处理表格，建立投诉台帐等措施。全年共收到投诉 28 份，其中已经结案的 19 份，未结案的 9 份当中，有 2 份由于事实不清，未安排调查，其余的正在调查过程当中。根据投诉安排了对四家认证机构的非例行监督检查。结合稽查审核对与六家认证机构有关的投诉进行了调查。投诉的查处与非例行监督检查的实施进一步规范了认证机构的行为，维护了认可制度的权威性，为贯彻 CNACR 1999 年的工作部署提供了有力的措施保障。

3. 积极开展合作，加强专项监督

应外经贸部的要求，CNACR 通过提供专家服务、建立信息交换制度和加强质量体系认证监督等方式就援外工程贯标事宜与外经贸部积极开展全面合作。要求各认证机构对申请认证和已获证企业承担的援外工程作为初次认证或认证后例行复审的重点，对可能作出的有关暂停、撤消认证资格的决定及时报 CNACR，并通过 CNACR 向外经贸部通报。如果认证机构未能履行职责，CNACR 将按有关程序对认证机构进行处理。自外经贸部和国家质量技术监督局联合发出《关于落实和加强对外援助工程贯彻 ISO 9000 质量体系标准工作有关事宜的通知》后，CNACR 已就多哥体育场项目有关问题进行了调查处理。

4. 推出认可监督新举措，组织实施认证企业稽查审核

为使对认证机构的监管更为有效，掌握更为详实的一手资料，同时保持 CNACR 在监管上的威慑力，CNACR 组织了一批资深主任审核员，由秘书处人员带队，直接到获证企业现场进行有重点的稽查审核。

实施稽查审核的主要目的是：通过对有关认证企业的直接稽查审核，评价和监督认证机构的质量体系认证服务的公正性、规范性和有效性，同时了解获证企业质量体系的状况，发现问题，总结经验，为进一步改进质量体系认证与认可工作提供信息。稽查审核将作为一种制度长期实施下去。

作为 CNACR 在认可监督上的新举措，稽查审核的主要特点是：

(1) 受稽查的认证企业选定按有关原则随机抽取为主，专门抽取为辅；

(2) 稽查审核为“突击检查”性质，临时通知企业，稽查审核的组织和稽查审核组的技术准备要比认证审核的难度大；

(3) 有重点地审核认证标准中的特定要求；

(4) 主要针对相应认证企业最近一次认证监督审核之前的质量体系有效性状况进行取证，以确保稽查审核结果最大限度地与认证审核结果具有可比性。

5. 强化处罚力度，发布处罚细则

为加强对质量体系认证机构认证活动公正性和有效性的监督，确保认可评审与决定工作的一致性和有效性，同时结合 1998 年监督评审工作中发现的主要问题，CNACR 秘书处针对认证公正性和有效性监督管理措施的实施，作为 CNACR-350 等文件的补充，制定了《质量体系认证公正性与有效性监督管理措施实施的补充规定》。

该《补充规定》一方面作为认可评审人员实施认证机构的评审及认可资格暂停和撤销处理时的一个重要的文件规

定，同时还对认证机构的违规行为产生了强大的镇慑作用，表明 CNACR 坚决打击认证机构不规范认证行为，切实保证认证工作的公正性和有效性的决心。

该《补充规定》共列举了 13 项构成严重不合格的事实，并给出了相应的处罚措施，包括暂停认可机构的认可资格 3 个月或 6 个月和通报暂停的决定以及对情节特别严重的将撤销认可资格等严厉的处罚措施。此外，《补充规定》中还对认证机构最高管理者的任职资格提出了要求。

6. 坚决处罚不规范行为，强化风险和质量意识

1999 年根据对投诉、非例行监督和稽查审核的调查结果，共对北京九千质量体系认证中心(2 月)、长城(天津)质量保证中心(4 月)、中建协质量体系认证中心(4 月)、兴原质量认证中心(9 月)、四川巴蜀质量体系认证中心和兴国环球质量认证中心(11 月)等 6 家认证机构进行了暂停认可资格 3 个月的处理，其中北京九千质量体系认证中心是暂停建设专业，其余 5 家为暂停全部的认可业务范围。此外，在审核员方面，因稽查审核发现有问题，CNACR 已对两名审核员再参加认证审核提出了限制性要求。

对上述认证机构和审核人员的处理，CNACR 均在业内外给予了通报，引起了各认证机构的强烈震动，使其看到了 CNACR 规范认证行为的决心，增强了认证机构和审核员的风险意识与质量意识。

【稽查审核措施有力，组织实施顺利完成】 为了便于工作和节省时间，稽查审核人员分成 9 个工作小组，工作区域总体上按照地区划分，对建筑企业进行单独安排。从 1999 年 8 月 15 日至 9 月 30 日，共对 89 家企业进行了稽查。CNACR 评审部具体负责本次稽查审核的组织协调与指挥调度工作，为确保整个稽查审核工作能够按照进度安排稳妥与有序地进行，采取了多方面的措施，包括：向各认证机构发文，要求各机构会同有关企业配合与支持稽查工作；节假日安排专人值班，确保及时解决稽查审核组遇到的各种问题；根据工作进展情况，及时调整进度以及调配人员。

在审核实施期间，稽查审核组认真稳妥地开展工作，打消企业顾虑，争取企业配合，自行解决交通与食宿问题，排除了工作难度大及工作强度高等多重困难，圆满地完成了指派的稽查审核任务。

通过稽查审核，CNACR 进一步掌握了我国质量体系认证的总体情况，进一步规范了认证机构的行为，建立、充实并锻炼了稽查审核员队伍，为进一步确保质量体系认证工作的进一步健康、持续与有效的开展提供了研究与决策的信息依据。

【认证认可成效显著，质量改进不断深化】

1. 企业的质量体系认证工作

针对 1999 年稽查审核的 89 家认证企业，稽查审核组认为，企业在与产品实物质量的形成直接相关的要素(包括设计开发、采购、过程控制)、产品质量的检验和试验以及检验、测量和试验设备的控制方面，总体上按质量体系标准的要求建立有控制程序并予以实施，总体上具有确保产品实物质量稳定的能力。企业在质量体系内部审核、管理评审以及纠正措施等内部自我评价和完善机制方面，总体上按标准的要求建立了控制措施，对质量体系的保持和改进产生了一定的控制效果，但尚需深化和加强，以进一步为质量体系的有效运行提供支持和保障。此外，接受稽查审核的 89 家获证企业提供的有关信息显示，顾客对企业的产品与服务持满意意见的占 71%，比较满意的占 27%；企业通过贯标与认证活动，与认证前相比，82%的获证企业表示其员工的质量意识有明显提高，其余的企业也表示有所提高；71%的获证企业表示通过贯标与认证活动，内部管理有明显提高，体现在各项质量活动职责明晰、工作正规、文件规范及工作效率提高等方面，其余获证企业也表示有所提高；产品一次合格率由认证前的平均 96.77%上升为认证后的 97.98%，增长了 1.21%；产品合格率由认证前的平均 98.59%，上升为认证后的 99.18%，提高了 0.59%。

基于上述稽查审核结果，稽查审核组认为：企业总体上按质量体系标准的要求建立完善了有关的控制程序并付诸实施，对提高产品质量保证能力发挥了明显的作用，对企业通过贯标和认证活动所产生的有效作用应予以充分肯定。同时通过稽查审核所发现的问题，表明“两张皮”的问题还在一定程度上存在，一些与产品实物质量直接相关的活动在控制措施上也还存在漏洞，应引起足够的重视。尽管按照质量体系标准的要求和质量体系运行的客观规律，不可能绝对消除这些问题，但其中有些问题的存在确实影响了质量体系运行的有效性和质量体系认证工作的有效性。

企业质量体系是否有效，一是要看企业是否按质量体系标准的要求建立了有关的管理目标和控制措施，二是要看企业是否认真实施了规定的控制措施，三是要看实施的控制措施是否真正起到了有效的控制作用，并最终有能力保证产品实物质量的稳定。符合质量体系标准并不一定意味着产品档次高，也不意味着质量管理达到了先进水平。社会上一些不恰当的宣传，误导了人们对质量体系标准水平的认识，造成对质量体系标准水平过高的期望，这也影响了人们对质量体系认证有效性的客观评价，需引起重视。

2. 机构的质量体系认证工作

从稽查审核所反映出的情况来看，总体而言，认证机构的审核组按规定实施了审核，认证机构按规定对审核活动实施了控制，认证机构的审核与认证活动总体上是公正的、有效的，对监督获证企业的质量体系有效运行发挥了重要作用，对此应予充分的肯定。过去几年里，CNACR 对认证机构的规范与监督产生了较好的效果，无论是在内部管理和认证活动上，还是在人员的技术水平上均有长足的进步。总体上看，认证机构从管理上逐步走上职业化的轨道，这正是 CNACR 所希望的。

通过稽查审核和例行与非例行监督评审同时也发现，极个别认证机构在公正性方面明显违规并有弄虚作假行为，对认证活动的信誉造成了恶劣的影响；少数审核员责任心不强或未按规定实施审核活动和记录审核结果；部分审核员基本素质存在不足、管理经验不够、对标准要求的内涵理解不透、审核技能不高、专业知识不够；个别认证机构和审核组长对审核活动管理不严导致对个别企业审核活动的审核时间不足，发生实习审核员独立实施部分质量体系要素的审核，审核组专业能力配备不足等问题，对审核和认证活动的严肃性和有效性造成了损害。

【深入开展技术研讨，持续改进认证工作】

1. 组织召开“’99认证与认可技术研讨会”

为了进一步规范质量体系认证机构的行为，提高认证活动的公正性和有效性，CNACR于1999年4月10～12日在北京召开了“’99中国质量体系认证与认可技术研讨会”。会议期间，国家质量技术监督局副局长、CNACR主任委员潘岳发表了题为“积极协调、推进改革、加强监督，切实保障我国认证事业的可持续发展”的重要讲话，进一步对提高质量体系认证的公正性和有效性，加强认可监督力度提出了要求。

肖建华秘书长在回顾质量体系认证发展历程和分析不利的环境因素的基础上，指出了当前认证机构工作中尚存在的主要问题。与会代表研讨了认可规范实施中的有关问题与进一步的改进措施，包括：在认证机构与相关机构关系问题和介绍费，认证机构的外派机构，认证人员培训与考核管理，认证审核专业能力控制，内审和管理评审，认证决定等方面存在的问题和难点。同时，代表们也结合认可规范的实施，提出了实施中的经验，相互进行交流。部分与会机构的代表从正反两个方面对加强认证工作的公正性和有效性总结了有关的经验和教训。会议还讨论了与认证机构的发展有关的问题，包括发展战略与认证风险方面的内容。

会议还研讨和审议了由CNACR秘书处起草的，旨在改进质量体系审核工作的5项技术报告草案，即：文审、现场审核与质量体系认证(草案)；建筑企业认证审核要求和审核要点(草案)；大型、集团施工公司的质量体系认证审核原则和要点(草案)；服务业的特点与审核原则(草案)；小型企业质量体系特点及审核要点(草案)。这些技术报告草案经会议讨论及会后进一步征求认证机构的意见，现正在进一步完善，将以CNACR技术报告形式正式发布。

2. 组织召开认证监督有效性专题研讨会

为加强对获证企业的日常监督工作，确保获证企业质量体系的持续有效性，CNACR秘书处于1999年5月31日召集部分认证机构的代表就对获证企业的监督问题举行了专题研讨会。会议对认证机构如何有效实施CNACR认可规范中的相应要求，如何加强对获证企业的监督力度，确保企业获证后质量体系运行的持续有效等问题进行了深入研讨。与会代表认为，应采取有效的措施，进一步完善认证机构对获证企业的监督机制。

3. 组织召开质量体系认证机构管理者质量体系认证研讨会

在1999年11月11日召开的质量体系认证企业国家认可稽查信息通报会的基础上，于1999年11月11～12日，CNACR在同一地点召开了质量体系认证机构管理者质量体系认证研讨会，来自CNACR认可的各质量体系认证机构的最高执行管理者等有关代表共77人出席了会议。

会议围绕《1999年度质量体系认证稽查审核工作报告》分三部分进行了研讨。第一部分是案例分析，由CNACR秘书处向与会代表介绍了稽查审核中所发现的获证企业存在的典型问题，以稽查审核开具的不合格报告的事实为案例进行大会讨论。第二部分研讨的主要内容是，针对《稽查审核工作报告》提出的影响认证审核工作规范性有效性的原因，进一步加以分析，取得与会认证机构代表的共识，并由与会认证机构代表提出进一步提高质量体系认证有效性的改进措施。第三部分是就《稽查审核工作报告》的总体结论等内容进行讨论，征求与会认证机构代表对《稽查审核工作报告》的总体意见。会议经过研讨，对《稽查审核工作报告》所表达的意见和今后稽查审核工作的实施达成共识。

会议经过研讨，就企业质量体系及其审核方面应注意和加强的若干问题达成了共识，包括质量目标的制订、实施与评价、设计评审的有效性、分承包方评定、关键特殊工序、检验和试验的准则、纠正和预防措施、质量体系文件的可操作性等方面。

会议经过研讨，就认证机构内部管理方面改进质量体系有效性的若干措施达成了共识，包括：扩充审核和管理人员，加强审核员的选用、考核和继续培训，加强验证审核员的把关作用，提高审核员的基本素质，加强审核人员专业能力的评定控制等方面的改进措施。

【加强正面引导，协助提高水平，展示认证成果】

1. 举办内部审核员培训班，提高机构内审水平

为提高认证机构内审工作的有效性，增进对CNACR认可规范的正确理解，CNACR秘书处于1999年4月27～29日举办了“质量体系认证机构内审员认可规范培训班”，就CNACR现行有效的认可规范文件进行了全面、系统的培训。这是CNACR首次向认证机构提供的认可规范培训。共有来自33家认证机构及其10家分支审核机构的78名代表参加了这次培训。通过这次培训，提高了认证机构内审工作的质量，有利于认证机构改进自我监控和完善机制，同时也可以降低认可的风险。

2. 对认证机构最高管理者资格认定以及培训与考试

为达到《处罚规定》中对认证机构最高管理者的资格要求，CNACR于1999年11月13～15日，举办了“最高执行管理者认证/认可培训班”，就CNACR发布的主要认可规范，对28名认证机构的最高执行管理者进行了培训。培训侧重于对认证行为的公正性管理和有关内部审核和管理评审以及专业能力方面的综合管理的内容，以提高认证机构最高管理者对认证机构整体运作的认识和业务管理能力，并增强认证机构严格执行CNACR认可规范的自觉性。培训取得了良好的效果，参加培训的人员均通过了书面考试。

3. 组织出版获证企业经验交流材料，展示质量体系认证的成果

根据’99中国质量体系认证与认可技术研讨会的精神，在企业自愿的前提下，由认证机构推荐，CNACR秘书处召集有关专家对经验材料进行评审，于1999年12月出版了《企业质量体系认证有效性实录》。出版该书的所有费用均由CNACR秘书处承担，被收录的企业不支付任何费用，充分体现了CNACR服务于社会的非盈利性质。该书共收录了105篇文章，73万字，涉及24个行业。该书将重点放在了对获证企业质量体系有效运行的做法和特点的介绍，体现了质量控制手段与产品和服务形成过程的特点相适应的内容。该书首次对我国多年来质量体系认证工作的经验进行了比较全面的总结，为企业开展质量体系认证工作提供了一份很有价值的参考资料，同时也展示了质量体系认证工作的成果。

【稳步推进认可工作，拓展认证认可领域】 就认证机构内部管理方面改进质量体系有效性的若干措施：

1. 认真做好初次认可，把好认可入门关

按照新版认可规范的要求，并考虑适应开展对境外认证机构实施认可的要求，CNACR 秘书处编制与修订了认可申请有关的调查表格以及认可评审的作业指导书。作业指导书与工作表格的修订与完善，使 CNACR 秘书处能够进一步全面与准确地掌握认证机构运作管理的总体情况，进一步提高了认可工作的有效性。

1999 年度，在初次认可工作方面，对北京中商质环质量体系认证中心实施了文件评审、现场评审与见证评审，分别对中国新时代质量体系认证中心西北分中心、中方委浙江审核中心实施认可评审与认可决定，对中国医疗器械质量认证中心和中方委河南审核中心实施了认可申请的评审，对 BSI 太平洋有限公司认可申请的评审也正在进行之中。

2. 改进方法，切实做好扩大认可业务范围评审工作

CNACR 秘书处组建了业务范围认可文审技术评价员队伍，对相应人员进行了培训，通过加强评审力量，进一步提高了业务范围扩大认可评审的效率。

CNACR 秘书处 1999 年重点抓了对认证机构专业管理系统管理的有效性评审，一旦发现专业管理系统明显不符合 CNACR 认可规范及机构相应体系文件的要求，即对其开出不合格报告。1999 年扩大业务范围文件评审共对 7 家机构开出 7 张不合格报告，并要求限期采取纠正措施，其中对四川巴蜀质量认证中心的不合格项目在认证机构范围内进行了通报。通过这些措施，进一步引导了认证机构做好自身专业管理系统的管理与控制工作。

1999 年各认证机构申报业务范围扩大总数与 1998 年基本持平，CNACR 扩大业务范围的认可评审工作量仍处于高峰状态，共有 38 家认证机构及分支机构提出了 153 项业务范围扩大认可的申请，其分布与 1998 年的对比如下表所示。

特殊专业申请代码分布

代　　码	1	3	13	28	29	30	31	32	33	34	35	36	37	38	39	总计
1999 年数量	2	6	3	5	4	5	21	12	7	6	8	2	4	0	4	89
1998 年数量	1	2	1	4	7	6	13	11	9	9	7	1	0	1	2	74

一般专业申请代码分布

代　　码	2	4	5	6	7	8	9	10	12	14	15	16	17	18	19	22	23	25	27	总计
1999 年数量	2	4	2	8	6	1	5	2	2	2	7	8	2	1	1	3	4	1	3	64
1998 年数量	1	6	1	4	5	1	6	5	7	9	8	7	3	0	2	7	6	5	0	83

1999 年 CNACR 秘书处在人力资源紧张的情况下，克服困难，基本上完成了评审工作。扩大认可业务范围评审工作的进一步严格进行，进一步确保了认证机构具备相应的专业能力，提高了认证审核的有效性，并引导与推动了认证在服务行业的有效开展。

3. 积极跟踪研究，开拓认可领域

在开展 ISO 9000 质量体系认证机构认可工作的同时，CNACR 秘书处还积极收集和跟踪研究国际上有关认证认可制度的信息，正在为开拓新的认可领域积极进行技术准备。

根据管理体系国际标准、管理体系审核国际标准和管理体系认证机构国际指南的发展动向，参照国际同行的通行做法，适应认证机构开展综合性管理体系认证和企业申请综合性管理体系认证的需要，提高认可与认证工作的效率，CNACR 秘书处准备在条件成熟时，开展环境管理体系认证机构认可、职业健康与安全管理体系认证机构认可工作，以向认证机构提供综合性的认证制度认可服务。

ISO 9000 标准作为通用的质量体系要求，在美国汽车业推出 QS 9000 之后，又出现了电信服务行业的 TL 9000，并将开展相应的认证与认可工作。CNACR 已于 1996 年获得美国三大汽车公司的承认，负责中国的 QS 9000 认证机构的认可工作。对于 TL 9000 的推出，CNACR 秘书处同样给予了关注，拟在条件成熟时开展 TL 9000 认证机构的认可工作，以适应市场的需要。

【开展 2000 版 ISO 9000 族标准跟踪研究，做好实施的准备工作】

国际标准化组织质量管理和质量保证标准化技术委员会（ISO/TC 176）正在对 94 版 ISO 9000 系列国际标准作大幅度的修订，预计于 2000 年底正式发布实施。为了确保国际标准换版时，中国的质量体系认证工作能实现平稳过渡，CNACR 秘书处联合全国质量管理和质量保证标准化技术委员会（TC151）秘书处共同开展了标准转化的过渡准备工作。

1. 组织 2000 版标准转化工作组，跟踪新版标准的修订过程

CNACR 秘书处与 TC151 秘书处密切配合，正式组建了 2000 版 ISO 9000 族标准跟踪与转化研究工作组，并于 1998 年 12 月 10～12 日召开了“2000 版 ISO 9000 族标准跟踪与转化研究工作组”的第一次会议，对标准草案（CD1 稿）进行认真研究、理解和消化，提出了中文译稿，并汇编出版，进行宣传。1999 年 6 月 4～6 日，又召开了工作组的第二次会议，研究、讨论 2000 版 ISO 9000 族标准草案（CD2）

的主要变化，并研究安排新版标准草案的试点工作。

2. 组织企业试点，为标准转化作好准备

由于2000版ISO 9000族标准变化较大，为了能及时实现向2000版ISO 9000族的顺利过渡，并为今后依据2000版ISO 9001进行认证审核作好技术准备，有必要开展试点工作，结合国情，提出实施2000版ISO 9000族标准的指导性意见。

通过选择若干有代表性行业的企业，并聘请部分具有较丰富的咨询或审核经验的专家成立试点工作组，于1999年8月9～10日召开了各试点小组参加的第一次试点工作会议，以便熟悉新版标准的变化要求以及研究试点企业如何采取对策，满足新版标准的要求。各试点企业提出了实施新版标准的阶段计划，开始实施试点的前期技术准备工作。1999年11月22～23日，试点工作组召开了试点工作的第二次会议，10家试点企业的代表相互交流了试点工作方案、进展情况及试点工作所遇到的难点、疑点等问题，会议就企业和专家关心的问题进行了研讨，达成了共识，对下一阶段工作提出了具体安排、要求和建议。

3. 适时通报信息，促进认证机构开展研究

在1999年4月召开的'99中国质量体系认证与认可技术研讨会上，CNACR秘书处介绍了2000版ISO 9000族标准的修订概况，说明了标准的主要变化及其要点，要求各认证机构安排适当力量研究2000版ISO 9000族标准，分析其主要改动及其对认证审核的影响，研究采取相应的对策。1999年11月，在"质量体系认证机构管理者质量体系认证研讨会"上，CNACR秘书处又进一步向认证机构与会代表介绍了国际上最新的2000版标准的修订动向，说明了2000版ISO 9000族标准过渡期认证实施的基本原则，再次要求各认证机构为新版标准的实施做好准备。

【加强内部管理，完善质量体系，改进认可工作】

1. 加强队伍建设，实施培训考核

为了适应认可评审工作发展的需要，1999年秘书处对评审员和技术专家队伍又进行了充实，并组建了稽查审核队伍，有关工作主要包括以下方面：

(1) 为满足特殊专业见证评审的工作要求，新聘用了20个相关专业的技术专家20人，并完成了对他们上岗前的培训，为相应评审工作的开展提供了技术支持；

(2) 为充实评审员队伍，新聘用了实习评审员7名，并且已经开始实习。3名评审员按程序经评定合格，已晋升为主任评审员，扩大了主任评审员的队伍；

(3) 为开展稽查审核工作，聘用了49名稽查审核员。同时建立了有关稽查审核员的管理制度，初步建立了CNACR稽查审核员档案库，为今后稽查审核工作的持续开展创造了条件；

(4) 为了提高认可评审人员的管理水平，初步建立了CNACR认可评审人员数据库管理系统，已经基本具备了操作功能，经适用性调整后，将正式投入运行。

对评审人员实施继续培训，确保评审工作的一致性，是加强评审人员队伍建设的重要内容。1999年3月3～5日，秘书处组织举办了"认可评审员/技术专家认可评审培训与研讨班"。就CNACR 1998版认可规范进行了系统的培训。共计有84人参加培训并经考试合格。

2. 编发信息与文件，满足内外部需求

1999年度，秘书处共收集、录入、汇总、统计和印发质量体系月报12期，该月报作为CNACR的公开信息，在多个媒体上被引用或刊载；为全面宣传CNACR实施的认可制度，满足认证机构和整个认证行业的需求，秘书处编印发行了《中国质量体系认证机构国家认可规范汇编》；为宣传我国质量体系认证的成果，满足社会各界对获证企业信息的需求和国内外贸易的需要，继续组织编辑出版了1998～1999年度《中国质量体系认证企业名录》；在对外提供信息服务方面，为省局、机构、企业、认证杂志等单位或人员进行了上万条信息的查询工作；为便于统计和管理认证信息，指定了电子媒体的月报格式，以利于认证机构与CNACR的信息传递；此外，还初步建立了CNACR互联网主页，以利于更加广泛地传播CNACR实施的认可制度和我国质量体系认证事业的成果，秘书处开展的上述工作，较好地满足了内部和外部对认证与认可信息的需求。

3. 实施内部审核与管理评审，不断改进内部管理

为了确定CNACR质量体系的运行是否持续满足ISO/IEC指南61的要求，并达到预定的质量目标，CNACR秘书处依据ISO/IEC指南61、IAF关于ISO/IEC指南61的实施指南以及CNACR第三版质量手册和第二版程序文件，于1999年9月10日和13日实施了内部质量体系审核，审核范围涉及认可工作有关的部门、人员和质量活动。在两天的审核过程中，审核组按审核计划的安排实施了全面的检查，通过与相关人员的面谈、查阅记录以评定各项质量活动的实施情况及其有效性。重点抽查了评审员/技术专家的资格评定、培训与考核，评审员资格的晋升、专业能力的扩大，初次认可、监督评审、非例行监督、业务范围扩大及暂停，投诉处理等，以便为提高认可服务的公正性、科学性、效率和质量，寻找不断改进的机会。这次内审共开出10个不合格报告，均为一般不合格，分别涉及见证评审、监督评审实施、评审时限、日常监督、评审人员考核、评审人员档案、国际互认信息的传递、工作人员档案、文件控制和认可附件的制作。各部门针对内审发现的不合格，认真分析原因，制定并采取了相应的纠正措施。本次内审的结果表明，CNACR自上次内审以来，加大了对机构的监控力度，对规范认证市场起到了良好的作用。同时加强了对认可评审员/技术专家的入门和继续提高的培训，各部门的接口进一步理顺，各项工作基本能按文件规定运作，自我完善机制进一步健全并发挥作用，使各项工作持续改进，质量体系保持正常运行。

2000年1月5日，肖建华秘书长主持开展了1999年度管理评审，通过管理评审，认为CNACR制订的质量方针与目标是适宜的，总体完成了预定的1999年度CNACR质量目标。通过加大对机构的监控力度，实施稽查审核等活动，对规范认证市场产生了良好的影响。同时，文件化质量体系在不断完善，具有自我发现问题加以改进的机制，能持续符合国际互认的要求。

为了进一步适应认证认可工作发展的形势，改进工作，经管理评审，提出了以下改进措施：

（1）对秘书处组织机构进行调整，以提高工作效率，并加强认证与认可工作质量的监督机制，在此基础上全面修订质量体系文件。

（2）在1999年对认证机构加强监督与处罚力度并在2000年继续加强的基础上，2000年应加强正面引导与宣传，开展认证机构特色经验的交流和大型集团、外资企业代表的研讨，加强认可/认证技术的研究，由技术部统一立项，编制计划，组成课题组，研究成果以技术报告等方式发布，促进质量体系认证有效性的提高。

（3）加强非例行监督，原则上每两年对认证机构实施一次非例行监督。稽查审核正式作为日常监控的措施之一，继续予以实施并加以改进。

（4）采取措施，进一步提高业务范围，扩大认可评审的有效性和效率。

（5）每年召开1～2次稽查审核员的研讨会，加强对稽查工作方法的总结，和稽查审核人员的培训、交流与研讨。

（6）对认可评审档案的内部抽查应定期进行，以发现认可评审工作中的问题与提供对评审人员考核的信息，进一步改进认可评审的有效性。

【质量体系认证国家认可规范】

质量体系认证公正性与有效性监督管理措施实施的补充规定

CNACR秘书处

目的和适用范围

为加强对质量体系认证机构认证活动公正性和有效性的监督，确保认可评审与决定工作的一致性和有效性，同时结合1998年监督评审工作中发现的主要问题，CNACR特针对认证公正性和有效性监督管理措施的实施，作为CNACR-350等文件的补充，制定本文件。

本文件适用于对认证机构的评审及认可资格暂停和撤销的处理。

职　责

1　认可评审组在对认证机构的评审工作中，发现本文件所列举有关行为和情况应判定为严重不合格。

2　评审部部长和认可评定工作组应按本文件要求对评审报告实施审定。

工作内容和程序

1　总则

1.1　认证机构发生3.2中所列举行为和情况的，视为严重不合格，CNACR将按照有关程序暂停相应认证机构全部或部分认可资格，认可资格暂停的时间原则上为3个月或6个月，情节特别严重的将撤销认可资格。

2　构成暂停认可资格的行为和情况包括：

2.1　认证机构发生CNACR-211:1998有关条款规定应暂停认可资格的行为；

2.2　认证机构未如实填报《认证审核公正性保证书》的行为；

（注：对于确因审核人员个人未如实申报有关情况，而致使《公正性保证书》未能如实反映有关情况的，将建议中国认证人员国家注册委员会（CRBA）对相应审核人员的注册资格采取相应措施，但认证机构应承担监管不力的责任。）

2.3　认证机构对于CNACR的认可评审与调查以及填报CRBA的审核人员经历与验证材料，发生弄虚作假的行为；

2.4　认证机构审核组发现受审核方质量体系记录有弄虚作假而仍然推荐通过认证，或发现有弄虚作假线索而不予追究的行为；

2.5　认证机构发生超认可业务范围认证，发出带有CNACR认可标志证书的行为；

2.6　认证机构未按CNACR认可规范的规定及认证机构内部质量体系的要求有效实施审核人员专业能力评定至小类专业或必要的更细类别的情况（如：在一个大类中发生三例专业能力评定结果不符合评定准则要求）；

2.7　认证机构审核组未能配备具有小类或必要的更细类别专业能力的审核员/技术专家等不能有效确保审核活动专业能力的情况；

2.8　认证机构审核组未能有效调查受审核方质量体系运行有效性证据，不能证实受审核方质量体系满足认证所依据标准、具有达到规定质量目标能力的情况，尤其是未能有效调查产品/服务质量满足规定质量要求以及内部质量体系审核、管理评审、纠正与预防措施有效实施证据的情况；

2.9　认证机构及其审核组发生对构成严重违反认证所依据标准或质量体系规定的事实而没有出具不合格报告，或不合格的纠正措施实施结果未经验证关闭而批准认证，或已获认证的质量体系出现严重不满足认证标准要求（如：国家执法监督检查发现产品质量不合格确系质量体系所造成的）而不暂停/撤消其认证资格的行为；

2.10　认证机构发生不按CNACR认可规范和认证机构内部质量体系规定的时限实施获证企业质量体系监督审核与复评，而继续保持其认证资格的情况；

2.11　认证机构对质量体系认证证书和标志的使用监督不力，严重影响认证与认可声誉的行为；

2.12　认证机构的出资方、法律地位、最高执行管理者、重要认证原则与程序发生重大变更，未接受认证机构管理委员会监督或未及时按规定向CNACR通报的情况；

2.13　认证机构发生其他构成暂停认可资格的行为。

3　其他规定

3.1　为了确保认证机构最高执行管理者的认证业务素质和执行CNACR认可规范的自觉性和有效性，认证机构的最高执行管理者（总经理/主任）应具备必要的质量工作经历，取得CRBA或等效的质量体系审核员培训资格证书，并通过CNACR组织实施的认可规范培训与考试，方可正式上岗履行职务。认证机构的最高执行管理者发生变更时，必须在一个月内通报CNACR。对于在本文件发布实施之前已担任认证机构最高执行管理者职务的人员，CNACR将进行全面的资格审查，并组织开展CNACR认可规范的培训与考试，经审查及培训和考试达不到要求，且在一年内仍不能满足要求的，认证机构须更换为符合要求的最高执行管理者。

实验室认可

中国实验室国家认可委员会(CNACL)秘书处在国家质量技术监督局认证与实验室评审管理司的直接领导下，9月顺利通过了亚太实验室认可合作组织(APLAC)同行评审，并于12月3日在印度新德里签署了“CNACL加入APLAC-MRA互认协议”(与12个亚太地区实验室认可机构签署了多边互认协议)。从而提高了CNACL在国际和国内的知名度，也增强了其认可工作的权威性，为CNACL的迅速发展奠定了基础。

1999年CNACL在建立和完善内部机构的同时，共认可了129个实验室(包括11个扩项实验室，18个复评审实验室)；受理实验室认可申请186个(其中正式申请116个)；组织安排168个实验室评审(其中：首次评审102次，复评审8次，扩项评审14次，监督评审44次)；使用评审员381人次，使用技术专家156人次。从1993年至1999年12月31日，CNACL共认可了241个实验室。全年共评定和正式注册347个实习评审员；组织了152个实验室参加国内和国际的能力验证活动；其中组织118个实验室参加了6次8项目的国内能力验证计划；组织国内34个实验室参加了亚太地区组织的7次能力验证。近300名评审员参加了CNACL举办的补充培训，共121名人员参加了CNACL实验室国家认可宣贯班。

【十项主要工作】

1. 进一步明确了CNACL内部的组织机构和各部门的工作职责。

根据ISO/IEC导则58对实验室认可机构的基本要求，调整了CNACL组织机构，使CNACL由管理委员会、执行委员会、评定工作组、申诉工作组和秘书处组成，并对管理委员会委员进行了适当的调整，使秘书处成为一个由秘书长、常务副秘书长负责，管理者代表作保证，以综合部、评审部、评审员部、技术部和能力验证部作支持的有机体。同时秘书处各部门的工作于1999年2月1日起，按新的体系正式运作。

2. 进一步完善了符合ISO/IEC导则58的质量体系。

在CNACL各部门的共同努力下，进一步完善了符合ISO/IEC导则58和APLAC-MRA001的质量体系。CNACL内部质量体系由三个层次文件组成：质量手册(18章)、程序性文件(42份)以及作业指导书(19份)和作业表格(143个)。CNACL对外公开发布文件分四个层次由18份文件组成。经过近一年的运作，各方面都已进入正轨；同时为检查CNACL的工作是否持续不断地按质量体系的要求运作，CNACL进行了两次内部审核；为确保质量体系有效和适用，CNACL进行了一次管理评审。这些活动的开展不仅巩固和完善了质量体系，同时也为CNACL顺利通过APLAC同行评审奠定了基础。

3. 实验室认可工作得以进一步规范化、程序化。

1）加强了对已认可实验室的监督工作。自1999年2月1日起，CNACL根据CNACL204-99《实验室认可后的监督和复评审程序》，开始对获认可的实验室实施监督和复评审。根据APLAC互认协议的要求，复评审周期为5年而监督评审的间隔为18个月。1999年度CNACL编制和下达了两批监督和复评审计划，对本年度到期的17个实验室安排了复评审的准备工作；对71个实验室实施了监督评审。对证书到期后还未获得认可的21个实验室，按CNACL的有关规定予以了注销。从而规范了实验室的认可活动。

2）协助国家局规范国家产品质检中心评审工作。为进一步规范国家产品质检中心的复查工作，树立国家质检中心良好的形象，保证证书的有效性，从而完成国家监督抽查和仲裁检验任务。国家质量技术监督局对1999年到期的国家产品质检中心进行了统一的评审安排，要求提前半年提出认可申请，并于1999年1月1日起，停止对国家产品质检中心的延期复查。CNACL秘书处承担了具体评审组织工作，同时承担了大量实验室认可后国家产品质检中心授权的后续工作。

3）减少对实验室的重复评审工作取得了实质性进展。1999年CNACL的认可工作本着为实验室减少重复评审和国际接轨的原则，自1997年5月份以技监局评发(1997)81号文“关于调整产品质检机构认可方式的通知”等文，对国家产品质检中心和省市级产品质检所进行“审查认可”、“计量认证”和“实验室认可”(“三合一”)评审的基础上，注重了实验室认可与计量认证的接口。对于提出“实验室认可”的国务院有关部门的质检机构在下达国家计量认证评审计划时尽可能按“二合一”(实验室认可/计量认证)安排评审，对于省级以下的产品质检机构，通过国家局与省局的协调，尽可能采取“二合一”评审方式，减少了重复评审，得到了实验室的一致好评。

4）强化了CNACL对外宣传工作。为使社会了解CNACL获认可实验室的技术能力，CNACL于1999年4月份与经济参考报合作刊登广告，向社会推荐获认可的实验室，宣传CNACL有关实验室认可的益处。并在人民日报海外版、中国资产报、中国质量认证杂志、中国计量杂志上报导了CNACL有关的信息。同时为了使申请认可的实验室及时了解CNACL有关的政策和相关要求，CNACL在1999年度举办了“实验室国家认可宣贯班”。来自87个实验室的121名成员参加了此次培训。通过此项活动的开展，加强了实验室认可宣传的力度，扩大了实验室认可的影响。

4. 主动承担了国家局在计量认证和质检机构管理工作的具体事务，并积极献计献策。

根据《计量法》的有关规定，计量认证工作分两级管理。国家质量技术监督局负责全国性(国务院部门)的产品质量检验机构的计量认证工作，而省、自治区、直辖市技术监督部门负责省级及以下质检机构的计量认证工作。为了解过去已授权的36个国家计量认证评审组在1999年国务院机构的调整的变化情况，CNACL进行了核查并将结果上报局里，参与下发了质技监局认发[1999]163号关于"国家计量认证部门评审组和部门计量认证工作程序变更"的通知，根据文中规定，确定了CNACL负责承担国家质量技术监督局授权的31个国务院有关部门评审组的"计量认证"评审计划的审核、编制和下达，评审组成的确认，完成现场评审资料的初审以及对31个评审组的计量认证工作和已获得计量认证合格证书的质检机构实施监督等职责。1999年CNACL共完成了6批472个实验室的国家计量认证计划安排工作，以及评审组的核查和评审报告的审查工作。同时为统一授权(验收)证书的格式和检测仪器设备的三色标志，印制了《产品质量监督检验站授权》和《产品质量监督检验所验收》的证书和"三色标志"，向各省、自治区、直辖市等技术监督局征订，使计量认证和授权(验收)工作更有序、更规范。

5. 能力验证工作有了新的进展。

1) 建立和完善了CNACL的能力验证体系，建立了石油、金属两个专业工作组，并正在筹建以中国计量院、各大区为主体的校准领域的专业工作组和纤维纺织、航天航空、珠宝玉石等专业领域的工作组，为加强CNACL能力验证活动的开展打下了基础。

2) 组织和运作了CNACL的第一次能力验证计划CNACL T001(酒中甲醇和杂醇油含量分析)，指导石油专业工作组进行了"沉积岩中总有机碳含量测定"、"干酪根镜质体反射率测定"、"钢铁内部缺陷的超声波检测"、"低合金钢和碳素钢化学分析"以及与航空工业总公司合作组织了"航空铝合金电导率测试比对计划"等6次8个项目的国内能力验证计划，共有118家实验室参加。这些项目的开展不仅解决了我国航空铝合金电导率的溯源等问题，同时也为CNACL能力验证活动的开展积累了经验。

3) 组织34家实验室参加了由KOLAS组织的合金钢元素化学分析能力和APLAC组织的APLAC-T011(混凝土测试)、APLAC-APT015(钢条应力测试)、APLAC-APT022(玩具安全性能测试)、APLAC-APM007(力传感器比对计划)、APLAC-APM009(射频功率测试)、IMEP-13(聚乙烯中痕量元素)以及IANZ(食品化学和食品微生物测试)共7次能力验证计划。推动了国内实验室与国际实验室之间的交流。

6. 加强了对评审员定升级的规范性管理工作。

建立并完善了《实验室评审员注册准则》、《实验室评审员培训课程批准和培训机构认定准则》以及《实验室内审员注册准则》，按新的体系要求，对1999年2月1日以前注册的59个评审员重新进行了资格核定。在原有的59名评审员的基础上，正式注册了579个实习评审员，组织了99年度实习评审员面试，参加人员74人，合格率为60%。从而扩大了评审员的队伍，为实验室认可工作的正常开展提供了保证。同时为提高评审员的评审技巧、统一掌握评审尺度、及时了解CNACL有关新的政策和要求，本年度共举办了两期级别评审员补充培训，使评审员的水平有了进一步的提高。

7. 加强了评审员的培训工作。

为确保评审员培训机构的工作质量，1999年CNACL对授权的"北京列伯实验室认可技术交流中心"、"上海实验室认可技术交流中心"两个实体机构进行了机构认定和培训课程批准。在本年度两个机构共组织举办评审员培训班11期，培养合格实习评审员220多人，其中不合格10人；举办内审员培训班14期，培养合格内审员235人，初步缓解了我国实验室认可注册评审员不足的局面。根据质技监认函[1999]012号文的有关规定，CNACL具体实施了对国家级计量认证评审员的培训、考核、发证等管理工作，对计量认证评审员进行了有效的管理。

8. 规范了实验室认可收费。

1998年经国家发展计划委员会审批，CNACL可收取实验室认可费和评审员注册两笔费用。1999年CNACL制定了实验室认可收费管理程序，这对我国实验室认可工作的顺利开展提供了资金保证。

9. 处理了一些对实验室现场评审的投诉案件。

全年共收到投诉两件和一件申诉案件，目前已处理完毕一件。另两件正在处理中。通过对这些投诉案件的处理，使我们了解到实验室评审工作中存在的问题和缺陷，为我们进一步制订相应的政策提供了依据。

10. 积极参与实验室认可有关国际活动。

1999年CNACL在国际认可领域的表现是非常出色的。按期向APLAC提交了同行评审组所要求的A、B套文件。在CNACL全体人员的共同努力下，于9月13～17日顺利通过了APLAC同行评审；并于12月3日在印度新德里召开的APLAC大会上签署了加入APLAC-MRA的互认协议(与已签署APLAC互认协议的12个认可机构签署了互认协议)，实现了多边互认。同时CNACL秘书长刘安平同志被当选为APLAC管理委员会的委员，从而提高了CNACL在国际上的知名度。

全年组团出席了在巴西召开的1999年度ILAC会议，派员参加了在印度新德里召开的1999 APLAC年会，组团赴台与台湾实验室认可机构进行了技术交流。CNACL还主办了APLAC第42期新闻公报。这些活动的参加，加深了我们和国际同行间的相互了解，同时也使我们了解到其他国际认可组织的情况和实验室认可活动发展的现状。

2000年9月份，APLAC将对CNACL进行跟踪评审，CNACL目前正在逐步完善内部的认可体系，为迎接明年的跟踪评审作准备，使我国的实验室认可工作上一个新台阶。

【实验室国家认可规范】

CNACL《实验室认可准则》对计量领域实验室认可的补充要求

(CNACL201-1—99)

1. 引言

计量领域是CNACL现行认可实验室中的一个重要领

域，它涉及计量标准、测试仪器的校准。

本文件依据计量专业技术工作组对CNACL认可的通用要求《实验室认可准则》在校准领域的应用而编制的。本文需与CNACL201—99对照使用。

CNACL专业技术工作组按CNACL/QP-T09-1进行动作。

本文件以技术说明的形式发布。

2. 认可准则的补充要求

本文件因计量工作的特定性质而对CNACL《实验室认可准则》(CNACL201—99)所做的进一步解释。由于本文件的款项仅是《实验室认可准则》需解释的章节号，故不是连续的。

6. 人员

6.1 校准人员应经过培训，经考核合格后持证上岗。其任职基本条件、职责应满足《计量法》及相应法规的要求。

6.2 监督人员以上的管理人员应有相应的物理、数学知识，计量学知识及测量不确定度的估算能力；能对校准结果的正确性作出判断。

6.3 校准人员应熟悉计量法律法规、量值传递系统表及法定计量单位及其使用。

7. 设施与环境

7.1 用于校准的房间应适当宽敞，设计合理，便于放置参考计量标准、工作计量标准和其他仪器设备，并使人数对校准结果的影响减至最小。

7.2 各专业校准时对环境的特殊要求都应得到充分的满足，例如：

① 长度实验室——校准的标准温度20℃，湿度50%RH。建议湿度不超过60%RH。

② 声学实验室——应备有消声室。

③ 无线电实验室——要配备屏蔽室。

④ 电磁实验室——对于弱磁测量应在无铁钉的木制房间内进行。

7.3 应注意满足一些普通的隐含要求，如天平校准时要求无振动，一些电磁的校准工作要求在恒温环境中进行等。

10. 校准方法

10.1 计量仪器设备的校准方法等同地采用相对应的国家计量检定规程。

10.2 在没有对应的国家计量检定规程时，实验室可以自行制定校准方法。

12. 记录

12.1 检测人员的校准结果必须经过监督(或校核)人员的核验。

12.2 校准记录中应包含所使用的参考标准名称和唯一性编号，以确保复现的实现。

12.3 校准记录宜保存适当较长的时间，以监视校准装置的稳定性和被校准样品的复现性。

14. 报告(证书)

14.1 应注明计量量值溯源的途径。

14.2 在相关的地方必须给出测量不确定度及扩展因子。

CNACL《实验室认可准则》对电气检测领域认可的补充要求

(CNACL201-2—99)

1. 引言

电气检测领域是CNACL现行认可实验室中的一个重要领域，它涉及仪器设备、元件、材料的关键电气特性以及电器、电子仪器设备的校准。

本文件系依据电气专业技术工作组对CNACL认可的通用要求《实验室认可准则》在电气领域的应用而编制的。本文需与CNACL201—99对照使用。

CNACL专业技术工作组按CNACL/QP-T09-1进行运作。

本文件以技术说明的形式发布。

2. 认可准则的补充要求

本文件系因电气试验的特定性质而对CNACL《实验室认可准则》(CNACL201—99)所做的进一步解释。由于本文件的款项仅是《实验室认可准则》需解释的章节号，故不是连续的。

6. 人员

6.1 人员能力和技术要求

实验室现职领导和较大实验室的部门领导必须对电气试验的原理有深厚的知识，并有能力对测量结果做出最终评价。CNACL关注这类知识和能力而不关心他们获取的途径。因此，我们承认那些不具备大学学历资格的领导的能力和身份。

高级员工所要求的基本技术知识范围，随着实验室申请认可测量的准确度和复杂性而变化。对很精密和很复杂的工作，高级员工应有相应工程或科学学位的相关物理和数学知识。

某些小型实验室中，现职领导在相关的指导和监督下，必须能做出决定。每一环节必须有足够的指令或指南。对每一结构层次的员工都必须有适当的监督，以保证始终都能遵循实验室的各项程序和所采用的技术。

7. 设施与环境

设施要求因测试样品的特性和试验要求的准确度等级的不同而有很大的变化。

正规实验室的试验区对精密度的测量是至关重要的，CNACL对正规电气实验室的试验区提出如下建议：

① 房屋结构

房间大小应足以装进工作台，并为参考标准、工作标准及所有辅助仪器、仪表提供封闭的储存空间，保证所需所有测试和监督人员均应有足够的工作空间。

需要时，房间的墙壁、地板、天花板结构应能将外部噪声、振动和电磁干扰的影响减少到最低水平。

振动通常可利用在水平地面上设置隔离的加厚混凝土台基来减振。邻近电梯、厂房、车间、人行道、汽车道及其他噪声和振动源均应尽量避开，并可利用固体结构，如加厚砖墙，在空调管外放些吸声材料，窗户用双层玻璃来减少声音和噪声。

若场地易受电磁干扰的影响，则可利用实验室全屏蔽来减少干扰。在空心墙内插放接地金属网或屏蔽钢板。为了获得足够的屏蔽效果还需对门、窗进行屏蔽，并且都需接地连接到主屏蔽。如进行适当接地于减少热传导的窗玻璃的金属涂层上也会有某些屏蔽作用。整个屏蔽应予以接地，并最好用一个以上接地电极。接地线应与电源地线相互独立。进入实验室的电网电源应考虑滤波。若无线电测量要用非屏蔽天线进行，那么，应采用白炽灯或屏蔽日光灯。

若杂散磁场会引发问题，那么实验室结构中的任何钢制加强件均应与建筑的支持做电隔离，并单独接地。墙、地板、天花板中的水管是潜在的杂散磁场源，故需要对这些管子进行隔离，并把它们接到实验室的地上。电源电缆，特别是对建筑物或场地的其他部分供电的电缆，应将其封闭在不连到实验室地线上的钢管中。

当要用高阻电路和高阻仪器时，实验室地板应有特别的防静电覆层。

② 空调

空气交换率应适当，以防改变温度环境。进气口应进行过滤，以减少灰尘的吸入。

③ 照明

照明灯具数量的选择应保证工作台有足够的亮度而无眩光，亮度应在 400～500 lx 范围内为宜。

④ 电源

空调、工作台、室内照明的电源应独立于其他工厂或机关的电网。空调电源与实验室的通用电源接口最好分开。工作台上的通用接口上引出的电源应通过线路调节器予以控制。应备有连接所有支线的公共接地条，将要求接地的每台电气仪器、仪表接地。公共接地条应接到与电源接地系统分开的独立接地棒上。

⑤ 电气实验室应防止触电。在高压试验区应有安全隔离措施，以保证试验人员安全。

9. 测量溯源性与校准

应遵守 CNACL 的溯源性政策。

CNACL《实验室认可准则》对化学检测领域实验室认可的补充要求

(CNACL201-3—99)

1. 引言

化学检测领域是 CNACL 现行认可实验室中的一个重要领域，它涉及化学原料及化学制品、金属非金属材料、食品等行业及其仪器设备的校准。

本文件依据 CNACL 化学专业技术工作组对 CNACL 认可的通用要求《实验室认可准则》(CNACL201—99)在化学领域应用的进一步解释而编制的。本文件需与 CNACL201—99 对照使用。

CNACL 专业技术工作组按 CNACL/QP-T09-1 进行运作。

本文件以技术说明的形式发布。

2. 认可准则的补充要求

本文件针对化学检测的特定性而对 CNACL《实验室认可准则》(CNACL201—99)所做的进一步解释，因仅对 CNACL201—99 的某些部分作了进一步阐述，所以，本文件下面各部分的编号也仅是 CNACL201—99 需解释的章节号，故不是连续的。

6. 人员

6.1 实验室人员应接受有关化学安全和防护知识的培训。

7. 设施和环境

7.1 实验室应有防护人身和实验室安全以及人员健康的安全防护设施和文件化的程序。

7.2 从事痕量分析或微生物检测的实验室应有防尘、灭菌以及其他防止污染的设施和文件化程序。

7.3 应有妥善处理有害废弃物的设施和制度。

7.4 实验室应配备紧急处理意外伤害的常用物品，如消毒液、清洗液、洗眼杯、包扎用品等。

8. 设备和标准物质

8.1 实验室应有检查在用分析仪器技术指标的文件化程序，如通过检查稳定性、精密度、分辨力、灵敏度、线性度、线性范围、准确度和分离效果等项目中的部分有关技术指标，以判断其运行状态是否符合检测要求，并予以记录。

8.2 在使用不具有溯源性的参考物质时，应提供其性质的有效证明或采用其他验证方式验证。

8.3 应制定标准溶液和其他内部标准物质的制备、验证和标识的文件化程序，并保存其详细记录。

10. 校准和检测方法

10.1 如方法中对样品处理和检测过程中，对防止污染、损失和消除干扰的措施未做详细描述时，实验室应编制相应的作业指导书。

10.2 在评定测量结果的不确定度时，应考虑样品的均匀性、反应效率、分析空白、基体效应、干扰影响、回收率等不确定度分量对合成不确定度的影响。

11. 样品管理

11.1 当被抽取的样品属易燃、易爆、腐蚀性或放射性物质时，实验室应制定符合安全要求的包装和运输的文件化程序，如样品易变质，则应有措施保持样品的完整性。

CNACL《实验室认可准则》对生物检测领域实验室认可的补充要求

(CNACL201-4—99)

1. 引言

生物检测领域是 CNACL 现行认可实验室中的一个重要领域，它涉及医药卫生和环境保护等学科。

本文件依据 CNACL 生物检测专业技术工作组对 CNACL 认可的通用要求《实验室认可准则》(CNACL201—99)在生物检测领域的应用而编制的。本文件需与 CNACL201—99 对照使用。

CNACL 专业技术工作组按 CNACL/QP-T09-1 进行运作。

本文件以技术说明的形式发布。

2. 认可准则的补充要求

本文件针对生物测试的特定性质而对 CNACL《实验室认可准则》(CNACL201—99)所做的进一步解释。因仅对 CNACL201—99 的某些部分做了进一步阐述，所以，本文件下面各部分的编号也仅是 CNACL201—99 需解释的章节号，故不是连续的。

4. 组织与管理

4.2.5 任何离开本实验室的测试，如到野外实验室、流动实验室或野外都必须在适当的技术控制下。需要在每个站点设授权签字人，且应保持其巡视日期和相应活动记录。

5. 质量体系、审核和评审

5.2.10 应制定监控测试结果可信性的程序，该程序应包括拒绝怀疑测试结果的标准。影响程序设计的因素包括参考物质、试验的性能和范围，实验人员数目的有效性。

检查实验结果的可信性和评估实验准确性的技术包括：

① 同一个操作者的常规分离样本的实验；

② 两个或更多的操作者常规分离样本的实验；

③ 参加实验室间能力比对试验和其他室内质量控制工作。

质量控制资料必须使完整的文件记录以期评估可能的错误和趋势。

对不常操作的实验(例如每 1～3 个月做一次的试验)，实验室应作定期的能力操作检查，这是为了保持和证实本室具有执行此检测的能力。

这些检查的记录应该与其他质量控制数据一起保存，并在评估检查时有效。

6. 人员

有颜色视觉障碍的人不能执行某些实验。

7. 设施与环境

7.1 实验室设备受工作性质决定。提供设备的标准是以能获得可靠的微生物学结果为重要因素。

实验室的每一部分设计应减少潜在的样本污染和对人员的危害。

储存设备应考虑足够保留所有的样本，提供保持样本完整性的条件。在试验前和试验后的样本需要冰冻时，冰柜和冰箱必须有足够的容量。

8. 设备和标准物质

8.1 参考菌种

实验室必须保存有实验需要的参照菌种。参照菌种必须从认可的菌种收集途径获得。实验室必须有菌种的收集、贮藏、保存、确认实验的记录并存档。

8.2 参考培养物(从原始菌种到日常工作用菌种)的保存方案应文件化，并记录以下内容：

① 从原始菌种接种到工作用菌种的频率；

② 生长的培养基及孵育条件；

③ 生存条件。

参照菌种必须定期转种做确认实验，包括存活度、纯度、关键的实验室中需要的诊断指标。实验必须有记录并存档。

8.3 标准溶液

所有类型的标准溶液的制备细节应有记录，记录应包括标准化的结果、配制日期、准备者的身份。

9. 溯源和校准

9.1 仪器设备的校准应由 CNACL 认可的校准实验室完成。自校准和日常检查应有记录，其内容包括：

① 确认设备的每一项性能指标；

② 校准日期；

③ 每次校准的完整报告；

④ 校准负责人的确认；

⑤ 设备每一项目性能失效的细节记录。

10. 校准和检测方法

10.1 实验室应编制方法指导书(即便所使用的是标准方法)。指导书应包括方法的基本要点、可能遇到问题的资料、相关仪器设备的检查或校准及其他相关的质量控制资料及方法应用到试验品方面的资料。

试验方法手册必须包含有样品的采集、处理、储存条件、保存时间的详细指导。

取样方案必须有统计学基础并文件化。

10.2 实验室执行没有标准化的试验或使用一个快速的实验技术(设备的或生化的)时，实验室应确保使用方法的有效性和可信性。并应保存该方法的研究记录并保持方法的有效性，以及对标准样品、参考菌种或其他标准方法的常规检查试验的记录。一个试验方法的改变必需注明日期并签字。

11. 样品管理

11.1 培养基质量控制

实验室应有保持有效的适合试验范围的培养基质量控制程序。自备的和商业提供的培养基都需要评估。

① 自备

对所有培养基的配制细节须有记录。记录至少有：

——配制日期和配制人员的身份；

——培养基/溶液的类型、体积；

——成分、制造商、批号、每个成分的含量；

——pH(最初和最终)值；

——无菌措施，包括制备的时间和温度。

CNACL《实验室认可准则》
对黄金、珠宝检测领域实验室认可的补充要求

(CNACL201-5—99)

1. 引言

黄金、珠宝检测是 CNACL 现行认可实验室中的一个特殊领域，它涉及用无损检测手段对材料和成品的品位进行评估的检测。

本文件依据 CNACL 黄金、珠宝检测领域专业技术工作组对 CNACL 认可的通用要求《实验室认可准则》(CNA-

CL201—99)在黄金、珠宝检测领域的应用而编制的。本文件需与 CNACL201—99 对照使用。

CNACL 专业技术工作组按 CNACL/QP-T09-1 进行运作。

本文件以技术说明的形式发布。

2. 认可准则的补充要求

本文件针对黄金、珠宝的特定性质而对 CNACL《实验室认可准则》(CNACL201—99)所做的进一步解释。因仅对 CNACL201—99 的某些部分做了进一步阐述，所以，本文下面各部分的编号也仅是 CNACL201—99 需解释的章节号，故不是连续的。

6. 人员

6.1 实验室必须至少应有 2 名取得国家珠宝玉石质量检验师资格并已注册的检验人员，其他主要检验人员必须经过专业培训并取得相应的资格证书，如中国珠宝玉石协会 GAC 证书、美国珠宝学院 G.G 证书、英国皇家宝石协会 FGA 证书等。

6.2 两年以上未从事珠宝玉石检验的人员，在重新上岗检验时，必须重新经过培训并获得 6.1 节中所规定的资格证书后才能承担主要检验任务。

7. 设施和环境

7.2.1 为保证钻石分级结果的准确性，钻石分级应在色温在 5 000～7 200 K 范围内的钻石比色灯下进行。分级实验室的环境为中性或灰色色调且无直射阳光。

7.2.2 在实验室以外区域进行检验时，应保证检验环境满足仪器设备和检验标准的要求。

7.3 如仪器和标准对检验环境无特殊要求，实验室对温度、湿度和电网电压等可以不进行监测和控制。

8. 设备和标准物质

8.3 对用于珠宝玉石常规检验仪器设备，无须另外的校验标志。

9. 量值溯源与校准

9.1.2 对于溯源到国家/国际计量标准不可能或不适用时，可采用分部校准，或通过参加适当的能力验证等提供相关的证明。

10. 校准和检测方法

10.1 黄金检测实验室进行无损检测时，必须制定“黄金无损检测”规程，内容至少包括：黄金样品抽样程序、检验流程、检验方法、仪器设备、误差分析和控制以及检验报告格式等。

11. 样品管理

11.1 实验室应针对珠宝玉石的特点建立严格的样品唯一识别系统，且应与检验报告或鉴定证书有一一对应关系。

11.2 在样品的交接过程中，实验室应对样品的特征予以详细地记录并得到双方的确认。

11.3 实验室应有严格的保安措施，尽量缩短高价值样品的检验和保存时间。

12. 记录

12.2 部分委托检验的检验报告和鉴定证书，可只保留计算机软盘和原始记录，不再保存报告或证书的副本。

CNACL《实验室认可准则》对无损检测领域实验室认可的补充要求

(CNACL201-6—99)

1. 引言

无损检测领域是 CNACL 现行认可实验室中的一个重要领域，它涉及用无损检测手段在现场、工地、车间和实验室内对材料、元器件和设备进行检测。它包括为了对材料的质量和使用条件进行评估的检测以及解决其内部结构和尺寸的检测。

本文件依据 CNACL 无损检测专业技术工作组对 CNACL 认可的通用要求《实验室认可准则》(CNACL201—99)在无损检测领域的应用而编制的。本文件需与 CNACL201—99 对照使用。

CNACL 专业技术工作组按 CNACL/QP-T09-1 进行运作。

本文件以技术说明的形式发布。

2. 认可准则的补充要求

本文件针对无损检测的特定性质而对 CNACL《实验室认可准则》(CNACL201—99)所做的进一步解释。因仅对 CNACL201—99 的某些部分做了进一步阐述，所以，本文件下面各部分的编号也仅是 CNACL201—99 需解释的章节号，故不是连续的。

6. 人员

6.1 实验室应根据申请认可的测试项目范围、复杂性和测试频率设岗。

6.2 应根据需要设一名或多名有能力、有时间和权力去对其操作进行技术监督的人对测试工作提供足够的指导和对测试结果进行严格评估。如技术监督人员发生了变化，应通知认可委员会进行重新评审。在重新评审之前和在技术监督员缺席的情况下，实验室出具的测试结果无效。

6.3 在进行现场测试时，技术监督人员应在现场执行审查，以确保工作人员按照正确的程序工作。

6.4 实验室应制定保证技术监督工作有效进行的程序。

6.5 技术监督人员和测试人员的任职条件

技术监督员：

① 应具有无损检测技术的专门知识和经验；

② 具有有关材料、测试过程和工作环境的知识；

③ 具有整理分析有关无损检测数据结果的经验和能力；

④ 具有使用有关标准的经验和在缺少合适标准的情况下制定正确的操作过程的能力；

⑤ 提出最终的具有严谨的测试报告的能力；

③ 具有监督和完成无损检测质量的能力。

测试人员：

① 具有进行无损检测的经验；

② 使用有关标准的经验和根据具体的要求应用合适的标准的能力；

③ 整理分析无损检测结果的经验和能力；

④ 保持工作记录和准备常规报告的能力。

具备上述任职条件的技术监督人员和测试人员才能获准在测试报告上签字，和这些人员签字识别并应在CNACL备案。

9. 溯源和校准

9.1 除了处于我国溯源系统中具有相应能力的校准实验室出具的校准证书外，使用来自其他授权机构的校准报告时，必须得到CNACL的认可。

13. 证书与报告

13.1 如果委托测试方要求得到无损检测测试结果的现场报告时，测试工作应由有资格签字的测试人员完成。

14. 校准或检测工作的分包

当一个实验室将测试工作转包给另一个实验室时，必须得到测试委托方书面形式的确认。

CNACL《实验室认可准则》对电磁兼容检测领域认可的补充要求

(CNACL201-7—99)

1. 引言

电磁兼容检测领域是CNACL现行认可实验室中的一个重要领域，它涉及仪器设备、元件的关键电气特性。

本文件依据CNACL电磁兼容专业技术工作组对CNACL认可的通用要求《实验室认可准则》(CNACL201—99)在电磁兼容领域的应用而编制的。本文件需与CNACL201—99对照使用。

CNACL专业技术工作组按CNACL/QP-T09-1进行运作。

本文件以技术说明的形式发布。

2. 认可准则的补充要求

本文件是针对电磁兼容的特殊性质而对CNACL《实验室认可准则》(CNACL201—99)所做的进一步解释。因仅对CNACL201—99的某些部分作了进一步阐述，所以，本文件下面各部分的编号也仅是CNACL201—99需解释的章节号，故不是连续的。

6. 人员

6.1 实验室应具有从事电磁兼容领域工作的高、中级技术人员的比例不低于技术人员总数的60%。

6.2 应对检测人员进行必要的培训和考试，并持证上岗。

7. 设施与环境

7.1 根据所申请认可的业务范围和相应标准，实验室应具备满足相应指标要求的试验场地：

① 辐射骚扰检测应具备开阔测试场或电波暗室；

② 传导骚扰检测应具备屏蔽室；

③ 辐射抗扰度检测应具备开阔测试场或电波暗室或横电磁波室；

④ 传导抗扰度检测应具备屏蔽室或保证环境引入的传导干扰比相应标准规定的抗扰度限值低20 dB的试验场地。

7.1.1 开阔测试场

① 开阔测试场应满足GB/T 6113.1—1995《无线电干扰和抗扰度测量设备规范》中有关对开阔测试场物理特性、电特性和场地有效性的要求。

② 开阔测试场的最小尺寸应满足3米法测试的要求，对大型被测设备测量场地应满足有关标准对场地的要求。

③ 开阔测试场周围的电磁环境电平与相应限值相比应足够低，建议低于20 dB，若不满足此条件应按下述四级给予评估：

a. 周围的环境电平比相应限值低6 dB；

b. 周围的环境电平中有些发射比相应的限值低，但其差值可能小于6 dB；

c. 周围的环境电平中有些发射在相应的限值之上，这些干扰可能是非周期的(即相对于测试来说这些发射的间隔足够长，也可能是连续的，但只在有限的可识别频率上)；

d. 周围的环境电平在大部分测试频率范围内都在相应限值之上，且连续出现。

其中，第四级场地不符合要求。

试验报告应注明场地级别。

7.1.2 电波暗室

① 电波暗室的最小尺寸应满足3米法测试的要求。

② 进行辐射骚扰测试时，电波暗室的场地有效性应满足相应标准要求(如GB/T 9254—1998)。

③ 电波暗室外屏蔽层的屏蔽效能应满足对屏蔽室屏蔽效能的要求。

④ 进行辐射抗扰度测试时，电波暗室内的测试空间场分布均匀性应满足GB/T 17626.3—1998《射频电磁场抗扰度试验》的要求。

7.1.3 屏蔽室

① 屏蔽室的屏蔽效能应达到：

频率范围：0.014～1 MHz 屏蔽效能＞60 dB

频率范围：1～1 000MHz 屏蔽效能＞90 dB。

屏蔽室内的电磁环境应符合有关标准要求。

② 屏蔽室供电系统对屏蔽室金属壁应能承受1 500 V的耐压试验。

③ 电源进线对屏蔽室金属壁的绝缘电阻及导线与导线之间的绝缘电阻应大于2 MΩ。

④ 屏蔽室的接地电阻应小于4 Ω。

⑤ 屏蔽室的主要谐振频率点应记录备查。

7.1.4 横电磁波室

① 所用横电磁波室的类型应是国家/国际标准认可的。

② 横电磁波室应给出其工作频率的上限，该工作频率范围应满足所申请认可的业务和相应标准的要求。

③ 横电磁波室内场分布均匀区的大小应与受试设备的尺寸相适应，受试设备高度＜空间高度的2/3时，在此区域内的分布不均匀度应小于±3 dB。

④ 横电磁波室的输入电压驻波比应≤1.5。

⑤ 横电磁波室的时域阻抗应为50 Ω或150±6 Ω。(3 dB均匀区)

8. 设备和标准物质

8.1 实验室的测试仪器设备和辅助设备应满足GB/T 6113.1—1995《无线电干扰和抗扰度测量设备规范》和所申请认可的业务范围及相应标准的要求。

认证人员注册

1999年，在国家质量技术监督局的领导下，中国认证人员国家注册委员会(CRBA)秘书处认真贯彻国家质量技术监督局领导关于对认证工作“整顿、协调、改革”的要求；认真执行CRBA第五次全体委员会会议的决议；积极落实“科学公正，确保人员注册水平；严谨高效，保持国际同行一流”的质量方针，对内抓管理，改进工作、提高效率，对外抓监管，规范认证人员行为，提高审核员队伍水平，全面完成了年度工作任务。

在过去的一年里，CRBA的内部工作进一步规范化，国际地位得到巩固，注册审核员数量大量增加，培训机构队伍有所扩大。同时在开拓业务范围，扩大工作领域方面也取得一定成绩。

【提高思想认识，加强内部管理，保证工作质量】 1998年，CRBA顺利通过了国际同行评审，标志着CRBA的工作质量和管理水平整体上达到了较高的水平。这对CRBA 1999年的工作来说，是一个良好的基础。但由于1998年底政府机构改革的原因，CRBA秘书处在1998年末和1999年初进行了大幅度的人员调整，对CRBA内部工作秩序产生一定影响。同时，随着我国质量认证事业的持续快速发展，质量认证行业对认证人员的需求越来越大，尤其对认证人员的素质要求越来越高，对CRBA的工作也提出了更高的要求。为适应这种新的情况，CRBA秘书处将加强内部管理作为1999年的中心工作之一，从工作纪律管理、规章制度的健全和贯彻到业务工作的调整、改进，逐项认真来抓，取得了成效。

为将加强内部管理落到实处，我们采取了通过学习提高认识、通过制度规范行为、通过监督巩固成果等一系列措施，基本达到了预期目标。

CRBA是面向全国的一个技术机构，也是一个社会服务机构，一个接受政府授权的管理机构。员工不仅应能够熟练掌握相关业务技能，胜任本职工作，也应在服务意识、纪律观念、敬业精神、公正廉洁方面有更高的要求。对此，CRBA秘书处坚持对员工进行耐心细致、持续的思想教育工作。通过专题会及工作例会等多种形式的学习、教育活动，使大家认识到，工作中不仅要业务水平过硬，也要做到责任心强、工作认真到位、思想作风扎实。大家的认识逐步统一，对加强内部管理的重要性和必要性、对自己所担负的责任都有了更加清醒的认识。

认识上的提高，为提高内部管理水平创造了条件。但是，规范化的管理，必须是制度化的管理。如果没有一套合理、完善、可操作的管理制度，管理水平也很难真正得到提高。为此，CRBA制订了“工作人员行为管理规定”、“考勤管理办法”、“固定资产管理办法”等内部管理制度。这一系列的规章制度实行以后，CRBA的工作面貌发生了明显的变化，大家的工作积极性、主动性显著提高，初步形成了规范、有序、协调、有效的工作氛围，CRBA“廉洁、高效、公正、服务”的组织形象进一步确立。

加强管理，是CRBA1999年的中心工作之一，但加强管理本身并不是目的。CRBA所采取的各项措施的最终目的，是保持和提高认证人员的注册水平和质量，提高认证人员注册工作的有效性，为各认证人员聘用机构及广大的认证人员提供更好的服务，促进我国质量认证工作长期、健康的发展。因此，CRBA的管理水平必须体现在工作水平、服务水平及认证人员的注册水平上。

1999年我们较认真地完成了CRBA的内审和管理评审。认真做好每一年的工作，准备迎接国际同行评审的监督复查。

【完善工作程序，调整资源配置，提高工作效率】 一年来，国内、国外认证工作高速发展。CRBA参加的国际审核员培训与注册协会IATCA的新准则、新要求不断发布。CRBA在1998年顺利通过同行评审后，各项工作也有了很多的发展变化。为了保持CRBA管理体系的适应性，保证CRBA在人员注册和培训方面与国际同行的一致性，在保证注册质量和注册有效性的前提下，我们于1999年4季度对CRBA质量管理体系文件(管理手册、程序文件、工作指导书、表格和公开文件等)进行了全面的修订换版工作。此次修订，在文件结构、内容组织、编排方式和受控形式等方面作了系统性的调整，强调了合理性，较好地兼顾了文件的规范性、通用性、完整性、适宜性和可操作性。这对CRBA进一步拓展注册领域、规范运作、提高注册工作质量和效率并保持国际同行一流水平将发挥重要的作用。

作为加强管理的配套措施并根据业务发展需要，CRBA秘书处还进一步健全了内部组织机构，相应调整了各部门人员配置，充实了技术研究、业务开发、申诉投诉处理工作力量。进一步理顺了工作接口关系，使得分工明确、配合协调、职责清楚。使那些由于机构不健全、职责分工不明确而带来的管理上的问题得到了较好的解决。

各级别审核员的注册过程缓慢是前一段时间反映比较集中的问题。自1999年年初起，CRBA就下决心解决这一问题。经过分析，我们发现，制约审核员注册效率的主要原因在于申报材料的审定工作环节复杂，时间难以保证。针对这种情况，我们采取了以下措施：第一，规定审定时限，责任明确到人；第二，切实解决技术评价力量薄弱的问题，积极发现合适专家，扩充技术评价队伍，提高技术评价能力；第三，采取更加灵活的做法，主动适应技术评价专家的时间安排，如将材料送到技术评价专家家中、周末加班等。上述各项措施的实施，很快就解决了待评价材料的积压问题，使得4月份以后申报的材料基本按时完成审定工作(在申报材料没有问题的情况下)。

针对CRBA审核员注册专业与CNACR认可业务范围不一致的问题，CRBA组织有关专家，会同CNACR对原有的审核员注册29类专业进行了重新分类。参照国际同行的做法，将29类专业转换为39类，与我国现行的认证专业划分直接对应，大大方便了各审核员聘用机构。1999年6月，CRBA已开始按39类专业进行审核员的专业面试和注册。

验证审核员是在审核现场对审核员候选人进行指导、见证并证明其能力和素质是否满足要求的人员。验证审核员的工作质量，直接关系到审核员队伍的质量。由于我国审核员队伍总体结构上，实习审核员较多，验证工作需求较大，这些验证审核员往往在审核中既当审核组长承担重要的审核、管理任务，又要对被验证人员的言行进行观察、指导和评定，工作量很大，压力也很大。鉴于验证审核员的特殊作用和工作特点，根据CRBA 1999年全会关于"应对审核员的健康和年龄作出规定"的决议，适当调整了验证审核员申请人的基本条件，要求年龄不超过60岁，并具有大学本科以上学历。这一措施得到了有关方面的支持，也得到了广大审核员的理解和支持。此措施的实行使验证审核员的工作质量有了基本条件的保障。

针对近年来验证活动中验证审核员表现出的理论水平不高、无法对被验证人进行指导和交流，对规定掌握不清、不严格按要求进行验证，照顾各种关系、流于形式及责任心不强等问题，CRBA重新修订了验证审核员的管理要求和审批程序，除要求各机构严格把关外，增加了对申请人的面谈程序，以便全面直接地考核申请人的能力、素质等。面谈主要从候选人掌握CRBA/IATCA准则及有关规定的情况、ISO 9000理论知识、质量体系审核经验和能力、个人素质、验证评价能力等几个方面对其进行了解，评价其是否满足规定的要求。面谈的方式主要利用日常办公时间和条件，小规模灵活安排，既经济又高效。1999年，我们组织了两次验证审核员候选人的面谈，共78人参加。经过面谈，44人合格，合格率为56.4%。此种方式保证了验证审核员考察结论的公正、客观，大家普遍反映效果好，认为通过与考官的面谈交流，全面检验了自己的知识和能力，发现了不足，收获很大。同时，我们对验证审核员的资格保持加强了管理，取消了验证审核员的"终身制"，规定满3年要重新确认。这些措施，已经开始对保证验证审核员的整体水平和验证工作质量发挥积极的作用。

【加大监管力度，严肃处理违规行为，保证认证人员的整体水平和声誉】 审核员是影响质量认证有效性和公正性的关键因素之一。他们工作在认证工作的最前沿，为认证机构的认证决定提供依据。每一张认证证书的真实性和"含金量"都与审核员的工作水平和工作质量密切相关。截止到1999年底，CRBA注册的各级别审核员已达6 978人。这些人员在我国质量认证工作中发挥着重要的作用。他们辛勤、认真的工作，使我国质量认证工作和审核员素质从整体上保持着健康、积极、有效的性质，使我国管理体系认可和审核员注册水平保持在国际领先的状态。但是，随着审核员队伍的不断扩大，人员成分趋于复杂，经济利益和人际关系等方面的诱惑干扰也影响到审核员队伍。在认证机构的一些不规范行为中，大多数与审核员的行为有关，有的就是直接由审核员具体操作的。社会上对审核员也有各种各样的议论。应该肯定，我国审核员的主流是好的。但是，确有一小部分审核员素质不高，作风不正。个别审核员在思想品德方面存在问题，社会上的一些消极腐败行为在这些人身上也有不同程度的表现，如弄虚作假、吃拿卡要等。这对我国质量认证事业的发展极其有害。1999年CRBA把对审核员队伍的整顿和监督管理列为工作重点之一，坚持正面宣传教育，同时抓住典型，严肃处理，起到了约束的作用。

1999年3月，CRBA在天津召开了由各质量体系认证机构、产品质量认证机构、备案的咨询机构的审核员申报工作负责人参加的审核员注册审定要求宣贯会。召开这次宣贯会的目的，是希望通过集中宣贯，帮助各机构更好地理解注册审定要求，以便各机构把关；会议向各机构系统地介绍了审核员的管理要求，以便各机构在审核员的日常管理中，加强对审核员的教育，将CRBA的要求落到实处；同时，各认证机构还交流了在审核员管理方面的经验，促进了各机构审核员管理水平的提高。毕竟，审核员的日常管理是由各机构承担的。通过此次会议，各机构的有关负责人加深了对CRBA审核员注册审定要求的理解，感到很有收获。代表们也反映，审核员中存在的某些问题，确实与对相关规范和要求学习不够有关。他们表示，要采取措施，加强审核员的培训与教育，共同努力，提高审核员的思想素质和业务水平。

与此同时，CRBA也对个别违规的审核员进行了严肃处理。1999年3月，CRBA根据举报，对一名验证审核员在未到审核现场即向一实习审核员出具"可以独立审核"的验证评价报告的行为进行了查处，取消了他的验证审核员资格，并暂停其高级审核员资格3个月。同时，CRBA还取消了被其验证的某审核员申请人的注册资格。年底，CRBA根据CNACR稽查审核中发现的问题，对一名高级审核员审核中弄虚作假的行为作出处罚，暂停其审核资格，注册级别由高级审核员降级为审核员。CRBA认为，作为审核员，无视规定要求，不顾客观事实，在根本没有进行验证的情况下即出具验证评价报告、报送虚假审核验证经历，及审核中弄虚作假等行为，性质是恶劣的，是与质量认证提供信任的宗旨背道而驰的，是CRBA决不允许的。这些问题虽是个别的，但说明社会上时有所闻的、对审核员种种问题的反映并非捕风捉影。在我们的审核员队伍中，确实存在一些问题，例如反映较多的审核员申报材料不实行为、审核中不严格把握审核质量甚至弄虚作假的行为等。这些行为严重违背了CRBA的规定，影响到审核员队伍的形象，影响到审核质量，最终将损害中国质量认证事业的健康发展和中国质量认证在国际上的形象。

上述处理决定，还在《中国质量认证》杂志开设的"监督、投诉、直言"栏目中做了通报，在各机构及审核员中产生了很大的震动。他们认为，CRBA采取的严厉监管措施，是非常必要的，从根本上维护了审核员队伍的利益，维护了我国认证事业的利益，是我国质量认证事业持续、健康发展的保证。

为促使各审核员推荐（聘用）机构强化对验证审核员和各级别审核员的管理，CRBA决定，今后，如再发生审核员违规行为，将不仅对审核员个人进行必要的处理，还将根据实际情况追究审核员推荐（聘用）机构的管理责任。

通过这一系列的措施，各机构普遍加强了审核员的管理工作，审核员执行规范的自觉性和主动性也有不同程度的增强。这些成效已经在具体的认证活动中开始得到体现。今后，CRBA将坚持不懈地加强对审核员的监督管理工作，并将采取必要的措施，巩固成果，改进方式，提高水平，促进我国审核员队伍质量水平的提高。

【积极探索开辟新的业务领域】　与1998年末相比，CRBA的一个明显的变化，是各项工作完全走上了正轨，人员调整所造成的对日常工作的影响基本消除，新人员基本掌握了本职工作的要求和技能，能够较为顺利地做好本职工作，并在许多方面尝试改进的方法，以提高工作的质量和效率。经过CRBA秘书处全体同志的共同努力，较好地完成了1999年的工作任务。

1. 关于认证人员培训考试工作

1999年，CRBA秘书处共举办审核员预备知识考试223期，参加考试人员6 645人次；批准注册审核员培训班163期，参加培训和考试2 899人次(另有334人补考)，培训班数量较1998年增加13.2%。举办了CRBA第8期审核员教师培训班，有15名人员获得CRBA审核员培训教师资格。培训班对审核员培训教师的培训方式作了调整，对培训要求作了进一步的细化。培训效果得到了学员的好评。目前具有CRBA审核员培训教师资格的人员达到138人。举办了CRBA第7期验证审核员培训班，有130人培训合格，具备了验证审核员申请资格。

1999年CRBA的审核员培训课程管理、培训机构批准和监督评审工作稳步开展。1月批准了北京纳威尔格质量咨询公司的QMS审核员培训课程，正式签发了CRBA批准文件和证书，使CRBA批准的QMS审核员培训课程培训机构达到5家。4月和12月，CRBA培训管理部组织专家分别对这5家审核员培训机构进行了年度监督评审，5家培训机构均顺利地通过了监督评审。说明我国的审核员培训质量和培训机构的管理保持正常运行。

1999年初，CRBA考试部向各认证机构、咨询机构、培训机构及有关专家征集了各类试题1 000余道；3月和6月，又分别组织有关专家对试题进行了审定。在此基础上，考试部编制新的预备知识班试卷5套，修订审核员培训班试卷16套，同时在题库中增加储备选择题100余道、是非题100余道、简答题80余道、案例题300余道，进一步充实、完善了认证人员试题题库。

1999年，CRBA对面试评价人员的条件、推荐和评定方式以及面试工作过程的要求进行了适当的调整，以提高面试工作质量，从而保证审核员的注册质量。1999年，CRBA分别在6月、10月、12月组织了3次全国审核员专业面试，涉及专业37个。来自全国各地的911名申请人(1 035人次)参加了专业面试，总合格率为83%。

2. 关于CRBA级别审核员注册审定、批准工作

1999年，CRBA各级别审核员申报材料审定、批准、年度确认、复查换证、转换、专业转换确认等工作已基本实现了正常化。全年共注册实习审核员1 866人、审核员1 065人、高级审核员601人，批准验证审核员60人；完成年度确认772人，复查123人。凡在1999年12月1日之前申报的材料，除材料有严重不合格的外，都已在年底前完成评价批准。截止到1999年12月31日，CRBA共注册各级别审核员6 978人，比1998年增加35.1%。其中注册高级审核员965人，占注册总数的14%，注册审核员1 056人，占15%，实习审核员4 957人，占71%。

根据IATCA同行评审协议，CRBA从1999年5月起开始颁发印有CRBA-IATCA双标志的注册审核员证书和审核员培训课程批准证书，此举大大提高了CRBA注册审核员和培训机构的国际地位和声誉。

3. 加强信息沟通和对外宣传。

为使CRBA的工作及时与认证行业沟通，我们从1999年第2季度起编制发行季刊《CRBA工作信息通讯(CRBA NEWS)》。编制了《中国质量管理体系审核员注册名录》。此外，还在积极准备设立CRBA互联网网址和网页的建立，以进一步扩大对外宣传。

1999年，CRBA完成了《IATCA审核员培训课程批准准则》第2版的翻译转化工作，为同步实施新版准则做好了准备。同时还积极拓展新的业务领域，起草了《境外人员申请CRBA级别审核员的注册办法》、《专业审核员注册办法》等规范性文件，为注册领域的拓展进行了基础准备工作。

【国际地位进一步巩固，CRBA在国际组织中的作用得到加强】　CRBA是国际审核员培训与注册协会IATCA的创始机构之一，并且是首批签署国际互认协议的机构中唯一的发展中国家和非英语国家。这为CRBA在国际上发挥积极的作用创造了良好的条件。要在国际同行中始终保持一流水平，需要付出更大的努力。为此，CRBA始终注意追踪国际审核员培训与注册的发展动向，及时调整内部工作程序，保持CRBA工作与国际同行的一致性和先进性。同时注意吸收各国的宝贵经验，并结合自己的特点，不断创新，不断发展。

1999年10月，IATCA第五届全委会在巴西召开。会议期间将进行IATCA执委会的换届选举。在2/3的执委改选的情况下，CRBA秘书长刘卓慧同志经过充分的准备和努力，成功地当选为IATCA第二届执行委员会委员(第二届执行委员会委员共10名，另9名执委分别来自美国、英国、澳大利亚、日本等国)。CRBA代表的成功连任，再次表明了中国的认证人员注册和审核员培训课程批准制度及其成果已在国际上占据了比较稳定而重要的地位。

一年中，CRBA还积极参加IATCA各政策工作组的工作，对IATCA的业务发展提出建议，对IATCA起草的准则文件提出意见，并分别在QMS和EMS审核员培训工作组中成为核心成员。CRBA提出的建立IATCA中心题库的建议，已经IATCA第5次全会批准，将于2000内开始实施。上述工作在维护我国认证事业的利益、引导世界认证事业发展方向上发挥着作用。为了今后在国际组织中发挥更全面和关键作用，CRBA将努力克服自身的局限，在技术、人才等方面进行更充分的储备，进一步扩大CRBA的影响。

认证与实验室评审信息统计

产品质量认证 1999 年报

发布单位：中国产品质量认证机构国家认可委员会秘书处

发布日期：1999 年 12 月 31 日

序号	省份名称	1999 年度认证企业数	1999 年度认证证书数	认证企业累计数	认证证书累计数	累计证书所占比例(%)
1	广东	1 667	4 038	3 015	11 694	23.93
2	浙江	936	2 085	2 051	7 111	14.55
3	江苏	730	1 745	1 547	6 716	13.74
4	上海	381	953	734	3 522	7.21
5	山东	257	943	538	2 971	6.08
6	北京	217	518	367	1 824	3.73
7	四川	136	423	311	1 512	3.09
8	天津	133	375	207	1 258	2.57
9	福建	179	457	256	1 388	2.84
10	辽宁	101	187	248	855	1.75
11	河北	83	247	262	963	1.97
12	安徽	99	260	176	902	1.85
13	陕西	55	129	102	694	1.42
14	河南	68	186	167	735	1.50
15	湖北	47	128	109	502	1.03
16	江西	20	56	59	351	0.72
17	湖南	30	89	105	388	0.79
18	重庆	17	45	44	257	0.53
19	广西	22	59	72	256	0.52
20	贵州	9	25	15	168	0.34
21	黑龙江	11	37	42	185	0.38
22	吉林	9	24	48	161	0.33
23	内蒙	11	24	23	140	0.29
24	山西	20	39	33	159	0.33
25	甘肃	18	38	31	130	0.27
26	云南	6	26	21	94	0.19
27	海南	3	6	10	35	0.07

续表

序号	省份名称	1999年度认证企业数	1999年度认证证书数	认证企业累计数	认证证书累计数	累计证书所占比例(%)
28	青海	2	13	10	35	0.07
29	新疆	2	9	16	36	0.07
30	宁夏	5	21	13	31	0.06
31	西藏	0	0	0	0	0.00
小计	国内企业	5274	13 185	10 632	45 073	92.24
	外资及国外企业	209	749	221	3 790	7.76
总计		5483	13 934	10 853	48 863	100.00

质量体系认证1999年报

发布单位:中国质量体系认证机构国家认可委员会秘书处

发布日期:1999年12月31日

一、按体系认证覆盖产品所属专业范围分类

代码	产品所属专业	证书数	比率(%)	代码	产品所属专业	证书数	比率(%)
1	农业,渔业	7	0.05	21	航空,航天	24	0.16
2	采矿业及采石业	134	0.89	22	其他运输设备	819	5.42
3	食品,饮料和烟草	514	3.40	23	其他未分类的制造业	80	0.53
4	纺织品及纺织产品	352	2.33	24	废旧物质的回收	0	0.00
5	皮革及皮革制品	24	0.16	25	发电及供电	12	0.08
6	木材及木制品	32	0.21	26	气的生产与供给	6	0.04
7	纸浆,纸及纸制品	111	0.73	27	水的生产与供给	5	0.03
8	出版业	0	0.00	28	建设	2 051	13.56
9	印刷业	72	0.48	29	批发及零售　汽车、摩托车、个人及家庭用品的修理	171	1.13
10	焦炭及精炼石油制品	104	0.69	30	宾馆及餐馆	15	0.10
11	核燃料	3	0.02	31	运输,仓储及通讯	207	1.37
12	化学品,化学制品及纤维	854	5.65	32	金融,房地产,出租业务	198	1.31
13	医药品	29	0.19	33	信息技术	58	0.38
14	橡胶和塑料制品	642	4.25	34	科技服务	617	4.08
15	非金属矿物制品	290	1.92	35	其他服务	40	0.26
16	混凝土,石灰,水泥,石膏及其他	433	2.86	36	公共行政管理	3	0.02
17	基础金属及金属制品	1 756	11.61	37	教育	2	0.01
18	机械及设备	1 933	12.78	38	卫生保健与社会公益事业	1	0.01
19	电子,电气及光电设备	3 466	22.92	39	其他社会服务	2	0.01
20	造船	56	0.37		总计	15 123	100.00

二、按地区分类

序号	地　　区	企业数	比率(%)	序号	地　　区	企业数	比率(%)
1	北　京	1 108	7.39	18	浙　江	1 303	8.69
2	广　东	1 724	11.49	19	福　建	246	1.64
3	上　海	1 173	7.82	20	湖　南	179	1.19
4	天　津	410	2.73	21	广　西	99	0.66
5	辽　宁	936	6.24	22	江　西	116	0.77
6	江　苏	2 444	16.29	23	重　庆	141	0.94
7	湖　北	357	2.38	24	贵　州	97	0.65
8	四　川	467	3.11	25	云　南	68	0.45
9	陕　西	222	1.48	26	海　南	21	0.14
10	河　北	586	3.91	27	甘　肃	96	0.64
11	山　西	208	1.39	28	宁　夏	17	0.11
12	河　南	407	2.71	29	青　海	16	0.11
13	吉　林	267	1.78	30	新　疆	117	0.78
14	黑龙江	354	2.36	31	香　港	438	2.92
15	内蒙古	120	0.80	32	澳　门	6	0.04
16	山　东	1 016	6.77	33	国　外	2	0.01
17	安　徽	241	1.61	总　　计		15 002	100.00

三、企业获证证书按体系认证标准统计

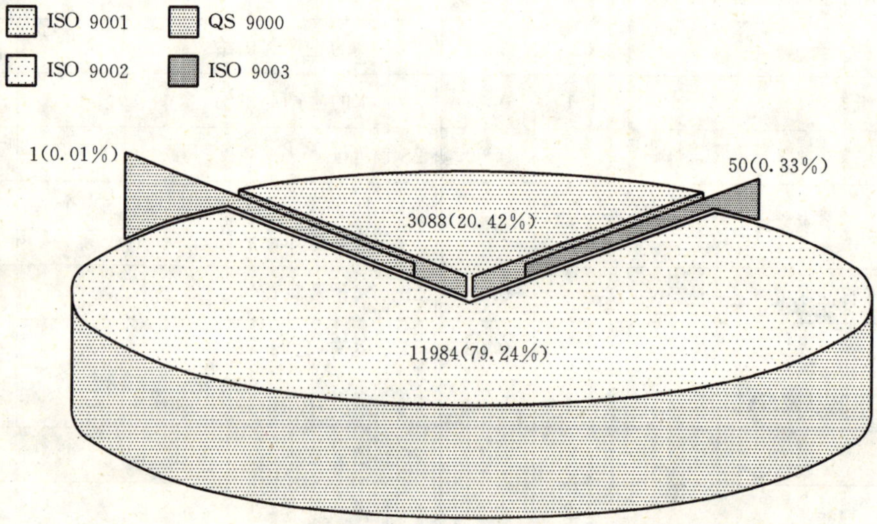

实验室认可1999年报

发布单位:中国实验室国家认可委员会

发布日期:1999年12月31日

一、批准认可实验室

项　　目	数　　量(个)
批准认可含校准项目实验室	16
批准认可检测实验室	225
合　　计	241

二、批准认可实验室地区分布

地　　区	获得认可实验室数量(个)	地　　区	获得认可实验室数量(个)	地　　区	获得认可实验室数量(个)
北京	62	陕西	7	福建	2
上海	26	四川	7	山西	2
广东	17	浙江	7	甘肃	2
江苏	16	河南	7	安徽	2
辽宁	15	湖南	6	内蒙古	2
天津	13	吉林	5	广西	1
山东	12	香港	4	重庆	1
黑龙江	9	江西	3	美国	1
湖北	8	河北	3	日本	1

认证人员注册1999年报

发布单位:中国认证人员国家注册委员会秘书处

发布日期:1999年12月31日

一、按注册级别分类

注册级别	数　　量	比　　率(%)
CRBA实习审核员	4 957	71%
CRBA审核员	98	15%
CRBA-IATCA审核员	958	
CRBA主任审核员	39	14%
CRBA-IATCA高级审核员	926	
总　人　数	6 978	100%

二、按年龄分布

30岁以下(包括30岁)	31～40岁	41～50岁	51～60岁	61岁以上(包括61岁)
559	2 432	1 343	1 894	750
总　　计	6 978			

三、按地区分布

北　京	1 600	河　北	213	浙　江	314	云　南	29	甘肃	46
上　海	604	河　南	156	福　建	138	贵　州	32	香　港	16
天　津	322	山　西	100	湖　北	316	四　川	225	内蒙古	37
辽　宁	446	山　东	465	湖　南	104	陕　西	144	江　苏	460
吉　林	94	江　西	58	广　东	625	宁　夏	5	海　南	20
黑龙江	154	安　徽	93	广　西	36	青　海	6	新　疆	46
重　庆	74	总　计	6 978						

四、按专业分布(仅为原29类注册专业目前未重新确认为39类的统计数据)

航　空	48	商业服务	65	电气工程	356	石油化工	72
汽　车	105	计算机	67	机械工程	690	制　药	7
建筑、结构、道路	223	电　子	381	卫生/医疗	5	加工工业	263
化　学	145	食品、饮料、烟酒	156	海上平台	4	原材料	179
研究、开发、设计	180	饭店/餐饮	25	核　电	15	采　矿	2
纺　织	68	保　险	2	出版、印刷	5	金　融	7
橡胶和塑料	78	通　讯	53	农、牧、渔业	0	船舶	66
其他服务业	59						

宣传与教育

宣 传 工 作

1999年,质量技术监督宣传工作以邓小平质量思想为指导,深入贯彻党的十五大和十五届三中全会精神,按照中央经济工作会议的要求和部署,突出用铁腕抓质量,围绕扩大国内需求,深化国企改革、调整经济结构、推进对外开放、发展农村经济、整顿经济秩序,在提高质量、净化市场、加强技术基础、推进与国际惯例接轨、打假治劣、维护国家、企业和消费者合法权益等方面加大舆论的宣传、监督和曝光力度;国家局与地方局上、下联动,充分发挥报刊、广播、电视等媒体各自的优势及其合力作用,在全国范围内形成了质量宣传和舆论监督的强大声势,为推动质量技术监督事业发展、提高全民质量意识和质量法制观念,促进形成对制假售假者"老鼠过街,人人喊打"的社会风气,创造一个"人人关心质量,人人重视质量"的良好社会氛围起到了积极作用。

一年来,国家局组织各类新闻发布会18次;新华社发通稿32篇,国内动态清样稿10余篇;中央级报刊、广播、电视播发质量技术监督新闻宣传报道近2 000篇(次)。其中,中央电视台播出新闻消息180余条,制作播出《焦点访谈》、《生活》、《经济半小时》等电视专题节目30集;中央人民广播电台播发消息报道70余次;已有人民日报、经济日报、中央电视台《经济半小时》等中央新闻媒体及《中国信息报》、《中国轻工报》、《中国资产新闻报》、《中国商报》等行业报刊近12家,开设了质量监督宣传专栏或专版。

【政策引导和制度化、规范化建设】 为了加大对质量工作和打假工作的宣传力度,充分发挥社会监督、舆论监督和质量技术监督相结合的优势,国家局联合中宣部发出了《关于加强质量宣传工作的通知,要求各级党委宣传部、技术监督局和新闻单位,要高度重视质量宣传工作,严格按照朱镕基总理"要加大产品质量抽查、曝光、勒令整改的力度"的指示要求,切实加大行政执法力度和舆论引导、舆论监督的力度,推动质量宣传工作的发展。

为了加强对棉农的质量宣传教育,及时把市场和政策信息传达给农民,引导棉农自觉地杜绝"异性纤维"混入棉花,国家质量技术监督局与国家广电局联合发出《关于加强对棉农宣传教育防止棉花混入异性纤维工作的通知》,要求各级技术监督局及其所属专业纤维检验机构,各级广电部门及棉产区广播电台、电视台、农村广播站等要做好对广大棉农的宣传教育工作。

为了强化对质量技术监督宣传工作的规范化、制度化管理,进一步理顺宣传工作管理体制,避免多头对外,减少工作的盲目性,确保质量新闻宣传的时效性、统一性和准确性,充分调动和发挥新闻媒体的积极性,组织制定了《质量技术监督宣传工作管理办法》。

为了加强对质量技术监督期刊的管理,规范质量技术监督系统所管期刊的办刊行为,为质量技术监督系统期刊改革工作奠定基础,组织制定了《国家质量技术监督局期刊管理暂行办法》。

组织完成了1998年度中国十大质量新闻奖的评选工作,以典型引路,进一步激励广大新闻工作者踊跃采编和报道具有一定社会影响力的质量新闻事件。

【质量新闻宣传网络初步形成】 为贯彻朱镕基总理有关加大舆论监督曝光力度的指示要求,国家质量技术监督局联合中宣部,重点与人民日报、经济日报、中央电视台等中央主要新闻单位协商,继续改进和办好经济日报每周二的质量监督专版;人民日报新增设《市场监督》专栏,专题报道质量新闻;中央电视台经济频道每周六晚《经济半小时——3·15行动》专题节目开播,并逐步增大质量监督、执法打假的节目内容;经济频道《生活》节目,每季度连续制作播出质量专题系列报道节目;并联合新华社信息中心通过新闻信息网络广泛发布质量技术监督新闻信息。

国家质量技术监督局与行业报刊合作,共同开辟并办好质量监督专版或周刊。目前,已联合《中国商报》、《中国资源新闻报》、《中国电视报》、《中国信息报》、《中国轻工报》、《名牌时报》等近10家行业报刊,在广泛宣传质量技术监督工作的基础上,做好专题性深度新闻报道。

质量宣传工作已形成多层次、大范围、高频率的宣传报道格局;做到消息报道与深度报道相结合,新闻报道与配发社论相结合;宣传报道工作无论从数量上,还是质量上,都呈上升趋势。

【公开曝光一批重大质量违法事件】 采访报道宁夏银川、山东临沂锅炉爆炸事件。国家质量技术监督局政法宣教司联合锅炉局共同组织中央电视台记者赶往事发地点进行采访,《晚间新闻》和《焦点访谈》先后播出事故情况,引起了江泽民总书记的关注。

采访报道江西猪油中毒致死人命案。为了将"江西猪油中毒致死人命案"问题尽快广而告之全国人民,以减少人民和国家的损失,国家质量技术监督局组织中央电视台及新华社、人民日报等媒体,及时地予以了披露,中央电视台《新闻联播》节目播出后,引起了社会各界的高度警觉。

采访报道全国最大的假化肥销售案。国家质量技术监督局政法宣教司与监督司联合,在黑龙江省技术监督局、佳木斯市技术监督局和连云港市技术监督局的积极配合下,组织中央电视台《焦点访谈》记者,千里追踪假化肥,将这起质量严重的假化肥案公开曝光。

公开曝光安徽钢材市场质量严重下滑事件。为了落实朱总理在国家质量技术监督局上报的重要情况反映上对"安徽钢材市场质量严重下滑"作出的"公开曝光"批示,国家质量技术监督局组织新华社、人民日报、中央电视台、广播电台、经济日报等中央新闻单位公开进行了报道,引起社会有关方面重视。

公开曝光并跟踪采访报道河北故城刹车片质量低劣问题。为落实朱总理、吴邦国副总理批示精神,国家质量技术监督局组织中央新闻单位对河北故城刹车片质量低劣——国家产品质量监督专项抽查合格率仅4.4%问题进行了集中披露，舆论监督促进了当地政府迅速采取治理整顿措施。

针对近来加油机作弊现象又有抬头，作弊手段更高科技化、隐蔽性更强等势头，国家质量技术监督局组织中央电视台《焦点访谈》节目组，会同四川省质量技术监督局深入四川绵阳，现场采访并公开曝光了这种利用高科技手段偷油的不法行为。为维护消费者的利益，维护成品油市场秩序和避免国家税收的大量流失发挥了舆论监督作用。

针对劣质农用机械坑农害农的现象，国家质量技术监督局有重点地组织中央电视台、经济日报、法制日报等中央新闻单位公开曝光了“广西小四轮农用车害死人命案”，从而引起当地政府的高度重视，责成以广西技术监督局牵头组成综合治理小组，严厉整顿广西境内非法拼装农用四轮车的违法犯罪行为。

根据企业举报，国家质量技术监督局组织中央电视台、《法制日报》、《中国质量报》等新闻单位的记者，两次赴安徽芜湖的制售假冒糖果窝点，采访执法打假活动，公布曝光制售假冒伪劣糖果犯罪窝点。

国家质量技术监督局组织中央新闻单位公开曝光了广东汕头、湖南常德、湖北等地制售劣质燃气热水器和灶具的集散地，及时报道了三地质量技术监督部门执法查处情况，并向广大消费者普及宣传了劣质燃气具的危害及如何鉴别选用燃气具的知识。

【对质量工作中重大活动的宣传报道】 国家质量技术监督局组织新闻单位广泛宣传党中央、国务院关于对省以下质量技术监督部门实行垂直管理体制改革的重大决定。新华社、人民日报记者联合编发新闻通稿，人民日报配发评论员文章，中央电视台《新闻联播》节目播发了有关消息，极大地鼓舞和鞭策了全国质量技术监督战线上的干部职工。

国家质量技术监督局配合国务院办公厅，组织新华社、人民日报、中央电视台等中央新闻单位，成功地宣传报道了全国质量工作会议和朱镕基总理对质量工作和质量监督工作所做出的重要指示精神。新华社通稿、人民日报社论以及中央电视台“新闻联播”等均作为重要新闻刊播，在全社会再次掀起了质量宣传新高潮。

国家质量技术监督局组织新闻单位广泛宣传全国质量技术监督工作先进单位、先进个人的先进事迹和典型经验，成功地宣传报道了人事部、国家质量技术监督局联合召开的全国技术监督工作“双先”表彰大会。

国家质量技术监督局组织开展纪念标准化法实现十周年系列宣传活动。并以举办座谈会、街头咨询服务以及电视系列专题片等形式，广泛宣传标准化和标准化法基本知识。

国家质量技术监督局组织新闻单位采访报道了全国质量技术监督系统开展的“查市场、保两节”、“查农资、保春耕”和“查建材、保建设”三大战役，及取得的成果。

国家质量技术监督局组织新闻单位开展了以“创造高质量、迎接新世纪”为主题的’99质量月宣传活动。集中宣传了推行全面质量管理20周年纪念活动、百城万店无假货活动等，联合中央电视台制作播出了反映质量月主题的公益广告。

【“3·15”大型宣传活动】 国家质量技术监督局向全国质量技术监督部门发出了《关于组织开展3·15保护消费者权益日活动的通知》，统一布置开展以“安全健康消费”为主题的3·15系列宣传活动，明确1999.3.15质量技术监督部门要开展的十项活动。

国家质量技术监督局与中央电视台、国家工商局、中国消费者协会等部门联合举办了以“世纪阳光”为主题的1999.3.15专题电视晚会；以“权威发布”的形式向社会公布了国家质量技术监督部门组织的3·15质量、计量专项检查结果，引起广大企业和消费者极大关注。

国家质量技术监督局联合广东、山东、四川、陕西等16个地方电视台、技术监督局、工商局、消费者协会共同开展了1999.3.15互动宣传系列报道。

国家质量技术监督局与中国消费者协会等30个部门联合主办“3·15”大型宣传咨询服务活动。局系统有关专家、中国质量万里行投诉办公室、产品质量申诉处理中心及北京市技监局、北京市技监局执法大队等进行现场受理投诉，解决纠纷。国家质量技术监督局共设32个宣传咨询免费检测摊位，质检机构近20位技术人员进行现场咨询。此项活动共受理质量投诉800余人(次)，为消费者提供免费检测服务300余人(次)。

【“国际标准化组织(ISO)第22届大会在我国召开暨纪念第30届世界标准日”系列宣传活动】 国家质量技术监督局组织新华社、人民日报、中央电视台、经济日报等30家中央及部分产业报宣传报道了“国际标准化组织(ISO)第22届大会暨纪念第30届世界标准日”新闻发布会；国家质量技术监督局组织中央新闻单位20家采访并报道了ISO第22届大会开幕式；中央电视台在ISO大会召开期间制作播放了以宣传标准化工作为主题的电视公益广告片12次；配合国际会议的召开，中央电视台《生活》节目制作播出2集专题节目。

中国质量报发表社论，通过专访、连续报道、专版等方式深入报道了首次在我国召开的ISO国际大会。

【日常性宣传报道】 国家质量技术监督局组织中央新闻单位宣传报道了国家质量技术监督局首届产品质量国家监督抽查不合格企业厂长(经理)培训班的情况，新华社发表述评，人民日报发表短评。

国家质量技术监督局组织近60家新闻单位记者参加了季度产品质量国家监督抽查结果发布会，广泛深入地报道了我国产品质量状况及存在问题。

国家质量技术监督局组织中央及部分产业报近30家新闻单位宣传报道了“加钙食品”、“茶饮料”对比检验结果、“水稻种子”、“房间空调器”、“部分农机及零配件”产品质量国家监督专项抽查结果等专项抽查和对比试验，扩大了社会影响。

国家质量技术监督局及时组织新闻单位宣传报道国家局出台的有关产品质量监督工作的新规定、规章，广泛宣传了国家质量技术监督局《关于严禁利用国家监督抽查结果进行有偿宣传活动的通知》、《关于加强市场商品质量、标准化、计量监督管理工作的公告》和《关于金银饰品管理规定的公告》及《粮食陈化鉴定管理办法的通知》等。

国家质量技术监督局组织中央新闻单位及部分产业报

广泛宣传报道了“国家质量技术监督局公布的全国‘打假’重点查处10个大案要案”；以及元旦、春节市场商品质量、计量大检查工作。

国家质量技术监督局组织中央电视台、经济日报、法制日报、中国质量报等新闻单位采访报道了广东省技术监督局开展的一周风暴打假活动，及对制售假冒电视机窝点和假冒摩托车窝点进行查处情况。

国家质量技术监督局组织宣传报道了“认证与认可工作研讨会”，“国家安全信息测评认证机构成立大会”，“质量体系认证企业国家认可稽查信息通报会”的消息，宣传我国认证工作取得的成绩、国家认可委员会正式实施的质量体系认证企业国家认可稽查制度与发展方向。

国家质量技术监督局组织新闻单位宣传报道了“锅炉、管道、压力容器及特种设备安全质量大检查”；“六一”游乐设施等特种设备大检查新闻发布会；1998年锅炉、压力容器、压力管道等特种设备安全事故通报。

国家质量技术监督局组织了若干重要国家标准新闻发布会，中央及部分产业报宣传报道了“土工合成材料”、“澳门区旗区徽”、“汽车尾汽排放国家标准”、“啤酒瓶强制性国家标准推进会”、“粮食国家标准制订工作启动”、“《稻谷》、《小麦》、《玉米》等8项粮食”国家标准及“《棉花　细绒棉》”国家标准等有关内容。

国家质量技术监督局组织新闻单位大力宣传新出台的计量规章及规范性文件。广泛宣传报道了国家质量技术监督局《商品量计量违法处罚规定》、《关于加强中小企业计量工作的意见》、《商品房销售面积测算办法》、关于调整《中华人民共和国强制检定的工作计量器具目录》、“关于企业使用的非强检计量器具由企业依法自主管理的通知”及“电话计时计费装置等5种计量器具纳入强检目录”等。

国家质量技术监督局与中央电视台“生活栏目”组共同制作了7集《商品房缩水骗局大曝光》系列节目；并组织了有关加强电能表计量监督保证电能公平交易和加强用于贸易结算电能表强制检定监督管理的宣传报道。

国家质量技术监督局协助团中央为纪念毛泽东同志《为人民服务》讲话发表55周年拍摄《为人民服务》电视片“优秀公务员”部分，着力宣传了我国优秀公务员姜连芳同志的事迹。

【报刊杂志和新闻出版】 根据国家新闻出版署“关于立即组织对‘法轮功’类出版物出版、印刷、复制、发行情况进行全面清查的紧急通知”要求，国家质量技术监督局组织局有关直属、挂靠单位进行清查工作。经查，国家质量技术监督局所属中国标准出版社、中国计量出版社、中国质量报社、中国质量检验协会、中国国际质量认证咨询促进会、国家局管理所声像室等单位自1996年7月以来编辑、出版、印刷、发行的所有图书、电子出版物、音像出版物没有出版、印刷、装订、复制、征订、批发、销售“法轮功”类出版物的情况，也没有卖出过书号或版号的现象。

为使中国标准出版社、中国计量出版社提高图书出版质量，国家质量技术监督局组织了对两社1999年版新出图书的编校质量检查，共查图书30种(其中法规类1种、教材类8种、技术类4种、科普类2种、工具书类4种、计算机2种、其他类图书9种)，检查字数约300万字。

根据新闻出版署要求，国家质量技术监督局对中国质量报社和在京局主管的16份期刊进行了重新审查、登记，并通过了国家年审，办理了出版许可证。

组织并指导中国质量报对局重大活动的宣传报道，推动报社的深化改革工作。

【中国质量万里行促进会】 国家质量技术监督局完成了中国质量万里行促进会换届及基础性建设工作。着手从组织机构、活动形式和制度建设方面改革并加强中国质量万里行促进会工作。完成了中国质量万里行促进会向民政部申请的全国社团组织机构重新审核、登记工作，重新组建了新一届中国质量万里行促进会领导机构和办事机构，使之成为在国家质量技术监督局领导和监督下的国家一级社团组织。

中国质量万里行促进会召开了第二届理事大会。大会总结了7年来质量万里行工作；明确今后一个时期质量万里行工作的主要任务；改选质量万里行促进会理事和常务理事；协调部署’99中国质量万里行宣传活动。大会经过充分民主选举，推选出国家质量技术监督局副局长潘岳为质量万里行促进会会长，著名经济学家厉以宁、吴敬琏以及一批行业主管部门和新闻单位的负责同志为副会长。来自国务院有关部委、人大常委会、科研院所、新闻单位和企业界的300多人当选为促进会的理事。

【’99中国质量万里行系列宣传活动】 开展了以“质量走过50年”为主题的首都大学生社会调查活动。组织了由北京大学、中国人民大学、北京师范大学、北京理工大学4所高校学生代表组成的’99中国质量万里行大学生社会调查团，分别对温州、佛山、巩义市3个城市进行调查，并深入到政府、技术监督部门及所有制不同的22家企业。人民日报、经济日报、工人日报和中国质量报、当地重要新闻单位都派记者跟踪采访并作报道。

与共青团中央、中国青年志愿者协会联合组织了以“质量·法制·服务”三下乡为主题，以宣传有关产品质量法律及保护消费者权益法律知识、宣讲辨别伪劣商品知识、受理质量投诉为主要内容的中国质量万里行青年志愿者服务月活动。

根据群众举报，国家质量技术监督局组织中国质量万里行促进会和中央新闻单位，经过深入、艰苦的明查暗访，公开曝光了一起历时十余载，危害京、津、鲁等地群体的非法制售病、死鸡案，引起社会各方面的重视和社会舆论的关注，唤起广大群众的警觉。

国家质量技术监督局组织中央电视台等中央新闻单位和广东省级新闻单位记者深入广东揭阳，与当地质量技术监督部门密切配合，采取新闻调查方式，现场跟踪采访并集中曝光了广东揭阳区域性生产劣质螺纹钢案。新华社播发的国内动态清样引起朱镕基总理的重视，作出：“此次打假，效果很好，应通报全国，公开曝光，对造假者群起而攻之”的重要批示。

组织中央新闻单位、部分产业报80余家集中宣传报道了国家局、中国质量万里行促进会联合贵州省和贵阳市人民政府实施的1999年以来全国最大的一次打击制售假冒卷烟行动。对于遏制造假售假的势头，促进地方经济的健康发展，形成打假的良性循环，发挥了新闻媒体的合力作用。

国家质量技术监督局制定实施了《中国质量万里行投诉工作管理办法》，并在组织中国质量万里行促进会对陕西、重庆、云南、河南、浙江、安徽等10个地方投诉站工作进行了检查的基础上，召开了中国质量万里行地方投诉站站长会议，进一步理顺工作思路，强化投诉站的工作管理。

教 育 工 作

【全国质量技术监督教育工作会议】 1999年11月，召开了第三次全国质量技术监督教育工作会议。来自各省、自治区、直辖市质量技术监督(技术监督)局，国家局直属挂靠单位，有关大中专院校，国家局培训中心的近100位代表参加了此次会议。会议总结了近5年来教育培训工作；部署了今后教育培训工作任务；交流了教育培训工作经验；讨论了会议提出的《关于加强质量技术监督教育培训工作的意见》等文件；对1995～1999年在质量技术监督教育培训工作中作出突出成绩的上海市、天津市、新疆自治区、河北省、河南省质量技术监督局以及中国纤维检验局、中国计量学院成人教育学院、山东质量工程学校、四川省技术监督学校、国家局上海国际培训中心、深圳培训中心等11个先进集体给予了表彰。

【加强质量技术监督教育培训规范化制度化建设】 为了提高质量技术监督队伍的整体素质，建立适应社会主义市场经济和质量技术监督事业发展需要的教育培训体系，规范教育培训管理，提高教育培训工作质量，国家局制定并印发了《质量技术监督教育培训工作管理办法》；同时，制定并印发了《关于加强质量技术监督教育培训工作的意见》(以下简称《意见》)，《意见》提出了质量技术监督教育培训工作的指导思想、工作目标和主要措施；另外，对1991年制定的《国家技术监督局培训中心管理办法》进行了重新修改。上述工作的开展，标志着质量技术监督教育培训工作纳入了规范化制度化管理的轨道。

【质量技术监督教育培训基础建设】 1.教材建设。为了适应质量技术监督教育培训工作新的要求，在对部分省(区、市)质量技术监督局、国家局直属单位、学(协)会、培训中心等32家单位近几年编写的与质量技术监督业务有关的书籍、培训教材进行调研的基础上，提出了《质量技术监督教育培训教材建设规划》，成立了质量技术监督教材建设领导小组。按照《质量技术监督教育培训教材建设规划》的要求，由国家局政法宣教司统一组织编写和实施质量技术监督人员岗前培训、岗位培训(重点是：领导干部岗位培训)、资格培训(重点是：行政执法人员资格培训)、普及性培训所用教材。计划用3年时间，完成组织编写1本基础教材、若干本专门类教材的任务。质量技术监督教育培训基础教材于2000年上半年印刷出版。2.基地建设。为了加强教育培训基地的管理，国家局编制了培训中心的考核、评价指标体系；组织专家组对原国家技术监督局各培训中心进行了综合考评；根据专家组意见和培训中心发展状况，经过研究，对上海国际培训中心、深圳培训中心、福州培训中心、北京通州培训中心和秦皇岛培训中心进行了重新确认。

【高等教育】 中国计量学院1999年完成普通本科招生计划数845人，其中，扩招本科生160人；成人本、专科招生计划1 100人，其中，增加成人招生150人；并且首次招收了民办本科生120人。为了加强中国计量学院的学科建设，国家局组织有关专家对学院申报的重点学科进行了评审后，批准将中国计量学院申报的"测试计量技术及仪器学科"、"光学工程学科"、"检测技术与自动化装置学科"、"机械电子工程学科"列为国家质量技术监督局重点建设学科，同意学院的光电子专业列为学士学位授予专业；根据国家大力发展高等职业技术教育的指示精神，为了加快发展具有质量技术监督特色的高等职业技术教育，批准设立了"中国计量学院高等职业技术学院"，该学院为中国计量学院下设的二级学院，招生纳入国家计划，并从2000年起开始招生。

【开展多种形式的教育培训】 1999年重点完成以下几项培训工作：

1. 有计划地完成了县级质量技术监督局局长的岗位培训工作。为了提高县级质量技术监督局领导干部的业务水平和行政执法能力，使他们对质量技术监督机构的中心任务和重要职责有进一步的认识，国家局从1996年开始，历时3年，部署了对近几年新进入县级质量技术监督局的正、副局长进行了第二轮岗位培训的任务。截止到1998年底，全国各省(区、市)质量技术监督局共培训县级局局长3 200人。1999年1月，国家局组织召开了第二轮县级局局长岗位培训工作总结会，表彰了培训工作做得突出的河北、黑龙江、浙江、山西、山东五个省的质量技术监督局。

2. 举办了以更新知识为目的的继续教育高级研修班。为了使有关部门、质量技术监督系统主管标准化和从事外经贸工作的负责人，科研院所从事标准化研究和管理工作的高级专业技术人员以及部分大中型企业的决策层人士了解、掌握世界贸易组织贸易技术壁垒协定(WTO/TBT)的有关知识及我国"入世"的最新动态和信息，国家局联合国家人事部、国家外国专家局共同举办了"世贸组织贸易技术壁垒协定(WTO/TBT)高级研修班"。60余名人员参加了高级研修班的学习。通过中外专家讲学和共同研讨，有利于我们借鉴国际上最新的标准化成果及制定的有关规则，采用新的有效方式，做好我们自己的工作；有利于企业加强科学管理，参与国际竞争，从而提高我国产品在国际上的竞争能力。

3. 首次举办"产品质量国家监督抽查不合格企业厂长(经理)培训班"。为了贯彻中央领导同志关于加大质量监督力度，用铁腕抓质量的指示精神，进一步加强产品质量国家监督抽查后处理工作，督促企业、特别是企业领导增强法律意识和质量意识，促进产品质量的提高，4月24～26日，国家质量技术监督局首次举办了产品质量国家监督抽查不合格企业厂长(经理)培训班,培训对象为1998年下半年以来产品质量国家监督抽查中产品质量不合格的部分大中型企业的厂长(经理)。来自16个省、自治区的47家企业的厂长(经理)参加了培训班学习。培训的主要内容包括:国家有关质量方面的法律、法规、规章及要求;产品质量监督方面企业应知内容;质量管理基础知识和企业标准化、计量工作方面的知识。

4. 委托国家粮油质量监督检验中心举办全国陈化粮鉴定培训班。为全面贯彻国务院关于粮食流通体制改革会议精神,加强对陈化粮鉴定工作的管理,确保对粮食陈化实施科学客观公正的鉴定,使具体从事粮食陈化鉴定的业务人员掌握有关政策,熟悉鉴定规则和判定方法;学习检验标准;规范操作技术;出具可靠数据、提供准确无误的鉴定报告。国家局委托国家粮油质量监督检验中心于1999年8～9月举办了6期全国陈化粮鉴定培训班。参加培训的各类粮检机构136家,业务人员296名。

国际合作与交流

概　述

【人员交流】

	批数	人(次)数
1999年派出人员	229	771
其中:考察访问	49	266
参加国际会议	95	257
合作研究	10	10
业务培训	17	86
其他(含锅炉检验、评审、国际比对)	58	152
接待来华访问外宾		346

【主要活动】 1999年,共派出49批考察交流团组,266人(次)考察访问了17个国家和地区,主要为:德国、法国、比利时、美国、加拿大、澳大利亚、新加坡、英国等国家。考察的主要内容为:标准制定与审查制度,农业标准化,强制性标准,大宗物料交接计量管理,法制计量,产品质量监督管理制度,欧洲市场准入制度,原产地域标志制度,茧丝纤维检验,防伪技术,节能技术等。

组织了95个团组、257人(次)参加了14个国际组织召开的各种国际会议,召开会议的国际组织、区域组织有:国际标准化组织(ISO)、国际电工委员会(IEC)、国际法制计量组织(OIML)、国际物品编码协会(EAN)、国际认可论坛(IAF)、国际审核员培训与注册协会(IATCA)、国际实验室认可合作组织(ILAC)、国际计量测试联合会(IMEKO)、亚太经济合作组织(APEC)、亚太计量规划组织(APMP)、太平洋地区标准大会(PASC)、亚太实验室认可合作组织(APLAC)、太平洋认可合作组织(PAC)、亚洲大洋洲开放系统互连研讨会(AOW)等。

在双边合作方面,与德国联邦物理技术研究院(PTB)签署了第5期计量合作协议,与摩洛哥标准化、质量促进局签署了双边合作协议,与法国干邑办签署了99年度合作协议,与美国国家标准学会(ANSI)签署了双边合作协议,与日本计工连签署计量定期协议会第7次协议,与德国标准化学会签署新一轮的3年合作协议,与德国质量协会签署关于开展质量领域合作的框架协议,与韩国国立技术品质院签署了第5次标准化、计量和质量认证工作会晤纪要,与荷兰计量院签署了非自动衡器型式试验结果相互承认协议。

承办国际会议及研讨会,1999年10月,在北京成功地承办了第22届国际标准化组织(ISO)大会,来自世界各地90个国家和地区及15个国际组织的近300名代表参加了会议。朱镕基总理在人民大会堂接见了ISO的主要官员和部分参加会议的国际组织代表。大会选举中国为2000～2001年ISO理事会成员。

邀请国外专家访华和讲学,主要有:德国联邦物理技术研究院原院长金德教授被授予中国政府"友谊奖"并应邀参加了国庆50周年观礼活动;德国标准化学会会长巴克博士一行4人访华;IEC副主席访华,考察并商讨"亚太行动计划";日本起重机协会高岛清一行4人,来华交流起重机械安全检验技术;日本规格协会相良直哉一行9人,来华与中方共同举行标准化学术研讨会;德国联邦物理技术研究院阿勒斯等计量专家来华,执行计量技术合作协议;荷兰国家计量研究院一行2人,来华考察并签署协议。

【取得的效果】 1. 加强了与德国、法国、以色列、新加坡、日本、韩国等国的双边合作关系,拓展了新的合作领域。2. 关注当今国际标准化、计量、认证等方面的最新动向,获取信息,推动质量技术监督工作与国际接轨,扩大我国在国际上的影响。3. 培养复合型人才,加大人员和技术交流。

双　边　合　作

【签订合作协议】 1999年签署合作协议5项,年度合作2项,会议纪要1项,多边互认1项。

1999年9月,国家质量技术监督局局长李传卿在与德国标准化学会新任会长巴克博士以函签方式签署了新一轮的3年合作协议。

1999年9月,国家质量技术监督局副局长王秦平在摩洛哥与摩洛哥标准化质量促进局签署了双边合作协议。

1999年3月,国家质量技术监督局副局长王以铭在北京与法国干邑办签署了1999年度合作协议。

1999年10月,国家质量技术监督局副局长王以铭在北京与美国国家标准学会(ANSI)签署了双边合作协议。

1999年4月,国家质量技术监督局国际合作司副司长刘新民在日本与计工连签署了中日计量定期协议会第7次协议。

1999年9月,国家质量技术监督局国际合作司副司长刘新民在法兰克福与德国质量管理协会签署了关于开展质量领域合作的框架协议。

1999年6月,国家质量技术监督局国际合作司副司长刘新民以函签方式与韩国国立技术品质院签署了第5次标准化、计量和质量认证工作会晤纪要。

1999年11月3日,国家质量技术监督局国际合作司副司长孔晓康在广州与荷兰国家计量科学研究院签署了型式试验报告相互承认协议。

1999年12月3日,国家质量技术监督局认证与实验室评审管理司刘安平副司长在印度与亚太实验室认可合作组织签署了相互承认协议。

【考察访问】 共49项,主要项目有:

以色列、新加坡　1999年11月30日至12月14日,应以色列贸工部部长和新加坡生产力局局长的邀请，以国家质量技术监督局局长李传卿为团长的代表团一行6人对两国进行了访问。在以期间，访问了以色列贸工部法制计量局、标准局等机构，并与以贸工部部长进行了会谈，双方就委托中方检验机构进行装船前的抽样检查进行了讨论，并签署了会谈纪要。在新加坡期间，代表团访问了新加坡电脑局、公共事业管理局、电力公司等机构，中新双方就两国现行法律法规、企业标准化工作、WTO/TBT咨询点的运作等进行了认真讨论，并就进一步加强双边交流与合作达成了广泛的共识。

美国、加拿大　1999年5月30日至6月15日，以国家质量技术监督局副局长王以铭为团长的代表团一行7人，赴美国和加拿大，就按WTO/TBT协议的规定，实施通报和咨询工作的情况，特别是WTO/TBT咨询点的建立和运作机制进行了考察，为确立我局的WTO/TBT通报和咨询工作的方针奠定了基础，并为该工作的有效开展提供了新的思路。

英国、法国、欧盟　1999年4月28日至5月12日，以国家质量技术监督局副局长潘岳为团长的代表团一行7人，赴英国、法国和欧盟进行了访问，就技术法规和标准政策的管理工作，法国原产地命名和欧盟地域标志保护制度及其对保护和开展农业资源和传统产业、增加国家税收和有效遏制假冒伪劣行为等进行了考察。

英国、德国、欧盟　1999年11月，以国家质量技术监督局副局长朱明暹为团长的代表团一行6人，应邀赴英国、德国、欧盟总部就欧洲市场准入制度进行了考察和访问。

美国　1999年4月，组织部分省局计量处长赴美国就法制计量工作进行了考察，其中，美国开展的计量器具的型式试验和型式批准，对法制计量实验室的管理等工作，对我国均有较强的借鉴作用。

澳大利亚　1999年5月29日至6月12日，组织部分省局标准化管理人员赴澳大利亚进行了农业标准化考察，就农业生产的产业化管理、农产品质量等级标准的制定和实施、农产品市场营销、规范化管理和质量监控体系等情况进行了考察。

俄罗斯、波兰　1999年11月16至29日，以国家质量技术监督局政法宣教司司长金光为团长的代表团一行5人赴俄罗斯、波兰就强制性标准工作进行了考察。

【技术交流】 包括技术交流、进修、合作研究、国际比对、专业培训等。主要项目情况见下表：

序号	时间	国别	项目性质	内容	执行人
1	1999.2	德国	技术交流	氘灯标准技术	薛凤仪
2	1999.2	荷兰	技术交流	型式试验	王池
3	1999.10	美国	技术交流	定型试验	白仲元等5人
4	1999.10	英国、德国	技术交流	型式批准试验	王正强等3人
5	1999.7	美国	技术交流	活塞压力计	张鹏程
6	1999.11	德国	技术交流	微米及纳米测量系统	徐毅
7	1999.7	法国、德国	国际比对	关键比对及验收设备	陆祖良等2人
8	1999.12～2000.2	土耳其	合作研究	力值不确定度	李庆忠
9	1999.4～2000.4	德国	合作研究	中子核数据测量	阮锡超
10	1999.7～2000.1	德国	合作研究	离子存储光频标	吉望西
11	1999.7～2000.1	德国	合作研究	高温超导	钟青
12	1999.8～2000.2	芬兰	合作研究	干涉仪量值溯源	许婕
13	1999.9～2000.2	日本	合作研究	双色激测量大长度	陆梅
14	1999.9～1999.12	日本	合作研究	辐射测温	原遵东
15	1999.9～1999.12	德国	合作研究	稀土永磁材料标样比对	林安利
16	1999.12	日本	合作研究	外腔光导体激光器	臧二军
17	1999.7	英国	专业培训	^{3}He超低温系统	贺青
18	1998.8	美国	专业培训	激光干涉仪	方毓文
19	1999.3	美国	专业培训	能效标准	李爱仙等4人
20	1999.7	德国	专业培训	计量技术	张益群
21	1999.7	法国	专业培训	酒精饮料检测	康永菱等4人

国际会议与研讨会

【国际会议】 共派95个团组参加会议。派出参加的主要会议有：

1999年10月，国家质量技术监督局王以铭副局长率团赴日本参加国际电工委员会(IEC)第63届大会及IEC理事局、执委会、合格评定局会议。会上，我局正式邀请第66届IEC大会于2002年在中国北京召开。

1999年4月，国家质量技术监督局李忠海副局长率团赴哥伦比亚参加第22届太平洋地区标准大会(PASC)，重点就太平洋地区各有关标准机构，协调参加国际标准化活动的立场，以及与其他区域性国际组织合作问题进行了讨论。

1999年7月，中国质量体系认证机构国家认可委员会(CNACR)秘书长肖建华赴加拿大参加太平洋认可合作组织(PAC)年会，并被选举为PAC主席。

1999年11月，国家质量技术监督局认证与实验室评审管理司副司长刘安平率团赴印度参加亚太地区实验室认可合作组织(APLAC)大会，在会上，代表中国实验室国家认可委员会(CNACL)签署了APLAC多边互认协议(MRA)，并当选APLAC管理委员会成员。

1999年9月，国家质量技术监督局认证与实验室评审管理司薄昱民等2人赴澳大利亚参加国际电工委员会防爆电器认证组织(IECEx)年会，在会上，中国正式向IECEx提出了加入Ex认证机构和Ex实验室的书面申请，迈出了实质性参加IECEx活动并发挥重要作用的关键一步。

1999年10月，中国计量科学研究院院长潘必卿率团赴法国参加第21届国际计量大会和国家计量院院长会议。会上，我局授权签署了《国家计量(基)标准互认和国家计量院签发的校准与测量证书互认》协议，参加并真正实现国家计量(基)标准互认和国家计量院签发的校准与测量证书的互认，对全球贸易和签署国经济的发展，对于国际科技合作与交流、改善投资环境等，均具有深远的影响。

派出参加国际组织召开的专业技术会议有：

序号	时间	地点	会议内容	出席人
1	1999.1.18～1.23	法国	BIPM关键比对	李振民等2人
2	1999.1.23～1.30	美国	ISO/TC184 工业自动化	董国华
3	1999.1.26～2.5	美国	IATCA会议及执委会	侯玲林等2人
4	1999.1.29～2.12	新西兰	APEC第1次高官会	谢军
5	1999.2.3～2.12	法国、比利时	EAN编码协会会议	康树国等2人
6	1999.2.6～2.14	法国	CCQM物质量咨询	赵敏
7	1999.2.6～2.18	瑞士	IEC执委会	王以铭等2人
8	1999.2.6～2.13	瑞士	OIML/TC8 流量测量	韩建平等3人
9	1999.2.6～2.12	比利时	OIML/TC8/SC7 气体测量	姜永平等3人
10	1999.2.4～2.21	法国	BIPM国际计量局大会	施昌彦
11	1999.2.23～2.28	西班牙	ISO/TMB质量管理体系特别工作组会	肖建华等2人
12	1999.3.3～3.13	德国	OIML/TC13 声学与振动	关慎敏等2人
13	1999.3.10～3.14	以色列	OIML/TC8/SC5 水表	王建平等2人
14	1999.3.29～4.2	瑞士	ISO/CASCO合格评定	刘安平
15	1999.4	法国	BIPM时频	黄秉英
16	1999.4	美国、加拿大	ISO/TC184/SC5 工业自动化	刘植婷
17	1999.4.25～5.1	德国	ISO/TC145 图形符号	陈元乔
18	1999.4.13～4.23	法国、菲律宾	IAF国际认可论坛	肖建华
19	1999.4.17～4.24	德国	ISO/REMCO标样	赵敏等4人
20	1999.4.26～4.30	加拿大	ISO/TC184 工业自动化	董连续
21	1999.4.12～4.16	土耳其	ISO/TC210 医疗器械	国焕新等2人
22	1999.4.23～5.8	澳大利亚、新西兰	APEC第2次高官会	谢军等3人
23	1999.5.17～6.1	西班牙、法国	ISO/TC172 眼科光学	王莉茹
24	1999.5.11～5.23	美国	ISO/COPOLCO 消费者政策	孙世平等4人
25	1999.5	比利时	EAN国际编码年会	矫云起等4人
26	1999.5.8～5.19	法国	CCM质量及相关量咨询	李庆忠
27	1999.5.16～5.23	瑞士	ISO/CASCO合格评定	肖建华等2人
28	1999.6.12～6.22	美国	ISO/TC35 色漆与清漆	李汝诚
29	1999.5.28～6.7	韩国	ISO/TC207 环境管理	刘兆彬等8人
30	1999.5.30～6.5	美国	IEC/CISPR 无线电干扰	崔凤喜等13人
31	1999.6.13～6.25	日本	IMEKO大会	王立吉等15人
32	1999.7.4～7.8	英国	OIML/TC8/SC5 水表	张晓钟

续表

序号	时间	地点	会议内容	出席人
33	1999.7.12～7.21	美国	ISO/IEC/SC31 联委会	刘芳
34	1999.7.27～8.8	美国	ISO/TC11 锅炉压力容器	高继轩等5人
35	1999.6.5～6.11	挪威	ISO/TC184/SC4 工业自动化	王平
36	1999.8.2～8.9	新西兰	APEC 第3次高官会	马文秀
37	1999.9.5～9.10	印尼	亚太法制计量论坛	韩建平
38	1999.9.4～9.13	南非	IECEE 电工产品	谢军等4人
39	1999.9.12～9.18	澳大利亚	IECEx 防爆电器	薄昱民等2人
40	1999.9.12～9.19	丹麦	ISO/IEC/JTC1/SC2 字符编码	陈壮等7人
41	1999.9.12～9.20	美国	ISO/TC176 质量管理和质量保证	国焕新等14人
42	1999.10.12～10.9	突尼斯	CIML 国际法制计量委员会34届年会	赵彤等2人
43	1999.10.15～10.24	巴西	ILAC 国际实验室认可合作组织会议	刘安平等2人
44	1999.10.21～11.4	巴西	IATCA 国际审核员培训与注册协会会议	刘兆彬等6人
45	1999.10.23～10.30	香港	国际编码协会亚太会议	娇云起等2人
46	1999.10.31～11.15	加拿大	ISO/TC204 道路信息与控制系统	李汝诚
47	1999.11.8～11.14	奥地利	ISO/TC145 图形符号	白殿一
48	1999.11.7～11.22	美国	ISO/TC184/SC4 工业自动化	王平等3人
49	1999.11.13～11.30	瑞士	INFCO 情报	白俊章等4人
50	1999.11	韩国	术语会议	房庆
51	1999.11.27～12.7	印度	APLAC 亚太实验室认可合作组织会议	刘安平等3人
52	1999.12	瑞士	ISO/TC154 文件格式	李颖
53	1999.12	新加坡	ISO/IEC/IRG 字符集	陈壮等6人

【人员培训】 1999年共派出17个团组参加国际培训班，主要有：

1999年3月，国家质量技术监督局标准化司杨泽世赴新加坡参加物流过程中的产品保护培训班。

1999年4月16日至5月7日，中国标准化协会张伟等20人赴加拿大参加ISO 14000培训。

1999年5月10日至5月25日，中国标准化协会杨小平赴奥地利、意大利、德国参加ISO 14000培训。

1999年4月28日至5月8日，国家质量技术监督局标准化司温珊林赴澳大利亚参加APEC培训。

1999年8月和9月，国家质量技术监督局质量司董乐群、黑龙江省质量技术监督局王卫国分别赴日本参加日本海外研修者协会(AOTS)培训。

1999年10月，中国质量检验协会徐建如等30人赴美国参加质检专业技术培训。

1999年11月，国家质量技术监督局国际司安佰生赴马来西亚参加APEC培训。

1999年12月，中国计量科学研究院宋丽等25人赴美国参加质量、计量管理培训。

【在华举办国际会议、研讨会、展览会】 1999年10月18～22日，国际标准化组织(ISO)第22届大会在北京召开，来自世界各地90个国家和地区及15个国际组织的近300名代表参加了会议，ISO大会中国组委会名誉主席吴邦国副总理为大会致贺信，朱镕基总理在人民大会堂接见了ISO的主要官员及部分参加会议的国际组织代表。会议选举巴西的考托巴斯先生为2001～2002年ISO主席，同时，选举中国为2000～2001年ISO理事会成员，大会还通过了"成立全球市场标准化论坛"等重要决议。会议期间，李传卿局长在开幕式上就中国的标准化工作发表了讲话，王以铭副局长主持了开幕式并宣读了吴邦国副总理的贺信，李忠海副局长率中国代表团参加了本次大会的各项活动。其间，局领导还分别会见了ISO中央秘书处主要负责人及来自美国、加拿大、德国、南非、英国等十几个国家的标准机构的负责人。与会代表对大会的组织工作给予了高度赞扬，ISO秘书长向国家质量技术监督局赠送了纪念镜框，并充分肯定了中国政府对标准化工作的重视，并为此次大会的成功举办出版了专刊。

1999年8月，与日本规格协会在北京举办了中日标准化技术研讨会。

1999年5月，与法国干邑办合作，在广东省中山市举办了中法酒精饮料检测分析技术培训班，来自14个省市的产品质量检测机构的技术人员在法国专家的指导下，学习了洋酒感官鉴别和实验检测的知识和技巧，并获得了法国国家干邑酒行业办公室颁发的培训证书。

1999年10月18～21日，中国标准化与信息分类编码研究所在北京承办了国际条码自动识别技术展览会，20多家厂商参加了展览。

【与港、澳、台的合作交流】 1999年1月24～29日，国家质量技术监督局副局长王以铭一行2人赴香港进行工作访问。

1999年5月，中国合格评定国家认可中心王卫东赴香港进行监督评审。

1999年6月，中国质量认证与咨询促进会杨红云赴香港进行现场评审。

1999年6月，中国计量学院金允朝一行5人赴澳门进行认证交流考察。

1999年11月17～24日，国家质量技术监督局认评司夏铮铮等3人赴台湾进行技术交流。

锅炉压力容器
安全监察

概　　述

1999年锅炉压力容器压力管道及特种设备安全质量监察监督工作，在党组和局领导的关心领导下，经过锅炉局全体同志的共同努力，较好地完成了计划的工作目标和上级交给的各项任务。主要工作如下：

（一）立法工作

1. 新制定的规章：完成了《特种设备质量监督与安全监察规定》、《压力管道设计单位资格认可办法》、《压力管道元件安全注册办法》、《压力管道安装单位资格认可办法》和《小型和常压锅炉安全技术管理规定》等6项规章的报批稿。完成了《压力管道安全技术监察规程》征求意见稿。与卫生部联合制定了《医用氧舱安全管理规定》，已公布。

2. 修订的规章：完成了《压力容器安全技术监察规程》、《锅炉定期检验规则》、《锅炉水处理监督管理规则》、《锅炉化学清洗规则》、《锅炉压力容器压力管道及特种设备检验人员资格考核规则》等5项规章的修订并已公布。

（二）体制改革职能划转及工作协调

1. 配合垂直管理体制的改革，为协助省以下顺利实现锅炉压力容器职能划转，分别对辽宁、江苏两省及京、津、沪、渝4个直辖市和哈尔滨、沈阳等十二个副省级城市的锅炉监察机构、检验所进行专题座谈调研，促进和协助地方搞好职能划转和工作平移。

2. 根据深圳局邀请，派人专程赴深圳协助进行特种设备职能范围的确定以及划转工作方案的研究，并专门下发国家局文件进行具体指导，为深圳市顺利实现职能划转和工作平移起到积极作用。

3. 及时处理了徐州市锅检所全体职工签名报告的“关于徐州市锅检所自有办公用房被变卖的紧急报告”，制止了事态发生。

4. 恰当地处理了在体制改革中出现的一些情况，如关于特种作业人员资格考核问题，协助四川、河南等省局确定关于职能划转范围等。针对25个化工压力容器检测站联名来信反映的情况，会同政宣司、认评司等向中编办提出了处理意见。

5. 以国家局文件给农业部发了《关于渔船用锅炉压力容器安全监察管理问题的复函》，将渔船用锅炉压力容器类设备纳入国家锅炉压力容器安全监察管理范围，明确了在我局归口管理下由渔业船舶检验局对渔船用锅炉压力容器（不含渔港、码头等其他陆上用锅炉压力容器类设备）代表国家行使监察管理职能，理顺了关系。

6. 与中编办、建设部的有关司局、协会进行了特种设备和压力管道工作的协调。

7. 按国家局要求，承办起草了《对九届全国人大二次会议第2853号建议的答复》文件。

（三）业务工作

1. 现场监察工作：加强了对锅炉的现场安全监察的工作力度，根据国家局安排，与中央电视台联合，针对性地对违法使用土锅炉的情况进行了曝光。新闻报道引起江总书记的重视并就此专门对锅炉压力容器安全工作作出了重要指示。全国范围开展了锅炉压力容器、压力管道及特种设备安全检查，包括春节前参加北京市的锅炉压力容器特种设备安全检查，参加经贸委组织的世博会安全检查，春节后组织了世博会锅炉压力容器特种设备安全复查，消除了这类设备存在的事故隐患。召开了“液化石油气站安全管理现场会”，交流了液化石油气站安全管理的经验，提出了加强安全管理的措施。

2. 专项抽查工作：进行了液化石油气钢瓶国家质量专项抽查的检测工作，共检测了69家生产企业的产品。

3. 开展了对锅炉水处理设备制造企业、水处理药剂生产企业和化学清洗单位的情况调查。通过调查摸底，初步掌握了水处理行业的情况。召开了中国水处理协会换届大会。

4. 组织安排了对41家锅炉制造企业的换、发证审查工作。部署了液化石油气钢瓶阀换发许可证的工作。进行了对压力容器制造资格换发许可证检查工作交由中介机构实施试点。

5. 受理了104家国外锅炉压力容器制造企业进口锅炉压力容器安全质量许可证的申请，参加了部分企业的审查工作。参加了外交部组织的对我国驻蒙、罗、朝大使馆锅炉的检查。

6. 召开了国务院有关部门参加的特种设备座谈会，发出了“关于做好电梯、防爆电器等特种设备安全质量监察监督工作的通知”。

7. 组织了四个调研组，对13个省的压力管道和特种设备安全监察工作进行调研。组织锅检中心等单位对吉林、河北、新疆和湖北4条长输管道进行了监督检验工作。

8. 在充分调研的基础上，发出了《关于做好锅炉安装质量监督检验有关问题的通知》，进一步明确了锅炉安装监检有关问题。

9. 按照有关规则要求，对22家锅炉压力容器检验单位进行了抽查考核。办理了150家检验单位换证注册。指导有关考核机构开展对检验人员及无损检测人员的资格考核工作。安排了对省级无损检测考委会验收工作。

10. 针对目前存在问题，加强对检验单位的监督管理，加大查处力度，整顿行业作风，对有关违规单位进行了通报批评。

11. 召开了京、津、沪、河北、江苏、辽宁等省市的部分锅检所座谈会，研究提出了“锅检技术机构的宗旨和业务范围”。为锅检技术机构的工作方向确定了原则。

（四）宣传、宣贯、培训工作

1. 按照宣传工作计划，组织有关单位对黑龙江及全国的游艺机和游乐设施开展安全知识宣传教育活动，协助《中国质量报》进行了“游艺机和游乐设施安全质量”和“液化石油气钢瓶安全质量”等专题专版宣传活动。

2. 安排了《锅炉T型对接接头超声波探伤规定》和压力管道检验人员、压力管道评审人员、医用氧舱检验人员、医用氧舱维护人员培训班，召开了《锅炉定期检验规则》、《锅炉水处理规则》、《锅炉化学清洗规则》、《压力容器安全技术监察规程》、《医用氧舱安全管理规定》、《液化石油气钢瓶阀》宣贯会，参加了燃气汽车标准体系研讨会，参与制定燃气汽车标准体系表。为公交及出租车系统宣讲车用气瓶和压力容器的安全管理。组织了有关培训教材的编写工作。

3. 组织进行了深圳特种设备安全监察高级研讨班，了解香港关于特种设备的安全管理情况。

（五）外事活动

1. 参加了在京举办的中美标准研讨会、中俄强制标准交流研讨会。

2. 参加了在京举行的中国-欧盟WTO谈判，阐述有关中国锅炉压力容器进口许可制度的立场。

3. 参加中国压力容器标准化代表团赴美国出席ISO/TC11全体会议。

4. 接待了日本起重机协会代表团和俄罗斯磁记忆技术专家，组织开展技术交流推广活动。

5. 组织完成了赴日本考察锅炉压力容器和特种设备安全监察任务。

6. 参加了香港劳工处举办的第15届锅炉压力容器安全研讨会，并顺访香港劳工处、消防处、机电工程署进行交流和探讨。

（六）统计、综合计划及其他

1. 完成了1998年度锅炉压力容器统计汇总工作。完成了《检验案例》的汇总工作。完成了对检验单位监督抽查情况的汇总工作。

2. 完成了1998年度锅炉压力容器、压力管道事故统计分析，发出事故通报。

3. 组织安排了技改项目的申报工作，并按文件要求对申报项目进行了初审和立项论证。按计科司要求组织了科研项目的申报、按标准司要求组织了标准项目的申报。

4. 组织起草了《锅炉压力容器、压力管道、特种设备安全监察“十五”计划和15年规划思路》。参加了科技部召开的“安全工程科技研讨会”并提出了“十五”锅炉压力容器、压力管道及特种设备安全科学技术研究方向的建议。

基本情况综合汇总

（一）全国现有锅炉压力容器安全监察机构及其人员情况

全国共有安全监察机构2 354个，其中：国家质量技术监督局直属1个；省级31个；地（市）级373个；县（市）级1 949个。

1. 专管机构679个，其中：省级29个；地（市）级314个；县（市）级335个。兼管机构1 675个，其中：省级2个；地（市）级59个；县（市）级1 614个。

2. 现有专职人数共有2 232人，其中：国家直属15人，省级223人；地（市）级979人；县（市）级1 015人。兼职人数共有2 017人。

3. 现持有省级以上安全监察机构颁发的有效证1 748人。负责从事锅炉安全监察工作人员588人，负责从事压力容器安全监察工作人员401人，负责从事压力管道安全监察工作人员143人，负责从事特种设备安全监察工作人员107人。

4. 持有省级以上从事锅炉安全监察有效证件609人，从事压力容器安全监察有效证件433人，从事压力管道安全监察有效证件110人，从事特种设备安全监察有效证件88人。

（二）全国现有检验单位及其人员情况

1. 全国锅炉压力容器检验单位共有1 070个，其中：独立锅检单位共989个，派出锅检单位81个。现有职工总数16 605人，按文化程度分类，研究生以上人员196人，大专以上人员8 630人，高中以上人员4 941人，其他人员2 838人。

按技术职称分类，工程技术人员合计13 870人，高级工程技术人员1 848人，中级工程技术人员5 719人，初级工程技术人中4 587人，待评工程技术人员1 716人。

按工作性质分类，无损检测持证人员中高级（国家级）（Ⅲ）652人，中级（省级）（Ⅱ）7 086人，初级（单位）（Ⅰ）1 418人，水处理检验（Ⅳ）以及其他有关检验持证665人。

全国现有持证检验人员12 073人。检验师中，锅炉检验师持证1 606人，压力容器检验师持证3 151人，压力管道检验师持证34人，特种设备检验师持证171人。全国持有锅炉检验员证3 924人，压力容器检验员证3 739人，医用氧舱检验员证44人，气瓶检验员证2 945人，压力管道检验员证52人，电梯检验员证199人，起重机械检验员证182人，厂内机动车辆检验员证152人，驾空索道检验员证11人，游乐设施检验员证28人，防爆电气检验员证21人。

2. 国家局直属锅检单位1个，省级锅检单位29个，派出锅检单位10个；地（市）级锅检单位341个，派出锅检单位26个；县级锅检单位195个，派出锅检单位45个；行业部门锅检单位212个；自检单位184个，其他锅检单位27个。

（三）全国人员培训及资格考核情况

全国安全监察持证人员1 719人。举办锅炉压力容器压力管道监察培训班6期，参加768人，年内发证11人，年内换证 250 人。

全国检验人员中，无损检测高级检验员持证 715 人，举办 1 期资格培训，参加培训 25 人，年内发证 20 人，年内换证 34 人。中级检验员持证 21 793 人，举办 57 期资格培训，参加培训 3 587 人，年内发证 2 313 人，年内换证 2 183 个。初级检验员持证 8 344 人，举办 44 期资格培训，参加培训 1 479人，年内发证 1 164 人，年内换证 250 人。锅炉检验师持证 677 人，举办 8 期资格培训，参加 193 人，年内发证 81 个，年内换证 106 个。压力容器检验师持证 1 784 人，举办 3 期资格培训，参加 165 人，不进行必要考试，不必取得资格的适应性培训举办 1 期，参加 250 人，年内发证 57 人，年内换证 72 人。压力管道检验师持证 15 人。

锅炉检验员持证 3 130 人，举办 8 期资格培训，参加 507 人，举办 3 期适应性培训，参加 37 人，年内发证 243 人，年内换证 75 人。压力容器检验员持证 2 964 人，举办 3 期资格培训，参加 204 人，年内发证 26 人，年内换证 4 人。医用氧舱检验员持证 20 人，举办 2 期资格培训。气瓶检验员持证 3 909 人，举办 12 期资格培训，参加 787 人，年内发证 423 人，年内换证 203 人。压力管道检验员换证 8 人，举办 2 期资格培训，1 期适应培训，年内发证 72 人。

锅炉房管理人员持证 5.95 万人，举办 201 期资格培训，51 期适应培训，年内发证 0.74 万人，年内换证 166 人。压力容器操作人员持证 18.43 万人，举办 425 期资格培训，26 期适应培训，年内发证 2.03 万人，年内换证 0.82 万人。水处理人员持证 12.70 万人，举办 479 期资格培训，2 期适应培训，年内发证 1.50 万人，年内换证 1.06 万人。焊工持证 13.91 万人，举办 479 期资格培训，6 期适应培训，年内发证 2.32 万人，年内换证 1.42 万人。司炉人员持证 63.18 万人，举办 2 205 期资格培训，18 期适应培训，年内发证 10.12 万人，年内换证 9.02 万人。充装操作人员持证 2.69 万人，举办 304 期资格培训，6 期适应培训，年内发证 0.57 万人，年内换证 0.27 万人。罐车押运员、驾驶员持证 2.69 万人，举办 107 期资格培训，61 期适应培训，年内发证2 673 人，年内换证 767 人。

（四）全国在用锅炉总台数 50.04 万台

1. 其中，蒸汽锅炉 33.33 万台，热水锅炉 16.30 万台，有机锅炉 0.39 万台。

按用途分类统计：生活用锅炉 25.90 万台，生产用锅炉 23.61 万台，发电用锅炉 0.53 万台。

2. 全国在用锅炉总蒸发量 124.87 万 MW。

锅炉总蒸发量中：蒸汽锅炉 97.06 万 MW，热水锅炉 27.30 万 MW，有机锅炉 0.51 万 MW。

按用途分类统计：生活用锅炉的蒸发量为 37.86 万 MW，生产用锅炉的蒸发量为 48.86 万 MW，发电用锅炉的蒸发量为 38.15 万 MW。

（五）全国在用固定式压力容器总台数 126 万台

1. 按设计压力分类统计：第一类压力容器低压（0.1 MPa$\leqslant P<$1.6 MPa）84.63 万台；第二类压力容器低压（0.1 MPa$\leqslant P<$1.6 MPa）12.58 万台，中压（1.6 MPa$\leqslant P<$10 MPa）19.59 万台；第三类压力容器低压（0.1 MPa$\leqslant P<$1.6 MPa）1.41 万台，中压（1.6 MPa$\leqslant P<$10 MPa）4.37 万台，高压（10 MPa$\leqslant P<$100 MPa）3.06 万台；超高压容器（$P\geqslant$100 MPa）0.20 万台；医用氧舱 1 454 台。

2. 按用途分类统计：反应容器 13.39 万台，换热容器 40.83 万台，分离容器 36.24 万台，储存容器 26.26 万台，其中大于等于 50 m^3 球罐 0.85 万台，其他容器 9.28 万台。

（六）在用移动式压力容器（罐车与气瓶两类）

1. 全国在用罐车共计 17 291 辆。其中汽车罐车 12 713 辆；铁路罐车 4 578 辆。

2. 全国在用气瓶总数 6 133.29 万只，其中：无缝气瓶 577.91万只，溶解乙炔气瓶229.37 万只，液化石油气瓶 5 288.17万只，车用气瓶 3.95 万只，低温气瓶 0.09，其他气瓶 33.80 万只。

（七）持有锅炉制造许可证企业

1. A 级证（$P\geqslant$9.8 MPa）9 个；B 级证（$P<$9.8 MPa）17 个；C 级证（$P\leqslant$2.45 MPa）39 个；D 级证（$P\leqslant$1.57 MPa）149 个；E1 级证（SA）（$P\leqslant$0.39 MPa 且 $D\leqslant$1 t/h 或额定出口水温 $t<$120℃的热水锅炉、但供热量＞2.8 MW 的热水锅炉、额定出口水温 $t\geqslant$120℃的热水锅炉）（水质监测单位）190 个，E2 级证（SB）（$P<$0.1 MPa 的蒸汽锅炉和额定出水口水温 $t<$120℃且额定热功率$\leqslant$2.8 MW 的热水锅炉）（水质监测单位）328 个；YJ 级证 35 个；其他证（单独取得部件）21 个。

2. 持有锅炉安装许可证单位 4 044 个。

3. 持有锅炉修理改造证单位 1 414 个。

4. 其他授权取证单位 443 个。

（八）持有压力容器制造许可证企业

持有三类压力容器制造许可证（国家级证）315 个；一、二类许可证（省级证）2 162 个；AR1 级（一、二、三高压容器）84 个；AR2 级（一、二、三类压力容器）129 个；AR3 级（球形压力容器现场组焊、容积$\geqslant$50 m^3）49 个；AR5 级（医用氧舱）14 个；BR1 级（一、二类压力容器）1 716 个；BR2 级（一类压力容器）228 个；CR1 级（液化气体铁路罐车）10 个；CR2 级（液化气体汽车罐车）22 个；DR1 级（无缝气瓶）10 个；DR2 级（焊接气瓶）21 个；DR3 级（溶解乙炔气瓶）12 个；DR4 级（特种气瓶）4 个；DR5 级（液化石油气瓶）154 个；其他证（部件、封头等）58 个。

（九）持有压力管道制造安装证企业

1. 持有国家级制造证 16 个。

2. 持有国家级安装证 29 个，省级安装证 397 个，工业管道安装证 306 个，公用管道安装证 92 个，长输管道安装证 8 个。

（十）气瓶充装站、检验站

1. 全国共有气瓶充装站 10 813 个。其中永久气体充装站 2 191 个，溶解乙炔充装站 1 077 个，液化石油气充装站

8 362 个,液化气体充装站 613 个,其他充装站 117 个。

2. 全国共有气瓶检验站 2 107 个。其中无缝气瓶检验站 989 个,溶解乙炔气瓶检验站 260 个,液化石油气检验站 762 个,其他焊接气瓶检验站 210 个,其他检验站 95 个。

按行业分类数见下表:

项目	合计	无缝气瓶	溶解乙炔气瓶	液化石油气瓶	其他焊接气瓶	其他
质技监直属	354	70	46	229	34	3
非质技监直属	1 635	876	194	484	161	92
其他	118	43	20	49	15	0

(十一) 安装安全性能监督检验数量

1. 全国锅炉安装安全性能监检 16 119 台,其中 B 级以上 139 台。

2. 全国压力容器安装安全性能监检 3 295 台,其中 30 m^3球罐监检 162 台,医用氧舱 44 台。

3. 全国压力管道安装安全性能监检 6 411 km。

4. 全国水处理设备安装安全性能监检 443 台。

(十二) 产品安全性能监督检验数量

1. 全国共有产品安全性能监督检验锅炉 50 221 台,其中蒸汽锅炉 31 613 台(B 级以上 156 台)、热水锅炉 12 069 台;有机锅炉 2 305 台;其他 4 234 台。

2. 全国产品安全性能监检压力容器 24.25 万台,其中≥50 m^3 球罐 396 台;超高压容器 6 台;医用氧舱 161 台。全国监检汽车罐车 1 171 辆;铁路罐车 232 辆,其他 22 辆。其他压力容器 3.53 万台。

3. 全国产品安全性能监检气瓶 1 371.13 万只,其中无缝气瓶 46.27 万只;溶解乙炔气瓶 16.58 万只;液化石油气瓶 1 233.37 万只;其他 74.91 万只。

4. 全国产品安全性能监检安全附件 78.02 万个,其中安全阀 898 个;爆破片 297 个,其他 77.90 万个。

5. 全国产品安全性能监检压力管道元部件 1 471 个,其他 377 个。

(十三) 定期检验

1. 锅炉

全国共完成定期检验在用锅炉 27.60 万台,其中:定检蒸汽锅炉 16.51 万台,定检率 94.2%;定检热水锅炉 10.79 万台,定检率 96.3%;定检有机锅炉 1 385 台,定检率 94.5%。

质技监单位检验承担完成其中工作量是 87.73%;

行业单位检验承担完成其中工作量是 10.05%;

自检单位检验承担完成其中工作量是 1.28%;

其他单位检验承担完成其中工作量是 0.94%。

2. 压力容器

全国共完成压力容器定期检验 22.32 万台(辆),定检率 92.4%。其中:固定式压力容器定期检验 19.34 万台,定检率 93%;固定式压力容器中≥50m^3 球罐定检 682 台,定检率 91.9%;超高压容器定检 139 台,定检率 24.3%;医用氧舱定检 330 台,定检率 97.6%。罐车中汽车罐车定检 6 675辆,定检率 83.4%,铁路罐车定检 4 294 辆,定检率 92.1%,其他罐车定检 15 311 辆,定检率 95.4%。其他压力容器定检 3 561 台,定检率 72.3%。质技监单位检验承担完成其中工作量 75.32%,行业单位检验承担完成其中工作量 16.98%。自检单位检验承担完成其中工作量 8.65%,其他单位检验承担完成其中工作量 0.90%。

3. 气瓶

全国共完成气瓶定期检验 810.09 万只,定检率 72.3%。其中无缝气瓶定检 95.21 万只,定检率 73%;溶解乙炔气瓶定检 25.46 万只,定检率 61.2%;液化石油气瓶定检 685.56 万只,定检率 72.9%;其他气瓶定检 3.86 万只,定检率 48.4%。质技监单位检验承担完成其中工作量 30.26%,行业单位检验承担完成其中工作量 31.12%;自检单位检验承担完成其中工作量 15.34%;其他单位检验承担完成其中工作量 23.29%。

4. 压力管道

全国共完成压力管道定期检验 10 661 延长米,其中工业管道定检 4 509 延长米;公用管道定检 6 107 延长米;其他定检 45 延长米。质技监单位检验承担完成其中工作量 90.10%;行业单位检验承担完成其中工作量 1.34%;自检单位承担完成其中工作量 8.56%。

5. 安全阀

全国共完成安全阀定期检验 29.73 万个。质技监单位检验承担完成其中工作量 86.34%;行业单位检验承担完成其中工作量 6.09%;自检单位承担完成其中工作量 3.57%;其他单位检验承担完成其中工作量 4.0%。

6. 锅炉水质检测

全国共完成锅炉水质检测定期检验 13 万个水样。其中质技监单位检验承担工作量 95.14%;行业单位检验承担工作量 3.26%;自检单位检验承担工作量 1.38%;其他单位检验承担工作量 0.22%。

(十四) 进口锅炉压力容器情况

1. 进口锅炉共计 1 681 台,不合格率占 5.23%。

各省中进口最多的是北京,共计 760 台,约占全国进口总数的 45.21%;其次是辽宁省,共计 243 台;广东进口 180 台;上海进口 135 台。

进口压力容器共计 2 974 台,不合格率占 5.99%。

各省中进口压力容器最多的是广东省,进口 662 台,上海市进口 634 台,其次是浙江省,进口 267 台,江苏省进口 245 台,北京市进口 194 台,山东省进口 141 台。

进口气瓶共计 5 111 只,不合格率 0.41%。

各省中进口气瓶最多的是上海市,进口 4 849 只;其次是北京市,进口 216 只。

2. 出口锅炉压力容器情况

全国出口锅炉总数计 66 台,合格率为 100%。

锅炉出口最多的是江苏省,计 32 台。其次,上海市出口 8 台,湖北省出口 7 台,广东省、浙江省各出口 5 台。

全国出口压力容器总计数 8 193 台，合格率为 100%。

压力容器出口最多的是上海市，共计 6 328 台，其次是江苏省出口 474 台，辽宁省出口 436 台，广东省出口 418 台，湖北省 150 台。

全国出口气瓶总数计 54.48 万只，合格率为 100%。

气瓶出口最多的是广东省，共计 23.77 万只，其次是，北京市出口 8.4 万只，上海市出口 7.1 万只，浙江省出口 6.99 万只，江苏省出口 3.57 万只，辽宁省出口 3.52 万只，浙江省出口 6.99 万只，四川省出口 1.01 万只，河南省 733 只，河北省 286 只。

检 验 管 理

【检验单位资格认可及注册】 根据《劳动部门锅炉压力容器检验机构资格认可规则》(劳锅字[1988]4 号)和《关于做好锅炉压力容器检验机构资格复查工作的通知》(劳安锅局字[1994]18 号)的有关要求，1999 年共有 4 个锅炉压力容器检验单位申请并通过了资格认可审查，150 个检验单位通过了资格复查，并在锅炉压力容器安全监察局办理了注册。

【检验单位监督考核】 根据《锅炉压力容器检验单位监督考核办法》(劳部发[1993]266 号)的有关要求，1999 年据不完全统计，全国 14 个省共对所辖 135 个检验单位的检验工作质量进行了抽查考核和常规检查，其中质量技术监督(劳动)部门检验单位 95 个，行业部门和自检单位 40 个，检验质量被评为优秀的 10 个。期间，我局还专门组织了对上海、江苏、湖北、黑龙江等 8 个省市的 18 个检验单位进行了抽查考核，并对个别检验单位的违规行为进行了通报。

【检验员考核】 1999 年 11 月，我局在宁波对申报第一期医用氧舱检验员资格的人员进行了考核，参考人员 67 人，其中 64 人通过考核，取得医用氧舱检验员资格。

同月，我局在上海对申报第一期压力管道检验员资格的人员进行了考核，参考人员 174 人，其中 166 人通过考核，取得压力管道检验员资格。

1999 年，省级锅炉压力容器安全监察机构共组织进行锅炉压力容器检验员考核 11 期，颁发、换发检验员证 314 个。

【无损检测人员考核】 1999 年 4 月，全国锅炉压力容器无损检测人员考核委员会在成都对申报 RT、MT、PT 项高级(Ⅲ级)无损检测人员资格复试的学员进行了考核，共有 227 人参加了考核，其中 211 人通过了复试考核，合格率 93%。同年 5 月，在天津对申报 UT 项高级(Ⅲ级)无损检测人员资格复试的学员进行了考核，共有 29 人参加了考核，其中 22 人通过了复试考核，合格率 91%。

1999 年 11 月，全国锅炉压力容器无损检测人员考核委员会在天津对全国申报锅炉压力容器高级(Ⅲ级)无损检测人员资格的学员进行了考核，参加考核的共 175 人，其中 66 人获得了高级(Ⅲ级)检测人员资格证件。同时，对上一年度初试、复试补考人员进行了考核，共 67 人参加，其中 55 人通过考核。

1999 年度，省级无损检测考核机构举办中级人员资格考核 57 期，颁发、换发资格证件 3 587 个；初级 44 期，颁发、换发资格证件 1 479 个。

【有关文件】 自《锅炉压力容器检验员资格鉴定考核规则》(劳锅字[1988]5 号)颁布实施以来，锅炉压力容器检验人员的资格考核工作质量得到了提高。但随着社会主义市场经济的建立和完善以及部门职能的变化，原《锅炉压力容器检验员资格鉴定考核规则》已不能完全适应要求。1999 年，我局组织进行了修订，并以《关于印发〈锅炉压力容器、压力管道及特种设备检验人员资格考核规则〉的通知》(质技监局锅发[1999]222 号)文件印发了新《考规》，2000 年 7 月 1 日正式实施。新《考规》共六章四十四条，在积极推进检验人员资格考核工作的改革，保持压力管道、特种设备检验人员资格考核与锅炉压力容器检验人员资格考核的相对统一，以及实施检验师、高级检验师制度方面有所突破。

为进一步贯彻落实江泽民总书记等中央领导同志关于安全生产的重要指示精神，做好 1999 年两节期间安全监察工作，我局向各省级质量技术监督部门下发了《关于做好两节期间锅炉压力容器、压力管道及特种设备安全监察监督工作的几点要求》(质技监锅字[1999]5 号)文件，以消除事故隐患，遏止特大事故为目标，开展安全检查。

锅炉压力容器压力管道事故情况

据初步统计，1999 年共发生锅炉、压力容器、气瓶、压力管道爆炸事故 138 起，严重事故 150 起，共死亡 131 人，受伤 512 人，直接经济损失 4 087.28 万元。其中锅炉爆炸事故 31 起，严重事故 123 起，死亡 21 人，受伤 43 人，直接经济损失 817.22 万元；“土锅炉”(即非法制造劣质、非承压锅炉按承压锅炉使用)爆炸事故 36 起，严重事故 2 起，死亡 23 人，受伤 38 人，直接经济损失 118.11 万元；压力容器、气瓶和压力管道爆炸事故、严重事故、死亡人数、受伤人数和直接经济损失如下表所示。

1999 年锅炉、压力容器、压力管道事故情况对比表

名称	锅炉			压力容器			名称	气瓶			压力容器		
	1999 年	1998 年	增减%	1999 年	1998 年	增减%		1999 年	1998 年	增减%	1999 年	1998 年	增减%
爆炸事故(起)	67	54	+24.1	32	35	−8.6	爆炸事故(起)	30	43	−30.2	9	8	+12.5
严重事故(起)	125	263	−52.5	15	8	+87.5	严重事故(起)	4	3	+33.3	6	13	−53.8
死亡人数(人)	44	25	+76	39	42	−7.1	死亡人数(人)	32	34	−5.9	16	26	−38.5
受伤人数(人)	81	130	−37.7	196	86	+127.9	受伤人数(人)	78	155	−49.7	157	149	+5.4
直接经济损失(万元)	935.33	1 266.88	−26.2	1 145.87	1 240.1	−7.6	直接经济损失(万元)	1 418.0	306.6	+362.5	321.48	207.97	54.6

从表中看出，锅炉爆炸事故、死亡人数呈上升趋势；压力容器严重事故、受伤人数呈上升趋势；气瓶严重事故、直接经济损失上升幅度较大；压力管道爆炸事故、受伤人数、直接经济损失呈上升趋势。安全形势十分严峻。

锅炉、压力容器、气瓶、压力管道是承压的有爆炸危险的特种设备，如果设计、制造、安装质量低劣，使用管理不当，会危及人民生命安全和造成财产损失。江泽民总书记在1999 年元月曾对宁夏银川发生的一起锅炉爆炸事故作指示："像锅炉这类压力容器，它的质量好坏，直接关系到国家财产和群众生命的安全，切不可稍有疏忽。"为认真吸取教训，防微杜渐，将 1999 年各类典型事故介绍如下：

1999 年 1 月 13 日下午，宁夏石嘴山矿务局银川办事处发生爆炸事故，操作工当场死亡。事故的主要原因是：司炉工当班离岗，未及时关闭从储油罐向日用油箱供油的油泵，导致约 10 吨燃油从日用油箱溢流到地面、下水明沟存积、挥发，使室内空气中油气浓度升高。锅炉启动时将含高浓度油气的气体由鼓风机送入炉膛，当锅炉点火后，引起锅炉房内可燃气体爆炸，进而引起日用油箱、下水系统内的积油爆炸、燃烧。

1999 年 4 月 7 日，江苏省江阴市康源印染有限公司一台锅炉发生爆炸，导致锅炉本体报废，直接经济损失 32 万元。事故的直接原因是：锅炉严重缺水且燃烧又未停止，导致金属材料过热，致使材料强度降低引起爆炸。

1999 年 7 月 9 日辽宁省锦州电力有限公司 3 号发电机组在停产检修恢复生产前进行安全阀定压，当压力达到 16.6MPa 时，省煤器引出管爆炸，造成 5 人死亡，3 人重伤，事故直接经济损失 120 万元。

36 起"土锅炉"事故中，多数是豆腐房、年糕房、熨烫间、装饰涂料等个体经营户，非法安装，无证使用，超压操作，引起事故。如：1999 年 1 月 30 日浙江天台县雷峰乡潘岙杨村临时年糕作坊在用"土锅炉"过程中发生爆炸。房屋倒塌，造成 5 人死亡，13 人重伤，直接经济损失约 7 万元。

1999 年 4 月 15 日山西省阳城县恒泰大酒店 1 台 0.5 吨/小时立式蒸汽锅炉发生爆炸。造成 2 人死亡，5 人重伤，直接经济损失 16.09 万元。当地锅炉安全监察部门对该台锅炉曾三次下达停炉使用通知，但仍旧承压使用，雇用无证人员操作，是一起严重的责任事故。

1999 年 6 月 14 日河北省邢台县东汪镇振兴胶合板厂 1 台无证非法制造立式蒸汽锅炉发生爆炸，死亡 1 人，受重伤 2 人，直接经济损失 17.6 万元。爆炸同时引起周边三个厂房火灾。

1999 年 7 月 24 日海南值盛食品工业有限公司 1 台违章制造、安装的"土锅炉"在调试过程中发生爆炸，造成 1 人死亡，2 人重伤，2 人轻伤，直接经济损失 30 万元。

1999 年 3 月 30 日荆州市石化总厂 1 台无任何设计，制造、安装资料，没有进行定期技术检验，没有办理使用登记手续，容积 2 000 L，直径 1 200 mm 的聚合反应釜发生燃烧爆炸。造成 4 人死亡，经济损失 73 万元。直接原因是聚合釜反应失控，导致釜内压力迅速升高，釜内介质冲破釜盖上端设置的铝质防爆膜，进而引起燃爆。

1999 年 9 月 25 日黑龙江省哈尔滨铁路分局铁路罐车发生爆炸，死亡 2 人，重伤 3 人，受伤 23 人，直接经济损失 200 万元。造成这一事故的主要原因是：在对该罐车进行中修时，在加压检查过程中.没有进行罐内液化石油气残液回收，未按规定对罐内进行蒸气吹扫，罐内存有大量石油气体和残液，导致爆炸。

1999 年 12 月 28 日河北省河间市化肥厂低温变换炉发生撕裂爆炸事故。炉体撕裂变形，低温变换触媒因爆炸飞散粉碎，同时与空气直接接触而全部氧化失效报废。直接经济损失约 154.1 万元。

1999 年 12 月 24 日浙江省嵊州橡胶助剂厂 1 台生产橡胶硫化促进剂的反应釜发生爆炸，造成 3 人死亡，1 人重伤，直接经济损失 30 万元。这起事故的原因是由于操作失误，充氧过量，致使反应釜反应加剧，压力骤增，将人孔接管根部角焊缝撕裂。

1999 年 8 月 5 日山东省诸城市化肥股份有限公司新建尿素装置的合成车间发生爆炸，3 人死亡，1 人重伤，直接经济损失 70 万元。这起事故是压缩段 6MD 压缩机二段出口截止阀破裂，瞬间半水煤气大量泄出，造成燃烧爆炸，酿成事故。

1999 年 3 月 31 日湖南湘西自治州吉首糖果厂发生液氯钢瓶泄漏事故，107 人中毒。其中 87 人住院治疗，2 人死亡，18 人严重受伤。

1999 年 3 月 24 日黑龙江省哈尔滨汽轮机有限责任公

司溶解乙炔气瓶爆炸。死亡4人，重伤4人，轻伤4人，直接经济损失1 300万元。该事故是在速控工段安装空气压缩机管道作业中，电焊工在溶解乙炔钢瓶上安装乙炔减压器时，出现泄漏发生爆炸。

1999年5月12日广西南宁陆川县马坡镇大良村发生液化气泄漏爆燃事故。店主无证违章用人工瓶对瓶灌气，导致液化气体泄漏，遇电火花爆燃，当场烧伤25人，其中1人死亡，8人重伤，16人轻伤。

1999年6月29日广西都安县安阳镇扶绥石油液化气供应公司都安供气分公司个体经营者，用瓶对瓶方式倒残液发生爆燃，1人死亡，1人重伤。

1999年6月25日江西新余钢铁责任公司在运输液氯钢瓶途中，发生罐体液氯泄漏事故，造成街道两旁树木熏坏及人员中毒。19人严重中毒住院抢救，直接经济损失4.38万元。这是由液氯瓶易熔塞塞座角焊缝腐蚀穿孔所致。

1999年10月21日北京市昌平县百善中学校办厂气瓶爆炸。操作人员错将氧气瓶当氢气瓶使用，混合气体遇明火造成爆炸，并引爆现场另两只气瓶，气瓶间被夷为平地。

1999年10月27日天津钢厂氧气充装站发生气瓶爆炸事故，5人死亡，2人重伤。造成爆炸的原因是气体混装，管理不善所致。

据了解，在社会上使用过期瓶，报废瓶屡禁不止；气瓶混装现象较为严重，必须引起高度重视。

1999年3月8日湖南益阳市氮肥厂发生压力管道泄漏事故。管道脱落，易燃易爆气体大量喷出，引起爆炸火灾，合成氨车间设备严重损坏。4人死亡，1人重伤，直接经济损失134.38万元。主要原因是：法兰内螺纹锥度过大，运行中定检不到位，维修人员对法兰螺栓施加一定的外力，使泄漏气流产生的轴向后座力加大了丝接头负荷，并在40分钟泄漏中没有立即泄压停机所致。

1999年6月19日下午4:00，广西南宁市金湖路中段的香港花园地段已敷设的管道燃气管网，被正在此路段施工的市基础公司三友房地产公司的挖掘机挖断，埋在地下的管道燃气管网被挖破一个约25厘米的裂口，导致大量燃气泄漏。

锅炉安全监察

【设计监督】 根据《锅炉压力容器安全监察暂行条例》的规定，全国性的锅炉定型设计，须经国务院主管部门和锅炉压力容器安全监察局审查批准；非全国性的锅炉定型设计，须经省、自治区、直辖市主管部门和劳动部门锅炉压力容器安全监察处审查批准。目前，锅炉尚没有全国性的定性产品，实际上锅炉的设计只是经省级批准即可。因此锅炉制造单位的锅炉设计应送省级主管部门和劳动部门锅炉压力容器安全监察处审查批准。锅炉压力容器安全监察机构审查锅炉设计的重点是锅炉安全问题。审查的依据为现行的锅炉安全监察规程、有关的国家标准、部标准。没有相应规定的，锅炉制造单位应提供设计依据。

锅炉设计的审查范围如下：

1. 锅炉本体受压部分(包括拉撑等)；
2. 锅炉范围内管道；
3. 锅炉安全附件、仪表；
4. 锅炉本体烟道；
5. 锅炉平台、步道、扶梯。

锅炉制造单位送审资料应有下列各项：

1. 锅炉总图；
2. 主要受压部件图(包括锅炉范围内管道图)；
3. 受压元件强度计算书(包括安全阀排量计算书)；
4. 锅炉设计说明书；
5. 其他与锅炉安全有关的设计资料。

据统计，1999年全国省级锅炉压力容器安全监察机构共审查锅炉图样2 898套。

【制造、安装资格管理】 锅炉制造的安全监察，一方面是对锅炉制造实行许可证制度，即通过对锅炉制造、安装单位的人员、工装设备、质量保证体系等进行考察和审查，对符合要求的单位发给许可证后，才允许其制造相应级别的锅炉产品。另一方面是对锅炉制造企业的产品质量进行安全质量监督检验，这项工作是由锅炉压力容器安全监察机构授权的锅炉压力容器检验所进行。

锅炉制造许可级别的划分如下：

级别	工作参数	发证单位
A级	参数不限	国家质量技术监督局
B级	$P<9.8$ MPa(P为表压，下同)	
C级	$P\leqslant 2.5$ MPa	
D级	$P\leqslant 1.6$ MPa	
E1级	$P\leqslant 0.4$ MPa，且$D\leqslant 1$ t/h	
YJ	有机热载体炉	
E2级	$P<0.1$ MPa的蒸汽锅炉和额定出口水温<120℃，且热功率≤2.8 MW的热水锅炉	省级质量技术监督局

注：① 额定出口水温小于120℃但热功率大于2.8 MW的热水锅炉属于E1级；

② 额定出口水温大于或等于120℃的热水锅炉制造许可证级别，按额定出水压力(表压)分属于E1级及其以上各级；

③ 取得E1级及其以上各级的，可以制造有机热载体炉。

锅炉制造许可证有效期5年。锅炉制造许可证条件按照原劳动部职业安全卫生与锅炉压力容器监察局1995年8月21日颁发的“关于公布《锅炉制造许可证条件》的通知”(劳安锅字[1995]52号)的规定。

1999年有29家企业取得(换发)E1级及其以上锅炉制造许可证，有5家企业取得锅炉部件制造专项许可证，注销了1家企业的锅炉制造许可证。具体名单如下：

1999换发锅炉制造许可证的企业名单

一、取得锅炉制造许可证的企业名单

序号	企业名称	省别	级别	许可证编号	序号	企业名称	省别	级别	许可证编号
1	北京锅炉厂	北京	B	20299001	16	河北华林机械设备有限公司	河北	E1	20599020
2	四川南溪锅炉厂	四川	D	20499011	17	郑州工业锅炉厂	河南	E1	20599021
3	长春市春城锅炉厂	吉林	E1	20599007	18	兰州机器制配厂	甘肃	E1	20599022
4	吉林省工业锅炉制造有限公司	吉林	E1	20599008	19	杭州燃油锅炉厂	浙江	E1	20599023
5	丹东市锅炉压力容器制造厂	辽宁	E1	20599009	20	南京工业锅炉厂	江苏	E1	20599028
6	中国人民解放军海军兴盛锅炉厂	辽宁	E1	20599010	21	天津市北方锅炉制造厂	天津	E1	20599029
7	旅顺圣海锅炉厂	辽宁	E1	20599011	22	金华市锅炉厂	浙江	E1级蒸汽	20599024
8	辽宁省盘锦橡塑机械厂	辽宁	E1	20599012	23	余姚市舜火锅炉制造有限公司	浙江	E1级蒸汽	20599025
9	辽阳锅炉制造总公司	辽宁	E1	20599013	24	长春市特种锅炉厂	吉林	E1级蒸汽	20599026
10	勃力县凯春锅炉容器制造有限公司	黑龙江	E1	20599014	25	郴州铁路锅炉厂	湖南	E1级蒸汽	20599027
11	塔和锅炉厂	黑龙江	E1	20599015	26	恩平市机械厂	广东	D级电加热锅炉	20799009
12	黑龙江大田锅炉制造有限公司	黑龙江	E1	20599016	27	常州加热炉制造厂	江苏	有机热载体炉	20799008
13	新疆昌峰锅炉制造公司	新疆	E1	20599017	28	天津市中建热载体设备有限公司	天津	有机热载体炉	20799010
14	太原市热管锅炉厂	山西	E1	20599018	29	江阴市三杰实业有限公司	江苏	有机热载体炉	20799011
15	高碑店华信锅炉制造有限公司	河北	E1	20599019					

二、取得锅炉部件制造资格的企业名单

序号	企业名称	省别	级别	许可证编号
1	哈尔滨市电力配件厂	黑龙江	A级锅炉承压部件(锅筒除外)	20799003
2	丹阳市电站锅炉配件厂	江苏	B级锅炉承压部件(锅筒除外)	20799004
3	江西省火电建设公司压力容器设备制造厂	江西	A级锅炉承压部件(锅筒除外)	20799005
4	张家港市特种锅炉配件厂	江苏	A级锅炉承压部件(锅筒除外)	20799006
5	杭州锅炉厂东新分厂	浙江	A级锅炉承压部件(锅筒除外)	20799007

三、注销锅炉制造资格的企业名单

序号	企业名称	省别	级别
1	马鞍山市锅炉厂	安徽	D级

锅炉安装的安全监察，主要包括：一是对安装单位实行安装资格制度，这项工作由省级锅炉压力容器安全监察机构对安装单位进行审查，实施资格认可并颁发安装许可证。到目前已有4 044多家单位取得了锅炉安装许可证。二是对锅炉的安装实行报批制度。即锅炉安装前，锅炉使用单位须将锅炉平面图及标明与有关建筑物的距离的图样，送当地锅炉压力安全监察机构审查同意。锅炉安装单位应按有关规定进行施工，保证锅炉安装质量。锅炉安装质量的分段验收由锅炉安装单位和使用单位共同进行；水压验收和总体验收，除锅炉安装单位和使用单位外，还应有锅炉压力容器安全监察机构派员参加。

【使用环节监察(检查方式、详细情况)】 锅炉使用环节的安全监察具体做法是：(1)对锅炉实行登记、发证使用制度；(2)对锅炉操作人员实行持证上岗制度。使用锅炉的单位应按照《锅炉压力容器安全监察暂行条例》的规定，办理使用登记后，才能将锅炉投入使用。锅炉使用登记手续按《锅炉使用登记办法》规定办理。该办法规定，凡使用固定式承压锅炉的单位，应向锅炉所在地的县级以上(含县级)锅炉压力容器安全监察机构办理登记手续，办理登记手续时应提交《蒸汽锅炉安全技术监察规程》或《热水锅炉安全技术监察规程》规定的与锅炉安全有关的技术资料。登记机关对资料进行审查合格后给锅炉使用单位颁发《锅炉使用登记证》。

锅炉拆迁过户时，原使用单位应向原登记机关办理锅炉注销手续并交回《锅炉使用登记证》。锅炉的全部资料应随锅炉一起移交接收单位，锅炉接收单位应重新办理锅炉登记手续。

目前我国在用固定式锅炉共有500 438台。

由于锅炉是承压的特种设备，司炉工人是特种作业人员，原劳动人事部制订了《锅炉司炉工人安全技术考核管理

办法》。该办法中规定司炉工人的基本条件、培训和考核内容及方法；司炉操作证的级别、发放与管理等。符合基本条件并经考核合格的司炉工人，由当地锅炉压力容器安全监察机构发给司炉操作证。1999年，全国共举办了2 223期司炉人员培训班，参加学习的人员有134 274人，共有191 409人换发了司炉操作证。

【锅炉水处理监督管理】 1999年国家质量技术监督局颁发了《锅炉化学清洗规则》和《锅炉水处理监督管理规则》，对锅炉的水处理和化学清洗作了具体规定。主要内容有：(1)对锅炉化学清洗单位实行资格认可制度；(2)对锅炉水处理人员实行持证上岗制度；(3)对锅炉水处理设备、树脂和药剂的生产单位，实行注册登记制度。

锅炉化学清洗的单位须经省级锅炉压力容器安全监察机构的认可并取得相应的资格后，方可从事锅炉化学清洗工作。从事锅炉水处理工作的人员应经培训、考核，并取得地、市级以上(含地、市级)锅炉压力容器安全监察机构发给的《锅炉水处理人员操作证》后，才能独立操作。1999年，全国共举办了481期锅炉水处理人员培训班，参加学习的人员有23 855人，共有25 664人换发了锅炉水处理人员资格证。

【小型和常压热水锅炉监察有关情况】 小型锅炉的使用量大面广，且操作管理水平低，而常压热水锅炉由于安全和使用不当，往往造成由于锅炉承压，导致小型和常压锅炉常有事故发生，社会影响极大。因此，为加强对小型和常压热水锅炉的安全监察和管理，国家质量技术监督局在1999年开始起草《小型和常压热水锅炉安全监察规定》，并多次就此召开专题会议，同年完成了该规定的报批稿。

1999年，宁夏银川发生锅炉爆炸事故后，江泽民总书记就此作了重要指示：对锅炉这种产品，从制造到安全，每一环节都必须进行严格的质量检验，不合格的绝不允许出厂和使用。运行中的锅炉，也必须定期严格检验，及时发现和消除隐患，防患于未然。几十年前我们就这么做的。人命关天的事，一定要慎之又慎，确保万无一失。各地为贯彻落实江总书记的指示，开展了对锅炉压力容器安全大检查，消除了许多隐患。

【锅炉有关文件及标准】 1999年颁布的有关锅炉方面主要文件有：

1. 锅炉定期检验规则(1999年9月3日，质技监局锅发〔1999〕202号)

2. 锅炉水处理监督管理规则(1999年9月21日，质技监局锅发〔1999〕217号)

3. 锅炉化学清洗规则(1999年9月3日，质技监局锅发〔1999〕215号)

4. 关于宁夏银川锅炉事故的通报(1999年2月2日，质技监局锅发〔1999〕37号)

5. 关于禁止在锅炉销售中乱发证和重复检查等问题的通知1999年2月5日，质技监局锅发〔1999〕42号)

6. 关于公布取得E1级锅炉制造许可证企业名单的通知(1999年3月2日，质技监局锅发〔1999〕56号)

7. 关于调查全国锅炉水处理设备制造厂、树脂、药剂生产厂和锅炉化学清洗单位基本情况的通知(1999年1月8日，质技监锅字〔1999〕8号)

8. 关于加强燃油(气)锅炉安全性能调试工作的通知(1999年5月17日，质技监锅字〔1999〕32号)

9. 关于对上饶铁路锅炉压力容器厂有关问题处理决定的通报(1999年8月12日，质技监锅字〔1999〕48号)

10. 关于加强燃油(气)锅炉安全性能调试工作补充事项的通知(1999年10月14日，质技监锅字〔1999〕61号)

压力容器安全监察

【设计资格管理】

1. 发出质技监锅字(1999)50号《关于压力容器的设计制造应采用中国标准的通知》。

2. 批准67家压力容器设计单位换发压力容器设计批准书，批准5家压力容器分析设计单位取得压力容器分析设计资格。

3. 举办两期压力容器设计单位设计审核人员培训考核班，共培训考核设计审核人员169人。

【制造资格管理】

1. 1999年12月22日发出质技监锅字(1999)56号《关于公布1999年压力容器制造许可证换证结果的通知》，53家企业换发压力容器制造许可证；2家企业暂缓换发压力容器制造许可证；4家企业不予换发压力容器制造许可证；2家企业放弃，不申请换发压力容器制造许可证。

2. 12家压力容器制造单位新取证或制造资格升级：

(1) 川化集团有限责任公司 AR2

(2) 济南市压力容器厂 AR1

(3) 无锡锅炉厂 AR1

(4) 武汉重型铸锻厂 AR4

(5) 广东卫国机械厂 DR4(非重复充装气瓶)、DR5

(6) 南海澳华液化石油气设备有限公司 DR4(车用液化石油气钢瓶)

(7) 鞍山市液化石油气钢瓶总厂 DR4(车用液化石油气钢瓶)、DR5

(8) 兰州石油机械研究所石油化工设备厂 AR1

(9)兰州真空设备有限责任公司(RZZ325-2004)CR2、BR1

(10) 中国石化集团四川维尼纶长建安总公司 AR2

(11) 北京泰来华顿低温设备有限公司 AR2

(12) 河北保定太行集团有限责任公司 AR2

3. 举办两期压力容器制造单位质量保证工程师培训考核班，共培训考核制造单位质量保证工程师190人。

【使用环节安全监察】 为加强对液化石油气站的安全监察与管理工作，提高液化石油气站的安全措施和防范事故能力，1999年4月27～29日。锅炉局在北京组织召开了“液化石油气站安全管理工作现场会”。参加会议的人员有各省、自治区、直辖市锅炉压力容器安全监察机构处长或分管副处长；国内较大的或有一定代表性的液化石油气公司

(站)负责人员100余人。

会议内容主要包括：(1)液化石油气站安全监察与管理经验介绍和交流；(2)管法兰密封结构及配备知识讲座；(3)介绍、演示液化石油气泄漏时常采取的堵漏和抢险措施；(4)介绍1998年发生的4起液化石油气站泄漏、燃爆事故案例；(5)讨论《加强液化石油气站安全监察与管理的通知》(草稿)。

会后，国家质量技术监督局发布了《关于加强液化石油气站安全监察与管理的通知》(质技监局锅发〔1999〕143号)。一个以加强液化气站安全管理、改善液化石油气储罐密封结构和加强抢险措施和手段的工作在全国范围内展开。

【医用氧舱安全监察】

1. 1999年11月8～13日，11月15～20日，分别委托北京朝阳医院和湖北省锅检所，首次举办2期医用氧舱维护管理人员培训班，共有15个省、市的110名氧舱维护管理人员参加了培训。

2. 1999年11月22～27日，在宁波举办首期医用氧舱检验员培训班。

3. 1999年11月29日～12月4日，参加香港劳工处举办的第15届锅炉压力容器安全研讨会，会上宣读了关于《中国医用氧舱安全管理》的论文。会后，顺访香港消防处、劳工处和机电工程署，就今后进一步加强相互间交流与合作进行了广泛的探讨，并取得多方面共识。

【气瓶安全监察】

1. 1999年2月24日发出质技监锅字[1999]11号《关于征求〈气瓶安全监察规程〉的通知》。年底时完成了修订征求意见稿。

2. 1999年3月18日发出质技监锅字[1999]18号《关于整顿焊割气体气瓶市场的通知》。

3. 1999年4月12日发出质技监锅字[1999]27号《关于公布1998年液化石油气钢瓶质量抽查结果的通知》。

4. 1999年四季度完成液化石油气钢瓶国家质量监督抽查。66家企业产品48家合格，18家不合格，有9家使用普通钢板制造。

【有关文件及标准】

1. 1999年6月25日，国家质量技术监督局发布了《压力容器安全技术监察规程》(质技监局锅发〔1999〕154号)。

2. 1999年9月18日，国家质量技术监督局与卫生部联合发布了《医用氧舱安全管理规定》(质技监局锅发〔1999〕218号)。

3. 1999年4月19号发出质技监锅字[1999]28号《关于液化石油气瓶阀换发许可证的通知》。

4. 1999年8月12日发出质技监锅字[1999]47号《关于广西都安县液化石油气钢瓶爆炸等事故的通报》。

5. 1999年完成国标GB 150—1998《钢制焊接压力容器》英文版翻释出版。

6. 1999年完成国标GB 151—1999《管壳式换热器》修订。

7. 1999年完成气瓶行业国家标准制修订11项。

序号	标准号	标准名称	发布日期
1	GB 7144—1999	气瓶颜色标记	1999-12-17
2	GB 8334—1999	液化石油气钢瓶定期检验与评定	1999-10-01
3	GB 10878—1999	气瓶锥螺纹丝锥	1999-10-01
4	GB 12135—1999	气瓶定期检验站技术条件	1999-10-01
5	GB 13004—1999	钢质无缝气瓶定期检验与评定	1999-02-11
6	GB 13075—1999	钢质焊接气瓶定期检验与评定	1999-02-11
7	GB 17673—1999	液化丙烯、丙烷钢质焊接气瓶	1999-02-11
8	GB 17877—1999	液氨瓶阀	1999-10-01
9	GB 17878—1999	工业用非重复充装瓶阀	1999-10-01
10	GB 17925—1999	气瓶对接焊缝X射线实时成像检测	1999-12-17
11	GB 17926—1999	压缩天然气瓶阀	1999-12-17

【外事活动】

1. 1999年7月28～30日中国压力容器标准化代表团参加在美国波士顿召开的国际标准化组织锅炉压力容器技术委员会(ISO/TC11)全体会议。

2. 1999年9月20～24日率中国气瓶标准化代表团参加在意大利召开的国际标准化组织气瓶技术委员会(ISO/TC58)会议和其设计分会(ISO/TS58/SC3)会议。

【会议】 锅炉局于1999年12月7～10日在福建省厦门市召开了《压力容器安全技术监察规程》和《医用氧舱安全管理规定》宣贯会，参加会议人员：各省级安全监察机构代表；国务院有关部门、有关集团公司、总公司。

压力管道安全监察

1. 1999年1月31日，中编办函[1999]9号“关于石家骏同志信中反映问题意见的函”中明确：

(1)根据国家质量技术监督局“三定”，建议国家质量技术监督局作为第三方，对石油、天然气管道的安全管理实施外部监察；(2)建议仍由国家石油和化学工业局负责具体实施石油和天然气管道的安全检测和管理工作。同时，国家石油和化学工业局的具体安全检测和管理工作要接受国家质量技术监督局的指导。2月13日国务委员王忠禹批示：“请通知有关单位按中编办协商意见办理，不能无人负责”。

2. 压力管道设计管理

(1) 1999 年 2 月和 7 月，中石化系统共颁发 38 家压力管道设计批准书，中国医药管理局和中国航天总公司各颁发 1 家压力管道设计批准书，按《压力管道安全管理与监察规定》，给予上述 40 家压力管道设计单位备案。

(2) 1999 年 12 月 16 日，国家质量技术监督局颁布《压力管道设计单位资格认证与管理办法》(质技监局锅发[1999]272 号)，颁布之日施行。

3. 元件安全注册管理

1999 年提出《压力管道元件制造单位安全注册与管理办法》送审稿；1999 年 9 月颁布了首批 16 家压力管道元件制造单位名单(质技监局锅发[1999]204 号)。

序号	制造单位	安全注册范围	安全注册编号
1	大连北方管件工业公司	管件：钢制对焊无缝管件	GYZ-A-0001
2	浙江保一阀门集团有限公司	1. 阀门：安全阀、闸阀、截止阀、球阀、止回阀、蝶阀； 2. 钢制法兰	GYZ-A-0002
3	河北中意玻璃钢集团公司	防腐管道元件：1. 纤维缠绕增强热固性树脂沙浆管及管件；2. 纤维缠绕增强热固性树脂压力管、纤维增强热固性树脂压力管件	GYZ-A-0003
4	河北省盐山县电力管件公司	管件：钢制对焊无缝弯头、三通，钢板制对焊弯头、三通	GYZ-A-0004
5	河北省盐山县电力管件制造厂	管件：钢制对焊无缝弯头、钢板制对焊弯头，钢制三通，四通	GYZ-A-0005
6	沧州市渤海管件有限公司	1. 管件：钢制对焊无缝弯头、三通、四通； 2. 钢制法兰	GYZ-A-0006
7	黄骅振兴管件厂	管件：钢制对焊无缝弯头	GYZ-A-0007
8	上海海工阀门厂	阀门：柱塞截止阀、截止阀、球阀	GYZ-A-0008
9	河北渤海管件制造有限公司	管件：钢制对焊无缝弯头，钢板制对焊弯头，钢制三通，四通	GYZ-A-0009
10	河北省盐山华能管件厂	1. 管件：钢制对焊无缝弯头、三通、四通，钢制管帽； 2. 钢制法兰	GYZ-A-0010
11	河北省盐山县沧海管件制造有限公司	管件：钢制对焊无缝弯头、三通、四通、钢制管帽	GYZ-A-0011
12	河北省盐山宏润特种管件有限公司	1. 管件：钢制对焊无缝弯头，钢板制对焊弯头，钢制三通、四通； 2. 钢制法兰	GYZ-A-0012
13	大连无缝钢管联合公司	压力管道用无缝钢管	GYZ-A-0013
14	中国化学工程第四建设公司高压阀门管件厂	1. 高压角式截止(节流)阀、止回阀、安全阀等； 2. 按“H”标准制造的各种规格管件和紧固件； 3. 按“H”标准制造的高压管线	GYZ-A-0014
15	北京航天石化技术装备工程公司	压力管道用各类阀门	GYZ-A-0015
16	华创天元实业发展有限责任公司	钢骨架塑料复合管材及管件产品	GYZ-A-0016

4. 压力管道安装资格管理

1999 年 8 月提出《压力管道安装单位资格认可管理办法》(征求意见稿)(质技监锅字[1999]52 号)，1999 年 9 月颁布了首批 29 家压力管道安装单位名单(质技监局锅发[1999]203 号)。

序号	单位名称	安装范围	许可证编号	序号	单位名称	安装范围	许可证编号
1	中国化学工程第九建设公司	各种工业管道； 各种公用管道； 各种长输管道	GZL-0001-04	4	辽宁省建设集团第六工业安装公司	各种工业管道； 各种公用管道； 各种长输管道	GZL-0004-04
2	中国石油天然气管道第一工程公司	各种工业管道； 各种公用管道； 各种长输管道	GZL-0002-04	5	大连石油化工公司工程公司	各种工业管道； 各种公用管道	GZL-0005-04
3	东北电管局第二工程公司	各种工业管道； 各种公用管道； 各种长输管道	GZL-0003-04	6	大连三环建筑安装工程公司第四工程处	各种工业管道； 各种公用管道	GZL-0006-04

续表

序号	单位名称	安装范围	许可证编号
7	抚顺石化工程公司石油一厂工程公司	各种工业管道；各种长输管道	GZL-0007-04
8	抚顺远大建筑安装工程有限责任公司	各种工业管道；各种公用管道；各种长输管道	GZL-0008-04
9	大连石油化工建筑安装工程总公司	各种工业管道；各种公用管道	GZL-0019-04
10	杭州市设备安装公司	各种工业管道；各种公用管道；各种长输管道	GZL-0010-04
11	宁波市建筑安装集团总公司	各种工业管道；各种公用管道；各种长输管道	GZL-0011-04
12	绍兴市鹏程设备安装实业有限公司	各种工业管道；各种公用管道；各种长输管道	GZL-0012-04
13	辽阳石化安装工程公司	各种工业管道；各种公用管道；各种长输管道	GZL-0013-04
14	甘肃省第一安装工程公司	各种工业管道；各种公用管道；各种长输管道	GZL-0014-04
15	兰州化学工业公司化建公司（中国石化集团第五建设公司）	各种工业管道；各种公用管道；各种长输管道	GZL-0015-04
16	兰州炼油厂安装公司（中石油第二建设公司）	各种工业管道；各种公用管道；各种长输管道	GZL-0016-04
17	甘肃火电工程公司	各种工业管道；各种公用管道；各种长输管道	GZL-0017-04
18	中国石油化工集团公司第三建设公司	各种工业管道；各种公用管道；各种长输管道	GZL-0018-04
19	中国石油化工集团公司第四建设公司	各种工业管道；各种公用管道；各种长输管道	GZL-0019-04
20	镇海炼化检修安装公司	各种工业管道；各种公用管道；各种长输管道	GZL-0020-04
21	浙江省工业设备安装公司	各种工业管道；各种公用管道；各种长输管道	GZL-0021-04
22	辽宁省建设第二工业安装工程公司	各种工业管道；各种公用管道；各种长输管道	GZL-0022-04
23	抚顺石化石油二厂工程公司	各种工业管道；各种公用管道；各种长输管道	GZL-0023-04
24	中国有色金属工业第十五建设公司第三工程公司	各种工业管道；各种公用管道；各种长输管道	GZL-0024-04
25	江汉石油管理局油田建设工程公司	各种工业管道；各种公用管道；各种长输管道	GZL-0025-04
26	中国化学工程第六建设公司	各种工业管道；各种公用管道；各种长输管道	GZL-0026-04
27	中国第一冶金建设公司机械安装工程公司	各种工业管道；各种公用管道；各种长输管道	GZL-0027-04
28	燕化建筑安装工程公司	各种工业管道；各种公用管道；各种长输管道	GZL-0028-04
29	中国石油天然气第七建设公司	各种工业管道；各种公用管道；各种长输管道	GZL-0029-04

特种设备安全监察

【立法情况】 组织起草《特种设备质量监督与安全监察规定》（征求意见稿），1999 年 7 月 7 日发出征求意见稿，广泛征求意见。

【安全检查情况】

1．1999 年 4 月 26 日，国家质量技术监督局、建设部、共青团中央、全国妇联、少工委、中国游艺机游乐业协会联合发文《关于开展游乐设施安全质量大检查的通知》（质技监局锅发[1999]109 号），在全国范围内开展游乐设施专项检查工作。

2．1999 年 10 月 17 日，国家质量技术监督局、建设部、国家旅游局联合发出明传电报《关于加强客运架空索道安全质量监督检查的紧急通知》（质技监传[1999]04 号），针对 10 月 3 日发生在贵州省兴义市马岭河的群死群伤索道事故，在全国范围内进行安全质量大检查。之后，锅炉局又发布《关于对客运架空索道安全检查要求的通知》（质技监锅字[1999]64 号）等文件，进一步提出检查要求。

3.1999 年 5 月 13 日，国家质量技术监督局、建设部、共青团中央、全国妇联、少工委、中国游艺机游乐业协会在京召开六部局新闻发布会，对开展游乐设施大检查工作提出了要求。国家质量技术监督局副局长王秦平、锅炉局副局长马昌华、其他部局相关负责人及中央电台、各大报纸记者等共约30余人参加。

事故①：1999年10月3日，贵州省一条索道发生倒滑坠落重大伤亡事故，造成36人伤亡，其中14人死亡，22人受伤。这是迄今为止在国内发生的最严重的一起客运架空索道群死群伤特大伤亡事故。经调查，事故原因是设计违反客运架空索道安全规范与设计规范，违反原劳动部颁布的《客运架空索道安全运营与监察规定》，没有进行索道竣工运营检测验收，没有取得《安全使用许可证》，设备安全隐患很多，运营管理不善。

事故②：1999年7月14日，北京朝阳区光熙门北里14号楼南侧电梯在运行时发生开门走车，致使该楼住户祖孙二人上电梯时发生事故，造成一死一伤。事故原因是随行电缆芯线折断并刺破绝缘线而相互连接，导致电梯非正常开门运行。经查，事故发生前不久，该电梯发生开门走车现象而未有修理记录，出事前带病运营，而且未取得《北京市电梯安全使用许可证》。

事故③：1999年8月22日，北京基督教青年会一部客梯发生蹲底事故，伤7人，其中重伤2人。安装单位北京埃维特电梯技术公司无电梯安装资格，属超范围经营。经鉴定，电梯有严重质量问题，供货方提供的四大安全部件试验报告与实物不符，无电梯调试报告，所提供的电气图纸与实物不符，缓冲器锈死，超载开关失灵，维修保养极差。

【有关文件及标准】

1.《关于做好电梯、防爆电器等特种设备安全质量监察监督工作的通知》(质技监局锅发[1999]17号)

2.《关于开展"压力管道和特种设备质量监督和安全监察体系"调研的通知》(质技监锅字[1999]40号)

3.《关于对客运架空索道安全检查要求的通知》(质技监锅字[1999]64号)

4.《关于开展游乐设施安全质量大检查的通知》(质技监局锅发[1999]109号)

5.《关于加强客运架空索道安全质量监督检查的紧急通知》(质技监传[1999]04号)

6.《关于逐步更换电梯准用标志的通知》(质技监局锅发[1999]288号)

锅炉压力容器进口许可制度

【基本情况】 自1993年12月1日《进口锅炉压力容器安全质量许可制度实施办法》开始实施以来，至今共受理和批准了来自境外34个国家和地区的638个制造厂提出的申请。到目前为止共批准证书514个，发放证书502个，正在进行审查和办理证书审批手续的81家，已撤销申请的有22家，要求无限期推迟审查的有21家。主要的国家和地区为美国(101家)、德国(87家)、日本(62家)、意大利(57家)、台湾(31家)、韩国(28家)、英国(26家)、法国等。

【受理情况】 共受理638家，按年统计如下表：

年份	1994	1995	1996	1997	1998	1999	2000
数量	3	4	39	352	139	80	21

按国家/地区统计如下表：

国家/地区	受理数量	国家/地区	受理数量	国家/地区	受理数量
美国	128	马来西亚	8	巴西	2
德国	98	西班牙	7	印尼	2
意大利	79	瑞士	6	希腊	2
日本	75	印度	5	葡萄牙	2
台湾	43	奥地利	5	新西兰	1
韩国	37	比利时	4	泰国	1
法国	37	丹麦	3	挪威	1
英国	31	匈牙利	3	波兰	1
芬兰	14	澳大利亚	3	南非	1
加拿大	14	墨西哥	3	土耳其	1
瑞典	8	罗马尼亚	3		
荷兰	8	俄罗斯	2		

【实施审查情况】 自1995年至今，已全面完成514个申请厂家的一、二次工厂审查和证书的审批手续。在未批准证书的81家工厂中，8家已完成一、二次工厂审查，正在办理证书审批手续，22家已完成第一次工厂审查，正在进行二次工厂审查，35家正在进行一次工厂审查，4家正在进行型式许可审查，12家刚受理待安排审查。

【批准证书情况】 514个已批准的证书中包括：

锅炉	固定式压力容器	移动式压力容器	安全附件
168	415	23	27

按年统计如下表：

年份	1994	1995	1996	1997	1998	1999	2000
数量		6	9	169	180	129	21

按国家/地区统计如下表：

国家/地区	获证数量	国家/地区	获证数量	国家/地区	获证数量
美国	104	荷兰	6	罗马尼亚	2
德国	87	瑞士	5	俄罗斯	2
日本	64	西班牙	5	巴西	1
意大利	63	印度	4	波兰	1
台湾	35	比利时	4	挪威	1
韩国	31	马来西亚	4	葡萄牙	1
英国	26	奥地利	3	新西兰	1
法国	25	丹麦	3	印尼	1
芬兰	12	匈牙利	3	泰国	1
加拿大	8	澳大利亚	2		
瑞典	7	墨西哥	2		

地方质量技术监督工作

北京市质量技术监督工作

一、概　　述

1999 年北京市质量技术监督工作，坚持以质量为中心，标准化、计量为基础的工作方针，突出用“铁腕抓质量”，认真履行综合管理和行政执法两大职能，较好地完成了全年各项工作任务。

全年共抽查企业 1 400 家，抽查产品 1 826 种，合格率分别为 76.3%、66.1%。抽查市场商品 872 种，合格率为 56.9%。国家监督抽查北京地区 404 家企业 473 种产品，合格 385 种，合格率 81.4%。

全年受理制造计量器具许可证申请 110 个单位 128 项产品，受理新产品样机试验 195 个单位 226 项产品，完成 95 个单位 500 项计量标准考核和 8 家企业计量检测体系确认。加强对商品量监督管理，共组织检查超市、市场 146 个，各类农贸市场 57 个，检定汽车尾气监测仪 1 800 余台。

全年登记注册年审 3 605 个企业的 7 947 项标准。复审地方标准 100 项，废止 20 项。全市采用国际标准 70 项，累计 2 030 项。大力开展 ISO 9000 系列标准宣贯，加强了服务标准化试点推广和农业标准化工作。对 287 家企业 12 类 662 种产品的标准进行检查。

加强质量认证、安全认证及生产许可证监督管理工作。重点规范了 18 家认证咨询机构，培训了 283 名质量认证工作内审员。受理审核了 44 家企业的生产许可证申请。继续加强 8 大类电工产品的安全认证检查。

按照国家质量技术监督局统一部署，深入开展市场执法检查和打假工作。共开展执法活动 31 961 起，查处案件 5 625起，罚没款总额 1 899.7 万元。整治规范了粮油、煤炭、汽配、建材、家具、眼镜、肉类等批发市场和专业市场 189 个；受理消费者投诉 8 478 件，为消费者挽回损失 1 075.4 万元。

围绕全市中心工作，为迎接建国 50 周年和澳门回归开展净化市场系列活动。顺利完成市政府公布的 60 件实事中由我局承办的整治粮油市场和煤炭市场的重要任务。配合治理大气污染工作，查处高硫煤，检查机动车尾气，制定一系列地方强制性标准，充分发挥了技术监督独特作用。

二、质量技术监督工作

1. 质量监督工作

【产(商)品质量监督抽查】 1999 年，共抽查企业1 400 家，完全合格企业 1 068 家，合格率 76.3%，比 1998 年下降 2.7 个百分点。监督抽查 1 826 种产品，有白酒、啤酒、熟肉制品、冷食品、酸奶等都市型产品；有收割机、化肥、农药等农资产品；及汽车电器、印刷机械、陶瓷片水嘴、人造板材等北京市重要工业产品，合格 710 种，合格率 66.1%。抽查市场产品 827 种，合格 496 种，合格率 56.9%。国家监督抽查北京地区 104 类 404 家企业 473 种产品，合格 385 种，产品抽样合格率为 81.4%。

1999 年继续规范眼镜市场，通过宣传培训、自查互查、抽查 3 个阶段，市场眼镜质量稳步提高，国家抽查眼镜城老花镜质量合格率达到 90%，镜片抽查合格率 85.6%，定配眼镜达到 95%。

【“三阶段”市场检查】 第一阶段“查市场、保两节”。在元旦、春节期间，组织执法 1 800 人次，端掉制假窝点 58 个，重点查获散装白酒 40 余吨、瓶装酒 4 560 箱及大量造假工具。

第二阶段“查农资、保春耕”。自 3 月 1 日起用一个半月时间，组织执法 923 人次，检查专业市场 50 个，商店 527 个，涉及种子、化肥、农药、农膜、饲料、农机等农资商品 2 000余种，查处假冒伪劣产品标值 66.5 万元，其中农机配件、农药问题较多。

整治规范汽配市场，20 种涉及汽车安全的配件作为整治重点，并组织对西郊等 3 家汽配城进行检查。同时抽查 27 个品牌防冻液质量，23 种不合格，抽样合格率为 14.8%。

第三阶段“查建材、保建设”。自 5 月 10 日～6 月 15 日，全市出动执法人员 1 817 人次，检查专业市场 25 个、建材商业街 12 条、商业门店 890 个，加强对水泥、钢筋、砖瓦、装饰材料、电线、电动工具等产品的检查，查处违法行为 372 起，端掉制假制劣窝点 4 个。仅在丰台郑常庄建材一条街市场查获 12 起销售假冒防水卷材 2 331 卷，近 20 吨。

【专项监督抽查】 全年安排对干红葡萄酒、冷食品、酸奶、啤酒、防晒护肤品、中密度纤维板、小麦粉、餐巾纸、移动式插头插座转换器产品进行专项抽查。其中：抽查干红葡萄酒 55 种，合格 24 种，合格率为 43.64%；抽查冷食品 47 种，合格 30 种，合格率为 63.83%；抽查酸奶 51 种，合格 30 种，合格率为 58.82%；抽查啤酒 62 种，合格 45 种，合格率为 72.6%；抽查防晒护肤品 53 种，合格 32 种，合格率为 60.4%；抽查中密度纤维板 11 种，合格 5 种，合格率为 45.5%；抽查餐巾纸 31 种，合格 15 种，合格率为 48.4%；抽查移动式插头插座、转换器 60 种，合格 5 种，合格率为 8.3%。

【监督抽查首都国庆群众游行物资】 7 月下旬，北京市技术监督局接受首都国庆群众游行总指挥部安排，对首都国庆群众游行物资、物品的 73 批产品质量监督检查，向首都国庆群众游行物资、物品生产加工企业、各区县技术监督局和有关质量监督检验机构下发了《关于对首都国庆群众游行物资、物品加强质量监督的通知》和《首都国庆群众游行用品生产单位名单》等文件，要求各游行用物资、物品生产企业严格按国庆群众游行总指挥部的要求和相应的产品标准生产、加工；各区县局安排专人负责，各质检机构严格把关，有效地保证了质量，受到总指挥部表扬。

三季度，对本市市场上销售的国旗质量进行了监督抽查，其中抽查北京市红旗室内装饰品公司生产的 11 批次国旗，合格 5 批次，抽样合格率为 45.5%。同时在对历年饮用水、饮料质量监督检查分析的基础上，听取了有关部门的意见，经过严格审查，推荐了21家生产企业的产品作为首都国庆群众游行等活动专供选用。

2．计量监督管理工作

【检定检查尾气检测仪】 为落实市政府控制大气污染紧急措施，加强对尾气检测仪的监督管理，北京市技术监督局制发了京技监计发(1999)1号关于发布《北京市汽车排放气体测试仪监督管理办法》的通知及京技监计发(1999)10号《关于落实市政府控制大气污染紧急措施加强对汽车排放气体测试仪监督管理的通知》文件。

全年，共检定尾气检测仪1 800台(含少量烟度计)，占交通管理局提供的2 348台的77%。还组织了4支技术监督执法队伍，出动106人次，对本市部分汽修企业使用的尾气检测仪进行了执法检查，共查360家222台尾气检测仪，发现有26%未送法定机构进行检定，按有关规定予以处罚，并强制检定。

【监督管理全市计量器具】 全年组织对销售衡器和市场中使用的衡器进行检查，共检查计量器具12 848台件，合格10 721台件，合格率为85%。全市共查抄假秤近4 000台件。

加强对进口计量器具的管理，对5家销售进口计量器具的企业产品进行了法制计量审查。对35批次进口计量器具进行了检定。

对流通领域的衡器进行产品质量抽查，共抽检18个型号35台件，合格29台件，合格率83%。其中抽检电子计价秤19台，合格17台，合格率90%；抽查11个厂家的22个型号29批次玻璃量器共504支，29批次中仅有2个批次合格，合格率为7%。

全年受理制造计量器具许可证申请110个单位128项产品，其中新申办单位26个，申请复查单位60个，考核66个单位。

全年受理计量器具新产品样机试验单位195个，产品226项，完成74项。受理型式批准2项。

【加强对商品量监督管理】 全年组织检查超市、市场146个，各类农贸市场57个，现场检定定量包装商品6 128件，合格5 331件，合格率为87%；现场检查计量器具5 902台(件)，合格4 889台件，合格率为83%。

开展定量包装生产企业标准计量合格验收工作。完成了67家生产企业的标准计量合格验收。

【调查全市强检工作计量器具受检情况】 在全市范围内对在用强检工作计量器具的受检情况进行调查，强检目录中所列强检工作计量器具55项111种，北京市已开展45项81种，在用共522 516台(件)市级检定193 644台(件)，区县级检定275 373台(件)，授权单位检定53 499台(件)。

【执法检查在用燃油加油机】 全年对城近郊区的在用燃油加油机进行了计量执法检查。共抽查了20个加油站96台加油机中的130支加油枪，涉及长空、长吉、恒山、正星、英国等5个厂家12个型号的加油机。还对32台加油机的计量准确度进行现场检测，合格23台，合格率71.88%。

3．标准化工作

【信息标准化】 为紧密结合《首都信息化1998～2010年发展规划(纲要)》，充分考虑到技术监督事业面向21世纪的开拓与发展，确定了1998～2000年信息化标准化工作的重点任务，使《规划》成为全市信息化标准化、信息技术与产品检测服务工作的指导性文件和实施《规划》的支撑性文件。

围绕《首都信息化1998～2010年发展规划(纲要)》，开展编制《首都信息化标准化指南》和《首都信息化标准体系》工作。编写内容是：原始信息采集质量控制；信息分类编码；信息纪录格式和通用文件格式；中文信息处理；软件工程标准化；数据库；计算机通信网络；信息系统安全与保密；信息工程场地规范化；城市地理信息系统；识别卡及其应用规范；电子商务规范与标准化；CAD通用技术要求；远程教学与远程医疗；信息系统建设标准化文件与审查。

此外，又提出了“首都电子政务基础数据标准化”、“首都电子商务标准化技术研究与标准集成”、“软件产品通用检测规范”、“非接触卡技术规范和检测规范”、“智能小区工程实施规范”、“中文信息处理应用规范”、“数字图书馆群标准化指南和标准体系”、“软件工程设计标准化文件格式”等8个信息标准化项目的立项申请，使信息标准化工作又向前迈进了一步。

【服务标准化】 北京市技术监督局根据市政府提出将本市建设成国际大都市的总体要求，配合市政府在服务行业开展的“承诺制”活动，结合本市大力发展服务业的需求，加快服务业服务质量工作与国际惯例接轨，北京菜市口百货有限责任公司、北京贵友大厦、京广厨房设备公司、星座商厦股份有限公司、新街口百货商场、华光商厦等6家商业企业参加了服务标准化试点工作。这些企业按照国际标准来规范企业的经营，在内部建立起一套适应企业服务管理标准，形成保证服务质量体系，完成从传统的管理模式转换到标准化规范化的管理模式，实现了现代企业制度的科学管理。同时企业也确保了为社会和消费者提供合格的商品及最佳的服务，提高了企业的经济效益，增强了市场的竞争能力。

这些企业经历了宣贯标准、质量体系文件编写、体系运行等诸多阶段，据不完全统计编写出企业的质量手册、程序文件等体系文件1 198个。企业从对标准的不理解到理解、从不自觉到自觉执行，在实践中不断地探索总结，建立起涉及经营活动全过程的质量保证体系，不仅包括了商品从选择—购进—销售—交付的过程，还包括了影响购物环境的设备设施、安全保卫、环境卫生以及售货员提供服务等环节，使企业的商品检验合格率、顾客满意率、规范服务达标率都有不断地提高，而顾客投诉率明显下降。

【农业标准化】 1999年北京市农业标准化工作迈出新步伐。首先，加快了第一批北京市农业标准化推广示范区建设步伐。在通州和顺义两区批准建设了2个蔬菜标准化推广示范区，3年累计示范面积为5 600公顷。1999年全年蔬菜总产量为17 963万千克，总产值为15 457万元；在密云县批准建立了冬小麦、夏玉米标准化推广示范区，1999年小麦标准化示范种植面积8 327公顷，总产量达到4 794.74万千克，比1998年高出539.12万千克，直接经济效益增加711.64万元；新批准平谷县大桃标准化示范区1个，示范区总面积为666.7公顷；在大兴县半壁店乡建设平原农田防护林标准示范基地，规划面积2 000公顷，1999年完成733公顷。

其次，北京市奶牛养殖标准示范区项目被列入国家质量技术监督局第二批全国高产优质高效农业标准化示范区。

批准无公害蔬菜综合标准制定项目，同时完成板栗综合生产技术标准的初稿，发布了《麦套玉米间作麦茬黄瓜生产技术标准》。

【制修订地方标准】 1999 年，为落实北京市第二阶段控制大气污染措施，批准发布了《汽油车双怠速污染物排放标准》、《农用运输车及运输用拖拉机自由加速烟度排放标准》等两项机动车排放地方标准；修改固硫型煤标准；制定了《蜂窝煤可排放硫的测定方法》；发布了《低硫优质煤及制品》第一号修改单。

组织制定、宣贯《速冻预制食品》地方标准；审批、发布了《家用气雾杀虫剂》、《用能产品能耗标识通则》等地方标准 8 项。

按照《标准化法》及《地方标准管理办法》的规定，对 1986～1993 年北京市地方标准进行复审，共复审地方标准 100 项，其中，22 项地方标准被确认为继续有效，28 项地方标准列入修订计划，20 项地方标准废止，30 项地方标准下放为企业标准。

【标准实施监督】 1999 年，标准实施监督工作以监督检查企业生产的产品与申明执行标准的符合性为重点。在全市范围开展了标准实施的监督检查工作。共检查 287 家生产企业生产的 12 大类产品 662 种，抽查合格率为 88%。其中皮鞋、啤酒、水泥、家用卫生杀虫剂、复混肥等抽查合格率为 100%。电线电缆、化妆品、饲料抽查合格率分别为 97%、92%、93%，灯具、涂料等合格率较低，分别为 68%和 65%。此外，儿童玩具和速冻预制食品的合格率都为 83%。

【《标准化法》实施十周年】 《中华人民共和国标准化法》作为我国第一部标准化工作法律到 1999 年 4 月 1 日已实施 10 周年。10 年来，北京市技术监督局为了使该法在全市得到切实实施，加强标准化工作的法制管理，先后依法制定颁布了《北京市工业企业产品标准备案规定》、《北京市工业产品执行标准登记注册管理规定》等多项以实施标准化法为重点的地方政府规章和规范性文件，初步形成了以实施标准化法为主体，具有地方特点，便于操作，益于强化法制管理等规范性文件为辅的标准化法律体系，使全市标准化工作纳入法制管理轨道。

在依法开展标准化工作方面，北京市技术监督局积极推进采用国际标准和国外先进标准，10 年来我市共有 11 个工业行业的 1 377 种产品采用国际标准和国外先进标准，占全市主要工业产品的 46%，有 82 项产品享受国家级新产品优惠政策，直接经济效益达数百万元。为加强对企业标准化工作的监督管理，从 1995 年开始全市 18 个区县开展了消灭无标生产工作，全市区县以下企业有标生产率达到 98.1%，比消灭无标生产前提高了 38 个百分点。制定颁布了 176 项地方标准，为工业、农业、服务业和环境保护等方面提供了有力的技术保障，依法有效地开展标准实施情况的监督检查工作，为净化首都市场、规范企业标准化行为，保护消费者利益做出了积极贡献。

4. 质量认证工作

【监督检查安全认证产品】 一季度组织 18 个区县技术监督局开展电线电缆安全认证产品监督检查。共检查北京市生产企业 32 家覆盖 59%的生产企业，检查 127 批次产品，合格 117 批次，合格率 92%；检查专营经销店 284 家覆盖在京专营店 81%，检查 967 批次，合格 777 批次，合格率 80.3%。未经安全认证产品占检查批次的 14.7%，冒用标志产品占检查批次的 2.1%，产品标识不合格产品占检查批次的 2.9%。

二季度组织城八区技术监督局开展交流弧焊机、漏电电流动作保护器安全认证产品的监督检查。共检查 161 个经销商店，722 批次产品，合格 507 批次，合格率为 70.25%。

三季度组织 18 个区县技术监督局开展空调、电扇、音响、电视四类电工安全认证产品的监督检查。共检查 146 个经销商店家的 1 622 台样机，合格 1 583 台，合格率为 97.6%。

四季度组织音响收录机、电视两类电工安全认证产品的监督抽查。共抽查 10 家商店（大型商店 6 家、专卖店 4 家）31 种样品，其中已通过安全认证 24 家生产企业的 29 种产品，合格率为 96.6%，有 1 种不合格。

【生产许可证管理】 根据国家质量技术监督局文件精神，从 1999 年 1 月 1 日起，由北京市技术监督局统一管理本市的工业产品生产许可证工作。

制定了《北京市工业产品生产许可证管理规定》，于 3 月 18 日正式发布执行。并依法检查生产、销售无生产许可证化肥、农药产品 197 家企业，其中经销企业 190 家，不合格 19 家，合格率 90.4%；查处销售无生产许可证化妆品、餐具洗涤剂 157 家 2 664 种产品，不合格 79 种，合格率 97%。

对生产水泥、泵类、计算机、农药、化肥、电饼铛、电热毯、起重设备等产品的 44 家企业申请全国生产许可证进行受理。对生产电度表等 11 个企业申请临时生产许可证进行了现场考核，并发了临时生产许可证。补办全国生产许可证 4 家企业。

【整顿前门、天桥电动工具市场】 1999 年，崇文区技术监督局对前门、天桥地区的电动工具市场进行了整顿。该市场为华北地区最大的电动工具批发零售集散市场，有经营企业 500 多家，主要经营国产、进口电动工具及配件。

为保护企业和消费者的合法权益，崇文区局组织北京信诚物资贸易公司、北京前门五金机械公司、北京国辉商行等 14 家经销企业发起成立北京前门电动工具行业委员会。其宗旨是发挥联络、协调、管理、咨询、服务、培训的作用，确实保证经销的电动工具产品质量符合国家标准和要求，收集、提供销售方面的信息，做好信息服务工作，揭发制止经营假冒伪劣产品的违法违规行为，协调有关业务关系。

一年来，14 家发起人带头自律、清理本单位的产品，将质量不合格的产品清除出柜台和仓库；培训该市场 33 家企业法人代表、负责人，学习、了解国家的法律法规、新政策及电动工具的专业知识，并向全市同行业发出倡议书：(1) 保证做到不出售假冒产品，自觉抵制劣质产品。(2) 积极揭发，制止经营假冒伪劣产品的违法行为。遵纪守法，为规范电动工具市场做贡献。(3) 配合技术监督局及有关部门严格执法，随时监督。

5. 技监系统实行垂直体制改革

为改革现行技术监督管理体制，强化质量技术监督工作，国务院下发了[1999]8号文件，决定逐步实行省以下质量技术监督系统垂直管理。3月下旬，国务院召开了全国质量技术监督体制改革会议，北京市主管副市长，市委组织部、财政局、市编办、技术监督局有关负责同志参加会议。会后，组成了管理体制改革领导小组开展工作。

一是开展调查研究。对本市技术监督系统机构编制、人员构成、各类经费、技术装备、固定资产、债权债务等情况进行了摸底。

二是起草制定本市质量技术监督管理体制改革方案。

三是筹备本市质量技术监督管理体制改革动员大会。历经8个多月的紧张工作，本市质量技术监督管理体制改革方案，先后经市政府常务会议、市委常委会议讨论通过。并于12月24日，以市政府名义在国际会议中心召开北京市质量技术监督管理体制改革大会。大会明确北京市质量技术监督管理体制改革的指导思想、目标任务、工作步骤和具体措施，要求在2000年上半年完成全部改革任务。

6. 综合

【为市民办实事】 1999年，北京市技术监督局努力完成市政府下达的办实事任务。

整顿粮油市场。3月份开始，安排对城近郊区4家挂牌粮食市场进行质量抽查，共抽查31种面粉，质量合格率为42.8%，同时发现增白剂超标问题严重，31种面粉中仅有10种合格。为此，北京市技术监督局与市工商局、粮食局通过协商共同起草会签了“关于整治规范定点挂牌粮食市场的通知”，明确18家定点挂牌粮食交易批发市场名单。并制定了“合格产品上市销售管理办法”，统一印制了“粮油制品质量保证责任书”，明确市场主办者和销售者的质量责任，制作了黄牌警告，以推动粮油市场规范经营。8月份，北京市技术监督局举办的质量行活动，再次安排了对小麦粉的监督抽查，共抽查17种，合格11种，合格率为64.7%。年底，又组织对定点粮油市场整治的验收并在市场中抽取小麦粉、大米、食用油共80种进行检验，合格率为93.7%；小麦粉中增白剂合格率达到86.3%。总体表明经过1年的粮油市场整治，完成了市政府下达的抽查合格率90%以上的指标，挂牌粮油市场质量得到了明显的提高。

积极完成强制推广使用低硫优质煤工作。年初北京市技术监督局和各区县技术监督局签定了“推广使用低硫优质煤责任书”。先后与有关部门联合下发了“关于限期收购社会库存超标煤的通知”。期间加大了监督抽查力度，二季度全系统共检查煤加工、销售、使用1 696个单位，库存煤125 694吨，其中超标煤36 170吨，已按规定处理；三季度安排抽查散煤87家经销和使用单位，合格52个，样品合格率为59.8%，同时对外埠进京煤情况加强了检查；在质量行活动中，抽查了32个样品，合格22个，合格率为69%，不合格项目均为灰分超标。到四季度监督抽查时发现，煤炭中含硫不合格的经销和使用单位明显减少。

【帮促国企】 技术监督部门充分发挥技术监督“规范市场、扶优治劣、引导消费、服务企业”的职能，促进大中型企业在发展首都经济中的骨干作用，推动企业走质量效益型道路，北京市技术监督局与100家名优企业开展签约活动，制定了具体的扶优措施。

通过签约，北京市技术监督局将履行优先向签约企业提供和宣传技术监督的相关法规和规定，办理涉及技术监督考核、备案、发证等事项；优先向企业提供质量监督、质量认证、生产许可证和计量、标准化等方面的信息、咨询、培训、检测、交流等工作，为企业开展定期的免费培训，并及时通报情况以改进工作；组织相关部门严厉打击仿冒企业产品等有关违法行为。采取有效措施，开展规范相关市场的活动；组织相关部门解决企业在生产、销售产品过程中遇到的标准、计量、质量监督等方面的难题；采用多种方式免费为企业在相关的报刊、杂志等媒介上，宣传企业优质产品和先进的管理经验等5个方面履行责任。同时明确了签约企业5个方面责任。双方将建立主要领导联系热线，保证信息畅通。

【市场执法检查与打假】 1999年，北京市技术监督局抓住“三重一大”和“三大战役”，开展“打击假冒、保护名优”活动。全市出动执法人员31 961人次，查处制售假冒伪劣产品违法行为5 625起，捣毁制假贩假黑窝点131个，整顿各类批发市场、农贸市场和专业市场189个，全年罚没款1 899.7万元。

（一）开展“三大战役”，即“查市场、保两节”、“查农资、保春耕”、“查建材、保建设”战役。

（二）开展“三重一大”工作。北京市技术监督局从调查研究入手，认真分析北京市商品市场质量状况，确定北京市的重点产品、重点区域和重点市场名单。

重点产品为：汽车配件、眼镜、食品、饮料、酒类产品、电动工具、小家电、农资产品、建材产品、手机电池、钢材、铝型材、水泥等。仅崇文区技术监督局就查扣四海、万通公司等3家经营单位不符合强制性标准的电动工具432台，标值15万元。

重点区域为：城乡结合部外来人口较多，管理薄弱的地区。丰台区技术监督局捣毁该地区31个制售假冒伪劣商品的黑窝点，查获假名酒近千箱，散白酒4 000千克，假名牌油漆4吨多，乳胶140余桶，假焊条1 000余箱，假名牌防水卷材1 000余卷，伪劣阀门17.3吨，假冒名牌细木工板300余张，假盐1吨，假白糖100千克，假京华茶叶6箱。

重点专业市场为：8个市区级粮油市场、3个大型汽车配件市场、18家家具展销场馆、北京眼镜城、大中型煤炭经营单位。通过整治，粮油产品抽样合格率由40%左右提高到90%以上；18家家具展销馆投诉率下降了50%。

（三）开展“打击假冒、保护名优”工程。1999年以来，北京市技术监督局先后与四川五粮液酒厂、河北长城葡萄酒厂、重庆中意减振器厂、广州宝洁公司、沈阳味精厂、杭州娃哈哈公司、美国杜邦公司、施乐公司、TY公司、立邦公司、德国福斯油品公司等100余家中外名牌产品生产企业联手打假。

【“3·15”北京质量服务旬】 在国际消费者权益日到来之际，北京市技术监督局于3月10～20日，在全市范围内开展了‘99“3.15”质量服务旬活动。主题是：安全、健康、消费。期间，全市系统共组织各类活动200余次，到场咨询的群众达17万人次，发放材料35万份，受理投诉近千起，解决600余起，为消费者挽回经济损失20余万元。出动执法人员1 500余人次，执法检查150余起，端掉造假黑窝点16个，查处各类案件标值60余万元。

市局与通州区技术监督局联合，在通州区马驹桥镇，现场开展了“技术监督与农民消费者心连心咨询服务日”活动。结合农村特点，组织了农药、种子、化肥、农机、农膜等与农民消费者关系密切的10余个质检站到场为农民兄弟进行咨询、服务，宣传农业科技知识，受理农民投诉；市“双保”基金会也在现场抚慰因假饲料造成大批兔子死亡而勇于投诉尚未解决的农民消费者。

市局与市质检所、宣武区技术监督局联合，在崇光百货商场开展了跨世纪高新技术产品宣传咨询展示活动。现场展示国内外主要电脑厂家联想、方正、海尔、IBM、厦新等推出的最新微机、软件、笔记本电脑、家庭影院、VCD、PDA、快译通等高科技产品。

3月15日，在新东安商场、燕京前门商厦、当代商城等全市各繁华地区同时开展了大型宣传咨询服务活动。40余家与广大消费者生活密切相关的质检站都携带仪器设备在各宣传咨询点为消费者服务。

【’99北京质量行】 ’99北京质量行活动在1999年8月举行。全系统共开展各类大型宣传咨询活动40余次，发放宣传材料6万余份；开展执法活动3 249起，查处案件460件，查处万元以上案件27件，罚没款152万元，端窝点16个，受理消费者投诉673件，解决率100%，为消费者挽回经济损失141.6万元。

开展了为大中型企业服务的签约活动。协议中规定了技术监督部门优先向签约企业提供技术监督法律法规和信息；优先办理技术监督考核，备案发证；优先向企业提供标准、计量、质量、质量认证方面的信息，帮助企业打假等5项职责。

在市工商联协同下，在全市非公有制企业中广泛深入开展技术监督工作。在非公企业中开展质量巡访，针对工业企业在质量、标准、计量等企业基础工作中存在的问题，针对商业企业在进货把关上存在的问题，让北京市技术监督局的技术专家“会诊”，帮助企业解决难题。共巡访非公企业150余家，解决企业存在的标准、质量、计量等问题400余个。在质量行期间，举办了’99北京质量行非公企业质量论坛，研讨非公企业加强质量管理，提高产品质量，参与市场竞争，繁荣首都经济的理论与实践。

市局与海淀区技术监督局联合在当代商城门前，专门开展了以环保为主题的大型宣传咨询活动，政府搭台、企业唱戏。一汽大众、红旗、富康、夏利等7家汽车企业推出了最新一代环保型汽车在现场进行展示，洛娃无磷洗衣粉、洗涤剂等新一代绿色环保用品也现场向广大消费者免费发放，同时现场还举办了以环保知识为内容的知识竞赛。

开展对机动车防盗报警器、中密度纤维板、大芯板甲醛含量、面粉中增白剂超标等一系列执法活动。

集中将全系统近年来查处的共6大类42种8万余件假冒伪劣烟、酒、食品、饮料、儿童玩具、汽配、建材、电线电缆、低压电器等罚没物资进行了公开销毁。

【受理投诉为消费者排忧解难】 1999年，全市技术监督系统受理用户、消费者投诉、咨询8 478起，较1998年同期增长1%，解决投诉8 358起，投诉解决完结率达到95%以上。为用户、消费者挽回经济损失1 057.4万元。

产品质量投诉的热点主要是：

(1) 建材质量和环保问题比较突出。许多装修质量、家具质量都是由于不合格人造板材引起的，人造板材中游离甲醛超标的情况比较普遍，如装修后、购买新家具后，气味呛人、刺激眼睛和鼻膜，随着人们环保意识加强，这类投诉比较集中。

(2) 汽车配件及摩托车质量投诉调解难。因购买或修理使用不合格汽配造成质量纠纷仍无减少趋势，因为产品质量、修理质量与维护保养责任不易分清，用户在购买产品或接受修理时往往掌握证据不足，又因这类损失比较大，调解起来成功率比较低。

(3) 广告邮寄购物骗局多。在广告中宣传产品物美价廉，某种生产资料能发家致富，其实产品技术含量极低，有些是“三无”产品，而且存在着安全隐患。既是产品质量问题，也是一种欺诈或者诈骗。

(4) 计量少量仍是当前侵害消费者权益的突出问题。流动商贩、农贸市场缺斤短两的问题时有发生，计量器具未经过强制检定的情况比较普遍，有许多是秤准，心不准。检查时秤的准确度能够达标，检查人员一走，就拿出“八两砣”。另外，汽车加油缺量、商品房缩水、电线电缆缺方短米等等现象较多。

【中关村科技园区分局成立】 为加快建设中关村科技园区，加强中关村科技园区的技术监督工作，经市政府批准，9月15日，北京市技术监督局中关村科技园区分局正式挂牌成立。分局将充分发挥自己的技术优势，在计量、标准、质量监督、质量认证等方面为企业提供全方位的服务。其主要职责是：在中关村科技园区中，贯彻执行国家和北京市有关技术监督工作的法律法规和方针政策；制定、落实中关村科技园区技术监督工作规划，为企业提供国内外高新技术产业有关质量、标准、计量、质量认证等方面的先进经验和技术资料；按照市局统一部署，配合有关区县技术监督局对园区内质量、标准化、计量、质量认证进行综合管理和行政执法工作。

【科技成果】 1999年，北京市技术监督局以科技为先导，共完成9个科研项目的结题验收和鉴定。使整体检测能力、检测水平得到提高。如：“量热式热水表”，可为有效地解决城市集中供热中合理利用能源，满足社会上对集中供热中以热值为收费依据的需求提供计量器具；更新改造项目有“电能表检定装置”、“电子天平检定装置”和“二等量块检定装置”等，提高了实际检测能力和检测水平，扩大了计量服务范围，满足了社会需求。

撰稿人　凌志毅　唐海炼　董　琳
审稿人　王梦龙

天津市质量技术监督工作

一、概　　述

1999年是天津市质量技术监督系统抓住机遇，开拓创新，迎难而上，稳中求进的一年，是极不平凡的一年。全系统干部、职工在政治上得到了提高和锻炼，在技术监督管理体制改革中做了大量艰苦细致的工作，在创新思路、创新工作上做文章，在提高技术监督工作有效性上使实劲，保持了工作和队伍的稳定，较好地完成了市局党组提出的全年工作目标和任务，达到了市委、市政府和国家局对我局的各项工作要求，维护了质量技术监督系统的好形象，为天津的经济发展做出了积极的贡献。

二、质量技术监督工作

1. 质量监督与打假工作

【质量监督工作】 提高了全市产(商)品质量监督工作的有效性。主要体现在对关系到危害人体健康与人身财产安全、影响国计民生和社会反映强烈的热点产(商)品的监督上，体现在对国家监督抽查的不合格产品后处理工作上。1999年国家监督抽查天津市产品质量平均合格率为83.5%，比1998年高出近3个百分点。市局定期产品质量监督检验1 098批次产品，监督检验数量比1998年同期增长8.8%，合格率达87%，与1998年同期持平。各区县技术监督局定期产品质量监督检测2 949批次，监督检验覆盖面增长22.8%。对市场商品质量组织了4次全市性的监督抽查，加强了季节性和有针对性的突击抽查，对规范市场秩序，拉动消费需求等方面产生了积极的效果。一些产(商)品监督抽查质量分析受到了市有关领导的高度重视，有的专门作了批示。纤维监督检验工作有所加强，天津市棉花公正检验工作受到国家纤检局的好评。国棉公正检验1 259批次，计25 074.73吨；国棉监督检验9批次，计197.18吨；委托检验4批，计160.47吨；棉衣被胎检验69批。

【打假工作】 全市打假工作取得新的阶段性成果。各区县和市有关部门严格执行了打假工作的责任规定和职责分工。以“五个一批”、“三大战役”为主线的各类专项打假工作深入展开。全市共出动执法人员13万人次，查处案件8 000余件，查获假冒伪劣商品标值达2亿元，端掉黑窝点470多个，整顿治理各类市场共943个。在打假工作中，全市技术监督系统在进入施工现场查处假冒伪劣建材上取得了工作上的突破，深入施工现场达20多个，同时检查了1 200多个建材商店和30多个批发市场，查获假冒伪劣产品标值300多万元，有力地促进了全市工程质量的提高。技术监督系统深入施工现场查处建材质量的做法得到了国家质量技术监督局的支持和肯定，并批转至全国质量技术监督系统。全市打假工作的深入开展对净化天津市场起到了积极的保障作用。

2. 标准化工作

【标准化监督与管理】 标准化监督和管理工作取得了新成果。全市技术监督系统标准化工作坚持了分类指导的原则。全市19个区县全部通过了消灭无标生产的验收，此项工作率先进入了全国先进行列。并召开了“消灭无标生产工作表彰总结大会”，天津市政府梁肃副市长和国家局李忠海副局长到会并做了重要讲话。

为巩固和提高消灭无标生产工作成果，在我市两个区的7个乡镇区街企业中实施了执标登记审验试点，确保了企业执行标准的时效性，推动了企业技术进步和加强实施标准的动态管理。

围绕提高服务质量的工作目标，在洗染业等级标准和洗染业服务质量标准制定与实施上有了新的突破。出台了DB12/T 108—1999《洗染业等级标准》和DB12/T 109—1999《洗染业服务质量标准》，填补了天津市标准化工作在服务领域中的空白。同时组建了“天津市洗染服务质量测评公正站”，建立了服务质量的技术体系；颁布了《关于超市自制及分装食品类商品标签标识的有关规定》，规范了自制和分装食品的标签标注工作；同时完成了《再生纤维被、褥胎》等22项地方标准的制定工作。与市农林局联办的“无公害蔬菜生产示范工程”已启动。以无公害蔬菜生产基地示范工程建设为突破口，围绕无公害蔬菜生产的系列标准进行全程控制，逐步形成天津市无公害蔬菜产业。该示范工程涉及到全市4个县一个区，示范面积133公顷，预计到2002年可达1 333公顷；本市汉沽区“茶淀玫瑰香葡萄标准化示范区”被国家局列为第二批“两高一优”农业标准化示范项目。根据项目要求已完善了区、乡(镇)组织管理体系和标准体系，成立了“中国农学会葡萄分会玫瑰香葡萄研究中心”，建立了葡萄精品示范园。自项目实施后，单产提高了13%，好果率提高14.1%，两年累计增加经济效益3 260万元；结合“世体赛”和天津市场情况对公共信息图形符号强制性标准和涉及人体健康与人身财产安全产品的强制性标准进行监督检查。企事业代码和商品条码工作有了新发展。全市新颁发组织机构代码证书达17 742户，换证12 549户，累计颁发组织机构代码证书达到20余万户，IC卡发放工作已全面启动。商品条码工作全年新发展系统成员357家，累计发展达2 000余家。

3. 计量工作

【商品房销售面积计量监督工作】 在1998年开展商品房面积公正计量工作的基础上，以国家质量技术监督局颁布的《商品房销售面积计量监督管理办法》为契机，进一步推动全市商品房销售面积公正计量工作深入开展，并取得可喜成绩。全市共组织了商品房面积计量法规宣贯会18次，有300多家商品房销售单位参加了宣贯会，同时在电视、广播、报刊等新闻媒体宣传70余次，为商品房面积公正计量工作的开展奠定了良好的基础。各级技术监督部门和本市两个授权房地产公正计量站为商品房销售单位和消费者提供咨询1 000多人次，共接受商品房销售单位委托测量商品房面积90多万平方米，接受个人委托测量商品房面积3万多平方米；各级技术监督部门共组织监督检查商品房销售面积涉及50多家，累计监督检查商品房销售面积20万平方米。

【法制计量工作】 全市各区县技监局不断加大计量器具强检执法力度，严格执行强检备案和年审制度。计量标准器具强检受检率达到98%，强检工作计量器具受检率达到90%以上；为保证燃油加油机改装税控装置，组织了专项执法检查和调研，掌握了全市790个加油站2 900多台加油机的情况；以商品量为重点的市场计量监督工作取得明显成效。坚持节假日重点监督与日常性监督相结合监督市场的计量行为已成为一项工作惯例。在"中秋、国庆两节"市场计量监督检查的结果表明：全市定量包装商品的抽查合格率已达到85%以上。

【工业企业计量工作】 市技术监督局组织全市200多家计量器具生产企业学习国家质量技术监督局颁布的《制造、修理计量器具监督管理办法》并进行宣贯，提高了企业的计量法制意识。对46家计量器具生产企业的82项计量器具产品质量进行了监督抽查，合格率达100%。组织了本市17个计量器具生产企业赴深圳参加了"中国计量检测技术与设备展览会"，成交额达800多万元，展示了天津计量产品的实力。结合企业的实际状况，分类指导企业完善计量检测体系。全市共有542家企业经市技术监督局有关部门考核验收合格。其中有6家企业通过了市局组织的天津市企业计量检测体系评定合格。有90家定量包装产品生产企业通过定量包装企业计量验收合格。

【计量检定机构的考核验收】 按照国家质量技术监督局的工作部署，对全市52个授权的部门计量检定站进行了考核验收并进行了必要调整，各计量检定机构的检定质量管理体系普遍得到加强，规范性管理措施已发挥了积极作用。天津市计量技术研究所经过充分认真准备，一次顺利通过国家局组织的实验室认证。

4. 认证工作

【认证工作】 对安全认证电工产品实施了监督管理，完善了认证单位登记制度和抽检制度，已确认安全认证证书1 420张。确认企业148家。查处了一批冒用认证证书、标志的案件。全市质量体系认证企业已达364家，产品认证企业218家。继续开展了天津市注册质量体系内部审核员管理工作。在全市商业企业中推行GB/T 19000标准中有关服务质量的要求。组织已认证企业参加2000(CD)版ISO 9000族标准研讨会，聘请跟踪2000版ISO 9000族标准修改动态的专家来津讲学。为使企业适应近期开展的电磁兼容安全认证工作需要，市技术监督局组织召开了天津市电磁兼容认证研讨会，并加入国家电磁兼容认证委员会。

【生产许可证监督和管理】 加强了产品生产许可证管理和监督，严格地方生产许可证年度审查工作。对全市512家取得地方生产许可证的企业实行了年审，换发了生产许可证。为适应国家工业产品生产许可证改革的需要，提高许可证审查的质量，加大了对专业技术人员的培训与考核。对53名专业技术人员颁发了许可证审查员证。同时开展了全市无证查处工作。查处无证产品277种，行政执法罚款总额为70余万元，严厉打击了无证生产的违法行为。加强计量认证合格证到期单位计量认证复查工作。严格评审考核程序，撤消9个不符合计量认证要求的实验室。组织了天津市产品质量监督检验所和天津市计量技术研究所开展国家实验室认可工作并一次通过了国家实验室的认可。

5. 法制教育工作

【法制教育和行政执法工作】 全市技术监督系统在市"三五"普法规划指导下，天津市18个区县技术监督局纷纷深入企业、街道、学校进行法制宣传教育，使技术监督普法工作取得了实际效果。据不完全统计：全市受教育干部、居民达10万余人，师生达1.2万人。全市技术监督系统在不断加大执法力度的同时，还加大了其内部监督检查力度，促进了全市技术监督系统执法水平的不断提高。年内发布了《天津市技术监督行政处罚听证程序》、《加强行政执法文书制作的通知》、《技术监督行政监督检查细则》。1999年全市技术监督系统受理案件4 605件，其中万元以上大案242件，工作力度高于往年，保持了没有败诉案件发生。

6. 科技教育工作

在"科技兴局"的思想指导下，全市技术监督系统颁布实施了《科技兴局贡献奖奖励暂行办法》和《关于促进和加强科研、技术开发工作若干规定》。加大了对科研开发的激励力度。完成了18项科研项目的研究开发任务，4项成果获得天津市科技进步奖。完成技术交易合同总额达405万元。教育培训工作得到了各级领导的普遍重视，仅市技术监督局培训部就组织系统内外培训班51次，培训2 383人次。新开展的纺织纤维检验人员和眼镜行业从业人员技能鉴定及在大、中专院校开设的质量管理课试点工作均取得了较好效果。天津市技术监督局被国家质量技术监督局评为全国教育工作先进单位。与此同时，市技术监督局对外交流工作更加活跃，与德国北德技术监督集团合作建立认证咨询和认证公司项目取得了实质性进展。与美中农业交流协会签定了"中国FDA管理公司"的合作意向。这些工作所取得的阶段性成果标志看天津技术监督系统对外交流工作取得了新的进展。

7. 宣传工作

天津技术监督系统的宣传工作以一年一度的"3·15"、"质量月"、"质量行"等活动为契机，大力宣传质量技术监督法律法规，在社会各界中引起了好的反响，扩大了天津技术监督的影响力和社会知名度。

（一）开展公仆坐堂为民办实事，拉近公仆与群众的距离。

3月12日晚，由市技术监督局刘伯宗局长、邓士铭、肖淑敏副局长带领市内六区技术监督局领导和市局有关部门负责同志及部分执法人员，在"今晚报大厦"进行公仆坐堂活动。在近3小时的咨询服务中，受理有关商品房、汽车、服装、家具、家用电器、建材制品等质量问题投诉237件，当场办结107件，其余130余件各有关部门按照市局领导的批示已于3月26日前全部办结。为此，《今晚报》3月29日在头版以《发挥公仆职能为民办实事——技监局坐堂办复率高》为题，报道了公仆坐堂的效果。许多消费者来信称道："技术监督局公仆坐堂人威堂正，为老百姓办实事，说办就办，有这样的公仆队伍我们放心。"

(二)"3·15"维权活动开展的有条不紊，周密布署，上下联动，以不可替代的技术优势，为消费者咨询服务。

仅"3.15"当天，全市技术监督系统现场接受咨询服务达10 000余人次，受理有关质量等问题投诉340件，免费检测商品近300件，发放各种宣传品20 000余份。

(三)看十年巨变感慨万千，增百倍信心开拓进取。

1999年8月10日，是天津市技术监督局建局十周年纪念日。8月10日，国家质量技术监督局王秦平副局长专程来津，向奋战在天津技术监督系统的干部职工表示亲切慰问并参观了"天津技术监督十年回顾展"。陪同参观展览的有天津市政府王述祖副市长、市政协张德铨副主席和有关部门的领导。

与会领导对天津技术监督事业十年的发展变化和取得的成就给予了很高的评价。"天津技术监督十年回顾展"通过近一个月的巡回展出活动对全系统乃至社会各界起到了较好的宣传效果，鼓舞了斗志，增强了搞好技术监督工作的信心。

(四)推出工作新举措，在部分商业企业设立"质量技术监督投诉台"。

9月1日，市技术监督局召开了首批商业企业设立"质量技术监督投诉台"新闻发布会，并对天津劝业(集团)股份有限公司等16家商业企业颁发了标志牌。切实发挥了宣传质量技术监督法律法规和为企业与消费者服务的窗口作用。消费者称，这是质量技术监督在商场的"派出所"。

8. 技术机构

1999年全年市局直属单位的各项业务收入比1998年同期增长33.86%。各区县技术监督局的技术机构克服了种种困难，无论是在完成市局各项工作任务，还是扩大服务领域，保证工作正常运转方面都做了大量卓有成效的工作，绝大多数单位的业务收入都有不同程度增长。市产品质量监督检验所和市计量技术研究所先后通过国家实验室认可。各学会、协会、标准计量事务所和开发总公司及天津市技术监督局设在"市外企服务中心"的质量技术部等单位均发挥了很好的作用，工作有了新的发展和提高。

9. 行风建设

全市技术监督系统精神文明建设出现了新气象，技术监督行风整顿成果得到了巩固和发展。市技术监督局和各区县技术监督局的行风评议取得了较好的结果，在全市行政执法部门行风评议中，由1998年的第四位上升至全市第三位，取得新的进步。市局机关文明创建活动深入开展。政务公开和效能监察活动得到了市纠风办和各区县政府的肯定。思想政治工作进一步引起各部门、各处室的重视。基层党组织建设进一步得到加强。涌现出一批技术监督工作先进集体和先进工作者。

10. "三讲"教育

市技术监督局领导班子、领导干部和处级领导干部的"三讲"教育活动取得明显成效。通过理论学习，统一了对"三讲"教育重要性、必要性、紧迫性的认识；自我剖析阶段，广泛地征求了群众意见，认真查摆了在党性党风方面存在的突出问题，民主测评的满意率与基本满意率较高；通过开展认真的批评与自我批评，统一了思想，增进了团结，振奋了精神；整改方案已制定，正在逐步实施。市局"三讲"教育活动得到了上级领导、市委巡视组和各区县技术监督局、市局直属单位的大力支持与监督，保证了质量，达到了上级要求和预期的效果。市局的"三讲"教育活动也为今后技术监督系统的基层单位开展"三讲"教育提供了宝贵的经验。

撰稿人　刘恩元
审核人　王学政

河北省质量技术监督工作

一、概　　述

1999年，河北省各级质量技术监督部门认真贯彻落实党的十五届三中、四中全会精神，以提高产品质量为重点，全面履行综合管理和行政执法职能，较好地完成了全年各项工作任务。

质量管理工作紧贴经济建设中心，为提高经济增长的质量和效益发挥了重要作用。质量兴市活动在全省蓬勃开展。名牌战略的实施取得显著经济效益，对经济的增长产生了较强的拉动作用。降废减损工作推动企业加强管理，增加效益4.2亿元。生产许可证工作贯彻国家产业政策和质量政策，在产业结构调整和促进产品质量的提高方面发挥了重要作用。质量监督工作紧紧围绕省委省政府“投资拉动”和“消费拉动”的实施进一步加强，维护了广大消费者的利益。标准化、计量工作以市场为导向，进一步提高了有效性。采用国际标准促进了产品质量上档升级和产业结构优化。农业标准化的示范与推广，促进了农业科技成果转化，提高了农产品质量和产量，加快了农业产业化和农民增收。“学邯钢、抓计量、创实效”活动全年创实效1亿多元。

在技术监督管理体制改革过渡时期，全省系统上下团结一致，保持思想稳定和队伍稳定，形成了思想不散、秩序不乱、工作不断、干劲不减、目标不变的良好格局，为各项任务目标的圆满完成创造了有利的条件。全省系统上下开拓创新蔚然成风，呈现了观念新、方法新、机制新、面貌新的生动局面，实现了重点工作的突破，为管理体制改革和机构改革奠定了坚实的基础。

二、质量技术监督工作

1. 质量管理工作

【实施名牌战略，促进经济增长质量和效益】 组织各级政府和各行业主管部门大力实施名牌战略，引导企业加强质量管理，争创名牌产品，走质量效益型发展道路，促进以名牌产品和名牌企业为龙头的产品结构调整。由河北省质量兴省名牌兴企战略领导小组、河北省经济贸易委员会、河北省质量技术监督局组织，开展了各市和省直有关部门的质量考核体系考核，并委托省用户委员会对每一个产品进行了市场跟踪评价。9月25日，召开了河北省名牌产品审定会。经河北省名牌产品审定委员会审定，报省政府批准，确定28家企业为河北省质量效益先进企业，91项产品为河北省名牌产品(其中工业类68项，农业类23项)，121项产品为河北省优质产品(其中工业类104项，农业类17项)。这些产品和企业质量好、服务优，在省内外具有较高的知名度和较强的市场竞争力，得到了社会的认可和公众的赞誉。68项工业类名牌产品1999年销售收入124.61亿元，实现利税14.79亿元，分别占全省乡及乡以上独立核算工业企业的27.9%和27.3%。截止1999年底，省名牌产品(包括重点名牌产品)总数为280项，企业272家，企业户数仅占全省独立核算企业(国有及销售收入500万元以上非国有工业)的3.1%。

【制定《河北省农业名牌战略发展规划》】 为全面贯彻落实党的十五届三中全会精神，尽快提高农产品质量和经济效益，促进农业和农村经济现代化，根据国务院《质量振兴纲要》和《河北省质量兴省名牌兴企战略规划》，在充分调研的基础上，起草制定了《河北省农业名牌战略发展规划》(2000～2005年)。该规划的制定，对于提高全省农产品质量和加大优质农产品比重，培育和发展名牌农产品，增强市场竞争能力，确保农业和农村经济的持续健康发展，必将产生巨大的推动作用。同时，为使河北省名牌农产品走出省门国门，根据省政府的安排，为农业部组织推荐了’99中国国际农业博览会名牌产品320项，其中有60项产品获’99中国国际农业博览会名牌产品称号。

【建立质量奖励制度】 为激励引导企业加强质量管理，经省政府领导批准，建立了质量奖励制度。从标准制定到企业申报推荐和组织考核，进行了周密部署并认真组织实施，产生了首批“河北省质量管理奖”企业。同时在全省服务行业开展了争创优质服务活动，表彰了首批40家“河北省优质服务单位”；在全省工业战线开展了争做“河北省质量标兵”活动，命名了65名“河北省质量标兵”；表彰了“河北省质量效益型先进企业”。

【生产许可证工作】 着力完成新旧生产许可证管理体制的过渡工作。为适应国家新的生产许可证管理方式，召开了省直有关部门座谈会，听取了有关方面的意见，在工作中加强了沟通与协作。目前，与有关行业主管部门的关系已基本理顺，新旧管理体制的衔接和过渡工作已基本完成，新的管理方式已开始运行。按照新的要求，已受理265家企业申报国家生产许可证的申请。按照国家质量技术监督局的部署，组织完成了特种劳动防护用品的换发证工作。召开了电线电缆、潜水电泵等国家发证产品的实施细则宣贯会，积极帮助企业申办国家生产许可证。组织完成了电热食品烤炉、食用酒精、特种劳动防护用品、复混肥等8种产品近100余家企业的换发证审查工作。批准新开了防盗保险柜。黄金生产两个省生产许可证发证项目，组织实施了碳酸饮料、熟肉灌制品、罐头三种产品的换发生产许可证工作。

【无证产品查处工作】 把查处无生产许可证产品和治理整顿作为工作重点，严格按照国家和省公布结束发证的产品范围开展查处活动。各地结合当地实际，重点围绕15种质量上台阶产品和当地量大面广、无证问题突出的行业和产品进行查处。统一部署了全省性的无生产许可证的电热食品烤炉、微机系统、农药、饮料等产品的专项查处；组织开展了重要生产资料、食品及其他日用消费品的无证查处工作。全省查处无证生产企业979家，检查经销单位10 953家(次)，检查发证产品29种27 198批(次)，查处无证产品

2 936批(次),无证产品标值2 123万元,平均无证率为10.79%,比上年同期降低1.1个百分点;处罚生产经销单位3 310家(次),罚没款198.4万元,分别比上年增加20.94%和32.27%,查处力度明显加大。

【治理整顿“小水泥”】 按照省政府的部署,积极参与了对小水泥的治理整顿工作。由省政府办公厅下发了《关于贯彻〈对小水泥生产企业进行治理整顿的意见〉的通知》,多次深入重点市、县进行督促检查。经过努力,确定了第一批取缔的320家企业名单,以冀治理整顿小水泥办[1999]2号文予以下达。在严厉查处无证生产行为的同时,受理了生产条件符合整顿要求的无证企业的补证申请,并牵头完成了21家企业的生产许可证审查工作,为审查合格的18家企业办理了临时准产证明,使其得以恢复生产。

【治理整顿“小轧钢”】 全面贯彻落实国家和省政府关于控制钢铁总量,整顿小轧钢的文件精神,多次组织了对保定市、清苑县、青县的小轧钢情况的调查,督促当地加大整顿力度。按照国家质量技术监督局的部署,积极进行热轧带肋钢筋国家生产许可证换发证准备,同时,在相关生产许可证的审核及补办证过程中,贯彻有关政策,对不符合要求的企业不予受理办证申请,在钢铁产业结构调整、加快落后设备的淘汰方面发挥了作用。

【酒类生产领域的整顿】 制定了《1999年酒类生产领域整治工作方案》,继续开展了酒类生产领域的整顿,取缔无证、违法生产企业96家。重点加强了对徐水、卢龙等重点区域的整顿和监督管理。抽查结果表明,徐水酒业整顿效果显著,无证生产行为已得到遏制,产品质量合格率达到90.6%,比去年同期提高近50个百分点。卢龙县对60余家小酒厂进行了优化组合,组建了6个龙头企业,完善了管理制度,配备了检测能力,企业顺利通过生产许可证审查,取得了生产资格。

2. 监督执法与“打假”工作

【质量监督有效性明显提高】 认真落实朱镕基总理关于“用铁腕抓质量”的重要指示,围绕重点商品、重点市场和重点区域,强化质量监督工作。全省监督检查生产企业60 267家,产品244种69 180批次,平均抽样合格率达82.19%,比上年提高1.07个百分点。其中,国有企业抽查合格率为88.9%,集体企业为86%,个体及其他企业为79.2%,在流通领域,监督检查经销企业36 783家,检查商品57 995批次,检查商品标值27 277万元,抽查合格率75.76%。共查出不合格商品价值5 474.5万元,查处假冒伪劣商品标值1 251万元。在加强监督的同时,完善了监督抽查后处理工作。截止1999年3季度,国家监督抽查河北省不合格企业共84家,已处罚并督促整改72家。整改后复查合格产品72种;省级市场监督抽查不合格企业256家,已处罚193家,督促整改64家,复查合格产品64种;定期监督检查不合格企业632家,已处罚496家,督促整改444家,复查合格产品452种。全省共关停并转企业16家。由于成绩突出,河北省的国家质量监督抽查后处理工作受到国家质量技术监督局的通报表扬。

【深入开展打假】 认真落实打假目标责任制,部署开展了“净市场、保两节”,“打三假、保春耕、保秋收”,“查建材、保建设”,“查食品、保健康”五次集中打假战役,及查处劣质农药、淘汰继电器、劣质刹车片、电话机、建筑阀门等五次专项打假活动。全省共立案查处质量、计量违法案件17 679件,其中大要案147件,移送司法机关20件,查处假冒伪劣产品标值13 607.6万元,端掉制假冒售假窝点993个,没收假冒伪劣商品货值819.64万元,挽回经济损失1.53亿元。受理质量投诉3 060起,涉及货值2 552.6万元,投诉结案率达95%。组织123家销售额达1 000万元以上零售企业和143家500万元以下的专卖店开展了清柜台活动,清理商品总标值23亿元,清理不合格商品标值622.16万元,假冒伪劣商品货值62.2万元,对121个出租柜台作了解除合同的处理。

【区域性产品质量整顿】 确定了18个区域的11种产品作为全省区域性产品质量治理整顿重点。对沙河市的小平拉玻璃、故城县的汽车刹车片进行了重点整顿。在当地政府的支持下,吊销了43家产品质量不合格又无生产许可证企业的营业执照,取缔了6家既无生产许可证又无营业执照的企业。查处生产假冒产品违法行为的生产企业13家,查封刹车片产品15 960片。经过整顿,为11家基本符合条件的企业发了“恢复生产通知书”。对1 112家生产企业的1 270批次的产品进行了监督抽查,合格739批次,平均抽样合格率为58.2%。其中,鹿泉、沙河的水泥,宁晋的电线电缆,平乡的自行车配件,徐水的白酒等,已达到了目标要求。

【纤维产品质量监督检验】 完成省政府下达的棉花检验任务3.5万吨。棉花收购期间,对8个主产棉区60个县274个加工厂(站)进行监督检查和技术指导,检查籽棉大垛933个,籽棉150 679.75吨。检查47家大中型棉纺企业进厂棉54 616.5吨,平均品级相符率83%,长度相符率93.5%,为企业挽回经济损失121.45万元。对3 676吨“出疆棉”、29 030吨经营性棉花和5 500吨国家储备棉进行了公正检验。公正检验分梳羊绒1 307.52吨;监督抽查化纤40批,纺织品1 473批,棉被褥(胎)197批;服装含量检验490批。查处棉花质量案件140起,端掉制假窝点32个,涉及金额16.97万元。

3. 标准化工作

【采用国际标准,促进产业结构优化】 采用国际标准是我国一项重要技术经济政策,是对外开放、技术引进的重要组成部分。1999年全省完成采用国际标准项目179项,完成采标标志60项,采标产品产值达610 727万元,出口创汇6 847.8万美元;全省产品采用国际标准累计达4 356项,实行采标标志达357项。到1999年底,全省主要工业产品采标率按品种计算达71.5%,比1998年增长11.5%,为2000年达到75%的目标打下坚实基础。采用国际标准推动了企业技术创新,促进了产业结构优化。新兴铸管股份有限公司生产的离心铸造球墨铸铁管,以ISO 2531和日本、法国等国家标准为创新目标进行技术改造,减少了研制环节和成本,提高了经济效益,产品质量大幅度提高,1999年出口创汇达1 500万美元。宣化连云电动工具厂围绕国际标准进行产品结构优化,以IEC 1029-2-4标准为主,重点开发了飞达牌台式砂轮机,形成了3大系列16个规格,产品畅销德国、法国等30多个国家和地区，出口占总销量的98%，1999年创汇1 160万美元。文安县金秋人造板厂等效采用ISO 9424和ISO 9425《细木工板》标准，生产工艺按标准要求增加了自动监控点，产品质量明显提高，产品用于人民大会堂、西单二期工程和中央电视台等国家重点工程，1999年产值达5 200万元，利润达500万元，分别比1998年增长3.8%和30%。

【提前一年实现全省消灭无标生产】 国务院《质量振兴纲要》要求，到达2000年消灭无标生产。按照河北省消灭无标生产实施规划，1999年应验收消灭无标生产县76个，实际完成111个，提前一年实现全省消灭无标生产。经验收合格的这些县的工业产品标准覆盖率由原来的50.7%提高到99.5%，产品抽查合格率由72.5%提高到86.9%。邯郸市成安县粮棉厂严格按标准生产和检验，增加效益近30万元。井陉县政府狠抓消灭无标生产，使地方主导产品轻质钙质量显著提高，售价每吨增加10元，全县年增收500多万元。沧州市通过消灭无标生产，创省级名牌26个，创质量效益型企业7个，通过ISO 9000认证企业33家。

【农业标准化示范区推广实施经济效益显著】 农业标准化工作列入河北省委省政府重要工作日程。河北省人民政府《关于1999年推进农业科技进步的意见》，把“建立和完善农产品的综合标准体系和质量监测体系，建设农产品标准化示范基地”，列入重点实施农业科技“十大工程”之一；把“主要农产品质量标准体系和监测体系的研究制定”，列入全省20个重大关键技术项目之一。示范区建设是农业标准化工作的重要内容，是以点带面推动全省农业标准化工作的有力形式。1999年确定的16个标准化示范区制定实施农业标准39项，培训农民18 010人次，确定标准示范户15 930户，落实示范面积3.22万公顷，增产15 138.2万千克。涞水大杏扁和围场马铃薯示范区正式通过国家验收。涞水县通过示范区建设，提高了杏扁产量和品质，每公顷增产109.25千克，3年增产37.2万千克，创标准化经济效益1 264万元，全县人均增收80元，加快了山区人民脱贫致富的步伐。围场县进行3年农业标准化示范区建设，全县74%的马铃薯按标准组织生产，3年总增产3.3亿千克，创标准化经济效益2.64亿元。1999年全省共制定农业标准226项，其中，结合种子工程制定品种标准122项，围绕“精品工程制定名优农产品标准33项，制定农业生产技术规程77项。全省通过标准实施共创标准化经济效益达95 503.7万元。

4．计量工作

【强化商品量的计量监督管理】 为严厉打击缺秤少量、欺诈和坑害消费者的计量违法行为，1999年，把与消费者和工农业生产密切相关的商品作为重点，坚持重点抽查和普遍检查相结合，生产领域、流通领域一起抓的原则，组织开展了对定量包装商品的专项监督检查。部署了对农药、化肥、食品等16种重点商品的跟踪监督检查。全省共监督检查定量包装商品23万件，合格率达90%；为从源头上保证定量包装商品的量值准确，组织对200家生产企业的210种定量包装产品进行了监督抽查，并在报刊公布了抽查结果，企业受到很大震动。对不合格企业除进行必要的行政处罚外，还帮助企业查找原因，认真整改，完善计量保证体系，严格计量管理，受到企业欢迎。

【计量器具的强制检定和管理】 强制检定计量器具管理重点抓了涉农计量器具、瓦斯报警器、电话计时计费系统、电能表、医用CT、加油机等的监督管理，全省共检定流通领域强检计量器具22.2万台(件)。检查维修粮食水分测定仪、容重器以及各种衡器等夏粮收购用涉农计量器具25 000余台(件)，有效地防止了压级压价坑农害农现象的发生，调动了广大农民的售粮积极性。加强对煤矿安全预警装置的监督管理，对瓦斯计和风速表进行了布点检定，对全省煤炭生产单位进行了一次煤矿安全仪表强检工作执法大检查，省技术监督局抽查了石家庄、秦皇岛等8市20余家煤矿。全面开展了电话计时计费装置的强制检定工作。全省检定公用电话计时计费器7 290台，有效地维护了消费者的利益。开展了医用CT诊断机等医疗器械的强制检定和中小医疗卫生单位强检计量器具的监督检查工作。共检定在用CT机280台，首次检定合格率为58%，经调试后检定合格率87%。开展了加油机加装税控设备工作。目前，全省70%的加油机加装税控设备。唐山市在全省率先完成了加油机加装税控装置试点工作，全市500余家加油站2 100台加油机全部加装税控装置，使税收大幅度增加。

【实施“光明工程”，促进眼镜质量提高】 “光明工程”以“配戴放心眼镜，让千万双眼睛更明亮”为主题。在“光明工程”宣传周活动中，各级技术监督部门组织计量技术人员和眼镜经销部门深入学校、街道，发放宣传资料10万余份，义务检测眼镜5 000余副。对眼镜验光员、定配工进行职业技能鉴定和培训。90%以上的从业人员参加了培训，全省共有2 070人次参加了培训和考核鉴定，有1 931人次通过鉴定取得初级职业技能鉴定资格证书，为提高眼镜质量奠定了基础。同时，开展了眼镜店等级评定工作。

【商品房面积计量监督】 1999年，全省11个市全部建立了房屋面积公正计量站，并卓有成效地开展了工作。为深入贯彻国家质量技术监督局《商品房销售面积计量监督管理办法》，在全省范围内部署开展了商品房面积计量监督检查活动，受理消费者投诉150余人次，实际测量房屋面积4 800多套近50万平方米，为消费者挽回经济损失100多万元。

5．认证工作

【质量认证工作】 全省质量认证工作以提高经济增长质量和效益为目标，以服务企业、服务社会、服务经济建设为着力点，紧紧围绕河北省“质量兴省名牌兴企业战略”的实施，大力开展质量认证的宣传、引导、推动和组织工作，积极开拓质量认证工作的新领域，全力推进认证中介机构建设，开创了质量认证工作的新局面。各市技术监督局积极争取当地政府对质量认证工作的支持，制订规划，加强行政引导作用。邯郸市政府办公厅下发了《关于进一步加强质量认证工作的意见》；廊坊市政府转发了该市技术监督局《关于廊坊市1999～2002年认证工作实施规划》。目前，全省11个市已有8个市制定了本市质量认证3年规划。为推动规划的落实，各市还实行了“质量认证调度会”等制度。经过一年的努力，全省已有586家企业通过了质量体系认证，比

1998年的297家增长了97%，全国排名保持了第8位；有262家企业通过了产品质量认证，比1998年增长了7.8%，位居全国第8位，位次前移3位；国家注册审核员213名，比1998年的149名增长了43%，在全国位居第8位，位次前移3位。

【服务行业质量认证工作】 1999年，河北省服务行业的质量认证实现了零的突破。为启动服务业的认证工作，下大力气抓了服务业贯彻ISO 9000标准的宣贯工作，大大提高了服务行业对贯标认证重要意义的认识。河北省康明眼镜店和石家庄永明眼镜店作为小型服务业的试点，于1999年10月取得了ISO 9000质量体系认证证书，率先在河北省服务业通过质量体系认证，给全省服务业带了个好头。对全省宾馆服务业的认证试点石家庄燕春饭店，积极帮助他们制定分阶段工作计划，指导其进行QS设计、文件编写和内审等工作。1999年底，石家庄燕春饭店已正式通过质量体系认证。

【推进种子行业质量认证工作】 1999年，成功地为承德市中种集团进行了质量体系认证。这是在全国认证行业中，首家获得认证的农业认证试点单位。为推广其经验，推进种子产业化，经咨询中心和承德市技术监督局共同努力，承德县种子公司、平泉县种子公司、隆化县种子公司和宽城县种子公司等四家企业也通过了ISO 9001质量体系认证，进一步打开了种子行业认证市场。

【安全认证电工产品监督查处工作】 针对河北省小电线、小电缆生产未取得安全认证的实际，组织进行了安全认证电工产品的监督查处，收到可喜成效。在对雄县、清苑等县进行监督检查的基础上，本着帮促服务的原则，举办了无安全认证电线电缆企业培训班，请电工认证委员会专家讲解了有关认证的法律法规、认证条件、体系要求等。同时，对无安全认证电线电缆生产企业集中的制劣造假专业村进行了专项治理。

【技术监督宣传工作】 开展了以“农村消费与质量”为主题的“’99河北质量千里行”活动。组织新闻单位对沧州市近两千亩小枣、涿州两千亩玉米减产绝收、全省农用车市场状况等典型案例进行曝光。在新闻媒体开办了“质量优劣展示台”、“3·15聚焦”、“消费指南”、“省农业名优产品”等专题栏目；会同省委宣传部、省质量协会、团省委和总工会等部门，卓有成效地开展了’99河北质量月活动。

【科技教育工作】 质量技术监督在研科技项目25项，投入科研经费27万元。综合烟气分析仪、加油机税控装置多个项目列入1999年度省科委指令性或指导性及新产品试制开发计划。介电常数法测定汽油辛烷值技术的推广被国家科技部列入“九五”国家科技成果重点推广计划指南项目，目前已推广到全国20多个省市自治区。实施“人才工程”，举办培训班683次，培训人员23 935人；岗位培训5 888人，占在职人数的42%。全省技术监督系统人员素质明显提高，大中专以上文化程度人员所占比例由原来的26.7%和48.4%提高到35.8%和81.8%。

三、省、地(市)机构简况

1999年河北省质量技术监督系统共有质量技术监督机构497个，其中，行政机构177个，事业机构320个(技术机构261个)。质量技术监督在编人员12 889人，在职人员13 907人(超编1 018人，占8%)，比1998年增加792人。行政机构人员3 404人，事业机构10 503人。固定资产总额29 405万元，比1998年增加4 528万元，增长18%。其中仪器设备价值8 635万元，占总额的29%；房屋面积27.71万平方米，其中实验室面积5.61万平方米。

【省级质量技术监督机构】 河北省技术监督局为政府序列行政一级局，全局行政编制104人，在职100人，其中公务员92人，工勤人员8人。省局内设14个处室：办公室、人事劳动处、综合计划处、科技教育处、政策法规处、质量管理处、计量处、标准化处、质量认证处、许可证办公室、机关党委、纪检监察室、老干部处。省局下设6个事业单位：省计量测试研究所(编制104人，实有105人)、省产品质量监督检验所(编制79人，实有87人)、省纤维产品质量监督检验所(编制49人，实有51人)、省技术监督信息研究所(编制31人，实有50人)、省环境计量检测技术研究中心(编制30人，实有21人)、省技术监督学校(编制80人，实有66人)。

【市县质量技术监督机构】 全省共有市级质量技术监督机构58个，县(市、区)级机构432个。11个市均设有列入政府序列的行政一级局，全省174个县(市、区)中，有156个县(市、区)设有技术监督行政机构。

撰稿人　王九娃
审稿人　郭凤集

山西省质量技术监督工作

一、概　　述

1999年，在我国历史上是极不平凡和十分重要的一年，我们迎来建国五十周年庆典和澳门的顺利回归，全国人民满怀信心跨入新的世纪。对质量技术监督系统来说，是具有划时代意义的一年，是非常关键的一年，是任务极其繁重的一年，是拼搏进取的一年，也是成绩卓著的一年。1999年，是改革关键的一年，山西省技术监督局在省政府质量技术监督管理体制改革领导组的领导下，针对改革中的问题，多方协调，深入研究，共出台18个有关改革的各种文件；历时两个多月，前后修改19稿，于7月省政府办公厅以晋政办发(1999)74号文件下发了《山西省质量技术监督管理体制改革实施方案的通知》，方案出台后，省政府召开了"全省质量技术监督管理体制改革工作会议"。根据方案规定和要求，在各地(市)党委，政府和有关部门的支持配合下，顺利接收了地(市)局领导班子和成员、县(市、区)局领导班子接收工作也全部如期完成。在管理体制改革中，全系统团结一致，紧密配合，基本上做到思想不散，工作不断，秩序不乱、国有资产不流失，做到了平稳过渡，顺利交接；做到了以改革推动工作，用工作促进改革，改革工作两不误，双丰收。

根据省委统一部署，省局领导班子、领导干部坚持把提高认识，统一思想贯穿"三讲"教育过程；坚持把学习理论武装头脑贯穿"三讲"教育全过程；坚持把开门整风贯穿"三讲"全过程，坚持把开展批评和自我批评贯穿"三讲"全过程，坚持把边整边改贯穿"三讲"教育全过程。经过两个多月努力，完成四个阶段的任务，达到预期目的，收到明显效果，促进了各项工作健康发展。

为坚决贯彻落实国务院有关加大质量监督力度，用铁腕抓质量的一系列指示，全省各级质量技术监督部门从讲政治，讲大局、讲纪律的高度出发，精心组织，周密部署，克服困难，坚持原则，认真履行综合管理和行政执法两大职能，遵循"事实清楚，证据确凿，程序规范，资料齐全，判断准确，处理恰当"的原则，自觉维护"科学、公正、廉洁、高效"的行业形象，依法行政，取得显著成绩。全年共立案受理行政案件2 697件，现场受理20 546件；行政处罚16 492件，其中处罚到位13 233件；移送司法机关47件。听证案件87件；法院强制执行180件；罚没金额1 439.97万元；民事调解539件，挽回经济损失3 338.73万元。

1999年，省局党组对在"3.15"、"质量月"、质量立市，质量兴企、"三重一大"，"四大打假战役"中成绩显著的39个先进单位予以表彰。

1999年，省局在省委、省政府的领导下，始终把加强机关精神文明建设，创建文明单位作为党政重要工作来抓。全体同志齐心协力，结合实际，把提高创建质量贯穿各项工作全过程，巩固了连续4年的"文明单位"，完成了与省政府签定1999年工作目标，被评为"优秀单位"。

先进单位名单

山西省阳泉市质量技术监督局
山西省晋城市质量技术监督局
山西省朔州市质量技术监督局
山西省吕梁地区质量技术监督局
山西省临汾地区质量技术监督局
山西省太原市质量技术监督局稽查队
山西省太原市质量技术监督局尖草坪区分局
山西省太原市质量技术监督局小店区分局
山西省阳曲县质量技术监督局
山西省大同市计量测试所
山西省大同市企事业单位和社会团体统一代码标识制度办公室
山西省大同县质量技术监督局
山西省左云县质量技术监督局
山西省阳泉市质量技术监督局郊区分局
山西省长治市计量测试所
山西省潞城市质量技术监督局
山西省屯留县质量技术监督局
山西省陵川县质量技术监督局
山西省怀仁县质量技术监督局
山西省宁武县质量技术监督局
山西省河曲县质量技术监督局
山西省五台县质量技术监督局
山西省汾阳市质量技术监督局
山西省柳林县质量技术监督局
山西省太谷县质量技术监督局
山西省祁县质量技术监督局
山西省寿阳县质量技术监督局
山西省洪洞县质量技术监督局
山西省曲沃县质量技术监督局
山西省临汾市质量技术监督局
山西省侯马市质量技术监督局
山西省运城地区产品质量监督检验所
山西省运城地区计量测试所
山西省永济市质量技术监督局
山西省临猗县质量技术监督局
山西省计量测试研究所
山西省产品质量监督检验所
山西省技术监督情报研究所
山西省质量技术监督稽查队

二、质量技术监督工作

1. 质量管理工作

1999年是机构改革的一年，山西省质量管理职能，包括省许可证办公室和省打假办公室的工作，劳动部门的锅炉、压力容器、电梯、防爆电器、起重机械、压力管道、厂内机动车辆、客运架空索道、游乐设施管理等职能均未移交省质量技术监督局。

质量立市(县)工作已在全省开始试点，朔州市、文水县、侯马市等已制定了实施细则，目前着重抓落实工作。清徐县、汾阳市也开始试点前期工作。

10月13日组织召开了山西省质量技术监督局体制改革后第一次质量工作会议，参会代表有各地(市)分管质量的副局长、质量科长、省稽查队队长。

7月中旬，组织全省大中型企业厂长，各地(市)技术监督局分管领导20余人参加了由上海市质量管理科学院和美国朱兰质量研究院联合举办的主题为《质量世纪的领导者》的质量管理高级研修班，并参观了宝钢，上海通用汽车公司、上海卷烟厂等现代化管理企业。学员们普遍反映研修班学习内容丰富，观点新颖，切合实际，收获大，对于提高本企业的质量管理水平，增强市场竞争力，迎接21世纪的质量挑战具有较强的指导意义。

围绕“晋醋发展战略”，向地(市)局下发《关于对食醋行业基本情况进行调查摸底的通知》，完成了全省酿醋企业的调查、研究工作，对清徐县、榆次市等地酿醋企业集中的地区进行了重点调研。

2. 监督执法与“打假”工作

【定期质量监督检验】 全省质量监督检验承检单位为115个，不重复受检产品为782种，累计受检产品2 474种。全年对11 925个企业进行监督检查，查出不合格产品的企业1 775个，不合格产品企业所占比例为14.88%；监督检查产品批次为14 988个，合格批次为12 910个，批次合格率为86.14%；监督检查商业企业为12 756个，检查商品22 230批次，合格批次为16 176个，批次合格率为72.77%，查出伪劣商品2 798批次，查出不合商品标值总计692.24万元，其中伪劣商品标值为2 029.55万元。

合格率为百分之百的产品有：拖拉机、化学农药、农用薄膜、洗衣机、电风扇、电热器具、铝制品、压力锅、玻璃制品、日用五金、燃气灶具、化妆品、印染色织坯布、棉纺织、皮革及制品、丝麻织品、化学试剂、平板玻璃、卫生建筑陶瓷、通用设备、工业专用设备、低压电器及元件、消防器材、电动机、柴油机、汽车、摩托车、输液器、注射器。

合格率差的产品如下：

产品名称	方便主食品	纸	橡胶塑料制品	冷冻饮品	饲料	灯泡灯管	眼镜(架、片)	针织品
合格率(%)	69.61	67.31	62.90	62.21	60.61	50	44.74	25

合格率为百分之百的商品有：饲料、洗衣机、空调器、玻璃制品、印染织坯布、焦炭、普通医疗器械。

合格率差的商品如下：

商品名称	合格率(%)	商品名称	合格率(%)	商品名称	合格率(%)
电线电缆	69.82	铝制品压力锅	60.87	电热器具	52.00
玩具	69.15	金银首饰	58.82	阀门、泵	51.85
汽油柴油	68.67	棉纺织	59.09	化工产品	51.01
水暖管件	68.57	灯泡灯管	57.89	电动机、柴油机	50.00
白酒	67.53	电话机	57.62	纸	50
调味品	66.28	石棉制品	57.14	冷冻饮品	48.96
机电产品	65.00	卫生建筑陶瓷	56.67	工业专用设备	48.00
糕点糖果	65.73	罐头	56.70	油毡、油纸	15.00
涂料油漆	64.09	汽车摩托车	55.88	化学试剂	9.62
小麦粉大米	62.07	纸制品	55.56	型材	54.14
低压电器及元件	61.16	电动工具	53.95		

【抽查监督检验】 全省全年对512个生产、经销企业生产、销售的29类622种产品进行了监督抽查，合格327种。

其中，第一季度对151个生产、经销企业生产、销售的10类170种产品进行了监督抽查，合格91种，抽样合格率为53.5%；第二季度对115个生产、经销企业生产、销售的6类131种产品进行监督抽查，合格68种，抽查合格率为51.9%；第三季度对114个生产、经销企业生产、销售的6类161种产品进行监督抽查，合格80种，抽查合格率为59.2%；第四季度对132个生产、经销企业生产、销售的7类160种产品进行监督抽查，合格88种，抽查合格率为55%。29类产品抽样合格率如下：

热轧带肋钢筋合格率为80%，水泥抽样合格率为66.7%，电线电缆抽样合格率为10%，超级VCD视盘机抽样合格率为85.7%，茶叶抽样合格率为55%，冷饮食品抽样合格率为37.5%；乳制品抽样合格率为43%，啤酒抽样合格率为85%，月饼抽样合格率为75%，冷轧带肋钢筋抽样合格率为20%，地砖抽样合格率为85%，插头插座抽样合格率为50%；室内加热器抽样合格率为50%，皮革制品抽样合格率为55%，防冻液抽样合格率为75%，功放抽样合格率为75%，农机配件抽样合格率为80%，电动工具抽样合格为25%，白炽灯抽样合格率为25%；化肥抽样合格率为40%，农药抽样合格率为60%，种子抽样合格率为75%，平开式防盗门抽样合格率为40%，熟肉制品抽样合格率为70%，糕点抽样合格率为46.7%，酱油抽样合格率为73.3%，冷冻食品抽样合格率为25%，小麦粉抽样合格率为40%，燃气灶抽样合格率为66.7%。

【专项监督检查】 本着"检查一类产品，整顿一个行业"的原则，根据部分工业产品质量状况和消费者普遍反映的产品质量问题，1999年部署开展七类产品质量专项监督检查工作。

一是对学生家长普遍反映强烈的学生床上用品、学生校服质量进行专项检查。共抽取20个学校和7个生产加工经营企业的样品96个批次，合格27个批次，平均抽样合格率为28.1%，其中抽取的8个批次的校服产品全部不合格，批次合格率为零，床上用品88个批次，平均抽样合格率为30.6%，质量问题相当严重。

二是对儿童食品、童车和儿童玩具等儿童用品进行专项检查。其中抽查11个地市66家企业生产、销售的儿童食品87批产品，平均抽样合格率为86.2%；抽查儿童玩具26批产品，抽样合格率为53.8%；抽查了儿童三轮车、儿童自行车、婴儿学步车15批产品，平均抽样合格率为53.3%。

三是对饮用纯净水进行专项检查。共检查全省94家企业生产、经销的96批产品，合格55批次，抽样合格率为57.3%。

四是对铝合金建筑型材进行专项检查。共检查全省94家企业生产、经销的175批产品，合格76批次，抽样合格率为43.4%。

五是对汽车制动器衬片质量进行专项检查，共抽取82批产品，合格57批次，抽样合格率为69.5%。

六是对聚氯乙烯绝缘电线产品质量进行专项检查。抽取68批产品，合格16批次，抽样合格率为23.5%。其主要原因是大多数生产企业不按标准组织生产，使导体截面积与标称截面积相差甚远而致使产品不合格。此外无证、冒证现象比较严重。

七是对金银首饰、珠宝产品质量进行专项检查。金银首饰抽取1 125批产品，合格997批次，抽样合格率为88.62%，珠宝抽取698批产品，合格669批，抽样合格率为95.84%。

【技术监督行政执法】 1999年全省行政执法情况如下：

类别栏目			产品质量监督检查	商品质量监督检查	总计
通报批评企业数(个)			92	225	317
查处行政案件情况	质量违法案件(件)		1 630	3 625	5 255
	计量违法案(件)		306	1 360	1 666
	查处产商品标值(万元)		4 285.43	9 479.89	13 765.32
	其中	大案要案(件)	36	100	136
		产商品标值(万元)	262.20	2 823.94	3 086.14
没收处理产商品标值(万元)			103.85	660.03	763.88
罚没金额(万元)			174.27	476.45	650.72
挽回经济损失(万元)			474.90	922.90	1 397.80

【"打假"工作】 1999年，全省各级质量技术监督系统干部职工，全面履行综合管理和行政执法两大职能，充分发挥技术监督部门"规范市场，扶优治劣，引导消费，服务企业"的作用，围绕抓好"五个一批"、打好"四大战役"，突出"三重一大"，为提高全省产品质量、净化市场和促进全省经济持续、稳定、健康发展做了大量工作，效果明显、成绩突出。一年来，全省共出动"打假"工作人员88 057人次。共检查企业20 287个，检查产(商)品总标值55 045.323万元，查获假冒伪劣产品7 146.86万元，罚没款650.72万元。保护了国家、企业和广大消费者的合法权益。

四大战役：1999年，全省质量技术监督系统继续把国家局部署的三大战役和省局部署的四大战役作为贯穿全年打假工作的主线，带动质量监督、行政执法工作的全面开展。在历时200天的全省四大战役中，共组织出动人员88 057人次，检查各类商业门店23 408家，各类市场1 258个，专业商业街道195条，检查产(商)品总标值55 045.323万元，查获假冒伪劣产(商)品标值6 864.10万元，查处制售假冒伪劣产(商)品单位10 733家，摊商576个，端掉制、售假冒伪劣产(商)品窝点91个，查处违法案件1 951件，移送司法机关的大案要案1起，提请工商部门吊销营业执照21个。

第一战役是1999年元旦、春节期间，开展以"为民服务保生活，安全健康过新年"为主题的"查市场、保两节"战役，重点对与老百姓生活密切相关的米袋子、菜篮子、火炉子、车子、房子等5类商品进行有规模、有声势的检查；对白酒、熟肉制品、食用油、室内加热器和出租车计价器等5种商品进行市场专项抽查；对啤酒、乳制品、儿童食品、面粉、化妆品、液化气罐等商品进行监督检查；有效打击了在生产、经销中掺杂使假、以假充真、以次充好、缺斤短两等违法行为，净化节日市场，保护了消费者合法权益。

第二战役是2月至4月的春耕春播期间，开展以“为农服务保春耕，合格农资进乡村”为主题的“查农资、保春耕”战役，重点对种子、化肥、农药、农膜、饲料、农用运输车及其零配件等农用产（商）品进行市场监督检查和专项打假活动。各级质量技术监督部门组织大规模下乡“打假”活动，深入乡镇和一些造假售假严重，坑农害农事件突出的地区，有力打击了生产、销售假冒伪劣产（商）品违法行为，规范农资产品生产、经营活动，维护了广大农民利益，为夺取农业丰收打下坚实基础。

第三战役是4月中旬至6月开展了以“工程建设保安全，优良建材安家园”为主题的“查建材、保建设”战役。重点对涉及建筑工程质量的水泥、钢材、低压电器、电线电缆等建材产品进行监督检查和专项打假；重点跟踪检查以往问题突出的建材专业市场和生产、流通、使用三个环节中的质量问题，促进建材市场健康发展。

第四战役在10月中旬到12月上旬开展以“优良产品保健康，合格电器建企业”为主题的“查电器，保安全”战役。重点对电线电缆、生产和生活用电器、矿用电器等产品开展质量检查和专项打假。重点查处无证生产、标识不符、以次充好等违法行为。

扶优治劣，服务企业：为全面、深入、扎实地开展质量技术监督系统“打击假冒，保护名优”活动和认真履行“扶优治劣，引导消费，规范市场，服务企业”的职能，省质量技术监督局公布了第二批重点保护和扶持的名优产品30种（明细附后）。同时对连续三年经省级检验机构检验合格的汾酒、海尔电器等32家企业生产的产品认定为“质量稳定合格产品”。为名优企业争创和发展名牌产品，建立符合市场经济要求的公平竞争机制提供必要条件。

为鼓励先进，树立典型，总结经验，更好开展“打假”工作，省局于9月10日召开全省表彰大会，对在“打假”战役中表现突出的晋城市质量技术监督局等36个单位授予1999年打假先进单位称号（明细附后）。

抓重点，保市场：省局将整顿一批重点产品，重点市场、重点区域，维护市场正常经济秩序作为打假工作的重点。

运城地区的农药是产品质量状况严重的重点商品，近年外省大量假冒伪劣农药流入该地市场，造成农药品种繁杂、质量良莠不齐，商家竞争无秩，运城地区技术监督局采取宣传农药知识，强化农民的自我保护意识，加大执法力度，整顿市场等措施，基本遏制了假冒伪劣农药猖獗的势头。

吕梁地区是土炼油流通销售的重点地区，每年陕西省榆林地区非法生产的土炼油有20万吨进入山西市场，使国家财政税收损失2 000余万元，严重扰乱了山西石油市场，并给环境污染、国家和人民生命财产造成极大危害。吕梁地区技术监督局从1996年以来，一直把打击土炼油销售作为打假重点工作，仅1999年7月份20多天中，就查获土炼油车41辆，查获土炼油500多吨，给非法油贩子有力的打击。

太原市现代摩托车商城批发、零售全国近100个品牌的摩托车，年销售额达10 000万元以上。太原市质量技术监督局在整顿该市场中贯彻监督与服务并举，查处与帮扶并重的工作方针，一方面加大查处力度，共查获假冒“白洋淀”等6个品牌三轮摩托车220辆，标值达70余万元，一方面在该商城设立质量监督站，同市场管理单位共同对市场销售的摩托车逐一检查、登记、管理，杜绝假车进入市场，提高了该市场商品质量和商品信誉。

大案要案：1999年元旦前夕，太原市质量技术监督局捣毁一个销售假烟窝点，共查获假中华、假红塔山、玉溪、假阿诗玛等32个品种的中高档假冒香烟总计2 836件（14余万条），总标值达1 100万元，是山西省质量技术监督系统打假历史上的第一大案。省局对太原市局给予通报嘉奖，并对有功人员给予物质奖励。3月23日，太原市局稽查队在省烟草专卖局、市特警队配合下，又端掉一个假烟窝藏点，当场查获假冒茶花、桂花等10个中档品牌烟578件（计28 900条），标值近百万元，已全部扣回。

运城地区临猗县质量技术监督局在县公安局配合下，一举查获假冒该地区永济生物预防制剂厂“氯杀宁”农药437箱，货值93万余元。

阳泉市质量技术监督局在春节前夕查获近2万千克劣质面粉，大部分来自河北省赵县等地的一些工艺落后，设备简陋的小作坊。

太原市质量技术监督局稽查队经过连日侦察、蹲点，一举捣毁一个销售劣质味精的黑窝点，货物标值达10万余元。该批味精每袋氯化钠含量高达53%至93%。

8月中旬，吕梁地区质量技术监督局查处一起生产销售假冒水泥案，数量达170吨，该批冒牌水泥已全部查封，售假者已被当地公安机关刑事拘留。该地区交城县西社镇现有24个水泥生产企业全部无证生产，其中17家生产1 238吨水泥为假冒产品，在当地政府支持下，县质量技术监督局对假冒产品予以封存，并在电力部门积极协助下，强行关闭14家无证水泥生产企业。

晋城市泽州县质量技术监督局查获无证水泥1 500吨，标值近30万元。

晋中地区太谷县质量技术监督局接到合肥市丰乐种业股份有限公司要求查处假冒该企业生产的“西丰8号”西瓜种子的举报后，抽调专人明查暗访，发现在该县的一个制假窝点，当场没收包装桶97个，包装盖22个，防伪标识280个，成品种子42桶。此举既保护了农民利益，又为优质产品开路，为名牌产品正名，起到了打假与扶优相结合的作用。

11月29日，太原市质量技术监督局根据消费者投诉，在市二轻百信鞋业查获假冒“森达”牌皮鞋725双，货值20余万元。

第二批重点保护名优产品名单

序号	产品名称	生产企业	序号	产品名称	生产企业
1	“狮头牌”425号普通硅酸盐水泥	太原狮头水泥集团有限责任公司	16	“潞”牌潞酒 “上党门”白酒	山西省长治市潞酒厂
2	“金城”牌防盗保险柜	山西金城保险柜工业有限公司	17	“潞安”牌面粉	国营长治面粉厂
3	“原野雪”牌标准粉	太原面粉二厂	18	“白马王”牌啤酒	晋城市白马王啤酒有限公司
4	“摩天”牌丙烯酸内外墙系列涂料	山西摩天实业有限公司	19	“金凤”牌“古塔”牌系列奶粉	山西省应县乳制品公司
5	“东湖”牌老陈醋、保健醋	山西省美和居老陈醋有限公司	20	“梦蕊”牌特二粉	山西省忻州地区面粉厂
6	“伯朗”牌衬衣 “雷蒙”牌西服	山西省伯朗泛埃制衣有限公司	21	“万水泉”牌特级高粱白酒 塞溪酒	山西省忻州地区酒厂
7	“三关”牌防盗保险柜系列产品	山西省三关保险产品工业公司	22	“仙翁”牌瓶装海红蜜饮料	河曲县果汁厂
8	“环宇”牌染料	山西临汾染化(集团)有限公司	23	“麓台”牌山西二锅头	山西省祁县六曲香酒厂
9	“东方红”牌油漆	太原化学工业集团公司油漆厂	24	“跃兔”牌双长卷卫生纸 “爱兰”牌卷筒卫生纸	山西省榆次江隆工贸(集团)有限公司
10	“迎泽”牌肥皂 “迎泽”牌透明皂	太原日用化学总厂	25	“冠云”牌平遥牛肉	平遥牛肉集团
11	“青玉”牌食用调和油 “青玉”牌加VE色拉油	山西青玉油脂有限公司	26	“铁环”牌、“志坚”牌油漆、涂料	山西省襄汾县油漆厂
12	“边城第一泉”系列白酒	天镇县酒厂	27	“壶口”牌苹果干白酒、干红酒、金苹果酒	山西壶口酒业有限公司
13	“巨洲”牌防盗门	大同市巨洲防盗器材有限责任公司	28	“晋南”牌特一粉、特二粉	山西省运城市面粉工业有限公司
14	“永艾”牌三文治火腿 夏威夷火腿	山西永艾食品有限公司	29	“四眼井”牌陈醋系列	山西四眼井酿造实业有限公司
15	“维尔康”碳酸饮料	阳泉市饮料厂	30	“华豹”牌油漆、涂料	山西华豹油漆厂

打假“三大战役”先进单位

晋城市质量技术监督局
运城地区质量技术监督局
阳泉市质量技术监督局
长治市质量技术监督局
太原市质量技术监督局
吕梁地区质量技术监督局
和顺县质量技术监督局
太谷县质量技术监督局
平遥县质量技术监督局
河曲县质量技术监督局
代县质量技术监督局
五台县质量技术监督局
侯马市质量技术监督局
曲沃县质量技术监督局
翼城县质量技术监督局
阳泉市郊区质量技术监督局
盂县质量技术监督局
广灵县质量技术监督局
灵丘县质量技术监督局
阳高县质量技术监督局
武乡县质量技术监督局
沁源县质量技术监督局
潞城市质量技术监督局
应县质量技术监督局

怀仁县质量技术监督局
汾阳市质量技术监督局
孝义市质量技术监督局
临县质量技术监督局
太原市小店区质量技术监督局
清徐县质量技术监督局
阳曲县质量技术监督局
新绛县质量技术监督局
芮城县质量技术监督局
永济市质量技术监督局
高平市质量技术监督局
晋城市城区质量技术监督局

3. 标准化工作

【标准的制定、备案】 1999年度制定地方标准2项，均为强制性标准。全省标准制定累计827项，其中强制性标准53项，占制定标准总数的6%，推荐性标准774项，占制定标准总数的94%。

山西省地方标准按结构分类如下：

1999年末标准累计数	产品标准								通用标准								
	合计	产品	质量	方法	基础	安全	卫生	其他	合计	方法	基础	安全	卫生	环保	管理	工程建设	其他
827	577	425	4	117	3	19	9	—	250	10	2	3	14	3	217	1	—

1999年度采用国际标准和国外先进标准总数为36项，其中采用ISO标准1项，采用IEC标准1项，采用国外先进标准等同4项，等效30项，年末累计采标187项，本年度采标标志备案35项。

1999年，全省企业产品标准备案共计1 452项，年末累计备案7 977项。其中：地区备案351项，年末累计备案3687项；县级备案901项，年末累计3 252项；省局备案200项，年末累计451项。

【实物标准】 1999年制作棉花标准250套(每套7个品级，即7盒)，计1 750盒。制作烤烟标准70套。

【消灭无标生产】 1999年深入开展消灭无标生产县的工作，以省政府办公厅晋政办发[1999]第68号文《关于进一步加强消灭无标生产工作的意见》下发各级政府。根据文件要求，各县(市)质量技术监督局已完成对本行政区域内工业企业生产产品和执行标准的普查登记工作。全省有2个国家级，49个省级消灭无标生产试点县基本通过验收，标准覆盖率从60%提高到96%。

消灭无标生产的县有：古交市、太原市万柏林区、太原市迎泽区、太原市尖草坪区、太原市小店区、太原市杏花岭区、娄烦县；大同县、天镇县、阳高县、灵丘县；山阴县、应县；长治市城区、长治市郊区、沁县、沁源县、武乡县、黎城县、潞城县、平顺县、壶关县、襄垣县；阳城县、陵川县；永济市、绛县、新绛县、夏县、万荣县；浮山县、安泽县、永和县、洪洞县、霍州市、曲沃县、乡宁县；太谷县、祁县、灵石县、介休市；宁武县、繁峙县、河曲县、原平市；岚县、汾阳市、临县、兴县。

【条码、代码工作】 1999年度，全省新办理条码系统成员269家，续展139家，与1998年相比增长41.6%；认证具有条码印刷资格的印刷企业4家；开发、研制并投入运行了“条码胶片生成系统”；开展了流通领域的条码市场质量调查及条码包装产品4 600多种。

1999年，全省组织机构代码数据库质量达到国家标准，全省已换新版证书80 000套，其中1999年新颁和换发新证书45 000余套，占全省数据库的四分之一。

代码IC卡工作从6月1日正式发卡。截止年底全省16个地、市、县包括省直单位共颁发代码证IC卡副本6 000余张，其中省直单位发卡2 000多张。

【馆藏标准】 1999年全年进馆标准5 346件。其中：国际标准2 658件，国外标准2 618件(主要为ISO、JIS、DIN标准)，各类标准汇编目录70件。全年共接待用户3 000余人次，来函来电800余户。

4. 计量工作

【计量法制管理】 全省建立在政府计量行政部门的社会公用计量标准累计907项，其中省级88项，地(市)级269项，县(市)级550项。

全省授权法定计量技术机构累计为57个，其中省级9个，地(市)级31个，县(市)级17个。单项授权机构全省共9个，承担项目为15个，全部为县(市)级承担。

全省取得制造计量器具许可证的单位、个体工商户数本年度为40户，其中省级25户，地(市)级5户，县(市)级10户；取得修理计量器具许可证的单位、个体工商户为16户，其中，地(市)1户，县(市)15户。

【计量器具产品质量监督】 全年共抽查计量器具31 048台(件)，合格器具为27 879台(件)，抽查合格率为90%。其中地(市)级抽查2 108台(件)，合格1 988台(件)，抽查合格率为94%；县(市)级抽查28 940台(件)，合格25 891台(件)，抽查合格率为89%。

【定量包装商品】 全年对定量包装商品抽查了9 897批次，合格8 080批次，抽查合格率为82%。其中省级抽查9个批次，合格7个批次，抽查合格率为78%，地(市)级抽查1 756批次，合格1 412批次，抽查合格率为80%，县(市)级抽查8 132批次，合格6 661批次，抽查合格率为82%。

【强检计量器具情况】 1999年强检的计量标准器具共10 548台(件)。已强检计量器具39项75种共447 896台(件)，其中用于贸易结算的338 681台(件)，用于安全防护的84 264台(件)，用于医疗卫生的21 987台(件)，用于环境监督的2 964台(件)。全省标准计量器具的受检率由原来的70%提高到83%。

【计量法制建设】 为加强计量法制建设，加大宏观管理力度，拓宽计量工作服务领域，为规范全省计量管理工作，省局先后发出了《关于对各地(市)法定计量检定机构进行复查的通知》，《关于对全省定量包装商品生产企业开展计量考核验收工作的通知》,《关于施行山西省计量认证管理办法的通知》等35个规范性文件。为加强农业和农村计量器具的管理工作,省局和农业厅配合下发晋技监局发(1999)第50号文件,强化用于粮食、棉花、农药、化肥等计量器具的监督管理。根据《中华人民共和国计量法》和国家局第43号令,制定了《山西省定量包装商品生产企业计量验收细则》,并于4月6日以晋技监局量发(1999)第12号文件发出通知,要求各地(市)技术监督局和省计量测试所对本辖区和开展工作范围内的生产水泥、化工产品、食品、粮食(及其制品)饮料、干果、洗涤用品、化妆品等企业进行调查摸底。要求各地(市)技术监督局全面开展对定量包装商品生产企业的考核验收工作。

【公正计量工作】 根据《山西省商品房面积计量监督管理办法》,1999年狠抓了全省商品房销售面积的公正计量工作。在省房屋面积公正计量站成立的基础上,先后有阳泉、大同、临汾、长治分站成立,并且向社会开展服务工作。

阳泉市某小区有72户居民投诉,经省、市公正计量站认真公正实测,每户套内建筑面积比购买面积少3.96平方米,为消费者挽回19.932万元的经济损失。省站在太原几家商品房开发公司共查证面积缺量1202.51平方米,金额达272.65万元。其中最严重的一户缺面积11.09平方米,价值3.08万元,开发公司已连本带息退赔消费者。

【计量认证工作】 为贯彻国家的"关于进一步规范调整计量认证工作通知"的精神,规范我省计量认证申请、咨询、评审、监督检查和对专业评审组的管理工作,制定了《山西省计量认证管理办法》,在各地(市)技术监督局的配合下,省局组织5个评审组对到期和超期的93家认证机构进行复查。对不具备出具公证数据和不再申请计量认证的"山西省轴承产品质量监督检验站"等41家单位,吊销《计量认证合格书》。12月,省局组织3个复查考核组,对9个地(市)的10个地(市)级计量检定机构进行复查考核,有7个所通过考核,不合格的限期整顿。经过对技术机构的复查考核,增强了计量技术机构的法制意识,提高了技术人员自身素质,增加了计量仪器设备和检测项目,拓宽了为社会,为企业服务的领域。

5. 认证工作

【生产许可证管理和查处】 1999年,省技术监督局主动同省机械电子、化工、冶金等厅局进行协调,充分依靠专业主管部门的技术管理力量,共同搞好许可证工作。与省机械电子厅联合召开"电线电缆产品生产许可证换发证工作会";与省化学工业厅联合发文在全省范围内组织对化肥、农药、化学试剂和溶解乙炔等4种产品进行无证查处。

鉴于许可证职能调整期间,为使企业在领证期间可以正常生产和销售,依据国家局有关文件规定启用了"临时准产证明"。

1999年制定了生产许可证受理发放工作程序,共受理申办许可证企业100家,对40家申办企业进行了现场考察,对18个企业发放了"临时准产证明"。

【质量认证】 为加强质量认证工作的有效性,使我省质量认证工作健康、快速、有序发展,使更多的企业顺利通过质量体系和产品质量认证,1999年陆续下发了加强质量认证管理,规范质量认证市场的3个文件,即晋技监局质发[1999]第2号文件《关于规范我省质量认证市场和对质量认证咨询机构进行备案管理的通知》、晋技监局质发[1999]第3号文件《山西省质量体系内部审核员培训及注册管理实施细则》、晋技监局质发[1999]第8号文件《关于发布〈山西省质量认证获证单位备案登记管理办法〉的通知》。

全年与大同碳素厂等32家企业签订了质量认证合同。现已对山西摩天实业有限公司等11家企业进行了质量体系认证和产品质量认证初项审核;对文水工程机械厂等2家企业进行了认证后的第一次监督审核,并正在组织安排山西杏花村酒厂股份有限公司等5家企业的质量体系认证和产品质量初次审核。通过发证审核,促使本省企业获得市场"通行证",参与市场竞争,为山西经济做出贡献。

三、省、地(市)级机构简况

【省机构情况】 省技术监督局机关编制60人,在编54人。按文化程度分:研究生3人,大本专科45人,高中专6人;按工作性质分:公务员48人,工勤人员6人。省局下属8个单位,其中事业单位8个(含技术机构4个)。

省级直属单位机构简况

机构名称	在职职工人数情况										
	职工人数	按技术职称			按文化程度				按工作性质		
		高级	中级	初级及以下	研究生	大本专科	高中专	其他	管理人员	专业技术人员	工人
局机关后勤服务中心	13		2	11		9	2	2	8		5
省技术监督局培训中心	8		1	7		2	2	4	2		6
省质量认证审核中心	1		1		1				1		
省计量测试所	90	6	33	51	2	71	7	10	23	62	5
省产品质量检验所	59	7	29	23	1	49	6	3	20	30	9
省技术监督情报所	35	5	11	19		26	8	1	6	23	6
省纤维检验局	57	7	15	35		19	26	12	22	28	7
省技术监督稽查队	23		7	16		20	3		3	20	

【地(市)级机构】全省地(市)级质量技术监督机构共计40个,其中行政单位11个,事业单位29个(含25个技术机构)。职工人员编制988人,在职人员1 148人,其中行政人员321人,事业单位在职人员827人。

省局领导班子名单

孙桂芳　局长

李德身　副局长

胡续平　副局长

常大明　副局长

王舰民　副局长

杨润广　纪检组长

各地(市)技术监督局局长名册:

太原市局　娄进禧(主持工作)

大同市局　邓　忠

阳泉市局　沈家祥

朔州市局　姚致全

长治市局　于尚仁

晋城市局　晋新国

忻州地区　甄雁平

晋中地区　石根生

吕梁地区　苏忠明

临汾地区　刘中良

运城地区　黄殿荣

撰稿人　李乃英

审稿人　孟魁荣

内蒙古自治区质量技术监督工作

一、概　　述

1999年，是质量技术监督管理体制实施重大改革的一年，是质量技术监督系统按照国务院领导的指示，以实际行动体现用铁腕抓质量的一年。全区质量技术监督战线的广大干部职工以邓小平质量思想和党的十五大精神为指导，深入贯彻自治区党委六届七次、八次全委会议、全区经济工作会议、全国质量技术监督局长会议和全国质量技术监督管理体制改革工作会议精神，以深化改革为动力，以质量兴区为己任，紧紧围绕“抓好五项重点工作，搞好三项建设，把握好一个关系”的工作目标，加大工作力度和执法力度，做了大量工作，取得了比较好的成绩。全区质量技术监督管理体制改革接交上划工作基本完成；“三讲”教育取得了明显成效；质量技术监督业务工作取得了新的进展和一定的突破；质量技术监督部门自身建设得到全面加强。

二、质量技术监督工作

1. 质量管理工作

自治区质量技术监督部门进一步加大工作力度，促进了产品质量的提高。一是继续深入宣贯《质量振兴纲要》，积极推动《内蒙古自治区贯彻〈质量振兴纲要(1996年至2010年)〉实施办法》的贯彻实施。赤峰市政府在全区率先开展了“质量兴市”工作。二是大力推进“质量兴区”事业。通过“3.15”保护消费者权益日、纪念《标准化法》颁布实施10周年、’99内蒙古质量行、质量月等一系列活动，大力宣传名牌产品、名牌企业和质量法律法规及常识，严厉打击假冒伪劣，提高全民质量意识和消费者自我保护意识，增强全社会的质量法制观念，促进关心质量、重视质量良好氛围的形成。

2. 质量监督工作

【生产和流通领域的质量监督】 全区各级质量技术监督部门重点对危及人体健康和人身、财产安全的产品、影响国计民生的重要产品、消费者对质量反映强烈的热点产品，以及国家实施生产许可证和安全认证的产品，加强了质量监督检查。共对34 312家企业的57 424个批次产品组织了监督检查，合格42 445个批次，抽样合格率为73.9%，比1998年提高0.7个百分点。其中，在生产领域监督抽查了10 042家企业12 375个批次产品，抽样合格率为73.4%；在流通领域监督抽查了24 270家企业45 049个批次商品，抽样合格率为74%。

【打假治劣“三大战役”】 按照国家局的统一部署，1999年前两个季度，全区各级质量技术监督部门集中力量，精心组织，周密部署，积极行动，发挥整体优势，在全区组织开展了“查市场、保两节”、“查农资、保春耕”、“查建材、保建设”专项监督检查和打假治劣“三大战役”，取得了前所未有的好成绩。此后，全区质量技术监督战线广大干部职工继续努力，扩大战果，把自治区打假工作引向深入。全年的质量监督和打假工作体现了以下3个特点：第一，突出了声势大、规模大、力度大、成效大的特点。全系统上下联动，全面出击，并联合公安、工商和新闻单位，打出了气势和威风。仅在“三大战役”中，全系统就出动执法人员37 595人次，查获假冒伪劣产品标值2 485万元，整顿各类专业市场619个，查处质量违法案件4 052个，捣毁制假售假黑窝点82个。第二，突出了“三重一大”。对涉及面广、影响面大、危害严重的制假售假重点地区、重点市场、重点产品和重点案件，予以严厉查处。全区质量技术监督部门在“查农资、保春耕”战役中，抓线索、追源头、查大案、端窝点，查获假冒伪劣化肥1 600多吨。第三，突出了有效性。各地质量技术监督部门紧紧抓住通报、处罚、整改、复查等环节，加大了后处理工作力度，突出有效性，取得了良好效果。

【羊毛绒检验】 进一步扩大了羊绒国家检验试点工作覆盖面，增加了检测品种和项目，改进和规范了检测方法、程序和原始记录。在总结经验的基础上，参照国家棉花、山羊绒检验试点的模式，经报请自治区人民政府批准，在全国首家开展了羊毛检验试点工作，这对促进我区畜产品市场体系建设将起到积极的作用。

3. 标准化工作

【地方标准制定与修订】 根据自治区生产建设的需要，制订下发了《内蒙古自治区制修订地方标准项目计划》。年内实际批准发布地方标准24项，修订地方标准1项。截止到1999年末，累计有自治区地方标准593项，其中强制性标准183项。有农业标准530项。

【规范地方标准的出版印刷】 针对地方标准印制不规范的实际，自治区技术监督局制定印发《内蒙古自治区地方标准出版印刷的几项规定》，正式批准发布的内蒙古自治区地方标准，由自治区标准化行政主管部门指定的制版单位统一制版，一般为激光制版。地方标准出版印刷必须符合GB/T 1.2《标准出版印刷的规定》。标准文本应采用70 g以上A4幅面双胶纸印刷。1999年批准发布的地方标准及重新印刷的地方标准都执行这一规定。

【采用国际标准】 自治区技术监督局与自治区经济贸易委员会联合下发《1999年内蒙古自治区工业产品采用国际标准和国外先进标准计划》，并将指标分解下达到各盟市，列入考核目标。完成《内蒙古自治区工业产品采用国际标准和国外先进标准情况明细表》，基本上摸清了全区采用国际标准的底数。全区有经国家、自治区或国外权威机构验收、认可的采用国际标准和国外先进标准的产品共16大类471个。这些产品执行的标准，达到国际先进水平的86个，达到国际一般水平的385个。自治区名牌产品的采标率66.4%。

【产品标准注册登记与企业产品标准备案】 根据《内蒙古自治区产品标准管理办法》的规定，全区所有的旗县都开展了产品标准注册登记和企业产品标准备案工作。有70%注册企业的数据录入了计算机数据库。全区注册登记的企业累计为8 097家,大中小型企业分别占1.5%、7.2%、91.3%。全区注册登记的产品累计数为18 068种,其中执行国家标准、行业标准、地方标准和企业标准的分别占43%、30%、1%、26%。年内,全区办理企业产品标准备案1 639个,历年累计全区办理企业产品标准备案9 996个。

【消灭无标生产】 年初,自治区技术监督局、经贸委、乡镇企业局联合印发"1999年内蒙古自治区消灭无标生产旗县计划",有34个旗县列入年度消灭无标生产计划。为了及时准确指导全区消灭无标生产工作,自治区技术监督局编制《消灭无标生产工作文件汇编》,发往全区各盟市、旗县技术监督部门。年末,验收组通过听取汇报、查看材料、抽查企业、综合评议、总结交流等程序对列入计划的34个旗县进行考核,这些旗县都达到标准覆盖率95%以上的目标要求,通过了消灭无标生产合格验收。列入国家消灭无标生产试点县的鄂托克旗、奈曼旗、突泉县通过了国家质量技术监督局消灭无标生产试点县验收。全区累计已有68个旗县消灭无标生产。

【农业标准化】 依据《内蒙古自治区农业标准化"九五"计划》的精神,自治区技术监督局与自治区农业厅、畜牧厅、林业厅、水利厅协调,报请自治区农业标准化协调领导小组批准,确定了达拉特旗玉米种植标准化示范旗、鄂托克前旗育肥羊标准化示范旗、乌拉特前旗节水灌溉标准化示范旗、敖汉旗林业标准化示范旗,标志着自治区农业标准化工作开始转入农业部门主动抓的新阶段。示范旗工作的开展,将进一步发挥标准化在发展高产优质高效农业和促进农业产业化进程中的作用,有力地推动自治区农业标准化工作向纵深发展。1997年列入自治区农业综合标准化重点项目的翁牛特旗日光温室蔬菜、土右旗甜菜纸筒育苗综合标准化项目已通过自治区验收,实现标准化效益1 286万元。运行中的海拉尔市奶牛饲养、五原县秸杆养羊、元宝山区猪鸡配套饲养3个国家农业标准化示范县均已完成了标准化综合体规划的制定、审定及相关标准的制定任务。

【条码代码工作】 加大条码工作宣传力度,条码自动识别技术在自治区生产、流通及其他领域得到广泛应用。条码印刷质量不断提高,新增和续展系统成员的商品条码信息采集数据,采集率达90%以上,超过国家定的60%的基本考核要求。年内新增条码系统成员120户,超额完成国家下达的90户的任务;条码系统成员续展110户,续展率为70%,超额完成国家下达的55%的续展任务。年末,全区累计有商品条码系统成员478户,使用条形码的商品达到5 000多种。建起了自治区、盟市、旗县三级组织机构代码数据库,实现了自治区代码与国家代码管理中心的联网。制定了质量管理手册,使代码工作走上了科学化、规范化管理轨道。全区实施组织机构代码IC卡工作有了质的突破,在全国首家实现了由省级政府批准实行"以组织机构代码IC卡为母卡,一卡多能,一卡多用的管理办法"。这样做,有利于减轻企业、事业单位因多头办卡而带来的经济负担,为加快自治区办公现代化步伐创造了有利条件,为质量技术监督工作更好地服务于自治区经济发展和社会进步开辟了新的领域。

4. 计量工作

【法制计量取得的新突破】 广泛宣传国家局《商品房销售面积计量监督管理办法》,积极开展商品房面积测量基础知识和基本技能培训,规范商品房公正计量站对商品房面积的测量工作,深入开展对商品房面积计量状况的调查研究,积极管理消费者投诉咨询。全年仅自治区局接受消费者投诉咨询就达上千人次,组织实际测量消费者投诉的商品房面积8万平方米。继续加强了对定量包装商品的监督管理。

【计量器具监督管理】 严格执行《制造、修理计量器具许可证监督管理办法》,并对区内制造、修理计量器具企业进行了调查摸底,将重点计量器具许可证上收到自治区局统一管理。完成了对案秤、电能表、压力表、水表、血压计(表)5种常用计量器具250个批次的质量监督抽查任务。

【强制检定工作】 完成了为调整《强检目录》和电能表强检工作的调研任务。进一步开展了电话计费器强检工作。联合卫生部门监督检查了医疗卫生单位在用强检计量器具及其管理工作。按照国家质量技术监督局和国家税务总局的要求,对在用加油机现状进行了普查。有针对性地在全区组织了对在用加油机的监督检查。

【"光明工程"】 制定了《"光明工程"实施方案》、《眼镜行业监督管理规定》和《配制销售眼镜资格评审考核细则》,与工商、轻工等有关部门密切合作,对眼镜产品的标准、计量、质量三方面和生产、验光、配装、经营等主要环节实行全方位、全过程的监督管理,以切实保护消费者的身心健康。

【工业计量】 按照分类指导原则,帮助内蒙古伊利集团冷冻食品公司开展完善计量检测体系确认工作,并通过现场考核。完成了对50家乡镇企业的计量评价认可工作。

5. 认证和许可证工作

【质量认证】 完成了中国方圆委内蒙古办事处的筹建工作,并顺利通过了中国方圆委的审核。组织专家完成了对3家企业质量认证的前期准备工作。加强了质量认证培训工作。

【计量认证】 印发了《关于进一步规范计量认证工作的通知》,进一步加强和规范了计量认证工作,积极做好质检机构计量认证的到期复查和评审工作,加强了人员培训。

【许可证管理】 转发了国家质量技术监督局《关于进一步做好工业产品生产许可证管理工作的通知》,加大了许可证管理工作力度,规范了生产许可证管理、申报工作。同时加大了对无证生产行为的查处力度。

6. 法规与宣传工作

【法规体系建设】 在抓好《产品质量法》、《标准化法》、《计量法》、《内蒙古自治区产品质量监督管理条例》等法律、法规贯彻的同时,经过积极争取和努力工作,《内蒙古自治区计量管理条例》在自治区九届人大常委会第十一次会议上获得通过,为进一步加强计量监督管理提供了有力的法律武器。为了有效地规范行政执法行为,制定并实施了行政案件审理、听证、政务公开等方面的规范性文件。

【宣传工作】 为切实加强宣传工作,自治区技术监督局与自治区党委宣传部联合印发《关于加强质量宣传工作的通知》。根据国家质量技术监督局的要求和自治区技术监督宣传工作的实际，自治区技术监督局制定《内蒙古自治区技术监督宣传工作管理办法》，同时加强了宣传工作网络建设和队伍建设。年内，在自治区级以上报刊刊登技术监督稿件63篇、电台播发42条次、电视台播发专题或消息99次。

7. 教育培训工作

【教育】 中国计量学院内蒙古函授站标准、计量与质量管理专业继1998年招生40人以后，于1999年又招生34人。同时，与内蒙古工业大学联合举办了测控技术及仪器专业证书班，专科16人，本科11人，均已毕业。

【培训】 自治区技术监督局在赤峰市举办了一期岗位培训班，有各盟市局主要领导、行政执法工作的分管领导和具体负责人共300多人参加，邀请了国家质量技术监督局6位理论水平高，工作经验丰富的司长亲临授课，促进了全系统的业务知识水平和执法水平的提高。举办了由行政执法工作分管领导和具体负责人参加的依法行政培训班，增强了依法行政意识，提高了依法行政水平。

8. 廉政建设工作

在廉政建设方面，坚持党组统一领导，党政齐抓共管，纪检监察组织协调，部门各负其责，群众参与支持的工作体制。建立健全了党风廉政责任制，制定实施了《内蒙古自治区技术监督局党风廉政责任制实施细则》，一级抓一级，层层抓落实。

9. 基础设施建设工作

自治区技术监督局多方筹措资金，争取政策扶持，投资800万元，在呼和浩特市回民区文化宫街北口建成了一座5 530平方米的技术监督综合大楼，解决了质量技术监督系统垂直管理之后的后勤基地、培训基地和会议中心，同时解决了自治区技术监督信息中心多年没有办公场所的问题。

10. 技术监督志编纂工作

根据自治区人民政府的统一部署，1999年3月，自治区技术监督局决定，在原编修《内蒙古自治区标准计量志》稿的基础上，编修《内蒙古自治区技术监督志》。成立内蒙古自治区技术监督志编纂委员会，主任由自治区技术监督局局长阮景海同志担任，副主任由自治区技术监督局副局长斯日古楞、马俊英、扎那同志、纪检组长曹福明同志担任，委员由各盟市技术监督局、自治区技术监督局机关各处室、各事业单位负责人担任。并成立内蒙古自治区技术监督局修志办公室，主任由李义同志担任，副主任由李强同志担任。到年底，基本上完成了《内蒙古自治区技术监督志》（草稿）的撰写任务。志书记述时限上自清末，下至1999年底，记述了技术监督的发展历史。

11. 质量技术监督管理体制改革

【改革方案出台】 按照党中央、国务院关于质量技术监督系统垂直管理的统一部署和要求，在自治区党委、政府和国家质量技术监督局的领导下，成立了自治区质量技术监督管理体制改革领导小组，自治区政府云公民副主席任组长，技术监督、人事、编办、财政、组织部门的领导为成员。领导小组代自治区人民政府起草了《内蒙古自治区质量技术监督管理体制改革方案》，经自治区党委组织部、自治区人事厅、财政厅、编办等部门多次修改，由自治区人民政府常委会议审定，报请自治区党委常委会研究同意，自治区人民政府以内政发〔1999〕72号文件印发实施。为了保证体制改革接交工作的顺序进行，自治区人民政府办公厅制定印发了《内蒙古自治区质量技术监督管理体制改革接交办法》。6月22日，自治区人民政府召开全区质量技术监督管理体制改革工作会议，对全区质量技术监督管理体制改革工作全面进行动员和部署。

【体制改革接交】 7月初，自治区技术监督局组成5个体制改革接收小组，由5位局领导带队，赴全区各地指导盟市对旗县局的接收工作，并对盟市技术监督系统进行整体接收。到1999年12月31日，全区除临河市以外的所有质量技术监督机构都已接收上划，同时完成了对盟市、旗县质量管理、锅炉压力容器安全监察的职能、机构、人员及技术机构的平移上划工作。全区质量技术监督系统共接收6 000人，其中在职5 215人（行政编制614人，事业编制4 601人），离退休人员785人。这次体制改革进行得比较深入和彻底，解决了技术监督部门几次改革一直没有解决的老大难问题和深层次矛盾。一是彻底解决了行政管理体制不顺的问题，统一了机构名称、性质和规格。二是彻底解决了技术监督职能不到位的问题，划入了质量管理、工业产品生产许可证管理、锅炉压力容器及特种设备安全监察监督管理、“打假办”等8项职能，真正确立了标准化、计量和质量三位一体的工作制度。三是建起了新的质量技术监督财务经费管理体制，按照“收支两条线”的规定，对全系统财务经费实行统一管理。四是有利于彻底解决技术机构布局不合理的问题，将对技术机构进行统一规划、重组联合、合理布局，从根本上改变技术机构条块分割、低水平重复建设、相互争饭吃的局面。

【垂直管理体制建立】 根据《内蒙古自治区人民政府关于印发内蒙古自治区质量技术监督管理体制改革方案的通知》（内政发〔1999〕72号）精神，自治区质量技术监督系统实行自治区以下垂直管理体制。自治区技术监督局更名为自治区质量技术监督局，为自治区人民政府的工作部门。按照机构编制管理的有关规定，自治区机构编制委员会印发《关于盟市、旗县（市、区）质量技术监督行政机构有关问题的批复》（内机编发〔1999〕31号），设呼和浩特市、包头市、乌海市、赤峰市、通辽市、呼伦贝尔盟、兴安盟、锡林郭勒盟、乌兰察布盟、伊克昭盟、巴彦淖尔盟、阿拉善盟质量技术监督局，为自治区质量技术监督局的直属机构，规格为正处级；设满洲里市、二连浩特市质量技术监督局，为所在盟质量技术监督局的直属机构，规格为副处级；设呼和浩特市新城区等17个市辖区质量技术监督分局，为所在市质量技术监督局的派出机构，规格为正科级；牙克石市等13个县级市、宁城县等69个旗县均设质量技术监督局，分别为所在盟市质量技术监督局的直属机构，规格为正科级。到1999年12月31日，各盟市、旗县质量技术监督局整体接收上划，自治区质量技术监督垂直管理体制建立。

三、省、地（市）级机构简况

【自治区质量技术监督局机构】 按照《内蒙古自治区

党委、政府关于印发自治区政府机构改革方案、实施意见和撤并及职能调整部门所属事业单位机构改革意见三个文件的通知》(内党字〔2000〕7号)及《内蒙古自治区人民政府办公厅关于印发自治区质量技术监督局职能配置、内设机构和人员编制规定的通知》(内政办发〔2000〕27号)精神,设置自治区质量技术监督局。自治区质量技术监督局是自治区人民政府管理标准化、计量、质量工作并行使执法监督职能的直属机构。自治区质量技术监督局对自治区以下各级质量技术监督机构实行垂直管理。自治区质量技术监督局内设9个职能处室,包括:办公室、人事教育处、计划财务科学技术处、政策法规处、质量处、监督处、标准化处、计量处、锅炉压力容器安全监察处。同时设机关党委。另设离退休人员工作办公室(副处级),自治区纪委派驻纪检组、自治区监察厅派驻监察室。共计12个内设处室。行政编制49名。其中,局长1名,副局长3名,纪检组长1名,处级领导职数21名(11正,10副)。直属事业单位10个,包括机关事务服务中心、计量测试研究所、产品质量监督检验所、纤维检验局、信息中心、锅炉压力容器检测中心(从劳动厅划入)、特种设备检测中心(从劳动厅划入)、石化工业监督检测所(从石化厅划入)、电子产品检验所(从电子总会划入)、乡企产品质量检验站(从乡企局划入)。节能技术监测中心划出,归经贸委。

【盟、市质量技术监督行政机构】 在质量技术监督管理体制改革中,全区12盟市、2个计划单列市技术监督局(包括原来隶属、并入经贸委、工商局的盟市质量技术监督局)均于1999年底以前接收上划。根据内蒙古自治区机构编制委员会《关于盟市、旗县(市区)质量技术监督行政机构有关问题的批复》精神,呼和浩特市、包头市、赤峰市、乌海市、通辽市、呼伦贝尔盟、兴安盟、乌兰察布盟、锡林郭勒盟、伊克昭盟、巴彦淖尔盟、阿拉善盟等12个盟市均设质量技术监督局,为自治区质量技术监督局的直属机构,规格为正处级。其中,阿盟、乌海市局核定领导职数3名(1正2副),其余各盟市局核定领导职数4名(1正3副)。设满洲里市、二连浩特市质量技术监督局,为所在盟质量技术监督局直属机构,规格为副处级,领导职数3名(副处1名,正科2名)。由于原有各盟市局相当一部分为事业编制,行政编制严重不足,为此,自治区质量技术监督局向自治区政府专题汇报和请示。自治区政府研究后,在《内蒙古自治区人民政府关于全区质量技术监督系统垂直管理后有关问题的批复》中予以明确,"同意增加全区质量技术监督系统行政编制,待盟市机构改革时在盟市旗县行政编制中切出技术监督系统编制予以解决。"目前,盟市机构改革尚未进行,盟市质量技术监督局行政编制及内设机构尚未确定。

撰稿人　李　强　杨凤屹
审稿人　马俊英

辽宁省质量技术监督工作

一、概　　述

1999年，辽宁省技术监督系统在各级党委、政府的领导下，在国家质量技术监督局的指导下，认真学习党的十五届四中全会精神，并按省委的部署和要求，深入开展了"三讲"教育，领导班子和领导干部在思想上有了提高，政治上有了进步，作风上有了转变，纪律性明显增强，整改工作成效显著。省局连续两年被评为省直机关工作目标责任制先进单位。在各项业务工作中，全系统紧紧围绕政府的中心工作，认真履行综合管理和行政执法两大职能，经过全系统广大干部职工的共同努力，较好地完成了年初提出的各项工作任务，为辽宁省经济发展作出了积极贡献。

二、技术监督工作

1．"一帮扶、四放心"工作

围绕国有企业3年改革与脱困的战略目标，结合企业开展"三改一加强"活动，在1998年工作的基础上，进一步深入开展了"一帮扶、四放心"活动。

【发挥优势，为企业解决实际问题】 各级技术监督部门本着急政府之所急、帮企业之所需的原则，使帮扶工作求真务实，各具特点。营口市局以当地汽保行业为重点，从提高企业管理水平入手，对汽保行业的现状及发展方向进行了认真的分析和探讨，提出了提高汽保行业管理水平和产品质量的实施方案，制定出5个汽保产品样本标准草案，推荐给企业参考。年内，他们共帮助30个企业、40余项产品制定了企业标准，解决了汽保行业无标生产、粗制滥造等问题，使产品质量得到了保证，受到了企业的欢迎，得到了市政府及有关领导的肯定。有的市局充分发挥计量管理职能，引导电力公司、水泥厂等大中型企业完善计量检测体系，夯实了企业技术基础。

【企业整顿工作】 共走访检查企业21家，对企业生产、经营过程中存在的问题提出了许多有指导性的意见和建议。组织省内新闻单位对全省质量技术监督系统帮扶企业的先进典型进行宣传报道。

【实施放心工程】 与省卫生厅共同组成了辽宁省"放心眼镜店"评选领导小组，在组织上保证了该项工作的深入开展。与省卫生厅共同召开了辽宁省评选放心眼镜店会议，省内共有42个单位、65名代表参加会议，对实施此项工程达成了共识，为推动该工程的深入发展奠定了基础。在全省范围内联合组织开展了"全国爱眼日"活动，技术监督和卫生部门有2000余人参加了此次活动，并以专家诊查眼病、验光、咨询、维修眼镜等多种形式进行义务服务。期间，共出动服务人员1500多人次，发放宣传单200多份。同时，在全省各地举办了8期"眼镜从业人员技能培训班"，使全省270多个眼镜店的440多名眼镜从业人员提高了业务水平，做到了持证上岗。按照《让学生戴上放心眼镜工程实施方案》，组织专家评选了50家"辽宁省放心眼镜店"。依据《眼镜店质量跟踪办法》，对137家验收合格的眼镜店进行了质量跟踪，巩固了已取得的成果。一年来，通过继续实施该项工程，从整体上提高了眼镜行业验光配镜的质量，促进了眼镜行业经营者的法制意识和社会责任感的提高。

2．打假工作

着重开展了打假"三大战役"、专项整顿等活动，全年共查获假冒伪劣商品标值总额58 240.42万元，销毁假冒伪劣商品标值总额4 787.65万元；罚没款总额3 116.725万元，吊销营业执照24个；捣毁制售假冒伪劣商品窝点1 564个，破获制售假冒伪劣商品犯罪团伙45个，整顿市场2 290个，因出售假冒伪劣商品而被取缔的摊商1 396个，查封柜台6 053个，商店538个；立案3 935起，已结案3 530起，其中大案要案565起，结案530起。

【"三大战役"取得明显成效】 为了贯彻落实朱总理关于"用铁腕抓质量"的指示，根据国家质量技术监督局的统一部署和省政府的要求，在全省相继组织了"净市场、保两节"，"打三假、保春耕"，"查建材、保建设"三大战役。期间，全省技术监督系统共出动执法人员37 255人次，检查生产、经销企业19 443家，各类市场、一条街904个，建筑工地48个，检查各类商品总标值51 486万元，处罚生产、经销单位3 652家，查获假冒伪劣商品标值总额43 486万元，为全省的改革和发展创造了有利的条件。

【"净市场、保两节"第一战役】 元旦、春节期间，在全省系统组织开展了节日市场商品大检查活动。全省系统共出动执法人员11 317人次，检查各种商品标值总额17 006万元，现场检查商店6 995家，各类市场693个，商品46 473批次，计量器具19 832台（件）；查处不合格计量器具2 704件，没收387（台）件，端掉制售假冒伪劣黑窝点84个，现场处罚经销单位813家，查获假冒伪劣商品标值总额37 613万元。通过第一战役的开展，有效地维护了节日期间的市场秩序，净化了市场环境，保证了市场在销商品的质量，堵住了伪劣商品流入市场的渠道，为全省人民欢度节日提供了保证。

【"打三假、保春耕"第二战役】 全省系统共出动执法人员18 278人次，检查商品总标值34 300万元，检查商店7568家，检查商品25 740批次，抽样检验4 480批次，端掉制假售假窝点42个，没收产品1208吨，处罚经销单位452家，罚没款189.25万元，新闻媒体发布新闻45次，公开曝光15家企业，79家企业被限期整改。有效地保护了我省农业生产和农民利益，净化了农资市场。

【"查建材、保建设"第三战役】 针对因建筑工程质量问题而时常发生事故的情况，为确保我省广大人民群众的生命和财产安全，我局在建设高峰期到来之前，部署实施了"查建材、保建设"战役。全省系统共出动执法检查人员7 660人次，经销企业3 680家，建筑工地482个，检查生产企业1 200家，处理违法案件480起，罚没款325.67万元，打掉制假窝点15个，销毁不合格产品180余万元，公开曝光13家企业，对推动我省建筑工程质量的提高，防止“豆腐渣”工程的出现起到了积极作用。

“三大战役”的开展，得到了省政府领导和有关部门的高度重视。省经贸委、省工商局等17个厅局多次联合召开会议专题研究，省财政还给予了专项经费支持；辽宁电台、电视台、辽宁日报、辽沈晚报等多家新闻媒体对此项活动作了详细的报道，电视台记者还抓拍了许多端窝打点的真实场面，播出后收到了良好的收视效果，使全省广大人民群众更加了解和认清了假冒伪劣产品的危害，进一步增强了自我保护意识，同时，也有效地打击、震慑了不法分子，在社会和人民群众中，树立了技术监督质量卫士的形象，受到了社会各方面的广泛称赞。

【加大了重点商品和重点市场的专项治理力度】 为了实现“治理一个产品，整顿一个行业，净化一方市场，扶持一批企业”的目标，组织了一系列监督检查和专项治理活动。

加大了对白酒市场的整顿力度，共检查市场267个、经销企业7 000多家和宾馆、饭店500余家，查出经销假冒酒水近400家，端掉制假售假窝点45个，查获假冒白酒500余箱，假冒标签10万余张。采取有效措施净化了面粉市场，组织进行两次抽查，涉及9个省193个面粉生产企业近18 000吨面粉，抽样314批次，查出不合格面粉占49%。进一步巩固电线电缆治理成果，共检查业户17 000余家，1300批次，平均抽样合格率72%。开展了一次性输液器、蓄电池产品和乳制品的专项治理和游艺机游艺设施的专项检查，对沈阳南五市场进行了检查，一举查获9个品牌劣质一次性输液器180余件，10余万支；抽取辽宁市场经销的主导品牌蓄电池16种，合格率69%；对全省50家乳制品厂的产品进行了检查，通过整顿，乳制品合格率由整顿前的42%提高到67%。为此，省执法队被国家局和团中央授予“全国青少年维权岗”荣誉称号。检查了118个游乐园场17种671台游受检产品总数25.4%，并针对游乐场管理不善，维修不及时，部分企业无证生产等问题，采取了停运、封存、强制检修等措施。

3. 质量监督工作

以国家统检和省统检、定期监督检验为重点，加大对生产领域的监督检查力度。组织了复混肥和酱油的国家统检和油漆、通用阀门、铝合金型材3个产品的省统检。复混肥受检企业31家，31批次，抽检合格64.5%；酱油受检企业56家，62批次，合格率71%。油漆产品合格率45.8%；通用阀门合格率85%；铝合金建筑型材合格率99%。共安排22个省级质检机构对内燃机、电梯等33种产品进行了1 010批次检验，平均抽样合格率89%，市级定检产品1 600种，18 000批次，平均抽样合格率为85%。

以省市监督抽查为主，加大对流通领域产品质量检查力度。全省对19 000家企业，35 000批次商品进行了抽查，合格率为76%；一至三季度国家共抽查全省195个企业268批产品，其中220批合格，合格率82.1%。

加大监督检查工作的后处理力度。全省共对35家企业进行了整改和后处理工作，举办了2期不合格厂长经理学习班，对50家拒检及性质恶劣企业进行了曝光，对8家企业制发了黄皮书，有近百家企业被责令限期整改；建议有关部门吊销了5家企业工商执照，注销了1家企业的生产许可证。

4. 标准化工作

【采用国际标准工作】 全省采用国际标准项目为235项，历年采标项目累计达6 807项；使用采标标志产品43项，累计为338项；完成采标复审162项。采标产品报送19项，经评选列入国家重点计划新产品项目16项(A类3项，B类13项)，其中获得重点奖励补助3项，奖励补助金额90万元；获得贷款利息补助8项，贷款利息补助金额170万元。建立了新产品项目数据库、采标验收产品数据库和使用采标标志产品数据库，为动态管理采标工作做了准备。

【农业标准化工作】 盘山县生态农业、法库县葡萄生产等4个项目被列为国家级农业标准化示范区，并全部进入实施阶段。经过3年的国家级农业标准化示范区建设和一年的省级农业标准化示范区建设，全年共有9个示范区通过了验收。开展了检查种子标签、农膜，制种田花期检查，烤烟等国家标准实施监督检查工作。

【消灭无标生产工作】 两个国家级消灭无标生产试点市、县(市)——丹东市和北票市；一个省级消灭无标生产试点县(区)——鞍山市千台区均已通过验收。确定沈阳市苏家屯区和鞍山市岫岩县为1998～1999年度国家消灭无标生产试点县。全年共开展工业企业执行标准登记企业14 412户，产品32 422种，其中无标产品2496种，协助企业制定标准3729项。

【标准实施监督工作】 重点开展了以实施《啤酒瓶》强制性国家标准为内容的标准实施监督检查。召开了新闻发布会，发布了《辽宁省技术监督局关于必须严格贯彻〈啤酒瓶〉国家标准的通告》，举办了《啤酒瓶》国家标准培训班；召开了啤酒协会、部分啤酒生产企业及啤酒瓶制造企业参加的协调会；走访了部分啤酒生产企业。两次组织进行对全省范围内40余家啤酒生产企业的统一检查，使全省啤酒生产企业使用的周转瓶中“B瓶比例由4月份的20%上升到80%，同时，还组织全省企业分期销毁已挑选出的非“B”瓶。全省40家啤酒生产企业共销毁非“B”瓶349万只。

【条码、代码工作】 省组织机构代理中心通过加强数据采集和理顺码段管理，彻底清查重码、错码。有效推动代码工作的开展，全省累计换发代码证8万6千余份。全年已发展商品代码系统成员690户，完成续展299户，数据采集库已完成618户。

5. 计量工作

【定量包装商品计量跟踪检查】 把饲料、洗涤用品、儿童食品、酒、化妆品等5类20种定量包装商品(洗涤剂、奶粉、啤酒和护肤品等)的商品量确定为实施跟踪抽查的重点，把大成农牧铁岭有限公司、抚顺洗化厂、锦州食品厂、清河墨尼啤酒股份有限公司、大连生态美有限公司等20余家企业列为重点跟踪对象，并在生产和流通两个领域全面进行了监督检查。年内，共对市场经销产品进行监督抽查86批次，合格率为90.4%；直接对生产企业进行监督抽查46批次，合格率为92.4%，较上年提高了1.4个百分点。

【社会公正计量站的建设和监督管理】 针对1998年社会公正计量行(站)存在的问题，对全省已建的22家社会公正计量行(站)进行了整顿，特别是把开展商品房面积公正的计量行(站)作为整顿的重点，通过对50余名测算人员培训、考试及检验实践能力等措施，摸清了全省社会公正计量行(站)的状况，并对个别存在严重问题的单位进行了处理，在坚持合理布局、统筹安排的原则下，对鞍山市社会公正计量行、本溪市社会公正计量行、锦州市房屋面积公正计量站、辽阳市房屋面积公正计量站四家单位进行了计量认证。

【对加油站的计量管理】 与国税局合作，对辽宁省所辖区域内加油站的加油机进行了计量监督执法检查，共检查加油站2 670家，在用加油机7 668台，其中电脑加油机1 909台，机械加油机6759台，合格率为95.7%。

6. 科技工作

全局直属单位有煤质在线分析检测监控系统、产品质量在线(现)实时检测分析系统等13项科研项目被列为省局1999年度科技计划。共进行了4项成果的登记工作，有5个项目被评为辽宁省技术监督局科技进步奖，其中一等奖二项，二等奖二项，三等奖一项，共有五项科研成果获省部级奖，其中二等奖一项，三等奖四项；对电力工业部液压控制产品质量监督检验站进行了审查授权。

7. 法制建设和宣传工作

在总结全省几年来贯彻实施标准化方面有关法律法规的基础上，起草了《辽宁省农业标准化监督管理条例(草案)》，并依立法程序征求了有关部门、各市政府和有关方面专家学者的意见。

加强了宣传工作，配合“三大战役”等重大业务活动及全省技术监督工作会议、各业务处召开的工作会议、各类新闻发布会，组织了不同形式的新闻报道，及时地让社会了解到技术监督新的政策、工作重点及工作成效。为做好1999年“3·15”保护消费者权益日的宣传活动，同辽沈晚报、沈阳可口可乐公司3家联合举办了“3·15”《产品质量法》知识竞赛。并在沈阳中街举办了街面宣传《产品质量法》及消费者问卷调查活动。在“3·15”期间接受了辽宁电视台、辽宁日报、辽宁人民广播电台等省级新闻单位为“3·15”制作的专访及专题节目。共刊登、播出30多篇次。加大了质量万里行活动力度，由中国质量万里行辽宁投诉站组织辽宁省主要新闻单位参加“'99中国质量万里行辽宁行”服务及售后服务暗访活动，于8月2日至12日在鞍山对120家从事生产、经营、服务的企事业单位进行了电话暗访，同时首次暗访铁路问事处和电信局114查询台。公开曝光了一批服务及售后服务较差的单位。质量万里行辽宁行集中采访活动于11月中旬开始，先后在沈阳、大连、营口、盘锦、辽阳等地进行采访活动，对大连乳制品市场、沈大高速公路加油站等反面典型加大曝光力度，对地方保护主义严重的辽阳地区生产小水泥厂家进行公开曝光；对正面典型和质量好的事例进行宣传，树立了榜样。万里行活动中，在辽宁电视台、辽宁有线电视台、辽宁人民广播电台、辽宁经济日报、辽沈晚报开设专栏，在辽宁日报开设专版，共刊登、播发稿件40多篇次。

8. 进一步加强队伍建设

开展了多层次的执法人员培训。坚持行政执法人员培训上岗制度，举办了执法人员岗前培训班，140余人参加了培训；举办了行政复议、行政应诉学习班，聘请有关专家讲述了新颁布的《行政复议法》、《行政诉讼法》、《国家赔偿法》和行政应诉技巧，提高了系统内法制人员的业务水平；召开了技术监督行政执法工作研讨会，对行政执法工作中的大量疑难问题进行研讨，整理成54个疑难问题处理意见，对一线执法工作起到了实际指导作用。

组织各市局在本行政区域内开展了行政执法自查活动。对锦州、朝阳、盘锦、葫芦岛开展了行政执法自查活动。对锦州、朝阳、盘锦、葫芦岛4个市及部分县区进行了抽查，抽查结果表明，近几年的整顿和检查工作效果明显，案卷总体上保持了较好的水平。

9. 机关建设和行风建设工作

通过开展“三讲”教育，进一步推动和促进了机关理论学习的深入和机关党建工作的加强，提高了党员干部的理论素养和党性修养，增强了党组织的凝聚力和战斗力，全局局机关出现了新面貌。有一名党员和一个支部被评为省直先进；技术监督稽查所还被国家局和团中央授予“全国优秀青少年维权岗”。

为了更好地贯彻落实国家局纪检监察工作会议和省纪委八次全会精神，进一步完善了领导干部报告个人重大事项的规定，起草制定了《辽宁省技术监督局党风廉政建设责任制》，认真落实制止奢侈浪费五项规定，在认真总结行政执法公示制的基础上，以稽查所为试点，全面实行了政务公开。

三、体制改革

为认真贯彻落实国务院1999年8号文件精神，实现质量技术监督系统省以下垂直管理，辽宁省技术监督局将体制改革工作作为全局工作的重中之重，做了大量的工作。

【加强领导，积极推进】 国务院批转国家质量技术监督局质量技术监督管理体制改革方案下发后，我局对实施这次改革高度重视，作为全年工作的重中之重，成立了体制改革领导小组，主要领导亲自负责，抽调得力人员成立了体制改革办公室，组织体改办人员反复学习国务院8号文件，并按照陈政高副省长“请技术监督局、编办速提出贯彻意见上报”的批示精神，迅速开展垂直管理体制改革工作。以省政府明传电报下发了《关于冻结全省质量技术监督系统机构、编制、人员和资金的紧急通知》，同时，召开各市局局长、人事、财务处(科)长会议，进行宣贯和部署。

【调查研究，摸清情况】 从年初开始，局机关就组成专门调查组对全省各市县技术监督局机关及直属单位的机构、人员、编制、经费等状况进行了两次大规模的调查，摸清了底数，同时会同省编办先后到有关市、县、区对质量技术监督系统机构、编制的现状和存在的问题进行了调查，为制定改革方案作了大量前期准备工作。

【学习经验，协调步伐】 在制定改革方案期间，我局派人先后到山东、江苏、四川、河北、河南、吉林、黑龙江等省了解情况，学习经验，并召开东三省局长会议，交流经验，协调步伐。这期间，我们还向工商等部门学习了垂管的经验。

【反复协商，制定方案】 从5月份开始，在局领导的带领下，多次同编办、财政、组织人事部门反复沟通，协商垂直管理后的机构、编制、经费、职能划转等问题。并且，由陈政高副省长主持，两次召开省直有关部门协调会议，提出了我省质量技术监督管理体制改革方案，经7月19日省政府常务会议审议通过。9月6日，以省政府名义召开了辽宁省质量技术监督管理体制改革工作会议，对全省质量技术监督管理体制改革工作进行了部署。

【落实措施，筹备上划】 工作会议后，经与省委组织部、省人事厅、省编办、省财政厅等部门反复协商，制定了具体的实行垂直管理的上划交接工作方案。以中共辽宁省委组织部辽组通字[1999]24号下发了《关于全省质量技术监督系统管理体制改革后干部管理有关问题的通知》，与省委组织部、省人事厅、省编办、省财政厅联合下发了《关于印发〈辽宁省质量技术监督系统实行垂直管理交接工作方案〉的通知》，以省人事厅、省编办联合下发了《关于全省质量技术监督管理体制改革后机构编制和人事管理有关问题的通知》，这些文件的下发，为下年度实行省以下垂直管理、建立质量技术监督系统新的管理体制奠定了基础。

四、省、地(市)机构简况

辽宁省技术监督局是省政府统一管理和组织协调全省标准、计量、质量监督和质量认证工作的职能部门，副厅级建制。内设办公室、综合计划处、政策法规处、人事教育处、稽查处、计量处、标准化处、质量监督处、质量认证办公室9个处室。行政编制80名，领导职数局长1名、副局长3名、处长10名(含机关党委专职副书记1名)，副处长12名。局直属单位9个(辽宁省质量计量检测研究院、省技术监督信息研究所、省纤维检验所、省技术监督稽查所、中国方圆标志认证委员会辽宁审核中心、国家局沈阳培训中心、省计量器材站、东北国家计量测试中心兴城技术交流站、省标准技术开发中心)。挂靠单位4个(东北国家计量测试中心、省质量检验协会、省标准化协会、省计量学会)。全省技术监督系统设有机构421个，其中行政机构102个，事业机构319个(技术机构216个)。全省技术监督系统固定职工9 251人，其中行政人员1 609人，事业人员7642人。

撰稿人　黄　芳

审稿人　姚永栋　陈莉莉

吉林省质量技术监督工作

一、概 述

1999年，吉林省质量技术监督系统紧密围绕吉林省经济工作重点，坚持“以质量为中心，标准化、计量为基础”的工作方针，突出用铁腕抓质量，抓质量促进总量，抓监督优化结构，抓管理增加效益，抓廉政提高素质，进一步加强工作力度，为促进吉林省产品质量、工程质量和服务质量的全面提高，实现国民经济持续快速健康发展做出了贡献。1999年6月份，经吉林省政府批准，吉林省技术监督系统实施了质量技术监督管理体制改革，实行了省以下垂直管理。截止1999年末，全省采用国际标准和国外先进标准60项，累计达到1 388项；组织制定地方标准49项，累计完成936项；制修订农业地方标准17项，累计724项；完成了对技术机构计量标准考核13项，对企业计量标准考核和复查165项；在生产领域省级产品质量监督抽查工作中，共抽查省内工业生产企业462户，抽取样品587个，合格样品457个，全年抽样平均合格率为77%；在流通领域省级商品质量专项监督抽查工作中，共抽查汽车零配件、电线电缆等10种商品的经销企业511户，抽取样品904个，抽样平均合格率为27.1%。在全省成品油统一监督检查中，共完成对省内767个加油站的检查，检查产品样品1 168个，合格样品572个，样品合格率为48.9%。在定期监督检查工作中，全省各级技术监督部门共对12 641户企业的产品质量进行了监督检查，批次合格率为77.7%。在全省技术监督行政执法工作中，全省各级技术监督部门共计办理行政案件18 374件，为消费者挽回经济损失3 767.11万元。1999年，全省质量技术监督系统内，受到国家人事部、国家质量技术监督局表彰的全国质量技术监督系统先进集体2个，先进工作者1名；受到国家质量技术监督局表彰的全国质量技术监督先进单位2个，先进个人3名；受到吉林省人事厅和吉林省质量技术监督局表彰的先进集体22个、先进工作者24名。

二、质量技术监督工作

1．质量管理工作

【服务效益工程活动】 1999年，吉林省技术监督局深入开展了全省服务效益工程活动，在各有关服务行业部门推荐的基础上，经认真考核，评选出12户吉林省服务效益工程标兵单位并进行了表彰；会同有关部门共同举办了一台“让生活充满微笑”全省服务效益工程电视文艺晚会，省委、省人大、省政府、省政协有关领导和有关部门、单位及企业负责人共300多人观看了现场演出，晚会实况通过吉林电视台向全省播放，收到良好效果；在大量调研基础上，结合吉林省服务行业特点，制定发布了《服务质量规范》和《美发美容业服务操作规程和质量要求》、《照相业服务操作规程和质量要求》3项服务质量地方标准，推动了吉林省服务行业的服务质量逐步实现制度化、程序化、标准化。吉林省委书记王云坤在吉林省技术监督局《关于全省开展服务效益工程活动情况的报告》上作了重要批示：“很好，整个社会都有一个管理质量迅速提高的问题。质量要持续抓下去”。副省长李介车也作了重要批示：“在抓好产品质量工作的同时推进服务质量工作”。吉林省技术监督局为了贯彻落实朱镕基总理和吉林省省长洪虎、副省长李介车对“长春市客运出租行业的调查报告”的重要批示精神，召开了全省服务效益工程活动经验交流电视电话会议，命名长春市客运管理处为“全省服务效益工程标兵单位”。同时，在吉林省服务行业广泛推广了长春市客运出租行业管理典型经验，有力推动了全省服务效益工程活动广泛的深入开展。

【生产许可证工作】 吉林省技术监督局认真贯彻落实国家质量技术监督局《关于进一步做好工业产品生产许可证管理工作的通知》精神，对全省16个有关厅局生产许可证工作进行交接，为新体制的运行打下了基础。吉林省年内有10个行业13个品种77户企业申报了换发证，按《生产许可证实施细则》要求，做了审核申报工作，受到行业部门和企业好评。依据有关规定，对新建、新转企业发放了临时生产许可证117份；在企业自愿的前提下，积极为企业进行服务、指导，共为281户企业办理了生产许可证，为吉林省产品打入外埠市场提供了必要条件。在发放准产证方面，拓宽了管理产品的范围，吉林省在原食品、防盗安全门发证的基础上，经省政府同意，新增了5种产品实行地方准产证管理。目前，吉林省热水循环泵生产条件审查和产品检测工作已经结束，高低压开关柜生产条件审查和产品质量检测工作正在进行。通过把地方准产证工作同贯彻国务院《质量振兴纲要》有机结合，帮助企业提高管理水平和产品质量，推动企业走上了质量效益型发展的道路。无证查处工作力度进一步加大。重点对农药、水泥、带肋钢筋等无证产品进行了集中查处，共检查生产企业60多户，经销企业200多户，查处无证产品标值1千万元。通过无证查处工作，有效遏制了无证伪劣商品的蔓延，保护了国家和消费者的合法利益。

2．监督执法与“打假”工作

【生产领域质量监督】 在对生产领域产品质量监督工作中，吉林省技术监督局认真开展了生产领域产品质量监督检查，制定了吉林省产品质量监督抽查重点产品目录，以农资产品、建材产品为重点，分季度实施了省监督抽查，全省合计抽查企业462户，抽查样品587个，合格样品457个，抽样合格率为77.9%。为了减轻企业负担，压缩了定期监督检查计划，对吉林省内12 641户企业生产的17 521批次产品进行了定期监督检查，合格产品13 611批次，批次合格率为77.7%。通过加强监督检查和后处理，促进了吉林省重点产品质量的提高。

【流通领域质量监督和“打假”工作】 在对流通领域的商品质量监督和“打假”工作中，吉林省技术监督局自1998年12月中旬至1999年6月20日，在全省范围内认真组织开展了“查市场、保两节”、“查农资、保春耕”、“查建材、保建设"三大战役，取得了显著的成果。在三大战役中，吉林省技术监督系统共计出动技术监督执法人员 38 152 人次，重点检查了白酒、食用油、种子、化肥、钢筋等 30 多种产品，查获伪劣产品标值 98 744.072 万元，检查各类商品市场 868 个，检查商品专业街 73 条，检查经销单位 11 577 户，检查摊床 395 个，查处违法案件 2 777 件，端掉制造伪劣产品窝点 23 个，检查各类商品 32 150 批次，合格 21 518 批次，批次合格率为 67.1%。在市场商品质量专项监督抽查中，从 6 月 2 日至 8 月 10 日，吉林省技术监督局组织开展了两次比较集中的市场商品质量专项抽查，对群众反映较大，质量问题较多的电子镇流器、高效节能灯、贮水式电热水器、家用燃气灶具、一次性使用注射器和输液器、汽车零配件、电线电缆、低压电器等 10 种商品进行了专项监督抽查，共抽查商店 511 个，抽取样品 904 个，合格样品 245 个，平均抽样合格率为 27.1%。同时，加强了质检技术机构管理；积极开展了质检协会和产品质量申诉处理工作。

3. 标准化工作

【"双采"工作】 为了加快与国际惯例接轨，提高产品标准水平，1999 年，吉林省技术监督局进一步落实"双采"的优惠政策，会同有关部门制定发布了《吉林省采用国际标准和国外先进标准的若干规定》；在加快"双采"步伐的同时，注重提高了"双采"数量和质量，全年共计完成"双采"60 项，比 1998 年增加 20 项，增加了 50%，其中有 18 项是高新技术产品和专利产品，占采标总数的 30%。通过"双采"，使吉林省企业获得了较明显的经济效益。如长春市港台合金钢铸造有限公司生产的水熔模铸造 D 形断面链条，非等效采用了美国 YMR 标准，产品一跃达到 90 年代国际先进水平并全部出口，企业当年新增利润 271.2 万元，税收增加 171.6 万元。为进一步推动吉林省"双采"工作的开展，吉林省技术监督局积极申报了国家级重点新产品，吉林省有 3 种产品已被纳入国家级重点新产品计划。

【农业标准化工作】 吉林省技术监督局根据吉林省政府大力改善农产品的品种和质量的要求，根据吉林省实际情况，着重抓了提高农产品内在品质标准的制定和农业标准化示范工作。一是认真组织开展了第二批国家农业标准化示范项目的实施工作。永吉县水稻综合标准化示范项目，经过 1997 年至 1999 年 3 年努力，获得了显著的经济效益和社会效益。永吉县 3 年示范累计面积达 8.7 万公顷，示范田 3 年平均公顷产量为 8 350.8 千克，平均每年增产幅度为 12.8%，3 年累计增产水稻 9 116.3 千克，累计新增产值 13 674.45 万元，1999 年 9 月 21 日顺利通过了国家质量技术监督局的验收。公主岭市"种、养、加"产业标准化示范项目，在原来玉米综合栽培技术标准化的基础上，重点推广了甜玉米、特用型高淀粉玉米和平衡施肥、玉米包衣、化学药剂除草、玉米机械精量和半精量播种、玉米垅沟追肥、赤眼蜂防治玉米螟等项农业增产、增收技术，收到了良好的经济效果；制定了养猪、养牛、养鸡地方标准，推广了标准化养殖技术，截止 1999 年底，公主岭市共计建立牧业公司 110 个，规模养殖场 825 个，粮食加工企业 100 多个，年粮食加工能力达到 80 多万吨，洮南市小尾寒羊标准化示范项目在 1998 年制定《小尾寒羊》标准的基础上，1999 年重点抓了标准的贯彻实施工作，洮南市技术监督局与畜牧部门配合，共举办学习班 13 次，培训技术人员 500 多人，发放标准文本 500 余份，全市养羊示范户已发展到 1 640 户，分布全市 18 个乡镇，小尾寒羊繁殖量已达到 8 万只，全市共计增加经济收入 600 多万元。二是积极开展了种子标准化工作。吉林省技术监督局与有关部门制定了《吉林省市、州主要农作物种子标准化水平考核、验收暂行规定》，加快了吉林省种子标准化工作步伐。如吉林市种子标准化程度稳定在 95%以上，水稻和玉米一级种子比率占 98%以上，达到了种子标准化市的验收标准。三是，根据吉林省特点开展农业综合标准化项目。为发展区域经济和区域优势，各市、州技术监督局主动抓了群众关心、效益明显的示范项目。白城市技术监督局制定了本市农业标准化规划，认真组织实施了苹果梨、小井水稻、小冰麦、蓖麻、池塘养鱼等项目；长春市根据城市居民需要，开展了无公害蔬菜综合标准化项目，种植的无污染蔬菜深受群众欢迎；辽源市抓了肥牛养殖及系列产品标准化；通化市抓了平贝母等药材综合标准化；松原市抓了小粒红花生综合标准化。这些项目的开展，为发展优质高效农业起到了积极促进作用。四是积极参与农业科普大集活动，提高了农民标准化意识。1999 年 3 月，吉林省技术监督局与省科协、省科委等 6 个部门在长春市举办了吉林省首届农业科普大集，设立了农业标准化展台，举办了农业标准化讲座，设立了农业生产资料质量咨询台，进行现场咨询，受到了广大农民的欢迎。省电视台、电台、报社等新闻媒体进行了现场采访和新闻报导，收到了较好效果。

【企业标准化工作】 1999 年，吉林省技术监督局加强了企业标准化工作，提高了企业技术基础水平。全省共在 103 个企业中抓了完善标准体系试点工作，收到良好效果。其中，吉林市技术监督局组织铁路系统企业进行标准宣贯，指导建立了标准体系；长春市技术监督局深入长春市经济开发区和高新技术开发区，多次无偿办班授课，指导开展标准化工作；通化市技术监督局帮助特殊耐火材料厂从制定企业产品标准入手，完善了标准体系，使该企业产品合格率由 92%提高到 96.1%。同时，吉林省技术监督局注意开展了对非公有制企业的技术服务工作。为了扶持非公有制企业发展，辽源市技术监督局把企业标准化工作重点向为非公有制企业的服务方面倾斜，在对辽源市 23 户非公制制袜企业服务中，无偿提供产品标准，积极提供质量咨询，对不具备检测能力的企业无偿提供质量检测手段，促使制袜企业的产品质量稳步提高。

【标准实施监督、地方标准制修订】 1999 年，吉林省技术监督局加大了标准实施监督的力度，特别是重视对强制性国家标准的监督工作。重点抓了啤酒瓶国家标准的实施监督，宣贯了工业产品使用说明书总则、消费品使用说明总则等 4 项国家标准。为了满足吉林省经济发展的需要，全年制订地方标准 49 项，其中工业地方标准 32 项，农业地方标准（规范）17 项。

【消灭无标生产工作】 吉林省技术监督局努力推进消灭无标生产工作的深入开展。1999 年对已通过消灭无标生产验收的部分县（市）进行了抽查，深入到 10 多个县（市），对开展消灭无标生产工作进行了检查指导。截止年末，有 15 个县（市、区）通过了消灭无标生产验收。据不完全统计，1999 年验收的 10 个县（市、区）平均产品标准覆盖率达到 96.9%，比验收前提高了 27 个百分点，企业严格依法按标准组织生产，产品质量抽查合格率明显提高。

【信息标准化工作】 吉林省技术监督局在开展信息标准化工作中，注意抓了计算机2000年问题，组织对微机市场进行了监督检查；加强了计算机信息网络建设，建立了省、市、县三级联网，实现了全省技术监督信息网与吉林省信息中心网络的联通；建立了组织机构代码、商品条码和标准文献数据库；扩大了组织机构信息卡(IC卡)的应用，当年IC卡已在国税、地税、银行、人事等部门推广使用。

4. 计量工作

【计量管理工作】 1999年，吉林省技术监督局强化了计量工作的规范化管理，起草的《吉林省计量管理条例》，已列入吉林省人大常委会立法计划；制定下发了《吉林省社会公正计量站年审实施办法》、《吉林省制造、修理计量器具许可证年审办法》等规范性文件；加强了对电能表、水表、煤气表等6种重点管理的计量器具的监督管理。按照省委督查室的要求，组织对长春、吉林、四平等3个市的单项电能表、家用煤气表监督抽查，其中电能表平均合格率为70%，煤气表平均合格率为67.5%。将监测结果向省委督察室进行报告，并提出了具体的建议和意见。

【量值传递和计量认证工作】 围绕保证建筑工程质量等新的计量工作领域，吉林省技术监督局组织开展了建筑基桩测量仪、检定施工建材的计量器具的检定工作，开展了对汽车检定线的计量认证和汽油、柴油平均密度测算等项工作。组织完成计量标准考核106项，计量认证64户，受理13户申请制造计量器具许可证企业的资格审查，对35户企业进行了样机试验。

5. 认证工作

【质量认证工作】 1999年，吉林省技术监督局进一步加强了质量认证工作。截止年末已经完成了对四平高效换热器厂、集安参茸有限公司、长春革发服装厂等3户企业产品和体系认证的申请受理、审核发证工作；开展了对吉林生化药业有限公司、吉林糖果食品有限公司、长春战达电力有限公司、开山屯纸浆厂等4户企业的认证受理及现场审核的前期工作；对吉林华润啤酒公司、延边冰川啤酒公司、吉林德惠大曲酒厂等3户企业进行了产品换证、体系监督审核工作；完成了对长春电站阀门厂、长春第二电机厂、吉林石岭水泥厂、长春紫晶电子公司、四平汉高洗衣粉厂、通化钢铁公司、吉林辉南轧钢厂、长春开关厂、吉林丹峰林业有限公司等11户企业的监督审核工作。全年共计完成了对7户企业的质量认证发证工作，吉林省质量认证的企业累计已经达到27户。同时，吉林省技术监督局积极组织质量认证咨询机构帮助7户企业建立了质量保证体系，为全面开展质量认证工作打下了良好基础。

6. 管理体制改革工作

【实施质量技术监督管理体制改革】 吉林省技术监督局根据《国务院批转国家质量技术监督局质量技术监督管理体制改革方案的通知》(国发[1999]8号)和全国质量技术监督管理体制改革工作会议的要求，在充分调查摸底和做好协调工作的基础上，完成了吉林省质量技术监督管理体制改革实施方案的起草工作，经省长办公会议审议通过，吉林省政府于6月8日下发了《吉林省人民政府批转省技术监督局质量技术监督管理体制改革方案的通知》(吉政发[1999]14号)文件。6月21日，吉林省政府召开了全省质量技术监督管理体制改革工作会议，对吉林省技术监督系统实施管理体制改革进行了部署，自1999年6月8日起，吉林省各市(州)技术监督局为省技术监督局的直属机构；县(市)技术监督局为市(州)技术监督局的直属机构；地级市所设的区技术监督局，一律改为市技术监督局的分局，作为市技术监督局的派出机构。各级计量检定测试、标准研究、质量监督检验等技术机构是同级技术监督局的直属事业单位，各市(州)、县(市)技术监督局及其所属机构的有关人员编制、干部、财务经费管理，由省技术监督局实行统一管理，在《质量技术监督管理体制改革实施方案》中做了明确规定，吉林省技术监督局及时会同吉林省委组织部、吉林省机构编制委员会办公室联合发出通知，对做好管理体制改革有关工作提出具体要求。吉林省技术监督局和吉林省机构编制委员会办公室、吉林省国有资产管理局等部门组成联合接收组，完成了对吉林省技术监督系统编制、人员、经费、固定资产等的上划接收工作，吉林省技术监督局对吉林省8个市、州技术监督局领导班子进行了交接，初步完成了吉林省技术监督体制改革的各项工作。

三、省、市(地)机构简况

吉林省技术监督局是省政府统一管理和组织协调全省标准化、计量和质量工作的职能部门，副厅级建制。内设办公室、综合计划处、法制宣传处、质量处、监督管理处、标准化处、计量处、机关党委8个处室。行政编制48名，事业编制5名。领导职数局长1名、副局长2名，正副处长17名(含机关党委专职副书记1名)。局直属事业单位10个(吉林省计量测试技术研究所、省纤维检验处、省产品质量监督检验所、省标准计量仪器实验所、省技术监督情报研究所、省技术监督职工中等专业学校、省技术监督局物资管理站、省技术监督稽查大队、省技术监督局物业管理中心)，挂靠单位3个(吉林省计量测试学会、省标准化协会、省质量检验协会)。

吉林省技术监督系统内有各级机构217个，其中行政机构58个，事业机构159个(含技术机构123个)，职工5 384名。行政机构中公务员861名、工勤人员153名；事业机构中管理人员952名、专业技术人员2 263名、技术工人1 155名。

撰稿人 李 战
审稿人 郭庆河

黑龙江省质量技术监督工作

一、概　　述

1999年，黑龙江省质量技术监督局在省委省政府的领导下，在国家质量技术监督局的指导下，紧紧围绕经济工作中心，高举“质量振兴”和“打假治劣”两面旗帜，充分发挥综合管理和行政执法两大职能，为促进我省经济的发展作出了积极的贡献。截止1999年底，全省共监督检查了16 100个企业生产的22 364批次产品，抽样合格率75.52%；组织了对农地膜、白酒、乳粉、燃料油、复混肥等产品的全省统检，其中农地膜质量合格率最高，达到了98.6%。深入开展了“五个一批”、“三大战役”，取得了辉煌的战果，有力的打击了制假售假违法行为。全省采用国际标准和国外先进标准36项，完成采标标志31项；完成了50家中小企业及乡镇企业计量合格确认；有11家企业通过了中国方圆认证委员会质量认证。

二、质量技术监督工作

1. *质量管理工作*

【召开全省质量工作会议】 1999年12月6日，在友谊宫召开了全省质量工作会议。会议的主要内容是贯彻落实了全国质量工作会议和经济工作会议精神，总结、部署黑龙江省质量工作。参加这次会议的有各市、行署主管质量工作的副市长、专员，各市、行署技术监督局局长和主抓质量工作的副局长，省农垦总局主管副局长、技术监督局长和各有关委办厅局负责同志。会议由省政府省长助理。迟建福同志主持，张成义副省长在上讲了话。省技术监督局局长尹志清同志作了报告。与会代表认真学习了《国务院关于加强产品质量工作的若干问题的决定》，讨论了《〈国务院关于进一步加强产品质量工作基础问题的决定〉的实施意见》，对加大全省质量工作力度，推动全省产品质量总体水平的提高进行了全面部署。

【全省工业产品质量稳步提高】 1999年，全省各级技术监督部门牢记朱镕基总理“用铁腕抓质量”的教诲，加大了监督检查的力度，促进了全省工业产品质量的稳步提高。全省共监督检查了16 100个企业生产的22 364批次产品，抽样合格率为75.52%，组织了对农地膜、白酒、乳粉、燃料油、复混肥等产品的全省统检，其中农地膜质量合格率最高，达到了98.67%；乳粉质量合格率提高幅度比较大，抽样合格率达到86.54%，比1996年提高20.66个百分点，比1997年提高了12.12个百分点；复混肥产品质量也有很大程度提高，1996年抽样合格率为88.14%，1997年为93.59%，1999年为95.56%，达到5年来最好水平。此外，还检查纤维产品生产、经销企业476家4 540批次，合格率70.05%，比1998年提高5%。

【对部分工业产品实施重点保护】 为扩大黑龙江省名优产品知名度，增强产品竞争能力，对全省65家企业生产的66种工业产品实施了重点保护。被确定为重点保护的产品都是在历年各级技术监督部门的监督检验中质量稳定，达到省内同类产品的先进水平，并且这些产品的生产企业都有较完善的质量保证条件，能够保证出厂产品的质量。省技术监督局对这些产品进行了广泛的宣传并对假冒重点保护产品的行为统一组织、协调打假活动。两年内，省内各级技术监督部门对这些重点保护产品免于检验。

【生产许可证和准产证监督管理工作得到加强】 加强了对全省生产许可证工作的统一管理。组织和帮助特种劳动防护用品、复混肥、电线电缆等产品生产企业做好生产许可证的换证、补证工作。对饮料、饲料、肉灌制品、酱油、醋等实行准产证管理的产品进行了换发证，共换发准产证603个。对微机、化肥、农药、水泥、大型游乐设施等10种实行许可证管理的产品进行了无证查处。

【对全省游乐设施安全质量进行检查和整改】 1999年，黑龙江省技术监督局组织对全省35个游乐场所的游乐设施进行检查，共检查大型游乐设施276台(套)，查出明显安全隐患的游乐设施26台(套)，查出无生产许可证产品39台(套)。检查中发现有些游乐场所经营管理工作比较混乱，不少单位对安全工作重视不够，经营管理工作不规范。为清除游乐设施的安全隐患，确保群众、尤其是儿童的生命安全，省技术监督局采取了以下措施加强整改工作：一是采取果断措施，对年久失修、无使用价值的游乐设施予以停用报废和拆除；二是对无生产许可证、质量问题较大、保证不了安全的游乐设施一律停用，由当地技术监督部门监督执行；三是针对检查中发现的质量问题和设施隐患，组织能力较强的专业技术机构深入各地配合当地技术监督局进行整改；四是完善管理法规、规章，由省技术监督局牵头，协调省建委、省公安厅、省旅游局、省劳动厅、省工商局共同制订、颁部、实施了《黑龙江省游艺机和游乐设施安全监督管理办法》，这个办法中明确了各监管部门的职责，还明确规定了各游乐场所、各主管部门应履行的责任和义务，对保证我省游乐场所安全运营，规范管理起到积极作用。

【开展瓶(桶)装饮用水产品质量监督检查】 鉴于近几年全省瓶(桶)装饮用水生产有很大发展，为掌握瓶(桶)装饮用水产品的质量状况，规范瓶(桶)装饮用水的市场秩序，维护广大消费者的利益，对省内瓶(桶)装饮用水产品质量进行了监督检查。此次检查共抽取了51家企业生产的53个批次的样品，实际检验样品48个，合格27批次，抽样合格率为56.25%。其中抽检24批次的矿泉水类样品，合格18批次，抽样合格率为75%；检测了瓶装饮用水、生活饮用水24个批次样品，抽样合格率为37.50%。从检查的结果可以看出，全省矿泉水产品的质量明显好于纯净水、生活饮用水，特别是在社会上有很高声誉的黑龙江省五大连池市9家企业生产的11种瓶装矿泉水在本次抽查中质量全部合格。存在的主要问题是卫生指标超标严重、食品标签问题较多等，省技术监督局针对上述问题提出了整改要求。

2. *监督执法与“打假”工作*

【“五个一批”“三大战役”取得辉煌战果】 1999年,黑龙江省各级技术监督局认真贯彻朱总理关于“用铁腕抓质量”的指示,大张旗鼓的开展了以“净市场、保两节”“查农资、保春耕”、“查建材、保建设”为主题的“五个一批、三大战役”打假活动。这是历年来声势最大、效果最好的一次打假活动。全省共出动7.75万人次,检查生产、经销企业达1.8万多家,检查商品标值40多个亿。检查商品有28大类200多个品种、1.05万批次。查处生产、经销伪劣商品和不合格商品企业3 520家,摊位2 100多个,查获假冒伪劣商品标值2 760万元,端掉制售假冒伪劣商品窝点237家,查处质量违法案件3 382件,万元以上大要案118起,10万元以上大要案10起,移交司法机关处理9起。特别是佳木斯市技术监督局查处了全国最大的连云港假化肥案,收缴假化肥1 250多吨,中央电视台《焦点访谈》作了专题报道,在全国引起了强烈反响。

3. 标准化工作

【采标工作促进了企业技术进步】 采用国际标准和国外先进标准是企业在短时间内迅速提高产品质量和市场竞争力的最经济、最有效的途径。1999年,全省完成采标任务36项,授予采标标志31项,向国家推荐8项采标新产品,其中有6项被列入国家级重点新产品计划。此项工作为提高产品标准水平、产品的市场竞争力,促进经济的快速发展发挥了重要作用,同时,也为企业走向世界铺平了道路。如黑龙江省黑龙集团从采标工作入手,搜集、引进国外先进标准,大大提高了产品质量和国际市场的竞争力,该集团生产的冰刀直接销往美国、加拿大、荷兰和挪威等地,已占国际市场销售份额的90%。

【地方标准的制定】 制定地方标准20项,其中农业地方标准14项。组织全省烤烟实物标准审定会对各地市仿制的实物样品进行了整理、制定和审查,共制做了102套实物样品,作为全省烤烟组织生产、监督检查的依据和收购、调拨、验收的依据。

【消灭无标生产工作】 无标准生产是不合格产品、劣质产品充斥市场的直接原因,也是无标生产企业产品质量低下、无市场竞争力的直接原因,严重制约企业发展。全省各级技术监督部门依据《黑龙江省标准化条例》,加大了对无标生产的企业及其产品的监督执法力度,对辖区内的企业进行了地毯式的监督检查,建立了企业产品及其产品标准档案,对企业产品及其产品标准进行了动态管理。全省已有39个县(市)产品标准覆盖率平均达到96.3%,产品质量抽检合格率比1998年都提高了10~15个百分点。企业标准备案已达16 583份,许多企业由于严格按标准组织生产和检验,促进了产品质量的提高,增强了产品的市场竞争力,使企业得到进一步的发展。

【农业标准化工作向纵深发展】 1999年计划实现农业标准化种田350万公顷,实际落实518万公顷,对阿城旱田作物立体栽培标准化和同江黄牛标准化养殖示范区进行了考核验收。铁力市寒地蔬菜、水果、药材生态农业示范区、大兴安岭马铃薯标准化示范区、泰来县农业标准化示范区和黑龙江垦区的普阳农场标准化示范区作为第二批全国高产优质高效农业标准化示范区,已完成全年的工作计划。经考核、审查、上报,黑龙江省虎林市“生态大豆、水稻”、依安县“白鹅养殖”、望奎县“瘦肉型猪”项目已被国家局增列为全国高产优质高效农业标准化示范区第二批计划中的第三类项目。对黑龙江省生态农业建设情况进行了调研,有关生态农业建设的调研报告获得了省调研成果三等奖。

4. 计量工作

【颁布实施《黑龙江省计量条例》】 为更好地提高黑龙江省工农业生产水平和经济运行质量,结合新形势对工作提出的新的任务和更高的要求,从1996年开始起草《黑龙江省计量条例》,于1999年　月　日通过省人大审议,正式颁布实施。《黑龙江省计量条例》对计量行政执法人员和计量检定人员及其机构、对技术机构出具计量检察院测数据行为的监督管理、对计量结算中的一些问题和行政处罚的问题都做出了具体规定,规范和调整了新的计量法律关系。

【以商品量为重点加强了计量监督工作】 各级技术监督部门紧紧围绕关系国际民生和百姓生活息息相关的“五子工程”,依据《计量法》和《黑龙江省计量条例》,加强了对农用物资、石油成品油、建筑材料和定量包装商品的生产、经销环节的计量监督检查,共检查了食品、眼镜、水泥、电线电缆等商品2 400多批次,处理计量违法案件503起,为国家和人民群众挽回经济损失120余万元。此外,还启动了商品房面积公正计量工作,建立了14家商品房面积公正计量服务机构,受理投诉检测3万多平方米,商品开发企业申请检测8万多平方米。

【加强了对企业计量工作的监督和服务】 在对企业计量工作的指导方面,坚持分类指导的原则,全年共对10家大中型企业的计量工作进行了指导,帮助企业完善计量检测手段,提高计量管理水平,为企业提质降耗增效提供了可靠的保证。如伊春市技术监督局帮助浩良河化肥厂强化原材料物料进厂和消耗的计量监督管理,当年实现利润300多万元;哈尔滨市技术监督局为龙润加油站查找出亏油的原因,使该站摘掉了亏损帽子。齐齐哈尔市技术监督局帮助5户大型企业解决了大宗物料的检测难题,直接为企业节约资金876.32万元,受到当地政府和企业的好评。此外还完成了50家中小型企业及乡镇企业的计量合格确认,使中小企业的管理水平迈上一个新的台阶。

5. 认证工作

【认证工作取得新突破】 1999年,认证工作取得了突破性进展,到1999年底全省获得质量体系认证证书的企业已达325户,从全国各省认证企业数量看,已从1995年的全国第16位上升到12位。加强了内审员的培训注册工作,举办了36期内审员培训班,培训学员1 000余人次,考核合格给与注册的800余人次。各级技术监督部门通过大力宣传开展质量认证工作的意义,组织企业质量管理部门负责人召开座谈会,举办各种类型的培训班,宣讲ISO 9000标准等工作,使企业认证的积极性越来越高,市场竞争意识越来越强,对企业提高质量管理水平、在市场竞争中获得优势起到了巨大的推动作用,也为黑龙江省经济建设做出了积极的贡献。

【黑龙江质量认证中心成立并开展工作】 经一年的努力,黑龙江省质量认证中心正式成立,并通过了中国方圆认证委员会认可,独立开展质量体系审核工作,填补了黑龙江省无质量认证机构的空白,为企业申请质量认证节约了经费,创造了良好的客观环境。同时,还大力培育认证咨询机构,已有5家咨询机构提出务案申请,待审查合格后将予以备案。

6. 行风和队伍建设

【开展“双评”活动】 黑龙江省委针对黑龙江省经济发展环境不够宽松这一实际情况,做出了在全省25个对经济发展环境影响作用较大的司法和行政执法部门、经济监督和管理部门中开展“为经济建设服务,树行业新风”最佳最差单位评议活动,即“双评”活动。局党组决定把搞好此项工作视为关系全省质量技术监督事业发展的大事来对待,把落实国家局有关行风建设的各项要求同开展“双评”活动有机地结合起来,在全系统组织开展争创最佳期单位的竞赛活动。在此项活动中,制定了为全省经济发展服务的7项承诺,成立了6个行风整顿及“双评”工作推进组,分赴12个市、地进行检查、推动,查找出15个方面影响行业形象的问题,提出了10项整改措施,对违纪人员进行了处分。通过开展争创活动,全省技术监督系统的行业形象得到提高,许多地、市、县在当地的评选活动中取得了前10名的好成绩,省局在省直25个参评的部门中名列第10。

【实行“双卡”制】 针对多年来技术监督系统中存在的重复检验、超计划检验、重复收费等问题,研究制定了“双卡”制,即“质量技术监督反馈卡”和“质量技术监督工作登记卡”制度。全省质量技术监督系统工作人员到企业执行公务时,必须向企业发放“质量技术监督反馈卡”,并在“质量技术监督工作登记卡”上登记。反馈卡上印有国家质量技术监督局提出的“五公开,十不准”规定和企业对工作人员在企业开展工作的评议内容,该卡由工作人员到企业开展工作时交给企业,如果不交此卡,企业有权拒绝检查。企业在检查结束后的7日内将反馈卡填好,寄到省技术监督局行风建设办公室。这一制度,受到了企业的普遍欢迎和好评。

【积极推行公示制】 为了更好地增加质量技术监督工作的透明度,便于行政相对人对质量技术监督工作的监督,全省系统各级技术监督局普遍实行了公示制,将执法内容、工作程序、办理时限、收费标准、违示责任和投诉方法等项内容向社会进行明示。这一做法,不仅方便了行政相对人对质量技术监督工作的监督,还在很大程度上减少了工作中的不正之风,提高了行政效率。

【建立密切联系企业工作制度】 针对黑龙江省国有大中型企业多、负担重、技术基础工作比较薄弱这一省情,省技术监督局要求局内各业务处室和各市县局每年都要确立1~3个联系企业,帮助它们解决工作中涉及质量技术监督工作的具体问题,了解它们对质量技术监督工作的意见,强化服务意识。同时,还结合省委开展为经济发展创造宽松环境这一要求,研究制定了《关于改善经济发展环境加强国有企业改革与发展的实施意见》,端正了对企业工作的指导思想,出台了质量技术监督工作为经济发展服务的优惠政策和服务措施,有的地市还对个体私营企业、受灾企业、乡镇企业、安置下岗职工企业等实行帮扶优惠政策,全省技术监督系统共出台了234项优惠政策和服务措施。

【实行行风监督员制度】 为进一步强化社会各界对质量技术监督工作的监督、制约机制,向社会聘请选购监督员,主动接受监督员的监督,定期听取他们的意见,邀请他们参加大型活动,既接受他们的监督,也增加他们对质量技术监督工作的了解,使他们既是监督员,又是宣传员。省局已聘请行风监督员30名,其中全国人大代表5名,省人大代表8名,省政协委员7名,省政协社会法制委委员6名,其他人员4名,全省技术监督系统共聘请行风监督员5 126名。

三、省、地(市)机构简况

【基本完成了全省技术监督管理体制改革工作】 继全国质量技术监督管理体制改革工作会议之后,黑龙江省政府于4月2日召开了第二次常务会议,专门听取了省技术监督局的汇报,并决定成立了全省质量技术监督管理体制改革领导小组,副省长张成义担任组长,省委组织部、省编办、省财政厅、省技术监督局的负责同志为领导小组成员。对30多个地、市、县技术监督工作进行了全面调查,在此基础上与省委组织部、省编办、省内政厅等有关部门多次协商,经省政府批准联合下发了《黑龙江省质量技术监督管理体制改革实施方案》,并于5月底召开了体制改革工作会议。会后,首先在牡丹江市搞了接收试点,并从6月份开始对条件成熟的市、地及所辖县、市、区技术监督局进行接收。到1999年8月底,除大庆市本级技术监督局政企尚未分开未进行接收外,其他地、市、县已全部接收完毕。

【接收机构及人员编制】 现已接收各级技术监督局行政机关114个,其中地市(含哈尔滨市)局12个,县局(含县级市,下同)67个,各市辖区(含伊春及大兴安岭19个区)35个,接收各级行政编制1 451名。

全省共接收机构388个,编制总数5 461名。其中接收各级机构编制部门批准的技术机构231个,事业编制3 368名;接收其他事业单位43个,事业编制642名(其中稽查队32个,编制325名)。

【尚未接收的机构和人员】 现在尚未接收的大庆市局共有各类机构17个,编制691名,其中机关1个,编制173名;技术机构5个,编制220名;其他事业单位11个,编制298名。另外,还有锅炉压力1 100多人、质量管理300多人尚未接收。

【总体情况汇总表】

部门 / 类别	已接收		大庆		省直		合计	
	个数	编制	个数	编制	个数	编制	个数	编制
机关	114	1451	1	173	1	91	116	1715
技术机构	231	3368	5	220	5	273	241	3861
其他事业	43	642	11	298	5	97	59	1037
合计	388	5416	17	691	11	461	416	6613

撰稿人 阎玉珍 李新峰
审稿人 高 捷

上海市质量技术监督工作

一、概　　述

1990年上海市质量技术监督系统广大干部职工在市委、市政府的领导下，在国家质量技监局的业务领导下，根据年初局工作会议提出的“突出工作重点加大工作力度，为提高上海经济运行质量多做贡献”的工作思路和工作方针，化压力为动力，积极主动地开展工作，重点抓好管理体制改革，进一步加大综合管理和行政执法力度，较好地完成了市委统一部署的局领导班子“三讲”教育活动，在为经济服务和自身改革与发展两方面都取得了新成绩、新进展。

二、质量技术监督工作

1. 管理体制改革工作

根据中央的决定，在市委、市政府的直接领导下，全市技术监督系统实施管理体制改革。徐匡迪市长、陈良宇常务副市长、蒋以任副市长等市领导都做了重要指示，市委组织部、市编办、市财政局等有关部门和各区、县党委、政府也都大力支持，使这项工作进展比较顺利。9月2日《上海市质量技术监督管理体制改革方案》正式出台，3日，市政府召开市质量技术监督管理体制改革工作会议进行布置落实。到10月初，市和各区、县局正式挂牌以“质量技监局”名义开展工作。市质量技监局作为市政府的工作部门，对各区、县质量技监部门在机构、编制、经费、干部、业务等方面实行统一管理，各区、县局作为市质量技监局的直属机构。市质量技监局的人员编制、领导职数及其所属技术机构的人员编制，由市机构编制管理部门核定和管理；各区、县局的人员编制、领导职数及其所属技术机构的人员编制，由市机构编制管理部门会同市质量技监局统一核定和管理。经核定的编制不得自行扩大或改变使用范围。市质量技监局领导干部实行国家质量技监局和上海市双重管理，以地方为主，并按规定程序办理任免手续。各区、县局局长、副局长由市质量技监局党委征求各区、县党委（党工委）意见后做出决定并办理任免手续。各区、县局党的关系，实行属地管理。质量技监系统财务经费管理按照“收支两条线”的原则，由市财政局、市质量技监局对上海市质量技监系统财务经费实行统一管理、分别负担、分级核算的管理办法。

2. “三讲”教育活动

按照市委统一部署，在市委巡视组的指导下，市局领导班子作为第二批试点单位，从8月下旬到10月下旬，开展了“三讲”教育活动。经过系统学习、自我剖析、开展批评和认真整改四个阶段，班子成员进一步坚定了政治信念，提高了“三讲”的自觉性，找准了存在的突出问题，找出了在党性党风方面的差距，明确了整改的方向和整改工作的重点，推动了局的工作进展。

3. 质量管理工作

【“五十面质量红旗”推荐表彰活动】 在质量月期间，开展了“五十面质量红旗”推荐表彰活动，产生了在上海国民经济发展中作出显著成绩的上海市质量红旗企业25家、红旗集体10个和红旗个人15名。组织编辑出版了《上海质量五十年》一书。举办了上海质量五十年演讲大赛，并通过电视台进行转播，取得了较好的社会效果。

【开展质量振兴攻关活动】 围绕《1998～2000年上海市重点产品质量振兴攻关计划》，强化措施落实，实行动态管理，1999年有59个项目申报市质量攻关成果，其中达到国际90年代中后期水平的占70%左右。这些项目销售总额达到246亿元，利润29亿元，创汇2亿多美元，节汇1亿多美元，节能降耗1亿元。继续推进吴泾八期工程“塑精品、创名牌”，召开吴泾八期工程60万千瓦电站主机设备质量工作会议，对创精品机组的各项措施进行督促检查。

【实施名牌战略】 先后在《解放日报》、《人民日报》、《中国新闻》、《香港商报》、美国《美南时报》和上海卫视等10多家报刊、电台、电视等宣传媒体上宣传1998年推荐的282项名牌产品；开展了上海名牌产品50强排行榜活动；选择了100个质量好、信誉佳、销路畅，受假冒伪劣侵害严重的名牌产品作为本市重点保护产品，制定和落实了相应的鼓励及保护措施；继续开展’99上海名牌推荐活动，有304项产品列入1999年上海市名牌产品推荐名单。

【建立和完善现代企业质量体系】 一是规范采购过程的质量管理，推动企业实施顾客满意战略。召开全市质量增效工作大会，以上海轻工集团1999年实现降低采购成本1.56亿元和上海白猫有限公司1999年降低采购成本1 000多万元为典型，推动本市企业加强采购进程质量管理；鼓励有条件的行业、企业以用户满意度指数对产品质量进行自我评价，上海轻工集团、宝钢集团、出租车行业、电话行业等均开展了用户满意度调查。二是引导企业按市场需要开展贯标认证，截止1999年9月，共有3 262项产品通过产品认证，由1 200多家企业通过了质量体系认证（不包括国外认证机构发证），名列全国第四位。三是大力推进上海市出口产品质量认证。成立推进上海市出口企业产品认证的领导工作班子，建立联席会议制度，制定推进出口产品认证的有关激励和优惠政策，初步构建了国外产品认证信息库，并召开推进上海市出口企业产品认证工作会议。

【中介服务机构管理】 一是1999年起草制定了《上海市工程设备监理管理办法》，共审批了7家工程设备监理公司。金申等4家公司通过ISO 9002质量认证。各监理公司1999年共承接了60余项工程建设监理项目，总投资额达到74亿，其中设备投资额37亿；二是进一步推进工程设备监理。对8家工程设备监理公司进行资质认可，对21家公司进行资质复核。对174位工程监理工程师进行注册，并举办3期工程设备监理学习班；三是对6家认证咨询机构颁发了国家备案的资质证书；四是协同促进产品责任保险工作，1999年有21项产品参加产品责任保险，投保金额11

亿元。

【生产许可证工作和准产证管理】 一是对66家饮料、64家冷冻饮品和239家冷库企业进行了换发证工作。52家饮料企业、61家冷冻饮品企业和224家冷库经过评审后重获准产证，发证后饮料企业产品质量较1990年首次发证提高了30个百分点。对64家冷冻饮品生产企业共计提出整改意见1 786条，通过换发新证，企业产品实物质量较前次发证提高了近20个百分点。二是加强了无证查处工作，共查处无证企业32家，无证产品价值257.5万元，罚没款45万元；通过加强监督管理，有22家企业重新申报了生产许可证，10家企业重新申报了准产证。

【重点产品实物质量】 一是加强对残疾车生产企业的质量监督，维护社会稳定和残疾人合法权益。针对市府整顿残疾车工作时间紧、任务急、社会影响大和残疾车生产企业规模小、质量管理基础薄弱的情况，深入生产企业现场，广泛听取专家意见，制定了企业生产条件考核细则，督促企业按照细则要求完善质量体系，确保了残疾样车通过鉴定，及时完成8 000多辆残疾车的生产任务，保证置换工作的顺利进行提供了条件。二是开展"中继线话务量"公正监测。为上海邮电局和上海130联通公司改进资源配置提供了技术信息，使联通"130"移动电话有关技术指标有了提高。三是抓大众公司桑塔纳轿车质量。制定并落实261项质量改正措施，统一处理了存在质量问题的车辆，并参与了对大众公司整改后的质量体系和产品质量复查和验收工作。

4. 监督执法与"打假"工作

【质量监督抽查】 1999年从提高质量监督的有效性着手，一是组织上海市产品的监督抽查，全年共实施了对92大类2 651项产(商)品的抽查。抽查的重点是对质量问题较多的中小型企业(包括部分地区、乡镇企业、民营企业)的产品。在每季度常规质量抽查的74类1 755项产品中，抽查合格率为67.0%，比去年同期提高3.1个百分点。其中生产领域906项产品，合格率为69.5%；流通领域849项商品，合格率为64.2%。二是500家重点监控和5 000项定检产品检查。为掌握上海市不同类型企业主导产品质量情况，准确评估企业主要产品的整体水平，拟定上海市500家企业监控目录，抽查合格率1999年上半年为94.8%，其中国有企业为98.9%，区县所属企业为93.9%，民营企业为86.3%；下半年抽查合格率提高到95.9%，其中国有企业为100%，区县所属企业为95.4%，民营企业为87.7%，5 000项定期检验，1999年实际实施了对2 843家企业生产的319大类3 566项产品的定检，产品合格率为90.6%，其中区县产品合格率为81.9%。三是对质量问题突出、消费者反映强烈的食品机械、眼镜镜片及眼镜架、玩具、电热水瓶(杯)和节能灯等18类产(商)品进行了专项监督抽查，平均抽查合格率仅为57.7%，其中食品机械、眼镜架、玩具、节能灯等产(商)品的合格率均低于30%。经督促整改后，部分企业产品质量已经复查合格。

【市场监管工作】 进一步加强了市场监管力度。一是将监管范围扩大到了本市100家专业市场，并出台了《关于加强上海市商品市场质量管理工作的若干意见》，以指导对专业市场的商品质量整治规范工作。二是会同市建委、市园林局、市劳动和社会保障局、市公安局和市工商局联合发布了《上海市游艺机和游乐设施安全监督管理办法》，将本市游艺机正式纳入了监管范围，并再次会同本市有关单位联合开展了游艺机安全质量专项检查。三是为贯彻国务院关于深化粮食、棉花流通体制改革的决定，积极开展了陈化粮鉴定、棉花公证检验、棉花检验人员培训考核发证等工作，并组织编制了本市棉花收购、加工企业资格认定的有关评审细则。

【打假治劣工作】 1999年质量技监系统的"打假治劣"工作，在各有关行政执法部门的配合下，按照"目标同向、行动同步、各司其职、各负其责"的工作原则，协同作战，不断加强对假冒伪劣商品的查处和打击力度，取得了一定成效。质量监督系统全年查处假冒伪劣商品标值总额1 965万元，销毁假冒商品标值总额367万元，罚没款总额978.3万元，捣毁制售假冒伪劣商品黑窝点148个，整顿市场127个，因售假冒伪劣而取缔摊商21个，查封柜台14个，全局立案1 627起，结案1 413起，其中大案要案67起，有力地打击了生产和经销假冒伪劣商品违法行为，促使上海经济健康有序地发展。二是召开第四次部分省、市、地区联手"打假"研讨会，交流打假治劣工作经验，与会者提出联手打假、保优治劣的倡议书。三是支持和帮助企业的"打假"工作。多次派员与企业组成联合打假行动组，赴湖南邵东、广东顺德、珠海等地打假，取得较大成效，保护了一批知名企业的利益。四是在本市文明小区、社区共建"打假治劣"网络，在创建文明小区活动中，把无制售假冒伪劣商品违法活动作为考评条件之一，逐步推开群防群治签约试点工作，使"打假治劣"和举报制假售假违法行为区域化，社会化。五是召开质量技术监督系统"打假保名牌"暨签约仪式，进一步发挥企业打假的作用，与100家名牌企业签订了协议书。

【质量投诉和质量仲裁检验】 1999年市质量监督部门共接受产品质量申诉2 581件，比1998年上升一倍。涉及产品价值2 155余万元；处理1 692件，为企业、用户和消费者挽回经济损失192余万元。

1999年1～3月共受理质量仲裁检验3件，价值5.1万元人民币，完成率100%。1999年4月1日起，根据国家局第4号令《产品质量仲裁检验和产品质量鉴定管理办法》，产品质量仲裁检验权下放，市局实施对质量鉴定的管理，截至12月底，共办理各类质量鉴定21件，结案20件。

5. 标准化工作

【采用国际标准】 1999年上海市有556项产品采用国际标准或国外先进标准，累计本市采标产品9 511项，主要工业产品的采标率达73%。完成采标标志备案30项，累计296项。完成了上海市经委立项的《上海市部分大型企业集团公司采用国际标准情况的调查和对策》，并会同上海市名牌产品办公室组织各行业对1998年282项上海市名牌产品的采标情况进行了调研，初步摸清情况，明确了推动名牌产品采用国际标准工作的重点和方向。

【信息标准化】 一是编制完成《上海市国民经济和社会信息化标准体系框架》，框架中包括基础标准、网络标准、设备标准和应用标准四大子体系，分列为11项信息化标准体系表，涉及信息分类与编码标准、多媒体标准、网络标准、软件工程标准、信息安全标准、智能卡(IC)标准等,涉及1 668项国家标准和国际标准。二是与市信息办联合起草了《上海市信息技术标准化管理办法》,以重点解决对信息产品制造、信息应用系统、信息服务业领域信息技术标准的实施与监督问题。三是完成了《数字广播电视标准化研究》课题,该课题通过对信息产业的重点领域——数字、广播、电视3大国际事实标准体系的分析对比,结合WTO/ITA对我国信息产业将产生的影响和冲击,提出数字电视标准体系框架设想与建议。四是完成了《上海宽带信息网络管理》课题,提出了上海实现"多网融合"信息基础设施所应完善的宽带网络管理法规方案等。五是收集国内、国际以及发达国家的信息技术标准目录35 251项,初步形成《上海信息技术标准数据库》雏形。六是起草了《上海市公共信息图形标志标准化管理办法》,重点解决上海城市建设中公共信息和交通安全图形符号的生产、销售及应用中存在的问题。

【农业标准化】 成立了上海市农业标准化工作领导小组。由市府副秘书长周太彤任组长,市农委、商委、科委、质量技监和财政局的领导任副组长。并不定期地召开上海市农业标准化工作领导小组会议,明确工作目标,包括制定《上海市农业标准化发展规划》,制定粮食、蔬菜、水果、畜禽等十大类安全卫生系列地方标准等。帮助"浦东新区万亩单季晚稻栽培"国家级农业标准化示范项目区实现标准化生产管理,节约病虫防治费用44万元,使抛秧稻亩产达634.88千克,增幅9.3%,取得了良好的示范效果。以闵行、松江二块"三高粮田"示范区为市级标准化示范区。

【标准的制定和修订】 全年共制修订并颁布地方标准44项,其中新制定15项,修订29项。制定了《上海城市公共交通非接触式IC卡技术规范》和《上海城市公共交通IC卡收费机通用技术规范》两项地方标准草案,为市府"交通一卡通"实事工程的顺利实施奠定了基础。制定《太湖糯》、《罗麦三号小麦》、《金山早笋》、《油菜"九二-13系"》、《练塘茭白》、《宝杨5号黄瓜》等26项区县农业地方标准。

【标准的实施和监督】 进行进口机电产品的标准化审查工作。共审查120多项,有效地纠正了一些企业因不了解我国和进口国标准而引用标准不当或引用作废标准现象,减少因盲目引进而造成的不必要损失。审查了1 400余项食品标签,纠正不符合我国规定的进口食品的全外文标签等,维护消费者利益。

【企业标准化】 帮助医药(集团)公司适应新的经营机制,编制了《上海医药(集团)总公司管理工作通则》,将标准化原理和方法引入集团的资产运作管理、财务管理、生产管理、人事管理等各方面。作为1998年企业标准化试点单位的上海鱼品厂、上海易初等单位也编制了企业标准体系和服务标准体系。

【标准化科技成果】 1999年有《世界经济一体化趋势与我国标准化发展的策略问题》等四篇论文被中国科协首届学术年会录用,有九篇论文被中国标准化协会'99学术年会录用。共有36个项目获得1999年度上海市标准化科技成果奖。评审出一等奖5项,二等奖8项,三等奖20项,四等奖3项。其中"计算机软件配置管理"标准适用于协调、控制软件开发人员的工作,提高软件产品的质量和软件的重复使用度,是软件标准化的新尝试。

【消灭无标生产】 1999年闸北、普陀、黄浦、长宁、杨浦、静安、卢湾等7个区通过验收。经统计,7个区共有生产企业1 419家,生产3 430项产品,通过消灭无标生产工作,其产品标准覆盖率由62.2%上升到97.4%,提高了31.2个百分点。其产品质量检查合格率由72.9%上升到85.7%,提高了12.8个百分点。

【标准化宣传】 一是纪念《中华人民共和国标准化法》实施十周年。3月底召开由市人大、市政协、市经委领导参加的大型纪念座谈会;在《中国质量报》上组织上海专版,蒋以任副市长和市质量技监局俞国生局长在专版上发表纪念"标准化法实施十周年"的重要文章。国庆前夕,召开"宣传贯彻《国旗》标准座谈会",向全社会宣传《国旗》标准。10月14日第三十届世界标准日,与市建委、市标协联合召开专题报告会和座谈会,回顾总结50年来上海市标准化工作的成果。

6. 计量工作

【法制计量工作】 一是加强计量监督检查,维护用户和消费者的合法权益。全年共出动2 000余人次,检查2 300余家企业,检查定量包装商品1 367批次,合格率为90.6%;检查商贸用衡器6 084台(件),合格率为85.7%;1999年,开展了用于安全防护的压力表监督检查,共检查了全市65家主要宾馆、饭店的压力表227台(件),其中具有有效证书的118台(件),合格率52.0%,对不合格单位作了处理,责成或送检,或更换;与卫生部门联手,对全市384家一、二级医院治疗用计量器具开展强检情况大检查,经检查符合和基本符合要求的355家,占总数92.44%,其中18家受到通报表扬;组织区、县计量行政部门对103家超市门店的粮食、小食品等10多种,4 056件定量包装商品进行检查,其中净含量合格3 885件,合格率95.8%;对袋装化肥、饲料进行了监督检查,合格率均在90%以上。二是强化法制计量,提高对社会和消费者计量保障的有效性。启动"光明工程",对眼镜配制单位开展计量监督检查,共检查眼镜配制单位259户,抽查屈光度计等计量器具752台(套),经检定且在有效期内的有541台(套),受检率占总数的71.9%,未经检定(含超有效期使用)的188台(套),占总数的25%,自称停用的23台(套),占3.1%,在用计量器具未经检定(含超有效期使用)的单位共92户,占总数的35.5%;对有关计量违法行为进行了处罚,并在东方电视台"东方时空"栏目播放了《光明工程为了光明》的电视专辑,社会反响很好。三是面向经济建设的主战场,加强计量服务。配合市府LPG实事工程,做好计量保证。在制订LPG计量技术规范的基础上,开展对LPG加气站开发商,加气站管理者,加气机进口商的计量法制和LPG计量知识培训,并组织计量技术机构对已建的15座LPG加气站计量仪表系统的计量状况和安全状况进行检查,保证加气站准确、可靠、安全地运营;对未按我国计量法有关规定办理计量器具进口检定手续的单位进行了教育和处理,已试行对加气站开展计量验收。

【计量器具生产的监督管理】 以"一机二器三表"为重点,狠抓计量器具产品实物质量。一是以电子计价秤为试点，抓一类产品，整顿一个行业。明确了发证权收归市局，制定了审查规范，通过检查，7家企业自动退出，注销生产许可证，2家严重不合格企业被吊销生产许可证，有上衡、大和等5家企业首批通过，其余企业经整改合格通过。二是开展了对电能表、水表生产行业的整顿工作。组织制定、发布了单相电能表、水表《样机试验细则》和《生产条件考核细则》。组织对企业生产厂长和计量（质量）科长的培训和法制宣贯。组建考评员队伍、制定考评程序。对22户电能表、5户水表生产厂的产品实物质量和生产条件进行考评，并在年内公布第一批电能表、水表合格企业名单。三是配合国家“费改税”工作，研究并提出上海市实施税控加油机工作方案，承担了“税控出租汽车计价器”技术规范的起草工作。同时，筹建国家授权税控加油机、出租汽车计价器等项目定型鉴定实验室。

【量值传递网络建设】 搞好计量认证和计量校准实验室认可工作，规范为社会出具公正数据的中介机构的计量行为。1999年，将实施计量认证的中介机构的范围从工业、测绘、新闻出版、能源、医药、环保、建材、建筑、高教和食品扩展到水利、民防、市政和公路工程方面的有关检测机构，共有270余个机构通过了计量认证，从而为其出具准确可靠的计量及检测数据提供了有力保障。同时，为最大限度利用社会计量资源，进一步改善上海投资环境，全面推行了计量校准实验室认可工作，计有9家科研院所、中介机构、国有企业和三资企业的有关实验室通过了认可。

【工业计量】 开展计量合格评审，加强企业计量技术基础建设。受国家局委托，组织专家对东方航空公司进行指导帮促，开展计量评审，5月28日，通过了现场评审；10月9日，国家局向东航颁发了合格证书；东航完善计量检测体系的做法在全国民航系统具有示范性，并为东航飞行安全、机务维修、客货运输、航空医疗等方面提供了计量保证。

7．宣传教育工作

【设立“质量监督”专版】 与解放日报合作开设“质量监督”专版，刊登对各类产（商）品质量监督抽查的检测结果，已刊登的包括木地板、多烯类鱼油、化妆品、酱油、麻油、啤酒等10余类600多种产品。

【质量时空】 为加大质量宣传工作力度，促进上海质量总体水平不断提高，和东方电视台合作，在《东视广角》开设特别栏目“质量时空”，时间为15分钟，每周五晚8时播出，节目力求贴近社会，贴近经济，贴近生活。目前已播出包括掌式治疗仪（俗称气功掌）、果汁饮料、含乳饮品（俗称学童奶）、眼镜计量器具、防盗门、果冻食品、家具、电脑等十四期节目，在社会上引起了强烈的反响。对于引导消费、规范专业市场、促进行业自律、提高产品质量起到了较好的效果。

【上海质量新闻奖】 为表彰在质量宣传方面做出突出贡献的新闻工作者，以激励更多的人投身质量工作，举办了“上海质量新闻奖”评选活动，共收稿件60余篇，最后有16篇文章分获一、二、三等奖。

【国家局上海国际培训中心的确认】 培训中心顺利通过国家局的考核和复验，并以第一名的成绩被国家局予以重新确认。

【初任岗位培训】 为提高质量技监人员的素质，下发了《上海市技术监督系统人员岗位培训暂行办法》，并对机关和局属单位共70余人进行了培训。

8．质量技术监督地方法规

已组织起草了《上海市计量监督条例（草案）》、《上海市工程设备质量监督管理办法（草案）》、《上海市集贸市场计量管理办法（草案）》、《上海市城乡农副产品集贸市场计量管理办法（草案）》等4项法规、规章草案及其附件。其中《上海市工程设备质量监督管理办法（草案）》、《上海市城乡农副产品集贸市场计量管理办法（草案）》已分别于6月9日和6月15日上报，《上海市工程设备质量监督管理办法（草案）》已经市府法制办初审通过。

三、省、地（市）机构概况

上海市质量技术监督局是市政府主管全市标准化、计量和质量工作的工作部门。实行垂直管理后，上海市质量技术监督局系统共有2 049人，其中具有高、中级职称的专业技术人员676人（不包括公务员）。

至1999年底，局党政领导有党委书记兼局长1人，党委副书记1人，副局长1人，总工程师1人。

局机关实有人数139人（包括6个工人），其中大专以上文化程度111人，中专（含高中）文化程度25人。下设办公室、政策法规处、科技处、计划财务处、宣传教育处、质量监督处（上海市市场商品质量监督处）、质量管理认证处（市经委质量处）、标准化处、计量处、党委办公室（宣传处、机关党委）、纪委（监察室、审计室）、组织处（人事处）等12个职能处室。承担市质量工作领导小组办公室、市打击生产和销售假冒伪劣商品违法行为办公室、市工业产品生产许可证办公室和市名牌产品推荐委员会办公室、市计量校准管理办公室等职能。局下属20个区、县质量技术监督局，市计量测试技术研究院、市技术监督情报研究所、市产品质量监督检验所、市检测技术开发中心（又名市检测所）、市质量技术监督稽查大队和局服务中心。市计量测试技术研究院承担中国上海测试中心和华东国家计量测试中心的职能。市质量技术监督稽查大队，受局委托承担全市计量、标准化、质量的执法监督检查任务。市质量技监局设教育培训中心，同时承担国家质量技术监督局国际培训中心职能。各局（公司）、控股（集团）公司设有技术监督（质量）部门。全市建有99个市级产品质量监督检验站，分布在各有关行业；建有29个标准化技术委员会；2个市级、10个区县级的法定计量检定机构和25个市级授权机构。

撰稿人　黄　芳
审稿人　姚永栋　陈莉莉

江苏省质量技术监督工作

一、概 述

1999年全省各级质量技术监督部门认真贯彻党的十五大、十五届三中、四中全会精神，按照省委、省政府和国家质量技术监督局的重大决策部署，围绕年初确定的工作目标和理清思路、做好工作、管好队伍的要求，突出工作重点，狠抓关键措施，把实施质量振兴作为促进经济发展的战略任务来抓，把管理体制改革工作放在重要位置，认真组织实施，各项工作和事业取得了较快的发展。省质量技术监督局接受了省人大常委会的评议，领导班子和领导成员进行了“三讲”教育。全省各级质量技术监督部门坚持“两手抓、两手都要硬”的方针，精神文明建设、党的建设、法制建设、队伍建设、宣传教育、行风廉政、科技兴业等方面都得到了进一步加强。1999年全省质量技术监督系统业务总量、总收入、固定资产总值、基本建设投入等主要发展指标均有相当幅度增长，整体实力有了较明显的提高。

二、质量技术监督工作

1．质量管理工作

加快发展名牌战略。省委、省政府长期重视实施名牌战略工作，把它作为促进江苏经济发展的一项战略举措来抓，1999年继续列入省委、省政府重点要抓的实事之中。各地、各部门根据省委、省政府要求，进行认真组织实施。强化对名牌产品动态管理工作，通报名牌产品主要技术经济指标，提出发展要求，并进行目标考核。集中力量培育一批省重点名牌，争创国际国内著名品牌。积极推进名牌产品企业制度创新和技术创新工作，提升名牌产品市场竞争力。组织名牌产品开拓市场，连续6年向社会整体推荐江苏名牌产品，开通江苏名牌产品多媒体查询网，在江苏教育电视台、凤凰卫视台进行集中版块宣传等，树立苏货良好形象，扩大江苏名牌产品在省内外的市场份额。近几年来，省认定的江苏名牌产品一直保持着比较强劲的发展势头。1999年江苏名牌产品销售总额、利税、利润、出口创汇分别比去年同期增长18.25%，20.78%，76.16%，13.67%，均高于全省平均水平，对全省经济起到有力的拉动作用。

按照有进有出、每年滚动实施、不搞终身制的原则，省名牌产品认定委员会在经过产品技术、质量、规模、市场占有率、企业形象等方面全面论证的基础上，认定了483个1999年江苏名牌产品。与上届相比，淘汰12个质量下降、扭亏无望、市场萎缩的产品，增补了59个质量、效益、市场较好的产品。同时，按照省委、省政府培育壮大一批省重点名牌产品的要求，经过全面论证和综合评价，认定了56个产品为1999年江苏省重点名牌产品。新认定的江苏名牌产品1999年销售总额1 779亿元，占全省工业经济总量的25%；实现利税182亿元，占全省工业实现利税总额的33%；出口创汇总额30亿美元，占全省出口创汇总额24%。平均每个产品年销售额达3.45亿元，超过上届931万元。有160个产品国内市场占有率达25%以上，82%的产品实物质量达到国际同类产品先进水平，73%左右的名牌产品采用国内外先进标准生产。

全省认真抓好1 000家企业贯彻GB/T 19000—ISO 9000族标准工作。这项工作是省政府着重抓的20项实事中的内容之一。确定1 196家重点贯标企业，制定计划，进行目标分解。建立重点贯标企业数据库，跟踪指导企业贯标工作。建立贯标重点企业季度报告制度，掌握企业动态。开展贯标培训工作，有300多个企业管理人员参加培训，培养了一批贯标骨干。组织贯标验收评价工作，编制《贯标评价验收标准》，培训了40多名贯标验收骨干人员。目前，贯标工作在我省广泛开展，共计培训贯标人员28 000多人，其中厂级领导1 891人，贯标骨干7 193人，共开办各类贯标培训班6 152次。在贯标重点企业中有403家通过了第三方认证，292家建立了文件化的质量体系并较有效地运行。

继续深化质量管理工作。为鼓励企业深化质量管理，提高质量管理水平和市场竞争能力，一是组织1999年江苏省质量管理奖评审工作。省质量管理奖审定委员会确定了47个企业为1999年江苏省质量管理奖企业。这批企业覆盖面广，经济效益好，1999年实现销售282.9亿元，利税38.46亿元，创汇8.27亿美元，有37家企业通过了GB/T 19000—ISO 9000标准认证。二是隆重纪念全面质量管理推行20周年。组织编辑《TQC在江苏》一书，全面总结我省推行全面质量管理的工作经验和成效。组织企业参加全国推行全面质量管理20周年总结表彰大会，在这次大会上我省陈必亭副省长获全国卓越质量管理领导者称号，有4人获全省优秀质量管理推进者称号，39人获全国推行质量管理先进企业称号。三是推动企业开展QC小组活动。1999年全省注册的QC小组数累计7.3万个，参加人数70万人，创经济效益11亿元，其中获全国优秀QC小组55个，获全国优秀质量信得过班组4个，获全国质量管理小组活动优秀企业5个。

着力提高产品质量。根据省委、省政府要求，全面分析我省产品质量现状，对不同企业进行分类指导，大中型企业抓管理、抓贯标、创名牌，中小企业按照《产品质量法》规范生产经营行为。加大对不合格企业整改力度，通过办班、整顿、曝光、停业等手段，督促企业整改，全年共举办了3次100多家不合格企业厂长、经理整改学习班。加强产品质量信息交流，定期对重点企业质量信息网指标进行考核，发布产品质量情况通报。抓好区域性质量整顿工作，对锡山市摩托车、宜兴市电线电缆、武进一次性输液器等进行综合整顿。加强许可证管理，做好白酒、电梯、燃气灶具、热轧带肋钢筋、复混肥等产品换(发)证工作，对无证生产进行查处。1999年，全省大中型企业国家监督抽查合格率89.91%，等级品率87.41%，优等品率21.03%，一等品率32.66%，质量损失率 0.77%,产品质量基本稳定。

2. 监督执法与打假

全省各级质量技术监督部门注意深入调查研究制假售假活动的规律,采取有力措施,查堵假冒伪劣产品的主要源头,查处了一批大案要案,严惩了制假售假违法犯罪活动,震慑了不法分子。对危害人民群众身体健康和产生重大社会影响的制假售假案件,从重从严打击,保护了企业和消费者合法权益。同时还把打假保名牌作为打假工作的重要一环,全省 44 个产品列入重点保护产品的范围。质量技术监督部门与名牌产品生产企业联手,采取措施,使假冒名牌产品的现象得到有效遏制。按照国家局的要求,认真抓好“五个一批”打好“三大战役”,通过集中行动解决了很多当前产品质量中存在的突出问题。

进一步加强对危及人体健康和人身财产安全的产品、影响国计民生的产品、消费者反映问题多的产品的质量监督。1999 年,省局对各市质量技术监督局建立了质量责任制,经过努力,全省产品质量监督抽查合格率扭转了连续四个季度低于全国产品质量监督抽查合格率的状况,1999 年第三、第四季度全省产品质量监督抽查合格率分别高于全国平均水平 6 个百分点和 2.7 个百分点。切实加强了监督抽查后处理工作,举办国家监督抽查不合格企业厂长(经理)培训班 4 期,召开质量分析会 7 次,采取有效措施,努力提高不合格产品生产企业负责人的质量意识。加强了对生产许可证管理,加大了对发证产品的监管力度。建立了抽查公布制度,定期向社会公布抽查结果,曝光伪劣产品,正确引导消费。对检查中发现的突出问题加强了综合治理,将查处与整顿紧密结合起来。

全省各级质量技术监督部门高度重视对各类市场的监督管理,将扶优治劣、净化市场作为 1999 年工作中的一件大事来抓,充分发挥质量技术监督部门的特长和优势,强化市场监管力度,加强对与老百姓生活关系密切的重点商品质量的监督检查,定期向社会发布商品质量信息,深入开展“清柜台”和争创“商品质量信得过企业”、“购物放心、服务满意一条街”活动,经验收,命名了南京湖南路、苏州观前街、张家港步行街、南通南大街、无锡中山路五条“购物放心、服务满意一条街”和南京石林商场、江苏汽配商城、常州农机市场、丹阳眼镜市场四个“购物放心专业市场”,有力促进了商业企业的振兴和发展。同时还积极配合商业、供销部门扶持和规范农村市场,对粮食、棉花、蚕茧、农资、家电和日用消费品等加强了监督检查的力度,改善了农村市场环境。

3. 标准化工作

在全省基本实现消灭无标生产的基础上,狠抓长效动态管理,使全省标准覆盖率稳定保持在 95%以上。大力开展产品标准等同等效采用国际标准和国外先进标准工作,全年共完成近 500 项产品采标任务。积极推行服务标准化工作,促进了旅游业、餐饮业和社区服务业等第三产业的蓬勃发展。进一步提高代码数据质量,扩大并深化代码在各个领域内的实施和应用,推广应用代码 IC 卡,加快了代码信息管理网络建设,商品条码基础技术研究得到加强,条码质量水平有所提高。

1999 年农业标准化工作紧紧抓住全省农业结构调整的机遇,将农业标准化与发展农业名牌相结合,以名牌产品带动市场,创造效益。与有关部门通过严格的标准质量审查,向社会推出了首批 50 个名牌农产品。切实加强了农业标准化与“公司+农户+基地”生产形式联结,进一步强化了农产品生产、技术的标准化管理。南通条斑紫菜生产还被列为国家农业科技“跨越计划”,其 10 项生产技术标准也被列入 2000 年国家标准制定计划。国务院副总理温家宝在国家质量技术监督局关于江苏省南通市紫菜农业标准化示范区情况报告上做出重要批示:“要加快农业标准化工作,先从主要农产品做起”,“农业标准的示范和应用,促进了科技成果的推广。推广农业实用技术与实施标准化相结合,是提高农业生产质量和效益的一条重要途径”,充分肯定了江苏省的农业标准化工作。一些地方逐步重视和支持农业标准化推广应用工作,大力促进农业标准化与农业新品种、新技术、知识更新工程结合,加快推广应用的步伐。南通市将农业标准化工作列入政府经济工作规划,苏州市政府拨出专款,制订了优质稻、麦、油菜三项品种地方标准。1999 年全省制订农业标准 40 项,是历年来制订农业标准最多的一年。

4. 计量工作

进一步加大强检工作力度,加强了强检计量器具监督管理。突出抓好加油机税控新产品的定型、计量器具许可证发放、生产、流通使用全过程的监督管理,加强对衡器、出租车计价器、电能表等商贸用工作计量器具监督管理力度。进一步加强了对粮食、棉花、农药、化肥等购销环节计量器具的强检工作和对医疗卫生、安全防护和环境监测等领域的强检工作。在全省范围内开展了“计量器具质量年”活动,促进了我省计量器具产品质量的大幅度提高。积极帮助、指导企业建设完善计量检测体系,加强了企业的技术基础工作。

大力贯彻《江苏省贸易计量监督管理条例》,进一步强化市场商品量的监督管理,严厉打击计量违法行为,切实维护了消费者的利益。全省定量包装商品、零售商品计量监督检查的合格率有了一定提高,与人民生活密切相关的商品房面积、木材计量、液化石油气重量、加油站油量、电话计费等反映较大的社会热点问题整治初见成效,全省“三表”抄表到户工作正在向前推进。

5. 认证工作

按照《质量振兴纲要》的要求,抓住建立现代企业制度和企业迫切要求进行质量认证的机遇,全力推进企业贯标和认证工作,截止 1999 年底,全省累计有 2 444 家企业获得带有国家认证标志的质量体系认证证书,占全国获证数的 16.29%,居全国第一位;累计 1 547 家企业获得 6 716 张产品认证证书,占全国获证数的 13.74%,居全国第三位。以此同时,强化了对质量认证市场的规范管理,21 个认证咨询机构通过了省级审查备案,占全省认证咨询机构近 40%。对 9 个市 18 个质量体系认证企业的有效性,11 个认证机构、10 个咨询机构工作质量和行为规范的情况进行了调查,摸清了情况。内审员培训中心通过了国家局培训资格的确认。全省认证市场状况得到较明显的规范,提高了认证工作的有效性,促进了江苏产品质量的进一步提高,增强了市场竞争能力。

全省各级质量技术监督部门注重帮助名牌产品生产企业建立健全质量保证体系，完善各种检测和检验手段，加强了对名牌产品宣传力度，深入开展"打假保名牌"工程，努力为名牌产品生产企业营造一个公平竞争的外部环境。加强了对重点行业重点产品质量的监督管理，使重点行业、重点产品质量水平有明显提高，重点行业重点产品的国家监督抽查合格率达到85%以上。

三、省、地(市)机构简况

近几年来，全省质量技术监督事业蓬勃发展，截止1999年底(以下数据都不含质量管理、锅炉压力容器和特种设备在内)，全省系统共有机构数213个，其中行政机构93个，事业机构120个(内含技术机构86个)；在职人数约7 000人；全省系统总收入达4亿多元，固定资产总额37 862.61万元，累计完成基建投资额9 166.36万元。

撰稿人　褚庆林　徐明祥
审稿人　顾竟成

浙江省质量技术监督工作

一、概　　述

1999年，浙江省质量技术监督系统在省委、省政府及国家质量技术监督局的正确领导下，以党的十五大和十五届三中、四中全会为指针，紧密围绕浙江经济建设这个中心，坚持"以质量为中心，以标准化、计量为基础"的工作方针，实行监督与服务相结合，切实发挥综合管理和行政执法两大职能，在规范市场、扶优治劣、引导消费、服务企业等方面做了大量工作，为推进浙江经济的持续、快速、健康发展做出了积极贡献。

1999年浙江省质量技术监督工作的主要特点是：

（一）紧密围绕省委、省政府提出的发展高新技术产业、发展效益农业、深化国有企业改革、推进城市化建设、促进高等教育产业化五项中心工作，全面有效地开展质量技术监督工作，努力提高质量技术监督部门对全省经济发展的贡献率。一年来，全省各级质量技术监督部门始终坚持以经济建设为中心，通过全面了解当地经济建设发展状况和当地党委政府的经济工作目标，充分运用本部门的监管职能和服务手段，主动介入当地经济建设的主战场，为不断提高产品质量、工程质量、服务质量，不断提高经济增长的质量和效益而努力，并取得明显成效。

（二）继续大力开展区域性产品质量问题专项整治，并取得突破性进展。继1998年浙江省质量技术监督局开展区域性产品质量问题专项整治工作并取得阶段性成果之后，1999年继续加大了整治力度，省政府在与各市（地）政府签订的打假治劣责任书中，对区域性产品质量问题的整治提出明确要求；省质量技术监督局也把整治区域性产品质量的进度和效果具体量化，纳入对各市（地）局的目标责任制考核中，并进而落实到有关县（市）。此举有效促进了整治工作的进展，从年底前进行的预验收情况看，大部分区域性产品质量问题已达到预期的整治效果，制售假冒伪劣产品的势头基本得到遏制，质量抽查合格率显著提高，企业的质量意识和管理水平明确改善，有的步入良性发展。这些都为力争实现在2000年底前摘掉全省现存的区域性产品质量问题帽子，并确保不发生新的区域性质量问题的目标奠定了良好的基础，也为提高浙江经济的运行质量做出了有效努力。

（三）继续深入开展"打假保优"活动，进一步增大"铁腕治质"的力度。1999年除继续深入开展"四打四保"蓝箭打假战役外，全省还统一开通了"96316"质量技术监督投诉举报电话，建立了"打击假劣、保护名优"协作网，根据上级的指令，群众的举报，企业的要求，组织了多次专项打假活动，有力打击了制售假冒伪劣产品的违法行为，维护了广大企业和消费者的合法权益。

（四）大力弘扬先进典型，倡导奉献精神，加大服务力度。1999年8月，省质量技术监督局组织全省技监系统先进事迹报告团赴全省11个市（地）作巡回报告，全省技监系统的广大干部职工认真聆听了感人至深、催人奋发的先进事迹报告后，激发了强烈反响，有力推动了全系统"学先进、赶先进、讲奉献"活动的深入持久开展，使全系统的精神风貌和各项工作呈现出蓬勃向上的势头。1999年10月，省局又在余姚市局召开了进村入企暨内部管理现场会，组织全省各级技术监督部门的领导同志参观学习余姚市局的局风局貌，听取衢州市局、余姚市局围绕经济建设开展质量技术监督工作、规范内部管理的先进经验介绍，使全省各级技术监督部门的领导深受启迪，从而有效推动了全省质量技监系统进一步加强内部管理，深入乡村和企业做好服务工作。

（五）以垂直管理为契机，以"三讲"教育为动力，狠抓各级领导班子及队伍建设，提高全系统的凝聚力和战斗力。1999年9月28日，浙江省委、省政府召开全省质量技术监督系统省以下垂直管理体制改革电视电话会议，并以浙政发[1999]243号文件《印发省技术监督局关于我省省以下质量技术监督系统实行垂直管理体制实施意见的通知》，这标志着浙江省质量技术监督系统实施垂直管理体制改革工作正式开始启动。实行垂直管理后，全省质量技术监督系统的整体合力必将大为加强，职能作用必将得到更为有效地发挥。1999年10～12月，根据省委统一部署，浙江省质量技术监督局在处以上领导班子和领导干部中开展了"三讲"教育活动，各市（地）局领导班子也在当地党委的领导下先后开展了"三讲"教育。通过集中学习、自我剖析、群众评议、落实整改措施等过程，取得了明显的教育效果，各级领导干部的政治理论素质得到提高，政治辨别力和敏锐性明显增强，共产主义的理想信念和全心全意为人民服务的宗旨树立得更为坚定，工作作风更为求真务实，有力地推进了党风廉政建设和各项业务工作的开展。这就为把全省质量技术监督系统建设成为一支"政治坚定、业务精湛、作风过硬、纪律严明"的工作队伍奠定了坚实基础。

二、质量技术监督工作

1. 质量监督与"打假"工作

【国家监督抽查浙江省产品情况】 1999年，国家监督抽查了浙江省762家企业生产的137种、876批次产品，合格616批次，抽样合格率为70.3%，低于全国平均合格率8.3个百分点。各季度抽查合格情况见下表：

1999年国家监督抽查浙江省产品质量情况表

季度	被抽企业数（个）	抽查产品数（种、批）	合格产品数（批）	抽样合格率（%）
1	225	32种300批	216	72.0
2	263	37种279批	194	69.5

续表

季度	被抽企业数（个）	抽查产品数（种、批）	合格产品数（批）	抽样合格率（%）
3	150	31 种 161 批	111	68.9
4	125	37 种 136 批	95	69.9
合计	762	137 种 876 批	616	70.3

【省内质量监督抽查情况】 1999 年，全省各级质量技术监督部门共计抽查了 25 128 家企业生产的 28 471 批次产品，合格 22 693 批次，批次合格率为 80%，比 1998 年提高了 1 个百分点。其中，农用运输车、保健食品、电视机、录像机、洗衣机、空调器、计算机、电热燃气淋浴器、玻璃制品、平板玻璃等 10 类产品的抽样批次合格率为 100%；农用化肥、化学农药、啤酒、方便主食品、冰箱冷藏冷冻箱、厨房电器具、纸、铝制品压力锅、日用五金、燃气灶具、橡塑制品、布匹、服装、化学试剂、水泥预制构件、人造板、工业专用设备、金属型材等 18 类产品的抽样批次合格率为 90%以上。但农用配件、乳制品、电风扇、电话机、染料、原煤、汽油、柴油等类产品的抽样批次合格率较低，均在 60%以下。

在加大生产领域产品质量监督力度的同时，全省各级质量技术监督部门也加大了对流通领域商品质量的监督检查力度。1999 年，全省共监督检查商业企业 22 191 个，检查商品 52 584 批次，合格 37 855 批次，批次合格率为 72%。其中，查出伪劣商品 7 234 批次，标值为 2 556.04 万元，主要集中于化肥、农药、调味品、酒类、食用植物油、糕点糖果、非酒精液体饮料、乳制品、吸油烟机、眼镜、灯泡灯管、化妆品、服装、鞋类、油漆涂料、装饰材料、阀类、泵类、电线电缆、电动工具、低压电器、汽摩配件、金属线材型材、汽油柴油、输液器、注射器等市场热销商品类。这也反映出质量技术监督部门在打假治劣、规范市场方面取得了显著成绩。

为保障人民群众的身体健康，1999 年，省政府部署全省开展酱油食醋生产专项整顿。省质量技术监督局对 192 家申领准产证的酱油食醋生产企业的产品进行了抽检，经过整顿，全省酱油食醋生产企业由原来的 600 余家缩减到 138 家，确保了全省市场上酱油食醋产品的质量。此外，为配合国家有关部门的产业结构调整，省质量技术监督局积极开展了小水泥拆窑压产中的收回生产许可证工作和清理整顿成品油流通秩序中的税控加油机安装工作。

针对现行的质量监督抽查合格率计算方法不能科学、准确地反映某一地区、某一行业产品质量总体水平状况，省质量技术监督局和省统计局于 1999 年联合开展了“质量指数”软课题研究，专门成立了课题研究小组，拨给一定经费，并申请列入省科委的软课题研究项目。目前，该课题已完成理论探索并提出新的统计计算模式，正投入试运行阶段。该课题一旦获得成功，将能为各级领导及有关部门提供更为科学、准确的质量信息，更有效地指导质量工作的开展。

【区域性质量问题专项整治】 1999 年，全省整治区域性产品质量问题的力度明显加大。省政府在与各市（地）政府签定的打假治劣责任书中，对区域性产品质量问题的整治提出了明确要求；省质量技术监督局在严厉责成有关市（县）局进一步采取有力措施、限期达到整治目标的同时，加大了督促检查的力度，并开展了预验收活动。目前，整治工作已取得显著成效，永康电动工具在 9 月份的预验收中合格率达到 89%以上；温岭已建立水泵工业园区，水泵产品预验收合格率达 95%（潜水泵）；乐清小型断路器和低压互感器产品的预验收合格率分别达到 84.2%和 94.7%；缙云无证生产劣质螺纹钢筋的势头已基本得到遏制；桐乡羊毛衫市场抽查合格率上升了 30 个百分点；慈溪整治减压阀、室内取暖器等产品质量的工作也取得一定进展。此外，对国家质量技术监督局点名批评的瑞安压力机、开化灯管、玉环汽摩配、路桥喷雾器等产品质量问题也进行了严肃查处和认真整治，并取得良好效果。

【打假治劣工作】 1999 年，全省质量技术监督系统继续组织实施了“打假保节日、打假保农业、打假保健康、打假保安全”四大蓝箭打假战役，共出动执法人员 102 577 人次，检查生产企业 18 549 家，查处有质量问题的产品标值为 38 169.92 万元，其中伪劣产品标值为 12 493.31 万元；检查商业企业 48 872 家，查处有质量问题的商品标值为 32 014.38万元，其中伪劣商品标值为 13 970.71 万元；查处案件总数为 24 503 件，其中现场查处 14 447 件，立案查处 10 056 件，万元以上大案达 1 412 件，共端掉制假售劣窝点 644 个，罚没总金额为 6 310.73 万元，销毁伪劣产（商）品总值为 3 609.63 万元。

为方便群众投诉举报质量、计量、标准化违法行为，1999 年全省各级质量技术监督部门都开通了“96316”投诉举报电话，提高了快速反应能力，既有效保护了广大消费者和企业的合法权益，又及时准确、严厉地打击了制假售劣、缺斤短两等违法行为，保障了社会主义市场经济的健康发展。

为大力保护、弘扬名优产品，全省各级质量技术监督部门继续开展了打假保名优活动，并建立了“浙江省打假治劣、保护名优协作网”，与名优企业联手进行打假，有效保护了名优企业的合法权益，受到广大名优企业的欢迎和赞誉。

2. 标准化工作

【采用国际标准】 1999 年，全省各级质量技术监督部门以市场为导向，继续积极引导广大企业采用国际标准和国外先进标准，推进企业技术进步，提高产品的市场竞争能力。年内全省共完成产品采标 403 个，新增使用采标标志产品 182 个。至 1999 年底，全省累计采标确认产品为 4 987 个，使用采标标志产品 549 个。

【企业标准备案】 1999 年，全省新增企业标准备案 13 928项，累计备案企业标准 71 525 项。

【地方标准制、修订】 1999 年，全省共制订地方标准 32 项，修订地方标准 1 项。其中强制性标准 3 项，推荐性标准 30 项。至 1999 年底，全省已累计制订地方标准 305 项，其中强制性标准 221 项，推荐性标准 84 项。这些地方标准的制订，为我省进一步深入贯彻实施《标准化法》，推动地方经济的健康发展提供了保障。

【标准宣贯和标准实施的监督检查】 1999 年，全省各级质量技术监督部门积极开展了《机动车制动液使用技术条件》、《消费品使用说明总则》、《纺织和服装标识》及三种电器的强制性标准的宣贯，全省共举办宣贯培训班167期，参加人次达7 095人次。为确保强制性标准的有效实施，全省组织了对《啤酒瓶》、《公共信息图形符号》、《饲料标签》、《标准管理规定》等标准实施情况的监督检查，共出动7 095人次，查处案件标值达285.77万元，罚没89.4万元。

【农业标准化】 1999年，全省农业标准化工作继续得至有效推进，全年共制定农业标准和规范243个，其中省地方标准25个，市(地)标准规范45个，县(市)标准规范173个。这些标准形成和完善了50个系列标准，并已多数落实在相应的示范园区进行试点和贯彻实施。至1999年底，全省已建有农业标准化示范项目83个，其中国家级示范项目4个(新昌茶叶、杭州无公害蔬菜、临安林业、金华葡萄)，省级示范项目8个，市(地)级示范项目11个，县(市)级示范项目60个。

农业标准化工作的有效开展，为培育和发展农业名牌产品奠定了坚实基础。1999年，全省又评出14个省级名牌农产品，有力地推动了效益农业的实施。

【治理无标生产】 1999年，全省治理无标生产工作继续取得新进展，全省88个县(市、区)中，除温岭市待明年国家验收外，其余87个县(市、区)均已完成消灭无标生产的任务并通过验收，提前一年实现了《浙江省质量振兴实施计划》确立的消灭无标生产目标。据统计，在开展治理无标生产工作中，全省调查摸底的企业总计超过16万家，组织制订、收集标准58 731个，使67 665家企业的106 785个产品有了标准并执行了标准登记，企业的标准持有率平均从42.75%上升到98.06%。

今后，治理无标生产工作的重心将转移到促进企业按标准组织生产上来。为此，省质量技术监督局已在调查研究的基础上，及时提出了深化此项工作的措施，发出了指导性文件，要求各市县制定3年深入整治计划，实施分行业整治，把标准的实施和动态管理落到实处。

【开拓服务标准化】 为提高全省服务行业的服务质量，1999年4月，省质量技术监督局会同杭州、宁波、绍兴等市局对服务标准化进行了研讨，并积极开展试点工作，取得了宝贵经验和可喜进展。杭州市局在有关部门的支持下，制订和发布了《照相业等级的划分及服务质量操作规程》、《美发美容业等级的划分及服务质量操作规程》，还指导企业制订了《浙江汽配二场服务标准》、《杭州市粮油批发市场服务标准》，在规范市场、提高服务质量方面取得了一定效果。绍兴市局组织美发美容行业宣贯技术监督法律法规，提高从业人员的质量意识，组织制订了绍兴餐饮业服务质量标准，并会同物价、工商部门组织指导餐饮业的分等分级活动。宁波市局与市交通委、市公管所、市出租车协会联合起草了《出租车汽车营运服务规范》，推动了客运汽车服务工作的规范化、标准化。金华市局着手总结金华市公交客运的规范化服务经验，组织起草《公交客运服务规范》。上述试点工作，为我省今后全面启动服务标准化工作提供了宝贵经验。

1999年，省质量技术监督局与省建设厅密切合作，制订了《城市道路街容标准》，作为浙江省地方标准在全省实施，有效推进了城市化进程，提高了城市文明化水平。

【条码、代码工作】 1999年，全省新发展条码用户1 136家，注销193家，累计条码用户为4 191家。对条码印刷质量开展了监督检查，共检查条码印刷品302批次，合格200批次，合格率为67%。新增条码印刷定点企业41家，累计达197家。

1999年全省新颁发组织机构代码证9万余本，累计达53万余本。代码数据库已实现全省联网，并与国家代码管理中心互联。

3. 计量工作

【计量标准建立情况】 1999年，全省建立在政府计量行政部门的社会公用计量标准累计为1 425项；授权建立的社会公用计量标准累计为100项。这些计量标准的建立，为全省量值的准确传递和开展计量检定工作提供了保障。

【计量授权情况】 1999年，全省授权法定计量技术机构累计达22家；授权承担样机试验的机构累计为3家、137项；单项授权的机构累计为140家、224项。

【计量器具新产品管理】 1999年，全省获计量器具新产品型式批准证书的为1种，累计达44种；全年共发放样机试验合格证书430本，累计达2 779本。

【制造、修理计量器具许可证管理】 1999年，全省取得制造计量器具许可证的单位(包括个体工商户)有338家，累计达1 582家；全省取得修理计量器具许可证的有59家，累计为406家。

【计量器具产品质量监督情况】 1999年，全省共抽查计量器具产品4 958台(件)，合格4 337台(件)，抽查合格率为87.47%，比1998年提高了21个百分点。

【社会公正计量站建立情况】 1999年，全省新建立社会公正计量站10个，其中称重类2个，其他类8个。全省累计建立社会公正计量站28个，其中称重类11个，其他类17个。

【强制检定工作】 1999年，全省已强制检定的计量标准器具达11 563台(件)；已强检的计量器具为41项76种共412 733台(件)，其中，用于贸易结算的为273 734台(件)，用于安全防护的为91 885台(件)，用于医疗卫生的为40 928台(件)，用于环境监测的为6 186台(件)。

【计量器具检定情况】 1999年，全省各级计量技术机构对不属强制检定范围的工作用计量器具进行了检定，共检定各类计量器具926 720台(件)。其中，长度类为178 932台(件)，温度类为58 667台(件)，力学类为534 472台(件)，电学类为63 279台(件)，光学类为11 124台(件)，声学类为1 877台(件)，化学类为4 668台(件)，电离辐射类为1 714台(件)，无线电类为809台(件)，时间频率类为9 646台(件)，其他类为61 532台(件)。

【计量监督管理工作】 1999年，全省各级质量技术监督部门依据《计量法》加大了计量监督管理的力度。一是配合清理整顿成品油流通秩序，对全省2000多家加油站进行计量监督检查；二是与省卫生厅联合开展医疗单位计量合格评定工作，加强医疗卫生单位的计量管理；三是抽查市场在用计量器具23 056台(件)，合格21 420台(件)，合格率为93%；四是抽查定量包装商品42 919批次，合格36 814批次，合格率为85.78%；五是开展企业计量水平确认，全年完成二级计量水平确认 17 家，三级计量水平确认 386 家；六是继续开展计量信得过单位评选活动，今年共评出计量信得过单位 375 家。此外，还开展了眼镜配镜质量的监督检查，为全面启动"光明工程"奠定基础。

4. 行政执法工作

【法制建设情况】 1999 年，省质量技术监督局完成了《浙江省标准化管理条例》的起草和送审工作，并配合省人大、省政府法制局组织多次调查及征求意见。1999 年底，该《条例》已通过了第 31 次省长常务会议审议，并按法定程序报送省人大审议，目前正处于省人大审议中。此外，《浙江省技术监督行政执法目标责任制》经省政府法制局批准，于 1999 年正式在全省质量技术监督系统推行。

1999 年，省质量技术监督局还根据国家新制订的《原产地域产品保护规定》，在国家质量技术监督局的指导和省委、省政府的支持下，开展了绍兴酒、龙井茶的原产地域产品保护申报工作。其中绍兴酒已获准公布，成为我国第一个实施原产地保护的产品；龙井茶因涉及面广，尚需进一步做好协调工作，目前正在努力协调之中。

【行政执法人员情况】 1999 年，全省有各类技术监督执法人员 2 310 人，其中综合执法人员为 1 801 人，计量执法人员为 175 人，标准化执法人员为 50 人，质检执法人员为 258 人，纤检执法人员为 26 人。

【案件受理情况】 1999 年，全省各级质量技术监督部门共受理行政案件 25 117 起，其中立案 10 056 起，现场查处 15 061 起。在立案查处的案件中，作出行政处罚的为 9 926起，移送司法机关的为 43 起，移送其他部门的为 3 起。全年共受理复议案件 22 起，经复议后维持 14 起，变更 1 起，撤销 2 起，撤回申请的为 5 起。全年共发生诉讼案件 9 起，其中胜诉 7 起，撤诉 2 起。全省质量技术监督系统全年罚没金额共计 6 310.73 万元，为用户和消费者挽回损失达 2 467.44 万元。

5. 认证工作

【质量认证工作】 1999 年，全省质量认证工作继续取得新的进展，截至 1999 年底，累计全省已有 1 303 家企业获得带有国家认可标志的质量体系认证证书，列全国第三位；累计全省已有 2 051 家企业获得 7 111 张产品质量认证证书，列全国第二位；累计全省有 314 人取得 CRBA 国家注册审核员资格。省质量技术监督局在 1999 年举办了 5 期内审员培训班，450 名学员参加了考试，28 名符合条件自愿申请注册的学员被批准注册。

【计量认证工作】 1999 年，全省共有 64 家单位通过了计量认证，其中，依法设置与授权的质检机构为 42 家，其余单位 22 家。

【审查认可/验收工作】 1999 年，全省共有 42 家质量监督检验机构的 1 640 项质检项目通过了省质量技术监督局组织的审查认可/验收。

三、省、地(市)机构简况

至 1999 年底，全省质量技术监督系统共有机构 184 个，其中行政机构 45 个，事业机构 139 个。省级有行政机构 1 个，事业机构 10 个；市(地)级有行政机构 11 个，事业机构 39 个；县(市、区)级有行政机构 33 个，事业机构 90 个。

全系统职工人数至 1999 年底为 3 669 人，其中行政编制为 754 人，事业编制为 2 915 人；全系统大专以上文化程度的有 2 288 人，占总人数的 62%；全系统具有高级技术职称的有 178 人，中级技术职称的有 751 人，初级技术职称的有 1 986 人。

至 1999 年底，全系统的固定资产总额为 22 601.02 万元，其中仪器设备总值为 10 893.07 万元；现有房屋面积为 14.92 万平方米，其中实验室为 6.42 万平方米。

【教育培训工作】 全省各级质量技术监督部门在 1999 年内积极开展了教育培训活动。全年共举办各类培训班 243 次，参加人数达 11 317 人。全系统参加岗位培训的有 5 456 人，参加专业证书培训的在学人数为 303 人，已毕业人数为 145 人。

撰稿人 张 飚

审稿人 朱如英 胡持平 陈 蔚

安徽省质量技术监督工作

一、概　　况

1999年是质量技术监督史上不平凡的一年。全省质量技术监督系统在省政府领导下，通过各级各部门的共同努力，顺利实现质量技术监督省以下垂直管理的同时，坚持以改革为动力，突出以铁腕抓质量，先后开展了局机关“三讲”教育活动、“三大战役”、“3·15”活动和质量月活动等一系列大动作，全面推进各项工作，取得了较为显著的成绩。

主要特点：一是顺利实施了省以下垂直管理体制；二是按照“政府需要、企业欢迎、群众信赖、社会赞誉”的要求，增强服务意识，抓住政府关心的重点、群众关心的热点、舆论关注的焦点作为质量技术监督工作的重点；三是坚持“规范市场、服务企业”的原则，加大工作力度，打了“三大战役”，提高了质量技术监督工作的有效性；四是加强了行风廉政建设，维护了质量技术监督“科学、公正、廉洁、高效”的行业形象。

二、质量技术监督工作

1．省以下垂直管理体制改革

随着社会主义市场经济发展的客观需要，国务院作出了质量技术监督系统实行省以下垂直管理的重大决策，并下发了《国务院批转国家质量技术监督局质量技术监督管理体制改革方案的通知》(国发[1999]8号)，省政府根据其精神制定下发了《关于印发安徽省质量技术监督管理体制改革实施方案的通知》(皖政[1999]37号)并组织实施。在省委、省政府的高度重视下，我省的质量技术监督垂直管理体制改革工作紧紧依靠各级党委、政府的大力支持，依靠省组织、人事、编制、财政等有关部门的鼎力相助，经过全省质量技术监督系统干部职工的共同努力，克服了本系统机构设置不规范、人员编制不规范、经费少、基础薄弱等重重困难，1999年9月20日全省质量技术监督管理体制改革工作会议后，用不到3个月时间，高效率、高质量地全面完成上划接收任务。

管理体制改革工作的主要作法：(1)以省政府牵头成立了人事、编制、质量技术监督、财政等部门组成质量技术监督系统机构上划接受领导小组，依靠各级政府，共同作好管理体制改革工作；(2)认真执行上划的各项原则和规定，按规定清退不符合上划条件的人员；(3)坚持办事公开的原则，公开上划条件、公开上划名单、公开举报电话；(4)认真做好过细的职工思想政治工作，确保上划工作的顺利进行；(5)实施管理体制改革的同时，抓紧各项工作不放松，全面完成省局部署的各项工作任务。

2．质量管理工作

【贯彻全国质量工作会议精神】 全国质量技术监督工作会议后，省局党组及时召开会议学习朱镕基总理重要批示和吴邦国副总理的重要讲话。在认真组织学习、吃透文件精神的基础上，结合我省实际，提出贯彻措施：

一是11月8日召开全省质量技术监督市(地)局长会议，研究、部署会议的贯彻落实；二是12月16日省长办公会汇报；三是代省政府起草了《安徽省关于进一步加强产品质量工作的若干意见》(代拟稿)、质量工作责任制、打假工作责任制、认证管理办法和开业审查暂行办法等一系列规范性文件；四是为省政府召开的全省质量工作会议作好准备工作；五是由省局与各市地局签定2000年《目标责任书》，把质量工作和打假工作以量化形式纳入各级目标责任。

【《质量振兴纲要》宣贯实施】 1999年全省各级质量技术监督部门结合综合管理职能，连续3年坚定不移宣贯实施《纲要》和《安徽省质量振兴计划》。省局通过年度目标责任书确定：各市地局应在1999年度内完成或协助完成市地质量振兴实施方案；宣传引导、协助1～2个县(市)开展质量兴市(企)活动。

各市地局充分发挥部门职能，立足本市质量管理的薄弱环节和产品质量存在的主要问题，有针对性地提出了质量振兴的具体目标与实施方案，现已有14个市(地)制订了本地的质量振兴实施意见。质量兴市(县)活动经过一年的紧张运作，现已全面展开，除原有贵池、界首、宁国、宣州、萧县、泗县外，芜湖、蚌埠(含三县)、马鞍山(含县)、淮北(含县)、合肥、铜陵、滁州、阜阳、巢湖等十多个市地全面启动。质量兴企活动也蓬勃开展并卓有成效，如马鞍山局以马钢和黄池食品公司为试点单位，促使马钢当年创历史最高产值和利润水平；黄池食品公司当年销售、利税同比增长30%以上。

另外，各地和省直有关部门继续利用“3·15”、质量月等各种活动、各种形式，积极努力宣传《纲要》和《计划》，大大促进了我省质量意识的提高。

【’99质量月活动】 在国家局的统一部署下，各地政府的领导下，今年质量月活动部署得早、组织得好，效果显著。有以下特点：一是省经贸委、机械局、冶金局、化工局、国防科工办等省直有关单位也通过各种形式在本行业开展了质量月活动，与质量技术监督部门组织的活动形成了有机的整体；二是全省组织开展了秋季农资产品质量和国庆中秋节日市场大检查、啤酒瓶专项执法检查、商品房计量面积专项执法检查、“三表”(水表、电表、煤气表)专项抽查。据不完全统计，全省在质量月共出动执法人员5 000人次，检查专业市场100多家，抽样2 455组，平均合格率57%，检查商品房面积11万平方米，抽查民用三表102组，查获B瓶850万只，共查处不合格产品标值300万元，假冒100多万元，行政处罚132万余元；三是打假与保名优相结合。据不完全统计，活动期间各地局会同厂家累计端掉制造假冒名牌产品的大小窝点77个，集中销毁假冒伪劣产品标值180多万元，收缴大批假冒名牌的外包装、商标及造假设备，中央电视台、中国质量报等新闻单位都给予了跟踪报道；四是全省集中在9月11日同时开展了现场咨询服务。当日全省各级质量部门和技术机构共出动3 000余人次，散发材料10万余份，设立便民服务台200多个，现场受理用户和消费者投诉1 000多起，共有185家知名企业参加了这一活动。省人大吴昌期副主任、省政府黄岳忠副省长及各地市地领导到所在地活动现场慰问并给予了高度评价。

3. 监督执法与"打假"工作

【三大战役】 1999年1月21日，省政府召开了由王太华省长亲自主持的全省质量工作电视电话会，黄岳忠副省长传达了党中央、国务院领导同志对质量工作的一系列重要指示，提出了我省实现朱总理要求的"铁腕抓质量"的主要措施，省局通过电视电话会和明传电报全面部署了"三大战役"，即"查农资、保春耕"、"查市场、保两节"、"查建材、保建设"。

"三大战役"中，全省共出动执法人员40 047人次，检查各类市场670个，检查商业街582条，商店36 130家；检查经销企业36 130家，查获假冒伪劣产品标值2 967万元，端掉制假窝点388个，移送司法机关的大要案35起，提请工商部门吊销营业执照12个。全省共检查产品15 458批次，平均合格率为58.7%；检查食品标签18 352种，合格16 170种，合格率88.1%；现场检查计量器具11 125台(件)，合格率为83.2%；检查定量包装商品6 003批次，合格率为75.5%。

【产品质量监督抽查】 1999年共监督检查13 479个生产企业16 547批次，批次合格率78.88%。轻工产品、纺织鞋类产品、化工产品、医疗器械等3大类产品的合格率与1998年相比有所提高，其余各大类产品的批次合格率有不同程度的下降，从产品类别上看，家用电器、纺织、鞋类、建材、机电等产品质量较好，批次合格率分别是82.35%、81.25%、91.34%、34%、86.22%；食品饮料、能源产品、医疗器械的质量较差，批次合格率分别为68.74%、69.13%、29.41%。全省共监督检查24 113家经销企业商品30 333批次，批次合格率44.84%；商品质量较1998年有所下降，合格率较1998年下降了3.61个百分点。

【农资商品质量行】 1999年3月下旬，省局拿出抽查经费40万元，在和县、广德、怀宁、明光、灵璧、利辛等6县市组织开展'99春季农资质量江淮行活动。国家局监督司司长宣湘和省政府副秘书长邵林生参加了3月13日首发式，并作了重要讲话。共对6县市市场销售的种子、农药、化肥、饲料、柴油、润滑油、轴承、水泵等农资商品进行现场检查和抽样检查，抽取样品1 180批次，合格率为70.7%。其中主要农资产品和农药的合格率分别达到87.3%和79.7%，比1998年分别提高了23.6、14.8个百分点。

【专业市场整顿】 突出重点，围绕"三重一大"(重点产品、重点市场、重点区域、大要案)、专项打假，1999年我们对合肥长江批发市场、蚌埠二马路小商品批发市场、宣州九州市场等全省重点治理的市场，联合有关部门突击检查、强令整改，对电线、电缆、低压电器、建材、农资等重点商品进行了集中治理整顿，初步取得了成效。全省对白酒、香烟、糖果、汽车配件等专业市场进行了检查，查获大量的假冒伪劣产品，据不完全统计，仅阜阳、安庆的假酒，合肥、蚌埠的夏利、大众假冒配件，芜湖马塘的假糖果和滁州的"三无"劣质钢材就400余万元；共发现、捣毁制售假冒伪劣窝点85个，有利地震慑了假冒伪劣的经营者，使专业市场的商品质量状况有一定程度的好转。

【清柜台活动】 1999年组织全省12家年销售额在亿元以下5 000万元以上的商业零售企业开展了清柜台活动。共自查商品40 300种，标值39 846万元，清理出有质量问题的商品标值50.2万元，清理柜台2 360个，解除了34个租赁柜台的合同。各地质量技术监督局联合商务局评出9家优秀企业，并进行了表彰。

【打假与行政执法】 全省共查处制售假冒伪劣产品违法案件4 592起，查处假冒伪劣产品标值总额4 677.4万元，捣毁制售假冒伪劣产品窝点443个，破获制售假冒伪劣团伙33个，罚没款总额1 333.1万元，整顿市场116个，查封出售假冒伪劣产品摊点606个、商店897个，立案查处案件3 025起，其中大要案129起，移送公安机关7起，依法追究刑事责任案件3起。

1999年打假和行政执法有3个特点：一是执法人员把学法、执法与行风建设相结合，通过提高自身素质和办案能力进一步改善加强行风建设；二是坚持"37787"打假举措(3个环节、7次打假高潮、7大类产品、87个联系点)；三是打假与保优相结合，根据国家局"三重一大"和"121"计划，打假同时，确定了安徽省古井集团等15种重点保护产品。

4. 标准化工作

【采标工作】 全年全省共完成采标评定认可143项，采标标志104项，超额完成省政府及国家局下达的目标任务。截止1999年底共有大中型企业578户，生产产品1 812种，其中文本采标产品1 306种，全省大中型主要工业产品采标率达到72.1%。省局还结合纪念《标准化法》实施10周年，于4月1日组织了达西浦公司、淮南乳品厂等10多家企业通过实物、展板、展台等方式进行展示、咨询答疑、散发宣传材料，宣传采标工作和采标产品，省电视台等多家单位进行了报道，大大增强了人们对质量标准的认识。

【消灭无标生产】 全省已有87个县(市、区)通过消灭无标生产验收，占全省105个县(市、区)的82.8%。其中，1999年开展消灭无标生产工作的40个县，平均标准覆盖率由试点前的71.2%提高到99.3%，产品质量抽查合格率平均提高了11个百分点。通过普查登记，县以下工业企业2 725个、产品4 165个消灭了无标生产。1999年，各地举办培训班91期，培训5 519人次，既提高了企业的标准化知识，又培养了一批有一定素质的标准化工作队伍，为2000年实现无标生产奠定了基础。

【农业标准化】 1999年底为止，全省共有农业综合标准化示范区17个，其中国家级示范区4个，省级示范区13个，遍布全省12个市地的15个县(市、区)，覆盖粮、棉、油、畜牧、水产、水果、烟草、林特产品等八大产业，对全省农业发展起到了辐射和带动作用。

通过召开省农业标准化联席会议和全省农业标准化示范工作会议，巩固了第一批国家农业标准化示范区的成果，推动了第二批国家高产优质高效农业标准化示范区工作，又带动了祁门食用菌、濉溪小麦、芜湖优质米、宣州河蟹等8个示范区的工作，取得了丰硕的成果。歙县茶叶的名优比例从10%提高到40%，人均增收80元；蒙城黄牛每头实际增收120元；砀山酥梨等级果达到了70%以上，示范区酥梨价格提高了0.30～0.40元/千克；第二批示范区的太湖县瘦肉型猪存栏量增加5%，养猪农民平均每户增收165元；定远示范区667公顷油菜，增产150万千克，平均公顷产值提高1 830元。目前，各地正不停地总结经验、计划推广，促进全省农业的发展。

【条代码工作】 1999年共发出代码证书（正本）35 024册，建成了全国组织机构代码网络管理系统安徽B接点，实现了与国家代码中心的联网；新增条码系统成员240家，商品条码续展率为68%。

5. 计量工作

【强制检定工作】 今年强检工作在健全完善管理规章制度的基础上，加强了年审工作，重点抓了大中型工业企业、商贸企业、医疗卫生单位等强检工作，宣传与执法相结合，促进规范了使用者的行为。经过努力，强检覆盖率达到83.1%，大中型工业企业强检计量器具受检率达到98%。但法定计量检定机构经费严重不足，不能完全满足计量行政部门和企事业单位的需求。

【工业计量】 坚持企业自主管理原则，积极引导企业采取国际先进标准和科学的计量管理方法，根据企业对计量工作的不同需要，分类指导。对大中型企业帮助完善计量检测体系，1999年已有海螺集团宁国水泥厂、安庆石化总厂等17家企业通过完善计量体系并获得国家局颁发的《完善计量检测体系合格证书》；对中小企业开展二、三级计量检测体系确认工作，现已有100余家企业通过二、三级计量验收。

【计量监督抽查】 全年对200余家计量器具生产企业监督抽查样品664组，平均合格率56.2%；其中重点计量器具水表、电能表、煤气表、衡器、加油机等，合格率为52%。

定量包装商品共监督检查商品企业124家，定量包装商品144批次，合格率为86.1%，检查市场中大米、方便面、冷冻食品、海鲜制品、茶叶、化妆品和洗涤用品等定量包装商品6 047批次，合格率为58.5%。

【社会公正计量行】 1999年是安徽省公正计量行（站）快速发展的一年，全省共有12家通过考核认证，主要从事称重测量、商品房面积测量、眼镜片测量等业务。据不完全统计，1999年共接受消费者、政府部门和法院等委托测量房屋面积达120余万平方米，缺量面积占总数28.9%。

6. 认证工作

【质量体系认证】 安徽省认证工作由于历史原因，基础发展薄弱，从1999年起全省认证工作高速发展，由1997年的50家、1998年的111家发展到1999年的171家，并有12名人员通过了国家注册审核员培训考核，获得资格证书。1999年通过认证的特点是，工程建筑业显著增加，省二建、铁四局等一批建筑工程企业通过认证，有力地保障了安徽省建筑工程质量的提高；同时，商之都股份有限公司通过认证标志着商业服务企业认证开始启动。

为维护认证企业的合法权益，提高认证工作的有效性，省局对全省认证企业进行了一次调查摸底，结果显示：一是大多数企业认证后，产值、利税、市场占有率、一等品率、监督抽查合格率等主要经济、质量指标均有所提高；二是少数企业质量水平比认证前有所提高；三是极个别企业认证后各项经济质量指标均有所下降。通过调查，省局初步掌握了在安徽省开展认证工作的认证机构基本状况，为2000年整顿加强认证机构的管理打下了基础。

【生产和安全许可证管理】 1999年全省坚持"熟悉工作，掌握政策，严格执法，服务企业"的基本方针，全省生产许可证管理工作水平获得了进一步提高。1999年的特种劳动防护用品、电线电缆、低压电器、电焊条等换发证工作进展顺利，平均申报率为93.4%。按国家规定，先后接受35家企业的补证申请，并指定了全省各市地许可证产品生产企业名录。

据不完全统计，1999年有30种许可证产品列入省级监督抽查计划，抽查生产企业1 545家，其中产品不合格企业数293家，占总数的18.96%；抽查经销企业5 168家，不合格许可证商品值1 439.61万元，其中属伪劣商品标值126.50万元。全年共查获无证产品生产企业213家，无证经销企业714家，涉及无证产品总标值8 572.59万元。其中，省生产许可证办公室部署的专项查处工作中，查处无证化肥生产企业12家，无证农药生产企业2家，无证螺纹钢生产企业42家，无证水泥生产企业5家，销毁劣质产品标值近30万元。

三、省、市（地）级机构简况

全省共有质量技术监督行政管理机构92个，其中，省级行政管理机构1个；市地级17个；县（市）级66个；区级8个。

全省共有质量技术监督专职执法机构64个，其中，市地级12个，县（市、区）级52个。

全省共有质量技术监督技术机构214个。其中，省局直属机构5个；市地级56个；县（市、区）级153个。

撰稿人　刘　运

审稿人　赵晓凤

福建省质量技术监督工作

一、概　述

1999 年，在省委省政府的领导和国家局的指导下，福建省的质量技术监督工作围绕扩大国内需求，深化企业改革和发展、促进对外开放、发展农村经济、整顿经济秩序等项工作，以邓小平质量思想为指导，突出用铁腕抓质量，突出做好服务工作，突出抓自身建设，为促进全省国民经济持续、快速、健康发展作出了积极努力。主要表现在 6 个方面：一是贯彻朱镕基总理用铁腕抓质量的指示精神，坚持不懈地加大行政执法力度，取得了明显的效果；二是强化服务意识，标准化、计量等各项技术基础工作取得新的成绩；三是不断深化农业综合标准化工作，大力推进农业品牌化，开拓了技术监督工作为地方经济、为农业产业化服务的新路子；四是全面贯彻《质量振兴纲要》，不断加强和改进质量管理工作；五是技术机构在改革中稳步发展；六是狠抓自身建设，技术监督工作整体水平不断提高。

二、质量技术监督工作

1. 质量管理工作

一年来，全省各级质量技术监督部门积极履行质量综合管理职能，不断改进质量管理工作，初步形成了以提高产品质量带动行业质量、带动产业质量、带动经济质量的提高和促进社会进步的社会大质量观，从而有力地推进了《质量振兴纲要》的深入贯彻。

【质量立市(县、区)工作】 “质量立市”工作得到更多的认可和重视，质量振兴已摆上各级政府重要议事日程。省局组织召开“质量立市”工作会议，宣传永安、福鼎等市典型经验，同时组织开展“质量立市”工作的县、市、区进行相互检查交流和学习探讨，进一步提高认识，巩固和扩大成果。泉州市在实施科教兴市战略中提出，要把实施技术创新工程与实施质量振兴计划、质量立市活动及名牌战略结合起来，永安市、思明区、新罗区把“质量立市”工作列入政府每月(季)经济工作调度会，与生产进度一同考虑，一同研究。通过“质量立市”活动的深入开展和逐步推开，进一步更新了质量观念，逐步树立包括产品质量、工程质量、服务质量，环境质量和人们的生活质量为一体的“大质量”观，收到较好的经济效益和社会效益。

【分类指导服务企业】 引导乡镇企业和个体私营经济重点加强企业管理基础工作。对农机产品实施“三包”进行跟踪管理。为加强对重点工程和重点企业的服务工作，省技术监督局草拟并由省政府办公厅下发了[1999]148 号文件，颁布实施《福建省重点及大中型建设基建材料监督管理规定》，要求技术监督、交通、建设、水利电力等部门密切配合，认真贯彻实施。技术监督部门积极为重点建设工程项目服务，指导和帮助建立质量保证体系，同时加强质量监督，有效堵截假冒伪劣建材进入工地。根据监督检验的情况，及时向建设等部门提供建材质量信息，向有关行业和重点企业发出质量监督警示，指导施工单位正确采用建筑材料。在查处漳州市生产劣质化肥企业的同时，积极帮助这些企业进行整改，使漳州市化肥行业的产品合格率从 1999 年初的 20%提高到 85%。围绕古田银耳质量问题展开深入细致的科学调查，为消除银耳质量风波带来的负面影响，提高古田银耳的质量，推动当地经济健康发展起到了积极的促进作用。

【生产许可证管理】 认真做好工业产品生产许可证管理工作，积极探索利用生产许可证管理来实现调整和优化经济结构的方式方法。从理顺发证关系入手，组织有关部门共同审核，减少程序，减轻企业负担。如组织机械、商检等部门进行一次审核，实现企业可同时办理生产许可证和出口许可证。在发证过程中，严格执行国家淘汰“五小”、淘汰落后生产工艺政策，根据市场供求资源分布，按生产能力控制发证数量，优先考虑质量、效益、规模、环保四统一的企业。通过发证手段，促进企业加快经济增长方式的转变。

【“质量月”活动】 根据国家质量技术监督局等部委联合下发的“质量月”活动的项目和本省的实施计划，省局组织全省各地集中开展“9·11”质量咨询活动，“9·18”质量投诉和宣传日活动，以及“打假”专项行动、“打假”展示等工作。大部分县、市都召开了纪念《产品质量法》和《质量振兴纲要》的专题活动，举办纪念 TQM20 周年座谈会，组织企业家研讨提高质量与民族经济振兴。有的企业把“质量月”活动的时间延长至 3 个月，进一步增强企业员工和广大人民群众的质量意识、自我保护意识。

2. 监督执法与“打假”工作

【坚持不懈地加大行政执法力度】 据统计，1999 年全省质量技术监督系统行政执法立案 9 237 件，结案 7 981 件，共查获假冒伪劣商品总标值 1.99 亿元，销毁假冒伪劣商品总额 4 950.23 万元，行政执法处罚额 3 953.08 万元，捣毁制假售假黑窝点 646 个。

为突出用铁腕抓质量，全省技术监督部门着重从 4 个方面开展工作：一是从 1998 年 11 月 25 日至 1999 年 6 月 30 日，在全省组织实施“查市场，保两节”，“查农资，保春耕”，“查建材，保建设”为内容的“三大战役”。在“三大战役”中，全省质量技术监督部门共出动执法人员 1.65 万人次，检查各类市场 203 个，商店 7 784 家，商品 17 408 批次，立案查处 886 起，共查获假冒伪劣商品总标值 2 341.24 万元。二是总结近年来全省“打假”工作情况，明确了“打假”工作的重点对象，确定了建筑材料、低压电器等 8 类打假重点产品，龙岩市新罗区罗桥副食品商贸一条街、福州市钢材市场等 9 个重点市场，云霄县云陵镇、莆美镇(假烟)等 10 个打假重点区域。各地围绕上述 8 类重点产品、9 个重点市场和 10 个重点区域，有组织、有声势地开展“打假”工作。三是打假治劣与扶优相结合，坚决保护名优企业的合法权益。各地围绕省重点保护的57项产品和国家“121”计划重点保护产品，建立打假保优工作网络，形成了地市县联手、政府执法部门与企业联手打假的新局面。四是向社会公布产品质量监督检查结果，对145家产品质量低劣的企业进行曝光，对监督检查不合格产品生产企业令其整改，并严格复查，对质量问题严重的地区，采取向地方党政领导致函的方式，具体通报质量问题，引起了当地党政领导的重视。

【“打假”工作取得明显效果】 第一，制售冒牌卷烟违法行动得到有效遏制。1999年，全省共捣毁制假烟窝点478个，查获大型制假烟机268台套，小型制假设备328台，查获各种冒牌香烟51 856件，总案值达2.40亿元。漳州云霄、泉州南安等制假重点地区始终保持一种打假高压态势。

第二，整顿茶叶质量初见成效。省局把整治茶叶农药残留超标做为1999年治劣工作的重点来抓，通过举办全省茶叶展示会，召开质量抽检不合格企业厂长、经理会议，深入茶区进行调研，与当地政府共谋对策，促进茶叶质量的提高。目前，福建茶叶农药残留超标问题已得到明显改观。省局对乌龙茶主产区南平地区、安溪县的33家乌龙茶生产企业的45批次产品抽检，结果茶叶农药残留中的“六六六”合格率达100%，DDT合格率达95.6%。抽检茉莉花茶27批次，六六六项目全部合格，DDT合格率为85.2%，比1998年提高20.5个百分点。在宁德地区茶叶主产区共抽检83个茶青样品，茶叶农药残留合格率为95.19%，安溪县局茶青合格率达97.21%，毛茶合格率91.25%，成品茶合格率98.51%。在有关部门及茶业企业共同努力下，1999年福建省茶叶在国内外共获28个奖项，是历史上获奖最多的一年。

第三，“放心工程”的实施有效地促进了全省产品质量的提高。从1998年开始，省局把与人民群众生活密切相关的衣、食、住、行、用等25类商品列入质量放心工程项目，在全省实施。对列入“放心工程”项目的产品进行重点监督检查。其中，列入福州市“放心工程”项目的眼镜合格率达95.7%，食用油92.7%，牛奶及冷冻食品89.7%；泉州市的钢筋、化肥、水泥合格率分别达到90.6%、88.5%、81.7%，食用油、眼镜、白酒合格率分别比1998年提高24.5，17.7和13.9个百分点。

第四，打假保名优活动的开展使名优产品在我省市场的占有率逐步上升。一度被假冒产品严重干扰的三明钢铁厂产品销量上升，多创效益1 800万元，闽东电机产品销量也在上升。

3. 标准化工作

【采标工作】 1999年全省有178家企业的247项产品采用国际标准，累计已有1 793家企业的2 669项产品采标。其中63家企业的94项产品使用采标标志，累计已有460家企业的726项产品使用采标标志。

【消灭无标生产】 1999年全省有18个县通过消灭无标生产工作验收，目前共有46个县市区通过验收，尚余37个县已全部启动，为实现2000年全省消灭无标生产打下了扎实的基础。全国消灭无标生产试点安溪县、漳浦县等已通过验收，厦门市思明区上升为国家级消灭无标生产试点区，并在此基础上向质量立区迈进。

【标准的制、修订】 为加强对群众关心的消费热点和服务领域中的标准化工作，特别是为把省委省政府为民办实事项目抓实办好，规范新消费热点商品的质量，省局组织制定了《家庭装饰质量标准》、《燃油汽车排气污染物排放标准》、《玄武岩建筑板材》、《鞋用聚氨酯胶粘剂》、《摩托车怠速污染物排放标准》、《可降解塑料薄膜》等7个省地方标准，修订了《珠宝玉石饰标识规定》省地方强制性标准。同时还制定了《建筑与建筑群智能化系统验收标准　第一部分：综合布线系统验收标准》，使标准为信息化服务工作迈出了新的一步。

【标准实施监督工作】 各级技术监督部门结合“3·15”和节假日，开展市场检查活动，重点对食品标签标识和家用电器、茶叶、服装标识进行监督检查，对不合格企业责令限期整改，随后进行回访复查，同时帮助、指导和督促企业整改，受到企业欢迎。加强了实物样品的管理和传递，制订了实物标准和管理办法。配合《啤酒瓶》强制性国家标准的实施，与省啤酒协会联合举办《啤酒瓶》标准宣贯会。此外，还对170项进口食品标签进行认可工作。

【农业标准化】 省委、省政府把农业标准化工作当作调整和优化农业产业结构和产品结构，发展高产、优质、高效农业的一项重要举措。全省已有40个地、市、县成立了农业标准化工作领导小组。根据《标准化法》的规定，成立了由专家、教授、农口厅局和省技术监督局组成的农业标准化技术委员会。一年来，全省各级技术监督部门大力推进农业综合标准化工作。一是农业标准化示范区的建立，对加速农业科技成果的转化和推广应用起到了积极的促进作用。在1998年确定的24个农业产业化综合标准化项目的基础上，1999年又新建了10个农业产业化综合标准化示范区。二是制定了《无公害蔬菜通用标准》、《无公害蔬菜生产技术规范》、《蔬菜中有机磷的测定方法》、《长汀河田鸡》、《古田油茶》、《诏安八仙茶》、《邵武烤烟》、《建瓯锥栗》等20多项省地方标准，使一批具有福建特色的农产品质量有了可靠的保证。三是积极推进农产品品牌工程的实施。由省局牵头起草的《福建省名牌农产品认定管理办法》已由省政府正式下发，红心地瓜干等20项农产品被认定为全省首批名牌农产品候选项目。农业品牌化明晰了农业产业化的目标，深化了农业标准化工作的内涵，使农业标准化工作产生了质的飞跃，对推动福建现代农业的发展起到了十分重要的作用，同时也开拓了技术监督工作为地方经济，为农业产业化服务的新路子。

【两码工作】 代码工作稳步发展。全省代码数据库实现全面联网，同时成功实现了与国家代码中心数据库的联网，使我省具备了与国家中心数据双向访问功能，一切数据均可在网上报送。全省已有66个单位实现了“点对点”通讯，占74个地县代码工作机构的90%，提高了工作效率，同时也减少了差错。完成了74个代码机构累计33万条数据的核查工作，扭转了码段难以监控的被动局面，实现了申请码段与上报数据同步的管理模式，从根本上杜绝了跨段赋码、越权换证的现象。坚持纵向指导与横向协调相结合，不断扩大代码的应用领域。省局与省国税局、地税局联合发文，明确数据交换制度和非自然人个体工商户改用统一代码为其纳税人识别号的实施办法,有力促进了代码在税务系统的全面应用。全省代码工作步入法制管理轨道,进入成熟阶段。

条码工作进一步拓展。面向市场,不断开发业务,全年新增系统成员581家,系统成员通过续展496家次。为跟上高新技术的发展,与省科委签订了"二维条码技术与应用"合同书。组织有关技术人员对"代码数据二维条码符号应用系统"课题进行攻关。同时,"中国条码商品信息服务系统"已在福建质量信息网上试运行,为在全国范围正式运行做好技术上和组织上的准备。

4. 计量工作

【农电计量监督管理】 省委、省政府把农村电能表校验并更换或淘汰不合格的电能表当作为民办15件实事之一来抓。根据省委省政府的要求和安排,省技术监督局多次召开专题会议,制造工作方案和计划措施,以及验收标准。局领导分工负责,进行包片检查指导和督促。各地技术监督部门在当地政府和有关部门的关心支持下,克服重重困难,深入农村、山乡,挨家挨户地宣传动员,开展校表、换表工作。针对校表任务重,时间紧,装置明显不足的现状,省局想方设法,多渠道筹措资金,在全省建立农电校表装置400台套投入运作。举办了46期校表培训班,培训校表员1 000多人,建立了一支农电校表队伍。经多方努力,全省共校表480.44万台,占全省农村电能表总数的80.5%,首批16个农网改造县实现农电校表与农网改造同步进行,更新上网的电能表抽检合格率达100%。

【加强商品房面积计量监督】 按照国家质量技术监督局1998年12月22日和1999年6月22日下发的《商品房销售面积测量与计算》技术规范和《商品房销售面积计量监督管理办法》,省局一是抓舆论宣传,使买卖双方明确,如对购房面积问题有争议,可以到计量公正站进行公正,对短少面积也可以到技术监督行政部门投诉;二是抓培训,为贯彻好两个文件精神,统一商品房销售面积测量和计算方法,省局和九个地市局分别对开发商、经销商举办了培训班;三是抓监督检查,据福州、宁德、三明、南平等4个地市局不完全统计,共测量了1.2万平方米,普遍短少2%~3%。对此,当地技术监督局都分别给予了处罚或要求退款和补偿。

【实施"光明工程"】 针对近几年来市场上销售的眼镜合格率低的状况,国家质量技术监督局决定用2~3年时间,实施"光明工程",让学生和广大群众戴上合格的放心眼镜。省技术监督局把"光明工程"列入省"放心工程"的重要内容之一,制定了实施方案,下达各地技术监督部门认真施行。龙岩市技术监督局根据市委,市政府的要求,制定了计量放心工程示范窗口单位管理办法;泉州市技术监督局组织市眼镜验光准确度公正计量行开展"爱眼活动周"活动,数百人前来咨询和验光;邵武市对中小学在校学生所佩戴眼镜质量进行抽查,合格率比1997年上升了41.2个百分点。

【开发计量信息管理系统】 为提高计量管理工作的效率和扩大管理覆盖面,省局与有关部门联合研制了《福建计量工作信息管理系统》,经省科委组织鉴定并通过。该系统是一个覆盖全省各级计量行政机构、技术机构以及广大被管理对象和用户的三级广域网络系统。

5. 认证工作

【质量认证】 1999年对质量认证工作的重点进行了调整,从推动企业开展认证,举办各类培训班转移到着手规范质量认证市场上来,加强对质量认证的宏观管理,努力开拓规范质量认证市场和规范认证行为的新局面。从1998年全省认证工作会议以来,质量认证工作的步伐明显加快。全省获得国家认可的质量体系认证证书的企业已达178家,共有255家企业获得了1 270张产品质量认证证书。泉州市委、市政府制定了各项政策,市政府专门成立了认证工作协调办公室,把企业取得认证证书作为政府扶持的条件,有力地推动了认证事业的发展,该市获质量认证证书的企业数居全省榜首,约占全省获证企业数的30%。为加强对质量认证工作的管理,省局着手对在我省开展工作的部门认证机构颁发认证证书的企业产品进行监督抽查,以反映认证机构和认证咨询机构的工作质量,并作为衡量在我省开展质量认证中介服务的机构工作质量和水平的重要依据。开展了对认证咨询机构备案的宣贯工作。为企业培训了108名质量体系内部审核员,目前全省已有国家注册审核员132名,为我省更好地开展质量认证工作,扩大认证审核的专业面创造了有利条件。中国方圆标志认证委员会福建审核中心/福州认证工作站业务领域不断扩大,速度增长较快,该中心至1999年底通过的质量体系、产品质量合格认证的企业达200多家,包括三钢、南铝、恒安、厦工、惠泉等一批大中型企业。

【计量认证】 积极宣传贯彻《计量法》和我国的计量认证制度,培训技术骨干,以适应各类质检机构申请计量认证的需要。计量认证的范围已涉及卫生、环保、交通、建设、农业、气象、粮食、建材、技术监督等行业和领域。至1999年,累计对34家质检机构实施了预审,对58家质检机构正式评审。通过计量认证,促进了全省检测机构管理水平和检测水平的提高。

三、省、地(市)机构简况

全省共有技术监督行政机关74个,其中1个正厅级局、1个副厅级局、8个市(地)局、59个县局、5个区局。共有事业单位148个,其中稽查队25个、技术机构120个、其他3个。全省技术监督系统人员编制2 549人,其中行政编制549人。

【省级技术监督机构设置】 福建省技术监督局是省政府成员单位,为正厅级行政机关。局机关内部设置9个职能处、室,1个机关党委和1个纪检组、监察室。处室有办公室、综合计划科技处、政策法规宣传教育处(行政复议办)、人事处、标准化处、计量处、监督管理处、质量处、质量认证处等。机关行政编制58人、工勤人员11人。省局直属事业机构有6个:福建省技术监督稽查大队、福建省中心检验所(省纤维检验所)、福建省计量科学技术研究所、福建省技术监督情报研究所(省标准化研究所)、福建省技术监督干部学校(国家质量技术监督局福州培训中心)、中国方圆标志认证委员会福建审核中心/福州认证工作站。

【市(地)级技术监督机构设置】 全省共有8个市(地)

级局和1个副厅级局(厦门市)技术监督行政机关。其中,厦门市技术监督局机关行政编制23名,下属质检、计量、情报、衡器、稽查等5个单位事业编制157名;福州市技术监督局机关行政编制32名,下属质检、计量、情报、衡管、稽查等5个事业单位;漳州市技术监督局行政编制16人,下属质检、计量、情报等事业单位;泉州市技术监督局行政编制20名,下属质检、计量、稽查、信息等事业单位;莆田市技术监督局行政编制12名,下属质检、计量、情报、稽查等事业单位;南平市技术监督局行政编制20名,下属质检、计量等事业单位;龙岩市技术监督局行政编制14人,下属质检、计量、情报、稽查等事业单位;宁德地区技术监督局行政编制15人,下属质检、计量、稽查、代码管理等事业单位。

撰稿　楼小钢
审稿　刘厚仁

江西省质量技术监督工作

一、概　　述

江西省质量技术监督工作在江西省委、省政府的领导下，在国家质量技术监督局的关心、指导和支持下，以“三讲”教育为契机，坚持质量技术监督机构改革和业务工作两手抓，以质量为中心，重视加大执法力度，坚持用铁腕抓质量，精心组织和实施“三大战役”和“三重一大”，全面加强标准化、计量和质量建设，推动质量工作上台阶、上水平，为江西国民经济持续、快速、健康发展做出积极贡献。

二、质量技术监督工作

1．质量管理工作

1999 年国家质量技术监督局抽查江西省 65 家企业(经销)的 34 类 72 种产品，合格 50 种，抽样合格率为 69.4%，比全国平均抽样合格率低 9.2 个百分点，列全国被抽查省份的倒数第 1 位。1999 年江西省技术监督局对生产领域 127 类 1 921 家企业的 2 663 批次产品，定期监督检查共抽查 2 663 批次产品，合格率为 83.7%。江西省技术监督局坚持监督与服务、打假与扶优相结合，推进江西产品质量的提高。江西省技术监督局在企业自愿申请并经省直有关部门和地、市、县技术监督局审核推荐的基础上，确定一批质量好、信誉高、效益好的 88 家企业 115 种省产品为 1999 年度江西省技术监督局重点保护产品，并要求全省各级技术监督部门采取措施加以保护，为江西省名优产品创造一个优胜劣汰的市场环境，受到企业的好评。

1999 年，江西省技术监督局稽查大队先后出动执法人员 1 000 余人次，赴南昌、赣州、弋阳、乐平、新余等 27 个市、县，行程近 8 千公里，共为江西飞碟电器公司、江西民星企业集团、南昌亚洲啤酒有限公司等省内近 30 家名优新特产品生产、经销企业界提供以市场整治及“打假”为主要内容的帮扶工作百余次，查获各类假冒伪劣商品标值近 400 余万元。

为适应江西省大力发展食品工作的需要，江西省技术监督局已确定全省 120 个食品企业作为各级技术监督部门的帮扶对象。各级技术监督部门将积极为这些企业服务，帮助企业制、修订标准，完善食品包装，联系产品质量检测部门，传递标准与市场信息，主动帮助企业打假，维护企业形象，从而提高企业经济效益和社会效益。

1999 年，江西省各级技术监督部门积极配合粮食流通体制改革，做好陈化粮鉴定和粮食、棉花收购质检工作。加强对此项工作的监督管理，防止和纠正鉴定过程中可能出现的违规和失职、伪造检验数据或者伪造鉴定结果行为的发生，江西省技术监督局采取具体措施加强对此工作的监督管理：①向社会公布陈化粮鉴定投诉、举报电话和信箱，对有关质检机构的陈化粮鉴定的留存样进行抽查复核，以确保鉴定工作质量。②向国家质量技术监督局推荐了一批承担陈化粮鉴定工作的江西省质检机构。江西省已有 8 家质检机构获得国家质量技术监督局批准，可以承担陈化粮鉴定工作。③对承担鉴定工作质检机构制定了规范检定行为，加强内部管理的规章制度。④按照《粮食陈化鉴定管理办法》、《粮油储存品质判定规定》要求，进行陈化粮鉴定工作，对江西省 10 亿千克价值 14 亿元的粮食进行了陈化鉴定工作。

江西省纤维检验局组织力量及时到产地进行棉花质量监督，共计产地棉花监督 79 740 担，其中加工升级 18 140 担，有效地防止棉花收购中的压级压重压价现象。

2．监督执法与“打假”工作

根据国家质量技术监督局的统一部署，1998 年 12 月至 1999 年 6 月，江西省技术监督局组织在全省范围内集中开展“查市场、保两节”、“查农资、保春耕”、“查建材、保建设”为主要内容的三大战役。全省共查处假冒伪劣产品标值达 9 698 万元；端掉制售假冒伪劣产品窝点 214 个；查处一批大案要案，在社会上引起了震动，尤其是查处的“赣南有毒猪油案”是目前世界上最大的有机锡中毒案，引起了国务院和江西省委、省政府主要领导的重视，朱镕基总理、吴邦国副总理及江西省舒惠国书记、舒圣佑省长都作了重要批示。1999 年 12 月 12 日，7 名犯罪嫌疑人在赣州市中级人民法院接受法律的审判。江西省上饶地区技术监督局查处的假冒牙膏价值 200 多万元，被国家质量技术监督局列为十大要案之一；江西省技术监督局稽查大队查处萍乡市峡山口水泥厂生产的废品水泥和九江市技术监督局查处的湖北“金笼山”牌 425 号普通水泥的质量问题等，为保障灾后重建工作的质量打下了良好的基础；促进了企业质量意识的提高，完善了质量自律机制，江西省种子公司通过加强内部管理，提高精选加工，统一供种，使江西省种子质量大幅度提高，在 1999 年国家种子质量专项抽查中，合格率为 100%。

1999 年下半年，江西省技术监督局根据国家质量技术监督局的要求突出抓了“三重一大”。确定了 10 类质量问题较多，假冒伪劣严重和危及人体健康、人身安全的重点商品，5 个管理混乱，经营不规范，质量、标识计量问题多，欺诈和假冒伪劣较为严重的重点市场；5 个监督管理不力，地方和部门保护主义严重、经营混乱、造假制劣严重，屡打不绝、屡禁不止的重点区域；5 个制假售假数额巨大、性质恶劣，对名优企业和消费者利益危害严重的大案要案，作为一段时间质量监督和执法打假工作的重点。江西省上饶地区技术监督局对 4 种食品进行了全面整顿，对全市 8 个大商场的 116 个柜台进行了认真的清查处理，对问题比较突出的商场柜组，责令其停业整顿。江西省宜春地区技术监督局对2个久拖不结的大案要案进行了督导，其中一个案件已申请人民法院强制执行，另一案件行政相对人向法院提出行政诉讼，经过法院二审裁定，技术监督部门胜诉。

根据江西省委、省政府和国家质量技术监督局的要求，1999年江西省技术监督局从全省技术监督系统实际出发，制定了落实政务公开，坚持以法行政的意见，进一步规范办案、处罚、收费等程序，减少和克服办案、处罚、收费等随意性，坚持收支两条线，杜绝不合理的收费。向社会聘请了行政执法、行风监督员，接受人民群众的监督。江西省萍乡市局充分发挥法制机构的监督作用，真正做到有责、有权、专门配备了专职的法制工作干部，并作出一系列制度，保障法制机构作用的实施。江西省抚州地区技术监督局开展执法回访活动，将回访卡下发给行政相对人，检查执法人员是否秉公执法，依法行政，有无吃拿卡要行为，受到广大群众好评。

3. 标准化工作

江西省技术监督局确定33个县(市)作为1999年消灭无标生产试点县(市)，已有17个县(市)通过省局组织的验收。江西省南昌市湾里区、抚州地区崇仁县作为江西省跨入全国消灭无标生产试点的县区，已通过了国家质量技术监督局的验收。江西省技术监督局对地方标准的制定项目进行了严格的审核和把关，确保地方标准的质量。全省已制定地方标准15项。江西省技术监督局还对历年颁布的数百项标准进行清理。全省各级技术监督部门本着为企业服务的原则，帮助企业收集、制定标准，做好超龄企业产品标准的复审工作，严把企业产品标准备案质量关。1999年共受理1 128项企业产品标准备案。开展采用国际标准与国外先进标准工作。江西省技术监督局要求企业制定标准时，尽量采用国际标准与国外先进标准，对企业已采用了国际标准或国外先进标准的，依据国家有关规定颁发《产品采标标志证书》，1999年对20个产品颁发了采标标志证书。农业标准化工作有新的进展。1999年江西省上饶地区“万年淡水珍珠”和赣州地区“南康甜柚”被国家质量技术监督局列为全国高产优质高效农业标谁化示范区，江西省技术监督局组织力量制定实施方案，起草了两个示范区的系列地方标准。开展标准实施监督检查。按照国家质量技术监督局的部署，江西省技术监督局布置了强制性国家标准《啤酒瓶》、《一次性输液器》、《一次性输血器》和强制性地方标准《皮鞋产品标识》等新标准的实施工作，明确实施步骤和要求，使生产、经销者均能顺利地从老标准向新标准过渡。全省各地还根据各自情况对这些标准的实施进行了监督检查。1999年春节前后，全省各地开展食品标准大检查。江西省技术监督局与南昌市卫检局和南昌市技术监督局组成的联合检查组，对南昌市的30多个酒店、宾馆的食品进行监督检查。查出部分过期食品和假酒，对有关责任人依据有关法律法规进行处罚。组织对江西省部分产品实施标准情况进行了监督检查，并将食品、建材、农药等列为监督的重点。对监督检查合格的产品，颁发《产品达标证书》，1999年共颁发达标证书37份。

4. 计量工作

1999年，江西省各级技术监督部门认真宣贯《江西省计量监督管理条例》，计量工作步入法制化、规范化的轨道。《江西省计量监督管理条例》于1999年8月经省第九届人大第10次常委会讨论通过，并于10月1日起实施。《条例》颁布后，江西省各级技术监督部门大力开展各项活动，积极认真宣贯《条例》工作，通过报纸、广播、电视召开座谈会、挂横幅、印发小册子等多种形式做了大量的宣传工作，江西省共召开各种形式的座谈会、宣贯会108次，参加会议人员6 000多人，张贴、散发《条例》11 000多份。全省各级技术监督局组织开展专项商品计量监督活动，一是加强流通领域内定量包装商品的计量监督检查，抽查与老百姓日常生活密切相关的食品、生产资料、建筑用材料等40个品种，定量包装商品共136 000多批次，定量包装商品的计量合格率呈上升趋势。二是加强对商品房面积的计量监督检查，全省对21万平方米的商品房面积进行监督检查和仲裁测量，仅江西省宜春地区、吉安地区局为消费者挽回损失达21万余元，在当地人民群众中引起了很好的反响。三是开展对成品油销售市场的整顿，处理一批计量违法行为的加油站，考核授予32个加油站为“质量、计量信得过单位”的荣誉称号。江西省技术监督局对江西省生产衡器、电能表、水表等重点管理计量器具的19家企业进行了复查换证工作，吊销了6家未按规定参加年审企业的制造计量器具许可证，全省的计量器具产品质量优于全国平均水平。全省强检计量器具的受检数为436 420台(件)，比去年增加12 130台(件)，受检合格率为92%。按照“重点管理、分类指导”的工业企业计量工作指导思想，针对不同类型的企业采取不同的管理和服务形式。江西省江中制药厂、江西水泥厂通过国家级完善计量检测体系确认。江西省宜春地区有4家企业申请省级计量确认，97家企业申请省级计量合格确认。

5. 认证工作

1999年，江西省技术监督局加强计量认证工作监督管理，1999年全省已有130人取得评审员证。有138个质检机构通过计量认证，范围扩展到产品质检、工程质检、安全防护、理化分析、环保、卫生及无线电等领域。为部门和企业培训计量检定员计量考评人员、管理人员950人次。全省各级国家法定计量检定机构在加强机构建设、规范管理，服务水平得到提高，江西省计量测试研究所、九江市计量所顺利通过华东地区的复查验收，江西省技术监督局组织对地市计量所的复查验收工作，有8个地市所通过验收。

三、省、地(市)机构简况

按照国务院1999年8号文件精神，改革现行质量技术监督管理体制，实行省以下质量技术监督系统垂直管理。1999年6月江西省委第25次常委会议研究决定，在原省技术监督局的基础组建“江西省质量技术监督局”为省政府的工作部门，负责对全省标准化、计量、质量工作实行行政监督和技术监督。该机构规格定为正厅级，内设8个职能处室，暂定行政编制48名。省锅检所成建制划给省质量技术监督局管理。目前，江西省技术监督局下属有江西省产品质量监督检验所、江西省计量测试研究所、江西省技术监督信息研究所、江西省技术监督局稽查大队4个县(处)级事业单位。

全省11个地(市)级技术监督局，有9个地(市)局列为政府序列的政府一级局(正县级)，有1个地(市)局列为行政二级(副县级)，行使政府职能。有1个地(市)局列为事业二级局(副县级)。各地(市)局下属都基本设置了产品质量检验、计量测试等技术机构，部分成立了稽查大队。

全省92个县(市、区)级机构，约三分之一的县(市)列政府序列的一级局(正科级)，三分之一的县(市)列事业一级局(正科级)，三分之一的县(市)为事业二级局(副科级)。

撰稿人　彭志忠
审稿人　徐光辉

山东省质量技术监督工作

一、概　　述

1999年，山东省各级技术监督部门在党委、政府的领导下，按照国家质量技术监督局的要求，紧紧围绕政府的中心工作，在提高企业素质，维护市场经济秩序，保护消费者合法权益等方面做了大量工作。主要有以下几个方面：

一是充分发挥综合管理和行政执法职能，加强了各项监督和管理工作。根据国家局提出的“五个一批，三大战役”的要求，围绕重点市场、重点产品、重点区域，狠抓大案要案；还对重点工程直供配送原材料和机电设备开展监督抽查；针对问题较多的水泥、铝合金建筑型材、塔机等产品增加抽查频次和跟踪检查。为了增强监督实效性，对104位不合格企业负责人进行了质量培训，对270多家不合格企业进行了曝光，建议地方政府撤销了2家企业的厂长职务。对蔬菜农药残留量、电动机、儿童玩具、幼儿奶粉、接骨钢板、棉被褥、医用敷料和商品房售房面积等组织了专项监督检查。组织实施了省政府“质量奖”评审工作，建立了省直各部门负责人质量例会制度，对生产许可证实行了统一管理，规范了许可证的发放及管理。在标准化工作方面，加强了信息化建设，开通了省质量技术监督信息网；全省代码管理信息系统建成并投入运行，实现了全省代码数据的网上赋码。在计量管理方面，引导企业开展计量体系确认工作，对计量器具重点生产企业依法进行监督检查，对存在问题的企业进行了处理，二是认真贯彻落实国务院关于实施罚款决定与罚款收缴分离的决定，完成了“票款分离”实施工作。三是积极做好全省质量技术监督管理体制改革准备工作，《全省质量技术监督系统管理体制改革实施方案》已经省政府批准。四是按照省委的部署，认真开展了“三讲”教育活动，4～6月，省局处以上干部开展了“三讲”教育活动。6～10月，各市地技术监督局陆续开展“三讲”教育活动，根据省“三讲”教育活动办公室要求，省局向各市地派出了联络组，以便及时掌握各市地局开展情况。

二、质量技术监督工作

1. 质量管理工作

【建立省直部门负责人质量例会制度】 为了广泛收集质量信息，沟通各部门间的关系，1999年起建立了省直部门负责人例会制度。参加人员包括各工业厅局以及建委、商检、旅游、环保等部门质量工作负责人。由省技术监督局召集，每季度召开一次。通报质量工作情况，部署下一步工作。

【开展产品质量奖试点】 根据《山东省人民政府办公厅转发省技术监督局关于建立省质量奖制度的报告的通知》精神，省技术监督局制定了“山东省质量奖试行办法”和“产品质量奖评审实施细则”及“专家评审分则”、“质量跟踪与市场调查分则”等规范性文件，并会同机械、纺织、电子、化工等有关部门制定了25种产品的评审细则，指定了14个省级检测机构对预选名单的产品进行检测和质量分析，在全省商贸企业中设立了70个产品质量跟踪站，直接向用户和消费者发放了2.2万余张调查表，在此基础上经过评审，推荐了33个产品为省政府产品质量奖。

【生产许可证管理】 按照国家局部署，先后与机械、化工、电子、冶金、电力等13个部门交接了生产许可证的职能，实现了由多部门申请发证转到由技术监督部门统一管理发证的职能转换。开展了对劳保用品、冷轧带肋钢筋、复混肥、输电铁塔、电力金具、液压支架、刹车片、农药、桥式起重机、水泥、鱼粉等12种产品的换(发)证和生产条件检查。年内共受理233家企业申请，办(换)临时证314张，安排进行生产许可证生产条件审查企业89家。

【开展“质量月”活动】 按照国家的统一部署，会同省委宣传部、省经贸委、省总工会、团省委等部门联合组织了以“创造高质量、迎接新世纪”为主题的全省“’99质量月”活动。在质量月期间，省质量技术监督系统共出动宣传车400多辆(次)，参与宣传咨询的有5 000余人次，参与活动的有上千家企业。省质量技术监督局会同团省委在全省质量技术监督系统开展了创建“优秀青少年维权岗”活动，授予淄博市技术监督稽查大队等12个基层单位为省质量技术监督系统省级“优秀青少年维权岗”。省计量科研所质检室、烟台市技术监督局稽查所两单位被团中央和国家质量技术监督局授予国家级“优秀青少年维权岗”。

2. 监督执法与“打假”工作

【产品质量监督】 在生产领域，省监督抽查了889家企业的896批产品，合格649批，抽样合格率为72.4％。国家抽查了山东省630家企业的717批产品，其中475家企业的556种产品合格，抽样合格率为77.5％。各地开展定期监督检查7.1万批次。省局对燃气灶具、电线电缆、电动机、塑料管(型)材、电焊机等5种产品直接实施了定期监督检查。省局共召开质量分析会7次，对质量问题严重的2家企业发送了“黄皮通知书”。从省抽查情况来看，大型企业产品质量抽样合格率为90.1％，高于全省平均抽样合格17.6个百分点，中小型企业抽样合格率为69.3％，比全省平均抽样合格率低3.1个百分点。

【商品质量监督】 在流通领域，全省共出动123 491人次，检查63 116个商店，检查商品123 453批次，合格93 413批次，合格率75.6％；抽样检验商品37 895批次，合格率为65％。

【开展打假“三大战役”】 根据全国质量工作会议和国家质量技术监督局《关于坚决贯彻落实国务院领导指示，进一步加大监督执法力度，今冬明春抓好“五个一批”、打好“三大战役”的通知》精神，山东省技术监督部门从1998年12月20日至1999年6月中旬，组织开展了“查市场，保两节”、“查农资，保春耕”、“查建材，保建设”三大战役。全省共出动执法检查人员71 700人次，组织92个质检机构为打假提供检测数据；检查了商业街139条、专业市场979个、商店37 186个，抽查商品53 912批次，合格41 177批次，批次合格率76.4%，查获假冒伪劣商品7 193.8万元，端掉制假售假窝点338个；办理行政执法案件5 899起，建议吊销营业执照49个，移送司法机关追究刑事责任的案件20起。

3．标准化工作

【采用国际标准和国外先进标准】 1999年，全省有550种产品取得采用国际标准合格证书，有35个产品使用采标标志。采标验收合格产品累计已达5 126种，使用采标标志的产品已达440种。年内有5项采标新产品列入国家重点新产品计划。

【消灭无标准生产试点工作】 1999年，沂南县、安丘市等二个全国消灭无标生产试点县（市、区）通过了验收；组织对我省设立的24个全国消灭无标生产试点县（市、区）进行了验收。全省累计共有59个县市区完成了消灭无标准生产试点工作。在消灭无标生产试点工作的基础上，省局对539家企业的748种产品执行标准进行了登记。累计登记企业为1 356家，产品3 077种。

【农业标准化工作】 为保证山东省第二批全国农业标准化示范区工作如期顺利完成，1999年8月，与省农业厅、省烟草公司、省供销社、省海洋与水产厅、省畜牧局、省林业厅联合召开了全省农业标准化示范区工作会议，协调工作进度。会后，各部门根据《农业标准化示范区考核验收办法》，对示范区工作进行了督促检查。农业标准化工作得到各地政府重视，全省17个市地已建26个示范区，有43个县（市、区）开展了农业标准化工作。

【地方标准的制修订工作】 1999年，省局组织制定、发布地方标准10项，其中强制性标准2项，开展农业标准化的市地、县发布了一批农业标准规范，建立了适应当地农业发展的标准体系。全省各级技术监督部门受理审查备案的企业产品标准达6 000余项，其中在省局受理备案的涉及安全、卫生和农资方面的产品标准900余项。

【强制性标准的贯彻实施】 重点组织了标识、纯净水、抽样、玩具使用说明、形位公差等标准的宣传贯彻。

【代码、条码工作】 1999年9月，全省代码联网全部完成，实现了网上赋码、查重、纠错，保证了代码工作质量。新颁发代码证书4.5万个，累计已达53.5万个。全省发展条码系统成员524家，累计达3 233家，有4万种产品使用了条码标志。50家印刷企业通过省局条码印刷资格认可，总计达129家。培训代码上岗人员196名，条码上岗人员62名。

【信息标准化工作】 制定了《山东省质量技术监督信息网信息发布管理办法》、《山东省技术监督局网络安全规定》，规范了信息和信息网的管理。

4．计量工作

【商品量计量监督】 认真贯彻《商品量计量违法行为处罚规定》，组织了全省农产品收购方面的计量监督检查。全省共检查农产品收购单位2 971家，检查在用计量器具17 473台（件），合格率92.7%。发现故意破坏计量器具准确度的行为261次，故意坑骗农民的行为497次，为农民挽回经济损失270.76万元，对违法经营者罚款53.31万元。组织进行了全省首次商品房销售面积计量监督检查，共检查商品房1 677套，检测面积13万平方米，计量合格率为71%，为购房者挽回经济损失100多万元。

【强检计量器具管理】 在全省继续实行强检计量器具登记备案年审制度。全省共完成计量标准器具的强制检定51 524台（件），完成工作计量器具的强制检定222万多台（件）。将1 100多台大口径煤气表纳入强制检定管理轨道。

【计量器具产品质量监督】 依据新的《制造、修理计量器具许可证监督管理办法》，对全省103个重点管理计量器具生产企业进行了监督检查，检查合格的84个企业，不合格企业14个。发放样机试验合格证书155个，新办制造计量器具许可证101个。在生产领域，对电话计费器、出租车计价器和弹簧度盘秤进行了产品质量监督检查。电话计费器合格率为100%，出租车计价器和弹簧度盘秤合格率均为67%。在流通领域，对水表、电能表的产品质量进行了监督抽查，水表的合格率为45.8%，其中我省企业生产的水表合格率为67.8%；电能表的合格率为44.8%，其中山东省企业生产的电能表合格率为65.3%。

【计量检定机构建设与管理】 全省新增12家房屋面积公正计量行（站），6家称重公正计量行，对规范市场秩序，维护交易双方的合法权益提供了有力的保证。

【计量检定规程的制修订】 起草审定了3个地方检定规程。

【企业计量】 全省又有8个企业通过了完善计量检测体系确认，取得了国家局颁发的确认合格证书；160多家企业通过了计量保证确认，200多家企业通过了计量合格确认。

5．认证工作

【质量认证管理】 1999年省局重点抓了质量认证各项管理制度的落实。截止1999年底，全省共有6家认证咨询机构取得了咨询机构备案资格，其中，1999年获得备案资格的有山东省计量科学研究所方正质量认证咨询中心、淄博市质量认证咨询中心、山东省大正国际经济信息中心。国家注册的质量认证审核员（包括实习审核员）人数累计达到466人。

【质量认证审核】 山东审核（认证）中心顺利通过国家认可委员会的监督审核并完成了采矿业、印刷、纺织3个专业的扩项工作，具备了认证审核资格。全省累计有1 016家企业获得了带有国家认可标志的质量体系认证证书，其中山东审核中心审核颁发体系认证证书的有355家。同时全省还有538家企业获得了2 971张产品认证证书，其中山东审核中心审查了62家企业，颁发125张产品认证证书。

【质量认证咨询】 1999年山东质量认证咨询中心等备案的6个咨询机构为106家企业提供了咨询服务，其中有83家企业通过了质量认证审核。

【内审员培训与注册】 1999年，省质量认证培训中心、省质量认证咨询中心及省局直属有关单位共举办内审员培训班52期，培训人员2 467人，省技术监督局对319名符合注册条件的内审员进行了注册。截止1999年底，全省累计注册内审员达到522人。

【质检机构计量认证】 1999年,向103个通过计量认证(或复查)的检验机构颁发了计量认证证书。全省累计共有1 095个各类为社会提供公正数据的检验机构通过了计量认证。截止1999年底,全省共12个检验室通过中国实验室国家认可委员会的认可,获得承担质量认证产品质量检验的资格。

6. 法制工作

【行政执法工作】 1999年,全省技术监督系统共办案23 793起,罚没款金额为4 545万元,挽回经济损失14 742万元。全年全省共发生技术监督行政复议案件22起、行政诉讼案件8起。

【全国人大执法检查组在山东检查《产品质量法》实施情况】 1999年5月24日至6月2日,以全国人大常委会财经委员会副主任曾宪林为组长的《产品质量法》执法检查组在山东检查工作。山东省副省长韩寓群代表省政府汇报了山东省实施《产品质量法》工作情况。检查组先后到潍坊、烟台、青岛进行检查,分别召集部分市地技术监督部门、工商企业、新闻单位和消费者代表及部分人大代表举行座谈会,视察了小鸭集团、银座商城、青岛澳柯玛集团、青岛华联商厦等生产、经销企业,了解《产品质量法》实施情况和各界人士对法律的修改意见。

三、省、地(市)级机构简况

1999年,全省技术监督系统共有职工12 832人,其中具有高级技术职称402人,中级职称的1 658人。固定资产总额50 707.72万元,其中仪器设备总值是15 312.82万元。省技术监督局内设机构有:办公室、综合计划科技处、政策法规宣传处、人事教育处、标准化处、计量处、质量处、监督管理处、认证处、机关党委、监察室。下属事业单位有:山东省纤维检验局、山东省计量科学研究所、山东省产品质量监督检验所、山东省技术监督信息研究所、山东省技术监督干部学校(山东质量工程学校)、山东质量认证中心、山东省技术监督局稽查所、山东省技术监督局机关服务中心等8个处级直属单位和山东省技术监督局仪器供应站、山东省质量认证咨询中心、山东省技术监督局幼儿园3个科级单位,以及山东省标准计量实业总公司1个经济实体。另外,山东标准化协会、山东计量协会、山东计量测试学会、山东质量检验协会、山东防伪行业协会、山东认证协会、山东质量新闻工作者协会挂靠在省技术监督局;《质量纵横》杂志社和《标准·计量·质量》编辑部分别挂靠在省产品质量监督检验所和省技术监督信息研究所。省局及各直属单位实际在编人数581人。全省17个市地技术监督局均为当地政府的一级机构,并有各类技术机构93个。全省有125个县(市、区)设有技术监督局。

【全省技术监督系统体制改革工作】 1999年2月,国务院国发8号文下发了《国务院批转国家质量技术监督局质量技术监督管理体制改革方案的通知》后,全省技术监督系统管理体制改革工作开始。3月3日,省委组织部、省人事厅、省技术监督局联合下文冻结了全省技术监督系统编制及人员。6月25日,针对部分地方借改革之机向技术监督系统乱进人问题,省委组织部、省人事厅、省编办以鲁组通字[1999]27号文下发了《关于认真解决部分县市区技术监督局突击进人和超配领导干部等问题的通知》,要求认真清理存在的问题。9月3日,省委以鲁办发[1999]17号文下发了《关于加强地方税务、工商行政管理、质量技术监督部门各级领导班子和干部队伍建设的意见》。12月8日,省政府召开了省长办公会议,专题研究了全省技术监督系统管理体制改革问题,批准了管理体制改革实施方案。

撰稿人 李子安
审稿人 葛树新

河南省质量技术监督工作

一、概　　述

【质量技术监督工作概况】 1999年，全省质量技术监督部门以党的十五届四中全会精神为指导，认真贯彻中央经济工作会议、全国质量工作会议和省委六届九次全会、省委经济工作会议精神，加大质量工作力度，严厉打击制售假冒伪劣产品的违法犯罪行为，继续深入开展全心全意为企业服务年活动，面向企业搞服务，面向市场求发展，面向社会树形象，围绕政府中心工作做贡献，以实施垂直管理体制为契机，大力加强以县级局为重点的各级领导班子建设，全面提高干部队伍的整体素质，圆满完成了与省政府签订的责任目标和国家局赋予的各项任务。

【垂直管理体制改革】 1999年，河南省技术监督局根据《国务院批转国家质量技术监督局质量技术监督管理体制改革方案的通知》(国发[1999]8号)精神，积极稳妥地推进全省质量技术监督垂直管理体制改革。5月7日，省政府常务会议决定成立河南省质量技术监督管理体制改革领导小组。6月9日，省政府召开全省质量技术监督管理体制改革工作会议，出台了《河南省质量技术监督管理体制改革实施方案》，对全省技术监督系统体制改革工作进行了安排部署。6月中旬，省技术监督局对各市地技术监督局领导班子进行了接收。6月下旬至7月底对县(市、区)技术监督局领导班子进行了接收。接收工作进展比较顺利和平稳，得到了省委、省政府领导的肯定。根据省编委批准的《关于市地以下质量技术监督系统机构改革编制方案》，省技术监督局还认真进行了人员退休、公务员过渡、人员分流、考录等项工作的准备工作。

【服务企业年活动】 1999年，河南省技术监督局提出在全省技术监督部门中广泛开展全心全意服务企业年活动。各级技术监督部门按照“三个面向，一个围绕”指导思想，强化对干部职工的宗旨意识、服务意识、服务观念、服务作风教育，紧密结合当地实际，采取多种形式，开展了有声有色、扎扎实实的服务活动。通过开展联手打假保优活动，有效地保护了一批大型企业的名优产品；通过开展重点帮扶活动，有效地救助了一批特困企业摆脱困境；通过开展“保质、保真”推荐活动，有效地提高了一批发展型企业的经济效益；通过开展“质量、计量、标准化”三下厂活动，有效地增强了一批民营企业的市场竞争能力；通过开展商品代检活动，有效地维护了一批生产厂家、商家和消费者的利益。服务企业年活动取得了良好的经济效益和社会效益。8月中旬，省技术监督局在洛阳召开了全省技术监督服务企业工作会议，认真回顾了开展服务企业年活动的情况，总结了经验，提出了要求。据不完全统计，全年全省技术监督部门共为2 000余家企业进行了服务，创直接经济效益或为企业挽回经济损失达2亿元以上。马忠臣书记专门作了批示予以鼓励。张涛副省长给予了高度赞扬。省委、省政府工作信息、国家局简报和新华社河南分社内参都相继刊登了技术监督部门服务企业年活动的情况。

二、质量技术监督工作

1. 质量管理工作

【全省企业质量状况大调查】 1999年，河南省技术监督局在全省范围内开展了企业质量状况大调查，先后调查了1 196家企业，获取了10万多个数据，形成了约2万字的“河南省质量状况调查报告”。调查表明，改革开放20年来，全省的产品质量整体水平有了很大程度的提高，涌现出了一批质量效益型企业和名牌优质产品，如新飞冰箱、莲花味精、春都、双汇火腿肠、许昌继电器、安阳玻壳等，这些产品科技含量高、市场竞争力强，深受用户和消费者的欢迎。但是，调查也反映出河南省质量工作有不少问题，省技术监督局针对调查中发现的问题，对今后的质量工作提出建议。调查报告得到了省政府领导的充分肯定和好评。

【“’99质量月”活动】 1999年，河南省技术监督局根据中宣部、国家质量技术监督局、国家经贸委、全国总工会、共青团中央《关于在全国范围开展“’99质量月”活动的通知》，在全省广泛开展了“’99质量月”活动。各地在开展活动中注重了“组织严密、宣传有力、形式活泼、力求实效”的原则。信阳、三门峡、漯河、焦作等地的政府主管领导以新闻发布会、电视讲话、报刊专论等形式结合当地实际对质量月活动进行了宣传和再动员；郑州、新乡等地召开了企业质量座谈会，并发出了“质量兴市”、“加强企业质量管理”的倡议书；新乡市在质量月活动期间，联合市工会组织了“全市钳工技术比武大赛”；濮阳市技术监督局在濮阳电视台举办了技术监督法律法规电视知识竞赛；洛阳、郑州、漯河等地还结合实际，组织了专题质量理论培训。据不完全统计，在活动期间，全省各市地技术监督局共出动人员2万人次、宣传车9 000台次，发宣传品23万余件，设置宣传版面、板报近千件，接受群众咨询近10万余次，受理投诉近千起，现场处理约700起，组织销毁假冒伪劣商品标值约120万元。

【工业产品生产许可证管理】 1999年，河南省技术监督局根据国家质量技术监督局《关于进一步做好工业产品生产许可证管理工作的通知》要求，认真做好有关接管工作。一是组织了对全省近2 000家涉及工业产品生产许可证的生产企业调查摸底，就企业所在地，产品品种、规格型号，生产设备、检测设备状况，企业法人及企业基本情况等进行了逐一登记。二是组建了许可证审核员队伍，征聘各行业专家参加省工业产品生产许可证审核工作。三是做好许可证发证、补证工作。全年受理全省企业申报工业产品生产许可证，机械产品69家；轻工产品11家；建材产品28家；建设行业产品9家；49家冷轧带肋钢筋生产企业申报许可证，43家通过审核验收；化工产品71家，25家被国家批准。四是加强工业产品生产许可证法规宣传，举办了全省劳动防护产品、冷轧带肋钢筋等4个生产许可证实施细则的宣贯培训班，全省130家企业、近300人次参加了培训，并组织了对全省32家劳动防护产品生产企业的换证审核验收。五是制定建立了《河南省工业产品生产许可证廉政制度》，增强许可证工作的透明度，主动接受企业监督。据不完全统计，自6月份实施以来，已收到全省许可证受审核企业反馈的"工业产品生产许可证廉政信息反馈表"125份，企业反映良好。六是组织制定了《河南省工业产品生产许可证管理办法》，进一步规范许可证工作程序。

【河南省质量管理小组成果发表会】 1999年8月2～6日，河南省经贸委、总工会、科协、省技术监督局和团省委在洛阳召开了"一九九九年度河南省质量管理小组成果发表会"。全省共有156个企业QC小组、约540人参加了会议。会上评比产生了13个"国优QC小组"和11个"省优QC小组"。会议得到了各级领导的高度重视，张涛副省长委托省政府办公厅曹国营副主任到会致词，省人大、省经贸委、省总工会、省团委领导、洛阳市委、市政府、市人大和省技术监督局有关领导出席会议并讲话。

2．监督执法与"打假"工作

【国家监督抽查情况】 1999年，国家质量技术监督局在全国范围内监督抽查了7 131家企业的204类8 345种产品，合格6 562种，抽样合格率为78.6%，其中抽取我省302家企业的93类367种产品，合格296种，抽样合格率为80.7%，高于全国平均合格率2.1个百分点。

【省监督抽查、跟踪检查】 1999年，河南省技术监督局在生产领域共安排抽查了878家企业生产的68类1 023种产品，经检验合格821种，抽样合格率为80.3%。跟踪检查了121类195种产品，合格187种，抽样合格率为95.8%。

【产品质量定检】 1999年，河南省技术监督局对全省2 508家企业生产的100类3 041种产品，实施了省产品质量定期监督检查，合格2 489种，合格率81.8%。较1998年提高1.4个百分点，全省质量定检合格率呈稳中有升的态势。大、中、小型企业合格率分别为95.2%、93.6%和80.3%，私营企业合格率72.3%，乡镇企业合格率75.5%。检查表明，小型私营企业仍然是制约全省产品质量总体水平提高的关键。经对受检企业调查，按规定逐批检验出厂的占59.8%。不按规定检验的占35.1%，根本不检验的占5.1%。

【市场商品监督抽查】 1999年，河南省技术监督局针对人民群众消费热点及时令性商品，加大了市场监督检查力度。全年共抽查728批次，合格455批次，合格率为62.5%。

(1)"3·15"专项检查：为配合国际消费者权益保护日，"3·15"前夕，集中部署了对小麦粉、燃料油、液化石油气钢瓶和农用拖拉机、柴油机等市场商品的质量监督检查。其中抽取小麦粉166批次，合格65批次，合格率为39.16%；抽取燃料油30批次，合格20批次，合格率为66.67%；抽取液化石油气钢瓶11批次，合格8批次，合格率为72.73%；农用拖拉机、柴油机整改复查13批次，合格13批次，合格率100%。

(2) 农资产品专项检查：针对农民反映农药及联合收割机质量问题强烈，在春耕期间安排了小麦用农药的市场监督抽查，抽取样品59批次，合格48批次，合格率为81.36%；在夏收期间安排了联合收割机的市场监督抽查，抽取样品14批次，合格11批次，合格率为75%。

(3) 儿童用品专项检查：为保护广大少年儿童的合法权益，组织开展了语言复读机、水果冻和玩具等儿童用品市场监督抽查。抽取语言复读机20批次，合格7批次，合格率为35%；抽取玩具38批次，合格24批次，合格率为63%；抽取水果冻12批次，合格9批次，合格率为75%。

(4) 夏季用品专项检查：共安排对气雾杀虫剂、电热蚊香片、盘式蚊香、矿泉水、纯净水等5种商品的市场监督抽查。其中抽取气雾杀虫剂12批次，合格11批次，合格率91.67%；抽取电热蚊香片7批次，合格6批次，合格率85.71%；抽取盘式蚊香6批次，合格5批次，合格率83.33%；抽取纯净水21批次，合格17批次，合格率80.95%；抽取矿泉水28批次，合格16批次，合格率57.14%。

(5) 国庆节专项检查：国庆前夕，对与人民群众日常生活密切相关的铝合金型材、插头插座、干电池、节能灯和玻璃等5种商品进行了市场监督抽查，抽取铝合金型材42批次，合格26批次，合格率61.9%；抽取插头插座49批次，合格21批次，合格率42.86%；抽取干电池30批次，合格16批次，合格率53.33%；抽取节能灯31批次，合格5批次，合格率16.13%；抽取玻璃样品27批次，合格12批次，合格率44.44%。

(6) 月饼专项检查：中秋节前夕，为使消费者吃上质量优良的月饼，省技术监督局安排月饼专项检查，共抽查月饼142批次，合格124批次，合格率87.32%。

【游乐设施安全质量大检查】 1999年，河南省技术监督局按照国家质量技术监督等六部委要求，与建设厅、团省委、省妇联、省少工委共同组织了对游乐场所在用的游乐设施安全质量大检查，重点检查载人的、危险性较大的在用游乐设施。检查中，对全省在用游乐设施的安装时间、取得生产许可证情况、设施名称及安全状况进行了登记备案，对无生产许可证和责令停止运营、予以报废的游乐设施列出名单予以通报，责令报废游乐设施9台。

【小麦粉市场整顿】 1999年，河南省技术监督局针对群众对小麦粉质量问题突出的反映，确定小麦粉为年度重点整顿商品之一。各级技术监督部门把小麦粉质量整顿作为一项利民工程，在全省范围内开展了专项整顿，得到了当地政府的支持和广大群众的称赞。整顿期间，共检查小麦粉生产企业和经销部门4 623家，抽查检验2 324批次，合格1 320批次，合格率56.79%。

【专业市场整顿】 1999年，全省专业市场质量治理整顿工作有了新的突破，安阳、周口、许昌等市地局结合当地实际，研究探讨专业市场任务治理整顿的新方法、新思路。并在实践中得到验证和发展。12月30～31日，省技术监督局在安阳市召开了全省专业市场质量整顿现场会，交流经验，有力地推动专业市场质量整顿工作向纵深发展。

【监督抽查后处理工作】 1999年，省技术监督局依据国家、省有关法律、法规、规章的规定，对1998年3、4季度和1999年1、2季度国家监督抽查和省监督抽查不合格产品生产企业进行了整顿。国家监督抽查不合格产品的51家企业经过认真整改，除5家企业的7种产品(其中4种产品是条码不合格)已停止生产和1家企业(河南省牧荣饲料有限公司)的2种产品因连续两次监督抽查不合格，已致函省工商局，建议吊销其营业执照外，其余45家企业的47种产品质量整改复查合格率为100%，企业整改复查率为100%。对省监督抽查的182种不合格产品的生产企业进行整改复查，除63家企业因关、转、停无法复查外，对109家企业的118种产品进行整改复查，检验质量合格112种，合格率为94.9%，企业整改复查率为100%。同时，省技术监督局认真贯彻朱镕基总理“铁腕抓质量”的指示精神，严格落实监督检查后处理5项制度。及时公布监督检查结果，对105家质量问题严重或拒检的企业进行了曝光；对连续两次省、国家监督检查不合格的4家企业，建议撤销厂长(经理)职务的3家，建议吊销营业执照的1家；先后2次向有关市地政府通报监督抽查情况，对区域性、行业性质量问题，及时建议开展整顿，召开质量分析会，做到检查一类产品，整顿一个行业，促进一类产品质量提高。

【打假治劣工作】 1999年，河南省技术监督局根据国家局的安排部署，在全省深入开展了以净化市场为重点的“三大战役”集中行动。各级技术监督部门在当地政府的大力支持和有关执法部门、新闻单位的积极协同下，采取有效措施，加大市场监督和执法打假力度。据统计，自1998年12月下旬至1999年6月中旬，在历时近6个月的三大战役集中行动中，全省共出动执法人员178 290人次，查处各种违法案件16 175起，查获假冒伪劣商品标值17 735.77万元，检查专业市场2 499个、专业商业街631条、商业门店54 068家；查处销售假冒伪劣商品的商店8 265家、摊点5 340个；端掉制造假冒伪劣商品窝点954个，查办大案要案150起，移送司法机关处理的案件37起，严厉打击了制售假冒伪劣商品违法行为。

在“三大战役”中，全省各级技术监督部门还分别对两节市场上的白酒、食用油、室内加热器、熟肉制品和小麦粉等5种重点食(商)品，对种子、化肥、农药、农膜、饲料、农机及其零配件、农用运输车及其零配件等9种重点农资产品以及对水泥、钢筋、砖瓦、装饰材料、涂料、钢铝门窗、建筑用电器、防水材料、消防器具等9种重点建材商品的质量进行了抽样检验，其平均合格率分别为77.55%、79.26%和65.31%，并对679套商品房屋销售面积进行了计量监督检查，缺面积房屋占检查房屋总数的24.59%，与此同时，还在全省范围内对食品市场、螺纹钢、水泥等行业进行了专项治理和整顿，有效地净化和规范了市场。同时，全省技术监督系统打假保优工作成效显著，有效地维护了名优产品生产后的合法权益和市场秩序。确定公布了“打假保优”125计划的第三批重点保护名优产品名单。先后为新乡锦锈有限公司等企业联手召开“打假保优”现场会、举办名优烟酒真假鉴别培训班；在全省查处假冒洛阳北方易初摩托车2 920辆，货值350万元，使该公司产销率达到116%；查获假冒“金雀”牌电度表48 500只，货值达370万元，为企业挽回损失近2 000万元，巩固市场占有率30%以上。组织协调严厉打击假冒安振牌振动器的违法行为，使安阳振动器有限公司产销率达到113%，销售收入比1998年同期提高27.8%。新乡市技术监督局与新乡市电池厂联手开展打假保优活动，使企业产品市场占有率由38%提高到60%。通过打假保优活动，促进了名优产品企业的发展。据不完全统计，全省技术监督部门在打假保优活动中，共出动执法人员4.2万人次，查处假冒名优产品标值达1.39亿元。

3. 标准化工作

【采用国际标准和国外先进标准】 1999年，河南省技术监督局继续加大“采标”工作力度，采用国际标准和国外先进标准工作方面取得显著成绩。全年全省共完成产品采标确认231项，涉及冶金、建材、电工电子、机械、化工、轻工、医疗等行业，并对其中114项产品完成了采标标志备案工作。

【企事业单位代码发放工作】 1999年，河南省推行代码证电子副本工作成绩显著。截止1999年底完成发放代码证电子副本100 575个。同时，按照《河南省组织机构代码管理办法》的有关规定，首次全面实施代码年检制度，保证代码数据库的完整性、及时性和准确性。

【食品标签监督检查】 1999年，全省技术监督系统执法人员对食品标签进行了监督检查。共检查生产企业3 588个，其中国营企业402个，集体企业1 054个，个体企业2 055个，三资企业77个，受检产品7 273个品种，标签合格6 547个，合格率为90.01%；共检查经销部门13 123个，其中国营企业765个，一般食品店2 789个，批发市场457个，个体摊店3 859个，旅游宾馆饭店253个，受检产品25 547个，标签合格22 540个，标签合格率为88.62%。重点检查了进口食品、礼品盒包装食品、保健品、净化水、碳酸饮料、白酒、冷冻方便食品、冷冻水产品和肉制品、馒头、包装熟肉制品10类产品，共22 946个品种，合格20 065个，重点检查10类产品的平均合格率为87.44%。1999年食品标签检查品种是1998年的2.12倍，标签合格率提高了4.65个百分点。

【化妆品标签检查情况】 1999年，全省技术监督系统执法人员对化妆品标签进行了监督检查，全省共检查化妆品企业36个，其中国营企业8个，集团企业21个，个体企业2个，三资企业5个，受检产品164个，标签合格数152个，标签合格率92.68%；共检查经销部门3 084个，其中国营商场341个，化妆品批发市场190个，化妆品一般零售商场955个，个体摊店1 558个，受检产品14 416种，标签合格12 500个，合格率为86.7%；共检查标签14 580个，合格12 652个，标签合格率为86.77%。1999年化妆品标签检查品种是1998年的1.62倍，标签合格率提高了4.1个百分点。

【农业标准化工作】 1999年，河南省农业标准工作取得了阶段性成果。国家质量技术监督局安排6个农业标准化示范区，省局在全省确定的10个农业标准化示范项目。

国家质量技术监督局确定的6个农业标准化项目是：唐河县黄牛标准化示范区、永城市百万亩小麦标准化示范区、扶沟县一麦两玉米吨粮田建设标准化示范区、延津县花生标准化示范区、平舆县白芝麻标准化示范区、新郑市大枣标准化示范区。

【烟叶国家标准的监督检查工作】 1999年,省技术监督局根据国家质量技术监督局、国家烟草局的部署,继续对烟叶国家标准实施情况进行监督检查。共组织了3次全省性检查,对南阳、平顶山、许昌、漯河、驻马店、周口、商丘、信阳、三门峡、洛阳、郑州、济源等12个市、地的烟叶收购质量进行检查,共抽查49个县(市)141个烟叶收购站(点)和41个县烤烟厂(或烟叶仓库)560个级次,27 140把烟叶,其中合格22 341把,合格率82.3%。截止11月11日,全省共收购烤烟154 685.3吨,其中上等烟48 861.5吨,占总量的31.6%;中等烟77 196.9吨,占总量的49.9%。

【"依法治理无标生产"工作】 1999年,全省"依法治理无标生产"工作取得了显著成绩,又有26个县(市、区)完成了"依法治理无标生产"工作,并分别通过了国家质量技术监督局和省技术监督局的验收。对通过验收的26个县(市、区)的工业企业作了普查,并建立了较详细的企业产品档案;对5 050个企业生产的8 440个产品进行了执行标准和质量检验的查对、咨询和登记;帮助企业查询标准4 592个,制定标准662个,协助3 280个企业的产品按标准组织生产和检验;产品执行标准覆盖率由整改前的53.1%提高到98.6%。

1999年,驻马店市、太康县通过了国家质量技术监督局的验收,被授予"全国消灭无标生产县"的称号,通过省技术监督局验收合格的24个县(市、区)有:洛阳市:孟津县、栾川县、洛宁县、西工区、吉利区;新乡市:原阳县、封丘县、北站区;安阳市:郊区、北关区;南阳市:南召县、西峡县、桐柏县、卧龙区、宛城区;三门峡市:陕县、湖滨区;商丘市:夏邑县、虞城县;许昌市:魏都区;周口地区:扶沟县、商水县、鹿邑县;驻马店地区:平舆县。

【"国旗"国家标准监督检查】 1999年,省技术监督局为确保全省庆祝建国50周年活动使用国旗质量,开展了"国旗"国家标准及生产、销售、悬挂情况的监督检查,严禁不合格国旗的生产、销售。据对郑州市等7个市地统计,共检查国旗销售点20个,销售国旗220 368面,合格率为98%;检查升挂国旗单位8 719个,合格率为93%。

4. 计量工作

【计量技术机构建设】 1999年,全省技术监督部门加大了设备的投入,计量技术机构建设有了较大发展。全年共受理计量标准考核285项,完成222项,其中新建设计量标准102项。对10个法定计量机构进行抽查考核,其中国家法定计量技术机构7家,授权计量技术机构3家。制定地方计量检定规程12项。

【计量监督】 1999年,河南省技术监督局加大了计量监督力度。对医疗卫生单位使用强制检定计量器具情况进行了专项检查,全省共检查市级医院149家、县级医院372家、乡镇级医院443家、社会办医222家,共计1 186家,检查计量器具14 466台(件),有效检定证书10 635台(件),计量器具受检率74%。对用于贸易结算的电能计量器具进行监督检查,抽查的136块在用单、三相电能表,37块超出允许误差,不合格率为27%。围绕近几年消费者反映强烈的定量包装商品、商品房销售面积"缺斤短两"等热点问题,在1999年"3·15"期间,选择了10种定量包装商品和商品房销售面积进行监督检查,抽查结果在中央电视台"3·15"晚会上公布,引起社会上反响。组织了对全省100家年产值100万元以上的定量包装商品生产企业进行了定量包装商品计量专项检查,共检查定量包装商品237批次,其中合格184批次,不合格53批次,合格率为72%;涉及不合格产品企业29家,占抽查企业总数的28.7%;从分类情况看,方便面、啤酒、白酒的计量不合格率较高,分虽达37%、70%和42%。对制造计量器具和在用计量器具开展了管理和监督检查,对全省404家制造修理计量器具企业进行了年审,合格296家,合格率为73.3%,整改12家,占3.0%;由于停产、转产或不参加年审及有严重违法违规需吊销、撤销制造计量器具许可证的77家,占19.0%。全省修理计量器具参加年审的企业9家,全部合格,占2.2%。全年办理计量器具许可证51家(其中复查换证8家),申请样机试验单位91家,发放样机试验合格证71家。同时,根据国家质量技术监督局、国家税务总局的安排,燃油加油机在加装税控装置之前,对加油站燃油加油机进行了专项计量普查。全省共检查加油站379个,加油机1 895台,发现破坏计量器具准确度的加油站125个,加油机457台。

【计量认证】 1999年,河南省技术监督局完成大中型企业完善计量检测体系确认4家。完成中小型企业开展计量合格确认250家。加强了质检实验室和社会公正行站计量认证工程,全年共有200余个单位申报计量认证(包括计量认证复查),186家通过评审。社会公正计量行(站)计量认证16家。其中:房屋面积类9家,称重1家,金银饰品2家,眼镜2家,定量包装2家。

5. 认证工作

【质量认证】 1999年,河南省技术监督局积极开展质量认证工作,取得了显著成效。中国方圆标志认证委员会河南审核中心通过了中国方圆标志认证委员会的现场审核。全年全省共有146家企业通过了质量体系认证,212种产品通过了产品质量认证。截止1999年底,全省已累计有402家企业通过质量体系认证,167家企业的735种产品通过产品质量认证。

【质量认证咨询】 1999年,河南省技术监督局根据国家质量技术监督局《质量认证咨询机构管理办法》,对全省的质量认证咨询机构进行备案登记,规范全省质量认证咨询市场。河南九州质量认证咨询有限公司通过了审核,并报国家质量技术监督局和CRBA备案。1999年,中州质量认证咨询中心与40家企业签定了委托咨询协议,已对37家企业开展了认证咨询工作。

【质量认证教育培训】 1999年,河南省技术监督局认真做好质量认证教育培训工作。一是举办企业内部质量体系审核员培训班19期,培训内审员506人。二是举办国家注册质量体系审核员预备知识培训班1期,45人获得CRBA培训合格证书。三是与国家质量认证培训中心联合举办国家注册质量体系审核员培训班1期,经CRBA考试,14人获得国家注册质量体系审核员注册咨询。截止1999年底我省已累计有注册审核员156人。同时,省技术监督局全年共受理省内企业内部质量体系审核员注册申请476人，经河南省内审员注册资格评定委员会评定270人获得内审员注册证书。

6. 宣传工作

【中州质量行】 '99中州质量行活动重点对郑州、开封、安阳、许昌4市专业批发市场、食品市场、拒检企业等进行了采访报道，进一步扩大了质量监督的社会效果。中州质量行还开展了山东行活动，对河南省11家名优企业和部分产品进行了广泛的宣传。

三、技术监督机构简况

【河南省技术监督局内设机构】 河南省技术监督局内设机构有：办公室、综合计划科学技术处（同时挂河南省防伪产品办公室牌子）、人事教育处、政策法规宣传处、质量处（同时挂河南省工业产品生产许可证办公室牌子）、监督管理处、标准化处、计量处、质量认证处、稽查处（同时挂河南省人民政府“打假”办公室牌子）；设有机关党委、纪检监察室，行政编制为83人。

【直属机构】 河南省技术监督局直属机构有：河南省计量测试研究所、河南省产品质量监督检验所（同时挂国家建筑装修材料质量监督检验中心牌子）、河南省纤维检验局、河南省技术监督情报研究所、河南省技术监督培训中心、质量时报社。

【学会协会】 挂靠在河南省技术监督局单位有：河南省计量协会、河南省标准化协会、河南省质量管理协会、河南省质量检验协会、河南省计量测试学会、河南省中州质量认证咨询中心、中国方圆认证委员会河南省审核中心、河南省质量认证培训中心。

【市（地）县级机构】 截止1999年底，全省共有18个市（地）、108个县（市）、29个市辖区设置了技术监督局。全省质量技术监督系统共有各类技术检验机构267个。

撰稿人　采连斌

审稿人　孙银辉

湖北省质量技术监督工作

一、概　　述

全省质量技术监督系统深入贯彻落实党的十五大和十五届三中、四中全会精神，以邓小平质量思想为指导，围绕经济建设中心，以全面推进质量振兴为主线，坚持用铁腕抓质量，在“三讲”教育推动下，坚持管理体制改革与业务工作、物质文明建设与精神文明建设两个“两手抓”，全年工作呈现新特点。一是统筹全局抓大事。在工作任务十分繁重的情况下，注意正确处理好各项工作关系，始终坚持两个“两手抓”，把“三讲”教育当作头等大事，管理体制改革作为突出的重点工作抓，业务工作照常抓，将全年工作紧张有序、积极稳妥地向前推进。二是服务经济求实效。紧紧围绕各级政府抓经济工作的重大部署，根据本部门的职能，充分发挥主动性和创造性，在服务经济建设的结合点上求得新的突破，打开了工作局面，增强了工作实效。三是突出重点带全盘。坚持以点带面的工作方法，既在全面履行职能上下功夫，又突出抓好牵动全局的重点工作，收到良好的效果。四是着眼长远促发展。本着立足当前、着眼长远的指导思想，以对历史负责的精神，努力规划好全省系统改革的大计，力求为事业的长远发展打下坚实的基础。五是纠建并举树形象。坚持纠建并举、以建为主的工作方针，积极推进行风建设的标本兼治，以树立良好的部门形象。

在加强质量、标准化和计量业务工作的同时，突出抓了以下几项牵动全局的重点工作：

一是以“三讲”教育为契机，大力加强领导班子建设。在省委和各市州党委的领导下，省和大部分市州局深入开展“三讲”教育。省市两级局领导班子和处以上干部通过认真学习我们党三代领导核心的论著，进一步提高了思想认识；继承和发扬党的优良传统，以开门整风的精神，多渠道听取群众意见，召开民主生活会开展批评与自我批评，查找领导班子及成员在党性党风方面存在的突出问题，深刻分析原因，制定明确的整改措施。省局在“三讲”期间即着手边整边改，在整改阶段又制定了《关于党组会的议事规则》等10项制度，用以保证整改措施的落实。通过“三讲”教育，大家普遍感到受到一次深刻的马克思主义思想教育，增强了领导班子的凝聚力和战斗力，并决心以狠抓整改的实际行动巩固和扩大“三讲”成果。

二是积极推进全省质量技术监督管理体制改革。按照党中央、国务院关于省以下质量技术监督系统实行垂直管理的决策，全系统在省政府领导下积极稳妥地推进这一改革。国务院8号文下发后，省局即与省组织、编制、财政、人事等部门密切配合，下文重申有关改革纪律，对全系统的编制、人员、经费、固定资产等情况开展调查摸底，广泛征求基层局意见，学习借鉴兄弟省市局的经验，着手起草实施方案，为改革的实施打下基础。省政府于去年4月12日和7月7日两次召开省长办公会，听取省局的工作汇报，批准了改革实施方案，就全省质量技术监督系统的机构设置、人员编制、经费管理、条件建设等重大问题进行研究，作出若干重要决定。9月，省政府召开全省质量技术监督管理体制改革工作会议，全面部署有关工作，省领导为省质量技术监督局揭牌。省局根据会议精神和有关文件的规定，研究制定接收方案，组织专班赴市州进行交接，并召开市州局长会议，布置对县局的接收工作。1999年2月14日省长办公会又听取省局关于交接工作的情况汇报，并对若干问题作出明确指示。目前，已完成对11个市州、神农架林区及其部分共30个事业单位以及30个县(市)局的交接工作，全系统正在逐步实现向垂直管理新体制的过渡。

三是加快技术机构改革和发展。首先，内部管理得到加强。省局先后对11家市级(含直管市)法定计量技术机构进行抽查，组织对4家县级质检机构的咨询服务和考核，全省累计已有34家县级质检机构通过考核验收。省计量院通过中国实验室国家认可委员会组织的现场评审，内部管理逐步与国际接轨。其次，检测技术条件逐步改善。各级技术机构在资金十分困难的情况下，积极争取政府和有关部门的支持，并通过内部集资、借款和利用有限的积累等方式，完善检测、检验技术手段，改善环境条件，增强技术实力。为促进事业的长远发展，省局已按省政府的要求，在深入调研、反复论证的基础上，制定了3年技术装备计划，已报省政府，待批准后实施。第三，各项改革稳步推进。不少技术机构采取竞争上岗、优化组合、推行责任制管理、工资与工作业绩挂钩等方式，引入竞争机制，深化劳动、人事、分配制度改革，较好地调动了干部职工的积极性。第四，工作领域不断拓宽。一些技术机构努力适应社会主义市场经济的要求，主动面向经济建设，探索发展的新路子。省质检所去年完成委托检验和技术鉴定660批次，比1998年增长183%；宜昌市计量所、质检所抓住三峡工程建设的机遇，积极为三峡建设服务，全年服务创收均超过百万元。

四是狠抓行业作风建设，重点开展基层窗口单位的行风整顿。年初，召开全省系统纪检监察工作会议，全面部署行风整顿工作，省局制定下发具体实施意见，并通过调查研究、检查指导的方式促进工作的开展。截至去年8月底，全省16个市州、直管市和65个县(市)局的323个计量、质检、纤检、执法等窗口单位以及省局4个直属事业单位如期完成行风整顿，在增强服务意识、加强内部管理、规范执法行为、改善部门形象等方面取得明显成效；涌现了一些先进单位及个人，创造和积累了宝贵的经验。不少地方质量技术监督局在当地人大、政府组织的评议中被评为先进单位或名列前茅。

二、质量技术监督工作

1. 质量管理工作

【推进质量振兴】 全省系统狠抓《湖北省质量振兴实

施计划》的学习、宣传和贯彻，共印发《实施计划》和宣传材料数千份，运用各种形式广泛宣传质量技术监督法律法规，并在“3·15”、“质量月”期间开展集中宣传，使实施质量振兴逐步成为各地方、各部门、广大企业和全社会的共识和自觉行动。目前，全省16个市州、县市和10个主要行业以及一批大中型骨干企业都结合实际制定了质量振兴实施计划，并在实施中取得可喜成绩。仙桃、枣阳市和仙桃市通海口镇的质量振兴试点，在当地政府的领导和质量技术监督等部门的指导、帮助下，不断深入推进，积累了新的经验。

【实施精品名牌战略】 省确认办对列入计划的产品从标准水平、实物质量水平、质量保证体系和用户评价4个环节组织严格确认，经省政府正式确认，武汉康桥保健品发展有限公司生产的田田牌珍珠口服液等36项产品被评为湖北省第三批精品名牌产品，全省精品名牌产品已达163项，初步形成湖北的精品名牌产品群。同时加大对省精品名牌产品的宣传力度。省确认办在湖北卫视台和利用武汉黄金地段电子屏幕组织开展对湖北精品名牌产品的系列宣传活动，并完成名牌产品上网前的资料准备工作，促进了“爱我湖北、用我名牌”热潮的形成。

【联系点企业工作】 省局总结近年来抓联系点企业工作的经验，本着以下原则对联系点企业进行调整：一是以提高和巩固国有大中型企业质量管理水平为核心，以加大对乡镇企业的质量教育培训和推行先进质量管理方法为重点，逐步向个体和私营企业延伸；二是紧紧围绕省政府确定的四大支柱产业和十大主导产品开展工作；三是把部分服务和工程建筑企业纳入联系点企业范围内。为更好掌握联系点企业的质量管理和经营情况，实行联系点企业每季度经济质量指标报表制度，定期进行统计分析，为政府决策提供一手资料。将联系点企业工作同实施精品名牌战略结合起来，加强对联系点企业的咨询服务，帮助其采用水平对比法找出自身的优势和不足，明确企业的奋斗目标。各地各行业也加大了联系点企业工作力度。宜昌市局在抓好省联系点企业的同时，又确定市、县局的联系点企业，对不同层次的企业进行分类指导；孝感市局对联系点企业的质量管理人员进行集中教育培训；省乡镇企业管理局采取抓样板企业的方式，狠抓企业的基础工作，全年有42家企业达到“样板企业”标准；省监狱管理局积极帮助企业进行市场模拟，通过提高产品质量来扩大市场占有率。通过各方共同努力，全省联系点企业质量管理和产品质量水平明显提高，涌现出一批行业排头兵，这些企业全年产品等级品率为97.26%，其中优等品产值率为35.95%；工业产品销售率为102.45%。

【生产许可证管理】 省长蒋祝平以第164号省长令颁布《湖北省工业产品生产许可证管理办法》，使全省生产许可证工作纳入法制管理轨道。全省系统通过各种形式加强对《办法》的宣传贯彻；省局制定《湖北省工业产品生产许可证审查人员管理办法》、《湖北省工业产品生产许可证取证企业必备条件评分细则》等规范性文件，经报省政府批准，下发首批《湖北省工业产品生产许可证发证产品目录》共10项，使全省生产许可证申报、审核、上报工作逐步规范化，省局全年有重点地组织开展了建材、建设、机械、石化、交通、电力等9个行业176家企业的换发证工作，并继续对棉花加工企业实施临时生产许可证管理，共有237家企业通过审核并已发证。同时，加大对无证产品和无证生产企业的查处力度，“六一”节前，组织对全省主要游乐场所的游乐设施进行安全质量大检查，防止了事故隐患。

【全面质量管理】 为纪念我国推行全面质量管理20周年，全省系统开展形式多样的活动，推动这一工作在我省的开展。全国第21次质量管理小组代表会议在武汉召开，全国各地包括台湾、香港的近800名代表参加，全省共有75个小组被评为全国优秀QC小组，8个班组被评为质量信得过班组。在全国“纪念推行全面质量管理20周年大会”上，湖北省1名同志被评为卓越质量管理领导者，12名同志被评为优秀质量管理推进者，25名同志被评为优秀质量管理工作者，8家企业被评为推进全面质量管理先进企业。湖北省也组织也对全省质量管理先进工作者和质量效益型先进企业的表彰和评选活动，张世端等92名同志被省政府授予湖北省质量管理先进工作者称号，共有22家企业被评为全省质量效益型先进企业。同时，全面质量管理知识教育和培训不断深入，全省共有3 800多名企业职工接受TQC知识教育，3 500多名企业管理人员和职工接受ISO 9000系列标准培训，550多名大中型企业管理人员接受IS0 14000系列知识培训。为推广普及TQC基础知识，省局组织全省首届TQC知识大奖赛，评出一等奖一名，二等奖二名，三等奖三名。QC小组活动进一步深入开展，全年全省注册的QC小组达到1.74万个，创直接可计算经济效益8.36亿元。

2．监督执法与“打假”工作

【产品质量监督】 在生产领域，国家监督抽查湖北省229家企业的266批次产品，抽样合格率78.6%，与全国平均水平持平；省定期监督检查317家企业的332批次产品，抽样合格率98.5%，比1998年提高3.2个百分点；各市州（含直管市、林区）定期监督检查3 118家企业的4 183批次产品，抽样合格率92.8%，比1998年上升3.2个百分点；同时，对饲料、电线、啤酒、啤酒瓶等重要产品组织了专项监督检查。针对不合格企业的质量问题，狠抓督促整改，共有43种产品的生产企业通过整改后的复查验收。在流通领域，组织对两种商品的监督检查。一是珠宝饰品，共检查24个品牌、341批次，合格率69.8%，比1998年上升24.2个百分点；二是声频功率放大器，共检查49个品种，74批次，合格率35.14%。同时，开展对陈化粮品质的检验工作，对全省的陈化粮进行调查摸底，推荐并经国家局批准公布一批检验机构，全省共受理陈化粮检验1 500多批次，近5亿千克。

【开展“两小”整治】 1999年初，湖北省技术监督局针对全省建筑钢筋产品统检合格率偏低的状况，向国家质量技术监督局、省委、省政府报送了专题《情况反映》，引起国务院和省领导的高度重视，朱镕基总理在国家局转报的《情况反映》上对湖北省委、省政府主要负责人作出“这可是百年大计”的重要批示，省委书记贾志杰、省长蒋祝平、副省长周坚卫也多次作出重要批示。省政府研究决定，在全省开展对小钢厂、小水泥厂的综合质量整治工作，省政府成立以周坚卫副省长任组长的综合整治领导小组，其办公室设在省质量技术监督局。各级质量技术监督部门也承担了当地“两小”整治办的工作，在各级政府领导下，充分发挥组织协调作用，与冶金、建材，乡镇企业等主管部门密切配合，经过宣传动员、调查摸底、监督检查、整改复查等几个阶段的工作，取得初步成效。全省共有中小水泥厂531家，其中应关闭的350家，现已关闭258家，占应关闭数的73.7%；已关闭企业年生产能力近300万吨，涉及企业人数9 834人。全省共有小钢厂223家，其中应关闭的183家，现已关闭146家，占应关闭总数的79.8%；已关闭企业年炼钢能力35万吨，轧材能力60万吨，涉及企业人数4 742人。通过“两小”整治，为国有大中型企业的生产、销售营造了良好的外部环境，净化了市场，有效控制了环境污染，有力促进了全省钢铁、水泥行业的结构调整，受到国家局和省政府领导的高度赞扬。

【狠抓“三大战役”】 全省系统广泛开展“查市场、保两节”、“查农资、保春耕”、“查建材、保建设”“三大战役”，每一战役都集中部署，集中行动，形成强大的声势，全系统共出动执法人员23 000余人次，抽查各类商品35 000余批次，计量器具11 000余台(件)，查处假冒伪劣商品标值总额3 287余万元，捣毁制假售假窝点196个，立案查处1 000余起，移送司法机关27起。同时，还在防汛抗洪期间和国庆五十周年前夕组织专项执法“打假”活动，查获大量假冒伪劣商品，捣毁一批制假售假窝点，维护了市场的繁荣稳定。

【棉花质量监督】 为适应深化棉花流通体制改革的新形势，全省纤检系统克服困难，扎实工作，争取我省11家棉纺企业列入全国首批实行棉花质量公证检验的试点，并召开全省专业纤检机构棉花公证检验现场会，正式启动这一工作。同时根据中纤局的要求，分赴武汉永红、荆州沙市、襄樊余家湖及黄梅小池4个国家储备棉库，组织实施储备棉公证检验。全年累计完成经营性棉花的公证检验7.34万吨；完成储备棉的公证检验1.02万吨，促进了全省棉花市场的稳定发展。

【实施综合执法】 鉴于目前省局执法机构、编制不到位，专职执法人员缺乏的现状，省局1999年初召开局长办公会，形成关于综合执法办案问题的会议纪要，提出“四个合法”(即执法主体、执法资格、执法程序、案件管辖合法)和“五个统一”(即统一组织领导、立案、审理、查处、收支管理)的工作原则，依靠各直属事业单位和公安部门的大力支持，充实执法力量，扩大案源，打开工作局面，查处了一批大要案，如查处假冒电取暖器和炉具案标值金额400多万元；查处长春一信用社以抵债方式兜售给省证券公司的伪劣奥迪车案，标值金额1千余万元。

【拓宽执法领域】 在狠抓产品质量执法“打假”的同时，全省系统依据法律法规赋予本部门的职能，加大标准化、计量等方面的行政执法力度。突出抓了以商品量为重点的计量监督检查，全年检查商品33 903批次和用于贸易结算的计量器具8万多台(件)，没收劣质计量器具1 496台(件)，处罚违法经销单位1 461家。对部分餐馆缺量严重、出租车计价器作弊、医疗卫生强检计量器具不按周期检定、商品房面积缺量等问题进行重点调查和处理。根据省政府107号令和《湖北省商品条码管理办法》，开展对组织机构代码和商品条码的执法工作，促进了“两码”工作的发展。全省纤检系统对省内18所大中专院校购入的棉絮质量进行执法检查，取得良好的社会效益，共监督抽查63批次，涉及20余家生产企业，对查出的问题作了严肃处理，省教委和各高校十分重视，发文要求今后凡购入棉絮必须有省纤检所的检验证书。同时，省纤检所对棉花经营企业执行棉花标准的情况实施检查，共检查荆州、荆门、天门、京山、汉南等棉花公司的棉花70.75万吨，涉及违法收入100余万元。

3. 标准化工作

【消灭无标生产】 省政府《关于进一步加强我省消灭无标生产工作的意见》出台后，全省消灭无标生产工作进一步得到加强。武汉市将这项工作列入政府二级工作目标，许多县(市、区)政府均成立专班，有的还拨出专款。全年共有45个县(市、区)通过检查验收，全省实现消灭无标生产的县(市、区)累计已达73个，其他县(市、区)也全面启动。为巩固消灭无标生产工作成果，省局加强动态管理，对全省已验收合格的28个县(市、区)中的13个进行抽查，抽查面达到45%；组织力量研究开发出《湖北省标准化管理系统》软件，健全标准信息服务网，并通过举办培训班等形式提高标准化工作人员素质，促进消灭无标生产的开展。

【采标工作】 全省系统加大采标工作的宣传力度，促使许多企业转变思想，提高认识，自觉加强采标工作，湖北乐凯集团等10家采标企业在《中国质量报》联合祝贺第22届ISO大会的召开，扩大了采标产品的知名度。同时，省局狠抓国家级重点新产品的申报工作，我省有3个产品获国家重点新产品称号，并得到贷款贴息。通过努力，全年共完成采标产品172项，使用采标标志48项。

【农业标准化工作】 全省系统围绕调整和优化农村产业结构，积极开展农业标准化工作。一是加强农业标准化示范区建设。第二批“水产养殖”、“高背银鲫”、“银杏”、“脐橙”4个国家农业标准化示范项目，按“计划任务书”要求稳步推进，示范面积达16 000公顷左右，基本达到年度工作目标。二是加强农业地方标准的制、修订和实施监督工作。完成16项省农业地方标准的制修订；开展棉花、烟叶两项实物标准的仿制工作，对农业标准执行情况进行监督检查，省局与省烟草专卖局组成联合检查组，抽查8个县(市)中心仓库的近20个收购站(组)以及7个烟厂，结果表明，烟叶标准等级合格率平均在75%左右，对存在问题要求有关单位认真整改。三是为落实粮食实行优质优价的政策，省局组织省农业厅、省粮食局有关专家开展对优质稻米的认定工作，初步确定认定工作的标准、条件及规范化的工作程序，共认定2个优质早籼稻品种。

【标准信息工作】 经过大量前期调研和技术准备，国家局和省政府批准省局在全省推行组织机构代码集成电路卡副本制度，使全省代码IC卡及其配套网络建设获得突破，省局制定全省代码IC卡工作程序和实施规范，加强制度建设，并就代码IC卡在金融系统的应用与有关方面进行协调，目前已制发卡11 255个。代码IC卡的推行促进和带动了组织机构代码工作的发展，全省颁发和换发代码证书已达44 475个，并在金融、税务等领域得到应用。商品条码工作也取得新进展，全年新发展系统成员207家，续展120家，又有3 500余种商品使用条码标识。

4. 计量工作

【强制检定工作】 全省系统围绕提高强检计量器具的受检率，努力加强强检计量器具管理。一是经省政府批准，发布《湖北省实施强制检定的计量器具目录》，对新纳入《中华人民共和国强制检定工作计量器具目录》的4项5种工作计量器具进行认真安排，保证强检工作落实到位。二是开展全省强检计量器具的调查摸底，初步摸清全省在用强检计量器具的底数和受检情况，为采取有针对性的措施和利用微机管理创造了条件。三是狠抓强检计量器具的年审备案工作，对80个市州县万余家企事业单位的在用强检计量器具进行年审备案。四是为落实贸易结算用电能表的强检职能，省局与省电力公司联合下发《关于开展对全省电能表和互感器计量标准装置进行监督检查的通知》，对电能表开展授权检定情况进行全面检查，较好地理顺了电能表的量传关系。五是根据国家燃油费税改革的精神以及国家质量技监局和国家税务总局的要求，省局与省国税局联合下发《湖北省加油机税控装置安装工作方案》，将加油机税控装置的选型、安装、检定纳入规范管理轨道。

【计量器具监督管理】 针对一些地方存在的计量器具产品质量不高、许可证考核把关不严、无证生产较普遍等问题，省局依据有关法规、规章，对全省制造计量器具评审员重新进行培训、考核和聘任；对全省生产列入国家《首批重点管理计量器具目录》的电能表、水表、煤气表、衡器、加油机和出租车计价器等6种计量器具的75家企业，进行重新考核发证，已考核24家，有16家经考核合格重新颁发制造计量器具许可证，有8家被限期整改，另有44家不具备生产条件或未按规定申请的企业，将吊销其制造计量器具许可证。同时，加强对进口计量器具的监督管理，已对5家企业销售的3种20台(件)进口计量器具实施省级检定，并对1家未进行省级检定的销售企业依法进行了查处。

【计量认证】 为规范计量认证工作，省局转发国家局《关于进一步规范计量认证工作的通知》，并召开行业评审组组长会议，统一评审要求，针对当前计量认证工作以复查换证为主的特点，进一步改进和完善考评方式，着重规范复查考评工作，派监督员加强对各评审组考评工作的监督，严肃考评纪律，对3个评审组的14份不规范的评审报告要求其重新填写。加大对检测机构的监督检查力度，省计量认证办公室统一下达对92家检测机构的监督检查计划，对逾期不申请复查换证和计量认证监督检查不合格的11家机构注销了计量认证合格证，并对部分未进行计量认证或逾期不进行计量认证复检的检测机构依法进行处罚，全年共完成217家检测机构的计量认证(含复查换证)考核。

【企业计量管理】 全省系统按照社会主义市场经济的要求，切实将职能转到指导、协调、监督、服务上来，对企业计量工作实行分类指导和服务。对大型企业，根据“加强管理，保证质量，控制数量，重在示范”的原则，指导其依据GB/T 19022.1标准，完善计量检测体系，对609所、丹江口水力发电厂进行完善计量检测体系考核确认，协助中国有色评审组对大冶有色金属公司进行考核评审。对中小型企业，根据国家局和国家经贸委制定的《关于加强中小企业计量工作的意见》，结合实际，提出工作目标和具体措施，并对377家中小型企业进行计量合格确认。

5. 认证工作

截至1999年11月30日，全省有297家企业获质量体系认证证书，居全国第12位；有126家企业获497张产品质量认证证书，居全国第15位；全省现有311名国家注册质量体系审核员，居全国第8位。为提高质量认证工作的有效性，省局狠抓网络、队伍和机构建设。通过广泛宣传、动员，促进各地在质量认证的组织落实(领导、机构、人员落实)和工作落实(每地推动3～5家企业认证)上下功夫，逐步形成全省系统质量认证网络。通过培训，培养和壮大了企业内审员和国家注册审核员队伍，全年共举办内审员培训班9期，考试合格286人，并由省质量认证人员注册委员会注册；举办国家注册审核员预备知识培训班2期，培训合格55人，正式培训班2期。中国方圆认证委员会湖北办事处工作进展顺利，向中国方圆认证委员会推荐并受其委托对11家企业进行现场审核；完成湖北省科技咨询服务中心质量认证咨询分部的备案工作。

撰稿人　邝　兵
审稿人　苏祥生

湖南省质量技术监督工作

一、概　　述

1999年，湖南省技术监督工作，以体制改革为动力，突出用铁腕抓质量，在提高质量，净化市场，加强技术基础，推进与国际接轨方面加大工作力度，各项工作取得新的成绩。

【精心组织，积极推进质量技术监督管理体制改革】 根据党中央、国务院改革质量技术监督管理体制，实行省以下质量技术监督垂直管理的决定，省委、省政府高度重视，自4月份以来，先后6次召开省长办公会，研究部署全省质量技术监督管理体制改革工作，批转省技术监督局改革总体方案，省委办公厅、省政府办公厅、省委组织部和人事、编制、财政等有关部门大力支持配合，相继发文发电，就干部管理、冻结机构和人员编制、搞好改革期间财物管理等事项作出明文规定，并进行大量的调查研究，澄清机构、人员、编制、财务等方面的底子，为全省质量技术监督管理体制改革做了前期准备。1999年，湖南省技术监督局更名为湖南省质量技术监督局，划为省政府直属机构；完成市、县两级领导干部的交接；从2000年1月1日起实施垂直管理新体制。

【以改革为动力，推动质量技术监督工作全面开展】 质量技术监督实行省以下垂直管理后，职能拓宽，任务加重，全省各级技术监督部门一手抓改革，一手抓工作，确保改革、工作两不误。一是加强质量管理，推进名牌战略。通过加强对创名牌工作的规划和指导，推动企业严格内部质量管理，滚动推进100家企业质量降损活动，加大生产许可证监督力度，推动企业质量认证等工作，全省质量工作水平有新提高。这年全省有118个产品获产品质量奖，120个产品被认定为湖南名牌产品，80家企业获质量体系认证证书，106个产品获产品质量认证证书。二是加强行政执法监督，打假治劣向纵深发展。全年国、省两级依法监督抽查省内1 473批次产品，国家平均抽样合格率为80%，省级平均抽样合格率为94.98%；市(州)县级抽查12 368家企业生产的13 020批次产品，平均抽样合格率为79.3%。在全省开展的“查市场、保两节”、“查农资、保春耕”、“查建材、保建设”的三大战役，组织严密，声势大，成效显著。全年，共受理案件17 484件，立案3 979件，结案3 868件，行政处罚13 214件，移送45件，法院强制执行254件，民事调解3 253件，查处假冒伪劣产(商)品标值19 294万元，销毁5 962.85万元，捣毁制(售)假窝点326个，团伙75个，涉案人员321人，整治市场438个。三是服务经济，标准化工作有效性进一步提高。全省制定省级农业标准41项、市级17项、县级99项；建立农业标准化示范区31个，全年农业标准化示范推广可新增产值2.5亿元；有73个县开展消灭无标生产工作，已验收的41个县标准覆盖率达95%以上；制定地方标准21项，完成采标标志60项，采标认可62项，对20项国家标准和地方标准实施监督检查；新颁发和换发代码证书3.5万个，发展中国商品条码系统成员350家。四是以法制计量为重点，计量工作进一步深化。强检计量器具23 907台(件)，工作计量器具988 861台(件)；测量商品房销售面积100万平方米；新建计量标准13项，其中11项用于强制检定；抽查计量器具产品6 409台(件)，合格率为92.8%；质检机构计量认证，考核发证140家，其中新认证46家；有2家企业获国家局颁发的《企业完善计量检测体系合格证书》，83家企业获计量合格确认证书；服务“金税”工程，加油机税控计量器、出租车税控计价器的安装已在全省相继铺开。五是非公有制企业技术监督工作全面启动。首次召开全省非公有制企业技术监督工作会议，制订实施细则，建立各级组织机构，开展调查摸底，结合非公有制企业的特点，在引导、规范、监督、服务上提高非公有制企业技术监督工作的有效性，使非公有制企业在加强管理，提高产品质量，消灭无标生产，推动质量认证，争创名牌产品等工作上取得新的成绩，成为我省经济发展中最具活力的新经济增长点。

【加强队伍建设，维护良好的行业形象】 一是加强思想作风建设。组织广大干部职工认真学习邓小平理论和中共十五届四中全会精神，揭批“法轮功”邪教，提高辨别是非能力，在思想上政治上同党中央保持一致。二是加强党风廉政建设。实行领导干部党风廉政建设责任制，加强体制改革中人事编制、财务经费、国有资产等的监督管理，清理“两边占房户”30户。全年共受理群众举报138件，已查处123件，处理党员干部35名，开除党籍、取销预备党员资格各1名，调离执法岗位、取消执法资格47人。三是抓行风整顿。严格执行“五公开”、“十不准”、收费许可证和企业交费登记卡、“收支两条线”等规定，严格清理收费、罚款票据，对违纪单位和人员进行严肃处理。全系统共聘请行风监督员1 200名。四是表彰先进。省局首次召开全省技术监督系统表彰大会，共表彰先进集体13个，先进个人27人，其中立一等功3人，立二等功12人。

二、质量技术监督工作

1. 质量管理工作

【实施名牌战备】 1999年，各级技术监督部门大力推进名牌战略，增大和扶持有条件的企业实施名牌战略，围绕结构调整和高新技术产业的发展，创立名牌产品，把握扩大内需的机遇，提高产品竞争能力和市场占有份额。各地、各部门认真抓创名牌规划的落实，加大带动和扶持的力度，促进企业以创名牌为龙头，推动企业整体素质的提高，这年，经企业申报，各市州、各有关部门审查推荐，评定出1999年湖南省产品质量奖118项，授予“湖南省产品质量奖”称号。在此基础上，认定120个产品(其中复评51个)为1999年度湖南名牌产品，授予“湖南名牌产品”称号，并颁发了证书和奖牌。

【生产许可证管理】 根据国家对生产许可证实行集中

统一管理的要求，省局加大对生产许可证的监督管理力度。一是健全全省生产许可证管理的各项规章，规范工程程序，系统抓好从申报发证到查处无证产品各个环节的工作，提高生产许可证工作的有效性；二是组成生产许可证审查中心的省级审查机构，承担国家委托发证审查任务；三是组织对涉及人身安全、生命健康及重大建设工程质量安全的重点产品生产许可证专项查处活动，禁止无证产品生产、销售和使用。四是认真做好热扎再生钢筋准产证的管理，治乱治差，做到规范有序。全年共办理临时生产许可证 139 张。

【企业内部质量管理】 以开展质量活动推动企业严格内部质量管理。一是深入开展全面质量管理及普及教育培训，着力提高广大劳动者的质量意识和管理素质。二是推动 QC 小组活动向纵深发展，评定并表彰了一批国优、省优 QC 小组先进集体和个人。三是联合有关部门组织以“创造高质量，迎接新世纪”为主题的质量月活动，召开了纪念推行全面质量管理 20 周年大会暨’99 湖南质量高层论坛。四是滚动推进 100 家企业的质量降损活动的开展，并取得良好成效。五是引导和指导企业采用 ISO 9000 标准，继续开展全面整顿企业质量管理工作。

2. 监督执法与“打假”工作

【产品质量监督检验】 1999 年，国家依法监督抽查湖南 128 种产品，其中 102 种合格，平均抽样合格率为 80.0%，较 1999 年度低 1.1 个百分点。省级定期检验，共抽查 1 345 家企业生产的 65 种产品 1 833 批次，经检验 1 741 批次合格，合格率为 94.98%，比 1999 年低 0.82 个百分点。市(州)县级共抽查 12 368 家企业生产的 13 020 批次产品，其中 9 986 家企业生产的 10 325 批次产品合格，抽样合格率 79.3%，较 1998 年提高 5.29 个百分点。

陈化粮鉴定检验工作开展顺利。全省 11 家质检机构与粮食部门合作逐步开展陈粮的抽样检验，共抽样送检陈化粮 1 200 多批次。此项工作受到国家局的好评，并在全国专题会议上介绍做法。

【行政执法与“打假”】 认真贯彻全国打假工作会议精神，在全省范围内积极开展打假维权活动，在实施“三大战役”的同时，积极组织与打假有关的活动。主要抓了 6 个方面工作：一是开展燃气具打假。根据国家局的部署，在省局领导亲自指挥，常德市政府、省、市公安部门的支持协作下，突出检查常德桥南市场，一天之内便端掉该市场销售假冒万家乐、万和、华帝、火王、迅达燃气灶具的窝点 5 个，共收缴假冒燃气灶具 390 台套，价值 9.93 万元。这次集中打假行动通过新闻媒体在全省报道反响强烈，基本遏制了假冒燃气灶具漫延的势头。二是组织连续监督检查。1999 年省局继续抓了室内加热器、石油液化气(含煤制气)、食用调和油 3 种在销商品的监督检查。食用调和油抽检 19 个企业 20 个样品，3 个样品不合格，合格率为 85%，比 1997 年提高 7.2%。液化石油气、煤制气抽检 25 个企业 25 个样品，5 个不合格，合格率为 80%。其中液化石油气合格率为 95%，1996 年消费者对液化石油气投诉不断，1998 年未接到一起投诉。室内加热器抽检 24 个企业 25 个样品，13 个合格，合格率为 52%，比 1996 年提高 22%。3 个商品市场监督抽查的主要问题：(1)煤制气抽样 5 个，仅 1 个合格。4 个不合格的样有 3 个是硫化氢超标，1 个超过标准 24.1 倍，1 个超过标准 23 倍。(2)近半数的室内加热器整体质量较差。三是重视打假协作。1999 年先后协助北京、江苏、广东、广西等省市区的技术监督部门或企业打假共 11 家，如 5 月，与上海市技术监督局联手查获邵东县生产上海市长寿刀具厂生产的“劳动牌”活动扳手的制假“窝点”，查缴加工半成品 68 000把，模具一块和大量包装箱、盒。查获假冒钱江五金工具厂“建新”牌活动扳手 420 余件和大量包装箱盒。四是组织对化肥产品质量专项检验。共检查 83 家生产、经销的化肥产品，其中 76 家合格，11 家不合格，抽样合格率 87.36%。对产品质量不合格企业省局会同省石化局依法进行处理；对抽查合格，产品质量稳定的 36 家企业通过新闻媒介公告，起到进一步规范全省化肥市场的作用。五是开展游乐设施大检查。共对设在公园或商店的 142 处游乐设施场所进行检查，被检查的设施基本建立了设备档案和质量保证登记卡。六是抓好“三重一大”(重点产品、重点市场、重点区域、大案要案)的整治查处工作。省局已安排邵东工业品市场等 6 个重点市场作为整治工作的重点。1999 年，全省技术监督部门共受理案件 17 484 件，其中立案查处3 979 件，已结案 3 968 件，行政处罚案件 13 214 件，移送案件 45 件，法院强制执行 254 件，民事调解 3 253 件，查处假冒伪劣产(商)品标值 19 294 万元，销毁 5 962.85 万元。捣毁制(售)假窝点 326 个，团伙 75 个，涉案人员 321 人，罚没金额 2 263.1 万元，整治市场 438 个。

【开展“三大战役”】 1～7 月，按照国家局的部署，在省政府的领导下，在全省开展“查市场、保两节”、“查农资、保春耕”、“查建材、保建设”的三大战役。

省局把打好“三大战役”作为工作重中之重，加强领导，周密部署，总体规则，分段实施。省局和 14 个市州局都成立了“三大战役”领导小组，确定邵东工业品、衡阳江东、常德桥南、长沙高桥、下河街、岳阳经济技术开发区 6 个市场为省级整治的重点，以此拉动整个战役的全面展开。许多市、州人大、政府领导带队亲临现场执法打假，各级技术监督部门集中优势兵力。全省共出动行政执法人员 24 733 人次，机动车辆 1 121 台次，检查生产企业 9 705 家，经销企业(含个体)11 278 家，重点批发市场 281 个，整顿集贸市场 178 个。共查获假冒伪劣、不合格产(商)品标值 3 526 万元，其中不合格猪油 1 654 桶，净重 297 720 千克，不合格种子 47 000千克，过期农药 10 940 件，不合格化肥 10 028 吨，劣质钢材 581 吨，劣质装饰材料 3 724 件，劣质涂料 2 311 千克，废品(安定期未到就出厂)水泥 5 218 吨、劣质安全网绳 5 800张，劣质建筑扣件 11 万余只。立案查处违法案件 1 690起，移送司法机关 22 起，捣毁制假售假窝点 166 个。

3. 标准化工作

【农业标准化工作】 农业标准化工作已在全省 14 个市(州)全面推开，并取得可喜成绩。一是各级政府进一步加强对农业标准化工作的领导。继 1998 年，又有娄底市和 7 个县(市区)成立农业标准化领导小组，成立领导小组的总数市级 4 个，县(市区)级 33 个。这些县(市区)的主管县长亲自挂帅，技术监督、农业、林业、烟草、气象等部门密切配合，切实开展了农业标准化工作。全省已开展农业标准化工作的县(市区)已达40个。二是制定农业标准,转化科技成果。到1999年底,全省制定省级农业标准41项、市级17项、县级99项。其中《优质稻品种》、《优质大米》、《优质稻稻谷》等地方标准,以及配套制定的优质稻稻谷、优质大米标样,对优化湖南省的种植结构,推动湖南省农产品升级换代起到积极作用,也为国家制定相关标准提供了重要的依据和参考。这些农业标准和技术规范,促进了农业科技成果的转化和农产品产量和质量的提高,推动了农业产业化的发展。三是加强农业标准的示范、推广。到1999年底,全省农业标准化示范区达31个,示范面积28.65万公顷。邵阳市积极推进种子标准化,使用良种面积占耕种面积总数的95%以上,开展百万亩双季稻规范化栽培,平均单产提高50～60千克,每年新增产值8 700多万元。全市杂交玉米规范化栽培面积达2.7万公顷,单产3 630千克/公顷,比常规栽培高1 500千克/公顷,竹市、石江、洞口三镇单产460.5千克,缓解了全市玉米供应短缺的矛盾,节约外购资金3.2亿元,农民增收8 000多万元。据初步统计,全省农业标准化示范推广,可新增产值2.5亿元。

【消灭无标生产】 1999年初,省局下发了《关于1999年全面推动消灭无标生产工作的补充意见》,并将消灭无标生产列为全年技术监督工作重点任务之一,纳入目标管理。消灭无标生产工作已基本在全省各市、县(市、区)全面展开,列入各县(市、区)党委、政府、人大等的议事日程,成为调整产业结构,狠抓质量、品种、效益的重要举措。

消灭无标生产工作的重点主要集中在乡镇企业和私营个体企业。针对这些企业技术水平相对偏低,整体素质较差,标准化工作开展难度较大的问题,全省各级技术监督部门加大消灭无标生产工作的力度。主要抓了以下几个方面工作:一是争取各级政府给予更进一步的重视与支持;二是全省上下开展对消灭无标生产的宣传活动,企业的标准意识和质量意识得到广泛提高;三是调查摸底,登记建档,对无标生产企业进行标准化指导服务,提供标准信息,协助企业制定标准;四是进行督促检查。督促企业按标准组织生产,对产品进行严格的出厂检验。通过以上工作,全省开展消灭无标生产工作的县已达73个,占70%,已验收的县达41个,占43%。开展消灭无标生产工作的县,其标准覆盖率大大提高,已验收的县达95%以上。消灭无标生产工作,促进了全省产品质量整体水平的提高。

【标准制定与宣传贯彻】 省局制修订地方标准21项(制定19项,修订2项),至1999年底累计425项,其中强制性标准39项,推荐性标准386项。地方标准制修订工作,注重转化科技成果,服务经济建设;规范市场秩序,坚持扶优治劣;引导市场消费,促进扩大内需;建立技术基础,加强宏观管理。制定的地方标准《ZQ气溶胶自动灭火装置配置设计规范》,省消防总队已要求在全省使用。ZQ气溶胶灭火,无大气污染,不需要装置钢瓶、管道、阀门,是一种新型环保型自动灭火产品。《生活污水净化沼气池标准图集》则推广了变废为宝的环保能源技术。《资源综合利用建材产品掺废渣检测鉴定方法》对节约奖励的认定,做出了基本规定,将推动我省资源综合利用工作的开展。高新技术信息产业领域,在制定的DB43/117.1—1998《建筑与建筑群智能化系统验收标准第一部分:综合布线验收标准》的基础上,1999年又会同省建委、政府信息办等有关部门组织部分高校,设计院所及一部分有代表性的企业,起草制定了《建筑物与建筑群智能化系统验收标准　第二部分:综合布线系统设计规范》,为确保全省信息输入网络建设的质量打下坚实的基础。此外,正在着手起草的《石门银峰》、《石门银针》茶叶标准,将是湖南省首次以地域命名的产品标准。

在标准宣贯方面,一年来省局先后会同省政府办公厅、省二轻工业集团总公司,召集全省国旗定点生产企业举办了《国旗》新国标宣贯会。会同省粮食局举办了全省技术监督系统、粮食系统200人参加的省地方标准《优质稻稻谷》、《优质稻品种》、《优质大米》、《关于对陈化粮鉴定的暂行规定》的宣贯会。省局还在长沙高新技术开发区举办了长沙市高新技术产业开发区第一期标准化学习班,有远大空调、三一重工、创智软件等60多家企业派员参加学习。至1999年底,有60多家企业制定70多个企业产品标准,并进行严格的审查备案,对提高高新区企业的管理水平,促进产业的发展起到了积极作用。全年各市(州)技术监督局开展各类重要标准宣贯班51期,计2 000人次,宣贯内容涉及到综合布线、产品使用说明书、国旗、优质稻米系列、陈化粮、种子标签、饲料标签、家具标牌标识等标准。此外,还采取标准发布会和到大型企业上门办班授课等形式宣贯标准。

【采用国际标准】 全省完成采标标志60项,采标认可62项。主要工业产品采标率为49%,产值采标率为29.5%。高新技术产业的采标率提高较快,有色行业的采标率达到90%;建材行业达75.5%;冶金行业达56%。有11项产品获国家重点采标新产品证书。

一批采标程度高的企业,取得显著的经济效益。株洲冶炼厂多年来对采标工作常抓不懈,全厂批量生产的20个产品品种,采标的达16种,采标率达80%,占全厂工业产值的91%,该厂每年创汇2.3亿元以上,是湖南境内企业中的创汇大户。长沙远大空调公司产品几乎全部按国际标准和国外先进标准组织生产,产品占全国直燃式中央空调机市场份额的80%,并逐步打入国际市场,目前该公司承担了国家有关标准的起草任务。湖南海利化工公司的好安威、残杀威等产品,严格按世界卫生组织(WHO)的标准研制生产,填补了我国农药产品的一项空白,成为世界卫生组织推荐的一种高效、广谱的优良杀虫剂。两项产品均被评为国家重点新产品。

【标准实施及监督】 全省各市(州)重点开展了《烤烟》、《国旗》、《种子标签》、《饲料标签》等20项国家标准、地方标准的实施监督检查工作。《烤烟》一直是湖南省标准实施监督检查的重点,加大了监督检查的力度,采取在各收购站点巡回检查,深入到烟厂仓库检查,通过努力,我省1999年的烟草等级合格率达到75%。浏阳市、张家界市的工作受到国家有关部门的表扬;江华、江永、龙山、花垣、安化等县的等级合格率高于全省平均水平。《种子标签》接受检查企业达100多家,合格率较以前有较大提高。食品标签检查企业300多家,300多个品种,合格率达95%以上。常德市局组织对武陵区粮油公司等5个单位的4.1万吨陈化粮进行食味品评、等级评定工作,加强陈化粮去向的管理,有力地支持和促进了当地粮食流通体制的改革工作，全年办理企业采标备案 3 293 项。

【组织机构代码和商品条码】 全省组织机构代码工作，实行目标管理责任制，按照国家中心的部署，确保全省代码工作正常运行。1999 年，新增、变更数据 3.5 万个。至 1999 年底，全省组织机构代码数据库的代码数据量已达 25 万。工作中，抓代码工作质量，把消灭重名重码贯穿于代码工作的各个环节；抓规范管理，制定质量手册，全面实现质量保证体系管理制度，使代码工作纳入规范管理的轨道；抓全省代码信息网络管理系统建设，9 月，与国家代码中心联网，实现网上传递数据；抓提高代码工作人员素质，推行上岗证制度，全省 140 名代码工作人员经考试合格后获上岗证。

积极推广商品条码应用。1999 年，发展条码系统成员 350 家，超额 125.8%完成国家中心下达的任务，是历年发展最多的一年。完成国家中心下达的续展 145 家，续展率为 65.3%。共采集 200 余家系统成员的条码商品信息 1 142 条，并已输入全国性条码商品信息系统中，为实现网上交易创造了条件。抓市场条码质量检查，对国家中心通报的 28 家企业在条码使用中存在的问题，发出书面通知，落实整改措施。

此外，全年收集国内标准文献 2 160 件，其中国家标准 1 300 件，行业标准 960 件；为用户提供标准 7 000 余件；发行标准文献 35 万码洋，较 1998 年增加 40%。

4. 计量工作

【商品量计量监督】 商品量计量监督工作进一步深化。一是以市场商品量为主要内容的计量抽查工作继续进行。全省结合对《商品量计量违法行为处罚规定》的宣贯，借助“三大战役”，对与农业及人民生活密切相关的商品组织广泛的抽查。二是加强对定量包装生产企业的跟踪抽查。列入跟踪抽查的企业共 153 家，经帮助整改合格的占跟踪企业的 45%。据对长沙友谊集团、通程集团等 13 家大型商贸企业开展自查活动后定量商品的抽查，其合格率达 96%。三是把商品房销售面积计量监督工作作为商品量监督的重点。全年共检测商品房销售面积约 100 方平方米。据衡阳、湘潭、永州三市统计，全年共受理商品房投诉 91 起，检测商品房面积 51 万平方米，为消费者挽回经济损失 336 万元。为加大此项工作的力度，省局在年初全省工作会上提出了明确要求，并在宁乡召开专题研讨会；湘潭、衡阳、永州、郴州、长沙、益阳、株洲等市先后组织对《商品房销售面积测量与计算》计量技术规范和《商品房销售面积计量监督管理办法》的宣贯，向社会散发宣传材料数万份，通过电视广播、报刊专栏、新闻发布、咨询服务等方式，唤起消费者自我保护意识。湘潭、衡阳、株洲还根据国家局和省局安排，配合中央电视台生活栏目制作了电视专题片。四是商品量公正计量行(站)的建设稳步发展。根据国家局关于规范管理社会计量中介服务机构的精神，通过对原有公正计量站进行清理整顿，截止 1999 年底，湖南省各类计量公正行(站)共 21 家，其中房屋面积 14 家，称重 6 家，黄金检测 4 家，其他 2 家。计量认证 7 家。五是商品量执法监督的力度有了加强。全省在作好商品量监督检查的同时，其立案查处力度明显加强。查处的重点是利用加油机作弊少油、商品房面积少量、电能表计量不准三大类。

【税控装置推广使用】 加油机税控计量器、出租车税控计价器的推广使用，是各级政府领导十分重视，为国家财政增收的重点工作。1999 年，省政府办公厅多次召开协调会并发文，各市(州)领导亲自动员，各级技术监督部门积极组织，在试点的基础上相继铺开。一是加油机税控计量器的安装工作全面铺开。根据省政府办公厅转发的《关于推广使用加油机税控计量器意见》的通知，湖南省加油机税控计量器安装工作在国税、消防等部门及湘计算机公司的配合下，在湘潭市、长沙市局试点安装取得经验的基础上，已在全省除张家界市外的 13 个市州全面开始安装，至 1999 年底，已对 180 个加油站 1 000 多台加油机安装完毕。全省分三批培训 75 名上岗人员，并制定安装操作工作程序，严格执行各市安装前必须经省组织的综合验收合格。据湘潭市初步统计，在 107 国道上 65 个加油站安装的 371 台加油机，若按加油量计征收税到位，全市该项税收全年较以往可增长近 800 万元。此项工作成为率先全国面上推广使用加油机税控计量器的省。二是出租车税控计价器的安装推广工作逐步展开。按照省政府关于出租汽车计价器安装工作的要求，计价器的安装在地税、公安交警、出租车管理等部门的支持下，在长沙市试点工作基础上，已相继在全省逐步推开。长沙市为部署推广工作，成立了专门领导小组，组织 10 多名技术骨干，冒着酷暑坚持在安装现场，截至 1999 年底已完成安装 3 千多台。株洲、岳阳、衡阳等市也相继开始安装工作。

【量传管理】 为使量传管理工作适用市场经济条件下对量值传递的要求，主要做了 3 个方面的工作。一是严格计量标准考核。对社会公用计量标准复查不合格而继续使用的坚决勒令停止量传，并需按新标准申请重新考核合格后才能授权开展量传；对计量标准复查中发现计量标准器有缺少连续检定证书的也一律按新标准重新申请考核，省局已对 3 个单位 6 项社会公用标准作出重新申请考核处罚，目前，社会公用标准超周期使用现象已得到有效遏制。此外，省局结合全省建立标准考核工作的实际，制发《计量标准考核及管理实用工作指南》，并在长沙召开“全省计量标准研讨会”，使全省各级计量标准考核工作正常进行。二是加强量传工作质量检查。对计量检定中不按检定规程要求开展检定或非法量传现象予以纠正。省局对湘西自治州计量所电能表检定过程中的不规范行为进行通报，并再次重申量传“三禁止”原则，促进了全省各级法定计量技术机构的量传工作。三是对计量人员组织专业培训。省局先后两次对市、州从事计量标准考核管理和法定计量技术机构、省直部门计量管理专(兼)干以及大型企业量传管理骨干组织业务培训，宣贯《计量标准考核及管理实用工作指南》，推广使用《计量标准管理系统》，重点学习 JJF1059—1998《测量不确定度的评定和表示》。至 1999 年底，全省建立在政府技术监督部门的社会公用计量标准 1 527 台(套)，授权建立的社会公用计量标准 378 台(套)。

【强制检定】 全省各级技术监督部门强检计量器具 23 907 台(件)，工作计量器具 988 861 台(件)。强检工作的重点是：一是开展对强制检定计量器具的摸底调查。按照国家局调整强检器具为59项116种的范围，全省又组织一次广泛的调查摸底工作。据统计，我省强检工作计量器具有50项95种。二是提高强检项目覆盖率。市级新建计量标准13项，有11项用于强制检定。特别是张家界、岳阳市与计生委联合发文对B超实施强检，张家界、郴州市与邮电联合发文开展对电话计费器的检定工作，使检定难点相继突破。各市实现对眼镜验光、汽车里程表、煤气表、电能表等开拓性项目的检定工作。自治州对心脑电图检定装置进行改造，满足了新规程的要求。三是继续开展对住宅用“三表”实施首轮强检，并取得好的效果。四是加强对强检计量器具监督检查。衡阳市组织执法检查组地毯式对15家医院进行检查，并对27种1 288台医用计量器具进行强检，受检率达95%。娄底市局与卫生部门共同对全市12家县、市医院实施监督检查，其在用强检器具受检率仅75%，合格率65%，据此，他们将检查结果通报全市。永州市还对拒绝接受强检的市职防所和三人民医院实施行政处罚，维护依法强检的权威性。五是抓强检备案核查。通过连续3年开展这一强检管理措施，使受审单位强检计量器具的受检更加稳定，促进了强制检定工作的到位。

【计量器具产品管理】 计最器具产品质量监督管理，是全省各级技术监督部门一项重要工作。1999年主要做了3个方面的工作：一是按照《中华人民共和国进口计量器具监督管理办法实施细则》的要求，对销售使用进口计量器具单位进行自查及监督检查工作。常德市通过对18家281台(件)进口计量器具的检查，初步掌握本地进口计量器具的基本情况，宣贯进口计量器具的法制要求，开辟了计量器具管理的新领域。二是组织对新颁布的《制造、修理计量器具许可证监督管理办法》的宣贯。全省各市、州技术监督局和80多个计量器具生产企业代表参加学习，并按新《办法》的要求分级完成《制造计量器具许可证》和《修理计量器具许可证》的换发证工作，使制造计量器具的发证管理按新办法的要求得以规范。这年，全省共有41个单位75种计量器具新产品经检测合格，取得省局颁发的计量器具新产品样机试验合格证书；有37个单位60种计量器具新产品经生产考核合格，颁发制造计量器具许可证；有25个单位49种计量器具产品的许可证有效期满后，经产品质量考核和生产条件复查合格，换发新的制造计量器具许可证。三是加强对国家重点计量器具监管市场销售计量器具产品质量抽查工作。全省共抽查电能表、水表、衡器等26种计量器具6 409台(件)，合格的5 949台(件)，合格率92.8%。其中本省产品4 256台(件)，合格的3 967台(件)，合格率93.2%；外省产品2 153台(件)，合格的1 982台(件)，合格率为92.1%。各市在做好产品抽查的同时，对不合格产品生企业产实施帮促，对无证生产企业给予行政处罚。

【企业计量工作】 1999年，以加强对企业计量工作的分类指导，依法自主管理的原则开展工作。一是继续对计量管理基础好的大中型企业做好企业完善计量检测体系的宣传工作，对经过完善体系评定的企业加强自审工作的指导。上半年省局上门为通过国家质量技术监督局审批发证的长沙水泵厂、湖南省变电修试安装公司颁发《企业完善计量检测体系合格证书》。并对我省具备一定条件的长炼、岳阳造纸厂等大型企业开展走访宣传，鼓励企业在计量管理方面积极采用先进标准，创造条件争取尽早建立完善的计量检测体系。二是继续开展对中、小企业计量合格确认工作。全年共有83家企业获得计量合格确认证书。怀化市在开展计量合格确认工作中，注意对非公有制企业的宣传，在全年完成的8家确认企业中非公有制企业就有5家。三是加强与企业联系，主动服务。组织全省6家计量器具生产企业20余种计量器具产品，参加因家计量协会在深训举办的“99中国计量检测技术与设备展览会”。娄底市局针对169、冷水江钢铁总厂近年来放松计量管理，检定人员下岗，技术档案丢失等情况，多次做厂领导的工作，促使企业招回下岗的检定员，拨款增添标准器具，加强计量数据管理，使计量工作恢复到原来的水平。

5. 认证工作

【质量认证】 全省质量认证工作取得较大进展。1999年，通过ISO 9000标准质量体系认证的企业80家，获证书80张；通过产品质量认证的企业29家，获证书106张。截至1999年底，全省通过质量体系认证企业累计179家，产品质量认证企业105家获证书388张。在省局备案的9家认证咨询机构，均发挥较好作用，经过其咨询的企业大都通过认证。通过广泛的宣传发动，越来越多的企业认识到开展质量认证工作的重要性，一方面对外能提供具有质量保证能力的证据，增强企业市场竞争能力，更重要的是使企业建立健全了文件化的质量保证体系，使企业整体管理水平跃上一个新台阶。

【质检机构计量认证】 质检机构计量认证工作在巩固原有成绩的基础上，根据国家局要求，强化规范管理，紧紧围绕“准确、可靠、公正”开展工作，在提高有效性上做文章。全年考核发证单位140家，其中新认证46家，社会计量公正行(站)7家。主要工作情况是：一是继续实施计量认证年度核查，提高计量认证监督管理的有效性。1999年初，省局发文部署对所有认证机构全面实施年度核查制度，各市、州根据省局要求，或发文或集中学习，提高了监督管理的有效性。永州市组织对全市58家、株州市对全市54家单位进行年审核查，核查面均达100%。二是强化法制要求，严格规范管理，进一步提高检测水平。针对全省在基桩动测计量认证及检测市场存在的问题，省局在严格现场操作考核的同时，重点规范检测报告的格式、内容，进一步明确检测工作质保体系有效运行的要求，并对市场存在的问题、弊端提出整改意见，取得较好的效果；长沙市局对长沙市城建科研所、省基础工程公司科研所试验室不诚实检测出具虚假报告问题组织取证查处等做法，促进了质检水平的不断提高。三是行业认证工作继续稳步进行。水质认证工作，严格建站条件考核，使全省水质检测机构的建设有很大改观。四是全省交警汽车检测站认证工作取得突破。已和省交警总队达成共识，从2000年开始统一对全省交警汽车检测站实施计量认证工作。

6. 法制工作

【法制建设】 1999年，技术监督法制工作取得新的进展，代省政府起草《湖南省组织机构代码管理办法》，完善

《湖南省标准管理办法》,28次参加有关部门立法征求意见会议,对维护质量技术监督部门的职能、职责起到一定作用。省局直接办理大要案报批59起,书面答复26份,处理全省性重大执法纠纷10起,认真贯彻《行政复议法》,全省共办理行政复议案件20起,其中撤回申请9起,维持7起,撤销2起,变更2起。提取行政诉讼29起,其中撤诉20起,维持6起,撤销2起,变更1起。全省大部分市州局对所辖县级局进行全面执法监督检查,促进了全系统执法水平的提高。质最技术监督"三五"普法函授教育培训开展顺利,参加培训人员达万余人。加强本系统职工教育,办教育培训班231期,7 578人次参加学习。

三、省、地(市)机构简况

截止1999年底,全省技术监督行政机构108个,其中省级1个,市(州)级14个,县(市区)级93个;事业机构65个,其中省级5个,市(州)级60个。全省技术监督部门共有在职职工6 157人,其中行政机构人员2 052人,占33.33%,事业机构人员4 105人,占66.67%。省级344人,占5.58%,市(州)级1 788人,占29.04%,县(市区)级4 025人,占65.37%。公务员1 717人,占在职职工总数的27.88%。固定资产14 478.88万元。

省技术监督局内设10个处(室):办公室、计划科技处、法规宣教处、人事处、监督管理处、质量处、标准化处、计量处、认证办、综合协调处,另设机关党委、纪检。下属事业单位有:湖南省产品质量检验所、湖南省计量测试技术研究所、湖南省纤维检验所、湖南省技术监督情报所、湖南省计量仪器仪表试验所。

全省14个市(州)、并有93个县(市区)设有技术监督机构。

四、专　　文

【李传卿局长赴湘督察】 1月21日至25日,国家质量技术监督局李传卿局长一行4人来湖南视察,并督查调研"三大战役"实施情况。受到省委副书记、代省长储波、省委副书记郑培民、副省长郑茂清、省政协副主席陈彰嘉、省经贸委主任陈德铨等领导同志的亲切会见。省政府副秘书长邹育文全程陪同。

在湘期间,李局长一行到省技术监督局看望局机关干部职工,并在职工大会上作重要讲话;听取省技术监督局局长杨学金近几年来全省技术监督工作情况和"三大战役"实施情况的汇报;召开长沙等4市、炎陵等5县局局长座谈会;先后到长沙、湘潭、韶山、岳阳、湘阴等地视察。在当地党政领导的陪同下,考察了国防科技大学计算机研究所、湖南计算机股份有限公司、长沙市机动车税控计价器安装点、长沙三湘大市场、湘潭电机集团有限公司。

在听取省局工作汇报后,李局长概括为5点经验:突出中心,占领阵地;执法开路,全面推进;规范行为,优化形象;发展自己,提供支撑;上下一心,团结拼搏。并指出,这也是全国技术监督部门共同的体会和经验。

李局长强调,这几年湖南和全国一样,技术监督工作和事业得到很大的发展,取得显著的成绩,得益于党中央、国务院以及各级党委、政府关注质量,对技术监督工作高度重视;得益于各有关部门的大力支持和配合;得益于技术监督战线广大干部职工团结一致,奋力拼搏。要求各级技术监督部门要发扬成绩,乘胜而上,指出:质量责任重于泰山。今后的任务更艰巨,担子更重。在新的形势下要有所作为,就得用铁腕抓质量。要把工作目标放在促进"一个提高",创造"两个环境"上,即促进产品质量、工程质量、服务质量的全面提高,创造企业优胜劣汰、公平竞争的环境,创造老百姓放心满意的购物环境。还要求各级技术监督部门要正确认识质量技术监督管理体制改革的意义,把思想统一到党中央、国务院的正确决策上来,积极投身改革,迎难而上,做好管理体制改革的各项工作。

在湘潭、韶山视察时,李局长欣然为技术监督部门题词共勉;在视察受灾严重的湘阴县时,李局长代表国家局向夺取抗洪救灾斗争胜利作出重大贡献的灾区技术监督部门广大干部职工表示亲切的慰问。

撰稿人　李忠孝

广东省质量技术监督工作

一、概　述

1999年,全省质量技术监督系统认真贯彻落实党的十五大、十五届三中全会和省第八次党代会精神,按照年初全省技术监督工作会议的安排,高举邓小平理论伟大旗帜,进一步统一思想、坚定信心,抓住机遇、知难而进,紧紧围绕经济建设这一主线,扎扎实实地做好质量技术监督工作,突出用铁腕抓质量,加大执法力度,加快自身改革发展,以提高全省经济发展的整体质量水平和建立统一开放、竞争有序的社会主义大市场为总体目标,加强标准化、计量、质量基础工作,做好监督管理和服务引导,全系统综合管理和行政执法水平得到提高,质量技术监督事业取得新的进步和发展。

【"三讲"教育】 按照中央和省委的统一部署,1998年7月～9月,省局机关以整风精神认真开展了"三讲"教育,取得了较好的效果,达到了预期的目的。省局党组严格按照中央和省委的各项要求,突出讲政治这个核心,紧密联系实际,解决党性党风方面存在的突出问题。"三讲"中,各市局提出了很多很中肯的意见和建议,加上省局机关和其他有关方面,省局党组共收到意见和建议408条。这些意见和建议充分体现了大家对省局的关心和爱护,体现了对做好全省质量技术监督工作的殷切期望。经过认真研究,省局党组找出党性党风方面存在的4个突出问题:一是对党的路线方针政策的理解和贯彻上认识水平还不够高、领导能力还不够强,工作中存在片面性;二是民主集中制贯彻执行得不够好,领导班子成员之间有时工作不够协调;三是在作风建设上,工作不够深入扎实,工作方法比较粗糙,坚持群众观念和走群众路线的自觉性还不够高;四是在思想观念和精神状态上存在"小进则满"的情绪,缺乏干大事业、求大发展的魄力,缺乏不断改革创新,开拓进取的锐气。局党组针对这些突出问题,结合质量技术监督的实际,制定了整改方案,决心在今后的工作中,切切实实在以下6个方面下功夫;一是加强领导干部学习和各级干部教育培训,提高领导能力和全省质量技术监督干部队伍整体素质;二是进一步加强民主集中制建设,提高决策民主化和科学化水平;三是加强调查研究,改革工作作风;四是加强精神文明建设和行风、党风廉政建设,真正做到"两手抓,两手都要硬";五是关心群众生活,切实解决好关系群众切身利益的问题;六是转变机关职能,提高机关工作效率。通过"三讲"教育,省局领导班子和领导干部增强了加强学习,提高自身素质的紧迫感,进一步提高了在政治上与中央保持高度一致和全面贯彻党的路线方针政策的自觉性,表示要更加坚定共产主义信念,增强对质量技术监督事业跨世纪发展的责任感和使用感,坚持全心全意为人民服务的宗旨,以新的精神面貌投身工作,把全省质量技术监督事业发展到一个新的阶段。

按照中共中央关于共产党员不准修炼"法轮大法"的有关通知精神,我们结合"三讲"教育,组织局机关和直属单位全体党员集中时间开展学习教育和揭批"法轮功"邪教组织的活动,使大家认清了法轮功的政治本质和严重危害,认识到解决法轮功问题的斗争是一场严肃的政治思想斗争,关系到党和国家的前途和命运,中央果断处理这一问题,非常及时、完全正确。通过学习教育,进一步统一了干部、职工的思想认识,增强了政治敏锐性和政治鉴别力,提高了在改造客观世界的同时改造主观世界的自觉性。

【机构改革】 在省委、省政府的领导和有关部门的支持下,全省质量技术监督系统管理体制改革进展比较顺利。9月21日,省政府召开了全省质量技术监督管理体制改革工作会议,对管理体制改革工作进行了全面部署。省局会同省编办和财政厅,完成了核实全省质量技术监督系统现有机构、人员编制、国有资产、财政经费供应渠道、收支状况工作。目前,全省各市、县(除广州市外)已完成质量技术监督局垂直管理交接工作,各市、县质量技术监督局正式对外办公、挂了新牌子,其他各项工作进展顺利。按照省委、省政府的部署,省、市、县三级质量技术监督局机构改革准备工作正在抓紧进行。

二、质量技术监督工作

1．监督执法与"打假"工作

【黄、红牌警示】 为全面落实中央领导对质量工作作出的一系列重要批示和全国质量监督工作会议的要求,在总结经验和广泛征求意见的基础上,6月份,省局发出了《关于进一步加大质量监督工作力度的意见》,公布了《广东省质量监督重点产品目录》,对产品质量监督抽查不合格企业首次实行黄、红牌警示,监督的力度得到切实加强,产品不合格生产企业整改到位率大幅度提高。

【加大后处理力度】 1999年1～3季度,国家监督抽查我省企业524家,产品79类580批次,合格率为75.5%,比1998年同期提高2.7个百分点:全年在生产领域共对1 694家企业的22类1 965批次产品进行了省级定期监督检验,抽样合格率为77.1%。在流通领域,1～3季度共对市场上1 040家经销商店销售的17类1 285批次产品进行了监督抽查,抽样合格率55.6%。针对监督检(抽)查结果,加大后处理力度,对质量问题突出的VCD、功放机、铝型材等几类产品开展了全行业整顿;通报监督抽查结果,对质量问题突出的产品重点曝光,全年省局共召开新闻通报会7次;质量分析会12次,培训产品不合格企业厂长、经理904人次;对市场监督抽查中发现的3起严重产品质量问题及时转交稽查队依法查处;进一步加大处罚力度,对产品质量问题严重的生产企业,共发出红牌警示42张,责令停产整顿,42家企业提交了停产整改报告,26家企业整改后产品经复查合格恢复生产,有4家企业属无生产许可证生产被责令停产,有两家企业的厂长因两次国家监督抽查不合格,被建议免去厂长职务。

【打假工作】 全省系统全年查处案件10 684宗,其中立案查处4 730起,已结案4 245起,涉案标的达15 186.9万元,其中大案要案268宗,已结案191宗,移送公安机关14宗,依法追究刑事责任3宗,判刑2人;全年罚没款总计4 366.3万元;捣毁制售假冒伪劣产品窝点757个,整顿市场307个。

潮阳陈店、峡山区域性制假电池大案和潮阳奇华塑胶厂屡次大量制售假冒牙刷案被列为全国大案要案。4月,在国家局指导下,我们组织力量进行查处,现场查获各种品牌电池217万粒,设备97台,涉案标的400多万元;再次查获假冒伪劣牙刷70万支。

根据国家局"五个一批"和"三大战役"工作的安排,今年重点开展了"查农资、保春耕"、"查建材、保建设"的统一执法行动。4月组织了大规模的"查农资、保春耕"活动,检查出涉嫌出售劣质农资产品的店铺551家、端掉造假窝点8个,查获假冒伪劣农资产品货值约584万元。

为彻底解决无证生产螺纹钢这一突出问题,全省组织开展了建材产品查处活动,以抓无证生产伪劣螺纹钢为突破口,带动对铝材、油漆、水泥、低压电器等建材产品的全面检查。全省出动执法人员7 598人次,检查专业市场60个、专业商业街52条、商业门店1 755家,端掉制造伪劣产品窝点14个,查处违法案件707宗,查获假冒伪劣建材货值2 102.94万元。其中查获水泥11 358吨,钢筋8 119吨,涂料84 607千克,装饰材料39.2吨,钢铝门窗34 413件,建筑用电器7 430件。在揭阳地区查处违法生产螺纹钢一案,受到了国家局的肯定并得到了朱镕基总理的赞扬。

【打假保优协作网】 打假保优协作网自1997年组建,到1998年进入第三个年头,3年的实践证明,打假保优这项工作,符合我省实际,协作网范围不断扩大,并得到越来越多名优企业的支持。1999年打假保优协作网围绕年初秘书处提出的协作网全年工作目标,加大打假治劣联查联办的力度,有效保护了名优企业合法权益。1月、4月、6月和11月分别在广州、东莞、南海、饶平等地,在名优企业的积极协助下,查处假冒伪劣农资、钢材、酒类、洗涤用品、燃气具产品,并开展了一系列质量法律法规教育,真假产品鉴别知识介绍等活动,取得了很大的成效。

2. 标准化工作

【消灭无标生产】 截止12月中旬,全省已全面完成了消灭无标生产工作,并完成了对三水、南雄、澄海、佛冈4个国家试点县市的组织验收。据统计,在开展消灭无标生产活动中,全省共为企业产品标准备案登记66 666个;协助企业按标准组织生产、检验的产品46 512项。全省纳入普查范围的工业企业有110 102家,批量生产产品225 992个,企业标准覆盖率由整改前59.6%上升到整改后的96.6%,提高到了37个百分点,基本做到生产有标准。

【农业标准化】 按照《广东省农业标准化"九五"计划》要求,各地继续因地制宜地开展了农业标准化试点工作,抓好农业标准的制定、实施、宣贯及农业标准化技术的推广应用,将所制定的农业标准用于生产,推动了当地农业经济的发展,取得了一定的社会和经济效益。省农业厅等单位起草的《无公害农产品》地方标准经审查批准发布后,5月份已在全省组织实施;林业厅组织起草的《尾叶桉速生丰产林》等五个标准经审查,将在2000年发布实施。受国家局委托,省局还组织有关专家对清新县竹笋、高州市荔枝两个国家级农业标准化示范区进行了检查验收,对指导、督促各示范区做好农业综合标准的推广、实施工作起到了促进作用。下一阶段要根据省委、省政府加快农业产业化的要求,发挥农业标准化的作用,进一步促进农业标准化与农业产业化相结合。

【采标工作】 1999年调整了一批市、县采标项目,加快了采标工作的步伐。全年共有484家企业的549个产品采用了国际标准或国外先进标准,比1998年增加了239个,增长43%;共有279家企业316个产品通过采标认可,取得采用国际标准产品认可证书,采标产品认可数比1998年增加109个,增长了34%;共有205家企业233个产品取得采标标志证书,比1998年增加130个,增长了56%。

全年组织了8个酒家的等级评定工作,其中有四家被评为一级,有三家被评为二级,南海渔村有限公司天河支店被为特级。组织对178家企业的225个进口机电产品进行了审查,并发给了进口机电产品标准化管理备案证书。

3. 计量工作

【企业计量】 在推动产业结构优化升级过程中,积极帮助、指导大中型企业按照ISO 10012.1标准完善计量检测体系,强化企业技术基础,切实增强企业的市场竞争力。完成了三家企业的完善计量检测体系的审核。500家企业计量保证体系确认,其中二级113个、三级387个,分别比1998年增加103个和212个。

【计量器具制造、修理许可证的监督管理】 完成1999年全省制造计量器具许可证年审工作,年审合格单位253个,不合格5个,吊销许可证单位14个。重点计量器具的复查换证工作进展顺利,已有27个单位通过了复查换证,还有5个单位不符合生产条件考核要求,正在整改中。此外,审核委托样机试验187个,办理样机试验合格证133个,受理安排进口计量器具检定4批次,计855台件;对12个单位的生产条件进行了考核,颁发制造许可证12个。

【计量认证】 继续抓好为社会提供公证数据的质检机构和实验室的计量认证工作,强化监督检查。完成计量认证评审发证34个,单项认证4个,复查换证90个;还安排了各市局完成计量认证监督检查62个。

全年完成新建计量标准考核33项,计量标准到期复查115项,计量标准更换、停用229项;办理计量检定员复查换证577人次;完成对广铁、省医疗卫生计量监督检定站等8个单位31项计量授权项目的复查考核,换发新证。完成省标准计量技术开发中心佛山市社会公正称重计量站及阳江市社会公正称重计量站等8个单位的考核发证工作;完成惠州、东莞、汕头等市6个商品房面积公正计量站的考核发证工作。

4. 质量管理工作

【推行GB/T 19000—ISO 9000标准】 根据《中共中央关于国有企业改革和发展若干重大问题的决定》,我们积极配合国有企业改革,在大中型企业中推行GB/T 19000—

ISO 9000标准,举办管理者代表学习班,帮助企业向国际惯例靠拢,不断提高竞争力。全省500家大型企业中,约有80%的企业宣贯了ISO 9000标准,50%的企业取得质量体系认证或产品质量认证。

【民营、乡镇企业质量工作】 1999年会同省乡镇局、工商联制订了全省民营、乡镇企业质量工作计划,根据"抓好重点,促进全面"的指导思想,在调查研究的基础上,起草了《重点联系企业工作意见》,有计划地在乡镇、民营企业中宣贯ISO 9000标准,全面提高乡镇、民营企业质量管理水平;同时根据不同行业特点标准组织产品标准宣贯,提高企业执行标准,加强质量工作的自觉性。

【生产许可证管理】 根据全国工业产品生产许可证办公室的安排,对许可证体制改革的内容加强了宣传,生产许可证工作取得了突破。8月举办了生产许可证颁证会,向首批由省局组织审查的21家企业发放了新证;分别召集了13次1 580家企业参加的电梯、电子、水泥、化妆品、电线电缆、铝型材、复混肥料、劳动防护用品、低压电器等重点行业的生产许可证会议,传达国家有关质量工作和许可证工作的要求,分析广东省许可证工作存在的问题,提出了解决问题的办法。按照国家局部署,全年共受理企业补证申请211家,换证申请76家,审查合格及产品检测合格103家,已发证84张。以电梯行业为试点,有计划地在行业内开展调查、培训、宣传等工作,组织了电梯行业质量管理学术研讨会,促进生产许可证管理工作在电梯行业规范进行。同时严格要求、规范工作秩序,制定了《生产许可证受理程序》等8个工作程序,编制审查记录表等16种表格,规范了我省生产许可证的申报、受理、审查等工作。

5. 质量认证工作

积极开展产品质量认证和质量体系认证,推行ISO 9000标准,是提高企业管理水平,增强企业竞争能力的有效措施。为此,全省质量技术监督系统采取多种方式推动企业开展质量认证工作,提高企业对质量认证的认识。全年共举办质量体系内审员培训班48期,培训1 155人次;统计技术培训班2期,培训81人次;ISO 9000—2000(版)标准研讨班2期,培训91人次;其他培训班8期。经考试合格,公布注册内审员783人。

为强化对认证机构和审核机构的管理,提高认证机构自我约束能力和工作水平,保证认证工作的有效性,1999年重点进行了认证机构的内部整顿,在调研基础上制定了《广东省质量认证咨询管理办法》,促进了认证工作的健康、有序发展。据统计,到1999年9月30日止,全省产品质量认证企业数累计达2 568家,比1998年增加1 200家,取得证书数累计10 516张,比1998年增加2 666张,总数和增加数均为全国第一;质量体系认证企业数累计1 470家,比1998年增加588家,总数占全国第二;全省质量体系国家注册审核员已达596人,比1998年增加135人;全省累计培训质量体系内审员1 955人,其中1 318人已进行了内审员注册;我省六个注册的咨询机构为212家企业开展了咨询工作。

6. 精神文明建设和法制建设

【聘请行风监督员】 为主动接受社会各界和人民群众对质量技术监督系统党风廉政建设和行风建设的监督,广泛听取意见,完善监督制约机制,1999年全系统开展了聘请行风监督员工作,共聘请行风监督员277名,其中省局聘请17名、各地市聘请260名,并统一制作了行风监督员聘书,举行了隆重的颁发证书仪式。省内的各大新闻单位对此作了宣传报道,进一步扩大了社会影响,树立了技术监督系统良好的社会形象。

【基层窗口单位行风整顿工作】 按照国家局的部署,1999年分阶段进行了基层窗口单位行风整顿工作考核验收,通过各基层单位自查、地市级检查、省局考核抽查3个阶段,保证整顿工作不走过场,整改措施落到实处。经过整顿,各基层窗口单位进一步健全了规章制度,解决了一批查摆出来的问题,群众满意率达80%以上,社会效果显著。

【法制工作】 质量技术监督法律、法规是我们实施综合管理和行政执法两项职能的法律依据,1999年省局配合省法制局修改了《广东省贸易计量监督条例》;起草了《广东省组织机构代码管理办法》,经征求有关各方意见,现已报送省府法制局;同时协助省打假办配合省人大、省法制局审查、修改了《广东省查处生产销售假冒伪劣商品违法行为条例》,已正式颁布实施,新《条例》符合广东实际,加大了打击制售假冒伪劣商品违法行为的力度。1998年还印发了《广东省计量检定机构管理办法》。

建设一支高素质的行政执法队伍是落实行政执法职能的组织保证,全年培训了市、县新增执法人员154人;举办《行政复议法》和《广东省查处生产销售假冒伪劣商品违法行为条例》学习班两期,培训了省、市、县281名骨干人员,对提高执法队伍的素质起到了积极作用。

全年共受理行政复议案件8宗,通过协调,撤回复议申请4宗,维持决定3宗,变更1宗。

1999年精神文明建设按照"五破五树"的要求,结合建党78周年,开展爱国主义教育、社会主义教育和形势教育,加强社会公德、职业道德、家庭美德建设等活动,取得了较好的成效;通过"三讲"教育,我们将"两手都要抓、两手都要硬"作为整改的一项重要措施,坚定了各级领导两手抓的信心和决心。加强精神文明建设,对于确保全省技术监督管理体制改革的顺利进行起到了良好的作用。做到了在体制改革过程中思想不乱、队伍不散、工作不断,平稳过渡,改革后新体制和新机制较快发挥了效能。

撰稿人 张 晖
审稿人 任小铁

广西壮族自治区质量技术监督工作

一、概 述

1999年是不平凡的一年,广西壮族自治区质量技术监督局坚持以邓小平理论为指导,坚决贯彻党的十五届三中、四中全会精神和中央、自治区经济工作会议及全国质量工作会议精神,按照自治区党委提出的"三大战略、六大突破"决策要求,认真落实国家质量技术监督局提出的年度工作目标任务和自治区"1234610"进一步加强农业和农村工作思路。积极配合国有企业改革,着力抓好以质量为中心,标准化、计量为基础的方针,克服困难,扎实苦干,开拓进取,全面履行标准化、计量、质量综合管理和行政执法职能,较好地完成了质量技术监督年度各项任务,实现了业务工作和管理体制改革的两不误。为维护国家利益、企业和消费者的合法权益做了大量的工作,取得了显著的成绩,为促进广西国民经济持续、快速、健康发展和社会的进步作出了积极的贡献。

1999年,广西壮族自治区质量技术监督系统共有机构140个,实有职工3 444人,行政执法人员1 557人。全年在行政执法中完成对生产企业产品质量监督检查8 742家企业的10 393批次样品;完成对商品质量监督检查10 566个企业的16 684批次商品;完成计量仪器检定477 924台(件),强制检定的工作计量器具41项79种431 688台(件);受理行政案件6 189件,行政处罚案件5 096件,听证案69件,法院强制执行86件,民事调解1 053件,检查整顿各类批发销售商品专业市场769个,检查商业企业(摊点)16 234家,捣毁制售假冒伪劣商品点218个;查处假冒伪劣产(商)品标值9 128.41万元,没收或销毁假冒伪劣产(商)品856.8万元,罚没款785.28万元;为消费者挽回经济损失1 691.34万元。完成《广西标准化条例》起草上报,本年度采用国际标准100个,采标标志备案52个,制订地方标准7个,企业标准备案4 373个;发展条码系统新成员238家、制作胶片2 500件;组织机构代码颁换证14 092件;固定资产10 102.24万元;标准化、计量、质量、认证及执法人员岗位培训8 139人(次)。全年各项工作取得显著成绩。

二、质量技术监督工作

1. 质量管理工作

【《质量振兴纲要》宣贯】 为了进一步加强对质量工作的宏观指导,使《纲要》为全社会所知晓和了解。自治区质量技术监督局联合各主要新闻单位共同组织了"99八桂质量行"活动,全区14个地市都能够积极配合开展质量振兴专题宣传,介绍各地政府领导对开展质量振兴工作的认识和打算,宣传质量振兴做得好的典型,揭露质量低劣和假冒严重的现象,使质量振兴深入人心,3～9月份与自治区党委宣传部、自治区经贸委、工商、卫生、总工会、团区委和各主要新闻单位共同开展了"3.15消费者权益日"、"质量月"活动,召开高层次质量研讨会等宣传质量振兴纲要,帮助企业提高质量意识和增强质量法制观念,促进形成全社会关心质量的社会风气,提高了人们对产品质量和质量工作的全面认识,取得较好的社会效果。

【企业质量管理指导】 按照自治区党委提出的"三大战略,六大突破"的决策,积极配合开展以产品质量为中心的企业改革整顿,组织对部分重点企业、重点产品进行跟踪监督调查、总结、推广成功经验,引导质量管理水平比较好的国有企业和列入扶优扶强范围的大中型企业,开展产品质量认证和质量体系认证工作,全面推进ISO 9000族质量管理和质量保证国际标准,实施名牌战略,加快与国际接轨步伐;对质量管理不稳定的企业,推动加强质量管理,严格工艺规程,提高产品质量;对管理不善的中小型企业、乡镇民营企业,帮助指导加强技术基础工作,健全质量检验和计量检测手段,严把产品质量关,降废减损,提高产品质量合格率。全年已有58家企业80个产品列为国家或广西重点保护产品,71个企业的83种产品为质量监督达标产品。

1999年自治区质量技术监督部门继续规范生产许可证管理,一是抓好《生产许可证换发证产品实施细则》的宣贯工作;二是会同有关部门管理与各行业企业生产许可证管理的工作关系,完成广西生产许可证发证产品的归口管理;三是会同有关行业完成了鱼粉、林化、电力器具等3 436家企业的生产许可证换、发证工作。

【质量监督的社会性和有效性提高】 1999年广西产品质量统一监督检查、定期监督检验和市场商品监督抽查的企业数、产品类别和批次都有较大幅度的增加。1999年我区安排对21种产品质量进行统一监督检查,共检查生产企业6 031家,企业合格率为61.17%;检查样品7 432批,平均样品合格率为65.15%;依据《定期监督检查产品受检目录》安排,全区的定期监督检查共检查9 369家企业的产品11 875批次样品,抽检样品合格率为80%,不合格产品的企业占比例为21%。在流通领域对重点地区、重点市场、重点商品和消费者反映问题较多食品、饮料、家电、低压电器、农资产品等进行市场监督检查和节日市场商品专项监督检查,全区共检查商业企业10 566家,检查商品16 684批次,商品抽检质量合格率为69%,查出伪劣商品1 709批次,查出不合格商品价值2 185.97万元,其中:伪劣商品价值846.96万元。确保工农业生产,规范节日商品市场,为企业创造了一个公平竞争的环境。

【质量监督检查后处理】 广西壮族自治区质量技术监督部门针对质量形势制定有针对性的抽查方案,根据检验结果从不同角度对质量状况进行分析,提出有指导性的分析报告,对问题比较严重或面比较广的产品,①督促国家监督抽查不合格企业做好整改复查,并及时反馈有关信息;②抓好全区产品质量统检通报工作,先后发布了9个通报,向社会公布了产品统检结果；③按行政区域分7个片召开了有企业厂长、经理和质量技术监督部门负责人参加的统检总结暨质量分析会，通报产品统检结果，总结交流经验，宣贯产品质量法律法规及标准，点评质量存在原因，提出改进办法，限期整改和复查；④安排了对第一批统检整改到期的复查工作。通过加强产品质量监督力度，有效地促进了企业提高产品质量。

2. 行政执法与“打假保优”工作

【实施专项查处，质量技术监督行政执法力度不断加强】 自治区各级质量技术监督部门以对国家、对人民高度负责的精神，在努力抓好质量监督的同时，不断加大打击生产和销售领域制售假冒伪劣产(商)品的违法行为，规范市场、扶优治劣，取得显著的打假成果。一是抓好“三重一大战役”工作。按照国家质量技术监督局关于“三重一大”的打假部署，先后组织对农药、化肥、建筑钢材、铝合金建筑型材、非法拼装销售农用车及汽车用发动机、电信设备、饮料、婴幼儿食品、食品添加甜味剂等8个重点产品以及电能表、水表、衡器等计量器具的专项检查。二是抓好重点区域监督检查打假治劣工作。对全区的都安县“小四轮”农用车生产、销售一条街，荔浦县企业生产销售的调制奶粉，平南县拼装、销售摩托车一条街，钟山、贺州、昭平县等地假烟生产等，是中央或地方新闻媒介关注的焦点区域，有的曾被中央电视台“焦点访谈”曝光，列入质量技术监督部门监督检查和执法“打假”整治的重点区域。从1999年初开始，就采取区局与当地、市局相结合，区局督办，由地市局具体负责监督管理的办法，集中力量，下大力气，逐个攻克，使上述制售假冒伪劣的重点区域工作基本达到了目的，生产、销售假冒伪劣产品的现象得到了一定控制。三是抓好重点专项市场商品质量检查和整治。已整顿各类批发、销售商品专业市场760个，达到预期目的，商品质量、标识符合标准规范要求。四是抓大案要案查处工作。1999年全区共查处制售假冒伪劣产品违法大案要案18起，其中：在桂林市查获假冒日本索尼磁盘案，标值60多万元；在南宁市查获假冒浙江稻草隆农药大案，标值10.5万元；在富川县查获一地下化肥调包制假窝点，现场查获假冒化肥100多吨及制假工具和原材料一批；在南宁市查获伪造农药品证件，非法生产、销售农药案，货值12万元；在贵港市查获一地下生产假冒化肥窝点，现场查获假冒化肥89吨，用于制假原料75吨，化肥包装袋8 000多条及一批制假用工具；在南宁市查获非法生产、分装农药案，标值21.7万元；在玉林市查获经销假冒上海产“凤凰”自行车案，货值20多万元；在防城港市查获假冒柳州市仪表总厂生产的电度表案，货值约30万元。

据不完全统计，1999年全区各级质量技术监督局打假共出动行政执法人员21 077人次，检查整顿各类批发、经销专业商品市场769个，查处销售假冒伪劣产(商)品商店(摊点)16 234个，抽检各类商品5.92万批次，清查柜台18 653个，捣毁制售假冒伪商品窝点218个，受理行政案件6 189件，立案查处制售假冒伪劣产品违法案件5 096起，移送司法机关要案2起，查获假冒伪劣产品标值总额9 128.41万元，没收或销毁假冒伪劣产品标值856.82万元，罚没款785.28万元，为企业和消费者挽回经济损失1 691.34万元。有力地打击了生产和流通领域制售假冒伪劣产(商)违法分子的嚣张气焰，为保障市场经济健康发展和为消费者创造一个良好的购物环境，发挥了自治区质量技术监督综合管理和行政执法打假主力军的积极作用。

【国家“121”计划完成状况】 继续组织实施国家部署的“121”计划，按照国家局提出依法保护名优产品生产企业的合法权益，在全国技监系统有领导、有计划、有步骤地开展“打击假冒、保护名优”，实施“121”计划。在1998年的基础上，1999年继续组织实施国家局部署的“121”计划。经过多次申请和积极努力，1999年第一季度在国家局下发“121”计划第三批重点保护名优产品名单中，广西有5个企业6个产品榜中有名。至年底，我区已有58家企业80个产品列为广西重点保护产品。

同时，还针对全国性涉及广西本辖区内突发性质量事件，都能反应迅速，采取措施得力，处理及时妥善。如1999年1月7日晚8点30分，国家局“关于浙江有毒猪油事件”，3月22日“关于山东发生食糖死人案，49吨毒糖须查封”等产品质量紧急事件发生，都能及时向领导请示汇报，坚决做到不推不拖，及时果断作出妥善处理。

3. 标准化工作

【农业标准化】 1999年按照自治区党委提出“三大战略，六大突破”决策的要求，各级质量技术监督部门都能够认真贯彻自治区党委提出的进一步加强农业和农业工作“1234610”的工作思路，为实现“两高一优”农业，发展农村经济，积极开展农业标准化工作。

一是抓好国家质量技术监督局立项的田阳县芒果农业综合标准化示范项目，按《农业标准化示范区考核验收办法》进行了验收。全县实施标准化管理的果园面积达90%。3年示范平均单产比前3年非示范平均单产每公顷增加810千克，3年示范平均人均收入比非示范前3年平均人均收入增加266.5元。示范区取得了可喜的经济效益和社会效益。

二是继续抓好国家质量技术监督局立项的我区五个农业标准示范区项目(北海珍珠、百色甘蔗、田林竹笋、桂林白果、北流荔枝)，1999年已正式开展工作。北海珍珠和田林竹笋已完成了养殖和栽培规程的地方标准制定工作，百色甘蔗、桂林白果由于制定了地方标准，1999年主要是验证的推广应用。百色市在永靖村5.3公顷基地推广，产蔗量对照区为53～74吨/公顷，示范区为87～114吨/公顷。桂林市在灵川县海洋乡和兴安县高尚乡推广，按标准进行管理，白果产量普遍增加30%～50%。示范区按标准化管理，给农民带来了较好的经济效益。

三是配合政府菜篮子工程，会同自治区菜篮子办公室共同发布了《广西无公害蔬菜生产基地考核验收办法》，不仅从上市蔬菜农药残留量方面考核，还从作为栽培、施肥、病虫害防治、蔬菜采收等各方面的管理及制度上进行考核，这对规范我区无公害生产基地的建设起到良好的作用。1999年，完成对桂林市、金秀县、柳州市3个无公害蔬菜生产基地进行了验收，为提高这三个基地蔬菜的市场竞争力，增强农民收入做了一件实事。

【消灭无标生产】 1999年，根据国家质量技术监督局

1999年1月在广西北海召开的全国地方标准化工作座谈会的要求，积极全面地开展了消灭无标生产工作。

继续抓好消灭无标生产县工作。从1995年开始到1998年底自治区开展消灭无标生产工作试点县(市)共33个。1999年经过宣传发动，1999年又批准了53个县(市)开展消灭无标生产工作。到1999年底，全区所有县均已开展了消灭无标生产工作；开展工作的地级市有玉林市、贵港市、桂林市、北海市，这工作开展比自治区原计划提前了一年，比国家要求提前了两年。

根据国家局“全国消灭无标生产试点县(市)验收办法”及“广西评分标准”，1999年又组织对国家1998～1999年度的试点县(市)陆川县和凭祥市进行了验收，并对自治区批准的武鸣县等14个县(市)通过了国家级或自治区级验收，从1996～1999年，全区已有30个县(市)通过了国家级或自治区级验收，其中正式通过验收的地级市为贵港市。据已通过验收的县(市)统计，产品标准覆盖率由工作开展前的平均为45%提高到98%，产品抽查合格率也平均提高了约10个百分点。消灭无标生产工作提高了企业产品质量和经济效益，取得了显著成绩。

【企业标准管理监督】 围绕自治区政府提出以产品和产品质量为中心，搞好国有大中型企业的改革整顿的重点工作，继续抓好企业标准化工作。

引导企业积极采用国际标准。1999年使用采标标志的产品为51个，广西采标认可产品4个，超额完成了国家局下达的使用采标标志产品30个的任务，使企业的产品质量上一个新的档次，提高了企业产品的知名度，提高了产品的市场竞争能力。

指导企业建立企业标准体系和服务质量体系。1999年共有20个企业及6个服务企业开展建立企业标准体系和服务质量体系的工作，对这些企业加强科学管理，降低生产成本起了一定的作用。

认真做好企业产品标准备案工作。自治区各级技术监督局认真帮助企业制定产品标准和审查备案标准，对过去备案标准不科学不严谨的，责令加以改正，保证了备案标准的技术水平和编写质量。今年全区完成产品标准备案2 580个，其中自治区级产品标准备案为50个，取消8个，企业产品标准的备案，要求修改后能重新备案。产品标签备案1 777个。

加强对进口机电产品标准化管理工作。根据国家《进口机电产品标准管理办法》，自治区开始了进口机电产品的标准化备案管理工作，1999年有1个机电进口产品获得了备案证书。

【地方标准制定】 1999年根据地方经济发展的需要，确定地方标准修订项目，并充分发挥各主管部门和企业的积极性，多方面筹措制定地方标准经费，较好完成了一批地方标准的制定工作。

制定发布了《广西无公害蔬菜生产技术规范》、《鼠药品和卫生杀虫药剂安全卫生质量标准》等5个地方标准，审定发布《米粉卫生标准》、《肥料标识》等4个地方标准及修订《丰有机肥料》地方标准。这些地方标准的发布实施，规范了我区的市场，保护了企业产品正当的竞争。

1999年对重点标准进行了宣贯的有：《啤酒瓶》、《水泥包装袋》、《食品标签通用标准》、《白砂糖》、GB/T 1.1及GB/T 1.3等；地方标准有：《皮鞋产品标识》、《微型计算机产品标识》、《无公害蔬菜生产技术规范》、《丰有机肥料》等强制性标准。

完成起草上报《广西标准化条例》，并已经自治区人民政府主席常务会议审核修改。

【组织机构代码与商品条码管理】 继续深入宣贯《广西代码管理办法》和《商品条码管理办法》，并在全区对组织机构代码赋码执法检查。

继续做好组织机构代码颁证赋码工作。截止1999年底全区组织机构代码换证、办证共141 769个，其中区直单位4 376个。1999年全区颁证换证14 092个，其中区直单位1 393个。

发展条码系统新成员238家，制作胶片2 500种，复审条码成员203家，复审率达80%。

4. 计量工作

【工业计量】 围绕企业改革与发展，1999年企业计量工作进一步得到加强。1999年对已取得“完善计量检测体系”合格证书的4家企业的整改计划进行跟踪监督检查；对申报“完成计量检测体系”的9家企业进行调查了解、帮助解决问题，择优排序上报，经国家批准，9家企业参加评审，到年底9家企业获得评审通过；结合广西企业改革颁发了“关于加强中小企业计量工作的实施意见”，较好地指导我区中小企业建立完善计量检测体系；对基础比较薄弱的中小型、乡镇和民营企业开展计量合格确认工作，全年完成202家企业的计量合格确认工作；考核审查批准了52家加油站为计量信过单位。

【计量违法行为监督】 1999年我区各级质量技术监督部门加强了对打击计量违法行为监督力度。组织开展全区电表、水表和衡器等计量器具专项打假保优活动。各地、市、县质量技术监督部门于1999年5月在全国范围内统一开展一项计量器具专项打假保名优活动，全区共出动执法人员2 348人次，检查了545个销售单位和个体工商户，发现有167个单位和个体工商户销售不合格计量器具，占29.7%，有107个单位和个体工商户销售假冒电能表、水表等计量器具，占19.6%，共计有49.3%的单位和个体工商户销售假冒、不合格的计量器具，各级质量技术监督部门已分别对违法销售商进行了行政处罚。

加大强检工作力度。重点对贸易结算、医疗卫生、安全防护、监督检测、执法监督以及各部门最高计量标准等方面的计量器具强制监督管理，特别是对定量包装机、医用激光源、医院CT机、机动车安全检测线、建筑工程检测仪器、电话计费器、贸易结算用电能表等方面开展了强制检定，全区完成强检工作计量器具70多万台，最高计量标准器具受检率达96%。

加大了商品量的计量监督力度，产生了良好的社会效应。春节以及“3.15”期间对市场上销售的10种50个品牌487个样品进行检查。广西质量技术监督公正计量站为用户检测住房4.5万平方米，为消费者减少经济损失15万元。

推行法定计量单位，组织对新闻媒体、出版及技术监督报刊使用的计量单位进行监督检查。对广西日报、南国早报、南宁晚报等出版物发出法定计量单位责令整改通知书5份，规范了出版物使用法定计量单位的行为。

【计量器具管理】 1999年自治区质量技术监督部门加强对生产制造计量器具的监督管理。共受理了21个单位和50个型号计量器具新产品的样机试验，有20个单位47个型号计量器具样机试验合格，颁发合格证书；完成了14个单位12种56个型号的计量器具的《制造计量器具许可证》的发放，组织考核23个电能表、水表、燃气表、衡器等重点管理计量器具生产厂的复查换证工作，对全区475个销售计量器具的单位和个人进行登记备案，已颁发安装计量器具资格证24个，修理计量器具许可证3个。组织建立企业最高计量标准74项，并对375项企业计量标准进行复查换证工作。

【法定计量技术机构建设】 1999年进一步加强了法定计量技术机构建设，规范和发展社会中介计量服务机构，完成对8家已通过法定计量考核和各地、市、县法定计量检定机构抽查工作；对柳铁技术监督所进行法定计量检定机构的考核；对35家法定计量检定机构新增的33个检定项目进行考核，并复查计量标准111项，培训检定人员250人；完成了对卫生防疫、环保监督、建工检测等60多家机构的计量认证评审发证工作；对全区200多家已取得计量认证合格证单位进行计量认证监督检查，为确保经济建设、社会发展等方面提供准确保靠的检测数据取得明显效益；对10个社会计量公证站进行了计量认证考核发证，培训计量认证评审员156名；部署实施广西光明工程工作，开展全区眼镜行业计量确认定级工作，培训眼镜行业有关人员662人，使之持证上岗；积极开展各种检测咨询服务活动，培训了全区验光、配镜计量确认定级评审员40名。

5. 认证工作

【质量认证管理】 1999年逐步加强计量质量认证管理工作，积极引导质量管理水平比较好的国有企业和大中型企业开展产品质量认证和质量体系认证工作，全面推行认证ISO 9000族质量管理和质量保证国际标准，加快与国际接轨步伐，并努力向服务行业和建筑行业拓展，认证工作有了较大发展。一是继续组织开展GB/T 19000—ISO 9000系列标准讲座及宣贯培训，有27人经内审员考试考核合格；二是继续深入开展认证宣传，提高社会对质量认证作用认识，鼓励和指导企业开展质量认证。已有99家企业通过国家认可的体系认证，82家企业获得294张产品认证证书；三是建立和完善了我区认证人员注册、实验室评审员管理制度，已有36人经国家注册为审核员；四是依法加强对我区各认证机构、认证人员的管理和监督，使认证工作纳入规范化、法制化管理体系；五是加强中国方圆认证委员会广西办事处的自身建设，大力拓展认证业务，加快质量认证工作步伐，促进我区认证工作健康发展。

6. 宣传教育培训工作

【质量技术监督宣传】 1999年继续加大质量技术监督重大活动的宣传力度。一是组织对质量技术监督重大活动的宣传与报道。开展了“打假保春耕”、“打假保两节”、“打假保建设”、“八桂质量行”、“质量月”、“国际标准化日”、“3.15”等一系列宣传活动，激发和提高全民的质量意识；二是配合各报刊、电视台、广播电台等新闻单位，开辟质量宣传专题或专栏，公布产品质量监督检查结果，通报产品质量状况等，形成了质量“立体宣传态势”，取得较好的社会效果；三是广泛开展了内容丰富、形式多样的群众性质量宣传活动，全区各级质量技术监督组织人员上街开展大型的质量宣传咨询活动312次，出版墙（板）报431期，印发质量、计量和标准化知识及法律法规宣传资料约24.6万份，在各报刊、广播电台、电视台等用稿1 430多篇。

【教育培训】 1999年培训教育工作取得较好的成果。一是稳步发展计量学校、柳州技术监督技工学校，优化专业结构，加强在校学生的思想和专业技能教育，注重提高教学质量和办学效果；二是抓好全区质量技术监督系统职工在职的学历教育，共有620多人参加大中专、研究生学历学习和计算机、外语等级考试；三是抓好在职职工岗位技术培训，培训地（市）县局局长117人，专业技术培训650人（次），执法人员培训考试60人；四是对企业质量、计量、认证等业务技术培训5 450人（次）。

7. 队伍建设工作

【队伍与行风建设】 深入开展党风廉政建设和行风、机关作风建设，树立行业新形象，是1999年质量技术监督一项重要工作。一是继续抓好基层窗口单位行风整顿和建设，对薄弱环节逐项加以纠正；二是制定和完善党风廉政建设制度和措施；三是继续开展行风整顿的“三查三找”活动；四是加强对质量技术监督行政执法部门和执法人员的监督管理，保证质量技术监督行政执法和质量监督检验的公正性；五是整顿机关作风，坚持从影响队伍建设的具体问题抓起，进行整顿，以切实转变工作职责感，转变工作方式，转变工作作风；六是实行开门整顿，聘请企业、消费者、人大、政协、政府行业主管部门、司法部门的同志担任质量技术监督局行风监督员，自觉接受社会各方面监督。通过开展以正确舆论引导人，以高尚的精神塑造人，以科学的理论武装人，全面提高干部职工的思想政治素质，做到勤政务实、敬业守法、依法行政，树立了质量技术监督科学、公正、廉洁、高效的行业形象。

三、省、地（市）机构简况

1999年全区认真贯彻落实国务院国发8号文，9月份自治区人民政府批准了《广西壮族自治区质量技术监督管理体制改革实施方案》；10月份批转了《关于广西壮族自治区质量技术监督管理体制改革中机构编制上收和人员清理的实施办法》；11月中旬由自治区编制办、人事厅、质技监局组成工作组，完成对全区14个地（市）质量技术监督管理体制机构编制上收和人员清理、国有资产及债权债务清核工作；12月底，完成了全区县级质量技术监督机构编制上收和人员清理工作。截止1999年底，我区质量技术监督系统共有机构140个。其中省级机构8个（即行政机构1个、事业机构7个）；地市级机构39个（即行政机构9人，事业机构30个）；县级机构93个（即行政机构9人，事业机构84个）。全区质量技术监督系统固定职工编制为3 359人，实有在职人员 34 444 人，其中具有大专以上文化程度职工 1 408 人。随着管理体制改革，全区质量技术监督部门以新的精神面貌开拓业务领域，扩大服务范围，在标准化、计量、质量工作和行政执法、质量检验、计量测试、标准情报、科学研究、产工贸等方面，取得了较好的社会效益，质量技术监督事业有了较大的发展。

撰稿人　韦少基

海南省质量技术监督工作

一、概　　述

1999年,海南省技术监督局深入贯彻落实党的十五大和十五届三中、四中全会精神,以邓小平质量思想为指导,按照省经济工作会议的要求和部署,突出用铁腕抓质量,围绕发展农村经济、深化国有企业改革、调整经济结构、扩大国内需求、推进对外开放、整顿经济秩序,在提高质量、净化市场、加强技术基础、推进与国际惯例接轨等方面,继续坚持"以质量为中心,标准化、计量为基础"的工作方针,切实履行综合管理和行政执法两大职能,为维护市场经济秩序,加快我省产品质量、工程质量、服务质量的提高方面做了大量工作,进一步提高了质量技术监督工作的有效性。

在工作中,全省质量技术监督部门抓住省委省政府将质量监督纳入为民办实事项目的契机,密切配合,协调行动,真抓实干,不仅圆满完成了任务,而且为今后的工作打下了良好的基础。紧紧围绕省委、省政府确定的"一省两地"产业发展战略,充分发挥质量技术监督对经济建设的服务功能,针对建立新兴工业省在加强企业技术基础、提高产品质量方面为工业企业服务;针对建立热带高效优质农业基地,在净化农资市场和提高农业生产技术含量方面为农业生产服务;针对发展热带海岛旅游胜地,在规范旅游商品市场、提高旅游企业服务方面提供服务。广泛联合有关部门、群团组织和企业,积极开展群众性质量活动,形成了质量技术监督合力。重视基层建设和队伍建设,坚持依法行政,努力塑造质量技术监督部门"科学、公正、廉洁、高效"的行业形象,进一步提高了质量技术监督部门的地位。

二、质量技术监督工作

1. 质量管理工作

【实施《质量振兴纲要》】 在全省组织开展了"质量兴市"试点工作,儋州市的"质量兴市"工作步入正轨,相关部门在质量工作上统一协调,一批产品的技术含量和质量档次有了较大的提高;三亚市也召开了"质量兴市"动员大会,正在筹备开展"质量兴市"工作。表彰了一批质量管理先进企业,开展了质量管理学术研讨活动,总结全省企业质量管理经验教训,促进企业加快实施《质量振兴纲要》的进度。

【质量认证】 大力推行先进的质量管理办法,帮助企业建立健全质量保证体系,全省又有10家工商企业开展质量认证工作,范围扩展到工业、零售商业、物业管理、酒店服务、旅游商品和眼镜加工销售等行业,有6家企业分别通过了GB/T 19000—ISO 9000质量体系认证和产品质量认证。

【"百镇千店无假货"活动】 与省委宣传部等单位联合开展了"百镇千店无假货"活动,在省内各类商业企业中建立质量自律机制,琼海市还在城区开展"无假货一条街"活动。

【生产许可证管理】 严格生产许可证发放、审核的管理工作,完成了生产食用酒精的9家糖厂的申报及其质量保证体系的考评,完成了2家化妆品厂生产条件检查与指导,并发给了准许生产销售的证明。

2. 监督执法与"打假"工作

【质量监督抽查】 针对海南省经济发展特点和人民群众生活的需求热点,重点围绕省委省政府为民办实事的要求,加强了在生产、流通领域中的质量监督抽查工作。组织对生产领域的化肥、农药、白砂糖、酒精、天然橡胶、瓦楞纸箱、弹簧床垫、月饼、饲料、水泥、服装等产品进行了质量监督检查,其中白砂糖、酒精合格率为100%,化肥、标准橡胶、饲料、水泥等产品合格率均达到了85%以上。扩大了流通领域监督抽查的范围,除对化肥、水泥、钢筋、无铅汽油、轻柴油、眼镜、含乳饮料、瓷砖等商品进行了监督抽查外,首次对陈化粮、机动车配件、农药进行了监督抽查,并在春节、元旦期间进行了年货专题抽查,在六一儿童节期间进行了少儿商品专题抽查。由于这些商品为需重点进行质量整治的对象,抽检合格率均不高,如机动车配件合格率仅低至10.3%。但市场上省内企业的水泥抽查合格率达到100%,化肥合格率也较高。认真开展了监督抽查后处理工作,一是通过新闻媒体多次公布抽检结果,尤其是对不合格产品进行了坚决曝光;二是对不合格产品生产经销企业依法进行处罚,责令整改。

【"打假"工作】 以实施"三大战役"为重点,以抓好"三重一大"为突破口,加大了"打假"工作力度。按照国务院领导关于"用铁腕抓质量"的指示,和国家质量技术监督局关于实施"三大战役"的部署,全省质量技术监督系统在1999年上半年以抓好"三大战役"为重点,加大"打假"工作力度。元旦春节期间,全系统在"查市场、保两节"战役中出动2 058人次,重点检查了各级批发市场、集贸市场、商业街,共检查生产、经销单位1 986家。检查的重点商品包括食品、酒、饮料、食用油、旅游商品等,查出质量违法单位469家,查封、没收假冒伪劣商品总标值达1 168.57万元,立案处理案件83宗。加强对流通领域农资产品的监督管理和打假工作,开展了"查农资、保春耕"战役活动。各市县技术监督局出动1 500多人次,深入到全省30多个专业市场,15条专业商业街,800多家经销化肥、农药、种子、农机产品及配件等4大类农资产品的经销点进行检查,查获各类假冒伪劣农资产品1 000多吨,非法拼装农用小四轮车数台,总标值600多万元。在1999年5至6月进行的"查建材、保建设"战役中,全省出动执法人员876人次,检查各类建材专业市场16个,专业商业街48条,商业门店654家,端掉水泥制假窝点2个,查处质量违法案件47件,查获假冒伪劣商品标值78.46万元。为了解决我省市场存在的突出质量问题,下半年专门召集部分市县局有关负责人及一些名优产品生产经销企业负责人举行座谈会,对全省市场商品质量状况和制售假冒伪劣商品的特点进行了分析，确定了海南省的“三重一大”，重点商品是省委、省政府在为民办实事中提出的“农药、化肥”等农资产品，“米、面、食油、汽油、柴油、民用燃气”等日常生活用品，以及消费者反映强烈的旅游商品，假冒伪劣猖獗的水泥、钢筋等建筑材料产品；重点市场是海口市水产码头、秀英码头批发市场，以及海甸岛利是行码头水泥批发市场；重点区域是作为我省商品集散地的海府地区，农资产品质量问题严重的本岛西南部、旅游商品质量问题严重的本岛东部旅游景区；针对我省制假案件少，售假案件规模不大的情况，要求重点案件及时上报。全省各级质量技术监督部门还加强了市场日常巡查，全年共查获假冒伪劣产品总货值 2 000 多万元，端掉制假售假窝点 20 多个。受理消费者投诉近 500 件，为消费者挽回损失 300 余万元。

【法制建设】 完成了《海南省名牌产品管理办法》和《海南省锅炉压力容器安全管理规定》的上报工作，《海南省名牌产品管理办法》现已列入省政府今年立法预研项目。为确保办案质量，严格按行政复议程序坚持集体讨论办案制度，办理复议案件 6 宗，协助琼中县办理诉讼案 1 宗，调查处理省人大交办的万宁一酒店销售假酒案 1 宗，讨论处理乐东县销售假农药案 1 宗。对各厅局起草的地方法规，按质量技术监督法律法规提出修改意见，加强立法协调。

3. 标准化工作

【农业标准化】 针对全省近年热带高效优质农业发展较快的特点，认真抓好农业标准化工作。推广澄迈县农业标准化（香蕉）示范区工作经验，重点抓全国第二批标准化示范区——昌江（芒果）、定安（甘蔗）、澄迈（水蜜杨桃）标准化示范区工作，圆满完成了示范任务；组织制定了一批热带农业渔业地方标准，完成了《椰子　种果》、《椰子　种苗》、《椰子　种苗繁育技术规程》、《椰子　种植管理技术规程》和《海水养殖珍珠质量等级》5 项地方标准的制定，和《反季节瓜菜》地方标准项目的申报工作。

【消灭无标生产】 针对全省企业标准化技术基础薄弱的实际情况，重点抓国家级及省级消灭无标生产试点工作，国家级试点定安县、省级试点通什市、屯昌县、琼山市均已顺利通过验收；其他非试点市县也不同程度地开展了此项工作，并初步拟定了《海南省工业产品执行标准数据库管理系统》的设计方案。

【采用国际标准】 指导帮助 3 家企业的 5 种产品使用采标标志，累计有 29 家企业的 37 种产品使用了采标标志。

【地方标准及企业标准管理】 与有关部门联合颁布了《海南省旅游定点商店金银饰品、钻石、珠宝玉石类商品标识管理规定》，制定了《眼镜验光配镜行业服务规范》。指导帮助 150 多家企业制修订和备案企业产品标准 300 多项，并积极为企业提供标准情报服务。

【推广条形码技术】 发展条码系统成员企业 52 家，累计 356 家；使用条码产品 800 个（种），累计 15 000 个（种）；复审条码系统成员企业 70 家。

【标准实施监督】 检查了啤酒瓶新国家标准执行情况，共检查 20 个品牌的 15 985 个啤酒瓶，合格率 88%，省内 2 家啤酒生产企业使用“B”瓶达 96%以上；检查了 GB 5296.5和 GB 13432 强制性国家标准的执行情况，共检查 45 家企业的 213 种产品，其中特殊营养商品合格率 39.6%，玩具合格率为 2.6%；对保健食品、化妆品标签、产品标识、公共信息图形符号进行了监督检查。

【代码应用管理】 省组织机构代码中心独立后，从管理上对代码工作质量进行控制，制订了《管理手册》，建立和完善码段分配与使用、申办程序与要求、查重错码处理、数据库建立与查询、软盘上报等一系列规章制度，规范了办证程序，起到了良好的效果。一是纠正重错码 1 483 个，重错码率从 2.47%降至 0.018%，达到了国家局的要求；二是与工商、税务、金融、社会保障等部门协调，代码应用向深层次延伸；三是获得了 100 万元人民币的日元贷款设备，网络建设大大加强，为实现全省联网打下了基础；四是通过了全国代码中心对海南省 IC 卡发放条件的技术审查，IC 卡的发放已在全省有条不紊地进行。五是对组织机构代码进行了行政执法检查，对未申办、年检、变更的单位发出代码催办和责令改正通知书，对注销的单位将其代码废置。全年共办理组织机构代码 7 598 个，其中新办 3 698 个，变更换证 3 574个，废置 277 个；办理 IC 卡 8 728 张。

4. 计量工作

【法制计量工作】 努力为农业产品销售服务，在农产品特别是冬季瓜菜销售旺季，加强了市场计量器具进行了监督检查，维护公平交易秩序。为配合我省启动房地产市场，成立了商品房销售面积计量纠纷投诉站，共接受投诉和咨询 49 宗 317 户，组织对具备条件的 13 宗 211 户商品房销售面积进行了公正测量，共测量面积 162 285.1 平方米。加强对定量包装商品计量监督管理，选择 21 家生产企业和 35 家经销企业组成了全省计量跟踪监督网，定期对 21 种与消费者生活密切相关的定量包装商品进行跟踪检查，其中生产企业 59 个品种商品净含量合格率 90%，经销企业抽查 1 242 个批次，合格率 85.6%。实施光明工程，起草修改了《海南省眼镜配镜行业计量管理办法》，并正在进一步征求意见。继续接受商业企业“计量信得过单位”申请，并对已到期的进行复查。

【计量认证】 大力开展计量认证工作，完成 11 家新申请和到期复查换证质检机构的计量认证工作，对 5 家质检机构计量认证工作进行了初访和预审，并着手建立全省计量认证数据库的建设准备工作。

【计量器具生产的监督管理】 为了配合成品油费改税工作，开展了对“金牌科技股份有限公司”生产的加油机税控装置的性能论证及样机试验工作，完成了对其生产条件考核，颁发了“制造计量器具许可证”。受理 3 家外来投资企业 2 个品种 9 种型号的制造计量器许可证申请，完成 2 家企业电能表样机试验及颁证前的预审工作，对 1 家企业进行了初访。

【工业计量工作】 加强对企业计量工作的指导，在加强对定量包装生产企业的指导外，重点抓了帮助海南富岛化学有限公司完善企业检测体系工作，使该企业成为海南省获得国家质量技术监督局颁发“企业完善计量检测体系”证书的唯一一家企业。

【量值传递网络建设】 开展计量标准器的清查整顿工

作，安排了55项计量标准考核，帮助市县筹备“电话计费器”、“血压计检定装置”的建标工作，开展了全省计量标准建档工作。完成了54 642台(件)计量器具的检定工作，保证了量值传递在全省的正常开展。

5．特种设备安全监察工作

【“质量安全承诺”活动】 1998年省政府组成部门机构调整时，原省人事劳动厅承担的特种设备安全监察职能交由海南省技术监督局负责，经近一年时间的努力，现已走上正轨，并创造性地进行工作，开创了新的工作局面。在全省液化石油气气瓶充装站和电梯安装维修保养单位中分别开展了质量安全承诺活动。“3·15”期间对全省市场流通的液化石油气钢瓶的充装质量进行了抽查，结果在被抽查的355只液化石油气钢瓶中，23只钢瓶超期未检，193只钢瓶缺秤少量，同时发现市场上销售的许多钢瓶不同程度地存在着产品质量问题。针对以上情况，4月下发了《关于在全省液化石油气气瓶充装站开展质量承诺活动的意见》，倡议全省各液化石油气气瓶充装站面向广大用户开展以“求质量、保安全、让消费者放心”为中心内容的质量安全承诺活动。倡议得到了全省60多家气瓶充装站的积极响应，与我局锅炉压力容器安全监察处签署了承诺保证书，接受消费者和我局的监督，确保液化石油气钢瓶充装质量和杜绝伪劣钢瓶、超期钢瓶的流通使用，目前气瓶充装质量和瓶体质量上升到99.8%。9月份，省技术监督局质量监督管理处又发动全省17家电梯安装维修保养单位开展了质量安全承诺活动，并在《海南日报》上公布了承诺书。

【现场安全监察与执法检查】 认真贯彻落实江泽民总书记对宁夏锅炉爆炸事故的指示，两次对全省226家锅炉压力容器重点使用单位开展全省锅炉压力容器行业安全大检查，抽查在用锅炉205台，在用压力容器156台，液化石油气汽车罐车21辆，在役气瓶1 238只，抽查特种作业人员736人，并检查了受检单位规章制度、劳动纪律、安全设施及人员执证上岗等内容。组织对全省61台在用游乐设施、3家索道站的索道、1 438台电梯、200多台其他起重设备进行了检查，查出了一批安全隐患，对各违规单位提出了3 000多条整改意见。绝大多数受检单位都对查出的问题举一反三，对危及安全的隐患切实加以整改，有效地杜绝了我省特种设备恶性事故的发生。

【日常监察工作】 把好特种设备安装维修保养单位的资格认可初审关，把好锅炉、压力容器及压力管道工程的设计审查关，严格审查了有关图纸资料、技术文件，审批新装压力容器和压力管道工程；调查了4起锅炉事故和1起压力容器事故，多次召开事故分析会，探讨预防事故的对策。

6．宣传工作

【新闻宣传】 加强了“质量技术监督宣传网络”建设，密切了与新闻单位的关系。局里在开展大型工作前，与网络成员一起共同策划宣传工作，使发出去的报道吸引群众。据不完全统计，全年省内外各级新闻媒体共刊播有关质量技术监督工作稿件400多篇(条)，其中《海南日报》专题版面4个，海南电视台专题节目两个，《海南经济报》特设栏目一个连续报道9天。

【社会宣传】 多方面发动社会力量，组织了4次大型社会宣传活动。在“3·15消费者权益日”期间，举办了为期两天的现场咨询服务活动；在《标准化法》实施10周年纪念日，组织开展了《标准化法》宣传咨询活动；在六一儿童节期间，举办了少年儿童维权行动，在全省少年儿童中开展了以质量为主题的征文活动和《产品质量法》知识竞赛；9月份组织了质量月活动，开展了以“质量天涯行”环岛打假与宣传为主体的一系列工作服务。

7．技术机构建设

【技术机构建设】 继去年省计量测试所在全国范围内招聘所长、省劳动安全卫生检测中心站招考技术人员后，海南省一些质量技术监督技术机构又大胆进行了改革尝试。如省质量监督检验所调整业务、行政人员岗位，积极走向市场，面向社会和企业开展技术服务，同65家橡胶生产企业签订委托检验协议，利用技术优势与乐普生商厦共建无假货商场；省计量测试所技术人员采取“竞争上岗，双向选择”的聘任方式，成立商品房面积公正站等社会中介服务机构；省锅炉所大力拓展业务领域，利用自身技术优势，成立了海南省化学危险品储运装备检测站，为有关企事业单位进行无损检测服务；省安检站在科技体制改革中，摆正自己的位置，强化内部管理，坚持做“科学严谨、文明礼貌、公正检测的第三方”。各技术机构面对改革与市场两方面的压力，没有等靠要，而是积极想办法发展和壮大自己，顺利完成了全年检验检测任务。一些技术机构大力开展技术改造工作，全省有3个项目列入了国家局计划。

8．行风建设

【“三讲”教育】 海南省技术监督局是全省“三讲”教育面上铺开阶段的第一批单位，按照省委部署，局领导班子、领导干部“三讲”教育从今年10月15日开始到12月25日止，分4个阶段进行，即“思想发动、学习提高”阶段，“自我剖析、听取意见”阶段，“交流思想、开展批评”阶段，“认真整改、巩固提高”阶段。在此之前，局党委十分重视这项工作，制定了工作方案，组织进行了专题演讲，党委成员还开诚布公地交心谈心，开展思想政治教育活动。局各直属单位也举行了各种“三讲”教育活动。领导干部讲政治、讲正气、讲学习，进一步带动了全系统行业作风整顿和廉政建设工作，大家学习李向群等英雄人物，思想境界得到提高。在进入“三讲”教育的具体环节后，局党委对每个阶段都精心组织，明确具体工作任务和要解决的重点问题，环环相扣，步步深入。通过两个多月的努力，局领导班子、领导干部“三讲”教育查找出了党性党风和工作上存在的突出问题，剖析了产生问题的原因，制定了整改方案，领导班子的整体合力进一步增加，领导班子成员的思想政治素质明显提高，思想水平和理论水平有了新的进步，政治敏锐性和政治鉴别力以及全面贯彻党的路线方针政策的自觉性有了明显增强，民主集中制原则和党的纪律观念得到明显巩固，全心全意为人民服务和密切与群众之间的关系有了明显改善，保证了“三讲”教育不走过场，取得了实实在在的成效。

【政治理论学习】 在全系统组织开展了各种政治学习活动，邀请省委党校的老师为机关党员和干部上课，提高大家对国际国内形势和党的十五大精神的理解。在揭批“法轮功”斗争中，组织学习了中央和省委有关文件精神，安排开展了多次的学习讨论活动，并出墙报一期，使大家及时认清了“法轮功”的本质。

【反腐倡廉】 开展了各种党纪、政纪和反腐倡廉的教育工作，进一步健全和完善了已有的行风廉政建设规章制度。认真处理群众来信来访，对群众反映的儋州、澄迈市县局的问题进行了调查落实，协助经检监察部门对有关人员进行了处理。不断加大反腐败斗争的工作力度，完善和严格执行执法人员守则、岗位责任制、过错责任追究等制度，严格执行“收支两条线”的规定，坚持弘扬正气，教育全系统工作人员自觉遵纪守法，坚决抵制地方、部门保护主义和金钱诱惑、人情干扰对执法工作的影响。

【业务培训】 举办了标准化、计量、质量、特种设备安全监察综合管理和质量技术监督行政执法等各类业务培训班，提高了全省质量技术监督工作者的综合业务素质。

【联手扶贫】 根据省委省政府部署，海南省技术监督局与省商贸经济合作厅对陵水县本号镇实行联手扶贫。全局安排两名干部参加了第二批和第三批联手扶贫工作组。由于扶贫资金主要来自两单位机关和个人的捐助，数量有限，但从局领导到一般干部职工都十分关心此项工作，参加工作组的同志更是克服种种困难，圆满完成了任务。第二批扶贫小组帮助建设了60多平方米的校舍，购买了一批体育用品；解决10吨化肥支持贫困户用于农业生产。第三批扶贫小组为使扶贫工作能收到实效，在深入调查的基础上，对以往的扶贫工作进行认真总结，提出了以“改善当地农民的生产条件”和“改善当地中小学校的学习环境”为主的工作原则，完成了灌溉渠道1.6千米的硬化防渗工程；完成了申请日本利民工程基金18.5万元的申报工作，兑现后可解决两所小学90名学生面临失学、转学的困扰，以及教师办公、住宿等困难，全局及局直属单位的干部职工共赠送图书约5 000册，“三八”妇女节期间，局机关女同志还自费出资购置一批图书、文具，到扶贫点赠送给当地的学生。

三、省、地(市)机构简况

【质量技术监督管理体系】 全省19个市县均设置了质量技术监督行政管理机构和相应的职能，原与工交局合署办公的市县技术监督局，全部在人员、经费、职能等方面实行了独立。琼海市技术监督行政机构名称为琼海市技术监督办公室，万宁市技术监督行政机构名称为万宁市技术监督室。

【机构状况】 海南省现有质量技术监督机构53个。其中省级7个，地级10个，县级36个。按机构性质分为：行政机构20个(省级1个，地级2个，县级17个)，质检机构4个(省级1个，地级2个，县级1个)，法定计量技术机构20个(省级1个，地级2个，县级17个)，锅炉压力容器检测机构2个(省级2个)，信息机构3个(省级1个，地级2个)，专业执法机构4个(省级1个，地级2个，县级1个)。

【人员状况】 全省质量技术监督系统职工数为736人，其中行政机构职工为213人，具有大专以上文化程度135人，占行政机构职工总数的63%；事业机构职工为523人，具有大专以上文化程度222人，占事业机构职工总数的42%。

【省局领导班子】 局长：刘世明；副局长：王钢、叶振兴、陈永忠(8月份任职)；助理巡视员：刘德贵。

【质量技术监督系统网络图】

海南省技术监督局	局机关	办公室(纪检监察室)、综合法规处、质量监督管理处、标准化处、计量处、锅炉压力容器安全监察处
	直属单位	海南省产品质量监督检验所、海南省计量测试所、海南省锅炉压力容器检验所、海南省劳动安全卫生检测中心站、海南省组织机构代码管理中心、海南省技术监督稽查队
	市县局	海口市技术监督局、三亚市技术监督局、通什市技术监督局、琼山市技术监督局、文昌市技术监督局、琼海市技术监督办公室、万宁市技术监督室、定安县技术监督局、屯昌县技术监督局、澄迈县技术监督局、临高县技术监督局、儋州市技术监督局、白沙县技术监督局、昌江县技术监督局、东方县技术监督局、乐东县技术监督局、陵水县技术监督局、保亭县技术监督局、琼中县技术监督局
	挂靠单位	海南省质量管理协会、海南省质量检验协会(下设海南省九千咨询服务中心)、海南省标准化协会、中国方圆委海南办事处

撰稿人　王家荣
审稿人　叶振兴

重庆市质量技术监督工作

一、质量技术监督工作

1. 质量管理工作

重庆市在1998年实施名牌战略取得成效的基础上，进一步加大了实施名牌战略的力度。一是组织制定了鼓励和主持企业创名牌活动的优惠政策。如减免企业所得税，实行产品免检等。二是围绕国企改革和产业结构调整，对重点国有企业和企业集团的产品创名牌活动给予支持和政策扶持，以促进创名牌产品的企业在质量、管理、效益上上台阶，在生产上上规模，在产品上上档次。全年各区县(自治县、市)共申报名牌产品142个，经市政府组织有关部门审定，推荐出1999年度重庆名牌产品58个。这些名牌产品1999年实现销售收入85.2亿元，利税19.2亿元。名牌产品的发展已经实实在在成为企业新的经济增长点。通过江津柑桔、江津先锋花椒争创农业名牌产品的试点工作，已正式推荐江津柑桔为重庆市农业产品的第一个名牌产品，实现了零的突破。在推进农业产业化经营，标准化生产，品牌化销售方面迈出了新的步伐。

此外，还坚持不懈地推动群众性质量管理活动和降损增效活动的开展。1999年，重庆市继续加强了对企业开展降损增效和QC小组活动的指导，全市降损和QC小组活动创直接经济效益3.6亿元，创国优QC小组17个，56个企业获全市降损活动先进集体称号，中国嘉陵工业股份有限公司等87家企业被评为'98重庆质量效益型企业。

2. 监督执法与"打假"工作

一是打好"三大战役"，推动打假治劣向纵深发展。根据国家质量技术监督局的统一部署，结合重庆实际，开展了"净市场、保两节"、"查农资、保春耕"、"查建材、保建设"为主题的三大战役。三大战役共出动7万余人次，检查商品4.5万余次批次，查获假冒伪劣商品标值近4 000万元，捣毁制假售假窝点55个，为企业和消费者挽回经济损失1 878万元。尤其是在"保建设"第三战役中，市技术监督局紧密结合"建筑质量年"，大力整顿建筑市场的时机，通过对4 150批次产(商)品的检查，查获了假冒伪劣商品949批，标值919.3万元，查处销售伪劣建材商业企业38家。特别是对已用于在建的桥、路、房等建筑工程的劣质建材，采取了有力的补救措施，有效消除了一些工程隐患。各区县技术监督部门也做了大量的工作，如垫江县技术监督局以綦江"虹桥"事件为契机，对全县建材生产企业、经销单位、门市、建筑工地的建筑材料进行了拉网式的大检查，查处生产销售伪劣产品单位6个，停业整顿门市两家，检查水泥16批1 200吨，钢筋7批800吨，收到了较好的效果。在打假工作中突出了3个重点：第一是急政府所急，以地区经济发展的大项目为重点，想群众所想，以抓好群众关心的热点为重点，办企业所需，以扶优扶强为重点，努力促进本市经济、社会发展。据不完全统计，全年全市共查处假冒伪劣产品标值1.2亿元，销毁7 333万元，捣毁窝点443个，立案1.17万件，为企业和消费者挽回经济损失8 341万元。

二是加强产(商)品质量监督抽查。据不完全统计，1999年，全市共监督1.81万家企业，2.7万批次的产(商)品，批次合格率76.25%，全市完成市级质监计划10 361批次，比计划增加3.61%，批次合格率为73.02%，比1998年提高0.32个百分点。此外，国家监督抽查本市138个企业158个批次的产品，合格率为83.5%，比1998年提高了4.4个百分点。

三是狠抓热点难点，开展专项检查。市技术监督局始终把解决群众反映的热点、难点产品的质量问题，作为保护群众利益，维护政府形象的主要措施。一是贯彻市府关于"禁止销售、使用含铅汽油，改用无铅汽油的通告"，对永川、大足、璧山沿线，綦江、南川、涪陵、长寿沿线及江津、合川和近郊主要交通干线上加油站和油库的汽油进行了专项抽查，共抽查20个油库、296个加油站的3 493个汽油样品，合格率为76.6%。二是开展了水泥包装袋质量抽查。共抽查水泥包装袋250批次，抽样合格率为76%，其中制袋企业的抽样合格率为82.1%，比使用企业高8.8个百分点。通过连续3年的专项抽查，全市水泥袋质量有了较大改观，1999年抽样合格率比1997年提高15.8个百分点。其中制袋使用企业抽查合格率分别比1996、1997年提高9.3和15.3个百分点。三是对电线电缆质量开展了专项抽查。共抽查231家生产经销企业390批次的商品，抽样合格率仅24.6%，已将该种产品列入了1999年的监督重点。此外，还对室内加热器、燃气热水器、电风扇、VCD机等40多种产品进行了专项抽查，并针对各自存在的问题采取了监督措施。

3. 标准化工作

首先，重庆市加强了地方标准的制定工作，组织制定了涉及到安全性、环境保护、消防、建筑、计算机2000年问题等方面的地方标准14个。这些标准的制定，适应了本市经济发展的需要，尤其是《计算机2000年问题符合性测试指南》标准的制定，为解决计算机2000年问题测试工作提供了依据，受到了市政府及有关部门的肯定；其次，加强了对企业采用国际标准与国外先进标准工作的指导，完成采标32个，使用采标标志产品22个，全年制修订企业标准1 224个，并对天燃气汽车标准进行了修订完善；第三，进一步开展了消灭无标生产工作。万州区、黔江县、忠县等7个区县的消灭无标生产工作已经通过国家验收。其中，忠县的企业标准覆盖率由消灭无标生产前的84.6%提高到97%，黔江县由74.5%提高到98.2%，万州开发区由83.5%提高到98.5%，开县由85.1%提高到98%，云阳由51.4%提高到98.96%，奉节由87%提高到99%，梁平县由71.5%提高到99%。验收区县的产品质量抽检合格率达到80%以上，与消灭无标生产前相比，平均提高了10～15个百分点。第四，大力开展农业标准化工作。为充分发挥标准化在推广农业科学技术，增加农产品产量，支持库区经济发展方面的作用，经积极争取，国家局已将重庆市的黔江烟叶和忠县的柑桔列为第二批全国高产优质高效农业标准化示范区。黔江县在各个环节中严格执行烤烟生产标准，极大地提高了该县烤烟生产的整体水平，全县的500多公顷标准化示范面积，共收购烟叶800万千克，烟农收入467.96万元，生产质量、烘烤质量，收购质量及复烤加工质量均得到较大提高，从而进一步巩固了烤烟生产在该县农村经济建设中的支柱地位。

4. 计量工作

1999年计量工作的重点是进一步加强工业企业计量工作的宏观指导，提高企业计量管理水平。对计量水平高的大中型企业，帮助企业建立及完善计量检测体系，在企业自愿的原则下，搞好企业计量合格确认工作。为了贯彻国家局、国家经贸委《关于加强中小企业计量工作的意见》的通知精神，提出了重庆市加强企业计量工作的措施，并对全市100家企业的计量检测体系进行帮助和服务，有58家企业通过了计量合格评定，有14家定量包装企业获得了定量包装商品企业计量评定合格证书。由于加强了对计量器具生产企业的指导和服务，有力地促进了全市计量器具产品质量的稳定提高，其合格率达到88%，较1998年提高5个百分点，其经济效益也较往年有所提高，企业亏损面与1998年相比下降10%，有45种计量器具新产品通过了样机试验。

除此之外，重庆市技术监督局还针对消费者反映强烈的商品房面积不足的问题，出台了《重庆市商品房面积计量规定》，受理商品房面积计量投诉151件，处理110件，实测面积31万平方米，纠错面积1 670平方米，挽回经济损失40万元；全年对水、电、气三表实行“首检”25万只，较1998年提高了3倍以上；对100家医疗卫生单位进行了计量监督检查，受检率达97.8%；出租汽车计价器受检率达96%；继续对重点商品进行了跟踪监督，全年共检查898个单位的定量包装商品19 205件(包)，合格17 701件(包)，合格率为92.1%；全面启动了电话计费器强检工作，共检计费器4 937台，与1998年相比提高了41.2%。还积极为消费者、用户排忧解难，受理质量投诉300多件，并进行了认真处理，处理率达85%，为用户挽回经济损失370万元。

5. 认证工作

根据我国即将加入WTO的新形势，重庆市继续加强了对企业贯标工作的指导和帮助，促进企业加快与国际惯例接轨的步伐，确立了重点企业，开展咨询服务，为企业培训贯标骨干250人(次)，促进了企业质量体系的建立健全。全年共有41个企业通过质量体系认证，为历年通过认证企业总数的五分之一。重庆电线厂、渝州电线厂等8家企业的44种产品获得了产品质量认证证书。全市累计有75个企业，241个产品通过获得了产品质量认证。

二、技术监督机构简况

【主要职责】 重庆市技术监督局是重庆市人民政府统一管理和组织协调全市标准化、计量和质量工作的职能部门。其主要职责是：

1. 贯彻执行国家和市政府有关技术监督工作的方针、政策；负责《中华人民共和国计量法》、《中华人民共和国标准化法》、《中华人民共和国产品质量法》、《中华人民共和国产品质量认证管理条例》等法律法规的贯彻实施和行政执法工作；组织研究、制订和实施质量、标准化、计量的地方性法规、行政规章和规范性文件。

2. 统一管理全市质量工作。组织制定、实施提高产品质量的发展规划及政策措施；宏观指导全市各行业的质量管理工作；组织实施名牌发展战略；负责全市质量指标考核；组织或参与对重大质量事故的调查、分析和处理；负责工业产品生产许可证(准产证)的管理和监督；推广现代科学的质量管理方法。

3. 统一管理、组织和协调全市产(商)品质量监督工作。组织实施全市的产(商)品质量监督检查；统一编制并实施全市产(商)品质量监督检查计划；负责全市重点商品质量售前报验工作。

4. 统一监督管理全市标准化工作。组织制定、审批和发布地方标准；管理企业产品标准备案和企业执行标准的登记工作；组织实施各级各类标准，并依法监督检查标准的贯彻执行；组织推行国际标准和国外先进标准；负责组织协调全市统一代码管理和中国物品条码工作；组织推行农业标准化、信息标准化；指导行业、企业标准化工作。

5. 统一监督管理全市计量工作。推行法定计量单位，贯彻执行国家计量制度；制定建立全市社会公用计量标准器具的规划，依法建立市级社会公用计量标准；建立并管理全市量值传递(溯源)系统；组织制定地方计量检定规程和计量技术规范；依法实施计量监督检查；指导行业、企业计量工作，推行工业计量现代化管理。

6. 统一管理全市质量认证工作。贯彻执行国家质量认证工作的方针、政策，研究制定全市产品质量认证、质量体系认证、实验室认可、计量认证的规划、计划；会同有关部门审查认可认证检验机构及其检验人员；依法对各认证机构在我市认证工作的质量进行监督，对认证的产品质量进行监督；查处不符合认证要求、假冒认证标志的产品以及违反有关认证法律法规的其他行为。

7. 负责全市技术监督行政执法和执法监督管理工作。依法查处质量、计量、标准化违法行为；会同有关部门负责管理全市打假治劣工作，查处生产、经销假冒伪劣产(商)品行为；办理技术监督行政案件和区(市)县技术监督行政复议案件；负责全市技术监督行政执法的监督检查；管理产品质量仲裁检验、计量仲裁检定，调解质量、计量纠纷；监督管理防伪技术和防伪技术产品。

8. 组织制定全市技术监督事业发展规划并组织实施；依法考核、审查、认可、监督全市产品质量检验机构、计量检定测试机构及其检验、测试人员；对区(市)县以及行业、社会有关产品质量检验机构、计量检定测试机构进行业务指导和监督，协调行业的和专业的技术监督工作，规范技术监督系统的行业作风；指导、协调区(市)县技术监督工作。

9. 负责有关技术监督的宣传、教育、科研、信息和对外合作工作。

10．负责技术监督人员的培训、考核工作。组织实施技术监督行业职业资格制度、技术监督行业技术工人职业技能等级鉴定、标准化、计量、质量专业技术资格评审工作；负责技术监督管理人员、技术人员、行政执法人员和技术工人的培训、考核工作。

11．管理局属单位。作为业务主管部门管理技术监督行业的事业单位、社会团体和民办非企业单位。

12．承办市委、市政府交办的其他事项。

【内设机构】 根据上述职责，市技术监督局设10个职能处室和机关党委。

1．办公室

负责局领导交办工作的督查、督办和综合性调研工作；综合协调各处室工作；起草重要报告文件；负责政务信息的收集、分析、反馈；负责局机关财务和各直属单位财务的管理与指导、审计工作；负责局机关医疗保健和计划生育工作；负责相关房产和固定资产的实物管理、维修；负责机关文秘、档案、机要、提案、信访、行政事务、后勤服务、保密保卫、内务协调等工作；承担全局性会议的会务和对外接待工作；协调直属和挂靠单位的有关事务。

2．综合计划科技处

负责组织编制和实施全市技术监督副业发展规划、本系统科技发展规划和年度计划；负责全市年度技术监督业务指令性和重要指导性计划的组织编制和统一下达实施；负责本系统的科技工作、对外交流与合作工作；负责本系统技术改造、基建、设备和其他资产的计划管理；负责全市技术监督综合统计工作；负责全市技术监督行政事业性收费标准汇总申报工作，并检查执行情况；指导和协调区（市）县技术监督工作；负责防伪技术和防伪技术产品的监督管理工作。

3．政策法规处

贯彻执行国家有关技术监督的法律、法规；负责组织有关全市技术监督工作的政策研究；负责编制地方性技术监督法规建设规划和年度计划；研究制定、实施地方性技术监督法规和规范性文件；负责制定行政执法的管理制度；承担全市技术监督行政案件复议委员会的日常工作；负责行政案件复议、行政诉讼案件的应诉和行政赔偿的日常管理工作；负责全市技术监督行政执法工作的监督检查；指导技术监督重大案件的查处和区市县技术监督部门的行政执法工作；组织对执法人员的培训、考核；负责局系统的普法教育工作。

4．宣传教育处

负责编制、实施宣传工作计划，组织技术监督系统的宣传网络建设和报道工作；负责编制、实施技术监督系统职工业务教育、培训规划和年度计划；负责管理局系统的技术、业务培训和发证工作，并对培训、考核工作实施监督检查；负责局系统新闻发布工作并承担局新闻发言人的工作；指导《城市技术监督》杂志社的业务工作。

5．人事劳资处

负责局机关、直属单位的机构、编制工作；负责局机关人事劳资工作和离退休人员的管理；负责局机关干部和直属单位领导干部的考核、任免、奖惩、调配工作；制订并实施技术监督干部培训规划；组织实施全市技术监督行业职业资格制度、专业技术人员技术资格评审、技术工人职业技能等级鉴定工作；负责局机关及直属单位人员出国及智力引进管理工作。

6．质量管理处

组织实施全市质量振兴规划，宏观指导全市各行业的质量工作；负责研究分析全市产品质量状况，组织制定和实施全市提高质量的规划和政策措施；负责全市质量指标的考核；组织或参与对重大质量事故的调查、分析和处理；推行现代科学的质量管理方法，总结推广质量管理经验；组织实施全市名牌产品战略，承担市名牌产品评审委员会的日常工作。统一管理、监督全市工业产品生产许可证准产证工作；联系指导市质量管理协会（含市用户委员会）、市名牌产品协会的工作。

7．标准化处

负责组织国家标准、行业标准、地方标准的贯彻实施，并依法对标准的实施进行监督检查；组织制定、修订、审批和发布地方标准和有关的技术规范；组织推行采用国际标准和国外先进标准的工作；负责企业产品标准的备案；组织对重大新产品、技术改造和技术引进项目的标准化审查；组织推行农业标准化、信息标准化工作；组织协调本市机关、企事业单位、社会团体统一代码和中国物品条形码工作；管理、指导全市各专业标准化技术委员会的工作；联系指导市标准化协会的工作。

8．计量处

负责推行国家法定计量单位，贯彻执行国家计量制度；管理全市社会公用计量标准，组织建立市级社会公用计量标准，主持考核企事业单位最高计量标准；组织制订地方计量检定规程和计量技术规范；建立健全市计量测试网络，监督管理全市量值传递；组织实施强制计量检定；对制造、修理、销售、进口、使用计量器具和商品量实施计量监督，对制造、修理计量器具依法实施许可证监督管理；负责考核、管理社会公正计量事务机构；监督、管理法定计量检定测试机构；受理计量投诉，管理计量仲裁检定，调解计量纠纷；指导企业建立和完善计量检测体系；指导联系市计量测试学会的工作。

9．质量监督处

统一管理、组织协调全市生产、流通领域中的产（商）品质量监督工作；配合计划处组织编制年度市级产（商）品质量监督检验计划，并具体组织实施，发布质量监督公报，督促监督抽查产品不合格企业的整改和验收；受理质量投诉和举报，依法组织质量仲裁检验、调解质量纠纷；负责产（商）品质量售前报验工作；负责质量保险等工作的监督管理；管理和考核法定质量监督检验机构；承担市严厉打击假冒伪劣商品办公室的日常工作；承担局技术监督行政案件审理委员会的日常工作；指导联系市质量检验协会的工作。

10．认证处

统一管理全市质量体系认证、产品质量认证、实验室评审、计量认证和产品质检机构审查认可工作。研究制定全市认证工作的方针、政策、规划和计划，参与有关认证工作的本市地方性法规、行政规章和其他规范性文件的制定并组织实施；协助国家认证机构办理本市的质量体系认证、产品质量认证和实验室认可的申请、考核和对本市认证评审人员的管理；依照权限组织实施全市的计量认证和产品质检机构审查认可；实施对质量体系认证企业、质量认证产品、认可实验室、计量认证机构和质检机构的依法监督管理；指导认证咨询服务机构的工作。

11．机关党委、纪检组和市监察局派驻监察室实行合署办公

负责局机关、直属单位的党群工作和政治思想工作；负责局机关和指导直属单位及全市技术监督系统的纪检监察工作；领导局直属工会、共青团和妇委会工作。

撰稿人　宋　波

审稿人　赵晓微

四川省质量技术监督工作

一、概　　述

1999年是质量技术监督管理体制改革之年，也是全省质量技术监督系统“用两年时间上台阶”的最后一年。根据党中央、国务院关于质量技术监督管理体制改革的决定以及省政府《关于我省质量技术监督管理体制改革实施意见的通知》精神，从7月1日起撤销原省技术监督局，成立省质量技术监督局，为省政府工作部门，负责统一管理和组织协调全省标准化、计量、质量工作并行使执法监督职能。省以下质量技术监督系统实行垂直管理，撤销原市(地、州)、县(市、区)技术监督局，成立市(地、州)、县(市、区)质量技术监督局，并将其调整为上一级质量技术监督局直属机构，在机构、编制、经费、干部4个方面实行统一管理。与此同时，原由综合经济管理部门、行业主管部门负责的质量管理、质量监督以及锅炉压力容器等特种设备的安全监督管理等职能也一并划归各级质量技术监督部门。在各地、各部门的大力支持、配合下，质量技术监督管理体制改革进展顺利。截止年底，全省21个市地州的体制改革工作已基本完成，市地州局均以质量技术监督局名义对外办公、挂了新牌子，县市区局领导班子和领导干部接收工作也已完成。除成都、雅安、自贡、绵阳外，全省劳动系统的锅炉、压力容器、防爆电器、电梯等特种设备的安全监督监察职能已全部划归各级质量技术监督局。

以改革为契机，全省质量技术监督系统认真贯彻邓小平质量思想，切实履行综合管理和行政执法职能，突出用铁腕抓质量，按照年初制定的“2351”的工作方针要求，认真做好管理体制、管理方式和工作方法的转变，坚持生产领域与流通领域一起抓，突出抓好流通领域；监督与服务一起抓，突出抓好服务；综合管理与行政执法一起抓，突出抓好行政执法。切实加大工作力度和执法力度，积极推动企业、政府、社会形成合力，大力实施“质量立省、名牌兴川”战略，努力提高全省质量总体水平；深入开展“打假保名”、扶优治劣，维护公平竞争、优胜劣汰的市场秩序，创造消费者放心满意的购物环境。为提高我省经济增长的质量和效益作出了积极的贡献，全面完成了“上台阶”的任务。在各项业务工作取得较大成效的同时，根据省委、省政府的部署，在全系统县级以上领导班子和领导干部中深入开展了“三讲”教育，做到了“三讲”、改革、业务工作三不误。

二、质量技术监督工作

1. 质量管理工作

【全省质量工作会议召开】 为深入贯彻全国质量工作会议精神，12月，四川省政府隆重召开全省质量工作会议。会议根据《质量振兴纲要》提出的总体要求，制定了今后几年我省质量工作的主要目标和任务。提出要进一步加大质量工作综合管理和行政执法的力度，在全省质量技术监督管理体制改革中要将有关质量和打假的职能、机构划转等尽快到位；树立“大质量观”，努力提高包括产品质量、工程质量和服务质量在内的整体质量水平；认真落实质量工作责任制，把我省质量工作引向深入。全省质量工作会议的召开，标志着我省质量工作进入了一个新的发展时期。

【“质量兴市”活动】 继续推进“质量兴市(县)”活动，促进地方经济的发展。通过两年的试点，先后有泸州、绵阳、雅安、巴中、什邡等市提出了开展“质量兴市”，并按照《质量振兴纲要》的要求制定了质量发展目标和措施。

【“质量月”活动】 为促进全民质量意识的提高，省质监局、省委宣传部、省经贸委等部门联合开展了以“创造高质量，迎接新世纪”为主题的“99质量月”活动。王金祥副省长带领有关部门，亲临成都工程机械厂和成都卷烟厂视察了质量工作，拉开了质量月活动的帷幕。据不完全统计，“质量月”期间四川省共散发宣传资料14 200份，张贴宣传画9 855张，悬挂宣传标语、横幅821条，接受咨询57 925人次，受理群众投诉936件，发表新闻稿件85篇。各地方电视台制作专题节目72个，出动宣传车158辆，销毁假冒伪劣产品38 000件，价值900余万元。

【实施名牌战略】 完成了对争创第四届四川名牌产品以及企业的标准化、计量、质量监督等方面的审核工作。通过大力实施名牌战略，全省累计有324种产品荣获了四川名牌产品称号，并涌现出了长虹等一批质量效益型企业。仅占全省独立核算企业数5%的四川省名牌产品生产企业，名牌产品的销售额和税利就达到了全省独立核算企业总销售额和总税利的30.58%和62.13%。四川名牌已成为四川经济发展的重要支柱。

【加强生产许可证监督管理】 对农药、化肥、特种劳动防护产品等10类产品生产许可证进行了复查换(发)证；为加强生产许可证管理的权威性和有效性，全省开展了对大型游乐设施、复混肥料等8类产品的无证查处工作；对过磷酸钙、O型密封圈等4类产品加强了取证后的监督管理；组织了对申请临时生产许可证企业的审查工作，为企业发放临时生产许可证300余份。为加强对全省涉及人体健康和人身财产安全的重要工业产品质量监督管理，保证产品质量的不断提高，四川省大力推行实施工业产品准产证制度，向省政府报送了《四川省工业产品准产证管理办法》(送审稿)，作为国家工业产品生产许可证管理制度的一种必要补充。

【重大工程设备质量监理】 协调建立重大工程设备质量监理制度，将过去政府对重点工程设备质量的直接监督管理转变为业主与监理机构建立在经济基础上的监督管理，并向省政府起草上报了《四川省工程设备监理管理办法》(送审稿)。

【加强非公有制企业质量工作】 省质监局和省工商联联合表彰了120余家非公有制企业质量工作先进单位。

2. 监督执法与“打假”工作

【产商品质量监督检查】 全省各级质量技术监督部门共监督检查生产、经销企业 63 735 个，检查产（商）品 102 698批次，合格 82 949 批次，批次合格率 80.77%，较 1998 年上升 1.17 个百分点。其中：①监督检查生产企业 36 404个，产品 44793 批次，合格 38 292 批次，批次合格率 85.49%，较 1998 年下降 0.84 个百分点。查出不合格品企业 5 720 个，占监督检查企业数的 15.71%。监督的 12 大类产品中批次合格率 80%以上的有 10 类，批次合格率低于 80%的有能源产品（79.36%）、医疗器械（77.14%）两大类。国家重点监督的 91 种产品中我省监督检查了 81 种，其中批次合格率 80%以上的 63 种，占监督种数的 78.75%，批次合格率低于 70%的 7 种。导致本省产品综合合格率下降的产品主要是农用配件、黄酒、果酒、铝制品压力锅、玻璃制品、电热器具、日用五金、金银首饰、油毡油纸、水暖管件、石棉制品、汽油柴油等。②监督检查商业企业 29 331 个，商品 57 905 批次，合格 44 657 批次，批次合格率 77.12%，与 1998 年相比上升 2.85 个百分点，监督的 12 大类商品中，除医疗器械（68.16%）外，其余 11 大类均在 70%以上；除医疗器械、农用产品（73.23%）、其他类（81.74%）等 3 大类外，其余 9 大类商品合格率均较 1998 年有所上升。国家重点监督的 91 种商品四川省监督了 87 种，其中批次合格率 80%以上的 36 种，占监督种数 41.27%，比 1998 年增加 16.98 个百分点；批次合格率低于 70%的 21 种，占监督总数的 24.13%。查出不合格品价值 10 005.02 万元，其中伪劣商品价值 593.71 万元。

全省通报批评企业 997 个。查处质量违法案件 6 944 件、计量违法案件 930 件，查处产商品标值 9 421.56 万元；查处大案要案 225 件，查处产（商）品标值 2 111.48 万元。没收处理产（商）品标值 408.85 万元。挽回经济损失 2 567.28万元。

【省级季度监督抽查】 组织安排了对农机零配件等 29 种产商品的省级季度抽查，抽查经销企业、生产企业 40 431 个，产商品 59 533 批次，批次合格率 79.56%，查出不合格商品标值 3 346.98 万元，其中伪劣商品标值 455.26 万元。

【市场监督检查】 实施了对计算机及配件、乳胶漆等 23 类市场重点及热点产品的专项监督检查，平均抽样合格率为 71%。进一步健全了成都农牧专业市场的监督管理，组建了西南生资市场管理办公室。继续开展对生产企业出具产品质量检验合格证明的条件和能力进行监督检查的工作，发放资格证书 15 000 张。

省政府下发了《关于加强建筑市场管理确保建设工程质量的紧急通知》后，省质监局会同有关厅、局及法定质量监督检验机构组成联合检查组，对我省 1999 年 53 个重点建设项目所使用的钢材、水泥、预制构件、烧结砖等建筑材料进行了监督检查，现场检查施工工地和施工合同段 73 个，水泥堆放仓库 72 间，钢材存放处 86 处，预制构件生产现场 69 处，查阅建材资质证明和检验报告 900 多份，抽查钢材 21 批次，抽查水泥 5 组。所检的 53 个在建重点工程大部分都较为重视建筑材料的质量，建立了一套材料采购、进场检验、仓库出料等较为严格的管理监督制度，设有监理机构和施工现场实验室。但在一些施工现场仍发现劣质建材，个别工程质量存在着重大隐患。

【实施三大战役】 组织实施了“查市场、保两节”战役。在元旦、春节期间对与老百姓密切相关的“米袋子、菜篮子、火炉子、车子、房子”等商品进行了监督检查和打假；实施“查农资、保春耕”战役，开展以农药、化肥、饲料、农用水泵等产品为重点的监督检查和执法打假活动；实施“查建材、保建设”战役，对水泥、钢筋等建筑用材料及其制品、建设工程工地使用的建材产品强化了监督检查，以确保我省建设工程质量。在三大战役中，全省组织执法检查人员 82 251 人次，共检查专业市场 966 个，商场 114 210 家，查获伪劣商品标值 9 658.7 万元，端掉制售伪劣产品窝点 22 个，查处违法案件 3 848 件。

【纤维检验】 认真贯彻落实国务院、省政府关于深化棉花流通体制改革的精神，积极稳妥地开展棉花质量公证检验工作。对棉花公证检验技术人员进行了培训，先后投入资金 20 万元新建 34 m^2 的棉花灯光实验室并购置了设备，从 2 月 26 日全省棉花质量公证检验首检至 12 月，组织完成了对成都、仁寿、内江、南充等地市的 8 个大型棉纺企业的 1 237 批 21 877 吨进厂棉花的公证检验。在公证检验中，供销双方按公检证书结算价格，为纺织企业挽回经济损失数百万元，为供棉企业避免经济损失数十万元。

加强蚕茧、生丝质量监督工作。以蚕茧收购为重点，开展了鲜茧地方标准的宣贯，全省各地、市（县）纤检所在春茧、秋茧收购期间深入各茧站收购点进行质量监督检查，重点对收购中执行标准情况、仪器配备、检定及仪评收茧情况进行检查和复查。完成国家生丝质量抽检工作，抽样 101 批次，对 65 个生产企业进行了抽样检验，其中 61 个企业合格，合格率 93.8%。

开展纤维制品的质量监督检查，组织了对生产、销售部门产（商）品的纤维含量、羽绒制品及填充料，以及大中专院校学生用棉胎等专项执法检查，共抽检服装、装饰布、床上用品、羽绒制品 462 批次；抽检 24 所院校棉胎 49 批次，53 个样品，合格 42 批次，合格率为 85.71%；开展纤维及纤维制品质量检验，完成毛、麻、丝、化纤、喷胶棉、玻纤、羽绒生产企业定期质量监督检验共计 69 批次，合格率 97.1%。

在全省纺织品、服装质量监督检查中，抽查 37 个企业，产品 51 批次，合格 50 批次，合格率 98.1%。

【行政执法】 为确保依法行政，全省质量技术监督部门全面实行了行政执法责任制，实现执法主体到位，责任到位，监督制约到位，从而建立起守法、执法和执法监督于一体的执法体系。严格培训执法人员，严把执法人员素质关，各稽查队主要负责人的任职资格实行分级管理，报上一级审查认可后，由所在质监局聘任；举办了 3 期行政执法资格考核培训班，约 200 余人受训。规范执法行为，严格办案程序，彻底纠正“全员执法”、“多头执法”的问题，制定了全省质量技术监督行政执法“三分离”（即综合管理与行政执法分离、技术服务与行政执法分离、调查取证与审查决定分离）的规定，受到了省政府法制局的充分肯定，并以《简报》形式发至全省。质监法制工作较好地沿着健康的轨道运行，据统计，全省共查处违法案件 36 696 个，结案 36 685 个，结案率 99%，准确率 99%。

【严厉打击制售假冒伪劣产品的违法行为】 “三重一大”的打假工作效果明显，加强了对边远地区和假冒伪劣产品泛滥的重灾区的监控力度，查处了一大批制售假冒伪劣产品的窝点，如查处巴中地区“邓氏精细化工厂生产销售假冒成都蓝风集团的洗衣粉、餐具洗洁精案”，查处“自贡市植保中心销售假冒德国杜邦巨星牌农药案”，查处达川地区“四川全兴鞋业有限公司生产、销售假阿迪达斯运动鞋案”，查处成都销售假冒“大白兔、喔喔奶糖案”；查处“广汉市广兴集团购进 250 吨劣质柴油案”；查处绵阳“卫力达公司销售不合格的一次性注射器、一次性输液器案”，端掉成都武侯区棕树小区一制售假五粮液、剑南春、全兴大曲名酒案等。狠狠打击了制售假冒伪劣违法分子的嚣张气焰，对制售假冒犯罪分子和重大质量事故责任者，依法追究了刑事责任。据统计，全省共端掉造假窝点 218 个，查处销售假冒伪劣产(商)品经销点 14 000 多个，没收违法产(商)品标值 1.4 亿多元，整顿重点地区、重点区域 3 个、重点市场 5 个、重点产品 24 个。

【开展“打击假冒、保护名优”活动】 根据省委、省政府的工作安排和指示，积极地开展了打假保名工作，在保护国家质量技术监督局“121”工程的名优产品的同时，还保护了省委、省政府的 37 户扩张型企业的名优产品，并结合四川实际，确定了五粮液集团公司、剑南春集团公司等企业的 24 种名优产品实施了重点保护，对蓝风洗衣浆、餐具洗涤剂、彩虹灭蚊药片等产品开展了 3 次专项“打假”活动，集中力量查处了 8 起大案。

3. 标准化工作

【采用国际标准和国外先进标准】 4 月 15 日，四川省政府以 125 号政府令批准发布了《四川省企业采用国际标准管理办法》，进一步推进了四川省企业采用国际标准和国外先进标准，完成采标认可 70 项，采标标志备案 50 项。

【消灭无标生产工作】 2 个国家级“消灭无标生产”试点县顺利通过国家验收，33 个省级“消无”试点县的检查和评定验收工作全面完成。

【地方标准制修订】 制定地方标准 21 个，其中新制定标准 18 个，强制性标准 8 个，推荐性标准 13 个。截止 1999 年底，全省累计地方标准数已达 292 个，其中强制性标准 198 个，占地方标准总数的 68%，推荐性标准 94 个，占地方标准总数的 32%。

【农业标准化】 “名山茶叶”和“旺苍杜仲”等 2 个国家级农业标准化示范区实施工作进展顺利。通过建立示范区领导小组、技术工作组等组织机构，建立健全标准体系，分别按照《实施方案》全面开展了示范推广工作。《名山县茶叶标准化示范区》计划示范面积 0.2 万公顷，平均单产 2 108.6千克/公顷，新增总产量 26.5 万千克，新增总产值 318 万元。《旺苍县杜仲标准化示范区》实际落实面积 1 万公顷，实现新增总产值 2 508.6 万元。制修定了《獭兔饲养技术规范》等农业地方标准，对农业产业化发展起到了积极推动作用。

【代码工作】 制定了《四川省组织机构代码管理规范》，从根本上保证了全省代码工作的科学化、规范化和法制化。在全省建成省市(地、州)县三级代码管理机构网络，建立代码办证点 200 个；落实了与各市、地、州的代码工作目标管理责任制，全省新增、换证 2.45 万家和 1.46 万家，现有赋码量已达 27.048 万家(不含成都市)。继续深入开展查重纠错工作，代码数据的重码率已降低至万分之二以下，数据质量有了进一步提高。6 月，四川省顺利通过国家代码中心的技术审查，批准推行代码电子副本。进一步拓宽了代码的应用领域，依据《四川省组织机构代码管理办法》，与省编委、省工商、省民政厅联合发文，加强办证信息通报；在全省人事管理信息系统中应用了代码，在银行系统除了保证开立基本帐户时查验代码证外，还配合贷款证清理工作，查证核实贷款单位的代码，有效地促进了金融监管工作；主动配合税务稽征工作，在税务登记、稽查税源、清缴欠税和税务换证工作中，由税务部门发出督办单办理代码证，保证了税收登记时的代码应用；帮助成都海关核对进出口企业数据 3 000 多条，为加强进出口监管作出了贡献。

【条码工作】 发展和续展中国商品条码系统成员各 320 家，复审率为 57%。在成都红旗商场、成都百货大楼开展了条码应用服务试点工作。完成“二维条码技术的应用研究”，制作二维条码标贴、标识卡 1 万多枚，在电梯、企业产品执行标准证书、房屋面积公正计量等方面得到了应用。对全省 118 家企业的条码印刷品进行了定期监督检查，对省内 46 家印刷企业进行了条码印刷质量综合评价认可。制作条码胶片 7 400 张，新建条码胶片数据库，并初步完成了条码数据库的建设和条码局域网联网工作。

4. 计量工作

【计量监督检查】 以市场为导向，强化法制计量监督，组织了 4 次全省市场商品计量监督检查，共检查集贸市场 434 家，检查定量包装商品 2 170 批次，计 2 200 多件。

组织开展了 3 次全省统一的专项计量检查活动。针对本省个别酒厂产品在中央电视台“3.15”晚会上因计量不准被曝光的情况，开展了对酒类企业的计量专项检查，抽查了 84 家酒厂的 158 个品牌的酒，合格率 86.1%，促进了酒类生产企业的计量管理工作；在对锅炉压力容器的计量检查中，检查用于安全防护的在用压力表 18 308 只，受检率 91.4%，合格率 95%；对全省加油机开展突击专项检查，共检查加油站 556 个，加油机 1 828 台，震慑了“油耗子”，有效地扼制了计量违法案件蔓延的趋势。

加强对影响广大消费者切身利益的重要计量器具的管理，以水表为突破口，在全省组织了计量产品质量监督检查，抽查了 13 家企业生产的水表 56 只，合格率仅 27%(其中抽查外省企业生产的产品 12 只，合格的只有 1 只)，通过这次检查，外省流入本省市场的劣质水表已难觅踪迹。同时以计量产品为龙头，把发展计量器具生产作为计量工作的一项重要工作，使四川宝兴公司成为西部地区唯一的一家加油机税控装置生产企业，使成都日月加油机的税控加油机成为首批通过国家税控功能审查、申办许可证的企业。

进一步加强对商品房销售面积计量监督。受理商品房面积计量方面的投诉、咨询达 600 余人(次)，受理并完成商品房公正计量 120 多万平方米，组织了 2 次商品房面积计量监督检查，新建房屋面积公正计量站5个。

【企业计量工作】 在155家生产化肥、调味品等的定量包装商品生产企业中抓完善计量检测体系的试点工作，狠抓计量检测手段的改进；在66家年耗5万吨标煤的生产企业抓能源计量试点，16家单位取得计量管理和节能技术经验，14家建立完善计量机制。

5. 认证工作

【质量认证】 全省共有202个企业获得质量体系认证证书，有136个企业获得423张产品认证证书。

加强质量认证监督管理，建立并实施了质量认证机构、咨询机构、内审员培训机构的工作汇报制度和信息通报制度，特别是制定了《关于加强质量认证咨询机构监督和管理，规范质量认证咨询市场的暂行规定，对规范全省从事质量认证咨询工作的机构的咨询工作和实行备案登记制度作出了规定，此举受到国家质量技术监督局的肯定，并以认评信息通报全国。全年已有2家咨询机构通过备案审核，取得了省局备案资格证书；实施了我省获得产品质量认证、安全认证、质量体系认证证书的企业向所在地的市、地、州质量技术监督局和省局登记的制度。并在西面网景技术监督信息中心上建立了四川省质量认证获证企业数据库，现已有110家获证企业上网。

继续开展质量体系内审员培训和注册工作，对在省局注册的内审员必须具备的学历、职称和质量管理等工作经历提出了明确要求，对培训机构在授课教师、教学质量、考试试题进行了跟踪或审查，并派人对考试进行了监考，进一步规范了此项工作。全年共有760名符合条件的内审员在省局注册，累计注册1 198名。

制定了《电工产品安全确认办法》，加强强制性安全认证电工产品的管理。

【检测机构认证】 帮助建筑、公路、水利水力工程质检机构建立健全检测质量体系。以提高本省工程质量为目标，开展对工程质量检测的计量认证工作，举办2次工程质检机构管理人员培训，29家工程质检机构通过计量认证，提高了检测水平和管理水平。同时，以计量认证为手段，协调了质监部门与建设、交通部门的关系，发挥了质监部门在工程质量监督方面的作用。

为规范检测机构认证考核评审工作，印发了《关于加强评审工作质量若干问题的意见》，对认证申请的受理和审查、评审计划、现场评审准备、现场评审和获证后监督等作出了明确规定。全年共完成新认证检测机构47家，复查换证55家，10年到期认证12家，增项认证6家。

【获证检测机构的监督管理】 开始实行获证检测机构年度自查和监督抽查的制度，质量技术监督部门的监督抽查面达到20%～30%；开展了对水泥、饲料、环境监测3个项目的比对试验考核，对比对考试不合格的2个检测机构实施了取消该项目的处罚。对超认证范围检测的1个检测机构进行了通报批评。

【技术机构改革】 为适应质量技术监督系统垂直管理的形势，积极探索技术机构改革思路，提出了建立市、地、州质检分中心和试行网点实验室，避免技术机构重复建设，合理配置检测资源的新思路，受到了国家质量技术监督局的肯定，要求四川省大胆实践。

6. 锅容管特安全监察工作

【锅容管特安全监察职能划转】 1999年7月，四川省质量技术监督管理体制改革后，锅炉压力容器、压力管道、电梯、防爆电器等特种设备安全质量监督监察管理职能由劳动部门划转到质量技术监督部门。截止1999年底，省、市地州锅容管特安全监察机构、技术机构的划转基本完成。

【锅炉压力容器监督检查】 1999年全省锅炉定期检验3 526台，定检率96%；压力容器定期检验2 355台，定检率80.3%。

为了贯彻江泽民总书记关于“银川锅炉爆炸事故”的重要指示，在全省开展了2次锅炉压力容器安全大检查。以消除事故隐患、遏制特大事故为目标，通过查事故源头，查事故隐患，抓典型，严肃查处事故，全省共检查3 535家企业，4 814台锅炉，7 521台压力容器，查处和扣压654台非法制造的锅炉和压力容器，发出455份监察意见通知书，提出1 274条整改意见，消除了大量的事故隐患，降低了事故发生率。全省发生锅炉压力容器压力管道重大事故2起，死亡1人，重伤2人，轻伤5人，其中爆炸事故1起。事故数量和死伤人数与1998年相比有较大幅度下降。

针对四川省燃气行业发展较快，但各地布点较多，充装场站达不到要求，过期钢瓶充装现象严重的状况，质量技术监督部门对充装场站的硬件设施提出了具体要求，要求各单位限期整改。同时，利用换发《液化气体罐车使用证》的机会，对液化气体汽车罐车进行了初步整顿，全省各地也开展了以燃气行业为重点的执法检查，大力整顿气瓶充装站、检验站，加快老、旧、劣气瓶的淘汰，提高气瓶使用的安全状况。同时，为了促进压缩天燃气(CNG)汽车产业健康有序地发展，防止气瓶爆炸事故的发生，省质监局和省天燃气汽车工作协调领导小组采取预防性措施，联合制定了《四川省压缩天燃气气瓶安全监督管理办法(暂行)》，规范CNG气瓶充装单位和检验单位，扶持有技术实力、有条件的检验站，在全省树立了一批示范场、站、也使本省的CNG气瓶安全监察、管理工作走在了全国前列。

【特种设备安全大检查】 为加强特种设备检验工作，成立了四川省特种设备检验所。为确保特种设备的安全使用与运行，10月全省结合“百日安全无事故”活动，开展了今冬明春锅炉压力容器压力管道及特种设备安全大检查。特别是针对国内客运架空索道重特大事故频发的现状，省质监局与省公安厅等部门组成客运架空索道安全联合检查组，对峨眉山、青城山等5条客流量大、影响大的客运架空索道进行了检查，防患于未然。

7. 教育培训工作

【四川省技术监督学校】 学校的硬件和软件建设得到进一步增强，被省政府确认为省部级重点中专，并荣获“全国技术监督系统先进集体”和“全国质量技术监督教育工作先进集体”称号，保持了在全国质监系统中专教育行业的排头兵地位。

学校积极推进招生并轨改革，畅通招生分配渠道。普通中专招生653人，成人中专招生27人，招生范围涉及全国18个省、自治区、直辖市；为95级毕业生联系了多个岗位，提供就业率达100%。

开展多形式、多层次、多规格办学。开展公务员培训，成功举办了首期质量技术监督基础知识培训班，培训学员24名；举办了质量技术监督系统军转干部岗位培训，培训学员71名。积极探索开办高等教育，已向有关部门提交了开办质量技术监督学院的请示，并积极筹备省质监局与西南交通大学联合在该校设立二级学院，培养质量技术监督类高层次人才，目前已达成初步协议。

三、省、地(市)机构简况

1999年，四川省共有质量技术监督机构344个，其中行政机构163个，事业机构181个；省级机构9个，市地州级机构87个，县级机构248个。全系统共有职工7 325人，其中行政机构2 163人，事业机构5 054人；高级职称的196人，中级职称的930人，初级及以下职称的3 928人；研究生47人，大专以上学历的3 185人。质量技术监督系统人员素质有了显著提高。

撰稿人　李朝晖
审稿人　丁明福

贵州省质量技术监督工作

一、概　　述

1999年，贵州省质量技术监督系统继续深入贯彻党的十五大和十五届三中全会精神，以邓小平质量思想为指导，按照全国质量技术监督局长会议和全省经济工作会议要求，以全省质量技术监督工作的总体要求为目标，全面贯彻落实省委、省政府提出的各项任务，紧紧围绕贵州省经济发展，坚持"以质量为中心，标准化、计量为基础"的工作方针。通过加强职工思想工作、加强政治学习、加强内部制度建设、加强廉政建设等一系列措施，进一步提高质量技术监督工作的有效性，进一步提高工作质量和工作效率，在切实履行质量技术监督行政执法和综合管理职能方面取得了较好的成绩。主要表现在：加强质量监督管理，切实提高企业产品质量和重点工程建材质量；用铁腕抓质量，加大对流通领域打击假冒伪劣商品的力度；加强质量管理，积极做好标准化、计量基础工作；大力开展质量技术监督法律、法规宣传，增强全民质量意识。1999年，贵州省还基本完成了质量技术监督管理体制改革，实现了省以下垂直管理。同时还认真开展了省和地（州、市）质量技术监督局领导班子和领导干部"三讲"（讲学习、讲政治、讲正气）教育。

【质量技术监督管理体制改革】 根据《国务院批转国家质量技术监督局质量技术监督管理体制改革方案的通知》（国发〔1999〕8号）精神，经省政府常务会议研究，省委常委会议讨论通过，6月15日即发了《中共贵州省委、贵州省人民政府关于贵州省质量技术监督管理体制改革的实施意见》（省发〔1999〕16号）。《意见》就机构、编制、干部、财务经费管理，以及现有资产划转等问题制定了具体实施方案。在机构设置方面，《意见》明确：省、地（州、市）、县（市、区）技术监督局一律改为质量技术监督局（分局），省质量技术监督局为省人民政府的工作部门，地、县质量技术监督局（分局）分别为上一级质量技术监督局的直属机构。锅炉压力容器等特种设备安全监察监督行政管理职能的划转与质量技术监督管理体制改革工作同步进行。技术机构设置坚持在同一城市、同一门类的技术机构只设一个的原则。在编制管理方面，《意见》明确：统一上收到省一级，由省机构编制管理部门负责管理，省质量技术监督局统一掌握使用。在干部管理方面，《意见》规定：省质量技术监督局领导干部，实行中央和地方双重管理，以地方为主。地（州、市）、县（市、区）质量技术监督局领导干部分别以省、地（州、市）质量技术监督党组管理为主，地（州、市）、县（市、区）党委协助管理。在财务经费管理方面，《意见》明确，实行垂直管理体制后，省质量技术监督局按照收支两条线原则，对全省质量技术监督系统的财务和经费实行统一管理。在现有资产的划转方面，《意见》明确：技术监督局及其直属单位的国有资产随体制划转。7月30日，省及各地、州、市质量技术监督局正式对社会挂牌，各县、市、区质量技术监督局（分局）也于8月上旬全部对外挂牌。至此，贵州省质量技术监督系统正式实行了省以下垂直管理。为了加强全省质量技术监督管理体制改革后的有关管理工作，省质量技术监督局与省委组织部、省编委办、省人事厅、省财政厅等部门分别联合行文，对质量技术监督系统的机构设置、领导职数配备、人员编制管理、干部管理、人事、工资、各类经费管理等问题分别作出了明确的规定。

二、质量技术监督工作

1. 质量管理工作

【贯彻《贵州省质量振兴意见》】 1999年5月，省质量技术监督部门印发《关于贯彻实施〈贵州省质量振兴意见〉的通知》，就贯彻《实施意见》提出具体要求。各地、各行业结合本地区、本行业特点认真研究制定实施计划。到12月底，全省已出台"质量振兴实施计划"的单位有：贵阳市、遵义市、六盘水市、毕节地区等4个地、市；省冶金厅、省国防工办、省化工厅、省轻纺工业厅、省建设厅等22个厅、局（包括011、061、083基地）；遵义市红花岗区、仁怀市2个县级单位。铜仁地区、黔西南州、黔南州、省机械厅等单位的质量振兴实施计划正在征求意见或报批过程中。随着各地、各行业质量振兴实施计划的制定和实施，将进一步加强贵州省的质量工作，全面提高企业质量管理水平和主要产业整体素质，促进全省产品质量、工程质量和服务质量跃上新台阶。

【评审确认贵州省名牌产品】 为更好地实施名牌战略，提高产品质量、开拓市场、增加经济效益，1999年省经济贸易委员会、省质量技术监督局在总结前几年创名牌工作经验的基础上，认真组织企业深入开展创名牌产品活动。经过企业自愿申请，组织有关单位广泛征求各地区、各部门的意见和吸收用户意见，省名牌产品审定领导小组审核，并报省人民政府批准同意，从全省120家企业的151种产品中评审确认63家企业的64种产品为1999年贵州省名牌产品（有效期3年），于2000年1月17日在《贵州日报》公告。1999年贵州省名牌产品名单见下表。1999年省质量技术监督局还对1997年和1998年获贵州省名牌产品的部分企业经营状况、产品质量和质量管理，技术创新以及名牌产品标志的使用和宣传进行检查。其中书面调查80家，现场检查11家。从调查和检查的情况看，这些产品仍然基本符合贵州省名牌产品的基本条件，市场占有率和经济效益均有所提高。调查的名牌产品1998年比1997年工业增加值增加28%，销售收入增加20%，产品利润增加3.5%。

1999年贵州省名牌产品名单

序号	单位名称	产品名称
1	贵州铝厂	闪光牌重熔用精铝锭
2	贵州铝厂	华光牌铝合金建筑型材(LD31RCS)
3	赫章矿产品厂	乌蒙牌锌锭
4	水城钢铁(集团)有限责任公司	水钢牌低碳钢热轧园盘条
5	贵阳特殊钢有限责任公司	贵阳牌铬轴承钢(GCr15)、合金工具钢(H13)
6	贵州红枫铁合金股份有限公司	红枫牌锰硅合金(FeMn64Si26、FeMn68Si18)
7	遵义铁合金(集团)有限责任公司	山鹰牌锰硅合金(FeMn64Si27-FeMn64Si16)
8	贵州省龙里县炼铁有限责任公司	园工牌铸造生铁(Z14#-Z22#)、球墨铸铁(Q12)
9	贵州省清镇市铁合金厂	红枫牌硅铁(FeSi75)
10	贵州省毕节电瓷厂	高原牌盘形悬式瓷绝缘子(XP-100、XP-70、XWP_1-100、XWP_2-70)
11	中国贵航集团贵阳华烽电器总厂	双峰牌电动机构
12	中国贵航集团万江机电厂	万江牌捷达轿车电动玻璃升降器(SJQ-091-094)
13	中国振华(集团)科技股份有限公司宇光分公司	宇光牌真空灭弧室(ZMD14-12/1250-31.5BQ 陶瓷外壳结构)
14	中国振华集团红星机械厂	山地牌农用运输车(SD2815CD)
15	贵阳化工厂	巨能牌岩石粉状铵梯(油)炸药
16	贵州盘江化工厂	盘江牌三级煤矿许用乳化炸药
17	贵州前进橡胶内胎公司	前进牌内胎(工程、载重、轻卡、农用系列)
18	贵州光华橡塑有限公司	光华牌汽车液压制动橡胶皮碗、汽车制动气室橡胶隔膜
19	贵州毕化有限责任公司	毕化牌农用尿素
20	贵州赤天化集团遵义大兴复肥有限责任公司	大兴牌复混肥
21	贵州天峰化工有限责任公司	高峰牌磷酸一铵
22	贵州省盘县特区磷肥厂	胜境牌钙镁磷肥
23	贵定县化肥厂	山岭牌过磷酸钙
24	贵州省新华磷肥厂	新华牌钙镁磷肥
25	贵州省大方县磷肥厂	对江牌普通过磷酸钙
26	贵州高登农膜有限责任公司	瀑布牌农用无滴防雾膜
27	贵州省都匀水泥厂	剑江牌 525R 普通硅酸盐水泥
28	贵州省平塘县龙马水泥建材有限公司	信扶牌 425 普通硅酸盐水泥
29	贵州醇酒厂	南盘江牌精酿贵州醇
30	中国贵州茅台酒厂附属酒厂	茅乡牌茅乡春酒
31	贵州省平坝酒厂	金壶牌平坝窖酒
32	都匀市酒厂	匀牌玖玖匀酒
33	贵州瀑布啤酒(集团)有限公司	黄果树瀑布牌花生皇饮料
34	贵州山翁青保健饮料厂	山翁青牌杞子饮料
35	贵州省金沙县禹谟酱醋有限公司	禹谟牌金沙禹谟醋
36	遵义天楼野木瓜有限公司	天楼牌野木瓜饮料、蜜饯
37	中国人民解放军第 3537 工厂	3537 牌防滑解放胶鞋
38	贵铝工贸华光服装厂	大树牌防护服装
39	贵州合众家具有限公司	合众牌木制家具
40	贵州华信工贸公司	洁宝牌华信厨柜
41	贵州好花红食品有限公司	好花红牌辣椒制品
42	贵阳南明老干妈风味食品有限责任公司	“陶华碧”牌老干妈风味油辣椒
43	贵州省新兴农工商茶叶公司	“龙宫”牌银针茶
44	贵州省都匀市佳佳益寿保健茶厂	红敏牌都匀毛尖茶、苦丁茶
45	贵州省雷山县银球茶叶公司	银球牌银球茶

续表

序号	单位名称	产品名称
46	贵州北极熊实业有限公司	"北极熊"牌饮用纯净水
47	贵州省广顺凉水井酒厂	"凉泉"牌饮用山泉水
48	贵州侨新可乐有限公司	"霸龙"牌矿泉水
49	贵州牛来香实业有限公司	"牛来香"牌牛肉干
50	贵州牛王农牧发展有限公司	"牛老大"牌牛肉干
51	贵州汉方制药有限公司	日舒安牌妇康冲剂
52	贵州益佰制药有限责任公司	991 牌爱迪注射液
53	贵阳中药厂	强力牌妇得康泡沫气雾剂
54	贵州三力制药有限责任公司	三力牌强力天麻杜仲胶囊
55	贵州的确神药业有限公司	昌浩牌脑得生胶囊
56	六枝大华制药厂	大华牌博性康速溶膜
57	贵州省遵义碱厂	遵鹰牌塑钢门窗、异型材、管材
58	贵州省毕节毛纺织厂	熊头牌中国草透凉被
59	贵州省兴仁县苗族拿绣工艺厂	姜央牌苗族拿绣领带
60	贵州省兴义烟厂	红中牌烤烟型卷烟
61	贵州省铜仁卷烟厂	梵净山牌烤烟型卷烟
62	贵州省贵定卷烟分厂	海王牌烤烟型卷烟
63	贵州赤水市新宇竹业有限公司	竹皇牌全竹地板
64	贵州化工厂	斧头牌粉状铵梯油炸药

【加强工业产品生产许可证管理】 为在部门职能调整时期加强工业产品生产许可证工作的统一管理，贵州省质量技术监督局分别在5月、6月召开"全省工业产品生产许可证管理工作协调会"和"全省技术监督部门生产许可证工作座谈会"，对本省工业产品生产许可证工作如何既符合国家有关文件精神又符合本省实际，确保省内实施生产许可证管理范围内的产品的正常生产和销售，组织开展了有关受理申请和补证工作。进一步强化全省生产许可证的统一管理，规范了全省临时生产许可证的发放工作，克服以往"证出多门"的现象。加大对无证产品的查处，组织查处无证化肥、农药等无证产品标值1 000多万元。

【'99贵州质量行】 1999年9～12月，'99贵州质量行活动在全省开展。本次活动的主题是"质量、生存、发展"。活动采取统一制定方案(即《'99贵州质量行活动方案》)，统一确定选题，由有关新闻媒体分散采访报道为主的形式进行。9月11日举行了开行仪式，贵州质量行组委会主任、省委宣传部副部长戴宣长、省质量技术监督局局长张梓钟等有关领导出席了开行仪式。当天近百家名优产品生产企业、质量信誉好的商家在"百城万店无假货"示范街——贵阳市中华中路参加了由省和贵阳市质量技术监督局组织的"质量月"大型街头宣传咨询活动。接受消费者咨询，受理消费者投诉。国庆节期间，省、市质量技术监督局联合进行节日市场商品质量大检查活动。参加'99贵州质量行活动的贵州电视台、贵州日报、贵州人民广播电台、贵州经济报、贵州都市报、贵州商报等新闻媒体的记者随同不同的执法小组进行跟踪报道。重点报道了一些老百姓比较关注的问题。比如：桶装饮用水、珠宝玉石、电器等产品的质量状况，省质量技术监督局上半年对化肥、水泥、农药三大类产品开展定期监督检验的结果等。组委会办公室就凯里市177户购房户向黔东南州、凯里市质量技术监督局投诉该市大友庄房地产开发公司售房存在销售面积短少问题一事，组织采访队前往凯里市现场采访。新闻媒体曝光后，引起了该公司的高度重视，积极配合有关部门的调查，公司经理表态，要按实测结果将多收款项如数退还购房户。组委会办公室组织采访队现场采访了"贵州省'12.2'联合打击假烟行动"。根据投诉的线索，在作了大量摸底调查的基础上，12月2日，由省质量技术监督局牵头组织(该局局长任总指挥)，质量技监、公安、工商联合出动，贵州省黄果树集团协助，国家质量技术监督局副局长、中国质量万里行促进会会长潘岳率队现场指导的专项打击假烟行动速战速决，战果辉煌。当日下午联合执法队伍分9路向贵阳市乌当区野鸭乡茶园村预定目标出击，一举端掉制造假烟窝点26个，查获制假烟机53台(套)，其中机制烟机4台；查获假烟近2 000件，烟丝约10吨；涉及品牌有驰牌、遵义、甲秀、公爵等30多个；收缴假包装箱2 000多个，其他包装物近1吨。查获的卷烟成品和半成品标值500余万元，是近年来规模最大的一次打击假烟专项行动。省政府领导高度重视，行动前处长贵副省长明确指示："果断出击，务求全胜"。这次行动在中央电视台和贵州各大新闻媒体报道后，引起社会各界的强烈反响，震慑了不法分子，对贵州卷烟支柱产业健康发展起到了促进作用。'99贵州质量行还就贵州酒靠质量夺回了市场，积极采用国际标准、促进产品上台阶，市场上使用"B"字啤酒瓶情况如何等题目进行了采访报道。

2. 监督执法与"打假"工作

【产品质量监督检查】 1999年，省质量技术监督局组织对玻璃瓶装啤酒等11种产品质量进行监督抽查。共抽查

163家企业的241个批次的产品，合格的138个批次，综合合格率为57.3%。其中，玻璃瓶装啤酒合格率为70%；重点工程用水泥合格率95.5%；重点工程用螺纹钢筋合格率57.7%；乳胶漆合格率68%；干粉灭火器合格率100%；ϕ50 mm以下球阀合格率32.5%；ϕ50 mm以下截止阀及水嘴合格率86.5%；600毫升及以下瓶装饮用矿泉水合格率91.6%；600毫升及以下瓶装饮用纯净水合格率88%；实木地板合格率为0；汽车制动橡胶皮碗及气室隔膜合格率14.3%。实木地板不合格的主要原因是规格尺寸、加工精度及标识不符合标准要求；ϕ50 mm球阀则是基本尺寸、螺纹精度、水质试验泄漏指标不合格。

1999年，根据省政府批准的产品质量监督检查目录，省质量技术监督局组织对2 151家企业的62种（类）的4 272个批次的产品质量进行了定期监督检验，合格的有3 067个批次（除水稻种子、玉米种子待次年才能有结果，未统计外），综合合格率为71.8%，较上年度提高1.5个百分点。玻璃瓶、闭口钢桶、锰硅合金、客车、电力变压器、菜子油、辣椒制品、氨肥（磷铵）、油菜种子等产品合格率最高，为100%；其次是日用五金、卷烟、低压电器类、生铁、水泥、橡胶制品等产品，合格率在90%左右；合格率在60%以下的圆钢、电线电缆、建筑涂料、水泥石棉波瓦、棉絮、盘条、胶粘皮鞋等，最低的是水泥石棉波瓦，合格率为0。

针对检查出来的产品质量问题，省和相关地、县质量技术监督局已责令其生产企业认真整改，如配齐质量检验手段，严格按标准组织生产，健全规章制度等；对质量问题严重的企业还依法进行了行政处罚。

1999年，省质量技术监督部门4次在贵州日报等媒体上公告产品质量监督检查结果，产生较好的社会反响。

【深入开展“打假”和质量技术监督执法检查】 1999年，全省质量技术监督部门认真贯彻“用铁腕抓质量”的指示精神，继续深入打击制造销售假冒伪劣商品违法行为，把加强经常性的质量技术监督执法检查与专项“打假”结合起来。一是深入抓好“五个一批”。即监督一批重点产品，促进企业提高产品质量；清理一批商业柜台，为消费者创造一个放心满意的购物环境；整顿一批专业市场，切实加强质量监督和市场监管；端掉一批制假窝点，为企业创造一个优胜劣汰、公平竞争的市场环境；治理一批区域性、行业性的突出问题，促进经济健康发展。二是重点开展“三大战役”。在元旦、春节期间，组织开展了以“为民服务保生活，安全健康过新年”为主题的“查市场、保两节”第一战役；在春耕时节，组织开展了以“为农服务保春耕，合格农资进乡村”为主题的“查农资、保春耕”第二战役；在第二季度，组织开展了以“工程建设保安全，优良建材安家园”为主题的“查建材、保建设”第三战役。三是认真组织卷烟专项打假。为净化卷烟市场，打击制售假冒卷烟违法行为，保护消费者和卷烟生产企业合法权益，促进贵州支柱产业的发展，省质量技术监督部门会同公安、工商、烟草专卖等部门，联合开展了“百日打击制售假冒卷烟专项行动”和以端窝点为重点的“12·2打击假烟专项行动”。四是开展专项治理整顿。为保护人民群众生命财产的安全，质量技术监督部门组织开展了锅炉、压力容器、游乐设施、电梯等特种设备的安全质量大检查，以及建筑钢材、水泥、汽车零配件、白酒等产品的专项治理整顿。据不完全统计，全省质量技术监督系统全年受理案件7 644件（其中立案查处1 879件，现场查处5 765件），结案率98%，共出动执法人员54 000余人次，检查生产、销售企业（含摊商）35 000家，检查商品15 750个批次，检查整顿各类市场（商业街）543个，查获假冒伪劣商品标值4 530万元，销毁或技术处理假冒伪劣或有质量问题的产（商）品标值1 700余万元，端掉制假窝点136个，破获制售假冒伪劣商品犯罪团伙29个。罚没金额544万元，为用户、消费者挽回经济损失730余万元。

【市场商品质量监督】 1999年8月，省质量技术监督局作出部署，为净化节日市场环境，迎接建国50周年，从9月到10月初在全省范围内开展市场商品质量监督检查和集中“打假”行动。重点检查质量问题反映强烈、节日期间购销两旺和广大人民群众生活密切相关的商品。这是全省质量技术监督系统实行垂直管理后的第一次大行动。这次行动全省共出动执法人员7 300人次，检查专业市场220个、商业街118条，查处有质量违法行为的商店（摊商）2 130家，查获假冒伪劣商品标值870万元，端掉造假窝点12个，立案查处的较大质量违法案件901件。从检查情况看，质量问题较多的商品是：食品、珠宝、黄金饰品、汽车配件、饮用纯净水、矿泉水、建筑用钢材、电线电缆、儿童玩具、服装等。

根据国家质量技术监督局关于实施“光明工程”，对眼镜专业市场进行专项整顿的工作部署，省质量技术监督部门从1997年开始对眼镜经营企业较为集中的贵阳市眼镜市场进行治理整顿。1999年，省质量技术监督局继续进行检查整顿，并提出了眼镜行业的达标要求。从检查的92家眼镜经营企业的301批商品质量状况看，眼镜的镜片综合合格率从1997年的37.8%提高到1999年的66%，眼镜经营企业的仪器设备配备率、检测仪器受检率也分别由48.4%、11%提高到82.6%、78.3%。对34家自愿参加达标活动的经营企业进行了严格的考核评价，有22家被确认为“贵州省眼镜行业达标企业”。

1999年，省质量技术监督部门还根据国家质量技术监督局和省政府的要求，加强了对重点工程建筑材料质量的监督，先后对省内在建9个国家粮食储备库、西郊水厂、津桥水库、贵（阳）新（寨）公路等重点工程中正在使用的钢材、水泥进行抽样检查，结果26个螺纹钢筋样品中，抽样合格率为57.7%；22个水泥样品中，抽样合格率为95.5%。

【暴力抗拒质量技术监督执法者王省德被判处徒刑】 1999年4月20日下午4时，贵州省技术监督稽查所执法人员杨启群、王燕飞等到贵阳市解放路高架桥下A座6号门面进行检查，发现该店内有伪劣电线在销售，决定对该批有质量问题的电线依法查扣运走。在遭到店主王惠贤无理阻拦的情况下，杨启群打电话求援。在店内打工的王省德（王惠贤之弟）即持剪刀将被害人杨启群头部、肩部多处刺伤，并当场逃离现场。当日晚，王省德欲乘火车逃离贵阳时在包厢内被公安干警辑拿归案。被害人杨启群当即送进医院，缝针33针，并住院治疗。医生诊断为急性闭合性颅脑损伤，头皮多发性裂伤。法医鉴定为轻伤。公诉人贵阳市南明区人民检察院于1999年7月17日向南明区法院以王省德犯妨害公务罪提起公诉。在诉讼过程中，附带民事诉讼原告人杨启群向法院提起附带民事诉讼。经合议庭几轮公开开庭合并审理，南明区法院认为：公诉机关指控被告人王省德使用暴力方法、阻碍执法人员依法执行公务，其行为已构成妨害公务罪，罪名成立，予以惩处；被告人王省德犯罪行为造成被害人的经济损失，本院依照据实赔偿原则作出判决。12月1日南明区法院依据《刑法》和《民法通则》有关条款之规定作出判决：一、被告人王省德犯妨害公务罪，判处有期徒刑3年；二、被告人王省德赔偿附带民事诉讼原告人杨启群经济损失费共计人民币5 849.7元。判决生效后，被告人王省德表示不提出上诉。“4·20”事件发生后，贵州省人民政府、国家质量技术监督局领导十分重视，多次批示要求严厉查处。贵州省质量技术监督局非常重视，积极协助司法机关追捕案犯、提供证据作好有关工作；并对勇于执法的杨启群、王燕飞等3位同志进行了通报表彰。王惠贤销售伪劣电线案已另案处理。

【全省法定产品质量监督检验机构建设】 1999年，省质量技术监督部门加强了对全省法定产品质量监督检验机构的监督。为提高产品质量监督检验机构工作质量，确保其出具的检验数据和检验结论准确可靠，为质量技术监督行政执法提供公正、准确的技术保障，省质量技术监督局组织检查组对遵义市产品质量监督检验所等20个产品质检机构进行了检查。重点检查了质检机构技术标准资料、原始检验记录、检验报告文本，以及数据处理、检验后样品的处理和各项管理制度的执行情况，同时对机构、人员廉政建设和廉洁自律情况进行了检查。检查结果表明：①质检机构的工作质量普遍有所提高，90%的检验报告均做到规范、正确，基本做到按《质量手册》进行管理；②廉政建设得到巩固，被检查的质检机构未发现违法违纪行为，法制意识普遍增强；③基本上能按规定完成工作任务；④仍然存在某些不可忽视的问题，例如检测仪器超周期使用，判定产品质量用错标准，检验记录不完整等。省低压电器行业产品质量监督检验站、省机械行业产品质量监督检验站等质检机构管理比较规范，得到检查组的好评。为确保产品质检机构检验数据的准确性，1999年省质量技术监督局组织对承担水泥产品质量检验的7个省、地法定产品质量监督检验机构进行检验数据准确性考核。该局直接监督制取水泥考核样品8份，1份送国家水泥产品质量监督检验中心，其余7份分发7个质检机构，然后将各家检验结果与国家质检中心的检验数据(作为标准数据)进行比对。考核结果合格率为100%(11项技术指标均合格)的有1个，合格率为90.9%的有3个，合格率为81.8%和72.7%的各有1个。对合格率较低的质检机构，省质量技术监督局已责令其认真整改。1999年，省质量技术监督局依法对贵州省消防产品质量监督检验站、遵义市粮油产品质量监督检验站、铜仁地区粮油产品质量监督检验站进行计量认证和质量审查认可，并对其监督检验产品质量的范围予以授权。至此，全省现有法定产品质量监督检验机构69个。其中：省级46个(省所2个、省站43个)、地级17个(地所9个、地站8个)。已经考核认可的58个，未经考核认可的11个。

3. 标准化工作

【制定地方标准和企业标准备案】 1999年，省质量技术监督局共组织制订、修订DB52/T421—1999《工业锅炉经济运行等级标准》、DB52/T 422—1999《贵州常用汽车维护工艺规范》、DB52/T 423—1999《建材产品中废渣掺加量测定办法》、DB52/12—1999《贵州省环境污染物排放标准》等4项地方标准。历年累计贵州省地方标准为362项。其中，按标准性质分，强制性标准190项，推荐性标准172项；按标准类别分，产品、质量、安全等方面的地方标准241项，管理、方法等方面的地方标准121项。全省质量技术监督部门认真做好企业标准备案工作，备案的企业标准1 418项。全省累计备案的企业标准7 108项。

【企业产品执行标准登记和采用国际标准】 1999年，贵州企业、事业单位生产的产品继续推行执行标准的登记制度。全年登记的产品执行标准达2 663项。其中登记的企业标准1 418项，登记的上级标准(国家标准、行业标准、地方标准)1 246项。全省累计登记的执行标准共12 709项，其中执行企业标准7 108项，执行上级标准5 601项。为推动地方产品质量上台阶、上档次，争创名牌，扩大出口，鼓励企业积极采用国际标准——ISO标准、IEC标准和国外先进标准(简称采标)。贵州开阳县三聚磷酸钠厂生产的工业三聚磷酸钠、贵州铝厂华光服装厂生产的一般防护服、贵州开阳宜宏股份合作公司生产的425号普通硅酸盐水泥、贵州水泥厂生产的525号普通硅酸盐水泥、贵州天和磷业股份有限公司生产的工业黄磷、水城钢铁(集团)有限责任公司生产的铸造用生铁、炼钢用生铁、硅铁等11个企业的17种产品经过审查、备案，获准使用国家质量技术监督局在全国统一的“采标标志”。1999年，省质量技术监督局还根据《采用国际标准产品标志管理办法(试行)》，对1995年获得“采标标志”的28个企业的32种到期产品组织进行了复查、换证(《采用国际标准产品标志证书》)工作，结果有3个企业的6种产品终止使用“采标标志”外，其余的获准继续使用。至此贵州累计已有125种产品获准使用“采标标志”。

【组织贯彻国家基础标准】 1999年6月，省质量技术监督局和省烟草专卖局依据国家《烤烟标准》监制烤烟仿制样品1 366套，分发全省各烤烟收购站(点、厂)。8月两局组织有关专家和业务人员分3批分别对余庆、遵义、息烽、修文、贵定、龙里、思南、德江等8个县的14个烤烟收购站(点、厂)刚购进或刚入库的烤烟烟叶等级质量进行随机抽样，对照《烤烟标准》和烤烟仿制样品逐把检查，合格率在70%左右。检查组将发现的问题，如下低等烟收购偏高的问题及时向省政府作了汇报，并向收购部门提出指导性意见，为确保贵州烤烟收购工作做到“坚持标准、准确验收、对样收购、平稳收调”起到了积极的促进作用。

【推行消灭无标生产试点效果好】 1999年，省质量技术监督局根据《质量振兴纲要》要求和国家质量技术监督局的部署，在总结前两年工作的基础上，认真推行消灭无标(指标准)生产试点工作。赤水市和施秉县被列为“全国消灭无标生产试点县”。这两个县的企业，特别是乡镇企业、小型企业，认真抓了标准的制订和贯彻实施，产品标准覆盖率和产品质量合格率都有大幅度提高，促进了当地经济的发展。

赤水市在9月通过验收合格，其产品标准覆盖率、产品质量合格率，分别由试点前的67.3%、72.5%提高到99%、87.7%，全市工业总产值也由试点前的7.97亿元上升到试点后的10.91亿元。施秉县把消灭无标生产工作纳入县政府工作的重要工作日程，县长亲自过问。该县产品标准覆盖率由试点前的71.5%提高到98%，产品质量抽检合格率也由试点前的51.5%提高到86.1%。秉施县还将旅游业、宾馆、饭店的规范管理纳入到县消灭无标生产管理范围，该县于8月一次通过验收合格。1999年省质量技术监督局还对列为"省级消灭无标生产试点县"的玉屏、贵定、独山、钟山、兴仁、金沙、乌当、花溪、白云等9个县(市、区)的消灭无标生产工作进行了验收，全部合格。

【建立企业标准体系工作】 1999年，省质量技术监督局和省医药管理局组织有关专家和工程技术人员，对贵州益康制药厂、贵州神奇制药有限公司按国家标准建立的企业标准体系进行了认证验收审查。专家组认为，这两个企业的标准体系，从总体结构到各标准、规程项目的设置，既满足了GMP文件(《药品生产质量管理规范》)及其验收条件的要求，也符合《标准化工作导则》、《企业标准化工作指南》及《企业标准体系表编制指南》等国家有关企业标准体系基础标准的规定，基本覆盖了企业药品生产、营销、质量、卫生等需要规范的事项，标准覆盖率在95%以上，为确保产品质量提供了可靠的保证。1999年6月省质量技术监督局、省医药管理局批准上述两个制药企业标准体系通过省级验收合格。

【质量技术监督情报工作】 1999年，省标准计量情报所新收集并清理上架的国际标准、国外先进标准、国家标准、行业标准(含计量检定规程)、地方标准等技术资料3 409件，同时还清理剔除部分过时、作废的标准等技术资料。截至年底，省标准计量情报所馆藏资料为127 924件。该所1999年接待前来查阅、购置资料2 000人次，其中微机检索175人次，提供标准等技术资料6 300件(册)。

【条码工作】 1999年，省物码中心完成申办条形码用户成员178家，发放条形码试即证单位2家。截至年底，全省条形码用户成员720家，获条形码试印证和准印证的单位分别为29家和21家。

【企事业和社会团体统一代码标识制度】 1999年，全省企事业和社会团体统一代码标识制度在各级质量技术监督部门的组织协调下，有序推行。在银行帐户管理、工商企业执照年审、税收征管、企业标准备案、企业执行标准登记、计量认证、条形码管理、生产许可证管理、统计监督、车辆管理、清产核资、三产普查、工业普查等项工作中继续强化执行。1999年，全省赋码颁证(含换证)15 748个，其中各类企业13 014个、机关事业单位2 581个、其他153个。截至年底，全省赋码颁证108 632个，其中各类企业79 499个、机关事业单位27 256个、其他1 877个。

4. 计量工作

【计量器具管理和强制检定】 1999年，省质量技术监督局组织进行了一次全省范围内的市场重点计量监督检查。检查电能表2 482只，合格率81.7%；检查水表1 862只，合格率83.6%；检查衡器1 242台，合格率85.8%。

1999年，全省完成了15项计量器具新产品的样机试验。至此，全省通过样机试验的计量器具新产品为244项。省质量技术监督局继续组织对社会公用计量标准的考核、复查。据不完全统计，建立的社会公用计量标准共719项(其中授权建立的149项)。还对38个计量器具生产企业(含个体工商户)颁发了《制造计量器具许可证》，累计全省颁发该证245个；对20个计量器具的修理企业(含个体工商户)颁发了《修理计量器具许可证》，累计全省颁发该证173个。

全年全省质量技术监督系统共检定(含修理)各种计量器具15.81万台(件)，其中强制检定计量器具14.31万台(件)。

【完善企业计量检测体系工作】 1999年，省质量技术监督局指导、帮助水城钢铁集团有限公司、南江水利电力集团有限责任公司、贵州省黔桂发电有限责任公司3个企业完成申报完善企业计量检测体系工作。帮助企业培训内审人员，编制《完善企业计量检测体系文件》，并在组织进行了试运行的基础上组织评审员对这3个企业的体系文件进行了评审，准予通过后又组织进行现场评审。经报送国家质量技术监督局审批，均已获准通过。

【市场商贸计量监督】 1999年，针对定量包装商品品种、数量日益增多，定量包装商品计量问题日益突出的现状，省质量技术监督局从市场销售和企业生产两个环节加强对定量包装商品的监督管理，强化了计量监督检查力度。在销售环节，共检查了106户定量包装商品经销商，其中大型批发市场7家，大型百货商场及超市15家，检查定量包装商品4 753件，净含量合格率为75.84%；在生产环节，共检查了33家定量包装商品生产企业，其中大型企业3户、中型企业7户，检查定量包装商品481件，净含量合格率为84.96%，检查计量器具125台，综合合格率为80.8%。通过检查反映出大部分生产企业和销售商的计量法制意识淡漠，计量管理薄弱，对计量检测设备及计量检测数据的管理不规范，难以保证计量的准确。质量技术监督部门责令这些企业针对自身问题认真整改。为适应加强商品房销售面积计量检测监督管理工作的需要，省质量技术监督局组织对全省房地产开发企业进行了专项计量监督检查，对其房屋面积测量工作进行了调查摸底，进一步查清了房地产开发企业计量工作的现状。从抽样检查的99家房地产开发企业的情况看，房地产开发领域的计量法制管理工作亟待加强。1999年，省质量技术监督局、省农业厅组织进行了农业和农村计量执法监督检查。检查农业生产资料和农产品购销单位和个体经营户、农产品分等定级的检测机构15 264家(其中个体经营户12 769家)，检查农用强检工作计量器具25 030台(件)，综合合格率为64.87%。还检查了2 850户经销商经销的种子、化肥、农药、兽药、饲料、农膜、农用燃料油等农用定量包装商品13 101件，净含量综合合格率为87.57%。针对检查出来的问题，两局要求各地要加大农用强检工作计量器具和定量包装农业投入品的计量监督力度，加强后处理，维护农村市场正常经济秩序，保护农民利益。

三、省、地(市)机构建设

【质量技术监督机构队伍建设与业务培训】 1999年，贵州省质量技术监督系统根据中央、国务院有关文件的精神和省委、省政府的安排部署，实行了省以下垂直管理的体制。至1999年底，除贵阳市质量技术监督局正在筹建其云岩区、南明区分局外，全省省、地、州、市、县、区均对应行政区划设立了独立的质量技术监督局，改变了自1994年以来，县级技术监督行政管理机构与工商、物价行政管理机构合并设置的状况。省质量技术监督局正在研究对其下属事业单位进行改革，1999年底前该局下属县级事业单位仍为：贵州省计量测试技术研究所、贵州省产品质量监督中心检验所、贵州省标准计量情报所、贵州省纤维纺织品监督检验所、贵州省技术监督局培训中心(副县级)、贵州省技术监督稽查所、贵州省技术监督局机关服务中心。据统计，截至1999年底，全省质量技术监督系统固定资产4 242.47万元，其中仪器设备2 242.39万元。本年度新增的固定资产为106.00万元。现有房屋面积5.70万平方米，本年度竣工的房屋面积即为贵阳市质量技术监督局的0.10万平方米扩建房屋面积。全省质量技术监督系统职工总人数1 674人，其中行政机构783人(其中公务员738人)、事业机构891人，分别占总人数的46.8%、53.2%。文化程度大专以上900人、中专552人，其他人员222人，分别占总人数53.8%、33.0%、13.2%。业务技术人员1 493人，其他人员181人，分别占总人数的89.2%、10.8%。1999年，全省质量技术监督系统共举办资格培训、技术等级培训、适应性培训、质量技术监督专业知识业务培训等培训班120期，4 057人次参训。另外还有277人分别在大学本科、专科或中专学习，其中144人1999年已毕业。

撰稿人　蓝端正
审稿人　顾庆筑

云南省质量技术监督工作

一、概　　述

1999年，是20世纪的最后一年。云南省各级质量技术监督部门紧紧围绕经济建设中心，认真履行综合管理和行政执法两大职能，贯彻落实“以锅炉压力容器等特种设备安全运行为保证，以计量、标准化为基础，以质量为中心，以执法打假为手段”的工作方针，为提高云南省质量整体水平和经济增长的质量和效益，为保护企业和消费者的合法权益，大胆开拓，努力工作，各项工作都取得了新的成绩。

【管理体制改革】 自1999年3月国务院召开了全国质量技术监督管理体制改革工作会议后，云南省质量技术监督系统管理体制改革工作就进入了正式实施阶段。经过艰苦细致的工作，在组织、编制、人事、财政等部门的大力支持下，省政府相继下发了云政发〔1999〕141号等几个文件，对全省质量技术监督管理体制改革的指导思想、基本原则和实施措施等提出了要求，并于1999年9月15日，省政府召开了全省质量技术监督管理体制改革工作电视电话会议，省政府中绍尧常务副省长、组织、编制、财政等部门的负责人均作了重要讲话，对机构设置与管理、人员编制、干部管理、财务经费和组织实施等问题做了明确布置。按照此次会议的要求，云南省质量技术监督局于1999年10月开始了对全省地州市质量技术监督机构的接收工作，到1999年12月31日止，除红河州外，其他15个地州市均已接收，至此，全省质量技术监督系统管理体制改革工作已按时基本完成。

【“三讲”教育】 按照中央要求和省委部署，省质量技术监督局领导班子的“三讲”教育于1999年9月20日开始，至12月6日结束，历时2个半月。在这期间，省局机关各处室主要负责人也同步进行了“三讲”教育。通过“三讲”教育，解决了省局领导班子在党性党风方面存在的突出问题，加强了党内团结；提高了省局领导班子的领导水平和思想政治素质。基本上达到了思想上有明显提高、政治上有明显进步、作风上有明显转变、纪律上有明显增强的要求。

二、质量技术监督工作

1. 质量管理工作

认真贯彻落实党的十五届四中全会精神，及时召开了全省部分大中型生产、经销企业厂长、经理质量工作座谈会，邀请红塔集团、昆明钢铁总公司、云南机床厂、西南商业大厦、昆百大厦等17家企业的厂长经理就企业的质量工作、打假治劣、质量认证等进行广泛的讨论，认真听取企业对质量技术监督工作的希望和要求，为今后如何做好企业的质量工作作了一次较为深入的调研。

【生产许可证管理工作】 1999年，共为197个厂办理生产许可证，发放生产许可证97张，办理临时生产许可证批复100个。到1999年底为止，全省累计有1 688个厂申请办理生产许可证，全省发证1 000个，办理临时生产许可证批复388个。

【质量认证工作】 进一步加大质量认证工作步伐，截止目前，全省已有41个企业通过质量体系认证，共有65个企业取得质量体系认证、产品质量认证证书102张。

【办理质量投诉情况】 1999年1～3季度，全省各级质量技术监督系统共接受质量投诉738件，已办理675件，移送其它部门3件，申诉处理涉及商品总标值702.21万元，为企业和消费者挽回经济损失348.65万元。

2. 监督执法与“打假”工作

【质量监督】 1999年，全省质量技术监督系统共抽查4 118个生产企业6 019批次的产品，合格4 238批次，批次平均合格率为70.41%。其中，4个季度的批次合格率分别为66.43%、76.68%、70.3%、70.39%。全省共抽查2 901个经销企业的4 696个批次商品，合格2 779个批次，批次平均合格率为59.18%。其中，4个季度的批次合格率分别为49.5%、57.25%、68.96%、53.18%。此外，全省对瓶装饮用纯净水、热轧带肋钢筋、配合饲料、电线电缆、磷肥、防水卷材、水泥包装袋、青饲料切碎机、刨花板、煤炭、胶合板、弹簧软床垫等12种产品进行了统检。对酱油、铝合金建筑材料、平板玻璃、彩色电视机、节能灯、装饰用墙地砖等6种产品进行了全省质量监督抽查。对农药、珠宝玉石饰品进行了市场专项监督检查。其中：

瓶装饮用纯净水：共抽查全省10个地州市44个企业生产的大瓶装饮用水，合格7个，合格率为15.91%，不合格34个，不合格率为84.0%。

热轧带肋钢筋：共抽查26家生产企业的45批次产品，合格23批次，抽样合格率为51.1%，其中获得生产许可证的4个企业被抽样11批次，合格10批次，合格率为90%；无生产许可证企业22家，被抽样34批次，合格13批次，合格率为38.2%。

大屏幕彩色电视机：共抽查32个经销企业销售的34个品牌的65台彩电样机，其中74厘米彩电34个品牌41台样机，87厘米彩电21个品牌24台样机，所查彩电安全性能指标和标志标识全部合格，合格率为100%。

平板玻璃：共抽查27家生产、经销企业的37个批次的产(商)品，合格18个批次，批次合格率为48.65%。其中，浮法玻璃20批次，合格17批次，合格率为85%；普通平板玻璃11批次，合格1个批次，合格率为9.1%；再生玻璃6个批次，合格率为零。

青饲料切碎机：共抽查41家生产企业的42批产品，有18家企业的19批次产品合格，抽样合格率为45.2%，与1997年发生劣质青饲料切碎机伤农事件时相比，合格率有了较大提高，但仍低于国家监督抽查同类产品54.5%的合格率。

电线电缆：共抽查43个生产企业的78个样品，合格

65 个，抽样合格率为 83.3%；抽查 29 个经销企业销售的 58 个样品，合格 3 个，抽样合格率仅为 5.2%。

【打假治劣】 1999 年，云南省打假治劣工作取得了新的成绩，为规范市场秩序作出了贡献。据不完全统计，全省各级质量技术监督部门一年来共查处假冒伪劣商品 611.5 万余件，标值金额 4 020.22 万元，销毁假冒伪劣商品标值 588.895 3 万元，捣毁黑窝点 137 个，罚没款 623.813 7 万元，整顿市场 402 个，查处制售假冒伪劣产品违法案件 4 228起。其中，在“查市场、保两节”、“查农资、保春耕”、“查建材、保建设”三大战役中，共出动执法人员 9 404 人次，检查商店 20 392 家，检查专业市场 449 个，专业商业街 400 条，查获假冒伪劣商品标值 514.4 万元。此外，在对国家质量技术监督局确定的 11 种重点保护的名优产品实施保护的基础上，还重点对红塔山香烟、云烟、太乙牌矿泉水、依兰洗衣粉等云南省名牌产品开展了打假保真工作。

【加大监督抽查后处理力度】 一是省质量技术监督局组织了对 1996、1997 年度的 25 个云南名牌产品进行了质量复查，在复查的 23 个企业的 42 个样品中，质量达到相应名牌产品执行标准要求的有 41 个样品，占复查样品数的 97%；二是省局于 1999 年 4 月举了全省监督抽查不合格企业厂长经理培训班，对全省 45 个企业的厂长经理进行培训；三是坚持公告制度，加大舆论监督力度，曝光了一批不合格产品及其生产企业；四是建立质量跟踪制度，通过到企业举办培训班，定期抽样检查，帮助企业整改，提高产品质量等方式，逐步推行质量跟踪制度，目前，此项工作已在个旧制鞋厂等企业进行。

3．标准化工作

【采用国际标准和国外先进标准】 1999 年，全省通过采标验收认可的产品有 97 种 361 个产品，其中，复查认可 34 种 192 个产品，由 97 种产品使用采标标志，到 1999 年底为止，全省共有 451 种 2 566 个产品采用了国际标准和国外先进标准。为进一步加大采标工作力度，1999 年 10 月，省质量技术监督局在《云南日报》发布了《云南省产品采用国际标准标志产品名录第三号通告》，提高了采标产品在市场上的知名度。

【消灭无标准生产】 为加快消灭无标工作步伐，经过努力工作，省政府办公厅下发了由省质量技术监督局起草的《云南省人民政府办公厅关于云南省全面开展县以下工业企业消灭无标准生产工作的通知》，对全省消灭无标准生产做出了具体要求：2002 年全省消灭无标生产工作应全面完成，全省各县应成立相应的领导小组，办公室设在质量技术监督部门；规定地、县人民政府按一定比例投入经费支持，确保工作顺利开展。由于该文件的下发，促使消灭无标生产工作得到各级政府的重视和支持。1999 年全省 16 个地州市部分批启动了消灭无标生产工作，到目前为止，全省已有 51 个县开展了此项工作。

【农业标准化】 按照省政府关于 1999 年要提高烟叶收购等级合格率的要求，为认真做好国家 40 级烤烟标准的执行和监督检查工作，由省质量技术监督局牵头会同省烟草公司重新组建了省烤烟仿制和评审委员会，审核签封了仿制样品 1 240 把。组织全省所有产烟地、州、市重新组建了相应机构，审核签封地级仿制样品 42 100 把。同时，全省各级质量技术监督部门加大了执行国家 40 级标准的检查力度，共抽查烟叶 213 660 把，比 1998 年的 124 340 把，增加了 71.8%，1999 年烟叶收购等级合格率为 74%，比 1998 年增加了 1.64 个百分点。1999 年还制定了《挂杆复烤烟叶质量检测》、《打叶复烤烟叶质量检测》等 9 项云南省地方标准。

协调指导元江芒果农业标准化示范项目的标准制定，批准发布了 10 项地方标准。1999 年，省地县投入专项经费 15.2 万元，印刷《元江芒果综合标准》材料 800 份，举办宣贯学习班共计 16 期 800 多人次，1999 年有关示范乡镇、农场完成芒果品种标准化改良示范 236 公顷。1999 年，全省共有 4 个项目被列为第三批农业标准化示范项目，它们是：文山州的三七、罗平县的油菜、元江县的芦荟、弥勒县的葡萄种植加工。

【国家标准实施与监督】 在’99 昆明世界园艺博览会召开期间，根据省政府要求各职能部门做好服务工作，树立中国形象的指示，省质量技术监督局组织昆明市质量技术监督对世博园内主要场馆、道路及接待中心的公共信息图形符号进行了 4 次专项检查，为世博会的召开做出了应有的贡献。同时，还加强了对全省 8 家主要啤酒生产企业贯彻实施“B”瓶的监督检查工作力度，根据检查情况，召开了“云南省《啤酒瓶》标准宣贯和治理整顿工作会议”，布置了全省执行啤酒瓶国家标准的工作，使全省啤酒瓶合格率达 99%。

4．计量工作

【市场商品量的计量监督】 以定量包装商品生产企业及其产品为重点，开展定量包装商品的计量监督抽查工作。1999 年 1 月中旬，省质量技术监督局布置了对定量包装商品生产企业进行计量监督抽查的工作，玉溪、大理、保山、昭通、曲靖等 7 个地州市开展了此次工作，共抽查 96 个企业的 10 类 2 773 件定量包装商品，平均合格率为 80.6%。

【商品房销售面积的计量监督】 1999 年，省局相继考核批准成立了红河、大理、玉溪和文山 4 个商品房面积社会公正计量站。据不完全统计，一年来，4 个社会公正计量站共接受消费者投诉及咨询 200 多人次，接受委托实测商品房面积达 34 万平方米。

【强制检定】 一是对电压表、水表、煤气表入户安装使用前的首次强检工作进行部署；二是对企事业单位最高计量标准器的检定不放松，保持较高的受检率。1999 年，新考核省属企事业单位最高标准 47 项，复查 242 项；三是拟就了“进一步加强用于贸易结算电能表强制检定工作若干意见的通知”，待与省电力局协商后下发执行。

【法定计量检定机构的考核】 1999 年完成了保山、思茅两个地区所的考核工作，还对“云南国防区域计量站 6 501校准实验室”等 6 个省级法定计量授权机构进行了重新考核确认，对难以继续承担授权任务的 4 个单位撤销了授权资格。

5．锅炉压力容器安全监察工作

认真贯彻落实江总书记对锅炉压力容器安全工作的重要指示，积极开展安全监察与检验工作。1999 年 1 月 16

日，江总书记就银川锅炉爆炸事故作了重要指示，这是中央领导首次专门对锅炉压力容器安全工作做出的重要指示。为认真贯彻落实江总书记的重要指示，省局一是在 1999 年 1 月下旬召开了“全省锅炉、压力容器、压力管道安全监察与检验工作会议”，对全年工作作了布置；二是相继发出了 5 个文件，对做好锅炉、压力容器，压力管道安全监察和管理工作提出了具体要求。

【锅炉、压力容器、压力管道的安全大检查】 一是配合国家安全检查组对世博会主、分会场进行安全大检查，查找出事故隐患 124 处；二是在 1999 年 4 月，国家局和省局组织有关专家，专业技术人员共 26 人组成 5 个检查组对 8 个地州市的锅炉、压力容器、压力管道进行了安全大检查，查出事故隐患 246 处；三是在“5 月安全月”期间，对昆明、玉溪、曲靖的“土锅炉”和红河的超期气瓶进行安全大检查，查出“土锅炉”214 台，超期液化石油气瓶 500 多只；四是在国庆前夕，查出不合格的燃气新装管道 12 条。

【人员培训】 一是对 4 个跨地区焊工考委会进行监督，办理焊工证 300 个；二是举办两期气瓶充装人员、汽槽押运人员以及充装站安全管理人员培训班；三是举办射线、超声、磁粉、渗透无损检测人员换证班，共有 398 人参加了考核。

撰稿人　徐　波
审稿人　王冠新

西藏自治区质量技术监督工作

一、概　　述

1999年是我们伟大祖国成立50周年、我国恢复对澳门行使主权和西藏民主改革40周年的喜庆之年。在这一年里，西藏自治区质量技术监督部门在国家质量技术监督局和自治区党委、自治区政府和自治区经贸体改委的正确领导和关心支持下，质量技术监督工作取得了明显的成绩。

首先，认真学习贯彻党的十五大、十五届三、四中全会和自治区五届五次全委扩大会议精神，积极贯彻落实党中央及自治区政府的方针政策，进一步解放思想，更新观念，提高认识，始终维护祖国统一，坚决反对李洪志利用"法轮功"进行反人类、反科学、反社会活动和达赖集团利用"冲拉亚岁"等宗教活动分裂祖国的行为。

其次，注重党风廉政建设、行风建设。一是，按照国家质量技术监督局的要求，1999年全区质量技术监督部门认真执行"收支两条线"政策，严格适用财政统一票据，及时足额上缴行政事业性收入；二是，为增强全体干部职工的公仆意识和服务观念，提高执法水平，对干部职工经常进行技术监督职业道德等方面的教育，要求每一位干部职工从严要求自己，改进工作作风，决不允许"脸难看、话难听、事难办"的现象存在。党风廉政建设和行风建设的有效开展，优化了技术监督的行业形象，赢得了社会各界的好评，企业向自治区技术监督局送了写有"技术监督促发展，勤政廉洁树新风"和"为民尽心尽职，永葆公仆精神"等内容的锦旗。

第三、以邓小平理论和十五大精神为指导，在人手紧、任务重的情况下，以高度的事业心和责任感，作了大量艰苦而富有成效的工作。质量工作得到了进一步加强，用铁腕抓质量成效显著，计量工作和标准化工作开展得切实有效，认证工作面逐步拓宽。此外，在西藏自治区各有关部门的帮助和各地(市)技术监督局的配合下，由自治区技术监督局组织人员撰写的《西藏自治区·技术监督志》初稿已完成。

二、质量技术监督工作

1. 质量管理工作

1999年，自治区技术监督部门从加强质量管理的各方面入手，创造了政府部门、各行各业重视质量管理、监管商品质量的好局面。

【制定《西藏名优新特产品管理办法》，参与举办全区首届名优新特产品展示暨贸易洽谈会】 6月，按照自治区人民政府的部署要求，自治区技术监督局根据《中华人民共和国产品质量法》和《质量振兴纲要》，起草了《西藏自治区名优新特产品管理办法》。7月21日，自治区人民政府通过了该《办法》。

8月，自治区技术监督局参加由自治区经贸体改委、自治区、拉萨市总工会牵头组织举办的全区首届名优新特产品展示暨贸易洽谈会和评选活动，负责名优新特产品的质量评审工作，评选出了35个名优产品，19个新产品，24个特色产品共78个名优新特产品。与此同时，各地市技术监督局参与了该活动筹备和宣传工作。在这次活动中，自治区技术监督局被自治区人民政府授予为"西藏自治区首届名优新特产品评选活动先进单位"称号。

【生产许可证的实施】 11月，自治区技术监督局会同自治区城乡建设环境保护厅严格按照有关法规文件要求，对申请生产许可证的拉萨登峰水泥厂的质量保证体系、人员情况等进行考核，并对425号普通硅酸盐水泥产品抽检，均合格后，转报全国工业产品生产许可证办公室审核。12月，该厂生产的425号普通硅酸盐水泥获得了全国工业生产许可证办公室颁发的全国水泥生产许可证，证书编号为：XK23-101 9066。

【向国家质量技术监督局推荐粮食陈化鉴定检验机构】 为贯彻落实《国务院关于印发当前推进粮食流通体制改革的意见》(国发[1998]35号)文件精神，自治区技术监督局根据《粮食陈化鉴定管理办法》的有关规定，对西藏相应检验机构的质检能力、技术能力等方面进行了考核，在此基础上，向国家质量技术监督局推荐自治区粮食储备局中心化验室作为自治区粮食陈化鉴定质检机构。国家质量技术监督局经审查，为该单位颁发了证书号为藏质监认字(03)号的授权证书。

【对全区重点产品进行监督抽查】 1999年3月，为贯彻落实国家质量技术监督局《关于贯彻落实国务院领导指示，进一步监督执法力度，今冬明春抓好"五个一批"打好"三大战役"的通知》精神，自治区技术监督局结合本地区实际，对与人民生活密切相关的青油生产企业产品进行了监督抽查。共抽取16家企业的17个样品。检验表明，只有隶属于自治区农牧厅博农公司生产的一、二级青油合格，合格率为12%。酸碱度和味道达不到有关标准要求是其他青油不合格的主要原因。

5月，在"查建材、保建设"战役中，自治区和各地市技术监督局对全区水泥及水泥预制构件生产企业产品进行了监督抽查。共抽查15家水泥生产企业的28个样品，1家水泥预制构件的1个样品，检验结果表明，水泥及水泥预制构件均符合国家标准要求，抽检合格率为100%。

10月，根据自治区人民政府的安排，自治区和七地市技术监督局会同有关部门完成了全区陈化粮的抽样工作，共抽样536个，代表11 947万公斤粮食。

10月中旬至11月中旬，自治区技术监督局按照国务院和自治区人民政府的部署要求，以检查汽油辛烷值为主要内容，对拉萨市及市区的部分县的加油站的汽油进行了监督抽查。在所抽查的12家国营加油站和21家私营加油站中，70号汽油辛烷值合格率为100%，90号汽油辛烷值合格率为22%。70号汽油与90号汽油贮存罐混用是导致90号汽油辛烷值合格率低的主要原因。

【强化质量投诉工作】 为方便广大消费者质量投诉，自治区、市(地区)技术监督局自1992年以来先后设立了质量投诉电话，指定专人负责质量投诉，为消费者、企业提供各种咨询。并在开展“3.15”、“质量月”、“市场监督检查”等活动时，鼓励消费者进行质量投诉。

在1999年里，自治区技术监督部门在质量投诉方面改进了工作的方式方法，处理质量投诉更及时、认真。据统计，本年度共受理质量投诉132起，处理130起，解决率达98%，涉及28种产品，为消费者挽回经济损失20万余元。在这些质量投诉中，涉及产品质量的有98起，服务质量11起，其他23起。

【开展宣传和服务咨询活动】 在“3.15消费者权益保护日”活动和“质量月”活动期间，自治区技术监督部门在本地区繁华地段设立宣传点，展览以法规、知识、漫画为主要内容的宣传板报，采用商品质量、标识对比等多种形式，向前来咨询的群众详细讲解鉴别商品真伪的方法，并向过往群众散发《中华人民共和国产品质量法》、《质量振兴纲要》、《消费者权益保护法》等有关法律法规及其他宣传材料共4万余份。本年度的宣传服务咨询活动，进一步增强了各行各业、各界群众的质量法制观念和生产企业的质量紧迫感与责任感，提高了消费者的自我保护意识。

【加强企业质量管理】 对成品油市场秩序进行整顿。在本年度中，自治区、日喀则、山南地区技术监督局分别会同有关部门对拉萨市、日喀则、山南地区的成品油经销企业进行了检查，并针对检查的情况，对不符合要求的经销企业提出了相应的整改措施，要求他们健全成品油的质量管理制度，严禁购进掺杂掺假的成品油。

对企业质量管理情况进行检查与考核。本年度检查与考核的基本内容有：企业质量体系状况、生产企业的基本情况、技术力量、产品质量状况等，全年共对28家生产企业进行了检查与考核。从检查与考核结果来看，骨干企业设备先进，产品技术含量高，有完善的质量保证体系，产品质量较好；一些小型企业设备落后，工艺简单，没有健全的质量管理制度，由此导致产品技术含量低，产品质量较差，市场竞争力弱。针对检查和考核的情况，自治区技术监督部门建议这些企业围绕稳定和提高产品质量这一中心，改进工艺设备，增加产品技术含量，重视售后服务质量。

组织重点企业开展“七查一访”活动。8月，根据中共中央宣传部、国家质量技术监督局等部门联合下发的关于开展“质量月”活动的通知要求，自治区技术监督局组织全区重点企业开展了“七查一访”活动，主要内容有：查质量意识、查质量水平、查保证体系、查标准执行情况、查计量检测保证，查现场管理，查质量损失，访问用户。并要求他们针对在“七查一访”活动中发现的问题积极进行了整改。

【制定《拉萨市安全技术防范产品管理办法》】 1999年9月，为确保安全技术防范产品质量，拉萨市技术监督局联合拉萨市工商局对拉萨市场安全技术防范产品质量进行了调查了解，在此基础上，共同起草了《拉萨市安全技术防范产品管理办法》(意见稿)，并报送拉萨市法制局审定。

2. 监督执法和“打假”工作

西藏自治区技术监督部门在本年度的监督执法和“打假”工作中，体现了用铁腕抓质量的精神，突出严字当头，以规范市场、打假治劣为主题，以为企业创造一个公平竞争的环境为目的，惩处了部分制售伪劣产品的违法行为者。据统计，1999年共出动执法人员2 682人次，查获伪劣商品标值达181.4万元，检查专业市场68个(次)，专业商业街125条(次)，检查商业门店89家(次)，查处销售伪劣产品商店620家(次)，摊商128个(次)，检查商品质量213批次，合格的有105批次，检查食品标签116种，合格82种。具体情况如下：

1月，为贯彻落实国家质量技术监督局《关于实施“查市场，保两节”战役的通知》和《关于严厉查处有毒桶装猪油的紧急通知》精神，自治区及七地市技术监督局对全区主要城市的商店、餐厅、美容美发厅、批发门市部等进行了执法监督检查，重点查处桶装猪油、名烟名酒、食品等与老百姓生活密切相关的商品。此次检查共出动执法人员450人次，检查42家国营商场，210家零售商店，22家批发部，32家美容美发厅，涉及200多种商品，查获标值达34万元的假冒伪劣商品。

3月，根据全国质量监督工作会议和国家质量技术监督局(质技监局发[1998]164号)文件精神，全区技术监督部门在自治区范围内开展以检查标识、执行标准、生产许可证、质量证明为主要内容的“查农资，保春耕”的监督检查和执法打假活动。在检查的57家农资产品经销单位中，有46家符合国家规定要求，占受检单位的80.7%。在检查过程中发现：手扶拖拉机、农资产品质量状况较好，农机类配件产品却令人担忧。

5～6月，自治区及七地市技术监督局围绕“用铁腕抓质量，确保工程质量”这一关键任务，在全区实施了“查建材，保建设”战役，重点对水泥预制砖、装饰材料、涂料、防水材料、钢材、石油沥青油毡等日用建材产品进行了执法监督检查。共检查41家经销单位，21个施工现场，16个品种、261个建材产品，产品合格率为85%，其中国营、集体、个体经销商店和施工现场合格率分别为86%、75%、42%和95%。在此次战役中，并查获了标值达4万余元的假冒伪劣建材产品。

5月15～25日，按照国家质量技术监督局的部署要求，自治区技术监督局在部署各地市技术监督局开展对游乐场所游乐设施进行安全质量监督检查的同时，联合有关部门对拉萨市也进行了检查。经检查，只有拉萨市和林芝地区共有4家游乐园有游乐设施，这四家的游乐设施均存在着一些问题，如：有的游乐设施无生产许可证、产品检验报告及验收证明，有的高空自行车安全带竟使用细铁链替代，有的游乐场所无游客乘坐注意事项。为此，自治区技术监督局对拉萨市安全质量问题严重的游乐场所限期一周时间停业整顿，整改合格后，方准许运营，确保了“六一”期间的游乐安全。

6月，自治区技术监督局对拉萨市场上的通讯器材进行了执法监督检查和“打假”活动。共检查移动电话经销商店29家，6个品种，产品合格率72%，电话经销商店36家，18个品种，产品合格率为83%。

根据自治区人民政府对全区医药市场进行整顿的通知

精神，7月21日至8月25日，自治区技术监督局会同自治区监察厅、自治区药政管理局等单位组成检查组，对拉萨市、日喀则、山南3个地市6个县93家医药经销单位进行了历时36天的监督检查。在检查的这些经销单位中，有3家27种属无批准文号、厂牌、注册号和生产日期药品，1家6种药已过期变质。同时，昌都地区技术监督局会同本地区有关部门对昌都镇药品市场也进行了监督检查，检查中没收了一些过期变质药品。

6月，自治区技术监督局根据群众举报，查获了一批价值达100多万元的假售药。同月，根据群众举报，查获了1 200多桶(200多件)的假冒美孚机油，其标值达7万多元的。

8月13日，自治区技术监督局得知7月青海省牧民因食用河南沈丘县"大众牌"面粉而中毒的这一事件后，立即打电话部署各地市技术监督局迅速对河南沈丘县"大众牌"面粉进行监督检查。此次检查全区共出动执法人员50多名，检查100多家粮店(馒头店)，但未发现市场上销售河南沈丘县"大众牌"面粉的现象。

8月，拉萨市技术监督局会同拉萨市公安局、拉萨市工商局对拉萨市场安全技术防范产品进行了检查。

9月，即在中秋节前，为给广大群众提供放心满意的月饼购物环境，拉萨市、山南地区技术监督局分别对拉萨市、山南地区市场销售的月饼开展了专项检查，查处了销售无厂名、无厂址、无合格证、无生产日期的月饼经销企业，并通过电视等新闻媒介及时公布了检查的情况。

在"3.15"和"质量月"活动期间，自治区和七地市技术监督局会同有关部门分别销毁了价值共为50万余元的假冒伪劣商品。

全年监督检查和执法"打假"商品质量

产品名称	检查商品数量	单位	合格商品数量	单位	产品合格率(%)	检查商店总数(家)	商店合格商店(家)
白酒	137	箱	124	箱	96	63	55
啤酒	384	箱	384	箱	100	82	67
啤酒瓶	311	箱	287	箱	88	76	61
葡萄酒	177	箱	167	箱	94.4	26	26
饮料	474	箱	349	箱	221	97	94
建材产品	261	个	222	个	85	41	32
农资产品	1 560	个	1 203	个	77	57	46
游乐设施	368	个	298	个	81	4	2
通讯器材	3 219	部	2 532	部	79	65	56
月饼	1 200	盒	960	盒	80	45	39
小麦粉	1 773	袋	1 093	袋	94	36	36
大米	927	袋	843	袋	86	63	59
燃气灶具	320	个	280	个	87.5	12	10
美孚机油	2 050	桶	1 700	桶	83	32	26
药品	58	种	40	种	70	62	48
汽车零配件	1 300	个	860	个	66	35	29

3. 标准化工作

标准化是国民经济建设和社会发展的重要技术基础工作之一，是各行各业实现管理现代化的基本前提。1999年，自治区技术监督部门在标准化工作方面，做了许多工作，取得了一定的成绩。

【加强企业标准的制修订和备案工作】 在1999年度里，根据工作的安排，结合本区实际，主要开展了企业标准的制、修订和备案工作。1999年，共对9家企业162个标准进行了制、修订与备案(见表2)。此项工作推动了企业标准化工作的顺利开展，为提高企业产品质量打下了坚实的基础，为规范管理企业标准提供了可靠的依据。

【标签认可】 西藏自治区技术监督局在1999年度共为5家企业办理了共5个标签认可。

标准制、修订与备案的数量及企业

生产企业名称	数量(个)	生产企业名称	数量(个)
西藏舍珠高原生物保健品有限公司	1	中国出口商品基地建设西藏公司	1
西藏太阳农业资源开发有限公司	1	西藏大学科技开发有限公司	1
西藏日喀则地区天知药业有限公司	1	拉萨市金鑫饮料有限公司	1
西藏自治藏药厂	2	西藏珠峰工业股份有限公司	153
西藏圣谷青稞食品发展公司	1		

标签认可情况

生产企业名称	产品名称	标签认可号
西藏大学科技开发中心	“雪红宝”保健品	XZBQ990030
西藏五谷酿酒有限公司	藏乡旺酒	XZBQ990031
西藏圣谷青稞食品发展公司	“圣雅”牌青稞营养麦片	XZBQ990032
西藏太阳农业资源开发有限公司	茶叶	XZBQ990033
中国出口产品基地建设西藏公司	藏式辣酱	XZBQ990034

【代码工作】 西藏自治区技术监督部门在1999年里认真贯彻执行国家代码中心下达的各项工作任务，进一步拓宽代码应用领域，推动相关部门的信息交换和资源共享。

在代码证书收费方面，自治区和各地市技术监督局严格执行国家局规定的代码证收费标准。

在办证方面，全区代码工作人员想方设法为前来咨询的各组织机构提供办证方便，耐心细致地讲解办理代码的有关事宜，帮助填好代码申请表，及时认真地赋码、审核、打印代码证书，在赋码中未出现错码、重码现象。全年共为西藏自治区657家组织机构办理了代码。

在信息资源共享方面，代码工作人员按时向国家代码组织机构中心上报代码信息，先后10余次为自治区金融税务、组织部门查询、打印代码有关信息共5 000多条，为代码中心和相关部门决策提供了可靠的依据。

此外，西藏自治区技术监督局代码工作人员尼玛同志、山南技术监督局杨雪峰同志分别获得全国组织机构代码管理中心颁发的“代码工作优秀奖”和“代码荣誉奖”。

【条码工作】 国家物品编码中心西藏分中心设在西藏自治区技术监督局。在1999年度里，西藏自治区技术监督局条码工作人员进一步提高自身素质，改进了工作方式方法，基本完成了本年初国家物品编码中心下达的工作任务。

第一，严格按照条码申办工作程序，帮助符合条码申办条件的企业做好条码的申办工作。并对这些企业进行初审，初审合格后，寄往国家编码中心。本年度共为四家企业办理了条码，它们是：西藏农牧学院科技开发中心、西藏圣谷青稞食品发展公司、西藏江达县吉荣多种经营开发公司、西藏华康食品有限公司。

第二，对到期的14家企业的商品条码进行了复审，复审率达98%，合格率达90%。

第三，按照中国物品编码中心的指示和要求，对全区企业使用商品条码情况进行了调查，了解商品条码在全区市场的具体使用状况。调查了解到，西藏唐古拉矿泉水有限责任公司、西藏林芝地区易贡茶厂、西藏拉萨市西宝保健食品厂、西藏青稞酒公司这5家企业，由于关、停、并、转等原因已停止使用商品条码。为此，西藏分中心根据《商品条码管理办法》的有关规定，对这些企业的商品条码予以了注销。

【标准的宣贯工作】 1999年3月，根据国家质量技术监督局关于文件精神，有效防止啤酒瓶炸人伤人事故，自治区和七地市技术监督局分别通过电视台、报刊等新闻媒体对GB 4544—1996《啤酒瓶》强制性国家标准及该标准实施的意义、范围、时间、新标准瓶标记等进行了宣传和报道。并对啤酒生产企业贯彻该标准情况进行了检查。

4．计量工作

西藏自治区技术监督部门在1999年度在计量工作方面，加大了法制计量监督管理力度，引导、帮促企业、事业单位实现了计量器具的合理配备和有效检测，通过规范计量行为，保证了各事业、企业单位和集贸市场计量衡器量值的真实、准确、可靠。

【培训工作】 1999年7月，为强化西藏自治区企业、事业单位的计量意识，确保公平交易和测试数据的真实有效，西藏自治区计量测试所在自治区防雷测试中心、自治区粮食化验中心等单位开展了《中华人民共和国计量法》、计量基础知识与测试技术知识的培训工作。

【检定工作】 西藏自治区的计量检定工作主要由西藏自治区计量测试所负责。在1999年度里，完成了以下检定工作：

为规范加油站的管理，配合成品油市场的整顿，西藏自治区计量测试所组织人员对部分地区加油站的加油机进行了检定调试，同时对加油站的管理制度、设备、人员等情况进行了考核，提出了相应的整改措施。全年考核了拉萨、那曲、林芝3个地区的国营、集体、个体加油站40多家，结果显示基本符合要求，调试检定加油机183台次，调试检定合格率为100%。

对拉萨、日喀则、林芝地区的国营、集体、个体企业、事业单位的天平、砝码、酸度计、分光光度计进行了调试检定，其中天平39台，分光光度计24台，酸度计20台。

完成对拉萨市、林芝、日喀则地区各企事业的万能试验机、压力机、抗折机共43台的周期检定调试工作。

完成对拉萨、山南地区各企业、事业单位地中衡的检定调试工作，检定调试共22台。

【开展计量监督执法检查】 1999年西藏自治区技术监督局先后组织人员分别对拉萨市场的粮油店、各营业商店及农贸市场的台秤、度盘秤等计量衡器进行了监督检查。共检查粮油店和营业商店使用的计量衡器2 274台，合格率为82%。检查农贸市场上使用的秤具1 726台，合格的有1 216台，占检查总数的70%。并依法没收了不合格计量器具。

10月，山南地区技术监督局对山南泽当镇市场上的各类计量器具进行了计量监督执法检查，共检查830多支(台)，合格620台，合格率为75%，并依法没收不合格计量器具200多支(台)。

11月，西藏自治区技术监督局会同有关部门对拉萨市区电能表的经销商店进行了监督检查。

12月，西藏自治区技术监督局组织人员对拉萨市区15家液化气站的计量器具进行了监督检查，并依据《计量法》的有关规定，惩处了故意损害用户利益的缺斤少量的违法行为。

【计量认证工作】 1999年8月，西藏自治区技术监督局和国家农业部计量认证评审组联合对自治区农牧科学院中心实验室进行了国家级计量认证，评审通过后，把材料报送到国家技术监督局和国家农业部待批。

9月，西藏自治区技术监督局按照计量认证的复核程序，完成了对自治区地质中心化验室国家级计量认证的复查和评审工作。通过复查和评审，该单位合格。

10月，西藏自治区技术监督局严格按照计量认证程序，对西藏自治区粮食储备局中心化验室进行了计量认证，该单位申请的粮油检测项目共34个通过了计量认证，之后，为其颁发了证书号为(99)量认(藏)字(Q0102)号的计量认证合格证书。同月，对西藏自治区建筑监督检验站中心实验室进行了计量认证，其申请的7类产品28个项目通过了计量认证，西藏自治区技术监督局并为该单位颁发了证书号为(99)量认(藏)字(R0103)的计量认证合格证书。

三、省、地(市)机构简况

截至1999年底，西藏有自治区和地区(市)两级技术监督机构，分别属县、科(副科)级单位，共有在职职工57人。具体情况如下：

【自治区技术监督局机构简况】 现有工作人员30名(包括1名援藏干部)，其中局长1名，副局长3名(包括1名援藏干部)。在30名人员中，大专以上15名，中专7名，高中及以下6名。局内设有3个科室和两个所。由于行政事业人员少，行政执法监督管理和事业机构未分开，职责分解未落实。

【各地市机构简况】 西藏自治区七地(市)技术监督局现共有人员27人，全属行政编制，其中局长共4名，副局长共7名，其下未设科室。他们的职责是全面负责本地区标准、质量、计量的有关工作。

撰稿人　罗建碧
审稿人　格桑坚村

陕西省质量技术监督工作

一、概　　述

1999年，陕西省质量技术监督工作以党的十五大精神和十五届四中全会为指导，紧紧围绕省委、省政府重大决策，围绕增强企业技术基础建设及西部大开发的历史机遇，积极探索新形势下质量技术监督工作适应经济建设和社会发展的路子，在工作的指导思想和总体部署上有了全部的突破。

1999年省局为使机关工作达到程序化、文件化、规范化、科学化管理的要求，率先在省直机关将国际先进的ISO 9000《质量管理与质量保证》体系标准引入机关工作，受到程安东省长高度肯定，程省长在批示中要求"在省级机关工作质量评定中可总结推广技术监督局的作法。机关工作不仅要勤于效率，更要严于质量"。

1999年11月25日由省政府召开的全省服务行业贯彻实施服务质量标准大会。这在陕西省的历史上是第一次召开这样的会议，会议将推动全省服务行业的发展逐步实行与国际服务质量标准接轨，全面提高服务质量和服务水平，为实施西部大开发，为改善陕西投资环境，为迎接加入WTO的挑战奠定良好基础。

1999年省局在认真抓好质量、计量、标准化、认证、代码等各项工作基础上，根据市场经济体制的特点，改进和加强监督与服务工作，努力开拓技术监督部门力所能及的多项服务领域。

全省定量包装商品的净含量控制，在1999年基本上达到符合《定量包装商品计量监督规定》的要求；

标准化工作为陕西办好第四届城市运动会，先后与"四城会"组委会联合对100余处比赛场馆、接待宾馆、运输站、场等公共场所的各类图形符号、标识、标志进行了全面检查，更换3000多个标识牌，并规范各类标识标志的制作和设置要求，得到了潘连生副省长与组委会领导的肯定。

中国方圆委标志认证委员会西北认证工作站/陕西审核中心，在不到两年的时间里，为全省培训质量管理和质量认证及ISO 9000标准各类人员5000多人次，并在1999年初顺利通过了中国质量体系认证国家认可委员会的认可，成为西北地区唯一通过国家认可的质量体系认证审核机构。

代码工作在全国目标管理责任考核中荣获1999年度代码工作目标管理三等奖，陕西省组织机构代码管理中心在全国组织机构代码开展十周年表彰工作中荣获先进集体精神文明奖。

1999年省局在改革发展的新形势下，不断开拓进取。西北大区计量中心为促进质量技术监督工作的大发展，把眼光投向中亚的许多国家，业务已拓展到哈萨克斯坦、吉尔吉斯斯坦、土库曼斯坦、乌兹别克斯坦等国家；省能源所将单一的煤炭检验业务拓展到燃油、天然气、太阳能等能源领域；生产许可证、认证管理工作已开拓了一条新路子。

陕西省质量技术监督局领导班子充分认识到，作为行政执法部门，最重要的就是必须真正树立并保持"科学、公正、廉洁、高效"的形象和作风，必须坚持两手都要硬，即：履行监督执法和综合管理两大职能要硬，狠抓队伍思想、作风、纪律要硬，要坚持监督执法与服务相结合的工作方针，充分发挥各个技术机构的中介服务功能，要重视研究生产领域和流通领域的新情况、新特点，探索其规律性，不断总结提高。

二、质量技术监督工作

1. 质量管理工作

【加强生产许可证管理】 根据国家局[1998]143号文件《关于进一步做好工业产品生产许可证管理工作的通知》精神，陕西省质量技术监督局从1999年4月起，加强了对申请生产许可证企业的受理和审查工作，并决定发动各地市质量技术监督局的力量和省内各有关行业的力量，帮助企业做好申请办理生产许可证前期准备工作，省许可证办公室在办证的程序上首先要做到生产许可证的受理、审查，发放必须公正、透明、规范，其次是通过发放生产许可证工作，帮助企业按照质量管理的思想建立健全生产合格产品的质量保证体系，提高企业的管理水平。省局1999年起草、制定了《陕西省生产许可证管理规范》、《陕西省生产许可证申报、受理程序》、《申证企业质量体系现场审查要求》、《生产许可证审查员纪律守则》、《生产许可证审查员承诺》等16份文件，这一系列规范性文件的制定，不仅使许可证工作的开展有章可循，而且还得到了国家工业产品生产许可证办公室的高度评价，认为生产许可证由受理、审查到报批的全部过程规范化、程序化，这在全国是第一家。在国家组织讨论有关生产许可证实施细则的会议上，省局做了经验汇报。自1999年9月以来，省局按照此管理办法共接待申请办理生产许可证企业170家，各类咨询共计257人次，进行企业现场质量体系审查58家，发放生产许可证45张。在此基础上省局针对全省质量工作机构和人员队伍不能满足工作需要的现状，组织了西安、宝鸡、咸阳市质量技术监督局、各技术机构、各区(县)质量技术监督局(所)、宝鸡市办公厅工交科等26个单位的有关人员，进行质量管理理论和方法的学习和培训。

【贯标和质量认证】 1999年省局为了将质量管理工作向服务领域推进，先后在世纪金花、融信物业管理公司、万德福物业公司、陕西省经济技术监理公司、西安市监理公司等服务企业宣贯ISO 9004-2《服务指南》标准，帮助、指导这些企业按照该标准建立质量管理体系。目前有一半企业正处于运行阶段；138家企业按照ISO 9000《质量管理和质量保证》标准建立了文件化的质量体系，从而使质量管理推行工作有了新的突破。

中国方圆认证委员会陕西审核中心在顺利通过中国质量体系认证机构国家认可委员会认可之后，又将认证市场开发列为工作的重要内容，制定了具体的开发计划，并到宁夏、甘肃等省(区)及陕西省的安康、陕北等地开发认证市场，目前已突破计划、达到鉴定认证协议 172 家。在贯彻 GB/T 19000—ISO 9000 标准中，中国水利水电第三工程局、甘肃莫高窟葡萄酒业有限公司、新疆天康技术发展公司、西北橡胶总厂、陕西富华乳品有限公司等近百家企业获得了带有国家认可标志的质量体系认证证书，30 家企业获得了产品质量认证证书 151 张。

【举办“99 三秦质量万里行活动”】 1999 年是陕西省质量技术监督系统举办的第六次“三秦质量万里行”活动，为了展示改革后的全省质量技术监督管理体制新风貌，进一步振兴陕西经济和为社会发展服务，10 月 16 日省、市质量技术监督局在西安市新城广场举办了有建筑工程、旅游、工商、卫生等行政执法部门开展的大规模的产(商)品、工程、服务质量咨询、宣传活动。此次活动的主题为“创造高质量，迎接新世纪”。参加的单位有西安市的工业、交通、商贸、建设、公用事业、电信、供电、铁路、航空、共青团等十多个部门和团体，为了扶优治劣、宣传名优产品，长岭、旭日升、银桥、宝鸡啤酒、玉山牌奶粉、西凤酒等近百家的质量先进、服务优良的企业到现场宣传展示自己的名优产品、优良工程和优质服务及良好的企业形象，活动中共发放宣传资料 69.53 万份，接待市民咨询 90 571 人次，受理投诉 472 件，现场解决 396 件，参加群众数万人。

2. 监督执法与“打假”工作

【产品质量监督】 1999 年，省局依法对全省 1 626 家生产经销企业、建筑施工工地的产(商)品进行了监督抽查，共检查了 25 类产(商)品 3 615 批次(比 1998 年多 1 348 批次)，合格 2 628 个批次，综合合格率为 72.7%，比 1998 年提高了 2.6 个百分点。其中监督抽查 682 个企业，2 082 批次，合格 1 265 批次，合格率为 60.33%；统检 353 个企业，743 批次，合格 629 批次，合格率为 84.66%；定期检验 591 个企业，790 批次，合格 743 批次，合格率为 94.05%。在监督抽查中，省局采取的基本方法是：

(1) 坚持“抓小放大”的方针。大型企业特别是国有企业，设备优良，技术先进，管理严格，有一套完善的自我约束机制，产品质量较稳定，中小企业，特别是一些乡镇企业、私营(个体)企业，管理差，检测设备不完善，因此，1999 年省局加大对中小型生产企业的质量监督抽查力度，全年共监督抽查达到 3 254 批次，占全年抽查企业数的 90%，也是历年来对中小型生产企业抽查比例较大的一年。

(2) 坚持对流通领域里的高技术含量产品的监督。1999 年省局对家用空调器、电话机、电冰箱、声频功率放大器、宝玉石首饰等产品进行了监督抽查，合格率较 1998 年有所提高，电冰箱、空调器合格率达到 100%。

(3) 坚持为工程建设服务。1999 年省局为了保证全省的工程质量，监督抽查了水泥、烧结砖、PVC 管材、铝合金型材等建材产品，其中水泥抽查了 25 批次，合格 25 批次，合格率为 100%；烧结砖 40 批次，合格 35 批次，合格率为 87.5%；PVC 管材 53 批次，合格 43 批次，样品合格率为 81.13%。

(4) 实施对少数产品进行报验制度。依据省人大制定的条例，经省政府批准，1999 年对汽油、食用植物油等 6 种产(商)品实行了售前报验制度，全省共报验产(商)品 2 381 批次，发准销证 1 828 张。

(5) 加大质量监督的后处理力度。1999 年省局先后召开奶粉、水泥、水泥制品、锅炉等行业质量整改及专项整改会 5 次，并请来专业技术人员讲产品标准、讲生产过程中容易出现的质量问题及预防措施，从而达到检查一类产品，净化一批企业、整顿一个行业的目的，奶粉质量合格率从 1993 年的 33.3%提高到 1999 年的 84%。

(6) 坚持扶优治劣，全年召开产(商)品质量问题监督抽查新闻发布会 7 次，在陕西日报、西安晚报、陕西农民报公告监督抽查结果 12 次，在电视台、广播电台以及其他报刊上播发新闻稿件 60 余篇。

陕西省 1999 年产(商)品监督抽查情况见下表：

抽查季度	抽查企业数	抽查产品数	合格产品数	合格率(%)
1	172	287	139	48.43
2	198	224	186	83.04
3	371	820	669	81.58
4	294	1 494	891	59.64

【纤维检验】 全省纤维检验工作按照省局 1999 年工作的总体要求，不断加强纤维检验监督工作。截止 1999 年 12 月 10 日全年共完成各类纤维和纺织品检验 1 247 批次，比去年同期增加 101%，查处各类纤维及其制品质量违法案件 199 起，上缴省财政罚没款 45.33 万元，超额完成全年目标任务。

其中，完成经营性棉花公证检验任务 460 批，6 204.84 吨；进行成包山羊绒国家检验 118.75 t，占全省用量的 48.87%；检验化纤制品 4 300 t，85 批次，纺织品检验 489 批次，茧丝检验 153 批次。

在开拓新业务，搞好为企业服务工作中，纤检局完成了国家安排我省 6 个棉花储备库出库总量为 4 278 t 公证检验任务，多次分赴高校集中区域、生产厂家检验高校学生公寓用品质量，查处以假充真、掺杂使假的被褥 9 000 多床，中小学生校服 50 套，保证了人才基地的消费环境正常化。

【煤炭检验】 1999 年 6 月经省编办、省质量技术监督局批准，陕西省煤炭质量监督检验所更名为省能源质量监督检验所，产品的检验也从单一的煤炭检验扩展为涵盖煤炭、石油、液化气、太阳能、电能 5 大类几十个产品的质量检验。9 月又顺利完成了攀枝花钢铁集团开展的煤炭公正检验任务，为市场经济条件下开展煤炭公正检验开创出一条新路子，使能源所在 1999 年工作中出色地完成了年初制定的各项指标任务，创收达到 362 万元，比 1998 年净增 64 万元，年增幅 21.5%。检验涉及大的用户和企业 600 多个，统配煤矿 500 多个，委托检验样品 2 890 个，国家监督抽查样品 80 个。

【打假工作】 1999年全省质量技术监督系统打假工作始终围绕“查市场、保双节，查农资、保春耕，查建材、保建设”三大战役，大力打击生产和经销假冒伪劣产（商）品的伪法行为取得明显成效。全省共出动执法人员46 247人次，查处违法案件11 840件，涉及商品标值3.8亿元，查处大案要案109起。截止12月10日，仅省局查处违法案件664件，其中现场处罚案件207件，立案查处案件457件，已结案649件，结案率为98%，货值8 600余万元，案件涉及15大类56种商品，其中包括食用油、酒类、茶叶、电线、电缆、低压电器、柴油、汽油、玉米种子、化肥、农药、通讯器材、铝型材、办公消耗材料、水泥等，为消费者挽回经济损失142.7万元。

【净化节日市场】 在元旦、春节前后，省局先后3次组织上千人次，开展了“净市场，保双节”战役。共检查商店125家、批发市场36个，涉及11大类46种商品，查处违法案件105件，没收商品价值220余万元。捣毁了一家生产假冒“可乐”、“高橙”饮料厂、制售假“五粮液”、“五粮醇”等名酒窝点两个，查封假冒、伪劣葡萄酒500件；不合格油品180 t。

【打假保农业】 在开展“查农资，保春耕”战役中，重点围绕柴油、农膜、种子、农药等商品进行了查处，共处理案件159件，罚没到位98.5万元。检查中发现，柴油问题最为严重，仅处理此类案件达129件，处罚金额90.94万元，监督做技术处理的油品达1 000余吨。

【打假保建设】 二季度，省局开展了“查建材，保建设”战役，围绕钢筋、水泥、铝型材、钢模板、涂料、装饰材料、电线、电缆、电度表、开关插座、低压电器等商品进行了市场和施工现场查处工作，查出了7家销售不合格钢模板企业500余吨商品，强化了建设、施工部门及经销商对建材产品的质量意识，从而进一步促进工程建设的顺利进展。

【抓大案要案的查处】 根据国家局颁布的确定大案要案的标准，省局在1999年共立案查处大案要案20件，涉及物品货值约1 250万元，其中渭南回湘茶庄、浙、云、贵茶叶经销部经销假冒茶叶案；陕西省钢模板租赁公司经销不合格钢模板案；西安安泰油脂有限公司销售不合格食用油案；赵叁军制售名优假酒案；渭南秦东石油有限公司经销不合格油品案；西安日化公司油脂经销部经销不合格二级豆油案；西安名酒饮料批发商城经销以假充真的小糊涂仙酒案；西安泰隆工贸有限公司经销不符合食用油卫生标准的二级菜油案；梅家坪车站的土炼油发运案；富平县吉民食品厂生产假冒劣质奶粉案被定为全省的十大典型案件。

3. 标准化工作

【开展消灭无标生产工作】 在国家局开展消灭无标生产试点县工作的推动下，陕西省将消灭无标生产作为引导企业健康发展，提高其产品质量水平的重点工作来抓。截止年底，全省已有47个县（区、市）按照国家局确定的验收要求，通过了消灭无标生产验收，其中雁塔区、城固县、富平县3个国家试点县全部一次验收合格，标准覆盖率由验收前平均60%提高到95%以上，最好的较开展消灭无标生产活动前提高46%；产品抽查合格率均达到80%以上。在开展消灭无标生产活动中，省局还帮助12家民营高科技企业建立了企业标准体系；各地县局帮助400多个小型企业初步建立了标准体系，在加强企业的技术基础方面做了扎实有效的工作。

【采标工作有较大的发展】 1999年全省采用国际标准和国外先进标准153项，其中申请获准使用国家局认可的采标标志产品74项，超额完成国家局下达的使用采标标志30项任务。到1999年底为止，全省共有采标项目1 636项，使用采标标志产品460项。

【企业标准备案工作】 1999年办理企业标准备案有两项改革：一是改变过去审查、登记两地分开进行的做法，实行审查、登记一条龙服务，方便了企业，提高了效率，受到了称赞；二是对备案咨询者实行跟踪服务，大大提供了备案标准质量。截止1999年底办理企业标准登记备案7 000件，实施跟踪服务40多个企业。组织了112个新产品投产鉴定，帮助400多个小型企业建立了标准体系。

【地方标准制订情况】 组织制定地方标准64项，已经发布36项。主要涉及农业、服务质量、能源方面。地方城市用煤标准、服务质量标准的发布实施，为陕西省环保、服务业提供了依据。

【农业标准化工作】 1999年农业标准化取得了较好的成绩。完成了第一批共6个国家示范县的验收工作，分别组织制定了洋县黑米标准化示范区配套的《黑米标准综合体》10项标准；武功种子工程标准化示范区配套的《种子工程标准综合体》12项标准；镇安板栗标准示范区配套的《板栗标准综合体》7项；陕北绒山羊标准示范区配套的《绒山羊标准综合体》双项地方标准。提出了我省“山川秀美工程”标准综合体和《苹果标准综合体》总体框架，列入国家和省上项目。

4. 计量工作

1999年，全省计量工作以贯彻“以法制计量为重点，技术机构为保障”的指导思想，不断加大执法力度，为规范市场计量行为，建立公平竞争的市场环境，进行了定量包装商品大检查和商品房面积公正计量。

一是元旦、春节期间。组织全省范围大检查，共出动执法人员1 500人次，检查各类市场680多个，商店5 000多家，定量包装商品11类120种8 000多批次，总标值1 000多万元。处罚定量包装商品和计量器具不合格单位360多家，没收劣质不合格计量器具600多台（件）。检查结果在各市、县召开的新闻发布会进行了公布。

二是组织有关技术机构对全省46家生产、经销企业的99批次定量包装商品进行了抽查，合格86批次，合格率86.9%。

三是围绕消费者反映强烈的商品房销售面积“缺斤短两”进行了检查，全年共测量房屋面积8万多平方米，出具测量报告924份。

在抓好强检工作方面：一是统计落实了陕西省强检工作计量器具的种类、项目和检定工作，全年共强检计量器具1 118 580台（件），其中用于贸易结算的占91%，安全防护用占4%，医疗卫生用占4%，环境监测用占0.3%以上。二是发布了关于《1999年对内强检计量授权到期复查的通知》，并对到期的135家单位，复查发证57家。

在质检机构和检测实验室的计量认证和监督检查工作方面。全年共计量认证和复查总数为78个，其中省评审组评审25个，行业评审8个，地市评审45个；共对125家认证机构进行了监督检查，一次性通过68家，未通过57家，不通过率为45.6%，经整改后通过49家，其他8家未通过，吊销了计量认证合格证书。

三、省、地(市)机构简况

1999年7月28日全省质量技术监督管理体制改革工作会议在西安召开。这次会议主要任务是贯彻落实党中央、国务院关于质量技术监督管理体制改革的决定，部署全省质量技术监督系统的管理体制改革工作，并实行省以下垂直管理。同时，根据《陕西省人民政府"关于印发陕西省质量技术监督管理体制改革实施方案"的通知》(陕政发[1999]43号)和陕西省人民政府专项会议纪要精神，对撤销全省技术监督行政机构，成立质量技术监督机构的具体事项，做进一步明确。

1. 撤销省技术监督局，成立陕西省质量技术监督局，为省政府工作部门，对省以下质量技术监督系统实行垂直管理；

2. 撤销地、市技术监督局，成立地、市质量技术监督局，为省质量技术监督局的直属机构；

3. 撤销县(市、区)技术监督局(所)，成立县(市、区)质量技术监督局，加挂稽查队牌子，为上一级质量技术监督局的直属机构。

截止1999年底，省局组织由省人事厅、省编办等有关部门对全省的9个地市的机构上划人员进行汇审，符合上划接收条件的人员共4 690(不含西安市和省本级)，离退休人员397名，其中从劳动部门锅炉压力容器划转过来共275人。

全省质量技术监督系统现共有机构280个(不含西安市、杨凌示范区)，其中行政机构17个，履行行政职能事业编制的机构116个。事业机构147个。

市(地)质量技术监督局9个，省局直属事业机构13个；

地直行政机构8个，履行行政职能事业编制的机构5个，事业机构39个县；

县(市、区)行政机构8个，履行行政职能事业编制的机构111个，事业机构95个。

撰稿人　刁小军
审稿人　李斐然

甘肃省质量技术监督工作

一、概　　述

1999年，甘肃省各级质量技术监督部门，在省委、省政府和国家质量技术监督局的正确领导下，认真学习邓小平理论，深入贯彻党的十五大、十五届三中全会、四中全会及省第九次党代会精神，按照中央、全省经济工作会议和国家质量技术监督局的整体部署，突出用铁腕抓质量，坚持以质量为中心，标准化、计量为基础的工作方针和甘肃省局提出的"22331"工作思路，围绕扩大国内需求、深化国有企业改革、调整经济结构、推进对外开放、发展农村经济、整顿经济秩序，在提高产品质量、净化市场、加强技术基础、推进与国际贯例接轨等四个方面，加大改革和工作力度，认真履行综合管理和行政执法职能，推动了各项工作的全面进步，为提高全省质量总体水平和促进全省经济发展作出了积极贡献。

首先，全省各级质量技术监督部门通过学习，正确把握形势和全局，增强责任感和紧迫感，精心组织，竭尽全力，坚定不移地抓好各项工作的落实。从全省经济发展的战略高度，充分认识到把工作着眼点放在提高经济增长的质量和效益上来的重要意义，把握好工作重点，加大工作力度，扎实工作，用铁腕抓质量的实际行动，为全省经济的持续健康发展保驾护航。其次，从本省实际出发，认真分析各种有利和不利因素，知难而进，积极主动地做好工作。甘肃省作为一个经济欠发达的省份，发展相对滞后，工业结构不尽合理。大部分骨干企业都是"一五"期间建立起来的，经过几十年运转，设备老化，工艺落后，超期服役严重，缺乏资金彻底改造。地方投资的一些企业和项目，因财力所限，起点本身不高，先天不足，特别是乡镇企业的兴建晚于发达地区十多年之久，不少企业购置了人家淘汰的二、三手货和残次设备。这是直接影响本省产品质量档次提高的物质基础。同时，观念上的差距，也加剧了这一矛盾。产品质量这样一个关系民族兴衰至关重要的问题，并没有完全为社会各方面真正理解和接受，质量振兴的发展战略方针还没有真正贯彻到经济生活的各个方面，质量工作宏观调控的能力薄弱，使全省质量技术监督工作面临的形势更加严峻，任务更加繁重。再次，从全省质量技术监督系统内部情况来分析，装备、人员素质、管理水平、驾驭复杂局面的能力等方面还很难适应当前复杂严峻的质量形势。通过这些分析使大家充分估计和正视面临的困难，对已经出现的或可能遇到的多种困难，估计充分一些，考虑多一些，做好克服各种困难，解决复杂矛盾的物质和心理准备。同时看到有利条件，理清今后的工作思路和重点，坚定信心，创造性地开展工作，全面推进全省质量技术监督的改革和事业发展，为全省经济的发展发挥更大作用。

基于以上认识，全省质量技术监督部门贴紧经济建设这一中心；把握好行政机构和技术机构两项改革；加大立法、监督和行政执法3个力度；突出质量振兴、保优治劣、农业标准化和行风建设四个重点；实现在管理体制上、提高质量总体水平上、净化市场上、解决热点难点问题上、行风廉政建设上5个突破。

根据统一部署，全省质量技术监督管理体制改革有序开展，"三讲"教育取得了明显成效，廉政建设进一步加强。国务院8号文件颁发后，省局在前1998年工作的基础上，抽调人员深入14个地州市和大部分县市区进行调查摸底，取得了第一手资料，并与有关部门协调，提出了本省贯彻落实垂直管理的实施意见，制定了有关政策规定。11月30日由省政府召开了全省质量技术监督管理体制改革工作会议，韩修国副省长到会并作了重要讲话，对搞好管理体制改革，强化质量技术监督工作作了重要指示；省委、省政府有关部门的负责同志也讲了话，对搞好这一工作提出了具体要求。各地州市主管领导和组织、人事、编办、财政、国资、质量技术监督等部门的负责同志参加了会议。印发了《甘肃省人民政府批转省技术监督局关于质量技术监督管理体制改革实施意见的通知》(甘政发[1999]117号)及省委组织部等6部门《关于印发〈甘肃省质量技术监督管理体制改革有关机构等划转实施办法〉的通知》(甘技监人发[1999]275号)等文件，使全省质量技术监督管理体制的改革进入了实际操作阶段。会后各级质量技术监督部门狠抓落实，大多数地州市召开了专门会议进行了安排部署，一些县市区已按规定做好了划转移交的准备工作。整个这项工作按照省委、省政府的总体部署和要求积极稳妥地推进。

按照省委的统一部署，全省质量技术监督系统县以上领导班子和领导干部，在当地党委的领导下，认真开展了"三讲"教育。经过思想发动、学习提高，自我剖析、听取意见，交流思想、开展批评，认真整改、巩固成果4个阶段，顺利完成了"三讲"教育各项任务。通过"三讲"教育，使广大干部特别是县(处)级以上的领导干部普遍受到了一次深刻的马克思主义的再教育，政治思想水平有了新的提高，班子的凝聚力和战斗力进一步增强，为做好今后的工作奠定了坚实的基础。

廉政建设由于全系统各级领导的重视，经过上下同志的共同努力，从组织保障、制度建设、执行督查等方面都得到了加强。省局和各地州市局及大部分县市区局都建立了以主要领导为组长的行风廉政建设领导小组。各级质量技术监督部门选配了纪检监察专兼职人员。广大职工认真贯彻行风廉政建设的有关规定，秉公执法，勤奋工作，塑造质量技术监督的良好形象。为了制止乱收费、乱罚款、乱摊派，对现行的收费、罚款项目依照有关规定进行了清理。结合换发收费许可证，仅省局就对36个单位的收费项目和标准进行了逐项审核，加强监督管理，使之更加规范。在全系统普遍开展了基层窗口单位行风整顿工作，并适时组织了地州市之间的互查和省局重点抽查。对于一些没有通过验收达标的窗口单位责成限期整改，在未整改之前一律停止下达工作计划，引起很大震动，起到了警示作用。同时，各级还狠抓了行风廉政责任制的落实，发挥了行头抓行风的作用。这一工作在省委、省政府组织的检查中得到了肯定和好评。

为了推动质量技术监督工作的全面开展，1999 年有重点的加强法制和宣传工作的力度，取得了良好的社会效果。一是积极推行行政执法责任制，制定了《甘肃省质量技术监督行政执法责任制暂行规定》，明确执法职责，量化考核指标，建立执法岗位责任制。经省政府推行行政执法责任制领导小组对这项工作考核，甘肃省局被评为先进单位。二是加强了年度执法检查工作。三是加强执法监督，重点加强层级指导。四是加快地方性法规、规章及规范性文件的制修订步伐。提请省政府、省人大通过、颁布了《甘肃省计量监督管理条例》，并制定印发了《甘肃省质量技术监督执法过错追究规定》等 3 个规范性文件。在具体办案中，坚持以事实为依据，以法律为准绳，严格按法律程序办案。全年共受理案件 6 422 起，其中行政处罚 4 359 起，申请法院强制执法 35 起，移交司法机关处理 9 起，罚没金额 468.7 万元，挽回经济损失 2 050 万元。宣传工作突出重点，加大力度，逐年有所发展。首先是突出了《质量振兴纲要》的宣传，推动全面工作；其次是结合质量技术监督的工作特点，组织好专题跟踪报道；再次是抓住群众关心的热点问题，进行系列报道，与新闻单位联办各种专题节目和专栏，提高宣传效果，扩大社会影响；同时组织好专题活动，如“3.15”、“质量月”、“质量陇原行”等活动，每年注入新的内容，常搞常新，为群众所欢迎，受到社会普遍关注。1999 年全省各种媒体播发有关质量技术监督内容的稿件 1 千多篇，并连续 5 年开展质量技术监督好新闻、优秀记者评选活动，充分发挥舆论监督与质量技术监督有效结合的强有力作用。

二、质量技术监督工作

1. 质量管理工作

质量工作按照国务院要求精神，深入贯彻《质量振兴纲要》，推动了全省产品质量总体水平的提高。以截止 1999 年底，14 个地州市除甘南州外，各地《质量振兴计划》均已颁布执行，有 25 个县市区也颁布了《质量振兴计划》，有 14 个县市区正在抓紧制订。省级建材、轻工、机械等行业已上报了《质量振兴计划》，并组织企业认真实施，特别是一些大中型企业的积极参与，使甘肃省的质量振兴事业充满活力。质量振兴活动的开展，有力地推动了全省产品质量总体水平再上新台阶，1999 年全省产品质量等级品率达 98.60%，比 1998 年同期提高 0.76 个百分点，连续 4 年保持上升态势；质量损失率为 0.28%，下降 0.15 个百分点；工业产品销售率为 96%，产品质量稳定提高率为 92.38%，质量计划完成率为 92.15%，这些主要的质量指标基本与 1999 年同期持平或略有升高，产品质量整体水平稳中有升。

【名牌战略实施】 根据省委、省政府把实施名牌战略，创“甘肃省名牌”和“陇货精品”作为新的经济增长点的要求，各级质量技术监督部门努力做好引导和扶持工作，坚持巩固壮大一批，促进提高一批，开发培育一批的方针，取得了显著成效。已公布的 5 批甘肃名牌产品扩展到 145 户企业的 173 种产品，年产值可达 200 亿元。第六批甘肃名牌通过评审后即将向社会公布。“陇货精品”的稳步发展带动了规模经济的形成，充分显示了名牌战略在资产重组、联合和扩大发展中的不可替代的作用。

【群众性质量管理活动】 在多年坚持的基础上，群众性质量管理活动有了新的进展，在解决企业经营难题、提高企业内部管理水平、增强企业在市场的竞争能力等方面充分地发挥了作用，取得了显著成绩。组织召开了全省推行全面质量管理 20 周年总结表彰大会，认真总结了本省推行全面质量管理 20 年取得的经验，客观分析了全面质量管理过程中的不足，特别是在经济体制转轨期间，推行全面质量管理过程中存在的主要问题，提出了在市场经济条件下更好地推行全面质量管理的新任务，宣传了全面质量管理的新观点、新思维。会上表彰了在推行全面质量管理方面做出突出贡献的 21 户单位，表彰了 20 年推行全面质量管理过程中做出突出贡献的先进个人 179 名，同时表彰了 1999 年度质量效益型先进企业和近三年来的用户满意产品、用户满意服务等。在国家召开的全国推行全面质量管理 20 周年纪念大会上，甘肃省有 1 家企业受到国家表彰，10 人被评为全国优秀质量管理推进者或先进工作者。甘肃省自 1978 年开展 QC 小组以来，注册 QC 小组已达 18.38 万户，有 11.21 万户小组取得了成果，为企业直接创造经济效益 24 亿元，1998—1999 年度创直接经济效益 2.1 亿元，仅兰化公司一个公司本年度创经济效益 800 万元。第十九次全省质量管理代表大会上，一些优秀小组得到了表彰，12 个小组获国家优秀质量管理小组荣誉称号，113 个小组获省级优秀质量管理小组、22 个小组获得质量信得过班组荣誉称号，同时有 11 个质量管理活动优秀企业得到了表彰。

【生产许可证的管理】 根据国家局的要求，对 8 家企业生产的 12 个产品的许可证申请材料进行了审查，做好了取证的准备工作。联合有关行业对 32 家申请取证企业进行了现场检查，完成了本省特种劳动防护用品企业 6 个产品换证审核工作。对 21 户生产复混肥、螺纹钢、铝型材企业的生产条件进行了抽查。为配合农电网改造，会同电力局对 7 户生产电杆的企业进行了审查。及时加大对无证生产和经销行为的查处，组织地州市质量技术监督部门开展了 10 种结束发证产品查处工作，对不符合规定的单位依法进行了处罚。

2. 监督执法与“打假”工作

质量监督稽查工作继续坚持生产领域、流通领域一起抓的方针，认真落实国务院领导“用铁腕抓质量”的指示精神，采取有效措施，强化后处理工作，定期召开新闻发布会，向社会公布检验结果，在扶优治劣、保护名牌上收到了良好效果。1999 年全省共对 16 650 户企业生产和经销的 20 688 批次产（商）品的质量进行了监督检验，样品合格率为 76.02%，其中生产领域 5 074 户企业生产的 6 017 批次产品，样品合格为 75.84%；流通领域检查了 11 576 户企业经销的 14 671 批次的商品，样品合格率为 76.09%。加强对陈化粮的监督管理，严格审查检验报告，全年共检验库存粮 591 839.4 吨，其中 211 656 吨定为陈化粮。同时对 744 批、5477.903 吨储备棉也进行了检验。

“打假”工作围绕“查大案、端窝点、整市场、清柜台、抓专项、保名优”及加大“三重一大”查处力度的要求，明确打击和整治重点，做到目标期限、机构人员、行动组织、督办制度、奖惩等5个落实，主动出击，加大执法力度，打击了制售假冒伪劣不法份子的嚣张气焰。全国质量技术监督工作先进集体平凉地区技术监督处根据国家质量技术监督局和省局的安排部署，重点组织了开展了“查市场、保两节”、“查农资、保春耕”、“查建材、保建设”的三大战役。在“查市场、保两节”战役中，地区技术监督处与公安部门紧密配合，联合查获了该区近年来最大的一起制售假冒伪劣白酒案，连续端掉了制售假酒的5个窝点，查获了大量的假冒名优白酒及酒类标签、包装及制假工具，案值达40余万元。同时他们深入工矿和施工现场，对水泥、钢材、电线电缆、水暖器材、装饰材料、涂料、钢铝门窗等建材产品进行检查，查封、责令施工单位拆除了一大批不合格建筑安装的各类机电产品，排除了工程隐患，受到群众和有关单位的赞誉。陇南地区技术监督部门出动检查人员3 000多人次，集中检查农药35个品种553个批次，化肥18个品种480个批次，查处假冒伪劣化肥、农药标值达101万元，同时对农用地膜、种子加大监督力度，收到了很好的效果。1999年，全省共查处制售假冒伪劣产品案件4 480起，行政处罚3 344起，罚没金额达358.6万元，挽回经济损失1 728万元，捣毁制售假冒伪劣窝点48个，整顿集贸市场33个，查封出售假冒伪劣产品的摊点470个；立案查出1 241起，其中大案要案两起，移送公安机关5人，其中1人被依法追究刑事责任。

3. 标准化工作

标准化工作以采用国际标准和国外先进标准为重点，以消灭无标生产作为大扇面，点面结合，不断扩展，效果十分明显。

【采用国际标准】 1999年采用国际标准和国外先进标准已有99项验收合格，64项复查合格，全面完成了年度计划。截止年底，全省累计“双采”项目已达2 026项。第五批使用“双采”标志的9个企业的23种产品经我局备案并上报国家局。至此，甘肃省有36个企业生产的193种产品已使用“双采”标志。

【制修订标准和标准化管理工作】 1999年已完成制修订甘肃省地方标准85项，累计总数已达674项。甘肃省制定的地方标准，在工农业生产中发挥了很好的作用，有些标准填补了本省乃至全国的空白。其中《瓶装啤酒销售包装》强制性标准的发布与实施，对于严格规范啤酒生产企业和啤酒市场销售包装，更好地贯彻执行GB 4544—1996《啤酒瓶》强制性国家标准，结束捆扎包装的历史，有效地防止和减少瓶装啤酒爆炸伤人事故的发生都起到了积极的作用。1999年全省企业标准备案614项，年末累计已达到6 337项。审定发布了仿制的1999年度棉花实物标准，用以指导全省棉花购销活动有序进行。为了正确执行国家烤烟标准，防止烟叶收购、复烤厂原烟调入、成品烟加工过程中等级混乱造成经济损失，保护广大烟农与工商企业的利益，省局与烟草专卖局组成烟叶质量标准监督检查组，加强了监督检查的力度。1999年全省烟叶合格率为80.7%，达到了国家标准的规定。企业标准体系试定工作在去年工作的基础上，1999年有所深化。试点企业将建立和完善标准体系同“双采”和建立质量管理体系结合起来，有针对性地补充修订技术标准、工和标准和管理标准。优化和完善了标准体系结构，使生产经营和管理更加规范有序。

消灭无标生产县的工作，在试点的基础上连续第3年在全省有计划的推开。已有73个县市区开展了这项工作，占全省县市区总数的85.5%。其中在49个县市区已通过国家局和省上组织的考核验收，占开展消灭无标生产工作县市区总数的75%。

【农业标准化工作】 农业标准化工作从实际出发，在不断探索中求发展，国家和省上确定的示范区取得了可喜成绩，相继已进入了辐射推广阶段。省级农业标准化确定11个示范区，占县市区总数的12.9%。各地州市安排的示范区已经启动，全面推开，整个工作逐步深化，多层次的农业标准化示范工作正在全省蓬勃兴起。甘肃省农业厅在修订的《甘肃省农业厅科技技术进步奖奖励办法》中明确规定了标准化的内容，要求推广项目都要制定相应技术规范和标准。省林业厅组织制订的《杨树伐根嫁接毛白杨苗技术规程》获得了1999年国家林业科学技术进步三等奖。

【组织机构代码和商品条码工作】 坚持质量第一，规范管理，扩大应用的方针，代码取得了好成绩。全省代码颁证已达129 565户。省代码管理中心1999年底与9个地市实现了计算机联网。商品条码年内发展系统成员124户。组织机构代码和商品条码在全省经济发展和社会管理中，发挥着现代化技术手段日益显著的重要作用。

4. 计量工作

计量工作在加大执法力度、提高对企业服务、全面完成《甘肃省计量工作“九五”后两年计划》的基础上，根据经济建设的需要，面向市场，不断拓宽工作领域，创造性地开展工作。

5月29日省九届人大常委会第十次会议通过了《甘肃省计量监督管理条例》，随即省局召开了地州市主管计量工作的局长及有关人员参加的条例宣贯会，利用各种媒体在全省掀起了一个宣传高潮。条例的宣传和执行，对商品量加大监督力度，实施强制检定，保护公平交易和公平竞争，维护社会主义市场经济的正常秩序都起到了积极的推动和法律保障作用。

在宣传条例的同时，全省计量工作注意帮助企业加强和完善计量检测体系建设，夯实计量基础工作。严格制造修理计量器具许可证的考核和发放，加强了企事业单位标准器的考核，扩大了计量认证的范围，完成了地州市和部分县市区法定计量检定机构的考核。在全省普遍开展计量加油机重新检定、对累进计数器施加铅封工作的同时，根据国家局的要求，积极培训人员，并与有关部门协调，做好推行推广税控加油机的工作。

强制检定工作力度进一步加强，受检率不断提高，“突出重点、分级考核、逐步深化、形成制度”的强检工作思路已初见成效，基本上形成了符合省内实际、有效运行的强检模式。为了总结经验、推动全省计量强制检定工作，省局适时下发了专门的通报，对进一步做好强检工作提出了具体要求。与省卫生厅联合下发了《关于对县级医院进行计量执法检查的通知》，各地质量技术监督部门与当地卫生部门积极配合，使医疗计量器具的受检率有了明显提高。根据国家局与农业部通知精神，与农业部门互相配合，加强对用于农业生产资料购销、农副产品收购环节使用的计量器具和种子、化肥、农药等定量包装的监督检查，规范农村市场秩序，减轻农民负担，切实保护农民的利益。各地质量技术监督部门抓住电话电子计时计费装置纳入《强检目录》的契机，积极主动抓好电话计费器强检工作。天水、酒泉、陇南等地市质量技术监督部门已与电信部门协调后开展了这项工作。加之以前已开展工作的兰州市等，现在14个地州市已有半数的法定计量检定机构开展电话计费器的强制检定工作，其他地州市正在积极筹备和协调之中。同时继续认真抓好商品量的计量监督，加大对"菜篮子、米袋子、车子、房子、炉子"等方面的计量违法行为的查处力度。

据统计，1999年全省强制检定计量器具41项、71种共354 103台(件)，监督抽查计量器具18 606台(件)，合格率为92%，抽查定量包装19 828批次，合格率为79%。全年共受理计量违法案件1 306起，行政处罚775起，罚没金额91.2万元，挽回经济损失235.6万元。

5. 认证工作

认证工作继续坚持立足本身实际，努力夯实企业基础工作，对不同行业、不同类型、不同所有制企业进行分类指导，加强宣贯标准的力度和扩大培训面，促进企业质量体系的规范化和科学化。组织召开了有90家企业和有关厅局(公司)参加的全省质量认证工作会议，总结了几年来开展认证工作的经验，提出了全省质量认证工作总的指导思想和措施要求。与会企业代表就积极贯彻GB/T 19000—ISO 9000标准，实施质量认证，为提高甘肃经济增长的质量和效益做出积极贡献，发出了《倡议书》。同时组织省内207名管理技术人员参加了国家局的培训班。为了使企业领导了解和掌握系列标准和认证知识，举办有69人参加的第五期管理者代表培训班。根据《甘肃省质量体系内部审核员注册管理办法》的规定，组织实施了企业内部质量体系审核员的培训、考核和注册工作。全年共培训内审员275名，并为考核合格的254人办理了注册证书。

经过各方面的努力和工作，全年全省有35户企业通过了质量体系认证，累计总数达96户；43家企业的128户产品通过了产品质量认证。

三、省、地(市)机构概况

截止1999年底，甘肃省质量技术监督系统共有各类机构116个，职工总数达2 314人，其中具有大专以上文化程度940人。拥有固定资产5 077.59万元，其中仪器设备2 086.69万元。全省已形成产品质量检验、纤维检验、技术监督情报信息和条码、计量检定测试4大技术机构网络。全省各级技术机构从实际出发，立足现有条件，不断开拓，在发展甘肃经济的同时自身建设也得到了发展。全省14个地州市和矿区，除甘南藏族自治州为标准计量所外，其余都成立技术监督局(处)；86个县市区已有71个成立了行政机构。

撰稿人　王文本
审稿人　金宝铮

青海省质量技术监督工作

一、概　　述

1999年青海省质量技术监督工作，在省委、省政府和国家质量技术监督局的正确领导和关怀支持下，全系统广大职工高举邓小平理论伟大旗帜，认真贯彻落实党的十五大、省九次党代会和中央经济工作会议、全国质量技术监督局长会议精神，以促进青海经济发展为中心，深化改革，坚定信心，知难而进，在提高产品质量、净化市场、加强技术基础、推进与国际惯例接轨等方面，加大了工作力度、执法力度和宣传力度，突出用铁腕抓质量，促进了全省产品质量、工程质量和服务质量的全面提高，为提高青海省经济增长的质量和效益作出了积极的贡献；同时，狠抓了技监干部队伍建设，在全系统开展了牢记"一个责任"（质量责任重于泰山）、"两手抓"（一手抓依法行政、一手抓为企业改革做好服务）、牢记"三个不变"（为地方经济发展服务的宗旨不变，为当地企事业服务宗旨不变，为当地老百姓服务宗旨不变）的思想政治教育；做到"四个加强"（加强队伍本身建设，加强行风建设，加强领导班子建设，加强县局基层建设）。进一步落实了党风廉政建设责任制，进行了行风整顿，规范了执法行为，向社会公布了质量监督投诉电话和举报电话，聘请了17名行风义务监督员，建立了有效的质量监督管理制度，在本年度行政执法投诉的166起案件中，无一执法人员违规办案或发生违纪行为。当年，省局被西宁市评为"精神文明单位"。

二、技术监督工作

1．质量管理和认证

【贾锡太副省长关于质量监督工作批示】 1999年2月22日，省政府贾锡太副省长在省局《关于全国质量监督工作会议情况的汇报》上批示："质量是企业的生命，又关系到人民群众的切身利益。一定要按朱镕基总理的要求，严格行政执法，进一步加大质量监督的力度，'用铁的手腕抓质量'。请技术监督局周密部署扎实工作，并请财政、工商、司法等部门积极配合、支持，切实抓好'五个一批'，打好'三大战役'，促进经济快速健康发展"。省政府领导同志的重要批示，是对技术监督工作的关心和支持，体现了省委、省政府对质量问题的高度重视和对技术监督部门广大干部和职工的殷切期望。为了认真贯彻落实省政府领导的重要批示，省技术监督局下发了《关于认真贯彻省政府领导批示严格行政执法加大质量监督力度的通知》，从以下6个方面提出了贯彻落实意见：打好"三大战役"，抓好"五个一批"；严格行政执法，加大质量监督的力度，"用铁腕抓质量"；严厉打击制假、售假违法行为，保护名优，建立大案要案及质量监督信息的通报制度，争取各方面的支持，齐心协力抓好打假治劣和技术监督工作；加强自身建设，坚持"科学、公正、廉洁、高效"的原则，进一步加强行风建设，严格依法行政，切实履行党和人民赋予的神圣职责。省政府领导的批示和省局的贯彻落实意见，为行政执法和技术监督工作，特别是质量工作指明了方向，推动了各项工作的开展。

【3·15"消费者权益日宣传活动】 1999年3月15日，由省、市技术监督局主办，联合省建设厅、贸易厅、邮电局、旅游局等9家单位，在省纺织品股份有限公司纺织品大楼前，召开了以"安全健康消费"为主题的"3·15"宣传大会。省人大副主任王恩科、省政府副省长贾锡太等有关领导出席了大会。会上，贾锡太副省长作了"关于加大执法力度，提高我省产品质量、工程质量和服务质量"的重要讲话；省技术监督局王清喜局长作了"关注消费者，服务消费者，确保消费者的安全健康"的讲话。会议广泛宣传了《产品质量法》、《消费者权益保护法》等法律、法规。参加大会和宣传活动的企事业单位351个，共600多人，散发宣传资料12万余份。当晚，省、市电视台播放了大会实况，次日，省、市各报刊作了报道，进一步加大了宣传力度。

【"'99质量月"活动】 活动中，全省各级技监部门、省级有关厅局，分别组织企业主要领导座谈学习《产品质量法》和《青海省质量振兴实施计划》，通过学习，使广大企业领导普遍认识到质量工作在促进国民经济和社会发展中的重要作用，同时也认识到当前本省质量状况的严重性，从而增强了做好质量工作的紧迫感和责任感。活动中，还广泛开展了质量调查和质量自律活动。

【ISO 9000质量体系培训】 为提高企业的质量管理水平，继续举办了ISO 9000质量体系培训班，当年共为企业培训质量管理骨干404人次。其中，ISO 9000标准培训145人次；全面质量管理达标培训299人次；QC小组骨干培训50人次。通过培训，企业抓质量管理的力量进一步加强，当年有9家企业通过了全面质量管理达标验收。

【加快了质量认证工作步伐】 1999年，青海共有11家企业通过了国家有关认证机构的质量体系认证，比1998年度增加了7家。另外，有5种产品通过了产品质量认证。同时，配合省级有关部门审核、颁发生产许可证共61个企业71种产品。其中：建材行业7家10证，机电行业5家8证，电力行业22家24证，冶金行业4家4证，化工行业6家6证，建筑行业17家17证。

2．监督执法与"打假"工作

【加强了重点产品的监督抽查】 把对危及人体健康和人身财产安全的产品、影响国计民生的产品、市场热销和消费者反映问题较多的产品作为抽查的重点，全年共对959家企业进行了质量监督抽查，共抽查产品1 186批次，合格产品848批次，产品抽查合格率为71.5%，比1998年提高5.14个百分点；产品合格企业685家，企业合格率为71.43%，比1998年提高2.57个百分点。

配合省建设厅对青海省住宅建设项目的房屋质量进行了检查，共检查67幢住宅楼，总建筑面积41万平方米。对建设项目中使用的钢材、水泥、电线电缆、防盗门等建筑材料质量进行了检查;对钢材进货材料、防盗门无标识、电线电缆无合格证标识问题,提出了整改意见和要求。

会同省劳人厅对西宁市的两家架空游览索道进行了安全质量检查。针对南山索道、北山索道的现状,提出了进一步加强质量和安全管理的具体要求。与此同时,还配合省盐务局对海西碘盐生产经营情况进行了检查,均收到了比较好的效果。

【后处理工作及时有力】 对在国家监督抽查中不合格的企业,区别情况,分别制定了整改措施。如青海变压器厂生产的农用变压器、青海量具刃具厂生产的直柄麻花钻,在国家监督抽查中均被判为不合格产品,经过有针对性的整改,提高了质量,已复查合格。

对在本省监督抽查中不合格的企业,及时下发了整改通知书,并适时安排复查。对节能灯、手机等产品市场抽查结束后,及时召开了整改会议,对经销者进行了专业知识、有关法律、法规的宣传教育,达到了检查一类产品,整顿一个行业的目的。

【加大质量监督管理力度】 加强了流通领域的质量监督管理,净化了市场环境。一是在全省范围内,集中力量开展了"查市场、保两节"、"查农资、保春耕"、"查建材、保建设"的三大战役,对钢模板、节能灯、汽车配件、面粉、手机、润滑油、钢窗料、饮料冷饮、糕点、茶叶等重点产(商)品假冒严重的重点地区、重点市场,进行了有针对性的整顿和治理。全省共检查经销单位 824 家,检查商品 1 497 批次,其中合格商品 883 批次,商品质量抽查合格率为 58.98%,查出不合格商品标值达 220.66 万元,其中假冒劣质商品货值 78.11 万元。二是在各名优生产厂家的配合支持下,对农药、化肥、白酒、面粉、冷饮、正林瓜子、万向节总成、刹车油、加油机遥控装置等产品,安排了专项"打假",捣毁制假窝点 4 个,查获假冒伪劣商品货值总额 36.69 万元。三是全年共受理投诉 178 起,解决 168 起,为消费者挽回经济损失约 67.58 万元。受理投诉的范围包括汽车发动机、摩托车、电视机、阀门、葫芦、柴油、润滑油等产(商)品。本年度还为法院受理的诉讼、仲裁等提供产品质量检测鉴定 5 件。

3. 标准化工作

【全力推进采用国际标准工作】 根据国有大中型企业结构调整,在一定程度上影响了企业采标工作的实际,通过加强管理,积极引导,充分调动了企业的能动性,一年来,全省共有 15 种产品取得了采用国际标准合格证书,有 10 个企业的 13 项产品备案使用了采标标志,超额完成了全年任务。

【农业标准化工作取得成效】 根据《青海省农业标准化"九五"计划》,围绕发展"两高一优"农业的目标,从加强农业基础出发,重点抓了以下几个方面的工作。一是按照《乌兰县绒山羊标准化示范区项目实施方案》的要求,进一步加强了绒山羊饲养管理、草场、畜棚、水利设施、技术指导等基础性工作建设,全年投入资金 22 万元,育活羔羊 1 万余只,绒山羊数量由试点前的 6 万余只发展到 8 万余只,绒山羊质量大面积提高,单只羊产绒量平均达到 0.4 千克,全年产绒总量比 1998 年同期增加 10 吨,增长率达 71%,经济效益十分显著。示范区建设中的《乌兰县绒山羊综合标准》共 8 项技术规范已全部通过审定,并报国家局备案,现已批准发布。二是继续推广了大通县农业示范区经验,巩固了示范区工作成果,完成了综合标准成果申报工作,并在该县扩大开展了油菜、马铃薯综合标准化工作。三是结合青海实际,突出地加大对重要农产品地方标准制修、订工作,全年共制定地方农业标准及技术规范 32 项。同时,以农副产品加工企业为龙头,加大了本地名优土特农副产品质量标准制、修订的力度,为增强市场竞争力奠定了基础。

【进一步加快了消灭无标生产工作步伐】 先后在西宁市城北区、互助县、湟源县举办了有关企业领导、标准化工作人员和有关部门负责同志参加的培训班,讲授了有关标准化法律、法规及消灭无标生产工作的知识,保证了消灭无标生产工作的顺利实施。一年来,在当地政府、技术监督部门的共同努力下,国家消灭无标生产试点县西宁市城北区通过了国家级验收,互助县、湟源县的消灭无标生产工作通过了省级验收。3 个县共登记企业 264 家 356 种产品,标准覆盖率均达到 96%以上,比试点前提高了 52 个百分点。

组织审报了本年度全国消灭无标生产县工作,经国家局批准,青海省德令哈市、民和县为国家级消灭无标生产县;同时安排部署了本年度省级消灭无标生产县 4 个:西宁市城东区、城中区、格尔木市、黄南州,各项工作已全面铺开,进展顺利,取得了阶段性成果。

【继续推进商品条码工作】 本年度计划发展条码用户 20 家,实际已完成 34 家,超额完成了国家下达的任务。条码使用单位的复审续展率达到 60%。按照国家局的安排,完成了商品条码数据库的信息采集和条码质量市场调查,对"青海纺织品公司"等 3 家超市,进行了全面的条码印刷质量的监督检查,共检查商品 1 664 种,合格率为 89%。结合元旦、春节期间市场商品质量大检查,对省内有关商业企业产品执行标准和标签进行了规范,开展了《啤酒瓶》国家强制性标准的监督检查。

【认真抓好地方标准制、修订工作】 1999 年,采取及早催报计划任务,及时督促落实,积极协调等手段,超额完成了计划任务,全年共制定地方标准 36 项,办理企业产品标准备案 85 项,办理食品标签审查登记 88 项。

【积极宣传标准化工作,大力普及标准化知识,提高全民标准化意识】 4 月份组织召开了《标准化法》实施 10 周年座谈会,省人大、省经贸委、省建设厅有关领导、部分科研、技术机构、有关大中型企业主管领导、有关新闻单位共 40 余人参加了会议。会上对《标准化法》实施以来我省标准化工作进行了广泛的座谈,回顾了所取得的成绩,对社会主义市场经济条件下标准化工作方向等提出了许多好的建议。

根据中国标准化协会《关于征集标准化优秀论文通知》精神,开展了优秀标准化论文征集活动,共征集论文 40 篇,促进了全省标准化学术活动的开展,激发了广大标准化工作者的积极性、创造性。在第 30 届世界标准日期间,开展了标准化宣传咨询活动,向社会散发了 1 000 余份宣传资料,扩大了影响,提高了人民群众的标准化意识。

4. 计量工作

【标准器考核和计量授权】 对青海石油管理局等20家企事业单位的58项最高计量标准器具进行了到期复查换证；对格尔木市自来水公司等6家企事业单位的16项新建最高计量标准器具进行了现场考核和发证。此外，还对全省26个单位的92项计量标准器具进行了授权考核工作。

【强制检定工作】 全国强制检定工作座谈会之后，为确保会议精神的落实，及时下发了《关于进行强检工作计量器具受检情况调查的通知》，安排部署了我省强制检定工作计量器具受检情况调查工作，向国家局提出了调整"强检计量器具目录"的建议。同时，积极与有关部门协调，拓宽了强制检定工作新领域。在省气象环境专业计量站，开展了环境监测计量仪器的强检工作，填补了我省在该领域的空白；与省邮电部门协商，在全省范围内开展了电信计时计费器的强制检定工作，维护了消费者的合法权益。

加强了对用于贸易结算的电能表、水表、加油机、出租车计价器的监督管理。本年度全省共完成强检计量标准器1 489台(件)，强检工作计量器具90 628台(件)，维护了市场计量行为，确保了本省贸易结算用计量器具的准确、可靠。

【企业计量工作】 一是起草下发了《关于进一步加强企业计量工作有关问题的通知》，组织修改并上报了"关于《中小企业计量检测体系保证规范》(讨论稿)的修改意见"。二是帮助企业完善计量检测体系。指导青海"丁香粮油(集团)有限责任公司"完善了计量检测体系确认的准备工作，组织人员对该企业进行了现场确认考核。经国家局审核批准，该企业已获得国家质量技术监督局颁发的"完善计量检测体系合格证书"和"国家计量先进企业"称号。

【计量认证工作】 一是积极帮助指导产品质量监督检验机构完成计量认证工作。全省共有17个机构取得了计量认证合格证书，有8个已取得证书的机构通过了计量认证的复查，另有两个机构通过了单项认证。二是根据国家局新出台的社会公正行(站)监督管理办法。积极开拓本省商品房销售面积的公正测量业务，在西宁地区批准成立了两个公正计量站，并完成了社会公正计量行(站)的计量认证，召开了新闻通报会，为规范全省商品房销售面积计量行为，提供了技术上的保障。

【制造、修理计量器具许可证工作】 在调查研究的基础上，组织人员按规定对西宁市石油公司等两个单位进行了修理加油机能力考核，并发放了修理许可证。同时，督促和指导西宁衡器厂制造计量器具许可证复查换证工作。组织人员对该厂的4个产品进行了样机试验，对8个规格的产品进行了制造计量器具许可证的考核和发证工作。还对我省的15名制造计量器具考评员进行了考试，上报国家局待批。

【计量检定员的考核和计量检定印证的管理】 对全省17个单位的59名计量检定员所从事的106个检定项目进行了考核发证，并对全省计量检定人员实现了微机管理，整理录入各类计量检定人员试题24套；对全省计量检定印证进行了清理，实现了备案制，为今后进一步管好用好检定印证打下了基础。

【计量执法检查工作】 组织查处了西宁中贸机电公司销售伪劣三相电能表案；对西宁周边的13个加油站进行了监督检查，对其中两个加油站使用遥控装置克扣用户的严重计量违法案件做了严肃处理。

三、省、地(市)机构简况

1. 技术监督管理体制改革基本情况

自国务院"国发(1999)8号"文件(国务院批转国家质量技术监督局质量技术监督管理体制改革方案的通知)下发后，在省委、省政府的统一领导下，在省委组织部、省经贸委、省计委、省财政厅、省编办、省国资局和省劳动人事厅的大力支持下，省局组织力量对全省技术监督系统的机构、编制、人员和经费等情况实施了调研，并结合实际，按照精简、统一、效能的原则，提出了本省质量技术监督管理体制改革的实施意见，经省政府批准后，于9月27日以"青政(1999)76号"文件(青海省人民政府关于批转省技术监督局青海省质量技术监督管理体制改革实施意见的通知)批转各地执行。1999年10月15日，召开了全省质量技术监督管理体制改革工作会议，安排部署了全省质量技术监督系统的管理体制改革工作。省政府贾锡太副省长代表省政府对落实质量技术监督管理体制改革方案、加强质量技术监督工作作了重要讲话。省技术监督局局长王清喜作了"搞好体制改革，加大工作力度，把我省质量技术监督事业推向新阶段"的讲话，省委组织部、省编办、省财政厅等部门的负责同志也就有关问题讲了话。会议的召开推动了我省质量技术监督管理体制改革工作的开展，由此也正式拉开了青海省质量技术监督管理体制改革工作的帷幕。由于领导重视，各有关部门密切配合，集中时间、集中力量，全力以赴开展工作，截至1999年底，除省劳人厅管辖锅炉、压力容器、压力管道、特种设备的职能尚未划转省技监局外，全省8个州、地、市已完成了六州(玉树、果洛、黄南、海西、海南、海北州)、一地(海东地区)及西宁市大通县的机构划转工作。

2. 技术监督机构简况

【行政机构设置】 按青海省人民政府(1999)76号文件规定，从1999年9月27日起，全省各级技术监督局统一更名为"质量技术监督局"；省质量技术监督局为省人民政府的直属工作部门。6个自治州、海东地区、西宁市质量技术监督局为省质量技术监督局的直属机构。6个自治州、西宁市质量技术监督局设置稽查队，海东地区不设稽查队；县(县级市、市辖区、行委)质量技术监督局行政机构的设置，根据各地经济社会发展水平、市场发育程度和质量技术监督综合管理和行政执法工作的需要，按照分类指导的原则，区别情况设置机构。州府所在地的县(市)、经济不发达的县(行委)和西宁市的城西、城中两区共23个县级单位，暂不设质量技术监督机构，其质量技术监督行政管理和执法工作由州(市)质量技术监督局或其派出机构负责管理。

【技术机构设置】 按青海省人民政府(1999)76号文件规定，省质量技术监督局设置直属技术机构5个，为全额拨款事业单位，即：省计量测试研究所，省纤维检验局，省产品质量监督检验所，省技术监督信息研究所，省锅炉、压力容器检验检测所。6个自治州、海东地区、格尔木市、大通县、海东7县(平安县除外)、门源县、祁连县、尖扎县、贵德县、贵南县,共21个州、地、市、县质量技术监督局设置计量、质检、情报、锅炉、压力容器综合性技术机构,统一名称为××州(地、市、县)质量技术监督检验检测所,并均为相应局的直属技术机构,事业编制,全额拨款。

撰稿人　赵洪泉
审稿人　王清喜

宁夏回族自治区质量技术监督工作

一、概　　述

1999年，宁夏质量技术监督局认真贯彻落实党的十五大、十五届三中、四中全会精神和中央经济工作会议精神，以邓小平建设有中国特色的社会主义理论为指导，紧贴宁夏的经济建设，坚持用铁腕抓质量；以机构改革为契机，坚持"以质量为中心，以标准化、计量为基础"的工作方针，全面履行综合管理和行政执法两大职能；加强质量管理，狠抓扶优治劣，不断加大执法力度；不断加强本系统的政治思想工作和行风廉政建设，使全区的质量技术监督工作得到了进一步深入开展，为促进全区经济发展和社会进步做出了贡献。

二、质量技术监督工作

1. 质量管理工作

【生产企业质量管理】 继续抓好国家局布置的全国千户企业质量信息网在宁夏地区的工作，按时完成区内入网企业的质量新指标统计上报工作。

进一步加强了生产许可证管理工作，会同区石化总公司、建材总公司、区包装工业办公室、区冶金总公司和区建设厅对申请生产许可证的24家企业的生产必备条件进行了审查。同时，还依据《查处无生产许可证产品实施细则》对无证产品进行了监督检查。

【商业企业质量管理】 根据全国的统一部署，会同自治区党委宣传部、区工商局、商务厅等部门继续在全区深入开展了"百城万店无假货"活动。根据实际确定了区内的工作重点，积极帮助商业企业建章立制，加强质量管理，提高管理水平。

【'99宁夏质量行和质量月活动】 从8月中旬到9月底，在全区范围内组织开展了"'99宁夏质量行"和"质量月"活动。在银川、石嘴山、吴忠和固原分别组织了较大规模的集中宣传活动。活动期间，对区内连续三年产品质量抽检合格的生产企业进行了表彰，同时，组织了对10多类产品的监督检查。组织了区内数家新闻单位进行了系列报道，对查出的3起大案进行了"曝光"。

2. 监督执法与"打假"工作

【产品质量监督管理】 1999年，继续从4个方面加强了对全区产品质量的监督管理工作：一是加强对全区质量监督检查计划的协调和统一管理，充分调动和发挥各级质量技术监督部门和质检机构的积极性。二是加强对质检机构的管理，规范质检机构的行为。一年中，对17家质检机构进行了审查认可复查。三是适应管理体制改革形势，加强对地、市、县质量技术监督工作的领导。四是加强了质量监督信息统计工作。

【定期监督检验】 根据宁夏的具体情况，定期监督检验近年来作为全区质量监督检查的一种主要形式。自治区对一些重点产品和影响国计民生的重要产品下达定期监督检验计划，由全区各级质量技术监督部门组织实施。1999年，全区定期监督检验企业1 201家，检验产品1 740批次，其中合格1 415批次，合格率为81.3%。

从检验结果分析食品饮料合格率最低，为60.2%；化工、建材、轻纺产品合格率居中，分别为88.6%、88.6%和85.6%；农药、能源、冶金、机电产品的合格率较高，分别为94.4%、98.8%和100%。国有、集体企业产品合格率相对较高，而乡镇企业、个体私营企业产品合格率较低。大、中型企业产品合格率相对较高，小型企业则往往质量保证条件较差导致产品合格率较低。

【监督抽查】 1999年，重点加强了对加油站的检查，共检查了156家，抽检油品186批次，合格97批次，总抽样合格率为52.1%。其中抽检汽油40批次，合格率为90.0%；抽检柴油146批次，合格率仅为41.8%。

通过检查发现，全区成品油市场存在严重的质量问题，特别是柴油的质量问题尤为严重。经分析造成质量问题的原因主要是：成品油市场整顿不力，小炼油、土炼油泛滥，使得大量不合格、劣质油品流入市场；经过以往的整顿，多数油品经销单位质量意识有所提高，但仍有一些经销企业在经济利益驱动下为牟取暴利经销劣质油品。对于查出的不合格油品经销单位，质量技术监督部门进行了严肃处罚，同时，根据国务院和自治区人民政府关于整顿成品油生产和流通秩序的通知精神，我局积极参与了全区的成品油整顿工作。

根据消费者的反映，还会同工商部门和质检单位对银川市场的面粉质量及包装计量进行了监督抽查。共检查面粉销售点9个，检验面粉17批次，抽查面粉定量包装8批次，其中面粉质量检查仅4批次合格，合格率为23.5%。检查中发现的主要问题是：无标生产现象比较严重，市场销售面粉质量合格率低，产品标识不符合要求，部分企业产品定量包装重量不符合要求。

【锅炉质量安全检查】 1999年1月14日，宁夏银川市一居民区发生锅炉爆炸事故，江泽民总书记专门就此作出了重要批示。自治区党委为贯彻江总书记的重要批示精神，对进一步加强锅炉压力容器制造安装使用安全和质量工作做了部署。根据这一部署，区质量技术监督局与区人事劳动厅联合下发了《关于加强常压锅炉质量监督管理的紧急通知》，并在《宁夏日报》发布公告，要求对全区使用的常压锅炉、土暖气锅炉进行质量、安全检查，同时对常压锅炉生产、销售企业的质量管理和产品质量状况进行检查。共检查使用中的常压锅炉1 697台，检查了常压锅炉生产企业25家。对查出的质量和安全方面的问题均分别采取了责令限期改进、停业整顿、停止使用等处理措施。配合检查工作，还专门制作了《常压锅炉安全使用》电视片，在宁夏电视台播出了6次，进行宣传教育。

【打假工作】 一年来，全区共查处假冒伪劣商品总值683.4万元，销毁假冒伪劣商品总值25.5万元，查处大案要案30余起，立案290起，整顿市场35个，受理投诉649件，解决率达90%以上，为消费者挽回经济损失644.4万元。

在打假工作中，一是把日常监督检查与阶段性打假结合起来，使打假工作取得了整体效果。如围绕抓“三大战役”、开展“3·15”、“质量行”、“质量月”等活动，集中对一些消费者反映强烈的产品质量问题进行了查处。二是重点查处了一批大案要案，在社会上产生了强烈的反响。三是继续开展打假保名优活动，把列入国家“121”计划中的名优产品和自治区名优产品作为重点保护和开展打假的对象，维护了名优产品及其生产企业在市场上的信誉。四是加强与其他部门和兄弟省区的合作，联手打假。如与广东省局联合查处了一批制售假冒宁夏的“美洁”、“奔月”牌卫生纸、面巾纸。

围绕国家局关于以“三重一大”为重点开展打假工作的要求，对全区的产商品质量状况进行了调查摸底，确定了全区打假工作“三重一大”的范围：重点产品36个，重点区域10个，重点市场18个，制定了全区打假工作的“三重一大”规划。各地、市、县也都结合当地的情况确定了本地区的“三重一大”打假工作规划和工作范围，认真开展了打假工作。

3. 标准化工作

【农业标准化】 根据宁夏农业生产发展的实际，结合国家质量技术监督局的安排，全区重点抓了4个农业综合标准化示范区的实施，其中2个为国家级，2个为自治区级，通过努力，示范区工作均能按计划进展，取得了良好的效果（见下表）。

示范区项目名称	级别	1999年规模	比1998年提高	取得的效果
彭阳县地膜玉米综合标准化	国家级	标准化田10 133公顷	67%	比1998年单产增加5%
中宁县瘦肉型猪综合标准化	国家级	生猪饲养量43万头	净增1.17万头	每头生猪净增收入150元左右
吴忠市利通区麦套玉米吨粮田综合标准化	自治区级			实施两年来增产粮食2 226万千克
灵武市水稻旱育稀植综合标准化	自治区级			较示范区建立前亩产净增118.4千克

注：吴忠市利通区麦套玉米吨粮田综合标准化项目和灵武市水稻旱育稀植综合标准化项目于1999年上半年提前验收合格。

在农业标准化方面还重点实施了宁夏脱毒马铃薯地方标准，种植培育及大面积推广种植已取得良好效果。该项目的实施，有力地推动了宁夏南部山区的马铃薯生产，对宁南山区扶贫攻坚，早日脱贫致富有着重大现实意义。

【消灭无标生产】 1999年全区共安排了8个市县为消灭无标生产试点县，其中惠农县为国家试点县，累计全区已有17个市县已经完成或正在实施消灭无标生产工作，占全区市县总数的80.5%。10月份，召开了全区消灭无标生产工作研讨会，进行了经验交流，促进全区消灭无标生产工作的全面开展。

1999年验收的3市县的具体情况见下表。

市县名称	标准覆盖率提高状况		产品质量抽检合格率提高状况	
	原来	现在	原来	现在
石嘴山市	71.4%	97.6%	71%	88%
惠农县	60%	98%	56%	87%
永宁县	45%	98%	72%	85%

【采用国际标准】 全年完成产品采用国际标准标志11个，累计完成62个。

【服务指南标准宣贯及服务质量评审】 重点组织了国家《服务指南》标准的宣传贯彻，选定了银川市邮政局和民航河东机场作为试点单位，经过具体指导，试点工作进展顺利。另外，还参与了部分餐饮业价格和服务质量的评审工作，共评定出特一级店4个，特二级店3个。

【标准实施监督】 根据国家质量技术监督局《关于实施啤酒瓶强制性国家标准若干问题的通知》精神，从4月中旬到5月底对全区啤酒瓶生产和使用企业进行了检查，合格率为100%。6月份对全区流通领域啤酒瓶质量状况进行了检查，银川、石嘴山地区的合格率均在95%以上，吴忠市市场合格率为84.29%，固原地区市场上啤酒瓶问题较突出，合格率仅有23.8%。

从6月份开始，还对银川地区的金银珠宝、服装、皮鞋、儿童玩具的标识、条形码进行了市场监督检查，合格率为60%。对于不合格标识责成有关单位限期整改。

另外，还实施了建立全国酒类产品防伪保真监测网工作，向全国酒类产品防伪保真监测办公室推荐了3个酒类生产企业、6个商业企业入网。

【标准制、修订】 1999年制定并审批地方标准36项，受理企业产品标准备案183项，办理食品标签认可30项。

4. 计量工作

【计量器具质量的监督】 重点加强了对假冒伪劣计量器具的治理，先后对加油机、弹簧度盘秤、水表、啤酒量杯进行了监督检查，对假冒伪劣和质量、计量存在问题的计量器具进行了查处。通过开展打假治劣，劣质水表泛滥、假秤屡禁不止的状况有了明显遏制，加油机作弊行为受到了严厉打击，餐饮店啤酒量杯存在的不按计量单位标价和结算的问题也得到了一定程度的纠正。

对区内计量器具生产企业的产品质量也加强了监督，共抽查了6个计量器具生产企业、10种产品37台计量器具。并对吴忠仪表股份有限公司等13家企业生产的79种计量器具进行了生产许可证考核及复查。对宁夏乡镇企业质检环保测试中心、宁夏避雷装置检验站等10个质检机构和测试中心进行了计量认证和复查考核。

【眼镜质量监督】 根据国家的统一部署,1999年实施了“光明工程”,全区范围内普遍开展了眼镜市场调查和眼镜质量抽查。据对银川市中学生和机关干部120名眼镜配戴者所戴眼镜的抽查,合格率约为50%。针对这种情况,进一步采取措施,加大对眼镜行业的治理整顿。主要措施是,引导眼镜店提高设备水平,对其中的检测设备进行计量周期检定,受检率在90%以上;对验光员、眼镜配装员进行培训、考核、发证。一年中仅银川市就已完成对73名验光员、眼镜配装员的培训考核。

【商品房面积计量监督】 1999年,银川、石嘴山、中卫等市、县开展了商品房面积计量监督工作。经抽查,银川市的商品房面积计量合格率达94%,但石嘴山、中卫两地的合格率只有33%,商品房“缩水”问题仍比较严重。这一问题引起了地方政府的重视,中卫县政府专门下发了《关于加强城镇商品房面积计量和价格管理的通知》。通过监督和宣传,提高了消费者和经营者的法制计量意识。经营者自觉委托公正测量明显增加。全区4家商品房面积公正计量站全年共受理23家房地产开发公司委托测量约18万平方米。

【定量包装商品计量监督】 在元旦、春节期间,区质量技术监督局组织抽查了银川市10家大中型商场、超市,对糕点、茶叶、肉制品等9类68批次定量包装商品的计量情况进行了检查,合格率为85.3%,较1998年同期提高了5.3%。“3·15”期间,银川市列为全国10大城市定量包装商品和商品房销售面积计量专项检查城市之一。经努力,完成了抽查任务,其中抽查商品房面积结果是100%合格;抽查方便面、白酒等10种定量包装商品,合格率为55.4%。

【计量标准考核】 全年共完成了对银川市计量所、西北轴承厂等27个单位的124项最高计量标准考核及复查。

【企业计量工作】 按照国家质量技术监督局和国家经贸委“关于加强中小企业计量工作的意见”,积极引导工业企业和医疗卫生单位开展计量确认,提高企业计量自主管理水平。先后对宁夏有色金属冶炼厂、宁夏赛马水泥集团公司和宁夏大坝发电厂等3个大中型企业进行了国家级计量确认。同时完成了对银川变压器厂等27个单位的计量确认。

【计量中介机构建设】 按照“社会需要、合理布局、规范管理、稳妥发展”的原则,在1998年对公正计量站进行整顿的基础上,重点制定了全区商品房面积公正计量站的建设规划,通过了宁夏商品房面积公正计量站等5个计量公正站的计量认证。截止1999年年底,全区累计已建称重、金银饰品检测、眼镜检测、商品房面积测量4类12个公正计量站。

5. 认证工作

继续推行GB/T 19000—ISO 9000系列质量管理和质量保证标准,帮助企业提高质量管理水平,为企业申请质量体系认证打下良好基础。1999年,先后帮助10家企业与认证咨询机构签订了咨询协议,帮助2家企业进行了产品质量认证和质量体系认证。全区累计共完成了对33家企业的产品质量认证和质量体系认证。

一年中,共举办了3期质量体系国家注册审核员预备知识培训班和企业质量体系内部审核员培训班,有33人参加了培训,对17名获得内审员资格的人员给予注册,为全区的认证企业和今后开展质量认证工作培养了一批骨干。同时,结合本区实际,制定了《规范质量认证市场的意见》和《质量认证咨询管理办法(试行)》,成立了自治区的第一家质量认证咨询机构。

三、省、地(市)机构简况

1999年,根据国家的统一部署,质量技术监督系统实行省级以下垂直管理。管理体制改革成为全区质量技术监督系统的一件大事。自治区质量技术监督局会同自治区党委组织部、区编制委员会办公室、区人事劳动厅、区财政厅等部门对全区质量技术监督系统的人员、经费、编制、干部状况进行了认真的调查、摸底,并向自治区人民政府作了汇报。自治区人民政府于1999年8月下发了《关于质量技术监督管理体制改革的通知》,明确了全区质量技术监督系统管理体制改革的具体方案,在此基础上,各地、各有关部门积极努力,具体实施,为实现2000年全区质量技术监督垂直管理打下了基础。

1999年9月,经自治区人民政府批准,自治区技术监督局更名为自治区质量技术监督局。局内设机构仍维持原状,待全区机构改革时一次性调整。

自治区所辖4个地市,1999年有1地1市质量技术监督部门更名。现全区地、市级质量技术监督机构为:银川市技术监督局、石嘴山市技术监督局、吴忠市质量技术监督局、固原地区质量技术监督局。

撰稿人 王岳坤
审稿人 吴欣荣

新疆维吾尔自治区质量技术监督工作

一、概　　述

1999年，新疆质量技术监督系统广大干部职工，认真学习邓小平理论，贯彻落实党的十五届四中全会精神，狠抓精神文明和物质文明建设，履行综合管理和行政执法两大职能，突出铁腕抓质量，提高质量技术监督有效性，顺利完成了质量技术监督管理体制改革，“三讲”教育工作取得了显著成效，全区的质量技术监督工作又上了一个新的台阶。

1999年初，自治区党委、自治区人民政府认真贯彻落实中共中央2号文件和国务院8号文件精神，重视和支持自治区质量技术监督管理体制改革，多次听取自治区技术监督局的汇报，召开由自治区党委组织部及人事厅、编办、财政厅和技术监督局参加的协调会；5月，批准下发了《关于自治区质量技术监督管理体制改革的实施意见》，召开了自治区质量技术监督管理体制改革会议。通过机构调整、人员重组、资产上划、经费核对等一系列工作后，7月，自治区编办和自治区技术监督局联合行文，分别对16个地、州、市(包括石河子和奎屯)质量技术监督系统机构设置和人员编制有关问题发出通知，要求7月底完成地、州、市质量技术监督机构变更、设置和人员调整工作，并召开了自治区质量管理体制改革实施座谈会。8月10日，全区各级质量技术监督部门统一启用新印章，财政实行收支两条线，各局陆续举行了更名挂牌仪式，自治区质量技术监督系统管理体制改革顺利完成。

自治区质量技术监督局狠抓精神文明建设，认真落实纠风目标责任制，经自治区纠风办考核验收，年底被评为1999年度纠正行业不正之风工作优秀单位，受到表彰奖励。全区16个地、州(市)质量技术监督部门，其中有10个被评为优秀、5个良好、1个合格。哈密地区技术监督局被评为全国技术监督系统先进集体；喀什地区技术监督局、霍城县技术监督局被评为全国技术监督先进单位。继昌吉州技术监督局之后，自治区质量技术监督局、克孜勒苏州技术监督局又被命名为自治区级精神文明单位。9～11月，自治区质量技术监督局利用两个月的时间进行了“三讲”教育，制订出整改方案36条，通过“三讲”教育，领导班子及干部思想上有了明显提高、政治上有了明显进步、工作作风上有了明显转变、组织纪律上有了明显增强，讲出了团结，取得了成效，增强了凝聚力和战斗力，为自治区质量技术监督事业的发展奠定了良好的政治思想基础。

自治区质量技术监督系统坚决贯彻朱镕基总理关于用铁腕抓质量的指示精神，以李传卿局长5月份来疆考察工作时提出的“质量责任重于泰山”为警示，根据自治区经济工作会议和全国质量技术监督局长会议部署，进一步加大质量监督综合管理和行政执法力度，加强质量宣传教育工作，提高各民族的质量意识。在提高全区产品质量，打击假冒伪劣，维护公平竞争，营造放心满意的购物环境，加强标准化和计量基础工作，加强企业认证步伐等方面，做了大量扎实有效的工作。

二、质量技术监督工作

1. 质量监督管理工作

【生产许可证管理】 1999年自治区完成了生产许可证管理体制改革工作，实现了生产许可证管理职能从行业到质量技术监督部门的平稳过渡，建立起了自治区质量技术监督系统生产许可证工作的组织管理体系。召开了自治区水泥电杆生产企业和300家建筑门窗生产企业生产许可证考核实施细则宣贯会。组织了水泥电杆、防水卷材、建筑门窗、劳动防护等产品的生产许可证申报工作，受理10种、400多家生产企业的生产许可证申请。全年对381家申请企业进行了生产许可证考核，其中水泥电杆生产企业37家、建筑门窗211家、酒精22家、防水卷材、劳动防护用品和水泥生产企业8家，临时生产许可证104家。

【质量监控与专项整顿】 1999年自治区质量技术监督局确定了30种自治区重点质量监控产品，把2 780家企业的统计资料作为评价自治区主要工业产品质量状况及存在问题的依据。制定印发了《自治区重点产品监控目录》，要求各重点产品的受检率达到100%。制定了《自治区重点商品质量专项整顿实施细则》，先后对液化石油气钢瓶、普通硅酸盐水泥、油漆(乳胶漆)、铝合金建筑型材、建筑卫生陶瓷、人造刨花板、潜水泵、建筑防水材料、普通塑料电线九种商品和农膜、茯砖茶、联合收割机、拖拉机4种商品进行质量专项整顿，实施商品质量审核管理。全年共受理商品质量审核230家，发放质量审核合格证180个。通过专项质量整顿，乳胶漆合格率由46%上升到90%，自治区名优产品市场占有率比1998年提高了15%，新疆众和优质铝型材市场占有率从5%上升到25%。

【监督检查后处理工作】 1999年自治区完善和规范了质量监督后处理工作，制定了《自治区质量监督后处理暂行办法》。对产品质量监督检查连续不合格的生产企业实施了黄牌警告和舆论曝光，全年共处理不合格产品生产企业896家。对两家连续两次监督抽查产品不合格、质量问题严重的企业，建议主管部门撤销了厂长职务；建议工商行政部门吊销了15家企业的营业执照。举办了首期产品质量不合格企业厂长、经理培训班，教育培训厂长、经理57人。对国家质量技术监督局转办的5家不合格棉种企业进行了调查并帮助整改，召开了两次质量分析会，使企业找到了不合格原因及解决办法。

2. 监督执法与“打假”工作

【定期监督检验】 1999年自治区各级质量技术监督部门对生产领域的5 690家企业13 255批次产品进行了定期监督检验，合格9 085批次，合格率68.54%，比1998年上升1.81个百分点。其中农用产品合格率84.51%，比

1998年上升1.64个百分点；加工食品和饮料合格率64.11%，上升3.43个百分点；家用电器合格率97.96%，降低2.04个百分点；纺织、鞋类产品合格率77.60%，上升1.53个百分点；轻工产品合格率57.07%，降低8.53个百分点；化工产品合格率76.50%，上升6.21个百分点；建材产品合格率72.20%，上升1.01个百分点；机电产品合格率89.86%，上升25.57%个百分点；冶金产品、金属制品合格率64.89%，下降21.52个百分点；能源产品合格率88.70%，上升3.28个百分点；其他产品合格率55.56%。

【统一监督检验】 1999年自治区质量技术监督局对预制混凝土构件、水泥、瓶装饮用水、食用植物油、小麦粉、冷饮、农用地膜、铺膜播种机、化肥、防水卷材10种产品1 622个批次进行统一监督检验，合格1 026批次，合格率63.20%。抽检264家企业267批次预制混凝土构件，合格188批次，合格率70.10%，其中国有企业的合格率85.31%，集体企业的合格率63.41%；抽检100家水泥生产企业129批次产品，合格122批次，合格率94.57%，其中大中型企业的合格率100%，小型企业的合格率93.10%；抽检80家瓶装饮用水生产企业的88批次产品，合格43批次，合格率48.86%，其中矿泉水合格率33.33%。天然冰川水合格率100%，纯净水合格率48.10%；抽检599家粮油加工企业722批次产品，合格485批次，合格率67.17%，其中小型企业的合格率65.58%，中型企业的合格率80.14%，大型企业的合格率93.30%，小麦粉合格率64.57%，食用植物油合格率72.80%；抽检生产农用地膜、化肥、铺膜播种机三类农资产品111批次，合格86批次，合格率77.48%，其中农用地膜合格率55.00%，化肥合格率92.11%，铺膜播种机合格率87.87%，国有企业的合格率96.00%，个体和股份企业的合格率42.80%；抽检171家冷饮生产企业的产品281个批次，合格83批次，合格率29.53%，其中雪糕合格率33.60%，冰淇淋合格率17.50%，冰棒合格率30.40%；抽检防水卷材24批次，合格19批次，合格率79.16%。

【质量监督抽查】 根据国家质量技术监督局的安排，自治区质量技术监督局对消费者关心的涉农产品和儿童用品进行了监督抽查，共抽查商品1 139批次，合格568批次，合格率49.86%。在元旦、春节、古尔邦节、肉孜节期间，组织抽查了羊毛衫、果脯、牛奶、皮鞋4种商品共181批次，合格97批次，合格率53.59%。在"3.15"保护消费者权益日期间，组织抽查了食用油、调压阀、酱油、醋、肉制品、宝玉石6类商品428批次，合格262批次，合格率61.21%。在"六一"儿童节期间，组织抽查了冷饮、巧克力制品、果冻制品、果味饮料、儿童玩具五类商品182批次，合格84批次，合格率46.15%。在"查农资、保春耕"活动中，组织抽查了农用轴承、农药、鱼粉、履带销四种商品194批次，合格100批次，合格率51.54%。在国庆节期间，对国旗质量进行了监督抽查，共抽查21批次，无一合格。对茯砖茶和无铅汽油先后组织了两项专项抽查，共170批次，其中茯砖茶合格率较低，无铅汽油合格率为100%。

【打假与行政执法】 1999年初，自治区质量技术监督系统开展了"查市场、保四节"专项打假战役，全区共出动13 042人次，检查商店20 625家，市场429个，检查商品标值9 243.74万元，查获假冒伪劣商品标值239.72万元，处罚经销单位2 478家，端掉制售假冒伪劣商品窝点47个，移送司法机关案件7件。2～4月，开展了"查农资、保春耕"战役，全区共出动执法人员6 842人次，检查专业市场80个，商业街24条、商店2 327家，摊点134个，查获假冒伪劣商品标值242.5万元，端掉制售假冒伪劣商品窝点4个，查处违法案件659起，移送司法机关11起。5～6月，开展了"查建材、保建设"战役，全区共出动执法人员1 953人次，检查专业市场21个、商业街6条、商店455家、摊位13个，查获假冒伪劣商品标值114.1万元，查处销售假冒伪劣商品店铺101家，端掉制售假冒伪劣商品窝点5个，查处违法案件135起。在国庆节和秋收秋种期间，均安排了打假和专项执法检查。全年共受理案件14 289起，其中现场处罚8 285起，立案6 004起；行政处罚13 175起，处罚到位11 885起，调解纠纷806起，复议案件26起，诉讼案件14起，申请法院强制执行225起。罚没款金额2 188.75万元，挽回经济损失2 782.36万元。

【纤维检验】 1999年自治区纤维检验所在体制改革中更名为自治区纤维检验局。1999年初，举办了各地、州(市)纤维检验人员参加的执法研讨会。举办各类学习班、专题技术讲座、召开技术交流会17次，培训500多人。对14个地、州(市)纤维检验所、11个地、州(市)所属的县棉麻公司、新疆生产建设兵团9个师所属的团场使用的1 300台(件)纤维专用计量器具进行了检定、修理。对324家棉花加工企业的棉花品级加工升级资格进行了审查，经考核合格，颁发了资格证书，历年累计已有350个棉花加工企业取得了棉花加工升级资格证书。全年仿制并发放棉花品级实物标准1 920套、11 450盒，其中细绒皮辊棉1 000套、6 000盒；细绒锯齿棉850套、5 100盒；长绒棉70套、350盒。完成棉花公证检验236批次39 817.70吨，完成棉花监督检验2 412批次27 538.71吨，批次相符率79%，完成棉花仲裁检验204批次3 573.76吨，批次相符率67%，重量相符率70%。完成棉花加工环节质量检验2 805批次49 150.89吨。完成羊毛公正检验和净毛计价538批次749.48吨。完成毛条公正检验1批次1吨。完成山羊绒公正检验1 723批次664.83吨，分梳绒公正检验230吨。监督检验桑蚕茧270批次500吨，化纤9批次45吨委托检验新疆"萨帕乐"牌优质细羊毛41批次259.4吨。

自治区纤维检验局与500多家个体户签订了委托检验合同，完成纤维制品含量检验2 000批次，完成脱脂棉、脱脂纱布检验55批次。在棉花收购期间，出动100人，执法100天，开展了棉花质量检查"双百"战役，检查棉花加工企业1 266次，检验籽棉大垛802个，棉农小样5 819个，罚没款110万元，全年共受理纤维违法案件339起，其中现场处罚案件132起，立案207起，罚没款444.87万元，结案308起，申请法院强制执行1起。

3. 标准化工作

【标准制修订与备案】 1999年自治区质量技术监督局发布了《乌鲁木齐城市用煤》、《农用硫酸钾》、《枸杞子》等10项地方标准。截至1998年底，自治区共有地方标准147

个，其中产品标准38个，通用标准109个；强制性标准39个，占26.53%，推荐性标准108个，占73.47%。全区共受理企业标准备案1 446项，执行上级标准注册登记1 918项。截至年底，全区累计备案企业标准5 415项，注册登记上级标准3 260项。

【采用国际标准】 1999年自治区质量技术监督局召开了采用国际标准工作座谈会，确定石油化工、轻工、机械、建筑、纺织等为采用国际标准工作重点行业，并进行了具体帮助和指导。结合开展纪念《标准化法》实施10周年和第30届世界标准日活动，分两次组织了25个企业的34种采用国际标准产品展览。对48家企业上报的103种产品进行了采用国际标准评审，经评审确认，有44家企业的82种产品达到了采用国际标准的要求，其中有30家企业的47种产品符合等同等效采用国际标准或国外先进标准条件，获得采用国际标准产品标志证书；21家企业的35种产品符合非等效采用国际标准条件，获得采标认定产品合格证书。截至1999年底，全区累计180种产品获得采用国际标准产品标志证书；80种产品获采标认定产品合格证书。

【农业标准化工作】 1999年自治区质量技术监督局围绕发展具有地域优势的农产品和实施农业名牌产品战略，组织制定了枸杞子、哈密瓜、吐鲁番葡萄、木那格葡萄、阿魏姑等农产品标准。组织申报了哈密瓜种子、哈密瓜国家标准的制定计划，已获国家质量技术监督局批准，首次承担了国家标准的制定任务。全区有61个县(市)成立了农业标准化领导小组，其中有55个县(市)已开展工作，共制定县级农业标准186个，有15个县(市)列入自治区农业标准化第二批示范县(市)。

【消灭无标准生产】 1999年自治区质量技术监督局在抓好克拉玛依市和温宿县两个国家级消灭无标准生产试点单位的基础上，有计划地安排全区16个地、州(市)的22个县开展消灭无标准生产工作。先后派人赴和田、阿克苏、伊犁、阿勒泰等10地、州(市)检查指导消灭无标准生产工作，要求打好基础，确保消灭无标准生产工作基数合理，界定准确，措施得力。全区共有24个县(市)通过消灭无标准生产工作验收。截至年底，全区共有32个县(市)通过了消灭无标准生产验收。

【标准信息工作】 1999年自治区组织机构代码管理中心对全区代码码段进行了核对，重点对乌鲁木齐地区的码段进行了系统的整理，制定了《乌鲁木齐地区编码区段分配一览表》和《全疆编码区段分配一览表》。与工商、税务等部门合作，查验了1 000多家企业的代码证书，对代码证书到期、变更和无证单位进行了清理，收回200多家企业的旧代码证书，纠正了遗留的错码问题。在奎屯、克拉玛依、昌吉、乌鲁木齐进行IC卡试点工作，共发放IC卡7 300张。全年更换、新办代码证书38 200个，截至年底，全区累计配发代码证书139 486个。

完成了国家条码中心下达的条码质量市场调查和新疆白酒企业数据采集工作，全年完成条码数据采集69家，上报48家，累计完成117家。成立了自治区条码质量监督检验站，抽检印刷企业18家，检验条码40批次。为272家企业制作胶片2 170片/1 085套，对17家企业的条码质量提出了整改意见，帮助企业提高条码印刷质量。发展商品条码系统成员110家，累计发展商品条码系统成员519家。复审报批续展转101家，批准93家，注销63家，复审率65%。

收集了本年出版的全套国家标准和30多种行业标准，收集了最新的国家标准目录和有关行业的标准目录。采编工作基本实现自动化，全年共分类标准498项，录入新购进标准2 128项，建卡1 880张，修改被替代标准数据库744项。按照最新标准目录对标准库进行了清理，剔除作废标准540项。截至1999年底，共有馆藏标准114 055项，全年共接待查询用户2 036人次，发展网员单位21家，累计269家。

4. 计量工作

【建标考核与授权检定】 1999年自治区质量技术监督局对63家单位的242项计量标准进行了建标考核和到期复查工作，复查203项，新建标准39项，颁发计量标准合格证书250套，社会公用计量标准6套。截至1999年底，由自治区质量技术监督部门考核合格，在有效期内的计量标准共1 063项。对21家计量授权申请单位进行了考核，经考核合格，授权7个单位的30项计量标准用于对社会开展强制检定和非强制检定工作，授权14家单位的48项计量标准用于内部开展强制检定和非强制检定工作。年底累计授权43家单位186个项目对社会开展计量检定工作。

【计量器具管理】 1999年自治区质量技术监督局制定印发了《自治区零售商品计量器具配备使用规定》，同时印发宣传材料2 000份。根据国家质量技术监督局的安排，对生产6种重点计量器具的企业进行了复查换证工作，对制造计量器具的企业进行了监督抽查。全年受理了6个单位6种计量器具新产品的样机试验申请并安排实施。完成4家单位的制造计量器具考核工作并颁发了《制造计量器具许可证》。截至1999年底，全区共有49种计量器具新产品进行了样机实验，58家企业获得自治区颁发的《制造计量器具许可证》。

【计量检定】 1999年自治区质量技术监督局举办了4期计量检定员培训班，并翻译了教材，进行维吾尔语授课，培训检定员276人次，委托培训检定员67人次。举办计量检定规程宣贯班4期，培训300人。上半年对全区强制检定计量器具的数量及受检情况进行了调查，摸清强检计量器具及受检情况，受检率为62%，受检合格率为83%。自治区计量测试研究所新开展煤气表、气体流量计、回弹仪、CT机等检测项目，全所累计建立社会公用计量标准116项，可开展10类400多种计量器具的检定、测试与修理业务，标准考核合格率为100%。自治区计量测试研究所全年共检定计量器具89 867台(件)，其中强制检定计量器具48 422台(件)；全区共检定计量器具461 408台(件)，其中强制检定计量器具411 750台(件)。

【社会公正计量中介机构】 1999年自治区质量技术监督局批准6家单位成立社会公正计量行。对昌吉方正公正计量行、昌吉房地产公正计量站、沙湾县方圆公正计量行、玛纳斯县方圆公正计量行、焉耆回族自治县方正称重公正计量站5家进行了计量认证，批准在本行政区域内向社会提供公正计量服务，截至年底，全区共有6家社会公正计量行(站)经考核通过自治区计量认证并开展工作。

【计量监督检查】 1999年自治区质量技术监督局转发了国家质量技术监督局《商品房销售面积计量监督管理办法》,开展了商品房面积计量监督检查工作,与商品房销售商共同合作,进行了计量合格栋号(小区)确认工作,对于合格的商品房发给合格证书及牌匾。全年共解决消费者咨询投诉电话100多次,接待来访60余人。对消费者投诉的16栋商品房进行了实际测量,为消费者挽回经济损失20余万元。在"查市场、保四节"专项执法检查中,检查在用计量器具11 230台(件),合格9 372台(件),合格率83.46%;检查定量包装商品5 879批次,合格4 688批次,合格率79.74%。先后两次对乌鲁木齐地区各医院的在用计量器具进行了监督检查,合格率在68%左右,抽查14家医院的16台CT机,合格两台,合格率仅12.50%。

5. 认证工作

【产品质量认证】 1999年自治区质量技术监督部门组织开展了认证咨询服务工作,为10多家企业提供了认证咨询服务和指导,为25家企业培训了内审员,共培训合格内审员53名。新疆质量认证中心签订了8份质量认证咨询合同,其中有两家企业通过了质量体系认证。全年自治区又有84家企业通过了质量体系认证合格。自1996年以来,累计有122家企业通过质量体系认证合格。

【检测试验室管理】 1999年自治区质量技术监督局举办了1期计量认证评审员学习班,经考核合格,对符合条件的60人聘为自治区级计量认证评审员。在沙湾县召开了县级质量技术监督局技术机构计量认证与验收"二合一"考核评审现场会。全年对25个检测试验室进行了计量认证,对23个进行了到期复查评审换证,对5个进行了单项认证,对9个有效期满逾期未提出申请和复查不合格的注销计量认证合格证书。自《计量法》实施以来,全区累计329个检测试验室进行了计量认证。对22个已取得计量认证合格证书的试验室和30个检测机构进行了监督检查。截至年底,全区16个地、州(市)产品质量监督检验和纤维检验机构全部通过计量认证,取得计量认证合格证书;全区法定计量机构的考核工作全部完成,共颁发计量检定机构计量授权证书96个,其中地、州(市)计量所16个,专业计量站3个,县级计量所77个。

三、省、地(市)机构简况

1. 自治区质量技术监督局

根据体制改革要求和自治区的实际情况,自治区技术监督局更名为自治区质量技术监督局,并于8月12日举行更名挂牌仪式,局机关职能处室的设置未变。

原自治区技术监督局稽查大队划归乌鲁木齐市质量技术监督局,原乌鲁木齐市技术监督局所属的技术机构划归自治区质量技术监督局。自治区质量技术监督局设事业单位5个,即自治区纤维检验局、自治区产品质量监督检验所、自治区计量测试研究所、自治区质量技术监督信息研究所和自治区质量技术监督培训中心。

2. 地、县质量技术监督机构

全区16个地、州(市)均设质量技术监督局(其中奎屯市局属科级建制)除乌鲁木齐市外,地、州、市均设质量、计量检测技术机构;除乌鲁木齐、克拉玛依两市外,均设纤维检验机构;乌鲁木齐、克拉玛依、石河子、吐鲁番、哈密、阿勒泰、博尔塔拉、克孜勒苏8局设稽查队,奎屯市局加挂稽查队牌子。除南山矿区、克拉玛依区、乌尔禾区、吐鲁番市、阿勒泰市、博乐市、阿图什市及和田县外,全区各县(市、区)设质量技术监督局(分局),地、州所在市局设稽查队,各县(市、区)局加挂稽查队牌子,下设质量与计量检测机构;沙湾、乌苏、且末、库车、沙雅、新和、莎车、麦盖提、巴楚9个产棉大县、市设纤维检验站。

管理体制改革后,地、县行政机构共103个,其中地、州(市)局16个,县(市、区)局(分局)87个;稽查机构15个,质量与计量技术机构86个,其中地、州(市)所18个,县(市)所68个;纤维检验机构23个,其中地、州(市)所14个,县(市)站9个。

撰稿人 赵绍双 王翠萍

审稿人 苗世旺

沈阳市技术监督工作

一、概　　述

1999年度，沈阳市技术监督工作取得了前所未有的成绩。

1．市技术监督局被国家人事部、国家质量技术监督局评为全国技术监督工作先进集体。市政府常务副市长姜宪志到京出席了表彰大会。市技术监督局局长李素芝参加了表彰会并在大会上做了发言。

2．市质量技术监督综合检测楼落成。

1992年，市建成了市质量检测中心及计量测试中心大楼。而市局机关及所属技术监督稽查所、能源标准计量所、技术监督情报研究所一直在4 000多平方米的两栋危楼内办公。1998年底，市政府批准翻建，市局又组织所属单位自筹部分资金，于1999年初开始动工，于年末竣工，在原址(和平区南八马路90号)落成了7 149平方米的“沈阳市技术监督综合检测楼”。楼内，除局机关、稽查所、能源所、情报所的正常办公外，重点建设了“组织机构代码中心”、“标准查询中心”。至此，沈阳市技术监督局局机关及所属事业单位的办公及工作环境都得到了根本性改变。

3．垂直管理取得了突破性进展。

市委、市政府对技术监督实行垂直管理工作很重视。年初，成立了该项工作领导小组，市委常委、常务副市长姜宪志为组长，市委组织部、市编办、市政府人事、财政、经贸委、国有资产、技术监督等有关部门领导参加。领导小组办公室设在技术监督局，由李素芝局长兼任办公室主任。市技术监督局对此项工作很重视，李局长亲自挂帅，并安排刘晶副局长带领人事处、综合计划处、法规处3名处长具体抓落实。他们利用1个月时间，一家一家全面摸底，在此基础上，多方面了解有关信息，积极与方方面面协调，主动争取领导，最终于1999年12月25日，沈阳市人民政府在《关于印发沈阳市质量技术监督管理体制改革实施方案的通知》(沈政发[1999]18号)中明确：沈阳市各区、县(市)技术监督局部门从2000年1月1日起，一律由市质量技术监督局垂直管理。其中，九区(和平、沈河、大东、铁西、皇姑、东陵、于洪、苏家屯、新城子)技术监督部门为市局的派出机构；四县(市)(新民、辽中、法库、康平)技术监督部门为市局的直属机构。各区分局、县(市)局的内设机构、稽查处、技术机构的设置、变更和撤销，由市质量技术监督局统一规划，提出意见，报市编委审批。财务经费实行市统管体制，即市质量技术监督局按照收支两条线的原则，对全系统实行统一管理，分级核算。各区分局、县(市)局为市质量技术监督局所属的二级预算单位。各区分局、县(市)局及其所属单位的国有资产，全部无偿划转到市质量技术监督局。

质量管理、锅炉压力容器管理等职能划转，随市机构改革时一并操作。

4．建立了无公害蔬菜标准体系及无公害蔬菜检验室，促进了国务院关于建立“二高一优”农业的决定在沈阳市的落实。国家质量技术监督局于1999年8月24日，在《质量技术监督简报》第29期发表了“沈阳市局制定并完善农业标准化内容采用国际标准促进农产品产业化和国际化”，对这项工作予以了肯定。

5．为企业及市民服务迈出了更坚实的步伐

开展“主副食放心工程”，评选出25个“粮油质量放心品牌”、84个“粮油质量放心店”，分两批向社会公布，深受消费者欢迎。此举被沈阳市民评为1999年度市政府为市民办的10件满意的实事之一。

向国有大中型企业派驻质量联络员，摸清48家企业质量情况，力所能及地帮助解决问题，提高产品质量，受到企业欢迎；

有效地开展了“打假保节日”、“打假保春耕”、“打假保名优”三大战役，净化了市场，维护了企业和消费者的合法权益，促进了沈阳经济发展。

对市50家重点工程所用建材实施了监督检验，推动工程质量的提高。面对我国即将加入WTO，企业贯标认证紧迫感空前加强的形势，市局先后召开了国有大中型企业、重点民营企业质量认证工作经验交流会，有100多家企业参加。还举办了一期企业内审员培训班都收到了良好效果。

对水表、煤气表、电能表的强制检定加大了力度。对不合格的用于贸易结算的计量器具，及时责令有关部门更换，提高了能源计量器具的合格率，维护了国家和企业的利益。

6．组织机构代码集成电路(IC)卡发行应用工作取得突破性进展。

7．市技术监督局成功地组织了一次全市技术监督系统的文艺汇演，进一步焕发了系统的活力和热情，增强了凝聚力。

8．全市执法力度和事业单位发展水平都达到了历史最好水平。

二、质量技术监督工作

1．质量监督及打假工作

【监督检验工作】 为了加强对沈阳市产品质量的监督管理，1999年我们共对36(种)类7 903批次产品进行了检验，合格5 575批次，批次合格率为71.8％其中：

1999年1、2季度，辽宁省监督抽查共抽查了沈阳市12大类104家企业160批次的产品合格91批次，批次合格率为57％；定期监督检验我们完成了对860家企业的1 115批次产品的检验，合格1 035批次，批次合格率为92.8％，比1998年提高了8个百分点；1999年对微波炉、汽车配件、胶粘皮鞋、热轧螺纹钢、眼镜、饲料、节能荧光灯、茶叶和计算机共9种428批次产(商)品进行了监督抽查，合格336批次，批次合格率为78.5％；1999年我们共对防冻液、电子镇流器、电暖气、羽绒服、油品、粮油等11种产(商)品进行了专项抽查，共检验695批次，合格388批次，批次合格率为56%；针对省级监督抽查和市级监督抽查中发现的不合格产品，1999年我们共安排联合清查不合格产品116批次，收缴罚没款47 400元。

【实施“放心工程”】 1999年围绕沈阳市政府实施的“主副食品放心工程”和辽宁省技术监督局部署的“配镜放心工程”，授予“东大”面粉、“香雪”面粉等25个“粮油质量放心品牌”和84个“粮油质量放心店”，并通过新闻媒介分两批向社会公布，深受消费者欢迎。为进一步规范乳品市场让广大消费者喝上“放心奶”，沈阳市从1999年3月份开始实施“放心奶”工程，取缔了市场上未经消毒销售的散奶，向消费者推荐了一批放心奶。为进一步提高全市眼镜市场的质量1999年继续对全市眼镜市场进行监督抽查，除在流通领域抽查外，还首次抽查了各大医院的验光配镜质量。共抽查35家63批次，合格50批次，合格率为79%。1999年，为使消费者能够吃上放心菜，在开展无公害蔬菜检测工作方面进行了积极的探索。经过努力，从市区两级财政争取到40万元补助费用，购置了检验仪器设备，现已完成了农残试验室的建立，并通过国家试验室认证机构的认证，具备了开展工作的条件。沈阳市技术监督局已与沈阳市商业管理委员会等有关部门商定于新年开始对全市蔬菜农药残留量现状开展一次监督抽查，于春节前向全市人民推出一批放心菜。为确保沈阳市50项重点工程的建设质量，1999年对重点建设工程中使用的建筑材料开展了监督检验，截止12月8日，指定的3家检验单位共对120个生产厂的13类268个批次的产品进行了检验，合格241批次，批次合格率为90%。

【完善打假组织机构】 为了进一步完善全市的打假组织机构，提高打假队伍的整体素质，健全了沈阳市的打假组织领导机构和日常办事机构，加强了全市打假工作的组织、协调。在沈阳市逐步形成了以市打假办各成员单位为主体，各区、县(市)打假办及相关部门为骨干的打假组织网络，形成了上下联动、齐抓共管、专项整顿与综合治理相结合的打假工作新局面。

沈阳市工商行政管理局、沈阳市国家税务局、沈阳市技术监督局等部门，分别采取措施组织开展执法人员的业务培训，提高执法人员的素质，规范执法工作的行为，使沈阳市打假执法工作提高到了一个新的水平。

【打假保节日】 为了给广大消费者创造一个良好的购物环境，沈阳市技术监督局、沈阳市工商行政管理局、沈阳市公安局、沈阳市文化局、沈阳市酒类专卖事业管理所等部门，在元旦、春节期间共出动执法检查人员近万人次，对沈阳市近8 000家市场、商店、经营场所进行了全面检查，共检查各类商品总标值达5 000余万元，查获各类假冒商品总标值达300余万元，捣毁了制假售假窝点52个。春节前夕，沈阳市技术监督局组织全系统集中销毁了一批假冒伪劣商品，总值100余万元，净化了节日市场，确保了全市人民欢度佳节。

【打假保春耕】 为贯彻落实国家质量技术监督局打假保春耕的工作部署，沈阳市农业局、沈阳市技术监督局、沈阳市工商行政管理局、沈阳市农机管理办公室、沈阳市公安局等有关部门，在春耕生产期间，开展了以种子、农药、化肥、农膜及农机配件为重点产品的农业生产资料大检查活动。沈阳市技术监督局、沈阳市农业局、沈阳市农机管理办公室还组织各区有关部门，在沈阳市新城子区、于洪区联合开展了打假下乡保农业现场咨询服务活动，为广大农民送去了法律知识、农业科技知识及真假农资产品的识别方法，受到了广大农民的热情赞扬。

【打假保名优】 沈阳市技术监督局与“打假保优”联席会成员单位密切合作，多次为沈阳市名牌企业红梅企业集团、香雪、宝船面粉有限公司、沈阳蓄电池厂、沈阳防水材料总公司清理市场，查处制售假冒“红梅”牌味精、假冒“香雪”、“宝船”牌面粉、假冒“东化”牌蓄电池和“新建”牌油毡纸的违法行为。沈阳市工商局建立名优商品打假档案，为与企业联手打假奠定基础，截止11月末，已建立名优商品打假档案56个，为保护企业的知识产权，做好今后的打假保名优工作奠定了良好的基础。

【查堵非法税源】 沈阳市税务稽查部门严厉打击偷税、漏税非法印制、贩卖假发票的违法犯罪行为。全年沈阳市国家税务局系统共实施各类稽查58 380户次，查处税务违法、违章案件30 735件，移送司法机关处理的案件23件，刑事立案8件，查补应征税款46 269万元，应征滞纳金及罚款6 550万元，查补入库税款44 472万元，查补入库税、滞纳金及罚款合计为50 456万元，有力地打击了税务违法犯罪分子。沈阳市地方税务局加强定额专用发票的管理，把发票的打假追源摆在重要地位来抓。同时做好举报案件的查处工作，抽出专人负责此项工作。自1997年10月开设发票违章举报电话以来，共查处发票违章举报案516起，其中假发票案件64起，收缴假定额发票面额2 400余万元，累计补税罚款193万元，为国家挽回了巨大损失。

2. 标准化工作

【消灭无标生产】 苏家屯区全面完成全国消灭无标生产示范县(区)示范工作目标责任状，于1999年9月通过省技术监督局代表国家局进行的考核验收，成为我市第二家通过国家局验收的全国消灭无标生产示范县(区)；新民市完成和做好全国消灭无标生产示范县(区)复查的各项准备工作。

【企业标准备案】 继续依法实行市、区(县)两级企业主管部门和同级标准化行政主管部门双重备案，全年全市备案企业产品标准1 505项。其中市级备案679项，区(县)级备案826项。全市累计备案三年有效的企业产品标准3 470项。

【标签备案】 全市全年备案食品标签1 328个，累计备案4 720个；备案饲料标签811个，累计备案3 418个。

【服务标准化】 首次开展餐饮服务行业服务标准化工作试点，探索我市服务行业实行标准化服务的新思路。起草下发了《关于加强我市餐饮娱乐行业标准计量监督管理的通知》(沈技监发[1999]68号)文件；制定了《沈阳市餐饮娱乐行业服务标准化考核细则》；选择了开展服务标准化工作的试点单位；指导开展了服务标准化活动；考核确定了沈阳龙海楼生日城等五家餐饮单位为沈阳市首批服务标准化单位；组织召开了新闻发布会。

【农业标准化】 以无公害、国际化为目标，制定并批准发布了以《无公害蔬菜生产基地条件》、《无公害蔬菜有毒有害物质残留限量标准》、《无公害蔬菜农药合理使用规则》、《无公害蔬菜包装标志》四个全市通用性标准为主体，以《无公害蔬菜——樱 桃萝卜》、《无公害蔬菜——芥蓝》等20个无公害蔬菜产品标准和20个相应的无公害蔬菜栽培技术规程为配套的44个标准构成的无公害系列标准，形成沈阳市无公害蔬菜生产标准体系，该系列标准被确定为沈阳市科技成果，法库县完成葡萄产业化生产全国农业标准化示范项目中《无公害葡萄基地建设技术规范》、《葡萄绿技嫁繁育技术规范》、《日光温室葡萄栽培技术规范》、《葡萄优质、丰产、高效栽培技术规范》、《葡萄浆果质量分级标准技术规范》、《葡萄保鲜贮藏技术规范》等六项的制定、批准发布。两个系列的农产品标准均采用国际标准并经有关农业专家和专门技术人员的审查，认为该系列标准属全国首次发布，指标先进，有较强的实用性。

选择苏家屯区，采取以标准化协会为主体，以沈阳市原野绿色食品有限公司为依托，公司带动农户的办法，建设了“沈阳市农业标准化生产基地”和“沈阳市采用国际标准生产低药残无公害蔬菜出口基地。无公害绿岛蕃茄出口俄罗斯400吨，无公害礼品菜进入国内市场，十分走俏。

5月份市技术监督局邀请市、区政府有关部门及驻沈的国家、省、市各新闻单位召开了采用国际标准生产低药残、无公害蔬菜新闻发布和现场观摩会，社会反响较好。

与市农村工作委员会、市畜牧副食局联合制定下发了《沈阳市推进无公害蔬菜生产、销售的实施意见》(沈农工委发[1999]8号)；进口了美国汇浦公司的药残检测设备，成立了药残检测机构；“印制了无公害蔬菜防伪标识，”对管理、规范、监督无公害蔬菜的生产和销售提供了依据和条件。

按无公害农产品标准化组织生产的东北珍珠米被国家科技部等六个部委评为国家级重点新产品项目；按无公害葡萄系列标准组织生产的优质葡萄获得东北区农产品博览会优质产品证书，并2000年的葡萄产品已经以合同的定单形式订购一空；按无公害蔬菜标准组织生产的无公害蔬菜进入市场，赢得消费者的青睐，取得良好的经济效益。

【采用国际标准】 对本市重点国有企业、重点民营企业产品采标情况进行调查，形成采标报告，有针对性地指导企业开展采标工作。

全年全市产品采标验收161项，是计划25项的6.4倍。其中重点产品、名牌产品、农业产品采标85项，占采标总数的53%，成为全市采标工作的主要部分与突出特征。

全市新增名牌产品采标率100%。

采标产品使用采标标志19项，是计划10项的1.9倍。

【申报国家级重点新产品】 全市推荐16项产品申报国家级重点新产品试制鉴定计划项目，11项产品得到批准。

【信息标准化】 首次开始对组织机构代码证书进行年检，年检组织机构3.45万户，首次开始颁发组织机构代码电子副本(IC卡)，年发放IC卡5.33万张；新办组织机构代码3.62万户。

【商品条码】 新发展商品条码用户280户，复审320户。

公共信息图形符号配合全市开展餐饮娱乐行业服务标准化达标活动，在餐饮娱乐场所普遍贯彻国家公共信息符号标准，使用标准化图形符号。

【标准化行政执法监督】 以查处无标准生产和违背强制性国家标准为重点，查处标准化行政违法案件7余起，罚款70余万元。

标准化行政执法水平和案卷质量水平有所提高，全市无一例申请复议和诉讼事件的发生及不良反映。

【标准化协会】 配合全市标准化行政工作，开展《啤酒瓶》、《服装号型》、《消费品使用说明书 纺织品和服装使用说明》、《商品条码》等标准的宣贯；开展企业标准化宣传及技术咨询活动。

3. 计量工作

【企业计量】 加大为企业服务力度，对企业在用的非强检计量器具的检定周期和检定方式实行由企业依法自主管理。结合企业帮扶工作，对10家企业进行了计量合格确认的评审。对全市86家企事业单位的358项最高计量标准进行了复查换证，帮助12家企业建立了17项企业最高标准，并授权自行开展检定工作。对10家企业的12种计量器具产品进行了生产条件考核并发放了“制造计量器具许可证”，对6家计量器具生产企业换发了许可证。

【商品量计量】 加强以商品量为重点的计量监督，起草了《商品量计量违法行为处罚细则》。全年共抽查定量包装商品121 417批次，合格99 198批次，合格率为81.7%。共检查了172家企业的计量器具4 142台(件)，合格率为97.7%。全年接收商品房投诉、咨询近300起，进行了公正测量18家检查商品房开发单位90家，其中立案查处4起罚没款18万余元，为消费者挽回经济损失近200万元。

【强检计量】 加强对授权专业站(站)的监督管理，搞好强制检定工作。组织制定《超声波流量计现场对比方法》并开展工作。对15家企业的17项授权执行强制检定项目进行了复查换证。对全市计量所、市能源所的12项社会公用计量标准、市水表计量站、邮局计量站等4个单位的12项计量标准进行了复查验收。加强对水表、煤气表电能表的强检管理，组织抽查了18家大中型企业的26块贸易结算用电能表，民用电能表40块，合格率为84.6%和50%；7家企业10块贸易结算用煤气表，民用煤气表30块，合格率为20%和53.3%；7家企业7块贸易结算用水表，民用水表20块，合格率为57%和75%。根据抽查结果及时责令有关部门更换不合格的计量器具，维护了国家和企业的利益，提高了能源计量器具的合格率和计量准确率。

【行业计量】 开展行业计量整顿验收，完成了对专业计量站、测试站、公正计量站的整顿。继续在医疗卫生单位开展“计量合格确认”活动，对55家医疗卫生单位进行了计量合格确认的考核。起草了“沈阳市餐饮娱乐业分等定级规定”。组织对全市所有制造、修理计量器具单位进行验收全市176家企业，合格76家，限期整改63家，停业整顿37家，对全市计量器具生产企业的73种计量器具产品进行了统检，抽查了计量器具商品29种，合格率分别为36%和

62%。

【协会计量】 做好计量协会的信息工作，举办了10期计量人员学习班，向中国计量测试学会推荐论文10篇。

4．生产许可证管理工作

【生产许可证管理工作】 在生产许可证管理方面，由于国家生产许可证发证部门进行了调整，地方许可证办公室的任务加大，一年来，在企业申报、初审、终审方面，坚持为企业服务，帮助企业提高管理水平，全年有13家企业通过了国家生产许可证审核。

【无证查处工作】 1999年，加大了对实施生产许可证管理的产品的监督检查和无证查处力度。重点开展了对化肥、农药、特种防护用品、游艺机、高中压锅炉管、肉灌制品、调味品的监督检查及生产、经销无证产品违法行为的查处工作。查处的大要案比往年有所增加。据统计，全年无证查处立案84起，检查企业110家，检查品种24种，罚没款金额32.7万元。通过无证查处，有力地打击了生产、经销无证产品的违法行为，保护了用户和消费者的合法权益。

5．质量认证工作

1999年沈阳市质量认证工作认真贯彻落实党的十五大和全国质量工作会议精神，围绕"壮三活一，完善载体"，在推进与国际惯例接轨，加强为企业服务方面做了大量工作，促进了沈阳经济发展。

面对我国即将加入WTO的形势，企业增强了贯标认证的紧迫感，质量认证工作有了较快的发展。据统计，截止到1999年12月，全市已通过认证的企业182家，其中产品质量认证39家(合格认证17家，安全认证22家)，质量体系认证162家。为进一步推动我市质量认证工作，市技术监督局先后召开了国有大中型企业、重点民营企业质量认证工作经验交流会，共100余家企业参加了会议，收到了较好的效果。举办了一期质量认证企业内审员培训班，为企业开展质量认证工作、搞好内审创造了条件。按照省局的要求，首次开展了质量认证有效性的调查，掌握了被调查企业认证后的产品质量状况和质量体系运行情况。沈阳质量认证咨询中心等质量认证咨询机构在为企业做好咨询服务工作的同时，注意加强自身建设，通过了省技术监督局的备案审查，并得到很好的评价。

三、技术监督机构简况

市局机关编制58人，设4个局长岗(1正3副)，7处1室(办公室、人事监察处、综合计划处、法制处、质量监督处、标准化处、计量处、质量认证处)。

市局直属6个事业单位，共编制413人。其中，质量监督检验所编193人，计量所编122人，能源所编46人，情报研究所编25人，稽查所编17人，市标准计量技术咨询服务中心10人。

市内5区(和平、沈河、大东、皇姑、铁西)共编制287人，其中机关人员59人，为公务员，其余均为事业编。

4个郊区(东陵、于洪、苏家屯、新城子)、4县市(新民、辽中、法库、康平)共编制351人，均为事业编制。

市局及所属事业单位均不超编；城区基本不超编，县(市)及于洪区超编严重。

撰稿人 卢兴德
审稿人 李素芝

长春市质量技术监督工作

一、概　　述

1999年，是质量技术监督管理体制发生重大转折的一年，也是质量技术监督战线面临多种考验的一年。一年来，全系统广大干部职工在各级党委、政府的正确领导下，在国家局、省局的正确指导下，牢牢把握为地方经济发展大局服务这条主线，坚持"贴紧经济、贴紧生活"的工作方针，全面履行质量技术监督和行政执法职能，在加强企业技术基础，提高我市产品实物质量，"打假保名优"，净化市场环境，保护企业和消费者合法权益，促进地方经济发展等方面取得了一些成绩。

二、质量技术监督工作

【产(商)品质量监督和宏观管理】 坚持以影响国计民生、人体健康及生命安全的产(商)品和我市支柱产品为重点，加大了市场监督检查力度。全年共对1 972户企业的产品进行了定期监督检验，检验样品9 321批次，合格7 540批次，抽样合格率为80.89%，较1998年的77.13%提高了3.76个百分点，高于全国平均水平1.89个百分点，其中长春市局完成定期监督检验企业638户，检验样品2 633批次，合格2 270批次，抽样合格率为86.2%；对与百姓日常生活息息相关的白酒、成品油、熟肉制品、农资产品、汽柴油、建筑装璜材料等20类44种商品进行了市场监督抽查，抽查企业2 556家，抽检样品7 890批次，合格4 971批次，平均合格率为63%，与1998年同期比增长了1.6个百分点。对定期监督检验及市场监督抽查结果，建立了公示制度，采取召开新闻发布会等形式向社会公布，并在《长春日报》开设了"质量红黑榜"专栏，全年共召开新闻发布会4次，刊登质量红榜64期(次)，黑榜71期(次)，表扬企业213家，批评企业274家。

【标准化、计量基础工作】 一是标准化工作取得新进展。全年共完成"双采"17项，较1998年的11项增长了54.5%，这17项采标项目中我市名优产品占87.5%，比1998年的27.3%提高了60.2个百分点。企业产品采标后，无论是产品实物质量还是产品档次都较原来有了明显提高。如长春港台合金钢铸造有限公司非等效采用了美国YMR标准后，其产品达到了90年代国际先进水平，并全部出口，采标后企业新增利润271.2万元，新增税金171.6万元；大成玉米开发有限公司生产的玉米颗粒饲料等6种产品采用了ISO 5983:1983标准后实现创汇610万美元，并解决了粮食直接出口配额问题。完成标准备案581项；配合市政府"放心肉工程"，组织制定并发布了牛羊肉鉴别方法地方标准；加强了农业标准化工作的宣传推广，制定发布无公害蔬菜地方标准11项，落实大豆综合标准化栽培示范面积3.75万公顷，实现增产13.1%；消灭无标生产工作也取得新进展，对市区315户乡镇企业执行标准情况进行了普查登记，查出无标生产企业78户，并通过技术服务为34户企业制定了企业标准，使乡镇企业标准覆盖率由1998年的75.3%提高到86.4%，提高了11.1个百分点；标准宣贯力度明显加大，先后两次深入到经济技术开发区、高新技术开发区为部分三资企业及民营企业开展标准化知识免费培训183人(次)。二是计量工作领域明显拓宽。全年共检定计量器具90 430台(件)，与去年同期比增长了10.5个百分点，强检计量器具受检率达到了90%，商贸用计量器具受检率达到了85%以上；组织完成了朝阳区卫生防疫站、朝阳区环保站等16家单位的计量认证复查工作；完成了7户获得制造、修理计量器具许可证企业及11户31项最高标准器的复查工作；为30户乡镇企业开展了计量确认；开展了对民用"三表"、电话计费器、出租车计价器等计量器具的强制检定工作，检查民用煤气表4 060块，水表350块，电话计费器3 356台，出租车计价器11 000台。此外，还重点开展了定量包装商品计量执法检查和商品房面积计量监督，共办理计量违法案件400余件，检测商品房面积5 032 m^2，为消费者挽回经济损失20余万元。三是代条码应用领域进一步拓宽。全年共办理组织机构代码证书11 000套；办理IC卡9 220张；对15 000个组织机构代码证书进行了年检；发展商品条形码系统成员90户，系统成员复审17户；在全国率先将二维码技术在加碘盐盐务管理中予以推广应用。四是许可证工作成绩明显。制定了《糕点生产工艺考核规程》等5项考核标准；完成了687户企业换发生产许可证工作，其中长春市区完成了325户；对全市80个街委办的124个早市进行了豆制品生产企业摸底调查，为32户合格企业发放了生产许可证；会同省局考核国家发证企业3户。

【打假治劣净化市场】 全年全系统共办技监违法案件4 340件，其中万元以上大要案98件，移送司法机关3件，捣毁制假售假黑窝点104个，没收处理假冒伪劣产(商)品标值3 700余万元，为消费者挽回经济损失5 500余万元，其中市局系统办案1 144件，万元以上的大要案71件，捣毁制假售假黑窝点57个。一是以保护名优企业合法权益为重点，深入开展了"打假保名优"工作。同一汽集团、长铃集团、北联集团、双阳水泥厂、市防水材料厂、市酿造公司等20余家名优企业合作，对汽车、摩托车及配件、建材产品、调味品、酒类等市场开展了专项整顿。如同一汽集团配合，查封拼装解放6吨平头车5辆、奥迪100型轿车一辆，假冒一汽的前翻、驾驶室58个；同一东离合器股份有限公司配合，端掉制售假冒离合器黑窝点12个，没收假冒离合器片840箱，使一东离合器股份有限公司的市场占有率由1998年的34%上升到1999年的40%，提高了6个百分点；同长铃集团配合，查缴假冒"长铃"摩托车12台，假冒长铃合格证5套；同市酿造公司联手，依法取缔个体小作坊20余家，使该公司的产品市场占有率由1995年的50%提高到现在的80%，袋装产品的市场占有率一直保持在90%以上，企业的经济效益也明显提高，销售额由1998年的3 700万元，提高到1999年的5 500万元，增长了48.6%。二是以涉及人体健康及生命安全的产（商）品为重点，开展了"查市场，保两节"战役。共出动23个执法小组800余人次，检查各类经销单位1 310家，各类专业市场38个，涉及商品3 844批次，总标值3 100余万元，端掉制假、售假黑窝点18个。三是以保护广大农民合法权益为重点，开展了"查农资，保春耕"战役。共出动执法人员2 400多人（次），对全市11种重点农资产品进行了全面清查，共查处违法案件203起，端掉制假、售假黑窝点14个，收缴、封存伪劣化肥1 273.4吨，伪劣种子16.3吨，劣质农药11吨，劣质农机配件1 200余件，伪劣水泵312台，为广大农民清退化肥约20吨，还查处并收缴了由江苏连云港、山东高邮等市流入榆树、农安两县（市）的劣质硫酸钾、硫酸锌400余吨，查获假冒伪劣商品和不合格商品总标值约170.8万元，保护了广大农民的合法权益。四是以影响国计民生的产（商）品为重点，开展了"查建材，保建设"战役。同双阳水泥厂配合，依法取缔无合法生产经营手续的小立窑11个，查获掺假水泥120吨，并在青龙路2号端掉一制售假冒伪劣水泥的黑窝点，现场查封假冒大连金州石河水泥厂的水泥700余吨；同市防水材料厂配合，查缴假冒"长白山"牌油毡纸2 400多卷；会同双联钢管厂将进入长春市的河北、天津大邱庄的不合格管材清出了市场，使双联钢管厂在长春市市场的年销售量由1997年以前的几百吨上升到今年的近1万吨。

【技术机构开发新项目】 全年共投资120万元，新上计算机、针纺服装、天然石材放射线、蔬菜农药残留量、普通平板玻璃、插头、插座等6项检验项目，现已通过省质量技术监督局及省专家组的计量认证和质量认可，开始向社会服务。

【加强软环境建设，改善行业作风】 一是签订了《软环境责任状》，实行层层包保和责任追究。6月28日的《中国质量报》在头版头条以《改善经济发展软环境，长春市局一马当先签下责任状》为题做了专题报道。二是开展了改善经济发展软环境集中教育整顿。以局机关及8个所（队）为单位，集中学习了有关文件，并采取"走出去，请进来"的方法，广泛听取社会各界的意见。共发出征求意见函600份；在黑水路批发市场、临河街生产资料市场、汽贸开发区召开座谈会4次，有40家企业法人，100余位个体工商业户代表参加；调查走访名优企业、挂牌保护的个体私营企业15家。对征求上来的6个方面15条意见和建议，及时向全系统干部职工进行通报，并制定了具体整改措施，如针对群众反映的打假重点不突出的问题，实行了对涉及国计民生的假冒伪劣产品同名优产品"同价位"打假，由原来的两人一组执法改为多人一组按行业、分区域集中执法；为使消费者投诉更加方便快捷，于7月份开通了8980315市长公开网络电话，共受理市长公开电话办公室交办的案件43件，办结率为100%，受理消费者的投诉举报案件500余件，办结率达到95%以上。还根据市民咨询投诉较多的一些"热点"问题，开展了免费检测活动，共为市民免费检测眼镜220副、手机86部、BP机34部，还深入到广大市民家中开展了大理石放射线检测，受到市民欢迎和好评。三是全面推行了政务公开。按照"为民执政、科学理政、依法行政、从严治政"的要求，采用揭示板、宣传手册等形式，将部门职责权限最大限度地向社会进行了公开，共公开部门职责权限14项，办事程序和办事条件14项，法律法规及收费标准依据11项，办事人员工作纪律10项。四是开展了贯穿全年的"学示范窗口，树行业新风，争当达标窗口"活动。编码所、稽查队、计量一所、质检所等均改善了办公条件，简化办事程序，实行规范化服务，使全系统的文明优质服务又上了一个新水平。此外，按照监督与服务相结合的原则，进一步加大了对企业的帮扶力度，全年共为39户企业免费制定了标准，为52户企业减免了标准收费，并对全市57户名优企业开展了国际互联网上的免费宣传。总的来说，一年来，系统内未出现大的违法违纪问题，未出现败诉案件，行风测评居中偏上。

【市以下质量技术监督部门实行垂直管理】 3月份，国务院8号文批准了质量技术监督管理体制改革实施方案。按实施方案要求，会同有关部门在深入调查摸底的基础上，形成了《长春市质量技术监督管理体制改革实施方案》，经市委、市政府批准以长府发[1999]57号文件下发实施。8月27日，又以市政府名义召开了全市质量技术监督管理体制改革工作会议，就本市质量技术监督管理体制改革做了全面动员和部署。目前，本市的管理体制改革已顺利完成了机构划转、人员接收、经费缴拨办法、县（市）区局领导班子考核任命等项工作，各县（市）及双阳区都正式以质量技术监督局（分局）名义对外办公，挂了牌子，从而按预期时限，完成了管理体制改革各项任务，实现垂直管理。

【法制基础建设】 以提高全民法律意识为重点，法制宣传力度进一步加大。组织开展了"3.15"保护消费者权益日、纪念《标准化法》颁布实施10周年、《行政复议法》颁布实施等大型群众性宣传咨询活动，共出动400余人（次），发放宣传单16 000余份。法制建设工作也取得新进展。分别对《产品质量法（修正案）》、国家局《质量技术监督行政赔偿实施办法》、《质量技术监督行政复议实施办法》、《吉林省农药管理办法》等8部法律、法规、规章提出了具体修改意见。加强了行政执法的层级监督。对全系统执法人员资格进行了重新审核和认定，对不符合法定条件的68本行政执法证件及时予以收缴；补充完善了《培训考核制度》、《错案追究制度》、《徽章及证件管理办法》等规章制度；重新调整案审委员会，建立并完善了行政复议等组织机构，较好地处理了九台复合肥厂的行政复议案；重新界定了执法审批、执行权限，严把案件质量关，规定执法程序中的立案、封存、下达行政处罚决定、结案等环节，必须按有关规定，经局长、队长审批，执法人员无权擅自作主；建立了行政执法责任制，将责任目标层层分解、落实到每位执法人员身上，并层层签订《行政执法责任状》，对其职责权限、执法要求等均作出具体规定。1999年6月份，又按照市政府规定，实行了票款分离、处罚缴款两条线，不仅提高了行政执法效率，而且保证了罚没款的及时足额上缴。完成了省市人大视察、执法检查活动的接待工作。全年共接待省、市人大、省局、市依法治市办组织的有关行政处罚法、打假保名优、行政执法目标责任制贯彻落实情况的检查4次，均对局工作给予充分肯定，并表示满意。

【开展“三讲”教育】 按照市委的统一安排部署，从9月6日开始，利用两个月的时间，分4个阶段在局处两级领导干部中以整风精神深入开展了“三讲”教育。通过集中学习有关必读篇目及广泛发动群众积极参与，找出了局班子及成员在党性党风方面存在的突出问题，明确了今后的工作目标和努力方向，并在此基础上形成了局班子及成员的剖析材料和整改措施，经民主测评，群众满意和比较满意率达到了100%，其中满意率达到了97%以上。针对自我剖析、查找以及群众意见比较集中的问题，研究制定了整改方案，提出了5个方面48条整改措施，并坚持边整边改，做到“三讲”教育与日常工作两不误、两促进。这次“三讲”教育，真正按中央要求体现了整风精神，达到了预期效果，得到了市委巡视指导组高度评价。

撰稿人　于海涛
审稿人　陈中明

哈尔滨市质量技术监督工作

一、概　　述

1999年，哈尔滨市技术监督局认真贯彻落实党的十五届三中、四中全会和全国质量工作会议精神，按照市委、市政府提出的“千方百计把经济搞上去、一心一意为人民办实事”的总体要求，围绕营造良好的经济发展环境，促进全市经济健康持续快速发展，全方位开展技术监督工作，超额完成了14项市级工作目标和34项局级工作目标，有效地提高了全市产品质量总体水平，使产品质量合格率由1998年的86.35%提高到87.3%，提高了0.95个百分点。为提高产品标准水平，积极开展消灭无标生产，努力推动质量认证、加快与国际惯例接轨步伐，质量认证工作有了新突破，提前一年实现市政府确定的到2000年推动100户企业通过质量体系认证的工作目标。为促进经济发展，充分发挥职能作用，在全系统开展服务年活动。从10个方面开展为企业、为基层、为社会服务，实实在在地做好10件实事并向社会公开承诺。按照国务院批转的国家质量技术监督局《质量技术监督管理体制改革方案》的要求，顺利完成了全市质量技术监督管理体制改革工作。由于坚持两手抓，局机关被市直国家机关工委评为文明单位。

二、技术监督工作

1. 质量管理

【重点保护产品】 为了扶优限劣，对产品质量长期稳定，市场占有率高，具有较强开发能力企业的产品定为重点保护产品，并在7月10日和9月29日在哈尔滨日报刊登出第一批和第二批市重点保护产品名单。两批共有62个企业81个产品，如东安发动机、伟建微型车、哈尔滨量具刃具、正阳河酱油、金星乳粉等，基本覆盖了哈尔滨市各行各业优质名牌产品。同时积极向黑龙江省局推荐省级重点保护产品14个，在省局确定的66个省重点保护产品中，哈尔滨市有18个产品。根据企业要求，在国家、省和市产品质量监督抽查中连续3年合格的产品颁发了质量证明。由于不收费，具有一定公正性，有42家企业62个产品获证，深受企业的欢迎。同时积极组织哈尔滨市企业申报1999年度国家重点新产品。哈尔滨绿色生物工程有限公司的“神菌牌长效微生物肥”和哈尔滨市佳得智能防盗蓄电池有限公司的“防盗蓄电池”这两个项目均已通过包括国家质量技术监督局在内的国务院8部委的评审并获得国家级重点新产品证书，享受优惠政策。

【商品质量信得过活动】 为了给消费者提供一个放心满意的市场环境，从90年代初开始，由哈尔滨市技术监督局牵头，联合市工商局、商委、物资局、供销社、消协六单位，在全市开展“商品质量信得过”活动。通过活动，帮助商业企业建立自我约束机制。1999年，计划18家，实际完成24家。为了做好“商品质量信得过”活动，组织了哈尔滨市技术监督局、工商局、商委等5家评审机关，对考评细则做了修改，并组成10人考评小组，工作了40多天，对申请参加的28家企业逐家考评，有19家企业通过复查，有5家企业为新评，有4家企业未通过。三年来累计评出“商品质量信得过”单位69家。

在“百城万店无假货”活动中，哈尔滨市以中央大街为重点积极开展创建活动。中央大街是哈尔滨市的商业中心地带，也是中外游客在哈尔滨市游览观光和购物的主要场所，有139个商业企业，是全国闻名步行街之一。为了使中央大街成为哈尔滨市“百城万店无假货示范街”，市委、市政府成立了以哈尔滨市技术监督局为副组长的创建领导小组，并把创建活动与精神文明建设结合起来。通过普遍调查与重点走访，基本摸清了驻街单位数量、经营范围、对创建活动的认识、态度并分别建立了档案。在此基础上，制定了《中央大街争创“百城万店无假货”示范街实施方案》，聘请146名责任心强、工作认真的各方代表作为兼职社会监督员，负责对参赛单位的“质量、价格、服务”三方面情况的监督检查。各参赛单位坚持实行“五不进”、“五把关”和“五必查”的管理机制。经过不懈的努力，哈尔滨中央大街被中宣部等国家四部委命名为首批“全国百城万店无假货示范街”。

【质量管理小组活动】 1999年，质量管理小组活动有了长足进展。申报市级优秀QC成果121个，经过专家评委的现场评审，评选出市优秀QC小组一等奖101个，二等奖20个。1999年全市注册2 648个QC小组，坚持活动的QC小组1 921个，创可计算的经济价值3 693万元，QC小组成果率为27.29%。其中有6个QC小组成果荣获国家级优秀QC小组成果。哈尔滨飞机制造公司被评为全国质量管理小组活动优秀企业，哈尔滨铁路分局电务段信号试验室被评为全国信得过班组，姚治平同志被评为全国质量管理小组活动卓越领导者。

同时，还在全市开展了“优质维修服务月”活动。召开了生产企业、商业企业和市政府有关部门参加的大会，并于3月15日在哈尔滨第一百货商店，秋林公司开展了’99优质维修服务月的宣传咨询活动。

2. 监督执法与“打假”工作

【节日市场专项检查】 元旦、春节期间，按照国家质量技术监督局和省技术监督局的统一部署，在全市开展了节日市场专项检查活动。这次活动以“米袋子、菜篮子、火炉子、车子、房子”等与老百姓生活密切相关商品为重点，配合哈尔滨市开展的“冰雪大世界”世纪冰灯旅游活动，保证流通领域商品质量，为中外宾客营造良好的购物环境所开展的一次商品质量、计量、标准全方位的大检查。共出动执法人员4 358人，查获伪劣产品标值155.99万元，检查专业市场96个、商业企业2 985家、商业街20条，查处销售伪劣商品店1 329家，摊商5 451个，端掉制售伪劣产品窝点

29个，查处违法案件1 714件；检查商品3 826批次，质量合格2 483批次；检查食品标签2 681种，合格1 777种；现场检查专用计量器具2 491台（件），合格2 165台（件）；检查定量包装商品2 350批次，合格1 905批次；检查商品房销售单位5家，总面积4 100平方米，缺量面积149.1平方米。

在现场检查中，为了避免对同一商场或同类商品的多头检查、重复检查，制定了详细的检查计划，对检查的项目、检查的商业企业、检查的具体时间作了统一的安排，努力做到一种商品多项检查、数据共用。

——酒类检验情况。检验3个经销单位的4个批次的茅台酒和五粮液酒样品均为合格样品，未发现假冒产品。由于国家名酒供给量有限，大中型商业企业及宾馆经销的此类商品多从省、市主要糖酒经销部门购进，柜台销售数量有限，摆放的样品和抽取到的样品都是正品。个体业者表面摆放一个样品，商标也无问题。但要进行抽样时，都说仅此一瓶，无法进行批量检查。

袋装白酒抽取14个经销企业18个生产企业共23批次。从检验结果看受检企业的标准和产品的内在质量都低于国家标准。从不合格产品情况看，食品标签不标注生产日期是一个比较突出的问题。不少企业对于批次饮料酒标签标准的定义认识不清，食品标签不合格的就有7批次，占不合格批次的50%。

——手机电池检验。检验22家经销单位销售的29个批次的手机电池，对外观结构、充电性能、放电性能、额定容量、安全性能5个指标进行检验，合格17批次，合格率59%。其中检验锂电池8批次，不合格4批次，合格率为50%。检验镍氢、镍镉电池21批次，不合格8批次，合格率为61.9%。标识不合格的手机电池多数是非正规渠道进的货，或是二次加工的翻新品。这类电池没有中文标识，其中多数产品的额定容量等重要指标达不到标准要求，有的根本没有标注额定容量。

——干鲜制品检验。检查16家经销单位的5批次干鲜制品，不合格5批次，不合格率为100%。目前，市场销售的干鲜制品主要以干虾仁为主，抽检的5批次样品均为干虾仁。存在的主要问题：一是食品标签不符合国家标准。均未标注生产厂名、厂址、等级。从产品包装看，都是经销商将散产品自行包装，再以特产等字样蒙骗消费者；二是水分指标不合格。检验的5批次产品水分均超过标准的规定，含水率超过标准的一倍；三是盐分指标不合格；四是千粒重指标不合格。千粒重是对虾仁个头大小的要求，国家对干虾仁列分了3个等级。此次检验按照三级品的规定对千粒重进行检验，有4批次不合格，严重的以次充好。

——地板块检验。检查23个经销单位的12批次样品，全不合格，不合格率为100%。主要问题是尺寸偏差、加工缺陷、标识这3个单项不合格率均为100%，含水率的不合格率为75%。原因分析：一是经销者质量意识淡薄；二是复合地板尚没有颁布正式的国家标准。进口产品和多数国产产品依据的是欧洲标准和德国标准，但在产品包装中并未标出，因此，对复合地板内在质量的判定无标可循；三是实木地板的国家标准有待完善。标准对消费者关心的耐磨、抗冲击等项未给出标准值，只是规定按协议要求执行，这给检验工作制定被测值的合格与否带来困难；四是一些小私营企业把生产的劣质地板块的表面贴上一层表皮，再进行淋漆，掩盖了地板块表面的色差等缺陷，但其内在质量并没有得到改善。

——小家电产品质量检查。抽样26批次，合格21批次，合格率为81%。主要问题是电源线截面积不合格，在标识方面未标注出厂日期和出厂代号。

——羊绒制品检查。抽查12个生产企业的16批次羊绒制品，其中羊绒衫类产品12批次，合格6批次，合格率为50%；羊绒服装类产品4批次，合格3批次，合格率为75%。平均合格率56.2%。主要问题是羊绒含量、断裂强力、缩水率和缝制不符合标准要求。产生问题的原因主要是生产企业在质量管理上还存在一定问题，没有对原材料进行严格的质量把关，造成羊绒含量、断裂强力等项指标不合格。

【生产许可证、准产证监督管理】 按照国家质量技术监督局和省局下达的14种查处产品计划，重点组织检查了一次性医疗器械、螺纹钢筋、水泥、低压电器、溶解乙炔、螺旋缝焊管、化妆品7种生产许可证产品、查处了糕点、植物油、纯净水、眼镜等4种准产证产品。检查实行许可证、准产证的产品生产企业191家。其中无许可证生产经销企业137家、准产证企业54家。查处无证产品总标值达530多万元。立案处理无证企业38家，现场处罚15家。为保证建筑市场商品质量，加强了对钢材、水泥等建筑材料的监督检查。检查生产企业23家，经销企业9家，立案检查13家。检查中发现，这些企业存在的共性问题是无生产许可证而生产和销售螺纹钢筋，钢筋材质也没有按国家标准要求采用二磷锰硅钢。查出的无证产品销售量达500吨，总标值近290万。检查水泥生产企业11家，其中6家无证企业，无证产品总标值达210万元。主要问题是生产销售的水泥不标产品标号和生产日期，后果非常严重。根据举报，查处3家眼镜配制黑经销部，查封6家配镜店，无证劣质产品总标值达30多万元。

在地方产品准产证办证工作中，有126家企业申请办理省、市准产证。其中省准产证3种、市准产证1种。为112家企业办理了准产证，其中办理省准产证98家，市准产证14家。在受理的16家企业办理准销证中，为9家符合办证条件的企业办理了准销证。

【三大战役、五个一批】 1999年，按照国家质量技术监督局关于开展"三大战役、五个一批"活动的要求，在全市开展了以"净市场、保两节"、"查农资、保春耕"、"查建材、保建设"为主题的三大战役和以"查重点、清柜台、端窝点、治突出、整市场"五个一批活动。"三大战役"：

——"净市场、保两节"第一战役。第一战役从1998年12月15日至1999年1月15日，历时30天。为使广大消费者在两节期间买到放心的商品，过一个欢乐祥和的节日，重点检查了酒类、鲜奶、食用油、面粉、儿童食品、肉灌制品、饮料等应季商品。出动检查人员2 287人次，涉及质检机构18个，检查生产企业168家，检查销售企业2 205家，产品质量抽查检验3 585批次，计量质量包装检查80批次，食品标签检查 71 批次，商品房销售面积检查民宅 16 套，端掉制售假冒伪劣产品窝点 27 个，封存违法生产、销售各类产品 190 吨 25 524 件，标值 11 万元；查获伪劣产品标值 35 万元，查处违法案件 586 起。

在质量监督检查中，抽检白酒 28 批次，全部合格，合格率为 100%；抽检葡萄酒 23 批次，合格率为 60.87%；抽检肉灌制品 25 批次，合格率为 68%；室内加热器抽检 16 批次，合格率为 50%；墙地砖抽样 20 批次，合格率为 5%；内墙涂料抽样 20 批次，合格率为 75%；装饰布抽样 7 批次，合格率为 0；小麦粉抽样 17 批次，合格率为 88.2%；大米抽样 7 批次，合格率为 85.7%。

在定量包装商品抽查中，抽查 7 个品种 62 批次，合格率为 55%，其中净含量标注方式合格率为 100%。

在食品标签检查中，抽查 179 批次，合格率为 73%。

在商品房销售面积检查中，检查民宅 16 套克扣率为 6.6%。

——“查农资、保春耕”第二战役。第二战役从 1999 年 1 月 15 日至 3 月 15 日，历时 60 天。重点对种子、化肥、农药、农膜、饲料、农机等 10 大类农资产品进行监督检查。出动检查人员 4 236 人次；检查专业市场 68 个，专业商业街 77 条，农资销售企业 366 家；查处销售伪劣产品商店 475 家，摊位 64 个；端掉制售伪劣农资产品窝点 11 个；检查农资产品 597 种，抽样检验 156 批次，检查 1 722 批次；计量定量包装检查 26 批次；共封存违法生产销售农资产品 108 种 12.6 万袋(盒)，查获伪劣产品标值 280.6 万元，查处违法案件 843 起，现场处罚 459 起。其中，农膜抽检 13 批次，合格 2 批次，合格率为 15.4%；饲料抽检 16 批次，合格 8 批次，合格率为 50%；农甲电机抽检 10 批次，合格 5 批次，合格率为 50%；水泵抽检 21 批次，合格 9 批次，合格率为 42.8%；农机零配件抽检 256 批次，合格 62 批次，合格率为 24.2%，甜菜种子抽检 3 批次，全部合格，合格率为 100%。

——“查建材、保建设”第三战役。第三战役从 1999 年 3 月 15 日至 5 月 15 日，历时 60 天。重点检查了建筑用钢材、水泥、红砖和防水卷材。共出动检查人员 2 953 人次，检查生产企业 183 家，经销企业 2 646 家，建材市场 6 家，建材专业街 15 条。抽样检查产品内在质量 398 批次，合格率为 39.9%；计量定量包装检查 520 批次，标识检查 176 批次，封存假冒伪劣建材 580 吨 355 件，标值 65 万元；端掉制假售假黑窝点 104 处，查处案件 759 起，其中现场处罚 85 起；查获假冒伪劣商品 76 起 12 995 件，标值 81 万元，收缴违法所得 15 万元。

“五个一批”：

监督检查一批重点产品。重点检查掺杂使假、以假充真、以次充好、短斤少两、无生产许可证、无产品标准、无安全认证生产等质量、计量、标准的违法行为共 3 类 28 种。抽查 849 批次，合格率为 60.89%。在抽查中注意了大中、小企业并重，监督与服务并举的原则，对肉灌制品、油品、种子、农药等进行了跟踪抽查。对带有普遍性的问题，公开不合格企业学习班把工作重点放在质量问题较多的乡镇、私营、个体企业，着重提高县以下的小企业产品的采标率，完善质量、计量检测手段，在提高产品质量上下功夫。

端掉一批制假售假黑窝点。为了扶持国家确定的重点保护 40 种产品和省确定的 7 种重点保护产品，在全市开展了“查大案、端黑窝点”活动，严厉打击了假冒斑马油漆、龙洛白酒、龙丹奶粉、正阳河酱油等地方名优产品的违法行为，端掉制假售假黑窝点 100 个。其中比较严重的有个体业主销售的注水牛肉，查获 10 吨，价值 10 万元；个体业主低价收购死鸡，分割后批发，现场收缴 300 千克，价值 2.5 万元；查获伪劣爆米花机 58 台，为农民挽回损失 1.7 万元；查获饮料黑加工点，收缴压盖机一台，瓶盖 500 个，旧废瓶 1 100个，假冒包装袋 68 000 个，价值 6 000 多元；查获已过保质期的除草剂 119 箱，6 万多袋，价值 13.5 万元。在端窝打假的同时，开展了建立打假信息协作网的组建工作。

清理一批商业柜台。为了进一步深化“清柜台”活动，从加强服务入手，在大型商业企业中开展“无假冒、保质量、建三包”的质量承诺和质量兴店活动，对获得“商品质量信得过”、“无假冒伪劣商品”、“保真保优”等荣誉称号的商业企业进行有组织、有计划地咨询服务 180 多次，促进商业企业的质量管理和服务水平。

整顿一批市场。重点对农资市场、建筑装饰材料市场、汽车配件市场、粮油市场、低压五金电器市场等 10 类商品市场进行专项整顿。在整顿中坚持以宣传教育为主，有针对性地采取抽查的办法，对种子、化肥、农药、红酒、低压电器、白酒、电线电缆、服装 8 大类商品进行咨询服务，免费向业户发放有关法规 4 000 多份，宣讲《产品质量法》38 次，受教育人数 5 000 多人次。

治理一批区域性、行业性突出问题。重点加强了对城乡结合部、商品集散地、小商品批发基地等区域性市场的治理整顿，从源头上截住假冒伪劣产品的流入。在治理液化气钢瓶市场时，从产品标识到技术标准，从内在质量到定量包装，从生产工艺到销售环节进行了全面的治理。

在开展“三大战役、五个一批”活动中，得到了新闻单位大力配合，收到良好社会效益。

3. 标准化工作

【消灭无标生产县(市)】 消灭无标生产是提高产品标准的重要标志。无标生产主要集中在乡镇企业。因此把五常市、双城市、尚志市、阿城市、延寿县、通河县、呼兰县 7 县(市)做为 1999 年消灭无标生产县(市)。由于消灭无标生产工作量大面广，加之各县(市)经济环境不景气，开展起来难度比较大。为此，哈尔滨市技术监督局本着抢先抓早的精神，从年初就对所属县(市)消灭无标生产情况进行了调研，根据调研情况，提出具体抓好 6 项工作。一是成立县级消灭无标生产领导小组；二是企业产品执行标准普查登记及建帐工作，每个企业应有《产品标准登记注册证》；三是已备案的企业标准应符合 GB/T 1.1 和 GB/T 1.3 及有关法规的要求；四是有关国家强制性标准目录和资料应健全；五是不具备检验能力的企业应与有关检验机构建立委托检验合同；六是做好标准水平分析和经济效益对比。该局的同志经常深入到县(市)进行业务指导。到年底，这 7 个县(市)已通过了省、市组成的专家组的检查验收，达到了消灭无标生产县(市)的标准。

【企业标准备案】 为了加强企业标准管理，进一步规范和提高企业标准管理水平，在全市范围内对企业标准备案实行三统一，既统一审查标准、统一备案程序、统一备案文书。这样就使得企业标准备案工作更加透明化，更符合公开办事制度要求，使企业清楚地了解备案程序，需准备的资料和法律法规的要求，为取消企业标准备案区域限制打下基础，由企业自主选择备案部门，企业可以根据自己产品的需要选择适合的备案部门。如企业为了扩大知名度，选择省局或市局备案，为了方便也可就近选择区、县(市)局备案。

根据《黑龙江省标准化条例》的要求，企业备案标准有效期为3年，1995年已备案的240份企业标准需要修订。但由于企业经济状况不佳和从事标准化工作人员变化较大，对标准的修订有一定困难。从不影响企业的生产着想，考虑到实际情况，对1995年备案的企业标准延长半年有效期。全年备案的企业标准921项，新制定的企业标准622项、修订的177项、废止的300项、确认的122项。

【采用国际标准】 积极推动企业采用国际标准和国外先进标准。哈尔滨精化实业股份有限公司、哈尔滨焊接切割成套设备有限公司、哈尔滨制药三厂、哈尔滨制药总厂4家企业的7种产品采用了国际标准，其产品达到了国际水平。这7种产品是：YJ-10S硅烷交联聚乙烯电缆绝缘料、HW系列数控火焰等离子切割机、维生素C注射液、头孢氨苄片、头孢噻肟钠、头孢唑林钠、注射用头孢拉定。目前全市累计采用国际标准和国外先进标准1 587个，占全市机械、电子、化工、纺织、医药等主要工业行业产品总数的近52%。

在加强采标的同时，强化了对国家强制性标准的实施进行了监督检查。检查进口化妆品经销企业4家40种香水，其中标识合格11种，不合格29种，存在主要问题是无中文标识、无生产日期、无国内总经销商地址、无卫生许可证号。检查白酒、熟肉制品、食用油、小麦粉4类10家商业企业223种商品的标签，合格175种，不合格48种。存在主要问题是无厂址、无生产日期、无保质期、无企业标准、配料表内容不全等。检查76家熟肉制品生产企业，标准合格企业32家、标准作废12家、无标准企业28家，停产企业4家。对无标准生产企业限期整改28家，有22家企业按要求完成了标准制定和备案工作。

【农业标准化】 针对哈尔滨市农业标准化工作实际状况，加强了标准示范体系建设，形成了不同层次、不同类别、不同区域的示范网络。五常市、双城市、阿城市顺利通过了国家示范区的检查验收，分别被授予"全国高产优质高效农业标准化示范工作验收合格县(市)"。地方农业标准逐步配套，初步形成了适合哈尔滨市推广的科技含量较高的不同层次、不同类型农业标准和生产技术规程39项，首次制订了《玉米新技术标准化栽培技术规程》、《水稻新技术标准化栽培技术规程》、《大豆新技术标准化栽培技术规程》。全市玉米、大豆、水稻三大作物的标准种植面积占总播种面积的比例由1998年的70%增加到77%。

4. 计量工作

【计量监督检查】 按照国家质量技术监督局关于在全国10城市对10种定量包装商品进行计量专项检查的统一部署，监督检查了方便面、白酒、饼干、酱油、醋、洗衣粉、葡萄酒、洗发液、浴液、洗面奶10种商品154批次，合格86批次，合格率为56%。不合格的主要原因是超市、仓买商场自行分装的商品净含量不足。自家分装的成包虾仁，自标净含量是200克现场实际计量检查净含量为172克，缺量28克。另外定量包装商品原件超出负偏差规定，这也是影响定量包装商品合格率低的一个原因。成品油销售市场短斤少两现象比较严重，群众投诉、举报也比较多，在检查的63家成品油市场中有47家存在问题。主要是利用计量器具作弊、破坏计量器具准确度和伪造数字。同时加强强检计量器具的监督检查，在检查的68家514台(件)计量器具，有计量检定合格证书的292台(件)，受检率达76%。医疗单位使用的强检计量器具受检率比较低。在检查的26家医疗单位中只有8家使用的强检计量器具有计量检定合格证，占30.2%，其余的18家有的从未进行计量检定，有的超期使用。这些未经检定或超期使用的计量器具为患者诊治并出具数据，影响了诊断的可靠性和准确性，给病人医治带来了困难。

【计量监督管理】 加强计量器具产品质量的检查。重点抽查29家经销计量器具的衡器压力表、电能表、医疗用计量器具等99批次，合格76批次，合格率为76.7%；检查15家区、县级卫生防疫站；先后对11家新建的19项最高计量标准进行考核，为20家127项已建最高标准器进行了到期复查；检查15家法定计量技术机构和10家计量标准建标单位的量值传递质量。组织计量专家为7户中小型企业进行计量帮助指示，加强计量基础，为5户到期复查的制造计量器具企业组织专家评审。现在年检修计量器具13万台(件)以上，检测合格率为100%，一次检修合格率为98%以上。

5. 认证工作

【计量认证监督检查】 1999年9月～11月，用3个月时间对区、县级卫生防疫站、防雷检测站、环境监测站、种子检测站、工程质量检测站等15家向社会出具公正数据的产品检验机构，计量公正服务机构等单位进行监督检查，发现有些单位未经省级以上技术监督部门计量认证，经过计量认证的单位也程度不同地存在问题，主要是：被检单位负责人法制观念淡薄、法律知识缺乏，有的不知道法律上有关于计量认证的规定。另外还有超出认证范围进行检测和超出认证合格证书有效期进行检测。对此，按计量法律法规进行了处理。

【质量认证】 推动企业开展质量认证，是哈尔滨市政府在《质量振兴实施计划》中提出的主要工作目标之一，也是加快全市经济增长的重点工作之一。根据企业认证需求不同，加大服务力度，改变过去认证工作平行推的工作方法，将为企业认证划分为三类：即一般服务、需求服务和定点服务。一般服务对象是那些已经认证的企业，主要是为这些企业提供信息和人员培训。先后为省龙电紧固提供了环保方面的信息服务，为新中电子有限公司、省安装公司、哈尔滨飞机制造公司等培训企业内部审核员20多人。需求服务是当企业提出需求时，为其提供及时服务，先后为哈尔滨恒达集团、哈光宇电源厂等企业帮助解决在开展质量认证过程中遇到的难题。定点服务中为哈尔滨气化厂等开展质量认证提供全方位服务。今年已推动企业通过ISO 9000质量认证 24 户，累计完成 101 户，提前一年完成市政府确定的到 2000 年推动 100 户企业通过质量体系认证工作的目标。

【电工产品监督检查】 1999 年首次对流通领域的电工产品实行强制性监督检查。检查商业企业 60 家，检查电线电缆、电焊机、电动工具、漏电保护器、电冰箱、洗衣机等 8 个品种，现场处理 24 家商业企业，占 40%。其中电线电缆、电动工具问题较多，主要是无电工产品认证合格证书，假冒电工产品认证合格证书和认证标志不符合国家强制性标准。

三、技术监督机构简况

哈尔滨市技术监督局是市政府序列内的一级局，内设办公室、计量处、市场处、监督管理处、认证处、许可证办公室、综合标准化处、农业标准化处、政法宣教处、综合计划科学技术处、人事处 10 处 1 室及机关党委、纪检监察室；局属 6 个处级事业单位：哈尔滨市计量检定测试所（哈尔滨市计量科学技术研究所）、哈尔滨市产品质量监督检验所（黑龙江省哈尔滨产品质量监督检验所）、哈尔滨市标准情报研究、哈尔滨市技术监督培训中心、哈尔滨市技术监督检查大队，哈尔滨开发区技术检测服务中心。七区技术监督局为市局的派出机构，正处级，十二县（市）技术监督局为市局直属机构。

撰稿人　杨希学
审稿人　温世平

南京市质量技术监督工作

一、概　　述

1999年，南京市技术监督工作在市委、市政府的领导下，在国家质量技术监督局和江苏省技术监督局的指导下，以党的十五大精神和邓小平质量思想为指导，紧紧围绕地方市经济建设、社会发展和市委、市政府的中心工作，坚持技术监督工作方针，认真履行技术监督职能，突出用铁腕抓质量，完成了年初确定的各项工作目标，全市技术监督工作取得新的进展，为地方的经济建设和社会发展作出了积极贡献。

二、技术监督工作

1. 质量管理工作

【质量监督抽查】　全年完成产(商)品检验35 505批次，其中监督抽查和定期检查1 670家企业的2 036批次产品，样品合格率为85.1%，与1998年持平；市场抽检2 066家企业经销的152种2 929批次的商品，样品合格率为51.1%，比1998年提高3个百分点。对抽查不合格的产(商)品，按照电器、食品、综合等类产(商)品，召开8期企业负责人质量分析会，参加人数达1 400多人次。

【非公有制经济质量管理】　针对南京市非公有制经济逐年增大的状况，会同市工商联召开了各区县工商联、技术监督局联席会议，并制定下发了《关于进一步抓好非公有制企业技术监督工作的通知》，指导各区、县把非公有制经济纳入技术监督管理轨道，培育新的经济增长点。在南京市质量监督抽查中，非公有制企业抽查占总量的10.5%，评选市重点保护产品中非公制企业的产品占总数的8%。

【推动名牌战略实施】　根据市政府的部署，把实施名牌战略作为促进地方经济发展的战略任务来抓，积极支持和扶持适应国内需求、技术含量高、经济规模合理、产品质量稳定的名牌产品。在1998年公布“打假保优”产品的基础上，1999年公布了南京市第二批10家重点保护的企业和产品。开展了重点产品评选活动，从60个申报企业中评选出南京市第一批重点保护的41家企业的44个产品，并发证登报。重点保护产品推出后，受到了企业和消费者的关注。配合市名牌产品评审办公室对1999年度市名牌进行了确认，淘汰4个质量不稳定的原名牌产品，增补了22个市场信誉好的名牌产品，壮大了南京市的名牌产品队伍。

【促进名优产品销售】　为规范市场，促销名优产品，1999年上半年，对不符合国家标准要求的平板玻璃大量挤进市场，造成南京等地一些名优玻璃生产企业销售直线下降的情况，南京市技术监督局会同市建材办等部门，迅速查明货源，对查实的劣质平板玻璃依法进行了查处，使优质玻璃价格销量迅速回升；会同市建材办鼓励市重点工程使用名优产品，使优质水泥、钢材比往年销售上升8～10个百分点。通过规范市场秩序，有效地保护了名优建材、啤酒、洗衣粉、灶具等一批名优产品，带动和促进了南京等地名优产品的发展。

【组织商业企业“清柜合”】　组织年销售额在5 000万元以下的商业企业进行了“清柜台”活动，年销售额在5 000万元以上的商场实行承诺活动，全市约1 400家商业企业参加了该项活动，共清理标值862万元的过期、失效或假冒的商品，促进了市场的净化和商品质量的提高，4个商场被评为省级商品质量信得过企业。

【依法推行“B”字啤酒瓶和制止捆扎啤酒销售】　根据国家质量技术监督局的统一部署和新的啤酒瓶国家标准，制定下发了《关于实施啤酒瓶强制执行国家新标准的若干问题的通知》和《关于禁止生产、销售捆扎啤的通知》，禁止企业使用不符合国家标准、地方标准的啤酒瓶和捆扎包装啤酒，并组织了专项检查，共查处无“B”字啤酒瓶约20万瓶，城区啤酒销售基本实现了国家和地方标准规定的要求。

【专项检查和专业市场整治】　一是受南京市粮食局委托，对210批、76 980吨陈化粮进行了抽检，为粮食、财政部门科学合理处理陈化粮提供了可靠的技术保障。二是在市政府有关主管部门的支持和配合下，对180多家食品企业、120多家电器企业进行了执法检查。三是为保障广大消费者的身体免受伤害，先后对茶叶残留农药超标和有毒猪油进行了检查。四是为保障建国五十周年城市灯光亮化效果，对照明产品进行了检查，依法查处近50%的不合格照明灯具。五是为巩固创建中国优秀旅游城市成果，防止游艺机游乐设施运营单位放松管理，继续加强了对游艺机、游乐设施的检查。六是重点抓了被列入国家重点治理整顿的南京红太阳建材大世界和列入省级重点治理的玄武电子城，两个市场和整治均取得明显成效，红太阳建材大世界通过了省级整治验收组的验收。

【质量法律法规宣贯和从业人员培训】　在“3.15”和质量月活动期间，到江宁县和南京商厦广场分别组织了大型现场咨询服务活动，向消费者宣传技术监督法律法规。在市有关主管部门的支持下，开办了《江苏省产品质量监督管理办法》培训班，近千名市属以上国有工商企业的管理骨干参加了培训。

2. 监督执法与“打假”工作

【推行技术监督行政执法责任制】　按照南京市推行行政执法责任制的要求，研究制定了《南京市技术监督行政执法责任制实施方案》，下发了《南京市技术监督行政执法过错责任追究实施办法》等21项行政执法责任制度。1999年，各级技术监督部门已完成收费、登记、许可、发放、处罚等职责范围内的公示，做到办事权限公示，办事程序公示，工作时限公示，违法责任追究公示，接受监督公示。全市技术监督系统在现场处罚和立案查处的案件中，基本做到了依法行政、依法查处，南京市法制局给予了充分肯定，并将南京市技术监督系统列为全市推行行政执法责任制工作的

10个重点单位之一。

全市各级技术监督行政执法部门出动执法检查人员20 864人次，办理违法案件4 531件，现场处罚2 927件，立案查处1 604件，万元以上案件108件，罚没金额781.81万元。

【组织开展“打假”工作】 南京市打击假冒伪劣商品工作紧紧围绕全市经济发展总目标，全市各行政执法部门、打假成员单位充分发挥各自职能，积极开展打假治劣活动，在打击查禁假冒伪劣商品、保护消费者权益和人民群众生命财产安全、维护市场经济秩序、促进市场繁荣和城市经济健康发展上，发挥了积极作用。

全市共出动执法检查人员9.3万人次，车辆3 268台次，检查各类企业54 219家。立案3 501起，罚没款3 076.78万元，查获假冒伪劣商品：酒类20余万瓶，过期不合格饮料1 000箱，糖果瓜子780箱、2.34万包，变质食品4 500千克，变质食用油、猪油45吨，香肠2 255箱、33 825千克，香烟6 840件、34.2万条，劣质、走私、非碘盐557.055吨，注水家禽肉7 800千克；劣质种子31.2吨，大米97吨，化肥864.6吨，农药36.07吨，擅自更改生产日期的杀虫剂1 472箱，农膜1.8吨，饲料28吨，农机11台，农机配件180件，农用运输车45台；假冒劣质水泥1 942吨，钢筋785吨，装饰材料85批8 400件，涂料116家187批28 960千克，钢门窗574件，建筑用电器37.8万件，防水材料14吨，灯泡、日光灯12万只，盗版走私黄色影碟20万张等，总标值约8 450.53元；捣毁各类制假窝点554个，判刑8人，拘留收审86人，取缔无照黑户368个，销毁各类假冒、走私、影响人生安全及失去使用价值的产(商)品316件，总标值3 194.6万元。

【组织开展“三大战役”】 按照国家质量技术监督局和江苏省技术监督局的统一部署，结合南京市实际，集中组织开展了“查市场、保两节”，“查农资、保春耕”和“查建材、保建设”的“三大战役”，共出动执法人员5 694人次，检查大市场、批发部、零售商店、专营商业街和建筑工地等2 264家(个)，查获假冒伪劣商品682.65万元，端掉制假售假窝点17个。

【探索行政执法新思路】 认真贯彻国家质量技术监督局提出的“规范市场、扶优治劣、服务企业、引导消费”的要求，以南京市湖南路一条街为龙头，深入开展了“百城万店无假货”活动和创建“购物放心一条街”活动，在活动过程中，多次举办企业管理、商品标识标注、商贸计量等培训班，帮助企业学习掌握有关法律法规和商品知识，并帮助企业建立自律机制遏制假冒伪劣商品。通过这两项活动的开展，广大商业企业职工素质有了提高，市场经济秩序改善，假冒伪劣产品减少，与往年相比，质量投诉明显下降。在全国学习南京市湖南路标范街经验座谈会和国家质量技术监督局组织召开的争创“购物放心一条街”工作座谈会上，南京市技术监督工作的做法受到与会代表的肯定。

3. 标准化工作

【采标工作和标准制订】 全年组织企业“采标”53项，累计“采标”1 085项。完成《汽油机助力车尾气排放标准》、《煤气表出房安装规范》、《植物纤维餐饮具》和《住宅装饰工程规范》4个地方标准的制定。

【消灭无标生产工作长效管理】 在1998年完成消灭无标生产工作的基础上，抓了消灭无标生产工作的长效动态管理。重点加强了对非公制企业执行标准的管理，为非公有制企业及时办理《企业产品执行标准证书》和企业产品标准的备案手续。在全市非公有制企业比去年增长15%的情况下，由于消灭无标生产动态管理到位，措施有力，全市1 773家非公有制企业均能按标准生产。同时，结合企业办理代码，加强了对无标生产现象的监督检查，全年共查处无标违法生产企业40多家。1999年，全市5 399家正式批量生产企业的14 076个产品，标准覆盖率仍保持在99%以上。

【农业标准化工作】 组织6家企业申报首批江苏省农业标准化产品使用指定标志。南京市农林实业总公司的雪松牌雨花茶、南京茶叶有限责任公司的春绿茶和毛尖茶、南京长虹肥料公司的金达牌高效有机肥通过江苏省技术监督局考评。

【创建“江苏省执行标准优秀乡镇(街道)】 年内，全市有8个乡镇(街道)通过了江苏省技术监督局“执行标准优秀乡镇(街道)”考核验收。

【出台夫子庙秦淮风光带综合服务标准】 1999年，江苏省标准委员会审议通过了南京市夫子庙秦淮风光带综合服务标准。该标准在系统总结以往实践经验的基础上，按照(GB/T 19000 IDT ISO 9000《质量管理和质量保证》族)国际标准，首先制定了《夫子庙秦淮风光带综合服务标准体系表》，尔后分门别类制定了风光带整体形象、服务质量管理要求、市场研究与策划、服务人员、服务设施、环境要求、安全、卫生、服务质量考核评定与奖惩等标准。该标准也是全国率先实施的区域性服务标准，它的出台标志着南京市服务行业正从承诺时代走向标准化时代。

【“两码”工作】 为保证代码数据库的质量，消灭重错码，完成了代码数据库上与国家代码中心、下与江宁、六合、江浦、溧水、高淳5县技术监督局的联网，重错码率降至万分之二以下。1999年，发放代码IC卡1.5万张。在条码工作上，在商业企业特别是超市中加大了推广应用力度，并得到超市的积极响应。全年发展条码用户200家，复审条码用户120家。

【标准化法律法规宣贯和从业人员培训】 组织了对GB 4544—1996《啤酒瓶》、GB 1002—1996《家用和类似用途单相插头插座型式、基本参数和尺寸》、GB 2099.1—1996和GB 2099.3—1997《家用和类似用途插头插座》4个强制性国家标准和宣贯，共培训132人次，全年系统内标准化从业人员资格培训，企业法人和标准化员资格培训520人次。

【地方标准化法规建设】 12月27日，市政府常务会议审议通过《南京市商品条码管理办法》。

4. 计量工作

【开展计量器具质量年活动】 成立了活动领导小组，制定了活动实施意见，举办了2期计量器具生产企业法人法制培训班，全市80家企业均参加了培训。引导企业加强内部管理，全年有7家计量器具制造企业通过了计量确认评审。在全省率先开展了木材计量准确保证活动，向首批13家守法经营企业授予《木材计量准确保证单位》。

【定量包装商品监督管理】 全年抽查143个品种、1 004批次定量包装商品，合格率69.8%。针对往年该项工作面广量大、问题较多的特点，开展了“秤准量足、消费放心”活动。根据水果、水产品竞争方式比较原始的情况，引导和鼓励企业和经销商走品竞争的路子，要求供应商按照计量法规要求印制水果、水产品净含量标志，从源头开始进行规范。瓶装液化气残液是老百姓比较关注的问题，涉及计量、质量等问题，经与南京市市政公用部门协调，共同制定下发了加强液化气计量、质量监督管理的有关规定，要求从2000年1月1日起，液化气的计量、质量全面达到法律法规和技术标准的要求。

【水表、电表、煤气表监督管理】 南京市水、电、煤气表各有约10～50万只，由于数量大、管理难，“三表”的周检轮换和检定工作除电表外一直不太正常。1999年，在调查摸底的基础上，对煤气表进行了抽查，分别在住户现场和实验室条件下对26户的26只煤气表进行了检测，两项检测合格率均不到40%。为此，根据《江苏省贸易计量监督管理条例》，提出“三表”要抄表到户，逐步取消分表，并已与市市政公用等4个部门制定下发了水表抄表到户的实施方案。年内，强制检定煤气表1.61万只、水表1.23万只、电能表5.28万只。

【商品房销售面积监督管理】 根据对商品房销售面积短少行为查处有一定困难的情况，主动与市房产部门协调，基本达成商品房销售面积按技术监督公正站的检测报告确认，检测规范中未作明确规定的内容，由双方协商确定的意见。全年，对市区42家房地产开发公司销售的37万平方米商品房面积进行了计量监督检查，查出短少销售面积525.7万平方米，价值134.7万元，为消费者挽回损失125.7万元。

【新增强检计量器具强检工作】 根据国家质量技术监督局[1999]15号文件“关于调整《中华人民共和国强制检定的工作计量器具目录》的通知”，会同南京市电信局、商业局和卫生局，将电话计时计费装置、棉花水份测量仪、验光仪、验光镜片组、微波辐射与泄漏测量仪等4项5种计量器具纳入《中华人民共和国强制检定工作计量器具目录》，实施强制检定。为保证强检项目顺利开展，向市政府作了专题报告，取得市领导的支持，并邀请新闻单位参加对新增强检器具的市场抽查，对存在的问题进行报道，在此基础上，举行新增强检项目新闻发布会。

【计量确认和计量器具检定】 全市工业企业通过计量保证确认2家，合格确认110家。在商业企业和医疗卫生单位进行了计量确认试点，各通过1家。市计量测试所完成计量器具检定测试43 472台(件)，比1998年增长10.8%；社会公用计量标准器受检率98%，企事业单位最高标准器具受检率95%，强检工作计量器具受检率90%，计量器具按时检出率达100%；完成江苏省技术监督局委托的计量新产品样机试验13批次，市技术监督局委托的例行试验27批次，计量产(商)品监督检验157批次，气体产品质量监督、委托检验93批次，眼镜产品质量监督、委托检验556批次。市度量衡所完成大型衡器检定368台次，强检受检率90%；专用电子衡器检定429台(套)次，强检受检率98%；日用衡器检定2 968台(件)，砝码检定4 250件。全年抽查计量器具82个批次，合格79个批次，合格率96.34%，较上年下降3.66%。

【计量法律法规宣贯和从业人员培训】 7月28日，市政府常务会议审议通过《南京市计量监督管理办法》，8月6日以市政府第172号令发布实施。该《办法》对一些计量行为作了进一步规范，可操作性大大增强，为南京市计量工作的深入开展拓展了空间。年内，结合《江苏省贸易计量监督管理条例》和《南京市计量监督管理办法》的宣贯，组织全市工商企业相关从业人员进行了培训，参训人员1 000余人次。

5. 认证工作

【产品质量认证和企业质量体系认证备案】 全市各级技术监督部门会同有关主管部门按照《质量振兴纲要》的要求，全力推进企业“贯标”和认证工作。全年备案获证企业70家，超过年初下达的20家的目标。截止1999年底，全市累计备案的获证企业已达161家。为450名内审员注册发证，累计已达1 250名。

【电工产品确认】 全年实施电工产品安全确认360家，确认产品23万台(件)。累计电工产品安全确认600多家、30多种产品、63万台件。

【认证工作培训】 举办2期ISO 9000《质量管理和质量保证》标准2000版(CD2)研修班，参加100多人。

三、技术监督机构简况

【市技术监督局机构】 1999年，南京市技术监督局设局长1人，副局长3人，总工程师1人。局机关设办公室(政策法规处合署)、人事教育处、综合计划科技处、质量监督管理处、计量处、标准化处、稽查处、认证处、机关党委9个处室。局机关编制54人(行政编制48人，行政附属编制6人)，实有46人(行政编制43人，行政附属编制3人)。

【市级技术机构】 南京市技术监督局下属南京市技术监督稽查所、南京市技术监督情报所、南京市产品质量监督检验所(江苏省电子产品质量监督检验所)、南京市计量测试所、南京市度量衡所。共有208人，其中拥有中级技术职称81人，高级技术职称20人。

撰稿人　钱玉峰
审稿人　许海容

杭州市质量技术监督工作

一、概　　述

1999年，市各级技术监督部门在国家、省质量技术监督局和杭州市委、市政府的领导下，坚决贯彻中央领导同志关于“用铁腕抓质量”的指示精神，着眼于增强工作有效性，切实加大综合管理和行政执法力度，广大干部职工振奋精神，努力工作，狠抓落实，较好地完成了省局和市政府下达的年度考核目标，取得了明显成效，为全市经济建设和社会进步作出了积极贡献。

二、技术监督工作

【加强质量监督管理，开展专项整治】 1999年我局积极参与《杭州市质量振兴实施计划》的制定工作，经反复修改后，11月市政府讨论审定并公布实施，对加强全市的宏观质量管理工作起到积极而深远的影响。市属7县(市)也相继制定了《质量振兴实施计划》。在“工业生产服务月”活动中，杭州市各级技术监督部门的工作与经济建设贴得更紧了，广大干部职工为经济建设服务的指导思想树得更牢了，受到市政府通报表扬，10月份全市开展了“质量是我们的共同事业”主题活动，安排了10项工作内容。丁德明副市长专门发表了电视讲话；市局联合各区技术监督所在解放路百货商店门口举办了大型宣传咨询活动；组织了对食品标签、大型游乐设施、学生眼镜、专业市场等专项检查。

为认真抓好专项整治关闭质量低劣的“五小”企业，收缴了6家小水泥厂的生产许可证，对13条直径2.2米以下立窑水泥生产线责令撤线停产，促进了企业的重组和优胜劣汰。各县(市)技术监督局也都开展了专项质量整治，临安市技术监督局对该市的支柱产业同轴射频电缆和节能灯进行了质量整治，出台了《临安市射频电缆行业质量整治办法》和《射频电缆行业企业生产条件考核细则》，先后召开了“射频电缆行业”和“节能灯行业”产品质量整治工作会议，举办了三期企业负责人培训班，抽查了50多批次产品，帮助企业起草企业标准7项，为企业提供国家、行业标准85份。通过一系列工作，产品的实物质量有了明显提高，1996～1998年该市电缆产品质量抽查合格率始终徘徊在87%左右，1999年省级监督抽查合格率达100%，节能灯产品省级监督抽查合格率由年初的13.5%上升到66.7%，富阳市技术监督局开展了对造纸、通信器材、混凝土圆孔板和烧结普通砖等产品的质量整治，帮助制定产品标准，组织厂长、经理培训，促进了产品质量的提高。其中圆孔板质量抽查合格率1999年第四季度达83%，比1998年同期提高了33%。江干区技术监督所对秋涛路一带的油漆经销商店进行了专项整治，全年整治商店46家，使该地段一度比较普遍的油漆短斤缺两行为得到了有效的遏制。

【重视企业技术基础工作，主动为企业服务】 全市各级技术监督部门还引导企业加强标准化、计量管理，努力巩固消灭无标生产的成果，努力提高产品质量。萧山市技术监督局对全市所有消灭无标生产的企业实行了计算机动态管理，将企业名称、产品名称、产品标准等资料全部输入电脑，遇有变化及时予以更正，保证了与乡镇、企业标准管理台帐相吻合，并将标准覆盖率、实施率和推行ISO 9000质量保证体系等工作列入市政府对乡镇政府年度考核目标，有力地促进了标准化工作在基层的深入开展。全市还积极开展采用国际先进标准工作，为企业收集国际标准文本60份，国家标准38份，通过采标产品验证确认61项，实施使用采标标志产品33项。杭州市ISO 9000咨询中心在32家企业中开展了ISO 9000质量保证体系咨询服务，使16家企业通过了第三方认证。在开展企业技术基础管理工作同时，重视扶优扶强，帮助企业开展创名牌产品工作，首先在市名牌产品的推荐中，承担了产品质量监督抽查和审查工作，1999年上半年市政府公布了24个名牌产品，下半年又从94个申报产品中初审出37个产品为1999年度市级名牌产品。还参与了市政府市场拓展办公室杭产品西安展销会的工作，保证参展产品质量，维护了杭产品的形象。与杭州电视台合办了“质量点评”专栏节目，全年制作播出了27期，宣扬扶持了一批杭州名牌产品。二是发挥技术优势，主动为企业解决困难，蒸汽流量计量不准带有一定的普遍性，既给企业造成了损失，又容易引起供、用热企业之间的纠纷，为了有效解决这个矛盾，我局多方协调，帮助建立了杭州市蒸汽流量计量站，并在萧山、余杭设立了分站。萧山市技术监督局与市质量计量监测中心联合开展了蒸汽流量表计量检定、管道整治、仪表修理及仲裁工作。1999年共对50家供用热单位的582台(件)蒸汽流量计量器具进行了检定，仅萧山金马热电有限公司通过供热管道整治，管网损耗由23%下降到10%，一年就增收近200万元。余杭分站管理43套结算用蒸汽流量表，1999年累计检定计量器具252台件，周检合格率在98%以上，维护了贸易结算的公平和供用热双方的合法权益。

【不断拓宽质量监督工作领域】。 全市各级技术监督部门在抓好生产、流通领域产品质量监督的同时，加强了对建筑工程使用的产品质量的监督。富阳市技术监督局对全市六大重点建设工程建材质量进行了监督检验。查获了伪造质量合格证书的普通烧结砖、质量不合格的排水聚氯乙烯管材、假冒和质量不合格的聚氯乙烯绝缘电线等标值20余万元的假冒伪劣建材，清除了隐患，确保了建筑工程的安全。我局还积极参加了市政府名牌产品推荐委员会、市场拓展办公室、市绿色汽车工程办公室有关创新产业产品的调研和质量监督管理，以及市政府采购办对空调器、微机、汽车、显示器等集团消费品的政府采购工作，发挥了技术监督的职能作用。

【发展效益农业，积极推行农业标准化】 全市各地结合自身的主导产业、名特优产品和创汇农业项目，加快了标准制订的步伐。一年来，全市共制定国家、省、市、县级标准28个。其中龙井茶为国家标准，西湖野鸭、长白种猪、草莓和鳜鱼为省级地方标准。萧山市农业标准的制定工作步子迈得更大，1999年该市制定地方标准5个，另有3个标准上升为省级地方标准。1999年市政府提出了要发展粮食、蔬菜、茶叶、干(水)果等十大农业主导产业，就围绕这些产业制定标准，如杭州的龙井茶标准、无公害蔬菜系列标准，余杭的径山玉露茶标准、塘栖枇杷标准等。市政府把放心菜工程作为为市民办10件实事之一后，市技术监督局牵头联合有关部门制定了无公害蔬菜系列标准7个，促进了放心菜工程的进程。西湖区技术监督所通过制定龙井茶国家标准以及申报龙井茶原产地保护工作，为保护西湖龙井这个名牌产品做了许多工作。在1998年我省评出的20个省级农业名牌产品中，杭州市的大观山牌种猪、千岛玉叶牌茶叶、贡牌茶叶和东林牌精制山核桃等榜上有名；在190个金奖中，杭州市占了27个；在230个银奖中，杭州市占了26个，上述名牌产品和获奖产品都制订了相应的标准。

同时，各地根据各自的资源优势，结合农业产业化规划，加强了示范园区建设。按照《农业标准化示范园区验收细则》，对蔬菜示范园区、高产鱼塘示范区、现代农业科技园区示范点实施农业标准进行了检查督促，促进了农业标准在示范区的贯彻。余杭市技术监督局会同农业局等部门从1997年开始制定和实施径山茶标准，经过三年的实践，取得了显著的成效。1999年该市径山茶种植面积由1997年的15公顷扩大到487公顷；产量由1997年的3 000千克增加到50 000千克；销售额由1997年的100万元增加到1 100万元；每500克销售价由1997年的400元上升到800元，效益明显提高。临安市技术监督局通过推行农业标准化工作，使该市的主导产品山核桃增产45吨，新增产值117万元；菜竹增产7 500吨，新增产值3 000万元；天目笋干增产60吨，新增产值72万元，使全市农民人均增收70元。建德市技术监督局在推行草莓、千岛银针茶叶标准中也获得了很好的收益。1999年全面推广新安江草莓标准。草莓亩产量由1997年的1 000千克提高到1999年的1 700千克，每亩销售额由1997年的5 833元提高到1999年的8 000元。淳安县技术监督局制订了千岛玉叶茶叶标准，并按标准组织生产，提高了茶叶产量和质量，经农业部茶叶质量监测中心检验，质量已达到国际先进水平，1999年全县茶叶产量达到117万千克，产值达7 116万元，产量、产值分别比1998年增长了24%和35%，单价也比原来提高了10%。桐庐县技术监督局在农业标准化工作中抓了茶叶和蜜梨两个创名牌产品，其中"卢苑牌"雪水云绿茶和卢苑银剑茶已获'99第二届中国国际茶博览会金奖；钟山蜜梨选择了5公顷梨山为标准化示范基地，通过按标准组织生产和分级分等按标准销售，取得了很好的效果，1999年示范基地梨比普通梨的销售价格高30%。

【商贸计量监督与管理】 组织技术人员参加了省局举办的《商品房销售面积测试与计量》培训班，经考试取得了资格证书，并在市质量监测中心成立了"商品房面积计量公正站"，通过了省局对该项目组织的计量认证。对富阳、萧山、临安及杭州市区部分商品房进行了监督抽查，测绘面积达3.6万平方米。萧山市技术监督局这项工作走在了全市的前列，他们在与城建部门协调的基础上，开展了商品房面积计量监督、纠纷调解、仲裁测量等工作，房地产公司和消费者对此都很欢迎。组织了对水、电、煤气"三表"的监督抽查，特别是部分城市"三表"计量不准的问题在有关新闻媒体披露后，市委、市政府主要领导对此也非常关注，分别作了批示。根据这些情况，会同电力局、自来水公司、管煤公司等有关部门组织了对在用电表、水表、煤气表进行监督抽查，根据抽查中发现的问题，与有关部门研究解决办法。将抽查结果通过市政府《政务信息》和有关新闻媒体向政府领导和广大市民通报。同时，加强了对商品量的监督管理工作，专门组织人员对我市38家定量包装商品生产企业进行了调查摸底，学习借鉴上海、南京等地的经验，开展了定量包装生产企业合格评定活动，起草了《杭州市定量包装合格企业水平评定细则》，选择了7家企业进行试点，并对这些企业的有关人员进行了培训，年底考核验收。经对市场定量包装商品的监督检查，合格率由1998年的80%上升到1999年的90%左右。余杭市技术监督局在临平镇农贸市场开展"计量合格摊位"评定活动，制定了《农贸市场计量合格摊位管理办法》，对经过考核达到要求的授予"计量合格摊位"牌子。使经营者主动接受计量部门的管理，自觉送检计量器具。我们还加强了对维修行业的质量监督管理，全年举办培训班5期，并对75家空调维修企业进行了考核，有2家达到一级标准，10家达到二级标准，其余均为三级。通过考核，空调维修企业的质量管理水平和服务意识都有了明显提高。

【提高城市品位、规范城市管理】 围绕市委、市政府提出的"建经济强市、创文化名城"的目标，为塑造杭城新形象积极工作，尽责出力。一是搞好城市形象工程建设，继续抓了城市公共图形标识规范工作，巩固争创全国优秀旅游城市、全国卫生城市的成果。根据省街容达标地方标准规定，着重抓了延安路、环城西路，经过整治，这二条街的公共信息标志、三包售后服务制度、产(商)品标识都有了很大的改观，12月初通过了省考评组的考核验收。为了树立窗口单位的良好形象，还制订并发布了照相业、美容美发业服务标准，将在全市服务行业中全面推开。二是与市委宣传部、市贸易办、工商局、旅游局一起在全市商贸行业开展了"四优一满意"活动，在延安路开展了"百城万店无假货"示范街活动，制定了规范性的标准和考核办法，分类培训商品监督员，对延安路沿街商店进行了检查，发现问题及时帮助解决，延安路的创建工作已向国家有关部门申报全国示范点。三是积极参与保护杭城环境工作，从1998年开始，主动配合环保等部门，认真抓了推广无磷洗衣粉和无铅汽油工作，对提高杭州环境质量起到了积极的作用。

【加强行政执法，净化市场，维护市场秩序】 围绕国家局关于开展"三大战役"、"五个一批"的工作部署，我们立即以市政府名义召开动员大会，对工作进行了专门布置，提出了加强质量监督管理的六项意见，展开了声势浩大的打假战役。在"三大战役"中，全市出动执法检查2 800余人次，检查产(商)品8 676批次，行政处罚99家企业，端掉制假窝点24个。在"查农资、保春耕"战役中，就查处了涉及农药、化肥、种子的大要案38件，维护了农民群众的利益，保护了农业生产。萧山市技术监督局在三大战役中查处质量违法案件72件，端掉制假窝点15个，查获伪劣商品标值66万余元。除按国家局统一部署开展“三大战役”外，我们还根据省局的安排，开展了“打假保健康”、“打假保安全”等活动，《中国质量报》在头版显著位置以较大篇幅介绍了杭州市开展“三大战役”的经验和做法。

【抓大要案查处，打击不法行为】 市技术监督局检查所今年查办万元以上大案72件，端掉制假窝点32个，遏制了假冒伪劣泛滥的势头。杭州工农酿造厂生产的湖羊牌酱油是深受杭州居民喜爱的调味品，质量好，销量大。1999年初，市场上出现了大量的劣质和假冒酱油，对企业的生产经营造成了极大的影响。检查所经过深入调查，掌握了制售假冒“湖羊牌”酱油的源头，在公安部门的配合下，一举捣毁了安徽巢湖的制假窝点，还对氨基酸态氮不合格和净含量不足的酱油，分别采取了禁止销售和暂停销售的措施，有力地维护了企业的权益，使“湖羊牌”酱油的市场占有率迅速上升，1999年的销售额比1998年增加了25%。富阳杭州盛大化学建材有限公司生产的“盛大”、“恒通”牌建筑用硬聚氯乙烯管材，在上海市场有较高的知名度和信誉，市场占有率高，销售形势一直很好，1998年在上海市场出现了大量的假冒产品，价格比盛大厂生产的管材低三分之一，严重扰乱了盛大公司在上海市场的销售秩序，仅1999年第一季度就给盛大公司造成直接经济损失100多万元。富阳市技术监督局于1999年3月份两次派人到上海、江苏等地打假，在当地技术监督部门的配合下，捣毁了两个制假窝点。到6月底，盛大公司在上海的销售形势恢复了正常。在1999年开展的为企业服务月活动中，我局查处了“杭州新剩风商贸公司”假冒“乘风”牌商标无证生产电风扇案，查获电风扇630台，并予以了行政处罚，有力地保护了企业的权益。

【保护企业和消费者的权益】 1999年市技术监督局检查所主动为名优企业服务，组建了杭州市优势企业打假协作网，打击假冒名优企业和名牌产品的不法行为。3月份根据省局的要求，建立了投诉举报中心，开通了“96316”投诉举报电话，大大方便了群众对质量问题的投诉和处理。该电话自3月份开通以来，仅市局投诉中心就受理了投诉举报4 289件(次)，为消费者挽回经济损失189万余元。各县(市)、区也相应建立了“96316”投诉举报处理网络，并开展了积极有效的工作。承办了市政府“12345”市长公开电话受理中心交办的专电72件，都得到了处理落实。11月，在无锡市技术监督、工商、公安等部门的大力支持下，在无锡捣毁了二个制售假冒杭州电视机二厂“金利普”电视机窝点，查获假冒金利普电视机1 600台，货值40余万元，为杭州电视机二厂避免了巨大损失，有效地维护了该企业和产品的信誉。为维护广大人民群众的利益，组织了对上市蔬菜和蔬菜生产基地、批发市场蔬菜农药残留量进行了全面检查，7月份后，对农贸市场蔬菜农药残留量每月检查一次，在全市所有蔬菜批发市场和农贸市场配备了农残质检员，并由市、区两级技术监督部门对质检员进行了业务知识培训，帮助各批发市场配置了农残检测设备，目前全市各蔬菜批发市场都购置了农残快速测定仪，经过培训，质检员都已熟练掌握了仪器的操作使用方法，通过上述一系列的工作，杭州市蔬菜的放心度有了较大的提高。确保医疗设备计量的准确性，也是关系到人民群众健康安全的重大问题，1999年组织了对医院计量器具的调查摸底，全市417家医院的24种1万余件医疗设备进行了登记造册，为加强监督管理提供了依据。县(市)区级以上医院和部分乡镇医院主要医疗设备受检率达到了95%，会同市卫生局在全市医疗单位进行了医院计量合格评定工作，指导6家市属医院和4家县级医院建立了计量保证体系，1999年又有5家医院通过了计量合格评定，其中杭州市第一人民医院被评为全省第一家省级计量合格单位。

【调查研究，做好机构改革的准备工作】 党中央、国务院关于改革全国质量技术监督系统管理体制决定下达后，我们积极主动开展工作。一是认真学习和领会精神。组织专题学习讨论，认清改革现行质量技术监督管理体制的必要性，明确做好质量技术监督工作的重要性，从而把干部职工的思想统一到党中央和国务院的精神上来，为搞好机构改革工作奠定思想基础。二是广泛开展调查。1999年初，局党组组织人员对机构改革中新划入职能进行了专题调查，到国家局了解有关政策，到云南省局和昆明市局学习经验，为新职能转移、机构和人员划转作了准备。局人事和综合计划部门还对全市技术监督系统的机构、人员、资产等情况作了大量调查，掌握了第一手资料。三是认真制订改革方案。按照国务院文件和省技术监督系统机构改革工作会议精神，结合杭州的实际，我们在与有关部门协调后，提出了杭州市技术监督系统管理体制改革初步方案。

【加快技术保障能力发展】 1999年来，全市各级技术机构面向市场找机遇，在改革中求发展，技术机构的工作和建设都取得了新进展。市质量计量监测中心在全面完成监督检验任务的同时，突出了医疗设备的计量检测、蔬菜农药残留量的检测、贸易结算计量器具检测及重点行业和重要产品的质量检测工作，为履行综合管理和行政执法工作提供了及时有效的技术服务。信息所在车辆管理和劳动保险等方面拓展了代码应用工作，加强了代码行政执法工作，从而推动了代码工作的开展。市监测中心在项目和业务开拓方面又迈出了新步子，1999年在电声检测、农残检测、家电检测等方面开发了新的项目，检测业务也走出了杭州市，向市属各县(市)及省内其它地区延伸。

【认真开展“三讲”教育】 根据市委的统一部署，在局领导班子和处级干部中进行了以“讲学习、讲政治、讲正气”为主要内容的“三讲”教育。在市委巡视组的指导下，我们坚持把思想发动、理论学习、群众路线、整风精神和加强组织领导贯穿于教育的始终，确保了教育效果的落实。使我们受到了一次深刻的马克思主义思想教育，进一步增强了落实“三讲”要求的自觉性和坚定性；较好地掌握了“三讲”的基本理论观点和精神实质；认真查找和剖析了领导班子及领导干部党性党风方面的主要问题；坚持边整边改，初步明确了努力方向；恢复和发扬了党的三大优良作风；进一步振奋了精神。通过教育，思想上受到了触动，精神面貌发生了可喜的变化，有力地促进了领导班子和领导干部的思想政治建设，推动了单位的各项工作和事业的全面发展。

【完善激励和监督制约机制】 继续推行和完善以目标管理责任制为主要内容的奖惩制度，明确了目标，落实了责任，为了使考核目标更贴近实际，有利于激发大家的创造性，1999年还压缩了指令性指标的内容，对各县(市)区都增加了特色性目标的考核要求，对调动干部职工的积极性起到了较好的作用。自觉实行了中层干部竞争上岗制度，形成了"能者上，庸者下"的干部任用机制，有效地激发了全体同志的积极性。在《杭州日报》上刊登了政务公开公告，将工作职责、工作程序、办事规则等向社会公布，增强了工作的透明度。印制了"技术监督廉政告示"，自觉接受社会各界的监督。健全和落实制度。根据市政府的要求，实行了行风建设目标责任制，并开展经常性的检查，定期召集行风监督员会议，走访行政相对人，主动听取各方意见。特别是在下半年开展的"三讲"教育中，局党组在广泛听取群众意见的基础上，查找了在内部监督和廉政建设方面有章不循，制度不落实而出现的贪污和财务管理混乱等严重问题，并严肃认真地剖析了根源，在此基础上，进一步完善了有关制度，研究了整改措施。严格执行纪律。全系统在执行纪律方面敢于动真格，对违反纪律的人和事，一经发现，就严肃处理，纯洁了队伍。

三、技术监督机构简况

1999年全市技术监督机构面临机构改革和体制改革，主要做好调查研究工作。全市技术监督系统现有干部职工549人，其中行政编制人员53人，事业机构编制496人(含自收自支事业编制157人)，其中大学以上文化程度127人(含研究生)，大专文化程度235人。

全市7县(市)6区均设立了技术监督局(所)，全市技术监督系统网络图如下。

局机关	办公室、人教处(组织处、监察室)、综合计划处、标准化处、计量处、质监处、法规处
局直属单位	市质量计量监测中心、市技术监督检查所、市技术监督信息所、市标准计量物资器材供应站、市标准计量仪器仪表开发中心、市技术监督培训服务中心、杭州市计量检定修理站
区县技术监督机构	上城区技术监督所、下城区技术监督所、西湖区技术监督所、拱墅区技术监督所、江干区技术监督所、滨江区技术监督所、萧山市技术监督局、余杭市技术监督局、富阳市技术监督局、建德市技术监督局、桐庐县技术监督局、淳安县技术监督局
挂靠社团	杭州市计量测试学会、杭州市标准化协会、杭州市质量检验学会、杭州市ISO 9000研究会、杭州市技术监督检查研究会

撰稿人　韩深希

审稿人　高宜干　孙建刚

济南市质量技术监督工作

一、概　　述

1999年，济南市各级技术监督部门，紧紧围绕全市经济建设中心工作和济南市实现"五年大变样"的目标，坚持"以质量为中心，标准化、计量为基础"的质量技术监督工作方针，认真履行综合管理和行政执法两大职能，规范市场，扶优治劣，引导消费，服务企业。不断加大以"打假"为重点的行政执法工作的力度，提高行政案件的办案质量；积极引导企业加强技术基础工作，加快与国际惯例接轨的步伐。为维护全市社会主义市场经济秩序，规范市场经济主体行为，推进全市经济发展和社会全面进步，做出了积极贡献。

二、技术监督工作

1. 质量管理工作

【贯彻《质量振兴纲要》】 1月8日，济南市人民政府召开了全市质量工作会议。会议对全市质量工作进行了分析总结。肯定了质量工作取得的成绩，指出了工作中存在的问题，着重分析了产生问题的原因，针对存在的问题，市政府领导提出要坚决落实国务院领导同志"用铁腕抓质量"的指示精神，要求全市各行业要学习好、宣传好、贯彻好国务院颁布的《质量振兴纲要》，牢固树立"质量兴市、质量兴厂、质量兴业"的观念。贯彻《质量振兴纲要》，除了强化宣传和舆论引导，提高全民质量意识之外，还要加大行政执法力度，实现对质量工作的法制管理，市场经济主体应加强行为的自律。通过5到10年的努力，以根本上提高全市主要产业的整体素质和企业质量管理水平，使全市的产品质量、工程质量和服务质量上一个新台阶。全市技术监督系统积极落实会议精神，大张旗鼓地开展各种宣传活动，利用"3.15"、"质量月"、"三五"普法等活动，开展各种讲座和宣传咨询活动30余次，发放各种宣传材料25 000余份，接受群众咨询数万人次，在电台、报纸、电视等新闻媒体开设专栏发表稿件，节目800多篇（次），并利用市技术监督局信息中心电子大屏幕宣传了一批名优产品，曝光了一批伪劣产品。

【5家企业产品获省质量奖】 山东省人民政府为进一步促进产品质量总体水平的提高，从1999年起，在全省实行"质量奖"制度，济南市将这一工作作为推动质量工作的新动力，积极参与该项活动。当年，共有5家企业的产品获得山东省人民政府授予的产品质量奖。分别是：

山东小鸭集团有限责任公司生产的小鸭牌全自动洗衣机（滚筒）；

浪潮电子信息产业集团公司生产的浪潮牌微型计算机（PC）；

山东福胶集团有限公司生产的福牌（东阿镇牌）阿胶；

济南钢铁集团总公司生产的济钢牌碳素结构钢热轧钢板；

山东水泥厂生产的东岳牌普通硅酸盐水泥（425R、525R）。

2. 监督执法与"打假"工作

【质量监督与抽查】 1999年，共抽查全市8715家生产和流通企业的产（商）品共计9067个批次，超过原定工作目标1 067个批次，抽查合格率为74.55%。进一步加大了对省抽查不合格产品的后处理力度。全市共计45个经省抽查不合格的产品全部处理完毕，处结率首次达到100%。在质量监督工作中，进一步加强对实行许可证管理的产品的监督，按照国家的产业政策，对无生产许可证的小平拉玻璃、小炼油、小水泥、小造纸、小化肥等五小产品的生产企业坚决予以整顿。依法对省抽查连续不合格的章丘某塔式起重机厂责令停产整顿。取消了3家生产条件较差的企业的生产许可证。对近年来消费者反映比较集中的冷食冷饮、食品进行了跟踪抽查。为加强市场监督，济南市技术监督局在济南科技市场、东外环酒水批发市场、世界购物广场派驻了"技术监督工作站"。集中解决消费者关心的各种质量问题，努力为消费者提供一个放心的购物环境。

1999年，有16家企业经检查考核合格，取得了16种产品的生产许可证。市技术监督局会同市委宣传部、财贸委、工商局等部门继续开展"百城万店无假货"活动，全市1999年评出10家"无假冒伪劣商品示范单位"。

【开展质量监督"三大战役"】 自年初起，全市技术监督系统按照国家和省质量技术监督部门的统一部署，围绕元旦、春节市场和农资、建材商品质量，以"监督检查一批重点产品；清理一批商业柜台，整顿一批专业市场；端掉一批制假窝点；治理一批区域性、行业性突出问题"为重点，分阶段地开展了"以查市场、保两节；查农资、保春耕；查建材、保建设"为主要内容的"三大战役"。对与广大人民群众生产密切相关的"米袋子、菜蓝子、火炉子、车子、房子等商品和化肥、种子、地膜农药等农资产品以及钢筋、水泥等建材产品进行集中检查。特别是对以往存在问题较多的一些专业批发市场和城乡接合部进行集中整治。全市技术监督系统周密组织实施、堵源截流，切实抓出成效。据统计，全市仅集中检查阶段就检查各种商品3 000个批次，标值2亿多元。查获假冒伪劣商品标值达2 000余万元，打掉制假、售假窝点127个。查处了一批有一定影响的大案要案，如平阴县技术监督局查处的假玉米种子造成400亩玉米绝产案，受到广大农民的好评，市技术监督局查处的假"美标"牌沙淋浴缸案，保证了省某重点工程的质量，受到了省委主要领导同志的表扬。

【加大行政执法力度】 全市技术监督系统认真贯彻市人大提出的行政执法责任制。依法行使行政执法职能。深入开展以"打假"为重点的行政执法工作，不断加大工作力度，把行政执法工作提高到一个新的水平。全年共查处以假充真、标实不符、以次充好、掺杂掺假、标实不符、缺秤少量等违反技术监督法律、法规的违法案件 2 492 起。在办理案件中突出了抓大案、挖窝点，在全部案件中，立案查处的案件数达 579 个，较 1998 年提高 54%，全年仅市局组织的较大规模的市场执法检查活动就有 30 余次，受理各类消费者举报、投诉 4 000 余起，涉案产(商)品标值 9 000 余万元，打掉各类造假、售假窝点 270 多处，整顿各种专业市场近 30 处。打击了制假、售假违法分子的气焰，在一定程度上遏制了假冒伪劣商品的蔓延势头，对市场的规范和净化，起到了积极作用。

【政企联手打假】 在 1998 年的打假工作中，济南市各级技术监督部门着重抓了与企业联手打假，做到打假与扶优相结合。全年先后与哈尔滨红太阳、贵州茅台酒、四川五粮液酒、美标(中国)有限公司、株洲硬质合金、爱立信中国办事处等几十家名优产品生产企业联手打假。执法部门与企业各自发挥自身优势，取得了事半功倍的效果。在联手打假中突出技术监督部门的主导地位，充分调动企业的积极性，大大提高了办案效率和准确性。全年与企业联手打假涉及 100 多种产品，办案 250 余起，此类案件的准确率较高。办案部门结案时间短，调查取证速度快、费用低。同时为名优产品企业夺回了部份被假冒产品侵占的市场份额，以青岛益青味精有限公司为例，该公司生产的“鸡”牌味精在济南市场上的正常销售量每月为 80 吨，但由于假冒产品的排挤到年中已下降到 20 吨左右，该公司与济南市技术监督局联手打假，经过半年努力，销量逐月回升，到年底，月销售量达到创记录的 120 多吨。体现了打假与扶优的双重效果。

【打假与 110 联动】 为推动打假工作的进一步开展，发挥公安部门和技术监督部门各自的优势。济南市公安局巡警 110 指挥中心与济南市技术监督局稽查处于 11 月开始实行 110 报警联动。具体做法是，110 指挥中心接到的群众举报和报警内容涉及制假、售假行为，或者报警内容属于质量纠纷一类问题、110 指挥中心接警后，立即转告济南市技术监督局稽查处；济南市技术监督局在案件查处中遇到暴力抗法或暴力威胁时，向 110 指挥中心报警、指挥中心立即派遣警力赶赴现场协助办案。这一举措实施后，大大提高了办案的效率，抗法事件和无理取闹者大为减少。

3. 标准化工作

【企业标准备案与采标工作】 在企业标准备案工作中，着重提高企业标准的水平，并鼓励企业在标准实施中，制定高于国家和行业标准的企业内控标准、制定企业标准时要有一定的前瞻性。在可能的条件下，提高企业标准的水平，严格按照《标准化法》和《山东省实施〈标准化法〉办法》办理备案工作。标准备案的硬件系统也得到了加强。全部备案资料均输入磁盘，备案资料还编制了软件，并实现了上网和联网共享。1998 年市局企业标准备案新增 366 项，累计达到 3 047 项。

我国即将加入 WTO，在企业标准化工作中，积极鼓励企业加快与国际惯例接轨的步伐，引导企业特别是涉外和出口企业采用国际标准和国外先进标准。1998 年新增“采标”产品 40 项，累计达到 1 352 项。

【标准实施监督与消灭无标生产】 济南市的标准化工作在 1999 年大力加强了对标准实施的监督，转变以往重标准制订，轻标准实施的思想。对标准的实施，特别是强制性标准的实施依法监督检查，重点检查广大人民群众反映较多的食品标签，涉及人民生命安全的插头插座等标准实施情况，针对以往袋装乳品日期打印不清的问题，1999 年全市乳品行业进行整改，全部使用了对比色。全年对科技市场、电动工具市场销售的插头插座进行了全面检查，对存在问题的 30 多家单位责令限期整改，对 6 家单位进行立案查处。对质检机构的标准化工作也进行了检查，针对少数机构中存在使用过期标准和标准资料渠道不畅通的问题，帮助其整改，以保证其工作的科学性和公正性。

继续开展“消灭无标生产县”工作。已经验收合格的章丘市、平阴县和历城区进一步巩固国家、省级试点县的成果；济阳县和商河县等又积极申报了省消灭无标生产试点县。已开始对辖区内企业的执行标准情况进行调查。

【评选济南优秀标准】 为表彰多年来在标准化工作中做出优异成绩的先进典型，进一步推动全市标准化工作，在第 30 届“世界标准日”之际，济南市技术监督局和济南标准化协会评选出济南市先进标准化单位 8 个，分别是：

济南试金集团有限公司；
济南金钟电子衡器股份有限公司；
济南二机床集团有限公司；
山东通联信息产业集团有限公司；
平阴县技术监督局；
济南市历城区技术监督局；
济阳县技术监督局；
济南市第二轻工业局科技处。

同时，《拉力试验机的检验》等 56 个近年来由济南市有关单位起草或参与起草的标准，被评选为“济南优秀标准”。以上优秀标准有企业标准，也有济南市企业起草或参与起草的国家标准和行业标准。在近年的实施过程中获得了良好的社会效益和经济效益。既作为企业标准化工作的具体成果，也代表了济南标准化工作的水平。

【代码、条码工作】 1998 年，济南市办理各类代码 9 718个(含变更)。其中，市局办理 6 321 个，县(市)、区办理 3 397 个。按单位类型分企业法人 5 583 个，企业非法人 3 329个，事业法人 262 个，事业非法人 230 个，社团法人 38 个，社团非法人 127 个，机关法人 90 个，机关非法人 59 个。代码数据库质量明显提高，重码、错码率已降低到万分之一以下。代码应用领域进一步扩大，在原有的银行帐户管理、税务登记、统计、国资管理、财政、车管、工业普查、基本单位普查、经济合同管理、铁路货物托运等领域基础上，又新增加了劳动保险、银行贷款、组织人事登记等领域。截止到年底，济南市代码数据库共存有各类单位 62 667 个，其中，市直34 060个，县(市)、区 28 607 个，按单位类型分：企业 53 940个，事业单位 4 410 个，机关 1 311 个，社团3 006个。自 10 月份起，在办理代码证书时同时办理代码 IC 卡，当年发放 IC 卡 1 494 张。

新增条码使用单位 123 家，复审 75 家，全市共有条码系统成员 344 家。

4. 计量工作

【计量器具检定】 全年济南市各级计量检定机构共检

定各类计量器具48.7万台(件),其中强检计量器具37.48万台(件)。在强检计量器具中,社会公用计量标准、企事业单位最高计量标准和工作用计量器具的受检率分别为100%、98.8%和95.2%。受检率比1998年略有提高。1999年,济南市企业建立最高计量标准的有11家19项。到期复查的77家298项。强检工作计量器具检定的覆盖面有所扩大,首次将公话计费器和验光仪等工作计量器具纳入本市的强检范围,为配合济南市出租车价格调整,市计量检定所集中人力、物力,对全市10 000多台出租车的计价器进行了调整改装,按照市政府的要求,如期完成了任务。

【计量法制管理】 积极宣贯国家新颁布的《制造、修理计量器具监督管理办法》,对国家确定的6种重点管理的计量器具的制造企业全部进行了复查。复查合格的19家企业,完全过渡到省局管理,还有6家限期整改。当年,济南市技术监督局考核(复查)合格发证的制造计量器具企业共6家8种产品。考核(复查)合格发证的修理计量器具企业5家12种产品。另外,对22个修理计量器具单位和个体工商户进行检查,合格的14家,整改后复查合格的4个,二者占检查总数的82%,对整改后仍不合格的4个单位吊销了许可证。对企业内部强检授权到期的复查的5家,对授权证书尚未到期的抽查了9家,对其中1家检查不合格,整改也不合格的企业注销了计量授权证书。

【加强行业计量管理】 为解决某些行业管理不够规范的现实问题,加强计量工作的依法管理的力度,济南市技术监督局加强了对行业计量工作的管理,与济南市交通局联合下发对汽车检测与诊断设备及计量器具执行检定的通知。将全市汽修行业3种计量器具列入强检计划,35种计量器具列入依法管理的范围,为进一步规范出租车的计价收费行为,提高出租车计价器的强检受检率,及早发现并遏制破坏计价器准确度的违法行为,在加大执法处罚力度的同时,济南市技术监督局出台了《加强出租车计价器监督管理办法》。为理顺地秤强检工作的关系,解决地秤安装、修理的混乱局面,市技术监督局下发了《地秤改装、安装和检定管理办法》。以上办法的出台和实施,使得计量管理工作中一些带有行业性的问题得到了解决。

【企业计量管理】 为促使企业计量工作采用国外先进管理办法,加快与国际惯例接轨,市技术监督局针对全市的企业管理工作现状,在1998年理顺和规范检定员管理的基础上,积极推行GB/T 19022.1标准,全年办理二期计量确认内审员培训班,为128家企业培训出163名内审员。企业申请管理水平确认的工作也开始启动,1999年,计量水平确认企业共37家。

5. 认证工作

随着济南市外向型经济的发展和我国加入WTO日益临近,济南市近年来加快了与国际惯例接轨的工作,把质量认证工作作为一项重要工作来抓。首先进行了调查研究,6月份召开了全市各局、公司、集团分管领导的座谈会,分析全市工作现状,存在的问题,制定年内和今后一段时间的工作目标,将认证工作和与贯彻《质量振兴纲要》结合起来,作为振兴济南经济、提高全市质量总体水平的重要举措。积极引导企业提高其作为市场主体的质量自律意识,在企业中大力推行ISO 9000(GB/T 19000)系列标准,强化企业技术基础工作,使广大企业认识到,只有高质量才有大市场,只有大市场才有高效益。

1999年,全市有58家企业通过质量体系认证,12家企业通过产品认证,截止1999年底,全市累计有110家企业通过质量体系认证,48家企业通过产品认证,54家企业通过安全认证。

6. 法制工作

【"办案质量年"活动】 为进一步贯彻行政执法责任制,保证依法行政,市技术监督局确定1999年为全市技术监督系统的"办案质量年"。把提高行政案件的办理质量作为主攻方向。

首先,加强和充实了法制机构和案审机构,做到组织落实。市局和大部分县(市)、区局都设立了法制机构,少数没有法制机构的单位,也增派专人从事法制工作。全市各级技术监督部门设立了案件审理委员会,并能根据人员变动及时做出调整,对本部门办理的案件从事实、证据、适用法律法规和程序等方面进行审理。有效地避免了办案过程中的主观随意性。

其次,进一步加强制度建设,完善工作机制,并狠抓落实,在以往建立的《执法人员岗位责任制》、《行政案件审理制度》、《行政赔偿制度》等规章制度的基础上,市局又制定了《执法文书管理制度》、《罚没款罚缴分离实施办法》等项制度,从4月中旬起,全系统相继实行了罚没款罚缴分离,案卷管理的规范化程度大大提高,案卷中能导致败诉的致命性缺陷大幅度降低,案件审理机构均能坚持正常工作,制度的落实,使得工作机制的运作有了基本保证,促进了办案水平的提高。

第三,加强业务培训,促进队伍整体素质的提高。全年,市技术监督局对全系统的领导干部和在一线的执法骨干进行集中培训,认真学习技术监督法律法规,行政处罚、行政诉讼和行政复议等法律法规。共计培训210人次,提高办案水平和法制纪律观念以及政策水平。尤其是注重克服过去那种重实体轻程序的倾向。

第四,加强内外监督、规范执法行为。在"办案质量年"活动中,市局加强了对各县(市)、区执法工作的监督和指导,每季度召开执法工作例会,分析执法工作中的问题,抽查案卷,走访有关相对人,各级技术监督部门都聘请了"行风监督员"接受社会各界监督,许多部门还实行了"阳光操作"、"明白卡"、"公开承诺"等制度,提高执法工作的透明度。

通过开展"办案质量年"活动,使全市技术监督系统的行政案件质量有了质的飞跃,做到了事实清楚,证据确凿,适用法律法规正确,程序合法。在全年办理的2 492起行政案件中,无一起行政诉讼,两起复议案件也以复议机关维持原具体行政行为而告结束。

【济南市酒类批发公司诉济南市技术监督局行政诉讼案】 1997年7月23日,济南市技术监督局对销售假冒53度五星牌贵州茅台酒的济南市酒类批发公司下达(鲁济)技监罚字(1997)297号行政处罚决定书,作出没收假冒53度五星牌茅台酒276瓶,没收违法所得48 640元,处违法所得1倍罚款计48 640元的行政处罚决定。

济南市酒类批发公司对该处罚决定不服，于8月5日向槐荫区人民法院提起行政诉讼，要求撤销被告济南市技术监督局的行政处罚决定。槐荫区法院经审理认为，被告在行政处罚中认定事实清楚、证据充分，但适用的《山东省惩治生产、销售假冒伪劣商品违法行为条例》与有关法律相违背，遂于1997年12月21日，以(1997)槐行初字第19号行政判决书作出一审判决：1、撤销被告济南市技术监督局的行政处罚决定；2、判令被告重新作出新的行政处罚决定。

济南市技术监督局对一审判决不服，于1998年1月23日上诉至市中级人民法院，该院经审理认为，被上诉人济南市酒类批发公司作为酒类批发专门机构，应对其专营商品具有鉴别能力，被上诉人购进并销售假冒茅台酒，给消费者造成损害，扰乱了酒类市场秩序，上诉人对其处罚是正确的，一审判决认定事实清楚，但适用法律不当，应予以撤销，1998年5月11日，市中级人民法院以(1998)济行终字第7号行政判决书作出终审判决；1、撤销槐荫区法院一审判决；2、维持上诉人济南市技术监督局的行政处罚决定；3、一、二审案件受理费9 020元由被上诉人济南市酒类批发公司承担。

济南市酒类批发公司在终审判决送达后，仍不履行判决，向山东省高级人民法院提出申诉。省高院经审理，于1999年4月29日驳回申诉，维持终审判决。1999年6月7日，济南市酒类批发公司履行了市中级人民法院的终审判决。至此，这场历时近两年的行政诉讼案以被告方——济南市技术监督局的胜诉而告结束。

三、技术监督机构简况

济南市技术监督局是济南市人民政府统一管理质量、标准化和计量工作的职能部门，政府序列一级局，局内设办公室、法规处、质量监督处、标准管理处、计量管理处和稽查处等6个处室、编制人员41名，局长1名，副局长4名，纪检组长(副局级)1名。

局下属济南市计量检定所、济南市衡器检定管理站、济南市产品质量监督检验所和济南开发区技术监督站等4个事业单位。另外，设有9个受济南市技术监督局业务指导的专业质量监督检验站，与局属技术机构共同构成全市范围的产品质量监督检验网络。

济南市行政辖区内共有历下区、市中区、槐荫区、天桥区和历城区等5个市辖区和长清县、平阴县、济阳县、商河县和章丘市等5个县(市)，上述县(市)、区均设有技术监督局。

截止到1999年底，全市技术监督系统共有人员695名(市直202名)。

撰稿人　李新华
审稿人　卜银根

武汉市质量技术监督工作

一、概　　述

1999年,武汉市质量技术监督局坚持"以质量为中心,以标准化、计量为基础"的方针,突出"用铁腕抓质量",在提高质量,净化市场,加强技术基础,推进与国际惯例接轨方面,认真履行了质量技术监督部门综合管理和行政执法两大职能,各项工作目标全面完成。列入市政府一级目标项,全部完成。产(商)品监督抽查总量1.02万批次。其中,定期抽查产品5 786批次,合格5 449批次,合格率94.18%;比1998年提高0.6个百分点;突击监督抽查产(商)品4 397批次,合格3474批次,合格率为79%,提高2.14个百分点。200种质量建档产品抽查平均批次合格率99.25%,向社会公布市场商品质量红黑榜6期,受理用户、消费者产品质量申诉205件,已办理204件,办结率99.5%,强检计量器具34.5万台(件),制、修订农业地方标准15项,帮助企业制定农产品企业标准10项;局下达各单位的部门工作目标154项,比上年增加45项,亦完成或超额完成。其中主要有:新增采用国际标准产品55项;定期抽查产品5 786批次,完成目标115.72%;发布质量信息6次,抽查20大商场商品平均批次合格率93.17%;市场计量执法检查21次,完成目标的105%;开展专项打假11次,完成目标的183.33%;培训人员1 855人(次),同比增加233人(次)。

二、质量技术监督工作

1. 质量管理工作

1999年围绕贯彻落实国务院颁布的《质量振兴纲要》和《武汉市质量振兴实施计划》,武汉市质量技术监督局重点加强了综合协调和分类指导。2月2日召开了市质量振兴委员会第一次全体会议,根据会议决定,着重抓了各项工作的落实。组织对市商委、江汉区等23部门和地区第一阶段落实情况的检查;督促各区制定出本区质量振兴计划。江岸等7个区已制定出质量振兴计划,并以政府的名义颁布。其它区也将陆续完成;同时,对重点国有企业、民营企业、名牌产品企业的质量管理情况进行了调研,组织召开座谈会,指导企业提高质量管理水平。1999年组织企业参加国家、省、市质量管理奖项评比,共评出全国QC小组活动优秀企业2个,全国优秀QC小组8个,全国优秀质量信得过班组1个,全国QC小组卓越领导者1名,省、市优秀小组206个,推动了我市QC小组活动的深入开展。截止1999年底全市登记注册的质量管理小组已达9 800个,取得可计算的经济效益2 300万元。一年来共举办各类管理学习班8期,培训人员600余人,ISO 9000贯标和认证咨询10余户,组织学术交流,推荐18篇论文参加中南六省质量管理学术论文交流和全国"海尔杯"质量管理论文征集活动。

进一步健全新质量指标统计网络,加强质量指标统计工作。武汉市自1997年建立新质量指标体系网络后,入网考核企业达到160余家,并已纳入全国72城市统计网络。1999年二季度全国产品等级品率为89.95%,武汉市为113.27%,高于全国平均水平22.32个百分点,得到国家局的表扬;为认真贯彻国家6部委关于农机"三包"规定,与市农机办等部门一起组织对新洲等7个区及农机业协会有关人员的培训,参加人员400余人;对部分城区销售、生产、维修企业执行"三包"情况进行了检查,并提出改进意见。同时,认真贯彻了国家局等六部委关于加强游乐设施安全的要求,通过监督检查,拟定了加强管理的方案。

1999年新增加通过质量体系认证企业16家。同时,坚持"统一管理、独家发证"的原则,加大了发放生产许可证管理的力度,完成了全市工业产品生产许可证工作程序、机构的调整;并严把许可证发放关,强化证后监督管理。制定了武汉市新型建筑材料、软饮料、电镀产品生产许可证换、发证实施细则;强化了审查工作的行为规范,坚持审查人员必须持证上岗。按国务院和省市政府文件要求,会同有关部门对"小钢厂、小水泥厂"进行了调查、动员、整顿、验收,对不符合要求的予以关停。

体制改革中,武汉市技术监督局与市劳动部门密切联系,协同配合,确保了锅炉压力容器和特种设备安全监察工作的连续性和各项工作目标的完成,同时按照有关规定切实开展工作。为配合"百日安全无事故"检查,国庆节以来,已组织55人(次),重点抽查了57家医院。宾馆、商场、高层楼的在用锅炉、电梯及石油液化气等的安全管理情况。制定了新的管理程序和规范。最近全市在用电梯已正式启用市质量技术监督局制发的使用证。

1999年的管理体制改革时间紧,任务重,工作量大,各分局在体制转轨过程中,领导班子思想统一,步调一致,保持了队伍的稳定和团结,保持了工作的连续性。在全市消灭无标生产、"两小"整顿和打假治劣等主要工作方面加大了工作力度,取得了较明显成效。各分局都将消灭无标生产工作作为工作的重点,加大了工作力度。汉阳分局经过近10个月的艰苦努力,摸清了全区企业数、产品数和标准化工作的基本状况,通过采取一系列措施,达到验收要求;东西湖分局全面落实消灭无标的各项目标,为企业制(修)订标准82项,采用国际标准产品2项,全区企业标准覆盖率达96.1%。1999年底全市各区消灭无标生产工作通过了省级验收,数量和质量上均在全省名列前茅;认真贯彻国务院、省、市政府关于"两小"整顿的要求,各分局领导重视、组织严密,工作扎实,广泛开展了调查摸底和整顿关停及验收等具体工作,工作卓有成效。新洲分局在区综合质量整治领导小组的领导下,多次召开专题会议,制定了具体计划和措施,对2家小冶炼厂、1家小钢厂、7家无生产许可证的水泥粉磨站予以关闭,勒令1家小钢厂实行停产整顿;洪山分局根据国家有关规定,经区政府批准将区内的5家小水泥厂全部停产,8家小钢厂全部关闭。各分局进一步加大了打假治劣的工作力度。桥口分局一年来共组织市场监督检查48次,出动1 057人(次),对10大类商品进行了重点监督,检查产(商)品总标值256.4万元,依法查处案件193起,立案127起,现场处罚66起,端掉制、售假冒商品窝点12个。江汉分局全年共出动500人(次),查出假冒伪劣产品1 500批次,价值百余万元,查处违法案件752起;武昌分局紧紧围绕"三大战役"和保护名优开展打假治劣,有效地遏制了假冒伪劣商品泛滥,净化了一方市场,保护了一批名牌。江岸、青山、蔡甸、黄陂、汉南、江夏分局也都结合当地的实际,深入开展"查市场、保两节"、"查建材、保建设"、"查农资、保春耕"、"查电器、保安全"、"查饮料、保防汛"活动,为净化市场,发展地区经济创造了良好的环境。

2. 监督执法与"打假"工作

1999年武汉市质量技术监督局结合全市经济工作重点,将市政府确定的50户重点企业纳入建档管理。质量监督工作进一步从市属企业向区街企业延伸,由传统产品向新的经济增长点转移。结合市场销售热点和反映的问题,合理安排突击监督抽查商品的种类。并改过去抽查产(商)品种类比较分散为一类商品尽可能集中进行,全面掌握该类商品的质量状况,提高了抽查的针对性和有效性。

按照国家局统一安排,组织了全市打假"三大战役"。今年,"两节"期间,全市质量技术监督系统对粮油食品、烟酒、服装、家电及燃气器具等商品进行了检查,共出动执法人员2 026人次,检查商场2 030家,专业批发市场85个;现场检查商品8 475批次,商品总标值1 566.7万元,经直观检查合格商品7 010批次,合格82.7%;检查食品标签2 452种,合格率90.7%,查获假冒伪劣商品标值148.1万元,现场处罚123家,端掉制售假冒伪劣商品窝点30个,移送司法机关的大案1起。配合"查市场、保两节"战役,按全省统一部署,武汉市质量技术监督局会同市烟草专卖局组织了声势较大的全市性的销毁假冒伪劣商品活动,销毁了1998年底、1999年初查获的部分假冒伪劣饮料、烟、酒等商品共计16 400件,价值598.8万元。通过新闻媒体的宣传,起到了很大的威慑作用。根据国家局《关于实施"查建材、保建设"战役的通知》要求,以堤防工程用材为切入口,在元月和4月两次对龙王庙险段综合治理工程等6个堤防工程进行了检查,现场抽查5类建材69批次,对3个移民建镇和1个安居工程的建材进行了检查,现场抽查2类26批次。5月下旬对市场反映质量问题较为突出的石棉瓦、油毡、油膏等防水材料进行检查。此次战役共出动执法人员838人(次),检查商场412家,专业市场14个,工地33个;现场检查商品8 475批次,商品总标值648万元。查获假冒伪劣商品标值137.4万元,端掉制售假冒伪劣商品窝点33个,移送司法机关的大案15起。全年由市局转分局后处理案件128件,其中行政处罚62件,处罚金额3.185万元;由市局处罚85件;处罚金额5.484万元,责令整改167件。

1999年以来,局稽查大队加大了专项打假的力度,组织了多次力度较大、影响面广的专项打假,查处的大要案明显增加。由于加强了各项管理工作,执法程序进一步规范,执法水平有了进一步提高,全年无一起行政诉讼发生。

农资专项打假历时1个月,共出动检查人员90人,检查138家农资生产、经销企业及个体经营门点,涉及商品价值282.5万元。共检查农药86批次计59 420瓶,其中抽样检验19批次,合格14批次,合格率73.68%;检查化肥45批次计2 411吨,其中抽样检验40批次,合格37批次,抽样合格率为92.5%;检查农膜16批次16.8吨,其中抽样检验11批次,合格9批次,合格率为81%。

打假保名优,有力地维护了名优产品生产企业的合法权益。对假冒富康汽车配件进行了专项检查,共出动检查人员150人(次),检查了百余家经销单位,查出销售假冒商品的企业20余家,涉及金额260万元。根据举报,在武汉金秋经贸洽谈会3个出租摊位查封假冒"金利来"衬衣、西裤、领带计365件(条),涉及金额近3万元。

根据《武汉市无公害蔬菜管理暂行办法》的有关规定,7月9日至9月16日,我局对大型农贸市场蔬菜质量连续进行了几次突击监督抽查。共抽查10个品种57批次。按农药残留限量标准判定,合格33批次,合格率57.9%。不合格的都是属叶菜类的竹叶菜、小白菜、大白菜和萝卜菜,均为甲胺磷含量超标。甲胺磷是国家禁止用于蔬菜产区的剧毒高残留农药,对消费者危害极大,我局及时将质量信息反馈市领导及有关部门,同时指示有关分局跟踪调查,并责成问题严重的地区采取了相应的措施。

1999年,武汉市质量技术监督局配合有关部门,进一步加强了市场监督管理。与市商委共同组织了不经销伪劣商品企业的复评和考核工作,继续深化"百城万店无假货"、"双信"、"不经销伪劣商品"的创建活动;在配合市委宣传部开展"百城万店无假货示范街"创建活动中,制定了质量技术监督管理的实施方案,组织相关的2个分局对"示范街"的情况进行摸底登记和逐户检查,针对"示范街"目前存在的各种商品标识比较混乱的状况,组织有关机构起草了部分商品的标识、标注规定,指导商家规范经营行为。根据汽配市场质量问题比较突出的状况,选择市万国汽配城作为全市规范市场的试点单位,在整个监督服务活动中,引导市场管委会建立健全质量管理体系,逐步形成持续有效的自我约束机制。

3. 标准化工作

1999年武汉市成立了以分管市长为组长,相关部门负责人参加的消灭无标生产工作领导小组。市政府办公厅发文要求各区成立相应的领导小组,将此项工作列为各区政府工作目标,在人员及工作经费上给予保障。1999年全市普查摸底各类企业共19 341家,核实工作范围内企业2 711家,有批量生产的产品共6 562个。印发宣传资料近5 000份,举办各类培训班62期(其中企业标准化人员培训班22期),培训各类人员2 100多人(其中企业标准化人员1 010人),帮助2 160家企业的近万个产品进行了标准查新工作,引导企业制修订产品标准1 350项,审查核发《湖北省产品执行标准证书》2 711本。各区产品标准覆盖率由开展这项工作前的30%~80%普遍提高到95%以上。同时通过积极采用国际标准和国外先进标准以及制定高于现行国家标准或行业标准的企业标准,使企业产品标准水平有了相当程度的提高。全市各级各类人员尤其是各级领导、乡镇企业、个体私营企业及新办企业人员的标准化意识、质量意识及合法生产的法律意识普遍增强，促进了企业管理水平和人员素质的提高，强化了标准化岗位职责。产品质量水平提高，市场竞争能力增强。各区1～10月份产品监督抽查合格率比去年均有不同程度的提高，有的提高幅度达到6个百分点。基本摸清了全市工业企业的标准化工作基础情况（包括产品种类、结构及档次、标准水平、采标情况及质量状况、产销情况、发展前景等），建立了比较规范和完善的全市工业企业产品标准备案资料档案和全市产品执行标准注册登记档案，为市、区领导宏观经济决策提供了重要的基础资料。自下而上地建立了全市标准化工作人员网络，进一步密切了与各相关部门和企业的工作联系，增强了各级领导和企业对标准化工作的重视和关注程度，为深入开展质量技术监督工作打下了良好基础。

1999年，武汉市质量技术监督局会同市档案局和市轻工行办，起草并申报省局审定发布了《湖北省武汉市档案管理规范》、《湖北省室内装饰验收规范》两项湖北省地方标准。对规范武汉市档案管理及装饰市场，起到积极有效的作用。

为贯彻《市人民政府关于印发武汉市创建中国优秀旅游城市责任目标的通知》精神，武汉市质量技术监督局对全市32个单位的公共信息图形符号的实施情况进行了检查，其中宾馆、饭店24家，合格13家；景区景点8家，合格1家。18家不合格单位根据检查情况进行了整改，收到较好效果；根据市政府加强机动车尾气排放管理的要求，组织市汽车专业标准化技术委员会的有关专家，对生产、销售的51个汽车尾气净化器产品进行了审查。

国家级无公害蔬菜标准化示范区在通过国家、省局验收的基础上，在净菜加工包装上进一步深化。武汉市质量技术监督局参与研究、起草了《武汉市无公害蔬菜管理暂行办法》（第108号市长令），会同市蔬菜办制定了《武汉市无公害蔬菜生产基地证书、标牌管理办法》及《武汉市无公害净菜加工单位证书标牌管理办法》，对主要生产基地及加工单位进行了调研及标准化审查，验收了1个生产基地。积极扶持创建具有武汉特色的蔬菜品牌，全市蔬菜注册商标达到8个，促进了蔬菜产业化开发力度，并已将蔬菜纳入产（商）品监督抽查范围，为无公害蔬菜尽快走向市场打下基础。

4. 计量工作

1999年，武汉市质量技术监督局深入实施《中华人民共和国计量法》和《湖北省计量监督管理条例》，紧紧围绕经济建设中心，在规范市场计量行为，提供计量保证和服务方面，做了大量工作。并针对经济发展中的热点和焦点问题，加大了打击利用计量手段作弊的不法行为的力度。全市市场计量监督检查共出动执法人员4 686人（次），检查产（商）品总标值2 186.51万元。检查生产企业405家（次），检查了经销企业1 475家（次），检查计量器具9 274台（件），检查集贸市场1 699家，抽查定量包装产（商）品8 455批次，复秤1 247笔，强化了计量器具的监督管理。对计量器具制造、修理、销售、进口使用各环节加强了监督管理，共组织对计量器具制、修理许可证的考核（复查）和发证24家，共76种产品。同时，对已取证企业进行了调查和清理。对到期未申请复查的43家企业的196个型号（规格）的计量器具产品，作出了注销计量器具许可证的处理；组织了计量“建标”考核（复查）和计量认证工作。计量授权站社会公用标准复查15户23项，对全市企事业单位建立的最高计量标准考核证书到期复查考核47户200项，新建11户27项，吊销11户43项。按照省局的统一部署，对6个质检机构进行了复查换证，对33个质检机构进行了监督检查；深入开展工业企业计量工作，以东湖开发区、沌口开发区、东西湖台商投资区及55户重点企业中高新技术企业、三资企业和各类新创办的企业为重点，组织对48户企业实施计量法情况开展了监督检查。

1999年，武汉市质量技术监督局加大了对出租车计价器的监督管理力度。重大节日期间5次组织对大宾馆、酒店、武汉客运港、汉口火车站、武昌火车站等地的出租汽车进行了监督抽查。共出动人员200多人（次），检查出租车计价器2 000余台，其中不合格150余台，立案处罚19台出租车司机，有力地遏制了利用计价器作弊的不法行为。全年检定计价器1.3万台，对超周期使用的行为进行查处，提高了周期检定率。为不断规范油品市场秩序，武汉市质量技术监督局加大了油品（含润滑油）市场计量监督的力度，及时受理群众投诉，打击违法行为。为帮助加油站控制油品质量，组织40家加油站与武汉产品质量监督检验所签订了油品委托检验协议，已开始委托检验工作。同时，加强对燃油加油机等计量器具的检定工作，全市共检定加油机6 400余台（次）。继续开展了对燃油加油站的，“双信”创建、复查评审工作。

三、机构简况

【基本状况】 市局系统现有职工1 050人，大部分具有大专以上学历。

1. 市局机关现有职工79人，大专以上学历占62%。党员62人。内设14个处、室。

2. 局直属企、事业单位8个，其中全额拨款4个，差额拨款2个，自收自支事业单位1个，企业性质1个。共有职工552人，其中技术机构各类专业技术人员401人，占职工总数的77%，有工程师以上职称204人，占39.3%。经多年的建设和发展武汉质检所已成为全国十大重点所之一。

3. 13个分局共有职工445人，其中机关编制119人，事业编制326人，基本上是自收自支。

4. 全市质量监督检验授权所站22个，计量授权站21个。

5. 全局固定资产总额6 000万元，其中近3年投入2 000余万元，仪器设备近2 000万元。市局先后在汉阳钟家村和江汉二桥办公，地址偏远，工作不便。去年结合机构改革，经市政府常务会议研究并原则同意。我局用旧办公楼置换新办公楼4 200平米。办公地点已迁至汉口青年路269号。

【实施管理体制改革】 1999年初，党中央、国务院决定改革现行质量技术监督管理体制。对党中央、国务院这一重大决策，市委、市政府高度重视，把质量技术监督管理体制改革作为一件大事，周密部署，精心组织，专门成立了市质量技术监督管理体制改革领导小组。武汉市质量技术监督局相应成立工作专班。市委副书记赵零亲自担任领导小组组长，副市长段轮一多次听取汇报，就实施方案提出明确要求。市政府两次常务会议专门进行研究，审议通过了武汉市质量技术监督管理体制改革实施方案，市委办公厅、市政府办公厅下发了市质量技术监督管理体制改革实施意见。5月11日召开全市大会进行部署。由于各区委、区政府高度重视，市、区组织人事、编制、财政部门大力支持，完成了13个区局的班子交接和人员编制、党的关系划转；市劳动部门原承担锅炉、压力容器、压力管道、电梯、防爆电器等特种设备的安全监察职能的机构和人员已成建制地划至市质量技术监督局；从8月1日开始，武汉市质量技术监督系统财务经费管理已按统一领导、统一管理、统一收支、二级核算的新体制运作。

撰稿人 王克华 万启江
审稿人 吴振华

广州市质量技术监督工作

一、概　　述

1999年,广州市技术监督局以邓小平质量思想为指导,围绕深化改革,扩大开放,优化结构,扩大内需,突出用铁腕抓质量,加大工作力度,有效地提高了我市产品质量总体水平,促进了广州市经济适度快速增长和质量、效益稳步提高。

1999年,广州市技术监督局完成全市采用国际标准或国外先进标准产品90项,其中通过采标认可的产品45项;完成企业产品标准备案1 533个,企业产品执行标准登记3 612个;受理代码证书申报46 358份;检定、标准计量器具177 125台(套),其中检定强检计量器具57 322台(套);监督抽查产品2 724批次,定期检验产品513批次,完成产品委托检验21 808份;检查各类专业市场、经销单位1 506家;查处违法案件584宗,其中立案查处320宗,万元以上大案要案63宗;查获伪劣商品标值1 486万元,收缴罚没款211.98万元。举办标准化、计量和质量专业知识培训班及函授学习班72期,共4 434人次参加。开发区及花都、从化、增城、番禺市技术监督局全年共完成企业产品标准备案736份,企业产品执行标准登记2 075个;受理代码证书申报9 137份;检定强检计量器具31 278台(套);监督抽查产品1 300批次,定期检验产品5 948批次;查处违法案件656宗,收缴罚没款196.63万元。

二、技术监督工作

1. 标准化工作

1999年,广州市技术监督局加大标准化工作力度,围绕质量,提高标准化工作的有效性。主要工作包括:1.完成全市消灭无标生产工作。在开展这项工作的3年里,共对全市3 656家正式批量生产的工业企业进行普查和整改,1999年3月顺利通过了省质量技术监督局对消灭无标生产工作的验收,产品标准覆盖率从原来的78%上升到验收后的98%。四个县级市技术监督局也都通过了验收,其共有的3 333家工业企业产品标准覆盖率从70%提高到98%。2. 进一步加强标准实施监督检查工作,提高产品质量和服务质量。加强了对中小型、乡镇、区街、私营企业的监督检查,重点检查啤酒生产企业使用B瓶情况、中小型水泥厂按标准组织生产情况、治理汽车尾气污染产品生产企业标准实施情况以及食品标签等。对电熨斗、电冰箱等78个产品进行了能耗检测。组织了对生产企业及车站、码头、园林景点、星级宾馆等窗口单位实施公共信息图形符号强制性标准的监督检查和整治,积极配合广州市一年一小变工程。3. 农业标准化工作稳步推进。组织完成了"江村黄鸡"品种标准和饲养规范的制定与发布实施,使我市饲养优质黄鸡有标准可依。在广州市蔬菜基地及周边地区全面推广实施《广州市无公害蔬菜安全生产技术规程》,扩大了标准化示范区的示范效果。为确保市民的身体健康,加大了对上市蔬菜的监督抽查力度,共对14种蔬菜的240个样品进行了检测。4. 代码、条码工作进展较快。代码工作加快了应用与推广,实现了代码文档资料的无纸化管理。为225家企业办理了商品条码的申请,不断提高条码的质量。

2. 计量工作

以法制计量为重点,全面推进计量监督管理工作,为质量工作打好基础。主要工作有:1. 围绕消费者、社会关心的热点和焦点问题,加强法制计量工作。一是对眼镜行业验光配镜用的计量器具进行监督检查,对眼镜验光镜片组和焦度计实行强制检定并进行严格管理,保证眼镜产品质量。二是继续加强对加油机、出租车计价器等强检计量器具的监督管理,受检率达到98.5%。广州市计量测试所新建的广州市出租车计价器检测中心在1999年8月正式建成投入使用,该中心占地7 800平方米,从规模到技术都处于全国一流水平,实现了出租车计价器统一检定、统一维修、统一管理的模式,工作效率和管理质量都大为提高。三是加强对新闻出版单位使用法定计量单位情况的监督,及时通报,督促整改,颇见成效。2. 检查企业计量标准使用情况,掌握企业计量工作状况。对全市217个单位的993项计量标准进行了检查和年审,较好地解决了因企业变动而难以掌握其计量状况的问题。3. 大力开展企业计量保证体系确认。根据分类指导的原则,指导具备条件的企业开展计量保证体系确认,全年通过确认的企业共76家,加强了企业的计量管理基础工作。

3. 质量监督工作

以质量为中心,强化监督,扶优治劣,提高广州市产品质量总体水平。主要工作有:1. 抓重点产品质量,进一步加大质量监督力度。制定了进一步加大质量监督工作力度的措施,其中明确了1999年我市质量监督重点产品目录,对危及人体健康和人身财产安全的产品、对我市经济影响较大的产品以及消费者反映问题较多的产品进行重点监督,扩大监督抽查覆盖面。集中力量对VCD视盘机、声频功率放大器、保险柜、罐装饮用水、建筑工地在用的建材产品、轧钢、游乐场所的游艺机和游乐设施等进行监督检查和质量跟踪,解决重点、难点问题,使一些产品的质量有较大的提高。2. 加强质量监督后处理工作。着重抓好四个环节:一是坚持公告制度。每季度定期向社会公布监督抽查结果,对连续两次监督抽查不合格的产品、质量问题严重的不合格产品、拒绝抽查的企业予以曝光。二是严格整改制度。对不合格产品的生产企业实行限期整改、强制复检。1999年共举办了四期不合格产品企业厂长(经理)学习班,参加人员达495人次,跟踪整改的企业共1 035家。三是加大处罚力度。对质量问题严重的企业,在立案查处公开曝光的基础上,建议有关部门吊销其证照。四是坚持通报制度。向市领导和相关部门通报季度产品监督抽查情况和重要质量问题,加大整治力度。3. 规范专业市场，提高商品质量。制定并向全市各大专业市场派发了《广州市技术监督局专业市场商品质量监督管理办法》，重点整治了电脑、金银珠宝和儿童玩具专业市场的商品质量，使其质量尤其是标识规范化方面取得长足的进步。4. 积极开展“质量监督信得过产品”、“质量计量信得过商业企业评审活动，推动企业实施名牌战略。5. 继续实行鞋类质量保证制度。为商业企业经销的鞋类进行售前把关，共为213家生产企业办理了质保资格证，保证了产品质量。5. 对大中型商业企业的110名商品监督员进行上岗培训考试，促进商业企业把好质量关。

4. 行政执法和打击假冒伪劣商品工作

加大行政执法和打假力度，净化市场，努力创造公平有序的市场竞争环境。主要工作是：1. 突出重点，打好“查市场、保两节”、“查农资、保春耕”、“查建材、保建设”三大战役，组织开展了规模较大的燃气热水器、有毒猪油、夏季饮料、通讯器材、定量包装商品、出租车计价器等专项检查，遏制了假冒伪劣商品在市场的流通，确保了市民的人体健康和人身安全。2. 端窝捣点，开展大规模、大力度的打假行动。全年组织了70多次较大规模的打假行动，查获假冒伪劣的食品、化妆品、洗涤用品、家用电器、建材、通讯器材等一大批，其中以化妆品和洗涤用品为最，捣毁其地下加工厂和仓库20多个，查获产品标值达500多万元。在广东省打假条例施行以后，依法加大了惩治力度，对用于制假售假的运输工具予以没收并进行相应的处罚。对查处的广州市艾丽诗碧化妆品有限公司生产假冒厂名、厂址化妆品一案，因涉案价值较大，已移交公安部门立案处理。3. 开展指导性检查。对20多家大中型企业定期进行指导性检查，针对商品标识不全现象有所抬头的情况，提出整改意见，帮助企业把好进货质量关。4. 做好举报投诉的处理工作。全年处理质量、计量方面的投诉4 128宗，为消费者和企业挽回经济损失134万多元。5. 进一步落实打假责任制。在1999年广州市打假工作会议上，王守初副市长代表市政府与各区、县级市签定了新一轮的打假责任制。6. 深入开展普法工作。结合“保护消费者权益日”、“世界标准日”、“质量月”等活动，以多种形式向社会宣传有关法律法规和规章，并通过新闻媒介深入报道执法工作，在广度和深度上加大了法制宣传的力度。

撰稿人　伍韵虹
审稿人　梁献民

成都市质量技术监督工作

一、概　　述

1999年，全市质量技术监督工作紧紧围绕促进成都市经济发展和社会进步，充分发挥综合管理和行政执法两大职能，取得了明显的经济和社会效益。在顺利完成了质量技术监督管理体制改革工作同时，全市有34个产品荣获第四届四川名牌产品称号；全市150项重点产品质量稳定率提高率为94.96%；完成企业质量体系认证14家，31个产品通过产品质量认证；全市共有36个企业的53项产品采用国际标准和国外先进标准；共办理代码24 736户，新发展条码系统成员278家；“查市场、保两节”、“查农资、保春耕”、“查建材、保建设”三大战役取得明显成效；执法部门出动检查3万多人次，查处各类违法案件1 014件，查处假冒伪劣商品标值1 000多万元，违法案件结案率97%，投诉案件结案率95%。

二、技术监督工作

1. 质量管理工作

以贯彻实施《质量振兴纲要》为主线，全面推进全市质量工作。医药、机械、建材、冶金等行业在强化质量保证体系，努力争创名牌产品、增强企业竞争力上取得比较明显的实效。双流、崇州、邛崃、蒲江、郫县、成华、武侯等7个区(市)县围绕加强企业基础工作，在健全质量、计量管理、消灭无标产品上获得长足进展。组织开展内容丰富、形式多样、注重实效的“质量月”活动。普遍开展的“七查一访”活动，在加强企业质量管理上取得了实效；实施名牌发展战略获得新的进展。认真实施市委、市政府产品发展战略，积极引导企业创造条件，努力争创四川名牌产品。全市有34个产品荣获第四届四川名牌产品称号，超过了本届四川名牌产品总数的三分之一，是成都市获四川名牌产品数量最多的一届，超市政府下达的争创115个名牌产品目标任务的126%。至此，使成都市四川名牌产品约占全省历届总量的三分之一。名牌产品中支柱产业产品占了较大比例，民营企业获名牌产品也呈增长势头，初步形成了质量好、效益高、具有市场发展前景的产品群体，为集聚、发挥成都产品优势迈进了一步。有力地推进了全面质量管理。在继续滚动抓好全市50户重点企业贯彻GB/T 19000—ISO 9000系列标准的同时，把全面质量管理和“贯标”结合起来，提高质量管理水平和档次，并为企业自愿申请质量体系认证创造条件。全市达标企业为45家。组织开展了推行全面质量管理20周年系列纪念活动。73 000人参加了全面质量管理知识竞赛，收到了良好的社会效果。有3 029名职工参加全面统考取得了合格证；开展了推行全面质量管理先进企业、优秀领导者和优秀工作者的评选，表彰了16家先进企业、27名优秀质量管理领导者、39名优秀管理工作者；按照市委要大力发展私营经济的要求，表彰一批内部质量管理基础扎实、产品质量过硬、市场占有率较高、效益较好的民营企业；群众性质量管理活动有了新的进展。举办了’99成都市QC小组成果交流展示会，集中地反映了成都市开展QC小组活动的发展。全市登记注册的QC小组为2 054个，创直接经济效益为10 021.3万元，荣获国家、省、市优秀QC小组共187个、圆满完成全年质量目标考核任务。全市150项重点产品质量稳定提高率为94.96%，超市政府下达的93%目标任务1.96个百分点；产品等级品率为91.02%，比1998年同期上升2.63个百分点；质量损失率为0.75%，比1998年同期下降0.32个百分点；新产品产值率为2.26%，比1998年同期上升0.04个百分点。

2. 标准化工作

以抓好“采标”为重点，加快了标准化工作进展。采取服务与监督并重的方式，巩固和完善企业标准化工作，全市114家国有企业生产的288种产品标准覆盖率为98.8%，1 276家乡镇企业的2 769种产品标准覆盖率为95.3%，240家三资企业生产的513种产品标准覆盖率为95.9%，1 077家集体企业生产的2 030种产品标准覆盖率为94.7%，均分别超额完成了市政府下达的97%和89%的目标任务；重点抓好企业采用国际标准和国外先进标准工作。全市共有36个企业的53项产品采用国际标准和国外先进标准，其中等效采标8项，等同采标10项、非等效采标35项，超额完成市政府下达的50项采标计划。全市累计采标标志产品52项；全面推进了全市消灭无标生产工作的开展。到目前为止，全市有金牛区、锦江区2个区通过国家级消无验收合格，温江县、青羊区、龙泉驿区3个区通过了省级验收合格。继续做好企业标准备案、复审工作。共受理备案企业标准备案1 484个；受理企业产品执行标准登记企业4 783家，已通过审验颁证企业4 086家，登记产品9 774项，登记产品标准9 136项；依法实施标准监督检查。共对2 550家国有、乡镇、“三资”企业实施标准情况进行了监督检查，超额完成了市政府下达的600家的目标。重点对儿童玩具、软体沙发、电焊机等进行专项监督检查；围绕农村经济，抓好农业标准化工作。起草了《关于开展农业标准化工作的意见》(征求意见稿)，为下一步在全市开展农业标准化起到推动作用；加强了对全市代(条)码工作的管理。建成了全市代码信息网，实现两码业务自动化；加快了成都市代码工作依法管理的步伐，会同市法制局起草了《成都市统一代码管理办法》并由市政府常务会讨论通过以市长令发布；实现了全国首家与国家组织机构代码管理中心联网，建成了全市代码信息网络，形成了“集中赋码、二级管理”的格局。全市共办理代码24 736户，代码新增率为16%，变更率为6.4%；全市共发电子副本(IC卡)10 188张；新发展条码系统成员278家，完成续展172家，续展率60.8%；新增采用条码标识商品3 498种；对27家印刷企业承印条码资格进行了评审；完成条码信息采集189家企业，共850条商品信息；检查条码标识 4 194 批次。

3. 计量工作

依法规范了计量行为、深化拓展了计量工作。加强商品量和市场计量行为的监督检查。大力开展“双信“活动。全市共受理申报 69 家，通过“双信”活动的评审，进一步规范和完善了这些行业和企业的计量管理，促进了企业由计量器具管理向商品量管理的转化。加强对集贸市场和专业批发市场的计量监督。共出动检查 14 500 人次，对 38 986 户经营户进行了监督检查，检查计量器具 47 577 台(件)，受检率达 98.2%，合格率为 97.5%；抽查定量包装商品7 321种，54 927 个批次，量值准确率为 95.8%；抽查标签标识30 497份，法定单位正确采用率 98%。在生产和销售企业对大米、食盐、茶叶，挂面、食用油等 20 类量大面广的群众日用消费品进行了计量监控跟踪，监控商品 20 类、1 249 品种、重点类 850 个品种，抽查 8 500 个批次，量值准确率为 98.6%；其它类 394 个品种，抽查 3 940 个批次，量值准确率为 94.8%。全市定量包装商品计量准确率达到96.09%，较 1998 年度提高了 3.67 个百分点。依法加强商品房销售面积的计量监督，严厉打击商品房“面积缩水”、“缺长短宽”等计量违法行为。组建了区(市)县“成都市房屋面积计量投诉站××分站”，仅市站全年就接受群众来电来访咨询1 000多次，接受委托测量 91 项，出具测量报告2 067份，测量房屋面积 60.3 万平方米。组织成品油经营企业计量年审及计量等级确认 669 家企业，其中二级计量企业 40 个，三级计量企业 109 个，计量合格企业 518 个，需整改的油库 2 座。受理了 172 个企业的计量年审和计量等级确认评审，其中达到二级 40 个，达到三级的 51 个；计量合格的 79 个，需整改 2 个油库。加大了对出租车计价器的监督力度。为保证出租车计价器计价准确，成都市出租车计价器强检周期为每年两次，开展每年 365 天免费维修工作制度和计量检定技术机构的优质服务，其送检率达到 98%以上，全年共检定 12 700 台(次)，一次送检合格均在 90%以上。按照职能划转，依法履行了电能表、公用电话电子计时计费器强制检定的行政监督管理职能，认真地开展了该项工作，已检电能表 12 528 只，公用电话计时计费器 14 430 台；严格依法行政，加强计量管理。全年共受理 76 个单位计量标准强检内部授权考核申请，共有 358 项计量标准接受了考核、发证；其中复查 341 项，新建标准 14 个单位计 17 项，强检内部授权 25 个单位计 31 项；法定技术机构新建标 7 家计 10 项，复查 7 家 67 项；完成了 17 家单位计 42 项计量项目社会授权考核和发证工作，从而保证了计量标准的准确；强制检定计量器具 48 834 台(件)，保障了成都市计量量值的统一，为成都市生产、贸易、科研、医疗卫生各领域提供了准确的计量数据，保证了成都市各项工作的顺利进行；完成了 8 家检测机构的计量认证复查换证，1 家检测机构的重新认证，2 家检测机构的新申请计量认证工作；对 15 家检测机构进行了计量认证监督抽查，其中质检机构 9 家。按照国家质量技术监督局“计量工作必须转变观念，锐意改革，突出重点、坚实基础”的方针，成都市计量协会与成都市计量监督检定测试所共同组建了“成都市计量测试、测量校准中心”；引导企业深化计量管理。对自愿申请计量等级确认的 113 家企业进行了计量等级确认，其中达二级 23 家，达三级的 59 家，计量合格单位 31 家，并完成成都市工业企业实施计量法年审企业 200 家。全市共有 120 家医疗卫生单位获得了不同等级《计量体系等级确认证书》，其中达三级以上 40 家，计量合格 80 家，乡镇医院占 40%。

4. 质量监督工作

突出市场重点，强化质量监督。强化监督职能，提高质量监督工作的有效性。全市共抽查 18 752 家生产、经销企业的 27 986 批次产(商)品，其中抽查生产企业 9 948 家，产品 11 248 批次，合格 10 274 批次，工业产品抽查合格率为 91.23%，较去年降低 0.3 个百分点；抽查经销企业8 902 家，商品 27 738 批次，合格 22 520 批次，合格率81.18%，较 1998 年提高 6.65 个百分点。抽查主要以危及人体健康和人身财产安全的产品、重要生产资料为重点，如燃气热水器、饮用纯净水、食品、白酒、建材、农资产品、低压电器、机动车及零部件、粮油制品、玩具等。举办了不合格生产经销企业负责人法律知识强化学习班，积极帮助企业找原因，订措施，督促企业认真整改，帮助企业建章立制，收到了明显的成效；集中组织力量，打好“三大”战役。(1)打好“查市场、保两节”战役，创造了让市民购物放心的购物环境。元旦、春节期间，对白酒、熟肉制品、食用油、室内加热器、小麦粉等 5 种商品实施了全国统一市场检查，同时结合市政府为民办实事的目标，对成都市的葡萄酒、食用盐、酱油、大米等进行了抽查，共抽查了 97 个经销企业销售的 118 批次，合格 110 批次，抽查合格率为 93.2%。同时组织大中型商场开展了“清柜台”活动，较好地净化了成都市节日市场，维护了广大消费着的利益。(2)抓好“查农资，保春耕”战役，为农业生产稳定发展作贡献。集中力量开展了农资产品质量监督检查和“打假”工作，以种子、化肥、农药、农机及配件等为重点，实行市场抽查与工厂监督相结合，日常检查与重点查处相结合，同时集中组织了两次“农资产品打假下乡”活动。共出动执法人员 1 599 人次，查缴劣质种子 0.43 吨，化肥 92.04吨，农药 1.236 吨，农机 175 台，农用运输与零配件 44 件，假冒机油 480 余桶，假冒伪劣农资产品标值 20.32 万元，严厉打击了制假售假、坑农害农的违法行为。对种子、化肥、农药等八种农资产品质量进行了抽样检验，(3)打好“查建材、保建设”战役，为民安居乐业。共出动检查人员 2 347 人次，对生产企业、经销企业和使用单位的建材质量进行了检查，共检查小型轧钢厂 37 个，建材经销企业 1 160 个，重点建筑工地 100 个，在建筑工地现场检查钢材 31 672.46 吨，水泥 56 824.75 吨，预制构件 6 957 件，烧结砖 918.43 万匹，查处质量违法案件 140 件，端掉制售劣质水泥窝点 1 个，没收销毁劣质水泥 44.9 吨，查获伪劣建材产品 108.98 吨，对立案查处的 140 件质量违法案件采取了追踪调查和处理，做到件件处理有结果，结果率达到了 95.71%。建立市场产品准入制，发展和繁荣成都市经济。为建立和营造成都市公正、平等的市场竞争环境，发展和繁荣我市经济，规范市场的质量行为，根据市政府扶持地方名优产品的发展专题工作会精神及市领导的指示，起草了《成都市市场准入产品监督管理办法》(征求意见稿)上报市政府待批，国家质量技术监督局、市领导对成都市技术监督局实施市场准入的基本思路和原则给予了充分肯定；加大对商品交易市场质量监督力度，开展经营质量信得过活动。对科技一条街电脑市场进行规范管理，制定了《成都市微型计算机市场监督管理办法》，对已设置质量监督管理办公室的成都生资市场、九眼桥灯具市场等10个商品交易市场，主动向企业宣传质量法律法规，引导企业合法经营，维护了消费者和商家的正当权益。制定了《成都市商品质量监督管理办法》(试行)。继续组织开展了经营质量信得过活动。会同市政府有关部门对第七届市人民政府授予的38家“经营质量信得过单位”进行了复查，对争创经营质量信得过单位的经销企业和单位进行了考评。

5. 专项治理工作

针对政府重视，群众普遍关心的部分产(商)品质量问题，开展了专项治理工作，取得了一定成效。(1)开展了食品质量专项监督检查，保障人民健康。一是对月饼质量进行专项监督检查，共检查63个生产企业和9个经销企业的175批次月饼，合格率为99.43%；二是对冷冻食品质量进行专项监督检查，共检查21个生产企业和13个经销企业生产、销售和冷冻食品63个批次，合格率为92.06%；三是对消毒牛乳质量进行逐月检查，检查120批次，合格率为89.16%。经监督检查，成都市消毒牛乳质量逐月提高，从1～3月每月合格率50%左右逐月提高到现在每月合格率90%。通过每月定期公布检查结果。消除了市民对牛乳质量的顾虑，起到了扩大内需稳定成都市场的作用。(2)对成品油质量实施专项监督检查，共检查经销企业260家，抽样检查成品油322批次，合格率86.02%。(3)对机动车及零部件质量进行专项监督检查，检查机动车经销企业、生产企业41家60种车型60批次，汽车零部件经销企业53家15种496批次，机动车一次检查合格率66.67%，零部件一次检查合格率35.08%。(4)对游乐设施实行专项检查。共检查了30多个游乐场所的10多个种类，500多台(套)游乐设施，对存在严重安全隐患的10台(套)在用游乐设施责令停业运营，确保了节日期间少年儿童和游客的安全。

6. 打假工作

加大“打假”力度，切实把为民办实事目标办实办好。紧紧围绕全市经济工作中心，加大“打假”力度，把开展经常性的“打假”检查、专项检查与组织大规模的全市性的大检查有机结合；全方位地开展了“打假”工作，有力地打击了制售假冒伪劣产品的违法行为，保护了一大批名星企业特别是成都造产品的市场形象及其名优特新产品的信誉，维护了广大消费者、用户的合法权益。全市生产经销商品主渠道的产、商品质量进一步得到广大群众的认同和信赖，社会各界对“打假扶优”、“打假治劣”的意识得到增强，“打假”工作为成都市经济的健康发展作出了积极的贡献，圆满地完成了市委、市政府确定的“打假”为民办实事的工作目标。全年各执法部门出动检查3万多人次，检查生产、经销单位5万多家，查处各类违法案件1 014件，其中大要案263件，查处假冒伪劣商品标值1 000多万元。端掉制售假窝点30个。违法案件办结率97%，投诉案件结案率95%；认真组织了全市性的“打假”大检查和经常性的执法检查、专项检查。分别在春节前、“3.15”、六一节、国庆节、元旦节等节日期间认真组织了6次大规模的“打假”大检查活动、共出动了160个检查组2 765人次，检查生产和经销单位6338家的1 532种35 891批次产品，查获假冒伪劣商品7 170个批次，标值348.8万元。立案查处224起，其中大要案20起，端掉制假售假窝点19个；全年还开展经常性的执法检查2万多人次以上；“打假保名优”，实施名牌战略，维护成都造产品信誉。为了切实维护地方名牌产品的信誉，增强成都造产品市场竞争力，新增了成都宏声电器等12家企业为全市“打假保名优”重点企业，调整确定了26家家具生、产企业，为成都市家具行业”打假保名优”重点企业。每个月都开展对假冒重点保护产品“娇子”、“五牛”卷烟的查处活动，专门为保护”娇子”、“五牛”卷烟出动执法检查400余人次，遍查市场卷烟批发及摊点330多家，捣毁了两个制售假冒“娇子”等名烟的窝点，基本遏制住了假冒名烟违法活动。查获假冒伪劣电热蚊香片(器)共584件，处罚经销商20余家，罚款14.6万元，使“彩虹”牌电热蚊香片(器)在市场销售态势仍然疲软情况下，在全国同行业中居第一。收缴假冒“川”牌卡尺1 321把，假冒产品盒7 320个，假冒包装盒4 000多个，假冒合格证3 700多张，现场查封假冒“川”牌卡尺1 000多件，标值10余万元。

7. 质量认证工作

至1999年底，全市取得质量体系认证的企业已达150家，占四川省体系认证企业360家的近一半。1999年共完成企业质量体系认证14家，31个产品通过产品质量认证。首次以市政府名义召开了全市质量认证工作会，市政府批转了《成都市关于加强质量认证工作的意见》。实行了认证登记制度，办理备案登记的企业已达85家，登记的专家有12名。加强对认证企业产品质量的跟踪抽查，对50户企业的认证有效性进行了调查，通过认证，产品合格率提高的占70%，产品质量稳定的占97%，竞争能力增强的占80%；其中65%企业扩大了国内市场销售，15%的企业顺利进入国际市场。

8. 管理体制改革工作

顺利进行了质量技术监督管理体制改革工作。根据中发[1999]2号、国发[1999]8号、川府发[1999]36号和成府发[1999]154号文件精神和中共成都九届市委第三十九次常委会议的要求，进行了全市质量技术监督管理体制改革。于9月10日召开了全市质量技术监督管理体制改革工作会议，王荣轩市长、王怀臣副书记、李春城副市长等市委、市人大、市政府、市政协领导到会并作了重要讲话。成都市技术监督局正式更名为成都市质量技术监督局；电能表、电话计费器等计量器具强制检定的行政监督管理职能划转工作已按时完成，电梯、防爆电器、锅炉、压力容器、游乐设施等其它职能划转工作正在按市政府计划安排抓紧进行。对19个区(市)县和高新区质量技术监督分局顺利实行了人、财、物的垂直管理。会同市委组织部、市人事局、市编办、市财政局、市国资局等部门完成了对19个区(市)县和高新区质量技术监督分局的领导班子考核、编制和人员划转、国有资产和财政的审核和接收工作。

9. 思想作风整顿

推行首问责任制，注重在实效上下功夫。机关思想作风整顿取得了较好成效。通过整顿，增强了广大职工的压力感和责任感，工作更尽责；工作更尽心，树立了机关新形象；工作更尽职，呈现出全局干部职工团结协作的新气象；工作更尽力，积极性空前高涨。全局的面貌有了新的变化，各项工作有了新的进展，服务水平上了新的台阶。受到了陶武先书记、苏碧群、副书记的多次表扬；分别在市委办公厅、市政府办公厅第27号通报、市委目标管理督查第7期通报上受到通报表扬；在市直机关思想作风整顿情况简报第8期、第10期，工交信息第53期、56期，工交工委简报第3期上作为经验转发；在市委办公厅《每日汇报》、《综合信息快报》、《成都要情》等刊物上分别刊载7次。

10. 党风廉政建设和干部队伍建设

深入开展了以“三讲”教育为主要内容的党风廉政教育，开展了党风廉建设责任制知识竞赛，参赛率达100%；举办了法制教育讲座；认真开展了自查自纠和专题民主生活，通过检查，成都市技术监督局至今未发现一起领导干部违反廉洁自律各项规章制度的情况；以基层窗口单位整改为重点，进一步加强行风建设，继续开展了纠正行业不正之风工作，加强减轻企业负担工作；坚持了行风建设与行政执法相结合，专业执法人员全部签订了《廉洁执法承诺书》；积极推行了行政案件回访制度和廉监督卡制度；聘请了行风监督员进行行风监督；局党组对班子成员分工进行了调整，打破了多年分工，岗位不变的格局。通过调整，班子成员之间团结协调，作风民主，政令畅通，增强了凝聚力，充分发挥出了整体功能，形成了活力；在中层干部中实行轮岗交流，通过对中层干部调整，改变了中层干部老化的现象，使局中层干部的年龄结构得到了改善。正处级干部平均年龄由原来的48岁下降到44岁，副处级干部平均年龄由原来的41岁下降到38岁，新提拔的中干全部大专以上，本科占61%，文化程度有所提高。干部轮岗、交流面达77%。

撰稿人 张建忠

西安市质量技术监督工作

一、概　　述

1999年,西安市各级技术监督部门认真贯彻落实党的十五大、十五届三中、四中全会精神,按照中央、省、市经济工作会议和全国质量工作会议的要求和部署,坚持以"质量为中心、标准计量为基础"的工作方针,紧紧围绕提高西安经济增长的质量和效益,突出用铁腕抓质量,认真履行质量技术监督综合管理和行政执法职能,促进了我市产品质量、工程质量和服务质量的提高,为深化我市国企改革、优化经济结构、扩大内需,完善社会主义市场经济秩序、加快西安的经济发展,作出了积极贡献。我局被评为全省质量技术监督系统"创佳评差"第一名,市级机关目标管理一等奖单位。

二、技术监督工作

1. 质量管理工作

1999年,首先以推行ISO 9000质量管理体系标准为中心,加强对企业质量管理进行分类指导,鼓励、引导和帮助企业进行质量认证,全年又有30多家企业通过了质量体系认证,使全市认证企业达到近200家。第二,继续实施名牌战略,充分发挥质量技术监督在名牌产品质量检验、质量水平评价和企业质量体系审查、认定中的作用,新评市名牌产品20个,质量先进产品35个,促进我市地方产品质量的提高。第三,进一步加强了对生产许可证产品和市政府确定的实施准产证产品的申报、考核、发证及无证生产查处工作。经严格考核全年发证68个,年审93个,吊销4个,进一步规范了酱油、食醋、冷饮和稠酒的生产销售秩序。本着"管、帮、促"的原则,对长安县纪阳乡螺纹钢生产企业的治理整顿取得了初步成效,关闭停产了12家产品质量不合格企业。

金秋10月,举办了以"创造高质量、迎接新世纪"为主题的西安'99质量月活动。在质量月宣传咨询活动中,各级技术监督部门及参加单位共出动1 200多人,布置展板200多块,发送宣传资料5万份,接待群众投诉472件,新闻媒体报导100多篇(次),参加的人民群众达7万多人次,产生了广泛的社会影响,有效地促进了西安产品质量、工程质量和服务质量的提高,在更广泛的社会领域内扩大了技术监督工作的影响,增强了全民质量意识,一个"质量兴市、质量兴业、质量兴企"的良好氛围正在形成。

2. 监督执法与"打假"工作

1999年,认真贯彻落实中央领导同志"用铁腕抓质量"的指示,下功夫提高监督检查的有效性,突出重点强化质量监督。一是继续采取定期检验、监督抽查、专项市场检查和治理整顿等多种方式,加大对西安市产商品质量监督的力度。在生产领域调整和修订了产品受检目录,适度扩大了监督范围,增加了受检产品品种,使定期检查的企业达到1 500多家,产品6大类2 000多批(次),检查结果,综合合格率为86%,继续保持了地产品质量稳定的局面。为强化流通领域的商品检查,西安市技术监督局安排自有资金20多万元作为监督抽查费用,开展了对"菜蓝子"、"米袋子"商品和群众反映问题较多的商品的监督抽查,并坚持检查一种商品、整顿一个行业的工作方针,对眼镜、手机、电池等开展了专项检查和治理整顿,促进了市场商品质量的提高。二是将监督检查的领域继续向服务行业拓展,对干洗行业的质量整顿中,对250多家干洗店和30多家皮革服装调理企业进行了检查发证和等级评定。对全市所有游乐场所的200多台(件)大型游乐设施开展了监督检查,给有生产许可证及管理规范的60多台(件)颁发了"营运质量合格证",从而整顿了游乐场所秩序,消除了不安全隐患,并为游乐设施的正规化管理打下了基础。三是为了切实提高质量监督的有效性,继续加大了后处理力度,每个季度发布质量检查通报,举办不合格企业厂长经理整改学习班。全年发出90多份质量整改通知书,给予35家产商品质量不合格企业予以黄牌警告和通报批评。接待办理了大量的消费者质量投诉、咨询,对促进企业增强质量意识,提高产、商品质量起到了推动作用。

1999年,西安市技术监督系统各支执法队伍按照国家局的统一部署,精心组织、通力合作,开展了声势浩大的"查市场,保双节"、"查农资,保春耕"、"查建材,保建设"的三大战役。一是在执法打假中,继续实施"抓大案、端窝点、整市场"的打假工作方针,突出重点产品、重点行业、重点市场,加大执法力度,取得了阶段性成果。一年来先后对农用生产资料、面粉、食用油、眼镜、手机、家用电器、饮料、卫生纸巾、化妆品、建筑材料等专业市场和6类商品,进行了专项执法检查。全市技术监督部门出动近3万人次,检查生产和经销单位6 000多家,办理行政案件4 000多起,查处大案要案80多起,检查商品货值上亿元,查处假冒伪劣商品货值近3 000万元,在西安'99质量月活动中,会同省局举行了大规模的销毁假冒伪劣商品活动,销毁假冒伪劣商品12 000多件、货值近千万元,极大地震慑了制假售假者,提高并扩大了技术监督的声威和影响,取得了极为显著的社会效果。二是紧密配合执法检查和打假治劣,进一步加强了行政法规工作。审理、复议、协调处理各类案件69件,举办了不同内容、不同形式的案例研讨会、听证会及《行政复议法》宣贯会,特别是加强了对法制工作的管理,认真开展了行政执法责任制工作。

3. 标准化工作

1999年,标准化工作取得了明显的进展。一是继续狠抓了在各区县正在开展的消灭无标生产工作。通过抓措施、抓进度、抓落实,至1999年底已有8个区、县达到标准,通过了消灭无标生产区、县的验收。特别是雁塔区在接受国家局验收中得到了充分肯定,并专门出简报予以表彰。其余5个区县也在抓紧工作,将在2000年上半年通过验收。消灭无标生产工作的开展,极大地推动了企业标准化管理工作,促进了企业标准水平的提高。二是办理企事业单位代码和物品条码工作进展情况良好。在推广代码证书应用的基础上，通过加大宣传和协调，使代码发证和年检取得突出进展，全年发证、换证19 520户，年检8 010户，使西安市成为全国开展代码年检工作最早的城市之一。与此同时，代码数据库完成了与国家编码中心数据库的联网，为代码的进一步应用创造了条件。物品条码工作也有了新的进展，发展条码新成员150家，续展123家，超额完成了中国物品编码中心下达的任务。

4. 计量工作

计量工作也取得了明显的进展。一是以用于贸易结算的计量器具为重点，持续不断地开展了法制计量检查，巩固了在主要集贸市场、固定摊位消灭杆秤的成果，集中打击了临潼旅游景点不法商贩使用"黑心秤"坑害消费者的违法行为。二是加大对重点行业和重点计量器具的监管力度，开展了对电能表、水表、天然气表、税控加油机、里程计价器、电话计时计费器的计量执法检查和计量管理监督，对50多家压力表生产经销企业进行了计量抽查。三是为了规范贸易结算秩序，还加强对商品量的监督管理，以定量包装商品和粮食、生活副食品、黄金饰品等人民生活密切相关的商品量为重点，开展了计量执法大检查，严厉查处了缺斤少量的违法行为，使食品、化妆品、洗涤用品等定量包装商品的净含量抽查合格率有明显提高。四是加强对企业计量工作的分类指导，帮助企业建立和完善计量检测体系，对计量基础比较好的大中型企业，鼓励其积极采用先进的计量测试方法，提高测试水平。对计量基础差的企业，要求配备必须的计量器具，保证产品质量检测的需要。对企业的计量测试设备进行定期检定，保证计量的准确可靠。

5. 技术机构及区、县技术监督工作发展势头良好

局属4个所坚持走功能多元化、服务社会化的路子，以改革求发展，以开发求发展，面向市场求发展，努力提高检验检测水平，改进服务质量，扩大工作的覆盖面，继续保持了发展的势头。1999年来，共出据质量检验报告7 200多份，完成市场抽查检验110批次，取得了较好的经济效益和社会效益。质检所、计量所坚持以检验检测为中心，不断拓宽业务领域，扩大服务范围，委托检验和自行开发计量检测业务所占的比例明显增大，使得业务工作量和经济收益持续增长，超额完成了年度考核指标。特别是质检所创造了历史最好水平，业务收入突破230万元，半年完成了全年任务。纤纺所坚持监督检验和行政执法并重，同市场稽查所一起，较好地履行了专职执法队伍的职责，圆满地完成了10多项市场商品专项检查，科学、公正、准确地办理了数百起行政案件，其中包括在社会上引起巨大反响的大案要案18起，在执法打假中发挥了重要作用。

区县局面对体制改革的新形势，及时调整思路，转变观念，各项业务工作继续保持稳步发展，人员的思想基本保持稳定。端正服务思想，确立"政府是否信赖，企业是否欢迎，群众是否满意"的工作标准，努力为企业和群众办好事实事，受到各级政府和群众的普遍好评，尤其是标准化、计量管理和检定工作进一步得到加强，突出了为发展地方经济服务，受到企业的欢迎。一年来，区县局共检定计量器具39 214台(件)，比1998年同期增长11.2%。

6. 精神文明建设取得了显著成效

加强了党风和行风廉政建设。先后制定了《贯彻落实党风廉政建设责任制的措施》、《改进行业作风的措施》。并加强组织领导和监督检查，认真贯彻落实。

以行风评议为契机，深入进行整改，效果明显。以切实抓好领导干部廉洁自律、坚决查处大案要案、认真纠正部门和行业不正之风、公正使用干部为纠风工作重点，采取一票否决制、签订党风廉政建设目标责任书、开展行风测评、设立行风廉政举报箱、聘请行风监督员、加强监督检查等有效措施，狠抓技术监督行风建设并取得了显著成效。一年来，全局没有发生严重的违法违纪问题。在市纠风办和市纪检监察部门进行的行风测评中，市评议组对西安市技术监督局抓廉政和行风建设给予了充分肯定和较高评价。通过3个多月的民主测评工作，对公安、工商、税务、技术监督局等6部门进行问卷调查的统计结果，认为技术监督系统行风建设好的占82%，较好的占14%，技术监督局的综合评价进入了前三名。在区一级评议中，全市有6个区县局名列参评的6个部门之首，7个区县名列第二或第三名，技术监督部门的行风建设和所做的工作得到了省、市、区有关部门领导、评议代表和人民群众的较好评价。

三、技术监督机构简况

西安市技术监督局为市政府直属一级局，局机关编制58人，处室设置9个：办公室、政工处、质量监督处、质量管理处、计量管理处、标准化管理处、科技术教育处、综合处、执法检查处。下属单位4个：西安市计量测试研究所、西安市产品质量监督检验所、西安纤维纺织品监督检验所、西安市市场计量商品质量检查所。并在西安地区的科研机构、大专院校、大型企业中，设立了17个质量监督检验站，29个计量授权站，现有检验、检测人员500多人，并拥有一批较为先进的检验、检测设备，已形成了完整的质量监督检验和计量检测网络。

按照国务院(1999)8号文件精神，技术监督机构实行省以下垂直管理。为此，积极开展了管理体制改革的各项准备工作，目前，制定的"西安市质量技术监督管理体制改革实施方案"，已经市政府常务会议讨论通过，报市委审批后将全面启动体改工作。

撰稿人　崔安利　周院旗
审稿人　吕锦城

大连市质量技术监督工作

一、概　　述

1999年，大连市技术监督系统以党的十五大精神为指针，努力贯彻落实全国质量工作会议作出的重要部署，坚持以质量为中心，标准化、计量为基础，加强综合管理，强化行政执法，为提高产品质量总体水平，净化市场环境，加强社会主义精神文明建设，促进经济发展和社会进步，开展了卓有成效的工作。

【李传卿局长视察大连局工作】 1999年3月1日至2日，国家质量技术监督局李传卿局长在大连市副市长王承敏、市技术监督局局长麦德仲同志的陪同下，先后到大连市技术监督局、市计量所、质检所以及大连商品交易所、迈凯乐大连商场、胜利广场和大连经济技术开发区内的中日合资东芝电视有限公司、中美合资辉瑞制药有限公司进行视察、调研。李传卿局长对大连市的质量技术监督工作给予了充分肯定，并要求大连市技术监督系统要立足于发挥大连作为沿海开放城市的良好基础和优势，勇于开拓，敢于创新，继续抓好产品质量、工程质量和服务质量，积极推进与国际接轨，以更加优异的成绩和崭新的面貌迈向21世纪。

【管理体制改革工作稳步推进】 按照国务院8号文件及国家局、省局的有关要求，就垂直管理工作进行了认真细致的准备。赴广州、深圳、哈尔滨等兄弟城市进行调研，对市属各区市县技术监督系统进行摸底调查和资产审计，积极向市领导汇报并同组织、人事、财政、编办等部门沟通协调。在此基础上，结合大连市的实际，起草并向市政府上报了《大连市质量技术监督管理体制改革实施方案》。同时，较好地保持了人员思想的稳定和各项工作的正常开展。

【水产养殖标准化示范区通过国家级验收】 长海县自1995年被国家技术监督局确定为全国水产养殖标准化示范区以来，在当地政府的重视支持和各级技术监督部门的帮助指导下，各项工作任务已基本完成，于1999年底通过国家级验收。栉孔扇贝、虾夷扇贝两个示范品种的综合技术标准填补了国内空白，处国内领先水平。目前，这两项标准在全县相关品种养殖的覆盖率已达90%以上，并带动了育苗业、加工业的发展。虾夷扇贝鲜活品和加工品在国内外市场十分抢手，且价格居高不下，为长海县带来了可观的经济效益和社会效益。对开展农业标准化工作和发展海上农业起到了积极的推动作用。

【开展服务质量监督】 1999年12月9日～13日，大连市技术监督局与“质量万里行”辽宁投诉站共同邀请14家新闻单位，对115家企业，包括一些知名企业的家用电器、电梯等产品的售后服务，10家寻呼台、14个铁路办事处的服务质量进行暗访。结果59%的被访单位服务质量为优，16%的单位为良，25%的单位服务质量比较差，暴露出的问题也比较多。对这次暗访，媒体反应积极，社会各界、广大消费者反响强烈。暗访使一些行业和领域的服务工作有所改观。

【市质检所改造工作开始实施】 大连市产品质量监督检验所建于80年代初，已不适应市场经济发展的客观要求。在国家局和市政府的支持下，投入360万元对质检所的实验室及检验设备进行改造、更新。质检所充分把握机遇，齐心合力，克服困难，在不影响正常检验工作的情况下，使土建工程基本完工。国家粮食监督检验中心的筹建工作进展顺利。为质检所的进一步发展打下良好基础。

二、技术监督工作

1. 质量监督工作

依据《产品质量法》和国家有关法律法规，突出重点做好质量监督工作。对涉及人体健康和人身财产安全的产品，影响国计民生的产品，市场热销和消费者反应强烈的产品以及一些区域性、行业性的质量问题加大监督管理和行政执法力度。依法对2 023个企业、3 292批次的产品进行监督检验，合格率91.6%；对129个企业、210个批次17类产品进行监督抽查，合格率61.4%。

【举办不合格企业厂长、经理学习班】 1998年第四季度，在辽宁省产品质量监督抽查中，大连市51个批次的产品合格32个批次，合格率为62.5%，比全省平均合格率低5个百分点，是近年来较低的一次。为此，大连市技术监督局举办了不合格企业厂长、经理学习班。在要求有关企业停止生产销售不合格产品、进行整改的同时，对企业负责人进行质量法律法规和健全质量保证机制、加强质量管理的培训，取得良好效果。

【无磷洗涤用品专项监督检查】 根据大连市人民政府关于保护环境、推广使用无磷洗涤用品的指示精神，会同环保部门对生产和流通领域的洗涤用品含磷情况进行专项检查。共检查138个生产、经销企业的480种产品，发放无磷洗涤用品证书256份。

【霓虹灯、灯箱制作企业资质审查】 根据市政府加强户外光环境建设管理，整顿治理霓虹灯、灯箱质量的要求，会同市霓虹灯协会对全市霓虹灯、灯箱制作企业进行资质审查。共考核、评审28家制作安装企业，有20家企业经评定和质量检验，获得资质等级证书。其中A级9家，B级7家，C级4家。

【检验质量比对试验】 1999年，市技术监督局在7个质检所之间开展对白酒、酱油两种产品的比对试验。对检验数据的准确性、检验报告的规范性、原始记录的完整性以及执行标准和仪器设备的运行状况进行考核、检查，对存在的问题提出了整改要求。同时，对依法设置和授权的16个质检机构的159名检验人员进行培训，占检验人员总数的82%，两项活动效果明显。

2. 监督执法与“打假”工作

1999年，大连市技术监督系统围绕查市场、保两节，查农资、保春耕，查建材、保建设的“三大战役”，突出重点商品、重点市场、重点区域和大案要案，加强行政执法，加大打假力度。共查获假冒伪劣商品标值总额2 747.2万元，涉及经销企业5 973个，生产企业222个；销毁假冒伪劣商品标值总额18.85万元；捣毁制售假冒伪劣商品黑窝点45个；立案1 674件，现场处罚2 769件，其中大案、要案14件；罚没款总额578万元；受理投诉1 367件，举报466件，处理结案1 312件，结案率为95.9%，其中举报查处率为100%。

【查市场，保两节】 以关系人身安全和节日期间大量上市的时令商品为重点进行全面监督检查。出动行政执法人员950人次；现场检查各类商店890家、市场37个；抽检市场商品5 400批次，查获假冒伪劣商品标值18.9万元；没收劣质计量器具13台(件)；端掉制假制劣窝点14个。

【查农资，保春耕】 以农药、种子、化肥和农机配件等农业生产资料为重点，开展集中打假活动。出动人员1 527人次；检查各类经销商店、市场756家，抽样检验样品156批次，检查商品标值4 900万元；捣毁制售假冒伪劣农资商品黑窝点16个；充分利用新闻媒体进行公开宣传，播发新闻报道13篇。

【查建材，保建设】 检查生产企业180家，专业市场16个，经销商店690家，建筑工地49个；查获伪劣建材产品标值758万元，查处经销伪劣建材商店170家，捣毁制假黑窝点2个；清理整顿小水泥厂(站)34家，对其中质量不符合标准要求的22家责令停产整改。

【执法监督检查】 1999年下半年，组织力量对市局稽查队和11个区市县局的行政执法情况进行检查考核。主要内容是：制度落实情况，执法卷宗抽查，业务素质考核和走访行政相对人。共抽查案卷91份，走访行政相对人17人，对142名行政执法人员进行业务素质考试，及格率100%。

3. 标准化工作

完成采用国际和国外先进标准50项，继续处于全省领先水平；产品使用采标标志5项；对采标验收已达5年的项目复审26项。截止1999年底，全市累计采标2 204项，共有27家企业68种产品办理使用采标标志。加强标准实施监督工作，完成57个企业720种产品执行标准注册登记；办理企业产品标准备案2 771项，复审企业标准413个；办理食品标签备案2 466个，并对186个进口食品标签进行审查备案。办理组织机构代码16 125户，全市代码系统联网工作基本完成；发展条码系统成员142户，初步建立了条码系统成员数据库；进行商品条码质量监督检查，对有质量问题的28个企业40种产品予以限期整改等处罚。目前，全市已累计办理组织机构代码10万户，发展条码系统成员766户。

【瓦房店市通过消灭无标生产国家验收】 瓦房店市将1999年作为“工业企业实施消灭无标生产年”，加强监督管理，使606家企业1 165种产品的标准覆盖率达97.9%，产品合格率达90%以上，分别比1998年提高30%和18%。经上级考核检查，瓦房店市顺利通过了消灭无标生产国家验收。

【实施《啤酒瓶》强制性国家标准】 根据国家局和省局的有关要求，开展对啤酒瓶专项执标检查。先后对大连棒棰岛啤酒厂、华润啤酒有限公司、普兰店大雪啤酒厂和庄河黄海啤酒厂使用的啤酒瓶进行现场监督检查，并从生产、流通两方面加强监督管理，组织分阶段销毁非“B”瓶工作，取得明显效果。截止1999年底，全市啤酒生产企业使用“B”瓶已达70%以上。

【标准文献】 1999年，共收集新标准文献1775个，其中国家标准1 176个，国际标准10个，行业标准586个；积极为社会提供标准及业务信息服务，接待各类咨询、查阅人员2 000多人次，提供、复制各类标准信息资料4 740册。

4. 计量工作

为国有企业提供有效服务，指导帮助大连第一互感器厂、瓦房店冶金轴承厂、大连特钢厂3家企业通过完善计量检测体系国家级审核；指导完成大连永亮医药实业有限公司等4家企业的定、升级审核以及大连大显股份有限公司等6家企业计量定级到期复查。做好强检和量值传递工作，全年完成强制计量器具检定190 287台件，强检计量器具的受检率达到98%以上，并会同交通局实施对营运车辆里程表、速度表的检测；加强计量器具的监督管理，对全市89家计量器具生产企业的“制造计量器具许可证”进行年审，对市场衡器、压力表等进行了监督抽查。

【定量包装产品监督管理】 抽查生产领域定量包装产品64个品种，合格率85.9%；抽查流通领域定量包装商品912种，合格率75.6%，并根据《商品量计量违法行为处罚规定》对有关生产和经销企业进行处罚，有效地打击了缺秤少量的不法行为，保护了消费者的利益。

【计量标准考核】 组织进行全市10个区市县的12个法定计量检定机构的最高标准器复查和整顿验收工作；对20个企业的188项最高计量标准进行复查；对180多名计量检定员进行培训、考试。

三、技术监督机构简况

大连市技术监督局是统一管理和组织协调全市标准化、计量和质量监督工作的职能部门，人员编制为55人，是大连市政府机关一级局。

大连市技术监督局现有正、副局长3人。

市技术监督局下设7个职能处室，分别为：办公室、人事监察处、法规宣教处、质量监督处、标准监督处、计量监督处、市场监督处(打假办公室)。

市技术监督局所属事业单位：大连市产品质量监督检验所、大连市计量检定测试所、大连市技术监督局稽查队。

撰稿人　刘　哲
审稿人　麦德仲

宁波市质量技术监督工作

一、概　　述

1999年，宁波市技术监督系统上下精神振奋，锐意进取，扎扎实实地实施了'99"强力工程"，使全市技术监督部门的综合管理能力、行政执法威力、技术保障实力得到进一步提高，为宁波经济和社会发展作出了积极的贡献，得到了市委、市政府和人民群众的肯定，被国家质量技术监督局评为"全国技术监督先进单位"。

宁波市的技术监督工作坚持以邓小平理论和党的十五大精神为指导，坚持两手抓、两手都要硬的方针，正确处理社会效益和经济效益的关系，坚持把社会效益和为企业服务、为人民服务放在首位的原则，坚持改革和发展的方针，坚持用新思想、新观念、新标准、新干劲做好各项工作，有效树立了部门的行业形象，为事业的发展提供了政治上、思想上的有力保障。市局党委理论学习中心组被评为宁波市先进县局级党委中心组。

1999年宁波市技术监督工作的特点：一是借质量工作倍受上极领导重视的东风，统一思想，凝聚人心；二是紧紧围绕当地经济和社会发展的中心，履行职能，强化服务；三是用铁的手腕抓质量，加大力度，扩大影响；四是以改革为动力，勇于创新，不断发展；五是抓领导班子和干部队伍建设，转变作风，塑好形象。

二、技术监督工作

1. 质量管理

【组织"质量是我们共同的事业"活动】 与宁波市委宣传部、市经委等部门一起，组织开展了"质量是我们共同的事业"活动。在这次活动中，邀请了中国质量管理协会张桂华理事长到宁波来作"高举TQM旗帜，迎接新世纪挑战"专题报告会；在市中心举行质量知识、法律法规宣传咨询服务活动，发放宣传资料200余份，接受咨询、投诉百余起；派出选手到杭州参加浙江省质量技术监督局组织的"'99利群杯质量知识竞赛"；召开"防范和整治区域性质量问题研讨会"，共同探讨如何变区域性质量问题为区域性产业优势。

【市级定期监督检查】 1999年监督检查的覆盖面进一步扩大，市级定期监督检查了201种2,150批次产品，比1998年增加38种324批次。举办了5期不合格企业厂长(经理)学习班，有244家企业负责人参加了培训。受训人员通过学习，质量意识和法制观念均有所提高，整改态度积极。对60家两次无故不来参加学习的企业进行公开曝光及上门督促帮助，落实整改措施，引起了这些企业和有关部门对质量工作的重视，维护了监督检查的严肃性。

【推出"放心工程"】 为了扶优扶强和引导市民消费，宁波局推出一系列服务工程。列入"放心工程"的产品是与群众生活密切相关、涉及人体健康和财产安全、消费者反映问题较多的产品。1999年针对宁波市酱油质量问题较为突出，消费者投诉较多这一现状，组织开展了酱油专项检查。共检查了52家企业生产的56批次酱油，基本涵盖了全市市场销售的酱油产品。制定了《酱油生产企业考核细则》，并根据"企业自愿、严格考核、择优审批"的原则，向社会推出"放心酱油"，受到政府，企业和群众的好评。与有关部门共同考核了28家酱油、食醋生产企业，取消了5家企业的生产资格。

【生产许可证管理】 1999年上半年适逢生产许可证职能调整，为解决企业在此期间的生产、销售困难，经过严格审核，为67家企业发放了临时生产许可证。省、市生产许可证办理关系理顺后，制定了相应的受理、考核、审查办法，接受了13家企业的颁证申请。严格按照新的《制造、修理计量器具许可证管理办法》监督管理计量器具许可证，规范许可证发放行为。对与新办法不相符的企业，发现一家，纠正一家。同时依法加强了制造、修理计量器具许可证的年审管理。

【减压阀区域性质量问题整治】 减压阀区域性质量问题整治是1999年质量工作的重头戏。按照省、市领导的指示精神，省、市、县3级技监部门和当地政府联合组成了减压阀专项整治工作组，开展大规模的区域性质量问题整治工作。通过6个多月的努力，采用扶持与打击相结合的工作方针，通过前期准备、宣传发动、调查摸底、分类指导、教育培训、建章立制、加强查处等几个阶段的工作，取得了有目共睹的成绩：A类企业得到了扶植，B类企业进行了整改规范，C类企业被关停并转，10月份减压阀的抽样合格率达到80.95%。

【中质网宁波工作站成立】 中国质量信息网宁波工作站(www·cqj·gov·cn)1999年6月14日在宁波市技术监督局内成立。该网络是国家质量技术监督局批准建立的全国性、现代化质量信息服务和管理网络。网页具有产品、企业质量数据库、质量综合数据库、中国产品质量信息之窗、用户投诉、市场调查等12种服务功能。

2. 监督执法与"打假"工作

【行政执法工作】 全系统共出动检查人员8 300人次，查处的产(商)品标值2 700万元；办理案件1 860件，其中万元以上案件142件分别比1998年提高了9%和55%；端掉制假窝点140个，处理投诉791起，罚没款645万元。计量执法和标准监督的力度也比1998年加强。1998年底《宁波市商品条码管理办法》发布施行，1999年技监系统进行了条形码专项执法检查，共查处了50多起违法案件。

【"五打五保"战役】 以"打击假冒，保护名优"为目的的"五打五保"战役，即打假保节日、打假保农业、打假保工程质量、打假保健康、打假保安全，在全市范围内对黄(白)酒、食用油、冷饮、纯净水、低压电器、种子、化肥、农药、农膜、水泥、螺纹钢、红砖、减压阀等一大批涉及人身健康和人民生命财产安全的产品进行了检查。共出动执法人员3 594人次,检查商品7 555批次,合格6 191批次,查获假冒伪劣商品标值319.82万元,端掉制假窝点16个,有力地改善了市场环境。市、县两级新闻媒体都相继作了报道,强大的宣传攻势扩大了这5大战役的影响,触动了被曝光单位,产生了良好的社会效应。

【计量监督检查】 检查了14家石油液化气灌装点和供应点的液化气灌装量;检查了定量包装大米、茶叶、糖果、饼干、方便食品等20类965批次商品的净含量情况;普查了餐饮业使用的计量器具的强制检定落实情况;检查了34家眼镜商店的配镜用计量器具的配备及检定情况;检查了33家商店经销的16个品种46批次计量器具的质量。全年共查处计量违法行为51起,立案查处30起,现场处罚21起,其中万元以上大要案13起。

【标准监督检查】 检查了全市6家啤酒生产企业的B瓶使用情况;复检了公共场所公共信息图型符号使用情况;检查了水泥包装袋、食品标签、饲料标签和国旗等国家强制性标准执行情况。这一系列检查,有效地整顿了市场,保护了名优产品和消费者的合法利益,规范了市场秩序。

【组织协调各部门的打假工作】 宁波市打假办组织召开了全市打假治劣工作领导小组全体会议和全市打假治劣工作会议,明确打假责任,部署打假方案。组织协调技监、工商、农业、供销、化工、农机等部门联合开展"打假保节日"、"打假保农业"、"打假保健康"统一行动,全市共出动检查人员18 881人次,检查商业企业35 311家,专业市场1 481个,查处假冒伪劣案件1 838件,取得了预期的效果。

3. 标准化工作

【消灭无标生产工作】 继1998年宁海县通过消灭无标生产国家级验收,余姚市通过省级验收后,1999年镇海区亦通过了国家级验收,其余8个县(市)、区相继通过省级验收。在消灭无标生产工作中,共调查县以下工业企业数3.50万家,界定应持标企业数9 550家,产品数1.77万只。现生产企业标准持有率由原来的47.6%上升到96.12%,产品质量抽查合格率由原来的76.1%上升到84.5%。对企业的标准管理已全部实现了计算机管理。按时完成了国家局提出的沿海发达地区要在本世纪末消灭无标生产的任务。

【采标工作】 向企业大力宣传采标的重要性和紧迫性,提高企业对采标工作的认识。积极做好采标咨询服务工作,帮助企业查找国家标准文献中已明确采标的标准文本,鼓励企业按照国家采标的标准文本组织生产。全市共采标106项,使用采标标志32项,企业标准化水平确认68家,企业标准备案164项。

【出台《宁波市农业名牌产品评价办法》】 为了尽快实现我市农产品生产的商品化、批量化、规范化、集约化,提高产出率,提高经济效益,和农口各部门共同起草了《宁波市农业名牌产品评价办法(试行)》,把农业标准化和农产品创优质产品、名牌产品,走农业产业化道路紧密结合起来,帮助制定地方名优农产品和当地急需的水产品系列标准,指导他们实施标准化生产,使这些产品的质量与经济效益大为提高。

【评选优秀农业标准】 评出优秀农业标准一等奖2项,二等奖4项,三等奖10项。大大地鼓励了广大一线农技工作者投入农业标准化工作的积极性,为今后进一步开展农业标准化工作奠定了良好的基础。

【制定农业标准】 1999年制定农产品标准和操作技术规程30项,现有农业标准80余项,初步形成了一个较为完整的适合宁波市农业发展的标准化体系。按照这一体系生产的农产品已有1种被省政府命名为省级农业名牌,8种被市政府命名为市级农业名牌。

【进口机电产品标准化管理】 与宁波市机电产品进出口办公室联合发布了《关于认真贯彻执行〈进口机电产品标准化管理办法〉的通知》,从今年起对进口机电产品实行标准化管理。共受理了21家单位26只机电产品的标准化审核,向25家企业提供了有关进口机电产品标准化管理的技术咨询。

【发布实施省地方标准《机动车驾驶员驾车时血液中酒精含量规定》】 经过几年的酝酿、调研,与宁波市交警支队联合起草了浙江省地方标准《机动车驾驶员驾车时血液中酒精含量规定》,由浙江省质量技术监督局发布实施,代号为DB33/259—1999。

【代码工作】 全年完成了22 891家单位的赋码、数据采集及代码证书的颁发,完成了20 976张IC卡代码证电子副本的颁发,IC卡的颁发率达到了91%。代码管理系统的软件得到升级,调整了银行开户管理系统的IC卡接口,顺利完成了试点IC卡向国家统一IC卡的平稳过渡。积极拓展代码应用领域,在全市人事管理信息系统中开始应用代码,在办理社会保险登记时查验了代码证书。

【代码实现集中赋码】 经与宁波市编办、宁波市民政局多次协商,全市机构编制、民政部门先后停止赋码,由宁波市编码所进行计算机集中赋码,从而实现了从国家中心到宁波市并延伸到县(市)、区的垂直纵向联通,也从根本上保证了代码数据的质量。

【条码工作】 新发展商品条码系统成员200家,并为这些企业进行了注册后条码设计、编码、订制胶片、印刷指导和条码的免费质检工作。为140家到期系统成员办理了续展手续,续展率达65%。采集了128家商品的条码信息。

4. 计量工作

【计量产品质量管理】 召开了计量器具生产企业厂长会议,强调抓好产品质量的重要性,提高企业领导的产品质量意识。组织协调同类产品生产企业间采用共同约定、相互约束的方式,走出劣质低价竞争的恶性循环,形成质量竞争的局面。

【帮助企业完善计量检测体系】 共完成计量水平确认116家,新建计量标准考核56家44项,计量标准复查69项,抽检计量器具全性能试验56家80批次,合格率83.8%。积极帮助企业编制计量管理手册,引导其配备必要的计量检测设备,加强数据管理,充分发挥计量检测工作在提高产品质量、减损降耗、增进效益方面的作用。

【医疗系统计量管理】 召开全市医疗卫生计量工作会议,帮助两家市级医院完善计量管理制度,使其达到了医疗卫生单位计量合格评定考核的要求。同时要求其他医疗单位积极开展创建计量合格工作，确保在用计量器具的计量性能，为临床诊断和提高医疗服务质量提供可靠的保障。

5．认证工作

【营造执行ISO 9000标准的氛围】 为激发企业管理人员对采用ISO 9000标准的热情，利用各种舆论工具传播ISO 9000标准，并举行了“ISO 9000质量体系认证咨询工作新闻发布会”。

【培训教育】 先后对全市企业的1 000余人进行了ISO 9000族标准的宣贯教育。

【队伍建设】 为了尽快在宁波市形成一支国家注册审核员队伍，积极物色有关人员参加国家注册审核培训考试。开办了全国质量体系和质量认证内审员学习班11期，为急需认证的企业培养了技术骨干374人。全年开展咨询的项目20个，有2个项目通过认证。

三、技术监督机构简况

宁波市技术监督局是列入政府序列的行政一级局，同时主持宁波市打假治劣工作领导小组办公室日常工作。内设6个处(室)：办公室、综合计划科技处、政策法规处、质量监督管理处、标准化处、计量处。市“打假办”对内作为一个处。局机关行政编制为27人，老干部工作事业编制1人。在任局长1名，副局长2名，副总工程师1名，局长助理1名。

宁波市技术监督局下设事业单位6个：宁波市产品质量监督检验所、宁波市计量测试所、宁波市技术监督稽查大队、宁波市物品编码所、宁波市技术监督情报所、宁波认证咨询中心。事业单位总计编制为148人。

宁波市技术监督局挂靠学术团体2个：宁波市计量测试学会、宁波市标准化协会。其中，宁波市计量测试学会下辖有宁波市水表协会。

宁波市5个区、6个县(市)均有技术监督局。部分县(市)还在乡镇设立了技术监督站。

撰稿人　陆一飞
审稿人　朱顺恩

青岛市质量技术监督工作

一、概　　述

1999年，全市质量技术监督系统以认真落实国务院领导同志“用铁腕抓质量”的指示精神、做好管理体制改革的准备工作、开展行风民主评议和“三讲”教育工作为重点，做了大量工作，各项工作都取得较好成绩，获得全国技术监督工作先进单位。全年完成产品质量监督检验18187批次，超市府目标51.6%，其中工业产品定期检验9 025批次，批次合格率为88.51%；市场商品日常监督8 154批次，批次合格率为84.42%；市监督性抽查1 008批，批次合格率为87%。市场检查共出动检查人员6 813人次；检查经销单位4 175家，检查集贸市场54个，检查商品货值13 397万元，查处伪劣商品总标值328.01万元，查处各类违法案件3 714起，罚没款563.07万元。市场商品计量检查306家商店和农贸市场，检查商品总标值1.4亿元，检查定量包装商品1 970批次，合格率为88.6%，超市府目标65.6%。全市有89家企业贯彻了GB/T 19000系列标准，超市府目标28%。1999年度通过质量体系认证审核的企业111家，全市累计通过认证企业已达391家。完成采用国际标准验收86项，超市府目标186%，其中达到国际先进水平的14项，有6项采标产品备案使用采标标志。

二、技术监督工作

1. 质量与认证工作

一是贯彻落实《质量振兴纲要》工作取得了新的成绩。青岛市推荐了15种工业产品和10种农产品参加省产品质量奖和省农产品名牌评选认定活动。共有7项产品获省政府颁发的首次产品质量奖，占全省的五分之一还多，其中即墨市获两项。经对全市158家主要企业《纲要》贯彻落实情况的调查，实物质量水平与世界先进水平相当的有72家，占45.57%；一次交验合格率达90%以上的有137家，占86.71%。

二是深入开展了“99质量月”活动。质量月期间，在《青岛晚报》开辟了质量月宣传专版，开展了放心满意、落实农机三包规定示范单位、厂长经理站柜台等活动，厂长、经理站柜台活动共在百盛、崂百等11家大型商场开展，市人大、政府、政协领导及23家名牌产品生产企业的57位厂长经理和200余名技术监督人员参加了此次活动，发放宣传材料14 770份，接受用户咨询4 206人次，接受产品质量投诉57起。开展了免费检测和名牌展示活动。青岛啤酒节正值质量月期间，制定了啤酒节技术监督工作方案，并积极开展工作，青岛市局和崂山区局均被评为啤酒节活动先进单位。

三是质量认证工作管理水平不断提高。完善了青岛市质量认证协会咨询中心工作程序及认证机构和咨询人员管理办法，质量体系认证咨询工作日趋规范。青岛市质量认证中心已正式运行。各市、区局都已开始独立进行有关咨询服务活动。

四是生产许可证管理工作不断深入。充分发挥了生产许可证治差治乱的作用，对微型计算机、冷轧带肋钢筋、空压机、铁塔等重点产品进行了专项治理。对调味品和肠类制品实行了青岛市地方许可证制度，对提出申请的82家企业进行了审核，对22家调味品、18家肠类肉制品生产企业颁发了“青岛市产品许可证”。

五是质量教育工作得到加强。举办了10期《质量振兴纲要》培训班，对300家企业的厂长、经理和负责人进行了培训；举办了6期质量体系内审员培训班，对70个单位211人进行了培训，考核合格的209人；完成了第五期全国质量认证与质量体系函授培训工作，培训合格学员226人，占全省培训人员的61.08%。

2. 监督执法与打假工作

一是打响了“三大战役”。围绕重大节日开展了五次综合性市场大检查，共出动执法人员3 398人次，检查商品6 570批次，检查各类商品总价值5 397万元，查处伪劣商品价值174.9万元；对农资产品进行了市监督性抽查，还坚持了化肥、农药保质监销制度，建立保质监销处154个，占总乡镇数的95.6%。在“3.15”期间市人大、政协领导对保质监销工作进行了视察，并给予高度评价；组织对钢材市场和砖瓦生产企业进行了质量整顿，召开了水泥生产企业座谈会，贯彻水泥包装新标准，对进入建筑工地的建筑材料进行了监督抽查，并对不合格材料进行了公开曝光处理。对检查中发现的使用废品水泥已建好的1 200多平方米厂房进行监督拆除，消除了事故隐患。

二是开展整顿“五个一批”工作。组织开展了对矿泉水、儿童用品、酱油、醋等20余种重点产品和装饰材料市场、灯具市场的专项整顿。组织年销售额在5 000万元以上亿元以下的商业企业开展了“清柜台”活动，我市有6家商业企业受到国家局和国内贸易局的表彰，青岛市局也被评为全国“清柜台”活动先进单位。即墨市局对燃气灶具市场进行了治理整顿。

三是加强了日常监督。共发布质量监督信息、通报、报告50期，对210个质量不合格的企业予以通报批评，国家、省监督性抽查处结率达100%。还召开了110余家企业参加的全市工业企业质量监督工作会和企业试验室合格评定工作会，进一步加强对企业签发产品质量合格证工作的管理，严把产品的出厂关。

四是深入开展了“打假保优”工作。确定了20个名优企业做为“打击假冒，保护名优”的重点保护企业，共为名优企业开展打假活动50余次，出动执法人员500余人次，查获假冒伪劣产品标值近四十余万元，端掉制假窝点11个。

3. 标准化工作

一是农业标准化工作。市政府批转了青岛市技术监督局《关于加强“九五”至“十五”计划中我市农业标准化工作的报告》和《青岛市农业标准化工作方案》，王家瑞市长、崔锡柱和宗和副市长分别作了重要批示，还建立了胶州大白菜栽培管理，胶南、崂山茶种植及加工，即墨坤源西瓜、平度大泽山葡萄、莱西中华寿桃、城阳大鲜桃果园管理及黄岛网箱养鱼等13个农业标准化示范项目。召开了全市蔬菜生产标准化现场会，推广了生产无公害蔬菜的经验。

二是继续开展了消灭无标准生产工作。莱西市、崂山区消灭无标准生产试点通过省级验收，平度市、黄岛区、城阳区分别被确定为全国全省1999年度消灭无标生产试点县（市），已通过验收的市也加强了对企业产品执行标准的动态管理。

三是加强了标准化监督工作。全市共审查备案企业标准1 211项。审查新设计食品标签、饲料标签885个；对11项进口机电产品进行了进口前的标准化审查；对商用收款机进行了整顿，要求2000年1月1日起向消费者出具的收据必须使用规范汉字；还联合市府办公厅对生产、销售、悬挂国旗执行国家强制性标准情况进行了检查。

四是配合行业整顿，开展了标准化服务工作。配合贯彻市政府《关于加强城区居民安装住房防护栏管理的通告》，制定了住宅防盗栏技术标准，该标准已被45个生产单位采用并转化为企业产品标准，有效地保证了新生产住宅防盗栏的质量。为进一步整顿干海产品和小食品市场，组织起草了鱿鱼丝、烤鱼、烤虾、水饺、馄饨、汤圆等标准，供企业自愿采用。

五是条码代码资源应用工作。全年发展条码系统成员200户，全市现有条码用户使用数849户，荣获国家物品编码中心二等奖；共颁发代码证书2万套，完成了与国家、省代码中心的远程通讯联网和与六个区市的联网，从根本上杜绝了重名重码，步入了代码管理技术全国先进行列。

4. 计量工作

一是法制计量工作出台了三项法制管理措施。加强了对自来水表、煤气表和以商品房面积为重点的商品量的监督。理顺了管理体制，在青岛市计量测试所成立了水表检定站、煤气表检定站，启动了新建住房民用水表的首次强检工作。青岛市计量公正行及所属的胶州、胶南、开发区等六个分行相继成立，并通过省级计量认证，向社会开展了商品房销售面积的公正测量，从8月至11月，检查楼房32幢，房间459套，缺量套数106套，占总数的23%，检查面积10.5万平方米，缺量1 306平方米。还及时处理了市长公电话转来的消费者投诉，为消费者挽回12.94平方米的房价款5.176万元及赔偿1.7万元，较好地保护了消费者的合法权益。

二是加强了对计量器具的管理。共对317个单位的21万余台（件）强检计量器具进行了年审。完成计量标准考核、对内授权复核换证、生产企业计量器具抽检、医疗卫生单位计量检查和农资产品收购的计量监督检查等工作。在省局组织的全省范围重点计量器具考核换证中，青岛市20个企业全部一次通过检查，在全省名列第一。还完成了全国电子计价秤和全省弹簧度盘秤的抽检任务。

三是加强了工业计量和商贸计量。召开了170个企业参加的全市工业企业计量工作会议，印发了《青岛市工业企业计量工作意见》，鼓励企业开展计量确认活动，5个企业通过二、三级计量复核，4个企业通过完善计量检测体系复核。继续开展了“双信”评选活动，全市共有国家级“双信”单位2个、省级8个、市级113个、区级146个。举办商贸计量培训班一期，计量管理培训班三期，培训计量管理人员480名，培训各类专业检定检测人员1 050名。

四是做好了全国质量计量技术委员会秘书处的工作。组织召开了全国《非自动秤通用检定规程》宣贯会议、全国采用R61国际建议研讨会和技术委员会年会。1999年委员会的工作，在全国计量技术规程工作会议上，被列为5个被表彰的委员会之一，受到国家局好评。

5. 法制工作

一是接受了全国人大《产品质量法》贯彻实施情况的检查。代市政府起草了《青岛市人民政府关于〈产品质量法〉贯彻实施情况的汇报》和《关于对部分产品质量监督管理情况的说明》，并对《产品质量法》修改提出了具体意见，受到了检查组的一致好评，肯定了青岛工作的水平。

二是加强执法监督，实施罚缴分离制度，进一步规范了执法行为。4月份至年底，全局共办理案件637起，银行执行了596起，无重大差错，在市府法制局和财政局罚缴分离检查中得到充分肯定。组织了执法人员二、三批执法考试，在全市行政执法人员发证仪式上，我局代表全市70多个行政机关作了典型发言。

三是积极参与地方立法工作。完成了《青岛市工业产品生产许可证管理规定》送审稿和《青岛市产品质量监督管理条例》的调研工作，还对《青岛市货运出租车辆客运管理规定》等地方法规、规章提出了修改意见和建议。

6. 技术监督自身建设

一是全面做好了管理体制改革的准备工作。按照国家、省局的要求，对各市区局的人员、财务、资产情况进行了摸底调查，积极与市编办、财政等有关部门协调，制定了《青岛市质量技术监督管理体制改革方案》的初稿，为实施改革工作打下了基础。

二是加强了内部管理工作。青岛市局机关档案管理晋升为省一级先进单位，在青岛市直单位中为第二个晋一级的单位；市纤检所一次通过国家认可委“三证合一”评审验收，在全国纤检系统名列第二；市衡器所通过与荷兰国家计量院的试验室互认，基本完成试验室国家认可准备工作，检验报告可以在欧洲通行，扩大了影响，国内许多知名衡器生产企业都主动来中心做样机试验或型式评定。

三是实验室建设工作。青岛市质检所新建和完善实验室四个，投资200余万元新建了橡塑实验室，设备原值达1 100余万元，是“八五”末的5倍，跃居全省同行业首位，固定资产达1 500余万元。平度市技术监督检测中心主体已基本完工。

四是开展了“三讲”教育。按照市委的部署，在市局领导干部及副处级以上干部中开展了“讲学习、讲政治、讲正气”的“三讲”教育，历时72天，每人平均写了2万多字的读书笔记，共征求意见、建议200余条，谈心140余人次，修改完善制度15项。市局党组严格按“三讲”教育的各项要求，突出“讲政治”这个核心，查找到了党性党风方面存在的理论学习、工作作风等5个方面的问题。制订了具体的整改措施，并坚持了立说立行，边整边改。通过这次“三讲”教育，提高了自觉性，增强了党性，坚定了信念，激发了工作热情。

五是认真开展了行风民主评议工作。1999年青岛市技术监督局被列为全市9个纠风重点单位之一，进行了行风民主评议。召开了全局行风建设工作会议，成立了局行风民主评议工作领导小组，与各单位签订了行风建设责任状，落实了纠风领导责任制和目标管理责任制。还制定了青岛市技术监督局贯彻市委党风廉政建设责任制的具体实施方案，实施了政务公开和罚收缴分离制度，扎扎实实地开展了行风民主评议工作。

撰稿人　李宗卫
审稿人　王连生

深圳市质量技术监督工作

一、概　　述

1999年，深圳市质量技术监督工作依照“政府需要，企业欢迎、群众信赖，社会赞誉”的基本要求，在推进深圳市质量技术监督管理体制改革，深化深圳市质量振兴工作，提高产(商)品实物质量水平，促进企业技术进步，进一步完善企业标准化、计量技术基础，净化市场质量环境，抓好队伍建设等方面取得了一定的成绩，得到了国家质量技术监督局等上级部门的肯定。1999年3月，深圳市质量技术监督局被国家人事部和国家质量技术监督局联合授予“全国质量技术监督先进集体”的光荣称号，深圳市标准化与编码技术研究院和深圳市龙岗区技术监督局的龚家瑞同志被国家质量技术监督局分别授予全国质量技术监督系统“先进单位”、“先进个人”的荣誉称号。此外，在深圳市政府的直接领导下，深圳市质量技术监督局通过深入调研，广泛征求意见，加强与各区政府和市编制办、财政、劳动、组织等有关部门的协调沟通，较好地推进了全市质量技术监督管理体制改革工作。(下简称“实施方案”)。6月底，深圳市政府以深府[1999]119号文批准了深圳市质量技术监督局提出的《深圳市质量技术监督管理体制改革实施方案》;7月30日，深圳市技术监督局更名为深圳市质量技术监督局，并举行了深圳市质量技术监督局龙岗、宝安、南山、罗湖、福田、盐田六分局挂牌成立仪式；8月18日，深圳市质量技术监督局与深圳市劳动局举行了锅炉压力容器、电梯等特种设备行政监察机构和技术检测机构划转交接仪式；12月，深圳市编制办以深编[1999]024、025、026号文分别就深圳市质量技术监督局的行政机构、技术机构、各分局内设机构等作出批复；这些改革措施的相继到位，标志着深圳市质量技术监督管理体制改革工作已初步完成，同时，一个初具规模、较为完善的深圳质量技术监督工作体系已基本形成。12月28日，深圳市质量技术监督局及下属的市质量技术监督稽查大队、市维修行业技术管理所又整体通过ISO 9002质量体系认证，成为全国首家整体获得质量体系认证的行政机关和执法机构。

二、质量技术监督工作

1. 监督执法与打假工作

【产(商)品质量监督】 一年来，深圳市质量技术监督部门根据扩大深圳产品出口，开拓国内市场和提高市场商品质量的需要，把提高深圳市产(商)品实物质量水平作为一项重要工作来抓。1999年初即制定了《深圳市产(商)品质量监督抽查目录》，扩大了质量监督抽查广度，将全市的主要工业产品及与消费者人身健康、财产安全息息相关的产品或质量问题较多、消费者反映强烈的产品纳入到目录中实施重点监控，通过对建材、燃气灶、VCD机、眼镜、瓶装饮用水、服装、低压电器、电线电缆等产品实施重点监督抽查，及继续开展高新技术产品的质量监督，较好地对全市主要工业产品及市场销售的重点商品实施了监控；全年共对1 322家企业的1 872批次产(商)品进行了监督抽查，产品、商品的抽查合格率分别为88.2%和73.6%，全市产(商)品的监督抽查合格率虽然比1998年略有下降，但高新技术产品、主导工业产品和产值比重较大的产品的抽查合格率保持了较高的水平，这表明深圳市工业的整体质量水平继续保持稳定提高。在监督抽查中，深圳市质量技术监督局对抽检产品不合格的企业加大了后处理工作的力度，分门别类地采取了相应的整改措施，先后发出整改通知书61份，通过跟踪不合格产品的整改结果，对抽查中屡次不合格的企业采取媒体曝光、责令其停产整顿，及通知本市商贸企业停止销售和购进不合格产品等措施，促使企业认真进行整改，使一段时间来质量问题较为严重的服装、VCD机、电线电缆行业的质量状况有了明显的改观，其中服装产品(主要是标识问题)的合格率比去年提高了20多个百分点。

在加强产(商)品质量监督的同时，深圳市质量技术监督部门继续在全市商贸流通领域开展了创建“信誉好商店”、“不经销假冒伪劣商品商店”的活动，并首次把这一活动拓展至医药零售行业，还选择华强路电子市场、福田农产品批发市场等一些大型专业市场和农贸市场开展了创建“信誉好商户”活动，通过正面引导、典型引路，推动了商业企业建立起内部质量自律机制，也提高了个体商业经营户的质量意识和法律意识，使全市商业流通的主渠道得到了有力的净化。一年来，分别有40家和77家商业企业获得“信誉好商店”和“不经销假冒伪劣商品商店”称号，有61家个体商业经营户被评为“信誉好商户”。

【打假工作】 深圳市质量技术监督部门把“查大案、端窝点、整市场、清柜台、抓专项、保名优”作为打假治劣工作的重点，全年共出动7 000多人次，查处行政案件823件，其中立案处罚案件215件，查处案件涉及违法产品总值2 610万元，涉及违法产品达182万余件，捣毁制假黑窝点87个，作出行政处罚的罚没款共计677万元，向司法机关移送制假售假违法嫌疑人3名，有力地打击了制假售假的违法行为。在打假治劣工作中，深圳市质量技术监督部门一方面将打击假冒与保护名优相结合，依托全市打假保优协作网与名优企业联手打假，使名优企业举报、投诉的案件占到查处案件总数的40%以上。仅龙岗质量技术监督分局今年开展与名优企业联手打假，就收缴假冒美孚机油8 500多罐、冒牌油漆、胶水13 000多桶。另一方面，重点打击制售假劣产品的黑工厂、黑窝点，1999年元月，由深圳市私营企业进口销往江西赣南地区的工业用猪油中毒案发生后，深圳市质量技术监督部门迅速与公安、卫生等部门开展了追查有毒工业猪油的专项行动，在很短的时间内，查清了猪油中毒案的发生原因，追缴了大部分可疑有毒工业猪油，从而避免了事态的进一步扩大与恶化。在随后开展的铲除、取缔制假售假黑工厂、黑窝点的专项打假斗争，深圳市质量技术监督部门牵头各有关部门共出动 16 000 多人次，检查门店8 000余家。酒楼餐馆 16 000 余家，市场近 400 个，查处各类地下加工厂数百家，查封可疑猪油 1 820 桶和其他劣质食用油 1 541 桶，在全市范围内较为全面彻底地扫荡取缔了地下加工厂和黑窝点，有效地净化了特区市场质量环境。

【特种设备安全质量监察】 深圳市质量技术监督部门在接收划转的锅炉压力容器、电梯等特种设备安全质量行政监察和技术检测职能后，进一步加大了锅炉压力容器、电梯的安全监察监督检查力度，在国庆节及首届中国国际高新技术成果交易会前，对部分在用锅炉和电梯、游艺机进行了突击检查，检查电梯、扶梯 222 台。下达整改通知书 9 份。对全市 15 家游乐场所的 520 台游艺机、游艺设施进行了检查，保证了深圳市锅炉、压力容器、电梯等特种设备的安全运行。同时，市锅炉压力容器检验所、市特种设备检测所(原市劳动安全卫生检测站)全年共完成锅炉内外部检验、安装检验近 2 000 台(件)，压力容器检验 1 500 台(件)，校验安全阀 3 000 多只，检验各类新安装电梯 1 675 台，抽样监督检验电梯 6 872 台，检验各类起重机 866 台。

2．标准化工作

深圳市质量技术监督部门积极引导企业采用国际标准和国外先进标准，特别是针对深圳市高新技术企业、信息产业及深圳百强企业，加大了采标工作的推广力度，全年完成采标产品认可 45 个，采标标志 38 个，全市主要工业产品采标率达 77%，高新技术产品和主导工业产品的采标率达 80.5%。消灭无标准生产工作取得显著的成绩，按有内销的产品进行计算，全市产品标准覆盖率达到 99.7%，今年 3 月，深圳市消灭无标生产工作顺利通过省质量技术监督局的考核验收。同时，加强产品标准和食品标识的备案审查工作，全年受理审核企业产品执行标准 1 334 项，累计 8 541 项；办理企业产品标准登记 1 671 项，累计达 7 034 项；审核进口食品标签近 400 个，累计达 1 400 个；核准签发 58 项进口机电产品标准化备案证书，有力地提高了企业产品标准化水平。为了迎接首届“高交会”的举行。深圳市质量技术监督局积极宣贯推行公共信息图形标志国家强制性标准，先后 4 次对全市的机场、车站、码头、旅游景点、星级宾馆等重要公共场所的公共信息图形标志使用情况进行了较为全面的检查，跟踪督促不合格的单位及时予以整改，从而有力地推动了全市公共信息图形符号国家标准的执行工作，为深圳创建全国优秀旅游城市和“高交会”'的顺利举行作出了应有的贡献，被省、市政府评为创建优秀旅游城市先进单位。此外，配合深圳市农业局完成了《深圳市无公害蔬菜生产技术规程》的专家评审，发布实施了《园林绿化管养规范》等五个地方农业标准，组织宣贯了两个农业地方标准，为深圳市菜篮子工程和出口创汇农业建设提供了技术指导。

3．计量工作

工业计量方面，通过开展企业计量保证能力考核工作，引导工业企业不断完善企业计量检测体系，使企业计量工作在降低能耗、提供准确的检测数据方面发挥着日益显著的作用，一年来，全市有 60 家工业企业通过计量保证能力考核，建立了较为完善的计量检测体系。在法制计量方面，深圳市质量技术监督部门加强了对商品量的计量监督，先后对 15 家大型农贸市场、商场和生产企业的定量包装产(商)品的商品量进行了监督检查；组织抽查了 100 家黄金珠宝首饰店的 600 件样品，其中 38 家黄金饰品抽检不合格的商家受到了处罚；检查全市加油站、液化气站 40 家，抽查了 179 批次汽油和柴油，对 3 家燃油质量、计量不合格的加油站给予了处罚；探索开展了商品房销售面积计量监督工作，抽查了 8 家房地产商开发的商品房的销售面积，均存在不同程度的“缩水楼”现象。并对称重公正行、出租车计价器等进行了检查，从而有效地规范了市场计量行为。在计量器具强制检定方面，共完成用于医疗卫生强检计量器具检定 3 793 台(件)，检定水表 14 238 只、煤气表 43 699 只、电能表 33 816 只、互感器 11 000 只及加油机、计价器、衡器共 13 000 多台(件)，保证了强检计量器具的准确可靠。此外，继续在金行、煤气站、油库和加油站开展“计量质量信得过”活动，通过加强监督和引导企业自觉遵守计量法规，使上述行业的计量经营行为得到了有效的规范，有 107 家金行、煤气站和加油站获得了“计量质量信得过”的荣誉称号。此外还成功承办了“全国首届计量检测技术及仪器设备展览会”，为广大企(事)业单位提供了观摩、学习、交易计量检测技术和设备的良机，扩大了深圳的影响，展览会的组织工作得到国家、省有关部门和市政府的好评。

4．质量管理工作

【质量振兴工作】 全市质量振兴工作向纵深发展。深圳市质量技术监督局和市质量振兴领导小组办公室年初即组织全市各职能部门、各集团(总)公司制定了本部门、本单位 1999 年质量振兴工作计划，并以此为依据形成了深圳市 1999 年质量工作要点以市政府的名义下发全市各单位执行，从而为全市质量振兴工作的开展提供了指导；组织召开了全市质量工作大会，在全市范围内表彰一批质量工作先进集体和先进个人，树立典型，弘扬先进，为全市质量振兴工作提供了创先争优的良好环境；同时加大了质量振兴工作的宣传力度。借助报纸、电台、电视台、自办刊物等各种宣传媒体，结合“3.15 国际消费者权益日”、“质量月”等重大质量活动，开展形式生动、内容丰富的质量振兴宣传，扩大了宣传的力度，提高了全民质量振兴意识；为了确保“实施方案”确定的各项工作目标的完成，对各有关单位落实 1999 年质量工作要点中的目标值情况分别进行了年中、年底的二次定量检查考评，促使各职能部门切实履行职责，并召开了全市质量振兴工作典型经验交流座谈会，通过深入探讨推动质量振兴工作的各种方法，使质量振兴工作得到了较好的贯彻落实。

【质量认证工作】 推行 ISO 9000 工作拓展了新领域，取得了新发展。在进一步加大生产领域推行贯彻 ISO 9000 质量管理体系标准力度的同时，根据深圳市建立国际性城市的长远目标，深圳市质量技术监督部门加快了在服务行业推行 ISO 9000 标准的步伐。一年来，先后与住宅局、贸发局等职能部门一起制定了在物业管理、商贸服务行业贯彻 ISO 9000 标准的计划，通过组织发动，使深圳市贯彻推行 ISO 9000 标准工作拓展到一些新的行业、新的领域，如招商银行、深圳航空公司、大虹商场等一批金融、运输、商贸服务行业企业也相继获得ISO 9000认证，有力地提高了服务行业的质量管理水平。而且深圳市质量技术监督局及下属的市质量技术监督稽查大队、市维修行业技术管理所，市环保局的项目审批处、市公安局的车辆管理所等行政机关、执法机构也积极贯彻ISO 9000标准，并在全国率先通过了国家权威认证机构的质量体系认证，为行政机关和执法机构实现标准化、规范化、程序化的管理，提高工作效率，作出了有益的探索。全年新获ISO 9000认证的企业达200多家，全市累计获得ISO 9000认证的企业已超过1 000家。此外ISO 14000环境管理标准的推动工作和产品质量认证工作也取得新的进展。同时，大力组织企业开展全面质量管理(TQM)、QC小组、“青年岗位能手兴质量”及民营乡镇企业质量上台阶等一系列质量活动，有效地提高了全市企业内部质量管理的整体水平，全市有12家企业获得省民营质量先进企业称号。据不完全测算，全市仅QC小组活动一年创造的经济效益就达4.5亿元。此外，还召开了深圳市推行全面质量管理20周年大会，总结了20年来深圳开展全面质量管理的工作经验，表彰了一批质量管理工作先进单位和先进个人。

5.技术机构建设

深圳市各类质量技术监督技术机构把加强基础建设，完善服务技术手段，作为一项重要任务来抓。市计量质检研究院顺利完成了实验室的搬迁，全面改善了实验室的环境条件，新建平尺平板、振动冲击、扭力仪等社会公用计量标准9项，新增轻工建材、电子电器、食品化工等产品质量检测项目148项，其计量实验室继质检实验室通过国家实验室认可后，也于9月份通过了国家的评审认可，并获得了亚太地区的国际互认。市标准化与编码技术研究院面向市场，加快了信息化技术的应用步伐，代码信息管理系统在深圳市20多家政府部门的40多项业务管理中广泛应用，标准数据库、条码商品数据库内容进一步充实，分别新增14 000多条题目和13 000余条记录，技术监督评鉴业务完成77项，比1998年有大幅增加，该院还先后获得市文明单位、青年文明号创建单位、青年科技示范基地等荣誉称号。市质量认证中心申报获准增加85个认证专业范围，并成为经国家环认委注册的环境认证机构。市质量技术监督培训中心通过强化内部管理，提高师资力量，获得国家质量技术监督系统优秀培训机构的称号，成为能够保留“国家质量技术监督局培训中心”牌子的两家培训机构。

三、质量技术监督局机构简况

深圳市质量技术监督局是深圳市政府主管标准化、计量、质量和锅炉压力容器、电梯等特种设备的职能机构，局机关目前内设六处一室：办公室、标准化处、计量处、质量监督处、质量认证处、锅炉特种设备安全监察处、综合法规处。局领导职数为一名局长、二名副局长和一名总工程师；局长：黄镜钊，副局长：吴文炳、张士明，总工程师：詹一峰。下设派出机构福田、罗湖、南山、盐田、龙岗、宝安六个分局。及直属事业单位市质量技术监督稽查大队、市计量质量检测研究院、市标准化与编码技术研究院、市质量保证中心(市维修行业技术管理所)、市质量认证中心、市锅炉压力容器检测所、市特种设备安全检测所、市质量技术监督培训中心。此外，还有主管的市标准化协会、计量学会、检验协会、质量管理协会、商品质量促进会、情报协会、条码协会、维修行业协会、眼镜同业公会、ISO 9000研究会、ISO 14000研究会等相关协(学)会及市康达信认证咨询中心(详见下表)。

深圳市质量技术监督局组织机构一览表

单位(部门)名称	机构性质	编制数	单位(部门)名称	机构性质	编制数
办公室	行政(正处)	13	盐田分局	行政(正处)	15
标准化处	行政(正处)	6	市质量技术监督稽查大队	全额事业，公务员管理(正处)	46
计量处	行政(正处)	7			
质量监督处	行政(正处)	6	市计量质量检测研究院	差额事业(正处)	169
质量认证处	行政(正处)	6	市标准化与编码技术研究院	差额事业(正处)	50
锅炉特种设备安全监察处	行政(正处)	10			
综合法规处	行政(正处)	5	市质量保证中心(市维修行业技术管理所)	部分全额事业(正处)	25
福田分局	行政(正处)	20			
罗湖分局	行政(正处)	20	市质量认证中心	自筹事业(副处)	25
南山分局	行政(正处)	20	市锅炉压力容器检测所	自筹事业(正处)	21
宝安分局	行政(正处)	25	市特种设备检测所	自筹事业(正处)	46
龙岗分局	行政(正处)	25	市质量技术监督培训中心	自筹事业(未定级)	

撰稿人 王卓民
审核人 黄镜钊

厦门市质量技术监督工作

一、概　　述

1999年，厦门市技术监督系统认真贯彻落实党的十五大和十五届三中、四中全会及全国、省质量技术监督工作会议精神，按照上级的工作部署和1999年厦门市技术监督工作要点及工作目标，一方面认真组织实施管理体制改革，一方面狠抓技术监督各项重点任务的落实，同时搞好局领导班子及其领导干部的“三讲”教育工作，取得了一定成效，为进一步提高全市质量工作水平和促进经济发展作出了积极的贡献。

二、技术监督工作

在实行体制改革的同时，厦门市技术监督部门围绕年初部署的各项重点任务，克服困难，积极开展工作，做到了改革和工作两不误。在“三讲”教育中，密切联系工作实际，使“三讲”教育和业务工作相互促进，各项工作取得较大成效。

1. 质量管理工作

【贯彻实施《厦门市实施国家〈质量振兴纲要〉计划》】 主要是指导各部门制定实施的具体计划并抓好落实，同时加快思明区质量立区步伐。思明区区委、区政府高度重视质量立区工作，做到“领导重视、机构健全、目标明确、责任到位”，受到省技术监督局考核组的充分肯定。在厦门市质量振兴办公室的具体指导下，该区经过反复研究论证，6月10日正式印发《厦门市思明区质量立区实施方案》。另外，《贯彻实施〈思明区“质量立区”实施方案〉考核细则》及6种奖项的考评方法也已形成讨论稿。

2. 监督执法与“打假”工作

【完善质量监督抽查制度及重点产品的监管工作】 监督检验计划的下达采取了“以文件计划为主、检验任务书为辅，分批下达”的方法。全年共完成1 627批次检验任务。其中，生产领域抽查了543家生产企业11大类1 026批次产品，批次合格率94.15%，比1998年度提高了1.27个百分点；流通领域抽查了514家经销企业8大类601批次商品，批次合格率76.54%，比升3.8个百分点。从抽查的情况来看，合格率较高的品种有农用化肥、肉制品、方便主食品、啤酒、糕点、眼镜、洗涤剂、视听、通讯设备、服装、鞋、水泥、钢材、汽油、电线、低压电器及元件、高低压开关设备、汽车、摩托车等。通过多年的监检特别是近几年有重点的加强监督，厦门市产品质量的整体水平有了一定的提高，不少产品的抽查合格率逐年稳步提高，如调味品、电话机、眼镜、低压电器及元件等。

以此同时，切实加强监督抽查后处理工作，提高监督检查的有效性，如增加不合格产品的追踪检验批次；加大检验结果的曝光力度等。另外，为了对重点产品实行有效的监管，已逐步建立了生产许可证监督管理体系。全年共受理11家企业的申请，有5家已取得证书。

【开展各项专项监督检查】 主要是开展“放心工程”（用“放心眼镜”、“放心钢筋”、“放心水泥”、“放心农资产品”、“放心热水器”，喝“放心瓶装饮用水”、“放心白酒”，吃“放心酱油”、“放心蔬菜”），组织实施“查市场、保两节”、“查农资、保春耕”、“查建材、保建设”三大战役，并开展啤酒瓶、手机电池、文化用品、汽油、洗衣粉、旅游商品、水暖器材、墙（地）砖、功放器、电动工具、汽车配件等专项监督检查。

【深入开展打假扶优治劣活动】 1999年，厦门市“打假办”各成员单位共出动9 565人次参加市场检查，共检查14 478个经销单位，清查出假冒伪劣商品标值937.33万元，罚没款总额222.87万元，端掉制假窝点10个，刑拘2人。在加大打假力度的同时，注意保护名优产品。如查获假冒“艾美柯”铜球阀案，端掉销售假冒“雪碧”窝点等。

【加强行政执法监督的管理】 1999年，厦门市技术监督系统共办理技术监督行政案件815件，罚没款总数211.52万元，入库数126.45万元。在行政执法监督的管理过程中，主要抓好两项工作：一是使执法统计月报工作制度化，为领导的决策提供了客观、准确、高效的数据依据；二是进一步加强对技术监督行政案件的管理工作，逐步完善技术监督案件办理的各项规章制度，定期组织行政执法情况的检查，规范自身执法行为，坚决纠正违法或不当行政执法行为，保证办案质量，提高办案水平。1999年6月份，厦门市技术监督局在厦门市法制局组织的行政处罚案卷评查中，以91分的成绩名列16家执法部门榜首。

厦门市技术监督部门还积极参与国家及地方立法工作，配合市立法机关对《涂料产品质量监督管理办法》、《厦门市安全蔬菜上市管理办法》、《福建省保护商品住房消费权益条例》等近20件国家和地方的法规及规章草案提出修改意见，维护了本局行政职能的完整。

另外，充分发挥宣传媒体的舆论监督作用。在厦门电视台的支持下，“质量万里行”、“3.15消费者权益保护日”、“质量月”以及专项检查、“打假”等活动都进行了跟踪或直播报道；据统计，1999年在市级以上各新闻媒介报道质量技术监督工作的稿件、图片、影象达279篇（条）。通过这些有声势、有时效的宣传活动，技术监督工作的影响面进一步扩大。

3. 标准化工作

【消灭无标生产工作】 厦门市湖里区、开元区被确定为消灭无标生产试点区以来，严格按照《全国消灭无标生产试点县实施方案》的规定要求，狠抓落实，取得显著成效。截止1999年，湖里区和开元区正式批量生产内销产品的企业产品标准覆盖率分别为96.8%和98.6%，比开展前分别提高了44.8和56.2个百分点，产品质量抽查合格率分别提高7.7和12.3个百分点，两个区都顺利通过省级验收。

【农业标准化工作】 进一步健全和完善厦门市主要农

副产品产前、产中、产后全过程的农业标准化体系和监测体系。积极开展创农业品牌，促进农业创新工作；着手组织“无公害蔬菜认可”管理标准和10大类22个无公害蔬菜产品标准的示范和实施。

【采标和标准的组织实施与监督】 积极推动企业加快采用国际标准和国外先进标准工作步伐，全年完成采用国际标准50项，采标标志17项。抓好强制性标准的宣贯、组织实施与监督，重点抓产品标签和啤酒B瓶两项强制性标准。

【条码、代码工作】 组织机构代码工作进入了法制管理的轨道。全年新办及换发代码证书9 500家，全市赋码单位达到4.5万家，代码应用领域不断扩大。同时加快推行商品条码制度，全年新发展条码系统成员81家，使全市条码系统成员单位增加到385家。

4. 计量工作

进一步做好法制计量工作，使计量工作更直接有效地服务社会和企业。

【配合农电整顿，做好农户电能表校验工作】 1999年上半年主要抓厦门市同安区农户电能表校验工作，通过区政府及有关部门的密切配合，至6月底，厦门市同安区已完成校表105 125台，校表率80.30%，完成省里下达的任务。下半年校(换)表工作与农网改造同步进行。

【实施“1112强检工程”】 厦门市杏林区作为“1112强检工程”考核区，全年实施强检备案的有431家，确认检定关系的强检计量器具1 668台(件)，完成了“强检工程”的预验收，准备迎接省技术监督局的考核。另外，加强对贸易结算、医疗卫生、安全防护、环境监测等工作计量器具的监督管理，使合格率得到提高。

【加强对商品量的计量监督】 组织对加油机、衡器和定量包装商品的计量专项监督和公用电话计时计费器、出租车计价器的计量监督检查。值得一提的是全年优质高效地完成6 350台公用电话计时计费器和1 899台出租车计价器检定工作，受到了用户的一致好评，还创造了单机日检出租车计价器超百台的最高记录。

5. 认证工作

认真开展认证后的登记管理工作，至今全市登记认证企业129家，其中体系认证的123家，产品认证的23家72项。厦门市方圆认证咨询中心和中国方圆标志认证委员会驻厦门办事处的工作都有新的起色。咨询中心全年与10家企业签订咨询合同，已有5家通过认证。中国方圆委厦门办事处全年为18家企业办理申请认证手续，并完成对25家企业的认证监督任务。目前，中国方圆委厦门办事处有2名CRBA注册的正式审核员，还有3名实习审核员具备正式审核员转正资格(已通过转正面试等待审批)。这些为办事处的生存发展奠定了基础。

6. 自身建设

为了使技术监督工作能够更好地服务于社会，服务于地方经济的发展，厦门市技术监督局想方设法加强各基层建设，强化内部管理。

【基层基础建设】 一年来，厦门市技术监督局所属各事业所在原有基础上，坚持软件建设和硬件建设一起抓，取得了一定效果。软件上，主要通过行风评议，内部规章制度的建立健全，专业人员素质再教育(鼓励职工参加和本职工作有关的第二学历教育和提高学历教育以及各项专业培训)，强化内部管理，提高办事效率和办事水平，促进服务质量不断提高。硬件上则从更新检测设备，新建检测项目，扩大服务范围，改善服务条件入手，为社会提供更好的服务(特别是重点产品的技术服务)。如厦门市产品质量检验所修复了3台主要仪器设备，新上4项检测项目；厦门市计量测试所完成3个新检定项目的建标工作，改造2个恒温室，购置多种标准器具，计量检测费收入75.85万元，比1998年增长28%，创历史新高；厦门市技术监督情报所更新了网络代码管理软件，新增国内外标准9 200个，采用多开办证窗口，直接对话，当场录入修改等；厦门市技术监督局稽查所设立举报窗口，为民排忧解难(短短的7个半月共受理投诉案件169起，为用户和消费者挽回经济损失123.213万元)，为了维护未成年人的合法权益，他们还建立“青少年维权岗”。各所全年总计投入专项资金168万元，用于检测设备添置、更新等，改善了服务条件，提高了服务水平。另外，各所都相应投入部分资金，不断完善计算机网络管理系统，提高现代化管理水平。

【机关内部管理和协调】 一年来，厦门市技术监督局机关各处室都强化了基础管理工作，做到办事程序化、制度化、科学化，同时，利用计算机辅助管理的水平也不断提高。另外，各处室的一盘棋意识进一步提高，能经常采取座谈、召开情况通报会、统一行动等形式，加强处室、直属所(站)、各区局(所)之间的联系、沟通和协调，既发挥各自优势，又发挥系统的整体功能。

【思想政治教育】 一是不断完善领导班子中心组学习制度，把学习对象扩大到局中层干部，学习计划安排合理，学习过程中能联系单位实际，查找存在问题和不足，明确努力方向，取得较好效果。4月份，厦门市委组织部考核了该局领导班子建设，作出了较高评价。

二是党员干部职工的政治学习已形成一整套制度并得以落实，有效地促进了干部职工的政治素质和思想素质的提高，促进了技术监督工作的开展。

三是继续深入开展争创文明单位和“创文明机关，做人民公仆”活动。年初，制定了开展“创文明机关，做人民公仆”活动的意见，要求以改进机关工作作风，提高机关办事效率为重点、进一步加强窗口单位建设，继续解决文明言行，办公环境等方面存在的问题。为了认真开展这项活动，该局进行了思想发动，继续建立健全内部管理和对外服务的规章制度，实行顶岗制度或AB角制度，坚持挂牌上岗和亮证执法制度，自觉接受群众监督，方便群众办事，提高工作效率。文明创建有成果，在连续两届被评为厦门市市直机关文明单位后，1999年该局继续荣获这一光荣称号。

【党风和行风廉政建设】 一是制定了《关于实行党风廉政建设责任制的意见》，明确各级领导干部在党风廉政建设中应负的责任，规定了责任范围，责任内容、责任考核和责任追究。二是继续抓好行风建设。按照市纠风办有关行风评议单位(巩固提高类型)的要求制定了行风评议实施意见，确定了评议内容，评议时间和步骤，还制定了行风建设责任制，行风建设量化考核表，并要求各单位进行思想动员和自查自纠，确保责任制真正落到实处。

三、技术监督机构简况

厦门市技术监督局是厦门市人民政府主管全市标准化、计量和质量工作的职能部门，是市政府序列一级局。局机关内设一室四处：办公室、标准化处、计量处、质量处、法规宣教处，编制 23 人（其中，行政编制 20 人，事业编制 3 人）。现任局长为曾靖碧，副局长为洪锡庚、于国胜。

厦门市技术监督局直属事业单位有四所一站：厦门市计量测试所、厦门市产品质量检验所、厦门市技术监督局稽查所、厦门市技术监督情报所和厦门市衡器检定站（厦门市出租车计价器维修检定站）。厦门市辖 7 个区，其中 5 个区设有技术监督机构（1 个设局，4 个设所），接受厦门市技术监督局的业务指导。

撰稿人　孙添乙
审稿人　于国胜

大　事　记

1999年大事记

1. 国家质量技术监督局锅炉压力容器安全监察局处级机构进行调整

1月4日，国家质量技术监督局对锅炉压力容器安全监察局处级机构进行调整：即原综合处、压力容器处不变；原锅炉与压力管道处调整为锅炉处；增设压力管道与特种设备处。

2. 中共中央宣传部和国家质量技术监督局联合发出《关于加强质量宣传工作的通知》

1月5日，中共中央宣传部和国家质量技术监督局针对当前经济生活中质量低劣问题普遍，假冒伪劣屡禁不止，质量管理严重滑坡，优难胜、劣不汰十分突出等问题，联合下发了《关于加强质量宣传工作的通知》，要求各级党委宣传部门加大对质量工作和打假工作的宣传力度，充分发挥群众监督、舆论监督和质量技术监督相结合的优势，扶优治劣，维护市场秩序，保护广大企业、用户和消费者的合法权益，促进全社会质量意识的提高。

3. 国家质量技术监督局召开"质量技术监督工作部门通气会"

1月12日，国家质量技术监督局在全国政协礼堂召开了"质量技术监督工作部门通气会"，来自党中央、全国人大常委会、全国政协有关部门和国务院各部委局的65个部门79名代表参加了会议。局长李传卿、副局长王秦平、王以铭、朱明暹以及各司(室、局)负责人出席了会议。会议由李传卿局长主持，王秦平副局长作了题为"抓住有利时机，加大工作力度，为提高经济增长的质量和效益作出积极贡献"的讲话。

4. 国家经贸委与国家质量技术监督局联合下发《关于坚决贯彻落实中央领导同志重要指示精神，认真做好锅炉、压力容器制造、安装、运行安全和质量工作的紧急通知》

1月17日，国家经贸委与国家质量技术监督局联合发文，要求认真贯彻落实江总书记的指示精神，切实做好锅炉、压力容器的制造、安装、运行安全和质量工作，要从讲政治、保稳定、促发展的高度认识贯彻落实江泽民总书记重要指示的重要意义，切实把安全和质量工作摆到重要议事日程，在思想上、组织上、措施上狠抓落实。

5. 国家质量技术监督局发出通知调整《中华人民共和国强制检定的工作计量器具目录》

1月19日，国家质量技术监督局以"质技监局〔1999〕15号"文印发了《关于调整〈中华人民共和国强制检定的工作计量器具目录〉的通知》，《通知》强调，根据国务院授权，决定将电子计时计费装置等4项5种工作计量器具纳入《中华人民共和国强制检定的工作计量器具目录》，以适应经济和社会发展的需要，规范市场经济秩序，保证公平交易，维护人民群众切身利益。

6. 国家质量技术监督局和国家机械局联合发文责成华信技术检验有限公司撤销湖南湘潭电机集团有限公司质量体系认证证书

1月26日，国家质量技术监督局和国家机械工业局联合以"质技监局认发〔1999〕24号"文下发通知，遵照国务院领导指示精神，责成华信技术检验有限公司撤销湖南湘潭电机集团有限公司质量体系认证证书。由于湖南湘潭电机集团有限公司在为国家重大项目"伊铁"工程配套电控设备采购时，未按质量体系认证的要求实施有效控制，选择不合格产品，质量保证体系存在严重问题。

7. 国家质量技术监督局等部门联合下发《关于严格控制茶叶农药残留量加强茶叶质量监督管理的通知》

2月23日，国家质量技术监督局、农业部、中华全国供销合作总社和国家国内贸易局联合以"质技监局监发〔1999〕48号"文发出通知，要求各地加强茶叶产区农药使用、茶叶收购、加工、经销等工作的监督管理，确保广大人民群众的身体健康。

8. 国家质量技术监督局与法国干邑办签署合作协议

国家质量技术监督局副局长王以铭代表国家质量技术监督局在北京与法国干邑办签署了1999年度合作协议。根据协议内容，将进一步就我国原产地域产品保护制度具体运作开展讨论与交流，并在华举办"酒类检测"培训班和"酒类打假"研讨会。

9. 国家质量技术监督局与国务院港澳办、国务院新闻办联合召开了"澳门特别行政区区旗、区徽国家标准新闻发布会"

3月16日，国家质量技术监督局与国务院港澳办、国务院新闻办联合召开了"澳门特别行政区区旗、区徽国家标准新闻发布会"，通报了《澳门特别行政区区旗》和《澳门特别行政区区徽》两项强制性国家标准的发布和实施信息，会上李传卿局长和国务院港澳办、国务院新闻办的有关领导作了重要讲话。

10. 国家质量技术监督局和国家冶金工业局联合发出严禁生产、经销、使用伪劣建筑钢材产品的通知

3月19日，国家质量技术监督局和国家冶金工业局联合以"质技监局监发〔1999〕63号"文下发《关于印发〈加强建筑钢材质量监督，严禁生产、经销、使用伪劣建筑钢材产品的有关规定〉的通知》，《通知》要求各建筑用钢材的生产、经销、使用单位，一定要牢固树立质量责任重于泰山的观念，进一步确立质量第一的思想，以高度的政治责任感抓好关系到人民生命财产安全的关键产品的质量，特别要严格把好江河堤防和国家重点工程所用钢材质量关，决不让不合格钢材产品流入市场。

11. 国家质量技术监督局表彰全国技术监督先进集体和先进个人

3月25日至26日，人事部、国家质量技术监督局在北京联合召开全国技术监督先进单位和先进个人表彰大会，对全行业涌现出的一批勇于开拓、积极进取、真抓实干、勤政廉洁的先进单位和先进个人进行表彰。人事部、国家质量技术监督局决定，授予北京市海淀区技术监督局等50个单位“全国技术监督系统先进集体”称号；授予袁克毅等45名同志“全国技术监督系统先进工作者”荣誉称号。26日上午，吴邦国副总理亲切会见了受表彰的先进集体和先进工作者代表并合影留念。

12. 国家质量技术监督局召开全国质量技术监督管理体制改革工作会议

3月26日至28日，经国务院批准，全国质量技术监督管理体制改革工作会议在北京召开，吴邦国副总理出席会议并作了重要讲话。按照党在十五大提出的深化行政体制改革，加强执法监管部门的要求，党中央、国务院决定，实行省以下质量技术监督系统垂直管理。改革现行质量技术监督管理体系，是保证执法的公正性、权威性，维护良好市场秩序的需要，有利于提高质量技术监督队伍素质和执法水平。中组部、财政部、中编办和各部委负责人，各省（自治区、直辖市）人民政府分管副省长（副主席、副市长）、计划单列市和副省级市人民政府分管副市长及各省、计划单列市、副省级市财政厅（局）、编办、技术监督局主要负责人参加了会议。

13. 全国组织机构代码工作会议在广州召开

3月29日至31日，全国组织机构代码工作会议在广州召开。全国45个省、自治区、直辖市、计划单列市的代表共95人参加会议。李忠海副局长出席会议并讲话。会议总结了一年来的代码工作，并对1998年完成目标责任制比较好的广州市、陕西省等10家先进单位进行了表彰。

14. 国家质量技术监督局举办纪念《中华人民共和国标准化法》实施十周年座谈会

4月1日，国家质量技术监督局举办了纪念《中华人民共和国标准化法》实施十周年座谈会，国家质量技术监督局局长李传卿出席会议并作重要讲话。他回顾了标准化工作十年来为国民经济和社会发展作出的重要贡献，分析了新形势下对标准化工作提出的新的更高要求，提出了全面开创标准化工作新局面的奋斗目标。

15. 国家质量技术监督局副局长王以铭参加“IEC亚太地区行动计划、领导小组会议

4月6日至9日，IEC中国委员会主席、国家质量技术监督局副局长王以铭赴上海参加由IEC副主席Mr. Togei主持的“IEC亚太地区行动计划”领导小组会议。会议就IEC理事局通过的“IEC亚太行动计划”的具体实施，及如何在亚太地区进一步推进IEC的活动，扩大IEC在亚太地区的影响等问题进行了深入的讨论，并确定了“IEC亚太行动计划”实施的步骤及方法。

16. 国家人事部批准我局推荐的陆祖良、王军为有突出贡献的中青年科学家

经国家人事部批准，我局推荐的陆祖良、王军被评为有突出贡献的中青年科学家。陆祖良是计量院研究员，他在计算电容、电能、电导率等电学计量领域作出多项突出的创造性贡献。王军是中国标准物质研究中心副研究员，她在微量及痕量元素的同位素质谱测量方面总结出一套独具特色的实验技术，部分元素的测量结果已达到国际领先水平。

17. 国家质量技术监督局成立了科技发展“十五”规划起草领导小组

为落实科技部编制科技发展“十五”规划的有关部署，国家质量技术监督局成立科技发展“十五”规划起草领导小组，并于4月14日召开了领导小组全体会议。规划起草领导小组组长、国家局副局长王秦平主持会议并讲话。他强调，抓好我局科技发展“十五”规划工作非常重要，要站在国家的高度，紧密结合国民经济和社会发展的需要和我局自身业务特点，认真完成这项工作。

18. 国家质量技术监督局等部门联合发出开展“全国推行全面质量管理20周年纪念活动”的通知

为贯彻党的十五大和中央经济工作会议提出的努力提高国民经济增长的质量和效益的要求，全面落实《质量振兴纲要》提出的各项任务，在全国企业中进一步深入推进全面质量管理，提高我国企业的整体素质和市场竞争能力，国家质量技术监督局、国家经贸委和中国质量管理协会决定开展全国推行全面质量管理20周年纪念活动。

19. 国家质量技术监督局等部门联合开展游乐设施安全质量大检查

4月21日，国家质量技术监督局等六部门联合以“质技监局锅发〔1999〕109号”文发出《关于开展游乐设施安全质量大检查的通知》，落实中央领导同志的指示，增强全社会对保护青少年和儿童生命安全重要性的意识，进一步做好游乐设施的安全质量管理工作，并定于1999年5月25日前，在全国开展一次游乐设施安全质量大检查。

20. 国家质量技术监督局副局长王以铭会见香港客人

4月22日，国家质量技术监督局副局长王以铭会见了香港品质保证局（HKQAA）行政总裁吴遐先生。王以铭副局长对香港品质保证局注重认证工作质量，积极拓展业务领域表示赞赏。双方还就今后加强合作等事宜进行了友好的交谈。

21. 国家质量技术监督局在京举办首次产品质量监督抽查不合格企业厂长（经理）培训班

4月24日至26日，为落实吴邦国副总理指示精神，加大国家监督抽查后处理力度，国家质量技术监督局在京举办首次产品质量监督抽查不合格企业厂长（经理）培训班，来自全国16个省（直辖市）的47家大中型企业负责人参加了培训。这些企业都是1998年下半年以来产品质量国家监督抽查不合格企业。李传卿局长在培训班开班式上作了重要讲话。

22. 国家质量技术监督局召开1999年第一季度产品质量国家监督抽查新闻发布会

4月29日，国家质量技术监督局召开1999年第一季度产品质量国家监督抽查新闻发布会，监督管理司公布了今年第一季度产品质量国家监督抽查结果，朱明暹副局长到会并讲话。

23. 国务院同意国家质量技术监督局以国务院名义召开全国质量工作会议

4月30日，我局收到国办秘书局批文，同意国家质量技术监督局以国务院名义召开全国质量工作会议。朱镕基总理、吴邦国副总理、王忠禹国务委员、石秀诗副秘书长、崔占福副秘书长等领导阅批了此文。

24. 国家质量技术监督局召开机关全体大会，学习胡锦涛同志的电视讲话和中央有关文件精神

5月10日，国家质量技术监督局党组副书记、副局长王秦平同志主持机关全体职工大会，学习胡锦涛同志5月9日就以美国为首的北约用导弹袭击中国驻南联盟大使馆一事发表的重要电视讲话和中央有关精神。王秦平副局长在会上对机关全体干部职工提出了具体要求。

25. 全国人大常委会《产品质量法》执法检查组召开第一次会议

5月13日，全国人大常委会《产品质量法》执法检查组第一次全体会议在人民大会堂召开。朱明暹副局长汇报了国家质量技术监督局贯彻实施《产品质量法》的情况。国家工商局、最高人民法院、国家轻工局和中消协的负责同志分别就本部门贯彻实施《产品质量法》的情况作了汇报。全国人大常委会副委员长田纪云出席会议听取汇报并作重要讲话。

26. 国家质量技术监督局、建设部筹有关单位联合召开《开展游乐设施安全质量大检查》新闻发布会

5月13日，国家质量技术监督局和建设部、团中央、全国妇联、全国少工委等部门及中国游艺机游乐园协会联合召开《开展游乐设施安全质量大检查》新闻发布会。王秦平副局长到会并讲话。他指出，各地要严格按照《通知》要求进行检查，不符合规定的，要根据具体情况进行处理。同时要加强宣传工作，使生产厂家、使用单位和游客进一步增强安全意识。

27. 中国计量科学研究院邀请国家质量技术监督局部分老领导视察二基地昌平涧头地区

5月15日，中国计量科学研究院邀请国家质量技术监督局部分老领导徐志坚、李志民、白景中、李瑞、鲁绍曾等同志视察二基地昌平涧头地区，王以铭副局长等有关人员陪同前往。在听取中国计量科学研究院潘必卿院长介绍二基地建设概况和察看地区后，几位老领导就二基地建设规划、组织管理、工程质量等方面提出了不少有益的意见和建议。

28. 国家质量技术监督局等部门发布《粮食陈化鉴定管理办法》

5月19日，国家质量技术监督局、国家发展计划委员会、财政部、国家粮食储备局等部门以“质技监局监发〔1999〕150号”文发出《关于发布〈粮食陈化鉴定管理办法〉的通知》。这是依据《国务院关于印发当前推进粮食流通体制改革的意见》(国发〔1998〕35号)精神，进一步深化粮食流通体制改革，妥善安排国有粮食购销企业陈化粮的销售，对粮食陈化实施客观公正的鉴定，所作出的重要决策。

29. 全国人大常委会《产品质量法》执法检查组召开会议

7月5日，全国人大常委会《产品质量法》执法检查组召开会议，总结交流检查情况，在听取国家质量技术监督局朱明暹副局长和有关部门负责同志汇报后，田纪云副委员长作了讲话，他首先肯定了这次检查工作的成效，并就进一步贯彻实施《产品质量法》提出了具体要求。

30. 国家质量技术监督局召开“三讲”教育动员大会

7月9日，国家质量技术监督局召开“三讲”教育动员大会，局党组成员、纪检组长刘早生同志主持会议，党组成员、局领导，机关全体干部和部分离退休老干部以及直属挂靠单位负责人出席了会议。王秦平副局长传达我局“三讲”教育工作方案，李传卿局长作了动员报告，中央巡视组组长董道华同志作了讲话。

31. 中编办行文批准成立中国标准研究中心和中国全格评宝国家认可中心

7月13日，中央机构编制委员会办公室正式批复我局(中编办字〔1999〕81号)，撤销中国标准化与信息分类编码研究所、中国技术监督情报所和国家技术监督局管理研究所，成立中国标准研究中心和中国合格评定国家认可中心；被撤消3个所原批的425名国家拨款和20名经费自理的编制，分别划转中国标准研究中心390名，仍为国家拨款；划转中国合格评定国家认可中心55名，经费自理。此前，科技部已发文(国科函政字〔1999〕039号)同意组建中国标准研究院和中国合格评定国家认可中心方案。

32. 国家质量技术监督局召开“科学实验仪器技术改造升级现场会”

7月20日，国家质量技术监督局召开“科学实验仪器技术改造升级现场会”。国家质量技术监督局、科技部、教育部、中国科学院、自然科学基金委员会等部门和在京的国家级分析测试中心负责同志等30余人参加了会议。这次改造侧重于数据采集、测控系统的改造与升级，对主机进行了必要的部件更新与调修，仅用三个月时间，八台仪器均恢复运行，且在测控功能方面均有所提高。

33. 中共中央宣传部等部门联合发出开展“’99质量月”活动的通知

7月29日，中共中央宣传部等五部门联合以“质技监局质发〔1999〕179号”文发出《关于在全国范围内开“’99质量月”活动的通知》，为落实党中央、国务院关于“要着力提高经济增长的质量和效益，实现速度、结构、质量和效益的统一”的指示和《质量振兴纲要》提出的奋斗目标，想实招，办实事，出实效，推动我国质量总体水平的进一步提高。“’99质量月”活动的主题是:“创造高质量，迎接新世纪”。

34. 国家质量技术监督局召开1999年第二季度产品质量国家监督抽查结果新闻发布会

8月3日，国家质量技术监督局召开1999年第二季度产品质量国家监督抽查结果新闻发布会。中央电视台、新华社、人民日报、经济日报等96家新闻单位的记者参加了会议，朱明暹副局长到会并讲话。本次国家监督抽查了1 882家企业的56类2 132种产品，合格1 692种，抽样合格率为79.4%。

35. 中国纤维检验局组织召开1999年度全国棉花质量监督工作会议

8月31日至9月2日，中国纤维检验局在厦门市组织召开1999年度全国棉花质量监督工作会议，主要任务是按照《国务院关于深化棉花流通体制改革的决定》，1999年全国棉花工作会议及国务院领导同志近期关于棉花质量问题的一系列重要指示精神，研究部署1999年棉花质量监督工作。国家质量技术监督局朱明暹副局长出席会议并讲话。

36. 国家质量技术监督局副局长王秦平率团访问德国和摩洛哥

国家质量技术监督局副局长王秦平率团出访德国与摩洛哥，分别与德国联邦物理技术研究院(PTB)和摩洛哥标准化质量促进局签署了计量合作协议及双边合作协议。我局与德国PTB已有二十年的合作交往，双方均表示愿意在此基础上，继续增进相互了解，扩大技术交流，加强相互合作。

37. 国家质量技术监督局等部门联合下发《国家储备棉公证检验实施办法(试行)》

9月2日，根据《国务院关于深化棉花流通体制改革的决定》(国发〔1998〕42号)中关于"国家委托专业纤维检验机构对国家储备棉入库、出库实行强制性公证检验"的规定，依据棉花国家标准，国家质量技术监督局会同国家发展计划委员会、财政部、中华全国供销合作总社、中国农业发展银行、国家纺织工业局，共同下发了《关于印发〈国家储备棉公证检验实施办法(试行)〉的通知》。

38. 国家质量技术监督局发出《关于税控加油机型式批准、制造许可证发放及出厂检定有关问题的通知》

9月7日，国家质量技术监督局发出《关于税控加油机型式批准、制造许可证发放及出厂检定有关问题的通知》(质技监局量发〔1999〕209号)。《通知》要求加强对税控加油机的计量监督管理，做好税控加油机型式批准、制造许可证发放和出厂检定工作。

39. 中国实验室认可委员会(CNACL)顺利通过国际同行评审

9月13日至17日，中国实验室认可委员会(CNACL)接受了亚太实验室认可合作组织(APLAC)相互承认协议同行评审组的正式评审。来自新西兰、美国、新加坡、马来西亚的专家组成的评审组对CNACL的认可政策、质量体系、认可准则等进行了全面评价，并进行了部分实地考察。专家们认为，CNACL的体系完全符合国际上实验室认可通行准则的要求，具备签署APLAC相互承认协议的条件。在高度评价CNACL体系的同时，评审组也指出了CNACL的一些不足之处。

40. 国家质量技术监督局等部门对北京市安全生产工作开展联合检查

9月14日至19日，国家质量技术监督局与国家经贸委、公安部、建设部、铁道部、民航总局等部门组成联合检查组，对北京市安全生产开展了检查。检查组先后抽查了首都机场、地铁东站、首钢总公司、化工企业、供电企业及建筑施工工地等重点单位、重点部位、重点环节的安全生产情况，特别是对锅炉、压力容器、电梯、起重机械等重要设备和设施进行了严格检查。我局锅炉局张纲副局长和锅检中心的有关人员参加了这次检查。

41. 国家质量技术监督局发文强调节日安全

9月23日，国家质量技术监督局下发了《关于保证国庆节期间节日商品质量和做好锅炉压力容器压力管道及特种设备安全运行工作的紧急通知》。《通知》要求各级质量监督部门和锅炉压力容器监察监督部门要从"讲政治"的高度认识保证节日商品质量和做好锅炉压力容器监察监督工作的重要性，为消费者创造一个满意放心的购物环境，让老百姓过一个欢乐详和的节日。

42. 国家质量技术监督局组织京区系统职工庆祝中华人民共和国成立50周年文艺汇演

9月27日，国家质量技术监督局直属机关党委、直属机关工会组织了京区系统职工文艺汇演，以庆祝中华人民共和国成立50周年。这次汇演演出节目20个，参演单位13个，人员300余名。李传卿等局领导，中央"三讲"巡视组的有关同志，李志民等老同志，各直属挂靠单位的负责人与京区系统1 000余名干部职工一同观看了演出。

43. 国家质量技术监督局副局长王以铭与美国标准协会签署双边合作协议

国家质量技术监督局副局长王以铭在北京与美国国家标准学会(ANSI)签署了双边合作协议。该协议确定了我局与ANSI今后几年主要合作意向和重点合作内容，为中美两国进一步开展标准化管理和技术交流奠定了基础。

44. 国家质量技术监督局举办京区系统老干部运动会

10月12日，由老干部司组织，国家质量技术监督局在计量院举办了局京区系统老干部运动会。运动会由李忠海副局长主持，李传卿局长到会并讲话。李瑞、鲁绍曾等老同志也出席了运动会。这次运动会是为了纪念第一个国际老人年而举办的，共设13个竞技项目，有359名老同志参加了比赛。

45. 国家质量技术监督局召开"三讲"教育总结大会

10月15日，经中央巡视组同意，并报中央"三讲"办批准，国家质量技术监督局召开了"三讲"教育总结大会。局党组成员、局领导、中央巡视组的全体同志、局机关全体干部职工、直属挂靠单位领导班子成员和部分离退休老同志参加了会议。会议由局党组副书记、副局长王秦平主持，局党组书记、局长李传卿在会上对局机关的"三讲"教育作了总结。中央巡视组组长董道华在会上作了讲话。

46. 国家质量技术监督局召开第三季度产品质量国家监督抽查结果新闻发布会

10月15日，国家质量技术监督局召开第3季度产品质量国家监督抽查结果新闻发布会，中央电视台、新华社、人民日报、经济日报等85家新闻单位的记者参加了会议。1999年第3季度国家监督抽查了1 598家企业的45类1 742种产品，合格1 376种，抽样合格率79.0%。其中，国有企业合格率为86.7%，三资企业合格率为85.2%，股份制企业合格率为81.6%，集体企业合格率为73.1%，私营(含个体)企业合格率为60.%。

47. 国家质量技术监督局、人事部和国家外国专家局在北京联合举办世界贸易组织贸易技术壁垒高级研究班

10月15日至17日，国家质量技术监督局、人事部和国家外国专家局在京联合举办世界贸易组织贸易技术壁垒WTO/TBT高级研修班。国家质量技术监督局政宣司司长金光主持开幕式，王秦平副局长到会并讲话。人事部、国家外国专家局有关领导也到会讲话。来自国务院有关部门、质量技术监督系统的领导及工作人员，企业、科研院所和高等院校有关人员共约60人参加了研修。世界贸易组织总部负责贸易技术壁垒协定事务的官员和国内有关专家到班讲学。

48. 国家质量技术监督局等部门联合发出通知，加强客运架空索道监督检查工作

10月17日，国家质量技术监督局、建设部、国家旅游局等部门联合以"质技监传〔1999〕04号"内部传真电报下发了《关于加强客运架空索道安全质量监督检查的紧急通知》，要求各省质量技术监督局、劳动厅(局)要切实履行起客运架空索道安全质量监督监察职责，加大监督检查工作力度，确保客运架空索道安全运行。

49. 第22届国际标准化组织(ISO)大会在北京隆重召开

10月18日至22日，第22届国际标准化组织(ISO)大会在北京隆重召开，来自世界各地90个国家和地区及15个国际组织的近300名代表参加了会议。ISO大会中国组委会名誉主席吴邦国副总理向大会发了贺信。10月20日下午，朱镕基总理在人民大会堂会见了ISO的主要官员和参加会议的部分国际组织代表。朱总理希望ISO在国际标准化活动中发挥更重要的作用，同时，也希望中国能够更多地参与国际标准化活动。李传卿局长出席开幕式并就中国的标准化工作发表了讲话。

50. 国家质量技术监督局和卫生部联合颁布《医用氧舱安全管理规定》

9月18日，国家质量技术监督局和卫生部联合颁布《医用氧舱安全管理规定》。该《规定》从氧舱的购置，氧舱操作和维护人员的培训到氧舱的设计、制造、使用管理、定期检验、修理改造等环节都作了具体规范，充分体现了质量技术监督部门和卫生部门联合管理的机制。

51. 国家质量技术监督局局长李传卿率团访问以色列和新加坡

应以色列贸工部部长和新加坡生产力局局长的邀请，国家质量技术监督局局长李传卿率团对上述两国进行了访问。代表团访问期间，分别就标准化、计量和质量认证等方面进行了考察，并与外方交流了有关情况。

52. 国家质量技术监督局第六次思想政治工作研讨会在杭州召开

11月1日至5日，我局第七次思想政治工作研讨会在杭州召开，各直属、挂靠单位党委(支部)书记和专兼职党务工作者及部分省市特邀代表共50余人参加会议。局党组副书记、副局长王秦平出席了开幕式并作讲话。他充分肯定了直属机关党委和各级党组织在党的建设和思想政治工作方面所做的工作，同时针对当前形势提出了具体的工作要求。

53. 朱镕基总理为全国质量工作会议作重要批示

11月2日，朱镕基总理在吴邦国副总理在全国质量工作会议上的讲话(送审稿)上批示："完全同意邦国同志报告，并请代为转达：祝贺全国质量工作会议的召开，向工作在质量技术监督战线上的同志们致以亲切的问候。要充分肯定全国质量管理和质量监督工作取得的成绩，不能过高估计，但确实来之不易。各部门、各地方的负责同志应该高度重视和热情支持质量技术监督工作，切实保证质量标准建设、计量检测体系和质量监督抽查所必须的投资和经费，促进质量工作再上新水平。当前，我们面临经济结构调整的关键时期，质量工作正是主攻方向。没有质量就没有效益。放任假冒伪劣，国家就没有希望。"

54. 国务院召开全国质量工作会议

11月4日至5日，国务院在京召开全国质量工作会议。朱镕基总理对大会的召开和质量工作作了重要批示，吴邦国副总理出席会议并作题为《加大质量工作力度　提高产品质量总体水平》的重要讲话。这次会议的主要任务是：以党的十五大和十五届四中全会精神为指导，对进一步加强质量工作，加大打假力度，提高我国产品质量总体水平作出明确部署。会议代表对《国务院关于进一步加强产品质量工作若干问题的决定(征求意见稿)》进行了充分讨论，并提出修改意见。会议开始时，国务院副秘书长石秀诗主持会议，并在会上传达了朱镕基总理的重要批示。会议结束前，国家质量技术监督局局长李传卿、国家经贸委副主任陈邦柱就贯彻落实国务院关于进一步加强质量工作的重大部署，扎扎实实抓好质量工作分别讲了质量技术监督、经贸部门应当做好的工作。石秀诗副秘书长对大会进行总结，并就贯彻这次会议精神提出了具体要求。

55. 全国质量技术监督局长会议在北京召开

11月6日，全国质量技术监督局长会议在京召开。王秦平、潘岳、李忠海副局长，局党组成员刘早生，各省、自治区、直辖市和计划单列市、副省级市、新疆建设兵团的质量技术监督局局长，国家局各司(室、局)负责人及直属挂靠单位主要负责人参加了会议。会议听取了各地方局长的发言。李传卿局长主持会议并作了重要讲话。他在对一年来质量技术监督系统所取得的成绩作出充分肯定的基础上，着重就全面贯彻全国质量工作会议精神，做好明年的工作提出了总体思路。

56. 国家质量技术监督局召开第一次党风廉政建设领导小组会议

11月23日上午，党组书记、局长、局党风廉政建设领导小组组长李传卿主持召开了第一次局党风廉政建设领导小组会议。会议听取了党组纪检组副组长、监察专员郭瑞林关于聘请行风监督员工作情况的汇报，决定聘请高德等22名同志(其中全国人大代表6名，全国政协委员5名，工商企业代表5名，新闻工作者6名)为国家质量技术监督局行风监督员；会议对《聘请行风监督员办法》进行了讨论，并要求纪检监察办公室抓紧做好"行风监督员颁证仪式"的各项准备工作。李传卿局长强调加强质量技术监督行风建设的重要性，并对用好手中的权力，坚持一手抓业务建设、一手抓队伍建设提出了要求。

57. 国家质量技术监督局王秦平副局长到计量院检查指导工作

12月6日，王秦平副局长一行3人到计量院检查指导工作。在与院领导座谈时，王秦平副局长指出，要结合当前形势和院内实际，转变观念，为今后的长远发展进一步做好科研、改革、人才培养等工作的统筹规划，近期着重抓好二基地前期工作；要高度重视国家近期拟对计量基(标)准改造的投入，做好项目论证和筛选等准备工作，把钱用好，不辜负国家对计量工作的期望。

58．国家质量技术监督局转发《国务院关于进一步加强产品质量工作若干问题的决定》

12月15日，国务院下发了《国务院关于进一步加强产品质量工作若干问题的决定》（国发〔1999〕24号），《决定》要求各地要充分认识加强质量工作的重要性，做好基础性工作，促进产品质量的提高。要遵循市场经济规则，切实加强质量监管，加强监督抽查工作，重点打击制假售假违法犯罪行为。各级政府要将质量工作和打假工作列入议事日程，加强对质量技术监督工作的领导，对质量工作领导和监管不力的，要依法追究有关负责人及责任人的责任。

59．国家质量技术监督局聘请王连铮等同志为行风监督员

12月24日，国家质量技术监督局决定，聘请王连铮等22名同志为"国家质量技术监督局行风监督员"。此举旨在适应党的十五大提出的完善民主监督制度的要求，进一步建立健全依法行使权力的制约机制，增强质量技术监督部门和工作人员依法行政的自觉性，不断提高依法行政的能力和水平，更好地完成党和国家赋予的各项任务。

60．朱镕基总理在国务院常务会议上就国家标准制定问题作了重要批示

12月27日，在审议"医疗器械监督管理条例"的国务院常务会议上，朱镕基总理就国家标准制定问题作了重要指示，他指出：假如各部门都去"会同"标准化行政主管部门制定国家标准，符合"标准化法"吗？写成标准化行政主管部门会同你们还是可以的。质量技监局主持，会同你们去做。主持不等于自己制定，是体现国家对标准的管理。镕基总理还要求我局研究改进标准制定的工作方法，要把工作落实到部门，依靠主管部门，由我局控制进度和分工，否则进度慢。朱明暹副局长出席了这次国务院常务会议并就国家标准制定主体问题作了汇报。

61．国家质量技术监督局等部门联合召开了两项国家标准新闻发布会

12月28日，我局与国家经贸委、科技部、卫生部联合召开了《一次性可降解餐饮具降解性能试验方法》（GB/T 18006.2—1999）等两项国家标准新闻发布会。标准化司司长石保权代表我局作了发言，并回答了记者提问。这两项标准于1999年11月19日由我局批准发布，将于2000年1月1日起实施，这对于我国"淘汰一次性发泡塑料餐饮具"政策的实施，对于防治"白色污染"工作的开展和保护生态环境都具有十分重要的意义。

62．中国标准研究中心举行成立揭牌仪式

12月28日，中国标准研究中心举行成立揭牌仪式。李传卿局长、李忠海副局长为标准中心揭牌。科技部、北京市质量技术监督局和局直属挂靠单位的领导及新华社、人民日报、中央电视台、经济日报、中国质量报等8家新闻单位的记者共约60人参加了揭牌仪式。李忠海副局长代表局党组讲话。

附　　录

附录 1

1999 年国务院发布的有关文件

国务院关于进一步加强产品质量工作若干问题的决定

国发〔1999〕24 号

各省、自治区、直辖市人民政府，国务院各部委、各直属机构：

为认真贯彻落实党的十五大精神和十五届四中全会通过的《中共中央关于国有企业改革和发展若干重大问题的决定》，全面实施《中华人民共和国产品质量法》和《质量振兴纲要（1996 年—2010 年）》，提高我国产品质量总体水平，促进国民经济持续快速健康发展，现就进一步加强产品质量工作若干问题作如下决定：

一、充分认识加强产品质量工作的重要性

（一）加强产品质量工作，对振兴我国经济具有非常重要的意义。当前，我国经济已进入一个新的发展阶段，主要商品已由卖方市场转为买方市场，面临经济结构调整的关键时期，质量工作正是主攻方向。提高产品质量，既是满足市场需求、扩大出口、提高经济运行质量和效益的关键，也是实现跨世纪宏伟目标、增强综合国力和国际竞争力的必然要求。没有质量就没有效益。放任假冒伪劣，国家就没有希望。改革开放以来，特别是近年来，我国质量管理工作有所加强，产品质量的总体水平有了较大提高，部分产品质量已达到或接近国际先进水平。但是，目前我国产品质量的状况与经济发展要求和国际先进水平相比，仍有比较大的差距，许多产品档次低、质量差，抽查合格率较低，假冒伪劣商品屡禁不止，优难胜、劣不汰相当普遍，重大质量事故时有发生，影响经济健康发展和人民生活质量的提高。各地区、各部门和各企业要从改革和发展的全局出发，充分认识加强质量工作的重要性和紧迫性，增强做好质量工作、提高产品质量的使命感和责任感，牢固树立“质量第一”、“以质取胜”的观念，抓住当前国际国内经济结构调整和产业升级的有利时机，进一步加强产品质量工作，严厉打击制造和经销假冒伪劣产品（以下简称制假售假）违法犯罪行为，推动我国产品质量总体水平跃上新台阶。

二、企业要面向市场，加强质量工作

（二）以市场为导向，加快产品更新换代。企业要面向市场，以满足用户和消费者的需要为目标，建立技术创新体系，推进产学研结合，促进科技成果向现实生产力转化，通过加强技术改造、加快技术进步，切实攻克一批重要产品的关键技术，努力开发一批适应国内外市场需求的新产品，全面提高产品的档次和质量水平。

（三）制定切实可行的质量发展目标。大型企业和企业集团要瞄准世界先进水平，积极采用国际标准和国外先进标准，形成一批高质量、高档次的名优产品，提高市场占有率。中小型企业要根据自身特点和市场需求，制定质量工作目标和改进措施，加强技术基础工作，增强产品市场竞争力。

（四）建立完善的质量保证体系。产品质量是企业的生命。企业的经理（厂长）是质量工作的第一责任者。企业要建立从产品设计到售后服务全过程的运转有效的质量保证体系，严格执行标准，重视计量检测，加强工艺纪律，搞好全员全过程的质量管理。要从严管理企业，认真实行质量否决制度，实现管理创新，切实解决有些企业管理制度形同虚设的问题，确保不合格产品不出厂。

（五）全面推行售后服务质量国家标准。要把售后服务作为企业提高产品市场竞争力的重要手段，严格服务制度，加强售后服务力量，建立健全服务网络，忠实履行对用户的服务承诺，实现售后服务的规范化。

三、加强基础性工作，促进产品质量的提高

（六）建立健全科学先进的产品质量标准。要密切跟踪国际标准和国外先进标准，及时修订国家标准。工业企业必须按标准组织生产，严禁无标准或不按标准生产。凡生产涉及人体健康和人身、财产安全产品的企业，必须严格执行国家强制性标准。要积极引导企业采用国际标准或国外先进

标准，鼓励企业制定具有竞争力、高于现行国家标准的企业内控标准。引进设备和利用外资生产的一般工业产品，质量水平不得低于国际标准或国外先进标准。否则，设备不准引进，项目不得审批。

（七）加强计量检测体系建设。要不断提高计量基准、标准的国际等效性，完善计量检测手段，严格对计量设备的定期检定，充分发挥计量在提高质量、降低消耗、增加效益方面的作用。要加强计量测试手段和方法的研究，为高新技术产业化提供必要的计量测试保证。

（八）抓好全面质量管理。要继续开展全面质量管理、质量改进和降废减损活动，认真宣传贯彻质量管理和质量保证系列国家标准，积极推进质量认证工作。要借鉴国外企业科学的质量管理方法，推行"零缺陷"和可靠性管理，提高企业的质量管理水平。要不断总结、推广质量管理的先进经验，表彰质量先进企业和个人。

（九）认真开展质量培训教育。质量主管部门要加强对企业经营者的质量管理知识和质量法律、法规知识的培训。企业要加强对职工的质量知识教育，积极开展劳动技能培训。学校要重视对学生的质量意识教育，有关院校要设置质量管理课程，实施不同层次的质量教育和培训。

（十）增强企业技术创新和产品更新换代能力。各地区、各部门要围绕增加品种、改进质量、提高效益和扩大出口，采取有效措施，加大投入，改造落后装备、完善技术保障手段，引导和促进企业采用新技术、开发新产品，提高现有产品的质量水平。同时，要坚决淘汰技术落后、浪费资源、质量低劣、污染严重的工艺设备和产品。

四、遵循市场经济规则，切实加强质量监管

（十一）实行重要产品质量监管制度。对涉及人体健康和人身、财产安全的产品，质量技术监督部门要通过严格生产许可证、产品质量安全认证制度和试行开业审查，加强监督管理。凡不具备基本生产条件、不能保证生产出合格产品的企业，一律不准开工生产。进入市场的商品必须具备规范化的质量标识。商业企业要严格执行进货检查验收制度，认真实行商品质量先行负责制。要加强对各类商品专业市场商品质量的监督检查，对阻挠监督检查的，要严厉查处，并追究当事人责任。凡质量不符合国家有关标准或者无证生产的产品，禁止列入政府采购目录。

（十二）建立符合市场经济要求的公平竞争机制。坚决制止利用报验、准销证、准用证、公路设卡等手段分割市场，坚决杜绝各种虚假宣传和质量欺诈行为，保证公平竞争，实现优胜劣汰。除国家明确规定外，严禁各地区、各部门、社会团体、新闻单位、企事业单位及民间组织开展对企业产品、服务等的综合评价，以及带有排序、评比、推荐性质的企业和商品信息发布活动。要研究和探索产品质量用户满意度指数评价方法，向消费者提供真实可靠的产品质量信息。

（十三）加强对质量中介机构的管理和监督。要按照客观、真实、公正的原则，统一资格评定要求，明确责任和义务，规范中介机构的活动，确保其公正性。要对现有的各类质量中介机构，特别是质量认证机构进行认真的清理整顿，凡有弄虚做假行为的，要依法严厉查处；情节严重的，要撤销其资格；触犯刑律的，要依法追究刑事责任。各类质量中介机构要建立自律性运行机制，依法承担相应责任。

五、加强监督抽查工作，加大处罚力度

（十四）完善产品质量监督抽查制度。国家质量技术监督局要把涉及人体健康及人身和财产安全的产品、关系国计民生的重要产品、消费者反映强烈的产品，作为监督抽查的重点，公布监督抽查产品目录，及时组织对生产和流通领域的产品质量的跟踪监督抽查。要适当增加抽查频次，并公布抽查结果。

（十五）加大处罚力度。质量技术监督部门对监督抽查不合格的产品及其生产企业，要及时向社会公告，并通报当地政府及有关部门，责令生产企业限期整改，其中，对已取得生产许可证、安全认证的产品，要暂停证书使用；整改到期复查仍不合格的，要会同有关部门责令其停产整顿，并吊销其生产许可证、安全认证证书。在国家监督抽查中，企业的主导产品连续两次不合格的，由质量技术监督部门向工商行政管理部门提出吊销企业营业执照的建议，并向社会公布企业及其主要负责人名单，按法定程序免去其法定代表人或负责人职务，并自免职之日起三年内任何企业不得再聘任其担任法定代表人。凡拒绝监督抽查的企业，其产品按不合格论处，并对其实施强制监督抽查，所需一切费用由拒检企业承担。

（十六）实行免检制度。对产品质量长期稳定、市场占有率高、企业标准达到或严于国家有关标准的，以及国家或省、自治区、直辖市质量技术监督部门连续三次以上抽查合格的产品，可确定为免检产品。列为免检产品的目录由省级以上质量技术监督部门确定，定期向社会公告，并使用免检标志，其产品在一定时间内免于各地区、各部门各种形式的检查。免检产品一旦出现质量问题，即取消其免检资格，并依法从严处罚。

六、突出重点，严厉打击制假售假违法犯罪行为

（十七）认真落实打击制假售假违法犯罪行为（以下简称打假）的工作责任。国家质量技术监督局要会同有关部门，针对制假售假违法犯罪行为严重的重点产品、重点市场、重点地区，提出全国打假工作的总体要求，并组织开展打假的专项斗争和联合行动，依法查处一批大案要案，坚决遏制住制假售假猖獗的势头。各省、自治区、直辖市人民政府要切实承担起本行政区域内的打假工作责任，结合本地实际，制定打假工作的具体方案并组织实施。上级政府要对下级政府的打假工作情况进行督促检查，对打假不力、限期内达不到整治目标的，要追究当地行政负责人的责任；造成重大损失和恶劣影响的，要给予行政处罚，触犯刑律的，要依法追究刑事责任。

（十八）依法打击制假售假违法行为。按照《中华人民共和国产品质量法》的有关规定，对发现的每一起制假售假案件都要彻底查处；对发现的假冒伪劣产品一律封存、扣押，并予以没收，不得进入市场；对为制假售假提供场地、设备、仓储、运输、物资、资金等手段和条件的单位或个人，要依法从严处罚；对经销者和经营性使用者有意采购和在经

营性活动中使用假冒伪劣产品的，要视同制假售假行为予以处罚。制假售假行为一经查实，应吊销有关生产者和经营者的营业执照、生产许可证、经营许可证；对有过制假售假行为的经理（厂长）和直接责任者，一律不得以其名义注册任何新的企业；触犯刑律的，依法移送司法机关，追究刑事责任。要采取有效措施从严整治假冒伪劣产品屡禁不止的市场；严禁危害人体健康和人身、财产安全的旧物资和设备再次投入使用。质量技术监督行政执法人员必须严格依法行政，对违规执法的要严肃处理。

（十九）坚持"打击假冒、保护名优"。要加强对产品标识的管理，加大对假冒名优企业产品的违法行为的打击力度。企业要运用法律手段同假冒侵权行为作斗争，依法对制假售假者进行经济索赔。各地可制定打假奖励办法，对举报制假售假有功的单位和个人予以重奖，并采取有效措施保护举报人。推行创建"放心一条街"活动，确保在"放心一条街"区域内销售的产品不发生质量、计量、商标、标识等方面的违法行为。

七、发挥舆论宣传作用，提高全民质量意识

（二十）电视、广播、报刊、网络等媒体，要重视对质量工作的宣传，采取喜闻乐见、丰富多彩的形式，引导全社会重视质量，支持质量工作。要大力宣传质量管理的先进经验和为质量振兴做出贡献的单位和个人，介绍有关质量知识，解答消费者提出的质量疑问，形成"质量振兴人人有责"、"假冒伪劣人人喊打"的良好社会环境，提高全民质量意识。

（二十一）国家和省级的主要新闻媒体，特别是电视台，要以专栏、专题的形式，定期公布产品质量监督抽查结果；对制假售假的单位和个人，以及监督抽查不合格的涉及人体健康及人身和财产安全的产品、关系国计民生的重要产品、消费者反映强烈的产品及其生产企业和责任人，要坚决予以曝光，形成强有力的舆论监督氛围。

（二十二）各地区、各有关部门及有关社会团体，要继续组织开展好"质量月"、"质量万里行"、"3.15"、"百城万店无假货"、"假如我是消费者"等活动，动员全社会为质量振兴作贡献。

八、加强领导，狠抓落实

（二十三）地方各级人民政府要把提高产品质量纳入本行政区域的国民经济和社会发展规划，将质量工作和打假工作列入议事日程，加强对质量技术监督工作的领导，切实保证质量标准建设、计量检测体系和质量监督抽查所必需的投资和经费，定期研究和及时解决提高产品质量和打假工作中存在的问题。对质量工作领导或监管不力，致使制假售假问题严重或出现重大质量事故的，要依法追究有关负责人及责任人的责任。

（二十四）国务院有关部门要把提高产品质量作为一项重要工作任务，通过制定相关政策和具体措施，认真加以落实；要严格履行职责，做好行政执法和有关国家法定产品监管工作。国家质量技术监督局要切实履行好统一管理和组织协调标准化、计量、质量工作职责，认真做好综合管理和行政执法等工作，加强执法队伍建设，制定和完善执法人员守则、过错责任追究制、培训考核及奖惩等制度，确保做到有法必依、执法必严、违法必究。

（二十五）各级质量技术监督部门要定期向同级人民政府和上级主管部门报告当地产品质量状况和打假工作情况，地方各级人民政府和国务院有关部门要积极支持质量技术监督部门做好管理体制改革工作，充分发挥质量技术监督部门在质量工作综合管理、行政执法、维护市场秩序、提高产品质量等方面的作用。

提高产品质量是一项长期而艰巨的任务，各地区、各部门一定要切实加强领导，狠抓落实。国务院责成国家质量技术监督局会同监察部等有关部门督促检查本决定的贯彻执行情况，每年向国务院作出报告。

中华人民共和国国务院

1999年12月5日

附录 2

1999 年发布的国家质量技术监督局令及有关文件

国家质量技术监督局令

第 2 号

《制造、修理计量器具许可证监督管理办法》，已于 1999 年 2 月 3 日经国家质量技术监督局局务会议通过，现予发布施行。

局长：李传卿
1999 年 2 月 14 日

制造、修理计量器具许可证监督管理办法

第一章 总 则

第一条 根据《中华人民共和国计量法》和《中华人民共和国计量法实施细则》的有关规定，制定本办法。

第二条 任何单位或者个体工商户（以下统称“单位”）以销售为目的的制造计量器具，或者对社会开展经营性修理计量器具业务，必须按本办法的规定申请办理《制造计量器具许可证》或者《修理计量器具许可证》（以下简称“制造许可证”或者“修理许可证”）。

第三条 本办法适用于列入《中华人民共和国依法管理的计量器具目录》的计量器具。

标准物质，按《标准物质管理办法》管理。

第四条 国家质量技术监督局负责统一监督管理全国制造、修理许可证工作。省、自治区、直辖市质量技术监督部门负责本行政区域内制造、修理许可证的监督管理工作。市、县质量技术监督部门在省级质量技术监督部门的领导和监督下负责本行政区域内制造、修理许可证的监督管理工作。

第五条 制造、修理许可证只对批准的项目有效。新增制造、修理项目时，必须另行办理制造许可证或者修理许可证。

因生产、修理场地迁移等原因，生产、修理条件发生变化时，应当重新申请制造许可证或者修理许可证。

第六条 凡已取得制造许可证的计量器具，准予在全国销售，各部门、各地区不得以任何形式进行限制。

第七条 凡有下列情况之一的，可以免于申请制造许

可证：

（一）制造教学用计量器具，且在产品明显部位标注“教学用”永久性字样的；

（二）制造家庭用衡器，且在产品明显部位标注“家庭用”永久性字样的；

（三）经国家质量技术监督局批准的。

第八条　凡有下列情况之一的，可以免于申请修理许可证：

（一）修理本单位制造的计量器具的；

（二）法定或者授权的计量检定机构为计量检定而进行修理的。

第二章　制造许可证的申请、考核和发证

第九条　申请制造许可证应当具备以下条件：

（一）固定的生产场所，与所制造的计量器具相适应的生产设施，包括生产设备和工艺装备，以及生产过程中的计量检测设施等；

（二）型式批准证书或者样机试验合格证书，完整的设计图纸、工艺文件、产品标准和检定规程（或者检定方法）等；

（三）保证产品质量的出厂检定条件，包括经考核合格的计量标准，相应的工作计量器具和检测设备，适应检定需要的环境；

（四）工程技术人员和工人的技术状况符合生产的需要，承担出厂检定的人员经质量技术监督部门考核合格；

（五）必要的质量保证制度和计量管理制度；

（六）售后技术服务的条件和能力。

第十条　申请制造许可证，应当按以下规定向有关质量技术监督部门递交申请书及有关资料和证明：

（一）有主管部门的单位，向与其主管部门同级的质量技术监督部门申请；

（二）无主管部门的单位，向申领营业执照注册部门同级的质量技术监督部门申请；

（三）主管部门为国务院部、委、局或者向国家工商局注册的单位，向省、自治区、直辖市质量技术监督部门申请；

（四）列入国家质量技术监督局重点管理目录的计量器具，向国家质量技术监督局或者省、自治区、直辖市质量技术监督部门申请。

第十一条　有关质量技术监督部门接到申请后，应当在10个工作日内完成对申请资料的审查，并通知申请单位是否受理。

第十二条　受理申请的质量技术监督部门聘请考评员组成考核组。考核组依据国家统一制定的《制造计量器具许可证考核规范》对申请单位进行考核，并向受理申请的质量技术监督部门出具考核报告。

考核应当在20个工作日内完成。

第十三条　受理申请的质量技术监督部门应当在接到考核报告后10个工作日内完成对考核结果的审核。审核合格的，颁发制造许可证。审核不合格的，退回申请书。

第三章　修理许可证的申请、考核和发证

第十四条　申请修理许可证，应当具备以下条件：

（一）固定的修理场所，与修理、调试相适应的设备和工作环境；

（二）保证修理质量的检定条件，包括经考核合格的计量标准，相应的工作计量器具和检测设备，适应检定需要的环境；

（三）修理人员的技术状况适应修理业务的需要，计量检定人员经质量技术监督部门考核合格；

（四）必要的质量保证制度和计量管理制度以及有关技术文件。

第十五条　申请修理许可证，应当向所在地县质量技术监督部门递交申请书及有关资料和证明。

第十六条　有关质量技术监督部门接到申请后，应当在10个工作日内完成对申请资料的审查，并通知申请单位是否受理。

第十七条　受理申请的质量技术监督部门聘请考评员组成考核组。考核组对申请单位进行考核，并向受理申请的质量技术监督部门出具考核报告。

考核应当在20个工作日内完成。

第十八条　受理申请的质量技术监督部门应当在接到考核报告后10个工作日内完成对考核结果的审核。审核合格的，颁发修理许可证。审核不合格的，退回申请书。

第四章　制造、修理许可证的监督管理

第十九条　制造、修理许可证有效期为三年。

第二十条　已取得制造、修理许可证的单位，在许可证有效期满前3个月内，应当向原发证的质量技术监督部门申请复查换证。复查按照制造、修理许可证的考核程序进行。经复查合格的，换发新的制造许可证或者修理许可证。

第二十一条　取得制造许可证的单位，应当在获证产品的明显部位（或者铭牌）、说明书和外包装上标明国家统一规定的制造许可证标志和编号。

取得修理许可证的单位，应当在修理合格证上标明国家统一规定的修理许可证标志和编号。

第二十二条　承担制造、修理许可证考核的考评员，必须经国家质量技术监督局或者省、自治区、直辖市质量技术监督部门培训，并经国家质量技术监督局考核合格，获得考评员资格证书。

第二十三条　申请单位对办理制造、修理许可证有异议的，有权向上级质量技术监督部门提出申诉。

第二十四条　凡有下列情况之一的，发证的质量技术监督部门应当吊销其制造许可证或者修理许可证：

（一）省级以上质量技术监督部门监督抽查产品质量不合格，经整顿仍达不到产品标准、检定规程要求的；

（二）产品不符合原型式批准或者样机试验合格要求的；

（三）生产、修理设施、人员的技术状况和检测条件，以及有关规章制度达不到原考核条件的。

第二十五条　对被吊销制造许可证或者修理许可证的

单位，自吊销之日起一年内不予办理制造许可证或者修理许可证。

第二十六条　国家明令淘汰的计量器具，或者到期未申请复查换证的，发证的质量技术监督部门应当注销其制造、修理许可证。

第二十七条　颁发、吊销、注销制造许可证或者修理许可证，应当报省、自治区、直辖市质量技术监督部门备案，并由省、自治区、直辖市质量技术监督部门向社会公布。

第二十八条　违反本办法有关规定制造、修理计量器具的，县以上质量技术监督部门按照《中华人民共和国计量法》及其实施细则的有关规定，予以行政处罚。

第二十九条　质量技术监督部门没有严格按照本办法规定考核发证的，上级质量技术监督部门应当及时予以纠正，并通报批评；情节严重的，暂停发证资格，并对外公布。被停止发证资格的质量技术监督部门应当在规定期间内对发证、考核工作进行整顿。停止发证期间，相关发证、考核、管理工作由上一级质量技术监督部门承担。

第五章　附　　则

第三十条　与本办法有关的制造、修理许可证及其标志的式样和编号方法，由国家质量技术监督局统一规定。

第三十一条　申请制造许可证、修理许可证、复查换证与刊登计量公报，应当按国家规定交纳费用。

第三十二条　本办法由国家质量技术监督局负责解释。

第三十三条　本办法自公布之日起施行。原国家计量局发布的《制造、修理计量器具许可证管理办法》和《个体工商户制造、修理计量器具管理办法》同时废止。

国家质量技术监督局令

第3号

《商品量计量违法行为处罚规定》，已于1999年3月10日经国家质量技术监督局局务会议通过，现予发布施行。

局长：李传卿
1999年8月12日

商品量计量违法行为处罚规定

第一条　为了加强商品量的计量监督，惩治商品量计量违法行为，保护用户和消费者的合法权益，维护社会经济秩序，根据《中华人民共和国计量法》和国务院赋予质量技术监督部门的职责，制定本规定。

第二条　本规定所称商品量，是指使用计量器具，对商品进行计量所得出的商品的量值。

第三条　任何单位和个人在生产、销售、收购等经营活动中，必须保证商品量的量值准确，不得损害用户、消费者的合法权益。

各级质量技术监督部门对商品量计量违法行为的处罚，适用本规定。

第四条　生产者生产定量包装商品，其实际量与标注量不相符，计量偏差超过《定量包装商品计量监督规定》或者国家其他有关规定的，质量技术监督部门责令改正，给用户、消费者造成损失的，责令赔偿损失，并处违法所得3倍以下、最高不超过30000元的罚款。

第五条　销售者销售的定量包装商品或者零售商品，其实际量与标注量或者实际量与贸易结算量不相符，计量偏差超过《定量包装商品计量监督规定》、《零售商品称重计量监督规定》或者国家其他有关规定的，质量技术监督部门责令改正，给用户、消费者造成损失的，责令赔偿损失，并处违法所得3倍以下、最高不超过30000元的罚款；没有违法所得的，可处10000元以下的罚款。

第六条　销售者销售国家对计量偏差没有规定的商品，其实际量与贸易结算量之差，超过国家规定使用的计量器具极限误差的，质量技术监督部门责令改正，给用户、消费者造成损失的，责令赔偿损失，并处违法所得3倍以下、最高不超过20000元的罚款。

第七条　收购者收购商品，其实际量与贸易结算量之差，超过国家规定使用的计量器具极限误差的，质量技术监督部门责令改正，给被收购者造成损失的，责令赔偿损失，并处违法所得3倍以下、最高不超过20000元的罚款。

第八条　各级质量技术监督部门按本规定实施行政处罚，必须遵守《技术监督行政案件办理程序的规定》和《技术监督行政案件现场处罚规定》。

第九条　本规定由国家质量技术监督局负责解释。

第十条　本规定自发布之日起施行。

国家质量技术监督局令

第4号

《产品质量仲裁检验和产品质量鉴定管理办法》,已于1999年3月10日经国家质量技术监督局局务会议通过,现予发布施行。

局长:李传卿

1999年4月1日

产品质量仲裁检验和产品质量鉴定管理办法

第一章 总 则

第一条 为了加强对产品质量仲裁检验和产品质量鉴定工作的管理,正确判定产品质量状况,处理产品质量争议,保护当事人的合法权益,根据国家法律法规及国务院赋予质量技术监督部门的职责,制定本办法。

第二条 产品质量仲裁检验和产品质量鉴定是在处理产品质量争议时判定产品质量状况的重要方式。

第三条 产品质量仲裁检验(以下简称仲裁检验)是指经省级以上产品质量技术监督部门或者其授权的部门考核合格的产品质量检验机构(以下简称质检机构),在考核部门授权其检验的产品范围内根据申请人的委托要求,对质量争议的产品进行检验,出具仲裁检验报告的过程。

第四条 产品质量鉴定(以下简称质量鉴定)是指省级以上质量技术监督部门指定的鉴定组织单位,根据申请人的委托要求,组织专家对质量争议的产品进行调查、分析、判定,出具质量鉴定报告的过程。

第五条 仲裁检验和质量鉴定工作应当坚持公正、公平、科学、求实的原则。

第六条 处理产品质量争议以按照本办法出具的仲裁检验报告和质量鉴定报告为准。

第七条 法律、行政法规对仲裁检验和质量鉴定另有规定的,从其规定。

第二章 仲裁检验

第八条 下列申请人有权提出仲裁检验申请:

(一) 司法机关;

(二) 仲裁机构;

(三) 质量技术监督部门或者其他行政管理部门;

(四) 处理产品质量纠纷的有关社会团体;

(五) 产品质量争议双方当事人。

申请人可以直接向质检机构提出申请,也可以通过质量技术监督部门向质检机构提出申请。

第九条 质检机构不受理下列仲裁检验申请:

(一) 申请人不符合本办法第八条规定的;

(二) 没有相应的检验依据的;

(三) 受科学技术水平限制,无法实施检验的;

(四) 司法机关、仲裁机构已经对产品质量争议做出生效判决和决定的。

第十条 申请人申请仲裁检验应当与质检机构签订仲裁检验委托书,明确仲裁检验的委托事项,并提供仲裁检验所需要的有关资料。

仲裁检验委托书包括以下事项和内容:

(一) 委托仲裁检验产品的名称、规格型号、出厂等级,生产企业名称、生产日期、生产批号;

(二) 申请人的名称、地址及联系方式;

(三) 委托仲裁检验的依据和检验项目;

(四) 批量产品仲裁检验的抽样方式;

（五）完成仲裁检验的时间要求；

（六）仲裁检验的费用、交付方式及交付时间；

（七）违约责任；

（八）申请人和质检机构代表签章和时间；

（九）其他必要的约定。

第十一条　仲裁检验的质量判定依据：

（一）法律、法规规定或者国家强制性标准规定的质量要求；

（二）法律、法规或者国家强制性标准未作规定的，执行争议双方当事人约定的产品标准或者有关质量要求；

（三）法律、法规或者国家强制性标准未作规定，争议双方当事人也未作约定的，执行提供产品一方所明示的质量要求。

第十二条　批量产品仲裁检验的，抽样按照下列要求进行：

（一）国家强制性标准对抽样有规定的，按规定进行；

（二）国家强制性标准对抽样没有规定的，按争议双方当事人约定进行；

（三）争议双方当事人不能协商一致时，由质检机构提出抽样方案，经申请人确认后抽取样品。

第十三条　产品抽样、封样由质检机构负责的，应当由申请人通知争议双方当事人到场。争议双方当事人不到场的，应当由申请人到场或者由其提供同意抽样、封样的书面意见。

第十四条　仲裁检验的检验方法：

（一）国家强制性标准有检验方法规定的，按规定执行；

（二）国家强制性标准没有检验方法规定的，执行生产方出厂检验方法；

（三）生产方没有出厂检验方法的或者提供不出检验方法的，执行申请人征求争议双方当事人同意的检验方法或者申请人确认的质检机构提供的检验方法。

第十五条　质检机构应当在约定的时间内出具仲裁检验报告。

质检机构负责对批量产品抽样的，仲裁检验报告对该批产品有效。

第十六条　质检机构应当妥善保存样品，除损耗品外，样品应当在仲裁检验终结后返还或者按有关约定处理。

第十七条　申请人或者争议双方当事人任何一方对仲裁检验报告有异议的，应当在收到仲裁检验报告之日起十五日内向受理仲裁检验的质检机构提出，质检机构应当认真处理，并予以答复。对质检机构的答复仍有异议的，可以向国家质量技术监督局指定的质检机构申请复检，其出具的仲裁检验报告为终局结论。

第三章　质量鉴定

第十八条　下列申请人有权向省级以上质量技术监督部门提出质量鉴定申请：

（一）司法机关；

（二）仲裁机构；

（三）质量技术监督部门或者其他行政管理部门；

（四）处理产品质量纠纷的有关社会团体；

（五）产品质量争议双方当事人。

第十九条　质量技术监督部门不接受下列质量鉴定申请：

（一）申请人不符合本办法第十八条规定的；

（二）未提供产品质量要求的；

（三）产品不具备鉴定条件的；

（四）受科学技术水平限制，无法实施鉴定的；

（五）司法机关、仲裁机构已经对产品质量争议做出生效判决和决定的。

第二十条　省级以上质量技术监督部门负责指定质量鉴定组织单位承担质量鉴定工作。

质量鉴定组织单位可以是质检机构，也可以是科研机构、大专院校或者社会团体。

第二十一条　申请人应当与质量鉴定组织单位签订委托书，明确质量鉴定的委托事项，并提供质量鉴定所需要的有关资料。

质量鉴定委托书包括以下事项和内容：

（一）委托质量鉴定产品的名称、规格型号、出厂等级，生产企业名称、生产日期、生产批号；

（二）申请人的名称、地址及联系方式；

（三）委托质量鉴定的项目和要求；

（四）完成质量鉴定的时间要求；

（五）质量鉴定的费用、交付方式及交付时间；

（六）违约责任；

（七）申请人和鉴定组织单位代表签章和时间；

（八）其他必要的约定。

第二十二条　质量鉴定组织单位组织三名以上单数专家组成质量鉴定专家组，具体实施质量鉴定工作。

第二十三条　专家组的成员应当从有高级技术职称、相应的专门知识和实际经验的专业技术人员中聘任。

第二十四条　专家组的成员与产品质量争议当事人有利害关系的，应当回避。

第二十五条　专家组可以行使下列权利：

（一）要求申请人提供与质量鉴定有关的资料；

（二）通过申请人向争议双方当事人了解有关情况；

（三）勘察现场；

（四）发表质量鉴定意见。

第二十六条　专家组应当履行下列义务：

（一）正确、及时地作出质量鉴定报告；

（二）解答申请人提出的与质量鉴定报告有关的问题；

（三）遵守组织纪律和保守秘密；

（四）遵守本办法第二十四条有关回避的规定。

第二十七条　专家组负责制订质量鉴定实施方案，独立进行质量鉴定。

第二十八条　质量鉴定需要查看现场，对实物进行勘验的，申请人及争议双方当事人应当到场，积极配合并提供相应的条件。对不予配合，拒不提供必要条件使质量鉴定无法进行的，终止质量鉴定。

第二十九条　质量鉴定需要做检验或者试验的，专家组应当选择符合条件的技术机构进行，并由其出具检验或者试验报告。

第三十条 专家组负责出具质量鉴定报告。

质量鉴定报告包括以下有关事项和内容：

(一) 申请人的名称、地址和受理质量鉴定的日期；

(二) 质量鉴定的目的、要求；

(三) 鉴定产品情况的必要描述；

(四) 现场勘验情况；

(五) 质量鉴定检验、试验报告；

(六) 分析说明；

(七) 质量鉴定结论；

(八) 鉴定专家组成员签名表；

(九) 鉴定报告日期。

第三十一条 质量鉴定组织单位应当对质量鉴定报告进行审查，并对质量鉴定报告负责。

第三十二条 质量鉴定组织单位应当及时将质量鉴定报告交付申请人，并向接受申请的省级以上质量技术监督部门备案。

第三十三条 申请人或者质量争议双方当事人任何一方对质量鉴定报告有异议的，应当在收到质量鉴定报告之日起15日内提出。质量鉴定组织单位应当及时处理。

第四章 监督管理

第三十四条 质量技术监督部门应当加强对仲裁检验和质量鉴定工作的管理和监督。对仲裁检验和质量鉴定中的违法或者不当行为有权予以纠正。

第三十五条 质检机构在其有权检验的产品范围内，应当积极承担仲裁检验和质量鉴定组织工作。没有正当理由不得拒绝。

第三十六条 质检机构、质量鉴定组织单位由于故意或者重大过失造成仲裁检验报告、质量鉴定报告与事实不符，并对当事人的合法权益造成损害的，应当承担相应的民事责任。

有关人员在仲裁检验和质量鉴定工作中玩忽职守，以权谋私，收受贿赂的，由其所在单位或者上级主管部门给予处分。构成犯罪的，依法追究刑事责任。

第五章 附 则

第三十七条 仲裁检验和质量鉴定应当按照法律、法规和国家有关规定交纳费用。

第三十八条 仲裁检验和质量鉴定工作终结后，应当将有关材料归档。

第三十九条 本办法由国家质量技术监督局负责解释。

第四十条 本办法自发布之日起施行。《全国产品质量仲裁检验暂行办法》同时废止。

国家质量技术监督局令

第6号

《原产地域产品保护规定》，已于1999年7月30日经国家质量技术监督局局务会议通过，现予发布施行。

局长：李传卿

1999年8月17日

原产地域产品保护规定

第一条　为了有效地保护我国的原产地域产品，规范原产地域产品专用标志的使用，保证原产地域产品的质量和特色，根据国家法律法规和国务院赋予的职责，制定本规定。

第二条　本规定所称原产地域产品，是指利用产自特定地域的原材料，按照传统工艺在特定地域内所生产的，质量、特色或者声誉在本质上取决于其原产地域地理特征并依照本规定经审核批准以原产地域进行命名的产品。

第三条　任何地方申报原产地域产品保护，必须依照本规定经审核批准。

任何单位和个人使用原产地域产品专用标志，必须依照本规定经注册登记。

第四条　国家质量技术监督局商国务院有关部门确定原产地域产品保护范围。

第五条　国家质量技术监督局对原产地域产品的通用技术要求和原产地域产品专用标志以及各种原产地域产品的质量、特性等方面的要求制定强制性国家标准。

第六条　国家质量技术监督局确立原产地域产品保护办公室（以下简称“保护办”），具体负责组织对原产地域产品保护的审核和注册登记等管理工作。

第七条　保护办按照原产地域产品的特点设立若干专家审查委员会，分别负责原产地域产品保护申请的技术审查工作。

第八条　有关省、自治区、直辖市质量技术监督局根据有关地方人民政府对原产地域产品保护的建议，组织有关地方的质量技术监督行政部门、行业主管部门、行业协会和生产者代表成立原产地域产品保护申报机构（以下简称“申报机构”）。

第九条　申报机构履行以下职责：

（一）负责办理原产地域产品保护的申报手续；

（二）负责受理生产者提出的原产地域产品专用标志使用申请；

（三）负责对生产者提出的原产地域产品专用标志使用申请进行初审；

（四）负责管理原产地域产品专用标志的使用。

第十条　申报机构申请原产地域产品保护，应当向保护办提出，并提交以下资料：

（一）原产地域产品保护申请书；

（二）产品生产地域的范围及地理特征的说明；

（三）产品生产技术规范（包括产品传统加工工艺、安全卫生要求、加工设备的技术要求）；

（四）产品的理化、感官等质量特色及其与生产地域地理特征之间关系的说明；

（五）产品生产、销售情况及历史渊源的说明。

第十一条　保护办对申报机构提出的申请进行形式审查；审查合格的，由国家质量技术监督局在《中国质量报》等媒介上向社会公告申报机构及其申请。

有关单位和个人对申报机构及其申请有异议的，可以在公告后的三个月内，向保护办提出。

保护办应当在接到异议起一个月内，对异议做出处理。

第十二条 保护办组织相关的专家审查委员会对没有异议或者有异议但被驳回的申请进行技术审查；审查合格的，由国家质量技术监督局予以批准并向社会公布。

第十三条 生产者需要使用原产地域产品专用标志的，应当向本省、自治区、直辖市质量技术监督局组织成立的申报机构提出申请，并提交以下资料：

（一）原产地域产品专用标志使用申请书；

（二）产品生产者简介；

（三）产品（包括原材料）产自特定地域的证明；

（四）产品符合强制性国家标准的证明材料；

（五）有关产品质量检验机构出具的检验报告。

第十四条 申报机构对生产者提出的申请进行初审；初审合格的，由申报机构报送保护办审核。

第十五条 保护办对申报机构报送的生产者申请进行审核；审核合格的，予以注册登记，由国家质量技术监督局向社会公布。

第十六条 生产者申请经保护办注册登记后，即可以在其产品上使用原产地域产品专用标志，获得原产地域产品保护。

第十七条 获准使用原产地域产品专用标志的生产者未按相应国家标准组织生产的，保护办撤销其原产地域产品专用标志使用注册登记，停止其使用原产地域产品专用标志。

第十八条 保护办指定经省级以上质量技术监督行政部门考核合格的产品质量检验机构，对原产地域产品的实物质量进行监督检验。

第十九条 任何单位和个人不得伪造原产地域产品专用标志。

任何单位和个人不得擅自使用原产地域产品专用标志，不得使用与原产地域产品专用标志相近的、易产生误解的产品名称或者产品标识。

任何单位和个人不得销售前款规定的产品。

第二十条 违反本规定第十九条规定的，由质量技术监督行政部门依据《中华人民共和国产品质量法》、《技术监督行政案件办理程序的规定》等予以行政处罚。

第二十一条 从事原产地域产品保护工作的人员应当遵守以下规定：

（一）忠于职守，秉公办事；

（二）严禁弄虚作假；

（三）不得接受酬金、礼品；

（四）不得滥用职权，以权谋私，吃拿卡要；

（五）不得泄露企业的技术秘密。

违反前款规定的，予以行政纪律处分；构成犯罪的，依法追究刑事责任。

第二十二条 本规定由国家质量技术监督局负责解释。

第二十三条 本规定自发布之日起实施。

附录 3

国家质量技术监督局同有关部门共同发布的重要文件

关于在打击生产和销售假冒伪劣商品违法活动中进一步加强协作配合的通知

工商消字〔1999〕第 41 号

各省、自治区、直辖市及计划单列市工商行政管理局、质量技术监督局：

当前，制售假冒伪劣商品以及市场欺诈等违法行为，严重侵害经营者和消费者的合法权益，扰乱社会主义市场经济秩序，阻碍改革的深入发展，影响党和政府在群众中的威望，已经成为经济和社会的热点问题，广大人民群众反映十分强烈。党中央、国务院对此高度重视，工商行政管理部门和质量技术监督部门深感责任重大。为了认真贯彻党的十五大关于"健全市场规则，加强市场管理，清除市场障碍"的精神，落实中央经济工作会议确定的各项任务，发挥整体效能，加大执法力度，根据国务院批准的国家工商行政管理局和国家质量技术监督局的"三定"方案，现就工商行政管理部门和质量技术监督部门在打击生产和销售假冒伪劣商品违法活动中进一步加强协作配合的有关问题通知如下：

一、进一步提高认识，牢固树立大局观念

加大执法力度，严厉惩处制售假冒伪劣商品的违法行为，直接关系到国民经济的健康发展，关系到人民群众的合法权益能否得到保障。因此，工商行政管理部门和质量技术监督部门要把此项工作放到国家经济发展和社会稳定的高度来认识。要以对党、对国家、对人民高度负责的态度，高度重视两部门在"打假"工作中的协作与配合，牢固树立大局观念，发扬团结协作精神，互相支持，发挥整体效能，切实把打击制售假冒伪劣商品违法行为的工作深入、扎实、有效地开展好。

二、既要各司其职，又要重视协作配合

打击制售假冒伪劣商品违法行为任务繁重而艰巨，且涉及方方面面，工商行政管理部门、质量技术监督部门要严格依据有关法律和法规的规定，在各自职权范围内各司其职，各负其责。同时，在工作中要切实加强协作配合，充分发挥各自的优势，增强整体执法的效能。

国务院批准的国家工商行政管理局和国家质量技术监督局"三定"方案规定："工商行政管理部门负责查处市场管理和商标管理中发现的经销掺假及假冒产品等违法行为，需要质量技术监督部门协助的，应予配合；质量技术监督部门负责组织查处生产和流通领域中的产品质量违法行为，需要工商行政管理部门协助的，应予配合。"按照上述分工，两部门应各司其职，密切配合。同一问题按照谁先发现谁处理的原则进行，不得重复检查、重复处理。要充分发挥政府执法部门的整体效能，避免出现两部门间争抢案件、互相扯皮或相互推诿，给违法犯罪分子以可乘之机等情况的发生。

质量技术监督部门在查处质量违法行为中，依照法律、法规规定应当吊销营业执照的，应及时提请工商行政管理部门依法吊销营业执照，工商行政管理部门应予支持和配合。工商行政管理部门在查办案件中，需要对违法物品进行检验时，可以直接委托合法的质量检测机构进行检验，质量技术监督部门应予支持和配合。

三、加强相互协商，及时沟通情况

打击生产和销售假冒伪劣商品违法行为工作量大面广、问题突出、情况复杂，工商行政管理部门和质量技术监督部门在工作中应加强相互协商，定期或不定期地通报情况，交换意见，研究问题，协调措施，及时解决工作中遇到的问题。

国家工商行政管理局
国家质量技术监督局
1999 年 2 月 26 日

关于1999年深入开展“百城万店无假货”活动的通知

中宣发〔1999〕3号

各省、自治区、直辖市党委宣传部，商委(财办)、商业(贸易)厅(局、集团总公司)，工商行政管理局，质量技术监督局：

“百城万店无假货”活动开展三年多来，在各地党委和有关部门的高度重视、商业企业的积极努力下，取得了比较明显的成效，受到了广大消费者的欢迎。特别是去年15条示范街、100家“五联服务一体化”示范店公布以后，活动逐渐由点到线、由线到面地向纵深发展，在社会上产生了越来越大的影响。1999年，要按照“巩固已有成果、克服薄弱环节、努力扩大影响、继续稳步前进”的思路，在维护市场秩序、保护消费者合法权益、开拓城乡市场方面多下功夫，使“以真诚赢得信誉，用信誉保证效益”的口号更加深入人心，形成良好的职业道德风尚，带动和促进社会风气的进一步好转。现就有关事项通知如下：

一、“百城万店无假货”活动是群众性精神文明建设中涌现出来的新事物，是精神文明建设从具体事情抓起的有益探索，是宣传思想工作为经济建设服务的好形式。各地要充分认识开展活动对打击假冒伪劣行为，加强精神文明建设的重要意义，把它作为创建文明城市、文明行业的有力措施，纳入“讲文明树新风”活动之中，认真抓紧抓好。要学习推广南京市湖南路和北京百货大楼等示范街、店的先进经验，把活动扎扎实实地引向深入。

二、在去年推出15条示范街的基础上，今年“3·15”国际消费者权益日前夕，从山西、内蒙、吉林、浙江、安徽、江西、湖北、广西、海南、重庆、贵州、宁夏、甘肃、青海、新疆等15个省(区、市)，各推出一条有代表性的商业街，作为第二批“百城万店无假货”活动示范街向社会公布。请上述省(区、市)按照示范街的标准条件，认真做好准备工作。

三、下半年，选择5个管理规范、条件比较好的专业批发市场进行试点，适当时候作为“百城万店无假货”活动示范点推出。

四、各地要不断总结经验，根据实际需要和可能，稳步扩大“百城万店无假货”活动的覆盖面。如条件成熟，可推出自己的示范街、示范店和示范市场。

五、“百城万店无假货”活动示范店要加强职业道德教育、强化内部管理，在实践中不断完善“五联服务一体化”的具体措施，认真执行国家商品供应政策和物价政策，坚持卖真品、标真价，为民、便民、利民，积极推行无障碍退货、先试后购、送货上门、跟踪回访等服务方式，采用开办消费者学校、提供咨询服务等好做法，为消费者提供更多的便利。

各地可从实际出发，以示范店为骨干，组织商业、供销企业送货下乡，向农民提供货真价实质优的日用消费品和农用物资，并向农民介绍识假、防假、打假知识，促进“百城万店无假货”活动向农村延伸。

六、年底，将组织有关部门对全国“百城万店无假货”活动示范街、示范店进行一次复查。示范街按照公布的六条标准，示范店按照“五联服务一体化”的五条标准，检查是否做到了标识醒目、措施具体、效果良好、群众认可。对合格的示范街、示范店，予以重新确认和通报表扬；对不合格的示范街、示范店，要限期整改，有名无实或问题严重的，取消其称号。

七、各级宣传、商业(贸易)、工商行政管理、质量技术监督、消协、个协等部门和组织，要各司其职，相互配合，及时沟通情况，加强工作指导。中央主要新闻单位将继续开展“百城万店无假货”活动纵深行系列采访，报道各地开展活动的经验和做法，反映社会各界的呼声和要求。对少数危害严重、影响较大的制售假冒伪劣商品行为，要进行曝光。“3·15”前后，关于“百城万店无假货”活动的新闻报道要形成声势。

中央宣传部
国家国内贸易局
国家工商行政管理局
国家质量技术监督局
1999年

关于加油机安装税控装置和生产使用税控加油机有关问题的通知

国税发〔1999〕110 号

各省、自治区、直辖市国家税务局、技术监督局，计划单列市国家税务局：

改革开放以来，随着我国经济建设和交通运输事业的迅速发展，加油站遍布全国城乡，成品油销售量逐年增加。由于加油站经营方式和进货渠道复杂，许多加油站财务制度不健全，致使成品油的销售数量和金额无法准确掌握，造成国家税款大量流失。为了加强加油站的税收管理，堵塞税收漏洞，打击成品油流通领域的违法活动，维护消费者的合法权益，同时配合国家实施道路和车辆收费改革，做好成品油市场的清理整顿工作，根据《国务院办公厅转发国家经贸委等部门关于清理整顿小炼油厂和规范原油成品油流通秩序意见的通知》(国办发[1999]38 号)的有关规定，国家税务总局和国家质量技术监督局决定对全国现有加油站加油机安装税控装置，并组织生产和使用税控加油机。现将有关问题通知如下：

一、加油站加油机的改造和使用

(一) 为保证加油站加油机记录的数据准确、安全、可靠，必须对现有加油机进行改造，即安装税控装置。本通知下发后，经清理整顿合格的加油站必须按照本通知的规定以及国家有关税控装置安装要求，对现有加油机安装税控装置。新设立的加油站必须使用税控加油机，需要更新的加油机必须用税控加油机来取代。

(二) 国家税务总局成立加油机税控功能(专家)认定小组，依据国家税务总局制定的《加油机税控功能技术条件》，对取得国家防爆产品鉴定合格证和制造计量器具许可证的税控装置进行税控功能的鉴定，颁发《税控功能合格证书》。未经国家计量、防爆和税控功能鉴定合格的产品，各地不得选用。

(三) 改造后的加油机，必须经税务机关或税务机关委托的单位进行税控初始化和质量技术监督部门组织计量检定合格后，方可投入使用。税控初始化软件系统由国家税务总局设计，并下发各地国家税务局。各税控装置和税控加油机生产企业必须按照规定设置统一的税控初始化接口。《税控初始化接口的统一标准》和实施办法，国家税务总局将另行下文明确。

(四) 安装税控装置的组织工作由国家税务总局和国家质量技术监督局共同负责。

(五) 安装人员的培训、机器安装及售后服务由税控装置生产企业或其代理商负责。税控装置的购置费用可在所得税前扣除，但达到固定资产标准的，应按规定提取折旧，分期扣除。

二、税控加油机的生产和使用

(一) 税控加油机税控技术方案由国家税务总局和国家质量技术监督局共同制定，国家质量技术监督局将在《税控燃油加油机鉴定大纲》中予以公布。

(二) 依据《税控燃油加油机鉴定大纲》和《税控初始化接口的统一标准》的有关要求，新研制、生产的税控加油机在通过国家税务总局的税控功能检测并取得《税控功能合格证书》后，由税控加油机生产企业按照《制造、修理计量器具许可证监督管理办法》的要求，向国家质量技术监督局提出申请。国家质量技术监督局组织定型鉴定、样机试验，依据《税控加油机制造许可证考核规范》对申请单位进行考核，审核合格的颁发《制造计量器具许可证》，允许其生产、销售。

(三) 新安装的税控加油机必须经税务机关或税务机关委托的单位进行税控初始化和质量技术监督部门组织计量检定合格后，方可投入使用。

(四) 自本通知下发之日起，在国内不得再生产和进口非税控加油机；2000 年 1 月 1 日以后，不得再销售非税控加油机。因特殊需要生产非税控加油机的，须报经国家税务总局批准，并取得质量技术监督部门颁发的《制造计量器具许可证》。

三、税控加油机和加油站的管理

(一) 税控加油机属强检计量器具，要依据《中华人民共和国强制检定的工作计量器具检定管理办法》进行强制检定管理，严格实施出厂检定、安装后首次检定和周期检定。严禁破坏或擅自改动、拆卸加油机及其税控装置。

(二) 各地质量技术监督部门要依据《中华人民共和国计量法》加强对税控加油机的日常监督管理，定期组织对税控加油机的计量执法检查活动，打击计量违法行为。

(三) 加油站必须按照税控装置或税控加油机记录的数据及主管税务机关的规定采用纸质或电子方式进行纳税申报。

(四) 加油站在销售成品油时，必须按照规定使用由税务机关统一印制的加油站成品油销售发票或增值税专用发票，并逐步使用与税控装置和税控加油机相连接的税控收款机或计算机开具发票。

(五) 各地税务机关要加强对加油站的日常监督检查。加油站要按照税务机关的规定建立健全财务会计制度，报送有关经营资料。

四、违反规定的处罚

（一）凡加装税控装置后的加油机或新安装的税控加油机未实施计量强制检定的，由质量技术监督部门对加油机实施查封，依照《中华人民共和国计量法实施细则》第四十六条给予处罚。

（二）加油站销售的成品油，其实际量与销售结算量不符，给用户或消费者造成损失的，由质量技术监督部门按照《商品量计量违法行为处罚规定》进行处罚。

（三）凡破坏或擅自改动、拆卸加油机和税控加油机的，质量技术监督部门依据《中华人民共和国计量法》的有关规定进行处罚。

（四）凡未按本通知的规定加装税控装置或使用税控加油机的，以及未进行税控初始化的加油机，由税务机关对加油机实施查封，停止其使用。

（五）凡破坏或擅自改动、拆卸税控装置的，以及未经税务机关批准，使用非税控方式销售成品油的，根据《中华人民共和国行政处罚法》的处罚授权规定，税务机关可处以10 000元以下罚款。

（六）凡采取本条第三、四、五款所列违反规定的行为造成加油站成品油销售数据不实，并以此进行纳税申报的，按偷税处理。

（七）对有本条上述行为，经处罚后仍不改正的，可提请工商行政管理部门取销其经营资格。

五、安装工作的实施步骤

根据国务院清理整顿原油成品油流通秩序的总体部署，安装工作分三个阶段：第一阶段为准备阶段，主要是作好加油站有关情况的调查摸底，制定实施方案和工作部署，安装工作的宣传动员及人员培训。第二阶段为安装阶段，组织有关技术人员对经清理整顿合格的加油站在用加油机安装税控装置。第三阶段为组织验收和总结阶段，安装工作结束后，税务和质量技术监督部门要组织人员对安装工作进行审查验收，并进行总结。各地安装工作到2000年10月底前结束，三个阶段的具体时间划分，根据本地区清理整顿原油成品油流通秩序的部署确定。安装工作的总结和加油机安装税控装置统计表（附后）于2000年12月底前分别上报国家税务总局和国家质量技术监督局。

推行使用税控加油机是清理整顿成品油市场秩序的重要措施，同时也是金税工程主要内容之一。各级税务、质量技术监督部门一定要充分认识推行使用税控加油机的重要意义，加强组织领导，根据当地政府清理整顿成品油市场秩序的统一部署，采取有力措施，密切配合，相互支持，共同作好此项工作。

国家税务总局
国家质量技术监督局
1999年

关于进一步落实
农产品优质优价政策的通知

急　计粮办〔1999〕2146号

各省、自治区、直辖市计委（计经委）、物价局（委员会）、经委、农业厅（局）、质量技术监督局、供销社、烟草专卖局、粮食厅（局）、工商局：

近几年，党中央、国务院为了加强农业的基础地位，制定了一系列政策措施，使我国农业综合生产能力有了很大提高，农产品由长期短缺转变为供求总量大体平衡、丰年有余。随着农产品市场供求形势的变化，当前农产品生产、流通中出现了一些新的情况和矛盾，主要是农业生产结构性矛盾日益突出，优质农产品相对不足，不能满足市场对农产品优质化和多样化的需求。因此，调整农业生产结构成为当前农村和农业工作中一项十分重要和紧迫的任务。实行农产品优质优价政策是促进农业生产结构调整的一项重要措施，也是提高农民收入的重要途径，这项政策能否落实好，直接关系到农业生产结构调整的进程。为了妥善解决农产品优质优价政策执行过程中存在的一些具体问题，现将有关事项通知如下：

一、严格执行农产品国家标准，做好推广普及仪器检验工作。各地、各部门和有关单位要认真执行国家质量技术监督局发布的农产品国家标准，对于新发布的农产品国家标准，必须按照新标准的有关规定严格执行。质量技术监督部门会同有关单位要根据我国国情和新的情况不断完善有关农产品的国家标准，使质量标准更具科学性和可操作性。要大力推广和普及农产品的仪器检验工作，改变用手感、目测等依靠感观测评质量等级的状况，创造条件推广使用科学的检测仪器。根据我国目前农产品收购检测的实用仪器比较少、普及程度比较低的实际情况，各省级政府和有关部门要加大资金投入，鼓励和支持检测仪器的研制开发及购置、推广工作。粮食、棉花、蚕茧、烟草收购等有关部门要根据本行业的实际情况制定仪器检验推广和普及的规划，并采取切实可行的配套措施，力争在近1～2年内取得明显成效。

二、进一步拉开农产品品质差价，加强指导和监督检查。各地物价部门要认真落实农产品优质优价政策，对于实行政府定价和政府指导价的农产品，要根据农产品的内在品质和市场供求情况，切实拉开优质品种与普通、劣质品种的差价，合理确定等级差价；对于已由市场形成价格的农产品，要指导收购企业落实好优质优价政策。物价部门要会同有关部门加强监督检查，防止收购企业不实行优质优价或借口执行优质优价政策而对一般品种压级压价。

三、加大优质农产品品种的培育力度，加快优质产品的推广步伐。当前优质农产品品种相对不足，不适应市场需求和农业生产结构调整的需要，因此必须采取有效措施，加大优质农产品品种的培育和推广力度。一是要在育种中做到品质和数量指标并重，改变过去单纯注重提高单产指标而忽视品质指标的倾向。二是各级政府要增加对优质品种研究开发的投入，加大优质专用品种和种质材料的引进力度，并适当集中科研力量，进行重点攻关，加快优质新品种的选育，力争在近几年内，培育出一批品质较好并适宜推广的品种。三是有关部门要做好优质品种的推广工作，把农产品内在品质做为新品种审定和推广的重要指标；要抓紧制定优质、专用品种的推广目录，并尽快发布实施。四是要做好优质农产品种子的供应，解决农民买种难的矛盾。工商行政管理、质量技术监督和农业部门要加强种子市场监督管理，坚决打击假冒伪劣种子，防止坑农害农现象发生，保护农民利益。

四、转变收购企业的经营观念，做好优质农产品的收购工作。国有粮食购销企业、供销社等基层农产品收购企业要充分利用优质产品有市场、比较畅销、经营效益好的有利条件，积极组织收购。要转变经营观念，增强质量意识和市场意识，对优质农产品要努力做到单独收购、单独储存、单独加工、单独销售；并逐步实行分等收购、分等储存、分等销售。同时，收购企业要增强服务意识，根据市场需求情况，及时为农民提供信息服务，引导农民调整种植结构。

五、搞好优质农产品的合理布局，促进产业化经营。各级政府和有关部门要加强对发展优质农产品的指导和支持，要搞好优质产品布局和区域规划，充分发挥区域优势，因地制宜、合理安排区域种植结构。国家要集中资金，建设优质、专用商品生产基地。同时，要引导和促进农产品走规模化、产业化经营的路子，搞好优质农产品产前、产中、产后的服务。在有条件的地区，可制定优惠政策，鼓励产业化龙头企业与农户直接签订优质农产品的产销合同，协商制定价格，以加强优质农产品的产销衔接，推动优质农产品的贸工农一体化经营，加快产业化步伐。

六、加强优质优价政策的宣传工作，提高农民的质量意识。各级政府和有关部门要充分利用各种新闻媒体，加强对优质优价政策的宣传，特别要加强对农民的宣传，使广大农民认识到实行优质优价政策的好处，使其认识到这是提高收入的一条重要途径，增强质量意识，提高发展优质农产品的积极性。同时，要对用假冒伪劣种子坑农和收购中压级压价等典型案例进行曝光，加强舆论监督。

鉴于实行农产品优质优价是关系到农业生产结构调整、农民收入增加、农村经济繁荣的一项重要政策，各级政府和有关部门要加强对这项工作的领导，认真组织安排，加强监督和指导，采取切实可行的措施，保证优质优价政策的贯彻落实。

国家发展计划委员会
国家经济贸易委员会
农业部
国家质量技术监督局
中华全国供销合作总社
国家烟草专卖局
国家工商行政管理局
国家粮食局

1999年

关于组织实施“三绿工程”的通知

内贸局联发消费字〔1999〕第23号

各省、自治区、直辖市、计划单列市贸易(商业、商务)、财政、卫生、铁路、环境保护、质量技术监督厅(局):

九十年代以来,我国“菜篮子工程”建设取得了很大成绩,食品(包括副食品)的数量和品种迅速增加,供应丰富,价格稳定。但是,随着物质生活的不断改善,在满足基本生活消费需要的同时,人们对食物质量和卫生的要求日益提高,对各种无污染、安全、优质、营养类绿色食品、“有机食品”的需求持续扩大。特别是今年“二恶英”事件发生之后,食品卫生质量问题更加引起了全社会的普遍重视。从增强人民体质和改善生存环境的目标出发,在即将来临的21世纪,“菜篮子工程”建设必须对食品生产和流通实行全程质量控制。为做好这项工作,决定在“菜篮子工程”的基础上实施“三绿工程”。现就有关问题通知如下:

一、加强宣传,充分认识“三绿工程”的重要意义

“三绿工程”的主要内容是“开辟绿色通道、培育绿色市场、提倡绿色消费”。开辟“绿色通道”是指开辟公路、铁路、航空及水上常年性食品运输通道,并按照经济合理的原则将其联结起来,发挥各类运输工具的优势,消除不必要、不合理的关卡和收费,在全国范围内构建高效率、无污染、低成本的绿色食品运输网络和联运系统。培育“绿色市场”是指按照绿色市场标准,搞好市场软硬件的建设,通过多种方式清除各种假冒伪劣、质次价高的食品,培育确保食品质量、对人体和周围环境无污染的绿色食品、“有机食品”网络体系,形成绿色食品、“有机食品”的流通渠道和交易系统。提倡“绿色消费”是指从保证消费者身体健康出发,通过宣传引导、举办公益活动和制定相关政策,改变人们的消费观念,增强环保意识,树立消费绿色食品的时尚,促进绿色食品、“有机食品”消费数量的增长和产品结构的优化,确立科学的、有益于人体健康和环境保护的食品消费模式。

实施“三绿工程”具有十分重要的意义。

(一)有利于保障人民身体健康、提高民族素质。当前,一些“菜篮子”商品卫生质量存在的问题比较严重。肉类食品行业通过依法加强屠宰管理,肉品质量有了提高,但病害肉品还未消除;肉品的农药、兽药残留和激素超标问题比较突出,且未引起足够的重视;二次污染肉、病死猪肉、垃圾猪肉和注水肉等仍时有上市。蔬菜的农药残留问题影响着消费者的健康。近几年,因食用不符合卫生标准的肉品、蔬菜引起食物中毒的事件时有发生。一些地方还出现了售卖掺假食糖的情况。因此,必须把事关消费者身体健康以至全民族身体素质的食品的卫生质量问题提上重要工作日程。

(二)有利于开拓市场、调整结构、扩大内需。开辟绿色通道,可以打破流通中的地区封锁,缩短流通时间,降低产销成本,增加生产者收入;培育绿色市场,可以从交易渠道上定向引导调整产品结构,增加绿色食品、“有机食品”生产的比重,提高商品质量与档次,扩大市场销售;提倡绿色消费,不仅对消费者具有保证食品安全的意义,还可以改变人们的消费观念,引导消费时尚,形成新的消费热点。

(三)为我国加入WTO后食品领域迎接国际化竞争做好必要的准备。近年内我国有可能加入WTO,这既给我们进一步发展带来了机遇,也使我们直接面对着发达国家农产品的挑战。目前,我国肉菜品种质量和卫生标准与国际市场要求仍有差距。开展“三绿工程”可以加速我国食品质量与国际标准接轨,增强开拓国际市场的能力,扩大外贸出口。

(四)符合社会文明进步的方向。新世纪的发展战略将更加重视环境保护和生活质量的提高,实施“三绿工程”,有利于提高我国人民的生活质量,促进社会文明进步。商业作为窗口行业,在促进城市文明和社区文明中承担着重要的责任。实施“三绿工程”,对加快商业设施发展和流通方式的现代化,提高人们的环保意识,建立科学文明的生活方式,具有重要意义。

各有关部门要充分认识实施“三绿工程”的重要意义,及时向当地政府汇报,将“三绿工程”作为新一轮“菜篮子工程”的重要内容来抓。当前,要通过多种方式加强宣传,大造舆论,形成声势,争取社会各界的支持和参与。

二、采取切实措施,努力完成“三绿工程”的目标和任务

“三绿工程”的基本目标是在“十五”期间拟开通十条绿色通道,建设百家绿色批发市场,创出千种绿色食品、“有机食品”品牌,形成万家绿色零售门店,使城市居民绿色食品消费比例逐步提高。

“三绿工程”的主要任务是制定配套的标准规范和管理办法,加大联合监督检查、市场整顿和“打假”执法力度,建立质量检测和控制系统,研究制定有关扶持政策,举办一系列主题活动。

(一)进一步开辟绿色通道,加快绿色食品、“有机食品”的流通。要制定绿色通道管理办法,加强各种运输方式的组织协调,从公路、铁路、航空到水运全方位开通绿色通道,形成联运系统和网络;要制定绿色食品、“有机食品”的运输标准,严防食品的在途污染,肉品要实行吊挂、封闭式恒温运输,蔬菜运输要有保鲜措施;要禁止运输非定点厂屠

宰的肉品和农药残留超标的果菜；要按照国家有关规定消除不必要的关卡和收费；要研究制定有关扶持政策，支持绿色通道的发展；要加强监督和管理，制定和发放绿色食品、“有机食品”运输的统一标志；要积极开展绿色通道达标活动和绿色通道连万家市场活动。

（二）加快培育绿色市场，建立从批发到零售的绿色食品、“有机食品”流通网络体系，促进绿色食品、“有机食品”的销售和城乡环境的保护。要制定绿色市场的有关标准、规范和管理办法；要加强硬件建设，做到环境优美，设施逐步实现现代化；要加强管理，提高服务质量，逐步增加绿色食品、“有机食品”销售比例。加强质量监督和“打假”工作，严厉查处标识不符、以假充真、以次充好、掺杂掺假、以不合格品冒充合格品等质量违法行为；严禁销售非定点厂屠宰的肉品；要加大流通环节的科技投入，完善检测手段，提高检测水平，确保市场交易的绿色食品、“有机食品”的质量；要鼓励销售冷却肉、分割肉、小包装肉，推广净菜上市，逐步增加肉菜在连锁、超市销售的比重；要研究制定有关扶持政策，加快绿色市场的建设；要开展绿色市场达标活动，组织和推动各地举办绿色食品、“有机食品”联展活动，加强绿色食品的展示、展销。

（三）提倡绿色消费，改变人们的消费理念，保障身体健康。要开展绿色食品、“有机食品”消费宣传咨询活动，通过各种媒体，从绿色食品、“有机食品”的特点、标识、标准和产销情况等各个角度进行广泛宣传，树立大众绿色消费的理念和时尚；要通过需求引导和政策扶持开发绿色食品、“有机食品”，引导鼓励工业企业生产绿色食品、“有机食品”，特别要加强生猪屠宰设施的改造，培育绿色加工生产线，大力发展精深加工，争创名牌，推进“厨房工程”；要举办蔬菜公害和病害畜禽产品展览会，提高公众防范意识。

三、积极试点，有步骤分阶段地组织实施

为积极稳妥地实施“三绿工程”，首先要抓好试点：

（一）绿色通道的试点以从湛江至哈尔滨等三条铁路果菜绿色通道和湘粤生猪通道为基础，同时选择一些贯穿东西、南北的大型交通要道。各地也可选择一些区域性交通要道进行试点。

（二）绿色市场的试点要以条件比较好的批发市场和连锁超市为基础。每个省、市、区按照条件选择1～3家，经有关部门审查、当地政府批准后进行试点，要制定操作性较强的试点方案，并认真组织实施。

（三）绿色消费的试点要以四个直辖市和部分大城市为基础，同时选择一些大的商办工业企业进行开发绿色食品、“有机食品”的试点。

各地要在试点的基础上，根据本地的实际情况和条件，制定切实可行的规划和方案，有步骤、分阶段地全面组织实施“三绿工程”。

四、切实加强对“三绿工程”的组织领导

“三绿工程”是一项工作环节相互连带、部门管理紧密协同、相关政策同步配套的系统工程，需要各有关部门周密策划，精心组织，共同实施。

“三绿工程”是新形势下“菜篮子工程”的延续，要按国务院文件要求，实行市长负责制。各有关部门要在各地政府的统一领导下，按照确定的总体目标和要求，在各自的职责范围内开展工作。对于跨区域或全国性的政策措施，国家有关部门和省级各职能部门要加强协调，严格按各自职责依法行政，加强宏观调控，确保贯彻实施。

国家国内贸易局
财政部
卫生部
铁道部
国家环境保护总局
国家质量技术监督局
1999年

关于在住宅建设中淘汰落后产品的通知

建住房〔1999〕295号

各省、自治区、直辖市、计划单列市建委（建设厅）、经贸委（经委、计经委）及新疆生产建设兵团经贸委、质量技监局、建材主管部门：

为了贯彻落实《国务院办公厅转发建设部等部门关于

推进住宅产业现代化提高住宅质量若干意见的通知》(国办发[1999]72号文),加快推进住宅产业现代化,提高住宅质量,强制淘汰不符合资源节约和环境保护要求与质量低劣的材料和部品,积极采用符合国家标准的资源节约型优质材料和部品,现将有关事项通知如下:

一、自2000年1月1日起,在大中城市新建住宅中禁止使用螺旋升降式铸铁水嘴,已立项但尚未开工的住宅建设项目也应限制使用螺旋升降式铸铁水嘴。

积极采用符合《陶瓷片密封水嘴》(JC 663—1997)及《水嘴通用技术条件》(QB/T 1334—98)标准的陶瓷片密封水嘴。

陶瓷片密封水嘴生产行业要尽快完善陶瓷密封芯片标准化工作。生产企业要确保产品质量和售后服务。积极开发生产、推广应用新型节水水嘴。

二、自2000年6月1日起,在城镇新建住宅中禁止使用长江、黄河上中游等天然林保护、生态建设工程地区的天然林及天然珍贵树种为原料生产门窗、地板。

使用速生丰产林木材生产门窗、地板要经过干燥、防腐、防虫、防潮、阻燃、改性处理,提高其使用寿命。

要提高木材综合利用率,积极开发生产、推广应用新型复合木质门窗、地板。鼓励采用木材采伐加工的剩余物、竹材、农作物秸秆、回收旧木材为原料生产复合门窗、地板。

三、自2000年6月1日起,各直辖市、沿海地区的大中城市和人均占有耕地面积不足0.8亩的省的大中城市的新建住宅,应根据当地实际情况,逐步限时禁止使用实心粘土砖,限时截止期限为2003年6月30日。

各地应采取切实措施,抓紧做好实心粘土砖的替代材料及制品的衔接工作,积极推广采用新型建筑结构体系及与之相配套的新型墙体材料。要加大研究开发力度,完善配套技术,落实生产企业,提高产品质量,尽快解决新型墙体材料的有关技术、质量问题。并根据可能的条件逐步限制其他粘土制品的生产和使用。

各地征收的新型墙体材料专项基金要专款专用,制定相应用款计划,用于新型墙体材料的研究开发和推广应用。

各地对积极使用新型墙体材料的开发企业、设计单位、施工企业给予相应的奖励;对违反《民用建筑节能管理规定》的企业按规定予以处罚。

四、自2000年6月1日起,在城镇新建住宅中,淘汰砂模铸造铸铁排水管用于室内排水管道,推广应用硬聚氯乙烯(UPVC)塑料排水管和符合《排水用柔性接口铸铁管及管件》(GB/T 12772—1999)的柔性接口机制铸铁排水管。

自2000年6月1日起,在城镇新建住宅中,禁止使用冷镀锌钢管用于室内给水管道,并根据当地实际情况逐步限时禁止使用热镀锌钢管,推广应用铝塑复合管、交联聚乙烯(PE-X)管、三型无规共聚聚丙烯(PP-R)管等新型管材,有条件的地方也可推广应用铜管。

五、自2000年12月1日起,在大中城市新建住宅中,禁止使用一次冲洗水量在9升以上(不含9升冲洗水量)的便器。推广使用一次冲洗水量为6升的坐便器。积极开发生产新型节水便器,并完善相应的标准规范。

便器与水箱配件要实行成套供应,保证便器的密封性能和冲洗性能。便器生产企业作为产品质量的第一责任人,保证其配套产品的节水功能和质量,并在产品上标明冲洗水量。

六、自2000年12月1日起,在大中城市新建住宅中,禁止使用不符合建筑节能要求的32系列实腹钢窗和25系列、35系列空腹钢窗。

推广应用具有节能、密封、隔音等优良性能的,符合《民用建筑节能设计标准》(JGJ 26—95)要求的建筑用窗。当前应重点推广应用符合《PVC塑料窗》(JG/T 3018)标准的PVC塑料窗,以及符合《平开、推拉彩色涂层钢板门窗》(JG/T 3041—97)标准的彩色涂层钢板窗等新型节能窗。

积极开发生产、推广应用木塑和铝塑复合窗、钢塑复合共挤节能保温窗及隔热保温型铝合金窗等新型节能窗。

七、各省、自治区、直辖市建设行政主管部门会同当地有关部门,负责对本辖区住宅建设中禁止使用落后产品、推广应用优质产品工作的监督实施。

八、对违反本通知规定,采用禁止使用产品的住宅建设项目,不予通过设计审查,不予通过竣工验收,不得发放《商品房预售许可证》。对违反规定的开发企业、设计单位和施工企业,按国办发[1999]72号文件规定处理。

九、在小城市及村镇住宅建设中,各地可根据实际情况,参照本通知执行。

各省、自治区、直辖市建设行政主管部门要依据本通知的规定,认真落实禁止使用落后产品、推广应用优质产品的工作,并将执行情况报建设部住宅产业化办公室。

建设部
国家经贸委
国家质量技术监督局
建材局
1999年

关于加强化学危险物品管理的通知

环发〔1999〕296号

各省、自治区、直辖市及计划单列市环境保护局，经贸委（经委、计经委），劳动（劳动人事、劳动和社会保障）厅（局），公安厅，交通厅（局、委、办），质量技术监督局：

化学危险物品由于具有危害和有用双重属性，涉及面广，接触人员多，专业要求相对较高。为加强对化学危险物品的管理，国务院于1987年颁发了《化学危险物品安全管理条例》，国家经贸委、公安、交通、环保、化工等部门也制定了相应的部门管理规章、规程和标准。但是，由于一些单位和个人在化学品的生产、使用、储存、经营、运输、进出口直至处置过程中，不按章办事，违规操作，致使化学品引发的事故时有发生，严重危害人民生活，污染环境，造成恶劣的社会影响。

为了加强对化学品，特别是化学危险物品的管理，避免或减少化学品引发的事故，保证对化学品的生产、储存、经营、运输、使用、进出口及处置的整个过程进行全面的监督与管理，现就有关问题通知如下：

1. 凡在中华人民共和国境内生产、储存、经营、运输、使用和处置化学危险物品的单位和个人，必须遵守《化学危险物品安全管理条例》等有关法规、规章。

2. 实行化学品生产许可证制度。生产化学品的企业由质量技术监督部门根据国家有关许可证的法规规定，对生产化学品的企业核发工业产品生产许可证。

3. 实行化学危险物品登记注册制度。生产化学危险物品的企业按照《工作场所安全使用化学品规定》等有关规定，到各省、自治区、直辖市化学品登记注册办公室登记注册。

4. 实施重点环境管理化学危险物品登记制度。生产、使用重点环境管理化学危险物品的企事业单位必须向所在地环境保护行政主管部门申报所生产、使用的化学危险物品的名称、产量（用量）、去向、应急措施及相关资料。

5. 化工生产企业要认真贯彻实施《危险化学品标签编写导则》（GB/T 15258—1999）和《常用危险化学品分类及标志》（GB 13690—1992）、《危险化学品安全技术说明书编写规定》（GB 16483—1996）等国家标准。

6. 化学危险物品的储存，特别是剧毒物品的储存，要配有固定的符合安全环保要求，具有防盗功能的储存场所；要建立严格的出入库登记和销售登记制度。作为生产原料的化学危险物品储存还要执行国家经贸委、国家质量技术监督局、国家石油和化学工业局的有关规定。经营性的集中化学危险物品储存设施，应向环保部门报告储存的品种、数量和污染防治措施。

7. 从事化学危险物品运输的单位和个人必须遵守国家有关危险货物运输管理规定。须凭证运输的化学危险物品，托运人（货主）应到公安、环保、交通等相应的管理部门办理准运手续。承运人应具备交通部门核发的运输危险货物资质，并凭准运证明承运，没有准运证明的，不得擅自承运。无准运证明承运化学危险物品的，按国家有关的行政管理规定进行处罚。

8. 装运化学危险物品的交通工具和包装物必须符合有关国家标准和行业标准。交通工具和包装物上要有醒目标志、标签。

9. 经营化学危险物品的企事业单位必须具备相应的经营范围、规模和专业人员，要建立健全各项安全管理制度和岗位责任制，禁止无证经营化学危险物品。

10. 在化学危险物品生产、储存、使用、运输中一旦发生事故，引发事故的责任单位和有关人员必须立即采取应急措施，及时通报受到或可能受到危害的单位和人员，并报告事故所在地的公安、环保、经贸、质量技术监督等部门。隐瞒不报或弄虚作假的，一经发现从严查处。

11. 废弃、过期的化学危险物品及使用过的化学危险物品包装容器必须妥善保管，不得随意抛弃，依照危险废物的处置标准进行处置。

12. 各级经贸、公安、交通、环保、质量技术监督、化工等部门要广泛宣传化学品管理规定，密切配合，照章办事，严格执法。

国家环境保护总局
国家经济贸易委员会
公安部
交通部
国家质量技术监督局
1999年

关于加强质量技术监督部门行政事业性收费和罚没收入“收支两条线”管理工作的通知

财经字〔1999〕710号

各省、自治区、直辖市、计划单列市财政厅(局)、质量技术监督局、计委(物价局)、监察厅(局):

为进一步做好质量技术监督部门及其直属机构行政事业性收费和罚没收入“收支两条线”管理工作,按照党中央和国务院的指示精神,根据《中华人民共和国预算法》、《国务院关于加强预算外资金管理的决定》、《罚款决定与罚款收缴分离实施办法》、《行政事业性收费和罚没收入实行“收支两条线”管理的若干规定》、《行政事业单位预算外资金银行帐户管理的规定》和《关于对行政性收费、罚没收入实行预算管理的规定》等法律、法规,现就有关问题通知如下:

一、各级质量技术监督部门及其直属机构依据国家法律、法规和具有法律效力的规章,收取的罚没收入和行政事业性收费是财政性资金,对其实行“收支两条线”管理,有利于质量技术监督部门依法行政和公正执法;有利于提高执法队伍的干部素质,加强廉政和勤政建设;同时,对整顿财政分配秩序、加强财政管理和提高资金使用效益将起到积极的作用。因此,各级财政、计划(物价)、监察、质量技术监督部门要从思想上统一认识,密切配合,共同努力,认真做好质量技术监督部门及其直属机构的罚没收入和行政事业性收费“收支两条线”管理工作。

二、严格行政事业性收费的立项审批工作。质量技术监督部门及其直属机构的行政事业性收费项目和标准,必须经国务院或省级政府批准,任何部门和单位不得擅自设立收费项目、提高收费标准。

三、各级财政部门要加强对质量技术监督部门及其直属机构罚没收入和行政事业性收费上缴国库和财政预算外资金专户的管理和监缴工作,做到应罚尽罚,应缴尽缴。各级质量技术监督部门及其直属机构应将收取的罚没收入和行政事业性收费,按国家有关规定及时、足额汇缴国库和财政预算外资金专户;对省及省以下质量技术监督部门及其直属机构收取的行政事业性收费中涉及中央财政收入部分,由省级质量技术监督局统一汇缴省级财政部门,实行上下级预算外资金财政专户结算的管理办法。严禁隐瞒、转移、截留以及贪污私分。

质量技术监督部门其他罚没财物的管理,要严格执行国家有关规定。

四、加强票据管理,把罚没收入和行政事业性收费上缴国库和财政预算外资金专户与票据发放和监缴结合起来,实行罚款决定与罚款收缴相分离。质量技术监督部门及其直属机构,应到指定的计划(物价)部门申领“收费许可证”并亮证收费。收费和罚款一律使用中央或省级财政部门统一印制(监制)的票据,否则视同非法行为。财政部门要切实加大对领取、发放、使用、稽核、缴销行政事业收费和罚没收入票据的管理力度,做到票款一致,验旧领新,定期缴销。收费和罚款票据应统一由质量技术监督部门的财务机构向财政部门领取(中央机构的票据,由国家质量技术监督局统一向财政部有关部门领取;省以下质量技术监督部门及其直属机构的票据统一由省级质量技术监督部门向省级财政部门领取),逐级发放,由执收、执罚单位的财务机构统一管理。各级财政部门要认真执行《国务院关于加强预算外资金管理的规定》,加强对质量技术监督部门及其直属机构行政事业性收费资金收缴的监督管理,积极推行行政事业性收费“单位开票,银行代收,财政统管”的管理制度。各级质量技术监督部门及其直属机构要坚决贯彻执行《中华人民共和国行政处罚法》和国务院《罚款决定与罚款收缴分离实施办法》,凡国家规定实行罚缴分离的项目,要由当事人持行政处罚决定书到财政部门委托的代收机构缴纳罚款;按法律规定可以当场收缴罚款的,必须向当事人出具省级财政部门统一制发的罚款收据,不得使用其他票据。

五、各级质量技术监督部门及其直属机构预算外资金专用存款收支帐户的开设应当按照国家有关规定执行。不得擅自开设或多头开设预算外资金收支帐户和私设“小金库”。

六、建立预算外资金预决算制度。各级质量技术监督部门及其直属机构要按有关规定及财政部门的要求编制年度预算外资金收支计划和收支决算,按规定程序报财政部门审批。

七、建立行政事业性收费和罚没收入统计报表制度。各级质量技术监督部门及其直属机构要按月如实填报行政事业性收费和罚没收入统计表(有关统计表另发)。中央机构应于每月终了后10日内将统计表一式三份逐级汇总上报国家质量技术监督局。省以下质量技术监督部门及其直属机构于每月终了后10日内将统计表一式三份逐级汇总报送省级质量技术监督部门,省级质量技术监督部门于每月终了后15日内将全省汇总统计表上报国家质量技术监督局和省级财政部门。国家质量技术监督局于每月终了后20日内将全国汇总统计表报送财政部。

八、建立健全监督检查工作机制。各级财政、计划(物价)、监察部门要会同质量技术监督部门定期对质量技术监督部门及其直属机构的现有收费项目和收费标准进行清理整顿,收费项目和收费标准要向社会公布,接受群众监督。对行政事业性收费和罚没收入的执收、执罚情况、“收支两条线”管理的执行情况定期进行专项检查,加大监缴力度。对越权设立收费项目、擅自提高收费标准等乱收费行为,要依据法律、法规的规定予以处罚。对不按规定上缴国库或财政预算外资金专户的,财政部门相应核减其预算指标。对检查中发现的违法违纪问题,必须严格依法依纪处理,情节严重构成犯罪的,移送司法机关依法追究刑事责任。

九、各省级财政部门、质量技术监督部门可根据本通知,结合当地实际,制定具体实施办法。

中华人民共和国财政部
中华人民共和国国家发展计划委员会
中华人民共和国监察部
国家质量技术监督局
1999年9月10日

南京市质量技术监督局党组书记、局长　许海容

南京市质量技术监督局

南京市质量技术监督局是南京市实施质量技术监督综管理、行政执法的政府职能部门。实行管理体制改革后，局机关设办公室(政策法规处)、人事教育处、综合计划科技处、标准化处、计量处、质量监督处、质量处、稽查处、锅炉压力容器安全监察处、特种设备安全监督管理处、机关党委、纪检监察组等12个处室。局直属事业单位有：计量测试所、产品质量监督检验所、技术监督情报所、锅炉压力容器检验所、劳动安全检验检测站等5个技术机构及质量技术监督稽查支队。直接管理各区县质量技术监督局(分局)及质量技术监督稽查大队。

近年来，南京市质量技术监督局在南京市委、市政府和国家质量技术监督局和江苏省质量技术监督局的指导下，紧紧围绕南京经济建设、社会发展和市委、市政府的中心工作，坚持质量技术监督工作方针，全面履行质量技术监督综合管理和行政执法两大职能，加大打击制售假冒伪劣产(商)品力度，完成消灭无标生产工作目标任务，为南京的经济建设和社会发展作出了积极贡献，先后被市政府授予创建国家优秀旅游城市有功单位，推行行政执法责任制先进单位，被市委、市政府授予1998—1999年度“创建文明行业工作先进行业”荣誉称号。

南京市委、市政府授予“创建文明行业工作先进行业”荣誉称号

市领导视察我市打假成果展示会现场

济南市技术监督局

济南市技术监督局是市政府统一管理质量、标准化和计量工作的职能部门。局机关设办公室、法规处、质量监督处、标准管理处、计量管理处、稽查处和锅炉压办容器安全监察处等7个处室。局直属事业单位有济南市计量检定所、济南市衡器检定管理站、济南市产品质量监督检验所、济南开发区技术监督站、济南市锅炉压力容器检验所和济南市特种设备检测站。

在“以质量为中心，标准化、计量为基础”的质量技术监督工作方针指导下，该局依法行使综合管理和行政执法两大职能，全面开展技术监督各项工作。近年来，多次被市委、市人大、市政府评为完成全方位目标责任制先进单位、执法责任制先进单位；并被国家和省质量技术监督局授予行政执法先进单位和打假工作先进单位称号。2000年被市委、市政府评为“双文明建设先进单位”。

局长、党组书记卜银根

国家质量技术监督局副局长王秦平到济南考察

质检人员正在对产品质量进行检验

“内强整体素质，外塑良好形象”，济南市技术监督局执法人员进行军训

中心主任万举勇先生

赛宝认证中心

赛宝认证中心是经国家授权非盈利的第三方认证机构，具有独立的法人地位。1983年正式参加国际电工委员会IECQ质量评定体系，成为中国最早而唯一的IECQ产品质量认证机构。该证书获得全世界25个发达国家认可。拥有国际认证论坛(IAF)第二工作组成员1名，国际审核员和认证培训协会(IATCA)第四工作组成员1名(国内唯一)，国家注册审核员考官及经过严格挑选和训练的验证审核员、主任审核员和审核员200余名。专业从事ISO9000认证(全世界17个发达国家认可)、QS9000质量体系认证、ISO14000环境管理体系认证、IECQ电子元器件质量认证、IT产业资质认证、军用电子元器件质量认证、IECEE安全认证(长城认证)、生产证可证、出口质量许可证、OHSAS18001认证、质量管理培训、检验服务等。

国家丝绸质量监督检验中心

国家丝绸质量监督检验中心(亦是苏州丝绸科学研究所理化检验实验室)成立于1988年4月，是国家质量技术监督局授权的首批国家级检验中心，为国内唯一的国家级丝绸质量法定检验机构。“中心”是一个具有独立法人的第三方公正检验机构。“中心”下设一个办公室、一个检验室(成品组、染化组、原料组)和一个计量维修室。“中心”具有对真丝绸、绢丝绸、化纤绸、仿真丝绸等丝绸产品以及桑蚕丝、绢丝、涤丝、人丝等丝绸原料进行全性能检测的能力，并能为商店和企业提供咨询、验货服务和质量仲裁等检验。

地址：江苏苏州市公园路1号
邮编：215006
电话：0512-5216064
法人：叶勇　联系人：顾尚雄

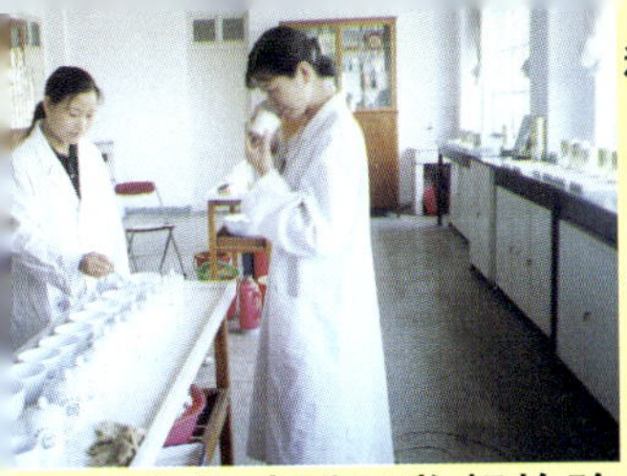

科技人员正在审评茶叶

国家茶叶质量监督检验中心

国家茶叶质量监督检验中心(以下简称“中心”于88年通过国家技术监督局的计量认证和审查认可正式成，授权对各类茶叶及茶制品进行质量监督检验，并于93年通过国家技术监督局计量认证和审查认可的复查。99年通过国家质量技术监督局和中国实验室国家认可委会的“三合一”认可，成为目前国内唯一专业从事各类叶及茶制品的品质检测国家认可实验室。2000年由国家商行政管理局等五局联合发工商消字〔2000〕第43号文权为国家消费争议商品检验机构。

“中心”的质量方针：按照ISO/IEC导则和中国检测实室的要求，严格内部质量管理，全面落实《质量手册》各项内容；坚持第三方公正性地位，为国内外用户提供学、准确、公正、及时的检验服务。

心”主任：骆少君
址：浙江省杭州市采荷路83号
编：310020
话：0571-6043884
真：0571-6092735

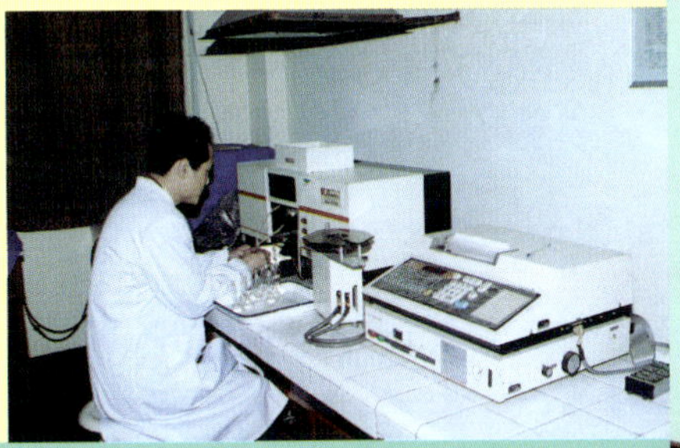

科技人员正在检测茶样

国家汽车质量监督检验中心(襄樊)

国家汽车质量监督检验中心(襄樊)暨襄樊达安汽车检测中心，拥有一个占地面积稼1.67平方公里的综合性汽车试验场和12个专业科室，是国家实验室认可委员会认可的具有独立法律地位的第三方检验/校准实验室。自1995年10月成立以来，先后获得国家质量技术监督局、国家出入境检验检疫局、国家环境保护总局、国家汽车主管部门的认可和授权，是国家级汽车质量监督检验中心、国家进出口汽车商品检验实验室、国家级机动车排气污染监督检测站、国家级汽车新产品定型检验机构、汽车专用仪器和汽车检测线的校准实验室、汽车产品认证检验机构和科研成果技术鉴定试验机构。能够承担汽车整车、农用运输车、发动机、底盘、车身附件、汽车仪表、汽车灯光电器、汽车非金属件等各种产品的检测及汽车专用测试仪器的校准。

地址：湖北襄樊汽车产业开发区汽车试验场
邮编：441004　联系人：曾海鹏
电话：0710-3392492,3393243
传真：0710-3310965
网址：http:/www.nast.com.cn

国家建筑装修材料质量监督检验中心

国家建筑装修材料质量监督检验中心成立于1991年4月，是国家质量技术监督局以法授权的国家级产品质量监督检验中心。“中心”设有办公室、业务室、总工室、石陶室、轻橡塑室、化工涂料室、金属构件室、电器室和室内装饰工程质量监督检验站。具备建筑装饰石材、建筑饰面陶瓷及卫生陶瓷、建筑用玻璃、建筑装修用橡塑制品、建筑饰面用油漆涂料、建筑门窗、建筑装修用木质及金属构件制品、建筑装修用五金制品、建筑装修用电器、灯具等近139种产品226个参数的检验能力。

国家建筑装修材料质量监督检验中心主任：张玉东
地址：河南省郑州市东明路北17号
邮编：450004
电话：主任办公室：0371-6370827
办公室(传真)：0371-6370820

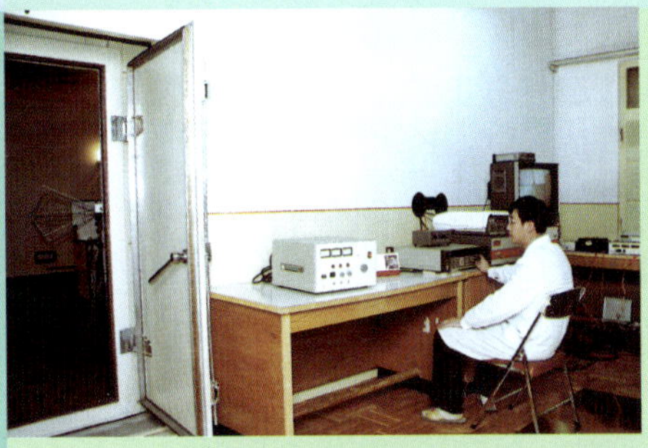

国家电工仪器仪表质量监督检验中心

国家电工仪器仪表质量监督检验中心始建于1984年12月。是由国家质量技术监督局认可授权的国家认可检验实验室、国家检验中心、计量认证合格单位；国家进出口商品检验实验室认可委认可授权检验实验室；中华人民共和国科技成果检测鉴定国家级检测机构；机械工业产品质量监督检测机构。中心主要从事：计量制造许可证、出口质量许可证的产品检验；科技新产品检验；国家级监督抽查检验；社会和企业委托检验等。检验范围：电能测量仪器、安装式电表、可携式电表、数字仪表、磁测量仪器、直流仪器、交流仪器、电源装置、校验装置、扩大量限装置。

地址：哈尔滨市哈平路128号　邮编：150040
电话：(0451)6681896
6664844-5212
传真：(0451)6681896
电子邮件：dbjy@0451com
主要负责人：高力伟
中心常务副主任

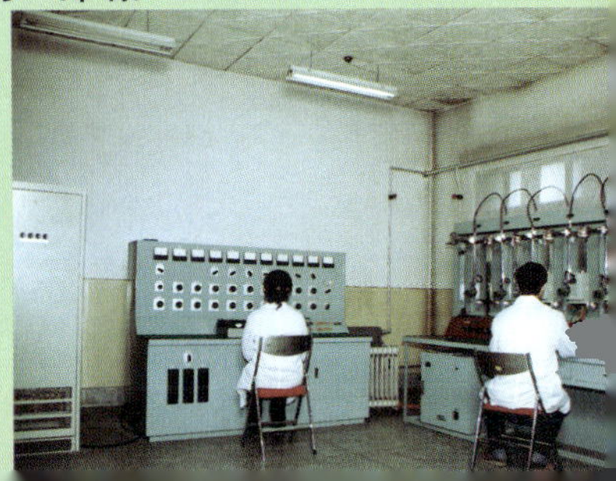

中国轮胎产品认证委员会(CCCT)

中国轮胎产品认证委员会(CCCT)是国家技术监督局批准由化工部牵头组建，代表国家对轮胎产品实施认证管理的唯一机构，成立于1994年1月18日。认证委员会依据《中国轮胎产品认证委员会章程》、《轮胎产品认证管理办法》开展认证工作。

职责是制定轮胎产品认证的具体办法，提出可开展认证的产品种类，受理产品认证申请；批准认证，颁发认证证书；对认证产品进行监督。范围：汽车轮胎、工程机械胎、工业车辆轮胎、农用轮胎、翻新轮胎、摩托车轮胎、气门嘴芯、骨架材料、胎圈钢丝等。类型分为安全认证和合格认证两种。

秘书处地址：北京西郊半壁店北京橡胶工业研究设计院(内)
邮编：100039
电话：(010)68150645　68182211-2177
秘书长：杜桐明　常务副秘书长：谢华

国家环境试验设备质量监督检验中心

国家环境试验设备质量监督检验中心是国家质量技术监督审查认可，国家经委批准的第一批国家级产品质量监督检验中1988年12月中心经国家技术监督局专家组评审通过了计量认2000年通过中国实验室国家认可委员会的监督评审。

本中心的业务主要有：

1. 承担环境试验设备的国家质量监督抽查检验；
2. 受有关部门的委托，对实行生产许可证的环境试验设的质量、重要新产品投产的鉴定、产品质量认证进行检验；
3. 进行环境试验设备质量的分等分级鉴定和检验；
4. 负责环境试验设备的委托检验和周期检验；
5. 各类环境试验设备的委托检验和周期检验；
6. 制订和修订有关国家标准、专业标准；
7. 开发新技术，进行技术指导和人员培训。

地址：广州市天河区东莞庄路110号
信址：广州市1501信箱15分箱
邮编：510610
电话：020-87237107
传真：020-87236189
电子邮件：cal@ceprei.com
Internet:http//cal.ceprei.com

中国机械安全认证中心(CCMS)

中国机械安全认证中心(China Certification Center of Machinery Safety，简称CCMS)是经中国产品质量认证机构国家认可委员会(CNACP)认可和原国家技术监督局批准、授权，参照国际通行准则建立并按我国有关强制性标准对除农机以外的机械产品安全性能进行公正性评价的机构。

"中心"的业务范围是：

1. 根据国家质量技术监督局发布的机械安全认证产品目录，对申请认证的机械产品实施安全认证。
2. 接受国内、外客户和其他认证组织的委托，按指定的机械安全标准进行产品安全性能的符合性评价。

本中心的工作宗旨与质量方针是："依法实施认证；确保机械安全；公正优质服务；顺应国际惯例"。

中国机械安全认证管理委员会
主任：薛德林
常务副主任：杨学桐
秘书长：徐自芬
中国机械安全认证中心
主任：徐自芬

中心地址：北京首体南路2号
邮编：100044
联系电话：68931542
68931546
68931548
传真：68931546

国家日用电器质量监督检验中心
(广州日用电器检测所)

本中心是具有公正第三方地位的国家级日用电器质量监督验机构，已经成为国内技术力量最强的检测和认证机构之一。

本中心拥有完备的检测设备、高素质的检测人员，还被国组织授权为CB试验室，可依据GB、IEC、EN、UL、ISO等标进行检验，检测报告可获得世界上30几个国家的认可，并与国知名机构建立了良好的合作关系。

业务范围：

国家产品质量监督抽查和质量争议仲裁检验、长城标志认CB测试、进口电工产品CCIB标志认证、电磁兼容性(EMC)测认证、国外认证服务、ISO9000质量体系认证、性能试验、可性试验、节能标志和环境标志认证、生产许可证和出口许可科技成果检测鉴定、电工产品环境适应性检验、各类委托检验

检验产品类别：

家用及类似用途电器、电器开关及其自动控制器、安装用件和连接装置、照明电器、安全变压器及类似设备、电动工具小功率电机、电容器、各类电池及充电器、电线电缆、电子及息技术设备、安装保护设备、船用电器产品、绝缘材料等。

地址：广州市新港西路204号　邮编：510300
电话：020-84451692、84451171-691、496(所办)
84451171-511、641(试验管理部)84451171-307(市场部)
传真：020-84183160　网址：www.gtihea.com
E-mail:goffice@gtihea.com

中原油田工程建设总公司金属结构厂

我厂位于冀、鲁、豫三省交界濮阳市，组建于82年，是豫北地区金属容器制造和金属结构生专业厂，具有国家质量技术监督局颁发的一、、三类压力容器制造许可证（AR1级）、球罐现组焊证（AR3级）、制造许可证编号为RZZ225-01，并通过了ISO9002质量体系认证。主要承接、二、三类高、中、低压压力容器（含有色金属器），金属储罐，钢结构件的制造，锅炉安装，弯、盘管制造等业务，是濮阳市“质量信得过企”。

新疆吐哈油田神泉集气站球罐

本厂占地面积4.1万平方米，厂房面积3.5万平方米，固定资产3100万元，钢材年加工能力5000吨，通和专用设备200多台套，生产实践经验丰富，技术力量雄厚。现有职工281人，其中工程技术人员48人，证焊工62人，在持证焊工中10名焊工具有德国工业标准DIN560高级焊工证，有12人取得BUG-0公司罐自动焊证，有5人取得ASME焊工证，有6人取得API焊工证。

主导产品:

石油、化工行业用反应塔、分离器、换热、储罐等。

主要设备:

卷板机4台，最大冷卷厚度48毫米；500油压机2台；剪板机2台，最大剪切厚度20米；自动切割机20台，最大切割厚度100毫；各种手工电弧焊机、林肯DC-400焊机、弧自动焊机、气体保护焊机等126台；刨边2台，最大刨边长度12米；3000 × 12000热理炉2个。厂内有严格的质量控制体系，具完善的一级理化试验室、探伤室、焊接试验。

中原炼厂催化裂化吸收塔在装运

立方米液化石油气储罐

主要业绩:

1. 新疆吐哈油田50 × $10^4m^3/d$油气处理装置，120 × $10^4m^3/d$天然气处理装置；神泉集气站球罐安装；
2. 中原油田炼厂催裂化吸收塔、1.2MW立式圆筒形加热炉等；
3. 中原油田第四气体处理厂改扩建工程；
4. 中原油田LNG工程CO_2吸收塔（材质为16MnR + 316L、厚度38 + 3）及其它非标设备；
5. 山东东明炼厂改扩建工程球罐及其它非标设备的制造和安装；
6. 中原油田地面产能建设所需的所有非标设备。

四川金税科技有限责任公司

SCHISH

四川金税科技有限责任公司（原名四川宝兴电子科技有限责任公司），是专门为国家实施“金税工程”研制、开发、经营强化国家税收的系列高科技电子产品而成立的一家现代化科技企业，注册总资本2000万元人民币。公司座落于举世闻名的历史古城——成都西南一隅一个高科技工业园区内，总占地面积2270平方米，环境优雅宜人，科技气氛浓厚。1998年，为配合国家燃油税开征的顺利实施，响应国家税务总局和国家质量技术监督局对全国所有加油机加装税控装置的要求，公司就组织研制并成功开发出SL-9801燃油加油机税控装置，成为当时整个西部11个省市地区中唯一一家定点生产经营此类产品的企业。经过公司的不断市场开拓，产品远销全国东北、华北、广西、四川省等四地区6省市，并于次年年底成功研制开发出JST-5出租车税控计价器与TCR2000系列税控中文电子收款机，一举成为四川省计量器具重点生产厂家，并进入四川省计量协会理事。仅燃油加油机税控装置一项，当年就为四川省增加科技产值5000万元。其后的税控收款机与出租车税控计价器，每年将突破两亿以上产值大关，并为国家减少数十亿的税款流失，其市场效益与社会效益都非常可观。目前，公司又正式建成了年产20万台税控产品的进口生产线，并建立了专用的“金税”网站，使公司正式成为西南地区一个集产、研、销一体化经营的高科技企业。

◀**TCR2000**系列税控中文电子收款机具有国内外先进的收款机销售管理功能，并具有抄、报、查税及发票处理功能，适合全国大、中、小各型商业、娱乐业、服务行业用户使用。收款机有专用发票和顾客收款条两种可选打印输出格式，既可单机使用，又可与业户后台业务管理网络形成数据交换的销售管理系统，还可通过加密IC卡实现税控、税务数据及财务数据的安全传递，同时也可通过异步网络实现财务、税务数据的安全传递。

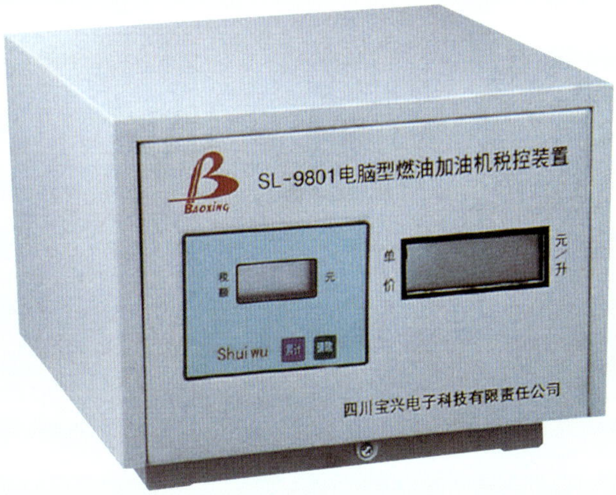

税控功能合格证书：税控准字99A005
制造计量器具许可证：川制00000169号

▼ **JST-5**出租汽车税控计价器是我公司最新研制开发的集计程、计价、计时票据打印、IC卡管理、IC卡付税和加密技术于一体的新一代多功能智能化税控计量器具，具有能储存5年运营数据、防止作弊、超期关机、抗干扰能力强、精度高等优点；并可通过IC卡实现与税务监管系统、车队营运系统实施安全、可靠的税控、税务、财务等管理方向相关电子数据交换，是国家的强制性科技计量器具之一。

▲**SL-9801**燃油加油机税控装置是一台先进的高可靠、高稳定、高性能、宽范围的加油机税控产品，在中央控制器的控制下可完成加油机全过程控制和税务监控工作。其税控装置运用了当今先进的工业控制微处理器，采用知名公司的产品构成关键器件，加上应用成熟的传感器和IC卡技术，可正确生成、完整保存、安全传输、适时显示单台每次加油的油量、金额、税额、单价等各种要求的税务数据；并可同时兼顾机械式加油机和电脑式加油机两类机型，数据安全、使用方便、计算准确、结构合理；其专门制作的税务存储器可存7年的税务和加油数据，如实、准确的反映了每个加油站、每台加油机的售油情况，有效防止了偷税漏税行为的发生。

税控功能合格证书：税控准字00J007
制造计量器具许可证：川制00000208号

电 话：(028) 7338404　7338405　7338406　7338407
传 真：(028) 7338400
地 址：成都市外西谢家祠双新科创园　邮 编：610091
http: //www .sc-jinshui.com.cn

国家建筑卫生陶瓷质量监督检验中心

釉面抗龟裂蒸压釜

国家建筑卫生陶瓷质量监督检验中心是我国唯一专业从事全国建筑陶瓷、卫生陶瓷及其配件的国家级检验机构，具有按现行国家标准和行业标准检验产品的能力，全国建筑卫生陶瓷标准化技术委员会秘书处设在本中心，承担着陶瓷行业各项标准的制定、修订任务。本中心1999年通过了国家质量技术监督局的三合一（国家实验室认可、国家计量认证和国家质检中心复查）评审，继续授权为国家级质检中心。十几年来，本中心一直承担着全国建筑卫生陶瓷行业的国家质量监督抽查、新产品投产鉴定检验、仲裁检验和日常委托检验，为促进行业产品质量的提高做了大量工作，并取得了明显的社会效益和经济效益。

本中心的质量方针是：公正廉洁、科学严谨、实事求是、准确高效。我们力争为社会提供公正、科学、准确的产品质量检验报告，提供热情周到、优质高效的检验服务，达到优秀的国家实验室的要求。

主　任：刘幼红
电　话：0910-3572146转459、428
传　真：0910-3572148
E-mail：zhijianzhongxin@21cn.com
地　址：陕西省咸阳市渭阳西路35号
（咸阳陶瓷研究设计院内）
邮政编码：712000

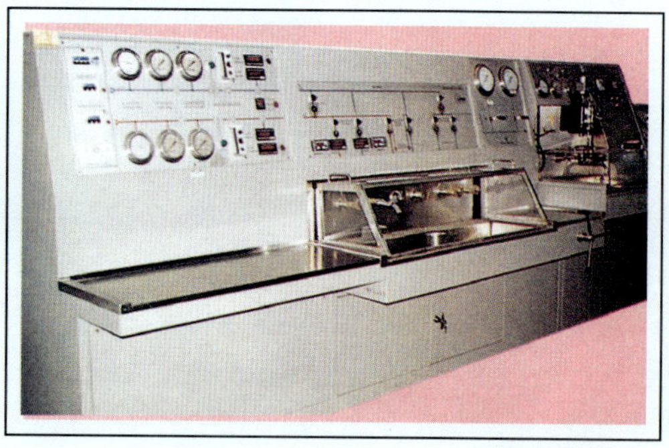

综合试验台

安庆市玻璃有限责任公司

安庆市玻璃有限责任公司现有总资产1.5亿元。年生产能力为日用玻璃10万吨、民用灯泡1000万只。占地面积35万平方米。现有员工2000余人，下设7个生产车间，2个辅助车间和一座容量8000吨的重油库，是一个集餐饮、工贸、旅馆为一体的综合性工贸公司。近几年来，企业通过内部技术改造，强化质量管理，并已通过了ISO9001质量体系认证，经济效益逐年提高。公司已发展成为安徽省省级技术中心企业，安徽省高新技术企业和安徽省名牌产品企业。作为安徽省同行业排头兵，在全国同行业也处于先进水平。1999年实现销售收入10086万元，产品销往全国14个省市，部分产品打入国际市场。

“十五”期间，公司将坚持多品种、高档次、集团化发展方向，实现低成本扩张，继续提高技术创新能力，加快技术改造步伐，力争到“十五”末实现年生产日用玻璃20万吨，销售收入3亿元。我公司的质量方针是：“今天的质量就是明天的市场，AQ全力满足用户需求。”质量目标为：“输液瓶市场占有率名列全国前茅，服务满意率百分之百。”

董事长兼总经理：昂朝莱
电话：0556-5565120　　传真：0556-5514401
地址：安徽省安庆市华中西路334号　邮编：246003

乐山金祥工贸有限公司

乐山金祥工贸有限公司（乐山市光大特种耐火材料厂），始建于1992年，是川西地区具有较大规模专业生产高档耐火材料的企业。产品有：镁碳砖、铝镁碳砖、镁钙碳砖、硅质中间包绝热板、菱镁球、铝镁质耐火浇注料、铁沟耐火浇注料、镁质喷补料、中间包镁质涂料、镁碳砖防氧化涂料、电熔镁砂、电熔镁钙砂等。其中，“GNMT18C”镁碳砖和“GNFY-I”镁碳砖防氧化涂料均荣获第八届中国新技术新产品博览会金奖。本公司生产的镁碳砖于1996年获得冶金部颁发的镁碳砖生产许可证，证书编号：XK05-1210086.

法人代表：陈文祥

电　　话：0833-2497396

传　　真：0833-2497396

地　　址：四川省乐山市柏杨路165号

邮　　编：614000

GPC 华能电瓷制造有限公司

江西省萍乡市华能电瓷制造有限公司（原萍乡市电力电瓷厂），创建于1958年，已经登记注册，具有法人资格。公司现有员工628人，工程技术人员56人，厂区占地面积78260平方米，且有100立方米园窑四座，7立方米液化汽窑四座，总装烧容量428立方米，φ300、φ350、φ500真空练泥机五台。配套齐全的生产、检测设备，一流的企业管理和完善的质量保证体系，使企业生产的电瓷产品畅销不衰，深受用户青睐。

目前，主要生产胶装高、低压线路瓷绝缘子和电站支柱瓷绝缘子共9个系列，一百多种产品，年产电瓷4500吨，产品经国家绝缘子、避雷器质量检测中心检测，各种理化性能均符合国家标准。1999年被国家经贸委推荐为农城电网改造设材生产单位，1997-1999年获“AA”资信企业和省级“重合同、守信用”企业荣誉称号，是萍乡地区生产电瓷的老牌企业之一。

产品之一

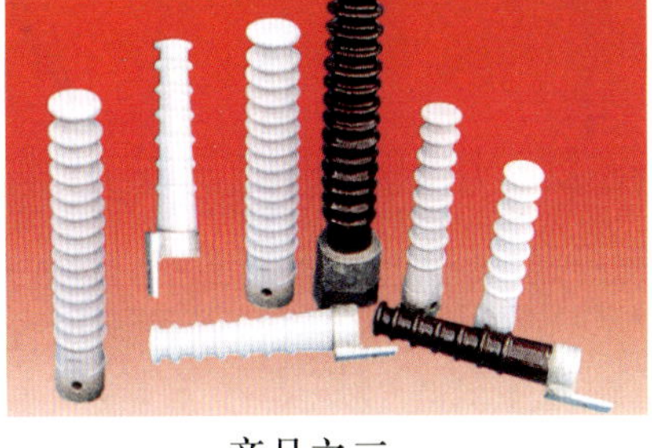

产品之二

产品之三

法人代表：黎传凡

电话：0799-7521016　　传真：0799-7521090

地址：江西省萍乡市南坑镇　　邮编：337037